TABLE
DES 268 CARTES, PLANS, VIGNETTES ET PORTRAITS
CONTENUS DANS LE PREMIER VOLUME.

CARTES DE PAYS.

Carte du Rhin à la Marne.
Belgique.
+ Hollande.
+ Savoie.
+ Comté de Nice.
Vendée militaire. — Rive droite de la Loire.
Carte de Lyon à Toulon.
Vendée militaire. — Rive gauche de la Loire.
+ Pyrénées-Orientales.
+ Pyrénées-Occidentales.
+ Environs de Lille.

PLANS DE BATAILLES ET DE SIÈGES

+ Combat de Valmy.
+ Bombardement de Lille.
+ Bataille de Jemmapes.
+ Bataille de Nerwinden.
Siége de Mayence.
+ Bataille d'Hondschoote.
+ Siége de Lyon.
+ Siége de Toulon.
+ Bataille de Fleurus.
+ Bataille d'Aldenhoven.
+ Siége de Roses.

BATAILLES, SIÈGES, ETC.

Revue de la maison du roi. — 1770.
Bataille de Valmy.
Siége de Lille.
Reddition de Mayence
Bataille de Jemmapes.
Entrée des Français à Chambéry.
Combat de Waren et de Hamm.
Camp des Castors.
Bataille de Nerwinden.
Attaque et prise de Saumur.
Combat naval et attaque de Cagliari.
Attaque du fort de Saint-Etienne.
Défense de Mayence.
Défense de Valenciennes.
Bataille d'Hondschoote.
Combat du terrain Perrache (Lyon).
Destruction des édifices de Lyon.
Passage de la Durance. — Mort d'Agricole Viala.
Combat de Gillette.
Siége de Toulon.
Attaque de Nantes.
Combat de Torfou.
Attaque de Granville.
Baie de Cancale. — Retraite de l'armée vendéenne.
Bataille du Mans.
Combat de Truillas.
Bataille de Wattignies.
Reprise des lignes de Weissembourg.
Bataille de Turcoing.
Bataille de Fleurus.
Bataille d'Aldenhoven.
Prise de l'Ile de Cassandria.
Prise de la flotte hollandaise.
Entrée à Amsterdam.
Le Vengeur. — Combat du 13 prairial.
Incendie de la ville du Cap. — Massacre des blancs par les noirs.
Prise du fort de Fleur-d'Epée à la Guadeloupe.
Combat de Cairo.
Pacification de la Jaunaie. — Entrée de Charette à Nantes.
Mort de Dugommier. — Combat de la Montagne-Noire.
Siège de Roses.
Conquête de la vallée de Roncevaux.
Entrée à Vittoria.

TRAITS PARTICULIERS

Mort de Beaurepaire.
L'Horatius Coclès français.
Le 8e bataillon du Bas-Rhin a bien mérité de la patrie.
Entrevue de Marat et de Dumouriez.
Le général Leveneur à Namur.
Sommation du grenadier Belleville au roi de Naples.
Meunier à Kœnigstein.

Napoléon et Paoli.
Prise d'une pièce de canon par l'infanterie vendéenne.
Charge de cavalerie. — Républicains et Vendéens.
En avant, au feu les Poitevins!
Les lâches iront en enfer!
Le sergent Dougados.
Exécution de d'Elbée.
Mort d'Haxo.

UNIFORMES FRANÇAIS.

Piquier et mousquetaire français, règne de Henri IV.
Officier et soldat français, règne de Louis XIV.
Soldat et officier français, règne de Louis XV.
Garde suisse et garde française, règne de Louis XVI
Garde constitutionnelle du roi, 1791.
Grenadier et volontaire français en 1792.
Gardes nationaux en 1792.
1792. Chasseur. — Cavalier de ligne.
1792. Officier d'état-major. — Général.
1792. Artillerie à cheval.
1793. Chef et soldat vendéen à pied. — Artillerie vendéenne traînée par des bœufs.
1793. Soldat d'artillerie à pied. — Conducteur d'artillerie.
1793. Gendarme. — Cuirassier.
Infanterie de ligne. — Tambour-major.
Volontaire du Bas-Rhin. — Hussard de la mort.
Soldat de marine. — Matelot.
Hussard français, 6e régiment. — 1793.
Infanterie légère.
Partisans flamands en 1793.
Miquelets français
Adjudant général. — Chirurgien major. — Officier d'infanterie
Représentants du peuple auprès des armées républicaines.
Mineurs à la tranchée.
Hussard. — Dragon.
Garde de la Convention. — Cavalier. — Fantassin
Basques français. — Compagnie franche. 1793.
Invalides en 1793.
Costumes révolutionnaires. — Élèves de l'école de Mars. — Centurion.
Armée navale. — Officier de marine. — Capitaine de vaisseau.

ÉMIGRÉS.

Dragon de Fargues. — Infanterie noble.
Armée de Condé. — Légion de Mirabeau. — Hussard Toepson.
Armée de Condé. — Officier des dragons nobles.

UNIFORMES ÉTRANGERS.

1792. Soldats prussiens.
Cavalerie prussienne. — Officier de hussards. — Carabinier.
Soldats autrichiens en 1792.
Troupes prussiennes en 1792.
Troupes Autrichiennes en 1793. — Cuirassier, régiment de Kavanagh. — Traban de la garde impériale.
Infanterie autrichienne en 1793. — Officier et soldat, régiment de l'Empereur. — Grenadier, régiment de Marie-Thérèse.
Artillerie prussienne en 1793. — Officier. — Soldat à cheval. — A pied.
Dragons autrichiens. — Officier. — Soldat.
Troupes anglaises. — Officier général. — Officier du régiment de la Reine, infanterie.
Troupes autrichiennes. — Croates.
Troupes Espagnoles. — Artilleur. — Fusilier, régiment d'Estramadure. — Dragon de Zamora.
Troupes espagnoles. — Carabiniers.
Officier de la garde hongroise en grande tenue.
Infanterie anglaise. — Sergent. — Officiers.
Troupes prussiennes. — Bombardier. — Mineur. — Ingénieur.
Artillerie anglaise. — Soldat à cheval, à pied. — Officier
Gardes du corps prussiens, 1794. — Grande tenue. Petite tenue
Barbets du comté de Nice.
Miquelets catalans.
Guérillas.
Hussards de Marie-Louise.
Hulans autrichiens.
Officiers de la garde royale prussienne.

COSTUMES DIVERS.

Paysans vendéens.
Femmes de la Gueldre et de la Frise.

Femmes de Granville et d'Avranches.
Pêcheurs hollandais du Zuider-Zée.
Costumes hollandais. — Zélande. — Zuider-Zée
Mulâtresse de Saint-Domingue.
Pénitents.
Vendée. — Dame des Sables-d'Olonnes.
Costumes espagnols.

VILLES ET MONUMENTS.

Hôtel-de-ville de Bruxelles.
Nice.
Coblentz.
Cathédrale de Malines.
Caverne du fort Saint-Pierre à Maestricht.
Liége.
Thouars en 1793.
Ruines de l'abbaye de la Grenetière. — Vendée.
Guérite ancienne à Mayence.
Bruges.
Namur.
Aqueduc de Carpentras. — Mont Ventoux.
Port de Bastia. — Vue du Lion.
Fonds de baptême d'Ajaccio, où Napoléon a été baptisé le 21 juillet 1771.
Pont du Var.
Couvent de Santa-Maria, près Nice.
Tour Balaguier. — Rade de Toulon.
Villa Valentin, à Clisson. — Vendée.
Château de Nantes.
Ruines du château de Machecoul. — Vendée.
Col de Bellegarde.
Bords du Rhin. — Leudersdorf.
Landau.
Gand.
La Haye.
Vue près de Rotterdam.
Bouillon.
Cologne.
Ehrenbreitstein. — Bords du Rhin.
Gênes.
Comté de Nice. — Col de Tende.
Alpes. — Fort de Saorgio.
Port de Collioure.
Saint-Martin du Canigou.
Salinas de Guipuscoa.
Francfort.
Oberwesel.
Heidelberg.

SCÈNES ET SUJETS MILITAIRES.

La patrie en danger. — Enrôlements volontaires.
Intérieur d'une casemate.
Attaque d'un poste retranché. — Moulin de la West-Flandre.
Le Bivouac.
Pièce de siége en batterie.
La vivandière.
Maraudeurs.
Réquisitionnaires mobilisés.
Le billet de logement.
Obusier de campagne.
Un corps-de-garde.
La consigne.
La drogue.
Le duel.
Une batterie dans l'entrepont.
Pièces de 24. — Affût de côté.
L'Assaut.
La mine.
Halte militaire.
Le fourrage.
Le ferrage.
Le pansage.
La sentinelle.
Équipages militaires.
La reconnaissance.
Les cantines.

VARIÉTÉS.

Chemin du Bocage. — Vendée.
Canaux du Marais. — Vendée.
Bossis. — Vendée.
Cache vendéenne dans les genêts.
Tonne de Heidelberg, contenant 2,192 hectolitres.
Mœurs vendéennes. — Le saint de la fontaine.
Le toreador.
Dolmen de la Feuchère (Vendée). — Mariage gaulois d'après un monument antique.
Blockhaus.
Noria espagnole.

PORTRAITS FRANÇAIS.

Turenne.
Condé.
Kellermann.
Lafayette.
Luckner.
Custine.
Roland.
Marat.
Le duc de Chartres.
Dumouriez.
Montesquiou.
Bonchamps.
Henri de Larochejacquelein.
Le duc de Bourbon.
Le prince de Condé.
Beurnonville.
Rouget de l'Isle.
Valence.
Danton.
Santerre.
A. L. de Gontaut-Biron, duc de Lauzun.
Merlin de Thionville.
Aubert-Dubayet.
Houchard.
Agricole Viala.
Carteaux.
Paoli.
Pozzo di Borgo.
Chalier.
Dubois-Crancé.
Charette.
Cathelineau.
Kléber.
Marceau.
Dagobert.
Turreau.
Desprez-Crassier.
Servan.
Jourdan.
Moreau.
Hoche.
Alex. Beauharnais.
Pichegru.
Pérignon.
Dugommier.

PORTRAITS ÉTRANGERS

Duc de Brunswick-Lunebourg.
Frédéric-Guillaume II, roi de Prusse.
Victor-Amédée, roi de Savoie.
Duc d'York, général anglais.
De Winter, amiral hollandais.

RÉSUMÉ.

Cartes. 11
Plans de batailles et siéges. 11
Batailles, siéges, etc. 43
Traits particuliers. 15
Uniformes français. 29
Émigrés. 3
Uniformes étrangers. 23
Costumes divers. 9
Villes et monuments. 38
Scènes et sujets militaires. 26
Variétés. 10
Portraits français. 45
Portraits étrangers. 5

Total des cartes et gravures 268

FRANCE MILITAIRE.
HISTOIRE
DES ARMÉES FRANÇAISES
DE TERRE ET DE MER
DE 1792 A 1837.

OUVRAGE RÉDIGÉ

PAR UNE SOCIÉTÉ DE MILITAIRES ET DE GENS DE LETTRES,

D'APRÈS

LES BULLETINS DES ARMÉES, LE MONITEUR, LES DOCUMENTS OFFICIELS,

LES NOTES, MÉMOIRES, RAPPORTS ET OUVRAGES MILITAIRES

DE L'EMPEREUR NAPOLÉON,

DES MARÉCHAUX, AMIRAUX ET GÉNÉRAUX EN CHEF

EUGÈNE BEAUHARNAIS, BERNADOTTE, BERTHIER, BRUNE, CARNOT, CHAMPIONNET, CLAUSEL, LE PRINCE CHARLES, DAVOUST, DUMOURIEZ, GÉRARD, GOUVION-SAINT-CYR, HOCHE, JOURDAN, KELLERMANN, KLÉBER, LANNES, LEFEBVRE, MACDONALD, MARMONT, MASSÉNA, MOLITOR, MOREAU, NEY, PICHEGRU, RIGNY, ROCHAMBEAU, SCHERER, SOULT, SUCHET, TURREAU, VALÉE, VILLENEUVE, ETC.;

DES GÉNÉRAUX ET OFFICIERS SUPÉRIEURS

ANDRÉOSSY, BELLIARD, BERTON, CHAMBRAY, DECAEN, DESPREZ, DROUET D'ERLON, GOURGAUD, HUGO, JOMINI, MATHIEU-DUMAS, MARBOT, MARESCOT, MIOT, MIRANDA, PARTOUNEAUX, PELET, REYNIER, SÉBASTIANI, SÉGUR, THIÉBAULT, ETC.;

REVU ET PUBLIÉ

PAR A. HUGO,

ANCIEN OFFICIER D'ÉTAT-MAJOR, MEMBRE DE PLUSIEURS SOCIÉTÉS SAVANTES, AUTEUR DE L'HISTOIRE DE NAPOLÉON.

TOME PREMIER.
Contenant 40 feuilles et 238 Cartes et Gravures.

A PARIS,
CHEZ DELLOYE, ÉDITEUR DE LA FRANCE PITTORESQUE,
PLACE DE LA BOURSE, RUE DES FILLES-SAINT-THOMAS, 13.

1838

PARIS. — IMPRIMERIE ET FONDERIE DE BIGNOUX, RUE DES FRANCS-BOURGEOIS-SAINT-MICHEL, 8.

TABLE DES MATIÈRES

DU PREMIER VOLUME.

INTRODUCTION. — L'armée française et sa conduite pendant la république, sous l'empire, au licenciement de la Loire. — Histoire et formation de l'armée. — Le ban et l'arrière-ban. — Costumes militaires, armes et armures sous la première et la seconde race. — Fantassins. — Cavaliers. — Chevalerie. — Archers. — Décorations militaires. — Armée au moyen-âge. — Compagnies d'ordonnance. — Mépris de l'infanterie. — Cranequiniers. — Siéges, fortifications et mines. — Lances fournies. Légions de François Ier. — Premiers régiments, vieux corps, petits-vieux. — Armée du temps de Louis XIV. — Le fusil remplace le mousquet. — Cavalerie : dragons, cuirassiers, carabiniers, hussards, chasseurs, hulans. — Perfectionnement des sciences de l'artillerie et du génie. — Vauban. — Uniformes. — Signes des grades, écharpes, aiguillettes, épaulettes. — Enseignes militaires, oriflamme, drapeaux des régiments. — Situation de l'armée en 1722. — Appréciation des soldats étrangers comparés aux soldats français. — Situation des puissances de l'Europe au commencement de la guerre. (Page i à viij.)

INVASION DE LA CHAMPAGNE. — Première coalition continentale. — Plan de campagne. — Armée coalisée. — Manifeste du duc de Brunswick. — Situation des armées françaises. — Entrée des coalisés en France. — Combat de Fontoy. — Prise de Longwy. — Prise de Verdun. — Mouvement de Dumouriez. — Défilés de l'Argonne. — Camp de Grandpré. — Marche des Prussiens sur Châlons. — Prise et combat de la Croix-aux-Bois. — Levée du camp de Grandpré. — Panique de Vaux. — Camp de Sainte-Menehould. — Arrivée de Beurnonville. — Jonction de Kellermann et de Dumouriez. — Bataille de Valmy. — Camp de la Lune. — Situation critique des coalisés. — Négociations. — Levée du camp de la Lune. — Retraite des Prussiens. — Reprise de Verdun. — Reprise de Longwy. — Siége de Thionville. — Évacuation du territoire français. (P. 1.)

PREMIÈRES TENTATIVES EN BELGIQUE. — Expédition en Belgique. — Déclaration de guerre à l'Autriche. — Projets de Dumouriez. — Invasion de la Belgique. — Expédition sur Mons. — Affaire de Quievrain. — Expédition sur Tournay. — Déroute de Marquain. — Combat de Glisuelle. — Prise de Courtray. — Fuite de Lafayette. — Marche de Dumouriez sur la Champagne. (P. 9.)

SIÉGE DE LILLE. — Invasion de la Flandre française. — Lille. — Armée autrichienne. — Le général Ruault. — Investissement — Ouverture de la tranchée. — Sorties diverses. — Dispositions pour le bombardement. — Sommations. — Réponses. — Commencement du bombardement. — Héroïsme des Lillois. — Suite du bombardement. — Arrivée de l'archiduchesse Marie-Christine. — Fin du siége. — Retraite des Autrichiens. — Pertes et désastres de Lille. — Défenseurs de Lille. (P. 11.)

INVASION DU PALATINAT ET DE LA VÉTÉRAVIE. — Prise de Porentrui. — Le général Custine. — Premier investissement de Landeau. — Fautes des coalisés. — Situation de Custine. — Prise de Spire. — Prise de Worms et de Philipsbourg. — Retraite sur Edesheim. — Prise de Mayence. — Conduite de Custine. — Observations. — Prise de Francfort. — Prise de Konigstein. — Dispositions de Custine. — Les Prussiens repassent le Rhin. — Expédition sur Limburg. — Retraite des Français. — Marche des Prussiens sur Francfort. — Alerte de Hambourg. — Attaque et prise de Francfort. — Retraite sur Mayence. — Embuscade de Rodelheim. — Suite de la retraite. — Quartiers d'hiver. — Affaire de Hockheim. (P. 17.)

PARIS AVANT, PENDANT ET APRÈS L'INVASION. — La patrie en danger. — Fermentation. — Mouvements. — Dix août. — Opinion de l'armée. — Massacres de septembre. — Voyage de Dumouriez à Paris. — Discours de ce général à la Convention. — Fête donnée à Dumouriez. — Entrevue de Marat et de Dumouriez. — Retour de Dumouriez à son armée. (P. 25.)

INVASION ET CONQUÊTE DE LA BELGIQUE. — Motifs et avantages de l'invasion. — Dispositions de l'armée française. — Dispositions de l'armée autrichienne. — Commencement des hostilités. — Position de Jemmapes. — Combat de Boussu. — Bataille de Jemmapes. — Jugement sur la bataille. — Entrée à Mons. — Succès divers. — Combat d'Anderlecht. — Capitulation de Bruxelles. — Combat de Tirlemont. — Combat de Raccourt. — Entrée à Liège. — Prise d'Anvers. — Décrets de la Convention. — Ouverture de l'Escaut. — Propagande. — Combat du bois d'Assche. — Siége de la citadelle de Namur. — Prise d'Aix-la-Chapelle. — Quartiers d'hiver. (P. 33.)

OPÉRATIONS DE L'ARMÉE DU MIDI. — Conquête de la Savoie. — Griefs de la France contre le roi de Sardaigne. — Armée du midi. — Préparatifs d'invasion. — Description de la Savoie. — Armée piémontaise. — Invasion de la Savoie. — Prise de Champareillon et des redoutes ennemies. — Prise de Montmélian. —

Conquête de toute la Savoie. — Entrée à Chambéry. — Destitution du général en chef. — Montesquiou. — Réunion de la Savoie à la France. (P. 41.)

Conquête du comté de Nice. — Expédition sur le comté de Nice. — Armée française. — Armée sarde. — Description du comté de Nice. — Évacuation de Nice par les Piémontais. — Entrée des Français. — Occupation du fort Montalban. — Prise de Villefranche. — Situation critique des Français. — Inaction de l'ennemi. — Présence d'esprit du général Anselme. — Bombardement et sac d'Oneille. — Insurrection des montagnards. — Combat de Sospello. — Quartiers d'hiver. — Arrestation du général Anselme. — Réunion du comté de Nice à la France. (P. 44.)

EXPÉDITION CONTRE NAPLES. — Discours du grenadier Belleville à la Convention. (P. 47.)

PREMIERS MOUVEMENTS DANS L'OUEST. — Cause des premiers troubles. — Insurrection des environs de Vannes. — Mécontentement du clergé. — Mouvements sur la rive gauche de la Loire. — Prise de Châtillon. — Combat de Bressuire. — Conspiration de la Rouarie. — Caractère de ce chef. — Ses plans et ses projets. — Opinion des Vendéens sur cette conspiration. (P. 49.)

VENDÉE MILITAIRE. — Description de la Vendée. — La Plaine et le Bocage. — Mœurs des habitants. — Le Marais. — Mœurs des habitants. — Forces et composition de l'armée vendéenne. — Mode de combattre des Vendéens. — Costumes des officiers et soldats vendéens. — Efforts de la république contre la Vendée. (P. 52.)

FIN DE LA CAMPAGNE DE 1792. — Opérations de l'armée de la Moselle contre Trèves. — Influence des chants patriotiques. — Émigration. — Armée des princes. — Situation de la république à la fin de 1792. — Grades militaires de 420 à 1792. (P. 57.)

OUVERTURE DE LA CAMPAGNE DE 1792. — Premières tentatives sur la Hollande. — Revers en Belgique. — Le 21 janvier. — Disposition de l'Europe. — Déclaration de guerre. — Situation militaire de la république. — Mesures arrêtées par la Convention. — Plan de campagne adopté. — Desseins secrets de Dumouriez. — Armée du Nord. — Conduite de Dumouriez. — Proclamations. — Invasion de la Hollande. — Prise de Breda. — Prise de Klundert. — Prise de Gertruydenberg. — Camp des Castors. — Revers en Belgique. — Départ de Dumouriez. — Abandon de l'expédition de Hollande. — Plan des ennemis. — Armée coalisée. — Blocus de Maëstricht et de Venloo. — Combat d'Eschweiler et d'Aldenhoven. — Évacuation d'Aix-la-Chapelle. — Levée du blocus de Maëstricht. — Prise de Tongres. — Retraite sur Saint-Tron. — Combat de Tongres. — Retraite sur Tirlemont et Louvain. (P. 65.)

BATAILLE DE NERWINDEN. — Défection de Dumouriez. — Retour de Dumouriez à l'armée de Belgique. — Sa lettre à la Convention. — Nouvelles positions de l'armée française. — Prise de Tirlemont par les Autrichiens. — Reprise de Tirlemont par les Français. — Combat de Goizenhoven. — Dispositions des deux armées. — Bataille de Nerwinden. — Retraite des Français sur Cumptich. — Suites de la retraite. — Combat de Pellenberg. — Entrevue de Danton et de Dumouriez. — Première conférence avec Mack. — Seconde conférence avec Mack. — Projet de contre-révolution. — Arrestation des commissaires de la Convention. — Visite au camp de Saint-Amand. — Danger couru par Dumouriez. — Déclaration de Dumouriez. — Défection de Dumouriez. (P. 73.)

INSURRECTION DE LA VENDÉE. — Prise de Thouars et de Saumur. — Levée de 300,000 hommes. — Insurrection. — Prise de Saint-Florent. — Cathelineau. — Prise de Jallais. — Prise de Chemillé. — Prise de Chollet. — Progrès de l'insurrection. — Insurrection de la Basse-Vendée. — Détails sur les commencements et les ressources des insurgés. — Premières mesures contre l'insurrection. — Combat des Aubiers. — Larochejacquelein. — Prise de Thouars. — Combats de Fontenay. — Désorganisation de l'armée républicaine. — Divisions et ambition des chefs vendéens. — Projet pacifique repoussé par la Convention. — Plan de campagne de Biron. — Réunion de la grande armée vendéenne. — Retraite de Concourson. — Combat de Montreuil. — Attaque et prise de Saumur. (P. 81.)

EXPÉDITION NAVALE CONTRE LA SARDAIGNE. (P. 89.)

ÉVACUATION DU PALATINAT. — Retraite sur la Lauter. — Belle défense de Kœnigstein. — État des affaires sur le Rhin. — Combats de Stromberg. — Plan de l'ennemi. — Passage du Rhin. — Positions de l'armée du Rhin. — Combat de Bingen. — Mouvement rétrograde des Français. — Combat d'Oberffersheim. — Mouvement de l'ennemi. — Résultats de la retraite. — Re-

TABLE DES MATIÈRES.

traite sur la Lauter. — Positions occupées. — Combat de Herdt. — Sommations de Landau. — L'armée et le général. — Custine est appelé à l'armée du Nord. — Combat de Rilsheim. — Départ de Custine. — Fautes de ses successeurs. (P. 91.)

SIÉGE DE MAYENCE. — Mayence. — Préparatifs d'attaque. — Passage du Rhin. — Retraite de Custine. — État de Mayence. — Première sortie. — Refus de capituler. — L'ennemi resserre Mayence. — Forces coalisées. — Attaques diverses. — Destruction de la batterie de Gustave-Bourg. — Attaque de Costheim. — Commencement de la disette. — Déjeuner singulier. — Combat des îles du Rhin. — Sortie. — Attaque de Marienborn. — Mort du général Meunier. — Prise de la flèche de la Chartreuse. — Ouverture de la tranchée. — Tracé des parallèles. — Prise par l'ennemi des hauteurs de Zalbach. — Intérieur de Mayence. — Prise de la flèche du fort italien. — Bombardement. — Détresse de la garnison. — Situation critique de la place. — Capitulation. — Observations. — Anecdote douteuse. — Accueil fait en France aux défenseurs de Mayence. (P. 97.)

ARMÉE DU NORD. — Siége de Valenciennes. — Mesures énergiques de la Convention. — Création de onze armées. — Envoi de représentants du peuple aux armées. — Pouvoirs des représentants. — Situation de l'armée du Nord. — Mesures prises par Dampierre. — Congrès d'Anvers. — Inaction des coalisés. — Armée ennemie. — Premiers mouvements. — Tentatives pour débloquer Condé. — Combat du 1er mai. — Combat du 8 mai. — Mort de Dampierre. — Évacuation du camp de Famars. — Arrivée de Custine à l'armée du Nord. — Prise de Condé. — Description de Valenciennes. — Armée de siége. — Investissement et premiers travaux. — Sommation. — Bombardement. — Sortie de la garnison. — Efforts de l'ennemi. — Désastres de la ville. — Attaqué et prise du chemin couvert. — Nouvelle sommation. — Capitulation. — État de la place. — Fautes des coalisés. — Arrestation, condamnation à mort et exécution de Custine. (P. 105.)

ARMÉE DU NORD. — Bataille de Hondschoote. — Situation critique du gouvernement révolutionnaire. — Énergie du Comité de salut public. — Carnot. — Proclamation au peuple français. — Levée en masse. — Fausses opérations de l'ennemi. — Évacuation du camp de César. — Houchard général en chef. — Siége et prise du Quesnoy. — Combat d'Avesne-le-Sec. — Projets de l'ennemi sur Dunkerque. — Combat de Liuselles. — Armée anglo-hanovrienne. — Mouvement sur Dunkerque. — Sommation. — Délabrement de la place. — Ouverture de la tranchée. — Combat de Respoëde. — Bataille de Hondschoote. — Le brave mandement. — Levée du siége de Dunkerque. — Retraite du duc d'York sur Furnes. — Combat de Werwick. — Déroute de Courtray. — Condamnation et exécution de Houchard. (P. 113.)

FÉDÉRALISME. — Troubles du Midi. — Fédéralisme. — Troubles du Midi. — Mouvements dans la Normandie. — Mouvements dans la Gironde. — Insurrection marseillaise. — Passage de la Durance. — Mort d'Agricole Viola. — Marche de Carteaut contre les insurgés. — Combat de Cadenel. — Combat de Salon. — Combat de Septême. — Prise de Marseille. (P. 121.)

INSURRECTION DE LA CORSE. — Paoli. — Son administration. — Son exil volontaire. — Rappel de Paoli par l'Assemblée constituante. — Son retour en Corse. — Napoléon et Paoli. — Insurrection. — Première apparition des Anglais. — Projets des Anglais sur la Corse. — Arrivée de renforts anglais. — Situation critique des Républicains. — Ruse de guerre. — Débarquement des Anglais. — Revers des Républicains. — Siége de Bastia. — Siége de Calvi. — Le roi d'Angleterre est déclaré roi des Corses. — Retraite volontaire de Paoli. (P. 124.)

SIÉGE DE LYON. — Division des partis à Lyon. — Décret de la Convention. — Condamnation et exécution de Chalier. — Mesures ordonnées contre Lyon. — Description de Lyon. — Sommation. — Armée de siége. — Défenseurs de Lyon. — Le parti girondin. — Commencement du siége. — Bombardement. — Prise du poste de la Duchère. — Attaque de la Savoie par les Piémontais. — Propositions du roi de Sardaigne refusées. — Prise du pont et des redoutes d'Ouflins. — Attaque et prise des hauteurs de Sainte-Foy. — Combat de Saint-Irénée et du territoire Perrache. — Attaque des Brotteaux. — Famine. — Trait de courage. — Progrès des assiégeants. — Situation critique de la ville. — Capitulation. — Sortie des défenseurs de Lyon. — Pertes des Lyonnais. — Entrée des Républicains à Lyon. — Premières mesures contre la ville. — Décret de la Convention. — Excès révolutionnaires. — Démolition de Lyon. — Mission de Collot-d'Herbois et Fouché. — Massacres juridiques. (P. 129.)

ARMÉE D'ITALIE. — Campagne de 1793. — Théâtre de la guerre. — Positions des armées françaises et coalisées. — Arrivée de Biron à l'armée d'Italie. — Combat de Sospello. — Prise du camp de Braons. — Combat de Lantosca. — Brunet remplace Biron. — Les deux armées se renforcent. — Première attaque des Français sur le camp de Lanthion. — Deuxième attaque. — Arrivée de Kellermann. — Conseil de guerre. — Situation critique de l'armée d'Italie. — Traité entre la Sardaigne, l'Angleterre et l'Espagne. — Arrestation, condamnation et exécution de Brunet. — Dumerbion lui succède. — Attaque générale effectuée par les Piémontais. — Opérations et projets du général Dewins sur le Var. — Combat de Gillette. — Combat d'Utelle. — Combat de Castel-Ginette. — Fin de la campagne. (P. 137.)

SIÉGE DE TOULON. — Insurrection de Toulon. — Toulon se livre aux Anglais. — Carteaux marche sur Toulon. — Prise des gorges d'Ollioules. — Investissement de Toulon. — Arrivée de Bonaparte. — Carteaux. — Doppet. — Bonaparte à Toulon. — Plan proposé par Bonaparte. — Érection des batteries. — Sortie des Anglais. — Prise du général O'hara. — Lettre des représentants du peuple. — Prise du Petit-Gibraltar. — Conduite des Anglais à Toulon. — Incendie de la marine de Toulon. — Rapport Anglais. — Occupation des forts. — Entrée de Toulon. — Décret contre Toulon. — Noble conduite de Dugommier. (P. 145.)

GUERRE DE LA VENDÉE. — Attaque de Nantes. — Suites de la prise de Saumur. — Dispositions de l'armée républicaine. — Projets des Vendéens sur Nantes. — Cathelineau est élu général en chef. — Discussions de Biron et de Ronsin. — Projets d'Angers. — Marche sur Nantes. — Opérations dans la Basse-Vendée. — Attaque de Nantes. — Mort de Cathelineau. — Combat d'Elbée est élu généralissime. — Attaque de Luçon. — Combat de Châtillon. — Arrestation de Biron. — Plan de Biron. — Combat de Martigné-Briant. — Défaite des Républicains à Vihiers. — Nomination et destitution de Beysser. — Il est remplacé par Rossignol. — Première défaite des Vendéens à Luçon. — Propositions du cabinet anglais. — Décret de la Convention. — Deuxième défaite des Vendéens à Luçon. (P. 153.)

GUERRE DE LA VENDÉE. — Armée de Mayence. — Grand conseil de Saumur. — Plan de Canclaux. — Levées en masse. — Mouvements des Vendéens. — Armées républicaines. — Passage du Tenu. — Événements dans la Haute-Vendée. — Combats de Coron et de Beaulieu. — Retraite ordonnée par Rossignol. — Combat de Torfon. — Héroïsme de Chevardin. — Combat de Montaigu. — Prise de Saint-Fulgent par Charette. — Combat de Clisson. — Nouveau plan de Canclaux. — Succès des Républicains. — Combat de Saint-Symphorien. — Discussions et intrigues des comités républicains. — Réunion des armées républicaines en une seule. — L'Échelle devient général en chef. — Combats de Moulin-aux-Chèvres et de Châtillon. — Combats de Saint-Christophe et la Tremblaie. — Bataille de Chollet. — Affaire de Beaupréau. (P. 161.)

GUERRE DE LA VENDÉE. — Campagne d'Outre-Loire. — Attaque de Granville. — Humanité et mort de Bonchamp. — Haudaudine. — Passage de la Loire par les Vendéens. — Larochejaquelein généralissime. — Marche sur Laval. — Dispositions contre la Basse-Vendée. — Poursuite des Vendéens par les Républicains. — Combat de la Croix-de-Bataille. — Bataille d'Entrames. — Combat de Craon. — Chalbos est nommé général en chef. — Renvoi et mort de l'Échelle. — Situation et organisation de l'armée vendéenne. — Marche sur Granville. — Attaque infructueuse sur Granville. — Mouvement dans l'armée vendéenne. — On décide de revenir sur la Loire. (P. 169.)

GUERRE DE LA VENDÉE. — Bataille du Mans. — Déroute de Savenay. — Combat de Ponterson. — Plan de Kléber. — Surprise de Dol. — Marche sur Dol. — Bataille de Dol et d'Antrain. — Marche des Vendéens sur Angers. — Attaque infructueuse d'Angers. — Marceau remplace Rossignol. — Prise de la Flèche par les Vendéens. — Prise du Mans par les Vendéens. — Bataille du Mans. — Défaite des Vendéens. — Succès de Charette dans la Basse-Vendée. — Retraite sur Laval. — Retour sur Loire. — Combat et déroute d'Ancenis. — Retraite sur Blain et Savenay. — Misère et dénûment des Vendéens. — Hospitalité des Bretons. — Combat de Savenay. — Dispersion totale des Vendéens. (P. 177.)

GUERRE D'ESPAGNE. — Armée des Pyrénées-Orientales. — Campagne de 1793. — La Convention déclare la guerre à l'Espagne. — Dispositions nationales des Espagnols. — Division des forces espagnoles. — Description des Pyrénées. — Armée républicaine. — Invasion du Roussillon par les Espagnols. — Flers est nommé général en chef de l'armée des Pyrénées-Orientales. — Combat de Mas-d'Eu. — Prise de Bains et de Pratz-de-Mollo par les Espagnols. — Siége et prise de Bellegarde. — Escarmouches. — Combat de Niel et Mas-de-Serres. — Prise de Villefranche. — Destitution de Flers, remplacé par Barbantane. — Opérations de Dagobert en Cerdagne. — Passage de la Tet par les Espagnols. — Combat de Mont-Louis. — Prise de Peyrestortes par les Espagnols. — Barbantane est remplacé par Dagobert. — Victoire de Peyrestortes. — Bataille de Truilles. — Dagobert est remplacé par Aoust. — Retraite des Espagnols sur le camp de Boulou. — Première attaque du camp de Boulou. — Opérations de Dagobert. — Prise de Campredon. — Deuxième attaque du camp de Boulou. — Turreau remplace d'Aoust.

TABLE DES MATIÈRES.

Expédition contre Roses. — Combat d'Espolla. — Malheureuse attaque de Ceret. — Doppet remplace Turreau. — Combat du pont de Ceret. — Prise du camp de Saint-Ferréol. — Prise de Villelongue par les Espagnols. — Prise du col de Banyuls par les Espagnols. — Attaque de Villelongue par les Français. — Combat et prise de Collioure. — Attaque du camp de Banyuls. — Retraite sur Perpignan. — Quartiers d'hiver. — Mort de Ricardos. (P. 185.)

ARMÉE DES PYRÉNÉES-OCCIDENTALES. — CAMPAGNE DE 1793. — Description des Pyrénées occidentales. — Armées espagnole et française. — Destruction du fort d'Andaye. — Surprise du camp de Sarre. — Servan est nommé général en chef. — Ses dispositions. — Attaque et prise de Château-Pignon. — Travaux de Servan. — Sa destitution. — Ses projets. — Delbecq remplace Servan. — Première attaque de Biriatu. — Combat d'Urrugne. — Mort de Delbecq. — Il est remplacé par Desprez-Crassier. — Position de l'armée espagnole. — Combats de Bera et de Biriatu. — Attaque de Zugarramurdi. — Deuxième combat d'Urrugne. — Desprez-Crassier est remplacé par Muller. — Établissement du camp des Sans-Culottes. — Prise de quartiers d'hiver. (P. 196.)

ARMÉE DU NORD. — *Blocus de Maubeuge. — Bataille de Wattignies.* — Nouveaux généraux en chef. — Jourdan commande l'armée du Nord. — Projets des Coalisés sur Maubeuge. — Dispositions de Jourdan. — Carnot. — Ordres de la Convention. — Plan proposé par Jourdan. — Passage de la Sambre par les Coalisés. — Attaque des ailes du camp de Maubeuge. — Combat de Cerffontaine. — Camp de Maubeuge. — Investissement de Maubeuge. — Première sortie. — Attaque du bois de Séru. — Attaques et combats de la Cense-du-Château. — Attaque du Bois-des-Tilleuls. — Détresse et découragement des assiégés. — Dispositions de Jourdan pour les secourir. — Positions de l'armée coalisée. — Mouvement offensif. — Combat de Dourlers. — Bataille de Wattignies. — Inaction du camp de Maubeuge. — Diversion en Flandre. — Retour du duc d'York. — Combat de Marchiennes. — Ordres du Comité de salut public. — Tentatives infructueuses. — Prise de quartiers d'hiver. — Destitution de Jourdan. (P. 201.)

FRONTIÈRE DE LA MOSELLE ET DU RHIN. — *Prise et reprise des lignes de Weissembourg. — Déblocus de Landau.* — Combat d'Arlon. — Inutilité des mouvements de l'armée du Rhin en faveur de Mayence. — Beauharnais et Houchard sont remplacés. — Armée du Rhin et armée de la Moselle. — Mésintelligence entre les généraux ennemis. — Disparition du général d'Arlande. — Prise et reprise du camp de Nothweiler. — Attaque et combat de Pirmasens. — Prise des lignes de Weissembourg par les Autrichiens. — Complot pour livrer Strasbourg aux Autrichiens. — Découverte du complot. — Prise du fort Vauban. — Attaque infructueuse de la Petite-Pierre et de Bitche. — Saint-Just et Lebas en Alsace. — Hoche et Pichegru généraux en chef. — Combat de Kaiserslautern. — Opérations de Pichegru. — Succès divers. — Mouvement de Hoche pour se rapprocher de l'armée du Rhin. — Combat de Freschweiler et de Werdt. — Retraite de Wurmser sur la Lauter. — Hoche reçoit le commandement des deux armées. — Combat de Geisberg. — Reprise des lignes de Weissembourg. — Retraite des Coalisés dans le Palatinat. — Déblocus de Landau. — Quartiers d'hiver. (P. 209.)

SIÈGE DE LANDRECIES. — BATAILLE DE TURCOING. — Situation de la France et de l'Europe au commencement de 1794. — Efforts de la France. — Plan des Coalisés. — Dénombrement des deux armées. — Commencement des hostilités. — Investissement de Landrecies. — Projet de diversion dans la Flandre maritime. — Combat de Bossut. — Combat de Troisvilles. — Combat du 29 avril. — Reddition de Landrecies. — Invasion de la Flandre maritime. — Combat de Mouscron. — Prise de Menin. — Combat de Courtray. — Bataille de Turcoing. — Combat de Pont-à-Chin. — Investissement et siège d'Ypres. — Combat d'Hooglede. — Prise d'Ypres. (P. 217.)

OPÉRATIONS SUR LA SAMBRE. — BATAILLE DE FLEURUS. — Troupes réunies sur la Sambre. — Premier passage de la Sambre. — Combat de Merbes. — Deuxième passage de la Sambre. — Combat d'Erquelines. — Troisième passage de la Sambre. — Combat de Marchiennes. — Combat d'Arlon. — Formation de l'armée de Sambre-et-Meuse. — Jourdan général en chef. — Quatrième passage de la Sambre. — Combat de Charleroi. — Cinquième passage de la Sambre. — Prise de Charleroi. — Bataille de Fleurus. — Plan de réunion de l'armée du Nord et de l'armée de Sambre-et-Meuse. — Combat de Deynse. — Positions et projets des Coalisés après la bataille de Fleurus. — Marche de Jourdan. — Combat du Mont-Palissel. — Prise de Mons. — Investissement des places françaises occupées par l'ennemi. — Combat de Sombref. — Combat de Mont-Saint-Jean. — Prise des hauteurs de Montenaeken. — Mouvement rétrograde des Coalisés. — Réunion à Bruxelles de l'armée du Nord et de l'armée de Sambre-et-Meuse. (P. 225.)

OPÉRATIONS DANS LA FLANDRE MARITIME ET EN BELGIQUE. — *Prise de l'île Cassandria. — Bataille d'Aldenhoven.* — Combat de la montagne de Fer. — Prise de Louvain. — Prise de Namur. — Prise de Malines. — Prise d'Anvers. — Les armées françaises et coalisées prennent l'offensive. — Siège des places françaises. — Reprise de Landrecies. — Reprise du Quesnoy. — Reprise de Valenciennes et de Condé. — Opérations dans la Flandre maritime. — Prise de Nieuwport. — Prise de l'île Cassandria. — Prise du fort de l'Écluse. — Le Stathouder et les États-Généraux. — Gouvernement des comités. — État des armées républicaines. — Combat de Boxtel. — Retraite des Anglais derrière la Meuse. — Opérations de l'armée de Sambre-et-Meuse. — Combat sur l'Ayvaille. — Bataille d'Aldenhoven. — Siège et prise de Maëstricht. (P. 233.)

OPÉRATIONS DE LE RHIN, LES VOSGES ET LA MOSELLE. — Opérations de l'armée de la Moselle. — Combats d'Arlon. — Départ de Jourdan pour la Sambre. — Positions des armées françaises et coalisées. — Combat de Schifferstadt. — Combat de Kaiserslautern. — Inaction de Moëllendorf. — Combat de Weisthein. — Les Français reprennent l'offensive. — Affaire générale des 2 et 3 juillet. — Combats du Platzberg et de Tripstadt. — Prise de Trèves. — Prise de Kaiserslautern par les Coalisés. — Reprise de Kaiserslautern par les Français. — Les Coalisés repassent le Rhin. — Prise de Coblentz. — Jonction des armées de Sambre-et-Meuse, de la Moselle et du Rhin. (P. 241.)

ARMÉE DU NORD. — *Entrée en Hollande. — Opérations entre la Meuse et le Wahal.* — Siège et prise de Bois-le-Duc. — Passage de la Meuse par l'armée du Nord. — Combat d'Oude-Watering. — Prise de Venloo. — Siège et prise de Nimègue. — Diversion tentée par Werneck. — Situation de l'armée républicaine. — Topographie du théâtre du combat. — Tentative sur l'île Bommel. — Départ du duc d'York. — Walmoden le remplace. — Prise de l'île Bommel. — Prise des lignes de Bréda. — Prise de Grave. — Dissensions des Alliés. — Position de l'armée du Nord. — Propositions de paix du Stathouder refusées par le Comité de salut public. (P. 244.)

CONQUÊTE DE LA HOLLANDE. — Passage du Wahal. — Succès des Français. — Situation critique de la Hollande. — Dégel. — Reprise du froid. — Retraite des Anglais derrière l'Yssel. — Démoralisation des troupes alliées. — Marche des Français en Hollande. — Occupation d'Utrecht. — Investissement de Gorcum. — Résolution du Stathouder. — Son départ pour l'Angleterre. — Entrée des Français à Amsterdam. — Députation des Hollandais à la Convention. — Prise de Gertruydenberg. — Passage du Biesbos. — Prise de Dordrecht. — Prise de Rotterdam. — Occupation de La Haye. — Révolution dans le gouvernement de la Hollande. — Dénûment de l'armée du Nord. — Secours donnés par la république batave. — Affaire d'Helvoetsluis. — Position de l'armée française. — Prise de la flotte hollandaise par la cavalerie française. — Occupation de la Zélande. — Passage de l'Yssel. — Conquête de l'Over-Yssel. — Conquête de la Frise et de Groningue. — Expulsion totale des Anglais. — Fin de la campagne. — Mouvement vers le Rhin. — Conduite et espérances de l'Angleterre. — Jugement sur la campagne. (P. 249.)

CHANTS MILITAIRES. — LE CHANT DU DÉPART. (P. 255.)
GUERRE MARITIME. — COMBAT DU 13 PRAIRIAL. (P. 257.)
GUERRE DANS LES COLONIES. — Formation d'une assemblée coloniale à Saint-Domingue. — Scission de l'assemblée avec le gouvernement. — Révolte des noirs. — Incendie de la plaine du Cap. — Fédération des hommes de couleur. — Guerre entre les blancs et les mulâtres. — Vaines tentatives de conciliation. — Expédition du marquis de Borel. — Affaire de la Croix-des-Bouquets. — Retour des commissaires civils en France. — Décret de l'Assemblée législative en faveur des mulâtres. — Envoi de nouveaux commissaires et de troupes dans les Antilles. — Expédition contre les noirs. — Affaire d'Onanaminte. — Prise du camp de la Tannerie. — Événements divers. — Guerre maritime. — Discussions du général Galband avec les commissaires conventionnels. — Révolte de la flotte. — Prise du Cap. — Émancipation des noirs. — Incendie du Cap. — Prise du môle Saint-Nicolas par les Anglais. — Animadversion générale contre Santhonax. — Ses suites. — Expédition des Anglais contre Saint-Domingue. — Prise du Port-au-Prince. — Agression des Espagnols et des nègres. — Massacre du quartier Borgne. — Rappel de Santhonax. — Heureuse résistance de Lavaux et de Bigaud contre les Anglais. — Tentative infructueuse des Anglais sur la Martinique. — Inutile attaque de Gorée. — Nouvelle expédition anglaise contre les Antilles du vent. — Attaque de la Martinique. — Siège du fort Bourbon. — Prise des Antilles par les Anglais. — Reprise de la Guadeloupe par Victor Hugues. — Résistance des îles de France et Bourbon. — Prise de Pondichéry par les Anglais. (P. 260.)

OPÉRATIONS SUR LES ALPES COTTIENNES ET MARITIMES. — *Armée des Alpes. — Armée d'Italie.* — Situation de l'armée d'Italie et des Alpes. — Dénombrement et position des corps lisés. — Premières tentatives sur le mont Cenis. — Plan de Bonaparte pour tourner Saorgio. — Violation du territoire génois. — Expédition contre Saorgio. — Prise d'Oneille. — Suite de l'expédition. — Prise de Ponte-di-Nove. — Prise d'Orméa et de Garessio. — Prise des redoutes de Col-Ardente. — Prise de Saorgio. — Prise du mont Valaisan et du petit Saint-Bernard. — Deuxième attaque et prise du mont Cenis. — Courage d'un poste républicain. — Mort héroïque d'un détachement d'émigrés. — Inaction de l'armée républicaine. — L'armée des Alpes se met sur la défensive. — Situation de l'armée d'Italie. — Inquiétudes de la cour de Turin. — Plan de Bonaparte pour le siège de Demont et l'invasion du Piémont. — Mise à exécution. — Premiers succès. — Contre-ordre. — Retraite de l'armée républicaine. — Affaire de Garessio. — Projets de l'ennemi sur Savone. — Combat de Carcare. — Combat de Cairo. — Prise de Dego, de Savone. — Occupation de Vado. — Fin de la campagne. (P. 266.)

GUERRE DE LA BASSE-VENDÉE. — *Pacification*. — Prise de l'île Bouin. — Turreau général en chef. — Projets sur Noirmoutiers. — Prise et reprise de Machecoul. — Prise de Noirmoutiers. — Exécution d'Elbée. — Plan de Turreau. — Colonnes incendiaires. — Exécution de ce plan. — Marche des colonnes. — Combat de Chancé et de Légé. — Reprise de la guerre dans la Vendée. — Rentrée de Turreau à Nantes. — Combat de Trémentine. — Mort de Larochejacquelein. — Prise et reprise de Chollet. — Combat de Venanceau. — Mort d'Haxo. — Attaque de Challons. — Turreau est remplacé par Vimeux. — Camps retranchés. — Rivalités parmi les chefs vendéens. — Assassinat de Marigny, etc. — Prise du camp de la Roulière. — Prise du camp de Fréligné. — Changement de système de la Convention à l'égard de la Vendée. — Négociations pacifiques. — Pacification de la Jaunais. — Entrée de Charette à Nantes. — Adresse de Charette à la Convention. — Soumission de Stofflet. — Traité de Saint-Florent. (P. 273.)

GUERRE D'ESPAGNE. — *Campagne des Pyrénées-Orientales*. — État et position de l'armée française. — Mesures prises par Dugommier. — État de l'armée espagnole. — Plans opposés de Dagobert et de Dugommier. — Expédition et prise de la Seu d'Urgel. — Mort de Dagobert. — Attaque et prise du camp de Boulon. — Défaite des Espagnols. — Prise de Saint-Laurent-de-la-Muga. — Siège et prise de Saint-Elme, Port-Vendres et Collioure. — Attaque de la droite française par les Espagnols. — Expédition sur Campredon. — Infructueuse attaque de Puycerda par les Espagnols. — Combats de Terradas et de Saint-Laurent-de-la-Muga. — Reprise de Bellegarde. — Combat de la montagne de Montroig. — Propositions de paix repoussées par la Convention. — Bataille de la Montagne-Noire. — Mort de Dugommier. — Mort de La-Union. — Prise de Figuière. — Fin de la campagne. (P. 281.)

GUERRE D'ESPAGNE. — *Armée des Pyrénées-Occidentales*. — État des armées française et espagnole au commencement de 1794. — Attaque et combat du camp des Sans-Culottes. — Affaires de la Rhune, d'Orbaïcete et d'Irati. — Prise des cols de Maya, d'Ispeguy et de Berderitz. — Prise des montagnes de Mandale, du Diamant et du Mont-Vert. — Combat de la Croix-des-Bouquets. — Disgrâce de Caro. — Il est remplacé par Colomera. — Prise du poste d'Arquinzun. — Entrée en Espagne. — Combat de la vallée de Bastan. — Prise du roc Commissarri. — Combat de Saint-Martial. — Prise de Fontarabie. — Prise de Saint-Sébastien. — Occupation d'Ernani. — Occupation de Tolosa. — Moncey remplace Muller. — Plan de campagne de Moncey. — Position des deux armées. — Opération sur la droite ennemie. — Invasion de la vallée de Roncevaux. — Orage. — Inaction de l'armée. — Évacuation de la Navarre. — Retraite sur la Biscaye. — Quartiers d'Hiver. (P. 289.)

FIN DE LA GUERRE D'ESPAGNE. — *Campagne de 1795*. — *Pyrénées-Orientales*. — Siège et prise de Roses. — Urrutia remplace Las Amarillas. — Combat sur la Fluvia. — État des deux armées. — Attaque des postes en avant de la Seu-d'Urgel. — Combats de Bascara et de Baniolas. — Inaction des deux armées. — Travaux de défense des Espagnols. — Prise et reprise de Llorona. — Soumatens. — Combat du camp de Carol. — Scherer remplace Pérignon. — Premier combat de Bascara. — Deuxième combat de Bascara. — Grand combat sur la Fluvia. — Fin de la campagne.

Pyrénées-Occidentales. — Situation des armées aux Pyrénées-Occidentales. — Ouverture de la campagne. — Affaires diverses. — Combat d'Ascarate. — Prise du camp de Marquinechu. — Bruits de paix démentis. — Destitutions en masse. — Attaque de la gauche espagnole. — Passage de la Deva. — Retraite de Crespo. — Occupation de Lecumberry. — Retraite de Filangieri. — Combat d'Irurzun. — Opération contre la gauche des Espagnols. — Entrée à Vittoria. — Conquête de toute la Biscaye. — Combat du col d'Ollareguy. — Fin de la campagne. — Signature de la paix. (P. 297.)

1795. — TRAITÉS DE PAIX. — Paix avec la Toscane. — Manifestation pacifique de la Convention. — Paix avec la Prusse. — Réflexions. — Paix avec la Hollande. — Paix avec l'Espagne. — Émotion européenne. (P. 308.)

FRANCE MILITAIRE.

INTRODUCTION.

La Révolution française a été jugée diversement ; les folies et les crimes qui ont signalé ses premières années n'ont pas laissé voir, à de certains yeux, les grands principes fondamentaux qu'elle a rappelés aux peuples : égalité de tous devant la loi, liberté pour les individus, pour les industries, pour les pensées, pour les consciences ; le sang versé a couvert et a caché momentanément la route nouvelle d'améliorations et de progrès qu'elle venait d'ouvrir au genre humain. Nous n'avons pas, ici, la tâche de rappeler tout ce que cette grande et retentissante époque, qui vit tomber la Monarchie, avorter la République et passer l'Empire, a produit de mémorable ; tout ce que cette crise violente, qu'on peut, à bon droit, appeler une crise salutaire, a fait pour l'humanité. Nous n'avons pas à lancer l'anathème sur ceux qui ont souillé de sang la robe de la Liberté ; nous ne sommes pas chargé de constater si les principes sociaux proclamés par la Révolution sont aujourd'hui des vérités admises par toutes les opinions. Mais, obscur soldat d'une Armée dont le souvenir est encore une des gloires de la France ; fils, neveu, parent de guerriers qui ont versé leur sang pour la patrie, il doit nous être permis de rappeler que, si la Révolution est l'objet de jugements divers, l'Armée, réunie, en 1792, au moment des premières menaces de la Coalition européenne, et dispersée, en 1815, après le dernier désastre du grand capitaine, obtient aujourd'hui de tous les partis une égale justice et une même admiration.

Et que de titres cette Armée n'a-t-elle pas, d'ailleurs, à cet équitable hommage ! Les volontaires de la République enlevèrent à la baïonnette les premiers trophées de nos guerres modernes. A l'époque des sanglantes réactions révolutionnaires, ce fut dans leurs rangs que se réfugièrent l'honneur national, le désintéressement républicain et le dévouement patriotique ; et plus tard, quand la République, accablée par les fureurs des partis et l'impéritie de son gouvernement, reçut un chef, quand la France demanda un Empereur, ce fut encore du milieu de leurs héroïques bataillons que partit la dernière protestation en faveur de la liberté expirante, protestation que la France, altérée de repos, refusa d'entendre. L'Armée, qui n'avait jamais eu la prétention d'imposer ses volontés à la masse des citoyens, accepta alors franchement le chef que l'on semblait tant désirer, et transporta son inébranlable dévouement sur le nouvel Empereur, qui, général, et chef de l'État, devint pour elle le représentant de la patrie. Elle combattit pour la gloire du pays comme elle avait combattu pour la liberté nationale.

Enfin, quand le destin nous devint contraire, ce fut encore elle qui désespéra la dernière du salut commun ; elle lutta pied à pied avec les hordes étrangères, présenta chaque jour à l'ennemi de nouveaux obstacles, et lorsque, en 1814, le pays sembla se manquer à lui-même et avoir perdu son antique courage, alors, comme aux plus tristes journées de la Révolution, l'Armée, par son opiniâtre défense du sol français, prouva qu'elle conservait encore le dépôt de l'honneur national et du dévouement à la patrie. Abreuvée de dégoûts, soumise à toutes les humiliations, punie de sa gloire ancienne et de sa récente constance dans nos revers, elle dut, en 1815, accueillir avec enthousiasme l'Empereur, qui venait lui rendre l'estime et les honneurs qu'elle avait mérités. Une dernière catastrophe détruisit toutes ses espérances. Au lieu de combattre, on se mit à parler. La Chambre ôta le pouvoir à l'Empereur. Des bavardages de tribune, des discussions de principes, sans opportunité comme sans but, absorbèrent toute l'attention de ceux qui se chargeaient du salut de la France. Ils laissèrent arriver l'ennemi jusque dans la capitale. Un dernier succès, obtenu par l'Armée sous les murs de Paris, prouva qu'elle était prête à combattre. Il ne fallait que la soutenir ; mais les hommes de parole sont rarement des hommes d'action. Nos soldats, obéissant à des ordres donnés au nom même de la patrie, durent se retirer derrière la Loire. Là, eut lieu ce qui ne s'était jamais vu dans aucun temps ni dans aucun pays : la dissolution et la dispersion totale d'une armée nationale. Mais ce fut là aussi qu'elle se montra vraiment patriote et citoyenne, cette Armée qui s'était trouvée si grande dans les triomphes et si héroïque dans les revers. Autrefois le licenciement des troupes jetait le pays dans toutes les inquiétudes. Le renvoi d'hommes accoutumés à la vie libre des camps, à l'abus de la force, à l'usage de la violence, était suivi de la formation de bandes audacieuses, dont les extorsions et les brigandages ruinaient les provinces. L'histoire nous a conservé le souvenir de ces fameuses réunions d'aventuriers, d'argoulets, de francs routiers, débris impurs des troupes licenciées à certaines époques de l'ancienne monarchie. Leurs dévastations rendaient la paix plus intolérable que la guerre. Il fallut qu'un des héros français, Duguesclin, allât guerroyer en Espagne pour en débarrasser la France. Ah ! combien différente fut la conduite de ces vieux soldats de la République, de ces vétérans de l'Empire, honteusement renvoyés dans les foyers qu'ils avaient quittés depuis vingt-cinq ans, au premier signal de la patrie menacée, et qu'ils devaient, pour la plupart, retrouver déserts ! Ces généreux soldats, conspués par les uns, bafoués par les autres, n'avaient cependant de larmes que pour les malheurs de la patrie, de haine que contre les ennemis et les traîtres. On peut vous en prendre à témoin, misérable populace, qui les avez poursuivis de vos injures et de vos mauvais traitements ! maires et officiers municipaux, qui les tourmentiez de votre surveillance inquisitoriale, de vos lourdes exigences administratives! magistrats et procureurs du roi, qui poursuiviez comme un crime l'explosion involontaire de regrets faciles à concevoir; qui, sans crainte de profaner le sanctuaire de la justice, à l'abri de votre toge, noire comme le plumage funèbre du corbeau, outragiez l'uniforme glorieux et sanglant de nos guerriers, et appeliez ces braves les *brigands de l'Armée de la Loire!* On peut vous en prendre à témoin! Dites si jamais les villes ont été plus paisibles, les routes plus sûres, les propriétés plus respectées que dans les trois années qui ont suivi le retour de ces *brigands* dans leurs chaumières, où les attendaient la misère et vos injures? Il faut le répéter à l'honneur de cette héroïque armée: aucun désordre ne troubla son licenciement, aucun de ses soldats ne fut traduit devant les tribunaux pour un délit ignominieux. L'Armée finit comme elle avait commencé, pure, désintéressée, dévouée à la patrie; et chaque soldat, rentré dans ses foyers, parut comprendre que, dépositaire personnel d'une partie de notre gloire, il devait offrir aux paysans de son hameau l'image des vertus civiques avec celles des vertus guerrières. L'ancienne armée, en cessant d'exister, légua à l'armée nouvelle le souvenir de ses victoires et l'exemple de sa noble et patriotique conduite à ses derniers moments; fin non moins glorieuse que son existence, et non moins digne d'une éternelle admiration.

Dans le principe, l'armée des Francs, recrutée par le ban et l'arrière-ban, ne se composait que d'infanterie. L'instinct militaire de ces peuples leur avait fait reconnaître, tout d'abord, ce que l'étude et l'expérience des temps modernes n'ont démontré qu'à la longue, que l'infanterie est la force la plus sûre et la plus solide des armées. En effet, un fantassin est plus actif, plus mobile et plus ferme tout à la fois qu'un cavalier. Il résiste mieux à la fatigue, il est plus excitable par tous les sentiments militaires, et plus capable de supporter les privations. Le cavalier a deux moitiés indivises, l'homme et le cheval; le fantassin est tout homme. Le ban et l'arrière-ban eurent pour chefs les ducs, les comtes, les marquis et les barons, grades militaires qui sont devenus sous les rois de la troisième race des titres de noblesse. Les armes des soldats francs étaient grossières, et plus convenables à des hommes courageux qu'à des guerriers habiles; c'est pourtant avec ces armes qu'ils ont vaincu les Romains, le peuple le plus éminemment militaire de l'antiquité, et qui ne combattit jamais avec de nouveaux ennemis sans étudier, reconnaître et s'approprier promptement la supériorité de leurs moyens de défense. Agathias et Procope nous ont conservé quelques renseignements sur l'équipement et l'armement des Francs.

L'habit de guerre était un sayon de cuir, rembourré de laine, assez épais et assez élastique pour opposer une utile résistance aux flèches, aux dards et aux armes tranchantes. Les Francs se couvraient la tête avec leur chevelure longue et touffue, et quand ils avaient à se préserver d'une décharge d'armes de jet, ils élevaient en l'air leurs boucliers. Les chefs et les seigneurs avaient seuls des casques. Les cavaliers, si rares parmi eux, n'avaient que le javelot pour arme principale. C'étaient des soldats destinés à porter des messages et à éclairer les mouvements de l'armée. Quant aux fantassins, «ils n'ont ni cuirasses ni bottes, dit Agathias (que nous abrégeons), ils portent l'épée le long de la cuisse, et le bouclier sur le côté gauche: ils ne se servent ni d'arc, ni de fronde, ni de flèches, mais de haches à deux tranchants et de javelots. Leurs javelots peuvent servir de demi-pique ou d'armes de jet; ils sont garnis de fer partout, excepté à la poignée; leur pointe est armée de chaque côté de deux crocs aigus, destinés à la retenir dans les blessures. Si le javelot donne dans le bouclier, il y demeure embarrassé et suspendu par sa pointe et par les crocs. Long et pesant, il traîne à terre; il ne peut être arraché du bouclier ni coupé, parce qu'il est couvert de fer. En ce moment, le Franc s'avance en sautant, met le pied sur le bout inférieur du javelot, et appuyant dessus comme sur un levier, oblige l'ennemi à pencher son bouclier et à se découvrir. Alors, avec la hache ou avec l'épée, il le frappe au visage ou à la gorge et le tue.»

Ce mode d'armement et d'équipement fut en usage pendant la première race. Le courage et la vigueur corporelles étaient alors les premières qualités exigées d'un guerrier, et les chefs devaient en donner l'exemple: on se rappelle le trait d'audace de Pepin-le-Bref, coupant d'un seul coup la tête d'un lion furieux. Sous les rois de la seconde race, il se fit une révolution dans l'armée; l'infanterie cessa d'être en honneur, et les nobles, qui composaient la force des armées, ne voulurent plus combattre qu'à cheval. Il y a lieu de penser que ce changement ne s'effectua qu'après ces guerres acharnées et lointaines que Charlemagne entreprit. L'emploi des chevaux fut sans doute d'abord provoqué par la nécessité de transporter les troupes d'un lieu à un autre, d'Espagne en Saxe, de Belgique en Lombardie. C'est ainsi que nous avons vu, sous Napoléon, une armée arrivant en poste des rivages de l'Océan sur les bords du Danube.

Pepin et Charlemagne eurent, dans leurs armées, un nombre de cavaliers égal à celui des fantassins; mais dès que les fiefs devinrent héréditaires, l'armée ne se composa plus que de cavalerie; les fantassins, qui s'y trouvaient en petite quantité, ne formaient pas corps, et étaient disséminés dans les rangs et les pelotons. Ils avaient pour principale fonction d'aider à se relever les cavaliers de leur parti, renversés pendant le combat, et qui, chargés d'une pesante armure, auraient été dans l'impossibilité de se remettre en pied, seuls et sans secours. Le javelot et la hache furent remplacés par l'arc et l'arbalète. On supprima le bouclier. Les fantassins restèrent sans armes défensives, et quelques-uns d'entre eux n'eurent même d'autre arme offensive qu'un couteau ou poignard long et aigu, avec lequel ils tâchaient d'*égorgeter*, par le défaut du hausse-col et de la cuirasse, les cavaliers ennemis gisant à terre. Les cavaliers se couvrirent peu à peu d'une armure complète: ils prirent le casque, portèrent, soit des cuirasses avec hausse-col, brassards et cuissards, soit le haubert (cotte de mailles

INTRODUCTION.

à manches et à gorgerin, qui tenaient lieu de hausse-col et de brassards). Pour armes offensives, ils eurent le sabre et la lance, auxquels on ajouta plus tard la masse d'armes. Ces cavaliers reçurent alors le titre de chevaliers (en latin du temps, *miles*), et bientôt la chevalerie composa la principale force des armées européennes.

La chevalerie formait une espèce d'ordre politique et militaire, où l'on n'était admis qu'après de longues épreuves et après avoir justifié d'une noblesse d'au moins trois générations. Le xie siècle fut l'époque la plus brillante de cette institution. Le mode de réception par lequel on y était admis est trop connu pour que nous croyions devoir le reproduire. L'âge chevaleresque eut une influence utile et généreuse sur la rudesse militaire; ce fut l'époque des tournois et des prouesses, celle de l'honneur et de la galanterie, mais aussi celle où la force brutale eut le plus d'empire, et où la dignité de l'espèce humaine fut le plus ravalée. Il fallait être noble ou chevalier pour être compté pour quelque chose. Un coup fatal fut porté à la chevalerie par l'institution des troupes des communes, qui suivit leur émancipation. Ces troupes ne furent d'abord composées que d'archers. Un archer leste et adroit ne craignit pas long-temps un chevalier armé de toutes pièces, et monté sur un lourd cheval bardé de fer. Les archers anglais décimèrent, à Poitiers et à Azincourt, la chevalerie française, et l'invention des armes à feu lui porta le coup mortel. Non contents du nouvel appui qu'ils trouvaient dans les troupes des communes, les rois de France, pour mieux contenir leur fidèle noblesse, toujours turbulente, prête à la révolte et au combat, prirent à leur solde des soldats étrangers : c'est ainsi qu'on compta successivement dans l'armée française des *cavaliers albanais*, des *aventuriers*, des *ribauds*, des *carabins à cheval*, des *arbalétriers génois*, des *stradiots*, des *argoulets*, etc.

Avant le xive siècle, une tunique armoriée et brillante, quelques vêtements de luxe, distinguaient les chevaliers. Louis IX, en 1241, avait institué, la plus ancienne décoration dont les historiens français fassent mention, la *ceinture militaire*, ornement d'une grande richesse, surchargée d'or et de pierreries [1].

Le roi Jean réorganisa l'armée. Les chevaliers prirent le titre d'hommes d'armes, et se réunirent en *compagnies d'ordonnance*, dont les *bannerets*, sous le nom de capitaines, conservèrent le commandement:

[1] Voici la liste des principales décorations militaires instituées successivement en France.

La *Ceinture militaire*	en 1241.
L'ordre de l'*Étoile*.	1345.
L'ordre du *Saint-Esprit*.	1352.
L'ordre de *Saint-Michel*.	1469.
L'*Anneau d'Or*.	1534.
L'ordre du *Saint-Esprit*.	1579.
L'ordre des *Chevaliers de la Maison royale*.	1603.
L'ordre de *N. D. du Mont-Carmel*.	1608.
L'ordre de *Saint-Louis*.	1693.
L'ordre du *Mérite militaire*.	1759.
Les *Armes d'Honneur*.	1799.
L'ordre de la *Légion-d'Honneur*.	1802.
L'ordre de la *Couronne de Fer*.	1805.
L'ordre des *trois Toisons d'Or*.	1809.
L'ordre de la *Réunion*.	1811.

mais à dater du règne de ce prince, l'équipement de la grosse cavalerie ne laissa plus voir que du fer. Le *casque à visière*, le *hausse-col*, la *cuirasse*, les *épaulières*, les *brassarts*, les *gantelets*, les *tassettes* (petit jupon en lames de fer qui s'attachait à la cuirasse), les *genouillères*, les *grèves* (armures de jambes), furent autant de pièces qui s'ajustèrent ensemble de manière à gêner le moins possible les mouvements. Le cheval fut lui-même couvert de fer.

Ce changement dans les armes défensives devait en amener un dans les armes offensives : le sabre et la hache ne pouvaient plus rien sur ces cavaliers aussi solidement recouverts; on y substitua la *masse*, le *maillet* et l'*estocade*, ou longue épée qui pouvait pénétrer dans les petits joints que l'homme d'armes laissait voir, lorsque ses mouvements, dans le combat, écartaient les pièces de son armure.

L'institution des compagnies d'ordonnance avait dénaturé le ban et arrière-ban; la noblesse et la bourgeoisie s'y trouvaient confondues; de nouveaux titres avaient succédé aux anciens. Ce nouvel état de choses excitait le dépit des chevaliers, qui cessèrent en grand nombre de se rendre aux armées. Charles VII se décida alors à réorganiser le corps des hommes d'armes. Cette importante réforme eut lieu en 1445. On forma quatorze compagnies, composées des hommes les plus vaillants et les plus robustes : la compagnie de la garde fut la quinzième; chacune de ces quinze compagnies était de cent lances fournies [1] et leur force totale de huit à neuf mille hommes, non compris de nombreux volontaires qui s'y adjoignaient en temps de guerre. Dès lors le ban et arrière-ban ne furent plus qu'une milice extraordinaire, convoquée seulement lorsque la *gendarmerie*, jointe à l'*infanterie*, ne suffisait pas pour les besoins de la guerre. Le roi Charles VII, dans sa résolution de devenir le créateur de l'armée française, ne se borna point à l'organisation de la cavalerie; 4,000 archers à pied furent réunis en corps. Les chevaliers avaient toujours tellement méprisé cette troupe, qu'elle n'était composée que de mercenaires étrangers, manquant d'adresse, faute d'exercice. Les Anglais avaient dû les victoires de Crécy et de Poitiers à l'habileté de leurs archers. Ces tristes et sanglantes leçons auraient dû inspirer le désir de les imiter; mais on avait préféré mettre à pied les chevaliers accablés du poids de leur armure, erreur grossière et fatale qui rendit plus funeste la malheureuse journée d'Azincourt.

Charles VII, afin d'élever les troupes à pied au rang qu'elles méritaient, joignit à ses gardes du corps vingt-cinq *cranequiniers*. C'étaient des soldats porteurs d'arbalètes. Les arbalétriers employés dans les armées françaises étaient Allemands ou Anglais. Les rois de France avaient néanmoins un grand-maître des

[1] Chaque homme d'armes devait mener à sa suite cinq autres hommes montés : un *coutilier*, ou cavalier armé d'un couteau, un *page*, trois *archers*; il avait en outre un gros valet à pied. Les hommes d'armes, avant d'être reçus, fournissaient des preuves de noblesse de sang, de bonnes mœurs et d'exacte probité. Les seigneurs les plus vaillants et les plus renommés, ayant obtenu le commandement des quinze compagnies, la réputation de tels chefs y attira bientôt des volontaires assez riches pour servir sans paye, et dont le nombre fut souvent assez considérable pour porter la force d'une seule compagnie à douze cents lances.

arbalétriers, qui jouissait, dès le temps de saint Louis, d'une grande considération. Le commandement de cet officier s'étendait sur tous les gens de pied. La découverte de la poudre augmenta ses prérogatives. «Outre «la garde et l'administration de toute la cour, en l'ost, «ou chevauchée du roi, il avait la surintendance sur «les archers, maîtres d'engins, canonniers, charpen- «tiers, etc.» Lorsque l'usage des arbalètes tomba en désuétude, le grand-maître des arbalétriers devint le grand-maître de l'artillerie. Malgré tous les efforts de Charles VII, la science du génie et celle de l'artillerie firent peu de progrès sous son règne. Les canons, d'un calibre énorme, étaient mal fondus, mal percés, ils manquaient de mobilité, et ne présentaient aucune sûreté à ceux qui les tiraient, et qui furent souvent les premières victimes de leurs explosions.

La science de l'attaque des places devait être longue à naître chez des guerriers qui se piquaient de combattre face à face. Les ordres réitérés et sévères des rois et des généraux eurent de la peine à obtenir que les assiégeants marchassent dans les tranchées jusqu'au bord des fossés. La science de la défense était plus avancée que celle de l'attaque; les fortifications avaient pris plus de hauteur, et les remparts étaient composés d'une double et même d'une triple enceinte. Les combats des mines offraient, dans les siéges, une occasion fort recherchée de donner des preuves de courage. «Dès que les mineurs des deux partis jugeaient, par le bruit, que leurs travaux approchaient, ils en donnaient avis; alors les guerriers les plus déterminés se présentaient pour les soutenir; on se défiait réciproquement, et le rendez-vous était indiqué dans le souterrain de la mine. On mettait une barrière, à hauteur d'appui, à l'extrémité de la mine des assiégeants. Dès que les assiégés y étaient parvenus, et avaient fait l'ouverture, ils se retiraient pour faire place aux chevaliers. On combattait en nombre égal et à la lueur des flambeaux; on ne pouvait se frapper ailleurs qu'aux parties du corps qui excédaient la barrière. Des juges du combat de chaque côté décidaient des actions; les vaincus payaient ordinairement leur défaite par une somme d'argent, ou par quelque bijou qui tenait lieu de rançon; quelquefois leur en coûtait la liberté.»

Les mines consistaient alors en vastes galeries creusées sous la fortification que l'on voulait détruire. Le terrain était soutenu par des étançons de bois, auxquels les mineurs mettaient le feu en se retirant. Les suites des incendies, quelque rapides qu'ils pussent être, ne pouvaient donner aucune idée des épouvantables explosions qui, de nos jours, «offrent l'image du bouleversement de la terre, obscurcissent le ciel, ébranlent les plus fermes courages, et donnent à la mort même des formes plus hideuses.»

L'armée française, outre la réorganisation de Jean Ier et de Charles VII, eut diverses modifications à subir. En 1445, la force des compagnies d'ordonnance avait été fixée à cent lances, c'est-à-dire à cent *maîtres*, ayant, comme nous l'avons dit, chacun cinq hommes de suite : *trois archers*, *un coutilier* et *un page*. Cette force ne resta pas long-temps la même; et l'inégalité des compagnies était telle en 1498, qu'on en comptait de cent, de soixante, de cinquante, de quarante, de trente et même de vingt-cinq lances. La force de la lance se composait de sept hommes, dont quatre archers. François Ier la modifia encore par ses ordonnances En 1515, la *lance fournie* fut portée à huit chevaux; elle se composa de l'homme d'armes, de cinq *archers*, d'un *écuyer* et d'un *valet*; mais la solde de ces troupes étant devenue insuffisante, le roi réduisit, en 1530, les compagnies à quatre-vingts lances, et augmenta la solde des hommes d'armes d'un cinquième, en leur répartissant la paye des lances réformées. En 1547, Henri II supprima les écuyers et les valets, et fixa la composition des compagnies de gendarmerie à 115 cavaliers, savoir : un *capitaine*, un *lieutenant*, un *enseigne*, un *guidon*, un *maréchal des logis*, trente-cinq *maîtres* et soixante-quinze *archers*.

En réorganisant la cavalerie, François Ier, prince-guerrier, loué beaucoup trop par les poëtes et pas assez par les militaires, voulut, comme Charles VII, reconstituer l'armée nationale, et s'occupa aussi de la réorganisation de l'infanterie qui jusqu'alors, avait marché par bandes inégales en force, en discipline et en instruction.

Une ordonnance rendue en 1534 créa sept *légions* de volontaires qui devaient présenter ensemble un effectif de 42,000 hommes, dont 30,000 *hallebardiers* et 12,000 *arquebusiers*. Cette ordonnance reçut un commencement d'exécution; mais la nécessité, imposée par la guerre, de diviser, à cause de leur grand nombre, les troupes d'une même légion, fit abandonner cette nouvelle organisation : on en revint momentanément aux bandes, qui ne présentaient pas cet inconvénient, et qu'on tâcha de modifier par l'introduction de nouveaux chefs et d'une discipline appropriée aux besoins du service. Cependant Henri II trouva bientôt que le plan de son père offrait aussi des avantages; car, par une ordonnance de 1558, il recréa sept légions différant peu des anciennes. Cette seconde création n'eut pas plus de succès que la première. Les guerres de religion et la défection de quelques-unes des compagnies, qui se déclarèrent pour le prince de Condé, suspendirent l'organisation de ces corps, et firent licencier ce qui était déjà rassemblé. Toutefois les légionnaires ne furent point perdus; ceux-ci, aussi bien que les soldats des vieilles bandes, servirent à former de nouveaux corps, auxquels on donna le nom de *régiments*, nom emprunté aux Allemands et aux Suisses. «Quoiqu'on ne trouve nulle part en quel lieu se fit cette organisation, il est certain, dit Daniel, que ce ne fut point plus tard qu'en 1562.»

L'armement des soldats d'infanterie éprouvait des révolutions; l'arc, l'arbalète, l'arquebuse, la hallebarde, le mousquet à rouet et à mèche avaient été successivement abandonnés : le fusil à baïonnette devait, sous Louis XIV, devenir l'arme du fantassin.

Lorsque Henri IV monta sur le trône, on ne comptait dans l'armée que quatre régiments d'infanterie, connus dans l'histoire sous le nom de *vieux corps*, et célèbres par leurs exploits. C'étaient les régiments

INTRODUCTION.

de *Picardie*, de *Champagne*, de *Navarre* et de *Piémont*. En 1620, dix ans après la mort de Henri, le nombre des régiments s'était accru jusqu'à dix; celui de Normandie avait pris rang dans les vieux corps, et cinq autres, ceux de Bourbonnais, de Béarn, d'Auvergne, de Flandre et de Guyenne, avaient reçu le nom de *petits vieux*. On en créa ensuite cinq nouveaux, puis d'autres successivement, et à la mort de Louis XIII, ce nombre s'élevait à trente-trois.

Sous Louis XIV, la force de l'armée prit un développement extraordinaire. En 1701, le nombre de régiments d'infanterie était de cent trente-huit; en 1702, il fut porté à cent soixante-seize; en 1705, à deux cent trente-cinq; en 1706, à deux cent cinquante-neuf, et enfin, en 1709, à deux cent soixante, non compris deux régiments de la garde. Mais il est à remarquer que, à l'exception des *vieux corps*, des *petits vieux* et de quelques autres régiments qui comptaient quatre bataillons, la plupart n'en avaient que deux. Il y avait même plusieurs régiments formés d'un seul bataillon.

En 1715, après la paix de Rastadt, le nombre des régiments d'infanterie fut réduit à cent dix-sept. De nouvelles guerres étant survenues, plusieurs corps furent successivement recréés, et on comptait, en 1747, cent trente-sept régiments; mais ce nombre diminua de nouveau insensiblement, et à l'avènement de Louis XVI, il n'en existait plus que quatre-vingt-onze, dont un, celui des *grenadiers de France*, avait été formé des compagnies d'élite des régiments supprimés en 1749. Douze nouveaux régiments créés en 1776 portèrent ce nombre à cent trois.

La cavalerie n'avait pas éprouvé moins de changements que l'infanterie; les compagnies de gendarmerie et de chevau-légers d'ordonnance, créés en 1445, avaient disparu : l'arme de la lance avait été abandonnée, ainsi que l'arc, les flèches, et toutes les armures défensives, excepté la cuirasse ou plastron, qui fut en usage jusqu'au milieu du XVIIIe siècle. Le sabre droit ou d'estoc, le sabre court ou cimeterre, et le pistolet, étaient devenus les armes principales de la cavalerie.

Le plus ancien corps était celui des dragons, dont la première formation remonte à 1541. Cette troupe, destinée à combattre à pied et à cheval, formait une liaison naturelle entre l'infanterie et la cavalerie. La grosse cavalerie se composait de régiments de cavalerie proprement dite, de carabiniers (créés en 1693), de cuirassiers (1665); la cavalerie légère comptait des hussards (1692), des chasseurs à cheval (1758), des chevau-légers (1779). Un régiment de hulans, armés de lances, organisé par les soins du maréchal de Saxe, qui appréciait toute l'utilité de cette arme pour la cavalerie, avait été licencié à la mort de cet habile homme de guerre.

Les sciences de l'artillerie et du génie avaient été portées à un haut point de perfection. L'illustre Vauban avait fait une révolution dans l'art de l'attaque et de la défense des places fortes.

L'habillement du militaire subit diverses transformations; nous avons déjà fait connaître celles effectuées dans les plus anciennes troupes, et dans les premières compagnies d'ordonnance, dont l'armure était recouverte d'une cotte armoriée, qui avait le nom de cotte d'armes. A la cotte succéda le *hoqueton*, espèce de manteau en forme de sac et à manches ouvertes, qui devint bientôt *casaque*, parce qu'on en ferma les manches et qu'on l'ouvrit par devant. On portait la casaque agrafée au cou. La cotte d'armes cessa alors d'être en usage et ne parut plus que dans les tournois. La couleur des *casaques d'ordonnance* distinguait les compagnies, et la forme des croix dont elles étaient ornées faisait connaître la nation. L'armée française comptait alors pour auxiliaires des Suisses, des Allemands, des Italiens, des Corses et même des Grecs. L'usage des casaques fut aboli sous Henri II, et à leur place on choisit, pour servir d'uniforme aux troupes, l'écharpe qui avait déjà été en usage du temps de Saint-Louis. Chaque soldat avait deux écharpes; l'une désignait la *livrée*, ou couleur de la nation, et l'autre indiquait la compagnie. On les portait en bandoulière, l'une à droite et l'autre à gauche; elles se croisaient sur l'estomac et derrière le dos. L'écharpe, qui marquait le corps, était de la couleur choisie par le capitaine, et variait suivant les commandants; celle qui indiquait la nation était de la même couleur pour toutes les troupes.

Les gens de guerre conservèrent l'écharpe jusqu'à ce que l'habit d'uniforme fut adopté. On la portait encore à la bataille de Steinkerque, après laquelle l'usage s'en perdit. Les aiguillettes, ou nœuds d'épaules, la remplacèrent et offrirent de nouveau à chaque commandant l'occasion de continuer à donner ses couleurs à ses soldats. En 1692, l'aiguillette était encore la principale marque distinctive des officiers.

L'habillement et l'armement uniforme des troupes ne commença guère à être admis en principe que sous Louis XIII un peu avant le siège de la Rochelle, et dans certains corps seulement.

Ce fut sous Louis XIV, en 1670, que les premiers uniformes des officiers et des soldats furent portés régulièrement. Auparavant les officiers n'avaient aucun costume distinctif, et les soldats, cavaliers et dragons portaient des habits de différentes couleurs. Quelques corps, jaloux de se distinguer, avaient seulement, comme on peut le voir dans les tableaux de Van der Meulen, des vestes et des culottes rouges. Le casque et le bonnet furent alors remplacés par le chapeau de feutre. L'éclat donné aux costumes de la maison du roi servit à stimuler le zèle des régimens. Ce corps d'élite fut long-temps, comme l'a été depuis la garde impériale, le modèle et l'exemple de l'armée.

Néanmoins les officiers ne portaient pas toujours l'uniforme; en 1717, Louis XV leur en imposa l'obligation pendant tout le temps qu'ils seraient à leur corps, soit en marche, soit en garnison. «L'uniforme, dit l'ordonnance, est l'habillement le plus convenable pour faire reconnaître l'officier et le faire respecter par ses soldats.» En 1759, l'épaulette remplaça l'aiguillette comme signe du grade militaire. Peu de temps auparavant, on avait adopté le hausse-col, attribué exclusivement à l'officier de service. Voici quelles étaient, en 1763, les marques distinctives des grades parmi les officiers d'un même régiment.

Le colonel portait deux épaulettes, une de chaque côté, en or ou en argent, suivant la couleur du bouton ; ces épaulettes devaient être ornées de franges riches à nœuds de cordelières. Le lieutenant-colonel avait une seule épaulette, à franges et à nœuds de cordelières, qu'il portait à gauche. Le major avait deux épaulettes, une de chaque côté, ornées de franges, sans nœuds de cordelières. Le capitaine et l'aide-major, ayant commission de capitaine, portaient une seule épaulette, pareille à celle du major. Le lieutenant avait une épaulette losangée de carreaux de soie jaune ou blanche (jaune quand le bouton était blanc, et blanche dans le cas contraire), et à franges de soie mêlées d'or ou d'argent. Enfin le sous-lieutenant se distinguait par une épaulette de soie jaune ou blanche, suivant le bouton, avec des carreaux d'or ou d'argent en opposition.

Le soldat français fut, dans tous les temps, fidèle à son drapeau ; mais, avant de réunir sur une même bannière les trois couleurs que les héros de la République et de l'Empire ont rendues si glorieuses, le drapeau national n'a pas toujours été le même dans l'armée. L'*Oriflamme*, le plus ancien signe de ralliement offert aux troupes, était un morceau d'étoffe unie de soie rouge à trois flammes pendantes [1]. L'étendard royal était un carré blanc, uni, sans ornements ni broderies. La cornette blanche de la cavalerie, qu'il ne faut pas confondre avec la cornette royale, était blanche à fleurs de lis d'or. Les drapeaux des régiments n'avaient généralement de semblable qu'une grande croix qui les coupaient en quatre quartiers : *Picardie* avait le drapeau rouge à croix blanche ; *Champagne*, le drapeau vert à croix également blanche ; *Navarre*, un drapeau de couleur feuille morte, avec une croix blanche ornée de fleurs de lis d'or et des armes de Navarre ; *Piémont*, un drapeau noir coupé d'une croix blanche unie, etc. Mais, éclatants ou sombres, riches ou dénués d'ornements, ces drapeaux, portés en tête de nos bataillons, jetaient une égale terreur dans les rangs ennemis.

Enfin, en 1792, au moment où l'Europe vint attaquer corps à corps la grande révolution française, l'armée nationale était ainsi composée. L'infanterie formait cent cinq régiments de ligne, chacun de deux bataillons, quatorze bataillons de chasseurs et deux cents bataillons de volontaires, créés par un décret de l'Assemblée Constituante. Les régiments de ligne n'étaient pas sans instruction, mais ils n'avaient qu'une expérience pratique, bonne pour la parade ou pour les évolutions de paix : ils étaient numériquement très faibles, ayant perdu beaucoup d'hommes par la désertion, et toute la jeunesse apte aux armes s'attachant de préférence aux bataillons de volontaires.

[1] L'oriflamme porté à la fédération de 1790 fut une bannière de soie bleue parsemée de fleurs de lis d'or et à deux flammes seulement, ornée de franges, nœuds et broderies.

L'esprit des troupes de ligne était en général favorable à la Révolution, qui les avait soustraites à la discipline allemande, introduite si impolitiquement sous le ministère de M. de Saint-Germain. L'attachement à la cause révolutionnaire était entretenu par les sous-officiers devenus officiers : cependant quelques corps, surtout ceux qui étaient composés d'étrangers, laissaient apercevoir des dispositions moins favorables. Les soldats de la ligne étaient d'ailleurs d'un physique faible, comme le seront toujours ceux qui auront long-temps habité les casernes, où la nourriture insuffisante, les vices contractés par suite de l'oisiveté, et les maladies graves qu'ils amènent, ont bientôt mis les plus robustes hors d'état de supporter les fatigues de la guerre. Quant aux bataillons de volontaires, sous le rapport du complet, de la vigueur et de l'esprit patriotique, ils ne laissaient rien à désirer.

Il existait dans l'armée sept régiments d'artillerie, de deux bataillons, trop faibles, sans doute, pour le besoin du moment, mais d'une instruction parfaite, et animés du meilleur esprit. On sait que la noblesse n'était pas une condition exigée pour être officier dans cette arme, aussi l'émigration y avait-elle fait peu de prosélytes, et il y avait eu moins de désorganisation que dans les autres corps [1]. On venait, en outre, [de former neuf compagnies d'artillerie à cheval, à l'imitation de celles qui existaient dans les armées allemandes. Cette innovation eut un tel succès que le nombre en fut bientôt assez augmenté pour qu'on en formât des régiments.

Enfin, la cavalerie comptait cinquante-neuf régiments de différentes armes, savoir : vingt-quatre de grosse cavalerie, instruits et disciplinés, montés sur de bons chevaux bien dressés, peut-être même un peu usés par l'abus des exercices du manège (on soupçonnait, à tort sans doute, la suite le prouva, ces régiments d'être moins partisans de la Révolution que les autres troupes) ; dix-huit régiments de dragons ; douze de chasseurs à cheval, et cinq de hussards, bien montés, instruits, remplis de dévouement et de patriotisme.

Ces troupes, assez nombreuses pour composer l'armée en temps ordinaires, auraient été insuffisantes

[1] La désorganisation causée par l'émigration ne fut que momentanée : « L'émigration fut une des plus grandes fautes politiques de la noblesse française, en ce que, lui faisant abandonner tous ses emplois, chez le peuple du monde le plus apte à tout par son éducation et son caractère, loin de le jeter dans la désorganisation, elle détruisit au contraire toutes les sources d'opposition, et laissa créer une administration nouvelle dont la jeunesse doubla l'énergie....
« Le décret qui enleva les emplois militaires aux officiers sortis de la noblesse concourut avec l'émigration à laisser le champ libre à une classe d'hommes généralement bien élevés et destinés, sous l'ancien régime, aux grades de sous-officiers ; ils aidèrent les officiers restés à leur postes à sauver les régiments de la désorganisation à laquelle on les croyait livrés. Les sergents, forts de l'expérience et de l'habitude de l'instruction, devinrent bientôt de très bons officiers. Les bataillons de volontaires nationaux, où l'éducation se trouvait plus répandue, en donnèrent également un grand nombre, et la France eut ses armées manœuvrières. Alors personne ne voyant plus de bornes à la carrière de la valeur et du talent, ces nouveaux chefs s'appliquèrent à l'étude de la stratégie, en perfectionnèrent les principes, en reculèrent les bornes par des conceptions secondées de grands succès, et bientôt on vit s'élever tout-à-coup, sous des noms la plupart inconnus, cette foule étonnante de grands capitaines qui, pendant vingt-cinq ans, firent la gloire de la France et commandèrent l'admiration du monde civilisé. » *Mém. du Général Hugo.*

pour lutter avec toutes les forces de l'Europe, si l'amour de la patrie en danger n'avait pas parlé aussi haut dans tous les cœurs. Alors, et quand le besoin en arriva, tous les citoyens capables de porter les armes se firent soldats ; et, à une certaine époque, on put dire que la France c'était l'armée.

Les nations européennes sont des nations guerrières, et leurs soldats se distinguent par des qualités plus ou moins précieuses, tant naturelles qu'acquises.

Le soldat anglais, attaché à ses chefs, est soumis, discipliné, facile à conduire. Il sait supporter les fatigues lorsqu'il est largement et fortement nourri. Il est d'ailleurs propre et bien tenu. Son courage a peu d'impétuosité, mais il reste ferme au milieu du danger. Enfin, quoique recruté à prix d'argent, il se montre assez sensible à l'honneur national.

Le Russe, qui de serf devient libre en devenant soldat, si c'est obtenir la liberté que d'échanger la servitude de la glèbe contre un engagement de service perpétuel, a des qualités précieuses. Il obéit, sans hésitation, à la plus rigoureuse des disciplines, exécute, avec empressement, les ordres de ses officiers, brave les périls avec une indifférence animale, garde son rang avec opiniâtreté et sait mourir à son poste. Sobre, infatigable, indifférent aux privations comme aux intempéries, il montre d'ailleurs, quand son fanatisme est excité, du dévouement, du courage et une ténacité dans le combat qu'aucun revers ne peut abattre. C'est peut-être la plus parfaite des machines militaires.

Le soldat prussien joint, à une grande bravoure naturelle, à une impétuosité vive, une grande instruction pratique et une intelligence développée des manœuvres. Il apprend facilement, retient bien et exécute de même. Il se contente de peu, néanmoins les privations continues altèrent son moral et abattent son audace. Sa discipline est parfaite, mais l'habitude qu'il a d'obéir fait qu'il a besoin d'être commandé.

L'Autrichien et le Hongrois sont remplis de bravoure ; si l'Autrichien est plus solide, le Hongrois a plus d'élan, mais l'un et l'autre, quoique attachés à leur pays et à leur souverain, acceptent facilement les arrêts de la fortune et se soumettent sans opiniâtreté au sort des batailles. Ce sont des troupes excellentes, quand elles sont bien commandées et victorieuses ; dans les défaites, elles manquent de nerf et de vigueur.

Le soldat suédois est brave jusqu'à la témérité, instruit et discipliné, mais il cède aussi trop facilement à la fortune. Le Polonais, bouillant, impétueux, plein de fierté et de courage, nourrit, au contraire, dans son âme de vifs sentiments de nationalité que n'abattent point les revers. Il adore encore un Dieu, aime encore une patrie et conserve toujours une espérance, car sa foi le fait croire à une justice divine.

Depuis long-temps les soldats suisses n'ont pas eu à combattre pour leur patrie. Il est probable que dans le cas où cela deviendrait nécessaire, il se trouverait encore des Winckelried parmi eux. Mais ce sont des troupes, fermes, courageuses, disciplinées, fidèles à leur serment, et moins avides d'argent que le proverbe ne pourrait le faire croire. Depuis trente-cinq ans, elles ont souvent combattu à nos côtés, et elles ont partagé, sans murmure, nos fatigues et nos privations.

Les Hollandais se sont toujours montrés braves et résolus, soit qu'ils aient combattu avec nous ou contre nous ; ils ont toute la fermeté que leur caractère flegmatique annonce, et souvent un élan dont on ne se douterait pas.

Les Belges, les Piémontais, les Savoyards, les Milanais ont servi, confondus dans nos rangs, durant les longues guerres de la Révolution et de l'Empire. C'étaient de bons soldats ; seuls quelques corps italiens manquaient de discipline. Nous avons réussi à faire de braves troupes de régiments levés à Naples et dans les États du Pape. Combattant à côté des enfants de Brennus, ils semblaient se rappeler leur origine romaine, albaine ou samnite ; alors ils battaient les Autrichiens. L'amour de la patrie et le désir de l'indépendance italienne renouvelleront, sans doute, un jour pour ces peuples l'effet produit par une généreuse émulation, et ils obtiendront encore, il faut l'espérer, de patriotiques victoires.

Les Portugais, sans jamais se soumettre à la discipline anglaise, se montrèrent souvent des soldats braves et dignes de soutenir en ligne le choc de nos régiments. Les Espagnols semblaient y avoir renoncé ; leur redoutable infanterie, ces tours vivantes de Bossuet, n'existait même plus dans leurs souvenirs ; mais c'étaient de rudes partisans ; animés d'un vif sentiment de fanatisme religieux et patriotique, ils étaient actifs, infatigables, opiniâtres, patients et fermes, remplis de courage et de prudence, de résignation et d'audace. La défense de Saragosse surpassa celle de Numance et de Murviedro.

Nous verrons que les Français, dans les longues guerres qu'ils ont soutenues, n'ont pas eu seulement à combattre les peuples européens. Nos soldats ont vu en face les braves et terribles Mamelucks, si redoutables dans les vastes plaines du désert ; les Turcs, si fermes et si déterminés derrière des murailles ; les Bedouins, astucieux et féroces ; tous ces peuples guerriers de l'Afrique et de l'Orient, dont le courage inné emprunte au dogme de la fatalité une opiniâtreté plus résolue et une plus aveugle ténacité.

Les Français ont eu à combattre toutes les soldats de l'Europe, et, à nombre égal, ils les ont toujours vaincus. C'est, qu'à la discipline, lien unique des armées puissantes, nos soldats joignent la patience et la gaîté qui font surmonter les fatigues ; la fermeté, qui apprend à garder son rang jusqu'à la mort, et qui transforme en muraille impénétrable une ligne flottante de fantassins ; c'est, qu'à l'opiniâtreté des Russes, à l'audace des Mamelucks, au courage des Anglais, des Autrichiens, des Prussiens, ils ajoutent cette impétuosité toute nationale, si bien nommée par les Italiens *la furia francese* ; c'est qu'aux qualités de la bravoure, de la discipline, de l'instruction, avec lesquelles un homme armé devient déjà un excellent combattant, ils unissent les sentiments qui assurent toujours la victoire, le dévouement au général et l'amour de la patrie : enfin, les qualités qui font de nos soldats des hommes uniques pour la guerre, ce sont la compréhension soudaine, l'intelligence supérieure des difficultés du moment et des moyens de les surmonter. Il est à remarquer que les soldats français sont les seuls qui puissent, au besoin, se passer d'officiers. Laissez devant l'ennemi une troupe livrée à elle-même, sans ordres et sans chefs, des Anglais fuiront, des Russes se feront tuer, des Français, par le seul génie naturel, et par l'instinct militaire qui les anime, se constitueront en corps réglé, et, dans les rangs même des soldats, trouveront aussitôt un général, des officiers. L'obéissance sera volontaire et absolue, l'élection spontanée et sans contradiction; chacun ne songera qu'à marcher en avant, à combattre et à triompher. De tels soldats, on le conçoit, produiront dans tous les temps d'illustres généraux.

Avant de commencer le récit des guerres si glorieuses pour nos armes, quoique mêlées de triomphes et de revers, il convient d'examiner brièvement quelle était la situation des puissances étrangères au moment où la nation française jeta le poids de sa grande révolution dans la balance européenne.

Gouvernée par cette Catherine que nos philosophes, aussi flatteurs que des courtisans, avaient surnommée *la Grande*, la Russie était engagée dans une guerre pénible et sanglante avec les Turcs. Mais la czarine, au premier avis de ce qui se passait en France, se prépara à la paix avec la Porte ottomane, et médita de profiter de l'embrasement du midi de l'Europe pour porter un dernier coup à la malheureuse nation polonaise; celle-ci venait de se donner de nouvelles institutions pour tâcher d'échapper à l'influence moscovite.

La Suède avait pour roi un prince brave et généreux : Gustave, débarrassé de la pesante tutelle d'un sénat avide de pouvoir, et victorieux naguère des troupes russes, était considéré en Europe comme un héros. Attaché à Louis XVI par les liens d'une amitié sincère et par les principes d'une même politique, il promettait d'être un des alliés les plus précieux de la maison de Bourbon dans la lutte que la coalition se proposait d'engager en sa faveur. Sa mort fut une fatalité pour le roi de France.

Le Danemarck, étranger depuis long-temps à toutes les guerres de ses voisins, cherchait à recréer sa prospérité par le commerce, qui fructifie toujours dans la paix.

La Prusse avait cessé d'être gouvernée par le grand Frédéric. Son successeur, jaloux de la gloire militaire et de la haute renommée de son oncle illustre, était disposé, dans l'espoir de se faire aussi un nom, à abandonner la ligne politique qu'avait suivi jusqu'alors le ministère prussien, sans prévoir que combattre et abaisser la France c'était servir réellement l'Autriche, éternelle rivale en Allemagne de la maison de Brandebourg.

L'Autriche attendait un moment favorable pour rétablir la gloire de ses armes, un peu obscurcie par la guerre de sept ans et par celle contre les Turcs. Elle voyait, dans une intervention en faveur de la maison de France, un moyen de ressaisir l'influence sur l'Empire et sur l'Italie, et de reprendre peut-être l'Alsace et la Lorraine, que les victoires de Louis XIV et le mariage de Louis XV lui avaient enlevées, mais qu'elle n'avait jamais cessé de regarder comme lui appartenant. L'utilité politique était donc le secret mobile de toutes les manifestations d'intérêt qu'elle adressait à la famille des Bourbons.

L'Espagne et Naples étaient dans la disposition de faire la guerre à la France pour défendre les droits de la maison royale, dont leurs souverains étaient issus. La cour de Turin, entraînée par ses alliances de famille, partageait ces dispositions. La Hollande venait de conclure avec les Anglais une alliance intime, dont le résultat devait être la ruine de son commerce et la perte d'une partie de ses colonies; mais elle n'avait aucune disposition à s'occuper, de son propre mouvement, des affaires de France.

Le ministère anglais paraissait d'abord résolu à ne voir dans la Révolution que l'émancipation légitime d'un peuple ressaisissant ses droits imprescriptibles; mais il eût été inquiet de voir cette Révolution se terminer d'une manière prompte et heureuse. Il avait de récentes injures à venger : l'appui donné par la France aux insurgés d'Amérique était la cause d'une secrète irritation. L'Angleterre n'ignorait pas non plus que Tippoo-Saeb négociait pour obtenir les secours de la France; elle redoutait que le cabinet de Versailles, éclairé sur ses véritables intérêts politiques, n'accédât aux vœux du sultan de Mysore, et que Louis XVI, déjà le sauveur de l'Amérique, n'eût encore la gloire de devenir le libérateur de l'Inde. La politique anglaise était donc disposée à favoriser tous les partis, dont l'exagération ou l'ambition pouvaient compromettre l'heureuse issue de la Révolution française. En même temps, craignant que cette Révolution sage et triomphante ne s'arrêtât dans de justes bornes, et que la France, tranquille, ne redevînt forte et puissante, le ministère britannique applaudissait à une coalition armée, qui, en portant la guerre sur le territoire national, devait ôter au gouvernement français jusqu'à la pensée de chercher à la faire dans des contrées lointaines. Mais, afin de ne compromettre ni sa vengeance ni ses intérêts, l'Angleterre évitait de se prononcer ouvertement, et se bornait à appuyer, par son or et par ses intrigues, les factions qui devaient déchirer la France au dedans, les ennemis qui devaient l'attaquer au dehors.

A. HUGO.

FRANCE MILITAIRE.

INVASION DE LA CHAMPAGNE EN 1792.

SOMMAIRE.

Première coalition continentale. — Plan de campagne. — Armée coalisée. — Manifeste du duc de Brunswick. — Situation des armées françaises. — Entrée des coalisés en France. — Combat de Fontoy. — Prise de Longwy. — Prise de Verdun. — Mouvement de Dumouriez. — Défilés de l'Argonne. — Camp de Grandpré. — Marche des Prussiens sur Châlons. — Prise et combat de la Croix-aux-Bois. — Levée du camp de Grandpré. — Panique de Vaux. — Camp de Sainte-Ménéhould. — Arrivée de Beurnonville. — Jonction de Kellermann et de Dumouriez. — Bataille de Valmy. — Camp de la Lune. — Situation critique des coalisés. — Négociations. — Levée du camp de la Lune. — Retraite des Prussiens. — Reprise de Verdun. — Reprise de Longwy. — Siége de Thionville. — Évacuation du territoire français.

	Généraux.			Généraux.
Armées Françaises.	Armée du Nord... Dumouriez.		*Armée Coalisée.*	Prussiens... { Frédéric-Guillaume II, roi de Prusse. { Duc de Brunswick-Lunebourg, généralissime.
	Armée de la Sarre. Kellermann.			Autrichiens. { Le prince de Hoheulohe Kirchberg. — Clairfait.

Les rois de l'Europe, éclairés par leur intérêt personnel, avaient compris, dès l'origine, que les principes qui servaient de base à la révolution française menaçaient d'ébranler tous les trônes; mais, trompés par les illusions des émigrés français, ils s'abusèrent au point de croire qu'une manifestation de leur part, appuyée par une armée, suffirait pour comprimer l'effervescence de la nation, et réprimer ce qu'ils appelaient les troubles de la France. Ils connaissaient mal alors la portée de l'enthousiasme révolutionnaire et la force du dévouement patriotique.

Première coalition continentale. — La convention de Pilnitz fut suivie du traité d'alliance de Berlin. A ces deux actes prirent part le roi de Prusse, l'empereur d'Allemagne et quelques-uns des petits princes de la Saxe, de la Hesse et des bords du Rhin. Leurs projets hostiles furent retardés pendant quelque temps par la mort du roi de Suède Gustave, et par celle de l'empereur Léopold. L'assemblée nationale profita de ces deux événements pour déclarer la guerre à l'Autriche. Bientôt la coalition renoua ses projets; et huit jours après le décret qui déclarait en France la patrie en danger, le plan de l'invasion fut définitivement arrêté à Mayence par le roi de Prusse Frédéric-Guillaume III, l'empereur d'Allemagne François, et le duc de Brunswick-Lunebourg, qui devait être le généralissime de l'armée coalisée.

Plan de campagne. — Les frontières du nord et de l'est, sur lesquelles la France pouvait être alors attaquée par la coalition, se partagent en trois parties. — La première ligne, qui s'étend derrière le Rhin, de la Suisse à Landau, est couverte par deux rangs de places fortes, telles que Huningue, Brisach, Schelestadt, Strasbourg, etc., et par la chaîne des Vosges, montagnes boisées, souvent impraticables, et faciles à défendre. — La deuxième ligne comprend l'intervalle depuis Landau jusqu'à Givet. Cette ligne est coupée par la Sarre et par la Moselle, qui coulent perpendiculairement à sa direction. Elle est défendue par de nombreuses forteresses, Thionville, Longwy, Givet, Metz, Verdun, Sédan, etc., et par les forêts des Ardennes, dont la partie centrale est praticable sur plusieurs points. — La troisième, de Givet à Dunkerque est couverte par une triple barrière de villes fortes, dues pour la plupart au génie de Vauban, et dont Philippeville, Maubeuge, Valenciennes, Lille et Dunkerque sont les principales. — Les coalisés, ne songeant pas à faire une guerre méthodique, voulaient éviter les siéges; ils comptaient autant, pour leurs succès, sur la désorganisation des armées françaises que sur leurs propres moyens; ils résolurent d'entrer en France par la frontière du centre, dont les places fortes, peu nombreuses, étaient en mauvais état de défense, et de marcher droit sur Paris.

Armée coalisée. — L'armée destinée à l'invasion se composait de 112,000 hommes (92,000 d'infanterie et 20,000 de cavalerie) savoir : 60,000 Prussiens, 32,000 Autrichiens, 8,000 Hessois et 12,000 émigrés. Les Autrichiens étaient de braves troupes, aguerries par leurs récentes campagnes contre les Turcs. Mais l'armée prussienne, qui faisait la principale force des coalisés, passait pour la première de l'Europe : c'était celle qu'avait formée le grand Frédéric. Orgueilleuse de luttes et de victoires jusqu'alors sans exemple dans les annales modernes, fière du génie militaire du roi qui avait été son général, elle joignait à cette force d'opinion une complète connaissance des grandes manœuvres et une instruction pratique supérieure. Les officiers y rivalisaient tous de talents. L'émulation et le souvenir de combats glorieux avaient été entretenus en eux par de fréquents simulacres de guerre. C'était dans ces grandes manœuvres, où les deux partis sont représentés, que Frédéric exerçait ses officiers généraux à faire mouvoir de grosses masses sur toute espèce de terrain, à régler leurs dispositions stratégiques d'après les circonstances du moment, les accidents du sol, et suivant les maximes consacrées par l'art et l'expérience. On y étudiait l'art de choisir de bonnes positions, et d'y placer les troupes à l'abri des entreprises de l'ennemi : Frédéric faisait faire à ses généraux et à ses soldats des campagnes en temps de paix. On conçoit quelles devaient être la confiance morale et l'assurance pratique d'une armée ainsi exercée.

Qu'avait la France à opposer à ces terribles ennemis?... des régiments minés par la désertion et l'émigration énervés par une longue paix, mal instruits, mal disciplinés, sans union entre eux, sans confiance dans leurs chefs, et des bataillons de volontaires à peine exercés à manier un fusil, sans équipement, sans habits et sans chaussures. — Mais l'amour de la patrie et l'orgueil du nom français animaient ces masses inhabiles, et devaient en faire promptement les guerriers les plus redoutables de l'Europe.

Manifeste du duc de Brunswick. — Le généralissime de l'armée coalisée, au moment où il aurait dû tâcher d'attirer à lui tous ceux que la marche du gouvernement révolutionnaire commençait à inquiéter, et qui voyaient avec peine l'avilissement de la majesté royale, fut assez impolitique pour humilier, dans un manifeste arrogant, l'amour-propre des Français de toutes les opinions. La menace et la jactance sont de mauvais goût chez un vainqueur; elles indignent de la part d'un ennemi qui n'a pas combattu. « Je « viens, disait le général étranger, je viens, avec « une puissante armée, relever le trône et détruire l'a- « narchie... Tous les Français, sans distinction, qui « combattront les soldats alliés, seront punis comme « rebelles... Je rends tous les Français responsables, « s'ils ne s'y opposent pas, des attentats révolution- « naires contre le roi et sa famille... En cas de résistance « ou de désordre, les villes et les villages seront frap- « pés d'exécution militaire et livrés au pillage; toutes « les autorités constituées, tous les habitants, seront « punis de mort, etc. » Ce ton, si peu en rapport avec l'esprit de pacification dont les coalisés prétendaient être animés, excita l'indignation générale. Le gouvernement (Louis XVI, depuis long-temps, n'était plus roi que de nom, et le 10 août approchait), sut profiter habilement de cette disposition des esprits. Il fit répandre dans toutes les communes le manifeste prussien. La proclamation du général ennemi servit d'appel aux armes.

Situation des armées françaises. — Au moment de l'invasion, Dumouriez avait remplacé sur la frontière du nord le général Lafayette, qui venait d'aller chercher un refuge à l'étranger, et qui n'y trouva qu'une prison. Il avait sous ses ordres 30,000 hommes (avec les généraux Beurnonville, Moreton et Duval), dans les camps de Maulde, de Maubeuge et de Lille, et 23,000 dans celui de Sédan. Le maréchal Luckner ne conservait qu'un commandement nominal sur les frontières des Ardennes et de l'Alsace, où se trouvaient trois corps d'armée, Biron à Strasbourg avec 20,000 hommes, Custines à Landau avec 15,000, et Kellermann à Metz avec 20,000. — Kellermann, aux premières hostilités, devait se réunir à Dumouriez, qui fut investi du commandement en chef, comme plus ancien et plus capable. Dumouriez, en effet, quelle qu'ait été sa conduite politique, avait de véritables talents militaires. Dès qu'il eut pris le commandement, il sut vaincre les préventions et gagner la confiance de l'armée; il la réorganisa en resserrant les liens, si relâchés, de la discipline, et, après l'avoir aguerrie par de nombreuses escarmouches, la rendit capable de paraître en ligne et de vaincre en bataille rangée les plus fameux soldats de l'Europe.

Entrée de l'ennemi en France. — *Combat de Fontoy.* — L'armée entra le 19 août sur le territoire français. Fontoy, village fortifié, entre Thionville et Longwy, était défendu par une division de 4,000 hommes de l'armée de Kellermann, sous les ordres du général Crusi. 22,000 Prussiens assaillirent cette petite place, et s'efforcèrent en vain d'emporter ses retranchements. Repoussé de toutes parts, écrasé par le feu de notre artillerie, l'ennemi se retira en désordre, laissant la terre couverte de morts. Un si petit nombre de braves ne pouvait néanmoins arrêter le torrent qui se précipitait sur la Champagne; pendant la nuit, le général français se replia sur Thionville.

La droite de l'ennemi, forte d'environ 30,000 hommes, et dirigée par le général Clairfait, avait pris poste à Carignan. L'aile gauche, d'environ 25,000 hommes, commandés par le prince de Hohenlohe-Kirchberg, s'arrêta devant Thionville, remplissant l'intervalle jusqu'à Sar-Louis. Le centre, d'environ 50,000 hommes, sous les ordres du roi et du duc de Brunswick, investit Longwy.

Prise de Longwy. — Cette forteresse est un hexagone bastionné qui n'a que cinq demi-lunes, la sixième est remplacée par l'ouvrage à cornes de Saint-Marc. La place, d'une petite étendue, renferme des casemates parfaitement à l'épreuve de la bombe, et dans le meilleur état. Mais elle est dominée, à 2,000 pas de distance, par le mont des Chats, dont les ennemis s'emparèrent. Après une inutile sommation faite le 31 au gouverneur, le bombardement commença. Dix heures de feu et 300 bombes tombées dans la ville, suffirent pour en effrayer la population. Une partie des habitants s'attroupa en tumulte et demanda qu'on ouvrît les portes; et le gouverneur Lavergne, avec une garnison de 1,800 hommes, 72 pièces de canon, et des approvisionnements de toute espèce, se vit contraint, par la pusillanimité des magistrats autant que par la lâcheté des citoyens, à subir une capitulation. La garnison sortit le 23 avec les honneurs militaires; mais elle resta prisonnière de guerre. — Un officier municipal avait refusé seul de souscrire à la décision du conseil. On brûla sa maison, et les Prussiens, quelques jours après, le condamnèrent à être pendu; arrêt contraire aux droits de la guerre, et fait pour déshonorer les juges qui l'avaient rendu. Au moment de l'exécution, la corde cassa; le malheureux tomba à terre, se releva en courant, et arriva, sans être arrêté, aux avant-postes de l'armée française. Son patriotisme et son courage méritaient une récompense: il fut aussitôt nommé lieutenant en présence des soldats, qui prirent les armes et le saluèrent de leurs acclamations.

Une conquête aussi facile exalta les espérances des coalisés. Elle décida le roi de Prusse à marcher directement sur l'Argonne. Cependant le duc de Brunswick perdit un temps précieux en attendant jusqu'au 29, dans le camp de Longwy, des nouvelles du prince de Hohenlohe.

Prise de Verdun. — L'armée prussienne arriva le 30 en vue de Verdun et campa sur la hauteur de Saint-Michel qui domine entièrement la place. Verdun fut aussitôt sommé de se rendre; mais cette sommation resta sans réponse. Les fortifications de la ville se composent de dix bastions liés par des courtines mal couvertes, et de plusieurs ouvrages à cornes et à couronne sur les deux rives de la Meuse. La citadelle est un pentagone irrégulier, entouré d'une fausse braie avec des courtines couvertes par des tenailles et des demi-lunes. Tous ces ouvrages étaient en très mauvais état, et depuis long-temps privés de tout entretien. Néanmoins la garnison, forte de trois mille cinq cents hommes, et commandée par le brave colonel Beaurepaire, était disposée à une vigoureuse résistance. Ce dévouement devait être inutile : à Verdun, comme à Longwy, tout finit par une espèce de parade, de simulacre de siège. Trois batteries placées sur des points différents furent dirigées contre la ville. Le bombardement, commencé le 31 août, dura sept heures le premier jour et dix heures le lendemain. La bourgeoisie s'épouvanta de quelques dégâts causés par les projectiles ennemis. Un conseil civil et militaire s'assembla. L'héroïque Beaurepaire, le noble Marceau, dont le nom est devenu si célèbre, cherchèrent vainement à démontrer la possibilité de se défendre; la terreur et la lâcheté l'emportèrent, et dès le lendemain une capitulation livra cette place forte à l'ennemi. La garnison sortit tambour battant, et alla rejoindre, à Sainte-Menéhould, le général Galbaud. — Le chef de bataillon Lemoine, qui s'était jeté avec quelques braves dans la citadelle, résolu de se défendre jusqu'à la dernière extrémité, se vit lui-même, faute de vivres, forcé de suivre cet exemple. — Beaurepaire, auquel la France n'a pas encore élevé une statue, et qui en est si digne, avait donné un bel exemple aux défenseurs des cités françaises : il s'était brûlé la cervelle au milieu du conseil, afin de ne pas être contraint de signer une honteuse capitulation. Le roi de Prusse reçut à Verdun un accueil qui ressemblait presque à de l'enthousiasme. Les partisans de la monarchie, dont la chute était imminente, voyaient en lui un libérateur. De jeunes filles belles et pures, le front orné de fleurs, furent à sa rencontre, et lui présentèrent l'imprudent témoignage de la joie de leurs parents. Mais, quelques mois plus tard, la Convention prit le pouvoir, et Fouquier-Tainville fit tomber, sous le sanglant couteau, toutes ces têtes virginales qui avaient porté de riantes couronnes.

Mouvement de Dumouriez. — Pendant que ces diverses opérations militaires avaient lieu sur les frontières de la Champagne, Dumouriez, qui, dans l'espoir de changer la première direction des coalisés par une diversion sur un territoire autrichien, s'occupait activement d'un nouveau projet d'invasion en Belgique, se détermina, pressé par la gravité des circonstances, à ajourner ce projet, et à se porter sur la Meuse. On lui écrivait de Paris de passer la Marne et de se retirer à Châlons avant que l'ennemi eût eu lui-même le temps d'arriver sur cette ville. Mais cette retraite, loin de fermer la route de Paris aux coalisés, leur permettait d'en prendre une plus aisée; et dans le cas même où ils se fussent obstinés à suivre celle de Châlons, rien ne les aurait empêchés de forcer le passage au-dessus ou au-dessous de cette ville. Un inconvénient bien plus grave encore aurait été le résultat de l'exécution de cette manœuvre. Les alliés, avec une immense cavalerie et une nombreuse artillerie, étaient engagés dans un pays ingrat, stérile, presque impraticables. Se retirer à Châlons, c'eût été leur fournir la possibilité de sortir de la position difficile où ils s'étaient imprudemment placés, et leur abandonner gratuitement et sans combat la possession des Trois-Évêchés, d'une partie de la Lorraine et des plaines de la bonne Champagne. Les masses coalisées étaient enfoncées dans des gorges étroites où leur nombre et leurs moyens d'attaque devenaient inutiles; il suffisait, pour les arrêter complétement, de s'emparer des issues qui pouvaient leur servir de débouchés, et en les harcelant ensuite continuellement, on devait, en peu de temps, ou les réduire à une retraite honteuse, ou les obliger à se consumer par les privations et les maladies.

Défilés de l'Argonne. — Les gorges dont il s'agissait de s'emparer pour arrêter la marche de l'ennemi sont au nombre de cinq : elles présentent les seuls passages praticables de l'Argonne. Cette forêt, d'une longueur de treize lieues sur une largeur fort inégale (demi-lieue à 4 lieues), s'étend depuis Passavant (à une lieue au-delà de Sainte-Menéhould) jusque auprès de Sédan. Elle se lie ensuite à d'autres bois moins considérables, entremêlés de petites plaines, et dont la direction va de Révigné-aux-Vaches jusque vers Bar-le-Duc. Elle est coupée par des montagnes, des rivières, des ruisseaux, des marais, des étangs qui la rendent impraticable, excepté dans les cinq passages par lesquels les coalisés comptaient pénétrer en Champagne. L'Argonne sépare la province des *Trois-Évêchés* (aujourd'hui départements de la Moselle et de la Meuse), pays riche et fertile, de la *Champagne-Pouilleuse* (partie N. E. du département de la Marne), espèce de désert où le sol crayeux n'offre ni eaux ni prairies, ni même aucune espèce de végétation, et où quelques misérables villages se trouvent épars çà et là, au milieu de plaines arides dont l'uniforme niveau n'est interrompu que par quelques mouvements de terrain presque insensibles. — Le premier des débouchés de l'Argonne, le plus facile, le plus ouvert, est celui appelé le *Chêne-Populeux*, traversé par un chemin qui va de Sédan à Réthel. — Le second, à deux lieues au sud du premier, se nomme la *Croix-aux-Bois*. Il communique de Briquenai à Vouziers par un chemin de charrettes. Le troisième, à une lieue et demie plus au sud encore, est celui de *Grandpré*, où passe la route de Stenay à Reims. Sa position était excellente pour établir un camp au confluent de l'Aisne et de l'Aire ; la droite appuyée sur le village de Marque, et la gauche sur celui de Grandpré. L'Aire, à sa jonction avec l'Aisne, forme un grand coude qui couvre en même temps le front et les deux flancs de l'espèce d'amphithéâtre où ce camp pouvait être établi, et où en effet il le fut bientôt. — A deux lieues et demie de Grandpré se trouve le défilé de la *Chalade*, qui traverse le chemin de Varennes à Sainte-

Ménéhould.—Enfin le cinquième débouché de l'Argonne, à une lieue et demie de la Chalade, et que suit la grande route de Verdun à Paris, forme un long défilé qu'on appelle les *Islettes*.

Camp de Grandpré. — Tels étaient les passages qu'il fallait occuper et fermer à l'ennemi. Mais cette occupation, quoique résolue, ne semblait pas facile à exécuter. Dumouriez avait douze lieues à faire pour se rendre de Sédan à Grandpré, et il était obligé de passer devant Stenay, où Clairfait se trouvait posté avec un corps de vingt mille hommes; ce général, par sa position, était en mesure de s'emparer des défilés avant que l'armée française y arrivât. Dumouriez fit preuve d'habileté dans cette circonstance; par une démonstration sur Stenay, il trompa Clairfait qui se retira à une marche en arrière (au camp de Brouennes), et il profita de l'éloignement momentané de l'ennemi pour arriver et s'établir à Grandpré.

Les troupes françaises étaient (le 5 septembre) ainsi distribuées dans l'Argonne : les généraux Dillon et Galbaud, avec une très forte avant-garde en avant de Sainte-Ménéhould, fermaient les deux chemins de Clermont et de Varennes par un camp placé aux Islettes, avec un détachement à la Chalade et un autre à Passavant. Le total des troupes sous leurs ordres était de 7,000 hommes.

Le camp de Grandpré renfermait 20,000 hommes. Il couvrait les chemins de Reims et de la Croix-aux-Bois. Dumouriez, afin de mieux assurer la défense de ce dernier passage, y avait envoyé un régiment de dragons et deux bataillons, en donnant au colonel chef du détachement les instructions les plus précises pour se fortifier convenablement. Cet officier devait surtout couper le chemin, depuis Briquenai et Bout-aux-Bois, jusqu'à la tête de ses retranchements. Ces instructions ne furent point suivies. Le général, plein de confiance en celui à qui il les avait données, négligea de s'assurer de leur exécution, et cette négligence fut une faute grave qui faillit entraîner la ruine de l'armée, tant à la guerre les petites causes peuvent souvent produire de grands résultats.

Enfin, le général Duval était chargé de la garde du débouché du Chêne-Populeux.

Il était temps néanmoins que Dumouriez occupât les défilés de l'Argonne. Clermont et Varennes avaient subi le sort de Longwy et de Verdun. Sainte-Ménéhould venait d'être dangereusement menacée, au point que les troupes en marche pour y porter secours s'étaient repliées sur Châlons.

Malgré les recrues qui étaient venues la renforcer l'armée de Dumouriez était encore bien inférieure en nombre à celle des coalisés. Le général s'était donc vu forcé d'appeler à lui plusieurs des divisions qu'il avait laissées dans les camps retranchés du département du Nord. Les généraux Beurnonville, Duval et Lanoue lui amenaient des renforts qui s'élevaient à 16,000 hommes.

Marche des Prussiens sur Châlons. — Les coalisés passèrent la Meuse le 5 septembre, sur trois colonnes, et s'arrêtèrent sur les hauteurs de Fromerville, seulement à une demi-lieue de Verdun. Par suite de l'indécision et de la lenteur qui caractérisèrent tous les mouvements des Prussiens dans cette campagne, l'armée coalisée mit huit jours à se rallier. Ce ne fut que le 12 que les différentes divisions prussiennes et autrichiennes arrivèrent aux défilés qu'elles avaient à franchir. Clairfait était devant la trouée de la Croix-aux-Bois; un corps considérable de Prussiens menaçait Grandpré, et le prince de Hohenlohe, revenu de Thionville dont il avait confié le blocus à un corps d'émigrés, campait en face des Islettes.

Cette partie du front de la ligne française semblait donc être la seule exposée aux premières attaques de l'ennemi. Le Chêne-Populeux n'étant pas directement menacé, Dumouriez, sans le dégarnir entièrement, en retira le général Duval avec les troupes aguerries qu'il commandait pour le placer sur les hauteurs de Marque, qui jusqu'alors n'avaient été gardées que par de faibles détachements : le général Dubouquet, avec 4 bataillons et 2 escadrons, remplaça Duval à Chêne-Populeux.

Prise et combat de la Croix-aux-Bois. — L'ennemi se trouvait complètement arrêté dans sa marche, lorsque le colonel de dragons, posté à la Croix-aux-Bois, demanda à revenir au camp. Le général, qu'il avait induit dans une fausse sécurité, y consentit trop facilement. Par suite de bévues et de négligences, difficiles à concevoir, ce passage important resta le 12 sous la garde de 100 hommes seulement, commandés par un capitaine. Cette faute, que Dumouriez s'est toujours reprochée, changea totalement la face des affaires. Clairfait en fut averti et fit sur-le-champ attaquer les abattis qui barraient la route : les abattis étaient si mal faits qu'on les dérangea sans peine, et les chemins si peu endommagés que la cavalerie et l'artillerie y passèrent aisément. Les 100 hommes qui devaient défendre le poste s'enfuirent, le défilé tomba au pouvoir de l'ennemi, et la ligne des Français fut menacée d'être prise à revers.

Dumouriez, instruit du désastre, envoya aussitôt sur ce point le général Chazot. Il était trop tard. Chazot parvint bien à rentrer dans la position après un combat meurtrier où le prince de Ligne fut tué; mais deux heures après, une colonne beaucoup plus forte revint à la charge, attaqua nos troupes avec fureur et les força à se replier sur Vouziers.

Le général Dubouquet, apprenant que la Croix-aux-Bois était forcée, abandonna le passage du Chêne-Populeux et profita de la nuit pour se retirer par Attigny sur Châlons; le corps des émigrés se porta alors sur Vouziers par le Chêne-Populeux qu'il avait inutilement attaqué la veille.

Levée du camp de Grandpré. — L'armée française semblait être dans une position désespérée. Par la séparation des corps de Chazot et de Dubouquet, elle était réduite à 16,000 hommes. Dumouriez avait devant lui 40,000 Prussiens, commandés par le prince de Brunswick, et derrière 25,000 coalisés, sous les ordres de Clairfait. Ce dernier général pouvait même, en rabattant par sa gauche sur Olizi, Thermes et Beauregard, couper le passage de l'Aire et de l'Aisne à Sénucques.

Dumouriez se serait trouvé alors entre ces rivières et les forêts de l'Argonne, sans vivres, presque sans munitions et investi de tous les côtés. Il eût fallu se rendre ou se faire tuer jusqu'au dernier : heureusement rien de tout cela n'arriva. L'inaction de l'ennemi, le mauvais temps, la présence d'esprit et l'activité de Dumouriez sauvèrent l'armée française, qui réussit, sans être entamée, à passer l'Aisne et à atteindre les hauteurs d'Autry en avant de Dammartin-sur-Hans. — Au moment même où cette retraite allait commencer, le prince de Hohenlohe fit demander une entrevue à Dumouriez ; celui-ci s'y fit représenter par le général Duval. Tout se passa en politesses réciproques : le général prussien témoigna beaucoup de surprise de voir tant d'ordre dans nos postes et un si grand nombre d'officiers polis et décorés. Les émigrés lui avaient dit que nos soldats n'étaient commandés que par des tailleurs et des cordonniers. Le temps des officiers généraux sortis des rangs populaires n'était pas effectivement encore arrivé : quand il vint, les étrangers n'eurent pas à s'en féliciter davantage.

Panique de Vaux. — Dumouriez venait à peine de se tirer de ce pas difficile, lorsqu'un événement inattendu jeta le désordre dans l'armée. Le général Chazot, qui, malgré ses ordres, n'était parti de Vouziers qu'à 8 heures du matin ; rencontra, en arrivant à Vaux, 12 à 1,500 hussards prussiens qui harcelaient l'arrière-garde française. Cette apparition subite épouvanta sa division : elle se crut coupée, perdue et se précipita au travers du corps d'armée qui marchait en colonnes. Tout se débanda en quelques moments, et 10,000 hommes, frappés d'une terreur panique, furent poursuivis par 1500 hussards. Quelques fuyards ayant porté l'alarme à Dammartin, Dumouriez et son aide de camp Thouvenot accoururent à toute bride pour s'informer de la cause du désordre et le réparer. Déjà, lorsqu'ils arrivèrent, Duval, avec l'arrière-garde, repoussait la cavalerie prussienne ; Miranda était parvenu à arrêter la fuite de l'infanterie française et ralliait l'armée : le résultat de cette échauffourée fut la perte de 2 pièces de canon et de quelques bagages.

Le même jour, vers 6 heures du soir, eut lieu une alarme nouvelle (mais qui était l'effet de la malveillance). En peu de temps le désordre fut au comble. L'artillerie attela et voulut fuir. Le général arriva aussitôt avec son état-major : quelques coups de plat de sabre donnés à des hommes qui lui soutenaient que lui-même était en fuite rétablirent un peu d'ordre dans le camp ; mais les troupes, encore inquiètes, passèrent la nuit sous les armes autour du feu des bivouacs.

Dumouriez rendait ainsi compte à la Convention du premier de ces événements : « 10,000 hommes ont « fui devant 1200 hussards prussiens. La perte ne « monte qu'à 50 hommes. Tout est réparé, et je ré- « ponds de tout. » Ces deux alarmes faillirent pourtant avoir des suites funestes par l'impression morale qu'elles causèrent en France. Des fuyards pénétrèrent avec une incroyable vitesse jusqu'à 30 ou 40 lieues dans l'intérieur ; les bruits les plus sinistres circulèrent encore avec plus de rapidité. On disait l'armée trahie, anéantie ; Dumouriez passé à l'ennemi, etc. Un premier résultat fâcheux, et qui pouvait avoir des suites bien graves, fut que Beurnonville et Kellermann, informés du mouvement de Vaux avec des circonstances qui le dénaturaient entièrement, crurent l'armée détruite et suspendirent leur marche. Le premier revint même à Châlons et le second à Vitry. La réunion des trois corps d'armée fut ainsi ajournée et serait même devenue impossible si les alliés eussent marché avec moins de lenteur et d'hésitation.

Camp de Sainte-Ménéhould. — L'armée de Dumouriez occupa le 17 le camp de Sainte-Ménéhould, entre les rivières de la Tourbe, de la Bionne et l'Auve ; la droite, appuyée à l'Aisne ; la gauche, à divers étangs près de l'Auve. Sa ligne s'étendait sur les hauteurs en arrière de Maufrecourt, de Bréaux, de Saint-Gohier, de Valmy et de Dampierre. En avant du camp, dont le terrain, d'environ trois quarts de lieue d'étendue, avait la forme d'un S, se trouvait une chaîne de collines dont les deux plus considérables se nomment l'*Yron* et la *Lune* : cette dernière a par la suite donné son nom au camp des Prussiens.

Arrivée de Beurnonville. — Kellermann et Beurnonville recevaient courriers sur courriers pour les engager à reprendre la route du camp de Sainte-Ménéhould. Beurnonville, après avoir laissé reposer un jour, à Châlons, sa division harassée et manquant de chaussures, s'était remis en marche dans la nuit du 18 au 19 septembre. Il arriva enfin dans la journée du 19 avec 10,000 hommes d'excellentes troupes et au moment même où les Prussiens commençaient à se développer sur les hauteurs de la *Lune*.

Jonction de Kellermann et de Dumouriez. — Kellermann, après plusieurs manœuvres indécises, s'était enfin mis en mouvement : il rejoignit l'armée, le 19, peu d'heures après Beurnonville. Il amenait 15,000 hommes de troupes de ligne, dont un tiers d'excellente cavalerie, et il avait laissé le général La Barouillière avec un corps d'environ 5,000 hommes pour couvrir Bar et Ligny. Dumouriez, apprenant qu'il n'était plus qu'à deux lieues en arrière, lui envoya une instruction pour l'engager à venir le lendemain matin camper à la gauche de l'armée, entre Élize et Dampierre-sur-Auve, afin d'être facilement à portée, en cas d'attaque, d'occuper les hauteurs de Valmy et de Gizaucourt. On ne sait trop comment cette instruction fut transmise : Kellermann prit les hauteurs qui devaient lui servir de champ de bataille pour le camp qui lui était désigné. Il conduisit à Valmy son armée, ses équipages, et y fit tendre ses tentes : une faible partie de sa gauche s'établit à Gizaucourt ; son avant-garde fut portée à Hans.

Bataille de Valmy. — Après l'abandon du camp de Grandpré par Dumouriez, l'armée prussienne s'était avancée en Champagne : le 19, elle bivouaquait à Somme-Tourbe, sur le prolongement des montagnes de la Lune. Le roi Frédéric-Guillaume ayant appris que tout était en mouvement dans l'armée française, s'était imaginé que les généraux sentant le danger de leur position avaient résolu d'en sortir et voulaient gagner Châlons. Malgré l'avis du duc de Brunswick, il voulait combattre, espérant surprendre les colonnes françaises en marche et en pleine retraite, et comptant sur l'influence qu'une attaque a toujours en pareille circonstance.

Le 20 septembre, à 6 heures du matin, l'avant-garde prussienne marcha par sa droite sur Somme-Bionne. Le brouillard était si épais qu'on ne distinguait pas les objets à vingt-cinq pas. Ce mouvement ordonné par Brunswick pour satisfaire aux désirs du roi de Prusse, tendait à tourner les sources de la Bionne et le ravin où elle coule. A Hans, les Prussiens trouvèrent l'avant-garde française commandée par le général Desprez-Crassier, qui se replia après une légère escarmouche. Kellermann envoya à son secours sa réserve composée des carabiniers, de quelques escadrons de dragons et 4 bataillons de grenadiers aux ordres du général Valence. Ce général, appréciant l'importance de faire croire à l'ennemi que le plateau de Gizaucourt, qui devait servir de point d'appui à notre gauche, était fortement occupé, se déploya sur une seule ligne en avant de ce village. Une éclaircie du brouillard laissa apercevoir ses troupes aux Prussiens, et cette manœuvre leur imposa. Le brouillard redevint épais et cacha de nouveau les mouvements des deux armées. Cependant Dumouriez, prévenu de la position difficile de Kellermann, dont la droite, du côté de l'Yron, était prolongée par les Prussiens, et dont la gauche était sur le point d'être tournée, du côté de Gizaucourt, envoya sur-le-champ derrière cette hauteur le général Chazot avec 9 bataillons et 8 escadrons. La position de Valmy se trouvant ainsi flanquée sur la gauche, Steingel eut ordre de la flanquer également sur la droite, en se portant à l'extrémité de l'Yron. Seize bataillons, sous les ordres de Beurnonville, s'avancèrent en colonne prêts à appuyer ce mouvement et à se développer dans le cas où l'ennemi chercherait à déborder ou à attaquer Steingel.

De son côté l'armée prussienne avait suivi le mouvement de son avant-garde et s'avançait en prolongeant sa droite pour gagner la route de Châlons à Sainte-Ménéhould. A 10 heures, le brouillard se dissipa, et les généraux prussiens purent découvrir la position de Kellermann. La droite de ce général, à Valmy, était devenue le point central de l'armée française, depuis les mouvements de Beurnonville, de Steingel et de Chazot. Une forte batterie de 24 pièces de position défendait le moulin de Valmy : toute l'armée était rangée sur deux lignes.

Les Prussiens marchaient également sur deux lignes. A la vue de l'armée française trois colonnes d'attaque en échelons se formèrent : des batteries de 6 appuyaient chaque colonne. L'attaque commença par les hauteurs de Gizaucourt et de la Lune. La canonnade s'engagea avec vivacité. L'artillerie qui couvrait le front de la ligne prussienne se composait d'abord de 58 pièces divisées en quatre batteries, dont trois de canons et une d'obusiers : une cinquième batterie y fut ajoutée pendant l'action. Le feu des Français répondait avec avantage à celui de l'ennemi, et jetait déjà du désordre dans ses bataillons, lorsque la batterie d'obusiers, changeant de position et dirigeant ses projectiles sur Valmy, commença à faire un grand ravage parmi les défenseurs de ce poste important : leur fermeté paraissait faiblir malgré l'exemple que donnait le général, exposé au feu le plus vif. Kellermann, en effet, venait d'avoir un cheval tué sous lui ; le lieutenant-colonel Lormier, aide de camp du général en chef, était tombé mort à ses côtés. Tout à coup plusieurs obus prussiens crèvent au milieu des caissons de la batterie de Valmy et font sauter deux voitures d'artillerie, dont l'explosion tue ou blesse beaucoup de monde. Le désordre se met parmi les Français ; la première ligne rétrograde, et les conducteurs de charrois, qui étaient alors des paysans mis en réquisition, augmentent la confusion en s'enfuyant avec leurs caissons, et sont cause que le feu se ralentit faute de munitions. Il était 11 heures : la réserve d'artillerie à cheval, conduite par le général d'Aboville, accourt se placer près du moulin et rétablit le feu. La première ligne se rallie à la voix de ses chefs et reprend sa position. Au même instant le duc de Brunswick s'apercevant que l'ordre se rétablissait dans les rangs français, et que les troupes de Kellermann bravaient de nouveau ses batteries, sentit qu'il fallait redoubler d'efforts. Il reforma trois colonnes d'attaque, soutenues par de la cavalerie ; celle de gauche se dirigea sur le village, celle du centre sur le moulin de Valmy, et celle de droite, échelonnée en arrière, se tint prête à suivre le mouvement progressif des deux premières. Les Prussiens, malgré le feu de l'artillerie française, s'avancèrent en bon ordre et avec cet aplomb qui caractérise des troupes aguerries.

Kellermann, après avoir ordonné à son armée de se former en colonnes par bataillons, lui fit cette courte harangue : « Camarades ! le moment de la victoire est « arrivé ; laissons avancer l'ennemi sans tirer un seul « coup, et chargeons-le à la baïonnette ! » Et, mettant son chapeau au bout de son épée, il l'agita à la vue des soldats, en s'écriant d'une voix forte : « Vive la nation ! « Allons vaincre pour elle ! » Ce cri, aussitôt répété d'un bout de la ligne à l'autre, et les acclamations qui se prolongèrent pendant un quart d'heure électrisèrent les troupes, et firent succéder dans les rangs, à l'hésitation timide et à la morne inquiétude, l'allégresse et la confiance, qui sont presque toujours les gages du succès. Frappé de l'enthousiasme extraordinaire de ses soldats, qui, à son imitation, agitaient fièrement leurs chapeaux sur la pointe de leurs baïonnettes, Kellermann s'écria, transporté de joie : « La victoire « est à nous ! » Et à l'instant il fit redoubler le feu de l'artillerie sur les colonnes ennemies, qu'étonnait la nouvelle attitude des Français et qu'épouvantaient les cris incessamment répétés de *vive la nation !* Les Prussiens s'arrêtèrent en hésitant ; déjà leur fluctuation annonçait un prochain désordre, lorsque le duc de Brunswick, voyant la bonne contenance de l'armée française et la position qu'elle occupait, obtint du roi l'autorisation de ne pas commencer le combat et donna aux colonnes chargées de l'attaque l'ordre de revenir reprendre leurs positions.

Telle fut la célèbre bataille de Valmy : une longue canonnade, assez vive d'ailleurs, car le nombre des morts, de chaque côté, s'éleva à 800, ce qui suppose, de part et d'autre, un total de 3 à 4,000 hommes hors de combat. La résolution de Kellermann et l'enthousiasme qu'il sut communiquer à ses troupes arrêtèrent sans doute les Prussiens, mais on ne peut s'empêcher de reconnaître que le succès fut dû aussi aux dispositions habiles de Dumouriez. Le succès, en dissipant le prestige de supériorité morale que les armées allemandes possédaient depuis près d'un siècle, fut immense pour nos soldats.

Cependant, malgré la retraite de l'ennemi, la situation de Kellermann n'en était pas moins hasardée. Il le sentit et résolut d'y remédier sur-le-champ. Dès que la nuit fut venue, il marcha par sa gauche dans le plus grand silence, passa l'Auve et vint prendre position entre Dampierre et Voilemont.

Camp de la Lune. — Situation critique des coalisés. — Les hauteurs d'Yron, de Valmy, de Gizaucourt et de la Lune furent occupées, le 22 septembre, par l'armée prussienne, et soigneusement retranchées. Cette position prit le nom de Camp de la Lune.

Dumouriez se trouvait à la tête d'environ 60,000 hommes, dont plus de 12,000 de cavalerie. Il avait en outre une nombreuse artillerie. Les généraux Sparre à Châlons, et d'Harville à Reims, rassemblaient de nouvelles troupes. Paris, Soissons, Épernay, Troyes et Vitry organisaient des corps nombreux de volontaires. L'enthousiasme était général en France. — La situation de l'armée prussienne, alors presque cernée dans son camp, était des plus critiques. Les pluies continuelles avaient mis les routes dans un état affreux. Les convois de vivres, obligés, pour venir de Verdun, de suivre le long circuit de Grandpré, éprouvaient de fréquents retards, et les troupes étaient réduites, pour nourriture et pour boisson, à de l'eau de craie et à une mauvaise décoction de blé ! La dyssenterie, qui avait commencé devant Verdun à altérer la santé du soldat, faisait des ravages effrayants dans le camp de la Lune. Des régiments avaient perdu jusqu'à 400 hommes, et la faiblesse des survivants était extrême. Le but de la campagne était manqué définitivement.

Il s'en fallait de beaucoup pourtant que l'état critique de l'armée prussienne fût bien apprécié dans l'intérieur. La sécurité de Dumouriez, qui assurait qu'elle serait forcée de faire retraite sous dix jours, ne paraissait à Paris qu'une vaine rodomontade, et on lui envoyait courrier sur courrier pour le déterminer à changer son plan de campagne. Une lettre du ministre Servan lui disait même un jour qu'on regardait comme une coupable opiniâtreté sa constance à rester à Sainte-Ménehould, lorsque des hussards ennemis venaient fourrager jusqu'aux portes de Reims. « Je ne changerai pas mon « plan de campagne pour des houssardailles, » répondit-il.

Négociations. — Trois commissaires de la Convention, Sillery, Carra et Prieur, arrivèrent dans le camp pour faire prêter aux troupes un nouveau serment, celui de fidélité à la République, qui venait d'être décrétée. Un armistice verbal avait été conclu : les coalisés voulurent essayer si des négociations ne leur seraient pas plus favorables que les chances de la guerre. Ces conférences, tenues sous la surveillance des trois commissaires de la Convention, furent sans aucun résultat : on le crut du moins alors.

Levée du camp de la Lune. — L'armée prussienne se trouvait diminuée presque de moitié par la famine et la maladie. Il fallut enfin songer à la retraite, qui s'effectua dans la nuit du 30 septembre au 1er octobre. Le général Dampierre, chargé d'aller occuper le camp de la Lune avec une brigade d'infanterie, fut obligé de l'abandonner aussitôt, à cause de l'infection qu'y répandaient les cadavres d'hommes et de chevaux dont il était encombré.

Retraite des Prussiens. — L'armée ennemie ne fut pas poursuivie avec vigueur. Dumouriez partit pour Paris et laissa le soin de *reconduire* les Prussiens, jusqu'à la frontière, au général Kellermann qui s'en acquitta mollement. — Verdun fut réoccupé le 13, et Longwy le 22.

Siége de Thionville. — Le blocus de Thionville avait duré depuis le 23 août jusqu'au 16 octobre. Cette ville, dont on a beaucoup vanté, dans le temps, la courageuse résistance, afin de contre-balancer l'impression fâcheuse produite par la reddition si prompte de Verdun et de Longwy, était sous les ordres du général Félix Wimpffen. Jusqu'au 5 septembre, les sorties de la place inquiétaient plus les assiégeants que le feu des batteries ne gênait les habitants. Hoche et Sémélé, alors lieutenants d'infanterie, allaient faire le coup de pistolet avec les vedettes. Le 5, on fit une sommation à la place; le conseil de défense répondit « qu'à part toute « opinion, un ensemble de gens d'honneur ne pouvait « poser les armes sur des invitations qui ne sont que « des menaces. » Cette phrase parut, au quartier général autrichien, renfermer un sens profond ; on crut que les chefs civils et militaires de Thionville n'attendaient qu'une attaque de vive force pour mettre leur responsabilité à couvert, et capituler ; et le soir même on établit des batteries qui tirèrent sur la ville pendant la nuit. L'artillerie des remparts rendit coup pour coup et démonta plusieurs pièces. Personne ne fut tué, aucun incendie ne se manifesta. Voilà quel fut le bombardement de Thionville. — Dans ses premiers rapports officiels, le général Wimpffen avait représenté la ville comme foudroyée par une artillerie formidable de canons de gros calibre, d'obusiers et de mortiers. Voici comment, en 1793, il en écrivait au ministre de la guerre Paché : « La ville a été bombardée, mais durant deux heures « et demie, et pas une toise de toiture n'a été brûlée ; « pas un dégât de dix écus n'a affligé aucun proprié- « taire. » — Le prince de Hohenlohe fit, dit-on, faire à Wimpffen l'offre d'un million s'il voulait rendre la place. Il répondit en riant : « J'accepterai le million si « l'on veut passer devant notaire un acte de l'offre qui « m'est faite. » — Le court et insignifiant bombardement de Thionville a cependant donné lieu à un acte de patriotisme que nous avons plaisir à rappeler. Un garde national de Haute-Yütz, village auprès duquel les Autrichiens avaient établi une de leurs batteries, était renfermé dans la place. Quand le feu de l'ennemi commença, les artilleurs se plaignirent de l'obscurité profonde qui les empêchait de voir les batteries ennemies. Il offrit de les éclairer, et, sans dire quels moyens il avait à sa disposition, se fit descendre dans le fossé. Peu de minutes après, un superbe incendie éclairait, comme en plein jour, toutes les positions autrichiennes. Ce brave et généreux citoyen avait mis le feu à sa maison et à la grange où étaient renfermées toutes ses récoltes.

Évacuation du territoire français. — Un peu plus d'activité et d'ensemble, de la part de nos généraux, eussent changé la retraite des Prussiens en une déroute complète. Ils repassèrent les frontières le 24 octobre. On croit aujourd'hui que leur retraite fut assurée par une négociation; ce qui expliquerait la lenteur et la mollesse de Kellermann dans la poursuite, ainsi que l'empressement et l'activité apparente de Dumouriez à recommander cette poursuite, dont il s'abstenait lui-même, quoique le seul prétexte de son inaction fût la nécessité de sa présence à l'armée du Nord, où il ne se rendit que lorsque la retraite fut achevée.

La conduite militaire du duc de Brunswick pendant la campagne est jugée depuis long-temps : ses plus grands admirateurs conviennent qu'il ne faudrait point apprécier ses talents comme général d'après sa tactique pendant cette invasion. Il ne sembla pas même comprendre le véritable esprit de la guerre qu'il allait faire, et ne sut profiter d'aucun des avantages que lui offrit le hasard. Ses mouvements furent sans combinaison, et ses manœuvres sans vigueur et sans activité.

Ainsi cette campagne, qui s'annonçait avec tant d'éclat, cette guerre qu'un insolent manifeste avait commencée, échoua devant quelques recrues, s'arrêta après un échange de boulets, et se termina par une retraite plus honteuse encore que désastreuse. Les soldats français, vainqueurs à si bon marché des vieilles bandes du grand Frédéric, commencèrent à être animés de cette confiance militaire qui, avec la foi dans les généraux, est un des premiers et des plus sûrs éléments de la victoire.

RÉSUMÉ CHRONOLOGIQUE.

1791.

27 AOUT. *Convention de Pilnitz* (Saxe), entre le roi de Prusse et l'empereur d'Allemagne, au sujet des affaires de France.

1792.

7 FÉVRIER. Alliance défensive, entre l'Autriche et la Prusse, conclue à Berlin *pour réprimer les troubles de France et de Pologne.*
1er MARS. Mort de l'empereur Léopold II. — Son fils, François II, roi de Bohême et de Hongrie, lui succède.
20 AVRIL. *Déclaration de guerre* de la France à l'Autriche.
28 — *Premières hostilités.* (Voir les feuilles consacrées à la guerre de Belgique.)
27 — *Première coalition continentale.* — Manifeste du roi de Prusse contre la France.
7 JUILLET. François II est élu empereur d'Allemagne.
11 — *Décret de l'Assemblée nationale qui déclare la patrie en danger.*
19 — *Plan de campagne* arrêté à Mayence entre l'Empereur, le roi de Prusse et le duc de Brunswick.
25 — *Manifeste du duc de Brunswick*, généralissime des armées coalisées. — Arrivée du roi de Prusse à l'armée.
30 — *L'armée coalisée se met en mouvement.*
10 AOUT. Prise des Tuileries. — Massacre des Suisses. — Suspension du roi.
13 — Emprisonnement de Louis XVI et de sa famille au Temple.
19 — *Entrée des Prussiens sur le territoire français.*
— — *Combat de Fontoy.*
20 — *Investissement de Longwy.*
21 — *Bombardement de Longwy.*
23 — *Capitulation de Longwy.*
23 AOUT. *Investissement de Thionville.*
30 — *Investissement de Verdun.*
31 — *Dumouriez marche de Sédan sur Grandpré.*
2 SEPTEMBRE. *Capitulation de Verdun.*
2 et 6 — Massacres des prisons, à Paris.
5 — *Bombardement de Thionville.*
— — *Arrivée de Dumouriez au camp de Grandpré.*
— — *Kellermann part de Metz* pour aller rejoindre Dumouriez.
12 — *Combat et prise de la Croix-aux-Bois* par les Prussiens.
15 — *Levée du camp de Grandpré.*
17 — *Dumouriez transporte son camp à Sainte-Ménéhould.*
19 — *Réunion des corps d'armée des généraux Kellermann et Beurnonville avec celui de Dumouriez.*
20 — *Bataille de Valmy.*
21 — Clôture de l'Assemblée législative. — Ouverture de la Convention nationale. — Abolition de la royauté. — Proclamation de la République.
22 — Commencement de l'ère républicaine.
— — *Établissement des Prussiens au camp de la Lune.*
23 — *Arrivée au camp de Dumouriez de trois commissaires de la Convention.*
30 SEPTEMBRE et 1er OCTOBRE. *Les Prussiens lèvent le camp de la Lune.*
2 et 3 — *Ils repassent les défilés de l'Argonne.*
10 — *Dumouriez part pour Paris* où il arrive le 12. — Kellermann et Beurnonville poursuivent l'armée coalisée.
13 — *Évacuation de Verdun par les Prussiens.*
16 — *Levée du Blocus de Thionville.*
18 — *Reprise de Longwy.*
22 — *Évacuation du territoire français par les Prussiens.*

A. HUGO.

FRANCE MILITAIRE.

PREMIÈRES TENTATIVES EN BELGIQUE. — SIÈGE DE LILLE.

SOMMAIRE.

Expédition en Belgique — Déclaration de guerre à l'Autriche. — Projets de Dumouriez. — Invasion de la Belgique. — Expédition sur Mons. — Affaire de Quiévrain. — Expédition sur Tournay. — Déroute de Marquain. — Combat de Glisuelle. — Prise de Courtray. — Fuite de Lafayette — Marche de Dumouriez sur la Champagne.
Siège de Lille. — Invasion de la Flandre française. — Lille. — Armée autrichienne. — Le général Ruault. — Investissement. — Ouverture de la tranchée. — Sorties diverses. — Dispositions pour le bombardement. — Sommations. — Réponses. — Commencement du bombardement. — Héroïsme des Lillois. — Suite du bombardement. — Arrivée de l'archiduchesse Marie-Christine. — Fin du siège. — Retraite des Autrichiens. — Pertes et désastres de Lille. — Défenseurs de Lille.

EXPÉDITION EN BELGIQUE.

Armée Française.	Général en chef : maréchal Rochambeau. — Luckner. — général Lafayette — Dumouriez.	*Armée Autrichienne.*	Général en chef : Duc Albert de Saxe-Teschen. A la gauche...... Général Clairfayt. A la droite..... — Beaulieu.

SIÈGE DE LILLE.

Français.	Ruault, général commandant André, maire de la ville. Bryan, commandant de la garde nationale	*Autrichiens.*	Duc de Saxe-Teschen, général en chef. Beaulieu, commandant la droite. Latour, — la gauche.

La déclaration de guerre de la France à l'Autriche était une mesure suffisamment justifiée par la convention de Pilnitz et par le traité de Berlin, véritables actes d'hostilité et d'insolence envers la nation française, et dont l'effet n'avait été retardé que par l'assassinat de Gustave III et par la mort de l'empereur Léopold. L'Assemblée nationale, en se prononçant pour une guerre ouverte, et en déchirant ainsi les voiles qui cachaient aux peuples la politique des souverains, faisait donc un acte de bonne politique. Mais il est certain aussi que le ministère, en prenant inopinément l'offensive, ne fit pas un acte de sagesse.

Projets de Dumouriez. — Invasion de la Belgique. — La décision du gouvernement fut arrêtée sur les instigations du général Dumouriez, alors ministre des affaires étrangères, dont l'ambition encore naissante s'abusait sur les destinées que lui réservait l'avenir. L'invasion de la Belgique, qu'il proposa le premier, avait pour motif principal et ostensible d'appuyer les efforts des républicains belges contre le gouvernement autrichien ; Dumouriez s'abusait sur les dispositions de la population qu'il comptait voir, au premier coup de canon, s'empresser d'accourir sous nos drapeaux ; son motif réel et secret était l'espoir d'obtenir promptement dans cette guerre un commandement en chef.

Mais il ne voulut pas sans doute que d'autres que lui eussent les honneurs de cette conquête. Son plan, médiocrement conçu et inopportunément mis à exécution, fut la cause des revers qui ébranlèrent le moral de nos armées. Pour apprécier jusqu'à quel point l'occasion était mal saisie, il suffit de connaître l'opinion des hommes qui furent successivement généraux en chefs de l'armée du Nord. Rochambeau, Luckner et Lafayette, réunis à Valenciennes pour se concerter sur les moyens de parer aux premiers revers, déclarèrent, dans une adresse envoyée par eux au ministre de la guerre, « qu'ils avaient unanimement reconnu que, s'il était préjudiciable à la patrie d'avoir déclaré la guerre dans un moment où les dépêches des généraux démontraient qu'aucune des armées n'avait été mise en état de la faire, la situation de la France avait été bien empirée par le projet d'attaque de la Belgique, qui, en faisant débuter les Français par des revers, avait en même temps désorganisé les moyens futurs de succès.»

Dans le nombre de petits événements et d'affaires de détail qui signalèrent la fin du printemps et le commencement de l'été de 1792, quatre seulement méritent d'être cités particulièrement : les deux premiers, les expéditions sur Mons et sur Tournay, eurent une issue fatale et honteuse ; les deux autres, le combat de Glisuelle et la prise de Courtray, plus glorieux pour nos soldats, n'eurent pas de résultats utiles.

Expédition sur Mons. — Affaire de Quiévrain. — Le général Biron ouvrit la campagne en marchant sur Quiévrain, que défendait un faible détachement autrichien aux ordres de Beaulieu ; il s'en empara facilement. Beaulieu se retira sur Boussu, dont les hauteurs, qui défendent l'approche de Mons, étaient garnies de retranchements et de batteries. Le lendemain Biron aborda cette position : l'ennemi voulut s'y défendre. Le combat fut opiniâtre, mais ne dura pas long-temps. Les avant-postes autrichiens furent culbutés et rejetés sur Mons. Nos troupes, en les poursuivant, arrivèrent jusque sur les glacis de cette place forte ; mais la population, sur laquelle Biron comptait d'après les calculs et les données qui avaient servi de base au plan de campagne, n'ayant fait aucune manifestation en notre faveur, le général français jugea prudent de revenir à Boussu et d'y établir ses bivouacs ; il restait ainsi maître de recommencer le lendemain le mouvement projeté. Jusqu'alors, le début de la campagne était heureux, et rien ne faisait présager un changement de fortune. Mais un des accès d'indiscipline et de frayeur panique qui, dans tout le commencement des guerres de la Révolution, compromirent si souvent l'armée française, éclata tout à coup. — Le soir, à dix heures, sans ordre, sans motif, excités sans doute par quelque intrigue ennemie, dont le secret n'a pas encore été dévoilé, deux régiments de dragons prennent les armes, montent à cheval et s'enfuient en criant : « Nous sommes trahis! » Au premier avis de ce qui se passe, Biron accourt, suivi du colonel Dampierre; il s'adresse aux fuyards et les conjure de s'arrêter. Un petit nombre d'entre eux consent à entendre la voix de l'honneur : le reste continue sa fuite et va chercher un refuge à Valenciennes, annonçant partout que l'armée est trahie; que le général est passé à l'ennemi et qu'un corps de cavalerie autrichienne s'avance sur leurs traces. Au point du jour, Biron, ainsi abandonné par une partie de ses troupes, et voyant sa petite colonne découragée, ordonna la retraite. Beaulieu, dont les agents n'étaient pas étrangers à l'échauffourée de la nuit, en fut aussitôt informé et reprit l'offensive. Partageant ses forces en deux détachements, il voulut essayer de couper la retraite aux Français; mais Biron s'arrêta dans Quievrain, et, pendant qu'un brave régiment, le 41ᵉ d'infanterie de ligne, défendait ce bourg, le général français parvint à remettre l'ordre dans sa colonne, qui, protégée par la courageuse résistance de son arrière-garde et soutenue par un renfort de trois régiments que le général Rochambeau lui amena de Valenciennes, réussit à regagner le camp de Famars, mais en abandonnant à l'ennemi un grand nombre de prisonniers, cinq pièces de canon, et après avoir perdu 250 hommes tués ou blessés.

Expédition sur Tournay. — Déroute de Marquain. — L'expédition tentée sur Tournay par le maréchal de camp Arthur Dillon eut encore une issue plus fatale. Sorti de Lille avec six bataillons, dix escadrons et six pièces d'artillerie, ce général se dirigeait vers les hauteurs de Marquain, où 3,000 Autrichiens s'étaient retranchés. Il avait ordre d'éviter tout combat. Le ministre, qui avait dressé le plan de campagne, espérait que l'apparition seule des troupes françaises suffirait pour décider les Autrichiens à la retraite, et pour offrir aux Belges l'occasion de se prononcer et de prendre les armes. Accueilli par un feu de tirailleurs assez nourri, Dillon songea à revenir sur ses pas. Déjà il avait d'ailleurs remarqué parmi ses soldats des symptômes de mécontentement et de défiance, et il jugea qu'il ne pouvait compter ni sur leur bonne volonté, ni sur leur courage. Dès que l'ordre fut donné de faire volte face, l'insubordination, qui s'était contenue jusqu'alors, éclata; mais ce n'était pas une noble indignation de reculer devant l'ennemi, une ardeur généreuse de combattre : les cris de « Nous sommes trahis! sauve qui peut! » dominaient tous les autres. Le général autrichien qui, du haut de la colline, voyait la confusion régner dans nos rangs, fit aussi démasquer une de ses batteries. Quelques boulets sillonnèrent les files des soldats et portèrent le désordre au comble. La cavalerie se jeta sur l'infanterie, qu'elle acheva de rompre, et tous les corps, pêle-mêle, se précipitant sur la chaussée, se sauvèrent vers Lille, abandonnant à l'ennemi les caissons, les bagages et quatre pièces d'artillerie. Dillon, désespéré, essaya vainement de s'opposer à cette fuite honteuse; ses exhortations au nom de l'honneur, de la patrie, furent accueillies par des huées et par des injures : des imprécations on en vint aux menaces et des menaces aux violences. Un misérable, furieux sans doute d'entendre son général lui reprocher sa lâcheté, lui tira un coup de pistolet à bout portant, et le blessa grièvement. Dillon n'échappa en ce moment à la mort qu'en se réfugiant dans une grange. Cependant les fuyards en masse étaient rentrés dans Lille et en avaient refermé les portes, essayant de faire partager leurs terreurs à la garnison de la place, et cherchant à pallier leur lâcheté par l'imputation de trahison qu'ils adressaient à leurs chefs. Un rassemblement considérable s'était arrêté à la porte de Fives, vociférant et menaçant. Tout à coup le colonel Berthois, qui avait fait partie de l'expédition et qui était revenu entraîné par la foule des fuyards, fut reconnu par ces furieux. Cet officier fut aussitôt assailli, renversé de cheval, entraîné et pendu à un des créneaux de la place; sa mort ne satisfit pas leur rage délirante, ils décrochèrent son cadavre et le mirent en pièces. — Dans de certains moments, les hommes rassemblés sont pareils aux bêtes féroces, qui, lorsqu'elles ont goûté le sang une première fois, ont besoin de s'y désaltérer tout-à-fait. — Quelques prisonniers qu'on ramenait en ce moment de la frontière furent aussi attaqués par ces misérables, et subirent le sort du malheureux colonel. Enfin, dans leur emportement frénétique, quelques-uns d'entre eux ressortirent de la place pour aller chercher l'infortuné Dillon, dans la grange où il gisait sur la paille, épuisé par la perte de son sang. On le plaça, demi-mort, dans un cabriolet et on le ramena à Lille. A peine eut-il dépassé la porte qu'il fut saisi et massacré à coups de crosses de fusil et de baïonnettes : son corps, dépouillé, fut traîné par les rues, coupé en morceaux et brûlé sur la place publique. — Hâtons-nous de dire que tant de crimes ne restèrent pas impunis. Les meurtriers d'Arthur Dillon furent condamnés à mort, et l'Assemblée nationale, voulant honorer la mémoire de cet infortuné général, accorda une pension à sa veuve.

Combat de Glisuelle. — L'avant-garde du corps de Lafayette, commandée par le général Gouvion, était placée à Glisuelle, en avant du camp de Maubeuge, avec lequel elle communiquait par un pont jeté sur la Sambre. Le général autrichien Clairfayt résolut d'enlever ce poste de vive force s'il ne pouvait réussir à le surprendre. Le 13 juin, de grand matin, il sortit de Mons, et, arrivant en silence sur Glisuelle, il commença aussitôt son attaque. Le général Gouvion, jugeant par le nombre des troupes ennemies, qu'il lui serait impossible de défendre avantageusement le village, fit aussitôt filer ses équipages sur Maubeuge, et, plaçant son artillerie sur la chaussée, commença à se replier lentement et en bon ordre, espérant être bientôt secouru par les troupes du camp. Son infanterie, retranchée derrière des haies, soutenait, par une vive fusillade, le feu de l'artillerie. Malheureusement, un orage violent qui éclata en ce moment, et des vents contraires empêchaient le bruit de la mousqueterie et du canon de se faire entendre dans le camp français. Lafayette n'apprit qu'à l'arrivée des équipages à Maubeuge le combat soutenu par son avant-garde. Il donna aussitôt l'ordre au général Narbonne de se diriger sur le flanc des Autrichiens avec une colonne d'infanterie qu'il fit soutenir par la cavalerie. La réserve dut se porter directement au secours de l'avant-garde, et l'armée, prenant les armes, marcha aussi à l'ennemi. Ces renforts ne pouvaient arriver plus à propos. Les troupes de l'avant-garde n'avaient pas perdu beaucoup de terrain; mais, ébranlées par le long et opiniâtre combat qu'elles soutenaient depuis plusieurs heures, exposées à la violence de la tempête, elles étaient sur le point de fléchir devant des forces supérieures; l'arrivée des secours ranima leur audace, elles reformèrent leurs rangs et reprirent l'offensive. Mais Clairfayt, informé du mouvement de Lafayette, et craignant d'être lui-même enveloppé, se hâta de donner aux troupes autrichiennes l'ordre de se retirer, et rentra précipitamment dans son camp de Mons, laissant un grand nombre de morts et de blessés sur le champ de bataille. — Ce combat, dont les Autrichiens espéraient obtenir l'avantage, eut ainsi une glorieuse issue pour les Français; mais l'armée y perdit un de ses meilleurs bataillons et un de ses officiers les plus distingués, le général Gouvion. — Voici comment eut lieu cette double perte. Nos volontaires, sans habitude et sans expérience, semblaient vouloir suppléer à ce qui leur manquait sous ce rapport par un excès de courage ou même de témérité. Les journées de Quievrain et de Marquain étaient restées dans leur esprit comme des souvenirs néfastes; une retraite à leurs yeux était plutôt un acte de lâcheté qu'un mouvement stratégique. Un bataillon de la Côte-d'Or, qui faisait partie de l'avant-garde, portait au plus haut degré cette espèce de fanatisme militaire. Au moment où l'ordre de commencer la retraite fut donné, le général Gouvion s'aperçut qu'au lieu d'opérer un mouvement rétrograde, ce bataillon s'avançait vers l'ennemi; il envoya un aide de camp pour lui enjoindre de revenir en arrière : le bataillon refusa d'obéir, et continua à marcher en avant. Gouvion, tout en admirant ce courage exalté, s'avança alors lui-même et répéta de vive voix l'ordre dont il voulut lui-même expliquer l'importance et la nécessité. Il parlait aux soldats, lorsqu'un boulet français, après avoir emporté la tête de son cheval, l'atteignit, lui traversa la poitrine et le renversa. Mais les soldats de ce brave et obstiné bataillon, loin d'être ébranlés par cette mort funeste, s'animèrent davantage à la pensée de venger leur général, et chargèrent avec fureur les bataillons autrichiens. Les premiers qu'ils rencontrèrent furent culbutés. Mais bientôt, entourés de tous côtés par des ennemis dix fois plus nombreux, ils refusèrent de demander quartier et se firent tous tuer jusqu'au dernier.

Prise de Courtray. — La prise de cette place forte eut lieu le 18 juin; elle fut opiniâtrément défendue par les Autrichiens, dont le petit nombre fit mieux ressortir le courage, et vivement attaquée par les Français. — Pendant le combat, Luckner, qui, malgré son grand âge, n'avait rien perdu de son ancienne valeur, animait les troupes par son exemple. Ses officiers, effrayés de l'audace avec laquelle il se portait aux premiers rangs, lui représentaient que son devoir de général lui défendait de s'exposer comme un grenadier. «Laissez, mes amis, leur dit le vieillard avec son accent allemand, les balles respectent les braves.» Les Autrichiens furent enfin obligés de céder. Les Français entrèrent en vainqueurs dans la place, qu'ils ne purent garder que douze jours, à cause des renforts qui survinrent à l'armée autrichienne.

Fuite de Lafayette. — Le gouvernement s'en prenait aux généraux des malheurs de nos armes. En trois mois, le maréchal Rochambeau avait été remplacé par le maréchal Luckner et Luckner par Lafayette.

Bientôt la marche des affaires de l'intérieur et les événements du 10 août jetèrent la dissension parmi les chefs de l'armée. Lafayette osa manifester des sentiments favorables à Louis XVI et au régime monarchique. Dumouriez reçut l'ordre de l'arrêter, et si l'ancien commandant en chef de la garde nationale de Paris n'eût prévenu cette arrestation par une prompte fuite, le nouveau général, en se mettant à la tête des troupes, aurait dû, pour première mesure, livrer son prédécesseur à la vengeance du parti triomphant.

Marche de Dumouriez sur la Champagne. — Peu de jours après avoir pris le commandement en chef, Dumouriez, comme nous l'avons dit plus haut, dut quitter Sédan, pour marcher à la défense de la Champagne, menacée par la grande armée coalisée.

Invasion de la Flandre. — Le département du Nord, après le départ de Dumouriez, qui fut suivi de celui de Beurnonville, Duval et Lanoue, restait en quelque sorte abandonné à la discrétion de l'ennemi. Les forces chargées de le défendre s'élevaient à peine à 9,000 hommes, et ces troupes étaient sans général capable de les commander.

Le duc de Saxe-Teschen méditait depuis long-temps l'occupation de quelques-unes des places les plus importantes de la Flandre française, occupation qui lui eût procuré, avec un dépôt d'armes, le triple avantage de couvrir ses possessions dans la West-Flandre, de conserver la facilité de faire au besoin, et quand il jugerait le moment convenable, une irruption en France, et enfin d'opérer pour le moment une diversion en faveur des coalisés, en contraignant Dumouriez à dégarnir le centre de sa ligne pour secourir le point attaqué sur sa gauche. Le général français n'avait pas trop alors de toutes les forces qu'il avait rassemblées en Champagne pour arrêter l'armée ennemie aux gorges de l'Argonne; cette diversion, si le duc de Saxe-Teschen eût en effet réussi à l'opérer, aurait compromis probablement de la manière la plus grave le sort de cette campagne, dans laquelle les Prussiens reçurent de nos jeunes recrues une leçon aussi peu attendue que bien méritée.

Le général autrichien se hâta donc de rallier toutes ses troupes, et d'appeler à lui Beaulieu et Latour. Bientôt, dégagée de tout obstacle et libre dans ses mouvements, son armée franchit la frontière, et comme un torrent qui rompt ses digues, couvrit le territoire français. Après avoir enlevé, le 5 septembre, les postes de Lannoy, Roubaix et Turcoing, elle entra le 8 à Saint-Amand (le même jour Beaulieu faisait raser les retranchements du camp de Maulde), et le 11 elle occupa Orchies, qui avait été évacué la veille. Ses troupes légères se répandirent dans le voisinage des places de première ligne, dont elles interrompirent ou gênèrent les communications. Le duc de Saxe semblait indécis de quel côté il ferait peser le poids de ses forces. Ses premiers mouvements menaçaient à la fois Lille, Douai et Valenciennes. Bientôt cependant ses projets ne furent plus un problème. Le 23, son armée vint asseoir différents camps dans le voisinage de Lille. Le plus considérable fut établi entre les villages de Lezennes et d'Anaples, à une portée et demie du canon de la place, sur la route de Tournai.

Lille. — Cette ville qui devait, par son héroïque résistance, effacer en quelque sorte la tache dont Longwy et Verdun venaient récemment de se couvrir, est placée en première ligne sur l'extrême frontière de la Flandre. C'est une des plus belles et des mieux fortifiées de la France. Ouvrage de Vauban, qui semble, à cause de sa position, y avoir épuisé son génie dans l'établissement des moyens de défense; la citadelle, pentagone régulier, armé de cinq bastions et de courtines couvertes par des tenailles en terre, passe pour le chef-d'œuvre de cet habile ingénieur. Tout à l'entour règnent un double fossé et un double chemin couvert. Du côté de la campagne les angles rentrants de l'avant-fossé sont garnis de sept demi-lunes en terre. La ville renferme 60,000 habitants, population riche, industrieuse et commerçante: elle est traversée par la Deule, dont les eaux remplissent ses fossés. Son enceinte est défendue par quatorze bastions, couverts de demi-lunes et de tenailles, et par quatre ouvrages à cornes. Ces fortifications étaient généralement en bon état, et la ville se trouvait passablement approvisionnée; mais la garnison s'élevait à peine à 7 ou 8,000 hommes, c'est-à-dire à la moitié du nombre nécessaire pour une défense dans toutes les règles; encore la plus grande partie de ces soldats ne se composait-elle que de volontaires nationaux, d'un dévouement et d'une bravoure à toute épreuve, mais sans expérience et sans instruction militaire, à un tel point que pour quelques-uns la manière de charger un fusil était encore une étude à faire. Douze cents cavaliers que renfermait la place ne comptaient que 600 chevaux affectés à leur service; enfin 132 canonniers seulement devaient servir la nombreuse artillerie des remparts.

Armée autrichienne. — Mais cette disproportion entre les moyens de défense et ceux qu'eût rendus nécessaires le service régulier de la place, était compensée par l'exiguité des moyens que le duc de Saxe-Teschen avait à sa disposition. Le corps d'armée destiné à l'attaque ne comptait qu'environ 25,000 hommes d'infanterie et 8,000 chevaux: il n'avait qu'une artillerie de 50 pièces et douze mortiers. Aussi une pareille tentative aurait-elle pu être considérée comme un acte véritable de folie, sans les motifs qui l'avaient fait entreprendre. Le duc Albert, imbu de la fausse opinion qui avait déterminé l'invasion de la Champagne, comptait, pour sa réussite, sur la coopération d'une partie des habitants: il croyait de Lille ce qu'il croyait du reste de la France, que cette place renfermait une foule de partisans des alliés, qui n'attendaient qu'une occasion favorable pour se déclarer. La conduite récente de Longwy et de Verdun justifiait en quelque sorte cette manière de penser. Enfin le général autrichien ne doutait pas que la bourgeoisie, aux premiers dégâts du bombardement, ne contraignît la garnison à capituler.

Le général Ruault. — Le maréchal de camp Ruault, qui commandait Lille au commencement de l'investissement, et qui pendant la plus grande partie du siège fut chargé de la défense de la place, avait mis tous ses soins à utiliser les moyens que présentait la localité. « Il prit toutes les mesures convenables pour une défense sage et vigoureuse. Il eut besoin d'une fermeté extraordinaire, on pourrait dire héroïque, pour résister à toutes les demandes, à toutes les motions, à toutes les propositions extravagantes qui lui étaient faites à chaque instant par des habitants de toutes les classes et de toutes les professions: les uns, poussés par un zèle ignorant, les autres, conduits peut-être par des motifs aussi éclairés que perfides; mais tous l'accusant de trahison lorsqu'il ne se prêtait pas à leurs projets funestes. » Ce général s'appliqua surtout à conserver ses communications libres avec Béthune, Dunkerque et les autres places dont il pouvait tirer des secours et des vivres par la Lys et la Deule, petites rivières que l'ennemi n'osa point passer.

Investissement. — L'investissement de Lille, commencé le 23 septembre, était déjà le 24 aussi complet qu'il devait jamais se trouver. Il ne restait à la place d'autre porte libre que celle d'Armentières et d'autres communications que celles de la ligne de Dunkerque. Les partis autrichiens s'avançaient à la faveur des faubourgs jusque sur les glacis. Pour enlever aux ennemis cet avantage, le bataillon belge, qui gardait le faubourg de Fives, l'incendia dans la journée du 24, après avoir soutenu dans les rues un combat opiniâtre contre les soldats tyroliens. Le faubourg Saint-Maurice, situé également sur un des points les plus menacés, subit le même sort.

Ouverture de la tranchée. — Le duc Albert fit ouvrir la tranchée; l'activité avec laquelle les Autrichiens poussèrent les travaux pendant la nuit fut telle que ces travaux étaient presque achevés le matin à six heures. La tranchée s'étendait depuis le village d'*Hélennes*, à 900 toises environ de la place, sur la route de Tournay, jusque derrière *Fives*, qu'elle gagnait en formant quatre zigzags. La parallèle courait dans la rue du faubourg de Fives, perpendiculaire à la chaussée. Bientôt les travaux s'étendirent de ce faubourg jusqu'à celui des *Malades*, et au prolongement de la branche gauche de l'ouvrage à cornes de la *Noble-Tour*. La ligne des retranchements comprenait les villages de Roubaix, Lannoy, Turcoing et leurs alentours. Des batteries avaient été placées par échelons à 200 pas de distance les unes des autres.

Sorties diverses.—Ces travaux ne s'exécutèrent pas sans que les défenseurs de la place ne fissent tous leurs efforts pour s'y opposer. Le lieutenant général Duhoux était arrivé le 23 pour prendre le commandement supérieur. Le général Ruault resta sous lui commandant d'armes; mais Duhoux ayant été rappelé le 28 à Paris, l'honneur de défendre Lille fut de nouveau confié au brave Ruault. Pendant son commandement, Duhoux tenta plusieurs sorties; mais, quoique nos troupes, soldats et officiers, y rivalisassent de bravoure, les masses autrichiennes les contraignirent à la retraite, après quelques succès d'avant-postes, qui n'avaient guère d'autre résultat que de repousser d'abord les assiégeants. Les travaux du siège ne s'en achevèrent pas moins complètement, malgré ces sorties, soutenues par toute l'artillerie des remparts, et qui, si elles se fussent renouvelées fréquemment, auraient fini par causer plus de préjudice à une garnison déjà peu nombreuse qu'à l'ennemi, que sa position laissait libre d'appeler de nouveaux renforts.

Dispositions pour le bombardement.—Une circonstance fit présumer bientôt que le projet de l'ennemi n'était pas de tenter un siège dans les règles, et qu'il avait seulement le dessein de se borner à un bombardement, d'autant qu'il s'était vanté d'avoir un secret pour prendre les places sans user des méthodes ordinaires. On remarqua que la parallèle n'avait point été prolongée et qu'on s'était contenté de la terminer par une forte redoute carrée.

Dès le 25, le conseil de guerre réuni pour la défense de la place avait décidé de tendre les inondations dont Lille pouvait être entourée. Cette opération, à cause de sa lenteur[1], ne pouvait pas augmenter beaucoup les moyens de défense de la place; mais elle était de nature à rassurer les habitants.

Le camp du général Latour, près d'Hélennes, sur la route de Tournay, avait été particulièrement choisi par les assiégeants pour y établir des batteries formidables de mortiers et de canons, avec des grils à rougir les boulets. Il fut renforcé des troupes qui occupaient Roubaix, Lannoy et Turcoing. On y transporta les munitions nécessaires pour le bombardement, et quand toutes ces dispositions eurent été prises, le duc Albert se décida à envoyer une sommation à la ville et à la citadelle.

Sommations. — Le 29 septembre, un parlementaire autrichien fut introduit devant le conseil de défense et remit au général commandant et au maire de la ville deux lettres ou plutôt deux sommations du capitaine général autrichien.

[1] Dans les temps les plus favorables il faut quinze jours pour tendre grande inondation de Lille.

Voici en quels termes était rédigée la sommation adressée à la municipalité de Lille:

« Établi devant votre ville avec l'armée de sa majesté l'empereur et roi, confiée à mes ordres, je viens, en vous sommant de la rendre, ainsi que la citadelle, offrir à ses habitants sa puissante protection. Mais si, par une vaine résistance, on méconnaissait les offres que je leur fais, les batteries étant dressées et prêtes à foudroyer la ville, la municipalité sera responsable envers ses concitoyens de tous les malheurs qui en seraient la suite inévitable. »

Réponses. — L'offre de la protection impériale fut accueillie comme elle le méritait. Ruault répondit au nom de la garnison:

« La garnison que j'ai l'honneur de commander et moi sommes résolus de nous ensevelir sous les ruines de cette place plutôt que de la rendre à nos ennemis; et ses citoyens, fidèles comme nous à leur serment de vivre libres ou de mourir, partagent nos sentiments, et nous seconderont de tous leurs efforts. »

Avec cette réponse, l'envoyé du duc Albert reçut celle qu'André, alors maire, eut l'honneur de signer au nom du conseil permanent de la commune de Lille; elle n'était ni moins brève ni moins énergique:

La municipalité de Lille à Albert de Saxe.

« Nous venons de renouveler notre serment d'être fidèles à la nation, et de maintenir la liberté et l'égalité, ou de mourir à notre poste. Nous ne sommes pas des parjures! »

« A une heure après midi (dit le général Marescot, qui faisait partie de la garnison, comme capitaine du génie, et qui nous a conservé le journal du siège de Lille), l'officier autrichien partit et reporta ces réponses à son général. Sans manquer au respect dû à son caractère, le peuple l'accompagna en foule jusqu'à la porte, avec des cris redoublés de *vive la nation! vive la liberté!* Ces acclamations universelles n'étaient mêlées d'aucune parole injurieuse; elles annonçaient d'une manière non équivoque que les Lillois étaient déterminés à tous les sacrifices. »

Commencement du bombardement.—La population de Lille, avant d'être familiarisée avec les périls d'un siège, attendait dans une profonde anxiété l'effet des menaces du général autrichien et le moment où les batteries ennemies allaient ouvrir leur feu. La terreur même de ces dignes citoyens faisait mieux ressortir la sincérité de leur attachement à la république, et d'un dévouement que n'abattait point l'aspect d'un si grand danger. Le conseil de guerre avait donné tous les ordres et pris toutes les précautions que nécessitaient les circonstances : les pompes de la ville étaient prêtes, des réservoirs d'eau étaient disposés de distance en distance, de nombreuses patrouilles circulaient dans les rues. Deux heures s'écoulèrent ainsi. Cependant, il faut l'avouer, lorsque la pluie de fer et de feu commença à tomber sur la ville, plus d'un courage s'évanouit, plus d'une fermeté fut ébranlée. Laissons tracer la peinture de ce terrible et premier moment au général distingué qui en fut le témoin, et que nous avons déjà cité :

« Enfin, à trois heures, une décharge de vingt-quatre canons de gros calibre, de douze mortiers et de quelques obusiers part des tranchées ennemies. Cette décharge est suivie de plusieurs autres qui se succèdent avec rapidité, et qui bientôt dégénèrent en un feu réglé, extrêmement vif, qui couvre la ville d'une grêle de bombes, d'obus et de boulets rouges. A ce signal, l'artillerie de la place redouble d'ardeur; et, mêlant son fracas à celui de l'artillerie autrichienne, on entendit, pendant le reste de la journée, un feu roulant de canons, de mortiers, de bombes, qui se prolongea pendant la nuit. Les habitants, effrayés, fuient de leurs maisons. Soudain les rues, les places publiques sont désertes. Bien plus efficacement que les patrouilles, les bombes et les boulets bondissants dispersent les groupes nombreux qu'une curiosité inquiète et la gravité des circonstances ont rassemblés çà et là, et parmi lesquels la malveillance et la faiblesse hasardaient déjà des propositions sinistres.

« Bientôt le feu se manifeste aux casernes de Fives, à l'église de Saint-Étienne et dans différents quartiers de la ville. Des secours prompts et abondants, tantôt efficaces, tantôt inutiles, conduits par les officiers municipaux et les chefs militaires, sont portés partout avec rapidité. La mort vole sur cette ville populeuse. Une terreur muette est peinte sur tous les visages, effet naturel d'un patriotisme décidé qui combat une frayeur passagère. La nuit vient encore ajouter à l'horreur de cette situation. Le quartier de Saint-Sauveur, plus immédiatement exposé aux coups, devient le foyer de l'incendie le plus violent. Une pluie extraordinaire de bombes et de boulets le rend inaccessible aux secours les plus intrépides. En vain deux magistrats et l'adjudant du génie Flayelle y pénètrent momentanément, ils n'y peuvent tenir que quelques instants, ils n'en sortent qu'à travers mille périls. Ne pouvant pas y éteindre les flammes, on se borne à mettre un terme à leur progrès, et à les empêcher de franchir les rues qu'on leur prescrit pour limites. Plusieurs familles, qui s'étaient réfugiées pêle-mêle dans des caves, se croyant en sûreté sous de faibles voûtes, y trouvèrent une mort cruelle, étouffées par le feu et la fumée, écrasées par les bombes ou par les débris de leurs maisons embrasées. »

Héroïsme des Lillois. — Après une première impression de terreur, excusable dans une telle circonstance, les habitants de Lille recouvrèrent le sentiment de leur force, et, ranimés par la fureur même du duc de Saxe-Teschen, résolurent de s'ensevelir sous les ruines de leur ville plutôt que de capituler. L'opiniâtreté de l'attaque fit ainsi naître celle de la résistance, et bientôt le courage des Lillois s'éleva jusqu'à l'héroïsme. Ces généreux citoyens ne se considérèrent plus que comme une famille unique, dont les intérêts, le sort et l'avenir devaient être communs. Un accord parfait, un ordre complètement régulier s'établirent dès lors entre les habitants, soit pour contribuer à la défense de la place, conjointement avec la garnison, soit pour sauver, s'il était possible, les maisons ou les édifices menacés de leur ville, naguère si florissante.

Pendant qu'une partie de la population active coopérait, sur les remparts, à la défense de la place, le reste, réparti sur tous les points, dans chaque quartier, dans chaque rue même où l'on pouvait avoir quelque chose à craindre, se tenait prêt à porter des secours utiles et habilement dirigés. On parvint ainsi à diminuer beaucoup, sinon à neutraliser totalement, les effets du bombardement. Des habitants veillaient constamment dans les lieux les plus élevés de chaque maison, d'autres restaient jour et nuit sur le seuil des portes. On voyait venir les bombes, on reconnaissait les boulets rouges, on s'avertissait mutuellement, et les projectiles enflammés ou ardents étaient saisis à l'instant de leur chute avec des casseroles ou avec des pinces *ad hoc*, et jetés dans des chaudrons pleins d'eau, qu'une prévoyance ingénieuse tenait toujours prêts pour les recevoir. Ces chaudrons étaient distribués dans tous les étages, devant toutes les portes. L'activité des secours était prodigieuse. Dès qu'une maison se trouvait atteinte par un boulet, un cri particulier avertissait les habitants du voisinage; vingt ou trente citoyens accouraient au lieu où l'on présumait que s'était arrêté le globe incendiaire; on le cherchait avec soin, et il était rare qu'on ne parvînt pas à le découvrir. Cette rapide manœuvre, dont la nécessité ingénieuse donna l'idée aux Lillois, contribua plus qu'aucune autre à arrêter les progrès de l'incendie. Femmes, enfants, vieillards, tous contribuaient de toutes leurs forces à l'entretien continuel de ce pénible service. Lorsque l'incendie avait détruit une maison, ses malheureux habitants trouvaient autant de refuges qu'il y avait d'autres maisons dans le voisinage: c'étaient des amis, des parents, des membres d'une famille commune à qui l'on s'empressait d'offrir, avec les consolations d'un tendre intérêt, toutes les provisions et tous les secours dont on pouvait disposer.

Une précaution qui contribua beaucoup aussi à diminuer l'action incendiaire des boulets rouges fut de garnir les greniers de couches de fumier de deux ou trois pieds d'épaisseur. Les rues ne furent pas dépavées afin de ne pas nuire à la rapidité des mouvements qu'exigeait la conservation de la place; mais celles où le feu de l'ennemi était particulièrement dirigé furent aussitôt garnies de couches de fumier, souvent arrosé d'une grande quantité d'eau. Toutes ces dispositions, jointes à l'activité du service des citoyens et à un grand nombre de pompes dirigées rapidement sur les endroits les plus menacés, rendaient les incendies de plus en plus rares, et permettaient de les éteindre facilement lorsqu'on n'avait pas pu les prévenir.

L'habitude courageuse que les citoyens et les soldats acquirent promptement des périls du bombardement fut bientôt marquée par un insouciant mépris des fureurs du général autrichien. La témérité succéda à la terreur, et les journées les plus fatales pour la ville furent marquées par des traits d'audace ou d'héroïsme, et même de gaîté.

Ainsi, pendant que les habitants se disputaient le glorieux danger d'arracher la mèche enflammée des obus, un d'entre eux courut ramasser un éclat de bombe et s'en servit à l'instant comme de plat à barbe, pour raser dans la rue quatorze citoyens, riant au milieu du fracas des batteries ennemies.

Un boulet lancé dans le lieu des séances du conseil de guerre n'interrompit pas la discussion; seulement un membre proposa de le déclarer en permanence, comme l'assemblée, motion qui fut adoptée par acclamation.

Un grenadier des bataillons de volontaires, voyant son capitaine renversé, court à lui et lui tend la main; à l'instant même une balle perce le poignet du grenadier: il présente l'autre main à son chef, elle est emportée par un boulet: sans proférer une plainte il avance ce qui lui reste de bras et relève l'officier.

Un canonnier bourgeois servait une pièce sur les remparts; on accourt l'avertir qu'un boulet rouge a incendié sa maison: il se retourne, voit les flammes qui la dévorent, et continue sa charge en disant: « Je suis ici à mon poste, rendons leur feu pour feu. »

Suite du bombardement. — Le bombardement dura presque sans interruption du 29 septembre au 3 octobre, c'est-à-dire plus de cent quarante-quatre heures.

Dès le 3, trente mille boulets rouges et six mille bombes avaient déjà été jetés dans la ville. Ces derniers projectiles, dont quelques-uns pesaient jusqu'à cinq cents livres, étaient pour la plupart remplis de clous, de morceaux de fer et de mitraille, afin que l'effet en fût plus meurtrier. Deux cents maisons avaient été incendiées, et presque toutes les autres étaient plus ou moins endommagées.

Arrivée de l'archiduchesse Marie-Christine. — Le feu des assiégeants, qui, dans la journée du 3, avait paru se ralentir, recommença le lendemain avec une nouvelle activité. Cette circonstance fut attribuée, dans le temps, à l'arrivée au camp de Marie-Christine, femme du duc Albert de Saxe-Teschen, archiduchesse d'Autriche et gouvernante des Pays-Bas. On a reproché à cette princesse d'avoir dirigé en personne le feu d'une batterie; mais ce fait, peu digne d'une femme, nous semble démenti par le silence de tous les historiens dont le témoignage pourrait faire foi. Il est probable que, du sommet d'une butte couverte par un retranchement très épais, Christine, accompagnée des dames de sa cour, vint quelquefois contempler le spectacle du bombardement de Lille. On pourrait citer une foule d'exemples qui prouveraient qu'il y a dans le spectacle grandiose et extraordinaire d'un siège des motifs suffisants pour exciter une curiosité féminine, sans qu'on doive attribuer cette curiosité à un penchant à la cruauté. Ce qui aujourd'hui est seulement certain, c'est que le bruit se répandit à Lille que l'archiduchesse avait mis elle-même le feu à un mortier dirigé sur la place. Cette fable, répandue à dessein pour accroître l'enthousiasme des Lillois et la haine qu'ils portaient à leurs ennemis, eut dans le temps tout le succès qu'on s'en était promis.

Fin du siège. — Cependant Lille, dont l'investissement, ainsi que nous l'avons dit, n'avait jamais pu être complet, faute de troupes suffisantes, recevait des secours presque continuels, qui facilitaient beaucoup sa résistance. Aire, Béthune, Saint-Omer et Dunkerque, villes qui toutes admiraient son dévouement civique, lui avaient envoyé, outre leurs pompes, des vivres et des munitions en abondance. Des défenseurs volontaires lui arrivaient aussi de toutes parts. Un renfort de dix bataillons, sous les ordres du général Lamarlière, était entré dans ses murs. La Convention lui avait accordé un secours de deux millions; enfin des commissaires conventionnels, désignés pour venir prendre part aux dangers des citoyens, y arrivèrent le 5 octobre.

Le même jour, les munitions commencèrent à manquer aux assiégeants. Leur feu se ralentit insensiblement; les bombes devinrent plus rares; les boulets rouges ne furent plus lancés qu'à de longs intervalles. Néanmoins deux quartiers et deux faubourgs avaient été déjà la proie des flammes, quand l'ennemi arrêta enfin son feu. Les artilleurs autrichiens, ayant épuisé tous leurs projectiles, chargeaient leurs pièces avec des barres de fer, des chaînes, des pierres. Acharnement insensé, qui ranimait l'espoir des habitants, en leur montrant l'extrémité où les assiégeants se trouvaient réduits.

Retraite des Autrichiens. — Enfin le duc Albert, informé des succès de Dumouriez en Champagne, et craignant de se voir bientôt attaqué lui-même par les Français victorieux, se décida le même jour 5 octobre à la retraite, irrité au dernier point de la résistance opiniâtre et inattendue qu'il avait rencontrée. Il était temps pour lui de renoncer à l'entreprise: son artillerie, hors de service par l'usage immodéré qu'on en avait fait, le défaut de munitions, et l'accroissement successif du camp de Lens, où se réunissaient des bataillons de volontaires prêts à marcher au secours de Lille, ne laissaient au général autrichien nul moyen de la continuer. On prétend que, avant de quitter la France, il eut un instant la pensée de renouveler sur Valenciennes et sur Condé la tentative qui venait d'échouer sur Lille; mais l'approche de Beurnonville, l'arrivée prochaine de l'armée de Dumouriez, le firent abandonner ce projet. Sa retraite se fit avec précaution et ne fut point inquiétée.

Pertes et désastres de Lille. — Lille avait beaucoup souffert du feu des Autrichiens. Voici, d'après Marescot, en quel état se trouvait cette malheureuse ville au moment où ils opérèrent leur retraite:

« Le faubourg de Fives est incendié et rasé; plus de sept cents maisons de la ville sont entièrement dévorées par les flammes; un grand nombre d'autres sont criblées de coups, chancelantes et hors de service. Il n'en est presque pas une qui ne porte des marques particulières du malheur général. Les incendies fument encore dans plusieurs quartiers; celui de Saint-Sauveur n'est plus qu'un amas confus de décombres, où l'œil découvre à peine les formes des habitations et des rues. — Néanmoins il serait difficile de dire combien cette attaque acharnée et cette défense résolue ont coûté de monde aux deux partis: les calculs de ce genre ne sont jamais que des estimations fautives. Dans la ville il a péri beaucoup plus d'habitants que de soldats. Les Autrichiens avaient donné à leurs tranchées une profondeur si considérable, qu'il est probable que le canon de la place, malgré sa prodigieuse activité, leur aura causé peu de dommage, et que les bombes seules leur auront fait éprouver des pertes[1]. »

Défenseurs de Lille. La défense de Lille fut un acte de courage militaire et de dévouement civique, inspiré par un véritable patriotisme. Nous sommes heureux de pouvoir citer les noms des officiers principaux de l'armée et de la garde nationale qui concoururent à cette belle défense, ainsi que celui des dignes officiers municipaux qui les secondèrent avec tant de zèle et d'intelligence, ce sont :

Le lieutenant général DUHOUX, qui eut pendant cinq jours le commandement supérieur; le général RUAULT, maréchal de camp, commandant la place ; ANDRÉ, maire de la ville; ROCHART, secrétaire de la commune; LAMARLIÈRE, CHAMPMORIN, maréchaux de camp; BRYAN, colonel commandant la garde nationale; DEPIERRE, VARENNES, CHEMIN, TORY, BLANCHARD, LONG, VALHUBERT, RAINGARD, BOURDEVILLE, OSTEN, lieutenants-colonels d'infanterie; D'ANGLAS, CLARENTHAL, BAILLOT, lieutenants-colonels de cavalerie; GUISCARD, lieutenant-colonel, commandant l'artillerie ; GARNIER, lieutenant-colonel du génie; MARESCOT, capitaine du génie; FLAYELLE, CAPRON, DUMONT, MOUTIEZ, adjudants du génie.

Le capitaine CHABOT (Philippe), du 15e de ligne, trouva une mort glorieuse dans la sortie du 25 septembre.

Les représentants du peuple DELMAS, DUHEM, BELLEGARDE, D'AOUST, DOULCET, et DUQUESNOY, n'arrivèrent à Lille que le jour même où les Autrichiens se disposaient à lever le siége. Leur dévouement, politiquement exagéré dans le temps, se borna à l'intention (qu'ils avaient sans doute) de partager les dangers de l'héroïque population lilloise.

On a beaucoup trop vanté pendant la révolution, et encore aujourd'hui, sur des relations officiellement dénaturées, on vante beaucoup trop la conduite des membres de la Convention, envoyés aux armées nationales. Quelques-uns d'entre eux firent preuve de bravoure et d'une véritable intelligence militaire, que nous aurons plaisir à rappeler; mais la plupart ne se montrèrent remarquables que par leur incurie et leur incapacité ; quelques-uns même par leur lâcheté. Au lieu d'être un aiguillon pour le vrai courage, un encouragement pour le dévouement sincère, ils furent souvent un obstacle pour les héroïques desseins. Ils empêchèrent plus d'une victoire et causèrent plus d'une défaite. Épouvantail pour les généraux, ils furent par fois un objet de risée pour les soldats; et cependant, après le danger, c'étaient eux qui s'attribuaient l'honneur de la victoire : la voix des orateurs domine celle des soldats. On loue la Convention du salut de la France, en 1793; il serait plus juste et plus vrai d'en faire honneur à nos braves volontaires et à notre armée, toujours si dévouée et si patriote.

[1] « Dans quelques endroits, on comptait douze pieds du sommet du parapet jusqu'au fond de la tranchée. On y voyait jusqu'à sept et huit banquettes »

RÉSUMÉ CHRONOLOGIQUE.

1792.

20 AVRIL. Déclaration de guerre de la France à l'Autriche.
28 — Combat et prise de Quièvrain par les Français.
29 — Déroute de Marquain. — Massacre d'Arthur Dillon.
6 MAI. Combat de Bretigny.
21 — Combat de Rumegies et de Maulde.
29 — Combat de La Chaussette et Macon, près Condé.
9 JUIN. Le maréchal Luckner remplace, dans le commandement en chef, le maréchal Rochambeau.
13 — Combat de Glisuelle.
18 — Enlèvement des retranchements et prise de Courtray.
19 — Prise d'Ypres et de Menin.
27 — Affaire de Merieu près Maubeuge.
1er JUILLET. Attaque des avant-postes français à Courtray.
— Reprise de Menin, d'Ypres et de Courtray par les Autrichiens.
— Le général Lafayette remplace Luckner.
14 — Surprise d'Orchies par les Autrichiens.
15 — Reprise d'Orchies par les Français.

18 JUILLET. Succès des Autrichiens à Bavay, à Longueville et à Lannières. — Prise de Pont-sur-Sambre.
23 — Combat de Léers, près de Lille.
28 — Reprise de Bavay par les Français.
4 AOUT. Combat de Mambray.
13 — Combat de Lannoy.
19 — Le général Lafayette quitte la France et abandonne son armée. Dumouriez le remplace dans le commandement.
31 — Succès des Autrichiens à Stenay.
8 SEPTEMBRE. Prise de Saint-Amand et du camp de Maulde par les Autrichiens.
10 — Évacuation d'Orchies.
16 — Combat de Maubeuge.
23 — Investissement de Lille par les Autrichiens.
27 — Reprise de Saint-Amand par les Français.
29 — Commencement du bombardement.
7 OCTOBRE. Levée du siége de Lille.
11 — Sortie de la garnison du Quesnoy. — Défaite des Autrichiens.

A. HUGO.

FRANCE MILITAIRE.

INVASION DU PALATINAT ET DE LA VÉTÉRAVIE.

SOMMAIRE.

Prise de Porentrui. — Le Général Custine. — Premier investissement de Landau. — Fautes des coalisés. — Situation de Custine. — Prise de Spire. — Prise de Worms et de Philipsbourg. — Retraite sur Edesheim. — Prise de Mayence. — Conduite de Custine. — Observations. — Prise de Francfort. — Prise de Konigstein. — Dispositions de Custine. — Les Prussiens repassent le Rhin. — Expédition sur Limbourg. — Retraite des Français. — Marche des Prussiens sur Francfort. — Alerte de Hombourg. — Attaque et prise de Francfort. — Retraite sur Mayence. — Embuscade de Rodelheim. — Suite de la retraite. — Quartiers d'hiver. — Affaire de Hockheim.

		Généraux.			Généraux.
Armée Française.	Armée du Rhin...	Maréchal Luckner. Biron. Custine.	Armée ennemie.	Armée Prussienne .... Troupes de l'électeur de Mayence. — du prince de Hesse.....	Le roi Frédéric Guillaume II. Le duc de Brunswick. Le baron de Gymnich. Le prince de Hesse-Philipstadt.

Prise de Porentrui. — En avril 1792, au moment où le gouvernement français déclara la guerre à l'Autriche, l'Alsace n'était couverte que par un corps de 12,000 hommes, commandés par le maréchal Luckner, et qui occupaient un camp établi entre Strasbourg et Weissembourg. Luckner avait Custine sous ses ordres.

Sur la frontière, la petite principauté de Porentrui était défendue par un corps de troupes autrichiennes à la solde de l'évêque de Bâle, seigneur de cette principauté. Le vieux maréchal pensa que cet établissement, en deçà du Rhin et en dehors de la ligne neutre formée par les cantons suisses pourrait, dans un cas donné, mettre en danger la frontière française; il ordonna à Custine d'entrer à Porentrui.

Cette occupation eut lieu sans coup férir, l'évêque ayant ordonné aux 400 Autrichiens qui formaient la garnison d'évacuer la place à la première sommation. Les défilés qui, de la chaîne de montagnes de Délémont, conduisent à Bienne et à Soleure furent aussi occupés et garnis de retranchements et d'artillerie. Cette mesure assurait notre droite et couvrait complètement l'Alsace.

Le général Custine. — Depuis cette époque jusqu'au moment de l'invasion de la Champagne, il ne se passa rien de remarquable sur cette partie de notre frontière, que l'ennemi se borna à observer.

Biron succéda à Luckner dans le commandement en chef, et Custine, que la prise de Porentrui avait mis en évidence, fut placé à la tête du corps de l'armée du Rhin, chargé de défendre la ligne de la Lauter.

Ce général, malgré de longs services, une conduite remplie de bravoure pendant la guerre de sept ans et une active coopération à la campagne d'Amérique, qu'il avait faite comme colonel, était encore peu connu. Avant la révolution, le désir de se faire une réputation dans l'armée l'avait rendu partisan des innovations allemandes du ministre Saint-Germain, et il s'était placé au nombre des chefs du corps qui fatiguaient inutilement les troupes par une discipline brutale et minutieuse; mais le grand changement opéré dans les esprits par les idées qui firent la révolution, le décida à adopter d'autres principes. Député de la noblesse aux états-généraux, il fut un des premiers à proposer l'abolition des priviléges, et son ardeur de réformes, dont nous sommes d'ailleurs loin de le blâmer, suivit la marche des idées du temps. Les emplois subalternes qu'il avait remplis n'avaient pas pu lui donner beaucoup d'expérience de la guerre; mais il était spirituel, actif, ambitieux, brave et entreprenant. Quoique d'un caractère dur et hautain, il réussissait à se faire aimer des soldats, qu'il affectait de traiter plutôt en camarades qu'en subordonnés; mais il n'était pas le même avec les officiers, sur lesquels il se dédommageait par une rudesse souvent malhonnête des cajoleries qu'il croyait devoir faire aux soldats. Custine avait des qualités militaires, des talents, de la bravoure, de l'audace, une ambition excessive et qui, avec un but noble, aurait pu toujours l'entraîner à faire de grandes choses. Mais, quoiqu'il soit mort sur un échafaud, triste prix de services réels rendus à la patrie, il a laissé, parmi les vieux et sévères républicains, une réputation entachée. C'est lui qui, le premier, donna l'exemple d'imposer d'énormes contributions aux pays occupés par nos armées. On l'accusa de dilapidations et d'exactions cupides, où ennemis, amis et neutres étaient confondus sous une même oppression. Nous voulons croire que ces accusations sont exagérées, mais il n'en est pas moins malheureux pour l'honneur de sa mémoire, que son nom commence la liste des chefs dont l'ambition effrénée et les scandaleuses dilapidations font un si grand contraste avec le patriotisme généreux et désintéressé des soldats.

Premier investissement de Landau. — Le 10 août, deux colonnes de 15,000 hommes chacune, aux ordres du prince de Hohenlohe, faisant partie de l'armée coalisée, passèrent le Rhin, et s'approchèrent d'Herxeinheim, où se trouvaient les avant-postes des Français. Leur intention évidente était de s'emparer de Landau, dont les fortifications étaient en si mauvais état, que Custine, envoyé pour défendre cette place, put y entrer à cheval par une brèche des murailles tombées. Il se hâta de la mettre dans le meilleur état possible de défense; et, conformément à ses instructions, il s'avança ensuite du côté de Spire, pour faire une reconnaissance, accompagné de Kellermann et de Victor de Broglie. En route, il divisa sa troupe, laissant à ces deux généraux le soin d'explorer une partie de la campagne, et il ne garda avec lui que les dragons. Par un hasard singulier, les généraux ennemis, suivis de plusieurs escadrons de troupes légères, faisaient aussi une reconnaissance du même côté. Custine, arrivé seul au lieu du rendez-vous convenu avec ses lieutenants, y rencontra l'ennemi, le chargea avec impétuosité à la tête de ses dragons, et les força à reculer; mais les Autrichiens, ayant reçu du renfort, firent à leur tour plier les Français, qui se retirèrent en bon ordre sur le camp d'Arzheim, où leur arrivée répandit la terreur. Des lâches, criant que tout était perdu, se sauvèrent précipitamment à Landau, dont Custine eut beaucoup de peine à se faire rouvrir les portes. Le prince de Hohenlohe investit la place le lendemain; mais, voyant que les Français paraissaient résolus à la défendre, il se décida, après quinze jours de blocus, à abandonner l'entreprise et rejoignit les coalisés sur les frontières de Lorraine, où il fut chargé du siége de Thionville, qui ne lui réussit pas plus que le blocus de Landau.

Fautes des coalisés.—Situation de Custine.— Dans leur plan d'invasion en France, les coalisés avaient commis plusieurs fautes graves, provenant sans doute de la fausse opinion qu'ils se formaient de la guerre qu'ils allaient entreprendre. Trompés par les illusions des émigrés, et croyant n'avoir à faire en quelque sorte qu'une promenade militaire, ils négligèrent entièrement de s'assurer d'une base solide sur le Rhin, et de couvrir convenablement leurs communications avec ce fleuve. Dans leur imprévoyance, non-seulement ils ne se bornèrent pas à faire des préparatifs insuffisants, mais encore ils employèrent mal les moyens qu'ils avaient à leur disposition. Au lieu de placer leurs magasins principaux dans Mayence, et de garder cette place avec toutes les forces qui n'étaient pas destinées à marcher sur la Meuse, ils dispersèrent les corps de Condé et d'Esterhazy en cordon dans le Brisgaw; établirent leurs dépôts à Spire et à Worms, ville souvertes et pour ainsi dire sous le canon de l'armée française; en confièrent la défense au corps de d'Erbach, fort à peine de 8,000 hommes. (Ce corps même reçut bientôt l'ordre de filer sur Thionville, et ne laissa en arrière, pour couvrir les magasins de l'armée, qu'un détachement moitié moins fort.) Enfin ils ne songèrent pas à munir d'une garnison respectable la place de Mayence, qui défendait sur le Rhin leur unique passage à l'abri d'une insulte d'avant-garde ou d'éclaireurs.

Custine, à Landau, occupait une belle position offensive, et se voyait en mesure d'enlever le faible détachement compromis devant lui. Selon quelques versions, il proposa ce coup de main au gouvernement. Selon d'autres, au contraire, il n'eut que l'honneur de le mettre à exécution.

Quoi qu'il en soit, le général Biron, se bornant, d'après les ordres qu'il recevait de Paris, à couvrir l'Alsace et la rive gauche du Rhin, dans l'attente des mouvements ultérieurs qui lui seraient indiqués par les manœuvres de l'ennemi sur la rive droite, envoya à son lieutenant l'ordre d'entrer dans le Palatinat.

Prise de Spire. — Le corps de Custine se mit en mouvement le 29 au soir; le général l'avait partagé en plusieurs colonnes. Houchard, alors colonel, commandait l'avant-garde : toutes ces troupes arrivèrent devant Spire le lendemain matin. La ville devait être attaquée par tous les côtés à la fois. Le général de Blou devait s'avancer, par la petite Hollande, sur la droite. Houchard agissait au centre et Meunier sur la gauche. Custine avait lui-même tourné Spire par les bois afin d'arriver par la route de Worms et d'empêcher que rien ne sortît dans cette direction. Le colonel Winkelmann, chargé par le comte de d'Erbach de défendre Spire, avait sous ses ordres 3,500 hommes, dont 1,300 Hongrois et un régiment mayençais. Il n'avait point songé à faire évacuer les riches magasins réunis dans cette ville. Il résolut de les défendre jusqu'à la dernière extrémité. Ignorant le nombre des assaillants, il crut pouvoir les attendre en rase campagne, et se mit en bataille hors des portes, sa droite appuyée à un escarpement, sa gauche à de fortes haies de jardin, et le front couvert en partie par des marais. — Les Autrichiens, attaqués avec fureur, se défendirent avec un égal courage; mais l'artillerie qu'ils avaient amenée, peu nombreuse, fut bientôt réduite au silence. Winkelmann rentra dans la ville et ordonna de fermer les portes. Custine fit aussitôt avancer quelques pièces et ces portes furent enfoncées à coups de canon. L'ennemi, retranché dans les maisons, continua pendant quelque temps une fusillade meurtrière pour les Français; mais Winkelmann, appréciant l'inutilité de ses efforts, voulut essayer au moins de sauver sa garnison, et tâcha de gagner le Rhin où il comptait trouver des bateaux pour passer sur la rive droite: malheureusement pour lui, au premier coup de fusil les mariniers s'étaient enfuis, emmenant leurs barques. Poursuivis avec acharnement, les Autrichiens se trouvèrent acculés vers une île du côté de la petite Hollande, et là, ils furent forcés de se rendre. 2,900 posèrent les armes, 400 se noyèrent en voulant passer le fleuve à la nage; le reste fut tué ou parvint à s'échapper.

Dans ce combat, qui fut la première action importante entamée sur les bords du Rhin, nos soldats montrèrent beaucoup de résolution et de courage. Aussi notre perte ne s'éleva-t-elle pas à plus de 200 hommes tués ou blessés.

La prise de Spire mit au pouvoir de Custine les magasins riches d'approvisionnements de toute espèce que l'ennemi y avait rassemblés à grands frais, et une nombreuse artillerie de rempart.

Prise de Worms et de Philipsbourg. — Custine laissa deux jours de repos à son armée; mais, ayant appris, le 3 octobre, qu'un corps de 12,000 hommes accourait pour couvrir Worms et Mayence, il résolut de s'emparer de la première de ces deux villes, et y envoya aussitôt le général Neuwinger, avec deux régiments de chasseurs à cheval et quelques autres troupes. Neuwinger se hâta. Worms, sans défense, fut surpris et enlevé. Cette conquête, outre de riches magasins, évalués à plus de deux millions, produisit à la république une somme de 1,400,000 francs, que Custine imposa à la ville pour contribution. Neuwinger revint le 7 sur Spire.

La prise de Philipsbourg, ville forte sur la rive droite du Rhin, eut lieu à la même époque; mais cette place, où il était facile d'établir un pont qui eût rendu l'occupation très importante, fut abandonnée presque aussitôt.

Retraite sur Edesheim. — Le bruit qui se répandit de l'approche d'une armée autrichienne, forte de 25,000 hommes, détermina Custine à revenir en arrière le 10 octobre et à occuper le camp d'Edesheim. Cette retraite eut un côté favorable. Après la prise de Worms et de Spire, on faisait à Mayence des préparatifs de défense que le mouvement rétrograde du général républicain fit abandonner. Les partisans nombreux des principes de la révolution française, renfermés dans cette grande cité, ne tardèrent pas à faire connaître à Custine que la rive du Rhin était dégarnie de troupes, qu'aucune manœuvre offensive n'était à craindre de la part des coalisés, et que le moment était favorable pour marcher de nouveau en avant. Le général français s'y décida aussitôt et donna l'ordre de reprendre le mouvement interrompu.

Prise de Mayence. — Dès le 17, son avant-garde, toujours sous les ordres de Houchard, se mit en marche. Le pont-volant d'Oppenheim fut enlevé pendant la nuit. Le 19 au soir, Weisenau, aux portes de Mayence, fut occupé par nos avant-postes, et le lendemain l'armée, en s'établissant à Hechtsheim, Marienborn, Gonsenheim et Montbach, investit complétement cette place.

Mayence avait pour garnison 2,000 Mayençais, à la solde de l'Électeur, véritables soldats d'archevêque, troupe sans courage et sans discipline, et 800 Autrichiens, objets de l'animadversion populaire. Les habitants étaient généralement bien disposés en faveur des Français : néanmoins la garnison pouvait défendre la ville contre la faible armée qui venait l'assiéger. Il suffisait pour cela de fermer les portes et de lever les ponts-levis; car, sans artillerie et sans moyens de faire un siège régulier, Custine ne possédait même pas ce qu'il fallait pour tenter une escalade. Mais un vieux général, sans capacité et sans vigueur, le baron de Gymnich, commandait la place : tremblant au seul nom de Révolution française, il n'avait pour dissiper ses terreurs que les consolations et les avis d'un conseil de défense composé en grande partie de Mayençais, eux-mêmes zélés partisans des principes républicains. Un homme de tête et de talent, le patriote Eckmayer, professeur de mathématiques et ingénieur, y exerçait la principale influence : à force de répéter à Gymnich que la place n'était pas tenable, il réussit à le lui persuader.

Le vieux gouverneur, honteux de se rendre sans brûler une amorce, ne céda pourtant point à une première sommation; il fit même faire contre les troupes françaises une décharge générale des canons de la place. Cette décharge, quoique inattendue, produisit peu d'effet, par la précaution que Custine avait prise de placer ses bivouacs hors de portée. Étonné néanmoins de cette manifestation hostile, à laquelle il ne s'attendait pas, le général français crut un instant la partie perdue : il était sur le point de se retirer, quand ses intelligences dans la place lui apprirent que le gouverneur n'attendait qu'un prétexte plausible pour capituler, et avait cru devoir seulement à l'honneur de sa garnison cet acte apparent de résistance. Il adressa donc au vieux baron une seconde sommation; Gymnich, s'appuyant sur la nécessité d'assembler son conseil de guerre, demanda vingt-quatre heures pour répondre. Mais Custine, comprenant l'importance de brusquer l'événement et d'achever d'effrayer un homme déjà ébranlé, répondit par une lettre empreinte de l'esprit du temps, et dont les menaces exercèrent une profonde impression sur ce faible vieillard. Afin de donner plus de poids à son ton irrité, Custine avait chargé de son message, Houchard, dont la stature colossale, la figure balafrée et l'éloquence soldatesque avaient quelque chose de terrifiant. Cet ambassadeur eut un plein succès. La capitulation fut conclue aussitôt, et de l'avis même du ministre prussien Stein; la place se rendit le 22 octobre: la garnison sortit avec les honneurs de la guerre; il ne lui fut imposé d'autres conditions que celle de s'abstenir de porter les armes pendant un an contre la République française et ses alliés. Suivant quelques auteurs, la frayeur qu'avaient conçue les soldats autrichiens, d'après ce que leur avaient dit leurs officiers, était telle, qu'ils brûlaient de quitter la ville, craignant à chaque instant d'être massacrés par les soldats républicains. D'autres auteurs soutiennent au contraire que si les Mayençais acceptèrent la capitulation avec joie, les Autrichiens indignés refusèrent d'y accéder et se retirèrent au-delà du Rhin pour aller rejoindre le prince Esterhazy.

L'occupation de Mayence causa autant de joie en France que d'indignation et de surprise en Allemagne; et il y avait de quoi. Les princes confédérés comptaient alors plus de 50,000 hommes dans les positions tout-à-fait inutiles, et cinquante régiments entièrement inactifs paradaient dans l'intérieur de leurs États.

Cependant cette accumulation de forces, dont les causes étaient inconnues aux peuples allemands, en avait de réelles et politiques, qui n'étaient pas même ignorées de la Convention, quoique cette assemblée ne jugeât pas convenable d'en instruire le peuple français. Ces causes graves ont été dévoilées depuis; elles expliquent, suivant des écrivains militaires estimés, la retraite précipitée des Prussiens après la canonnade de Valmy. C'était l'invasion de la Pologne par l'armée russe et le nouveau partage projeté entre l'Autriche, la Prusse et la Russie, partage qui décidait le roi de Prusse à se rapprocher du nord avec ses soldats, et dont l'expectative empêchait l'Autriche de dégarnir ses frontières septentrionales et d'envoyer des renforts aux troupes chargées de couvrir les Pays-Bas, ainsi qu'à l'armée d'invasion en France.

Par un hasard remarquable, au moment où le seul port que les coalisés eussent sur le Rhin, à l'abri d'un coup de main, tombait ainsi entre les mains des Français, les Prussiens, évacuant la Champagne, revenaient vers Longwy. On concevra facilement dans quel embarras Custine eût placé l'armée coalisée s'il fût descendu jusqu'à Coblentz pour y détruire les magasins qui devaient alimenter l'ennemi dans le pays de Trèves, et pour donner la main à Dumouriez, dont les troupes devaient s'avancer sur le Rhin par la Belgique. Cette marche eût été hardie, sans doute, surtout s'il se fût avancé en longeant la gauche du fleuve, sur lequel il n'avait pas de ponts; mais elle n'était pas impossible à exécuter par la rive droite, en s'emparant d'Ehrenbreitstein, alors gardé seulement par une centaine de soldats invalides de l'Électeur, et en rassemblant à l'embouchure de la Lahn tous les bateaux nécessaires pour enlever les magasins ennemis. Kellermann, instruit de ce mouvement vers Coblentz, eût sans doute, au lieu de prendre avec son armée des cantonnements entre la Sarre et la Moselle, achevé la poursuite commencée et harcelé l'ennemi jusqu'au Rhin. Mais Custine, oubliant que le corps qu'il commandait n'était qu'une avant-garde renforcée de l'armée du Rhin, portée en avant par les développements de la campagne, voulait donner à ses opérations une importance autre que celle qu'elles auraient dû avoir réellement : son intention était, sans doute, d'obtenir, comme il l'obtint en effet, le commandement en chef de l'armée du Rhin ; et, dans ce but, il s'isolait du reste de la ligne, il portait tous ses efforts sur sa droite aux dépens de sa gauche, qui aurait dû être, au contraire, l'objet principal de son attention. On ne peut se dissimuler q'', malgré les lenteurs de Kellermann, Custine pouvait très facilement couvrir tout le pays d'entre Moselle et Rhin, s'il avait voulu porter ses forces de ce côté, au lieu de les employer, comme il fit, à des marches et à des contre-marches aussi fatigantes qu'inutiles. Cette expédition, appuyée par celle que l'armée du Nord faisait dans les Pays-Bas et soutenue par le corps de Beurnonville, qui vint à cette époque remplacer Kellermann, et que l'on ne peut accuser de trop de prudence, assurait l'expulsion de toutes les troupes ennemies laissées dans le Luxembourg et l'électorat de Trèves, et nous aurait en même temps rendus maîtres de la rive gauche du Rhin jusqu'à la hauteur de Cologne. Toutes les courses et toutes les expéditions de Custine, en définitive, n'eurent d'autres résultats que la levée de contributions si énormes, que la Convention nationale crut devoir en faire aux villes imposées la remise d'une partie. On doute même que le trésor national ait retiré de très grands avantages du surplus, qui devait entrer dans les caisses de la République. Le défaut d'ordre établi dans la comptabilité et le gaspillage que se permettait chacun de ceux entre les mains de qui toutes ces sommes passaient successivement permettent cette opinion dubitative. Ce que les opérations de Custine produisirent de plus certain, disent les contemporains, « c'est qu'elles contribuèrent beaucoup à nous faire haïr par les gens des pays occupés ; et si la malheureuse affaire de Francfort ne fut la suite immédiate du mécontentement qui en résulta, ce mécontentement, causé par tant d'exactions, servit de prétexte aux puissances coalisées, pour augmenter la fermentation qui régnait dans les esprits et d'aliment aux calomnies contre la Révolution française. »

Prise de Francfort. — Custine qui, outre ses vues d'ambition personnelle, avait pour but de lever des contributions, céda donc facilement aux instigations des patriotes mayençais, qui, tous, lui assuraient que la conquête de Francfort-sur-le-Mayn ne lui offrirait aucune difficulté; que c'était une ville dépourvue de moyens de défense, très riche d'ailleurs, et dont l'occupation devait présenter des avantages de toute nature. Cependant cette ville impériale, libre et toute commerçante, n'avait donné aucun sujet de mécontentement aux Français; elle applaudissait même aux principes qui avaient déterminé la Révolution, et devait se croire à l'abri d'une incursion. Car si la guerre, en effet, doit nourrir la guerre, ce ne peut être qu'aux dépens de l'ennemi et non pas à ceux des neutres. — L'incursion de Custine, pardonnable s'il eût été en mesure de se soutenir sur le Mayn, était d'ailleurs, dans les circonstances où il se trouvait, aussi contraire à la politique qu'aux règles de l'art. — Il fallait néanmoins un motif quelconque à cette incursion : on lui donna pour prétexte l'hospitalité que Francfort avait accordée aux émigrés. Le jour même de l'entrée des Français à Mayence, Houchard passa le Rhin, et dès le 22 il était en marche sur Francfort. Le général Neuwinger le suivait avec une brigade de grenadiers. Houchard marchait par la rive droite du Mayn, Neuwinger devant arriver par la rive gauche. Houchard se trouva le premier en vue de la ville et se présenta devant la porte Bockenheim. Il s'adressa aux magistrats, dont l'étonnement était d'autant plus grand que leur sécurité, fondée sur leur éloignement du théâtre de la guerre, avait été plus profonde, et il sollicita seulement la permission d'acheter des rafraîchissements. On hésitait à lui répondre. Neuwinger arriva à trois heures, et la scène changea. Il demanda impérieusement aux magistrats l'entrée de Francfort. Ceux-ci voulurent d'abord se défendre; mais le peuple, effrayé à la vue de l'artillerie braquée contre le faubourg de Saxen-Hausen, les força à ouvrir les portes. Francfort fut aussitôt occupé et imposé, d'après l'ordre de Custine, à une contribution de guerre de deux millions de florins, que Neuwinger, dans l'espoir d'attacher le peuple à la cause française, déclara ne devoir être supportée que par les nobles, par les prêtres et par les couvens de la ville et du territoire.

Prise de Konigstein. — L'occupation de Konigstein eut lieu en même temps que celle de Francfort. Les conditions de sa capitulation furent les mêmes que pour Mayence, et cette petite forteresse reçut garnison française.

Dispositions de Custine. — Custine avait résolu sérieusement de conserver le Palatinat et peut-être la Vétéravie; il employa le mois de novembre à former des magasins considérables de vivres à Worms. Vers la fin du mois, il s'aperçut que l'intention de l'ennemi était de le forcer à quitter la rive droite du Rhin; mais quelques efforts qu'il fît pour s'y maintenir, il ne pouvait rassembler plus de 18 à 20,000 hommes; encore il était contraint, pour renforcer ainsi sa petite armée, de rappeler les troupes échelonnées entre Landau et

Mayence et de laisser à peine aux portes de cette dernière ville des forces suffisantes pour les garder.

Les Prussiens repassent le Rhin. — Cependant les incursions des Français en Vétéravie et sur la rive droite du Rhin avaient répandu en Allemagne une terreur dont l'armée prussienne ne fut pas même exempte, et la peur ainsi que la renommée grossissant les objets, le duc de Brunswick en conçut des craintes exagérées. Il n'était pas possible que l'armée coalisée restât inactive à Luxembourg, quand Mayence et Francfort se trouvaient entre les mains des Français, et lorsque Clairfayt était rappelé en Belgique par le duc de Saxe-Teschen. On décida dans le conseil du roi de Prusse que le prince de Hohenlohe resterait seul pour couvrir Luxembourg, et que les Prussiens se hâteraient de repasser le Rhin à Coblentz, afin d'expulser les Français de la rive droite, et d'être en mesure de reprendre Mayence à la première occasion favorable. Les Hessois partirent en poste sur des chariots afin de sauver Ehrenbreistein, s'il en était encore temps, car les généraux prussiens avaient compris toute l'importance du mouvement que Custine aurait dû faire et qu'il n'exécuta pas. Le reste de l'armée les suivit à marche forcée et se porta sur Coblentz, où son passage ne pouvant s'effectuer que sur un pont-volant, dura douze jours entiers. Là, le corps des émigrés fut licencié, faute de moyens pour l'entretenir. Une partie des gentilshommes qui le composaient renforça l'armée de Condé, qui passa à la solde de l'empereur; d'autres formèrent des corps soudoyés par la Hollande et le cabinet de Londres. La dispersion de *l'armée des princes*, comme elle s'appelait alors, fit évanouir avec les projets de réaction et de vengeance des émigrés, toutes les espérances de la coalition. Les rois alliés, après leur première campagne, commencèrent presque à comprendre que loin de songer à attaquer la Révolution en France, ils devraient s'estimer heureux s'ils pouvaient réussir à éloigner de leurs propres États les soldats républicains.

Expédition sur Limburg. — Une fois en possession de Francfort, le général Custine, attiré par le même motif qui l'avait conduit dans cette ville, résolut de diriger un détachement sur Limburg, afin de lever des contributions et d'augmenter parmi les Allemands la terreur que l'apparition des soldats français sur la rive droite du Rhin avait causée. Houchard, qui venait d'être élevé au grade de général, eut le commandement de cette expédition. Il partit le 5 novembre. En arrivant près de Weilburg, après une marche de dix lieues, douze chasseurs français, qui précédaient la colonne, poursuivirent au galop, jusqu'aux portes de la ville, un pareil nombre de hussards hessois. Cette petite troupe, ramenant quatre chevaux ennemis, fut forcée de se replier devant une force supérieure. Le général Houchard, masquant avec sa cavalerie, composée de 140 chasseurs, deux pièces de campagne, qui faisaient toute son artillerie, s'avança, suivi de son infanterie, au nombre de 400 hommes. La garnison de Weilburg, forte de 600 hommes d'infanterie et de 200 hussards, s'était mise en bataille sur la route. L'infanterie ennemie se débanda au premier coup de canon, et notre cavalerie allait charger les hussards hessois, lorsqu'un ordre positif de Custine la força de s'arrêter et changea la direction de Houchard.

Les salines de Nanheim, sur la route de Hombourg, où la colonne se rendit le lendemain, furent mises en régie pour le compte de la République. Le jour suivant Houchard reçut, étant en marche sur Wisbaden, l'ordre d'en repartir à onze heures du soir et de marcher toute la nuit pour arriver à Limburg, dont il se trouvait encore à dix lieues. Un mouvement des Prussiens, qui à peine échappés de France accouraient en forces à la délivrance du Palatinat, était la cause de ces divers mouvements. Custine voulait prévenir les Prussiens; il savait d'ailleurs que la garnison de Limburg, un des quatre points principaux de la ligne ennemie sur la Lahn, faisait une garde négligente ne se doutant pas qu'une attaque sur ce point fût possible aux Français.

La colonne expéditionnaire était pourtant si fatiguée que le général Houchard ne crut pas que, sans une longue halte, il fût possible aux soldats de se remettre en route comme l'ordonnait le général Custine, et de franchir, dans le court espace d'une nuit, les dix lieues qui les séparaient encore de Limburg. Il se résolut à les consulter, et les faisant rassembler, il leur communiqua l'ordre, en ajoutant que l'attaque serait manquée si elle n'avait pas lieu le lendemain. Un cri unanime s'éleva du milieu de ces soldats, dont la plupart manquaient de souliers : « *Vive la république! en avant, partons!* » Et sans vouloir prendre aucun repos, la colonne, excitée par un sentiment facile à concevoir, se remit aussitôt en marche. A la pointe du jour, protégée par un brouillard épais, elle arriva à trois lieues de Limburg. Là, trois vedettes prussiennes furent enlevées; elles annoncèrent que la garnison que l'on voulait surprendre était forte de 2.400 hommes d'infanterie, de 1,600 hussards, et qu'elle avait quatre pièces d'artillerie. Notre colonne, infanterie, cavalerie et artillerie, ne s'élevait pas à 600 hommes ; mais l'infériorité du nombre, au lieu d'éteindre l'audace de nos soldats, redoubla leur ardeur ; ils arrivèrent et l'attaque eut lieu sur-le-champ. Déjà nos deux pièces étaient en batteries que l'ennemi n'avait pas encore eu le temps de se reconnaître. Ses hussards sortirent de la ville et répandirent d'abord un peu de confusion dans nos rangs mais bientôt écrasés par une mitraille bien dirigée, ils reculèrent et se hâtèrent de rentrer dans Limburg, où nos troupes les poursuivirent et où le combat recommença, mais pour durer peu de temps, car ils furent bientôt mis en fuite et obligés d'abandonner la ville. Cette déroute, aussi complète que rapide, fut due en partie à un feu très vif de mousqueterie, que fit notre infanterie. L'ennemi eut 60 hommes tués et nous laissa plusieurs prisonniers, parmi lesquels se trouvait un lieutenant-colonel.

La colonne Houchard bivouaqua hors de Limburg, en laissant des gardes aux portes; elle resta toute la nuit sur le qui vive, dans la crainte d'une attaque provenant de Dietz, à une lieue de Limburg, où l'ennemi avait des troupes nombreuses ; mais la terreur des Hessois avait été si grande, que Dietz était évacué et qu'ils s'étaient enfuis à trois lieues au-delà. Weilburg et Limburg furent imposés à trois cents mille florins, par les généraux Custine et Houchard, qui s'y trouvaient réunis, et le palais du prince de Nassau-Ussingen fut abandonné au pillage des soldats, déprédation qui, jointe à tant d'autres griefs, décida le roi de Prusse à tenter un vigoureux effort pour chasser les Français. Son armée avait reçu de nombreux renforts; il lui donna l'ordre de se mettre en mouvement.

Retraite des Français. — Custine en ayant été instruit, se disposa lui-même à opérer sa retraite. La supériorité numérique de l'ennemi le mettait dans l'impossibilité de se soutenir au milieu des montagnes, où il pouvait croire qu'il ne tarderait pas à être attaqué. Néanmoins, le duc de Brunswick, au lieu d'exécuter cette attaque de front, préféra tourner entièrement la droite du général français, et faisant un grand mouvement par sa gauche, lui donna ainsi le temps d'opérer un changement de front et de prendre avec son armée une nouvelle et meilleure position, dont la gauche s'appuyait aux montagnes près d'Ober-Ursel, et la droite sur le Mayn, à Hochst.

Marche des Prussiens sur Francfort. — L'armée prussienne, forte de 50,000 hommes, passa sur la rive gauche de la Lahn et se réunit derrière Friedberg aux troupes du prince de Hesse-Cassel et à 5,000 soldats de Hesse-Darmstadt.

Custine venait d'être nommé général en chef de l'armée du Rhin, à la place de Biron, dont l'inaction, commandée par les circonstances, avait mécontenté le Comité dirigeant; mais il était toujours obligé de couvrir l'Alsace, et toutes les forces qu'il avait pu attirer dans le Palatinat et sur le Mayn ne s'élevaient pas à 20,000 hommes. Avec une telle infériorité numérique, ce général n'avait à choisir qu'entre deux partis : réunir toutes ses troupes devant Francfort, et, malgré le nombre, livrer au roi de Prusse une bataille, dont la valeur française pouvait rendre l'issue glorieuse et favorable, ou suivre les conseils d'une sage prudence, évacuer Francfort, repasser le Rhin et s'établir solidement à Mayence; mais il ne s'arrêta à aucun; il laissa la garnison de Francfort exposée aux attaques de l'armée ennemie, et ne parut avec des renforts pour la soutenir que lorsqu'il n'était déjà plus temps.

Toute cette garnison ne s'élevait pas à plus de 2,000 hommes; c'était à peu près le huitième de ce qu'il aurait fallu pour défendre la place, dont la population portait une haine à mort aux Français, à cause des énormes contributions qui lui avaient été imposées. Francfort, par suite du mouvement que nous venions d'exécuter, se trouvait en avant de notre ligne. Custine ne songea pas à en renforcer la garnison, aveuglé par une confiance trop facile dans les habitants, dont il croyait du moins n'avoir à redouter aucune hostilité, s'il ne pouvait compter sur leur coopération à la défense de la place.

Cette sécurité était entretenue par une réponse que lui avaient faite les magistrats à qui il avait demandé s'ils préféraient la protection de la République française à celle du roi de Prusse. Soit crainte, soit trahison, ils lui avaient assuré qu'ils se regarderaient comme très malheureux d'être abandonnés par la République, et qu'il pouvait compter sur Francfort comme sur une ville française. Custine, après avoir donné au commandant de la place, le général Van-Helden, tous les ordres que semblait requérir la circonstance, était rentré, sans la moindre défiance, à son quartier général.

Alerte de Hombourg. — Le 25 novembre, quelques fourrageurs, ayant été enlevés près de Hombourg, où commandait le général Houchard, l'alarme se répandit en un instant dans la ville. On battit la générale, et chacun courut aux armes. On s'attendait à une attaque immédiate, et l'ennemi dans ce moment eût pu la faire avec beaucoup d'avantage, à cause du désordre momentané qui s'était mis dans nos rangs. Elle n'eut pas lieu toutefois. La leçon que les Prussiens avaient reçue en Champagne semblait avoir diminué beaucoup leur présomption; ils ne firent aucun mouvement: néanmoins, le lendemain, notre avant-garde se replia sur Ober-Ursel.

Attaque et prise de Francfort. — La route de Francfort par Friedberg et Wilbel n'était gardée par aucun poste. Les Prussiens la suivirent sans être observés ni inquiétés. Le 2 décembre ils arrivèrent devant Francfort. Un brouillard épais couvrait la campagne, et ils purent investir la place sans être aperçus; bientôt leurs têtes de colonnes se montrèrent de tous les côtés. Au même moment, les portes d'Essenheim, de Friedberg et de Tous-les-Saints furent attaquées, tandis qu'un fort détachement se portait sur le faubourg de Saxen-Hausen, où s'était retranchée une partie de la garnison française. Les Prussiens, rassurés par leur nombre et par la faiblesse bien connue des moyens de défense de la place, s'avançaient à découvert, presque sans précautions. Leur sécurité leur devint funeste. Ils étaient arrivés à demi-portée de Saxen-Hausen, quand Van-Helden, qui venait de former une batterie du petit nombre de pièces qu'il avait pu rassembler, démasqua ses canons et ordonna de faire feu. La mitraille arrêta les ennemis et leur causa, par ses ravages, un moment d'hésitation; mais bientôt, s'encourageant de leur supériorité numérique, ils reformèrent leurs rangs et continuèrent à avancer. Un combat extrêmement vif s'engagea sur ce point. Il durait depuis près d'un quart d'heure, et l'issue en était encore indécise, quand un attroupement nombreux d'habitants, armés de piques, de fourches, de haches, se précipita sur une des portes assiégées et l'enfonça pour livrer passage à l'ennemi. Les Prussiens et les Hessois pénétrèrent dans les rues, précédés de cette populace en fureur, qui massacra tous les Français qu'elle rencontra isolés. La foule, grossie dans sa marche, arriva sur les remparts, où ceux de nos soldats qui, placés à quelques batteries, continuaient une défense aussi intrépide qu'inutile, furent assaillis par-derrière et massacrés à coups de haches et de faux. Cependant le général Van-Helden, convaincu que toute résistance était désormais sans but, donna l'ordre de la retraite. Au moment où elle allait s'opérer par la Porte-Neuve, la populace ferma cette porte et coupa les jarrets des chevaux qui traînaient l'artillerie. Tant de perfidie et de cruauté ne firent point fléchir le courage des Français. 600 hommes, le reste de la garnison, se formèrent en colonne, et, se précipitant sur cette horde ivre de vin et de sang, s'ouvrirent un passage à la baïonnette, ensuite, quoique harcelés et poursuivis avec acharnement, rejoignirent nos avant-postes sans être entamés.

Le même jour, à neuf heures du matin, le prince de Hohenlohe, qui cherchait depuis long-temps un chemin pour tourner la position du général Houchard, ne se souciant pas de l'attaquer de front, déboucha sur la gauche des hauteurs occupées par l'avant-garde française. Pendant ce temps, une autre colonne de Prussiens tentait vainement d'enlever le village d'Ober-Ursel, dont l'occupation lui eût permis de nous prendre par la droite. Après un échange de quelques coups de canon, Houchard fit retirer son artillerie et son infanterie sur la rive droite de la Nidda, où il prit position à la gauche du général Neuwinger, dont la division était postée auprès du village d'Eschborn. Ce mouvement fut protégé par la cavalerie de l'avant-garde. Bientôt une vive canonnade s'engagea à Bockenheim, entre les Prussiens et un fort détachement français, qui y avait été placé la veille. Custine fit aussitôt avancer, pour soutenir son poste, plusieurs pièces d'artillerie légère, dix escadrons de grosse cavalerie et quelques bataillons. Ce renfort obtint un plein succès et fit reculer les Prussiens. Custine allait donner ordre de pousser jusqu'à Francfort, au moment où arrivèrent les débris de la malheureuse garnison.

De nombreux traits de bravoure signalèrent la défense de cette ville : il en est un qu'il est impossible de passer sous silence. Nouvel Horatius-Coclès, un grenadier d'un des bataillons de la Haute-Saône, brave dont nous regrettons que le nom n'ait pas été conservé, était seul sur le pont qu'il gardait avec succès et avec la fureur du désespoir contre une foule d'assaillants qui lui proposaient en vain quartier. Le roi de Prusse, arrivé par hasard sur le lieu du combat, aperçut ce grenadier couvert de blessures et entouré de cadavres ennemis, se défendant avec une énergie que le nombre des Prussiens semblait augmenter. Frappé de tant de courage, il fit retirer les assaillants et donna ordre qu'on s'emparât de cet homme en évitant de lui faire aucun mal, et qu'on le lui amenât. Le grenadier consentit à se rendre. « Vous êtes un brave, lui dit le roi, « c'est dommage que vous ne vous battiez pas pour une « meilleure cause. » Le soldat républicain, d'abord un peu embarrassé par l'interpellation du monarque, recouvra presque aussitôt sa présence d'esprit, et ne voulant pas démentir ses principes, lui répondit, en employant le langage de l'époque : « Citoyen Guillaume, « nous ne serions pas d'accord sur ce chapitre, parlons « d'autre chose. » Le titre donné au roi par le grenadier fit fortune dans l'armée prussienne ; et long-temps après, plus d'une fois, en passant devant ses troupes, Frédéric-Guillaume, prince guerrier et familier avec les soldats, s'entendit nommer par eux le *citoyen Guillaume.*

Retraite sur Mayence. — On a prétendu que Custine, dans le désespoir que lui causait la perte de Francfort, avait formé le dessein de reprendre cette ville, ce qui eût entraîné une affaire générale entre lui et le duc de Brunswick, et probablement aussi la perte de toutes les troupes qu'il avait sous ses ordres. Quoi qu'il en soit, il se rendit aux avis plus sages de Biron, qui venait d'arriver auprès de lui pour concerter diverses opérations, et qui lui conseilla de revenir sur Mayence. La retraite commença dès la nuit même.

Embuscade de Rodelheim. — Une colonne d'infanterie ennemie, formée par demi-bataillons, fut particulièrement chargée de suivre tous les mouvements de Custine dans cette retraite. Le général français n'attendait qu'une circonstance favorable pour donner aux Prussiens une leçon qui dédommageât un peu sa vanité blessée par l'échec de Francfort. L'occasion ne tarda pas à se présenter. Sur la rive gauche de la Nidda, en avant du village de Rodelheim, se trouvait une vaste prairie coupée par des replis de terrain qui formaient des barbettes naturelles : Custine y fit placer huit pièces de canon, soutenues par deux bataillons que les ondulations du sol couvraient complètement : il donna ensuite à sa cavalerie légère et à ses flanqueurs l'ordre de se retirer. La plaine paraissait ainsi entièrement libre. La colonne ennemie s'avançait avec confiance ; rien dans un pays qui paraissait plat et découvert ne pouvait donner idée d'une embuscade : mais lorsque cette colonne arriva à deux cents toises environ des batteries, les pièces démasquées subitement vomirent la mitraille dans ses rangs. Pris de front, par le flanc droit et à revers, les Prussiens subirent un feu si meurtrier qu'ils se débandèrent en un instant et cherchèrent un refuge dans les maisons et les jardins du village. L'armée française se mit en bataille à la sortie de Rodelheim, où elle resta jusqu'à la nuit. L'ennemi, comme il arrive ordinairement après un échec inattendu, montra dès-lors la plus grande circonspection et se borna à suivre Custine de très loin.

Suite de la retraite. — « La retraite, dit le maréchal Gouvion-Saint-Cyr, qui faisait alors partie de l'armée du Rhin, et qui manifeste dans ses *mémoires* une opinion assez favorable des talents et du patriotisme de Custine, la retraite s'exécuta avec lenteur et beaucoup d'ordre, l'ennemi ne jugeant pas à propos de nous presser, et se contentant de nous suivre à quelque distance. Le général se montrait souvent aux troupes, quelquefois il les arrêtait dans leurs marches et les faisait former en carré, pour les haranguer à la manière des anciens, ce qui arriva une fois à notre bataillon. Il nous vanta beaucoup son expérience, acquise en Amérique, et appuya beaucoup sur ses trois campagnes, ce qui était quelque chose ; car dans l'armée française il ne se trouvait personne qui en eût fait une. Il n'insista pas moins sur entier dévouement à la cause de la liberté, enfin sur tout ce qu'il croyait propre, je ne dirai pas à lui gagner la confiance du soldat, car il l'avait entièrement, mais à la lui conserver...

« Sa manière de haranguer, sa familiarité, sa tournure militaire, quoiqu'un peu grotesque, en raison des énormes moustaches qu'il portait, ne contribuaient pas peu à exciter l'enthousiasme des soldats pour sa personne. Je n'ai point vu de généraux qui en fussent aussi aimés. Il était brave, actif; un jour d'affaire on le voyait partout. C'était aussi le général qui faisait les plus grands efforts pour établir parmi ses troupes une bonne discipline, et sous ce rapport l'armée du Rhin s'est ressentie long-temps de l'avoir eu pour chef. »

Quartiers d'hiver. — Lorsque Custine rentra dans Mayence, tous les corps d'armée des armées du Rhin et de la Moselle prenaient ou avaient pris leurs quartiers d'hiver. A leur exemple, le général établit ses troupes dans de bons cantonnements sur la rive gauche entre le Rhin et la Nahe. La garnison de Mayence fut renforcée, et, pour couvrir la tête du pont sur la rive droite, il plaça en avant de Cassel un fort détachement qu'il entoura de toutes les fortifications qu'il fût possible d'élever promptement. Une avant-garde resta en observation à Hockheim. Enfin, le fort de Konigstein, que devait illustrer la glorieuse défense de la faible garnison, commandée par le capitaine Meunier, servait comme de poste avancé à l'armée.

Affaire d'Hockheim. — Pendant qu'on s'occupait des fortifications de Cassel, le poste de Hockheim fut enlevé une première fois par les Prussiens; c'était le 14 décembre; et ce qui restait de l'armée française sur la rive droite se trouvait resserré dans le très petit espace qui s'étend de Bibrich à Costheim. Dans les premiers jours de janvier, le général Custine conçut le projet de faire occuper de nouveau ce poste par les Français. — L'impossibilité de le conserver semblait si manifeste, qu'on chercha dans le temps à expliquer la conduite du général par un motif bien singulier. Trois commissaires de la Convention, Rewbell, Haussmann et Merlin de Thionville étaient arrivés à l'armée du Rhin; on prétendit que pour faire preuve de dévouement Custine avait résolu de leur donner le spectacle d'une opération militaire. — Douze bataillons et douze pièces de canon, sous les ordres des généraux Houchard et Sédillot, partirent le 2 janvier, se dirigeant sur les villages de Hockheim et de Costheim. Les Prussiens, pris à l'improviste, en furent aisément repoussés. Sédillot, avec six bataillons, occupa la petite ville de Hockheim, et Houchard, avec le reste, établit son quartier général à Costheim. Jusque-là la galanterie de Custine n'aurait eu rien que d'innocent; mais dans la nuit du 6 janvier, les Prussiens, qui tenaient beaucoup à la possession de ces deux postes, s'avancèrent en force pour les reprendre, et, favorisés par la neige qui tomba en abondance pendant la nuit, ils réussirent à envelopper complètement le poste de Hockheim: au jour, toutes ses communications avec les troupes placées à Costheim étaient coupées. Cependant, pris à revers et de front par différentes colonnes, le général Sédillot n'écouta que son courage, et ralliant ses troupes, s'élança audacieusement à travers les bataillons ennemis, et réussit à s'ouvrir un passage. Houchard, entendant le bruit du canon, fit prendre les armes à sa colonne et s'avança sur les Prussiens; il arriva à temps pour joindre Sédillot et pour protéger sa retraite sur Cassel; mais 500 hommes restèrent sur le champ de bataille, et les deux généraux se virent obligés d'abandonner leur artillerie à cause de la glace qui couvrait la route. Le résultat de cette affaire eût été peut-être encore plus désastreux pour nous si l'une des colonnes ennemies qui devait y prendre part ne se fût égarée pendant la nuit.

Ainsi, triste présage pour la campagne prochaine, cette campagne, si bien commencée par des succès se terminait par un revers.

RÉSUMÉ CHRONOLOGIQUE.

1792.

28 AVRIL. Prise de Porentrui par Custine.
10 AOUT. Passage du Rhin par les Prussiens; — ils marchent sur Landau.
12 — Custine prend le commandement de Landau.
— — Combat d'Arsheim.
13 — Blocus de Landau par le prince de Hohenlohe.
28 Levée du blocus.
28 SEPTEMBRE. Biron, général en chef de l'armée du Rhin, ordonne à Custine d'entrer dans le Palatinat.
— — Le corps de Custine se met en mouvement.
30 — Prise de Spire.
4 OCTOBRE. Occupation de Worms.
— — Prise de Philipsbourg.
10 — Retraite sur Edesheim.
17 OCTOBRE. L'armée se remet en marche sur Mayence.
18 — Prise du pont-volant d'Oppenheim.
21 — Entrée à Mayence.
23 — Prise de Francfort.
9 NOVEMBRE. Combat et prise de Limburg par Houchard. — Custine est nommé général en chef de l'armée du Rhin
25 — Alerte de Hombourg.
2 DÉCEMBRE. Combat et prise de Francfort par les Hessois et les Prussiens réunis.
3 — Retraite sur Mayence.
3 — Embuscade de Rodelheim

1793.

6 JANVIER. Combat et prise de Hockheim par les Prussiens. L'armée prend ses cantonnements sur la rive gauche du Rhin.

A. HUGO.

FRANCE MILITAIRE.

PARIS AVANT, PENDANT ET APRES L'INVASION.

SOMMAIRE.

La patrie en danger. — Fermentation. — Mouvements. — Dix août. — Opinion de l'armée. — Massacres de septembre. — Voyage de Dumouriez à Paris. — Discours de ce général à la Convention. — Fête donnée à Dumouriez. — Entrevue de Marat et de Dumouriez. — Retour de Dumouriez à son armée.

L'année 1792 fut une année mémorable pour la France; elle vit la chute de la Monarchie, l'établissement de la République, l'invasion du territoire national, les premières défaites et les premières victoires de nos soldats, enfin et ce qui, à nos yeux, lui donne une grande importance dans le sujet qui nous occupe, elle commence la série de ces vingt-cinq années de guerres si longues, si pleines, si glorieuses, marquées par tant de victoires, mais qui, malheureusement, devaient se terminer par un si grand désastre.

On conçoit que le peuple français, habitué aux douceurs d'une longue paix, encore sans expérience des efforts qu'il allait avoir à soutenir, ait pu concevoir des inquiétudes en commençant sa lutte contre les coalitions européennes. — Nous voudrions présenter l'état moral de la France à cette époque d'incertitude et néanmoins d'enthousiasme; nous désirerions rapporter tous les faits dont alors elle fut le théâtre; mais des bornes nous sont imposées et l'étendue de la scène nous empêche d'en offrir le tableau. — Paris était alors, comme il l'est toujours, le cœur, le centre et l'âme de la nation. C'est de là que partaient et se répandaient dans les provinces tous les éléments d'agitation, de vie et de mouvement; nous avons pensé qu'une peinture de ce que fut Paris avant, pendant, après l'invasion qui marqua la première année de la guerre de la révolution, présenterait un résumé de ce qui se passait en France et suppléerait au vaste tableau que nous ne pouvions tracer.

La patrie en danger. — La campagne de Belgique avait commencé par des revers; un tel début, quand on avait pris l'initiative de la guerre, jeta l'alarme parmi les membres de l'Assemblée nationale. Un premier décret, rendu dans la séance du 3 juillet 1792, détermina diverses mesures de sûreté publique. Après de longues discussions, le 11 du même mois, la rédaction d'un second décret fut adoptée, et, au milieu d'un morne silence, le président Aubert-Dubayet (le même qui devait plus tard défendre Mayence si opiniâtrement) prononça avec dignité, d'une voix grave et retentissante, ces mots, qui produisirent en France l'effet de l'étincelle électrique : « *Citoyens, la patrie est en danger.* »

Cet acte législatif fut, quelques jours après, traduit par la commune de Paris en une proclamation solennelle. — Le dimanche 22 juillet, à six heures du matin, les six légions qui formaient alors la garde nationale parisienne se rendirent, avec leurs drapeaux, à la place de Grève. Des batteries placées au Pont-Neuf et à l'Arsenal, commencèrent, en signe d'alarme, à tirer des salves de trois coups de canon, salves qu'elles continuèrent d'heure en heure jusqu'à sept heures du soir. A huit heures, deux colonnes, formées chacune de cavalerie et d'artillerie, accompagnées d'officiers municipaux, précédées par des tambours, des trompettes et par un garde national à cheval, portant une bannière tricolore, avec cette inscription : *Citoyens, la patrie est en danger!* partirent de l'Hôtel-de-Ville et se dirigèrent, l'un dans la partie méridionale de Paris et l'autre dans la partie septentrionale. *Le danger de la patrie* fut proclamé sur toutes les places publiques. Ensuite les deux bannières destinées à rappeler ce danger aux citoyens furent placées, l'une sur la façade de la maison commune, et l'autre au parc d'artillerie du Pont-Neuf. Ces deux bannières devaient y rester jusqu'à ce que l'Assemblée nationale eût déclaré que *la patrie n'était plus en danger.* — On dressa, dans huit endroits différents, sur la place Royale, sur la place Dauphine, au parvis Notre-Dame, à l'Estrapade, sur la place Maubert, devant le Théâtre-Français, devant le Théâtre-Italien et sur le carré Saint-Martin, des amphithéâtres avec des tentes ornées de banderoles tricolores et de couronnes de chêne entrelacées. Devant chaque amphithéâtre se trouvait une table supportée par deux tambours : sur cette table, devant six notables et trois officiers municipaux, on enregistrait les noms des jeunes gens qui se présentaient pour défendre volontairement la patrie.

Le roi avait fait afficher une proclamation tendant à favoriser l'impulsion donnée au patriotisme; mais cette proclamation fut accueillie avec indifférence. La voix du trône n'était plus entendue. En quelques endroits, on déchira même les affiches. — Ce qui se faisait à Paris se faisait aussi dans les départements. — Les enrôlements durèrent pendant huit jours. Du 22 au 26, dans l'espace des quatre premiers jours, le nombre des enrôlés se monta à 5,339; il augmenta de jour en jour, et le huitième, on compta 10,715 jeunes volontaires, armés et prêts à partir pour aller former le camp de Soissons. Ce fut le noyau primitif de ces bataillons nombreux qui ne devaient pas tarder à montrer à l'ennemi quelle différence existe entre des troupes levées à prix d'argent et des soldats qu'animent l'amour de la patrie et la défense de l'indépendance nationale.

Fermentation.—Mouvements.—Tandis que la partie la plus jeune, la plus généreuse et la plus enthousiaste de la nation courait à la frontière, des machinations de diverses natures s'ourdissaient dans l'intérieur; les amis de la Monarchie, les partisans de la République se préparaient à une dernière lutte, dont ils espéraient le triomphe de leur opinion. Ce n'était pas à Paris seulement que la fermentation faisait des progrès, l'agitation régnait dans tout le Midi. Lyon, Marseille et Toulon étaient le théâtre de rixes sanglantes.

L'arrivée à Paris des premières colonnes de volontaires donna lieu à des scènes sanglantes. Le jour même de son arrivée dans la capitale, le bataillon des Marseillais eut avec des grenadiers des Filles-Saint-Thomas une collision inattendue sans doute pour les combattants, mais qui, probablement, avait été préparée par quelques instigateurs secrets, et dans laquelle il y eut un homme tué et plusieurs blessés.

Bientôt le parti républicain se montra ouvertement; on fit arriver de plusieurs villes de France des pétitions pour demander la déchéance du Roi; une pétition, rédigée dans le même but, fut livrée pendant trois jours aux signatures du public sur l'autel de la patrie, et ensuite présentée le 6 août à l'Assemblée nationale, qui consentit à en entendre la lecture, et admit les pétitionnaires aux honneurs de la séance.

Plusieurs sections de Paris, à l'instigation des meneurs républicains, annonçaient qu'elles allaient prendre les armes et sonner le tocsin, afin d'obliger les députés à accéder aux vœux populaires.

La cour n'ignorait rien de ce qui se tramait contre elle. Une noblesse dévouée environnait le Roi et s'était préparée à une résistance dont elle attendait d'utiles résultats. « Loin de craindre une insurrection, dit le marquis de Ferrières dans ses *Mémoires*, elle espérait en profiter pour se rendre maîtresse de Paris. La cour croyait être assurée de la plus saine partie de la garde nationale. Le général Mandat, qui la commandait, était dans les intérêts du Roi. »

Dix août. — Il s'était fait le 9 août une révolution dans la commune de Paris. On avait créé une municipalité provisoire. De tous les officiers municipaux, le maire Pétion, Manuel et Danton avaient été les seuls maintenus dans leurs fonctions; mais comme on craignait que Pétion, voulant remplir ses devoirs, ne mît obstacle au succès de l'insurrection, il fut consigné et gardé à vue dans sa maison. Mandat, appelé à l'Hôtel-de-Ville pour y donner quelques explications sur sa conduite, fut arrêté par ordre de cette nouvelle commune, et massacré, par des hommes apostés, au moment où on le conduisait à l'Abbaye. Sa mort dut ôter toute espérance aux défenseurs de la Monarchie.

Le 10 août, le château fut attaqué par les bataillons des faubourgs, auxquels s'étaient réunis les Marseillais et les Bretons. On sait comment il fut défendu. Le Roi avec la famille royale se retira au sein de l'Assemblée nationale, et envoya aux Suisses, qui combattaient encore, l'ordre de cesser le feu. — Les Suisses obéirent et furent massacrés. — On remarque que les mémoires du temps ne citent parmi les assaillants aucun corps de la ligne. — L'armée ne faisait pas la guerre civile dans les rues de Paris, elle combattait aux frontières les bataillons de l'étranger.

Louis XVI était entré roi à l'assemblée, il en sortit captif. Au lieu de retourner dans son palais, il fut conduit au Temple.

Après le combat, le château des Tuileries devint le théâtre de scènes de désordre, de pillage et de meurtre. Il existe une pièce curieuse sur l'état où on le mit dans la nuit du 10 au 11 août. C'est une espèce de rapport d'un chef de patrouille de la garde nationale, qui fut chargé de parcourir les Tuileries. Son récit offre, malgré quelques touches d'exagération descriptive, un intérêt qui nous décide à le citer.

« A peine entrés sur la place du Carrousel, nos yeux sont frappés par un spectacle étrange et horrible. Il était alors près de minuit. A notre droite, nous aperçûmes sur différents points de la place quatre ou cinq monceaux d'environ vingt pieds de hauteur chacun, composés de cadavres entièrement nus. Au centre de la place était un feu très vaste, autour duquel nous remarquâmes deux ou trois hommes debout, qui nous parurent immobiles et insensibles au milieu de ces nombreux et déplorables résultats du carnage.

« A notre gauche, un long bâtiment (remplacé aujourd'hui par une grille), bâtiment composé d'un rez-de-chaussée et d'un étage supérieur, qui séparait la place du Carrousel des cours des Tuileries, et où se trouvaient les casernes des Suisses, était en proie à l'incendie. Sur cette scène de feu et de cadavres régnait un silence qui n'était troublé que par le bruit de notre marche lente et par celui des planchers et des poutres qui, se détachant des murs, s'écroulaient, et, dans leur chute, faisaient jaillir par les fenêtres des torrens de flammes.

« La lumière d'un grand feu, allumé au milieu de la cour, et celle des bâtiments incendiés, éclairaient un tableau désolant : ici on voyait des amas de cadavres; là, épars sur le pavé, d'autres cadavres gisaient parmi des corps animés, mais endormis par l'ivresse. On ne distinguait les morts des vivants qu'aux vêtements dont ces derniers étaient couverts.....

« Nous vîmes au milieu du feu des corps à demi-consumés, et l'odeur qui s'exhalait de cette combustion de chair humaine ajoutait à l'horreur que nous causait ce spectacle.

« Nous détournions les yeux, et, les portant vers le château, à travers le vestibule, nous aperçûmes dans le jardin des lumières errantes, semblables à ces météores ignés qui s'élèvent et vaguent, pendant les chaleurs des nuits, au-dessus des terrains marécageux.

« Ces feux errants étaient des chandelles allumées que nous apercevions dans l'obscurité sans voir les personnes qui les portaient. Ces personnes, auxquelles la garde qu'on venait d'établir refusait l'entrée du vestibule, faisaient des tentatives pour y entrer. Cette double action produisait l'agitation des lumières. Ces personnes voulaient entrer dans le château des Tuileries, et s'étaient munies de chandelles allumées pour pénétrer dans les lieux obscurs et pour s'y livrer au pillage.

« Arrivés sous le vestibule, au bas de l'escalier qui

conduit à la chapelle et aux appartements, nous y fîmes une longue et pénible station. Les espaces qui se trouvaient des deux côtés de cet escalier, entre les rampes et les murs, étaient remplis de cadavres nus.

« Enfin nous montâmes dans les pièces qui précèdent la chapelle et dans la chapelle elle-même, où se trouvait un officier de garde. Après quelques explications sur la difficulté que nous avions éprouvée pour pénétrer jusque-là et sur l'objet de notre visite, nous sortîmes du château et nous nous rendîmes, vers une heure et demie du matin, au lieu des séances du corps législatif. — Admis à la barre, nous parlâmes de l'incendie qui dévorait le bâtiment situé entre la place du Carrousel et les cours des Tuileries ; nous dîmes que, si l'on ne se hâtait d'en arrêter les progrès, le feu se communiquerait aux Tuileries et à la galerie du Louvre. L'Assemblée nomma un commissaire, M. Thuriot, qui vint avec la patrouille examiner l'état de l'incendie, et qui ne parut pas en être fort alarmé.

« Nous reconduisîmes ce député au corps législatif ; puis nous longeâmes la façade des Tuileries du côté du jardin. — Il semble que celui qui nous commandait ait voulu, en prenant cette direction, mettre notre sensibilité à l'épreuve. Le bas de cette façade était entièrement bordé de cadavres nus. Dans l'obscurité, malgré nos soins, il nous était difficile de ne pas poser les pieds sur quelque corps, de ne pas fouler quelques membres. Pendant que nous marchions à travers ces cadavres, un jeune homme, qui se trouvait en ligne avec moi, me dit dans un moment d'émotion : « Ah ! monsieur, que la liberté coûte cher ! »

Opinion de l'armée. — Les suites de la journée du 10 août, la chute du trône, l'emprisonnement de la famille royale n'exercèrent pas d'influence sensible sur la masse de l'armée. Les officiers restés dans leurs régiments partageaient ainsi que les soldats les opinions de la grande majorité de la nation : comme tous les Français, épris d'un ardent amour pour une liberté que les menaces de l'étranger leur rendaient plus précieuse et plus chère, ils obéissaient aux décrets, sans s'occuper de la nature du pouvoir qui les avait promulgués, de la faction qui les avait arrachés à ce pouvoir : une révolution de plus ne les étonna point ; ils la crurent juste et nécessaire, par cela seul qu'elle avait eu lieu. — Il n'en fut pas ainsi parmi les officiers généraux : ceux-ci jugèrent diversement la journée du 10 août.

L'Assemblée nationale s'était empressée d'envoyer des commissaires à toutes les armées, afin de faire prêter aux soldats et aux généraux un nouveau serment. Dumouriez, qui fut un des premiers auxquels ils s'adressèrent, le prêta sans balancer et le fit aussitôt prêter à ses troupes. Dillon se montra d'abord contraire au nouvel ordre de choses ; il avait fait récemment renouveler à son armée le serment de fidélité à la constitution, il lui paraissait au moins singulier de consacrer quelques jours après, par un nouveau serment, la violation de l'acte constitutionnel ; néanmoins, conseillé par Dumouriez, il changea d'avis et jura, comme son collègue, d'être fidèle à la liberté et à l'égalité. Le général Lafayette eut plus de constance dans son opinion. Il était franchement attaché à la constitution à laquelle il avait coopéré et qui avait reçu son serment. Il considérait la faction qui dominait alors dans l'Assemblée comme une ennemie déguisée de la liberté publique ; il crut que son opinion serait partagée ; il compta sur l'appui de plusieurs départements et sur les soldats de son armée, et il se mit en insurrection ouverte : son premier acte fut de faire arrêter les commissaires de l'Assemblée nationale, et, après s'être concerté avec la municipalité de Sédan, de les faire enfermer dans le château de cette ville. Cette résistance à un changement que la majorité des Français acceptait comme nécessaire, n'eut point les résultats espérés. Le général Lafayette fut abandonné de ses soldats. Il jugea lui-même que la cause qu'il voulait défendre était perdue, et il prit le parti de quitter la France. Espérant traverser, inconnu, les postes ennemis, et gagner ensuite la Hollande, il partit dans la nuit du 19 au 20 août, accompagné de MM. Bureau de Puzy, Latour-Maubourg, Alexandre Lameth, du maire de Sédan, etc. Arrivé à Bouillon, il renvoya son escorte, et, par une louable prévoyance, donna des ordres pour que son armée ne fût pas compromise par son absence. Des obstacles imprévus le firent tomber dans un poste de troupes impériales. Il fut arrêté à Rochefort (petite ville de Flandre), et ensuite, transféré de prison en prison, il eut à souffrir pendant cinq années toutes les rigueurs d'une captivité telle que les Autrichiens savent la faire supporter à leurs prisonniers, et dont les *Mémoires* de Silvio Pellico nous peuvent donner idée. — Lafayette avait été décrété d'accusation par l'Assemblée nationale, mais il était parti avant que l'ordre de son arrestation fût arrivé. Dumouriez, comme nous l'avons dit plus haut, le remplaça dans le commandement de l'armée.

En Alsace, le changement opéré dans le gouvernement excitait aussi une vive répugnance parmi les chefs des soldats. — Dietrick, maire de Strasbourg, les généraux Victor de Broglie et Desaix, avaient voulu organiser un système de résistance qui n'eut pas de succès. Les soldats les abandonnèrent, et restés seuls avec leur projet et ses fatales conséquences, Dietrick et de Broglie furent arrêtés et condamnés : ils périrent sur l'échafaud ; Desaix, que sa destinée réservait à une carrière de gloire, eut le bonheur d'être absous.

A l'armée de la Moselle, le vieux général Luckner, tout étonné de l'événement du 10 août, restait dans l'indécision, demandait et recevait des conseils, et ne savait à quel parti s'arrêter. Il écrivait à Lafayette de compter sur lui ; il disait à ses soldats : « Mes cama-« rades, il est arrivé un accident à Paris ; mon ami « Lafayette a fait arrêter les commissaires et il a bien « fait. » Peu de jours après, mandé à la municipalité de Metz par d'autres commissaires de l'Assemblée, il jura, en pleurant, tout ce qu'on voulut. Les généraux Biron et Kellermann prêtèrent le nouveau serment ; —Anselme et Montesquiou, à l'armée du Midi, s'y soumirent sans balancer.

En résultat, tous les corps de l'armée, quels que fussent leurs regrets et leurs vœux, avaient compris qu'ils étaient citoyens non moins que soldats, et qu'ils devaient accepter le gouvernement que la nation ne repoussait pas. — L'ennemi d'ailleurs était sur nos frontières, et le premier devoir était de défendre la patrie.

Massacres de septembre. — On ne le sait que trop, les massacres de septembre, le plus grand des crimes commis au nom de la liberté, ont eu malheureusement pour prétexte les dangers que couraient les défenseurs de la patrie qui combattaient les Prussiens. Dans la matinée du 2 septembre, la commune de Paris avait fait afficher une proclamation pour engager les amis de la liberté à se ranger sous les drapeaux !

A cette proclamation se joignirent bientôt les moyens ordinaires de rassembler les citoyens : ils se rendirent en armes dans leurs sections et de là au Champ-de-Mars. Leur éloignement laissa ainsi la ville sans défense, livrée aux manœuvres des scélérats qui allaient se baigner dans le sang. Tout à coup, au milieu du tumulte causé par le bruit de la générale, du tocsin et du canon d'alarme, un cri sinistre se fait entendre : *Nos véritables ennemis sont dans Paris! aux prisons! aux prisons!* A ce signal, des hommes poussés par une fureur naturelle ou factice, la plupart étrangers à la ville, divisés par troupes, armés de fusils, de pistolets et de sabres, se dirigent vers les prisons.

Bientôt les postes sont forcés et les massacres commencent. S'il pouvait rester quelques doutes sur la préméditation, qui ajoute encore à l'horreur de ces journées atroces et criminelles, c'est : l'ordre que ces misérables établirent dans leurs assassinats. — Entre les deux guichets qui, dans presque toutes les prisons, séparaient la salle des prisonniers du lieu de l'exécution, s'établit un tribunal composé de douze hommes qui avaient la prétention de remplir ainsi les fonctions de jurés. Ils étaient rangés autour d'une table où se voyaient pêle-mêle, avec des bouteilles et des verres, le livre des écrous et le registre nominatif des condamnés et des absous. L'interrogatoire était court et l'instruction sommaire. La sentence, formulée d'une façon mystérieuse, ne pouvait pas être comprise par l'accusé. A l'Abbaye, les bourreaux érigés en juges prononçaient l'arrêt de mort en disant : « A la Force. » A la Force on disait : « A l'Abbaye. » Le condamné croyait qu'on allait le transférer à une autre prison ; il se livrait presque joyeux à ses guides, qui le menaient à la porte extérieure où les attendaient les assassins.

Ceux qui étaient absous (et le nombre en fut bien limité) sortaient accompagnés d'hommes qui criaient : *Vive la nation!* Ce cri les rendait sacrés, et ils pouvaient se retirer sans péril. — Outrage amer, infâme dérision à la justice ! « Pour que rien ne manquât à l'imitation des formes juridiques, on avait, écrit Dulaure, simulé jusqu'à la publicité. Des femmes, ou plutôt des furies, représentant l'auditoire ; les unes assistaient au jugement, les autres à l'exécution. »

On sait comment l'héroïque Sombreuil et la courageuse Cazotte eurent chacune le bonheur de sauver leur père. Il ne peut entrer dans notre pensée de raconter ces scènes d'horreur et de carnage, assez d'autres l'ont fait ; nous préférons faire connaître comment, par sa franchise et par sa présence d'esprit, un ancien capitaine d'infanterie au régiment du roi, Jourgniac-Saint-Méard, détenu à la prison de l'Abbaye pour quelques propos malins et caustiques contre le procureur syndic de la commune, parvint à éviter la mort : c'est une des scènes les plus curieuses de ces terribles journées.

« Je fus traîné, dit-il, devant cet expéditif et sanglant tribunal, en présence duquel la meilleure protection était de n'en point avoir, et où toutes les ressources de l'esprit étaient nulles, si elles n'étaient pas fondées sur la vérité.

« *Le président*, m'adressant la parole : Votre nom, votre profession ?

« *Un des juges :* Le moindre mensonge vous perd.

« L'on me nomme Jourgniac-Saint-Méard ; j'ai servi vingt-cinq ans en qualité d'officier, et je comparais à votre tribunal avec l'assurance d'un homme qui n'a rien à se reprocher, et qui ne mentira pas.

« *Le président :* C'est ce que nous allons voir ; un moment...... (Il regarda le registre des écrous.) Savez-vous quels sont les motifs de votre arrestation ?

« Oui, monsieur le président, et je peux croire, d'après la fausseté des dénonciations faites contre moi, que le comité de surveillance de la commune ne m'aurait pas fait emprisonner sans les précautions que le salut du peuple lui commandait de prendre...... »

Ici Saint-Méard donna sur sa vie tous les renseignements qui lui furent demandés, et s'expliqua avec une franchise et une fermeté qui imposa au tribunal et captiva l'attention des juges. Plusieurs des faits qu'il exposa pour sa justification furent attestés par des témoins présents, et reconnus vrais.

« *Un des juges* (qui, pendant mon interrogatoire, parut s'intéresser à moi) dit à demi-voix : « Un coupable ne parlerait pas avec cette assurance. »

« *Un autre juge :* De quelle section êtes-vous ?

« De celle de la Halle-aux-Blés.

« *Un garde national* (qui n'était pas du nombre des juges) : Ah ! ah ! je suis aussi de cette section. Chez qui demeurez-vous ?

« Chez M. Teyssier, rue Croix-des-Petits-Champs.

« *Le garde national :* Je le connais ; nous avons même fait des affaires ensemble, et je peux dire si ce certificat est de lui [1]. Il le regarda et dit : « Messieurs, je certifie que c'est la signature du citoyen Teyssier. »

« A peine eut-il achevé de parler, que je fis une exclamation qui rappela l'attention de tous, en disant : « Eh ! Messieurs, d'après la déclaration de ce brave homme, qui prouve la fausseté d'une dénonciation qui pouvait me conduire à la mort, quelle idée pouvez-vous avoir de mon dénonciateur ? »

« *Le juge* (qui paraissait s'intéresser à moi) dit : « C'est un gueux, et s'il était ici, on en ferait justice. »

Saint-Méard fut ensuite interrogé sur le grief d'aristocratisme dont il était chargé. Il fit l'exposé de ses opinions. — Un incident suspendit un moment l'interrogatoire : on égorgea un prisonnier sous les yeux du tribunal, qui reprit tranquillement les débats.

---

[1] Ce certificat attestait que M. Saint-Méard, emprisonné *pour avoir été aux frontières faire des recrues pour les émigrés*, n'était pas sorti de Paris depuis vingt-trois mois.

« *Un juge* (d'un air impatienté) : Vous nous dites toujours que vous n'êtes pas ça, ni ça ; qu'êtes-vous donc ?

« J'étais franc royaliste.

« Il s'éleva un murmure qui fut miraculeusement apaisé par le juge qui avait l'air de s'intéresser à moi, et qui dit mot pour mot :

« Ce n'est pas pour juger les opinions que nous sommes ici, c'est pour en juger les résultats. »

Saint-Méard, profitant de l'heureuse disposition des juges et de l'impression qu'avait produite cette réflexion, acheva sa défense et parla avec une chaleur qui entraîna le tribunal.

« *Le président* (après avoir ôté son chapeau) dit : Je ne vois rien qui doive faire suspecter Monsieur ; je lui accorde la liberté. Est-ce votre avis ? »

« *Tous les juges :* Oui, oui ; c'est justice. »

Cet arrêt était en effet juste et sage. De véritables magistrats n'en auraient pas prononcé d'autre ; mais quelle inspiration avait pu révéler à un homme de sang cette équitable pensée, que les tribunaux ne sont pas institués pour juger les opinions ; que la conscience est indépendante des juges ; que les opinions ne sont pas des crimes ? — Les massacres durèrent plusieurs jours, et dans les provinces on imita ce qui se passait à Paris. L'Assemblée nationale manqua de courage. Elle ordonna de faire cesser les assassinats, et elle ne sut pas faire exécuter ses ordres. On accusa même quelques-uns de ses membres d'être les instigateurs secrets de ces grands crimes. Le nom de Danton en porte une tache éternelle. Billaud-Varennes, envoyé sur les lieux avec des députés poltrons, excitait la fureur populaire au lieu de l'apaiser [1]. Après les massacres, lorsqu'il fallut inhumer les corps des victimes, on compta environ 12,800 cadavres. Il existe des pièces de comptabilité qui prouvent que la commune de Paris a payé le *travail* des assassins. — Les misérables qui ont osé préparer et solder de tels crimes sont tous morts ou dans l'exil, ou sur l'échafaud [2].

---

[1] Voici ce qu'on lit dans le récit d'un contemporain : « Arrive (à l'Abbaye, le 2 septembre 1792, à cinq heures du soir) Billaud de Varennes, substitut du procureur de la commune ; il avait son écharpe, le petit habit puce qu'on lui connaît ; il marche sur des cadavres, fait au peuple une courte harangue et finit ainsi : « Peuple, «tu immoles tes ennemis, tu fais ton devoir. »

« Le lendemain Billaud revint à la même prison, et il adressa ces paroles aux massacreurs : « Respectables citoyens, vous venez d'é-«gorger des scélérats, vous avez sauvé la patrie ; la France entière «vous doit une reconnaissance éternelle. La municipalité ne sait «comment s'acquitter envers vous. Sans doute le butin de la dépouille «de ces scélérats (montrant les cadavres) appartiennent à ceux qui «nous en ont délivrés ; mais, sans croire pour cela vous récompenser, «je suis chargé de vous offrir à chacun vingt-quatre livres qui vont «vous être payées sur-le-champ. Respectables citoyens, continuez «votre ouvrage et la patrie vous devra de nouveaux hommages. »

[2] Loin de nier leur participation aux massacres de septembre, les membres de la nouvelle commune de Paris semblèrent s'en glorifier. Voici l'extrait d'une circulaire qu'ils adressèrent aux administrations des départements voisins : « Prévenue que des hordes barbares s'avancent contre elle, la commune de Paris se hâte d'informer ses frères de tous les départements, qu'une partie des *conspirateurs féroces détenus dans les prisons*, a été mise à mort par le peuple, actes de justice qui lui ont paru indispensables pour retenir par la terreur les légions de traîtres renfermés dans ses murs, au moment où il allait marcher à l'ennemi, et sans doute, la nation, après la longue suite de trahisons qui l'a conduite sur le bord de

Voyage de Dumouriez à Paris. — Pendant que son armée filait vers la Belgique, après la retraite des Prussiens, le général Dumouriez vint à Paris dans le but apparent de se concerter avec le ministère, mais poussé par le désir secret de s'assurer de l'effet qu'avaient produit dans la capitale les grands événements qui s'y étaient passés pendant l'invasion ennemie « Dans ce voyage, dit-il, il reçut sur sa route les marques les plus touchantes de la reconnaissance populaire, surtout dans la Champagne, dont les habitants voyaient en lui leur sauveur. Les habitants de Paris lui firent aussi un bon accueil ; mais la Convention craignit de trop élever sa considération en lui donnant des marques publiques de satisfaction nationale, et loin d'imiter les républiques anciennes par le triomphe, par des fêtes, par des récompenses, à peine approuva-t-elle les promotions que la nécessité où l'esprit de justice avaient fait faire au général. »

Discours de Dumouriez à la Convention. — Le 12 octobre, lendemain de son arrivée à Paris, Dumouriez se présenta à la Convention nationale et prononça le discours suivant :

« La liberté triomphe partout ; guidée par la philosophie, elle parcourra l'univers ; elle s'asseoira sur tous les trônes, après avoir écrasé le despotisme, après avoir éclairé les peuples.

« Les lois constitutionnelles auxquelles vous allez travailler, seront la base du bonheur et de la fraternité des nations. Cette *guerre-ci sera la dernière*, et les tyrans et les privilégiés, trompés dans leurs criminels calculs, seront les seules victimes de cette lutte du pouvoir arbitraire contre la raison. *L'armée, dont la confiance de la nation m'avait donné la conduite*, a bien mérité de la patrie. Réduite, lorsque je l'ai jointe, le 28 août, à 70,000 hommes ; désorganisée par des traîtres que le châtiment et la honte poursuivent partout ; elle n'a été effrayée ni de la discipline, ni des menaces, ni de la barbarie, ni des premiers succès de 80,000 *satellites du despotisme*. Les défilés de la forêt d'Argone ont été les Thermopyles où cette poignée de soldats de la liberté a présenté, pendant *quinze jours*, à cette formidable armée, une résistance imposante. Plus heureux que les Spartiates, nous avons été secourus par des armées animées du même esprit, auxquelles nous nous sommes joints dans le camp inexpugnable de Sainte-Ménéhould. Les ennemis, au désespoir, ont voulu tenter une attaque qui *ajoute une nouvelle victoire à la carrière militaire de mon collègue et mon ami Kellermann*.

« Dans ce camp de Sainte-Ménéhould, les soldats de la liberté ont déployé d'autres vertus militaires, sans lesquelles le courage même peut être nuisible : la confiance en leurs chefs, l'obéissance, la patience et la

l'abîme, *s'empressera d'adopter ce moyen si utile, si nécessaire*, et tous les Français se diront comme les Parisiens : *Nous marchons à l'ennemi, et nous ne laisserons pas derrière nous des brigands pour égorger nos femmes et nos enfants.*

« Signé Pierre DUPLAIN, POUIS, SERGENT, MARAT, LEFORT, JOURDEUIL,

« Administrateurs du comité de salut public constitué à la mairie. »

P.-S. « Nos frères sont invités à remettre cette lettre sous presse et à la faire passer à toutes les municipalités de leur arrondissement. »

persévérance. Cette partie de la République française présente un sol aride, sans eaux et sans bois; les Allemands s'en souviendront, *leur sang impur fécondera peut-être cette terre ingrate qui en est abreuvée*[1]. La saison était pluvieuse et très froide; nos soldats étaient mal habillés, sans paille pour se coucher, sans couvertures, quelquefois deux jours sans pain, parce que la position de l'ennemi obligeait les convois à de longs détours, par des chemins de traverse très mauvais en tout temps, et gâtés par les pluies continuelles; car je dois rendre justice aux régisseurs des vivres et des fourrages, qui, malgré tous les obstacles des mauvais chemins et de la saison pluvieuse, des mouvements imprévus ou que j'étais obligé de cacher, ont entretenu l'abondance autant qu'il leur a été possible, et je suis bien aise de publier que c'est à leurs soins que l'on doit la bonne santé du soldat. (On applaudit.) Jamais je ne les vis murmurer. Les chants et la joie auraient fait prendre ce camp terrible pour un de ces camps de plaisance où le luxe des rois rassemblait autrefois des automates enrégimentés pour l'amusement de leurs maîtresses et de leurs enfants; l'espoir de vaincre soutenait les soldats de la liberté; leurs fatigues, leurs privations ont été récompensées; l'ennemi a succombé sous la faim, les misères et les maladies.

« Cette armée formidable fuit, diminuée de moitié. Les cadavres et les chevaux morts jalonnent la route; Kellermann les poursuit avec plus de 40,000 hommes, pendant qu'avec un pareil nombre, je marche au secours du département du Nord et des malheureux et estimables Belges et Liégeois.

« Je ne suis venu passer quatre jours ici que pour arranger, avec le conseil exécutif, les détails de cette campagne d'hiver. J'en profite pour vous présenter mes hommages. Je ne vous ferai point de nouveaux serments; je me montrerai digne de commander aux enfants de la liberté, et de soutenir les lois que le peuple souverain va se faire à lui-même par votre organe. »

Le président répondit à Dumouriez et lui accorda les honneurs de la séance.

Il y aurait beaucoup à dire sur ce discours de Dumouriez; nous nous bornerons à deux observations: la première est sur cette justice publique rendue par lui à *son collègue et à son ami Kellermann*; l'éloge qu'il en fait devant l'Assemblée nationale est bien différent du jugement empreint de jalousie et de dénigration qu'il en porte dans ses *Mémoires*. La seconde, que nos lecteurs auront pu faire comme nous, est qu'en face de l'assemblée qui, quelle qu'elle fût, représentait la nation, Dumouriez se décerne et décerne à son armée l'éloge d'*avoir bien mérité de la patrie*; c'était une déclaration qui, ce nous semble, pour avoir tout le poids désirable, ne pouvait émaner que de l'Assemblée elle-même. Le général en chef pouvait bien dire à ses soldats qu'il était satisfait d'eux, mais la France seule, par la voix de ses représentants, avait le droit de déclarer que l'armée de Dumouriez avait bien mérité de la patrie. Dans ce temps de confusion où toute hiérarchie avait cessé, où toutes les prérogatives étaient contestées et tous les devoirs mal définis, il n'y a cependant pas lieu à s'étonner de voir un général usurper en quelque sorte les pouvoirs des représentants; nous trouverons par la suite et dans plus d'une occasion, les représentants eux-mêmes empiétant sur les attributions des généraux.

La Convention profita d'ailleurs de ce moyen économique de récompenser une armée citoyenne; elle rendit plus tard des décrets pour déclarer que tel ou tel régiment avait bien mérité de la patrie, et tant que ces déclarations ne furent pas trop prodiguées, elles eurent une grande influence sur l'esprit des soldats, et à une époque où les distributions honorifiques et les décorations de toute espèce avaient été supprimées, elles furent un stimulant aussi puissant que le devint plus tard l'ordre de la Légion-d'Honneur[1].

Fête donnée à Dumouriez. — Le ministère, en qui résidait alors le pouvoir exécutif, se composait en partie d'amis du général Dumouriez. C'étaient Servan, Roland, Clavières, Danton, Lebrun et Monge. Ils cherchèrent à faire oublier au général ce que la réserve de la Convention avait de pénible. On le mena à deux spectacles, où il reçut les applaudissements des spectateurs, et on arrangea pour lui une fête brillante, dont tous les artistes distingués des théâtres de Paris

---

[1] Cette phrase rappelle le vers qui termine chaque strophe de la *Marseillaise* :
« Marchez,... qu'un sang impur abreuve nos sillons. »
L'hymne de Rouget de l'Isle avait été composé en 1792, au moment de la déclaration de guerre. — Nous aurons occasion de reparler de ce chant guerrier, et nous dirons seulement en passant, pour donner la mesure des récompenses que le régime conventionnel accordait à ses guerriers, que ce gage de pur dévouement à la patrie ne sauva pas de la proscription celui qui l'avait donné. Enfermé sous le régime de la terreur, il ne dut la liberté et la vie qu'à la révolution du 9 thermidor.

[1] Mon père m'a raconté un fait qui prouve jusqu'à quel point ces décrets pouvaient avoir d'utiles résultats. — C'était pendant la guerre de la Vendée en 1793; il se trouvait alors capitaine adjudant-major du 8ᵉ bataillon du Bas-Rhin, et son bataillon occupait un poste assez important sur la lisière du Marais. Les soldats depuis plusieurs jours manquaient de vivres et, ce qui les inquiétait davantage, de munitions. On murmurait sourdement, mais on attendait encore avec patience le retour du chef de bataillon, qui était allé à Nantes exposer les besoins de sa troupe; ce chef se nommait Muscar, officier plein de bravoure, d'esprit et de capacité militaire. Le bataillon était sous les armes; on apprit que Muscar revenait, mais qu'il ne ramenait avec lui ni charrettes de vivres, ni caissons de cartouches; la sédition alors cessa de se contraindre et éclata ouvertement : les soldats quittèrent leurs postes, et malgré leurs officiers coururent au-devant de leur commandant, qu'ils atteignirent dans une lande voisine du lieu où ils étaient placés. Des reproches on en vint aux vociférations et des vociférations aux menaces. Muscar n'eut pas l'air de s'émouvoir, il fit signe qu'il voulait parler, et d'une voix qui dominait le bruit, il ordonna à son bataillon de former le carré. Une vieille habitude de discipline fit obéir les soldats, qui se rangèrent en murmurant; alors, commandant de présenter les armes et de mettre le genou en terre, manœuvre qui depuis bien long-temps n'était plus usitée dans les troupes républicaines, Muscar se dressa sur ses étriers, ôta son chapeau et d'une voix forte lut un décret, qu'on lui avait donné à Nantes au lieu de vivres; ce décret était ainsi conçu : « La Convention nationale décrète que le 8ᵉ bataillon du Bas-Rhin a bien mérité de la patrie. » A ces mots les cris de *vive la République*! se firent entendre; l'enthousiasme éclata de toutes parts. Les soldats se relevèrent, et oubliant dans leur joie la discipline qu'ils n'avaient pas oubliée tout-à-fait dans leur colère, se jetèrent dans les bras les uns des autres, et se félicitèrent mutuellement. On entoura le commandant avec ivresse, et on jura de nouveau de mourir pour la patrie. Après quelques minutes données à l'explosion de ces sentiments, Muscar ordonna un roulement, fit reformer les rangs et reconduisit son bataillon au poste qu'il avait abandonné; on conçoit qu'il ne fut plus question de révolte ni même de désobéissance aux chefs.

furent appelés à lui faire les honneurs. La fête, par une singularité qui peint bien l'époque, eut lieu chez une des plus jolies actrices de la capitale. Tout y était disposé avec richesse et avec élégance. Plusieurs membres de la Convention et plusieurs ministres y assistaient. Dumouriez se prêtait de bonne grâce à la petite ovation qui allait lui être décernée, lorsqu'un incident inattendu vint l'interrompre tout à coup.

Entrevue de Marat et de Dumouriez. — Ce fut pendant cette fête qu'eut lieu la célèbre entrevue de Marat et de Dumouriez, dont on a tant parlé à cette époque. — Marat était le président et l'orateur d'une commission envoyée au général par la société des Jacobins. — Pour comprendre quels griefs cette société redoutable avait à reprocher au général, il est nécessaire de remonter à un événement qui s'était passé pendant la campagne précédente.

Au nombre des corps de volontaires envoyés au secours de l'armée opposée aux Prussiens, se trouvaient deux bataillons de fédérés de Paris, l'un de la *section Mauconseil*, l'autre surnommé le *Républicain*. Le général Chazot s'était rendu avec ces bataillons à Rethel. Quatre déserteurs des émigrés arrivèrent dans cette ville pour se rendre. C'étaient de simples soldats. Les fédérés les entourèrent et voulurent les massacrer. On avertit Chazot. La municipalité et les habitants réclamèrent son autorité. Le général voulut contraindre ces furieux à relâcher les déserteurs; on l'accabla d'injures; on voulut même le tuer, et ces quatre malheureux furent massacrés. La municipalité dressa de cet assassinat un procès-verbal que Chazot envoya à Dumouriez avec une plainte. Dumouriez était à Vouziers lorsqu'il reçut la nouvelle. Toute l'armée eut horreur du crime et témoigna hautement son indignation[1]. Le général en chef ordonna à Beurnonville, qui passait avec sa division près de Sédan pour aller en Flandre, d'environner ces deux bataillons, de les désarmer, de renvoyer leurs drapeaux à leurs sections, et de faire

[1] « Lorsque la révolution commença, dit mon père dans ses *Mémoires*, un seul sentiment se manifesta dans les troupes de ligne, celui qu'inspirait l'amour de la patrie! et ce sentiment sublime, si vivement imprimé dans les levées qui, successivement, vinrent appuyer leurs masses, ou se fondre avec elles, rendit pour toujours l'armée étrangère aux factions de l'intérieur. De là cette pureté de principes, cette conduite sans tache, cet héroïsme soutenu auxquels tous les écrivains impartiaux se sont attachés à payer un juste tribut d'éloges. »

Un seul fait prouvera combien l'armée tenait à rester pure pendant cette époque où la multitude excitée par toutes les passions se livrait à tous les excès et où les hommes politiques cherchaient à justifier les crimes les plus atroces en ne voulant les considérer que comme des moyens imposés par la nécessité d'arriver à un but qu'il fallait atteindre, celui de fonder en France la liberté.

Lors du massacre de l'infortuné Berthier de Sauvigny, un homme revêtu d'un uniforme de dragon se fit remarquer par sa férocité. Berthier, assailli par une foule égarée et furieuse, était tombé percé de cent coups de baïonnette. Il respirait encore. Ce dragon l'éventra d'un coup de sabre, plongea sa main dans ses entrailles palpitantes, lui arracha le cœur et porta avec orgueil cet affreux trophée dans la salle où siégeaient les électeurs de Paris. (Ce fait est constaté par le procès-verbal des électeurs eux-mêmes!) — La justice civile resta inactive. — Ce dragon rentra libre au quartier de son régiment, où il prétendit, pour se disculper, qu'il avait voulu venger sur Berthier la mort de son père; mais ses camarades lui déclarèrent qu'ils étaient résolus à combattre avec lui tous successivement jusqu'au dernier, afin de purger la terre d'un monstre qui déshonorait leur corps. — Il fut forcé de se battre et fut tué le soir même.

reconduire par la maréchaussée les hommes à Paris, afin qu'ils y fussent punis par les sections mêmes. Cependant il laissa à Beurnonville la faculté de leur pardonner, dans le cas où, ramenés à de plus dignes sentiments, ils feraient connaître et livreraient les coupables.

En cette circonstance, Beurnonville agit avec autant d'esprit que de fermeté, il se présenta seul devant les bataillons, leur lut l'ordre du général en chef, et leur ordonna de déposer leurs armes et leurs drapeaux. Ces malheureux tombèrent à ses genoux, fondant en larmes, reconnaissant l'énormité de leur crime; ils arrêtèrent et livrèrent eux-mêmes quarante-deux coupables. Beurnonville alors usa de la latitude que Dumouriez lui avait laissée; il leur pardonna, leur rendit leurs armes et leurs drapeaux, fit rentrer le bataillon de *Mauconseil* dans Sédan, et emmena avec lui le bataillon le *Républicain* qui était superbe et qui, signalé bientôt par sa bravoure et sa discipline, devint un des meilleurs de l'armée.

Mais le principal coupable s'était échappé en retournant sur-le-champ à Paris. « C'était, dit Dumouriez dans ses *Mémoires*, un artiste nommé Palloy, un des vainqueurs de la Bastille, furieux Jacobin, homme très sanguinaire. Il était lieutenant-colonel du bataillon le *Républicain*. Il avait été porter ses plaintes à son ami Marat, dont vraisemblablement il était un des agents. Aussitôt la tribune des Jacobins avait retenti des plaintes contre le despotisme cruel du général Dumouriez, qui sacrifiait d'excellents citoyens pour avoir fait un acte très patriotique en massacrant d'infâmes émigrés. Chazot, le district et la municipalité de Rethel étaient gravement inculpés dans ces violentes accusations. Les feuilles en furent remplies; mais on ne put déterminer ni les sections, ni la Convention à agir d'après ces déclamations. »

La Société des Jacobins n'avait cependant pas oublié cette affaire. Dès que le général Dumouriez fut arrivé à Paris, trois commissaires furent nommés pour aller l'interroger à ce sujet. — C'était un singulier droit que s'arrogeait un corps sans existence politique, que celui de faire subir une espèce d'interrogatoire à un général en chef d'armée; mais tel était l'esprit du temps, et la Société des Jacobins préludait ainsi qu'elle devait exercer plus tard sur la Convention elle-même. — Les trois commissaires étaient Marat, Bentabole et Montaut, tous les trois membres de la Convention, tous les trois également prononcés dans les principes de la société qu'ils représentaient. Au moment où la fête était le plus animée, ils entrèrent dans la salle et demandèrent à parler au général. Leur présence glaça d'effroi quelques-uns des invités. « On avertit Dumouriez que l'orateur était Marat: celui-ci regardant le général avec des yeux de fureur, l'interpella brutalement et lui demanda comment il avait eu l'audace de commettre un acte de violence tyrannique contre des citoyens estimables.

« Le général (c'est encore Dumouriez lui-même qui raconte), le toisant avec mépris, lui répondit: *«Ah! c'est vous qu'on appelle Marat?* je n'ai rien à vous dire, » et il lui tourna le dos. Alors, ne connaissant pas les deux autres commissaires, il s'adressa à eux et leur fit ou crut leur faire entendre raison. Ils se retirèrent et la fête continua. »

Marat, dans cette courte conversation, avait jugé Dumouriez. Le *monstre* possédait l'instinct de la haine et de la jalousie : et alors les hommes qui avouaient ostensiblement ou nourrissaient en secret la prétention de diriger le gouvernement de la République, redoutaient l'influence des généraux illustrés par des succès ; ils semblaient deviner qu'un jour, un chef militaire, appuyé par de glorieuses victoires, devait se placer à la tête de la République, et rendre à la France, que les factions diverses, agissant au nom de la liberté captive ou suspendue, auraient réduite au dernier degré de découragement et de marasme, l'ordre, la prospérité et la dignité, sans lesquels il ne peut exister ni société heureuse, ni nation indépendante et respectée. Mais ce général ne devait pas avoir nom Dumouriez. Il devait pouvoir se glorifier d'autres combats que ceux de Valmy et de Jemmapes, si honorables d'ailleurs pour nos jeunes soldats.

« Quant à Dumouriez, il nous le dit lui-même dans ses *Mémoires*, quelque irrité qu'il fût, il ne voulait pas alors sacrifier à sa vengeance l'intérêt de sa patrie et le salut de son armée. Les ennemis et les émigrés surtout triomphaient de ces querelles intestines, dont ils savaient tous les détails. Le maréchal de Castries, dans une lettre qu'il écrivait de Spa, disait : *Bientôt Dumouriez aura le même sort que Lafayette*. Et ce qui est frappant par rapprochement, on lisait alors dans les feuilles de Marat : *Dumouriez désertera comme Lafayette.* »

L'entrevue avec Marat n'empêcha pas cependant le général Dumouriez d'être bien reçu à cette époque par la Société des Jacobins, où il crut devoir se présenter une fois, dans le but de conjurer l'orage qu'il voyait prêt à s'élever. — Il payait ainsi son tribut à la puissance du jour. — Dans cette séance de présentation, il fut obligé de prendre la parole, et le discours qu'il prononça n'était pas moins empreint de l'exagération du temps que celui qu'il avait adressé à la Convention. Danton, qui présidait, lui fit une ardente réponse où l'on remarqua ce passage : « Une grande carrière s'ouvre devant vous. Puisse la pique du peuple briser les sceptres des rois ! Puissent les couronnes tomber devant le bonnet rouge dont la Société vous honore ! » — On ne dit pas si Dumouriez se coiffa du bonnet rouge dont on l'honorait ; mais la scène faillit se terminer ridiculement. Voici ce que Dumouriez raconte : « Collot-d'Herbois fit rire l'assemblée en disant au général : *Tu vas conquérir Bruxelles; tu y trouveras ma femme et tu la baiseras.* » Trois semaines après le général prit Bruxelles, mais il ne vit point la femme de Collot, et il oublia la commission de cet orateur.

Retour de Dumouriez à son armée. — Dumouriez prétend que tout ce qu'il vit à Paris pendant le peu de jours qu'il y resta lui causa beaucoup de dégoût et de chagrin. Il prévoyait le sort funeste qui attendait Louis XVI, et il dit qu'il fit plusieurs démarches dans le but d'empêcher cette catastrophe ; mais toutes furent sans résultat. Lié par d'anciennes affections avec la plupart des députés girondins, il s'apercevait que leur pouvoir, continuellement attaqué par les violences de Marat et des Jacobins, commençait à décliner ; il aurait voulu les sauver et prévenir la scission, qui se déclara plus tard entre la Gironde et la Montagne et qui, pour la première, se termina d'une manière si fatale dans la journée du 31 mai. Dumouriez aurait voulu rapprocher de Danton les chefs de la Gironde.

« Un seul homme, dit-il, pouvait les soutenir, sauver le roi et sa patrie ; mais ils achevèrent de l'aliéner, quoique Dumouriez eût donné le conseil de le ménager et de se lier avec lui. Cet homme était Danton. Avec une figure hideuse, un cœur dur et violent, très ignorant, très grossier, il avait beaucoup d'esprit naturel et un caractère très énergique. Lui seul, dans le plus grand danger des Prussiens, n'avait point perdu courage, n'avait point partagé la consternation publique, s'était opposé à ce qu'on transférât la Convention et le roi de l'autre côté de la Loire, et avait forcé la Convention et les ministres à déployer toutes les ressources nationales. Il avait rendu des services aussi importants à Paris que Dumouriez en Champagne, et si les Girondins avaient eu le bon esprit de se concilier avec lui, il aurait abattu l'atroce faction de Marat ; il aurait ou dompté, ou anéanti les Jacobins, et peut-être Louis XVI lui aurait dû la vie ; mais on a poussé Danton à bout, et il a tout sacrifié à sa vengeance [1]. »

Dans un premier moment de découragement, Dumouriez fut alors sur le point de quitter le commandement de l'armée ; il en parla à ses amis. Tous se réunirent pour l'en dissuader ; ils n'eurent pas de peine. Dumouriez avoue qu'il se croyait prédestiné à la conquête de la Belgique, et qu'il avait à cœur de prouver la bonté du plan qu'avaient manqué les généraux qui l'avaient précédé. Il se *résigna* donc à rester général en chef et quitta Paris, rempli de sombres pressentiments sur ce qui allait se passer dans l'intérieur de la France ; mais, animé d'ailleurs des plus glorieuses espérances sur la campagne qui allait s'ouvrir dans un pays étranger.

[1] La participation de Danton aux forfaits de septembre était connue des Girondins. Il y eut à Sceaux, dans le but d'un rapprochement, des conférences entre les chefs des deux partis ; mais Guadet, rempli d'une vertueuse indignation, repoussa avec l'énergie qui lui était particulière toute transaction avec les poursuites contre les auteurs des massacres. Danton lui adressa ces paroles : « Guadet, tu ne « sais pas faire à la patrie le sacrifice de ton ressentiment ; tu ne sais « pas pardonner ; tu seras victime de ton opiniâtreté. »

A. HUGO.

FRANCE MILITAIRE.

INVASION ET CONQUÊTE DE LA BELGIQUE.

SOMMAIRE.

Motifs et avantages de l'invasion.—Disposition de l'armée française.—Disposition de l'armée autrichienne.—Commencement des hostilités. — Position de Jemmapes. — Combat de Boussu. — Bataille de Jemmapes. — Jugements sur la bataille. — Entrée à Mons. — Succès divers. — Combat d'Anderlecht. — Capitulation de Bruxelles. — Combat de Tirlemont. — Combat de Raccourt. — Entrée à Liége. — Prise d'Anvers. — Décrets de la Convention. — Ouverture de l'Escaut. — Propagande. — Combat du bois d'Assche. — Siége de la citadelle de Namur. — Prise d'Aix-la-Chapelle. — Quartiers d'hiver.

| Armées Françaises. | Général en chef : DUMOURIEZ. Armée du Nord. . . . Général La Bourdonnaye. Armée des Ardennes. — Valence. | Armée Autrichienne. | Général en chef : Duc ALBERT DE SAXE-TESCHEN A la droite. . . . . . . Général Clairfayt. A la gauche. . . . . . — Beaulieu. |

Après l'heureux succès de Valmy, dont l'honneur cependant ne lui avait pas été attribué, Dumouriez obtint du parti qui, dans la Convention, dirigeait les affaires de l'extérieur et de la guerre, le commandement en chef des armées des Ardennes et du Nord, réunies dans le but de chasser les Autrichiens de la Belgique. Cette conquête, dont ce général avait conçu le plan dès l'année précédente, était regardée en France, depuis les campagnes de Louis XIV et de Louis XV, comme une acquisition des plus utiles aux intérêts de la France.

Les avantages de l'entreprise, dans la situation où l'aggression des rois de l'Europe et les sentiments favorables des peuples plaçaient la France, étaient évidents. Le succès en paraissait infaillible. Porter la guerre sur un territoire occupé par l'ennemi ; offrir un appui au peuple belge, prêt à appuyer de sa coopération la lutte que les Français allaient engager contre ses anciens oppresseurs, les Autrichiens ; en imposer à la Hollande ; la soustraire par le spectacle des victoires et de la puissance de la nation française à l'influence menaçante de l'Angleterre ; reculer les frontières de la République jusqu'au Rhin ; nourrir la guerre par la guerre et s'assurer d'une bonne ligne offensive et défensive pour la campagne suivante, où la Coalition reparaîtrait avec ses forces réunies : tels furent les motifs, politiques et militaires, que Dumouriez fit valoir auprès des membres influents de la Convention pour se faire autoriser à prendre sur-le-champ l'offensive. Un motif d'honneur national militait d'ailleurs en faveur de cette attaque contre l'armée autrichienne ; celle-ci avait profité de l'invasion des Prussiens pour insulter la frontière française, assaillir nos villes sans défense et faire le siège de nos places fortes, siéges que la bravoure des défenseurs et le dévouement des citoyens avaient laissés sans résultats. Mais l'honneur national outragé, le sang des courageux habitants de Lille demandaient vengeance, et ce cri, parti des ruines encore fumantes de leurs maisons bombardées, ne pouvait manquer d'être entendu.

Disposition de l'armée française. — Dumouriez se hâta donc de quitter Paris, et se rendit à l'armée, où il arriva le 24 octobre. Cette armée se montait à environ 90,000 hommes ; il la partagea en quatre corps. Le premier (armée du Nord), commandé par le général Labourdonnaye, s'élevait à environ 18,000 combattants, et occupa la gauche : il fut destiné à marcher contre le général autrichien Latour, qui couvrait Tournay, et à obliger ainsi l'ennemi à étendre sa ligne de défense. Le général Valence, avec un corps de force égal (18,000 hommes) composant l'armée des Ardennes, forma la droite. Le troisième corps, fort de 40,000 hommes, sous les ordres directs de Dumouriez, dut, au centre, marcher sur Bruxelles, après avoir attaqué l'ennemi arrêté devant Mons. Le quatrième corps, enfin, réserve de 12,000 hommes, aux ordres du général d'Harville, reçut l'ordre de se porter de Maubeuge sur Charleroi, afin de tourner la gauche des Autrichiens et de contenir les renforts qui auraient pu leur arriver du Luxembourg.

Dumouriez se fit précéder par un manifeste où il s'annonçait aux Belges comme le protecteur de leur indépendance. « Nous sommes frères, disait-il, « notre cause est la même. Séparez-vous des Autri-« chiens, sur lesquels nous allons venger l'embrase-« ment de Lille et les dévastations dont la France a été « le théâtre, etc. »

Disposition de l'armée autrichienne. — Du côté des ennemis, l'extrême droite, de 8,000 hommes commandés par le général Latour, occupait, près de Tournay, le camp de la Trinité. 20,000 hommes étaient retranchés sous Mons, aux ordres du duc Albert. Une division masquait Condé et communiquait avec un corps placé à Bury. A Varneton, au confluent du Lys et de la Marque, se trouvait un détachement moins fort. D'autres, moins nombreux encore, étaient placés, dans le but d'inquiéter Lille, à Turcoing, à Lannoy et à Roubaix.

Commencement des hostilités. — Après avoir laissé un repos de quelques jours à ses troupes réunies entre Quarouble et Quievrain, Dumouriez commença les hostilités sur la gauche afin d'attirer l'attention de l'ennemi vers Ath et Leuze, centre de la ligne de défense choisie par le duc, et pour empêcher le généra autrichien d'augmenter le nombre des bataillons réunis à Jemmapes.

Position de Jemmapes. — Avant de décrire la bataille qui livra la Belgique à Dumouriez, il convient de faire connaître au moins brièvement la position que l'ennemi avait choisie et fortifiée.

A une demi-lieue en avant de Mons, s'étend une colline boisée, dont la droite s'appuie sur le village de Jemmapes et dont la gauche s'étend en avant de Cuesmes, village qui touche aux faubourgs de cette place forte. De ce côté, Mons est couvert par les hauteurs de Berthaimont, de Pallizel et de Nimy, qu'enveloppe le cours sinueux de l'Haisne, rivière qui, après avoir baigné les fortifications et rempli les fossés, s'écoule au milieu de plaines marécageuses derrière le coteau de Jemmapes. C'est sur ce coteau que le duc Albert avait établi ses troupes et attendait l'armée française. Il comptait sous ses ordres 25,000 soldats réunis et dont 20,000 au moins garnissaient la hauteur. La ligne autrichienne formait deux crochets; l'un en arrière à droite avait son flanc couvert par Jemmapes, l'autre en avant à gauche était en l'air et sans appui. L'art avait d'ailleurs ajouté aux difficultés naturelles de la position, déjà défendue de front par un escarpement couvert de taillis épais, en établissant diverses lignes de retranchements et de redoutes dont les batteries présentaient un triple étage de feux croisés. Les avant-postes ennemis occupaient, dans la plaine, en face des retranchements, les villages de Quaregnon, de Paturage, de Wames, de Frameries et le mamelon où s'élève le moulin de Boussu, dominant le bourg de ce nom, qui avait été aussi retranché.

Combat de Boussu. — L'armée française comptait dans ses rangs quelques bataillons de volontaires belges réfugiés. Le 3 novembre, cette infanterie, attachée à l'avant-garde, commandée par Beurnonville, attaqua sans canons les avant-postes autrichiens qu'elle chassa du village de Thulin. Mais emportée par son succès elle eut l'imprudence de poursuivre l'ennemi dans la plaine en avant de Boussu : alors les hussards impériaux fondirent sur elle, l'enveloppèrent et en sabrèrent quatre compagnies. Le régiment de Chamborand s'avança intrépidement, et, quoique bien inférieur en nombre, parvint à dégager les Belges, mais non sans avoir lui-même beaucoup souffert.

Beurnonville, inquiet de cet échec, allait donner à ses postes avancés l'ordre de se replier, quand Dumouriez en fut informé. Il sentit toute l'importance d'un pareil début qui pouvait compromettre l'issue de la campagne, et résolut de le réparer aussitôt : renforçant Beurnonville de trois brigades sous les ordres du duc de Chartres, il ordonna d'attaquer le lendemain les villages de Montreuil et de Thulin.

Les Autrichiens ne les défendirent point et se retirèrent sur le moulin de Boussu. Dumouriez, qui accompagnait l'avant-garde, s'aperçut que cette position était faiblement gardée; il y marcha tout droit et s'en empara. L'attaque fut si brusque que l'ennemi ne la soutint pas; un de ses bataillons, qui essaya de faire résistance, eut cinq cents hommes sabrés par nos chasseurs.

La prise du moulin de Boussu fut suivie de l'occupation de Frameries, de Wames et de Paturage, et l'armée française arriva ainsi en vue de la position de Jemmapes.

Le 5, le village de Quaregnon fut attaqué sans être emporté, et Dumouriez passa sa journée à rallier les troupes et à faire ses dispositions pour l'attaque générale qu'il projetait pour le lendemain.

Bataille de Jemmapes. — L'armée française passa la nuit sous les armes. — Le 6 novembre au point du jour, Dumouriez compléta ses instructions : il ordonna à d'Harville de suivre les mouvements de l'aile droite, de se tenir toujours à la même hauteur, de déborder la gauche des Autrichiens par Berthaimont, et de la couper. Ce général eut ainsi pour tâche particulière d'intercepter la retraite de l'ennemi, en se portant sur les coteaux de Pallizel qui dominent Mons. — Beurnonville avec l'avant-garde reçut l'ordre d'engager la bataille en attaquant l'aile gauche des Autrichiens, sur les plateaux de Cuesmes. Ces plateaux étaient garnis de cinq grosses redoutes; d'autres retranchements, soutenus par des abatis, des maisons crénelées, des ravins ou des chemins creux, s'étendaient sur le front de la ligne ennemie, de Cuesmes à Jemmapes. Au centre seulement, qui répondait à celui de l'armée française, se trouvait dans le bois de Flenu une ouverture avec un chemin qui conduisait à ce dernier village, et ce chemin était gardé par quelques escadrons de cavalerie autrichienne. — L'aile gauche française était commandée par les trois généraux Ferrand, Blottesfières et Rozières. Le premier, comme plus ancien, devait diriger l'attaque de Quaregnon et tourner la droite de l'ennemi. — Enfin le duc de Chartres, avec le centre, devait marcher sur Jemmapes, quand les deux ailes de l'armée autrichienne auraient été battues.

A 8 heures du matin, l'attaque commença à la fois par la droite et par la gauche. Dumouriez, qui s'était porté à la gauche pour assister à l'attaque de Quaregnon, trouva qu'elle s'effectuait mollement; le village fut néanmoins emporté en sa présence à l'aide d'un renfort de quatre bataillons qui, sous les ordres du général Rozières, vinrent soutenir et pousser en avant l'infanterie légère belge et française. Dumouriez ordonna ensuite à Rozières de continuer sa marche par le grand chemin, d'y mettre en bataille huit escadrons de cavalerie, et d'attaquer la gauche de Jemmapes avec l'infanterie : il manda aussi au général Ferrand d'attaquer de front et à droite le village, mais à la baïonnette, et seulement dès qu'il verrait le général Rozières monter sur le flanc gauche. — Cette attaque devait être faite en colonnes par bataillons; les troupes devaient passer le village dans le même ordre et ne se déployer que lorsque Ferrand aurait joint sa droite à la gauche de la division du centre. — Plusieurs officiers d'état-major furent laissés sur les lieux pour rendre compte successivement des progrès de l'attaque au général en chef, qui rejoignit au centre le corps du duc de Chartres.

Ici, comme dans l'attaque sur la gauche de l'ennemi, dont nous parlerons tout à l'heure il existe entre les rapports de Dumouriez et ceux de la plupart des auteurs qui ont rendu compte de la bataille de Jemmapes, des différences graves que nous nous bornerons à signaler sans nous prononcer sur le jugement que l'on doit en porter.

Dumouriez, à ce qu'il prétend, attendit jusqu'à onze heures des nouvelles de Beurnonville et de Ferrand; il envoya alors son ancien aide de camp, le général Thouvenot, vers la gauche, avec ordre de diriger l'attaque et de ne le rejoindre que lorsqu'il serait maître de la partie de Jemmapes à laquelle cette gauche faisait face. « Thouvenot trouva en arrivant, dit Dumouriez, que le vieux général Ferrand avait perdu la tête, ne se décidait point, et que Rozières se tenait caché derrière les maisons de Quaregnon. Il prit le commandement, ébranla les colonnes, se porta rapidement sur le flanc droit et le front du village, et emporta avec impétuosité les redoutes à la baïonnette ; ce qui décida l'affaire à la gauche. » — Ferrand, d'après d'autres historiens, fut arrêté en sortant de Quaregnon par des prairies marécageuses, coupées de fossés qui retardèrent long-temps sa marche et empêchèrent l'artillerie de le suivre. Cependant il avait surmonté ces obstacles à l'arrivée de Thouvenot, et, excité encore par les exhortations de ce dernier, il attaqua Jemmapes à la baïonnette et l'emporta. Il s'exposa à tous les dangers avec une vigueur que l'âge n'avait pas ralentie. Son cheval fut tué sous lui, et il se plaça aussitôt à pied à la tête des grenadiers, qu'il conduisit à la charge avec intrépidité.

Voilà les deux versions. — La contradiction est encore plus grande dans les relations de l'attaque opérée vers la gauche de l'ennemi. — Beurnonville, arrivé sur les hauteurs de Cuesmes, n'avait fait aucun progrès. Deux de ses brigades d'infanterie débordaient la gauche des redoutes défendues par les grenadiers hongrois. Dix escadrons de hussards, de dragons et de chasseurs, se trouvaient à cent pas en arrière, exposés, ainsi que l'infanterie, au feu des batteries autrichiennes, qui les prenaient en écharpe; et, par une inconcevable erreur, l'artillerie du général d'Harville qui, des hauteurs de Sipply, croyait voir en eux des régiments ennemis, les canonnait par-derrière. Enfin nos soldats avaient encore en face, outre les redoutes, une nombreuse cavalerie prête à les charger, et sur leur gauche une colonne d'infanterie qui n'attendait que le mouvement de la cavalerie pour achever de les détruire.

Telle était la situation critique des troupes réunies sur la hauteur de Cuesmes. Beurnonville, écrasé par l'artillerie ennemie et sur le point d'être enveloppé, songeait à la retraite, « quand Dumouriez, disent les mémoires de ce général, arrive sur le plateau, prend le commandement de l'attaque, en remplacement de Dampierre, *qui se trouvait absent*, disperse la cavalerie ennemie répandue sur la hauteur, entonne la *Marseillaise*, et précède nos soldats, qui vont gaîment et avec un courage qu'on ne peut pas décrire, attaquer les redoutes par la gorge, et y font un grand massacre des grenadiers hongrois, etc. » Il y eut bien sur ce point, un peu plus tard, comme nous le dirons tout à l'heure, une attaque dirigée par Dumouriez; mais cette attaque nous paraît totalement différente de celle qui vient d'être rapportée. Voyons maintenant l'autre version :

« Beurnonville songeait à la retraite, quand Dampierre prit tout à coup la résolution hardie de le sauver en attaquant la gauche de l'ennemi. A la tête du régiment de Flandre et des bataillons des volontaires de Paris, qu'il précède de cent pas, il se jette sur les bataillons ennemis, les culbute, enlève les deux premières redoutes, où il entre le premier, tourne leurs canons contre les Autrichiens, rend à Beurnonville la liberté d'agir et fait seize cents prisonniers. Frappés de ce dévouement héroïque, les blessés oubliaient leurs blessures pour demander après la bataille : « Dampierre a-t-il survécu? » Les soldats le nommèrent le premier dans les acclamations qui suivirent la victoire, etc. »

Il est impossible de concilier les détails de ces deux récits. Laissons donc de côté ce qui concerne les généraux et bornons-nous à constater que les redoutes de Cuesmes furent enlevées avec intrépidité par nos soldats du moment que leurs chefs leur donnèrent l'exemple de l'audace et du dévouement.

Revenons à ce qui se passait au centre.

Au moment où avait commencé l'attaque de l'aile gauche sur le village de Jemmapes, le centre, rempli d'ardeur comme le reste de la ligne, demanda à charger à la baïonnette, et fut mis en mouvement. Les colonnes d'attaque, formées promptement, s'élancèrent au pas de charge avec une même impétuosité quoique avec des succès d'abord différents. La plaine pour arriver au pied du coteau de Jemmapes fut assez rapidement traversée pour qu'on ne perdît que peu de monde ; mais une brigade qui s'avançait au milieu du bois de Flenu, voyant subitement déboucher quelques escadrons ennemis, éprouva de l'hésitation et s'arrêta derrière une maison. Cette hésitation jeta un commencement de désordre dans nos bataillons; le jeune Baptiste Renard, valet de chambre de Dumouriez, inspiré par un noble mouvement, s'élança au galop dans les rangs, rappela aux soldats leur devoir envers la patrie, interpella énergiquement leur général Drouin et ramena la brigade au combat. Renard, courant ensuite au corps de cavalerie chargé de protéger la marche de l'infanterie, et qu'avait ébranlé ce mouvement indécis, conduisit cette cavalerie au-devant de la cavalerie ennemie[1]. Cependant le désordre s'était néanmoins communiqué aux corps les plus voisins, et la brigade placée à la gauche du général Drouin s'était arrêtée sous le feu meurtrier des redoutes, qui la mitraillaient à demi-portée de fusil. Elle perdait beaucoup de monde : déjà les soldats commençaient à se mêler et à se pelotonner, indice certain d'une fuite prochaine. Le moment était critique. La cavalerie autrichienne, apercevant ces premiers symptômes, s'était déjà élancée dans la plaine pour déborder nos colonnes et les charger par le flanc, quand le duc de Chartres, se portant précipitamment vers ce point, rallia les troupes ébranlées, ranima leur courage,

[1] Après la victoire, Renard fut envoyé à Paris avec un aide de camp de Dumouriez, qui devait rendre compte de la bataille de Jemmapes. Ce jeune homme reçut du président de la Convention une épée, un uniforme complet et le brevet de capitaine aide de camp.

en forma une masse en colonnes, à laquelle il donna également le nom de *bataillon de Jemmapes*, et les conduisit aux retranchements ennemis. La cavalerie se précipita sur les redoutes avec la même impétuosité que l'infanterie. Un combat opiniâtre s'engagea; mais bientôt les Autrichiens se trouvèrent placés entre deux feux par l'arrivée du général Ferrand, qui venait d'emporter Jemmapes à la baïonnette. La défense obstinée se prolongea pendant quelques moments ; mais enfin la valeur française eut le dessus. Les redoutes furent emportées et la victoire fut gagnée sur ce point, c'est-à-dire au centre et à la droite du village. Plus de quatre cents Autrichiens, en cherchant à fuir, se noyèrent dans l'Haisne.

Dumouriez, après avoir ordonné l'attaque du centre, s'était porté sur les plateaux de Cuesmes, où l'intrépidité de Dampierre venait de remettre Beurnonville en position de recommencer le combat avec des chances de succès. Trois des cinq redoutes restaient encore à enlever. L'ennemi, qui était parvenu, à l'aide de quelques renforts, à se reformer sous la protection de ses formidables batteries, opposait une résistance si meurtrière, que le général en chef, ignorant ce qui se passait devant Jemmapes, délibéra un moment en lui-même s'il n'abandonnerait pas l'attaque et n'ordonnerait pas la retraite; car le désordre causé par l'hésitation du général Drouin, et dont il avait été informé, lui faisait redouter que les mouvements de gauche et du centre n'eussent manqué complètement. Cependant, ayant reconnu parmi les troupes ébranlées divers bataillons et escadrons qui avaient servi sous lui en Champagne, il s'adressa aux soldats, et parvint si bien à ranimer leur audace et leur enthousiasme, que, excités par la présence de leur ancien général, ils s'arrêtèrent pour recevoir à bout portant une colonne de cavalerie autrichienne qui les chargea. Leur fermeté eut un heureux succès, et leur feu fut dirigé avec tant de présence d'esprit qu'ils se firent en un moment un rempart de cadavres d'hommes et de chevaux. La cavalerie française profita de cette circonstance pour charger celle des Autrichiens, qu'elle repoussa sur la route de Mons. Beurnonville eut ordre d'appuyer ce mouvement, et les redoutes, quoique défendues avec un grand acharnement par les grenadiers hongrois, devinrent enfin abordables. Les soldats français s'avancèrent pour les emporter, à travers une grêle de boulets, d'obus et de balles. Les deux frères Frecheville, les colonels Nordmann et Fournier, dirigèrent particulièrement cette attaque sur les redoutes, qui furent tournées par la gorge. La *Marseillaise*, entonnée par les généraux et chantée en chœur par les bataillons qui marchaient à l'ennemi, dominait le fracas de l'artillerie. Cet hymne sublime réveillait dans tous les cœurs l'enthousiasme patriotique qu'il a depuis tant de fois excité dans nos armées, et qui a été pour nous la source de tant de victoires. La résistance des Hongrois fut désespérée; mais l'attaque avait un élan irrésistible. Ils se virent enfin forcés de nous abandonner leurs redoutes, couvertes de sang et encombrées de cadavres. La victoire fut alors décidée sur toute la ligne. Le baron de Keim se fit tuer à la tête des Hongrois et les Autrichiens, chassés de toutes leurs positions, se retirèrent en désordre sur Mons.

Telle fut la seconde attaque des plateaux de Cuesmes, avec laquelle Dumouriez (voyez ses *Mémoires*) a voulu en quelque sorte englober la première, dirigée par Dampierre. Le rôle qu'il semble avoir joué dans ce deuxième engagement ne s'est guère borné qu'à achever l'attaque commencée par Dampierre, ou plutôt à recueillir le fruit du triomphe qu'avait préparé l'intrépidité de ce général.

Tout était fini sur la droite, que le général en chef ne connaissait point encore l'issue de l'attaque du centre et de la gauche. Il se portait au galop sur ces derniers points, suivi de six escadrons de chasseurs, lorsque le frère du duc de Chartres, le duc de Montpensier, accourut lui apprendre la victoire gagnée au centre après un sanglant combat. Thouvenot lui apporta presque au même instant d'aussi heureuses nouvelles de l'attaque de gauche, la prise de Jemmapes et la défaite de Clairfayt; il n'était que deux heures de l'après midi. Dumouriez envoya aussitôt à d'Harville l'ordre de se porter sur le mont Pallizel, pour couper la retraite aux Autrichiens, mais la lenteur que ce général mit à opérer ce mouvement le rendit tout-à-fait inutile.

Parmi les traits nombreux de bravoure qui signalèrent cette journée, il en est deux qui ont mérité l'honneur d'être particulièrement mentionnés dans les rapports des généraux. Nous les reproduirons.

Quelques moments avant que Dampierre ne tirât l'aile droite de la situation où elle s'était d'abord trouvée placée sur les hauteurs de Cuesmes, Beurnonville, commandant cette partie de l'armée, s'aventura au milieu des escadrons ennemis, combattant plutôt en soldat qu'en général, et se trouva complètement enveloppé. Il allait être pris ou tué quand le lieutenant de gendarmerie[1] Labretèche vola à son secours, et parvint seul à dégager et à ramener son général parmi les Français, après avoir tué sept Autrichiens et reçu quarante blessures.

Un autre acte de courage non moins remarquable avait lieu presque au même instant. Dampierre, qui, pour sauver Beurnonville, venait de déployer ses colonnes sous le feu de la mitraille avec autant de régularité et de calme qu'à une parade, marchait aux retranchements ennemis, précédant ses soldats d'environ une quarantaine de pas. Un grenadier, un vieillard cependant, était seul auprès de lui, donnant les marques du plus intrépide courage et prononçant souvent le nom de son fils. « Faut-il, ô mon fils, s'écriait-il à chaque « coup, que le souvenir de ta honte empoisonne un « moment aussi glorieux! » Interrogé par son général, il lui répond que son fils, volontaire au premier bataillon de Paris, a déserté ses drapeaux, et qu'il est parti aussitôt lui-même pour le remplacer. Le brave Dampierre, admirant le patriotisme du vétéran, usa envers lui d'une générosité qui eût dû servir de modèle à Dumouriez. Après le combat, il fit connaître le

---

[1] Ce qu'on appelait alors gendarmerie était le corps formé avec les régiments de gardes françaises, après leur licenciement. C'était naturellement l'élite de l'armée

dévouement de Jolibois, c'était le nom du vieux soldat, et il le fit nommer officier sur le champ de bataille.

Lorsque l'armée, qui bivouaquait et se battait depuis quatre jours, eut reçu une distribution de pain et d'eau-de-vie, et pris deux heures de repos, Dumouriez fit reformer les rangs et marcha en avant, pour occuper les faubourgs de Mons et intercepter la retraite au duc de Saxe-Teschen; mais il était déjà trop tard. Si nos soldats n'avaient pas eu de forces pour poursuivre, les Autrichiens en avaient trouvé pour fuir : ils se retirèrent sans être inquiétés; les faubourgs de Mons furent seuls occupés le soir de la bataille, et l'on fut obligé de remettre au lendemain l'occupation de la ville, qui fut évacuée pendant la nuit, au moment même où l'on dressait des batteries pour la réduire.

Jugements sur la bataille. — Dumouriez, dans ses Mémoires, paraît attacher un grand prix aux combinaisons militaires qui lui ont fait gagner la bataille; nous croyons que la bravoure des soldats et le dévouement des officiers ont eu la plus grande part à la victoire. Des écrivains militaires justement estimés, Jomini entre autres, ont porté un jugement qui nous paraît plus sévère sur les dispositions prises dans cette journée par le général en chef de l'armée française.

« Les hommes dit le général suisse qui, après avoir été le chef d'état-major du major général de Napoléon, est devenu l'aide de camp d'un empereur de Russie, les hommes passent si rapidement d'un extrême à un autre, que cette affaire, si simple en elle-même, fut regardée comme un prodige : des narrateurs exagérés parlaient de l'escalade d'un triple étage de redoutes comme d'un exploit qui surpassait beaucoup celui du grand Condé aux retranchements de Fribourg, et jamais ce triple étage n'exista que dans leur imagination [1].

« Les dispositions pour la bataille offrent un mélange singulier d'habileté et de fautes graves. Il faut convenir que Dumouriez jugea sagement de l'avantage qu'il obtiendrait en tournant la gauche de l'ennemi, et qu'il y détacha d'Harville. Cependant les instructions qu'il lui donna n'étaient point en harmonie avec le but qu'il devait atteindre; car elles lui prescrivaient de se tenir à la hauteur de l'aile droite de Beurnonville. En voulant suivre littéralement cet ordre, Harville donna de front sur le corps de Beaulieu, qui même le déborda: s'il eût voulu gagner l'extrême gauche de ce corps, il n'aurait plus été à la hauteur de Beurnonville; ainsi un point essentiel de l'instruction était en contradiction avec l'autre et en détruisait l'effet. Sans doute, un général plus consommé qu'Harville se fût attaché à gagner l'extrême gauche de Beaulieu en se prolongeant à droite; mais cela ne disculpe pas le général en chef d'avoir fait un simple accessoire de l'objet principal; tandis qu'il entassa inutilement tant de troupes contre la droite de l'ennemi, partie pour ainsi dire invulnérable de la position, et que l'on n'avait aucun intérêt à forcer. Dumouriez devait laisser quelques bataillons en observation entre Paturage et Quareignon, exécuter avec le reste un mouvement par lignes et par la droite, longer Frameries, se former sur l'extrême gauche des Autrichiens, appuyant la sienne vers ce village et porter l'avant-garde au-delà de Cuesmes; il eût été ainsi lié avec d'Harville, qui se fût alors prolongé jusqu'au mont Pallizel. Par une telle manœuvre, on eût balayé cette ligne, tourné les redoutes et coupé toute retraite aux ennemis.... C'était en un mot la même manœuvre que Frédéric employa à Rosbach et à Leuthen, appliquée à une position bien plus avantageuse. Ce grand roi et Napoléon eussent détruit l'armée autrichienne; le nouveau système de guerre attribué à Dumouriez ne produisit qu'un petit résultat avec d'immenses moyens.... »

Quels que soient les jugements portés sur la bataille de Jemmapes, dont on a beaucoup parlé depuis plusieurs années, et qui ne peut être comparée, même par les plus effrénés panégyristes, aux plus minimes des engagements généraux auxquels Napoléon a donné le nom de batailles, on doit reconnaître avec impartialité que si la canonnade de Valmy avait présenté nos soldats sous un nouveau jour, en les montrant capables d'une défense opiniâtre en rase campagne, la victoire de Jemmapes eut un résultat non moins important, en détruisant cette opinion singulière accréditée en Europe, depuis les campagnes de Soubise et de Clermont, que les troupes françaises étaient incapables de gagner une bataille rangée. Le courage et l'audace dont elles ont depuis donné tant de preuves se manifestèrent assez à Jemmapes pour que cette victoire eût une grande influence sur tous les peuples européens. On put encore douter de nos généraux, mais désormais la réputation de nos soldats fut faite.

Entrée à Mons. — Dumouriez entra le 7 novembre dans Mons, où les habitants le reçurent en vainqueur et en libérateur; ils lui décernèrent une couronne, et ils en offrirent une aussi au général Dampierre, que l'on considérait comme son rival de gloire dans le triomphe de Jemmapes, quoique suivant Dumouriez, il n'eût pas même assisté à la bataille.

Le manque de vivres et l'état de pénurie où se trouvait l'armée obligèrent le général français à rester dans cette ville cinq jours, jours précieux pendant lesquels il aurait pu, en brusquant ses marches, achever la destruction entière de ses ennemis déjà si maltraités. Mais le moment n'était pas encore arrivé où Napoléon devait prouver au monde que la victoire est la meilleure nourricière des armées. Dumouriez craignit de mourir de faim dans le pays le plus fertile de l'Europe. L'armée au-

---

[1] Il y a sans doute quelque chose à rabattre sur la triple ligne de redoutes mentionnée dans les mémoires de Dumouriez; cela tient à l'époque. La Convention pensait qu'il fallait traiter le peuple français en enfant, lui exagérer ses succès, lui atténuer ses défaites. Mais nous ferons remarquer à nos lecteurs que le général Jomini lui-même, dans l'édition de son *Traité des grandes opérations militaires*, publié avant qu'il fût devenu officier général russe, reconnaît que la position des Autrichiens, déjà très forte, était encore couverte par des *retranchements et par plusieurs rangs de redoutes qui s'élevaient en amphithéâtre*. Cette observation ne nous empêche pas d'approuver ce que dit Jomini des fautes de Dumouriez, qui aurait dû après sa victoire faire poser les armes à toute l'armée ennemie.

trichienne profita de cette lenteur pour se renforcer, et rallia à Tubise, le 9, le corps du prince de Wurtemberg, rappelé de Tournay. Le général Latour se retira vers Gand sur l'Escaut, avec une division de 7,000 hommes, formée de la réunion des postes et des garnisons éparses en Flandre.

La prise de Mons procura aux Français 130 canons de bronze, et 107 de fer de tous calibres, des obus, des bombes, des boulets, des caisses de mitraille et des munitions de guerre de toute espèce.

Succès divers. — Pendant que Dumouriez se reposait à Mons sur ses lauriers, ses généraux remportaient des succès sur d'autres points de la ligne. A droite, Charleroi était occupé par Valence; à gauche, le général Labourdonnaye après avoir battu les Autrichiens à Pont-Rouge, les chassait de Lannoy, de Roubaix, de Turcoing, de Commines et de Roucq, rétablissait les communications avec la West-Flandre, prenait les places de Tournay, de Menin, de Courtray, et entrait, le 12, à Gand.

Combat d'Anderlecht. — Dumouriez ne se remit en marche que le 12, et, au lieu de manœuvrer sur sa droite pour tourner l'armée du duc Albert, il se vit réduit, au contraire, par la direction qu'il prit, à suivre lentement et de front un ennemi qu'il ne put entamer. Le 13 au matin, les Autrichiens étaient en vue, il en fit reconnaître la position par le colonel Devaux, son aide de camp. Leurs premiers postes étaient à Saint-Péterslèwe, le gros de l'armée se trouvait au-delà de Bruxelles : le prince de Wurtemberg occupait Anderlecht sur la Senne, avec une arrière-garde de 6,000 chevaux. Le colonel Devaux attaqua Saint-Péterslèwe, et fit dire qu'il pousserait l'ennemi s'il recevait quelques renforts. — Dumouriez, avec 3,000 hommes de son avant-garde et deux compagnies d'artillerie à cheval, accourut aussitôt à son secours, après avoir donné ordre aux généraux Miranda et d'Harville de presser la marche de l'armée sur Hall. — Arrivé sur le lieu du combat, il engagea aussitôt une vive canonnade à laquelle les Autrichiens ripostèrent avec énergie. Bientôt, les renforts qu'il attendait étant arrivés, il attaqua et emporta le village d'Anderlecht. Cette affaire coûta au corps du prince de Wurtemberg environ 600 hommes qui restèrent sur le champ de bataille: sans le dévouement des dragons de Latour et des hulans, il n'en eût pas été quitte à si bon marché.

Capitulation de Bruxelles. — Maître du village, le général français envoya aussitôt le colonel Westermann faire une sommation à Bruxelles. Le maréchal Bender, commandant de la ville, annonça que le lendemain la ville ouvrirait ses portes. Dumouriez, afin de conserver l'ordre dans son armée, avait désiré lui-même que l'occupation n'eût pas lieu le soir. Le 14 au matin, les magistrats apportèrent au général en chef les clefs de la capitale de la Belgique : « Reprenez-les, leur dit-il; nous ne sommes pas vos ennemis, soyez vos maîtres et ne souffrez plus la domination de l'étranger. » Le même jour les troupes françaises entrèrent dans la ville aux acclamations unanimes du peuple, mais elles ne s'y arrêtèrent pas. Dumouriez fit tracer le camp de l'armée sur les hauteurs d'Anderlecth. Ce fut dans ce camp que plus de 4,000 soldats wallons, au service d'Autriche, vinrent, abandonnant les drapeaux de leurs dominateurs, se réunir à l'armée libératrice, et prendre la cocarde tricolore. La ville était dans l'enthousiasme de notre présence, et son étonnement égalait sa joie en voyant la discipline des soldats républicains, que les proclamations autrichiennes représentaient comme des pillards indomptables.

Les démêlés de Dumouriez avec la Convention commencèrent après la prise de Bruxelles. Les conventionnels voulaient traiter en pays conquis la Belgique, que le général, plus modéré et plus politique, appelait à une franche coopération comme alliée et comme amie.

L'armée se trouva arrêtée jusqu'au 18 à Bruxelles, par les besoins de toute nature qui l'assiégaient. Le prêt, que l'on considérait encore comme une chose sacrée, était arriéré de trois jours. Dumouriez para heureusement à cet embarras dont les soldats murmuraient déjà, au moyen d'une somme de 100,000 écus qu'il emprunta chez un négociant patriote. Il organisa avec intelligence des ressources pour les vivres et l'habillement. Mais le conseil exécutif français voulant qu'un comité d'approvisionnement, créé à Paris, pourvût à tous les besoins de l'armée, et Cambon aimant mieux payer en assignats qu'en espèces, afin d'extraire le numéraire de la Belgique, on refusa d'approuver à Paris les marchés passés avec les fournisseurs belges. Le général français, pour ne pas compromettre son armée, les maintint malgré les ordres de la Convention. Cette désobéissance première, motivée par une foule de raisons militaires et politiques, brouilla Dumouriez avec les conventionnels.

Combat de Tirlemont. — Dumouriez ne croyant pas que l'ennemi osât tenir à Tirlemont, où il s'était retiré en quittant Bruxelles, se borna à détacher d'Harville sur le flanc droit des Autrichiens et à faire marcher une division par Oplinter. Voyant, le 22, qu'ils n'avaient point encore quitté leur position, il se mit à la tête de son avant-garde et les attaqua. Après une affaire longue et opiniâtre, qui dura depuis le matin jusqu'à trois heures de l'après-midi, il réussit à les culbuter. Les Impériaux, dans ce combat, perdirent 400 hommes, et beaucoup de déserteurs. L'armée française les remplaça dans la position de Cumptich. Le quartier général occupa Tirlemont ; le général d'Harville fut dirigé sur Namur, afin de couvrir le siège de la citadelle que le général Valence, avec l'armée des Ardennes, allait commencer.

Combat de Raccourt. — Le général en chef, au moyen de quelques manœuvres rapides et d'autres combinaisons, aurait pu exterminer aisément ce qui restait d'Autrichiens en Belgique; le duc de Saxe-Teschen n'avait plus que 15,000 hommes avec lui, et Dumouriez, malgré ses détachements, comptait encore sous ses ordres directs 25,000 combattants remplis d'ardeur et animés par le succès; mais, comme à Mons, comme à Bruxelles le général français parut oublier le prix du temps et s'arrêta quatre jours à Tirlemont; il ne se remit en marche que le 26. Les Autrichiens se retiraient sur Liége, et, pour s'assurer le passage de la Meuse, avaient laissé le général Starray près de Raccourt et de Varoux dans une position retranchée. Le 27, l'armée française arriva près du fleuve sur les pas de l'armée impériale. Le combat s'engagea entre l'armée républicaine et l'arrière-garde ennemie. On se battit avec opiniâtreté toute la journée. Dumouriez essaya de tourner Starray; mais les détachements qu'il envoya, pour le déborder, se poster sur ses derrières et l'envelopper, arrivèrent trop tard. Starray, après avoir contenu les Français avec beaucoup d'intrépidité, quoique blessé dans ce combat dont il eut tout l'honneur, d'après l'avis même de Dumouriez, passa la Meuse à l'entrée de la nuit, et rejoignit son corps d'armée, près de Robermont, sans avoir été entamé.

Dumouriez campa sur les hauteurs qui dominent Liége, où il entra le lendemain. L'arrivée des Français excita l'enthousiasme de la population liegeoise. Ce fut partout des fêtes, des feux de joie, des illuminations, et 10,000 volontaires, prêts à nous suivre, prirent les armes en quelques jours.

Prise d'Anvers. — Cependant l'occupation des villes d'Ypres, de Furnes, de Brugges, de Niewport, d'Ostende, de Malines, avait eu lieu sans difficultés. Ces villes avaient ouvert leurs portes à la première sommation. Il en avait été de même à Anvers. Le général Lamorlière, envoyé devant cette ville, avait fait prévenir les magistrats de l'arrivée des Français; ils s'empressèrent d'apporter les clefs. Le colonel qui commandait la place se réfugia dans la citadelle, résolu de la défendre; il avait mille hommes de garnison; mais ses soldats étaient mal disposés. Labourdonnaye avait été remplacé par le général péruvien Miranda, qui vint en personne presser le siége de cette citadelle. Les travaux furent dirigés par les capitaines du génie Dejean et Marescot; l'artillerie était commandée par le capitaine Sénarmont : ces trois officiers sont au nombre de ceux qui ont acquis depuis une juste célébrité. Les parallèles furent tirés du bastion de Paniotto jusqu'à la porte Saint-Georges; mais l'humidité du sol, qu'on ne pouvait creuser à plus de deux pieds sans trouver l'eau, rendait l'établissement des tranchées difficile, et on fut obligé de prendre sur la largeur le déblai destiné à former les parapets; tout était cependant terminé le 28, et le feu commença. Le premier boulet emporta la table du gouverneur au moment où il allait s'y placer pour dîner. Un violent incendie allumé dans la citadelle consuma la moitié de l'arsenal et deux corps de caserne. Le gouverneur effrayé demanda une capitulation qui fut bientôt conclue; et le 29, la garnison sortit avec les honneurs de la guerre, en laissant en notre pouvoir dans la citadelle 102 canons, 67 obusiers, 1300 fusils et des munitions.

Ouverture de l'Escaut. — Un décret de la Convention prescrivait au général en chef de l'armée française de rendre libres l'embouchure et la navigation de l'Escaut. C'était une occasion de popularité que Dumouriez ne pouvait laisser échapper. L'empereur Joseph II, après avoir déclaré la guerre à la Hollande, dans le but avoué d'ouvrir l'Escaut au commerce maritime de toutes les nations, avait ensuite vendu aux Hollandais le droit de fermer ce fleuve, pour le prix de sept millions de florins, que les hommes de commerce mirent promptement cette nation en mesure de payer, car la fermeture de l'Escaut ruinait Anvers, éternelle et intelligente rivale d'Amsterdam. Les Hollandais répandirent ensuite le bruit que les bouches de l'Escaut avaient été rendues impraticables. Miranda, chargé par Dumouriez, après l'occupation d'Anvers, d'exécuter les ordres de la Convention, fit examiner le lit du fleuve et reconnut promptement la fausseté de cette fable politique. Bientôt une flottille richement chargée et pavoisée de flammes et de drapeaux tricolores remonta dans le port d'Anvers, et prouva aux habitants enthousiasmés que la République française rendait la liberté aux rivières comme aux villes.

Dans le même temps, et pendant que les rois de l'Europe se liguaient contre les doctrines de la République, devenues encore plus menaçantes par les victoires de nos armées, la Convention, excitée par le triomphe de Jemmapes, faisait un appel aux peuples étrangers. Ce décret de propagande était ainsi conçu :

« La Convention nationale déclare, au nom de la nation française, qu'elle accordera fraternité et secours à tous les peuples qui voudront recouvrer leur liberté, et charge le pouvoir exécutif de donner aux généraux les ordres nécessaires pour porter secours aux peuples, et défendre les citoyens qui auraient été vexés ou qui pourraient l'être pour la cause de la liberté. »

L'effet d'une pareille déclaration ne pouvait être douteux : nommer alors la liberté à la plupart des peuples, c'était parler de soulagement et d'espérance aux malheureux, de générosité et d'enthousiasme aux jeunes gens, d'amélioration et d'avenir aux hommes réfléchis. La liberté! c'était encore le symbole de la gloire et de la vertu.

Siége de la citadelle de Namur. — Après avoir battu Beaulieu dans le bois d'Assche, le général Valence occupa Namur et entreprit le siége de la citadelle, où 3,000 hommes décidés à une défense opiniâtre s'étaient renfermés. Le siége de cette place forte donna lieu à un fait d'arme glorieux pour un de nos généraux.

Le fort Villatte qui défend le château avait sous ses glacis des fourneaux où l'on présumait qu'avait été préparée une mine pour faire sauter les assiégeants dès que l'assaut aurait lieu. Le général Leveneur conçut le projet de s'en emparer en tournant le fort par la gorge et en surprenant la garnison. Il y avait entre la citadelle et cette gorge une caponnière ou chemin de communication, garnie de palissades et de parapets à travers lesquels on arrivait au fort par deux voûtes, dont une seule était gardée. Le 30 novembre à minuit, Leveneur, conduit par un déserteur, sortit de la tranchée avec 1,200 hommes déterminés. Ils franchirent en silence les palissades, traversèrent la première voûte déserte, et arrivèrent à la seconde. Là, les sentinelles crient et font feu. Leveneur, trop petit pour franchir la palissade, dit à un officier d'une haute stature : «Jetez-moi par-dessus. » Soixante grenadiers le suivent par ce chemin périlleux : les sentinelles sont égorgées, et Levéneur arrive au commandant, qui cherchait à rassembler ses soldats : « Mène-moi à tes mines, » lui dit-il d'une voix terrible en lui appuyant sur le cœur la pointe de son épée. L'Autrichien hésite d'abord; mais, épouvanté par la crainte d'une mort immédiate, il se décide à marcher. Leveneur saisit les mèches, les éteint, et le fort Villatte est enlevé!

La garnison de Namur capitula le 2 décembre. Valence envoya à Paris huit drapeaux déposés par elle sur les glacis de la forteresse. Ce furent les premiers dont l'armée fit hommage à la République. La France reçut ce glorieux présent avec une joie pareille à l'enivrement d'une mère à qui des fils chéris présentent leurs premières couronnes obtenues dans les luttes studieuses des colléges. C'étaient aussi les premiers trophées de nos jeunes volontaires.

Prise d'Aix-la-Chapelle. — Le dernier événement militaire qui signala la conquête de la Belgique après la prise de Ruremonde, où Miranda se porta dès la reddition de la citadelle d'Anvers, et où il faillit, tant sa marche eut lieu rapidement, surprendre les membres du gouvernement des Pays-Bas, fut l'occupation d'Aix-la-Chapelle.

L'entrée des Français dans cette ville fut la conséquence d'un combat. Dumouriez, dès le 2 décembre, se trouvait entièrement maître de la Belgique et du pays liégeois, excepté le duché de Luxembourg et la petite ville d'Herve, où était restée une arrière-garde autrichienne. Il résolut d'éloigner les ennemis de la place de Liége. Dans cette vue, il manœuvra par sa droite pour inquiéter l'extrême gauche de Clairfayt. Une première attaque sur Herve fut repoussée le 6 décembre; mais, le jour suivant, le général Stengel aborda les impériaux de front, pendant que les colonels Frégeville et de Haek les pressaient sur leur gauche. Après un combat opiniâtre, où ils perdirent beaucoup de monde, les Autrichiens se retirèrent derrière l'Erft abandonnant aux Français Aix-la-Chapelle. Nos soldats y entrèrent le 8, avec une facilité qui prouvait jusqu'où auraient pu s'étendre leurs succès si les armées du Nord et des Ardennes eussent manœuvré dans le même sens, et si Dumouriez eût montré plus d'audace et d'activité.

Quartiers d'hiver. — L'ennemi prit position derrière la Roër, et Dumouriez fit prendre à ses troupes des quartiers d'hiver en avant de la Meuse, détermination inconcevable, impossible à justifier, et même à comprendre; car trois jours de marche auraient suffi à nos troupes pour balayer la rive gauche du Rhin, chasser l'ennemi au-delà de ce fleuve et assurer le succès de la campagne suivante, qui fut si défavorable à l'armée française. Mais l'animosité croissante entre Dumouriez et les comités de la Convention parut faire oublier à ce général le plan qu'il avait lui-même proposé en commençant la campagne : il déposa les armes avant le temps, pressé par le désir de venir défendre à Paris son administration et ses victoires contre les calomnies des chefs de la société des Jacobins, obscurs démagogues qui, prêts à verser le sang français sur les échafauds révolutionnaires, pensaient déjà à s'arroger le droit de disposer de celui que nos soldats répandaient si glorieusement sur les champs de bataille. Le moment approchait où nos généraux allaient avoir à affronter simultanément le canon de l'ennemi et la guillotine conventionnelle.

RÉSUMÉ CHRONOLOGIQUE.

1792.

24 OCTOBRE. Arrivée de Dumouriez sur la frontière.
28 — Réunion de l'armée entre Quaroubie et Quievrain.
1er et 3 NOVEMBRE. Commencement des hostilités.
4 — Combat de Boussu.
5 — Attaque de Quareignon.
6 — *Bataille de Jemmapes.*
7 — Entrée des Français à Mons.
— *La Convention met Louis XVI en accusation.*
8 — Occupation de Tournay, — d'Ath.
10 et 12 — Combats de Pontrouge, de Commines, de Warneton, Halwin, Roucq.
13 — Combat d'Anderlecht.
14 — Entrée des Français à Bruxelles.
15 et 16 — Occupation d'Anvers, Ypres, Furnes, Ostende, Malines.
16 — *Arrêté du Conseil exécutif de la République française pour assurer la liberté de la navigation de l'Escaut et de la Meuse.*
18 — Combat du bois d'Assche.

19 NOVEMBRE. *Premier décret en faveur de la propagande*
21 — Occupation de la ville de Namur.
22 — Combat et prise de Tirlemont.
26 — Combat de Raccourt.
27 — Combat et prise de Liége.
29 — Prise de la citadelle d'Anvers.
2 DÉCEMBRE. Prise du château de Namur.
4 — *Décret de la Convention qui punit de mort quiconque proposera ou tentera de rétablir la royauté en France.*
7 et 8 — Combat et prise d'Aix-la-Chapelle.
10 — Occupation de Ruremonde.
12 — Prise de Verviers.
— — Dumouriez, malgré les ordres du gouvernement, arrête ses opérations et fait prendre des quartiers d'hiver à son armée.
13 et 14 — Les Autrichiens s'établissent derrière la Roër.
16 — *Décret de la Convention enjoignant aux généraux de dissoudre, dans les pays conquis, les autorités existantes et de proclamer la souveraineté du peuple.*

A. HUGO.

On souscrit chez DELLOYE, Éditeur, place de la Bourse, rue des Filles-Saint-Thomas, 13.

Paris. — Imprimerie et Fonderie de Rignoux et Comp., rue des Francs-Bourgeois-Saint-Michel, 8.

FRANCE MILITAIRE.

OPÉRATIONS DE L'ARMÉE DU MIDI.

CONQUÊTE DE LA SAVOIE. — CONQUÊTE DU COMTÉ DE NICE. — EXPÉDITION CONTRE NAPLES

SOMMAIRE.

Conquête de la Savoie. — Griefs de la France contre le roi de Sardaigne. — Armée du midi. — Préparatifs d'invasion. — Description de la Savoie. — Armée piémontaise. — Invasion de la Savoie. — Prise de Champareillan et des redoutes ennemies. — Prise de Montmélian. — Conquête de toute la Savoie. — Entrée à Chambéry. — Destitution du général en chef. — Montesquiou. — Réunion de la Savoie à la France.
Conquête du comté de Nice. — Expédition sur le comté de Nice. — Armée française. — Armée sarde. — Description du comté de Nice. — Évacuation de Nice par les Piémontais. — Entrée des Français. — Occupation du fort Montalban. — Prise de Villefranche. — Situation critique des Français. — Inaction de l'ennemi. — Présence d'esprit du général Anselme. — Bombardement et sac d'Oneille. — Insurrection des Montagnards. — Combat de Sospello. — Quartiers d'hiver. — Arrestation du général Anselme. — Réunion du comté de Nice à la France.
Expédition contre Naples. — Discours du grenadier Belleville à la Convention.

ARMÉE DU MIDI. — Général en chef : MONTESQUIOU-FEZENSAC.

CONQUÊTE DE LA SAVOIE.

Armée française. — Général MONTESQUIOU. | *Armée piémontaise.* — Général LAZARY.

CONQUÊTE DU COMTÉ DE NICE.

Armée française. — Général ANSELME. | *Armée sarde.* — Général comte de SAINT-ANDRÉ.
Escadre française. — Contre-amiral TRUGUET. | *Commandant de Nice.* — Général COURTEN.

EXPÉDITION NAVALE CONTRE NAPLES. — Contre-amiral LATOUCHE-TREVILLE.

Griefs de la France contre le roi de Sardaigne. — Un des premiers effets de la Révolution avait été de placer la France dans une espèce d'état de proscription au milieu des monarchies européennes, tant les principes qu'elle proclamait hautement excitaient les antipathies des cours étrangères. On ne lui faisait pas tout d'abord l'honneur de la craindre ; mais il n'était si mince principauté qui ne crût pouvoir hâter, en lui portant un coup, la chute de la puissance innovatrice qui menaçait de dépouiller la Royauté de ses vieux priviléges. Victor-Amédée, roi de Sardaigne et de Piémont, duc de Savoie, surnommé par ses flatteurs le Nestor des rois, fut un des premiers qui accédèrent à la coalition de Pilnitz ; quelque haine qu'il portât aux idées révolutionnaires, la conservation de la Savoie lui aurait dû imposer la loi d'éviter au moins toute manifestation hostile jusqu'à ce qu'il fût en situation de se prononcer impunément, c'est-à-dire jusqu'à ce que la première coalition, du succès de laquelle il ne doutait pas, eût mis la France à la discrétion de l'étranger... Il n'eut pas cette patience. — Les princes français, frères de Louis XVI et ses gendres, étaient venus se réfugier dans ses états. L'asile qu'il leur donna, l'accueil paternel qu'il leur fit, n'avaient rien que de naturel et de légitime ; mais bientôt le Piémont, la Savoie et le comté de Nice se remplirent d'émigrés qu'on enrégimentait publiquement pour combattre contre la France. Un foyer actif de contre-révolution s'établit à Turin et fomenta des troubles dans nos départements du Midi. Le cabinet sarde, en outre, prit la part la plus active aux démarches par lesquelles on chercha à déterminer la Suisse à rompre avec la France et à entraîner dans cette rupture la république de Genève.

A ces actes obscurs d'hostilité, qui n'étaient point une déclaration manifeste de guerre, Victor-Amédée eut l'imprudence d'en joindre de plus prononcés ; affectant de considérer Louis XVI comme prisonnier, il rappela son ambassadeur, et se conduisit avec celui de France de manière à le contraindre à demander son rappel. Enfin, M. de Sémonville, qui se trouvait en mission à Gênes, lui ayant été envoyé par le ministère français, pour obtenir des explications sur ces divers actes de mauvais vouloir, sinon d'hostilité flagrante, il fit arrêter à Alexandrie l'envoyé français, comme étant l'émissaire d'un parti. Néanmoins, et dans ce temps où les apprêts d'invasion faits par l'ennemi sur un autre point de la France ne permettaient pas de s'occuper beaucoup de la frontière des Alpes, le ministère affecta de ne pas faire attention à des griefs qu'il ne se trouvait pas en mesure de punir.

La conduite du cabinet sarde était d'autant plus mal calculée, que, du moment où la France pouvait se croire obligée d'employer une armée à couvrir sa frontière des Alpes, il était de son intérêt de s'emparer aussitôt de la Savoie et du comté de Nice. La France trouvait dans l'occupation de ces provinces les meilleures lignes possibles de défense, si elle voulait se borner à la défensive de ce côté ; et, dans le cas où elle se déciderait à prendre l'offensive, cette occupation en lui offrant encore des débouchés commodes pour envahir le Piémont, lui ouvrait les portes de l'Italie. Un avantage de cette occupation était enfin de neutraliser complètement l'action des émigrés sur le Midi, en mettant la sommité des Alpes pour barrière entre la France et le Piémont.

Armée du Midi. — Préparatifs d'invasion. — Le lieutenant général Montesquiou-Fezensac, qui venait d'être récemment promu au commandement en chef de l'armée du Midi, ne manqua pas de faire valoir tous les avantages de cette double invasion. Mais on se borna à lui recommander de se tenir prêt à agir, et les choses restèrent dans le même état depuis le mois de mai jusqu'à la fin de juillet. A cette époque, ayant été forcé de venir à Paris se présenter à la barre de l'Assemblée pour se justifier de quelques observations vives qu'il avait adressées au ministère, au sujet de bataillons qu'on avait retirés de son armée pour envoyer à l'armée du Nord, il parvint à faire goûter ses plans aux comités qui dirigeaient les affaires, et il fut honorablement renvoyé à son poste avec des instructions pour accélérer le moment où il pourrait passer la frontière. Le Gouvernement et l'Assemblée avaient compris que la France étant au moment d'être attaquée vers le Nord par des forces redoutables, des succès dans le Midi contre-balanceraient heureusement l'influence que des revers, s'ils avaient lieu sur la frontière opposée, pourraient exercer sur les populations.

Montesquiou, de retour à son poste, se mit en mesure d'exécuter les ordres d'attaque qu'il s'attendait incessamment à recevoir. L'armée du Midi, disséminée sur la ligne des Alpes, depuis Genève jusqu'à Antibes, ne comptait qu'un petit nombre de soldats mal équipés et mal exercés, pour la plupart gardes nationaux. On tira de l'armée des Pyrénées un renfort de troupes de ligne. Le Languedoc et la Guienne fournirent des bataillons de volontaires. — Le 4 septembre, le général en chef reçut l'ordre d'invasion.

Description de la Savoie. — La Savoie, formée par quatre des principales vallées alpines, s'étend du Mont-Blanc jusqu'aux montagnes de Bardonache, au-dessus de Briançon. Sillonnées par des torrents qu'entretiennent d'éternels glaciers, couvertes de noires forêts de sapins, dont la couleur sombre contraste étrangement avec l'éclat brillant des glaces réfléchies par le soleil, ces montagnes, à pics aigus blanchis par les neiges, à bases enfouies dans une verdure triste comme tout ce qui est éternel, ont néanmoins un caractère de grandeur sauvage qui commande l'admiration des hommes. Aujourd'hui les travaux immenses exécutés sous le règne de Napoléon ont ouvert leurs vallées aux voyageurs curieux; mais, en 1792, les routes du Mont-Cenis et du Petit-Saint-Bernard, impraticables pendant la moitié de l'année, et quelques mauvais sentiers serpentant dans les rocs et traversant des cols étroits, où ne passaient que les muletiers, étaient les seules communications de la Savoie avec le Piémont. — Les vallées de la Savoie, encaissées entre trois chaînes secondaires fort élevées, suivent quatre directions parallèles : ce sont les vallées de l'Arve, de Bauges, de l'Isère et de l'Arc. La première, aussi nommée le *Faucigny*, s'étend de Genève jusqu'au Mont-Blanc à Chamouni : elle s'ouvre au nord sur le lac Léman; c'est plutôt une vallée suisse qu'une contrée savoyarde. Des montagnes escarpées, et où l'on ne trouve que quelques sentiers presque impraticables, la séparent des trois autres. Celles-ci aboutissent à une seule et se confondent. La vallée de l'Arc, ou la *Maurienne*, se réunit à celle de l'Isère, qu'on nomme la *Tarentaise*, entre Conflans et Montmélian. Au-dessous de cette dernière

ville, la Maurienne se bifurque et se dirige d'un côté vers Chambéry et Genève, de l'autre vers le Fort-Barreaux et Grenoble. Montmélian, par sa position centrale, est donc le point stratégique de la province.

Armée piémontaise. — L'armée piémontaise, aux ordres du général Lazary, chargée de défendre la Savoie, ne comptait qu'environ 18,000 hommes, formant vingt-six bataillons d'infanterie, pour la plupart incomplets; la cavalerie s'élevait à 600 hommes, et l'artillerie, sans y comprendre celle des forts, ne se composait que de trois canons de gros calibre et de quelques pièces de montagnes. Ce corps d'armée, bien distribué, aurait été plus que suffisant pour défendre l'entrée du duché et pour en empêcher l'occupation; mais on l'avait affaibli en le dispersant en cordon sur les issues des différentes vallées.

Invasion de la Savoie. — Si Montesquiou, qui dès le 16 septembre s'était transporté au Fort-Barreaux, eût voulu y réunir simultanément tous ses moyens d'attaque, dix jours au moins lui eussent été nécessaires. Mais il fallait commencer tout de suite les hostilités; car déjà, à la première nouvelle des dispositions faites par les Français, le général ennemi s'était hâté de faire accélérer les travaux des redoutes de Mians, et qui, formant un feu croisé avec celles du château des Marches, devaient fermer complétement le défilé par lequel nos troupes étaient obligées de passer pour pénétrer dans la Savoie.

Lorsque le général en chef français apprit qu'il n'y avait plus qu'à transporter du canon dans ces redoutes, il ordonna au maréchal de camp Laroque de se diriger sur ce point avec douze compagnies de grenadiers, 600 chasseurs et 200 dragons, et de tourner les retranchemens de l'ennemi.

Prise de Champareillan et des redoutes ennemies. — Nos soldats arrivèrent à Champareillan, la nuit du 20 au 21 septembre. Favorablement accueillis par le peuple et par les magistrats, ils s'engagèrent à respecter les propriétés et les habitans désarmés de la province, et à traiter généreusement l'ennemi dès qu'il aurait mis bas les armes. Le mauvais temps empêcha de brusquer la marche et donna aux Piémontais, qui apprirent le mouvement de l'avant-garde française, le temps de se replier en arrière afin de ne pas être développés; ce qu'ils firent sans songer à opposer la moindre résistance. Nos soldats ne purent faire que trois prisonniers, dont un officier de la légion sarde. Les redoutes furent aussitôt détruites. L'opération, conduite avec une intelligence parfaite, fut exécutée avec ordre, exactitude et discipline.

Le château des Marches, ceux de Bellegarde, d'Apremont et de Notre-Dame-de-Mians, évacués précipitamment par les Piémontais, à la suite de cette expédition, furent occupés aussitôt par les Français.

Prise de Montmélian. — On avait pu croire d'abord que le général Lazary tenterait d'arrêter les Français à la formidable position de Montmélian, ce qu'il eût pu faire avec succès, même avec des forces bien moins considérables que celles qu'il avait à sa disposition. Il n'en fut rien. Ce général, sans tirer aucun parti des avantages du lieu, se borna à faire sauter le pont pendant la nuit, ensuite il se retira sur Villars avec ses soldats, rapidement et en désordre. — Cependant les Français n'étaient pas encore assez rapprochés pour les poursuivre. — Peu d'heures après, le pont de bois établi par Montesquiou au Fort-Barreaux fut emporté par une crue subite de l'Isère. Les partisans des Piémontais voulurent en faire honneur au général Lazary et prétendirent qu'elle avait été causée par la chute du pont de Montmélian, cherchant ainsi à transformer en combinaison militaire l'acte au moins précipité d'une prudence excessive. Cette assertion a fourni matière à discussion entre les écrivains militaires français et les auteurs étrangers : comme s'il était difficile d'expliquer la crue soudaine d'une rivière torrentueuse, et comme si le mauvais temps qui venait d'arrêter le général Laroque à Champareillan n'en était pas une cause suffisante. Quoi qu'il en soit, le général Rossi, qui s'était porté sur Montmélian à la suite de l'arrière-garde piémontaise, y entra au moment où elle évacuait la ville.

Conquête de toute la Savoie. — Le général en chef avait promptement fait rétablir le pont de l'Isère ; l'armée y avait continué son passage, et telle était la disposition des cantonnements ennemis, qu'il leur fut impossible de se réunir pour opposer quelque résistance à la marche rapide de nos troupes, qui ne tardèrent pas à occuper tout le pays entre l'Isère et le lac de Genève. — Les détachements piémontais, établis du côté d'Annecy, s'étaient retirés en désordre par toutes les issues de la vallée des Bauges. — Le général Montesquiou, après avoir pris possession d'Annecy, de Carouge et de Thonon, s'avança jusqu'à l'Hôpital avec un détachement de 8,000 hommes. Casa-Bianca, avec l'avant-garde, suivit ce mouvement par Châtelard, et descendit sur Albigny dans la vallée de l'Isère, en fouillant l'intérieur des montagnes qu'il eut occasion de traverser. Le général Rossi, relevé à Montmélian par une réserve formée de sept bataillons de grenadiers de la garde nationale, se porta sur le même point. — En moins de quinze jours, les duchés de Savoie, de Genevois, de Faucigny et du Chablais furent évacués par les troupes ennemies. La fuite n'eût pas eu lieu aussi promptement après une déroute complète. — Cependant, ces forces éparses, n'ayant pas été assez inquiétées dans leur retraite, eurent le temps de gagner Conflans, au confluent de l'Isère et du Doran. Ce fut, sans doute, une faute de ne pas les y prévenir comme il était facile de le faire. Là elles rompirent les ponts et se placèrent ainsi hors de poursuite et d'atteinte. On leur prit néanmoins des bagages, des caissons et la presque totalité de leur artillerie.

Entrée à Chambéry. — L'esprit public des habitants de la Savoie fut très favorable aux Français pendant toute l'invasion. Séduits par les proclamations et par les promesses du général en chef, ils accueillirent nos soldats comme des libérateurs, et ils les reçurent avec enthousiasme, aussitôt que la fuite de l'armée piémontaise leur permit de manifester leur attachement à la France. Le général Montesquiou fut particulièrement l'objet d'une bienveillance générale. Le peuple des villes et des campagnes, portant la cocarde tricolore, allait à sa rencontre en poussant des acclamations de joie. Une députation des autorités de Chambéry vint le trouver au château de la Marche, où il avait établi son quartier général, pour le prier d'aller prendre possession de la ville principale de la province. — Son arrivée dans cette ville, où il entra le 25, escorté de cent chevaux, de huit compagnies de grenadiers et de quatre pièces de canon, eut l'air d'un véritable triomphe. Les clefs lui furent remises à la porte par le corps municipal en habit de cérémonie. Les principaux habitants du pays offrirent des fêtes et des repas aux officiers et aux soldats, et la plus franche cordialité régna dans toutes ces réunions, où nombre de toasts furent portés à la prospérité de la nation et aux succès de la Révolution française. Il y eut enfin tant de loyauté et de franchise dans l'accueil fait au général Montesquiou, qu'il ne crut devoir rien changer aux lois du pays, dont l'exécution fut laissée aux mêmes magistrats qui en avaient été chargés jusqu'alors, et qu'il laissa l'hôtel-de-ville à la garde de la bourgeoisie. En effet, les bons Savoisiens, déjà Français par le langage, l'étaient aussi par le cœur.

Destitution du général en chef. — Cependant depuis le voyage du général en chef à Paris, la Convention avait succédé à l'Assemblée législative, et la République à la Royauté. — A Paris, le jour même où Montesquiou attaquait Montmélian, les chefs jacobins, trouvant ce général trop modéré pour leurs projets, le firent destituer. Mais la conquête rapide de la Savoie, dont la nouvelle fut accueillie en France avec transport, les obligea à ajourner l'effet de leur animadversion. Ils ne voulurent cependant pas convenir ouvertement de leur tort, et, au lieu de le réintégrer dans son commandement, ils se bornèrent à suspendre l'exécution du décret qui le destituait, lui laissant à la fois la conduite d'une armée et la perspective d'une disgrâce prochaine.

Montesquiou. — Cet officier, d'un caractère doux, d'un esprit éclairé, ne possédait pas, peut-être, les talents d'un général de grande distinction. Néanmoins il avait compris le premier quelle importance aurait pour la France, politiquement et militairement, la double conquête du duché de Savoie et du comté de Nice. Ses propositions avaient décidé le gouvernement à tenter l'entreprise, et il eut l'honneur de porter les frontières orientales de France jusqu'aux limites naturelles tracées par la grande chaîne des Alpes. Dès le commencement de sa carrière militaire, et peu de temps après la conquête de la Savoie, il fut enlevé à son armée par une destitution brutale, sous le prétexte de négociations mal conduites avec les habitants de Genève. Son malheur lui sauva peut-être la vie. Il se retira en Suisse, y vécut paisible, et revint à Paris lorsque le gouvernement fort et régulier de Bonaparte eut rétabli l'ordre en France.

Réunion de la Savoie à la France. — Peu de temps après la conquête, un décret de la Convention réunit la

Savoie au territoire national. Cette province forma le *département du Mont-Blanc.*

Expédition sur le comté de Nice. — L'occupation du comté de Nice eut lieu en même temps que celle de la Savoie, et n'offrit pas plus de difficultés, quoique les moyens de la défense y fussent de beaucoup supérieurs à ceux de l'attaque.

Armée française. — L'armée du Var, aux ordres du général Anselme, ne se composait guère, en effet, que de 7 à 8,000 hommes, la plupart volontaires ou gardes nationaux accourus de Marseille. Cette troupe n'avait ni vivres ni munitions; l'état-major était incomplet, et la cavalerie consistait seulement en deux escadrons de dragons. Ce fut avec des forces aussi faibles qu'Anselme se prépara à envahir le comté de Nice, de concert avec l'amiral Truguet qui, dans le même but, armait une escadre à Toulon : Montesquiou lui avait envoyé l'ordre de commencer à agir, si cela était possible, dans la seconde quinzaine de septembre.

Le général Anselme était un officier de distinction; il avait fait avec honneur la guerre d'Amérique et passait à juste titre pour être rempli d'instruction, d'activité et d'intelligence.

Tous ses soins eurent d'abord pour objet de se garantir d'une attaque ennemie, en établissant diverses batteries sur les points les plus accessibles de la ligne du Var; ce qui s'exécuta au moyen des canons en fer des batteries de la côte, qu'on se trouva ainsi obligé de dégarnir momentanément.

Armée sarde. — Ces dispositions du général français étaient d'autant plus nécessaires qu'il avait en tête un ennemi dont la force était suffisante pour franchir à volonté la barrière du Var, si faible dans la belle saison. Le général piémontais, comte de Saint-André, qui commandait l'armée sarde, avait sous ses ordres 8,000 hommes de troupes réglées, dont quatre beaux régiments suisses de deux bataillons, et 12,000 hommes de milices du pays : les fortifications de Nice et de Montalban, les côtes et la rive gauche du Var étaient garnies par 210 pièces de canon de position : il avait une belle artillerie de campagne; son armée enfin possédait des magasins remplis de vivres et de munitions de toutes espèces.

Description du comté de Nice. — Le comté de Nice offre la réunion de quatre vallées. Celles de la Tinea et de la Vesubia s'ouvrent sur le Var, et se confondent avec la vallée qui conduit les eaux de cette rivière à la Méditerranée. Les deux autres vallées, celles du Paglione et de la Roya, s'ouvrent sur le golfe de Gênes. La Roya, qui prend sa source au col de Tende, à la jonction des Apennins et des Alpes, sort près de Saorgio de la haute chaîne des montagnes, pour courir par Breglio à Vintimiglia; elle forme la principale communication du comté de Nice avec le Piémont. De cette vallée jusqu'au col de l'Argentière, aux sources de la Stura, une chaîne de montagnes arides s'élève, escarpée en arête, entre la Tinea, qui verse ses eaux à la Méditerranée, et la Stura, affluent de la mer Adriatique par le Pô. Des sentiers difficiles, même pour les piétons, sont les seules communications qui existent entre ces diverses vallées.

Le Var, limite extrême de la France et du comté de Nice, a sa principale source dans les monts de Lernes et de Saint-Étienne, et vient se jeter dans la mer en avant de Nice, après avoir reçu, vers Levenzo, la Tinea et la Vesubia. Cette rivière (ou plutôt torrent), comme toutes celles qui tombent des hautes montagnes, est sujette, à la suite de la fonte des neiges, à de grandes crues qui, entraînant les arbres et les rochers, s'étendent près de la mer dans un large bassin, et changent la direction de son lit et de son embouchure. Guéable dans les temps de sécheresse, le Var a un cours si impétueux quand il est enflé par ces eaux étrangères, que l'établissement d'un pont y serait impossible, et que si ce pont était établi sa conservation serait difficile.

Les hauteurs qui s'étendent entre Sospello, Lescaréna et Luceram, peuvent être regardées, après le Var, comme la première ligne de défense du comté de Nice. Cette chaîne de hauteurs n'est toutefois qu'un poste avancé de la formidable position de Saorgio, qui domine la ville de ce nom, bâtie sur une montagne escarpée à côté d'un plateau inabordable de tous côtés, si ce n'est par la route qui mène à Turin. Les Piémontais regardaient, et à juste titre, cette position comme la plus convenable pour recueillir l'armée qui défendait le comté, dans le cas où, forcée à la retraite, elle aurait voulu se retrancher dans un poste presque inexpugnable, et d'où elle pût à volonté rentrer dans la province. Ils y avaient établi un camp fortifié; un retranchement revêtu en maçonnerie fermait et commandait les issues de ce camp, de manière à déjouer toutes les attaques de front. Quant aux abords, ils étaient si difficiles, que les ingénieurs piémontais jugèrent inutile de fermer l'ouvrage à la gorge.

Évacuation de Nice par les Piémontais. — L'escadre du contre-amiral Truguet, forte de neuf bâtiments de guerre, mouilla devant Nice le 28 septembre dans l'après-midi. Son arrivée remplit de terreur le général Courten, qui était chargé de défendre la place, et qui craignait de voir le général Anselme arriver de son côté : il perdit la tête en se croyant également menacé par terre et par mer. S'exagérant beaucoup, d'une part, les forces de l'armée française, et de l'autre, les dispositions du commandant de la flotte qu'il s'attendait à chaque instant à voir bombarder et brûler la ville, intimidé, d'ailleurs, par les nombreux partisans que la République avait dans Nice, il prit la résolution d'abandonner cette place dans la nuit même du 28 au 29 septembre, et de se retirer sur Saorgio et Sospello dans la direction de Coni, en enclouant toutes les grosses pièces des batteries de la côte. Cette opération fut faite tellement à la hâte, que la majeure partie des pièces put être remise en état de servir.

Entrée des Français. — Occupation du fort Montalban. — Nice renfermait une population ignorante, abrutie, prête à se livrer à tous les excès; populace sanguinaire et cupide, qui attendait avec impatience l'entrée de l'armée républicaine, dans l'espérance de pouvoir, sous prétexte d'opinion politique, se livrer impunément au pillage et aux massacres.

L'imprudente et subite évacuation des troupes sardes répandit la terreur à Nice, surtout parmi les classes aisées et dans les rangs d'environ 3,000 émigrés, qui y avaient cherché un refuge, et qu'indigna la lâcheté du gouverneur. La crainte des terribles représailles qu'ils avaient à redouter de leurs compatriotes leur suggéra le dessein désespéré de défendre eux-mêmes la place. Ils essayèrent vainement d'intéresser les habitants à cette résolution; ceux-ci ne crurent pas devoir se compromettre pour un changement de domination qui flattait, d'ailleurs, les passions du plus grand nombre d'entre eux. Les émigrés, réduits à leurs propres forces, persistèrent à vouloir arrêter l'armée française. Ils s'assemblèrent en armes sur la place des Victoires, et s'emparèrent des batteries qui défendent le passage du Var; mais, ayant reconnu que, dans leur nombre, il s'en trouvait à peine un cinquième de valides et propres à combattre, cette circonstance, jointe aux dispositions manifestées par les habitants de s'opposer à leurs tentatives de défense, les décida à y renoncer. Ils prirent, comme les troupes piémontaises, la route de Sospello; et dans cette retraite, qui s'effectua en pleine nuit, ils eurent à souffrir des excès de la populace nisarde, qui cessait, momentanément et tout à coup, d'être retenue par aucun frein.

Après avoir pillé les bagages des émigrés, le peuple des faubourgs et les marins du port manifestèrent l'intention de piller la ville, et se mettaient déjà en mesure d'exécuter leurs projets, lorsque la bourgeoisie et tous ceux qui ne pouvaient que perdre au désordre se décidèrent, pour rétablir le calme, à appeler eux-mêmes les Français à Nice. Feraudi, secrétaire de la ville, fut député vers le général Anselme, pour l'engager à hâter son arrivée. Anselme s'empressa aussitôt de passer le Var avec 4,000 hommes qui se trouvaient réunis à Saint-Laurent. Les magistrats l'attendaient aux portes de Nice pour lui en présenter les clefs, et il y entra aux acclamations de tous les partis. Les uns applaudissaient dans l'espoir qu'il sanctionnerait les excès; les autres, dans l'espoir qu'il les en garantirait.

Cependant, tandis que le général Anselme passait en revue sa petite armée sur la place des Victoires, le général Brunet défilait derrière les remparts, pour aller sommer le fort Montalban. Un Lyonnais nommé Desbordes, établi à Nice, et un employé des convois de l'armée, le précédèrent et se rendirent auprès du gouverneur qu'ils intimidèrent tellement que cet officier capitula aussitôt, abandonnant sans résistance, avec une garnison composée de troupes suisses bien armées et bien disciplinées, un fort défendu par une artillerie nombreuse. Nos grenadiers prirent, sans coup férir, possession de cette formidable forteresse qui, en 1744, avait coûté tant de peines et de travaux au prince de Conti.

Les Français trouvèrent dans Nice une grande quantité de fusils, ainsi que des munitions de guerre et de bouche de toutes espèces.

Prise de Villefranche. — La possession du château de Villefranche était nécessaire pour assurer à l'armée française la paisible occupation de Nice. Anselme s'y porta le 30 septembre au matin, avec un détachement d'infanterie et de cavalerie; mais, instruit par ses espions que le gouverneur avait fait tous ses préparatifs pour évacuer la place, et qu'une partie de la garnison commençait même à gagner les hauteurs, il prit les devants au galop avec quelques dragons, arriva devant la forteresse, somma le commandant de mettre bas les armes et l'intimida par la menace d'une escalade. Celui-ci, tout aussi faible que le gouverneur de Montalban, n'opposa pas plus de résistance et se rendit à discrétion.

Outre l'avantage d'un excellent port où l'on trouva une corvette et une frégate qui n'avaient pas eu le temps d'appareiller, Villefranche livrait au pouvoir des Français plus de cent pièces de canon, mortiers ou obusiers, en fer et en bronze, cinq mille fusils, un million de cartouches à balles, une grande quantité de vivres et de munitions de guerre et tout l'arsenal de la marine du comté de Nice. Le général Anselme fut d'autant plus satisfait de cette conquête et de celle du fort Montalban, qu'il avait craint d'abord que l'ennemi ne se décidât à la résistance, résolution qui aurait placé la flotte en danger d'être écrasée par les bombes et les boulets rouges des batteries ennemies.

Situation critique des Français. — *Inaction de l'ennemi.* — Malgré la rapidité de sa conquête, la position du général Anselme aurait été très critique s'il eût eu affaire à un ennemi plus actif et plus confiant en ses propres forces. La mer, orageuse à cette époque de l'année, rendait difficile la continuation de notre croisière; les pluies avaient enflé le Var, qui n'était plus guéable; l'armée française se trouvait coupée en deux parties. Une moitié des troupes restait encore en France, arrêtée par la crue des eaux, tandis que l'autre moitié était isolée dans la vallée de la Bragha. Mais, ou le général ennemi ignora cette circonstance, ou la même terreur panique qui avait facilité nos premiers succès l'empêcha de tirer parti de la situation hasardée dans laquelle les Français se trouvaient placés. Il laissa le général Anselme paisible jusqu'au retour du beau temps. Celui-ci hâta de profiter de la réouverture des communications pour faire arriver à Nice les troupes qui étaient à Antibes; et, afin de n'être plus dorénavant compromis par les mêmes accidents, il fit jeter sur pilotis, en face de Saint-Laurent, un pont de trois cents toises de longueur, travail très difficile et qui, grâce à l'intelligence et au zèle des soldats, fut achevé dans le court espace de six semaines. Nice, les forts de Montalban et de Villefranche, furent mis sur le pied de défense le plus respectable.

Quelque peu étendu que soit le comté de Nice, et malgré la position importante qu'y occupaient les Français, ils ne pouvaient se regarder comme maîtres de toute la province. Nice et Villefranche, comme on peut s'en assurer en jetant un coup d'œil sur la carte, ne tiennent qu'une petite place sur le bord du bassin formé par les montagnes qui entourent le comté. Il aurait fallu, pour en être entièrement et tranquillement possesseur, rejeter les Piémontais au-delà du col de Tende, et leur enlever surtout la redoutable position de Saorgio, dont nous avons déjà parlé, et qui peut être regardée comme la clef du comté de Nice du côté de l'Italie, et après avoir délogé les Sardes, il aurait été nécessaire, outre les trois points de la côte auxquels se réduisait encore la conquête, d'occuper la vallée de la Tinea jusqu'au col de la Mule, et celle de la Vesubia jusqu'à ses sources au col de Cerise; mais l'occupation de tant de points eût trop affaibli l'armée, qui ne s'élevait pas à plus de 10,000 hommes. Anselme se borna donc à pousser une reconnaissance sur Saorgio et à établir un bataillon à Sospello. Le reste de l'armée resta autour de Nice et dans la ville, dont la populace exaltée avait besoin d'être contenue.

Présence d'esprit du général Anselme. — C'était le premier moment de l'effervescence révolutionnaire: des intrigues de toute nature, basses, sordides et sanguinaires, cherchaient, sous le voile d'un attachement sincère pour la République française, à égarer les passions de la multitude et à la pousser à des actes de violence et d'atrocité. Le général eut souvent besoin de toute sa fermeté et de toute sa présence d'esprit pour ramener le peuple à des sentiments modérés. Un jour deux hommes arrêtés dans la campagne sont amenés devant lui; on crie que ce sont des espions, des ennemis des Français, et aussitôt un attroupement séditieux entoure la maison du général; le peuple fait entendre des cris menaçants. Anselme se présente, il essaie de faire entendre la voix de la raison. Il annonce qu'un conseil de guerre examinera et jugera; qu'il faut craindre une erreur funeste. Un boucher, brandissant un large couteau, s'avance les yeux étincelants, et, d'une voix féroce, demande qu'ils périssent. « Tu « veux du sang! lui dit le général avec énergie, eh bien, « je te fais le bourreau de l'armée. » Ces paroles sont comme un coup de foudre; le brigand pâlit et va se cacher dans la foule, qui se dissipe honteuse de sa propre violence. — Anselme ne fut pas toujours aussi heureux; on lui reprocha plus tard d'avoir été quelquefois le témoin d'excès qu'il ne put ou qu'il ne sut pas empêcher.

Bombardement et sac d'Oneille. — Cependant la ville d'Oneille, chef-lieu d'une petite principauté, et port sur la Méditerranée peu éloigné de la côte de Nice, était devenue le repaire de tous les corsaires italiens et sardes, qui, trop faibles ou trop peu hardis pour attaquer les bâtiments français, arrêtaient les transports génois qui approvisionnaient de vivres Marseille et l'armée du Var.

Anselme résolut, vers la fin d'octobre, de mettre fin à ces attaques, dirigées en apparence contre un peuple neutre, mais dont l'effet direct atteignait les troupes françaises. — Des troupes furent embarquées, à Villefranche, à bord des vaisseaux de l'amiral Truguet, et ensuite l'escadre mit à la voile. Elle arriva devant Oneille le 23 octobre, vers trois heures de l'après-midi. L'amiral, dans l'intention de déterminer les habitants à capituler et à recevoir garnison française, leur envoya, dans un canot parlementaire, son capitaine de signaux, Du Challa.

Le canot ne s'approchait de la côte qu'avec toutes les précautions usitées en pareil cas, lorsque, trompé par les habitants, qui, avec une perfidie toute italienne, l'engageaient par des signes à aborder, Du Challa s'avança avec confiance. A peine son canot touchait-il au lieu du débarquement qu'une fusillade presque à bout portant tua un officier, quatre matelots, blessa plusieurs autres personnes et Du Challa lui-même. Le canot ne parvint à virer de bord et à regagner l'escadre qu'avec une extrême difficulté et après avoir reçu des remparts une grêle de pierres et de balles. L'amiral, justement indigné de cet attentat contre le droit des gens, se détermina à l'instant même à en tirer vengeance, et les équipages, partageant le juste ressentiment de leur chef, firent avec enthousiasme leurs préparatifs d'attaque.

La flotte s'embossa aussitôt et foudroya la ville jusqu'à la chute du jour. Un petit fort qui voulut d'abord résister fut bientôt réduit au silence. Le lendemain, les 900 soldats embarqués à Villefranche et 1000 soldats de marine, armés de haches, prirent place, sous les ordres du général Lahouillière, dans les chaloupes de l'escadre, et se disposèrent à opérer une descente, appuyés par le feu de deux frégates. A la vue de ces préparatifs dont ils prévirent les funestes résultats, les habitants se hâtèrent d'abandonner leurs maisons et s'enfuirent dans la campagne. La ville fut mise au pillage, brûlée et saccagée de fond en comble. Les moines, qui par leurs suggestions avaient été cause de l'acte de perfidie commis sur le parlementaire, étaient les seuls qui avaient eu assez d'audace pour ne pas prendre la fuite. Ils furent tous massacrés dans leurs couvents. Juste punition d'un crime qui devrait être sans exemple parmi les nations civilisées. Le même jour, une reconnaissance faite par le général Lahouillière le convainquit de l'impossibilité de se maintenir dans ce poste, à plusieurs marches de l'armée et avec si peu de forces. Il se rembarqua à neuf heures du soir pour revenir à Villefranche, et laissa aux habitants d'Oneille la liberté d'entrer dans leurs maisons dévastées. Truguet avec son escadre se dirigea sur Gênes, où il fit reconnaître la République française.

Insurrection des montagnards. — Cependant l'armée du général Anselme était alors, comme presque toutes celles de la République, abandonnée, pour la solde et les subsistances, à ses propres ressources ou à celles du pays envahi; mais il y avait bien de la différence entre les montagnes stériles du comté de Nice, d'où cette armée stationnaire devait tirer ses vivres, et les plaines fertiles du Rhin et de la Belgique qui, en raison de la rapidité de nos premiers succès, n'avaient alors à entretenir que des troupes de passage.

L'esprit des montagnards du comté s'exaspéra de la nécessité de contribuer en denrées et en argent pour l'entretien de l'armée. Encouragés d'ailleurs par les Piémontais, qui gardaient encore les versants méridionaux des montagnes jusqu'à Lantosca, les habitants du haut comté prirent les armes et se soulevèrent contre les soldats qui venaient pour lever les contributions; bientôt tout le pays fut en insurrection.

Combats de Sospello. — L'armée piémontaise avait été renforcée par un détachement de troupes autrichiennes et par de nombreux barbets (montagnards insurgés); ce qui la décida à prendre l'offensive. Le 17 novembre, au point du jour, nos avant-postes établis à Sospello furent attaqués par trois côtés à la fois: les forces de l'ennemi s'élevaient à plus de 4,000 hommes, soutenus par 18 pièces d'artillerie. Le bataillon qui occupait Sospello, quoique appuyé par l'avant-garde aux ordres du général Brunet, fut obligé de battre en retraite jusqu'à Lescaréna. Une pièce de canon, dont l'essieu cassa pendant une manœuvre, tomba au pouvoir de l'ennemi.

Le général Anselme, ayant été prévenu de cet échec, résolut de reprendre aussitôt le poste qui venait d'être enlevé, dont il comprenait toute l'importance. Il partit avec 12 compagnies de grenadiers, 1,200 hommes d'élite choisis parmi les bataillons qui formaient la garnison de Nice et 4 pièces de canon. Il arriva à Lescaréna avant le jour.

Le 19, dès le matin, trois colonnes d'attaque furent formées et se mirent aussitôt en mouvement sur Sospello; une réserve de deux mille hommes fut laissée à Lescaréna. — La colonne de gauche, composée de la moitié des grenadiers et d'un bataillon du 11e de ligne, était sous les ordres du colonel Dagobert; celle de droite, commandée par le colonel Dupuy, était formée du reste des grenadiers: ces deux colonnes devaient, chacune de leur côté, se porter sur la double crête de montagnes qui pressent le défilé de Roccataillada, sur la route de Lescarena à Sospello. Anselme, avec les généraux Brunet et Milet-Mureau, était à la tête de la colonne du centre, composée du 72e de ligne, soutenu de deux pièces de quatre, et qui s'avança sur Sospello par la grande route. Un détachement de volontaires corses, avec six compagnies d'infanterie légère, formait une avant-garde de tirailleurs, qui avait ordre de gagner, par des montagnes escarpées, le col de Braus. — Les colonnes françaises, quoique par des chemins différents, arrivèrent presque en même temps sur les hauteurs qui dominent le vallon de Sospello. L'ennemi ne les eut pas plus tôt aperçues qu'il songea à se retirer sur Saorgio; mais canonnés par l'artillerie, qui plongeait dans leurs colonnes, et atteints de tous côtés par nos troupes légères, les Piémontais, à une lieue au-delà de Sospello, se virent forcés de livrer combat, et après une vive fusillade furent culbutés à la baïonnette et mis en déroute. Nos troupes reprirent aussitôt les positions qu'elles avaient été forcées d'abandonner l'avant-veille.

Peu de jours après, l'ennemi ayant fait une nouvelle tentative sur Sospello, le général Anselme, qui venait de lui enlever les positions de Berra et de Lucerana, dirigea contre lui un détachement de 1,500 hommes qui le mirent en fuite et s'emparèrent de tous ses bagages et de son camp tout tendu, établi sur une hauteur.

Quartiers d'hiver. — Le dénûment complet où se trouvait l'armée, et surtout la rigueur toujours croissante de la saison, firent ce que les Piémontais n'avaient pas pu faire, et déterminèrent le général Anselme à resserrer ses postes et à désigner des quartiers d'hiver à ses troupes. Sospello fut alors évacué, et la brigade Brunet, dont le commandement venait d'être donné à Dagobert, récemment nommé général, se borna à occuper Lescarena et le col de Braus. L'ennemi, enhardi par cette retraite, essaya encore de déboucher par Sospello et de s'établir sur les hauteurs au-delà de la ville; mais, vigoureusement accueilli, il fut repoussé avec perte et rejeté dans ses positions.

Arrestation du général Anselme. — Le conquérant de Nice ne fut pas plus heureux que celui de la Savoie. La modération d'Anselme ne pouvait convenir à l'exagération révolutionnaire. Sous le prétexte banal de dilapidations, dont, plus tard, il se disculpa complètement, il fut arraché à son armée, envoyé à Paris et mis en prison à l'Abbaye, par ordre de la Convention. Le général Brunet prit à sa place le commandement des troupes.

Réunion du comté de Nice à la France. — Peu de temps après, sur la demande même des habitants de Nice, le comté fut réuni au territoire de la République française, et reçut le nom de *département des Alpes-Maritimes*.

Expédition contre Naples. — Dans ce même temps, une escadre, commandée par le contre-amiral Latouche, cinglait vers l'Italie pour obliger le roi de Naples à reconnaître la République et à désavouer les menées de l'envoyé napolitain à Constantinople contre l'ambassadeur français. Nous pensons ne pouvoir mieux faire connaître cette expédition qu'en citant le discours original par lequel, le 7 janvier 1793, le grenadier Belleville rendit compte à la Convention de la mission dont il avait été chargé par l'amiral Latouche. L'Assemblée républicaine, satisfaite de ce que la rudesse du simple soldat avait humilié la majesté royale, applaudit à la fermeté de cet ambassadeur improvisé. Nous supprimons néanmoins l'exorde de son discours, vivement empreint de la couleur du temps, pour arriver à la partie *historique*:

« Pendant que nos braves bataillons repoussaient les hordes des barbares auxquels on avait ouvert le territoire français; tandis que les rois de Sardaigne, de Prusse et de Hongrie étaient humiliés et vaincus par les troupes de la République, le conseil exécutif a ordonné au contre-amiral Latouche de prendre une division de dix vaisseaux dans l'armée navale de la Méditerranée; de se présenter devant Naples, et de demander au roi des Deux-Siciles des réparations pour ses démarches passées, et des explications pour sa conduite future. Les instructions rédigées par le citoyen Monge, et dictées par la fierté républicaine, ont été remises en de dignes mains. Le citoyen Latouche, dans le mois le plus redouté des marins, a bravé les orages; il est arrivé devant Naples le 16 décembre, à midi. L'escadre, dans le plus bel ordre, a déployé aux yeux des Napolitains étonnés le spectacle à la fois le plus imposant et le plus formidable.

« On avait fait à Naples des préparatifs immenses

la rade était bordée de 400 canons. Tous autres que des Français auraient hésité à s'enfoncer dans un golfe dangereux et à venir affronter les accidents de la mer et les efforts de l'art. Mais la patrie avait parlé : les ordres étaient précis; le général, les officiers, les citoyens de l'escadre n'ont rien vu de plus. A l'ouverture du golfe, un capitaine du fort vint, de la part du roi de Naples, offrir l'entrée à l'escadre, au nombre de six vaisseaux, en observant « qu'on ne pourrait se « dispenser de regarder comme un acte d'hostilité « l'arrivée devant Naples d'un grand nombre de bâti- « ments de guerre...» Le contre-amiral répondit « qu'il « ne diviserait point son escadre; qu'il allait jeter « l'ancre sous les fenêtres du palais du roi; qu'un seul « citoyen descendrait à terre pour lui porter une lettre « et lui faire connaître les intentions de la République; « mais que, si on osait tirer un seul coup de canon, il « en rendrait mille pour un, et ne sortirait de devant « Naples qu'après l'avoir détruite.» Le capitaine du port vit le vaisseau du contre-amiral Latouche. Le branle-bas général du combat était fait; chacun était à son poste; les mèches étaient allumées; tous les vaisseaux étaient également prêts à lancer la destruction et la mort... Je fus chargé de porter au roi de Naples une lettre du contre-amiral. Dans les termes les plus énergiques, il demandait au roi, « que le ministre de la République « fût reconnu; que la neutralité fût promise; que la « note proclamée à Constantinople fût désavouée; que « le ministre insolent qui avait osé la répandre fût « puni et rappelé; qu'il fût envoyé auprès de la Répu- « blique un ambassadeur qui renouvelât ce désaveu, « entretînt la bonne harmonie entre les deux puis- « sances et préparât un nouveau traité qui pût être « également utile au commerce des deux peuples. » Le contre-amiral m'ordonna de faire observer « que le « refus d'une seule de ses demandes serait regardé « comme une déclaration de guerre; qu'au moment « après, son feu s'ouvrirait; que dans une heure les « batteries ennemies seraient démontées, et que dans un « jour Naples ne serait plus qu'un monceau de ruines. » La lettre fut par moi remise au roi, qui, dans l'instant, consentit à toutes les demandes du contre-amiral français. Il accueillit, au milieu de toute sa cour, le soldat de la République avec beaucoup d'égards; il fit inviter le commandant et les officiers de l'escadre à descendre à terre, et fit offrir pour les équipages tous les rafraîchissements dont ils auraient besoin.

« Dans sa réponse, le roi de Naples, en accédant à tout, avait inséré l'offre de sa médiation. Le citoyen Latouche rejeta cette offre, en mettant en marge « que la République n'attendait la paix que du « courage de ses braves soldats et de l'abaissement de « ses ennemis. » Il me donna l'ordre d'aller prendre congé du roi et de lui dire « que les citoyens comman- « dant les vaisseaux de la République étaient appelés « à la délivrance de la Sardaigne; et que, satisfaits « d'avoir trouvé un ami dans le roi des Deux-Siciles, « ils allaient profiter du vent favorable pour mettre à « la voile. » Personne n'est descendu à terre, et personne n'a désiré de descendre. Le général, les officiers, les citoyens de l'escadre, en vrais républicains, ont dédaigné les amorces insidieuses des cours. Ils sont partis, après n'être restés que vingt heures devant Naples. »

RÉSUMÉ CHRONOLOGIQUE.

1792.

INVASION DE LA SAVOIE.

24 JUILLET. Le général en chef de l'armée des Alpes, Montesquiou, comparaît à la barre de la Convention.
4 SEPTEMBRE. Il reçoit l'ordre d'entrer en Savoie.
20 et 21 — Prise des redoutes de Champareillan.
23 — Rupture du pont de Montmélian.
25 — Entrée des Français à Chambéry.
— — Réunion de la Savoie à la France sous le nom de département du Mont-Blanc.

INVASION DU COMTÉ DE NICE.

4 — La Convention ordonne d'envahir le comté de Nice.
28 — Arrivée devant Nice de la croisière de l'amiral Truguet.
28 et 29 — Évacuation de Nice par les troupes piémontaises.
29 — Passage du Var. — Entrée du général Anselme à Nice.
29 SEPTEMBRE. Prise du château de Montalban.
30 — Prise de Villefranche.
23 OCTOBRE. Attaque d'Oneille.
24 — Bombardement et sac d'Oneille.
3 NOVEMBRE. Combat de Lantosca.
4 — Prise de Sospello.
17 — Attaque et prise de Sospello par les Piémontais.
19 — Combat et reprise de Sospello par les Français.
30 — Attaque et prise de Scareno.
3 DÉCEMBRE. Quatrième combat de Sospello.
— — Arrestation du général Anselme.
— — Réunion du comté de Nice à la France, sous le nom de département des Alpes maritimes.

EXPÉDITION CONTRE NAPLES.

16 — Une flotte française paraît devant Naples et exige réparation de l'injure faite aux trois couleurs.

A. HUGO.

On souscrit chez DELLOYE, Éditeur, place de la Bourse, rue des Filles-Saint-Thomas, 13.

FRANCE MILITAIRE.

PREMIERS MOUVEMENTS DANS L'OUEST. — VENDÉE MILITAIRE.

SOMMAIRE.

Premiers mouvements dans l'Ouest. — Causes des premiers troubles. — Insurrection des environs de Vannes. — Mécontentement du clergé. — Mouvements sur la rive gauche de la Loire. — Prise de Chatillon. — Combat de Bressuire. — Conspiration de La Rouarie. — Caractère de ce chef. — Ses plans et ses projets. — Opinion des Vendéens sur cette conspiration.
Vendée militaire. — Description de la Vendée. — La Plaine et le Bocage. — Mœurs des habitants. — Le Marais. — Mœurs des habitants. — Forces et composition de l'armée vendéenne. — Mode de combattre des Vendéens. — Costumes des officiers et soldats vendéens. — Efforts de la République contre la Vendée.

Il ne faut pas confondre la grande insurrection vendéenne avec les divers mouvements insurrectionnels qui, pendant les années 1790, 1791 et 1792, troublèrent les provinces de l'ouest de la France; quoique les historiens se soient habitués à voir dans ces événements secondaires les indices précurseurs et même la cause de l'explosion générale, il suffit de connaître le motif des premiers troubles, leur couleur, leur but, pour se convaincre que, s'ils s'y rattachent comme l'ayant précédé dans l'ordre chronologique, ils n'ont d'ailleurs aucun rapport avec ce grand mouvement populaire.

Ainsi les premiers troubles de Vannes et ceux du Bas-Poitou eurent pour principaux stimulants les exhortations des prêtres et l'influence des idées religieuses. Attaqués les premiers par les décrets de l'Assemblée nationale, les membres du clergé furent aussi les premiers à se déclarer contre des innovations qui atteignaient leurs intérêts, et que, par conséquent, ils déclarèrent impies et sacriléges. Plus tard, lorsqu'à leur tour les priviléges de la noblesse furent abolis, les nobles commencèrent à manifester leur mécontentement, que la conspiration de La Rouarie essaya de transformer en insurrection générale. Ce fut alors seulement que l'action des opinions politiques vint s'allier à celle des sentiments religieux, pour exciter à la révolte de malheureux cultivateurs. La conspiration de La Rouarie avorta par la mort de son auteur. Quelques engagements partiels, quelques combats sans importance et sans but, dont le plus remarquable fut celui de Bressuire, sont les seuls résultats des efforts réunis de la noblesse et du clergé, pour amener dans leur intérêt une guerre civile. Le peuple, quoique ignorant et grossier, sentait encore qu'il n'était pas en cause; la chute de la monarchie, la proclamation de la République, la condamnation et l'exécution du roi, causèrent dans la Vendée une profonde consternation, mais n'excitèrent aucune révolte. Il fallut que les paysans, déjà lésés dans leurs intérêts par les impolitiques taxations du maximum, se sentissent atteints dans leurs propres personnes pour se décider à un soulèvement général. Obligés d'aller combattre au loin contre les représentants de leurs opinions, ils préférèrent combattre au milieu de leur propre pays pour leurs opinions mêmes. La levée de trois cent mille hommes ne fut donc pas, comme on l'a prétendu, un prétexte, mais bien réellement une cause.

Cependant, à l'exemple des historiens qui se sont occupés des guerres de la Vendée nous croyons devoir en commencer le récit par un tableau rapide des faits qui les ont précédées.

Insurrection des environs de Vannes. — Les décrets de l'Assemblée nationale sur les biens ecclésiastiques avaient excité à un haut degré le mécontentement des classes religieuses: ceux qui établirent sur de nouvelles bases la constitution civile du clergé divisèrent l'église en deux partis. Un grand nombre des prêtres qui refusèrent le serment à la nouvelle loi cherchèrent une retraite dans les plaines de la Bretagne, dont ils soulevèrent les habitants au nom de l'église persécutée. Les évêques de Vannes et de Tréguier, par des mandements peu en harmonie avec les maximes conciliatrices de la religion, entretenaient la fermentation populaire. L'évêque de Vannes refusa de reconnaître la nouvelle constitution du clergé, et alors, d'après la loi, un successeur lui fut aussitôt désigné. Les paysans se soulevèrent. Quatre mille villageois, armés de fourches et de fusils, se présentèrent, le 7 février 1790, aux portes de la ville, réclamant leur évêque avec des cris de rage, et déclarant qu'ils venaient rétablir la religion catholique, que personne n'avait renversée. Il fallut employer la force pour dissiper ce rassemblement fanatique: une lutte s'engagea entre ces malheureux et les troupes réunies à la garde nationale. Les paysans furent dispersés après un combat, où ils montrèrent une opiniâtreté qui causa de part et d'autre la mort d'un grand nombre de victimes.

Mécontentement du clergé. — L'année 1790 se termina sans nouvelle révolte. Mais ce n'était pas seulement dans la Basse-Bretagne que le clergé cherchait des ennemis au gouvernement régénérateur

Une congrégation de missionnaires, appelés *prêtres mulotins*, du nom de Mulot leur fondateur, s'était établie depuis plus de soixante ans dans le bourg de Saint-Laurent, au centre même du pays vendéen. Dès que le haut clergé breton et vendéen eut pris parti contre les innovations religieuses de l'Assemblée nationale, le rôle des missionnaires, jusqu'alors religieux et pacificateur, changea et devint plus actif. Les cérémonies du culte furent célébrées plus fréquemment, comme pour servir de contre-poids aux innovations impies. Les chemins se remplirent de processions nocturnes, suivies souvent par plusieurs milliers de paysans chantant, d'un ton lamentable, des psaumes lugubres. Des oratoires, des calvaires s'élevèrent de toutes parts. Les

T. I.

gardes nationales angevines et nantaises, en s'opposant mal à propos à ces sortes d'attroupements, qui n'avaient encore rien de réellement séditieux, contribuèrent aussi, sans s'en douter, à hâter le désordre dont le pays allait bientôt devenir le théâtre. La publication d'un mandement de l'évêque de Luçon, qui excitait à une contre-révolution avec toute la fougue que montrèrent depuis les plus ardents démagogues de la Convention, fut pour les missionnaires un signal de redoubler d'efforts. Ils se répandirent dans les campagnes, dans les hameaux, distribuant partout des pamphlets virulents contre les prêtres assermentés, qu'ils appelaient *intrus*, et menaçant, au nom d'un Dieu terrible, ceux qui recevraient de ces intrus quelques sacrements ou qui entreraient seulement dans leurs églises d'épouvantables châtiments. La révolte contre le nouvel état de choses fut présentée comme un devoir. Ces déclamations violentes portèrent leurs fruits. Les pauvres paysans, hommes simples et sans instruction, ne voulurent juger la Révolution que par ce qu'ils en apprenaient de leurs missionnaires.

Mouvements sur la rive gauche de la Loire. — Au commencement de mai 1791, une première insurrection éclata à Challans, dans le Bas-Poitou: elle fut d'abord réprimée; mais la révolte prit, vers la fin de juin, un caractère plus menaçant dans les cantons de Palluau, d'Apremont, de Saint-Jean-du-Mont, de Machecoult, et surtout de Chatillon-des-deux-Sèvres. Le fanatisme religieux en était le prétexte: aucune pensée politique n'y paraissait mêlée. Une fureur sacrée animait les masses d'insurgés, qui avaient pris pour mot de ralliement: *Mon corps est au roi, mon âme est au pape*. Les bons prêtres, on appelait ainsi les prêtres insermentés, dépossédés avec violence de leurs emplois curiaux, se vengeaient de leurs persécuteurs en excitant le feu de la sédition. La garde nationale, jointe aux troupes, parvint encore à l'éteindre, mais ce ne fut qu'avec des flots de sang. — Dans les petits combats qui eurent lieu à cette époque, on remarque le siège du château de la Proutière, qui, attaqué avec vigueur, fut défendu avec courage, et ne tomba au pouvoir des assiégeants qu'après l'évasion de ses défenseurs. Il fut livré aux flammes, et long-temps encore après on montrait ses ruines noircies, premier et triste monument d'une guerre civile.

Deux commissaires de l'Assemblée nationale, Gallois et Gensonné, avaient été envoyés sur les lieux pour apaiser le désordre. Ils y trouvèrent Dumouriez alors commandant de Nantes. Ce dernier avait la direction des troupes. Les liaisons qui s'établirent dès lors entre lui et Gensonné furent l'origine de sa fortune militaire.

Prise de Chatillon. — Combat de Bressuire. — Les prêtres insermentés n'avaient pas cessé d'agiter le pays. Tandis que la noblesse se bornait encore à de prudentes et secrètes confédérations, le clergé excitait ouvertement le peuple à prendre les armes, et afin de l'entraîner plus facilement, joignait aux exhortations verbales des apparitions miraculeuses destinées à émouvoir des esprits déjà trop disposés au merveilleux. On racontait que la Vierge s'était montrée en personne pour sanctifier un autel provisoire élevé dans les bois par les prêtres proscrits: ailleurs Jésus-Christ était descendu lui-même des cieux pour assister à une bénédiction de drapeaux; enfin des paysans annonçaient, et des prêtres confirmaient leurs récits, qu'au bourg de Chemillé on avait vu apparaître des anges ornés d'ailes brillantes et entourés d'une auréole resplendissante, et ces anges avaient promis la victoire aux défenseurs de la religion. De pareilles histoires faisaient une profonde impression sur les hommes superstitieux. La fureur populaire se souleva bientôt à l'occasion d'un arrêté sévère de l'administration départementale des Deux-Sèvres, contre les prêtres insermentés. 8,000 paysans du district de Chatillon se réunirent, décidés à combattre. Il leur fallait un chef; Delouche, maire de Bressuire, instigateur secret de la révolte, n'avait pas le courage de se mettre à leur tête. Quelques-uns d'entre eux se portèrent au château de Brachain, où vivait retiré un gentilhomme, ancien militaire, Baudry-d'Asson, qu'ils arrachèrent à sa famille et qu'ils proclamèrent leur chef. Bientôt les insurgés, armés de bâtons, de faux et de fusils de chasse, marchèrent sur Chatillon qu'ils dévastèrent et où ils brûlèrent les papiers du district. Ils se portèrent ensuite sur Bressuire. Cette ville n'avait pour défenseurs que quelques compagnies de grenadiers et de chasseurs; néanmoins elle résista pendant plusieurs jours aux attaques multipliées de l'ennemi. Pendant ce temps le tocsin patriotique avait répondu à celui de l'insurrection. Les gardes nationales de Parthenay, de Thouars, de Niort, de Saint-Maixent, de Chollet, d'Angers, de Nantes, de Saumur, de Poitiers, de Tours, celles mêmes de La Rochelle et de Rochefort, s'étaient mises en marche, par nombreux détachements, pour combattre les Vendéens. Le 24 août 1792, Bressuire allait succomber, lorsqu'on vit flotter au loin les drapeaux tricolores de ces gardes réunies. Les deux partis s'attaquèrent avec acharnement: le combat ne fut pas long; les insurgés formèrent en vain une colonne serrée; mal armés, pressés de toutes parts, ils furent entamés, mis en déroute, et se sauvèrent dans le plus grand désordre, laissant 600 morts sur le champ de bataille; un nombre double de leurs blessés expira dans les bois, où ces malheureux cherchèrent un refuge.

Conspiration de La Rouarie. — « Armand Tuffin, marquis de La Rouarie, dit un auteur contemporain, joignait à des passions ardentes un grand caractère, aux talents des négociations les vues d'un grand général et l'intrépidité d'un soldat. Il avait embrassé dès sa plus tendre jeunesse la carrière des armes; officier dans les gardes françaises, il s'y était montré frondeur original du gouvernement monarchique. Son début dans le monde fut marqué par des dissipations et des désordres. Éperdument épris des charmes de la Beaumesnil, actrice célèbre de l'Opéra, il voulut même l'épouser et ne put l'y résoudre. Accablé de ce refus et du courroux du monarque, que lui avait attiré, à la même époque, son duel avec le comte de Bourbon-Busset, il s'empoisonna; secouru à temps, il alla s'ensevelir à la Trappe. Arraché par ses amis à ce tombeau vivant, le bruit de la trompette guerrière le réveilla; il partit pour le Nouveau-Monde, où, sous le nom du colonel Armand, il défendit, à la tête d'une légion, l'indépendance et la liberté des Américains. Après s'y être distingué, il revint en France. Son séjour dans les États-Unis, première cause de sa célébrité, avait trempé son caractère. Dès les troubles précurseurs de la révolution, La Rouarie se déclara le champion de la noblesse et des parlements, qui luttaient alors contre la cour. Il fut l'un des douze députés envoyés auprès du roi pour réclamer impérieusement la conservation des priviléges de sa province, et subit à la Bastille un emprisonnement qui excita en sa faveur l'intérêt de toute la Bretagne. Avide de révolutions, La Rouarie vit d'abord avec joie celle de 1789; mais bientôt mécontent de n'y point figurer à son gré, il s'indigna de voir la noblesse bretonne succomber sans appui sous une majorité plébéienne; il l'excita à la résistance, il provoqua son refus d'envoyer des députés aux états-généraux, ne voulant point, disait-il, que cette noblesse antique se courbât devant la double représentation du tiers; enfin il conseilla cette protestation chevaleresque, signée individuellement du sang des nobles bretons; et, jaloux de marquer d'une manière éclatante, il voulut, quoique amant de la liberté, la faire rétrograder, à l'instant même où toute la nation croyait s'élancer vers elle. Le rôle de chef de parti convenait à son génie, à son âme ardente, à son infatigable activité, et les dangers de la guerre civile lui paraissaient préférables à l'humiliation du joug populaire. A Rome il eût combattu les Gracques, en Suède il eût conspiré contre son roi.»

A cette peinture brillante du chef d'une conspiration qu'on n'a point vue éclore, ajoutons, pour faire connaître ses projets appuyés par l'assentiment des frères de Louis XVI, le plan de sa conspiration.

La confédération des nobles bretons, dont il fut l'âme et le chef, en était la base. Cette association devait régler d'abord l'établissement de commissions centrales d'insurrection dans chaque ville d'évêché, et leur composition élémentaire, puisée dans les trois ordres; elle établissait ensuite des commissions secondaires dans les villes et arrondissements d'un ordre inférieur; mais les commissions centrales et secondaires devaient être toujours placées sous l'autorité du chef commun et sous la direction des comités supérieurs. Les travaux de tous devaient avoir constamment pour objet de procurer des hommes et de l'argent, la séduction des milices nationales et des troupes de ligne; le sacrifice de l'intérêt local à l'intérêt commun, le concert, l'ensemble dans les opérations étaient vivement recommandés, et tout mouvement partiel interdit. Le retour de la monarchie dans son entière pureté, la conservation des propriétés particulières, des droits de la province et de l'honneur breton, devaient être le prix des efforts et des travaux des confédérés. La Rouarie se réservait de régler, lorsqu'il en serait temps, l'organisation militaire.

Quoique la conspiration de La Rouarie n'ait jamais eu de commencement d'exécution, elle ne laisse pas que de présenter des détails d'un intérêt tout-à-fait romanesque. Le caractère de ce chef, ses voyages à Coblentz, ses courses à Jersey et à Guernesey, les dangers personnels qu'il courut, l'attachement aveugle et inviolable d'un fidèle domestique, l'amour exalté et le tendre dévouement d'une jeune et belle femme qui voulut partager ses fatigues et ses périls; la manière dont fut découverte sa conspiration par un individu à double face, qui y joua pendant plusieurs mois le rôle d'un royaliste dévoué, quoiqu'au fond ce ne fût qu'un agent de la Convention, à laquelle il dévoilait tous les projets des conjurés; la maladie et la mort de La Rouarie, expirant privé de secours, à côté de sa maîtresse fidèle et désolée, dans une retraite écartée, où il se cachait sous un nom supposé; son enterrement mystérieux et nocturne, dans un lit de chaux, au pied d'un arbre, au milieu d'un bois; la découverte du bocal enfoui sous terre, où étaient cachés tous les papiers de la conspiration, les lettres des princes, les brevets en blancs, les projets pour l'avenir, l'organisation pour le présent; la mort sur l'échafaud des complices de La Rouarie, au nombre desquels figurent les sœurs de l'héroïque et généreux Desilles; toute une série d'événements sans résultats, de mouvements sans action, d'activité sans produit; telles sont les circonstances curieuses que nous regrettons de ne pouvoir développer.

Cette conspiration a été d'ailleurs jugée sévèrement par les insurgés vendéens, qui ont toujours repoussé toute idée de participation aux projets de La Rouarie. Voici ce qu'un d'eux a écrit à ce sujet : « On peut dire que la conspiration tramée par M. de La Rouarie, gentilhomme breton, n'a influé en rien sur la guerre de la Vendée. On y trouve beaucoup de plans, de projets, d'écritures, mais point de bases réelles, d'apprêts manifestes et de moyens d'exécution. Si cette conspiration n'avait point été découverte, il est à croire qu'elle aurait produit peu d'effets. La montagne en travail eût enfanté une souris; c'eût été une attaque de plume, ou tout au plus une guerre à la Puisaye. Ce n'est point que je prétende attaquer ici le courage et l'intelligence des gentilshommes bretons, dont le dévouement pour la cause royale est digne d'admiration; mais il est à croire qu'ils ne trouveront pas dans leurs paysans ces sentiments généreux, cette chaleur religieuse qui exaltèrent les paysans vendéens.

« Ce qui démontre d'une manière irréfragable ce que j'avance, c'est l'extrême répugnance que la Bretagne, la Normandie, le Maine et une partie de l'Anjou ont eue pendant long-temps pour se joindre aux Vendéens et se livrer à l'insurrection.

« Ni la prise de Saumur et d'Angers, ni le siège de Nantes, ni le passage de la Loire, ni les victoires de Laval, d'Antrain, de Fougères, de Dol, ni l'aspect d'une flotte anglaise chargée de troupes, ni les sollicitations des gentilshommes n'ont pu, pendant long-temps, engager les provinces, si bien disposées (disait-on) à prendre les armes et à arborer le drapeau blanc.

« Les chouans n'ont commencé à se battre que long-temps après la déroute du Mans....

« Toute conspiration fomentée par l'intrigue sera toujours moins dangereuse que celles qui se forment spontanément. Cathelineau se soulève le 11 mars 1793;

six jours après il a battu 10,000 hommes, pris six pièces de canon et chassé les bleus de son pays. Le soulèvement qu'il opéra n'avait point été médité; le projet en fut conçu et mis à exécution à l'heure même; il n'eut besoin ni d'intrigues, ni d'écritures, ni d'argent, ni d'Anglais. »

Description de la Vendée. — Le pays qui fut le théâtre principal de la guerre civile, et que pour cette raison on nomme la *Vendée militaire* ou tout simplement la *Vendée*, ne doit pas être confondu avec le département qui porte ce dernier nom. Il comprend, sur la rive gauche de la Loire, une partie des départements de la Loire-Inférieure et de Maine-et-Loire, et la presque totalité de ceux des Deux-Sèvres et de la Vendée. En diverses circonstances le théâtre de la guerre s'étendit aussi dans la partie occidentale du département de la Vienne. La Vendée, située à l'ouest de la France, entre l'Océan et les anciennes provinces de Bretagne, d'Anjou et de Poitou, forme un carré d'environ quarante lieues en tous sens, dont la superficie peut être évaluée à seize cents carrées.

Ce pays, qui diffère autant du reste de la France par la nature de son sol et par son aspect physique que par les caractères et les mœurs de sa population, contenait environ 800,000 habitants à l'époque de son insurrection. Il était divisé en 750 communes, et ne renfermait seulement que cinq à six petites villes [1]. Le sol, coupé par un grand nombre de ruisseaux et de rivières, n'était traversé que par deux grandes chaussées difficiles, mal entretenues, mal tracées, partant de Nantes et se dirigeant l'une à Niort, l'autre aux Sables. Enfin la Vendée se divisait en trois parties distinctes, le *Marais*, le *Bocage* et la *Plaine*, noms caractéristiques empruntés à la nature du pays et aux divers accidents physiques du terrain.

Le *Marais* s'étend principalement le long des côtes; le *Bocage* occupe le centre et le haut pays en s'éloignant de la mer et de la Loire; la *Plaine* borde en grande partie le cours inférieur de cette rivière.

La Plaine et le Bocage. — La *Plaine*, contrée découverte et peu fertile, où la couche végétale, peu épaisse, repose sur une glaise perméable à l'eau, n'offre rien qui mérite une description particulière: elle est arrosée par la rivière de la Vendée, qui a donné son nom au pays. Le *Bocage*, ainsi nommé à cause des bois qui s'y trouvent, forme à peu près les sept neuvièmes de la Vendée. Ainsi que le *Marais*, il était couvert (en 1789) de quelques villages, d'un grand nombre de hameaux et de petits châteaux jetés çà et là dans des gorges, des vallées: toutes les habitations et toutes les propriétés, encloses de haies vives fort épaisses, communiquaient ensemble par une multitude de chemins étroits, fangeux, profondément encaissés et bordés d'arbres touffus. Ces maisons cachées par les haies, ces chemins semblables et croisés dans tous les sens, faisaient et

[1] Sur ces 750 communes, il n'y en a que 480 qui aient pris une part active à la guerre.
80 dans la Loire-Inférieure.
130 — Maine-et-Loire.
87 — Deux-Sèvres.
143 — Vendée.

font encore du pays une espèce de labyrinthe dont la défense est facile, et où il est impossible à un étranger de se reconnaître et de se diriger.

Dans le centre du *Bocage*, les chemins vicinaux, creusés successivement dans le roc par les roues des voitures, bordés de haies élevées sur de hauts talus taillés presque à pic, servent de lit aux ruisseaux et aux eaux d'écoulement; profondément encaissés, ils reçoivent rarement les rayons du soleil, et dans certaines parties ils restent toujours complétement inondés. Les convois militaires, ne pouvant y marcher qu'avec difficulté, n'y font qu'une demi-étape par jour; on y trouve rarement la place suffisante pour que deux chariots puissent se croiser, et plus rarement encore celle qui est nécessaire pour tourner une voiture.

Dans les contrées voisines de la *Plaine*, les chemins ont plus de largeur; mais, établis sur une glaise molle et qui retient les eaux d'écoulement, fréquentés par les bœufs, dont le pas régulier y creuse à des intervalles égaux des espèces de trous ou de sillons appelés *chapelets*, ils sont, pendant les deux tiers de l'année, entièrement impraticables aux piétons et aux voitures, et dangereux même pour les cavaliers. Les paysans que leurs affaires obligent à voyager à pied grimpent sur les talus et suivent des sentiers pratiqués derrière les haies, escaladant à chaque instant les barrières ou échaliers qui séparent les champs, et traversant comme des sangliers les parties les moins fourrées des clôtures.

Mœurs des habitants. — Les mœurs et la constitution des habitants de la *Plaine* et du *Bocage* sont tellement semblables, qu'il suffit de faire connaître les unes pour faire apprécier les autres. L'habitant du *Bocage* est d'une constitution saine et robuste; sa nourriture habituelle est le pain de seigle et d'orge, la bouillie de mil ou de blé noir; quelquefois un peu de lard, des légumes, des fruits, du beurre, du lait et du fromage. La boisson est l'eau de fontaine, rarement le vin, si ce n'est au cabaret qu'il est enclin à fréquenter, sans être cependant adonné à l'ivrognerie. Il est généralement sobre et économe, laborieux, tenace, opiniâtre même, et néanmoins ami du plaisir; le goût de la danse est un de ceux qui chez lui dominent tous les autres. Son caractère est généralement doux, officieux et hospitalier; ses mœurs sont simples et patriarcales. Religieux observateur de sa parole, il tient avec la même exactitude ses engagements verbaux et ceux écrits. Ignorant à l'excès, et conséquemment crédule, il n'en est pas moins doué d'une certaine mobilité d'imagination qui le rend propre à recevoir des impressions fortes: de là son goût pour les histoires de loups-garous, de revenants et pour tout ce qui tient au merveilleux. Il y a peu de veillées d'hiver où des contes de cette nature ne soient débités avec emphase et recueillis avec avidité. Après le diable et le curé du lieu, un sorcier est pour le paysan du *Bocage* l'être le plus respectable et le plus redouté.

Le Marais. — Le territoire connu sous le nom de *Marais* en renferme de quatre espèces, différentes par leur aspect, leurs propriétés, leur culture; ce sont: 1° les *marais salants*; 2° les *marais mouillés* ou recouverts d'eau seulement pendant une partie de l'année; 3° les marais constamment inondés, ou *étangs*; 4° et enfin les *marais desséchés*. On évalue leur superficie, dans la Vendée militaire, à environ 135,000 hectares.

Le sol des marais salants est divisé de quart de lieue en quart de lieue par des étiers ou canaux parallèles, de douze pieds de large sur six de profondeur, qui reçoivent à la marée montante les eaux de la mer et les conduisent dans les aires où le sel se forme. Ces étiers sont garnis d'écluses pour laisser écouler les eaux à la marée basse ou les retenir à volonté. Les aires salines, au nombre d'environ 80,000, d'une superficie variable (environ trois ares), ont trois pieds de profondeur, et restent presque constamment couvertes de six à huit pouces d'eau salée. Elles sont entourées de *bossis* ou digues assez élevées pour être livrées à l'agriculture. Ces bossis servent, après la récolte, de chaussées pour le passage des piétons.

Dans les *marais mouillés*, les fossés sinueux et parallèles se rapprochent ou s'écartent, suivant le degré de profondeur des eaux. Les digues cultivées, séparées par des fossés d'environ dix pieds de large, ont depuis soixante pieds jusqu'à cent quatre-vingts pieds de largeur, et sont couvertes de saules, de peupliers, d'arbres qui aiment le bord des eaux et de céréales. Pendant les grandes eaux, les habitants se servent de barques au lieu de voitures pour leurs voyages et leurs transports. Ce sont de petits bateaux qu'on appelle *yoles*, et qui peuvent porter six personnes; ils sont longs et étroits. Chaque habitant a le sien. C'est un spectacle curieux que de voir, les jours de marché, plusieurs milliers d'yoles parcourir en tous sens les canaux des marais et se diriger vers la butte centrale où s'élève l'église du village. L'yoleur parcourt plus d'une lieue par heure: debout sur le derrière du bateau, il le fait glisser sur les eaux au moyen d'une *ningle*, longue perche, qu'il appuie au fond ou sur le bord du canal. C'est un exercice qui demande une certaine habileté. Il faut suivre avec soin la ligne de l'yolage, couverte par les eaux, éviter de s'engager dans des canaux sans profondeur ou sans issue, et passer avec adresse sous les aqueducs des digues, dont l'ouverture n'a que la largeur des yoles.

Au printemps, lorsque les eaux sont écoulées, l'habitant du *Marais* voyage à pied, muni seulement de sa ningle, qui lui sert de point d'appui, pour franchir, en sautant, les canaux qu'il rencontre. Les plus agiles sautent ainsi des fossés qui ont vingt pieds de largeur.

Mœurs des habitants. — Avec l'apparence de la plus saine et de la plus robuste constitution, une haute stature, des épaules larges et des muscles prononcés, l'habitant du *Marais* n'est, en général, ni aussi fort, ni aussi vigoureux que celui du *Bocage*. Ses occupations habituelles sont le labourage, la récolte et le récallement des fossés. Ce dernier travail, d'une nécessité indispensable, occupe la plus grande partie de l'année, et peut être compté au nombre des causes principales qui altèrent la santé du *maratchain*. Sa nourriture est le pain d'orge mêlé de froment, des légumes, des viandes salées, du lait caillé et quelques fruits qui lui viennent du *Bocage*. Comme le pays ne produit pas de raisins, la boisson habituelle du paysan est l'eau des canaux et des fossés, autre cause grave de ses maladies. Ce régime n'est cependant pas général, et il est peu de pays où les contrastes soient aussi frappants que dans le *Marais*. Les cultivateurs propriétaires, ou les gros fermiers, connus sous la désignation de *cabaniers*, mènent une vie bien différente de celle du pauvre agriculteur: ils se nourrissent de pain blanc de la meilleure qualité; leurs celliers sont toujours remplis de bons vins de la *Plaine*, de Saintonge ou de Bordeaux. Quelques-uns sont servis en argenterie, et si un étranger vient les visiter, ils ont toujours un beau canard ou quelque autre volaille grasse à lui offrir.

A l'exception de ces cabaniers, que leur commerce oblige à de fréquents déplacements, les habitants du *Marais*, privés de toutes communications avec les villes, sont généralement grossiers et incivils. Ils passent pour n'avoir qu'une intelligence médiocre, une sensibilité obtuse, et on prétend qu'ils seraient volontiers enclins à l'ivrognerie. — Leur vie doit paraître triste et misérable; cependant ces digues isolées, ces demeures presque cachées sous les eaux, renferment une population heureuse de son sort. Voici la peinture qu'en fait un des écrivains qui ont le mieux étudié ce pays: « La cabane de roseaux du maratchain, quoique ouverte à tous les vents, n'est pas sans charme à ses yeux. Les vaches, qu'il nourrit presque sans frais, lui fournissent du beurre et du laitage; ses filets lui procurent, en quelques heures, plus de poisson qu'il n'en peut manger dans une semaine; avec sa canardière (long fusil), il fait, pendant l'hiver, une guerre lucrative aux nombreux palmipèdes qui couvrent le *Marais*; le fumier de ses bestiaux et les plantes aquatiques qui croissent autour de sa cabane lui fournissent un combustible suffisant pour le défendre contre la rigueur du froid. Pendant la belle saison, une multitude de canards couvre les fossés et les canaux voisins; ils s'y nourrissent facilement, et le cabanier n'a eu d'autre soin à prendre pour les élever que celui de les faire éclore. Ses champs lui offrent d'abondantes récoltes: il voit le froment, l'orge, le chanvre et le lin croître sous ses yeux et lui présenter de nouveaux moyens d'existence et de nouvelles matières à des spéculations avantageuses. Point de procès, point d'ambition, point d'orgueil, point d'attache trop vive aux biens de la terre; son seul désir, c'est de rendre heureux tout ce qui l'entoure. Sa paroisse et les villages voisins, voilà tout ce qu'il connaît de la France. Content de son état, il ne cherche point à en sortir. Il n'a nul besoin de la protection des autorités, nulle envie d'obtenir la bienveillance du riche. Il est roi dans sa cabane. Tel vieillard des rives de la Sèvre meurt dans ces retraites inaccessibles et mystérieuses sans avoir jamais vu de plaine, de montagne, de grande ville, sans avoir connu de ces spectacles que l'industrie humaine et la nature offrent ailleurs à l'admiration. Le *Marais*, les digues, les canaux et les fossés, les barques, qui s'y croisent sous des berceaux de verdures, les déserts marécageux, où l'on n'entend que le seul gazouillement des oiseaux, et, de loin en loin, le chant cadencé d'un yoleur, ont été son univers. »

Forces et composition de l'armée vendéenne. — Dans le cours de la guerre de la Vendée, les départements insurgés, sans compter une multitude de partis auxiliaires, réunirent simultanément trois armées. La plus importante des trois, qui appartenait à la Haute-Vendée, formait six divisions de forces inégales, dont les chefs furent Cathelineau, Bonchamp, d'Elbée, Stofflet, Larochejacquelein, Lescure, Laugrenière et d'Autichamp. Elle comptait 40,000 combattants, et prenait le titre de grande-armée.

L'armée du centre, formée des habitants du centre du pays, se composait de 10,000 combattants, partagés en trois divisions, qui eurent pour chefs Baudry-d'Asson, Royrand et Sapinaud.

L'armée de la Vendée-Inférieure, qui reçut plus tard, à cause de son chef principal, le nom d'armée de Charette, se partageait en onze divisions, commandées par La Cathelinère, Pajot, Couetus, Gueri-de-Clouzi, Vrignaux, Savin, Joly-de-la-Chapelle, Laroche-Saint-André, etc., et dont la force totale était de 20,000 combattants.

Parmi les corps auxiliaires indépendants, on remarquait la division du Loroux, forte de 3,000 hommes, et dont le chef était Lyrot.

Le seul corps soldé attaché à l'armée vendéenne fut un corps de troupes réglées, formé de déserteurs des armées républicaines. Les compagnies françaises avaient pour chef de Fay, et les compagnies allemandes Kesler. L'effectif de ce corps ne dépassa jamais 1,000 hommes.

Le total général des forces de l'armée insurgée était donc de 74,000 hommes, parmi lesquels on comptait 4,000 cavaliers; mais il est à remarquer que chaque division était fréquemment suivie d'une troupe de femmes ou d'hommes non armés, qui en portait le nombre à plus du double.

Les armées vendéennes n'étaient d'ailleurs point organisées d'après le système des armées républicaines, ni même d'après celui des armées françaises avant la Révolution. On n'y voyait ni bataillons ni régiments. Elles se subdivisaient en compagnies de paroisse et en divisions qui réunissaient, d'après certaines circonscriptions territoriales, plusieurs compagnies. Chaque paroisse nommait son capitaine, qui menait au combat tous les hommes en état de porter les armes; chaque chef de paroisse obéissait à son chef divisionnaire, et celui-ci se ralliait, soit directement au général en chef, soit à un chef supérieur.

L'infanterie faisait la principale force des Vendéens; c'était la plus convenable pour la nature de terrain qu'ils avaient à défendre. Cette infanterie, pendant long-temps, fut très mal armée. Au commencement de la guerre, les paysans, à l'exception de quelques mauvais fusils de chasse, n'avaient pas d'armes: les uns portaient des faux emmanchées à l'envers, les autres des broches, des fourches, de grosses massues de bois durci au feu, etc. Dans le *Marais*, les paysans avaient de longues canardières, arme redoutable à cause de leur adresse au tir. La cavalerie vendéenne, formée de jeunes gens ardents et emportés, manquait quelquefois de constance dans les retraites; mais elle était terrible dans les poursuites. Les cavaliers avaient des chevaux de toutes tailles et de toutes couleurs. La plupart avaient des bâts au lieu de selles, des cordes pour étriers; leurs sabres pendaient attachés aussi à des cordes. Il continuèrent pendant long-temps à porter leurs fusils en bandoulière et à garder leurs sabots au lieu de bottes. L'ambition d'un cavalier vendéen était de tuer un gendarme, afin de se trouver ainsi tout de suite bien monté et bien équipé. Dans le commencement aussi, l'artillerie vendéenne était traînée par des bœufs, que les paysans avaient l'art de conduire si bien qu'ils les faisaient galoper comme des chevaux.

Dès qu'un point se trouvait menacé, ou lorsqu'une expédition projetée devait être mise à exécution, le commandant de l'arrondissement territorial faisait sonner le tocsin dans toutes les paroisses de son ressort, et indiquait un lieu de réunion. A ce signal, le paysan quittait sa houe, prenait son fusil, se munissait de pain pour quelques jours et s'empressait d'accourir. Des femmes, des enfants prenaient même les armes; on en a vu mourir au premier rang. Le Vendéen, une fois arrivé, ne quittait jamais son fusil, même pendant le sommeil. Il n'était point soldé et ne recevait en campagne que la nourriture.

Mode de combattre des Vendéens. — La manière de combattre de ces paysans, étrangère à la tactique usitée dans les armées réglées, déconcertait tous les plans. Chaque division marchait en colonne par trois ou quatre hommes de front, la tête était dirigée par un des chefs qui seul connaissait le point d'attaque. Des tirailleurs précédaient la colonne. C'étaient les chasseurs les plus adroits qui se glissaient le long des haies et des fossés, pour tirer le plus près possible sur les soldats du parti opposé. Bientôt la masse s'avançait avec rapidité, sans conserver aucun ordre, et en jetant des cris à la manière des sauvages; elle se repliait ensuite pour attirer l'ennemi, puis étendant ses ailes, elle formait un cercle pour l'envelopper de toutes parts. Cette manière de s'éparpiller, de s'étendre en éventail, s'appelait *s'égailler*[1]. Enfin au signal décisif tous les Vendéens se précipitaient avec fureur sur les baïonnettes, renversant par leur impétuosité tout ce qui s'opposait à leur choc, et ne recevant prisonnier que l'adversaire désarmé. Dans le commencement de la guerre, quand il s'agissait d'emporter une batterie, un chef désignait un certain nombre d'hommes déterminés; ceux-ci partaient en désordre, quelques-uns armés seulement de bâtons ferrés, et marchaient droit aux canons. Au moment où ils y voyaient mettre le feu, ils se jetaient par terre pour se relever et marcher en avant après la décharge. Ils répétaient cette manœuvre jusqu'à ce qu'ils fussent arrivés sur les pièces, qu'ils enveloppaient aussitôt et dont ils réussissaient fréquemment à se rendre maîtres après n'avoir perdu qu'un petit nombre de combattants.

---

[1] Il eût été inutile d'instruire des soldats qui avaient peine à distinguer leur main droite de leur main gauche. Les officiers d'ailleurs n'en savaient pas beaucoup plus. C'étaient des abbés, de jeunes citadins, des campagnards qui n'avaient pas perdu de vue leur clocher. *Égaillez-vous, mes gars, voilà les bleus*, fut pendant deux ans le seul commandement en usage parmi les capitaines de paroisses. — On sait que le nom de *bleus* était celui que les Vendéens donnaient aux républicains.

Les soldats républicains, au contraire, marchant en colonnes serrées, engagés dans un pays couvert et montueux, avaient souvent des files entières emportées par le canon. Les Vendéens employaient peu de cartouches; ils chargeaient ordinairement leurs fusils de plusieurs balles; nés chasseurs et accoutumés au tir, ils visaient juste: s'ils étaient repoussés, ils savaient se rallier facilement, protégés par l'habitude et la connaissance du terrain, et ils revenaient promptement à la charge: vainqueurs, ils poursuivaient l'ennemi sans relâche, et la connaissance du pays était encore pour eux dans ce cas un avantage de plus.

La science de la guerre, pour les chefs, ne consistait donc pas à choisir de belles positions, à bien disposer des batteries, à faire des manœuvres habiles et savantes, mais à surprendre l'ennemi, à lui dresser des embûches, à l'attirer dans des routes inégales et fangeuses, dans des pays coupés et difficiles, où les soldats vendéens pouvaient se disperser aussi facilement que se rallier, en plein jour comme dans les ténèbres. Quand un corps républicain se trouvait ainsi engagé, des avis circulaient rapidement de village en village, le tocsin sonnait, et au point du jour des masses d'hommes armés apparaissaient, sortant des forêts et des ravins, et faisant retentir l'air de cris affreux. Ils attaquaient en désordre l'ennemi imprudent, qui déjà ébranlé par cette attaque inattendue, se défendait avec désavantage et ne tardait pas à prendre la fuite; le massacre finissait toujours à plusieurs lieues dn point où le combat avait commencé. Cette manœuvre redoutable, cette guerre d'embûches et de surprises, formait, dit-on, le système distinctif de Bonchamp, qui y excellait.

Costumes des officiers et soldats vendéens. — Les Vendéens n'avaient point d'uniforme militaire, mais ils portaient un costume caractéristique, varié suivant les différentes paroisses. C'étaient communément une grande veste et des pantalons de laine brune; leur coiffure était un bonnet de poil ou un chapeau rabattu. L'image du sacré-cœur était attachée à leurs vestes. Quelques-uns mettaient par-dessus leur vêtement une petite camisole blanche, ornée sur la poitrine d'une grande croix noire, et au bas de laquelle pendaient quelques amulettes superstitieuses, des reliques de saints ou des ossements de royalistes à venger; un chapelet placé en forme de collier complétait ce costume plutôt religieux que militaire. Le costume des officiers n'était pas plus brillant: leurs armes seules étaient meilleures ou moins incomplètes. Un gilet à manches et un pantalon en siamoise, de grosses bottes, des mouchoirs de poche rouges, en cravate, en ceinture et autour de la tête, tel était l'accoutrement ordinaire des officiers et même des généraux. Ce ne fut qu'après le passage de la Loire que les chefs se distinguèrent par des écharpes blanches avec des nœuds de diverses couleurs suivant les grades.

Qu'on se figure une multitude d'hommes ainsi vêtus, officiers et soldats, marchant deux à deux ou quatre par quatre, à pas lents, la tête nue, l'œil baissé, l'air morne, le fusil en bandoulière, le chapelet à la main, répétant à voix basse, d'une voix lugubre et cadencée, les psaumes de la pénitence, ou entonnant avec ensemble des litanies et des cantiques. Le canon et le feu de la mousqueterie essaient en vain de troubler cette marche processionnelle. Tout à coup la scène change; un mouvement convulsif a lieu; les têtes se couvrent, les fusils brillent dans toutes les mains. Aux cris de *vive le roi!* se joignent les cris horribles de *tue les républicains!* et le combat commence, pour être terminé par un massacre, quel que soit le parti qui triomphera.

Caractère des soldats vendéens. — Les Vendéens étaient cruels après le combat. « S'ils étaient victorieux, dit M. Bourniseaux (des Deux-Sèvres), ils faisaient un très grand carnage de leurs adversaires. » Lorsqu'ils venaient de prendre une ville, ils se rendaient sur-le-champ à l'église, dont toutes les cloches étaient mises en branle pendant vingt-quatre heures. Ensuite ils se portaient à la municipalité et faisaient brûler sur la place les habits bleus ainsi que les registres des diverses administrations. Après la prise d'assaut d'une ville, aucun outrage n'était commis contre les femmes. Les Vendéens ne faisaient excès que de vin. Ils gardaient rarement une ville, à cause de la nécessité d'y laisser une garnison, genre de service qui leur déplaisait complétement.

Par suite de leurs terreurs superstitieuses des revenants et des loups-garous [1], ils redoutaient les combats nocturnes. Aussi ces combats leur furent-ils presque toujours défavorables.

Les paysans vendéens, très bons pour un coup de main, ne valaient rien pour faire une patrouille ou pour monter la garde. Dès que l'on posait une sentinelle, elle se couchait, et s'endormait sans la moindre inquiétude et sans aucun souci de la sûreté du poste: il fallait que les officiers se chargeassent de ce soin.

Les officiers n'avaient sur leurs soldats qu'une autorité précaire et toute de persuasion. Point d'arrêts, point de prison, point de punitions afflictives. On n'osa pas soumettre les Vendéens au régime militaire, parce qu'ils se seraient révoltés.

Sombre et taciturne, le caractère du soldat vendéen formait un singulier contraste avec la bruyante impétuosité du soldat républicain. Vainqueur ou vaincu, l'expédition finie, le Vendéen rentrait dans ses foyers pour reprendre ses travaux champêtres. « Quand il eût été question de prendre Paris, dit encore M. Bourniseaux, on n'aurait pu empêcher le Vendéen qui était resté six jours à l'armée d'aller revoir sa femme et d'aller prendre une *chemise blanche*. » Mais, au premier appel, au premier coup de tocsin, il retournait au combat avec une ardeur toujours nouvelle, qu'entretenait l'enthousiasme religieux exalté au plus haut degré, tant par les exhortations que par l'exemple des prêtres. Ceux-ci, en effet, pour soutenir le zèle de leurs

---

[1] Un historien de la Vendée cite à ce sujet un trait plaisant de crédulité superstitieuse. « Un ouvrier étranger se glissa un soir dans la maison d'un paysan qui venait d'acheter un cochon à la foire. Il vola le cochon et le mit en lieu de sûreté; ensuite il se dépouilla de ses habits et se cacha dans l'étable à porcs, dont il referma la porte sur lui. Le paysan arrive bientôt pour visiter son cochon, il trouve à la place un homme nu qui lui dit qu'il court depuis long-temps la *garou* et qu'il a repris cette même nuit la forme humaine. Le bon paysan, au lieu de se fâcher, le plaint, le console et lui donne des vêtements avant de le renvoyer.»

paroissiens, s'exposaient à tous les périls et parcouraient les rangs pendant le combat. Ils se montraient sans armes sur le champ de bataille, administrant les secours de la religion aux mourants, pansant les blessés et bravant la mort avec courage. A l'enthousiasme de la religion se joignait, pour les généraux, presque tous jeunes et ardents, l'amour de la gloire et le désir de plaire à la beauté; car des femmes, jeunes et belles, les suivaient dans les dangers, et, après le combat, décernaient, comme dans les temps chevaleresques, le prix du courage et de la victoire.

Dans les rangs opposés, où la jeunesse et la bravoure étaient aussi des avantages fréquemment répartis aux généraux et aux soldats, un égal enthousiasme remplissait les cœurs, enthousiasme non moins ardent, non moins fécond, entretenu aussi par deux grandes passions, l'amour de la patrie et le culte de la liberté.

Efforts de la République contre la Vendée.—Pour comprendre quelles furent l'importance et la gravité de la guerre civile, qui, commencée en 1792, mit en péril, pendant trois années, le gouvernement républicain, il suffit de rappeler que, de 1792 à 1794, quatre armées républicaines furent constamment occupées à combattre les insurgés et à assurer la tranquillité des contrées qui, dans les quatre départements vendéens, avaient accepté le gouvernement reconnu par les quatre-vingt-deux autres départements français;

Que treize généraux en chef s'y succédèrent dans ce court espace de temps; et parmi ces généraux se trouvaient les Brune, les Canclaux, les Hoche, les Marceau, les Menou, etc., dont les talents militaires et le patriotisme n'ont jamais été mis en doute;

Que cent trente-deux généraux de division ou de brigade y furent successivement employés. On compta dans ce nombre d'Ambarrère, Brayer, Delaage, Dubayet, Dufour, Estève, Grouchy, Hatry, Haxo, Hédouville, Humbert, Kléber, Lariboissière, Mermet, Morand, Quetineau, Savary, etc., dont les noms brillent à divers titres dans nos fastes militaires;

Enfin que la Convention y envoya en mission trente-neuf représentants du peuple (non compris ceux qui furent chargés de la pacification).

Aucune nation de l'Europe n'exigea de la République autant d'efforts que cette petite partie du territoire national, qui rendit célèbre le nom de Vendée; aucune ne montra autant de constance, d'opiniâtreté et de résolution. La lutte fut longue et cruelle, soutenue de part et d'autre avec un égal acharnement et un égal courage; glorieuse, dirions-nous enfin, pour les deux partis, si ce n'avaient été malheureusement des Français combattant contre des Français.

RÉSUMÉ CHRONOLOGIQUE.

1789.

2 NOVEMBRE. Décret de l'Assemblée nationale qui affecte les biens du clergé à l'extinction de la dette publique.

1790.

7 FÉVRIER. Insurrection aux environs de Vannes. — L'intérêt de la religion en est le prétexte.—Les insurgés sont dispersés par la force.

27 NOVEMBRE. Constitution civile du clergé. — L'Assemblée nationale décrète que tous les ecclésiastiques en exercice seront tenus de prêter publiquement serment à cette constitution.

1791.

3 MAI. Insurrection à Chalans. La garde nationale de Nantes y rétablit l'ordre. — Fermentation et insurrections partielles à Saint-Gilles, Palluau, Apremont, Saint-Jean-du-Mont Machecoult et Chatillon.

31 — Mandement de l'évêque de Luçon.

31 JUILLET. Siége et incendie du château de la Proutière, district des Sables-d'Olonne.

— — Envoi de Gallois et de Gensonné dans la Vendée en qualité de commissaires civils.

14 SEPTEMBRE. Louis XVI accepte la constitution, dite de 1791, et prête serment de la maintenir.

18 — Proclamation de l'acte constitutionnel.

30 — Amnistie générale pour les détenus bannis ou condamnés pour cause de révolte.

5 DÉCEMBRE. Conspiration de La Rouarie pour soulever la Bretagne et la Vendée, et dont le plan est approuvé à Coblentz par les frères de Louis XVI.

1792.

2 MARS. Les princes nomment le marquis de La Rouarie chef des royalistes de l'occident et lui donnent de pleins pouvoirs pour presser l'insurrection, l'autorisant même dans ce but à empêcher l'émigration. — La commission de La Rouarie, signée par Louis-Stanislas-Xavier (depuis Louis XVIII) et Charles-Philippe (depuis Charles X), est contre-signée Courvoisier.

15 JUIN. Nouvelles instructions adressées par les princes au marquis de La Rouarie.— Envoi de brevets en blanc.

— JUILLET. Insurrection et combat de Fouesnant, près Quimper. — Arrestation et exécution d'Alain-Nédellec, chef des insurgés.

10 AOUT. Attaque et prise du château des Tuileries.—Louis XVI cherche un refuge au sein de l'Assemblée législative: il est envoyé prisonnier au Temple avec sa famille.

24 — Insurrection dans les Deux-Sèvres. — Les insurgés obligent Baudry-d'Asson à se mettre à leur tête. — Attaque et combat de Bressuire. — Défaite des Vendéens.—L'insurrection paraît étouffée.

21 SEPTEMBRE. Abolition de la Royauté.— Proclamation de la République.

1793.

21 JANVIER. Mort de Louis XVI.

30 — Mort de La Rouarie. — Sa mort arrête les progrès de son complot et décourage ses adhérents.

3 FÉVRIER. La Convention, instruite de la conspiration de La Rouarie par un de ses agents, envoie des commissaires en Bretagne avec l'ordre d'arrêter les conspirateurs.

3 MARS. Découverte des papiers de La Rouarie. — Arrestation, jugement et exécution de ses adhérents.

A. HUGO.

On souscrit chez DELLOYE, Éditeur, place de la Bourse, rue des Filles-Saint-Thomas, 13.

Paris. — Imprimerie et Fonderie de RIGNOUX et Comp., rue des Francs-Bourgeois-Saint-Michel, 8.

FRANCE MILITAIRE.

FIN DE LA CAMPAGNE DE 1792.

SOMMAIRE.

Opérations de l'armée de la Moselle contre Trèves. — Influence des chants patriotiques. — Émigration. — Armée des princes. — Situation de la République à la fin de 1792. — Grades militaires de 420 à 1792.

Dans le plan que nous nous sommes proposé, et afin de conserver de la clarté aux opérations multiples d'une guerre, où la France eut seule et à la fois à faire face à toutes les puissances de l'Europe, nous avons dû conserver la division naturelle des faits par expéditions et par campagnes. Ce plan, dont nos lecteurs nous ont su gré, nous a obligé de laisser temporairement en arrière quelques-uns des faits secondaires qui auraient augmenté outre mesure le récit des campagnes auxquelles ils se rattachent; mais nous n'avons jamais entendu que notre œuvre resterait inachevée. C'est pourquoi, avant d'aborder le récit des grands événements, victoires et désastres, triomphes et revers qui, pour nos armées, ont marqué l'année 1793, nous consacrons une livraison aux diverses opérations qui complètent l'histoire militaire de l'année 1792.

OPÉRATIONS DE L'ARMÉE DE LA MOSELLE.

Nous avons dit comment l'expédition du général Custine brisa la ligne que les armées françaises opposaient aux armées coalisées: la conquête de la Vétéravie et du Palatinat avait rendu ce général tout-à-fait populaire. Il ne rougit pas d'accuser ses collègues et de rejeter sur eux les fautes qui provenaient de sa présomption et de son audace; ainsi Kellermann fut par lui signalé comme ayant favorisé, par son inaction, la retraite des Prussiens. Custine lui reprochait de manquer d'activité et de vigueur. Le gouvernement, maîtrisé par l'opinion du jour, loin de réprimander le général de l'armée du Rhin, pour avoir agi contre ses ordres, céda au parti jacobin et lui donna gain de cause. Kellermann alla prendre le commandement de l'armée des Alpes, qui venait d'être ôté à Montesquiou, et Beurnonville reçut à sa place le commandement en chef de l'armée de la Moselle. L'activité, l'audace et la vigueur étaient les qualités particulières de cet officier général, décoré du surnom brillant de l'*Ajax français*. Il réunissait à une bravoure peu commune toutes les connaissances de détail, utiles à ceux qui s'occupent de l'art militaire; mais il n'avait rien de ce qui distingue un grand capitaine. Doué d'ailleurs d'un esprit droit et d'un caractère estimable, il possédait les autres qualités qu'on peut désirer dans un chef.

Il prit le commandement le 14 novembre; et, après avoir échangé plusieurs dépêches avec Custine et avec le ministre de la guerre, il accéda à la proposition qu'ils lui firent de marcher sur Trèves. Cette entreprise, qui, un mois auparavant, eût été utile et militaire, était devenue dangereuse et sans but. Tout commençait à changer de face dans le camp ennemi. L'armée prussienne reprenait l'offensive et se concentrait autour de Francfort. Marcher sur Trèves, c'était s'avancer dans un pays sauvage et dénué de communications, coupé par une chaîne de montagnes âpres et escarpées, prolongement impraticable de la grande chaîne des Vosges. A la nature peu fertile de la contrée se joignait la privation d'industrie qui frappe de dépérissement et de langueur tout état soumis à un gouvernement sacerdotal. La misère de l'Électorat contrastait avec la richesse des plaines du Rhin et du Palatinat. Ce mouvement n'était point d'ailleurs une opération militaire. Il eût été beaucoup plus utile, ainsi que Beurnonville l'avait indiqué, de renforcer, avec l'armée de la Moselle, l'armée du Rhin, établie à Mayence, et de fournir ainsi à Custine les moyens de se soutenir à Francfort. Mais la cause réelle de cette expédition était de tirer vengeance de l'électeur de Trèves, qui avait favorisé les premiers rassemblements des émigrés. Ce n'était pas à Coblentz, point de retraite des Prussiens, qu'on voulait marcher, c'était Trèves et Coblentz, quartiers généraux des princes qu'il fallait punir, combinaison pauvre sous le rapport politique, nulle sous le rapport militaire. On peut croire aussi que l'espoir de lever de fortes contributions de guerre, à l'imitation de Custine, décida l'accession du ministère au mouvement sur l'Électorat.

Un corps de troupes autrichiennes, sous les ordres du prince de Hohenlohe-Kirchberg, avait été chargé de défendre le Luxembourg: ce corps avait une garnison dans cette ville, des postes à Arlon, et couvrait Trèves avec 15,000 hommes qui occupaient des positions retranchées, la gauche à la Montagne-Verte, la droite vers Ham et Konsaarbruck, le centre à Pellingen; il possédait en outre une forte tête de pont sur la Sarre, et des postes détachés à la montagne de Wavren.

L'armée française, qui se mit en marche le 28 novembre, n'était forte que de 20,000 hommes; elle s'avançait en masse par la rive droite de la Sarre: un faible corps seulement marchait sur Trèves par la presqu'île d'Entre-Sarre-et-Moselle.

Le 4 décembre, une première attaque eut lieu sur la Montagne-Verte; nos troupes, repoussant la première ligne ennemie, avaient eu l'avantage et arrivaient sur les redoutes, lorsqu'une forte division autrichienne, venant de Luxembourg, et menaçant de tourner les Français, força le général Beurnonville à ordonner la retraite.

Pendant plusieurs jours, le général en chef, dont les têtes de colonnes avaient seules donné, cessa tout mouvement offensif pour rallier ses troupes, et se borna seulement à étendre ses lignes et à occuper, sur les deux rives de la Sarre et de la Moselle, plusieurs petites places, dont la plus importante fut Saarbruck.

L'ennemi, qui regrettait cette ville à cause de sa position forte et de son château, essaya, le 11 décembre, de nous la reprendre ; il fut vigoureusement repoussé par les troupes aux ordres du général Pully.

Ce premier succès détermina le projet d'une double attaque sur Konsaarbruck et Pellingen. Ces deux attaques eurent lieu le 12 et le 13 ; mais la première fut infructueuse, et l'on ne put conserver l'avantage du terrain : elle donna lieu à un engagement honorable pour un de nos bataillons. Les ennemis s'étaient portés, dès le matin, sur un petit village où était seul le quatrième bataillon de la Meurthe, fort de 300 hommes. Ce bataillon s'empara de la hauteur, et arrêtant, par un feu roulant, un corps de 1600 hommes (dont 400 de cavalerie), il donna au général Pully le temps d'arriver avec toutes ses forces.

L'attaque sur Pellingen se fit vers midi. A une heure, le village était évacué par l'ennemi et occupé par nos troupes ; mais le général ne jugea pas à propos de le garder. Notre gauche fut attaquée le lendemain 14, par des troupes sorties de Greven-Maker, qui se replièrent sur la hauteur de Wavren, après avoir laissé quelques morts et des prisonniers. Le lendemain 15, on marcha pour achever de les repousser. L'armée se dirigea sur trois colonnes, dont la première devait charger à la baïonnette l'ennemi posté sur la hauteur de Wavren, la seconde soutenir notre artillerie qu'elle conduisait avec elle, et la troisième se porter sur Greven-Maker pour couper la retraite à l'ennemi. La montagne était couverte de neige ; il fallait une heure pour en atteindre le sommet. Ce mouvement, qui se fit au pas de charge, surprit tellement l'ennemi, que ses retranchements furent emportés en un moment, et qu'il prit la fuite, abandonnant un caisson, dont un de nos bataillons s'empara aussitôt. Il était nuit quand la troupe arriva sur le sommet ; il fallut y rester au bivouac. Les forces de l'ennemi, qui eut 800 hommes tués et 100 prisonniers, s'élevaient à 3,000 hommes, et les nôtres seulement à 1,200, sur lesquels nous perdîmes 25 tués ou blessés. Au moment où l'attaque allait commencer, un Français, déserteur du camp ennemi, vint se jeter aux pieds du général Pully, en lui demandant grâce, et en le conjurant de ne point attaquer une position formidable, fortifiée et défendue par un corps trois fois plus nombreux que la colonne française : Pully répondit au déserteur, en lui montrant les batteries ennemies : « Je te promets ta grâce et la liberté, mais suis-moi si tu veux les mériter ; ta grâce est là haut. » Et aussitôt, entonnant la *Marseillaise*, il donna le signal et, se mettant à la tête de ses troupes, gravit la montagne au pas de charge. La position ennemie fut escaladée, et les canonniers autrichiens furent tués sur leurs pièces.

Tant de valeur fut malheureusement inutile ; les Autrichiens, repoussés sur la Roër par les mouvements de Dumouriez, vinrent appuyer les défenseurs des montagnes de l'Électorat. Nos attaques sur Trèves n'eurent aucun résultat ; il fallut renoncer au projet de s'en emparer. Le terrain compris entre la Moselle et la Sarre fut la seule conquête de Beurnonville. Il perdit, dans de petites attaques journalières, dans des marches et contremarches fatigantes, le tiers de son armée ; il resta séparé des généraux dont il devait être le lien, et ne put empêcher les coalisés d'établir leurs cantonnements entre l'armée du Rhin et celle du Nord.

INFLUENCE DES CHANTS PATRIOTIQUES.

Les premières victoires obtenues par les soldats de la République étaient dues, sans doute, au mouvement général et à l'élan patriotique produit par le dévouement au pays, la haine de la domination étrangère, l'amour de la liberté et de l'indépendance ; mais il faut reconnaître aussi qu'au nombre des principaux moyens qui entretinrent l'exaltation des soldats se trouvaient en première ligne les chants guerriers et républicains. Ces hymnes militaires reproduisaient des pensées qui étaient dans le cœur de tous les braves. Ils formaient une langue comprise et connue de tous. On sait quel puissant entraînement, quel enivrement, pour ainsi dire électrique, causent les fanfares et les marches de nos musiques militaires modernes ; elles donnent de l'audace aux timides, elles surexcitent le courage des braves. Dans les premiers temps de la République, l'art de la composition, la science de la musique instrumentale n'avaient point encore été appliqués à l'entraînement des masses : quelques fifres, à sons aigus, perçants et peu agréables, le bruit cadencé et les coups réguliers des tambours battant la charge, la voix des généraux, entonnant avec joie des chants connus de l'armée, l'harmonie imposante des masses, répétant ces chants en chœur, sans le secours des instruments, sans l'appui des régulateurs musicaux, suffisaient pour porter au plus haut degré l'enthousiasme de nos volontaires. Quelques auteurs ont paru trouver quelque chose de sauvage dans cette influence marquée de la voix humaine, si cadencée et si bruyante par le nombre des *chanteurs* ; ils ont cité les cris aigus, les hurlements féroces qui précèdent le moment où les peuples sauvages s'ébranlent pour attaquer ; mais rien de brutal, rien de sauvage, rien de physique, si l'on peut s'exprimer ainsi, ne se montrait dans les chants qui soutenaient, au milieu des fatigues, nos jeunes défenseurs, qui les animaient dans le combat, et qui les reposaient après la victoire. Ce n'était pas pour nos volontaires une influence physique, un ébranlement nerveux, causé par des accords plus ou moins pénétrants : c'était un enivrement tout moral, celui qui résulte, dans une masse d'hommes, de la circulation générale et rapide d'idées senties par tous, de vœux et d'espérances communes à tous. La pensée et non pas la voix les faisait vibrer ; la pensée, si chère à tous les cœurs, de la patrie et de la liberté.

Pour mieux faire sentir quelle influence ont eue sur nos premiers triomphes les hymnes guerriers, et surtout celui appelé *la Marseillaise*, nous aurions pu citer ici les chants de Tyrtée et ceux d'Ossian, les bardits des anciens Scaldes, les chansons de Roland et les romances du Cid, toute cette littérature guerrière et poétique qui, par son élévation et les récompenses qu'elle promet, rappèle du moins aux braves, qui font pour leur pays le sacrifice de leur vie, qu'il y a pour eux l'immortalité dans la mémoire des hommes et la gloire décernée par l'avenir reconnaissant; mais il nous a semblé qu'il convenait mieux de traiter la question froidement et militairement. Nous avons pensé que, pour faire comprendre quels services l'auteur de *la Marseillaise*, Rouget de l'Isle, brave et digne officier, a rendu à la patrie, il suffirait de citer le jugement qu'en porte un auteur, estimé comme écrivain militaire, et qu'on n'accusera sans doute jamais d'enthousiasme et de poésie.

« Il ne sera pas hors de propos de rappeler, dit Jomini, que, vers cette époque (la fin de 1792), parurent l'*hymne* célèbre des *Marseillais* et le *Chant du Départ*. Les générations à venir s'étonneront de voir des chansons figurer au nombre des causes de succès militaires; mais il n'en demeure pas moins avéré que ces couplets, pleins d'énergie et de patriotisme, accompagnés de la musique la plus martiale, animèrent une jeunesse ardente, contribuèrent à faciliter les levées, enflammèrent le courage des soldats et leur firent soutenir les privations avec autant de gaîté qu'ils affrontaient les dangers. Nous sommes loin d'applaudir aux expressions outrées de ces hymnes contre des despotes qui n'étaient la plupart que de bons princes; nous les considérons uniquement ici comme moyens d'enthousiasme, et, sous ce rapport, elles méritent d'autant plus de rester comme un monument d'histoire nationale, que la première était l'ouvrage d'un officier d'artillerie nommé Rouget. Napoléon les comptait encore, en 1806, comme de puissants mobiles propres à exciter l'énergie des troupes, car des ordres furent donnés de les jouer aux parades de Berlin. »

Dans un ouvrage destiné à rappeler les triomphes de la France guerrière, nous ne croyons pas pouvoir nous dispenser de consigner ces deux hymnes glorieux : ce sont effectivement, comme dit Jomini, de véritables monuments de l'histoire militaire du pays.

Voici la *Marseillaise* telle que Rouget de l'Isle l'avoue, et sans tenir compte des corrections qu'elle a subies depuis sa première publication.

LA MARSEILLAISE.

Allons, enfants de la patrie !
Le jour de gloire est arrivé,
Contre nous de la tyrannie
L'étendard sanglant est levé :
Entendez-vous dans les campagnes
Mugir ces féroces soldats ?
Ils viennent jusque dans nos bras
Égorger nos fils, nos compagnes !
Aux armes, citoyens ! formez vos bataillons,
Marchez..... qu'un sang impur abreuve nos sillons.

Que veut cette horde d'esclaves,
De traîtres, de rois conjurés ?
Pour qui ces ignobles entraves,
Ces fers dès long-temps préparés ?
Français ! pour nous, ah ! quel outrage !
Quels transports il doit exciter !
C'est nous qu'on ose méditer
De rendre à l'antique esclavage !...
Aux armes, citoyens ! etc.

Quoi ! des cohortes étrangères
Feraient la loi dans nos foyers !
Quoi ! ces phalanges mercenaires
Terrasseraient nos fiers guerriers !
Grand Dieu ! par des mains enchaînées,
Nos fronts sous le joug se ploiraient !
De vils despotes deviendraient
Les moteurs de nos destinées !...
Aux armes, citoyens ! etc.

Tremblez, tyrans ! et vous, perfides,
L'opprobre de tous les partis,
Tremblez !... vos projets parricides
Vont enfin recevoir leur prix.
Tout est soldat pour vous combattre !
S'ils tombent nos jeunes héros,
La terre en produit de nouveaux
Contre vous tout prêts à se battre !...
Aux armes, citoyens ! etc.

Français ! en guerriers magnanimes,
Portez ou retenez vos coups :
Épargnez ces tristes victimes
A regret s'armant contre nous.
Mais le despote sanguinaire,
Mais les complices de Bouillé,
Tous ces tigres qui, sans pitié,
Déchirent le sein de leur mère !...
Aux armes, citoyens ! etc.

Nous entrerons dans la carrière,
Quand nos aînés n'y seront plus ;
Nous y trouverons leur poussière,
Et les traces de leurs vertus.
Bien moins jaloux de leur survivre
Que de partager leur cercueil,
Nous aurons le sublime orgueil,
De les venger ou de les suivre
Aux armes, citoyens ! etc.

Amour sacré de la patrie,
Conduis, soutiens nos bras vengeurs
Liberté, liberté chérie,
Combats avec tes défenseurs.
Sous nos drapeaux que la victoire
Accoure à tes mâles accents,
Que tes ennemis expirants
Voient ton triomphe et notre gloire !
Aux armes, citoyens ! formez vos bataillons,
Marchez..... qu'un sang impur abreuve nos sillons

La *Marseillaise* était un hymne d'indépendance et de liberté, un chant militaire ; l'ode du conventionnel Chénier est déjà bien davantage un chant républicain. L'un appartient à 1792, l'autre est de 1793.

ÉMIGRATION. — ARMÉE DES PRINCES.

C'est un fait triste, mais il est impossible de le taire, que cette réunion de Français armés, coopérant à l'invasion du pays par les troupes étrangères. Ce fut une des nécessités de l'émigration. La défense de la Monarchie n'était, pour les premiers émigrés, que la défense de leurs intérêts particuliers, celle de leurs priviléges pécuniaires et de leurs honneurs nobiliaires et féodaux ; le Roi n'était que le chef et le représentant de la noblesse ; la France ne pouvait avoir d'existence que comme état monarchique, avec un corps de noblesse en possession des places, des honneurs et de l'administration, jouissant de divers priviléges et de l'exemption des impôts ; d'une monarchie appuyée sur un clergé indépendant dans ses doctrines religieuses (cela est de droit), mais reconnaissant pour chef politique le pape, chef de la religion, et soumis ainsi pour sa direction même temporelle aux volontés d'un prince étranger.

Les premiers actes de l'Assemblée nationale, en renversant tout cet édifice suranné, avait excité le mécontentement des deux classes privilégiées. Les princes français avaient cru de leur devoir de se mettre à la tête de ces intérêts particuliers opposés au vœu général : le comte d'Artois, le prince de Condé et le duc de Bourbon, donnèrent les premiers l'exemple de quitter la France pour aller chercher sur un sol étranger des leviers à l'aide desquels on pût renverser le gouvernement que le pays voulait établir. Les premiers projets de contre-révolution se tramèrent à Turin. Jusqu'alors il n'y avait point eu d'émigration : les chefs étaient au dehors, les agents dans l'intérieur. Un plan destiné à renverser le gouvernement constitutionnel avait été préparé. Lyon devait être le centre de la réaction nobiliaire et féodale. Les nobles du Limousin, de l'Auvergne, du Bourbonnais, s'étaient rendus individuellement dans cette ville pour y être prêts au premier signal. L'indiscrétion et la présomption des uns, les mauvaises mesures des autres, le manque de courage de certains, l'hésitation de la majeure partie, hésitation bien naturelle quand il s'agit de commencer une guerre civile, firent tout avorter. Le gouvernement informé était sur ses gardes; on ne put ou on n'osa rien tenter. Les gentilshommes des provinces centrales, qui auraient couru de grands risques en retournant dans leurs châteaux, quittèrent la France et rejoignirent les princes. Au dire du marquis d'Ecquevilly, historien des *Campagnes de l'armée de Condé*, telle fut l'origine de l'émigration.

Les princes firent un appel au reste de la noblesse, et bientôt, parmi les membres de cet ordre dépouillé successivement de ses priviléges et de ses avantages, ce fut une honte de ne pas émigrer. Ceci se passait en 1790. Bientôt la manie d'abandonner le pays devint générale, stimulée qu'elle était par des exhortations et des sarcasmes. On sait qu'une quenouille chargée de lin était envoyée, en signe de déshonneur, à ceux qui tardaient à répondre à l'appel qui leur était fait [1]. Deux années s'écoulèrent pendant lesquelles, promenés successivement de Turin à Worms, de Worms à Mayence, et de Mayence à Coblentz, les princes se firent suivre de la foule des émigrés, dont l'avenir et les espérances reposaient désormais sur les tentatives que la coalition préparait contre la France.

[1] Le préjugé qui obligeait la noblesse à émigrer n'était pas seulement répandu parmi les gentilshommes : « Vous n'êtes donc point patriotes ? disait en 1792 un juge de paix à des paysans des environs «d'Uzès.— Ah ! vraiment si : la paroisse a bien donné hier quatre de «ses enfants pour le bataillon volontaire qui va à la guerre; et dame «ils ne se sont pas fait prier pour marcher.—Cependant vous voulez «que le ci-devant seigneur aille joindre leurs ennemis?— Ah! c'est «égal, car cela ferait honte aussi à la paroisse que son seigneur fût «un poltron. Les anciens disent qu'elle n'en a jamais eu comme ça. » Chacun partit de son côté. Le seigneur n'avait pas d'argent; un riche paysan lui en prêta, en disant : « *Tenez, c'est restitution, car je gagne le cens.* » Un autre se chargea de ses affaires ; et, chose digne de remarque, jamais la femme de l'émigré ne fut inquiétée.

La présomption et l'aveuglement de cette réunion, où se trouvaient pourtant des hommes de tous les âges et de tous les rangs (noblesse de cour, noblesse d'administration et de places, noblesse de province et de parlement) étaient telle, que ces hommes, malgré leur nombre si minime en comparaison de ceux qui étaient restés en France, songeaient déjà à s'épurer. Les *tard venus* étaient considérés comme coupables : c'était, aux yeux des premiers arrivés, des concurrents aux avantages d'honneurs et de fortune qu'on allait avoir à se partager : ainsi le prince de Saint-Maurice, fils du prince de Montbarrey, ancien ministre de la guerre, s'étant présenté à Coblentz en 1792, fut menacé d'être jeté dans le Rhin s'il osait coucher dans la ville. L'inventeur des batteries flottantes, le général d'Arçon, officier du génie de haute distinction, entraîné dans l'émigration par le sentiment d'un faux point d'honneur, se vit maltraité à son arrivée, et se trouva heureux de pouvoir rentrer en France, où ses talents, honorablement accueillis par la République, furent du moins utiles au pays. Les illusions des émigrés sur les dispositions intérieures de la France n'étaient pas moins grandes. Plusieurs hommes, recommandables par leur rang, leur âge et leurs services, attestaient qu'un *mouchoir blanc*, déployé sur les frontières du royaume, suffirait pour rassembler en foule les bourgeois, les paysans et les soldats. Le baron d'Heuman, officier de hussards, célèbre dans l'ancienne cavalerie française, dit un jour à la table du roi de Prusse : « J'ai apporté dans ma « poche les clefs des places fortes de la France. — « Général, s'écria le chevalier de Borghèse, ambassa« deur d'Espagne à la cour de Berlin, nous pourrions « bien trouver les serrures changées. » Et ces paroles raisonnables, qui renfermaient une si véritable prédiction, n'excitèrent que le sourire de l'incrédulité.

L'indiscipline dans un corps formé d'une noblesse jalouse de ses priviléges et de jeunes officiers accoutumés à toutes les aisances de la vie, aux agréments et à la liberté que donne la fortune, n'était pas moindre que l'outrecuidance : ils avaient souvent besoin de l'indulgence de leurs chefs. Le chevalier de Durfort, pressé de poursuivre la punition de quelques jeunes gens qui avaient oublié les égards dûs à son rang et à son âge, disait avec esprit : « Ces messieurs sont aussi tristes « d'avoir perdu leur sous-lieutenance et leur petit « castel, que je le suis d'être privé de mon rang de « lieutenant général et de mon appartement au Palais-« Royal. »

Les diverses compagnies ou *coalitions* que les émigrés avaient formées cherchaient toutes à se distinguer par le luxe des uniformes, la beauté des armes et des chevaux. On portait avec orgueil un riche costume militaire; on était disposé à se montrer avec bravoure dans les combats; mais on était aussi tout-à-fait sans envie de supporter aucune des fatigues, ni de remplir aucune des *corvées* que l'état militaire impose aux simples soldats.

« Dans un cantonnement où la disette se faisait sentir assez vivement depuis plusieurs jours, on annonça le don d'une vache qu'il fallait aller chercher à quelque distance. Un lieutenant général commandait il donna ordre que trois cavaliers allassent recevoir cette faible ressource; l'aide major n'obtint que des refus. Plusieurs individus, offensés d'une semblable commission, se permirent de piquantes railleries. Le bon général assembla la compagnie, se mit au centre; là, une corde à la main et d'une voix suppliante, il prononça ce discours: «Messieurs, au *nom de l'honneur*, « je vous *ordonne*, je vous *prie* d'aller chercher cette « vache. Nous manquons presque du nécessaire, et « avant peu nous souffrirons de la faim. Sans la dis-« tinction flatteuse de vous commander, je me charge-« rais moi-même de la corvée. » Ces paroles n'excitèrent qu'un murmure général, et les débats se seraient prolongés, si trois officiers supérieurs de dragons, scandalisés d'un pareil spectacle, ne s'étaient offerts à aller chercher cette misérable bête, qui, malgré sa maigreur, fut à l'instant dévorée. »

Enfin, en 1792, les souverains coalisés se décidèrent à attaquer la France : dès le commencement des préparatifs, les émigrés durent s'apercevoir que l'Europe ne prenait pas les armes seulement dans l'intérêt de leurs priviléges, et qu'une arrière-pensée d'accroissement de territoire dominait dans les cabinets étrangers.

Le corps des princes, c'est ainsi que l'on appelait l'armée des émigrés, se composait alors d'une partie du régiment irlandais de Berwick, qui avait suivi ses officiers dans l'émigration; d'une légion composée d'infanterie et de cavalerie levée par le vicomte de Mirabeau, avec des fonds fournis par les princes; de trois cents gentilshommes armés, équipés, montés à leurs propres frais, et qui prenaient le titre de *chevaliers de la couronne*; des gardes du corps licenciés de Louis XVI, émigrés aussitôt après le voyage de Varennes, et dès que leur paye avait cessé de leur être soldée; du régiment étranger de Rohan, levé par le cardinal de Rohan; des régiments d'infanterie Hohenlohe-Sillinsfurt et Hohenlohe-Bartenstein; de plusieurs compagnies d'infanterie noble; du régiment des hussards de Salm, et de quelques escadrons de cavalerie noble, dragons, hussards et chasseurs, qui, comme l'infanterie, avaient reçu les uns le nom de leur commandant, les autres celui de leur province. Cette petite armée ne fut pas même autorisée à rester réunie pour entrer en France : elle eût formé obstacle aux desseins que les coalisés se proposaient après la victoire. Le corps le plus considérable, fort d'environ 12,000 hommes, sous les ordres du maréchal de Broglie, fut seul adjoint à l'armée du centre, qui, commandée par le roi de Prusse, devait envahir la Champagne. Le corps du prince de Condé, fort de 5,000 hommes, fut envoyé dans le Brisgau pour agir sur la gauche de l'armée française avec la division autrichienne du prince d'Esterhazy. 5,000 autres gentilshommes, conduits par le duc de Bourbon, durent se réunir à l'armée des Pays-Bas, que le duc de Saxe-Teschen commandait. Seul au début de cette campagne, le corps du prince de Condé eut le bonheur de n'avoir pas à combattre : le prince s'était ménagé des intelligences dans Landau, dont le gouverneur, Martignac, était disposé à lui ouvrir les portes; mais le général autrichien, qui aurait consenti volontiers à s'emparer d'une place française, s'opposa aux dispositions du prince, et l'apparition inopinée de Custine, qui se chargea de la défense de la place et repoussa la division autrichienne, mit fin à cette discussion. On sait quels furent pour les coalisés les funestes résultats de la campagne de 1792, et comment le prince de Saxe-Teschen fut obligé de lever honteusement le siége de Lille. Nous avons rapporté la retraite des Autrichiens derrière la Meuse, et celle des Prussiens au-delà du Rhin. Un écrivain émigré nous a laissé un récit de la triste retraite des alliés après le combat de Valmy; il prouve qu'en parlant de la démoralisation de l'ennemi nos généraux n'avaient rien exagéré.

«Cette armée, venue si belle et si menaçante, s'en retourna délabrée et silencieuse. Les chemins, entièrement rompus, n'étaient jalonnés qu'avec les débris d'une foule de chevaux. Les soldats, pâles, décharnés et le regard morne, rendus en outre hideux par des habits souillés de fange, se traînaient à grand'peine : ils épuisaient les restes de leurs forces en recherches, la plupart infructueuses, pour découvrir quelques aliments. L'extrême détresse amena la confusion des différents peuples. La mort se réunit à ces fléaux de destruction. Les fossés regorgèrent de cadavres, dont ils devinrent l'unique sépulture. Un corps de Français suivait cette cohue difforme avec l'expression du sentiment que le malade obtient de la pitié. Les émigrés puisaient dans un sentiment exalté la force de se soustraire aux ravages; mais, cruellement revenus d'une longue suite de chimères, ils soulageaient leur désolation par des reproches au monarque qu'ils avaient d'abord célébré comme l'*Agamemnon moderne*, et qu'ils flétrissaient maintenant avec le titre de l'opprobre des souverains.

« La douleur d'avoir inutilement touché le sol de la patrie, de s'être bercés d'illusions et de revenir avec un cortège de revers, fut aggravé par le licenciement d'Arlon. Ce coup inattendu produisit mille scènes déchirantes. Le suicide devint alors le terme de plus d'un désespoir. »

Après cette campagne de 1792, la grande armée émigrée, si l'on peut appeler ainsi cette réunion de jeunes gens exaltés par une sorte de folie chevaleresque et de vieillards soutenus par d'antiques souvenirs, cessa d'exister. Le corps du prince de Condé, qui seul n'avait pas participé à l'irruption armée sur le territoire français, eut une durée plus longue; nous aurons occasion d'en reparler. Le prince se montra d'ailleurs dans son exil digne d'un sort meilleur; quelle qu'ait été alors sa conduite contre sa patrie, ce n'était point un homme ordinaire. Il appréciait le dévouement de ceux qui s'étaient voués à la cause dont il était le représentant : il voulait partager leurs dangers et avoir sa part de leurs privations. Accompagné de son petit-fils, il ressemblait au vieil Anchise errant d'asile en asile, conduit par Énée au bord d'une isle. Comme le héros de Virgile, long-temps poursuivi, long-temps fugitif, il fut repoussé d'un lieu dans un autre; mais il eut le bonheur de rentrer et de mourir dans sa patrie en laissant échapper ces dernières paroles, dignes du nom qu'il portait : *Ubi est bellum ?* — Mirabeau, qui jugeait les hommes de haut et qui savait les apprécier, disait au comte de Guibert, en parlant de ce vieux guerrier, le premier que la France de 1789 pût présenter avec orgueil à ses amis et à ses ennemis : « Tout ce qui est soldat aime et honore le prince de Condé... Il est autre chose que militaire. Je suis frappé de cette netteté de discussion, de cette expression toujours juste, de cette succession de développements, de cette analyse qui, dans sa bouche, réduit les questions à un point, et qui d'une missive laconique fait un traité. »

Ceux des émigrés qui ne suivirent pas le destin du prince se dispersèrent en Europe : les uns formèrent des bataillons au service de l'Angleterre ou de l'Autriche ; les autres des régiments au service de l'Espagne ou du Portugal. La presqu'île de Quiberon fut le tombeau des premiers ; les derniers se distinguèrent dans les campagnes des Pyrénées. Mais le temps des illusions antinationales était déjà passé ; la plupart renoncèrent au métier des armes et cherchèrent dans les faibles talents que leur éducation leur avait donnés un soulagement à leur misère : les étrangers s'empressèrent de payer avec générosité les ouvrages les plus médiocres. C'était une manière honorable de faire aumône à l'infortune. La plupart de ces Français expatriés volontairement auraient d'ailleurs refusé des secours qu'ils n'auraient pas semblé mériter par un travail quelconque. Dans ses curieux mémoires sur l'émigration, le vicomte de Dampmartin nous rapporte à ce sujet une anecdote assez piquante.

«Un officier, avec qui j'avais servi dans ma jeunesse, s'était, à Berlin, érigé en maître de danse. Le baron de Keith le fit appeler, et cet officier lui plut par la vivacité gasconne de son esprit. Un traité fut bien vite conclu, d'après lequel, deux fois la semaine, il devait dîner avec le baron et être payé de ses leçons le double du prix accoutumé. La première leçon se passa le mieux du monde. Le Gascon égaya, par ses saillies, le dîner auquel son brillant appétit faisait honneur. Mais la seconde fois, les choses avaient changé : le baron paraissait soucieux, et notre maître à danser n'ouvrait la bouche que pour manger. Le soir, le baron me dit : « Figurez-vous que je me suis presque querellé avec « votre compatriote. Dans sa folie, il veut absolument « me faire danser. J'ai beau lui représenter que cet « exercice ne s'accorde ni avec ma tournure, ni avec « mes cinquante-cinq ans, ni avec mon humeur, rien « ne lui fait entendre raison ; je me soumets en vain « à la condescendance de parler, une demi-heure avant « le dîner, d'entrechats et de cabrioles. » Cette manie plaisante devint une source de gaîté. Au moment de nous séparer, je promis de voir le lendemain *le dansomane*. Exact à ma parole, je reconnus avec surprise qu'il n'était pas facile de ramener mon ancien camarade à la raison ; il répétait avec feu : « Il y va de mon hon« neur qu'il danse ; j'exerce un talent pour me dérober « à l'humiliation de recevoir la charité. » J'eus besoin pour le persuader de toute mon éloquence, et plus d'une heure se passa avant que je dissipasse les ombrages de cette scrupuleuse délicatesse. »

Quand le premier mouvement d'effervescence et le premier élan de regret pour les avantages perdus se furent dissipés, la majeure partie des émigrés, c'est une justice à leur rendre, retrouvèrent des sentiments dignes du pays qu'ils avoient oublié un instant.

Les chefs étrangers eurent plus d'une fois à se plaindre de ce que les malheureux, forcés de vivre à leur solde, se montraient plus tristes des revers des troupes républicaines que joyeux de leurs propres victoires. Aussi, dès que le premier consul eut rétabli l'ordre et la tranquillité en France, il fit cesser l'exil de tous les émigrés, et, guidé par une sage politique de réconciliation et d'avenir, il leur ouvrit, avec les portes de la patrie, les rangs de nos armées. Ils prouvèrent alors (à quelques exceptions près) que le temps qu'ils avaient passé dans les régions étrangères ne leur avait pas fait oublier quels devoirs de dévouement et de courage impose le nom de Français.

SITUATION DE LA RÉPUBLIQUE A LA FIN DE 1792.

Avant de nous avancer dans le récit des guerres de la Révolution, il convient de jeter un coup d'œil sur la situation de la République et des armées coalisées, ainsi que sur les différentes campagnes au nord, à l'est et au midi de la France, qui se confondent toutes sous le titre de campagnes de 1792, et qui toutes avaient été entreprises dans le but de la défense ou de la vengeance du territoire national.

La France était sans armées, sans généraux, sans organisation militaire, lorsque les coalisés s'avancèrent avec confiance pour la réduire. Une armée d'élite osa pénétrer sur le sol français ; elle accéléra la ruine de celui qu'elle annonçait la prétention de défendre. On répondit à ses manifestes par le 10 août, par les massacres du 2 septembre, et, plus glorieusement, par le combat de Valmy. Tandis que les Autrichiens assiégeaient inutilement Lille, nous prenions Mayence et Francfort ; pendant que les Prussiens se voyaient obligés d'évacuer la Champagne et les Trois-Évêchés, nos troupes occupaient la Savoie et faisaient la conquête de Nice. D'attaqués nous devenions assaillants ; nous répondions à l'attaque de la Flandre par la victoire de Jemmapes et par la conquête de la Belgique ; nos soldats, rejetés d'abord sur la Marne, repoussaient l'ennemi au-delà du Rhin, de la Meuse et de la Roër. Trois mois avaient suffi pour changer ainsi la face des affaires ; mais nos victoires mêmes nous suscitaient des ennemis. Toutes les forces de l'Allemagne étaient sur pied et en mouvement. Les États italiens réunissaient leurs soldats, l'Espagne faisait camper ses bataillons sur la cîme des Pyrénées. L'Angleterre, sans se déclarer encore ouvertement pour la guerre, encourageait le Hanovre et la Hollande à mettre leurs troupes sur pied. Elle armait secrètement des vaisseaux qui devaient d'abord aller chercher dans les mers lointaines des combats faciles et lucratifs, et détruire la marine de notre commerce et de nos colonies, avant de venir s'attaquer à notre marine militaire. De toutes parts ainsi, un cercle de fer se resserrait comme pour comprimer la France révolutionnaire ; mais celle-ci renfermait dans son sein les éléments bouillonnants d'une explosion qui devait rejeter loin de nos frontières toutes les armées ennemies.

TABLEAU CHRONOLOGIQUE
DES GRADES ET EMPLOIS MILITAIRES DES ARMÉES FRANÇAISES DE 420 A 1792.

420 — *Ducs de Province.* Commandants militaires des provinces. Ce titre cessa d'être militaire en 987.

420 — *Comtes.* Étaient pour les villes ce que les ducs étaient pour les provinces. Ce titre cessa d'être militaire en 987.

596 — *Maires du Palais.* Ils avaient le commandement des armées; ils furent supprimés en 752.

679. — *Ducs de France.* Commandants d'armées. — Ce titre cessa d'être militaire en 987.

752 — *Connétable.* Cette dignité d'abord office de cour, devint la première dignité militaire, en 1192, après la suppression de la charge de *grand sénéchal*, et fut supprimée elle-même en 1627.

770 — *Bannerets.* Chevaliers ayant droit de bannière et commandant les compagnies du Ban ou arrière Ban.

770 — *Bacheliers.* Bas-chevaliers, commandant les divisions de compagnies. Ils avaient un *pennon*, drapeau triangulaire; la *bannière* était carrée.

770 — *Écuyers.* Ils prirent, en 1445, le titre de *coutiliers*.

770 — *Pages.* Jeunes gens qui s'instruisaient dans le métier des armes au service d'un chevalier; ils reçurent, en 1515, le nom de *valets*, et furent supprimés en 1547. C'était une institution analogue à celle des *cadets*, avec cette différence pourtant que les *cadets*, au lieu d'être attachés à un homme, comme les pages, l'étaient à un corps.

840 — *Marquis.* Chefs militaires gardiens des *marches* ou frontières. (Leurs troupes s'appelaient *maréchaussées*.)

840 — *Barons.* Officiers, commandant les forts ou *barrières*, qui défendaient l'entrée des provinces.

884 — *Vicomtes.* Suppléants ou lieutenants des comtes.

978 — *Grand sénéchal.* Cette dignité, d'abord attaché à un grand officier de la cour, devint une dignité militaire, en 1060, et donna droit au commandement des armées. Il fut supprimé en 1191.

987 — *Gouverneurs, lieutenants du roi, majors de place.* Emplois supprimés en 1791, rétablis depuis.

1110 — *Porte-oriflamme.* Cette charge cessa d'exister en 1461.

1185 — *Maréchaux de France.* Cette dignité ne fut pas, dans le principe, accordée à vie, et ne s'exerçait que par commission.

1197 — *Grand maître des arbalétriers.*

1291 — *Maîtres de l'artillerie.*

1302 — *Capitaines généraux.* C'étaient les gouverneurs sous un nouveau titre.

1344 — *Maître souverain de toutes les artilleries de France.*

1350 — *Commissaires généraux.* Ils remplissaient les fonctions d'*inspecteurs* des troupes. Ce fut tantôt une commission, tantôt un grade.

1355 — *Capitaines.* Nouvelle dénomination des chevaliers *Bannerets*. Ils eurent le commandement des compagnies.

1355 — *Chevaliers.* Cette dénomination remplaça celle de *Bachelier*.

1355 — *Maîtres.* Ce titre fut donné aux hommes d'armes non nobles, pour les distinguer des *chevaliers*; dans la suite il servit principalement à désigner les soldats de la cavalerie légère. On disait qu'une compagnie de hussards ou de dragons se composait de tant de *maîtres*.

1356 — *Commissaires des guerres.* Ils ne portèrent l'uniforme qu'en 1746, et ne furent réputés militaires qu'en 1767.

1356 — *Contrôleurs des guerres.* Office supprimé en 1782.

1378 — *Maître général visiteur de l'artillerie du roi.* Titre qui remplaça celui de *maître souverain de toutes les artilleries*.

1444 — *Lieutenant.* Le second officier d'une compagnie.

1444 — *Enseigne.* Officier chargé de porter le drapeau d'une compagnie d'infanterie, ou l'étendard d'une compagnie de cavalerie.

1444 — *Guidon.* Officier chargé de porter l'étendard ou *guidon* d'une compagnie de gendarmerie. Emploi supprimé en 1776.

1444 — *Cornette.* Officier chargé de porter la *cornette* d'une compagnie de cavalerie légère; supprimé en 1776.

1444 — *Maréchaux des logis.* Ils remplissaient, dans les compagnies de cavalerie, les fonctions des sergents dans celles d'infanterie.

1444 — *Trompettes.* Ce n'est qu'à cette époque qu'elles furent introduites dans la cavalerie française.

1445 — *Capitaines généraux.* Ce titre, donné, en 1302, aux gouverneurs des provinces, devint celui des chefs des quatre grandes bandes des francs-archers. — En 1479, les Albanais, et en 1494 la cavalerie légère eurent des *capitaines généraux*.

1445 — *Cadets gentilshommes.* Ils commencèrent à être attachés aux compagnies.

1485 — *Sergent.* C'était d'abord un officier qui commandait la compagnie, sous les ordres du capitaine; plus tard ce ne fut plus qu'un sous-officier.

1495 — *Porte cornette blanche.* La cornette blanche unie, sans ornements, sans broderies, sans fleurs de lis, était l'enseigne royale. — La cornette parsemée de fleurs de lis était celle de la cavalerie légère.

1445 — *Coutiliers.* Ce fut le nouveau titre que prirent les écuyers. Ces militaires eurent le commandement des *archers de l'homme d'armes* auquel ils étaient attachés. — Ils reprirent, en 1515, le titre d'*écuyers*, et furent définitivement supprimés en 1547.

1477 — *Maître en chef de l'artillerie.* Nouveau titre donné au *maître général visiteur de l'artillerie*.

1515 — *Sergent major général de l'infanterie.* Il avait des fonctions analogues à celles d'un chef d'état major général. — En 1812, il eut le titre de *major général*.

1515 — *Sergents de bataille.* Ils étaient chargés de faire ranger l'armée en bataille, d'après les instructions du *sergent major général*. Ils furent supprimés en 1668.

1515 — *Controleur général de l'artillerie.* C'était un officier d'administration militaire.

1515 — *Sergents majors.* Ils avaient un emploi analogue à celui des *majors* de régiments, titre qui devint le leur en 1670; cependant, jusqu'en 1745, les brevets qui leur étaient délivrés portèrent le titre de *sergents majors.* — Supprimés en 1790, ils ont été rétablis depuis.

1534 — *Maréchaux de camp.* Ce ne fut pendant long-temps qu'un emploi donné par commission. Les maréchaux de camp reçurent, en 1793, le titre de *généraux de brigade*; ils reprirent, en 1814, leur première dénomination.

1534 — *Aides-de-camp.* Ils ont existé de tout temps, mais ils ne prirent ce titre que lorsqu'ils furent spécialement chargés d'aider le maréchal de camp dans la répartition du logement des troupes.

1534 — *Colonels.* Emploi créé en 1534, mais qui ne fut rempli qu'en 1543. Ils étaient les chefs des légions organisées par François 1er. Ils devinrent ceux des régiments d'infanterie. Ils ont porté, de 1793 à 1803 le nom de *chefs de brigade*.

1534 — *Centeniers.* Officiers des légions, titre et grade supprimés en 1558.

1534 — *Fourriers.* Bas officiers chargés de tous les détails des logements d'une compagnie. Il y eut des *fourriers généraux* et des *fourriers majors* d'armée quoique les auteurs militaires n'en fassent pas mention. Les fourriers généraux, supprimés en 1792, s'appelaient *fourriers marqueurs*. Mon père est le dernier officier qui ait rempli ces fonctions à l'armée du Rhin.

1534 — *Caps d'escadre.* Titre qui précéda celui de *caporal.* Une *escadre* (nommée depuis *escouade*) formait la quatrième partie d'une *centene*, et se composait de 25 hommes.

1534 — *Lanspessades* ou *Anspessades.* Soldats appointés, ou de première classe. Ils suppléaient les caporaux.

1534 — *Tambourins.* Ils reçurent le nom de *tambours* en 1558.

1534 — *Fifres.* Ils furent employés pour la première fois dans les légions créées par François 1er.

1535 — *Mestres de camp.* Ce titre, commun d'abord à tous les colonels, s'appliqua ensuite seulement aux chefs des régiments de cavalerie. Il fut supprimé en 1788.

1536 — *Grenadiers.* Soldats d'élite.

1543 — *Colonels généraux.* Nouveau titre que prirent les capitaines généraux chargés du commandement des troupes. Le titre de capitaine général fut réservé pour les gouverneurs de province. La dignité de *colonel général* fut supprimée en 1790.

1543 — *Surintendant général des fortifications.* Devint en 1693 le *directeur général des fortifications.* Emploi supprimé en 1762.

1543 — *Lieutenants colonels.* Ce ne fut long-temps qu'une fonction; elle devint grade en 1767.

1547 — *Ministres de la guerre.* Depuis la création de cette charge, jusqu'à la fin de 1792, on compte 45 ministres de la guerre.

1552 — *Mestres de camp généraux.* Dignité supprimée en 1790.

1558 — *Aumôniers.* Il y en a toujours eu dans les armées de la monarchie; mais ce ne fut qu'à cette époque qu'on en attacha spécialement aux corps militaires.

1558 — *Caporal.* Nouveau titre des *caps d'escadre.*

1560 — *Lieutenant colonel de la cavalerie légère.* Charge supprimée en 1655.

1577 — *Aides majors de place.* Emploi supprimé en 1791.

1585 — *Sous-lieutenant.* Troisième officier d'une compagnie.

1590 — *Brigadier.* Sous-officier d'une compagnie de cavalerie.

1598 — *Grand maître et capitaine général de l'artillerie.* Nouveau titre du *maître en chef de l'artillerie.* Cette charge fut supprimée en 1755.

1602 — *Maréchal général des logis, des camps et armées, maréchal général de la cavalerie.* Charges supprimées en 1690.

1602 — *Directeurs des fortifications.* Ils reçurent, en 1690, le titre de *directeurs du génie.*

1602 — *Ingénieurs ordinaires du roi.* Ils ne formèrent un corps spécial qu'en 1690.

1613 — *Maréchaux de bataille.* Emploi de cavalerie, analogue à celui des sergens de bataille dans l'infanterie. Ils furent supprimés en 1667.

1633 — *Lieutenants généraux.* Officiers généraux qui ont rang immédiatement après les maréchaux. De 1793 à 1814, ils se sont nommés *généraux de division.*

1635 — *Intendants d'armée.* Devinrent, en 1704, *commissaires ordonnateurs en chef*

1637 — *Commissaires généraux.* Supprimés en 1654.

1651 — *Aides et sous aides majors.* Supprimés en 1776.

1651 — *Chirurgiens.* Il n'y avait à cette époque qu'un chirurgien par régiment.

1651 — *Tambours et trompettes majors.* Les trompettes majors furent supprimés en 1788, et remplacés par les *trompettes brigadiers.*

1657 — *Commissaire général des fortifications.* Emploi supprimé en 1703.

1660 — *Maréchal général des camps et armées.* Il commandait tous les maréchaux de France. On en compta cinq, à différentes époques: le premier fut Turenne, et le dernier le maréchal de Broglie.

1665 — *Haut-bois.* Il n'y en eut d'abord que dans les compagnies de mousquetaires et de dragons.

1667 — *Brigadiers des armées.* Créés, dans le principe, pour commander les brigades de cavalerie légère; ils furent introduits, en 1668, dans l'infanterie. Leur emploi a été supprimé en 1788.

1668 — *Inspecteurs généraux.* Ce fut une fonction et non pas un grade.

1670 — *Major général.* Titre nouveau donné au *sergent major général.*

1670 — *Majors.* Titre nouveau des sergents majors.

1688 — *Ingénieurs géographes.* Ils ne formèrent un corps militaire qu'en 1777.

1690 — *Directeurs de l'artillerie.* Nouveau titre des *maîtres de l'artillerie*, créés en 1291.

1692 — *Conseillers commissaires aux revues.* Réunis, en 1704, aux *commissaires des guerres.*

1692 — *Timballiers.* Ils furent attachés aux régiments de cavalerie.

1694 — *Directeurs généraux.* Il y en eut quatre pour la cavalerie, et quatre pour l'infanterie. C'étaient des adjoints au ministre de la guerre: Leurs fonctions furent supprimées à la mort des premiers titulaires.

1704 — *Commissaires ordonnateurs en chef.* Titre nouveau des intendants d'armée.

1704 — *Commissaires provinciaux.* Emploi supprimé en 1790.

1704 — *Commissaires ordonnateurs.*

1762 — *Porte-drapeaux et porte-étendards.*

1762 — *Quartiers maîtres trésoriers.* Eurent, dans le principe, rang de sous-lieutenants.

1766 — *Musiciens.* Les clarinettes entrèrent dans les corps qu'en 1775.

1766 — *Officiers d'état major.* Ils se divisaient en trois classes: *colonels, lieutenants colonels et capitaines ou lieutenants.* Supprimés en 1776, et rétablis en 1778; mais seulement du grade de capitaine. Ils reçurent, en 1791, le titre d'*adjoints à l'état major général.*

1768 — *Sous-aides majors de place.* Titre substitué à celui de *capitaine des portes.* Cet emploi fut supprimé en 1791.

1771 — *Adjudants sous-officiers.* Ils remplacèrent les *aides et sous aides majors.*

1774 — *Colonels et mestres de camp en second.* Emploi supprimé en 1788.

1774 — *Chefs de bataillon ou d'escadron.* Emplois supprimés en 1776; rétablis depuis.

1775 — *Maîtres armuriers.*

1776 — *Sergents majors et maréchaux des logis chefs.* Les premiers sous-officiers des compagnies.

1776 — *Maîtres selliers, maîtres maréchaux et maréchaux ferrants.*

1776 — *Fraters.* Supprimés en 1790.

1788 — *Maîtres tailleurs, guêtriers, cordonniers et bottiers.*

1788 — *Majors en second.* Supprimés en 1790.

1788 — *Caporaux, tambours et trompettes brigadiers.*

1788 — *Carabiniers à pied.* Soldats d'élite.

1790 — *Adjudants généraux.* Ils remplacèrent les maréchaux de camp dans les fonctions de *chefs d'état major.*

1790 — *Adjudants majors.*

1790 — *Commissaires auditeurs.* Créés pour être les assesseurs des grands juges militaires. Supprimés en 1792.

1791 — *Adjudants de place.* Officiers créés pour remplacer les majors et sous-aides majors.

1791 — *Aides commissaires des guerres.* Reçurent, en 1793, le titre d'*adjoints aux commissaires des guerres.*

A. HUGO.

On souscrit chez DELLOYE, Éditeur, place de la Bourse, rue des Filles-Saint-Thomas, 8.

Paris. — Imprimerie et Fonderie de RIGNOUX et Comp., rue des Francs-Bourgeois-Saint-Michel, 8.

FRANCE MILITAIRE.

OUVERTURE DE LA CAMPAGNE DE 1793.

PREMIÈRES TENTATIVES SUR LA HOLLANDE. — REVERS EN BELGIQUE.

SOMMAIRE.

Le 21 janvier. — Dispositions de l'Europe. — Déclaration de guerre. — Situation militaire de la République. — Mesures arrêtées par la Convention. — Plan de campagne adopté. — Desseins secrets de Dumouriez. — Armée du Nord. — Conduite de Dumouriez. — Proclamations. — Invasion de la Hollande. — Prise de Bréda. — Prise de Kluudert. — Prise de Gertruydenberg. — Camp des Castors. — Revers en Belgique. — Départ de Dumouriez. — Abandon de l'expédition de Hollande. — Plan des ennemis. — Armée coalisée. — Blocus de Maëstricht et de Venloo. — Combat d'Eschweiler et d'Aldenhoven. — Évacuation d'Aix-la-Chapelle. — Levée du blocus de Maëstricht. — Prise de Tongres. — Retraite sur Saint-Tron. — Combat de Tongres. — Retraite sur Tirlemont et Louvain.

GRANDE ARMÉE DU NORD. — Général en chef : Dumouriez.
Armée de Hollande. — Dumouriez. — Flers.
Armée de Belgique. — Miranda.
Armée des Ardennes. — Valence.

ARMÉE COALISÉE. — Général en chef : Prince de Saxe-Cobourg.
Hollandais. — Prince d'Orange.
Anglais. — Duc d'York.
Prussiens. — Duc de Brunswick.
Autrichiens. — Archiduc Charles.

Le 21 janvier. — L'année 1793 commença par un crime épouvantable, le meurtre juridique de Louis XVI. La mort d'un roi, suivant les circonstances, peut être la suite d'une émeute, le fait d'un assassinat, l'acte d'une vengeance privée; c'est alors un crime, mais un crime qui rentre dans la classe des crimes ordinaires, quoique ses conséquences puissent d'ailleurs avoir des effets plus étendus. Mais ce qu'il y a d'atroce et d'infâme, c'est de revêtir la réaction politique des formes de la loi, de cacher le bourreau sous la robe du juge, la vengeance sous un décret, de formuler la haine en arrêt. Robespierre, avec cette logique froide et inflexible, partie si caractéristique de son talent, a lui-même flétri d'avance la Convention, lorsque, parlant le dernier dans la mémorable séance qui décida du sort de Louis XVI, il réclama la mort du roi en s'écriant : «Ce « n'est pas un homme que nous puissions juger, mais « c'est un homme que nous devons tuer.» La mort de Louis, en effet, pouvait importer aux opinions politiques d'une partie des membres de la Convention; mais qui oserait dire aujourd'hui que cet homme, foncièrement honnête, nourri de bonnes intentions, rempli des sentiments les plus généreux, ait, d'après aucune loi antérieure à son exécution, mérité la mort qu'on a cru pouvoir légalement lui infliger par un jugement solennel? Un tribunal, fût-il même valablement constitué, peut rendre un arrêt inique : ce n'est pas le juge qui fait là bonté du *verdict;* la légitimité de la peine, c'est la justice. Ces réflexions graves, à nous inspirées par un des plus grands événements des temps modernes, qu'on ne croie pas que nous voulions les restreindre aux calamiteuses journées de la Révolution; nos vues sont plus larges, et si l'historien pouvait verser l'infamie sur les tribunaux qui prennent les emportements des passions politiques pour les inspirations de la conscience, nous aurions à flétrir, non-seulement la Convention érigée en tribunal, et les jurys d'institution révolutionnaire, mais encore les commissions temporaires, militaires, exceptionnelles, les cours prévôtales et royales qui ont pris ou qui prendraient encore la statue de la vengeance du moment pour la représentation de la justice éternelle. Les réactions honteuses, cachées sous les formes de la légalité, sont ce qu'il y a de plus vil au monde. La Convention, qui s'attaqua d'abord à un roi, s'en prit ensuite à ses propres membres : ministres, généraux, magistrats, députés, tous passèrent successivement sous le niveau fatal. Le crime de la veille justifiait celui du lendemain. Leur succession même faisait jurisprudence; car on conservait la prétention d'agir légalement. Il y avait des magistrats pour accuser, des jurés pour prononcer la culpabilité, des juges pour appliquer la peine, jusqu'à un public pour applaudir à la condamnation. — «Ce n'est pas un assassinat, disaient les hommes d'alors, c'est un jugement!...»

Dispositions de l'Europe après le 21 janvier. — « Déjà, après le 10 août, les nations européennes, au dire d'un des plus spirituels ambassadeurs étrangers, s'étaient éloignées du gouvernement français avec cette espèce de dédain et de dégoût qui porte un homme de bonne éducation à s'écarter de celui qui est livré à quelque vice honteux, tel que l'ivrognerie ou la débauche de bas étage.» L'événement du 21 janvier décida tous les gouvernements européens à s'armer contre le gouvernement républicain. Leur politique ne pouvait plus être indécise. «La tête sanglante de Louis était (suivant l'expression énergique de Danton) un terrible gant de bataille que la Convention venait de jeter à tous les rois.»

L'Angleterre, qui avait passé plusieurs années à préparer ses hostilités et à fomenter nos troubles, était prête : ses vaisseaux couvraient les mers. Nos colonies et notre commerce devaient succomber. Pitt avait trop d'habileté pour négliger, comme occasion de rupture, un assassinat dont l'Angleterre avait la première donné l'exemple à l'Europe effrayée, exemple que depuis, par une politique adroite, elle semblait se reprocher chaque année.

L'Espagne avait tenté de sauver Louis XVI; elle

arma après sa mort pour venger un attentat qu'elle ne pouvait plus empêcher, mesure impolitique, inutile, et qui, plus tard, devait lui devenir fatale; car elle concourait ainsi au développement de puissance d'un État maritime, rival inexorable de tous les États qui possèdent des côtes étendues, des rades sures, de riches colonies, des vaisseaux armés et des marins hardis. Dans sa lutte contre la France, l'Espagne, en effet, a perdu au profit de l'Angleterre, pour qui elle a combattu, sa marine et ses possessions d'outre mer.

La Hollande se trouvait par les traités dans la dépendance de l'Angleterre; elle armait en même temps et se préparait aux mêmes conséquences, sans pour cela devoir profiter des mêmes avantages.

La Diète germanique, justement irritée contre la France, à cause de l'irruption de Custine sur son territoire, armait aussi dans le même but.

Une coalition générale se préparait, assez formidable pour que la cour de Rome, ordinairement si prudente, et le roi de Naples, naguère menacé dans son pays par une flotte française, se disposassent à y prendre part.

Quatre États en Europe gardèrent seuls la neutralité: la Turquie, par impossibilité et par incapacité; la Suède, parce qu'il s'y préparait une révolution; le Danemarck, parce qu'il s'y trouvait un homme habile, Bernsdorf, ministre qui avait compris les vues ambitieuses de l'Angleterre et les vrais intérêts de son pays; la Suisse enfin ne prit aucun parti, malgré les regrets légitimes que devait lui causer le massacre des défenseurs de la royauté au 10 août. Il aurait fallu une décision de la Diète et la réunion de toutes les voix au moment où toutes les opinions tendaient à les désunir. Cette difficulté décida la Suisse à repousser les instigations de l'Angleterre.

Le mauvais vouloir de l'Europe envers le gouvernement républicain se manifesta d'abord par un acte du ministère anglais. Au moment où l'on reçut à Londres la nouvelle de la mort de Louis XVI, le ministère britannique adressa au ministre Chauvelin l'invitation de quitter la Grande-Bretagne. Un envoyé du gouvernement français, Maret (depuis duc de Bassano), qui allait à Londres pour une mission pacifique, se vit à son arrivée à Douvres obligé de rebrousser chemin. Le cabinet anglais néanmoins n'alla pas au-delà de ces deux actes de rupture; il voulait laisser l'initiative à la Convention.

Déclaration de guerre. — En effet, peu de jours après, cette assemblée, éclairée enfin sur les projets des puissances européennes, se décida, le 1er février, à déclarer la guerre à l'Angleterre et à la Hollande, déclaration qui fut suivie, un mois plus tard, d'une dénonciation pareille au roi de l'Espagne.

Situation militaire de la République. — Le décret de la Convention avait été précédé d'un rapport fait par Dubois-Crancé au nom du comité de la guerre, sur la situation militaire de la République. Ce rapport est d'une trop haute importance pour que nous le passions sous silence: il prouve que, si l'attitude victorieuse de l'armée de Dumouriez sur la Roër abusait les hommes vulgaires sur les premières chances des hostilités, les députés les plus éclairés de la Convention comprenaient néanmoins l'importance de la lutte qui allait être engagée, et mesuraient avec sagacité les efforts qu'il faudrait opposer à l'Europe conjurée. Nous remarquerons néanmoins, afin de ne point donner à l'Assemblée plus de part qu'elle n'en mérite dans cette circonstance, que l'orateur, probablement auteur du rapport, appartenait à l'armée.

« La République, dit Dubois-Crancé, pouvant être attaquée au nord, à l'est, au midi et sur les côtes de l'Océan, doit examiner d'abord quels sont les points où elle peut agir avec plus de succès offensivement ou défensivement. — Elle doit profiter des obstacles de la nature, partout où ils lui permettent de se tenir avec assurance et succès sur la défensive. Si les Français franchissaient les défilés pour attaquer des ennemis séparés d'eux par des chaînes de montagnes, ils se priveraient de l'avantage de se défendre avec un petit nombre d'hommes contre des armées nombreuses. D'ailleurs le système défensif, quand il n'entraîne aucun danger, est celui d'une nation juste....

« Votre comité pense donc que vous devez garder la défensive à l'est et au midi, à moins que de nouvelles circonstances n'en décident autrement. Les deux points sur lesquels le roi de Sardaigne peut vous attaquer dans le midi sont la Savoie et le comté de Nice, ces deux pays sont assez éloignés l'un de l'autre et assez séparés par les obstacles naturels pour qu'une armée soit nécessaire dans chacun d'eux. Sur les frontières d'Espagne, les deux principaux points par où les troupes espagnoles pourraient pénétrer sont également aux deux extrémités de la chaîne des Pyrénées. Cependant, comme il se trouve un troisième passage au milieu, votre comité pense qu'il faut établir dans ce point trois armées, savoir: une sous Perpignan, pour défendre Bellegarde et Mont-Louis et protéger les côtes, l'autre vers Bayonne, et enfin établir au centre, vers Toulouse, un corps de réserve sous les ordres du général en chef de ces trois corps, qui sera destiné à se porter avec rapidité vers les points menacés....

« L'Espagne ne peut porter aux frontières que 40,000 hommes disponibles; en lui opposant une force égale, la guerre défensive est pour nous sans dangers: les trois armées des Pyrénées seront donc ensemble de 40,000 hommes.

« Les troupes du roi de Sardaigne s'élèvent à 46,000 hommes; mais il faut qu'il garde les places, qu'il garantisse son propre pays des révolutions. Il ne peut donc mettre en campagne que 30 à 36,000 hommes. L'Autriche lui a envoyé un secours de 10,000 hommes; elle lui en fait espérer de nouveaux. Le comité pense qu'avec 40,000 hommes de ce côté on pourra soutenir la guerre défensive avec succès.

« Les côtes de la Méditerranée et de l'Océan doivent être gardées par de fortes garnisons et par une armée d'observation.

« C'est donc au nord que vous devez déployer tous les moyens d'une guerre offensive, et votre premier vœu sera sans doute d'empêcher et même de détruire les préparatifs hostiles d'une puissance [1] qui paraît

[1] L'Angleterre.

disposée à nous faire la guerre. Toujours cette puissance craint une descente; jamais le projet ne s'en est effectué, et n'a jamais été sérieusement préparé; mais il sera sans doute suivi avec plus de force et d'énergie sous le régime de la liberté; vous y destinerez 40,000 hommes d'embarquement. »

Dubois-Crancé, évaluant ensuite les forces disponibles de l'ennemi, compta 60,000 Prussiens, 68,000 Autrichiens, 12,000 Hessois, 40,000 soldats des cercles allemands, 30,000 Sardes et 40,000 Espagnols; en tout 250,000 hommes[1]; mais, sans s'arrêter à ces données, il posa en principe que l'effectif des armées françaises ne pouvait être moindre de 502,000 hommes, et proposa les mesures suivantes :

« 1° Les armées du Nord, depuis Dunkerque jusqu'au pays de Gex, y compris les garnisons, seront disposées comme il suit : 150,000 hommes de Dunkerque à la Meuse, 50,000 entre la Meuse et la Sarre, 150,000 de Mayence à Besançon et de Besançon jusqu'au pays de Gex, total 350,000 hommes, dont 30,000 de cavalerie et 6,000 d'artillerie de parc, non compris celle destinée au service des pièces de bataillons. Chacune des armées sera pourvue d'équipages de siége, de pontons et généralement de tout ce qui est nécessaire pour opérer offensivement.

« 2° Il sera établi une réserve vers Châlons, composée de 25,000 hommes, dont 3,000 de cavalerie, 1,200 d'artillerie, avec tout l'attirail nécessaire pour se porter partout où le besoin se fera sentir.

« 3° L'armée des Pyrénées sera de 40,000 hommes divisés en trois corps, dont 30,000 d'infanterie, 8,000 de cavalerie et 2,000 d'artillerie. Les armées des Alpes et du Var seront chacune de 16,000 hommes d'infanterie, 4,000 de cavalerie et 800 d'artillerie; celle des côtes de l'Océan, ou d'embarquement, de 40,000 hommes, dont 35,000 d'infanterie, 4,000 de cavalerie et 1,000 d'artillerie.

« 4° Chacune de ces armées aura un état-major particulier. Une réserve de 6,000 hommes, dont 2,000 dragons, sera formée pour la garde des côtes de Bretagne. »

Mesures arrêtées par la Convention. — Il y aurait sans doute quelques observations de détail à faire sur ces propositions, aux vues hautes desquelles on ne peut s'empêcher d'applaudir. L'objection la plus grave qui pouvait être élevée, était celle de disposer ainsi publiquement, par un projet de loi, les préparatifs de défense du territoire. La Convention en comprit sans doute le danger, puisqu'elle en ajourna l'adoption; elle arrêta de porter les armées au complet de 502,000 hommes, mais sans déterminer les moyens qu'on devait employer pour y parvenir, ce qui fit perdre un temps précieux. — Ce fut, en effet, le 24 février seulement, que la levée de 300,000 hommes fut décrétée.

La guerre était déclarée, toute l'Europe marchait contre la France, et, au lieu du brillant état militaire décrété, les armées républicaines, à l'ouverture de la campagne, ne présentaient encore que 270,000 hommes, ainsi répartis :

1° En Belgique, et destinés à l'expédition de Hollande	30,000
2° Devant Maëstricht, sur la Roër et dans le Limbourg	70,000
3° Armée de la Moselle	25,000
4° Armée de Custine à Mayence et sur le Rhin	45,000
5° Armée du Haut-Rhin	30,000
6° Armée en Savoie et à Nice	40,000
7° Enfin dans l'intérieur environ	30,000
Total	270,000

Le conseil exécutif ne comptait parmi ses membres aucun homme capable de concevoir un système général d'opération, et le ministre de la guerre Pache (qui ne tarda pas à être remplacé par Beurnonville) s'y entendant encore moins que ses collègues, il fallut se reposer de ce soin sur le général Dumouriez.

Plan de campagne. — S'il faut en croire le général Dumouriez, son plan de campagne, qui embrassait à la fois la défense de la Belgique et la conquête de la Hollande, était très simple; mais, n'ayant jamais été tenté, il devait paraître impraticable : c'était d'avancer avec un corps d'armée, rassemblé sur le Moërdyck, en masquant les places de Breda et Gertruydenberg sur sa droite, de Berg-op-Zoom, Steenberg, Klundert et Williamstadt sur la gauche, et de tenter le passage de ce bras de mer, qui est d'à peu près deux lieues, pour arriver à Dort, où, une fois débarquée, l'armée, se trouvant dans le cœur de la Hollande, n'aurait plus rencontré d'obstacles, en marchant par Rotterdam, Delft, La Haye, Leyde et Harlem jusqu'à Amsterdam. Dumouriez comptait prendre ainsi à revers toutes les défenses de la Hollande, pendant que le général Miranda, avec une partie de la grande armée, aurait masqué et bombardé Maëstricht et Venloo. Ce général devait, en apprenant le débarquement du général en chef à Dort, laisser Valence continuer le siége de Maëstricht et marcher lui-même, avec 25,000 hommes, sur Nimègue, où le général Dumouriez l'aurait joint par Utrecht. Ce plan de campagne, exécuté avec rapidité, devait, dans l'opinion de Dumouriez, rencontrer très peu d'obstacles, parce que le stathouder n'avait ni armée rassemblée ni plan de défense arrêté.

Desseins secrets de Dumouriez. — Ce projet fut sans doute celui que le général en chef fit connaître à ses lieutenants généraux; mais Dumouriez ajoute dans les mémoires qu'il a publiés depuis sa défection « qu'en

---

[1] Les forces de la coalition s'élevaient non-seulement à la moitié en sus de celles évaluées par Dubois-Crancé, mais elles se composaient encore de troupes qui étaient réputées les plus belles de l'Europe. Voici, d'après Jomini, quelle en était la composition :

1° *Autrichiens* : L'armée en Belgique	50,000
Le cordon sur le Rhin, de Coblentz à Bâle	40,000
Entre la Meuse et Luxembourg	33,000
2° *Prussiens* en Belgique	12,000
3° *Prussiens, Saxons, Hessois*, sur le Rhin	65,000
4° *Hollandais*	20,000
5° *Hanovriens, Anglais et Hessois*	30,000
6° *Austro-Sardes* en Italie	45,000
7° *Espagnols*	50,000
8° *Troupes de l'empire*, de Condé, etc.	20,000
9° *Napolitains et Portugais*	10,000
Total	375,000

cas de réussite, il avait le dessein, dès qu'il serait maître de la Hollande, de renvoyer dans les Pays-Bas tous les bataillons de volontaires nationaux; de s'environner de troupes de ligne et de ses généraux les plus affidés; de faire donner par les États-Généraux hollandais les ordres pour faire rendre toutes les places; de ne laisser faire dans le gouvernement que les changements les plus indispensables; de dissoudre le comité révolutionnaire hollandais; de préserver la république batave des commissaires de la Convention et du jacobinisme; d'armer sur-le-champ une flotte pour s'assurer des possessions de l'Inde et en renforcer les garnisons; d'annoncer aux Anglais une neutralité parfaite; de placer dans les pays de Zutphen et dans la Gueldre hollandaise une armée d'observation de 30,000 hommes; de donner de l'argent et des armes pour mettre sur pied 30,000 hommes du pays d'Anvers, des deux Flandres et de la Campine, sur lesquels il pouvait compter; de restreindre l'armée française dans le pays de Liége; d'annuler dans toute la Belgique le décret du 15 décembre; d'offrir aux peuples de s'assembler comme ils le voudraient pour se donner une forme solide de gouvernement telle qu'elle leur conviendrait; alors de réunir 40,000 Belges; d'y joindre de la cavalerie; de proposer aux impériaux une suspension d'armes; et, en cas de refus, de les chasser au-delà du Rhin; de former enfin une république des dix-sept provinces, si cela convenait aux deux peuples, ou d'établir une alliance offensive et défensive entre les deux républiques belge et batave, si la réunion ne leur convenait pas; de former entre elles deux une armée de 80,000 hommes; de proposer à la France de s'allier avec elles, mais à condition qu'elle reprendrait la constitution de 1789 pour faire cesser son anarchie; et, en cas de refus, de marcher sur Paris avec les troupes de ligne françaises et 40,000 Belges et Bataves, pour dissoudre la Convention et anéantir le jacobinisme [1]. »

Armée du Nord. — La grande armée du Nord, aux ordres de Dumouriez, se composait de trois corps ou armées différentes; celles de Hollande, de Belgique et des Ardennes. Quoique d'abord presque entièrement désorganisée, elle s'était accrue beaucoup depuis le commencement de 1793, tant par le retour des déserteurs que par l'arrivée de nouveaux corps de volontaires. Elle s'élevait alors environ à 124,000 hommes. Cette respectable force numérique fait encore mieux ressortir quelle faute le général en chef avait commise à la fin de la campagne précédente, en arrêtant ses troupes et en prenant ses quartiers d'hiver derrière la Roër [2].

[1] Le général Miranda prétend, dans ses *Mémoires*, que le plan secret de Dumouriez fut communiqué à quatre personnes; mais il cite seulement les noms de Lacroix, Danton et Westermann. Jomini exprime une opinion peu favorable sur cette conception, dont le général Dumouriez semble tirer vanité : « Que ce roman politique, dit-il, soit sorti de la tête d'un homme qui n'eût pas connu l'Europe, rien de plus excusable ; mais on ne peut pardonner à Dumouriez, qui avait tenu assez long-temps le portefeuille des relations extérieures pour connaître les intérêts des différentes cours : la maison d'Orange, la Prusse, sous alliée, l'Autriche, souveraine des Pays-Bas, l'Angleterre, toute l'Europe, en un mot, n'eût pas souffert alors la création de cette république nouvelle, qui aurait encore ameuté contre elle les violents révolutionnaires de la Convention. »

[2] Voyez plus haut, page 40.

Conduite de Dumouriez. — Dumouriez avait résolu son expédition, quoique la position de l'ennemi à Juliers devint menaçante, et qu'il y eût une extrême imprudence à pénétrer en Hollande, en laissant entre la Meuse et le Rhin et sur son flanc droit une armée ennemie qui se renforçait de jour en jour et qui présentait déjà un total de 84,000 hommes. Le corps du prince de Hohenlohe, réparti à Trèves et dans le Luxembourg, s'élevait en outre à 25,000 hommes qui, quoique observés par l'armée de la Moselle, pouvaient, de leur position centrale, accourir sur la Meuse et y décider des premières victoires. Dumouriez fonda particulièrement la réussite de son projet sur ce que les troupes bataves qui n'étaient pas affectées à la garde des places fortes étaient naturellement rassemblées du côté de Grave et de Maëstricht. Il s'agissait de rendre leur réunion impossible en tombant au milieu d'elles, avant même qu'elles eussent connaissance de sa marche : il chercha donc à donner le change sur le motif de son séjour à Anvers, et sur les préparatifs qui s'y faisaient; il feignit même de vouloir envahir la Zélande, projet qu'il avait conçu et abandonné quelque temps auparavant.

Proclamations. — Avant d'entrer en Hollande, il crut devoir se faire précéder par des proclamations. C'était une manière de communiquer avec les peuples et avec les troupes à laquelle il attachait une grande importance. Dumouriez, en qui la vanité tenait une si grande place, était fier des talents oratoires qu'il se supposait.

« Braves compagnons d'armes, dit-il à ses soldats, nous avons battu les satellites du despotisme et rendu la liberté à la nation belge, qui avait fait d'impuissants efforts pour se soustraire à la domination de l'Autriche. De nombreux bataillons viennent se réunir à vous pour défendre leurs foyers contre les Allemands. De nouveaux alliés nous attendent. Les Bataves, mûrs pour la liberté, gémissant sous la longue oppression d'un tyran subalterne, ne respirent que la vengeance. Ces Bataves nous appellent. Le Stathouder n'a pour lui que l'appui des Prussiens; il est chargé de la haine des véritables Hollandais. N'attendons pas que ses alliés viennent à son secours; dissipons-les en les prévenant. Marchons fièrement à une victoire assurée, et commençons cette campagne par nous faire un allié de plus... »

Une autre proclamation fut destinée à faire de la propagande parmi les Hollandais, que, dans le langage du jour, on appelait les Bataves. En voici quelques passages : « Nous entrons en Hollande comme amis des Bataves, et comme ennemis irréconciliables de la maison d'Orange. Son joug vous paraît trop insupportable pour que votre choix soit douteux. Ne voyez-vous pas que ce demi-despote qui vous tyrannise sacrifie à son intérêt personnel les intérêts les plus solides de votre république?.... Renvoyez en Allemagne cette maison ambitieuse qui depuis cent ans vous sacrifie à son orgueil. Renvoyez cette sœur de Frédéric-Guillaume, qui a à ses ordres ses féroces Prussiens, toutes les fois que vous voulez secouer vos chaînes. Cet appel des Prussiens est chaque fois une insulte pour les drapeaux de vos braves troupes. La maison d'Orange craint avec raison

que l'esprit de liberté ne les domine. Une armée républicaine ne peut pas long-temps servir la tyrannie!...»
Après s'être adressé au passions, Dumouriez s'adressait aux intérêts. « Les premiers qui se réuniront sous l'étendard de la liberté recevront non-seulement l'assurance des places qu'ils occupent au service de la République, mais de l'avancement aux dépens des esclaves de la maison d'Orange... J'entre chez vous à la tête de soixante mille Français libres et victorieux : soixante mille autres défendent la Belgique, et sont prêts à me suivre, si je trouve de la résistance... Nous parcourrons vos riches provinces en amis et en frères; vous verrez quelle est la différence des procédés entre des hommes libres qui vous tendent la main, et des tyrans qui inondent et dévastent vos campagnes. Je promets aux cultivateurs paisibles dont les maisons sont sacrifiées à la frayeur du tyran de les indemniser par la vente des biens de ceux qui auront ordonné ces inutiles inondations. Je promets aussi de livrer dans leurs mains et à leur juste vengeance la personne des lâches administrateurs, des magistrats ou commandants militaires qui auront ordonné ces inondations. Les Belges m'appellent leur libérateur; j'espère être bientôt le vôtre. »

Invasion de la Hollande. — Loin d'avoir soixante mille hommes, comme il s'en vantait et comme il le fit croire au gouvernement hollandais et à ses soldats eux-mêmes, Dumouriez n'avait pas à sa disposition le quart de ce nombre de combattants, ce qui ne l'empêcha pas de prendre l'offensive. Le 17 février, le corps d'expédition, fort d'environ 12 à 15,000 hommes seulement, pénétra sur le territoire hollandais, où il s'établit dans des cantonnements très serrés, depuis Berg-op-Zoom jusqu'à une lieue de Bréda. Dumouriez le rejoignit le 22 avec l'artillerie, qui consistait en 4 pièces de 12, 8 pièces de 8, 4 mortiers de 10 pouces, 20 petits mortiers à grenades et 4 obusiers. Le corps d'invasion était partagé en quatre petites divisions. L'avant-garde était sous les ordres du général Berneron; la droite sous ceux du général d'Arçon, la gauche avait pour chef Leclerc, et l'arrière-garde Tilly. — Flers, sous le prétexte de menacer l'Écluse, organisait à Anvers une cinquième division qui devait bientôt rejoindre cette petite armée, dont, par tous les moyens possibles, Dumouriez avait tâché de masquer la faiblesse numérique.

L'avant-garde s'avança sur la Merck, avec ordre de pousser un détachement en avant pour saisir tous les bateaux qui se trouvaient au Moërdyck, à Swaluwe et à Roowaerts. Berneron devait même franchir le bras de mer pour s'emparer de l'île et de la ville de Dort, et en ramener cent bateaux pontés pour le passage de l'armée. Cet ordre ne fut pas exécuté, et l'ennemi eut le temps de retirer ses embarcations. Berneron s'établit avec sa troupe sur la rivière de Merck, depuis Oudenbosh et Sevenberg, jusqu'à Breda. Il communiquait ainsi avec Daendels, qui commandait son détachement, et il pouvait le soutenir contre les sorties des garnisons voisines de Berg-op-Zoom, de Gertruydenberg et de Breda, au nombre desquelles se trouvaient trois régiments de dragons, plus forts que toute notre cavalerie, et qui eussent suffi pour faire replier l'avant-garde s'ils se fussent réunis; mais, en s'aventurant comme il le faisait, Dumouriez savait que l'ennemi n'avait aucun système général de défense, et que les commandants de ces villes fortes étaient de vieux officiers, timides, irrésolus, qui craindraient avant tout de compromettre leur garnison contre une armée qu'ils croyaient très forte.

Berneron et Daendels avaient donc pu passer sans rencontrer d'obstacle entre Berg-op-Zoom, Steenberg et Breda. — La division de droite reçut ordre d'attaquer cette dernière place, tandis que Leclerc, avec la division de gauche, bloquait Berg-op-Zoom et Steenberg. Dumouriez, avec l'arrière-garde, prit une position intermédiaire pour les soutenir au besoin. Berneron marcha en avant pour assiéger Klundert et Williemstadt. L'intention du général en chef, après s'être emparé des places fortes qui entourent le Moërdyck, était, comme nous l'avons dit, de traverser ce bras de mer, afin de pénétrer au cœur de la Hollande, et de marcher sur Amsterdam par La Haye et Leyde, en s'emparant de Dordrecht, de l'autre côté du Moërdyck.

Prise de Breda. — La ville de Breda, où la maison d'Orange avait de riches possessions, est très régulièrement fortifiée et défendue de plusieurs côtés par les inondations qui couvrent une partie de son enceinte. Elle avait une artillerie redoutable et renfermait une garnison forte de 2,200 hommes d'infanterie et d'un régiment de dragons; mais son commandant, le comte de Byland, plus propre au service de la cour qu'à celui d'une place forte, n'avait aucune idée de l'art militaire. D'Arçon s'approcha de la place sans prendre même la peine d'ouvrir une tranchée, et commença le feu avec deux batteries de 4 mortiers et de 4 obusiers. Les assiégés répondirent vivement pendant trois jours, ce qui n'empêcha pas quelques-uns de nos soldats d'aller *danser la Carmagnole* sur un des glacis. Trente cavaliers firent une sortie, sabrèrent les danseurs et rentrèrent dans la ville avec six prisonniers, mais non sans avoir eu quelques hommes tués. Le comte de Byland fut intimidé par cette espèce d'étourderie, et d'Arçon qui, faute de munitions, allait se voir forcé de renoncer à l'entreprise, imagina de faire une nouvelle sommation. Le colonel Philippe Devaux, aide de camp du général en chef, en fut chargé et parvint à effrayer tellement le gouverneur, que celui-ci se crut trop heureux de rendre la place en obtenant les honneurs de la guerre pour sa garnison. Les Français entrèrent le 27 à Breda, et y trouvèrent une immense quantité de bouches à feu, un arsenal et un parc d'artillerie complet.

Prise de Klundert. — Le commandant du petit fort de Klundert, dont la prise suivit de près celle de Breda, se conduisit avec beaucoup plus de courage. Voyant, après un siège de deux jours, que l'incendie allumé dans le fort ne lui permettait plus de s'y défendre, il encloua son artillerie et se replia sur Williemstadt, avec sa garnison de 160 hommes environ. Il fut rencontré dans sa retraite par un détachement batave de nos partisans, que commandait un colonel à qui il brûla la cervelle; mais lui-même subit presque aussitôt le même sort. On trouva sur lui les clefs du fort, et son détachement mit bas les armes.

Prise de Gertruydenberg. — Après ce premier succès, le général Berneron reçut ordre d'aller assiéger Williemstadt, et d'Arçon celui de se porter devant la place de Gertruydenberg pour en faire aussi le siége. Un vieux major général, nommé Bedault, commandait cette dernière place, dont la garnison était forte de 900 hommes et d'un régiment de dragons, gardes du Stathouder, et dont les fortifications étaient dans le meilleur état possible. Dumouriez désirait surtout s'en emparer comme d'un point qui pouvait protéger son passage du Moërdyck. Devaux se présenta le 1er mars devant le commandant de la place et lui fit une sommation. La réponse fut négative et fière. Notre feu commença. Celui de l'ennemi, qui ne nous incommodait pas beaucoup, parce que nous étions couverts par des parapets, se ralentit dans le fort de Douck, qui fut évacué pendant la nuit et occupé par nos troupes. Le fort de Steelliuve avait été pris la veille. Darçon établit aussitôt de l'artillerie dans le fort Douck, pour battre en brèche celui de Spuy, situé sur la gauche de la place, et nos troupes s'en emparèrent après quelque résistance. Un autre petit fort intermédiaire entre celui de Douck et la place fut aussi enlevé. L'ennemi semblait pourtant s'opiniâtrer à défendre la ville, dont la prise offrait encore de très grands obstacles, à cause de la profondeur des fossés, des avant-fossés et des inondations qui ne laissaient, pour arriver au corps de la place, que des digues étroites, enfilées par des batteries. Déjà le lieutenant colonel Lamarlière faisait des préparatifs pour tirer à boulets rouges, lorsque le colonel Devaux porta de nouveau au gouverneur une seconde sommation, conçue en termes si pressants, qu'il se résigna à capituler, aux mêmes conditions que Breda. Dumouriez entra dans la ville au moment de la signature, et dîna le même jour avec le vieux gouverneur. Cette nouvelle conquête valut à l'armée plus de 150 pièces de canon, 200 milliers de poudre, près de 3,000 fusils neufs, et, ce qui était bien plus précieux dans le moment, un excellent port et une petite flottille de bâtiments de diverses grandeurs, presque suffisante pour lui permettre d'effectuer enfin le passage du Moërdyck.

Camp des Castors. — Dumouriez avait son quartier général au bord de ce bras de mer, et de là il dirigeait les manœuvres de ses colonnes et veillait aux différents siéges qui se faisaient à droite et à gauche. Pour dérouter la cour de La Haye, qui, semblant ignorer, ou peut-être ignorant réellement encore le but de l'expédition, rassemblait sur Gorcum tous les éléments nécessaires à la défense principale, Dumouriez faisait continuer le siége de Berg-op-Zoom et de Steenberg. Boursier, commissaire-ordonnateur, homme habile et actif, était parvenu à armer 23 bâtiments, portant des vivres pour 1,200 hommes : il les fit descendre par le canal de Sevenberg à Roovaerts, petite anse très commode à un quart de lieue de Moërdyck, et, par ordre du général en chef, deux batteries, portant à mi-canal, furent établies, l'une à Moërdyck pour protéger l'embarquement, l'autre à Roovaerts pour défendre la flottille qui y stationnait. C'était autour de ces deux anses, entourées de canaux, que nos soldats baraquaient dans des huttes couvertes de paille et alignées sur les dunes, baignées par les eaux. Soutenus par l'activité et par la présence de Dumouriez, ils plaisantaient quelquefois sur cette espèce de cantonnement aquatique, qui prit le nom de *Camp des Castors*.

Revers en Belgique. — *Départ de Dumouriez.* — *Abandon de l'expédition.* — Tout semblait réussir au gré du général en chef et dépasser même ses espérances. Les Bataves, insurgés à son approche, accouraient en foule à son armée, apportant de l'or et des munitions de tous genres. Les obstacles semblaient vaincus; le Stathouder allait être surpris sur les bords du Biesbos, avant d'avoir pu rassembler assez de moyens pour en défendre le passage. La flottille était prête à recevoir les troupes. Le passage, fixé pour la nuit du 9 au 10 mars, était attendu par les soldats avec la plus vive impatience. Tout semblait enfin présager à Dumouriez le succès de cette expédition. Tout à coup la nouvelle de la déroute d'Aix-la-Chapelle, qui arriva le 3 mars au Camp des Castors, vint renverser ses espérances. Telle était cependant encore son extrême envie de poursuivre l'expédition de Hollande, qu'elle l'empêcha, dans le premier moment, de juger des obstacles qui, dès lors, la rendaient impossible. Il ne se décida que le 8 mars, après la nouvelle de nouveaux désastres et sur l'ordre positif du conseil exécutif, à rejoindre enfin l'armée en Belgique, après avoir laissé au général Flers le commandement de l'armée de la Hollande qui, après avoir jeté des garnisons dans Breda et Gertruydenberg, dut aussi se replier sur Anvers.

Plan des ennemis. — Le plan adopté par les coalisés ne valait pas mieux que celui arrêté par Dumouriez. La tâche de chasser les Français de la Belgique avait été confiée au maréchal prince de Cobourg, nommé à cet effet généralissime de l'armée qui devait agir entre le Rhin et la mer du Nord. « Ce prince, dit Jomini, connu par ses campagnes contre les Turcs, avait partagé avec le maréchal Suwarow l'honneur des victoires de Foczani et de Rimnisk. Élevé pour ainsi dire à l'école de ce grand capitaine, on crut qu'il avait profité de ses exemples ; mais Frédéric a dit judicieusement *qu'il ne suffisait pas d'avoir servi vingt ans sous le prince Eugène pour devenir habile tacticien*, et le prince de Cobourg mieux que personne prouva cette vérité : ni la force d'âme, ni le coup d'œil qui distinguaient le vainqueur d'Ismaël, ne firent la moindre impression sur le général allemand. Le conseil aulique de Vienne, appréciant sans doute sa médiocrité, lui donna pour mentor le colonel Mack, à qui des connaissances en castramétation et dans toutes les sciences utiles à la guerre faisaient déjà une grande réputation, mais qui manquait de tête et n'avait de la grande guerre qu'une théorie vague et erronée. »

Avant de commencer à mettre ses troupes en mouvement, le nouveau général combina, avec le duc de Brunswick, un plan d'opérations dont les bases principales furent : 1° que l'armée impériale commencerait par rejeter l'armée républicaine sur la rive gauche de la Meuse, afin de dégager Maëstricht, et qu'après le blocus de cette place importante, elle prendrait position derrière la Meuse, ajournant la délivrance de la Belgique jusqu'à la prise de Mayence, à cause du danger qu'il y aurait à dépasser Liége, aussi long-temps que Mayence serait au pouvoir des Français; et afin d'accélérer la reddition de cette place, un corps de 15 à 20,000 Autrichiens devait être détaché sur la rive gauche du Rhin, pour concourir aux opérations du siége; 2° que l'armée prussienne passerait le Rhin en laissant les troupes de l'empire devant Cassel, et chercherait à battre Custine en rase campagne, pour investir ensuite Mayence; 3° qu'aussitôt la prise de cette ville forte, l'armée impériale franchirait la Meuse pour reconquérir les Pays-Bas, à moins qu'elle n'espérât obtenir ce résultat par une invasion dans les provinces françaises.

Armée coalisée. — Il fut convenu que les troupes qui seraient mises en campagne pour atteindre ces différents buts seraient :

1° *Sur le Bas-Rhin*, Autrichiens. 54,800
Prussiens. 11,480
Contingent hanovrien et de Munster. . . . 4,200
    Total. 70,000

2° *Entre la Meuse, la Moselle et dans le Luxembourg*, Autrichiens. 33,400

3° *Sur le Haut et Moyen-Rhin*, Prussiens. 56,600
Autrichiens. 24,000
Hessois et Saxons. 20,000
Troupes des cercles. 4,000
Bavarois et contingents divers. 8,000
    Total. 112,600

En ajoutant à ces trois armées les 38,000 Anglais, Hanovriens et Hollandais qui s'y joignirent, et les 6,000 hommes de l'armée de Condé, prêts à se porter sur tous les points, on trouve au début de la campagne un total de 260,000 combattants, depuis Bâle jusqu'à la mer du Nord.

Blocus de Maëstricht et de Venloo. — D'après les instructions que Miranda avait reçues du général en chef au moment du départ de celui-ci pour l'expédition de Hollande, il devait brusquer le siége de Maëstricht, en écrasant cette ville de boulets, comme le duc Albert avait fait à Lille; et ainsi que nous l'avons dit, aussitôt le Moërdyck passé, il devait remettre la conduite du siége à Valence, faire attaquer Venloo par une division de son armée et marcher en toute hâte à Nimègue. Miranda possédait alors toute la confiance de Dumouriez. Maëstricht et Venloo furent, en effet, investis le 20 février. Le général Champmorin, excellent ingénieur, dirigeait l'attaque de la seconde de ces places; mais toutes deux avaient déjà été ravitaillées, et leurs garnisons renforcées par les Prussiens et par un corps d'émigrés. La résistance opiniâtre des émigrés empêcha Champmorin de s'emparer de Venloo; mais il parvint à occuper le fort de Sainte-Weuswert sur la Meuse, et celui de Saint-Michel, qui forme la tête du pont de Venloo. Cette opération, en assurant la communication sur la Meuse, facilitait les travaux du siége de Maëstricht; mais la lenteur et la mollesse que Miranda mit dans ses opérations donnèrent aux alliés le temps de venir au secours de Maëstricht.

Valence, obligé de faire un court voyage à Paris, avait remis le commandement de l'armée des Ardennes à Lanoue, vieillard qui n'avait plus l'énergie nécessaire. Thouvenot, chargé par Dumouriez du soin de le diriger, ne s'en était pas occupé, en sorte que Valence, à son retour, trouva tous les cantonnements disséminés et mal couverts; aucune mesure n'avait été prise pour le rassemblement de l'armée en cas de mouvement de l'ennemi. Quelques positions seulement étaient retranchées, celles de Hogen, d'Aldenhoven, etc.

Combats d'Eschweiler et d'Aldenhoven. — Bientôt ce que l'on devait craindre arriva. Les coalisés qui, dès le 26 février, s'étaient concentrés autour de Juliers, au nombre de 46 bataillons et de 56 escadrons; se mirent en mouvement le 1er mars. Ils n'ignoraient pas la dispersion des divisions françaises, et ils s'avancèrent sur plusieurs colonnes. L'avant-garde républicaine, placée sur la Roër, aux ordres de Stengel, dut se replier devant une masse aussi redoutable. Le général chercha cependant à rallier ses troupes près d'Eschweiler et d'Aldenhoven; mais, pendant que l'archiduc Charles se portait à droite sur Honingen pour le prendre en flanc, le prince de Wurtemberg l'attaquait de front. Cette attaque inattendue jeta dans nos avant-postes un désordre qui se communiqua de proche en proche. Les troupes assaillies de toutes parts cherchèrent à se replier dans les bois; l'armée entière se débanda. Quelques bataillons isolés s'étaient formés en colonne serrée; mais ils furent chargés et écrasés par la cavalerie ennemie. Quatorze canons et 1,500 hommes nous furent enlevés dans cette première journée.

Évacuation d'Aix-la-Chapelle. — Dampierre, ne pouvant plus conserver Aix-la-Chapelle, se vit forcé, le 2, de l'abandonner aux Autrichiens, conduits par le duc de Wurtemberg. Mais le même jour, Myaczinski, arrivant de Rolduc, en chassa l'ennemi et s'y établit. Ce retour de fortune ne dura pas. Le duc fit attaquer la ville par toutes ses forces. Une mêlée générale et des plus meurtrières s'engagea sur les places et dans les rues; mais il fallut enfin céder au nombre, et la brigade de Miaczinski se replia sur celle de Dampierre. La précipitation de la retraite de ces deux généraux sur Liége fut telle qu'elle entraîna celle du général Lanoue, qui couvrait le siége de Maëstricht avec l'armée d'observation postée à Herve. Cette armée de 15,000 hommes, attaquée sur ses deux flancs par des forces quadruples, ne parvint même à s'échapper qu'en éprouvant de grandes pertes. On évalua à 6,000 hommes tués, blessés ou prisonniers celles de cette seconde journée.

Levée du blocus de Maëstricht. — Les Autrichiens, dont le but principal était de secourir Maëstricht, s'étaient rapidement portés du côté de Wick, où commandait Leveneur; celui-ci se hâta de repasser la Meuse, emmenant son artillerie, et se replia sur Viset.

L'archiduc Charles entra dans Maëstricht le 3 au matin, et passa la Meuse le même jour, tandis que le gros de l'armée autrichienne campait derrière la ville. A son approche, Miranda s'était hâté aussi de lever le siége. Cependant ses forces, réunies à celles de Leveneur, auraient pu, avec quelques chances de succès, atteindre l'ennemi et l'empêcher, au moins pendant quelque temps, de passer la rivière.

Prise de Tongres. — Le 4 mars, l'Archiduc s'avança sur Tongres et parvint, après une vive attaque, à s'en emparer, ainsi que des hauteurs de Melin. Le courage des troupes du général Valence, qui venait de rejoindre le corps de Miranda, et le dévouement de nos artilleurs, ne purent garantir les retranchements de ce poste important.

Retraite sur Saint-Tron. — Pendant ces mouvements le gros de l'armée ennemie marchait sur Liége. Valence aurait voulu conserver cette place; mais la prise de Tongres, qui mettait en danger sa ligne de retraite, lui en ôtait la possibilité. Il rassembla donc toutes ses troupes sur Ance près la citadelle de Liége, et se replia le 5 sur Saint-Tron.

Cette retraite ne s'effectua pas sans combats. Contraint de repasser par Tongres pour se rallier aux divisions de Miranda, Valence dut se faire jour à travers les Autrichiens; mais telle était la rapidité de la retraite, que 26 bataillons, aux ordres du général Ilher, restaient en arrière. Tongres venait d'être occupé et Liége allait l'être. Le général Ilher, ainsi pressé par ses deux flancs, tandis que l'archiduc Charles allait lui barrer le chemin avec toutes ses troupes, se trouvait dans la position la plus critique, et sa perte semblait inévitable. Le chef d'escadron Turring, suivi de quelques chasseurs, parvint à traverser les postes ennemis et fit connaître au général Valence le danger de son lieutenant.

Combat de Tongres. — Aussitôt Valence, Dampierre, le duc de Chartres et Lamarche revinrent sur Tongres, à la tête des grenadiers, en chassèrent les Autrichiens et les rejetèrent sur la route de Maëstricht, débarrassant ainsi le chemin de Liége. La colonne d'Ilher parvint alors à rejoindre le gros de l'armée.

Champmorin et Lamarlière, qui commandaient la gauche française en avant de Ruremonde, et qui avaient été attaqués dès le 3 par le prince de Brunswick-Oels, soutenu du général Wenckheim, effectuèrent aussi leur réunion.

Neuilli et Stengel en firent autant, après s'être joints, en remontant la Meuse sur Namur, au général d'Harville, qui était resté inactif pendant cette déroute.

Retraite sur Tirlemont et Louvain. — Rassurés sur le sort des divers corps de l'armée, Valence et Miranda quittèrent Saint-Tron et se retirèrent sur Tirlemont et Louvain pour y rester en observation et couvrir le pays en attendant l'arrivée de Dumouriez, que des lettres pressantes rappelaient à la tête de l'armée de Belgique, et dont la position en Hollande devenait impossible à garder, du moment que, par la levée du siége de Maëstricht, les coalisés étaient devenus maîtres de la Basse-Meuse.

Ces désastres n'étaient malheureusement que le prélude d'un plus grand revers.

RÉSUME CHRONOLOGIQUE.

1793.

21 JANVIER. Mort de Louis XVI.
24 — Le cabinet anglais envoie à Chauvelin, ministre de la République, l'invitation de quitter le territoire britannique.
25 — Rapport de Dubois-Crancé à l'Assemblée nationale.
1er FÉVRIER. La Convention déclare la guerre à l'Angleterre et à la Hollande.
4 — Beurnonville est nommé ministre de la guerre.
5 — Blocus de Maëstricht.
10 — Prise du fort de Stephanwerd.
14 — Prise du fort Saint-Michel, sur la Meuse.
17 — Entrée de l'avant-garde sur le territoire Hollandais.
20 — Siége de Maëstricht. — Investissement de Venloo.
22 — Blocus de Berg-op-Zoom.
23 — Retour de Valence à l'armée des Ardennes.
25 — Prise de Breda par les Français.
27 — Prise de Klundert. — Siége de Willemstadt. — Prise de Berg-op-Zoom.

1er MARS. Siége de Gertruydenberg. — L'ennemi passe la Roër.
— Combat d'Aldenhoven. — Déroute d'Aix-la-Chapelle.
2 — Évacuation d'Aix-la-Chapelle par Dampierre.
2 et 3 — Levée du siége de Maëstricht.
3 — Entrée de l'archiduc Charles à Maëstricht.
4 — Combat de Saumaigne. — Prise de Tongres par les Autrichiens. — Retraite sur Diest.
5 — Évacuation des postes de Ruremonde par les Français.
6 — Évacuation du fort Saint-Michel. — Retraite sur Werth.
— Abandon des postes sur la Meuse.
7 — Prise de Gertruydenberg par les Français.
— La Convention déclare la guerre à l'Espagne.
9 — Première coalition contre la France. — L'Autriche, la Prusse, l'empire d'Allemagne, la Grande-Bretagne, la Hollande, l'Espagne, le Portugal, les Deux-Siciles, l'état ecclésiastique, le roi de Sardaigne y prennent part.
— Dumouriez quitte l'armée de Hollande pour revenir à l'armée de Belgique.

A. HUGO.

FRANCE MILITAIRE.

BATAILLE DE NERWINDEN.—DÉFECTION DE DUMOURIEZ.

SOMMAIRE.

Retour de Dumouriez à l'armée de Belgique. — Sa lettre à la Convention. — Nouvelles positions de l'armée française. — Prise de Tirlemont par les Autrichiens. — Reprise de Tirlemont par les Français. — Combat de Goizenhoven. — Dispositions des deux armées. — Bataille de Nerwinden. — Retraite des Français sur Cumptich. — Suites de la retraite. — Combat de Pellenberg. — Entrevue de Danton et de Dumouriez. — Première conférence avec Mack. — Seconde conférence avec Mack. — Projets de contre-révolution. — Arrestation des commissaires de la Convention. — Visite au camp de Saint-Amand. — Danger couru par Dumouriez. — Déclaration de Dumouriez. — Défection de Dumouriez.

ARMÉE FRANÇAISE.		ARMÉE AUTRICHIENNE.	
Général en chef.	Dumouriez.	Général en chef.	Prince de Saxe-Cobourg.
Lieutenants généraux.	Miranda. Duc de Chartres. Valence.	Lieutenants généraux.	Archiduc Charles. Clairfayt. Colloredo.
Réserve.	D'Harville.	Réserve.	Ferrari.

Le retour de Dumouriez à l'armée du Nord commença à calmer les inquiétudes qu'avaient fait naître les revers éprouvés à Aix-la-Chapelle; mais, après avoir rassuré l'armée, il fallait ramener les habitants de la Belgique, qui massacraient déjà nos soldats isolés, à des sentiments plus favorables à la nation française. Le général n'hésita pas à manifester son indignation des vexations et des exactions auxquelles ce peuple allié de la France se trouvait livré; il s'adressa aux Belges, chercha à les consoler, et leur promit le châtiment des proconsuls qui portaient dans le pays le brigandage et la dévastation. Pour qu'on ne doutât pas de sa parole, il fit lui-même arrêter les plus coupables, et malgré les ordres formels de la Convention, il rappela le 11 mars les administrateurs nationaux à leur poste, et fit mettre en liberté ceux que les commissaires conventionnels avaient fait arrêter. Cette conduite obtint un plein succès; la confiance succéda à la haine, et ce fut en s'arrachant aux hommages populaires que Dumouriez partit de Bruxelles pour rejoindre l'armée à Louvain.

Lettre de Dumouriez à la Convention. — Avant son départ, le 12 mars, il écrivit à la Convention pour justifier des actes qui outre-passaient ses pouvoirs, mais qui étaient commandés par le bien public; sa lettre était une accusation, et presque une déclaration de guerre contre le parti qui dominait l'assemblée.

«On vous flatte, on vous trompe, disait Dumouriez avec une franchise qui le perdit; je vais achever de déchirer le bandeau. On a fait éprouver aux Belges tous les genres de vexations : on a violé à leur égard les droits sacrés de la liberté : on a insulté avec imprudence leurs opinions religieuses.... Vos finances étaient épuisées lorsque nous sommes entrés dans la Belgique. Votre numéraire avait disparu, ou s'achetait au poids de l'or. Cambon, qui peut être un honnête citoyen, mais qui certainement est au-dessous de la confiance que vous lui avez donnée pour la partie financière, n'a plus vu de remède que dans la possession des richesses de ce pays... Le pouvoir exécutif a envoyé au moins trente commissaires. Le choix en est très mauvais. Ces agents de tyrannie ont été répandus sur la surface entière de la Belgique... Leurs exactions ont achevé d'exaspérer l'âme des Belges. Dès lors, la terreur, et peut-être la haine ont remplacé cette douce fraternité qui a accompagné nos premiers pas dans la Belgique. C'est au moment de nos revers que ces agents ont déployé le plus d'injustice et de violence. Les habitants nous ont regardés comme des brigands qui fuyaient, et, partout, les communautés et les villages s'arment contre nous. Ce n'est point ici une guerre d'aristocratie; car notre révolution favorise les habitants des campagnes; et cependant ce sont les habitants des campagnes qui prennent les armes : et le tocsin sonne de toutes parts.....»

Cette lettre prouverait seule que Dumouriez, incapable de comprimer ses sentiments dans la bonne comme dans la mauvaise fortune, n'était point né pour être un conspirateur.

Nouvelles positions de l'armée française. — La présence du général en chef avait rendu la confiance à l'armée, sur laquelle on avait dirigé les renforts de quelques garnisons; elle demanda à marcher à l'ennemi. Dumouriez résolut de ne pas laisser refroidir cet enthousiasme inespéré, et s'attacha d'abord à changer les mauvaises mesures qu'avait prises Miranda.

Dumouriez prit sur-le-champ d'autres positions. Les trois divisions (généraux Dampierre, Neuilly et Leveneur) aux ordres de Valence formaient la droite de l'armée. Elles furent placées à Hougaërde, et à Cumptich, débordant l'ennemi. La gauche, composée des divisions Miaczinski et Champmorin, sous les ordres de Miranda, fut établie entre Diest et Tirlemont, Miaczinski derrière la Gette; Champmorin occupa Diest, et dut mettre ce poste en état de défense. Il devait y laisser deux bataillons et 50 chevaux quand il recevrait l'ordre de marcher en avant. La division Lamarlière, laissant un détachement à Arschott pour communiquer avec Champmorin, fut dirigée sur Lier, afin d'éclairer la *Campine*, d'arrêter les Prussiens s'ils se portaient de ce côté, et de couvrir la retraite de l'armée de Hollande, qui renonçait au passage du Moërdick. Le général Flers avait, en effet, reçu l'ordre d'entrer dans Breda, le colonel Tilly dans Gertruidenberg, et le reste de l'armée, sous les ordres de Marassé, devait regagner les lignes d'Anvers. Westermann, avec la gendarmerie et la légion du Nord, fut placé aussi à Turnhout pour protéger, au besoin, le général Marassé dans sa retraite, communiquer avec le général Lamarlière, et, par lui, avec la grande armée. D'Harville restait, pendant ce temps, à Namur avec un corps de 7,000 hommes. Toutes ces dispositions tendaient à resserrer le front de la ligne française et à lui rendre sa continuité.

Prise de Tirlemont par les Autrichiens. — Cependant, le 15 mars, l'avant-garde ennemie attaqua Tirlemont, et fit prisonniers 300 hommes sur 400 qui formaient la garnison de cette place. Cette attaque décida Dampierre à abandonner Hougaërde, où il gardait les passages de la Gette, pour se retirer sur Louvain.

Reprise de Tirlemont. — Dumouriez, sentant néanmoins la nécessité de ne pas s'arrêter après un échec qui décourageait l'armée, résolut de reprendre Tirlemont. Dès le 16, il fit attaquer la forte avant-garde autrichienne qui gardait cette place et l'espace entre les deux Gettes, depuis la chaussée de Saint-Trond. Tirlemont fut repris après une vive résistance, et cette perte obligea les Autrichiens, dont la droite se trouvait débordée par la division Miaczinsky arrivée à Oplinter, à repasser le petit bras de la Gette, pour gagner les hauteurs de Neerlanden, Nerwinden, Mittelwinden et Oberwinden, qui couronnent un champ de bataille déjà arrosé, un siècle auparavant, en 1693, par le sang des Autrichiens et des Français.

Combat de Goizenhoven. — Dans cette retraite, ils firent la faute de ne point occuper Goizenhoven. Ce village, situé à une lieue et demie en avant de Tirlemont, entre les deux Gettes, sur une colline qui découvre toute la plaine, est défendu, en avant sur la droite et en arrière, par des haies et des fossés pleins d'eau. Lamarche s'y établit avec l'avant-garde.

L'ennemi occupait encore les deux villages de Meer et de Hakenhoven, que nos colonnes attaquèrent en débouchant de Tirlemont. Il essaya alors de reprendre Goizenhoven, dont la position écrasait ces deux villages; l'avant-garde autrichienne attaqua les Français avec impétuosité, et fit inutilement des prodiges de valeur. Les cuirassiers de l'empereur chargèrent à plusieurs reprises deux lignes d'infanterie postées derrière un double rang de fossés et de haies : ils furent attaqués à leur tour et complètement repoussés par le 5e régiment de hussards, à la tête duquel s'étaient placés, pour combattre, Valence et Lamarche. Les Autrichiens cherchèrent à tourner le village par la droite, mais ils furent encore repoussés de ce côté par la division Neuilly, qui venait prendre position à Heilissem. Ce combat, commencé entre deux avant-gardes de même force, et soutenu par leurs corps d'armée respectifs, dura huit heures et ne finit qu'à quatre heures de l'après-midi. Les Autrichiens perdirent plus de 1,000 hommes dans cette journée, et furent mis en pleine retraite. Cette affaire acheva d'électriser l'armée et décida Dumouriez à livrer une grande bataille,

dont le succès, qui lui paraissait alors inévitable, aurait pu se trouver compromis s'il eût attendu que la première ardeur des soldats (alors dans toute sa force) se fût dissipée. L'ennemi, d'ailleurs, attendait de nombreux renforts, dont le général français voulait prévenir l'arrivée.

Dispositions des deux armées. — Dumouriez, décidé à une bataille offensive, commit d'abord la faute de ne pas appeler à lui les généraux d'Harville et Lamarlière, dont les divisions eussent pu lui assurer un succès qui sembla dépendre de si peu de chose. Il mit son armée en bataille le 17 mars, et lui fit occuper une ligne de hauteurs entre les deux Gettes, la droite vers Heilissem, la gauche vers Orsmaël, avec des corps de flanqueurs à Oplinter et Goizenhoven. Les deux armées étaient séparées par la petite Gette, qui prend sa source auprès de Jaudrain et coule presque parallèlement à la grande, qu'elle va joindre au-dessous de Leaw. Cette rivière, encaissée, est bordée des deux côtés par des collines qui s'élèvent en amphithéâtre jusqu'au plateau supérieur, entre Lauden et Saint-Tron, qu'occupaient les impériaux. Le front de leur armée présentait une étendue de deux lieues, de Racourt à Halle. Les deux armées étaient de forces à peu près égales, environ 40,000 hommes; les Autrichiens avaient 9,000 hommes de cavalerie.

L'archiduc Charles, avec l'avant-garde, était posté à l'extrême droite; il s'appuyait à la chaussée de Tirlemont. Une division de cavalerie, chargée d'observer la plaine de Leaw, couvrait son flanc droit près du village de Dormaël. Le général Clairfayt commandait l'aile gauche, appuyée sur Oberwinden. Le front des impériaux était couvert par les villages de Mittelwinden, Nerwinden, Oberwinden et par la petite Gette. Leur centre se trouvait en avant de Saint-Tron et dans la direction de Tongres, disposition qui favorisait l'arrivée des convois qu'ils tiraient de Liége et de Maëstrich. La ville de Leaw, à l'extrême droite, n'était point occupée.

Cette position, déjà très forte par elle-même, était encore protégée par une grande ravine, au fond de laquelle coule un ruisseau. Au centre des villages d'Oberwinden, de Nerwinden et Mittelwinden, occupés par de forts détachements de Croates, se trouve un mamelon nommé la Tombe de Mittelwinden, et qui les domine tous trois, position des plus importantes et de laquelle on découvre toute la plaine. L'ennemi avait négligé de s'en emparer.

La droite de Dumouriez, aux ordres de Valence, s'étendait jusqu'à Goizenhoven, appuyée par le général Neuilly à Neerheilissem. Le centre, vers la chaussée de Tirlemont, était commandé par le duc de Chartres. Le général Dampierre était posté à Esmaël, en avant du centre, Miranda commandait la gauche, qui, disposée en potence, s'étendait des hauteurs d'Oplinter à Orsmaël. Miaczinski, avec sa cavalerie, occupait l'espace entre ce dernier village et le pont de la petite Gette.

Le général en chef divisa son armée en huit colonnes: les trois premières (généraux Lamarche, Leveneur et Neuilly), dirigées par Valence, devaient attaquer la gauche de l'ennemi; Miranda, avec trois autres colonnes (généraux Miaczinski, Ruault et Champmorin), avait l'ordre d'attaquer sa droite; enfin, le duc de Chartres, avec les deux autres généraux (Dietmann et Dampierre) devait effectuer l'attaque du centre.

Le plan général, conçu par Dumouriez, était, en abordant l'ennemi par la droite, de le culbuter successivement par un pivotement sur la gauche, appuyé au poste fortifié de Leaw, dont Champmorin devait s'emparer, et, par ce mouvement, de se porter sur Saint-Tron, et de rejeter les Autrichiens sur Tongres.

Bataille de Nerwinden.—L'attaque commença le 18 mars, entre sept et huit heures du matin. Toutes les colonnes s'ébranlèrent avec beaucoup d'ordre et passèrent la petite Gette sans obstacle; mais Lamarche, n'ayant pas trouvé d'ennemis dans la plaine entre Landen et Oberwinden, où il s'était porté, conformément aux ordres du général en chef, se rabattit sur la gauche au lieu de s'établir dans cette plaine, et vint se confondre avec la seconde colonne (Leveneur), déjà retardée par la marche lente de son artillerie. Vers les dix heures, cependant, Leveneur attaqua Oberwinden et la *Tombe* avec tant de vigueur qu'il les emporta; mais il ne put pas garder le mamelon, qui, repris par les Autrichiens, fut disputé toute la journée. Oberwinden et Racourt, qui avaient été aussi emportés dans cette première charge, furent repris également par l'ennemi.

La troisième colonne, aux ordres de Neuilly, s'était précipitée si impétueusement sur le village de Nerwinden, qu'elle en avait, en un instant, chassé les impériaux; mais, au lieu d'occuper ce village en forces et de s'y maintenir, Neuilly l'abandonna presque aussitôt pour s'étendre dans la plaine et se rapprocher de la seconde colonne.

Les Autrichiens se hâtèrent de profiter de cette faute pour réoccuper Nerwinden. Le duc de Chartres, qui aperçut cette manœuvre, se porta aussitôt sur ce point, à la tête de ses deux colonnes d'attaque, et parvint à reprendre Nerwinden une seconde fois. Mais ce village, encombré de troupes, exposé au feu concentrique des nombreuses batteries autrichiennes, fut assailli de nouveau et avec impétuosité par l'ennemi. La confusion se répandit dans nos masses; elles se mêlèrent, le désordre fut bientôt à son comble, et elles abandonnèrent encore une fois leur conquête.

Dumouriez arriva sur ces entrefaites et ordonna une troisième attaque du village par toute sa droite. Malgré la résistance désespérée de l'ennemi, le régiment des Deux-Ponts y pénétra. Cette victoire lui coûta plus de 300 hommes; mais bientôt l'ennemi, qui avait dirigé sur ce point décisif toutes les troupes de son centre et une partie de celles de sa gauche, l'attaqua à son tour. Nerwinden, après la résistance la plus acharnée, fut encore une fois pris à nos troupes, écrasées par la mitraille. Dumouriez reformait sa ligne à cent pas en arrière. La cavalerie autrichienne, dans ce moment critique, déboucha tout à coup dans la plaine, et chargea sur deux points les troupes qui se ralliaient. Les cuirassiers de Zeschwitz s'avancèrent entre Nerwinden et Mittelwinden, et ceux de Nassau sur la gauche de notre infanterie. Valence, à la tête de la cavalerie française, s'avança impétueusement contre les premiers, qu'il repoussa. Il reçut dans cette charge plusieurs coups de sabre, qui le forcèrent à quitter le champ de bataille. La seconde troupe de cavalerie s'était ébranlée en même temps que la première et avec la même fureur. Le général Thouvenot, avec une rare présence d'esprit, saisit le moment décisif; il fit ouvrir les rangs pour laisser passer les cuirassiers de Nassau et les envelopper à demi. Dès que cette manœuvre fut exécutée, il ordonna un feu de mitraille et une décharge de mousqueterie presque à bout portant, dont les effets furent tels que la colonne presque tout entière fut détruite en un instant.

Le sort de la bataille se trouvait ainsi décidé à la droite et au centre. Notre armée, qui venait de se reformer en bon ordre, allait passer la nuit sur le champ de bataille, pleine de confiance et de courage, et se disposant à compléter le lendemain la victoire et la déroute totale de l'ennemi. Malheureusement, il n'en était pas ainsi à la gauche. La lâcheté, ou plutôt la trahison de Miranda, et, s'il faut en croire Dumouriez, peut-être l'un et l'autre, remettait le succès en question, et avec des circonstances qui redonnaient toutes les chances à l'ennemi.

La sixième et la septième colonnes, commandées par Miranda, avaient d'abord fait une attaque vigoureuse sur tout ce qui s'était trouvé devant elles, et s'étaient emparées d'Orsmaël, malgré tous les efforts de l'archiduc Charles, qui, avec son corps, appuyé de fortes batteries, défendit long-temps le débouché.

On avait malheureusement négligé de garder les ponts de la Gette. Le prince de Cobourg conçut le projet d'exécuter sur la gauche de l'armée française la même manœuvre que Dumouriez avait fait exécuter sur l'armée autrichienne. Il porta toutes ses forces disponibles sur sa droite. Pendant que le village d'Orsmaël était vivement disputé par les deux partis pour retomber définitivement au pouvoir de l'archiduc, le général Benjowsky s'avançait par la chaussée de Tirlemont pour nous tourner: la vue de ces corps nombreux, qui menaçaient de couper la retraite de nos bataillons de volontaires, répandit la terreur dans leurs rangs. Les Autrichiens profitèrent de ce moment pour faire une charge de cavalerie qui acheva la déroute des deux colonnes de gauche. Le maréchal de camp d'artillerie, Guiscard, fut tué, ainsi que plusieurs aides de camp et officiers d'état major. Les généraux Ilher et Ruault furent blessés. L'aile gauche tout entière eût été enveloppée et détruite si les Autrichiens l'eussent poursuivie avec vigueur.

Miranda semblait plus empressé de fuir que de rallier ses troupes, ce qui pourtant eût été d'autant plus facile à faire au-delà du pont d'Orsmaël, que le général Miaczinski lui amenait de Tirlemont un renfort de huit bataillons tout frais et animés du désir de se trouver en face de l'ennemi. Il était aisé de faire occuper les hauteurs de Wanmorleim, de border la Gette et de se tenir en ligne avec la droite et la gauche, en conservant les ponts d'Orsmaël et de Neerhespen. Au lieu de ces mesures, propres à tout réparer, Miranda ordonna la retraite, qui fut exécutée avec précipitation et sans ordre jusqu'au-delà de Tirlemont, à deux lieues du champ de bataille.

Miranda n'avait pas informé Dumouriez de ce qui se passait. Le feu, qui avait été très vif sur la gauche pendant toute la matinée, cessa tout à coup à deux heures. Le général en chef, ne pouvant, à cause de l'inégalité du terrain, découvrir le champ de bataille, avait d'abord attribué ce silence à un succès. Par la progression du feu, il avait pu croire que les deux colonnes de l'aile gauche, après avoir repoussé l'ennemi, s'étaient arrêtées à un point fixe pour ne pas dépasser la tête des colonnes de droite. Rien ne pouvait lui faire présumer la défaite et la retraite de Miranda. Néanmoins, il avait de vagues inquiétudes, qui s'accrurent vers le soir quand, de Nerwinden, il crut apercevoir des colonnes ennemies qui venaient de la droite pour renforcer la gauche.

Afin de sortir de cette perplexité, il voulut voir par lui-même ce qu'il en était et partit avec son chef d'état major pour se porter à la gauche. Il arriva au village de Laer qu'il trouva abandonné. Dampierre avait repassé la Gette à la nuit tombante et s'était retiré sur la première position d'Esmaël. Il était dix heures du soir, Dumouriez se porta vers le pont d'Orsmaël, où il comptait trouver les colonnes de Miranda. Le pont était gardé par des Hulans autrichiens, qui faillirent le prendre. Il eût été heureux pour lui de ne pas leur échapper alors; sa carrière militaire eût encore fini par un triomphe, et sa gloire fût restée pure.

Enfin, en proie à mille pensées toutes plus sinistres les unes que les autres, le général poursuivit sa course nocturne au milieu du silence et de la solitude qui régnaient partout dans ce vallon, où les détonations de l'artillerie et le fracas de la mousqueterie couvraient naguère encore les cris des vainqueurs et les plaintes des mourants. Dumouriez traversa la Gette au pont de Neerhespen, qui avait servi de passage aux impériaux pour tourner Miranda, et, suivant la chaussée, il arriva à Tirlemont, où il trouva trois ou quatre bataillons encore tout étourdis de leur déroute. Cette espèce d'arrière-garde était dans un complet désordre. Miranda se trouvait à Tirlemont. Valence, que ses blessures avaient contraint de s'y faire transporter, avait fait connaître au commandant de l'aile gauche le succès du centre et de la droite, et l'avait engagé à se porter en avant, en l'assurant qu'un succès complet et décisif serait la suite de ce mouvement. Miranda n'avait pas voulu recommencer le combat. Le général en chef apprit avec douleur tout ce qui s'était passé. Aussitôt il ordonna sévèrement à son lieutenant de réunir ce qui lui restait de troupes et d'aller occuper la hauteur de Wommerzeim, le grand chemin et les ponts d'Orsmaël et de Neerhespen, pour assurer du moins le passage de la Gette et la retraite de la droite et du centre, engagés, avec une rivière à dos, au centre de l'armée ennemie. La position de l'armée française était en effet critique; les ennemis, débarrassés de notre gauche, auraient pu déborder aisément notre centre et notre droite et les prendre en flanc. Les deux armées s'ar-

rêtèrent heureusement sur leurs positions respectives. L'ennemi ne sentit pas toute l'étendue de ses avantages et n'en profita pas; il avait d'ailleurs éprouvé de grandes pertes à son centre et à sa droite. On lit dans le rapport officiel du prince de Cobourg: « La nuit mit fin au combat qui avait duré onze heures; elle empêcha nos troupes *victorieuses et invincibles* de poursuivre l'ennemi. Vu la bravoure extraordinaire avec laquelle l'ennemi combattit, cette victoire nous coûta cher. »

Le lendemain, la retraite se fit en plein jour par les mêmes ponts et avec presque autant de fierté qu'il y en avait eu dans les dispositions pour l'attaque. Dumouriez, dans cette occasion, pensa être tué par un boulet qui abattit son cheval et le couvrit de terre. La vivacité avec laquelle il se releva, empêcha le désordre qu'allait occasioner sa chute. L'armée prit position entre Hackenhoven et Goizenhoven. Quelque désordre s'étant introduit parmi les bataillons de volontaires, Dumouriez jugea la position encore trop périlleuse et se décida à repasser la grande Gette et à se retirer sur les hauteurs de Cumptich, en arrière de Tirlemont. Ce mouvement s'exécuta pendant la nuit du 19, et l'arrière-garde fit assez bonne contenance pour qu'on pût enlever à loisir les dépôts de Tirlemont. — Les impériaux, trompés par les feux des bivouacs, qu'on avait eu soin d'entretenir, ne firent d'ailleurs aucun mouvement.

Suite de la retraite. — Dumouriez, ne pouvant tenir long-temps à Cumptich, qui n'est qu'un camp de passage, passa la Velpe le 20 et prit position à Bautersen; la droite à Neervelpe, la gauche sur les hauteurs et dans les bois de Pellenberg. Plusieurs détachements furent envoyés dans diverses directions pour favoriser la retraite sur la droite.

Combat de Pellenberg. — Cependant la perte du poste de Diest, qui fut enlevé le 20, détermina le général en chef à se rapprocher de Louvain; ce mouvement eut lieu le 21. Champmorin occupa les hauteurs de Pellenberg, sa gauche couverte par Miaczinski, posté à Petersrode. Lamarche borda la grande route sur les hauteurs de Corbeck avec l'avant-garde, et Leveneur fut posté dans les bois de Masendal avec vingt-huit bataillons de l'armée des Ardennes. La division Dampierre enfin se porta sur Florival pour communiquer avec celle de Neuilly, placée à l'entrée de la forêt de Soignes. Les impériaux firent, le 22 au matin, une attaque générale contre Pellenberg et Corbeck. Une colonne hongroise s'empara du village de Mierbeck; elle en fut chassée, après avoir perdu beaucoup de monde, par le 17e régiment, aux ordres du colonel Damas. L'attaque sur Pellenberg fut très opiniâtre et dura tout le jour; mais les Autrichiens furent enfin forcés à la retraite.

Entrevue de Danton et de Dumouriez. — Ce fut pendant ce combat que le général en chef vit arriver à Louvain les commissaires Lacroix et Danton [1]. Ils paraissaient très affectés de la perte de la bataille et surtout du débandement de l'armée, ayant rencontré à Bruxelles, et tout le long de la route, des corps entiers

[1] *Mémoires de Dumouriez*, t. IV

de déserteurs. Mais ils l'étaient bien plus de la commission qu'ils avaient, disaient-ils, d'engager le général à se rétracter de sa lettre du 12, qui avait occasioné un grand déchaînement contre lui dans la Convention, à cause de sa trop franche véracité. Dumouriez leur déclara qu'il n'avait mandé que ce qu'il pensait; que les désastres dont ils étaient témoins étaient une conséquence des maux qu'il avait prévus, et auxquels il avait voulu remédier autant qu'il le pouvait, surtout en faisant cesser la tyrannie et l'injustice dans la Belgique; que la nécessité où il allait se trouver de se retirer d'un pays où il n'avait aucun moyen de se défendre devait leur faire sentir combien étaient sages les ordonnances qu'il avait rendues; que ces ordonnances avaient désarmé les paysans et nous avaient ramené la bonne volonté du peuple; qu'ainsi elles allaient être le salut de l'armée, qui, désorganisée, battue, plus rebutée encore qu'effrayée, était hors d'état de se défendre à la fois contre les impériaux, plus nombreux qu'elle, et vainqueurs, et contre les gens du pays........ Enfin, après une très longue discussion, le général consentit à écrire, en six lignes, au président : « qu'il priait la Convention de ne rien préjuger sur sa lettre du 12 mars, « avant qu'il eût le temps de lui en envoyer l'explication. » Les deux députés partirent avec cette lettre insignifiante.

Première conférence avec Mack. — Après le départ des représentants du peuple, Dumouriez eut, le 22 au soir, une première conférence avec Mack, où l'on convint verbalement : « que les Français se retireraient derrière Bruxelles, sans être inquiétés par des attaques sérieuses, et qu'on se reverrait pour aviser aux arrangements ultérieurs que réclameraient les circonstances. » Cette entrevue avait été préparée par le colonel Montjoie, envoyé au quartier général ennemi, sous prétexte de traiter un échange de prisonniers.

Clairfayt, qui ignorait cette convention, attaqua de nouveau, le 23 au matin, le poste de Pellenberg. L'avant-garde de Lamarche, commandée par Champmorin, se défendit avec autant de bravoure que la veille; mais Lamarche se replia sans ordre de l'autre côté de la Dyle, derrière Louvain. Leveneur, ainsi abandonné, suivit son exemple, repassa la Dyle et campa entre Cortbeck et Heverle. Champmorin reçut alors de Dumouriez l'ordre de reveillir sur Louvain. Cette retraite, que le combat de la veille semblait devoir éviter, découragea les troupes, qui menacèrent de se débander. Afin d'arrêter cette dispersion, le général en chef retira à Lamarche le commandement de l'avant-garde et le donna à Vouille. Cette avant-garde, devenue arrière-garde par suite du mouvement rétrograde qui s'opérait, était forte de 15,000 hommes et couvrait seule la retraite que le reste de l'armée effectuait par bandes et en désordre.

Le général en chef traversa Bruxelles le 25 et porta le 27 son quartier général à Ath.

Seconde conférence avec Mack. — La mission de Danton et de Lacroix avait révélé à Dumouriez tous les dangers de sa position. Il savait que le parti dominant en lui n'avait pas même pardonné ses triomphes, et il ne pouvait douter du sort qui l'attendait après tant de désastres. Ce fut alors, sans doute, que son désir vague de faire une contre-révolution en France se changea en une résolution arrêtée; mais, aveuglé par sa position critique, où le rôle de Coriolan semblait seul lui offrir une chance de salut, quelque hasardée et incertaine qu'elle fût, il comptenait mal l'étendue de ses moyens et aussi celle des difficultés qu'offrait son projet de renouveler le gouvernement. Il eut avec Mack, le 27 mars, une seconde conférence, dans laquelle il fut convenu « que l'armée française resterait encore quelque temps sur la frontière de Mons, Tournay et Courtrai, sans être inquiétée; que le général Dumouriez, quand il croirait devoir marcher sur Paris, règlerait le mouvement des impériaux, qui resteraient sur la frontière, s'il n'avait pas besoin de leurs secours, etc., etc. »

Dès lors, il ne parla plus qu'avec mépris de la République dans le cercle de ses amis. Il ne craignait même pas de dévoiler ses projets à des agents du gouvernement, qui étaient venus près de lui pour tâcher de connaître ses intentions, mission délicate et dont nous parlons en note avec détails. Il résolut d'abord de faire arrêter les commissaires de la Convention auprès de l'armée du Nord, qui s'étaient déclarés contre lui; mais Lesquinio, Bellegarde et Cochon, qui avaient une grande popularité à Valenciennes, déjouèrent toutes ses mesures et continrent les soldats.

Projets de contre-révolution. — La Convention connaissait les dispositions secrètes de Dumouriez. Trois commissaires du pouvoir exécutif (Proly, Dubuisson et Pereyra), envoyés auprès du général pour s'expliquer avec lui sur les mesures qu'il avait prises en Belgique, avaient adressé à l'Assemblée un procès-verbal de leurs conférences; ce procès-verbal, dont nous rapporterons quelques extraits, est un curieux monument de l'histoire du temps[1].

[1] Après avoir raconté une réception *peu amicale* faite par Dumouriez à un des commissaires, ceux-ci ajoutent (et leur récit a été confirmé depuis par les aveux de Dumouriez lui-même): Le général passa ensuite aux reproches contre la Convention. Entre autres propos qu'il tint devant tout le monde, il dit positivement que *la Convention et les Jacobins étaient la cause de tout le mal de la France*, mais que lui, général, était assez fort pour se battre par-devant et par-derrière, et que, *dût-on l'appeler César, Cromwell, ou Monk*, il sauverait la France seul et malgré la Convention. »

Cette première conversation engagea les commissaires à suivre le général à Ath, dans l'espoir de connaître par quels moyens il comptait mettre ses projets à exécution. Arrivés dans cette ville, ils apprirent qu'il devait souper chez madame Sillery (la comtesse de Genlis); ils se rendirent chez cette dame au moment où Dumouriez y entrait de son côté.

« En les apercevant, il leur dit avec humeur : « Je ne suis pas ici chez «moi; je suis chez Égalité; si vous voulez me parler, vous me trou-«verez après souper à l'abbaye Saint-Martin. » Ils se retirèrent bien résolus à rendre définitive cette dernière entrevue. A neuf heures et demie ils étaient dans son appartement à l'attendre. Ils y passèrent une heure et demie. Les adjudants et autres officiers d'état major les entretinrent de propos très inconsidérés, très antipatriotiques, et de la même teinte que ceux du général. Celui-ci parut enfin; il fit asseoir les commissaires (ceux-ci pour le décider à se dévoiler avaient paru disposés à adopter son opinion), renvoya tout le monde, et, quand ils furent seuls avec lui, il recommença les mêmes sorties véhémentes contre la Convention et les sociétés populaires. Enfin il reprit de lui-même cette idée de la veille, qu'il *sauverait la patrie seul, sans la Convention, et malgré la Convention*. Il répéta que l'Assemblée était composée de sept cent quarante-cinq tyrans,

Arrestation des commissaires de la Convention. — La Convention décréta que le général Dumouriez serait mandé à sa barre, et que quatre nouveaux commissaires, représentants du peuple, partiraient pour l'armée du nord, munis de nouveaux pouvoirs. Elle leur adjoignit le général Beurnonville, ministre de la guerre. Ces quatre commissaires étaient Camus, Bancal, Lamarque et Quinette. Ils partirent le soir même, tous régicides; qu'il les avait tous en horreur; qu'il se moquait de leurs décrets, qui bientôt n'auraient de validité que dans la banlieue de Paris... Il s'enflamma et se transporta de fureur en parlant du nouveau tribunal révolutionnaire, jura qu'il ne souffrirait pas son existence horrible, tant qu'il aurait quatre pouces de lame à son côté; que si on renouvelait des scènes sanglantes, il marcherait à l'instant sur Paris; que, d'ailleurs, la Convention n'avait pas pour trois semaines d'existence...

«Cette dernière phrase, répétée dès la veille, engage les commissaires à hasarder enfin de lui demander ce qu'il compte faire de cette Convention annihilée à laquelle il annonce ne pas vouloir de successeurs.» Il hésite à s'expliquer; on le presse.

«Vous ne voulez donc pas de constitution? — Non, la nouvelle est trop bête; pour un homme d'esprit, Condorcet n'y a rien entendu. — Que mettrez-vous donc à sa place? — L'ancienne. toute médiocre et toute vicieuse qu'elle soit. — A la bonne heure, mais sans royauté sans doute? — Avec un roi, car il en faut un absolument.

«Un des commissaires (Proly) réplique vivement que pas un Français n'y souscrira, qu'ils ont tous juré le contraire, qu'ils aimeront mieux mourir jusqu'au dernier, et que pour lui le nom de *Louis*..... Dumouriez l'interrompt: Peu importe qu'il s'appelle *Louis* ou *Jacobus*. — Ou *Philippus*, dit Proly...

«On n'insiste pas sur cet incident, on le ramène à sa première idée de l'ancienne constitution, même avec un roi. Mais comment, lui dit-on, et par qui la ferez-vous accepter? — Mes gens sont tous trouvés, répond Dumouriez, les assemblées primaires prendraient trop de temps à convoquer; j'ai les présidents des districts.

«— Mais, dit Dubuisson, je vois bien ces deux cents présidents de district, énonçant ce qu'ils appelleront le vœu du peuple; sans doute qu'ils se rassembleront à cet effet. — Dumouriez répond: Non, ce serait trop long, et dans trois semaines les Autrichiens seront à Paris si je ne fais pas la paix. *Il ne s'agit plus de république ni de liberté;* j'y ai cru trois jours; c'est une folie, une absurdité, et depuis la bataille de Jemmapes, j'ai pleuré toutes les fois que j'ai eu des succès pour une aussi mauvaise cause: mais il faut sauver la patrie en reprenant bien vite un roi et en faisant la paix.

«— Cela se peut, reprend Dubuisson, mais rendez-moi donc plus clairs vos moyens pratiques. Vous ne voulez pas rassembler les présidents de district; qui donc aura l'initiative pour émettre le vœu de rétablir un roi et la première constitution?

«Dumouriez dit: Mon armée!

«Dubuisson fait silence. — Dumouriez répète: Mon armée... oui, *l'armée des mamelucks*. Elle le sera l'armée des mamelucks, mais pas pour long-temps... De mon camp ou d'une place forte, elle dira qu'elle veut un roi. Les présidents de district seront chargés de faire attester le même vœu, chacun dans son arrondissement. Plus de la moitié de la France le désire. Et alors, moi, je ferai la paix dans peu de temps et facilement...»

«Dumouriez ajoute que quand même le dernier des Bourbons serait tué, ceux de Coblentz compris, la France n'en aura pas moins un roi; mais que si Paris ajoute les meurtres du Temple à tous les autres, il marchera à l'instant même sur cette ville; qu'il se fait fort de la réduire en huit jours avec douze mille hommes, en la bloquant et par la famine...

«Ensuite il s'écrie, comme par inspiration: Eh bien! vos Jacobins, auxquels vous tenez tant, ont ici moyen de s'illustrer à jamais et de faire oublier leurs crimes; qu'ils couvrent de leurs corps la famille royale, qu'ils fassent une troisième insurrection qui rachète celles de 789 et de 1792, et dont le fruit soit la dispersion des sept cent quarante-cinq tyrans; pendant ce temps je marche avec mon armée et je proclame le roi.

«Dubuisson a l'air d'abonder dans ce sens.

«Ici les confidences se multiplient de la part de Dumouriez. Il avoue qu'il a pensé à enlever à la maison d'Autriche la Belgique pour se faire reconnaître le chef d'une nouvelle république belge, amie et alliée de la France; que la haine que les ingrats de la France lui ont portée l'a seule arrêté dans ce projet qui peut encore se réaliser.»

En quittant Dumouriez les trois commissaires se hâtèrent d'aller à Paris pour rendre compte à la Convention du résultat de leur mission et des dangers qui menaçaient le gouvernement républicain

mais Dumouriez était déjà sur ses gardes. Il fit aux représentants une réception froide, inquiète et embarrassée. «Vous venez apparemment pour m'arrêter? leur dit-il. — Non,» lui répondirent-ils; et ils lui lurent le décret de la Convention. Cette lecture terminée, le général déclara qu'il n'irait point à Paris: «l'on veut dit-il, m'y faire assassiner.» De vives discussions s'ensuivirent, et Dumouriez finit par objecter la nécessité de réorganiser son armée, et par demander un délai pour obéir au décret. Pendant ces conférences, la plus vive agitation régnait dans l'état-major du général en chef. Les commissaires se retirèrent dans une autre pièce pour délibérer sur les propositions de Dumouriez [1]. Il était huit heures du soir, ils n'avaient que peu de temps pour exécuter le décret dont ils étaient chargés. Après une discussion qui dura environ une heure, leur résolution étant prise, ils rentrèrent dans la salle commune. Ils y virent une assemblée bien plus nombreuse qu'auparavant; tous les officiers attachés à l'état-major, les demoiselles Fernig, Baptiste, un des membres du comité batave, etc., assemblée qui aurait déconcerté tous autres que les commissaires de la Convention. Ils entrèrent avec assurance; à leur apparition, un silence absolu régna dans la salle.

Camus, le plus âgé des cinq, s'avança vers le général, et lui dit: «Vous connaissez le décret de la Convention qui vous ordonne de vous rendre à sa barre: «voulez-vous l'exécuter? — Non, répondit Dumouriez. «— Vous désobéissez à la loi. — Je suis nécessaire à «mon armée. — Cette désobéissance vous rend cou-«pable. — Eh bien, ensuite. — Nous voulons, aux termes «du décret, mettre les scellés sur vos papiers. — Je ne «le souffrirai pas»; et en même temps, il donna des ordres pour que ses gens missent ses papiers en sûreté. — «Quels sont les noms des officiers qui sont ici pré-«sents? — Ils les donneront eux-mêmes.» Des cris tumultueux s'élevèrent. «Je m'appelle Devaux; je «m'appelle Denise.» — Dumouriez dit: «Voici les de-«moiselles Fernig.» Le tumulte apaisé, Camus reprit: — «Nous mettrons le scellé sur les papiers de ces offi-«ciers. — Non pas, tout cela ne tend qu'à entraver mes «opérations. — Vu votre désobéissance à la loi, nous «vous déclarons que vous êtes suspendu de vos fonc-«tions.» Les officiers présents s'écrièrent: — «Suspen-«du! Nous le sommes tous! on veut nous enlever «Dumouriez, qui nous mène à la victoire!»

Dumouriez prit la parole: «Allons, il est temps que «cela finisse; je vais vous faire arrêter: lieutenant, ap-«pelez les hussards.» La porte s'ouvrit, 25 hussards de Berchiny, armés, entrèrent dans la salle et entourèrent les représentants. Dumouriez: «Arrêtez ces «messieurs»; et touchant le bras de Beurnonville, «Mon cher Beurnonville, lui dit-il, vous serez arrêté «aussi; messieurs, vous me servirez d'otages.» — Beurnonville aux hussards: «Je crois que vous res-«pecterez les ordres du ministre de la guerre.» Ceux-ci ne répondirent pas un mot. Les commissaires s'adressèrent à Dumouriez. «Puisque nous sommes ar-«rêtés, nous ne devons pas demeurer avec vous; faites-«nous conduire dans une autre pièce. — On va vous

[1] Rapport à la Convention

«y mener, répondit le général, vous ne manquerez «de rien ; on aura pour vous tous les égards qui vous «sont dus.»

Dans la même nuit, Dumouriez, craignant que ses prisonniers ne lui fussent enlevés, se décida à les livrer au général autrichien; il dépêcha un courrier à Tournay, à Clairfayt, pour lui annoncer l'arrestation des commissaires de la Convention et l'envoi qu'il lui en faisait, avec prière de les faire conduire à Mons auprès du prince de Cobourg, et de les garder en otages, afin d'empêcher les crimes de Paris.

Les représentants du peuple, victimes de la trahison du général français, furent d'abord renfermés dans les prisons de Maëstricht, et ensuite transférés dans celles de Kœnigratz, d'Olmutz, de Spilberg, d'où ils ne sortirent qu'après trente mois d'une détention rigoureuse, pour être échangés contre la fille de Louis XVI.

Visite au camp de Saint-Amand.—Dumouriez, après ce coup d'éclat, comptait encore sur les soldats réunis dans le camp de Saint-Amand, où il arriva le 3 avril. Rien ne paraissait changé. Il y reçut le même accueil. La position des soldats était embarrassante. Les bruits de trahison qu'on opposait à leur amour pour un chef qui les avait souvent conduits à la victoire, pouvaient être le résultat de calomnies répandues par les étrangers; l'abandonner au moment où la frontière était menacée, c'était augmenter les dangers de la patrie. La déclaration même de son plan, qui semblait dicté par l'intérêt de la nation, dont les soldats pouvaient assez mal comprendre, n'effraya personne; Dumouriez conserva la confiance générale, jusqu'au moment où on eut la certitude qu'il communiquait avec les Autrichiens. L'instinct populaire, qui ressemble souvent si fort à une haute raison, révéla tout à coup aux soldats qu'un plan auquel l'ennemi donnait son approbation ne pouvait être conçu dans l'intérêt de la France.

Danger couru par Dumouriez. — Le général était parti le 4 de Saint-Amand pour avoir, entre Boussu et Condé, une entrevue avec Mack, l'Archiduc, etc. Il rencontra en route trois bataillons qui marchaient sans ordre sur Condé. Sa vue excita leur colère; ils voulurent l'arrêter, et il n'eut, pour se sauver, que le temps de franchir un canal auquel il était adossé. « Plus de dix mille coups de fusil furent tirés sur lui : deux hussards de son escorte et deux de ses domestiques furent tués : il n'échappa à la mort que par une sorte de miracle.» Il longea l'Escaut, poursuivi par les balles, et se réfugia à Bury, d'où il informa le colonel Mack de l'obstacle qui l'avait empêché de se trouver au rendez-vous du matin.

Déclaration de Dumouriez.—Cette manifestation des troupes ne lui sembla pas encore assez décisive; il passa la nuit du 2 au 3 à rédiger une *déclaration à la nation française*, déclaration justificative de sa conduite et de ses projets, et avec laquelle il espérait, on ne sait pourquoi, entraîner ses soldats. En voici quelques fragments : «Les Marat, les Robespierre et la secte criminelle des Jacobins de Paris ont conspiré la perte des généraux, et surtout la mienne. Les scélérats, mus par l'or des puissances étrangères pour achever de désorganiser les armées, ont fait arrêter presque tous les généraux; ils les tiennent dans les prisons, à Paris, pour les septembriser... Hier, 1er avril, sont arrivés quatre commissaires de la Convention nationale avec un décret pour me traduire à la barre. Le ministre Beurnonville (mon élève) a eu la faiblesse de les accompagner pour succéder à mon commandement. On m'a averti que différents groupes d'assassins, chassés ou fuyards de mon armée, étaient dispersés sur la route pour me tuer avant mon entrée à Paris. J'ai passé plusieurs heures à chercher à convaincre les commissaires de l'imprudence de cette arrestation. Rien n'a pu ébranler leur orgueil. Je les ai fait arrêter tous pour me servir d'otages contre les crimes de Paris. *J'ai sur-le-champ arrangé une suspension d'armes avec les impériaux, et je marche vers la capitale* pour éteindre le plus tôt possible les germes de la guerre civile. Il faut, mes chers compatriotes, qu'un homme vrai et courageux vous arrache le bandeau dont on couvre nos crimes et nos malheurs. Nous avions obtenu, en 1789, la liberté, l'égalité et la souveraineté du peuple. Ces principes ont été consacrés dans la *déclaration des droits de l'homme*. Il était résulté des travaux de nos législateurs, 1° la déclaration que la France est et restera une monarchie; 2° une constitution que nous avons jurée en 1789, 1790 et 1791. Cette constitution devait et pouvait être imparfaite, mais on comptait qu'avec le temps et l'expérience on en rectifierait les erreurs, et qu'un équilibre sage établi entre les pouvoirs législatif et exécutif empêcherait l'un des deux de saisir toute l'autorité, et d'arriver au despotisme : car, si le despotisme d'un seul est dangereux pour la liberté, combien plus est odieux celui de 750 hommes, dont beaucoup sont sans principes, sans mœurs, et ne sont parvenus à cette supériorité que par des cabales ou par des crimes !—Quant à moi, j'ai déjà fait le serment, et je le réitère devant toute l'Europe, qu'aussitôt après avoir opéré le salut de ma patrie par le rétablissement de la constitution, je cesserai toute fonction publique, et j'irai jouir dans la solitude du bonheur de mes concitoyens.» — A cette déclaration de Dumouriez, le prince de Saxe-Cobourg joignit une proclamation où on lisait : «Le général Dumouriez m'a communiqué sa déclaration. J'y trouve les sentiments et les principes d'un homme qui aime véritablement sa patrie, et voudrait y faire cesser l'anarchie et les calamités en lui procurant le bonheur d'une constitution et d'un gouvernement sage et solide... — Profondément pénétré de ces grandes vérités, je déclare que je soutiendrai de toutes les forces qui me sont confiées les intentions généreuses et bienfaisantes du général Dumouriez et de sa brave armée. Je ferai joindre, si le général le demande, une partie de mes troupes ou toute mon armée à l'armée française, pour coopérer en amie et en compagnons d'armes, dignes de s'estimer réciproquement, à rendre à la France son roi constitutionnel, la constitution qu'elle s'était donnée, et ramener ainsi en France, comme dans le reste de l'Europe, la paix, la confiance, la tranquillité et le bonheur.»

Il y avait plus de politique que de bonne foi dans cette proclamation, Saxe-Cobourg abusait Dumouriez. Les souverains coalisés ne voulaient pas plus de la constitution de 1791 que de celle de 1793. Ils ne s'étaient armés que pour l'abattre, et pour rétablir l'ancienne monarchie, avec tous les priviléges abolis par l'Assemblée nationale.

Défection de Dumouriez. — L'armée française n'accepta pas l'offre du général autrichien. — Dumouriez et le prince de Cobourg se rendirent tous deux le lendemain au camp de Maulde, suivis de 50 dragons autrichiens. La vue de cette escorte produisit le plus mauvais effet, et eût suffi pour renverser des espérances peut-être même fondées. Dumouriez employa vainement tous les moyens de persuasion; ils furent inutiles; on déchira et on foula aux pieds les proclamations. Néanmoins, et malgré leur indignation, les soldats ne se portèrent pas contre lui à des actes de violence; une vieille habitude de respect les contint. Dumouriez, voulant ensuite se rendre de là à Saint-Amand, apprit que l'artillerie s'y trouvait en pleine insurrection et attelait pour se réfugier à Valenciennes, après avoir chassé les généraux dont elle suspectait le patriotisme.

Cette nouvelle, bientôt connue aux camps de Bruille et de Maulde, y produisit une fermentation générale. L'armée se débanda aussitôt: bataillons, régiments, brigades, tous partirent en désordre pour se rendre aussi à Valenciennes. Dumouriez, dont l'illusion était enfin détruite, sentit que, s'il ne voulait pas s'exposer à être arrêté et livré à la vengeance de la Convention, il devait renoncer à ses desseins ambitieux, se résigna à sa mauvaise fortune, monta à cheval et retourna au quartier général autrichien avec quelques officiers de son état major, plusieurs généraux compromis par sa démarche (parmi lesquels on remarquait Thouvenot et le duc de Chartres, etc.), et suivi des hussards de Berchiny.

« Dumouriez, dit M. de Pradt, périt comme ses devanciers, comme les émigrés eux-mêmes, pour avoir pris ses officiers pour son armée. Il crut faussement que les sentiments de quelques chefs d'un ordre supérieur étaient les sentiments de l'armée tout entière. » Ce général avait rendu de grands services à la patrie; il avait fait preuve de talents supérieurs à ceux de tous les généraux de son temps, et il avait débuté par des victoires; sa conduite, après la bataille de Nerwinden, couvre sa gloire d'une souillure éternelle. Le peuple, qui jusqu'alors n'avait eu pour lui que de l'estime, de l'admiration et de la reconnaissance, ne le regarda plus dès lors qu'avec mépris. Ce n'est pas qu'on lui fît un grand crime d'avoir voulu renverser un gouvernement incapable, cruel et tyrannique; mais le sentiment national se révoltait de la pensée que, pour changer la constitution de la France, il eût appelé à son aide les ennemis qui venaient l'envahir. Agissant seul avec son armée, Dumouriez aurait trouvé peut-être de la sympathie dans les masses. Pour les uns c'eût été un conspirateur, pour d'autres, un libérateur; mais, demandant l'appui des Autrichiens, aux yeux de tous, il ne fut plus qu'un traître. Le jugement porté par ses contemporains a été ratifié par la postérité. Il est mort dans l'exil, méprisé par ceux mêmes qu'il avait voulu servir, persécuté par les émigrés et pensionné par l'Angleterre. »

RÉSUMÉ CHRONOLOGIQUE.

1793.

10 MARS. Retour de Dumouriez à l'armée de Belgique.
12 — Sa lettre à la Convention.
13 — Il rejoint les troupes à Louvain et leur fait prendre d'autres positions.
15 — Surprise de Tirlemont par les Autrichiens.
16 — Combat de Goizenhoven. — Reprise de Tirlemont.
18 — Bataille de Nerwinden.
19 — Retraite de l'armée derrière la grande Gette.
20 — Dumouriez abandonne Cumpitch.
— — Prise de Diest par les Autrichiens. — Retraite sur Louvain.
22 — Combat de Pellenberg. — Entrevue de Dumouriez avec Danton et Lacroix. — Sa première entrevue avec Mack.
23 MARS. Second combat de Pellenberg.
25 — Dumouriez campe sous Bruxelles.
27 — Retraite sur Ath. — Seconde conférence avec Mack. — Entrevue avec Proly, Dubuisson et Pereyra.
2 AVRIL. Dumouriez fait arrêter et livre aux Autrichiens les commissaires de la Convention.
2 et 3 — Déclaration de Dumouriez à la nation française.
4 — Danger couru par Dumouriez.
5 — Sa tentative infructueuse pour soulever ses soldats contr la Convention.
5 et 6 — Sa défection; il se retire au quartier général autrichien.

A. HUGO.

FRANCE MILITAIRE.

INSURRECTION DE LA VENDÉE.—PRISE DE THOUARS ET DE SAUMUR.

SOMMAIRE.

Levée de 300,000 hommes. — Insurrection. — Prise de Saint-Florent. — Cathelineau. — Prise de Jallais. — Prise de Chemillé. — Prise de Chollet. — Progrès de l'insurrection. — Insurrection de la Basse-Vendée. — Détails sur les commencements et les ressources des insurgés. — Premières mesures contre l'insurrection. — Combat des Aubiers. — Larochejacquelein. — Prise de Thouars. — Combats de Fontenay. — Désorganisation de l'armée républicaine.—Divisions et ambition des chefs vendéens.—Projet pacifique repoussé par la Convention — Plan de campagne de Biron. — Réunion de la grande armée vendéenne. — Retraite de Concourson. — Combat de Montreuil. — Attaque et prise de Saumur.

GÉNÉRAUX RÉPUBLICAINS.		CHEFS VENDÉENS.	
Généraux en chef.	Berruyer. — Biron.	Haute-Vendée.	Cathelineau. — Stofflet. — d'Elbée. Bonchamps. — Lescure. Larochejacquelein. — Sapinaud. — Royrand.
Principaux généraux divisionnaires.	Labourdonnaye.— Canclaux. — Boulard. — Lygonnier. — Menou. — Quetineau. — Chalbos.	Basse-Vendée.	Gaston. — Charette.

Levée de 300,000 hommes. — Insurrection. — La Convention, voyant la frontière menacée, avait rendu un décret par lequel une levée de 300,000 hommes était ordonnée; tous les citoyens de dix-huit à quarante ans, sans femme et sans famille, devaient marcher pour la défense de la patrie. Nous avons dit que ce décret décida l'insurrection.

Dès le 4 mars, et aussitôt que les premières nouvelles de Paris eurent répandu dans le pays la connaissance de cette mesure, la fermentation commença à Chollet, et se répandit bientôt dans tout le territoire vendéen. Le 8 eurent lieu la publication et les affiches de la nouvelle loi. Le jour de la levée fut fixé au 12 mars.

Prise de Saint-Florent. — Dès le 11, l'insurrection éclata; les jeunes gens réunis, loin de répondre à l'appel, se révoltèrent; leur exemple fut suivi par les habitants de neuf cents communes; les plus prudents voulurent en vain différer cette manifestation séditieuse, afin d'avoir le temps de se procurer des armes. Le tocsin sonnait de tous côtés. Saint-Florent fut envahi et pillé par 3,000 insurgés. Quelques coups de fusil tirés sur ce rassemblement furent le premier signal du combat, dans lequel 4 hommes furent tués de part et d'autre. Les vainqueurs, après avoir envahi la maison commune, brûlèrent les papiers du district, se partagèrent les assignats qui se trouvaient dans la caisse communale, et passèrent une partie de la nuit à boire et à chanter leur victoire.

Cathelineau. — Ils allaient se disperser, n'ayant encore aucun chef apparent, lorsqu'un simple fileur de laine, du bourg de Pin-en-Mauge, exalté par la pensée des terribles vengeances qu'il prévoyait devoir s'amasser contre sa patrie, résolut de se mettre à la tête de l'insurrection. Jacques Cathelineau cachait sous l'habit d'un voiturier un cœur intrépide, une âme élevée; il réunissait à l'audace, la patience à l'impétuosité, et il prouva, pendant le court espace de temps qu'il fut chargé de la direction de l'armée vendéenne, qu'il possédait, outre les qualités d'un général, les talents d'un chef de parti.

Prise de Jallais. — Réunissant parmi les insurgés 300 hommes déterminés, il se dirigea sur Jallais. Quelques républicains, soutenus d'une seule pièce de canon, essayèrent vainement de défendre cette place; la ville, ainsi que la pièce d'artillerie, nommée la *Missionnaire*, tombèrent au pouvoir des Vendéens. Cette pièce, dont le nom leur parut de bon augure, fut la première qu'ils possédèrent; elle devint, ainsi que la célèbre *Marie-Jeanne*, dont ils s'emparèrent quelques jours plus tard à Vihiers, une espèce de palladium, que l'ignorance des paysans entoura d'une confiance superstitieuse.

Prise de Chemillé. — De Jallais, et sans laisser à sa troupe le temps de se refroidir, Cathelineau se porta sur Chemillé, que défendaient 200 républicains et 3 couleuvrines; Chemillé fut pris; l'artillerie, les munitions, un grand nombre de fusils et de nombreux prisonniers tombèrent au pouvoir des insurgés.

Prise de Chollet. — Le lendemain eut lieu la prise de Chollet, qu'une troupe d'insurgés, conduite par un simple garde-chasse de Maulevrier, qui depuis a rendu célèbre le nom Stofflet, enleva sur les républicains. On a accusé les Vendéens d'avoir commis à Chollet des actes de cruauté et de violence peu en harmonie avec les sentiments dont ils se disaient animés. La ville fut effectivement saccagée et pillée; mais il est juste de reconnaître que les généraux vendéens firent quelques jours plus tard punir comme il le méritait un nommé *Six-Sous*, ancien forçat libéré, qui, sous le masque du dévouement à la cause royale, avait donné l'exemple du pillage et des massacres.

Progrès de l'insurrection. — Ce fut après la prise de Chollet que d'Elbée et Bonchamps, tous les deux nobles et tous les deux anciens militaires, parurent au milieu des insurgés. Cathelineau et Stofflet, autant par respect pour leurs personnes, que par confiance dans leurs talents, leur cédèrent aussitôt le commandement. D'Elbée voulut prouver qu'il en était digne, et dès le 16 il attaqua les républicains et les chassa de Vihiers.

L'insurrection s'étendait dans le même temps au milieu de la Vendée centrale. Montaigu, Mortagne, les Herbiers, Clisson et Tiffauges, avaient subi le sort de

Chollet; Royrand et Sapinaud de la Veyrie dirigeaient sur ces points divers les masses insurgées.

Insurrection de la Basse-Vendée. — Dans le même temps aussi, l'insurrection éclatait dans la Basse-Vendée, où Charette et d'autres chefs avaient levé l'étendard de la révolte. En peu de jours, Machecoul, Chantonay, Challans, Noirmoutier et Pornic, tombèrent au pouvoir des Vendéens. Les républicains furent battus à Saint-Vincent et à Coron; mais l'armée vendéenne, ayant attaqué deux fois successivement les Sables-d'Olonne, fut repoussée avec une perte nombreuse. Tous ces événements se passaient dans le mois de mars. Des combats multipliés et divers engagements plus ou moins sérieux remplirent la première moitié du mois d'avril. Ces combats, qui furent souvent plus favorables aux insurgés qu'à l'armée républicaine, avaient pour les chefs vendéens le double avantage d'aguerrir leurs paysans et de jeter la terreur parmi les gardes nationaux et les troupes de nouvelle levée qui composaient alors les seules armées que la République eut réunies dans ces pays.

Détails sur les commencements et les ressources des insurgés. — Nous ne croyons pouvoir mieux faire connaître les commencements de l'insurrection, les motifs qui animaient les paysans insurgés, leurs vœux et leurs espérances, qu'en donnant l'extrait de l'interrogatoire d'un des frères de Cathelineau, arrêté à Angers le 27 mars, c'est-à-dire avant que l'insurrection eût acquis l'importance qu'elle a obtenue par la suite, et avant que Cathelineau fût devenu un personnage politique. Les réponses de ce simple paysan annoncent un esprit droit, un sens juste et un noble dessein de dire naïvement la vérité, quelles que dussent être pour lui les conséquences de sa franchise. On lui demande d'abord : « Son nom, son âge, sa profession et le lieu de sa résidence? — Il répond s'appeler Joseph Cathelineau, être âgé de vingt-un ans, maçon, et demeurer au Pin-en-Mauge. — D. S'il sait le sujet de son arrestation? — R. C'est qu'il était de l'armée chrétienne. — D. En quel temps il y est entré? — R. Il y a environ quinze jours. — D. Le motif qui l'a déterminé à entrer dans cette armée? — R. C'était par rapport au tirage, en ajoutant que ç'avait été par force, de crainte d'être maltraité et parce que le recrutement a occasioné dans son pays une émeute indiquée par le tocsin. — D. Comment cette armée s'est organisée? — R. Les plus hardis se sont mis à la tête et ont été les commandants. — D. Comment les soldats de cette armée se reconnaissent? — R. Ils portent la cocarde blanche, qu'il a également à son chapeau, et ils se tiennent ordinairement ensemble. — D. Quel était leur cri de réunion? — R. C'étaient les mots : *Vive le roi! vivent la reine et la religion!* — D. Comment l'armée s'est grossie? — R. En passant par chaque endroit où ce premier noyau prenait ceux qu'il pouvait entraîner. — D. Quel était le genre de peine qu'on faisait subir à ceux qui ne voulaient pas les suivre? — R. On les menaçait de coups de fusil. — D. Ce que faisait l'armée dans chaque endroit où elle passait, et comment elle se procurait des vivres? — R. Elle allait dans les différentes maisons, et lorsqu'on refusait de lui en donner, il y en avait parmi eux qui pillaient et faisaient fracture; d'un autre côté, les fermiers leur en amenaient des voitures. — D. S'ils avaient une paye, et comment lui-même subsistait? — R. Ceux qui avaient de l'argent payaient leur nourriture; lui-même a dépensé quinze livres pour payer la sienne; les autres prenaient des vivres où ils en trouvaient. — D. Pourquoi ils s'étaient réunis, et quel était le but de ce rassemblement? — R. C'était pour avoir un roi, pour la religion, et pour avoir des prêtres qui n'ont pas prêté le serment. — D. S'il y avait des prêtres dans leur armée? — R. Oui. — D. Si ces prêtres ont prêté le serment? — R. Non. — D. Si ces prêtres faisaient, au moment des batailles, quelques cérémonies? — R. On disait qu'il y en avait qui donnaient l'absolution avant la bataille. — D. Ce qu'ils faisaient des blessés? — R. On *médecinait* les uns et on emmenait les autres dans des chariots. — D. Dans quel endroit ils faisaient coucher ces blessés? — R. C'était dans les lits qu'on pouvait trouver; on faisait suivre ceux qui n'étaient pas dangereusement blessés. — D. S'il y avait beaucoup de canons dans l'armée? — R. Il y en a vingt-cinq, qu'elle mène avec elle, et deux qu'elle a laissés à Chemillé, gardés par environ 300 hommes. — D. S'il y a des boulets, de la mitraille et de la poudre? — R. Il y a deux charretées tant de boulets que de mitraille; mais il ignore la quantité de poudre qui s'y trouve : on lui a dit qu'il y avait deux barriques de poudre. — D. En quels endroits cet armée a pris lesdits canons, boulets, mitraille et poudre? — R. A Jallais, Chemillé, Vihiers, Chollet et Chalonnes. — D. Si tous les individus qui composent l'armée ont des armes? — R. La moitié en a, tant bonnes que mauvaises; le surplus n'a que des bâtons, des fourches, des haches pour couper les haies pour le passage de l'armée et divers outils. — D. Si, dans l'armée d'où il sort, il y a des ci-devant nobles, en quel nombre, et s'il les connaît? — R. Il y en a deux, l'un desquels se nomme d'Elbée, de Saint-Martin-de-Beaupréau et de sa connaissance; il ignore le nom de l'autre. — D. S'il connaît d'autres personnes dans l'armée? — R. Il se rappelle y avoir vu les nommés Albert et Pischeri, de Beaupréau; le premier, fils d'une marchande d'étoffes; et le second, *serger*; il connaît encore le nommé Amaury, de Jallais, marchand d'étoffes, etc. »

Ce malheureux fut mis à mort le lendemain de son interrogatoire. Sa condamnation pouvait être conforme à la légalité du temps; mais son exécution était certainement contraire aux règles d'une saine politique. Ce n'est pas par la rigueur et les échafauds que Napoléon a pacifié la Vendée.

Premières mesures contre l'insurrection. — Les premières nouvelles de l'insurrection vendéenne produisirent un grand effet dans les départements environnants. La Convention ordonna aussitôt de mettre en réquisition des bataillons de gardes nationaux et de les diriger sur le pays révolté. Malheureusement ces bataillons, formés d'hommes obligés d'abandonner à contre-cœur leurs foyers, manquaient d'énergie et de bonne volonté. Ils donnèrent même fréquemment des exemples d'une lâcheté bien rare chez les Français, mais dont il ne faut sans doute accuser que l'impéritie des chefs et le manque de confiance des soldats. Des troupes de ce genre, irrégulières et indisciplinées, contribuaient aussi beaucoup à aggraver les malheurs de la guerre et à envenimer par conséquent les progrès de l'insurrection. Les scènes de désordre et de violence, les actes de pillage et de cruauté sont malheureusement trop communs dans le début de cette guerre, et chaque parti cherchait à les justifier par la prétention de représailles à exercer.

Les Vendéens, du moins, obéissaient aux chefs qu'ils s'étaient choisis et aux prêtres qui se trouvaient parmi eux, ce qui établissait dans leurs bandes une sorte de discipline; mais parmi les républicains, les officiers, généraux et supérieurs manquaient de cette force de volonté, de ces talents manifestes, et quelques-uns même de cette bravoure qui est nécessaire pour exercer une influence morale sur des soldats.

Le général Berruyer, dès le commencement de l'insurrection, avait reçu le commandement en chef; il avait son quartier général à Angers, et comptait sous ses ordres deux principaux généraux divisionnaires, Labourdonnaye à Nantes, et Boulard aux Sables-d'Olonnes. Boulard seul, animé d'un véritable républicanisme, avait du talent, du courage et de la probité; il jouissait de la confiance de ses troupes et fut presque toujours constamment heureux dans les opérations qu'il tenta sur la Basse-Vendée. Labourdonnaye et Berruyer, qui réunirent leurs forces contre la Haute-Vendée virent échouer tous leurs efforts par le défaut d'ensemble et par les vices de leurs combinaisons. Ils ne tardèrent pas à être remplacés l'un et l'autre. Biron fut nommé général en chef à la place de Berruyer, et Canclaux remplaça Labourdonnaye; mais, avant de rapporter les événements qui se rattachent plus particulièrement aux opérations du général Biron, il convient de jeter un coup d'œil sur ce qui se passait dans la Haute-Vendée, où un nouveau chef insurgé, venait de débuter avec éclat.

Combat des Aubiers. — Par suite du mouvement général ordonné par Berruyer, le général Quetineau, avec sa division, avait occupé le bourg des Aubiers; il en fut délogé le 13 avril par les insurgés, et il dut se retirer sur Bressuire.

Larochejacquelein, après de mures réflexions, venait d'accepter le commandement des paysans qui l'avaient supplié de se mettre à leur tête : il pouvait réunir 10,000 hommes armés de faux, de broches, de fourches et de bâtons, et 200 hommes, habiles tireurs, armés de fusils de chasse. A la nouvelle de l'approche de Quetineau, il rassemble sa petite armée, la fait ranger en cercle autour de lui. « Mes amis, s'écrie-t-il d'une « voix forte, si mon père était ici, vous auriez confiance « en lui; pour moi, je ne suis qu'un jeune homme; « mais, si je recule, tuez-moi; si j'avance, suivez-moi; « si je meurs, vengez-moi. » Aussitôt s'élève de toutes parts le cri : *Vive le roi! vive notre général!* Avant de partir les paysans se mettent à déjeuner. Larochejacquelein partage avec un d'eux un morceau de pain de seigle, et ensuite on se met en marche. Les républicains occupaient depuis quinze heures le bourg des Aubiers; il y avait parmi eux si peu d'ordre, que les insurgés entrèrent dans le bourg sans que le général Quetineau en fût informé. Placé dans un jardin avec une douzaine de bons tireurs, à quarante pas de l'ennemi, Larochejacquelein commença l'attaque par une fusillade extrêmement meurtrière; tous les coups portaient, une haie épaisse cachait et couvrait les assaillants. Quetineau, afin de mettre ses troupes à l'abri, ordonna un mouvement rétrograde : il voulait prendre sur une hauteur voisine une position plus avantageuse. Aussitôt que Larochejacquelein s'aperçut de ce mouvement : « Les voyez-vous qui fuient, dit-il à ses paysans, avançons. » A l'instant ceux-ci se précipitèrent au pas de course sur les républicains, en poussant des cris à la manière des sauvages. Leur impétuosité obtint du succès. Surpris de cette brusque attaque, les soldats de Quetineau, pour la plupart gardes nationaux et pères de famille, se crurent assaillis par un ennemi formidable; ils prirent la fuite : le général essaya en vain de les ramener; les reproches piquants qu'il fit à ses soldats ne les arrêtèrent pas, et lui-même dut les accompagner à Bressuire. Deux canons et deux barils de poudre, trésor précieux au début d'une insurrection, furent pour Larochejacquelein le premier résultat de cette journée.

Larochejacquelein. — Ce général, qui dans cette guerre devait se faire un nom si glorieux, était alors, dit un écrivain de son parti, « un jeune homme de vingt ans, peu maniéré, plus propre à agir qu'à parler; actif, intrépide, accoutumé à supporter le froid et toutes les intempéries de l'air : ses yeux avaient la vivacité des yeux de l'aigle; sa taille était libre et dégagée, ses cheveux blonds flottaient au vent. Adroit dans tous les exercices du corps, il était excellent écuyer. Les paysans se plaisaient à le voir penché sur son cheval ramasser au galop une pièce de monnaie. Quelle que devint plus tard sa réputation, son caractère resta le même : timide dans le conseil, il donnait son avis sans jamais chercher à le soutenir; mais au moment d'une mêlée, il se lançait audacieusement au milieu des plus épais bataillons, et semblait vouloir arracher la victoire plutôt que la disputer. Sa témérité avait souvent d'heureux effets; les paysans l'adoraient, et, se précipitant sur ses traces, obtenaient la victoire en cherchant seulement à dégager leur chef. » Une justice qu'amis et ennemis lui ont toujours rendue, c'est que, désintéressé dans son dévouement autant que chevaleresque et héroïque dans ses actions, il n'eût jamais l'ambition pour mobile : son attachement à la cause royale émanait réellement d'un vif et sincère amour de la patrie.

Prise de Thouars. — Thouars est une des petites villes les plus fortes du Poitou : bâtie sur une coline peu élevée, elle n'est dominée cependant par aucune élévation. Le Thouet, rivière bourbeuse, large et profonde, la défend au midi et à l'occident : d'anciennes fortifications et une muraille épaisse la mettent à l'abri d'un coup de main.

Le général Quetineau s'y était retiré avec sa division,

réduite à 3,150 hommes, troupes qui auraient été suffisantes pour défendre la ville si elles eussent été aguerries et disciplinées.

La prise de Thouars ouvrait à l'insurrection les portes de la Touraine; ce fut le but de l'expédition que d'Elbée fit adopter dans le conseil des généraux vendéens. Les Vendéens, au nombre d'au moins 20,000, guidés par Bonchamps, Larochejacquelein et Lescure, s'avancèrent le 5 mai sur cette ville. Ils formaient plusieurs colonnes. Dommaigné, gentilhomme angevin, commandait la cavalerie. L'artillerie était aux ordres de Bernard de Marigny. Ils arrivèrent à six heures du matin en vue de Thouars. Le Thouet qui, comme nous venons de le dire, couvre une partie de la ville, n'est guéable que sur un seul point, au dessous du village de Verines. Le gué et deux ponts que le général Quetineau avait ordonné de couper (ordre qui ne fut exécuté que pour un seul), étaient les seuls endroits par où l'on pût forcer la ville. Quatre cents volontaires gardaient le gué de Verines. Quetineau, avec le reste de sa troupe, s'était rangé en bataille à une portée de canon de la place, sur les bords du Thouet, derrière les ponts.

Les Vendéens, après plusieurs sommations inutiles attaquèrent sur trois points à la fois. La cavalerie passa le gué à la nage, et les volontaires républicains s'y firent, à quelques fuyards près, tuer tous jusqu'au dernier en le défendant. Pendant ce temps, Larochejacquelein tenait en échec le gros des forces républicaines, par l'attaque du Pont-Neuf. Ce poste ayant été forcé, une affaire générale s'engagea, et Quetineau, après une résistance qui dura plusieurs heures, fut enveloppé; ses troupes se débandèrent et se réfugièrent derrière les murs de la place. Un bataillon marseillais (le 8e du Var) se fit néanmoins remarquer dans ce combat par sa bravoure et par son opiniâtreté. Formé en carré, il repoussa plusieurs fois les masses nombreuses qui l'assaillaient. A cinq heures du soir, les Vendéens s'emparèrent de la ville par escalade. Larochejacquelein, montant sur les épaules d'un de ses paysans, leur donna l'exemple et pénétra le premier dans la ville par un des créneaux. Quetineau fut obligé de mettre bas les armes et de se rendre à discrétion avec ses soldats. Six mille fusils, douze pièces de canon et vingt caissons furent pour les Vendéens le fruit de cette journée. La prise de Thouars faisait en outre un vide immense dans la ligne républicaine, coupait les communications de la rive droite de la Loire avec Niort, et permettait aux insurgés de faire impunément des courses dans les districts de Loudun et de Chinon. Les chefs vendéens traitèrent avec beaucoup d'égards le général Quetineau, dont ils honoraient le courage et le caractère; mais sa défaite fut, aux yeux du tribunal révolutionnaire, un crime capital, et un an après, il porta sa tête sur l'échafaud. Ce général était néanmoins un militaire brave et instruit, et un républicain sincère.

Combats de Fontenay. — La prise de Thouars ouvrait aux Vendéens la route de Saumur; ils auraient alors aisément pu s'emparer de cette ville; mais, après avoir séjourné quatre jours à Thouars, le torrent des insurgés se tourna vers le sud et poussa un parti sur Loudun. D'Elbée occupa Parthenay et se dirigea, le 13 mai, sur le poste de la Chataigneraye, qu'avec 3,000 républicains défendait le général Chalbos. Le nombre et le courage favorisèrent les Vendéens. Chalbos, battu, se retira sur Fontenay avec les débris de sa division.

L'armée insurgée arriva le 16 mai devant Fontenay; le général Doyat, qui commandait sur ce point avec Chalbos et l'adjudant général Sandos, nouvellement arrivé et dont l'impéritie égalait la bravoure, présentèrent la bataille aux Vendéens dans la plaine qui se trouve en avant de la ville. La canonnade fut d'abord très vive et dura trois heures. Les républicains, accablés par le nombre, étaient sur le point d'être forcés, lorsqu'une charge impétueuse de cavalerie ramena la victoire dans leurs rangs et décida l'affaire. Les Vendéens perdirent 400 hommes, leurs bagages et plusieurs pièces de canon, au nombre desquelles se trouvait la fameuse Marie-Jeanne. Ce revers ne découragea pourtant pas les chefs de l'insurrection, et il y fut décidé conseil pour une nouvelle attaque, et il y fut décidé que l'échec qu'ils venaient de recevoir n'ayant dépendu que du défaut d'ensemble, l'arrivée de Bonchamps et de Larochejacquelein, avec leurs divisions, rendrait, en cas d'une nouvelle attaque, le succès infaillible. L'armée vendéenne fit des dispositions en conséquence.

Chalbos avait réoccupé la Chataigneraye après le combat du 16; mais, ayant appris qu'il allait être cerné par les insurgés, au nombre de 35,000, il se replia le 24 mai au soir sur Fontenay. Les paysans vendéens, récitant des litanies et chantant des cantiques, se présentèrent le 24 à midi dans les positions où ils avaient été défaits le 16. Leur armée, divisée en trois colonnes, avait pour chefs Lescure au centre, Bonchamps à droite et Larochejacquelein à gauche. L'armée républicaine était rangée en ligne. L'affaire s'engagea aussitôt. Lescure, donnant à ses soldats l'exemple de l'audace et du courage, emporta une première batterie; mais les chasseurs de la Gironde, parfaitement secondés par les volontaires de Toulouse, de l'Hérault, et par plusieurs autres bataillons, faisaient un feu vif et soutenu, et les colonnes royalistes semblaient déjà chanceler, quand Chalbos, ayant ordonné à la gendarmerie de charger, cinq cavaliers seulement s'ébranlèrent pour se porter en avant; cette conduite démoralisa l'infanterie qui, troublée, commença à se pelotonner. Les Vendéens, remarquant ces dispositions, en profitèrent pour augmenter l'impétuosité de leur attaque, et bientôt la déroute de l'armée républicaine fut complète. Quarante-deux pièces de canon, tous les bagages et la caisse militaire, contenant vingt millions en assignats, tombèrent ainsi au pouvoir de l'ennemi.

Désorganisation de l'armée républicaine. — De pareils succès, obtenus par des paysans, nombreux il est vrai, mais indisciplinés, mal armés et sans expérience de la guerre, étaient dus sans doute en partie au fanatisme exalté et au courage des masses, au dévouement et à la témérité des chefs; mais il serait toutefois injuste de ne pas reconnaître qu'ils eurent leur principale cause dans la désorganisation et la démoralisation des troupes républicaines. Plus d'ordre, de régularité, d'opiniâtreté et de véritable patriotisme eussent sans doute arrêté les progrès des Vendéens. Partout où la résistance fut réelle et soutenue, elle fut efficace et utile; mais les corps épars de l'armée républicaine, minés par l'orgueil et l'indiscipline, méritaient peut-être moins encore que les masses royalistes le nom d'armée, que chaque chef isolé prétendait donner à son détachement. Pour faire connaître à quel point le désordre était complet à cette époque, il nous suffira de citer un rapport du général Biron, envoyé dans la Vendée en qualité de général en chef: « En arrivant à Niort, écrivait-il à la Convention, j'y ai trouvé une confusion inimaginable, un ramas d'hommes qu'il est impossible d'appeler armée. Ce chaos ne peut se débrouiller que par une activité sans relâche et une patience sans bornes. Personne ne connaît ce qu'il y avait avant l'incompréhensible déroute de Fontenay, ni ce que l'on y a perdu....... La cause des revers de l'armée vient de la négligence et de l'abandon de toute organisation, de tous principes militaires. L'armée des côtes n'existait que sur le papier: l'officier (Boulard), qui s'est trouvé là, a rassemblé autour de lui le plus d'hommes qu'il a pu; il est devenu général. Ne pouvant tout faire seul, il a été obligé de se choisir quelques adjoints, quelques coopérateurs. Si alors on eût organisé dans toutes ses parties ce corps, quelque peu considérable qu'il pût être, si on eût assuré tous les services, il eût été possible, en étendant tout avec méthode, d'imprimer à toutes les branches de l'administration un mouvement uniforme, seul moyen d'établir et de maintenir l'ordre: on a fait le contraire. Chaque expédition de rebelles a fait éclore une petite armée de patriotes, avec un général de quelques centaines d'hommes. L'espoir d'acquérir une gloire sans partage, la crainte de cesser de commander, celle de rentrer sous les ordres d'un chef, le plaisir de dire: *mon armée*, ont pour ainsi dire coupé toute espèce de communication entre ces diverses et nombreuses petites armées qui semblaient appartenir à différentes puissances. Malheureusement, si dans leurs opérations déterminées par des intérêts personnels, leurs succès partiels sont restés inutiles à la chose publique, leurs revers n'en ont pas moins entraîné de grandes déroutes et ont rendu redoutable un parti de rebelles qui eût pu être abattu en un instant par une seule manœuvre bien dirigée........ D'après ce que j'apprends des insurgés, de leurs moyens et de leur manière de faire la guerre, ils ne doivent absolument leur force et leur existence qu'à l'épouvantable confusion qui n'a cessé d'accompagner les mesures incohérentes et insuffisantes que l'on a toujours prises partiellement contre eux; il faut même qu'ils ne soient pas aussi dangereux qu'on le dit, puisqu'ils n'ont pas su profiter d'aussi grands avantages. Pour vous mieux peindre l'état de l'armée, je vous dirai enfin qu'il n'existe à Niort aucun service monté; point d'équipages de vivres, point d'hôpital ambulant; en un mot, aucun moyen de faire deux marches sans la certitude de manquer de tout....»

Divisions et ambition des chefs vendéens.—A cette peinture peu satisfaisante de l'armée républicaine, il convient aussi d'opposer les causes intérieures qui, dans l'armée vendéenne, étaient comme autant d'auxiliaires du parti opposé.

Après la prise de Thouars et les succès obtenus à Fontenay, les insurgés auraient pu, animés par ces avantages mêmes, tenter quelque entreprise importante, organiser une armée permanente, en se choisissant un chef unique, dont le nom et le mérite, généralement reconnu, eussent commandé la confiance aussi bien dans le pays soulevé qu'au dehors de la Vendée. Ils auraient, sans doute, réussi à mettre dans un péril imminent le gouvernement révolutionnaire. Le général vendéen, en faisant un appel aux provinces méridionales, au moment où Lyon, Marseille et Toulon se révoltaient contre la tyrannie conventionnelle, pouvait être entendu de fort loin, si sa voix eût parlé le langage de la modération, de la justice, de la véritable liberté. Mais, au contraire, les chefs de l'insurrection se divisèrent. L'armée victorieuse fut licenciée ou se dispersa d'elle-même, aussitôt après la prise de Fontenay. Il ne resta pas même un soldat insurgé dans la plaine; tous regagnèrent promptement le Bocage. Les généraux, restés seuls, ne songèrent qu'à se partager le commandement des cantons insurgés ou soumis, qu'ils nommaient le pays conquis. Ainsi Lescure devint le chef de la division de Bressuire; Larochejacquelein celui de Châtillon et des Aubiers; d'Elbée et Chollet et Chemillé; Cathelineau Saint-Florent; Bonchamps les bords de la Loire; enfin Laugrenière Argenton-le-Château et Thouars.

Charette, La Cathelinière et Joly, sans relation directe avec la grande armée vendéenne, continuèrent d'abord à commander, chacun isolément, la Basse-Vendée, qui bientôt ne voulut plus reconnaître qu'un seul chef, Charette.

Les généraux insurgés formaient une sorte de confédération, où chacun prétendait à la plus complète indépendance. Ces commandements distincts et sans hiérarchie développèrent par la suite au détriment de la cause générale, un germe de rivalité et de jalousie qui ne fit qu'augmenter et qui causa autant de désastres à l'armée vendéenne que l'esprit d'indépendance et d'indiscipline en avaient occasionés à l'armée républicaine.

Projets pacifiques repoussés par la Convention.— Le général Biron, envoyé pour remplacer le général Berruyer, avait, pour la pacification de la Vendée, des dispositions qui, si elles eussent été appuyées, auraient sans doute amené un résultat. Cet officier général, distingué par la part qu'il avait prise aux guerres de l'indépendance américaine, avait compris que, dans une guerre civile, il y a plus de gloire à pacifier qu'à soumettre. Son commandement devait s'étendre de la Gironde à la Loire, et son quartier-général était établi à Niort. En acceptant avec répugnance le commandement que le gouvernement lui remettait, il soumit au ministère plusieurs questions sur lesquelles il demandait une prompte solution. Il s'agissait de savoir: 1° Comment les déserteurs et les prisonniers de guerre seraient traités; 2° S'il pourrait employer d'autres moyens que celui des armes pour soumettre le pays insurgé ; 3° Enfin, s'il serait le maître d'entrer en négociation avec les chefs des insurgés. On reconnaît déjà dans ces questions un homme qui comprenait la tâche qui lui était imposée. Le ministre répondit que l'article relatif aux déserteurs n'avait pas été prévu par la loi, et que cet objet devait être décidé par la Convention ; que les décrets des 19 mars et 10 mai réglaient ce qui était relatif aux rebelles pris les armes à la main ; que la République ne pourrait qu'applaudir au zèle qui suggérerait au général les meilleurs moyens de ramener les Vendéens égarés, en faisant circuler parmi eux les instructions les plus propres à opérer cet effet ; enfin, que la dernière question n'était susceptible que d'une réponse négative. « Je ne pense pas, ajoutait le ministre, que, dans aucun cas, il puisse nous convenir d'entrer en négociation avec les chefs des rebelles. »

Ainsi, dès le principe, dominé par une secrète envie d'imprimer une terreur qui devait bientôt épouvanter la France entière, le gouvernement conventionnel rejetait les projets de pacification que le général aurait pu faire admettre. Il fallait donc combattre.

Plan de campagne de Biron. — Biron, après avoir pris connaissance de l'état de l'armée, et après en avoir rendu compte à la Convention, se rendit à Tours, où se trouvaient rassemblés les représentants en mission, afin de concerter avec eux le plan de la campagne qu'il allait ouvrir. Il fut décidé que la Vendée serait envahie à la fois par quatre corps de 10.000 hommes, partant des Ponts-de-Cé, de Saumur, de Chinon et de Niort.

Mais il fallait réunir ces 40,000 hommes. Les représentants se chargèrent de hâter l'arrivée des bataillons formés à Orléans, de presser les levées et les réquisitions des villes voisines, et Biron se rendit en toute hâte à la Rochelle pour réunir les forces qui se trouvaient sur ce point de son commandement, qui s'étendait de la Loire à la Gironde.

Réunion de la grande armée vendéenne. — Pendant que l'on faisait ces préparatifs, 40,000 Vendéens se réunissaient à Châtillon avec cette rapidité presque surnaturelle, qui formait le caractère de ces rassemblements. Ils étaient commandés par Larochejacquelein, Lescure, Bonchamps, d'Elbée, Beauvollier, Stofflet et Cathelineau. Cette réunion avait été déterminée par la surprise de la Fougereuse, par le général Salomon.

Retraite de Concourson. — D'un autre côté, Chollet se trouvait menacé par le général Lygonnier, qui, de Doué où il était posté, faisait sur Vihiers de fréquentes excursions. Ce fut sur cette dernière place, et ensuite sur Doué que se dirigèrent les Vendéens. Saumur n'était couvert que par les hauteurs de Concourson, position très avantageuse, sur laquelle Lygonnier s'était retranché avec la division sous ses ordres, mais dont il ne sut pas tirer parti. Ses avant-postes, attaqués le 7 juin par les Vendéens, prirent la fuite sans combattre, et la division entière imita ce honteux exemple. Les débris ne s'en rallièrent que sur les hauteurs de Bournan, à une demi-lieue de Saumur.

La force de cette position, défendue par une artillerie bien servie, obligea les Vendéens à se replier. Maîtres de Doué, ils résolurent de ne point attaquer Saumur de front, mais par la droite en filant sur Varin et sous les hauteurs du château. Pendant qu'ils s'avançaient obliquement par Montreuil, l'armée française fut réorganisée dans les redoutes de Bournan, et Lygonnier, destitué par les commissaires de la Convention, fut remplacé par Menou.

Combat de Montreuil. — Le général Salomon, qui avait occupé Thouars après l'évacuation de cette place par les Vendéens, reçut l'ordre de se porter avec sa division au secours de Saumur. Les Vendéens, informés de ce mouvement, se divisèrent, et, tandis qu'une partie de leur corps d'armée continuait sa route pour aller prendre position à Saint-Just, le reste s'arrêta à Montreuil pour attendre la division de Salomon. On l'aperçut au loin sur la route, à la chûte du jour, et Cathelineau fit aussitôt préparer l'artillerie. Le général républicain, mal servi par ses espions, se trouva presque enveloppé avant de soupçonner la présence de l'ennemi. L'affaire s'engagea dans les ténèbres. La défense, aussi opiniâtre que l'attaque, se prolongea plusieurs heures. Mais les Vendéens, favorisés par la position et par leur grande supériorité numérique, obligèrent Salomon à la retraite. Ce dernier ne parvint à regagner Thouars qu'après avoir perdu environ la moitié de sa division. Il se replia ensuite sur Niort en abandonnant Saumur à ses propres forces.

Attaque et prise de Saumur. — L'armée républicaine, réunie à Saumur, formait un total d'environ 11,000 hommes, que la défaite du général Salomon acheva de décourager. Elle reconnaissait pour chef le général Menou, ancien noble, un des sept barons de la Bretagne, et le même qui a acquis depuis en Égypte une si triste célébrité. Sous ses ordres se trouvaient plusieurs généraux distingués par leurs talents ou au moins par leur courage, Berthier, Santerre, Coustard, Weissen, Joly, etc. Menou avait fait prendre à ses troupes les positions qu'il jugeait les plus avantageuses : il était posté en avant, sa droite appuyée à l'abbaye de Saint-Laurent, sa gauche sur les hauteurs en avant du château, qui, ouvert de tous côtés, comme la ville, se trouvait à peine à l'abri d'un coup de main. Le centre défendait les redoutes élevées sur les hauteurs de Bournan. Saumur n'a de remparts véritables que la Loire d'un côté et le Thouet de l'autre, deux rivières qui n'offrent aucun gué. Les Vendéens attaquèrent le front, défendu par le Thouet ; mais une de leurs divisions avait passé cette rivière à quelques lieues au dessus de la ville, et devait s'avancer par la rive droite au moment où l'attaque de la rive gauche devait avoir lieu. La ligne de défense des Républicains était beaucoup trop étendue. Le pont de Saint-Just sur la Dive n'était ni coupé ni gardé, et l'on surprit un garde d'artillerie enclouant trois pièces de canon. Un retranchement et une redoute à l'entrée des faubourgs, au point de jonction des routes de Doué et de Montreuil, faisaient toute la défense de la place, dont les insurgés n'ignoraient pas la faiblesse. La Rochejacquelein, dans le but de reconnaître l'état des choses, n'avait pas craint de se présenter la veille, sous un déguisement, chez un de ses amis de Saumur, et il avait vu par lui-même le désordre qui régnait dans l'armée républicaine. D'après son rapport, les généraux insurgés tinrent conseil, et un plan d'attaque fut arrêté. Lescure devait tourner la redoute des faubourgs, et Stofflet attaquer le château pendant que La Rochejacquelein arrivait sur la ville par les prairies de Varins.

Ces trois points furent menacés le 9 juin à deux heures après midi par l'armée vendéenne. Des corps d'observation, placés en face du centre et de la droite des républicains, masquaient la principale attaque dirigée sur la position de gauche qui couvrait le château. Protégés à droite et à gauche par un mur et par une colline, qui les garantissait des batteries, les Vendéens prirent à revers les avant-postes placés sur le chemin de Doué. Cependant quelques bataillons républicains précédés de tirailleurs, arrêtèrent les insurgés qu'ils rompirent et contraignirent à se replier avec une perte de 300 hommes. Cette première ligne rompue se reforma en arrière, et Lescure fit avancer la seconde, qui rétablit le combat, et força l'infanterie républicaine, que la cavalerie refusait de soutenir, à un mouvement rétrograde. L'attaque et la défense furent également opiniâtres. Trois fois repoussés, les Vendéens revinrent trois fois au combat. Un régiment de cuirassiers, le seul qui existait alors dans l'armée française, chargea les insurgés avec vigueur, mais, pris lui-même en flanc par la cavalerie vendéenne, conduite par Dommaigné, qui se fit tuer dans cette affaire [1], et deux caissons d'artillerie ayant sauté dans ses rangs, ce brave régiment fut mis en déroute, et se retira au delà du pont Fouchard, entraînant dans sa marche rétrograde son commandant, le colonel Chaillou grièvement blessé.

L'infanterie résistait encore, et la victoire semblait indécise, quand des tirailleurs vendéens, qui, à la faveur des haies et des murs, avaient tourné les volontaires républicains, leur tirèrent par derrière quelques coups de fusil. Ces troupes de nouvelle levée se crurent enveloppées, et quelques lâches ayant poussé le cri de *sauve qui peut!* tout se débanda en un instant; les généraux Menou et Berruyer, blessés, furent entraînés par la foule qu'ils avaient en vain tenté de rallier. Le conventionnel Bourbotte, ayant eu son cheval tué sous lui dans cette déroute, se trouvait dans le plus grand péril, lorsque Marceau, alors simple officier dans la légion germanique, mit pied à terre et lui donna son cheval. La fortune de ce digne jeune homme, qui fut un de nos généraux braves, purs et désintéressés, data de cette journée fatale. La reconnaissance du représentant donna à la République un héros de plus.

Il était alors huit heures du soir. Le général Coustard, qui commandait les retranchements et le camp de Bournan, s'apercevant que le feu des batteries de la gauche était éteint, et que les Vendéens se portaient sur celles de la droite pour s'emparer de la chaussée du pont Fouchard, donna l'ordre à deux bataillons de se rendre sur cette chaussée et de défendre le pont avec quatre pièces de canon. L'un de ces bataillons, au lieu d'obéir, se met à crier *le général est un traître!* De lâches soldats se réunissent aussitôt autour de lui, les uns le couchant en joue, les autres croisant leurs baïonnettes sur sa poitrine. Coustard, que cette infamie n'intimide pas, persiste dans son projet, il se place à la tête de ceux qui veulent bien le suivre, et marche vers la chaussée qu'il allait atteindre, lorsqu'il voit d'autres bataillons se rompre sans ordre et se disperser. Il court à eux et cherche à les rallier, mais c'est en vain : entouré de nouveau par le bataillon qui avait déjà crié à la trahison, il entend les soldats répéter leurs vociférations séditieuses, s'écrier qu'on veut les sacrifier : un misérable qui déshonorait l'épaulette, un officier, saisit la bride de son cheval, et l'oblige, l'épée sur la poitrine, à mettre pied à terre. Les soldats révoltés demandent sa tête. «Seriez-vous assez lâches, leur dit Coustard, «pour égorger votre général? S'il vous faut une victime, conduisez-moi à l'embouchure du canon, et vous «verrez comment sait mourir un homme sans reproche.» Les lâches l'entraînèrent vers une batterie servie par des canonniers de Paris de la section de l'Unité, et voulurent le mettre en effet à la bouche d'un canon; mais là, au lieu d'assassins, Coustard ne trouva que des braves, qui le prirent sous leur sauve-garde, et jurèrent d'exécuter ponctuellement ses ordres. Il ne lui restait plus qu'un moyen pour rentrer dans la ville, c'était de marcher en colonne serrée, la baïonnette en avant, et de forcer le passage du pont Fouchard, que venait de fermer une batterie de l'armée vendéenne.

Il propose ce projet aux troupes qui l'environnent; on l'adopte et on lui répond par les cris de *vive la République!* Le général fait alors avancer une centaine de cuirassiers de la légion germanique. « Où nous en«voyez-vous, lui dit le commandant? — A la mort, «reprend Coustard, le salut de la République l'exige.» Weissen obéit, charge avec intrépidité, à la tête de ses cuirassiers, et s'empare de la batterie ennemie. Coustard, pour le soutenir, le suit avec son infanterie marchant au pas de charge, mais une fusillade partie d'une colonne vendéenne débouchant par le vieux chemin de Doué jette le désordre parmi ses soldats : un cri de *sauve qui peut!* se fait entendre. Le brave Weissen, couvert de blessures, revint avec la douleur d'avoir vu périr inutilement tous ceux qui l'avaient suivi. — Les canonniers de l'Unité, restés à servir leurs pièces jusqu'à la défection de l'infanterie, parvinrent cependant à les sauver toutes, excepté une dont quelques lâches avaient coupé les traits pour s'enfuir avec les chevaux.

On se battait encore à l'entrée de la ville, lorsque Larochejacquelein, emporté par son bouillant courage, osa pénétrer dans la ville avec un seul officier, et s'avança jusque sur la grande place. Il fut bientôt suivi par l'armée vendéenne tout entière. 30,000 pay-

---

[1] « Les Vendéens n'avaient jamais vu de cuirassiers : ils s'étonnèrent de ce que leurs balles ne produisaient aucun effet. Ils s'imaginèrent être ensorcelés et reculèrent épouvantés. — « Arrêtez! s'écria le brave «Dommaigné, et regardez-moi faire.»—En même temps ajustant un cuirassier il l'atteignit au visage. Le soldat tomba mort aux pieds de son cheval. Les Vendéens applaudirent.—«Au visage! mes amis, visez «au visage; vous ne pouvez les blesser que là.» — En prononçant ces mots, Dommaigné, atteint lui-même d'un coup de mitraille, fut renversé et expira. »

sans, la plupart en sabots, mal armés, portant des chapelets, entrèrent à Saumur, et, au lieu de poursuivre les Républicains dispersés, se hâtèrent de se rendre dans les églises, où déjà les prêtres ornés de tous les ornements pontificaux les attendaient. Tandis que l'encens fumait sur les autels, pendant que les cloches sonnaient en volée en signe d'allégresse et de reconnaissance, les troupes républicaines, dans leur fuite sur Beaugé, Angers, la Flèche et le Mans, jetaient partout la terreur. Le gros de l'armée, rallié par les généraux, se retira sur Tours.

Le château de Saumur n'avait ni munitions ni approvisionnements. Une heure avant l'entrée des Vendéens 150 hommes de la garde nationale, quelques volontaires de Loches, et 250 hommes de différents corps, commandés par le lieutenant-colonel Joly, s'y étaient jetés pour en former la garnison.

Bientôt arriva au pied du rempart une troupe de femmes qui, par leurs cris et leurs larmes, sollicitaient les grenadiers de la garde nationale de se rendre, annonçant que les Vendéens allaient mettre le feu à la ville si on ne leur remettait pas sur-le-champ la forteresse. Peu de temps après, un officier vendéen se présenta pour traiter d'une capitulation. Pendant qu'on en réglait les articles, entre onze heures et minuit, des Vendéens, montés sur un clocher voisin, tirèrent quelques coups de fusil sur l'officier qui faisait sa ronde. On riposta du rempart, et la fusillade dura environ une demi-heure. C'est sans doute cet incident qui a fait dire aux historiens de la Vendée que la garnison avait fait feu sur le parlementaire royaliste.

La prise de Saumur coûta à la République environ 3,000 hommes tant tués que blessés. Les Vendéens en perdirent près de 2,000; leurs chefs, dans cette mémorable journée, durent tous payer de leurs personnes. M. de Lescure fut blessé en ramenant ses troupes à la charge; le jeune Baudry-d'Asson fut tué ainsi que le brave Dommaigné, et le jeune Corsin-Belletouche fut blessé mortellement. Parmi les Républicains, les généraux Menou et Berthier furent blessés. Des munitions de bouche et des fourrages en abondance, un magasin complet d'effets de campement, trente milliers de poudre en barils, autant en cartouches et en gargousses, cinquante pièces de canon, une grande quantité de boulets, cinq mille fusils, furent les fruits de cette victoire qui attira sur les Vendéens l'attention de la France, fixa les regards de toute l'Europe et jeta la consternation dans les comités de la Convention.

RÉSUMÉ CHRONOLOGIQUE.

1793.

25 FÉVRIER. Levée de 300,000 hommes décrétée.
4 MARS. Fermentation à Cholet et dans les environs.
11 — L'insurrection commence à Saint-Florent.
11 et 16 — Insurrection de la Basse-Vendée. — Prise de Machecoul, de Chantonnay et de Challans. — Charette se met à la tête des insurgés.
13 — Cathelineau, s'empare de Jallais et d'une pièce de canon appelée le *Missionnaire*.
— Prise de Chemillé par les insurgés.
14 — Prise de Cholet par les insurgés.
15 — Prise de Clisson, de Montaigu, de Mortagne. — Royrand, Sapinaud et Larochejaquelein se joignent aux insurgés.
16 — Prise de Vihiers et d'une pièce de canon appelée *Marie-Jeanne*. — Cathelineau et Stofflet remettent le commandement à d'Elbée et à Bonchamps.
17 — Prise de Noirmoutier par les insurgés.
21 — Prise de Chalonnes.
24 — Le général Berruyer reçoit le commandement en chef.
27 — Prise de Pornic par les insurgés.
24 et 29 — Les Vendéens attaquent deux fois les Sables-d'Olonnes et sont repoussés.
1er AVRIL. Plan d'attaque concerté entre les généraux Berruyer et Labourdonnaye.
— Marche du général Boulard dans la Basse-Vendée.
10 — Combat et défaite des Vendéens à Cheffois.
11 — Défaite des Vendéens à Chemillé
12 — Reprise de Challans par les Républicains.
13 — Défaite des Républicains aux Aubiers.
15 — Combat de Saint-Gervais. — Défaite des insurgés et mort de Gaston leur chef.

18 et 19 AVRIL. Combat et défaite des Républicains à Vihiers et à Bois-Grolleau
22 — Défaite des Vendéens à Machecoul.
23 — Retour de Boulard aux Sables.
25 — Combat et défaite des Vendéens à Mouilleron.
29 — Prise de l'île de Noirmoutier par les Républicains.
30 — Défaite des Républicains à Legé.
2 MAI. Combat de Palluau, les Vendéens sont repoussés.
2 et 3 — Retraite des Républicains sur Argenton et Bressuire.
3 — Prise de Mareuil par les Républicains.
4 et 5 — Évacuation de Legé par les Vendéens.
5 — Prise de Thouars par les Vendéens.
7 — Combat et surprise de Pont-James par Charette.
9 — Entrée des Vendéens à Parthenay.
12 — Attaque infructueuse du Port-Saint-Père par Charette.
14 — Reprise de Thouars par les Républicains.
16 — Défaite des Vendéens à Fontenay.
17 — Retraite de Boulard sur la Mothe-Achard.
25 — Défaite des Républicains à Fontenay.
26 — Création du conseil supérieur de l'armée vendéenne.
28 — Arrivée du général en chef Biron à Niort.
3 et 7 JUIN. Entrevue du général en chef et des représentants du peuple à Tours.
4 — Combat de Trémont. Défaite des Républicains.
6 — Marche de la grande armée vendéenne sur Doué.
7 — Défaite des Républicains à Layon.
8 — Combat de Montreuil. Défaite des Républicains.
9 — Attaque et prise de Saumur par les Vendéens.
10 — Prise du château de Saumur par les Vendéens.
— Retraite de l'armée Républicaine sur Tours.

A. HUGO.

On souscrit chez DELLOYE, Éditeur, place de la Bourse, rue des Filles-Saint-Thomas, 13.

Paris. — Imprimerie et Fonderie de MOQUOUX et Comp., rue des Francs-Bourgeois-Saint-Michel, 8.

FRANCE MILITAIRE.

EXPÉDITION NAVALE CONTRE LA SARDAIGNE.

Commandant en chef. — Le contre-amiral TRUGUET.
Commmandant les troupes de débarquement. — Le général CASA-BIANCA.

Pendant que Dumouriez projetait et préparait son attaque par terre sur la Hollande, puissance maritime, on mettait à exécution à l'armée du Midi une expédition navale contre une puissance continentale plutôt militaire que maritime.

Le contre-amiral Truguet avait reçu le commandement supérieur de l'escadre qui devait en être chargée. Le projet d'invasion de la Sardaigne avait été conçu dès la fin du mois d'octobre 1792. Dans l'opinion du ministère français, c'était un corollaire de la conquête de la Savoie et de l'expédition sur Nice. On attaquait ainsi à la fois le roi de Sardaigne par tous ses points vulnérables, dans ses états de terre-ferme en deçà des Alpes, et dans ses états maritimes. L'escadre de l'amiral Truguet, désignée pour cette expédition, devait être aidée par les troupes de l'armée du Var. Les représentations du général Anselme sur l'état de faiblesse de son armée retardèrent pendant quelque temps le départ de l'escadre, mais l'ordre en fut définitivement donné à l'amiral Truguet, qui attendait dans la rade de Spezzia le complément des préparatifs nécessaires à l'expédition. Il avait d'ailleurs mis le temps à profit en envoyant à Naples, comme nous l'avons raconté plus haut, le contre-amiral Latouche-Treville. Cet officier général avait pour instruction de se diriger, sa mission étant remplie, sur la Sardaigne, vers laquelle le reste de l'escadre aux ordres de l'amiral Truguet fit route le 10 décembre. Les îles Saint-Pierre et Saint-Antioche avaient été désignées comme le lieu de rendez-vous général. La République génoise, qui s'était empressée d'abord de reconnaître la Révolution française lors de la première arrivée de l'escadre française, avait depuis changé de dispositions. Truguet, en faisant voile pour la Sardaigne, mouilla de nouveau devant Gênes, où il reçut un parlementaire qui lui déclara que la République ne voulait pas recevoir son escadre dans le port. L'amiral français répondit avec fierté qu'il y entrerait, et, sans s'arrêter aux batteries des forts, il tint parole: les Génois n'osèrent pas s'opposer à sa résolution; faisant de nécessité vertu, ils l'accueillirent avec tous les dehors de la bienveillance.

De Gênes, l'escadre cingla vers la Corse, où elle devait recevoir le complément des troupes de l'expédition; mais, avant d'y arriver, une violente tempête en dispersa les vaisseaux, ainsi que ceux de la division Latouche-Tréville, qui revenait de Naples. Chaque capitaine se vit contraint de mouiller isolément dans un port différent, et les bâtimens n'arrivèrent que successivement au lieu du rendez-vous. Truguet, qui y parvint un des premiers, prit possession des îles Saint-Pierre et Saint-Antioche, pour y attendre le reste de sa petite flotte. Ces îles sont situées vers la pointe méridionale de la Sardaigne.—Cependant le fameux Paoli, qui cherchait déjà à rendre sa patrie indépendante, et qui, pour l'enlever à la France, la jeta un peu plus tard sous la domination anglaise, apportait toute espèce d'obstacles à l'embarquement des troupes corses. Trois bataillons à peine complets, quelques centaines de volontaires et une compagnie d'artillerie furent les seules troupes qui partirent d'Ajaccio pour joindre le contre-amiral Truguet à Saint-Pierre.—Parmi les officiers se trouvait un jeune capitaine d'artillerie, qui était alors en congé en Corse, et qui fut nommé par ses concitoyens chef d'un bataillon de volontaires. Ce jeune homme, nommé Napoléon Bonaparte, fut chargé de s'emparer des îles de la Madeleine et du fort Saint-Étienne, placés dans le canal de San-Bonifacio, qui sépare la Corse de la Sardaigne. Il s'acquitta de sa mission, enleva le fort d'assaut, s'établit à la Madeleine et prouva par son succès que le courage et les talents viennent à bout de toutes les entreprises. Il n'abandonna sa conquête que long-temps après, lorsqu'il en reçut l'ordre et quand la grande expédition eut totalement échoué. — Mais n'anticipons point sur les événemens.—L'amiral se trouvait trop faible pour attaquer la Sardaigne qui, sur l'avis de son arrivée, s'était mise en état de défense et ne pouvait plus être surprise; il demanda un renfort de nouvelles troupes à l'armée du Var; mais les transports qui les lui amenèrent, battus d'une tempête violente, furent encore dispersés. Un petit nombre seulement put atteindre le lieu de destination; la plupart rentrèrent à Villefranche, d'où ils étaient partis; d'autres se réfugièrent au golfe de Juan ou à Antibes. La première tempête qui avait battu la division de Latouche-Tréville, lors de son départ de Naples, dans la nuit du 17 décembre, avait eu encore des suites plus fâcheuses. Le vaisseau le *Languedoc*, qui portait le commandant, fut tellement fatigué par la mer, qu'il perdit d'abord son mât de misaine, puis son grand mât, et enfin son mât d'artimon. Faisant eau de tous côtés, Latouche-Tréville se trouva heureux de pouvoir relâcher à Naples, quelque répugnance qu'il eût à y retourner. — Ces événemens, tristes préliminaires, semblaient en quelque sorte présager l'issue malheureuse de l'expédition. — Les vaisseaux divers de l'escadre, aux ordres de Truguet, avec les troupes d'expédition, se trouvèrent enfin réunis le 22 janvier à la pointe méridionale de la Sardaigne, et l'on fit voile pour Cagliari. L'escadre se composait de 22 vaisseaux, frégates, galiotes à bombes, et portait 3,000 hommes de débarquement. Elle mouilla le 23 dans la rade et non loin de la ville, but de l'expédition.

Arrivé devant Cagliari, Truguet détacha une chaloupe parlementaire pour sommer la ville de se rendre;

mais, quelques précautions que prit en approchant de la cale de débarquement celui qui était chargé de commander cette chaloupe, nos marins virent se renouveler la scène d'Oneille : ils furent reçus avec autant de perfidie que de lâcheté. Un Sarde renversa d'un coup de fusil l'officier parlementaire, et 14 matelots furent tués presque au même instant par une décharge à mitraille de l'artillerie des batteries du port. Les marins, qui montaient les bâtiments français s'empressèrent de regagner l'escadre. L'amiral se vit forcé par les vents de différer sa vengeance de quelques jours. Cependant le 27 janvier, 7 vaisseaux de ligne et 4 galiotes à bombes s'embossèrent devant Cagliari et commencèrent un feu qui fut soutenu avec une extrême vivacité pendant trois jours, après lesquels ils durent reprendre leur mouillage en rade, assez maltraités, d'ailleurs, par les batteries sardes, qui, également, n'avaient pas cessé de tirer. Un des vaisseaux français échoua pour s'être trop approché de la côte.

Cette première tentative, contrariée par les vents et par l'état de la mer, et qui n'eut aucun résultat, détermina l'amiral à revenir à Toulon avec une partie de sa flotte, pour y reprendre des vivres et des munitions de guerre. Son absence fut de courte durée : le 3 février, il était de retour sur les côtes de Sardaigne, devant Cagliari, où l'avait précédé un convoi, amenant un renfort aux troupes de débarquement.

Le gouverneur sarde, prévenu dès long-temps des préparatifs faits à Toulon, s'était occupé activement de fortifier les points faibles des côtes. Il était parvenu à rassembler un corps d'environ 20,000 hommes. Ces troupes étaient mal armées, sans discipline et plus propres à tirer des coups de fusil, retranchées derrière des haies ou dans les bois, qu'à résister à une attaque en règle. Un fusil et un stylet composaient seuls l'armement de chaque homme ; mais le fanatisme religieux que les prêtres avaient eu soin d'éveiller, et ce sentiment inné de courage qu'inspire la défense de ses foyers, pouvaient rendre les milices sardes très redoutables pour nos soldats.

Un débarquement avait été résolu ; il eut lieu le 14 février à midi, au-dessus de Quarto, sur la plage de Saint-André. Cette manœuvre, dirigée avec intelligence par le capitaine de *la Junon*, Duhamel, se fit avec beaucoup d'ordre et de célérité. En moins de deux heures, 16 pièces de campagne furent débarquées, montées et placées à la tête des troupes de l'expédition, commandées par le général Casa-Bianca. L'ennemi n'osa point s'opposer à la descente. Quelques cavaliers se montrèrent seuls sur la côte et furent dispersés par le canon de deux frégates, sous la protection desquelles le débarquement avait lieu. Nos troupes passèrent la nuit en bataille sur la plage.

Casa-Bianca partagea ses troupes en trois colonnes qui se mirent en marche le lendemain, jour marqué pour l'attaque générale. Les chaloupes longeant la côte suivaient le mouvement des troupes de terre. Truguet, qui devait opérer une contre-attaque dès que Casa-Bianca serait aux prises avec l'ennemi, s'impatientait de l'inaction du général, et lui envoya demander à quelle heure il attaquerait. Casa-Bianca répondit qu'il comptait le faire avant la nuit. Une des trois colonnes avait été dirigée sur Saint-Élie, sans doute pour prendre la ville à revers, et un intervalle trop considérable, à ce qu'il semble, avait été laissé entre les autres ; la marche ne s'était faite qu'avec lenteur, de sorte que la nuit était arrivée avant qu'aucune attaque eût été effectuée. Déjà une des colonnes établissait son camp à une demi-lieue de la ville, lorsque, soit que le mot d'ordre eût été mal donné, soit par une de ces terreurs paniques dont nous avons déjà vu des exemples à l'armée du Nord, cette colonne, voyant arriver la troisième, celle de réserve, la prit pour l'ennemi et fit feu : l'autre riposta. L'alarme, le désordre furent en quelques instants portés au comble. Quelques soldats prirent la route de la mer du côté des embarcations, et tous s'y précipitèrent bientôt dans la plus extrême confusion. La colonne qui avait marché par Saint-Élie était arrivée sous les murs de la ville et s'y maintenait en attendant le signal de l'attaque, le désordre des deux autres l'obligea à rétrograder.

Au milieu de cette terreur panique et honteuse, l'artillerie fut sauvée par quelques hommes qui ne partagèrent pas l'effroi de leurs camarades, demandant à grands cris leur rembarquement. Une violente tempête rendait en ce moment ce rembarquement impossible. Bientôt l'escadre, battue par des vents d'une violence extrême, se trouva exposée à être jetée à la côte, l'amiral Truguet n'ayant pas voulu faire appareiller dans la crainte de démoraliser entièrement les troupes qui étaient à terre et que la cavalerie ennemie, enhardie par leur retraite, ne cessait de harceler. Cette condescendance, d'ailleurs assez naturelle, du chef de l'expédition, devint fatale à l'escadre.

La complaisance du contre-amiral Truguet, qui avait craint de gagner le large pour ne pas désespérer ses troupes de débarquement, fut suivie de la perte du *Léopold*, vaisseau de 80 canons, et de deux autres bâtiments du convoi qui furent écrasés sur la côte ; presque toutes les embarcations de l'escadre furent brisées. Deux frégates se virent forcées d'abattre leurs mâts pour ne pas être jetées elles-mêmes contre les rochers. Si le mauvais temps avait duré, c'en était fait de toute la flotte ; mais heureusement le vent faiblit un peu le 18 et se calma entièrement le 19, de sorte que le rembarquement devint possible et s'effectua le 20 ; le 22 la flotte gagna le large. Trois vaisseaux, *l'Apollon*, *le Généreux* et *la Vestale*, furent envoyés à Saint-Pierre et à Antioche avec environ 700 hommes de troupes, des vivres et des munitions, afin d'assurer à la République la possession de ces îles. Après avoir ensuite renvoyé à l'armée du Var les troupes de débarquement, l'amiral Truguet rentra dans Toulon pour faire réparer son escadre qui avait souffert de grandes avaries. — La France était encore sous le charme des victoires qui avaient glorieusement marqué la fin de la campagne précédente, l'échec éprouvé à Cagliari fut peu remarqué. Il resta même inconnu à la majeure partie des Français. Le gouvernement commençait à trouver convenable de leur céler la vérité toutes les fois qu'il n'avait pas de victoires à proclamer.

ÉVACUATION DU PALATINAT. — RETRAITE SUR LA LAUTER.

SOMMAIRE.

Belle défense de Kœnigstein. — État des affaires sur le Rhin. — Combats de Stromberg. — Plan de l'ennemi. — Passage du Rhin. — Positions de l'armée du Rhin. — Combat de Bingen. — Mouvement rétrograde des Français. — Combat d'Oberflersheim. — Mouvement de l'ennemi. — Résultats de la retraite. — Retraite sur la Lauter. — Positions occupées. — Combat de Herdt. — Sommation de Landau. — L'armée et le général. — Custine est appelé à l'armée du Nord. — Combat de Rilsheim. — Départ de Custine. — Fautes de ses successeurs.

ARMÉE FRANÇAISE. — Général en chef : CUSTINE.
Armée du Rhin. — Custine. — Dietmann.
Armée de la Moselle. — Ligneville. — Houchard.

ARMÉE COALISÉE. — Général en chef : LE ROI DE PRUSSE.
Prussiens. — Duc de Brunswick.
Autrichiens. — Wurmser.

Belle défense de Kœnigstein. — Nous avons dit comment, après la malheureuse affaire de Francfort, Custine avait fait prendre à ses troupes des quartiers d'hiver sur la rive gauche du Rhin. Les Français n'avaient conservé sur la rive droite que la forteresse de Cassel, avec quelques postes avancés, et le château de Kœnigstein, au-delà de Francfort, où, lors de la retraite sur cette dernière ville (en décembre 1792), une garnison de 400 hommes avait été jetée : mais cette faible garnison, qui devait s'illustrer par une héroïque résistance, avait heureusement pour chef un capitaine du génie, Meunier, homme de science, de talent et de courage, qu'une mort prématurée enleva peu de temps après, pendant le siége de Mayence, à la carrière glorieuse qu'il aurait sans doute parcourue, et à la France qu'il aurait également bien servie par ses talents militaires et par ses connaissances scientifiques.

Kœnigstein n'était qu'une petite ville dominée par un château ancien, dont les fortifications ne consistaient qu'en une chemise crénelée et quelques vieilles tours. C'était dans ce château que Meunier s'était retiré avec sa garnison. Dès le 8 décembre, un fort détachement ennemi, sous les ordres du fils du roi de Prusse, avait investi Kœnigstein et avait commencé à le battre de front avec une batterie de 11 pièces de 36. Cette attaque avait été précédée d'une sommation. Meunier, avant de répondre, avait fait assembler devant l'officier qui en était porteur les 400 hommes de la garnison. « Soldats de la liberté, leur avait-il dit, si vous « êtes inébranlables, comme je n'en doute pas, nous « défendrons Kœnigstein, tant qu'un seul de nous « restera vivant; mais si, contre toute attente, je vous « trouvais faibles et découragés, ce moment serait le « dernier de ma vie; » et, joignant à ces mâles paroles un geste énergique, il avait dirigé contre sa propre poitrine un pistolet chargé. — « Pas de capitulation ! « vaincre ou mourir ! » s'étaient écriés d'une voix unanime tous les soldats. Meunier, se tournant alors vers l'envoyé prussien, témoin de leur enthousiasme, lui avait dit en réponse à sa sommation : « Retournez « auprès de votre prince, et dites-lui ce que vous venez « de voir et d'entendre. »

Cependant les assiégeants, guidés par des hommes du pays, étaient parvenus à couper la fontaine qui fournissait l'eau à la forteresse. Ces paysans furent punis le même jour de cette coopération à des opérations militaires par l'incendie de leur village, auquel la garnison mit le feu pendant une sortie faite à l'improviste.

— Les assiégeants faisaient sur le fort de Kœnigstein un feu terrible et continuel, auquel la garnison ne répondait pas, soit pour ménager ses munitions, soit par toute autre cause. Les soldats français ne semblaient occupés qu'à éteindre le feu qui avait pris en plusieurs endroits. Les Prussiens, enhardis par cet embarras apparent, s'approchèrent du château et vinrent prendre position dans un ravin, enfilé par le canon du fort. Aussitôt Meunier fit jouer son artillerie, dont tous les coups portèrent sur la colonne ennemie, qui lâcha pied et s'enfuit en désordre sans prendre le temps d'emmener son artillerie. Une sortie vigoureuse, faite pendant ce temps, acheva sa déconfiture; et les Français, ne pouvant traîner dans la place les grosses pièces de siége, les rendirent du moins inutiles en enclouant les canons. Les affûts, réunis en monceaux, furent brûlés à l'instant même, en présence des assiégeants qui, sans oser l'empêcher, restèrent témoins de ce feu de joie.

Découragé par cette expédition malheureuse, l'ennemi changea le siége en blocus, et le petit-neveu du grand Frédéric, un peu mortifié de l'inutilité de son coup d'essai, quitta les environs de Kœnigstein et alla d'un autre côté chercher des expéditions plus faciles ou moins hasardeuses. Tels furent la surprise de quelques-uns de nos postes, l'enlèvement de quelques convois de farine mal escortés, qui eurent lieu immédiatement après l'infructueuse tentative contre le château défendu par le brave Meunier.

L'ennemi obtint par la famine ce qu'il n'avait pas pu enlever à force ouverte. Le blocus de Kœnigstein dura quatre mois, pendant lesquels la garnison fut soumise aux plus dures privations, qu'elle supporta avec un courage et une patience au-delà de tout éloge. Tous les vivres étant consommés, toutes les ressources épuisées, et tout espoir d'être secouru étant évanoui, Meunier se décida enfin à capituler. Kœnigstein fut rendu le 9 mars 1793. La garnison obtint les honneurs de la guerre, puis fut conduite à Francfort, et, telle était l'admiration qu'avait inspirée aux ennemis eux-mêmes cette petite troupe si résolue, que, à son arrivée dans la ville, on lui en fit faire le tour presque entier, afin de la faire défiler devant le roi de Prusse, qui, entouré d'une cour nombreuse, l'attendait sur le balcon de son palais. Meunier reçut de ce souverain, digne appréciateur du courage et de la vertu militaire, l'accueil le plus flatteur; il fut mis en liberté sur parole et échangé peu de jours après. Les autres officiers conservèrent leurs épées et tous les soldats furent traités de la manière la plus honorable. — Meunier, de retour à l'armée française, reçut aussi le tribut de l'admiration de ses compatriotes. Les représentants du peuple, de simple capitaine qu'il était, le nommèrent général de brigade, récompense politique et méritée, en dehors des règlements ordinaires, mais suffisamment justifiée par une action qui sortait aussi tellement de la règle commune.

Etat des affaires sur les bords du Rhin. — Cependant Custine, dont l'armée, depuis son passage sur la rive gauche du Rhin, était encore cantonnée entre ce fleuve et la Nahe, concevait des inquiétudes chaque jour plus sérieuses sur sa position. L'armée prussienne recevait de nombreux renforts. Le contingent saxon, de 6,000 hommes d'élite, était venu la rejoindre, ce qui élevait ses forces à près de 70,000 combattants. Elle devait encore être bientôt soutenue par un corps de 25,000 Autrichiens sous les ordres du général Wurmser. Les Prussiens, qui semblaient devoir jouer toujours le premier rôle dans cette guerre, quoique leurs intérêts n'y fussent qu'en seconde ligne, étaient chargés de faire le siège de Mayence, mais ils attendaient encore le parc et l'attirail nécessaires à une pareille opération.

Craignant que les ennemis ne cherchassent à passer le Rhin au-dessus de Mayence, le général en chef envoya à Spire le général Meunier avec un corps de 12,000 hommes et l'ordre d'élever des batteries sur la rive gauche du Rhin, pour menacer la tête du pont de Manheim. Un autre corps d'armée à peu près de la même force et formé d'une partie des troupes qui gardaient le Haut-Rhin depuis Bâle jusqu'à Strasbourg, se rassembla en même temps à Weissembourg, dans le but de défendre la partie supérieure du fleuve.

Combats de Stromberg. — De son côté, le général prussien, cherchant à connaître le point vulnérable de la ligne française, lança sur la rive gauche un chef de partisans déterminé, le brave général Zekuly, qui passa le Rhin à Saint-Goar, et dans les premiers jours de mars vint avec une colonne d'environ 1,200 hommes attaquer les avant postes du général Houchard, placés dans les environs de Stromberg, en avant de la Nahe. — Un autre général prussien, Romberg, passa le Rhin à Coblentz et marcha aussi sur Stromberg, pour soutenir Zekuly. — Nos avant-postes, croyant avoir à combattre toute l'armée ennemie, se replièrent sur Creutznach ; mais à la suite d'une reconnaissance faite par Houchard lui-même, ils revinrent le 17 dans leurs premières positions et en chassèrent Zekuly.

Custine avait réuni sur la Nahe tout ce qui lui restait de troupes disponibles après avoir laissé des garnisons à Mayence et à Cassel. — Zekuly et Romberg étaient revenus en forces occuper Stromberg. — Le général en chef voulut profiter de la réunion de ses divisions pour en déloger définitivement l'ennemi. L'attaque eut lieu le 20 mars. Les ravins dont le pays est coupé ne permettant pas de la faire en ligne, nos troupes marchèrent sur trois points à la fois. Les généraux Houchard et Neuwinger conduisaient chacun une brigade entre Creutznach et Bacharach. Ils étaient appuyés par dix bataillons, huit escadrons et un train d'artillerie. L'avant-garde, sous les ordres de l'adjoint aux adjudants-généraux Barthélemi, était formée du 1er bataillon de la Corrèze, soutenu par deux compagnies du 7e de chasseurs, et par un escadron de chasseurs à cheval. Zekuly, dont la position dominait celle des attaquants, foudroya cette avant-garde, qui fut obligée d'abandonner en désordre un poste qu'elle venait d'occuper sur une hauteur. Barthélemi la rallia, lui rendit quelque courage et la conduisit de nouveau sur la montagne au milieu d'une grêle de boulets et de balles. Rien n'arrêta cette fois son ardeur. Les braves Corréziens, soutenus par les exhortations de leur commandant Delmas, emportèrent la position. Zekuly fut rejeté dans les bois, laissant le champ de bataille couvert de ses morts et de ses blessés. Les Français victorieux allaient s'élancer à sa poursuite, quand ils apprirent la marche d'un corps nombreux de Prussiens qui accourait à son secours. Custine, satisfait du succès obtenu, ne voulut pas le compromettre et ordonna aux troupes de rentrer dans les positions d'où l'ennemi venait d'être chassé.

Plan de l'ennemi. — Le plan de campagne, adopté par le roi de Prusse, était de rejeter l'armée française en Alsace et de préparer ainsi l'investissement de Mayence et de Cassel. Dans ce but, le lieutenant général Schoenfeld fut laissé sur la rive droite avec son corps renforcé de cinq escadrons et de cinq bataillons hessois. Le reste de l'armée devait passer le Rhin à Bacharach, se réunir à Wurmser, chasser Custine jusqu'à Landau et former une armée d'observation derrière la Queich, après avoir fourni un corps de blocus pour Mayence, sous les ordres du général Kalkreuth.

Passage du Rhin. — Un pont de bateaux fut établi à Bacharach. — Le corps du prince Hohenlohe traversa le Rhin le 25 mars, et se réunit le 27 à celui du partisan Zekuly. Après cette réunion, les deux généraux marchèrent sur le village de Weyler, où eurent lieu plusieurs affaires d'avant-postes.

Position de l'armée du Rhin. — Voici quelle était alors la position de l'armée du Rhin : la droite, sous les ordres de Neuwinger, occupait, en avant de Bingen, la hauteur de Waldalgesheim ; la gauche s'étendait en remontant la Nahe, et le centre, séparé en différents corps, gardait les hauteurs de Kreuztnach. Dans cette position, où l'armée se trouvait avoir à dos la rivière de la Nahe, elle pouvait être exposée à de grands désastres, si des forces supérieures venaient à l'y forcer. La ligne était d'ailleurs intenable au premier mouvement que feraient sur la gauche les troupes réunies à Trèves sous les ordres du général Kalkreuth.

Custine sentait le danger de garder si long-temps cette position, qui entraîna en effet la défaite de Bingen ; mais il avait l'espoir, d'après ses instances réitérées, de voir à chaque instant le général Ligneville (successeur de Beurnonville appelé au ministère de la guerre) s'avancer avec l'armée de la Moselle pour soutenir la gauche de l'armée du Rhin ; ce général, s'appuyant sur des instructions qu'il prétendait lui avoir été laissées, se borna à rester tranquillement sur la Sarre, et crut beaucoup faire en entretenant quelques communications avec l'armée de Custine, par l'envoi momentané de la division d'Estourmel à Saint-Wendel.

Combat de Bingen. — Le roi de Prusse, qui avait passé le Rhin avec son armée, reconnut, le 26 mars, les positions occupées par les Français. Au-delà du chemin de Stromberg, qui les traversait, et en avant de la ligne, se trouvait une colline assez élevée pour le dominer et qui était occupée par le bataillon de la Corrèze. Frédéric-Guillaume, en appréciant toute l'importance, en ordonna l'attaque. Le bataillon français fit la plus héroïque résistance; mais il finit par être accablé par l'avant-garde prussienne, que soutenait de près toute l'armée, et dut céder son poste à l'ennemi. Dès lors Bingen, que dans le même temps attaquait le prince Hohenlohe, n'était plus tenable; l'armée française allait se trouver coupée dans le centre de sa ligne. Le prince de Hohenlohe avait tourné la droite de Neuwinger, tandis que la gauche de ce général était vivement pressée par le prince de Wurtemberg.

Nos soldats soutinrent l'attaque des Prussiens avec la plus grande vigueur, et, pendant quelque temps, l'on se battit avec acharnement de part et d'autre; mais de nouveaux renforts arrivant sans cesse à l'ennemi, et la position de Bingen se trouvant entourée, il ne resta plus d'autre ressource à ses défenseurs que celle de se faire jour à travers les hussards prussiens. La plus grande partie de la division y réussit, mais le général Neuwinger, qui s'était opiniâtré à conserver son poste, se vit entièrement cerné avec une centaine de soldats, et fut fait prisonnier au moment où il voulait passer un fossé que son cheval refusait de franchir. Dans le combat il avait reçu cinq blessures graves.

La division de gauche, sous les ordres de Houchard, n'avait point été attaquée, et les soldats qui la composaient montrèrent beaucoup d'étonnement de ce qu'on ne les avait point conduit au secours de leurs camarades; mais Custine répondit que Neuwinger avait refusé les secours qu'il lui avait offerts. Le général en chef l'avait engagé, avant le combat, à abandonner sa position de Bingen, où il ne le croyait pas assez fort pour résister; mais Neuwinger, dont la confiance était entretenue par un succès qu'il avait obtenu la veille en repoussant une première attaque de l'ennemi, avait absolument refusé d'obtempérer à cet ordre. Son désastre fut donc causé par son imprudente témérité.

Mouvement rétrograde.—Après la perte de Bingen, Custine avait ordonné la retraite. Ce général, naguère si plein de confiance en lui-même, concevait chaque jour de nouvelles inquiétudes sur sa position. L'aile droite qui, privée de son chef, et après s'être fait jour à travers une première ligne prussienne, n'avait pas pu en franchir une seconde, avait dû se retirer du côté de Mayence. Le centre et la gauche repassèrent sur la rive droite de la Nahe, et vinrent bivouaquer aux environs d'Alzey sans être inquiétés par l'ennemi. Custine voulut d'abord s'y arrêter quelques jours pour couvrir le mouvement rétrograde de l'artillerie, inutile à la défense de Mayence; mais l'approche du duc de Brunswick et la crainte de voir Wurmser passer le Rhin entre Manheim et Spire le déterminèrent à se retirer immédiatement sur Worms, après avoir donné l'ordre de brûler les magasins de fourrages et de vivres qui se trouvaient à Spire. Cette perte, que le général en chef eût évitée en jugeant un peu plutôt le danger de sa position à Bingen, fut immense et irréparable.

Quoique harcelée par les Prussiens, l'armée continua sa marche sur Worms sans être entamée. Le chef d'escadron Clarke[1], à la tête de 350 chevaux, soutint la retraite avec beaucoup d'habileté, en manœuvrant de manière à faire croire à l'ennemi son détachement beaucoup plus nombreux qu'il ne l'était en effet. Ce fut par cette espèce de ruse qu'il parvint à écarter une nuée de troupes légères que les Prussiens lançaient continuellement sur notre arrière-garde. Il fut d'ailleurs parfaitement secondé dans toutes ces affaires de détail par l'arrière-garde sous les ordres de Houchard. Cette arrière-garde était tous les jours aux prises avec l'avant-garde ennemie, à laquelle le feu de son artillerie légère causa de grandes pertes.

Combat d'Oberflersheim. — L'armée ne s'arrêta pas à Worms, dont les magasins, ainsi que ceux de Frankenthal, furent livrés aux flammes; elle prit la route de Landau. L'armée ennemie continuait à la suivre de près, et dans la matinée du 30 mars, à peu près à la hauteur d'Oberflersheim, un combat plus opiniâtre et plus vif que tous ceux qui avaient encore eu lieu s'engagea entre la queue de nos colonnes et la tête des colonnes prussiennes, renforcées par les corps légers de Zekuly et du général Eben. Houchard, qui s'entendait fort bien à toutes les affaires d'avant-postes, parvint aisément à repousser les troupes légères des Prussiens; mais lorsqu'il se croyait déjà assuré de la victoire, le duc de Brunswick arriva avec des renforts considérables de cavalerie, ce qui était d'autant plus fâcheux que notre armée était obligée d'opérer sa retraite à travers des plaines immenses. La position de Frankenthal, qui couvre le défilé des Vosges, par lequel Custine s'était proposé d'abord de se retirer, n'ayant point été couverte, malgré l'ordre que le général en chef en avait donné, les Prussiens l'occupèrent et en profitèrent pour tourner Houchard, qui se vit un instant sur le point d'être forcé. Custine, à qui il avait fait part de son embarras, avait d'abord refusé de le croire, tant il lui semblait impossible que les ennemis eussent pu transporter d'aussi grandes forces et avec tant de rapidité sur le point attaqué; il se hâta néanmoins de s'y transporter, conduisant avec lui un renfort de deux bataillons. Les Prussiens furent aussitôt attaqués en flanc et une partie de l'avant-garde se trouva dégagée. Les Français gravirent une hauteur sur laquelle ils rencontrèrent dix escadrons prussiens,

---

[1] Depuis duc de Feltre et maréchal de France. Gouvion Saint-Cyr, dans ses *Mémoires*, prétend que ce fut pendant cette campagne que Clarke se trouva *pour la dernière fois* en présence de l'ennemi. Il convient d'ailleurs que sa conduite lui valut le titre de général de brigade, et peu après les fonctions de chef d'état-major général.

prêts à les charger. L'artillerie de Custine commença sur eux un feu meurtrier qui les obligea à reculer, mais trente pièces de canon, soutenues de plusieurs colonnes prussiennes, arrivèrent à leur secours, et l'affaire devint plus vive des deux côtés. L'issue en paraissait douteuse, lorsque le général français, pour mettre fin aux ravages de l'artillerie ennemie, crut devoir recourir à un moyen expéditif et qui produisit son effet ordinaire, il ordonna une charge à la baïonnette; les Prussiens plièrent, mais en continuant d'abord leur feu. Nos soldats devinrent plus impétueux dans leur poursuite, et ils restèrent enfin maîtres du champ de bataille, jonché de morts. La nuit qui survint favorisa la retraite de l'ennemi, qui se fit dans le plus grand désordre. Cette affaire, malgré le peu de temps qu'elle dura, fut l'une des plus meurtrières de la campagne. Elle fut pour le duc de Brunswick une leçon qui l'engagea dès lors à mettre la plus grande circonspection dans les mouvements par lesquels il cherchait à inquiéter la retraite de Custine.

Mouvements de l'ennemi. — Dans le même temps le prince de Hohenlohe échelonnait ses troupes entre Alzey, Durckeim et Neustadt, de manière à observer Landau et à appuyer Wurmser, qui venait de passer le Rhin et de prendre position sur la Queich. Un corps prussien dépendant de l'armée du duc de Brunswick s'établissait à Kaiserslautern pour observer l'armée de la Moselle. Mayence enfin se trouvait investi par une armée composée principalement de Prussiens, auxquels on adjoignit bientôt un corps autrichien.

Résultats de la retraite. — Custine, pendant que ces diverses positions étaient prises par les coalisés, avait poursuivi sa retraite sur Landau, que l'ennemi menaçait très sérieusement, dont il s'était même approché à la distance d'une lieue. Cette situation relative des deux armées interrompait toute communication entre l'armée du Rhin et Mayence, dont la garnison, avec les troupes de Cassel, s'élevait à environ 23,000 hommes. — Ainsi l'extension inconsidérée que Custine avait donnée à son plan d'invasion, après avoir obligé ce général à une désastreuse retraite, compromettait encore cette garnison. Dumouriez, à l'autre extrémité de la ligne et par suite de la même faute, avait également compromis le sort de Bréda et de Gertruydenberg, qu'il laissait au loin sur ses derrières, cernées par l'ennemi et dans l'impossibilité de recevoir des secours.

La retraite de l'armée du Rhin, coïncidant en quelque sorte avec les désastres de la Belgique et la défection de Dumouriez, ouvrit enfin les yeux du gouvernement, qui reconnut combien l'inaction de l'armée de la Moselle avait été fatale, et plaça cette armée sous les ordres de Custine, après en avoir préalablement donné le commandement au général Houchard.

Retraite sur la Lauter. — Custine, arrivé devant Landau, reconnut que cette position était encore trop hasardée, et se porta avec son armée entre les lignes de la Queich et de la Lauter. L'ennemi pour le forcer à quitter cette position, simula une attaque sur Landau; mais le général français ne fut point dupe de cette fausse démonstration, et en faisant occuper toutes les positions qui assurent la communication entre Wesseimbourg et Landau, il contraignit lui-même les généraux prussiens à prendre des cantonnements du côté de Spire.

Positions occupées. — La retraite derrière la Lauter fut l'origine des soupçons dont le général Custine devint bientôt l'objet et qui lui préparèrent une fin si tragique. Voici la position qu'il avait fait prendre à son armée : la droite, sous les ordres du général Ferrières, s'étendait depuis Lauterbourg, le long des lignes, jusqu'au moulin de Bewalde. Elle devait surveiller les passages du Rhin. Le centre, sous les ordres de Houchard, était campé en arrière de Weissembourg, et la gauche, sous les ordres du général Falck, s'appuyait aux montagnes des Vosges, dont elle gardait les débouchés. L'armée de la Moselle qui venait, comme nous l'avons dit, d'être mise sous les ordres de Custine, fut amenée dans le duché de Deux-Ponts par le général Aboville, et occupa Hombourg par une forte avant-garde, afin de prendre en flanc la droite de l'ennemi, s'il tentait de pénétrer sur le territoire de la République.

Ces dispositions amenèrent du côté de Biliekeim une affaire, où les Prussiens perdirent beaucoup de monde. À la même époque, leur apparition vers Rheinzabern causa dans Lauterbourg une alarme d'autant plus sérieuse que la ville n'était pas à l'abri d'un coup de main tenté par des forces supérieures. On parvint néanmoins à la mettre dans un état passable de défense. Les fortifications du côté du moulin avaient été ruinées par les débordements du Rhin, un camp fut établi sur les hauteurs de Neuviller pour les couvrir; il servit aussi à appuyer la droite des lignes de la Lauter. Les remparts de la ville étaient néanmoins dominés par des hauteurs qui s'avançaient jusqu'aux palissades, et quoique garnis de gros canons, il était facile de juger qu'ils ne pouvaient soutenir un siége dans les règles. On ne pouvait donc se garantir d'une surprise que par des avant-postes convenablement placés, et par une surveillance continuelle, à cause de la nombreuse cavalerie de l'ennemi, dont les attaques étaient favorisées par la disposition des plaines qui forment ce pays.

Combat de Herdt. — La gendarmerie, postée à Germersheim, venait de se replier sur Lauterbourg à la vue de l'armée de Wurmser, qui, ayant quitté Spire, s'avançait sur Rheinzabern et menaçait de la poursuivre jusqu'à Lauterbourg même. L'ennemi changea néanmoins de direction, et deux colonnes, l'une de 1,000 hommes d'infanterie et l'autre de 3,000 de cavalerie, se portèrent sur le village d'Herdt. La générale battit aussitôt dans les cantonnements, et quoiqu'il ne s'y trouvât que deux compagnies, elles se portèrent aussitôt sur les hauteurs en avant du village pour défendre la position. Après avoir arrêté quelque temps la marche de l'ennemi par un feu vif et bien dirigé, elles furent forcées de se replier sur Herdt, accablées qu'elles étaient par la masse des assaillants. Ceux-ci les suivirent et massacrèrent une grande partie du détachement; le reste, en se dirigeant à travers des ruisseaux et des broussailles, cherchait à se réunir à l'état-major des bataillons cantonnés à Germersheim. La retraite était malheureusement déjà coupée de ce côté par la cavalerie. Après avoir épuisé ce qui lui restait de cartouches, cette poignée de soldats, sommés de se rendre, y consentirent. Mais, au moment où l'officier français remettait son épée au commandant prussien, et où il se trouvait désarmé, celui-ci le frappa de plusieurs coups de sabre sur la tête. Les hussards suivirent cet exemple infâme, et nos soldats furent massacrés, malgré toutes les lois de la guerre et de l'humanité. — A cet acte d'un militaire indigne, hâtons-nous d'opposer la conduite généreuse d'un prêtre. — De tout le détachement cantonné à Herdt, il ne s'était échappé que vingt hommes, qui reçurent d'un ecclésiastique du lieu des secours empressés. Il les recueillit dans sa maison, garda ceux qui étaient blessés, jusqu'à ce que leur guérison fût complète, et fournit à tous les moyens de regagner leurs corps avec une adresse ingénieuse qui mit en défaut la surveillance des Prussiens [1].

Sommation de Landau. — Le roi de Prusse avait établi son quartier-général à Worms, et l'armée ennemie occupait Germersheim et Rheinzabern. Landau, commandé par le général Gillot, fut sommé par Wurmser. Une entrevue eut lieu entre les deux généraux, entrevue dans laquelle Wurmser déploya, pour séduire Gillot, toute la rhétorique de la coalition. Il cita comme un trait d'héroïsme la défection de Dumouriez, promit des récompenses, etc. La réponse de Gillot fut telle qu'elle devait être, et valut celle du capitaine Meunier aux assiégeants de Kœnigstein.

L'armée et le général. — Le mois d'avril se passa en escarmouches et en préparatifs. « On fit les plus grands efforts pour presser l'arrivée des recrues, les habiller et les instruire. Ces efforts eurent le succès le plus complet. A la fin du mois, les armées du Rhin et de la Moselle avaient reçu des renforts assez considérables pour reprendre l'offensive avec succès. Mais Custine n'était plus le général entreprenant de la campagne précédente; après avoir été trop confiant il était devenu trop circonspect. L'armée avait toujours la même confiance en lui, mais il n'en avait plus assez en elle; cependant elle était bien en état d'empêcher la prise de Mayence, et il est présumable qu'on y eût réussi en dirigeant ses efforts dans un système de guerre analogue à sa capacité. Elle n'était pas en état de vaincre les armées prussiennes ou autrichiennes réunies, en bataille rangée, dans un pays aussi ouvert que le Palatinat; mais on pouvait arriver au même but par des combats partiels et répétés sur le terrain qui lui était propre, c'est-à-dire dans les montagnes, les bois, les vignes, les défilés, etc. Les troupes ne désiraient que combattre; elles ne manquaient ni de bravoure, ni de dévouement, mais seulement de l'instruction nécessaire pour exécuter ce qu'on appelle les grandes manœuvres. A cette époque nos soldats étaient individuellement supérieurs aux Allemands, et un bataillon ou un escadron, un régiment même, aurait toujours battu un bataillon ou un escadron ennemi de même force; une brigade eût encore conservé l'égalité sur toute espèce de terrain; mais avec des corps plus nombreux, de plus grandes fractions d'armée, les ennemis avaient un avantage incontestable sur nous en plaine, par la célérité et la précision qu'ils pouvaient mettre dans leurs manœuvres. Il y avait moyen de remédier à cet inconvénient. Dans ce moment nos forces étaient numériquement supérieures à celles que l'ennemi pouvait nous opposer; le corps de Wurmser, disséminé sur les deux rives de la Queich, pouvait être battu et rejeté sur la rive droite du Rhin. Custine le sentit et voulut opérer en conséquence. Nous verrons plus tard ce qui fit manquer son projet. Ce général était moralement affaibli; il était en outre tracassé, contrarié, dénoncé par les représentants du peuple, ce qui ralentit son zèle, le dégoûta même et finit par exciter en lui l'envie de donner sa démission [1]. »

Custine est appelé à l'armée du Nord. — Malgré toutes les dénonciations qui poursuivaient Custine, la Convention jugea qu'il était encore le seul général capable de réparer le désordre que la défection de Dumouriez avait jeté dans l'armée du Nord, et il reçut ordre d'en aller prendre le commandement. Dietmann fut nommé pour lui succéder à l'armée du Rhin, mais sous les ordres de Houchard, qui fut investi du commandement en chef des deux armées du Rhin et de la Moselle. Dietmann, officier de cavalerie déjà très âgé, n'était nullement, par ses talents militaires, propre à remplir un grade aussi élevé, et surtout dans des circonstances aussi difficiles.

Combat de Rilsheim. — Custine, afin d'affaiblir sans doute l'impression défavorable qu'avait pu faire concevoir sa retraite et pour essayer s'il pourrait faire une tentative utile à la délivrance de Mayence, résolut de signaler les derniers jours de son commandement par quelque action d'éclat. Wurmser avait poussé un peu trop en avant de ses positions, sur notre droite et vers Rheinzabern, un corps d'environ 8,000 hommes. Le général français projeta de l'enlever : 40 bataillons et 30 escadrons furent désignés pour prendre part à cette expédition, que devaient appuyer, avec l'armée de la Moselle, les généraux Houchard et Pully. Une partie

---

[1] Nous avons rapporté l'événement de Herdt d'après les relations contemporaines; nous devons néanmoins déclarer, pour rendre hommage à la vérité, qu'il paraîtrait, suivant les *Mémoires* du maréchal Gouvion-Saint-Cyr, que ces relations sont tout-à-fait exagérées. Voici la version de l'illustre maréchal, qui ne s'accorde même ni sur le nombre des soldats, ni sur le lieu du combat, qu'il place à Guntersblum. « Un second événement aggrava l'effet du premier : ce fut la prise du quatrième bataillon des Vosges à Guntersblum, après une défense que l'on doit regarder héroïque, vu le nombre d'hommes par lequel il fut attaqué, et en considérant d'ailleurs que c'était un corps de nouvelle formation. Presque aussitôt, un bataillon allemand de troupes de ligne (du régiment de Nassau), que l'on citait pour modèle, pourvu de tout ce qui était nécessaire pour faire une bonne défense, se rendit à l'ennemi sans tirer un seul coup de fusil. Le bruit se répandit quelques jours après dans l'armée que les corps d'officiers de ces deux bataillons ayant été présentés au roi de Prusse, ce souverain n'avait pas dit un mot à ceux de Nassau, qu'il avait complimenté ceux des Vosges et les avait admis à l'honneur de dîner avec lui. — Mais il circula bientôt des bruits contraires; car on assurait que les hussards prussiens avaient massacré une partie de ce dernier bataillon après qu'il se fût rendu, et ces derniers bruits prirent assez de consistance pour que Houchard se crût obligé d'en écrire au duc de Brunswick, *qui les démentit formellement.* »

[1] *Mémoires de Gouvion Saint-Cyr.*

de la garnison de Landau devait aussi prendre part à cette action, qui se serait ainsi étendue à toute la ligne, depuis le Rhin jusqu'à Hornbach. Enfin, le général Ferrières devait lui-même engager le combat quand il entendrait la canonnade du côté de Rixheim, afin de contenir les Autrichiens cantonnés près de Rheinzabern. L'époque fixée pour l'expédition fut la matinée du 17 mai. Custine se mit en marche la veille à huit heures du soir. Le village de Steinfeld, où était le quartier-général de l'avant-garde, sous les ordres du général Landremont, était désigné pour servir de premier rendez-vous à la cavalerie et à l'artillerie, qu'on tirait des camps placés sur la rive droite de la Lauter. Ce village, par défaut d'harmonie dans la marche des colonnes, se trouva tellement encombré de voitures d'artillerie et de troupes, que cette circonstance retarda beaucoup la marche de l'armée. Le combat s'engagea néanmoins à cinq heures du matin. Landremont défendait avec l'avant-garde les débouchés de la forêt de Germersheim, devant Knittelsheim et Belheim. Il avait en tête les principales forces des Autrichiens. Nos troupes avaient passé le village de Herxheim, quand on annonça à Custine une colonne ennemie, arrivant à Rilsheim, par la route de Rheinzabern. Il dirigea contre elle une partie de sa cavalerie, et cette colonne fut en un instant mise en déroute. Mais une contre-charge de la cavalerie ennemie força presque aussitôt à la retraite notre cavalerie, qui n'était point soutenue par l'infanterie, que l'on avait mal à propos engagée dans des bas-fonds. Custine, avec un renfort, chargea cependant cette cavalerie un instant victorieuse, et la mit en désordre; mais, comme il revenait lui-même vers son infanterie, qui avait eu à peine le temps de se mettre en bataille, celle-ci, par une de ces erreurs si communes à la guerre, prit la colonne de cavalerie conduite par le général en chef pour un corps ennemi, l'accueillit par une décharge de mousqueterie, faite sans commandement, et se débanda aussitôt. Il ne fut plus possible de la rallier, et cet événement, en détruisant l'espoir que Custine avait conçu de l'expédition, le décida, pour éviter un plus grand mal, à faire rentrer toute l'armée dans ses lignes.

Départ de Custine. — Custine partit pour l'armée du Nord. « Quoiqu'il eût échoué dans l'affaire du 17, dit Gouvion-Saint-Cyr, il emporta les regrets de l'armée qu'il quittait; elle savait apprécier ses qualités militaires et le regardait comme le meilleur des généraux en chef que la République possédât à cette époque. »

Fautes de ses successeurs. — « Son successeur à l'armée du Rhin, le général Dietmann, ne fit ni bien, ni mal, car il ne fit rien. — Il fut remplacé dans son commandement environ un mois après, c'est-à-dire vers le milieu du mois de juin, par le général Beauharnais, homme instruit, mais peu guerrier; il arrivait très jeune au commandement d'une armée, et dans un moment fort important. Le seul parti qu'il y eût alors à prendre était de s'approcher de Mayence pour en faire lever le siège. Toute l'armée en sentait l'importance et voulait atteindre ce but; elle murmurait ou même s'indignait du repos dans lequel on la laissait. Son instruction était devenue suffisante; elle avait aussi le sentiment de sa force, et par les renforts considérables qu'elle avait reçus, elle s'élevait à 60,000 combattants; l'armée de la Moselle pouvait disposer de 40,000; c'était donc 100,000 hommes qu'on pouvait porter en moins de huit jours sur Mayence. La délivrance de cette place paraissait certaine, autant du moins que peut l'être une opération de cette nature. » — Mais Beauharnais hésita et tarda à agir. Houchard n'avait pas sur lui la même autorité que sur Dietmann, à qui il n'avait pas pu faire reprendre l'offensive. — Mayence, abandonné à ses propres efforts, finit par succomber.

RÉSUMÉ CHRONOLOGIQUE.

1793.

9 MARS. Capitulation de Kœnigstein. Ce château était assiégé et bloqué par les Prussiens depuis le 8 décembre 1792.
14 — Le partisan prussien Zekuly passe le Rhin.
17 et 20 — Combats de Stromberg. — Défaite de Zekuly.
25 — L'armée prussienne passe le Rhin à Bacharach.
27 et 28 — Combats de Bingen. — Prise de Bingen par l'ennemi.
29 et 30 — Retraite de Custine sur Alzey et sur la Pfzim. — Les Prussiens passent la Nahe.
— — Combat d'Oberflersheim.
— — Le corps autrichien de Wurmser passe le Rhin à Ketsch.

1er AVRIL. Investissement de Mayence.
— — L'armée de la Moselle est mise sous les ordres de Custine, déjà commandant en chef de l'armée du Rhin.
4 — Retraite de l'armée du Rhin derrière la Lauter.
— — Combat de Herdt.
10 — Prise de Babenhausen. — Combat de Hombourg.
17 MAI. Combat de Rilsheim.
— — Custine va prendre le commandement de l'armée du Nord et laisse le commandement de l'armée du Rhin au général Dietmann, auquel succède Beauharnais.

A. HUGO.

On souscrit chez DELLOYE, Éditeur, place de la Bourse, rue des Filles-Saint-Thomas, 13.

Paris. — Imprimerie et Fonderie de RIGNOUX et Comp., rue des Francs-Bourgeois-Saint-Michel, 8.

FRANCE MILITAIRE.

SIÈGE DE MAYENCE.

SOMMAIRE.

Mayence. — Préparatifs d'attaque. — Passage du Rhin. — Retraite de Custine. — État de Mayence. — Première sortie. — Refus de capitulen. — L'ennemi resserre Mayence. — Forces coalisées. — Attaques diverses. — Destruction de la batterie de Gustave-Bourg. — Attaque de Costheim. — Commencement de la disette. — Déjeûner singulier. — Combat des îles du Rhin. — Sortie. — Attaque de Marienborn. — Mort du général Meunier. — Prise de la flèche de la Chartreuse. — Ouverture de la tranchée. — Tracé des Parallèles. — Prise par l'ennemi des hauteurs de Zalbach. — Intérieur de Mayence. — Prise de la flèche du fort Italien. — Bombardement. — Détresse de la garnison. — Situation critique de la place. — Capitulation. — Observations. — Anecdote douteuse. — Accueil fait en France aux défenseurs de Mayence.

GARNISONS.	Généraux.	ARMÉE COMBINÉE	Généraux.
Commandant de Mayence.	Doyré.	Prussiens et Autrichiens.	Prince Louis-Ferdinand de Prusse.
Commandant de Cassel.	Meunier.		Comte Kalkreuth.
Commandant des troupes.	Aubert-Dubayet.	Saxons.	Schoenfeld.

Mayence, une des plus fortes places de l'Europe, est située sur la rive gauche du Rhin, presque vis-à-vis et un peu au-dessous de l'embouchure du Mayn. Sa forme est celle d'un demi-cercle dont le diamètre serait formé par le Rhin. La rive droite de ce fleuve, lorsque Custine s'était emparé de Mayence au mois d'octobre de l'année précédente, n'offrait guère pour toute défense que Cassel, tête de pont d'un profil faible et à peine dans le cas de résister un jour si elle eût été sérieusement attaquée. Les fortifications du corps de la place avaient été négligées du côté du fleuve, à cause du peu d'apparence qu'elle fût jamais attaquée par des débarquements. Elles consistaient en une muraille de briques flanquée de tours bastionnées, dont le principal abri se trouvait dans les fortifications élevées alors sur l'île du vieux Mayn, et depuis Cassel jusqu'à la pointe de Costheim, c'est-à-dire sur toute la rive droite du Rhin.

La ligne semi-circulaire qui détermine l'enceinte de la place du côté de la terre se compose de quatorze bastions. Au nord, le premier front, qui s'étend, à partir du Rhin, sur le bas-fond de Gartenfeld, comprenait cinq de ces bastions avec leurs lunettes et contre-gardes, de larges fossés pleins d'eau et un retranchement extérieur, défendu par un second fossé. Les approches en étaient difficiles, quoiqu'il fût le moins fortifié et quoique ses bastions ne fussent pas revêtus, parce qu'on ne pouvait y arriver que par un terrain bas, dominé à la droite et battu en flanc par le Haupstein et les îles Saint-Pierre; les approches pouvaient en outre être défendues par les inondations du ruisseau de Zalbach. — A l'ouest, le second front, formé de quatre bastions revêtus en maçonnerie, s'étend de la porte de Munster jusqu'à celle de Gau. Par suite de l'élévation du terrain, les fossés en sont à sec. C'est là que se trouve le *bastion Alexandre*, le plus élevé de tous ceux de la place, et qui découvre tous les environs. — Une citadelle et cinq bastions, dont trois à l'est et deux à l'ouest, formaient au sud le troisième front de la place, depuis la porte de Gau jusqu'au Rhin. — Devant les deuxième et troisième fronts, à 150 toises de la première enceinte, s'en trouvait une seconde de 3,000 pas de développement, et comprenant six ouvrages de différentes grandeurs, parmi lesquels le fort *Charles* et le *Haupstein*, situé sur la croupe du Hardenberg et dominant les environs, pouvaient être regardés comme les plus considérables; ce dernier était assez grand pour recevoir 1,100 hommes. Ces forts appuyaient les extrémités saillantes de la ligne, et étaient tous casematés et contreminés. Celui de Haupstein avait une communication souterraine avec la porte de Munster. L'espace intermédiaire entre ces deux forts était couvert par le fort *Saint-Joseph*, placé sur le Linsenberg, la *double Tenaille* et les trois forts *Philippe, Élisabeth* et *Italien*.

Custine, aussitôt après son occupation de Mayence, s'était occupé avec la plus grande activité de placer cette ville sur le pied de défense le plus imposant, prévoyant les tentatives que les alliés devaient faire incessamment pour recouvrer ce boulevart principal de leurs possessions sur le Rhin. Il fut parfaitement secondé dans ses dispositions par les généraux Doyré, Meunier, et surtout par le chef de bataillon Gay-Vernon, officier du génie sous l'inspection duquel s'élevèrent les fortifications projetées. Cassel, comme tête de pont, fixa d'abord particulièrement l'attention des possesseurs de Mayence. Huit bataillons de travailleurs y furent employés si activement, que dans moins de quatre mois ce poste, comme toutes les autres fortifications élevées du côté de l'Allemagne pour couvrir Mayence, fut amené au plus grand point de perfection dont il était susceptible. Le village de Costheim, à l'embouchure du Mayn, pris et repris plusieurs fois pendant la durée du siége, fut aussi fortifié avec le plus grand soin. Des ouvrages furent activement poussés à la pointe de Mars, dans l'île de Mayn, dans celles de Bley et du Vieux-Mayn. Rien ne fut négligé pour mettre dans un état respectable tous les points qui parurent susceptibles d'être défendus. On ne se trouva point en mesure cependant de relever le fort Gustave, qu'avaient autrefois construit les Suédois à l'embouchure du Mayn, et cette omission, qu'on ne peut attribuer qu'au défaut de temps ou d'ouvriers, entraîna les suites les plus graves pendant le siége. Les îles de Saint-Pierre (Petersau) et d'Ingelheim furent l'objet de travaux particuliers, d'autant que de ces deux points l'ennemi eût pu prendre à revers les défenses de Cassel, battre le grand pont de communication ainsi que les écluses de Zalbach, et surtout détruire les moulins amarrés sur le fleuve, les seuls que la garnison et les habitants eussent pour le service des magasins.

Les villages de Weissenau et de Zalbach furent aussi retranchés, pour retarder autant que possible l'ouverture et l'approche des parallèles. Enfin les remparts, les chemins couverts, furent palissadés; des munitions de guerre, des vivres (en trop faible quantité) furent envoyés de Landau. En s'éloignant de Mayence, Custine y laissa une garnison pleine de confiance en ses chefs, animée d'un ardent patriotisme, et disposée à la plus vigoureuse résistance.

Préparatifs d'attaque. — Tandis que le général français, avant d'évacuer le Palatinat, faisait tous les préparatifs utiles à la conservation de Mayence, les alliés disposaient de leur côté tout ce qui était nécessaire à la réduction de cette place. Des officiers du génie, des artilleurs, étaient appelés du fond de la Prusse, et les munitions nécessaires étaient amenées d'Anspach, de la Hollande, de Wurtzbourg, de Francfort et même de Magdebourg.

Passage du Rhin. — Retraite de Custine. — Les alliés, commandés par le prince de Hohenlohe, passèrent le Rhin le 17 mars, entre Bingen et Coblentz, et les 23, 24 et 25 du même mois, d'autres colonnes plus nombreuses traversèrent le même fleuve à Saint-Goar et à Rhinfeld, avec leur artillerie. Custine, pressentant toutes les conséquences de sa retraite, avait donné le commandement de Mayence au général Doyré, celui de Cassel au général Meunier, tous les deux attachés au corps du génie, et le commandement particulier des troupes des deux côtés du Rhin au général Aubert-Dubayet.

Le général en chef, contraint de se replier devant les masses alliées, ordonna au commandant des troupes d'Oppenheim de les faire camper afin de maintenir les communications entre Mayence et Worms, rendez-vous général. Doyré avait ordre de renvoyer pendant ce temps à Worms le général Schaal avec la 2ᵉ brigade de grenadiers, le 4ᵉ régiment de cavalerie, une partie de l'artillerie à pied et à cheval, des fourgons, etc. Schaal se dirigea sur Alzey; mais il y trouva l'ennemi, qui le contraignit de rentrer dans Mayence; ce qui en porta la garnison de la place à 22 ou 23,000 hommes.

État de Mayence. — Pendant qu'une partie de l'armée prussienne poursuivait Custine, l'autre investissait Mayence par la rive gauche, et s'étendait insensiblement autour de la place. Mayence se trouva complétement investi et sans communication avec l'armée, à partir du 1ᵉʳ avril 1793. Les conventionnels Merlin et Rewbell s'y étaient renfermés pour maintenir par leur exemple les bonnes dispositions des troupes. Ils y exerçaient les pouvoirs civils, militaires et politiques les plus étendus. Un conseil de guerre composé de tous les chefs de corps fut institué le 2 avril sous leur présidence, pour décider toutes les grandes mesures de défense.

Il s'en fallait d'un tiers que l'armement des remparts fût complet; la place ne renfermait que 200 pièces au lieu de 300 qui eussent été nécessaires pour garnir les différentes batteries. Les provisions de poudre étaient également loin d'être suffisantes, puisqu'elles ne s'élevaient qu'à 900 milliers. Il y avait environ 3,000 chevaux dans la ville, et les fourrages, augmentés des réquisitions qu'on espérait faire dans les villages voisins, devaient suffire aux besoins en ménageant les distributions. Les grains étaient abondants, mais il n'en était pas de même des farines, et il était à craindre que l'usage des moulins ne vînt à être ôté, ceux de l'intérieur de la ville étant mis en mouvement par l'eau qui vient de Zalbach, que l'ennemi pouvait aisément détourner, et ceux situés sur le Rhin étant exposés à être incendiés par des brûlots abandonnés au cours du fleuve. Les bœufs qui se trouvaient dans la ville furent tués et salés, afin d'économiser les fourrages. Les fonds disponibles ne montaient guère qu'à 14 ou 1,500,000 fr., dont moitié en papier, la caisse militaire étant restée à Landau : le commissaire-ordonnateur fut autorisé à ouvrir des emprunts, à fondre la vaisselle et à faire frapper au besoin une monnaie obsidionale. Rien ne fut omis de ce qui pouvait favoriser et prolonger la défense. La ration de pain fut diminuée de quatre onces, celle de fourrages subit également une réduction proportionnelle.

Première sortie. — L'attention qu'on avait apportée aux fortifications de la rive droite avait été cause que le principal rempart de la ville et le camp retranché s'étaient trouvés négligés. Des batteries avaient été établies sur la rive gauche, depuis Bingen jusqu'à Manheim. Le gouverneur songea à augmenter ses provisions de fourrages et de bestiaux, deux articles qui lui étaient également nécessaires; mais les villages voisins offraient peu de ressources sous ce rapport. Ceux de la rive gauche, défendus par une cavalerie supérieure, ne pouvaient guère être exploités avec une espérance de succès. Le résultat d'une sortie sur la rive droite pouvait seul remplir le but qu'on se proposait; cette sortie fut résolue.

Pendant les premiers jours d'avril, les Prussiens, qui occupaient la rive gauche, s'étaient tenus à quelque distance de la place. Ils campaient sur les bords de la Selz. Vers le 10 avril, le général comte de Kalkreuth, qui commandait les troupes du siége, cerna de plus près la forteresse et fit occuper les villages de Roskenheim, Gaubischoffsheim, Ebertsheim, Lerxweiler, Zornheim, Elsheim, Gasnheim et Sorgenloch. Il posta lui-même les vedettes sur les hauteurs qui règnent depuis Nieder-Ulm et Ebertsheim jusqu'à Hechtsheim.

Outre le désir de se procurer des bestiaux et des fourrages, on a prétendu qu'un des principaux motifs de la première sortie avait été, en tombant sur la ligne trop étendue du corps des 10,000 Hessois du général Schoenfeld, d'enlever une partie de l'artillerie de siége et des munitions qui venaient d'arriver à Flersheim et à Russelsheim.

Dans la nuit du 10 au 11, à minuit, les Français sortirent de Cassel au nombre de 14,000 hommes, divisés en trois colonnes commandées par le général Meunier.

La première, forte de 4,000 hommes et conduite par ce général lui-même, se dirigea sur Hockeim, et fit une fausse attaque contre l'aile gauche de l'ennemi, empêchant ainsi tous les secours de se porter à l'aile droite, et à portée d'agir ensuite sur Wickert, suivant les circonstances. Après avoir nettoyé Costheim du détachement prussien qui s'y trouvait et en avoir enlevé les bestiaux, cette colonne fut forcée de se replier devant les batteries de Hockeim. Les deux autres colonnes s'avancèrent au-delà de la redoute de Mosbach. Celle de droite, aux ordres du général Schaal, suivait la chaussée de Wisbaden, ayant les chasseurs de Paris pour avant-garde. Dubayet, qui dirigeait celle de gauche, ayant le 36e régiment pour avant-garde, prit la route de Biberich, delogea le poste prussien du *Moulin de l'Électeur*, et marcha en avant sous la protection des batteries de Petersau. Le 1er régiment de grenadiers, soutenu par quelques bataillons, remontait la Salzbach, se dirigeant sur Mosbach. Le reste de la colonne s'avançait sur Erbenheim, marchant à quelque distance de l'avant-garde, quand un coup de feu, tiré à l'improviste tua un homme dans les rangs. Cet incident, arrivé dans un moment où l'on ne croyait avoir rien à craindre, fit supposer une embuscade, et répandit en un instant le plus grand désordre dans toute la colonne. Dubayet et Kléber, alors colonel, tentèrent inutilemnet de rallier les soldats : ils furent obligés de revenir sur Cassel avec leur colonne.

Cependant Schaal avait, pendant ce temps, gravi les hauteurs de Mosbach et détaché quatre bataillons pour tourner une redoute située auprès du village, et qui fut emportée malgré la résistance opiniâtre de ses défenseurs. A la pointe du jour, néanmoins, les Hessois reprirent ce poste après deux attaques dont le succès fut long-temps balancé. Les Français se retirèrent en bon ordre. Kléber, avec les troupes de la colonne Dubayet, formées dans la plaine, protégea ce mouvement rétrograde.

Refus de capituler. — Le général Doyré fut appelé, le 12, aux avant-postes prussiens, afin de conférer avec le capitaine Lebas, envoyé par Custine, pour l'engager à capituler en obtenant le libre retour de la garnison. Le conseil de guerre décida qu'on ne délibérerait pas même sur cette proposition. Rewbell et Kléber assistèrent à cette entrevue.

L'ennemi resserre Mayence. — Le 14, des dispositions furent faites pour cerner encore la ville de plus près. Les troupes combinées s'avancèrent sur quatre colonnes : la première vers Laubenheim ; la deuxième sur Marienborn ; la troisième entre Marienborn et Dreis ; la quatrième sur la chaussée vers Guntzenheim. Des hussards et des chevau-légers couvrirent les plaines en avant de Marienborn et de Dreis. Des retranchements et des redoutes furent élevés pour renforcer ces postes. — L'investissement de Mayence fut complet.

Forces coalisées. — A l'ouverture de la tranchée, le même jour, la droite des corps de Kalkreuth s'étendait depuis le Rhin jusqu'en avant de Wintersheim, et se composait de 11 bataillons et 10 escadrons. La gauche campait entre Dreis et le Rhin, sur une seule ligne ; elle était formée de 10 bataillons. 12 bataillons et 17 escadrons, composant le centre, campaient près de Marienborn, où était établi le quartier-général. Monbach était gardé par le contingent de Hesse-Darmstadt. Sur la rive droite du Rhin, 19 bataillons et 17 escadrons, commandés par Schoenfeld, gardaient les positions devant Cassel. Gustavebourg était occupé par la brigade Ruchel, de 5 bataillons. Le total des troupes d'investissement était donc de 40 escadrons et de 57 bataillons.

Attaques diverses. — Le général Meunier s'empara le 15 avril de Costheim et chassa les Prussiens des bords du Mayn.

Dans la matinée du même jour, les avant-postes français établis à Weissenau attaquèrent les avant-postes prussiens, postés dans les vignobles. Une batterie de 8 pièces de campagne sortit de Mayence, avec 1,000 hommes pour seconder cette attaque. Kalkreuth plaça aussitôt 10 pièces sur la hauteur de Sainte-Croix et fit tirer sur Weissenau ; la batterie française fut contrainte de rentrer au camp. Weissenau fut aussi évacué et resta au pouvoir des Autrichiens, qui ne purent cependant s'y maintenir. Les Français ne tardèrent pas à y rentrer sous la protection des batteries du fort Saint-Charles.

L'ennemi fit, pendant la nuit du 15 au 16, quatre nouveaux ouvrages près Weissenau et Hechtsheim ; une tenaille à environ 800 pas en-deçà de Sainte-Croix ; une redoute à 800 pas à droite de la tenaille ; et dans les vignobles de Weissenau, deux petits ouvrages, dont l'un prenait le village en flanc et l'autre enfilait la chaussée qui vient de la Favorite. Chacun de ces ouvrages reçut 2 pièces de canon et une forte garnison.

Derrière la Chartreuse, édifice situé au bord du Rhin, sous le feu du fort Saint-Charles, et qui fut démoli pendant le siége, les Français établirent une flèche pour protéger les vedettes de Weissenau et assurer la communication de ce poste avec le fort Saint-Charles. Des retranchements de campagne furent également établis sur les hauteurs près de Zalbach. Les digues dans les fossés et avant-fossés furent réparées ; on en construisit de nouvelles, ainsi que les écluses nécessaires pour mettre le Gartenfeld sous l'eau. Une redoute et des batteries furent perfectionnées à la pointe de l'île Saint-Pierre afin de flanquer le côté gauche de Cassel. L'importance dont elle était pour la conservation des moulins la fit même bientôt couvrir de retranchements, et, pour mieux la protéger, une garnison fut mise dans les îles Saint-Jean et Doyelheim.

La garnison de Cassel, pendant ces divers travaux, fit des sorties heureuses. De leur côté, les alliés ne cessaient pas d'élever de nouveaux ouvrages partout où les localités pouvaient le leur permettre ; ils mettaient ainsi à profit le temps qu'ils passaient à attendre l'arrivée de l'immense train de siége qui leur était indispensable pour essayer de réduire une place forte dont les moyens de défense étaient si redoutables.

Le village de Weissenau, pris et repris plusieurs fois dans la journée du 16, était l'objet des plus opiniâtres escarmouches entre les deux partis. Comme les alliés ne pouvaient pas néanmoins s'y maintenir contre les Français, couverts par les maisons, Kalkreuth, le fit incendier par des obus. L'église et la partie inférieure du village furent totalement brûlées; néanmoins la partie supérieure échappa aux flammes et resta au pouvoir des Français.—Ce poste fut encore, le 17 avril, le théâtre d'une vive affaire d'avant-poste, dirigée par le prince Louis-Ferdinand, et dont les résultats furent les mêmes que les attaques des jours précédents. Mais les Saxons ayant élevé le lendemain, auprès du fort Gustave, de l'autre côté du Rhin, et en face de Weissenau, une batterie de deux canons et de deux obusiers, cette batterie fut si bien servie, que les Français durent abandonner ce village.

Pendant ces divers combats, le camp des Prussiens avait été lié à celui des Impériaux par des lignes de contrevallation, afin qu'ils pussent, en cas de sortie, se prêter un appui mutuel et facile. Onze pièces de gros calibre arrivèrent de Wurtzbourg dans l'après-midi du 19 avril. Ce commencement d'attirail de siége fut placé sur la hauteur près de l'aile droite des assiégeants. Weissenau continua d'être l'objet de combats plus ou moins meurtriers qui eurent lieu sur la rive gauche jusqu'aux premiers jours de mai.—Le caractère ardent, enthousiaste et infatigable de Meunier, qui commandait Cassel, fut, sur la rive droite, la cause d'un grand nombre d'affaires de détail, où la supériorité resta presque constamment aux Français. De ce poste, défendu seulement par 1,200 hommes, quoique sans cesse exposé au feu de 50 pièces d'artillerie, le général français sortait souvent la nuit, muni d'une lanterne sourde, et suivi de ses plus braves soldats; il attaquait lui-même les sentinelles ennemies, les enlevait ou les tuait, et portait l'épouvante dans les postes avancés; il reconnaissait dans l'obscurité les travaux qu'il se proposait de détruire pendant le jour.

Destruction de la batterie de Gustave-Bourg.—Parmi le grand nombre d'actions auxquelles donnaient lieu les sorties journalières de la garnison, on peut citer la destruction de la batterie de Gustave-Bourg, dirigée contre l'ouvrage avancé des Français vers Costheim. Dans la nuit du 28, et à la faveur d'un bombardement qui dura jusqu'à midi, les républicains, en masquant leur traversée, parvinrent, sans être aperçus, jusqu'à Costheim : là ils prirent à droite, et se précipitant sur la batterie saxonne, ils l'enlevèrent, sans laisser à l'ennemi étonné le temps de faire résistance. Deux autres batteries sur le même point furent également détruites pendant cet expédition. Nos troupes se retirèrent avec des prisonniers, emmenant un canon ennemi et après avoir encloué les pièces des trois batteries. Kalkreuth, pour reprendre possession de ce poste, dut y envoyer une nouvelle garnison beaucoup plus forte que la première; mais elle n'arriva que lorsque l'expédition était finie et l'artillerie mise hors de service.

Attaque de Costheim.—Les villages de Zalbach, de Bretzenheim, et quelques autres, sur lesquels les assiégés firent des excursions assez heureuses, procu-

rèrent à la place quelques fourrages dont le besoin devait bientôt se faire sentir. Ces excursions, comme on peut le supposer, étaient toujours accompagnées de combats. Les ennemis venaient aussi attaquer nos soldats jusque dans leurs postes. Celui de Costheim, à cause de sa proximité de Cassel, fut un de ceux dont la possession fut le plus vivement disputée. Le 3 mai il était en notre pouvoir, lorsque le roi de Prusse, s'étant rendu sur la rive droite, en ordonna l'attaque. L'affaire fut des plus vives, et un bataillon de grenadiers prussiens, qui en fut chargé, perdit plus de cent hommes tués. Telle était cependant l'importance de ce poste aux yeux de Frédéric-Guillaume, qu'il fit, cinq jours après (le 8 mai), renouveler l'attaque, et y consacra trois bataillons de grenadiers, soutenus par une réserve de deux bataillons et par trois escadrons. L'ensemble de ces forces devait encore être appuyé par le feu de 25 pièces d'artillerie et par une fausse attaque dirigée du côté de Biberich. Le poste, aussi vigoureusement assailli, fut d'abord emporté; mais des retranchements qui se trouvaient en arrière ayant arrêté les assaillants, ils furent contraints de battre en retraite avec une perte de onze officiers et de quelques centaines de soldats.—Cependant l'ennemi perfectionnait ses lignes et les étendait du côté de Zalbach. Les Républicains, sur la droite du Rhin, avaient poussé leurs ouvrages jusqu'à 3 ou 400 pas au-delà de Costheim. Le Mayn couvrait leur droite et un marais leur gauche.

Commencement de la disette.—La garnison, dans les premiers jours de mai, commença à manquer de viande. On prévoyait déjà le moment où on serait obligé dans Mayence de sacrifier les chevaux de cavalerie et ceux d'attelage à la nourriture des soldats. On ne pouvait déjà plus compter sur les magasins de fourrages. Il n'y avait que pour un mois d'avoine.

Déjeûner singulier.—Les deux partis étaient constamment sur le qui-vive. Le mois de mai se passa, comme celui qui l'avait précédé, en perfectionnement de travaux des deux parts, en escarmouches presque continuelles et souvent meurtrières. Le 17 mai, il prit envie au représentant Merlin (de Thionville), dont le courage audacieux surpassait celui des plus braves soldats, de donner à déjeûner à quelques adjudants et officiers des avant-postes des deux partis. Ce repas eut lieu sur le terrain qui servait ordinairement de théâtre aux engagements, et l'harmonie la plus complète régna entre les convives.

Combats des îles du Rhin.—Les îles du Rhin et du Mayn étaient, comme les deux rives, le théâtre de fréquentes escarmouches. Sept cents Français, avec des ouvriers, débarquèrent, le 21, dans les îles de Mars, ou de la pointe du Mayn (qu'on nomme *Chantiers des trois Meunières*). Malgré le feu des batteries placées dans les vignobles de Weissenau, ils s'emparèrent de l'île Bley (Bley-Aue), d'où ils tentèrent, sous la protection d'un feu très vif, de débarquer sur la rive droite et de s'emparer une seconde fois des batteries de Gustave-Bourg. Un renfort considérable étant arrivé aux Prussiens, les Français, après un engagement meurtrier, se virent contraints de battre en retraite et de chercher un refuge derrière les buissons épais dont l'île est couverte. L'ennemi reprit l'île Bley ; mais les autres restèrent au pouvoir de nos soldats, qui s'y retranchèrent de leur mieux.

Sortie. — Attaque de Marienborn. — Diverses attaques eurent lieu jusqu'à la fin du mois sur le poste de Bretzenheim et le fort Gustave.—Les retranchements ennemis avaient été tellement multipliés, et les lignes d'investissement si étendues sur la rive gauche, qu'il restait peu de monde pour couvrir les espaces intermédiaires. Cette considération détermina sans doute la sortie générale que les Français, dans la nuit du 30 au 31, tentèrent sur Marienborn, quartier-général ennemi, où se trouvait le prince Louis de Prusse. 6,000 hommes sortirent de Mayence et s'avancèrent sur plusieurs colonnes par la route de Bretzenheim et de Nieder-Ulm. Cette expédition, qui eut d'abord du succès pensa réussir complètement par suite d'un incident bizarre mentionné dans les relations prussiennes. Les grand'gardes des assiégeants avaient été prévenues de laisser passer, dans cette même nuit, quelques centaines de paysans réunis pour moissonner entre les deux armées, et l'avant-garde française fut prise par elles pour ces paysans. Les Français attaquèrent les retranchements ennemis avec la plus grande audace, les tournèrent et se jetèrent dans Marienborn. L'alarme était répandue sur tous les points dans le camp des assiégeants, et le but de l'expédition, qui était d'enlever Kalkreuth et le prince Louis-Ferdinand, eût été peut-être atteint si le *ça ira* des républicains, chanté trop tôt, n'eût averti l'ennemi du danger qu'il courait. Le général Doyré attribua l'imparfaite réussite de cette attaque au refus d'un détachement d'enlever une des principales batteries. Bientôt l'ennemi, rassemblant à la hâte toutes ses forces, contraignit les assiégés à se replier sur Mayence après un combat meurtrier pour les deux partis. Cette sortie fut la dernière grande sortie tentée par la garnison.

Mort du général Meunier. — Le 31 mai, en revenant d'une attaque sur l'île Bley, dont le succès avait été balancé, le général Meunier laissa paraître quelques marques distinctives de son grade, et le bateau qui le portait fut aussitôt l'objet d'une décharge générale des batteries ennemies qui suivaient tous ses mouvements. Un biscaïen lui fracassa le genou. Les Prussiens, apprenant sa blessure cessèrent aussitôt leur feu ; le roi de Prusse fit offrir au général français tous les secours qui pouvaient lui manquer dans une place assiégée. Meunier subit l'amputation, et mourut le 13 juin des suites de cette blessure, qui l'avait atteint dans la partie la plus dangereuse où l'un des membres inférieurs puisse être frappé. On raconte qu'en apprenant sa mort, le roi de Prusse s'écria : « Il m'a fait bien du mal, mais le monde perd un grand homme. » Meunier fut enterré, d'après sa demande, dans un des bastions du fort de Cassel. Une suspension d'armes de deux heures eut lieu, afin que la garnison pût lui rendre les honneurs funèbres ; et pour mieux témoigner l'estime qu'ils avaient pour lui, les Prussiens joignirent deux salves d'artillerie de quatorze coups de canon chacune aux salves des batteries françaises.

Prise de la flèche de la Chartreuse. — La flèche derrière la Chartreuse, où les Français s'étaient maintenus jusqu'alors, fut emportée le 18 juin. C'est de cette époque que commencent les opérations du siège en règle ; tout ce qui précède n'avait été qu'une guerre de postes extérieurs.

Ouverture de la tranchée. — Tracé des parallèles. — Des dispositions avaient été faites dans la nuit du 16 pour ouvrir une parallèle à huit cents pas de la seconde enceinte, mais l'entreprise avait échoué au centre, par suite d'une sortie qui avait jeté le désordre parmi les travailleurs et les bataillons chargés de les soutenir. — Une nouvelle tranchée fut ouverte dans la nuit du 18 au 19, à quinze cents pas de la place. Cette distance énorme attira maints quolibets au colonel prussien qui dirigeait ce travail. Il imagina, pour s'y soustraire, de nommer cette tranchée *arrière-parallèle*, quoique ce fût réellement une *première parallèle*. Elle fut faite, ainsi que trois boyaux de communication qui y conduisaient, par 5,600 ouvriers soutenus par quatorze bataillons. Sa droite s'appuyait à deux redoutes établies entre Laubenheim et Weissenau ; sa gauche courait dans la direction de Bretzenheim, ce qui lui donnait une longueur de 9,400 pas.

Entre Ellfeld et Wallauf, pour contribuer à l'attaque des îles Pétersau et d'Ingelheim, stationnait une flotille de seize chaloupes canonnières hollandaises, armées de vingt-deux pièces de 16 ou de 24. Trois batteries, chacune de trois mortiers et d'un obusier, furent établies pendant la nuit du 18 au 19 dans l'arrière parallèle, afin d'avoir devant les positions occupées par les assiégeants un établissement capable de faire face aux sorties des assiégés. Cette parallèle était assez avancée au point du jour pour que les bataillons de tranchée pussent s'y tenir en sûreté et en garnir les parapets. Les trois batteries jouèrent dès quatre heures du matin.

Une tentative que les assiégeants dirigèrent le 19 sur la flèche de Zalbach resta sans succès. La nuit du 19 au 20 fut employée à perfectionner le travail de la nuit précédente, et six nouvelles batteries y furent construites, dont trois à chacune des ailes.—Les boyaux de communication des chemins creux à la parallèle furent établis dans la nuit du 20 au 21, ainsi qu'un épaulement à droite, propre à couvrir 400 chevaux.

Dans la nuit du 22 au 23, 2000 ouvriers poussèrent en avant deux longs boyaux à 800 pas l'un de l'autre, et dont les extrémités furent arrondies en crochets. Une batterie de cinq pièces de douze fut élevée le lendemain dans chaque crochet des boyaux.

La véritable première parallèle avec deux communications fut établie à 800 pas des palissades dans la nuit du 24 au 25. — Les Français sortis de Weissenau enclouèrent une batterie de communication. — La parallèle fut perfectionnée le lendemain ; et l'on éleva quatre batteries de mortiers. Une redoute armée de pièces de canon de faible calibre avait été établie par les

Français devant Weissenau, tant pour soutenir ce poste que pour empêcher d'étendre l'aile droite de la première parallèle. Cette redoute, ainsi que le village de Weissenau, fut tournée, attaquée et emportée par l'ennemi dans la nuit du 28.

L'ennemi, vers la fin de juin, rejeta une demande faite par le commandant de Mayence, de permettre aux femmes des Prussiens et des Autrichiens enfermées dans la place d'en sortir.

La pluie qui tomba dans les premiers jours de juillet avait retardé l'achèvement de quinze batteries qui furent alors commencées. — Le feu ne discontinuait pas dans celles qui se trouvaient déjà armées. Les Prussiens désiraient surtout éteindre celui des forts Charles et Élisabeth, qui eurent, dans la matinée du 4 au 5 juillet, à essuyer un redoublement de feu provenant de quinze batteries qui venaient d'être terminées.

Prise par l'ennemi des hauteurs de Zalbach. — Quelques redoutes établies par les Français sur les hauteurs en arrière de Zalbach gênaient le travail de gauche des parallèles. L'ennemi résolut de les enlever; il y parvint dans la nuit du 5 au 6, et en rasa les épaulements. A la pointe du jour, nos soldats reprirent la redoute du milieu; mais attaquée de nouveau la nuit suivante par le général Kleist, elle fut emportée une seconde fois et entièrement démolie. L'ennemi put travailler dès lors à l'aile gauche de la première parallèle et la terminer. Cette aile, couverte par un grand crochet, fut renforcée d'une redoute où l'on plaça une batterie de quatre pièces de douze, dont le feu dirigé avec habileté sur celle que nous conservions encore sur la hauteur de Zalbach, réussit à démonter nos pièces, quoiqu'elles fussent protégées par l'artillerie des forts Saint-Joseph et Philippe.

Les batteries de Mayence firent pendant la nuit du 7 au 8 un feu des mieux nourris sur l'aile gauche des deux premières parallèles. Les assiégeants travaillèrent activement à l'achèvement de l'aile gauche de la première parallèle, quoique leur travail fût interrompu par trois sorties successives des défenseurs de la place qui tentèrent, mais inutilement, de reprendre les hauteurs de Zalbach. Deux nouvelles batteries furent encore construites la nuit suivante par les assaillants. — Dans la nuit du 11 au 12, l'ennemi déboucha de différents endroits de la première parallèle par des zig-zags en sape volante pour ouvrir la seconde parallèle qui devait être établie à 400 pas de la première. Les travaux furent poussés la nuit suivante jusqu'aux ruines de la Chartreuse du côté du fort Saint-Charles. Cependant les Français avaient établi en avant du fort Italien et du fort Saint-Charles de petites flèches où ils avaient jeté du monde. Les assaillants emportèrent ces ouvrages; mais celui du fort Italien fut, au point du jour, repris par les Français.

Intérieur de Mayence. — Pendant ce temps, divers travaux s'élevaient sur la rive droite du Rhin. Les îles du Mayn étaient garnies de plusieurs batteries; une batterie de mortiers avait été tracée du côté de Hockeim. Le laboratoire des artificiers de la garnison ayant sauté et mis le feu au magasin à fourrages, cet incident, joint à la destruction de quelques moulins, rendit plus critique encore l'état de la garnison. La place commençait à manquer de subsistances. Il n'y avait plus, dès le 13, dans les magasins, que pour douze jours de farine. Les troupes, toujours sur pied pour éteindre les incendies occasionnés par le grand nombre de projectiles qui tombaient sur la ville, étaient épuisées de fatigues. La proposition de tuer les chevaux fut souvent faite et toujours rejetée, parce que la cavalerie était jugée indispensable pour le service de l'intérieur de la ville et celui des postes de campagne, près Cassel.

Prise de la flèche du fort Italien. — Cependant l'ennemi ne pouvait avancer tant que nous restions maîtres de la flèche en avant du fort Italien. — On avait lié cet ouvrage au moyen d'une contre-approche avec le retranchement du fort Saint-Charles. — Les assaillants résolurent de faire, dans la nuit du 16 au 17, un effort désespéré pour le détruire. Le prince Louis-Ferdinand, soutenu de trois bataillons et de 300 travailleurs dirigea lui-même cette attaque. Elle réussit. La flèche fut emportée et rasée, ainsi qu'une partie de sa communication. Mais cette affaire coûta beaucoup de monde aux assiégeants. Le prince lui-même y fut blessé grièvement.

Bombardement. — De nouvelles batteries s'élevaient chaque nuit. On en comptait déjà sur la rive gauche du Rhin, dans la nuit du 19 au 20, vingt armées de 207 bouches à feu. Les batteries de l'arrière grande parallèle avaient été transportées à la première, et la ville était couverte d'une grêle de projectiles qui, d'ailleurs, étaient d'un effet bien plus désastreux pour les habitants que pour les moyens de défense de la place. Il y avait encore loin de l'ouverture de la dernière parallèle, qui n'eut point lieu, jusqu'à la chute de la première enceinte; plus loin encore, à la descente du fossé du corps de la place, et au logement sur un des bastions. Les circonstances qui suivirent et amenèrent la capitulation de Mayence ne permettent pas de préjuger quel eût pu être le résultat des efforts désespérés que l'armée coalisée semblait disposée à faire contre la place.

Détresse de la garnison. — Mais des privations bien plus graves que le danger de leur situation jetaient le découragement parmi les défenseurs de Mayence. Les magasins des hôpitaux et des ambulances, les pharmacies particulières, étaient vides. Il n'y avait plus ni drogues, ni approvisionnements en objets de pansement, et le nombre des blessés croissait chaque jour. Les moulins étaient détruits, et le grain sur le point d'être entièrement consommé. La garnison n'avait plus de viande, et ressentait de plus en plus chaque jour les horreurs de la famine. La chair de cheval, celle des chiens, des chats et des souris était la seule qu'elle pût se procurer, et encore avec difficulté. Cette ressource devait d'ailleurs bientôt manquer. Les habitants étaient réduits aux mêmes extrémités que la garnison. Le général Aubert-Dubayet, qui fut depuis ministre de la guerre, et mourut à

Constantinople ambassadeur du Directoire, offrit un jour à plusieurs officiers supérieurs de ses amis un dîner dont le plat principal était un chat entouré d'un cordon de souris. Le prix de ces aliments était d'ailleurs exorbitant. La chair de cheval se vendait 2 francs la livre; le prix d'un chat mort était de 6 francs.

Ce fut à cette époque qu'eut lieu, dit-on, un événement dont nous ne garantissons pas l'authenticité, et que nous rappelons seulement comme étant consigné dans quelques relations de ce siège. L'état de disette où se trouvait la garnison avait décidé le gouverneur à faire sortir un certain nombre de bouches inutiles, surtout parmi les vieillards, les femmes et les enfants. Un trompette conduisit environ 2,000 de ces malheureux aux avant-postes ennemis, d'où ils furent repoussés malgré leurs lamentations et leurs cris. Ces misérables revinrent du côté de la ville, dont ils trouvèrent les portes fermées. Également repoussés des deux côtés, ils passèrent environ trente heures exposés à la faim, au froid, à la pluie et aux atteintes des batteries françaises et prussiennes. Il en périt un grand nombre. Enfin le gouverneur, ému par ce spectacle, moins dur envers les Allemands que les Prussiens et les Autrichiens eux-mêmes, accorda à la pitié ce que la nécessité lui eût peut-être fait une loi de refuser, et les Mayençais rentrèrent dans la ville.

Malgré le misérable état de la garnison, le conseil de guerre avait pris toutes les mesures jugées nécessaires pour prolonger la résistance du camp retranché et des forts, dont la prise aurait permis à l'ennemi de s'emparer de la forteresse par un assaut livré du côté de la Porte-Neuve. On résolut de se borner à la défense du camp, toute sortie ne pouvant désormais avoir d'autre résultat qu'un sacrifice inutile de soldats. L'abandon des lignes qui lient les forts entre eux fut proposé et rejeté.

Situation critique de la place. — Un travail continuel suffisait à peine aux défenseurs de Mayence pour réparer les dégâts causés par les projectiles ennemis. L'état d'épuisement où se trouvaient les soldats, la privation de moyens de mouture, le manque prochain de fourrages, l'opinion des officiers de santé sur les malades et les blessés, tous ces motifs graves faisaient prévoir une capitulation prochaine. En effet, le conseil de guerre s'étant assemblé pour en délibérer, autorisa, à l'unanimité, le général commandant à négocier avec le chef de l'armée ennemie.

Capitulation. — Observations. — A cette époque, les alliés étaient sur le point d'établir une vingt-huitième batterie dans les parallèles. La majeure partie des retranchements du fort Italien était rasée par leur feu. Le fort Saint-Charles était si criblé de boulets, de grenades et de bombes, qu'il eût été impossible d'y tenir long-temps. Les forts Élisabeth et Philippe étaient entièrement abattus. Le général commandant avait déjà fait charger toutes les mines de ces ouvrages détachés, quoique liés par une enveloppe, afin de les faire sauter dans le cas où les alliés s'en empareraient de vive force.

Les circonstances qui suivirent la capitulation de Mayence, dont le siége aurait été levé forcément, par suite du mouvement offensif qu'opéraient les armées du Rhin et de la Moselle réunies, ont souvent donné lieu à une discussion sérieuse de ces deux questions, savoir : 1° si Mayence pouvait être défendue plus long-temps; 2° si le général avait fait tout ce qu'il était possible pour s'assurer qu'il n'avait pas de secours à espérer, afin de justifier par la nécessité la reddition de la place.

Sur la première question, on a dit que l'ennemi ne s'était emparé que de petits ouvrages de campagne jetés en avant pour retarder sa marche. Après plus de trois mois de blocus et de siége opiniâtre, il n'avait pu enlever ni l'enceinte de forts qui entourent la place, ni aucune des pièces importantes qui en dépendent. Les fourrages et les vivres devaient être bientôt consommés, mais ne l'étaient point encore, puisque les Prussiens y trouvèrent 10,000 hectolitres de grain et 1200 de farine.

Quant à la seconde question, il est certain que le général ne fit rien de ce qui eût pu lui procurer la connaissance des mouvements de l'armée qui venait à son secours. L'envoi d'espions eût pu au moins être tenté, et au moyen de sorties poussées vigoureusement et un peu loin, on croit qu'on aurait pu arriver aux villages en arrière de la ligne ennemie, et s'y informer de ce qui se passait au-delà. Les habitants du Palatinat, refluant devant l'armée française, avaient atteint déjà les villages occupés par le cordon d'investissement lorsqu'eut lieu la capitulation.

Ce fut en effet une bonne fortune sur laquelle les alliés ne comptaient pas, que d'entendre, de la part de leurs ennemis, une proposition de leur rendre la place au moment où ils ne pouvaient plus guère espérer de continuer l'investissement au-delà de vingt-quatre heures. Les Prussiens demandèrent d'abord que la garnison déposât les armes, mais le général Doyré ayant manifesté l'intention de rentrer dans Mayence pour en conférer avec les membres du conseil de guerre, les alliés renoncèrent à leur prétention. Ils firent même si précipitamment, que cette précipitation eût dû faire naître quelques soupçons dans l'esprit du général, et lui inspirer le désir de connaître la situation de l'armée française, avant d'abandonner une place dont la remise devait avoir tant d'influence sur les opérations ultérieures de la campagne.

Ce fut le 23 juillet qu'eut lieu la capitulation de Mayence. Les places de Condé et de Valenciennes succombèrent dans le même mois, et ce triple désastre fut aussi heureux pour les alliés que malheureux pour les armées françaises, qu'il acheva de décourager. La prise de Mayence peut être considérée comme ayant sauvé le duc de Brunswick d'une défaite probable. Pressé sur la droite à Kaiserslautern par le général Houchard, qui gagnait la Glau, menacé sur son unique communication par Neustadt, il allait essayer de s'avancer sur Lautereck ou Alsenborn, quand la nouvelle de la capitulation de Mayence vint mettre un terme à ses perplexités.

La garnison n'avait appris qu'avec peine la résolution de ses chefs. Elle sortit de Mayence avec tous les honneurs de la guerre, sous la seule condition de ne pas servir pendant un an contre les armées alliées. Tandis que les divers corps dont elle était composée défilaient sur les glacis, le roi de Prusse, s'adressant nominativement aux principaux chefs et officiers, leur rappelait les actions par lesquelles chacun d'eux s'était distingué, et leur donnait avec courtoisie les éloges qu'ils méritaient.

Anecdote douteuse. — Tel fut le mémorable siège de Mayence, dont les relations, comme celles de tous les événements capitaux des guerres de cette époque, sont contradictoires et surchargées d'anecdotes dépourvues pour la plupart d'un caractère d'authenticité suffisant pour inspirer la confiance. C'est ainsi, dit-on, que le roi de Prusse, pendant le siège de cette ville, reconnut implicitement la République française, et voici ce qu'on raconte à ce sujet. — Nous dirons franchement, et malgré les auteurs qui l'ont recueilli, que ce récit nous semble un pur exercice de l'imagination. — « Dans une rencontre entre deux partis de cavalerie, un des chefs français défia l'autre à un combat singulier. « Et si je venais à vous comme ami, dit le Prussien? » — Je vous recevrais comme tel, répondit le Français. » Ils se tendirent la main, et firent avertir, l'un Merlin, l'autre le général Kalkreuth, peu éloignés des avant-postes. Une entrevue fut alors convenue pour le lendemain entre le duc de Brunswick et les représentants du peuple. Elle eut lieu; Frédéric-Guillaume lui-même y prit part, et la République française y fut si bien reconnue par le roi de Prusse, que le premier cartel pour l'échange des prisonniers portait pour suscription : *Le roi de Prusse à la République française.* On ne sait ce qui se passa dans cette entrevue, mais les bons procédés continuèrent entre le roi et les conventionnels, jusqu'à l'affaire de Marienborn, où le prince de Prusse, indigné d'une surprise qu'il considérait comme une trahison, rompit toute relation avec la place. » — Nous le répétons, tout ce récit, quoique gravement recueilli par les auteurs du *Dictionnaire des siéges et batailles* et par ceux des *Victoires et conquêtes*, nous paraît un conte fait à plaisir.

Accueil fait en France aux défenseurs de Mayence.
— Il fut heureux pour les autorités militaires qui avaient dirigé la défense de Mayence, d'avoir eu deux représentants influents de la Convention pour témoins et coopérateurs de tout ce qui s'y était passé. Leur conduite avait été improuvée par cette assemblée, qui ne leur pardonnait pas d'avoir ignoré la marche des armées du Rhin et de la Moselle, et la masse des citoyens français se conduisit envers eux d'après ces impressions défavorables qu'elle partagea. Plusieurs villes refusèrent de laisser entrer dans leurs murs les défenseurs de Mayence. Sarrelouis fut témoin de l'arrestation de Doyré et de ses officiers : cette mesure était prise d'après un décret de la Convention, qui statuait que tous les membres de l'état-major de la place de Mayence seraient mis en état d'arrestation. Les soldats, indignés, voulaient d'abord les délivrer de vive force, mais les chefs prisonniers les calmèrent eux-mêmes. Déjà, avant l'arrestation de Doyré, Aubert-Dubayet avait été conduit à Paris par des gendarmes. Enfin, Merlin de Thionville, l'un des conventionnels qui s'étaient enfermés dans Mayence, monta à la tribune le 4 août 1793 ; il y fit un détail succinct des événements du siège, vanta le dévouement héroïque de la garnison, qui avait perdu 15,000 hommes, et parvint à faire rapporter le décret qui avait frappé ses braves généraux. La Convention, mieux informée, décréta même que la garnison de Mayence avait bien mérité de la patrie.

RÉSUMÉ CHRONOLOGIQUE

1793.

1er AVRIL. Investissement de Mayence.
2 — Formation du conseil supérieur de défense.
10 — Sortie et attaque de Mosbach.
12 — Conférence aux avant-postes prussiens, entre Doyré et le capitaine Lebas, envoyé de Custine.
13 — Resserrement du blocus.
15 — Prise de Costheim. — Combat de Weisenau. — Établissement, par les Français, de la flèche de la Chartreuse et des retranchements de Zalbach.
16 et 17 — Prise, reprise et incendie de Weisenau.
29 — Prise de la batterie de Gustave-Bourg.
3 et 8 MAI. Attaque de Costheim par l'ennemi.
21 — Combat et prise de l'île Bléy.
30 au 31 MAI. Attaque de Marienborn.
31 — Blessure du général Meunier.
13 JUIN. 8a mort.
18 — Prise par l'ennemi de la flèche de la Chartreuse.
18 au 19 — Ouverture de la tranchée dite arrière-parallèle.
24 au 25 — Ouverture de la première parallèle.
6 et 7 JUILLET. Prise et destruction, par l'ennemi, des redoutes de Zalbach. — Ouverture de la deuxième parallèle.
16 au 17 — Prise de la flèche du fort Italien.
19 — Mouvement de l'armée du Rhin pour délivrer Mayence.
23 — Capitulation de Mayence.
4 AOUT. Rapport de Merlin de Thionville à la Convention. L'Assemblée décrète que la garnison de Mayence a bien mérité de la patrie.

A. HUGO.

FRANCE MILITAIRE.

ARMÉE DU NORD. — SIÉGE DE VALENCIENNES.

SOMMAIRE.

Mesures énergiques de la Convention. — Création de onze armées. — Envoi de représentants du peuple aux armées. — Pouvoirs des représentants. — Situation de l'armée du Nord. — Mesures prises par Dampierre. — Congrès d'Anvers — Inaction des Coalisés. — Armée ennemie. — Premiers mouvements. — Tentatives pour débloquer Condé. — Combat du 1er mai — Combat du 8 mai. — Mort de Dampierre. — Évacuation du camp de Famars. — Arrivée de Custine à l'armée du Nord. — Prise de Condé. — Description de Valenciennes. — Armée de siége. — Investissement et premiers travaux. — Sommation. — Bombardement. — Sortie de la garnison. — Efforts de l'ennemi. — Désastres de la ville. — Attaque et prise du chemin couvert. — Nouvelle sommation. — Capitulation. — État de la place. — Fautes des Coalisés. — Arrestation, condamnation à mort et exécution de Custine.

Armée du Nord. — Généraux en chef : DAMPIERRE. — CUSTINE.
Place de Valenciennes. — Général commandant : FERRAND.

Armée coalisée. — Général en chef : Prince de SAXE-COBOURG.
Armée de siége. — Duc d'YORK.

La Convention, dans la position critique où la France se trouva placée après la défection de Dumouriez, les revers de nos armées en Belgique, la défaite de Custine sur la Nahe, quelles que fussent ses craintes, ne se montra point abattue ; cependant c'était le moment où l'insurrection de la Vendée obtenait ses premiers succès, et où éclataient les troubles de la Corse : son énergie parut au contraire croître avec le danger. Les deux partis qui divisaient l'Assemblée, Jacobins et Girondins, se réunirent dans le péril commun. La délibération fut courte, la décision ferme, l'exécution rapide. Un premier décret prononça la peine de mort contre quiconque reconnaîtrait Dumouriez pour général ; c'était enlever l'armée aux intrigues de ses partisans ; ensuite on décréta des représailles contre les princes et les officiers de distinction autrichiens qui se trouvaient parmi les prisonniers, dans le cas où des violences seraient exercées contre Beurnonville et les députés, livrés par la trahison aux fureurs de l'étranger. De nouveaux commissaires, choisis parmi les plus capables, les plus hardis et les plus prononcés dans les opinions révolutionnaires, furent envoyés à l'armée du Nord. La Convention décréta un *comité de salut public*, composé de trente-neuf membres pris dans son sein, qui fut investi de pouvoirs presque illimités, et autorisé à prendre, à la majorité seulement des deux tiers de ses membres, toutes les mesures de défense générale extérieure et intérieure qu'il croirait convenables. Ce comité, établi seulement d'abord pour un mois, devint bientôt permanent, et forma une puissance redoutable à la Convention elle-même [1]. Des décrets pour la levée de 30,000 hommes de cavalerie et pour la levée en masse ne tardèrent pas à être rendus.

Création de onze armées. — Enfin la Convention ordonna la formation de plusieurs armées, dont elle détermina ainsi l'emploi :

«Les forces de la République seront réparties en onze armées, qui seront disposées, sauf les mouvements qui pourront avoir lieu, ainsi qu'il suit

«L'*armée du Nord*, sur la frontière et dans les places ou forts, depuis Dunkerque jusqu'à Maubeuge inclusivement.

«L'*armée des Ardennes*, sur la frontière et dans les places ou forts, depuis Maubeuge inclusivement, jusqu'à Longwy exclusivement

«L'*armée de la Moselle*, sur la frontière et dans les places ou forts, depuis Longwy inclusivement, jusqu'à Bitche exclusivement.

«L'*armée du Rhin*, sur la frontière et dans les places ou forts, depuis Bitche inclusivement, jusqu'à Porentruy exclusivement.

«L'*armée des Alpes*, sur la frontière et dans les places ou forts, dans le département de l'Ain inclusivement, jusqu'au département du Var exclusivement.

«L'*armée d'Italie*, sur la frontière et dans les places, forts ou ports, depuis le département des Alpes-Maritimes inclusivement, jusqu'à l'embouchure du Rhône.

«L'*armée des Pyrénées-Orientales*, sur la frontière et dans les places, forts ou ports, depuis l'embouchure du Rhône jusqu'à la rive droite de la Garonne.

«L'*armée des Pyrénées-Occcidentales*, sur la frontière et dans les places, forts ou ports, dans toute la partie du territoire de la République, sur la rive gauche de la Garonne.

«L'*armée des côtes de la Rochelle*, sur les côtes et dans les places, ports ou forts, depuis l'embouchure de la Gironde jusqu'à l'embouchure de la Loire.

«L'*armée des côtes de Brest*, sur les côtes et dans les places ou forts, depuis l'embouchure de la Loire jusqu'à Saint-Malo inclusivement.

«L'*armée des côtes de Cherbourg*, sur les côtes et dans les places, forts ou ports, depuis Saint-Malo inclusivement jusqu'à l'Authie.»

Ces armées n'étaient, sans doute, à l'exception des armées du Nord, du Rhin et des Pyrénées, que de simples corps qui mériteraient aujourd'hui à peine le nom de division ; mais cet étalage de troupes imposait à l'ennemi, qui n'avait aucun moyen de vérifier leur force. D'ailleurs, c'étaient des cadres qui devaient se

---

[1] Ce comité tarda peu à faire peser sur l'armée son pouvoir sanguinaire. Les généraux Harville et Bouchet furent arrêtés à Maubeuge pour n'avoir pas tenu à Namur ; Stengel et Lanoue furent envoyés devant le tribunal révolutionnaire pour se justifier n'avoir pas défendu d'Aix-la-Chapelle, et le polonais Miaczinsky, soupçonné d'attachement pour Dumouriez, fut décapité. Avant de faire régner la terreur en France, on la faisait ainsi planer sur l'armée.

remplir peu à peu et finir par présenter des masses redoutables.

Envoi de représentants du peuple aux armées. — La Convention décréta, en outre, que soixante de ses membres se rendraient aux armées, afin de surveiller les actes des généraux, de stimuler le zèle des administrateurs et d'encourager le patriotisme des soldats.

Ces commissaires furent ainsi répartis :

12 à l'armée du Nord.
4 à l'armée des Ardennes.
4 à l'armée de la Moselle.
10 à l'armée du Rhin.
4 à l'armée des Alpes.
4 à l'armée d'Italie.
4 à l'armée des Pyrénées-Orientales.
4 à l'armée des Pyrénées-Occidentales.
6 à l'armée des côtes de la Rochelle.
4 à l'armée des côtes de Brest.
4 à l'armée des côtes de Cherbourg.

Outre ces soixante commissaires, trois députés furent envoyés dans l'île de Corse.

Pouvoirs des représentants. — La Convention arrêta que ses commissaires porteraient aux armées le titre de *représentants du peuple*, et seraient revêtus d'un costume propre à les faire reconnaître des troupes. Ces représentants reçurent les pouvoirs les plus étendus ; ils eurent le droit de suspendre tous les employés civils et militaires, tous les officiers des armées et les généraux eux-mêmes ; celui de nommer à tous les grades et emplois vacants ; ils furent chargés de surveiller toutes les dépenses d'armements et d'approvisionnements des forteresses, des flottes et des troupes, d'inspecter les armées et les magasins, de se faire remettre l'état de toute espèce de fournitures, d'armes, de vivres, de munitions existant dans les dépôts, les états de l'effectif des corps, ceux des caisses de l'armée ; ils furent autorisés à requérir les gardes nationaux des départements, à les mobiliser, à en former de nouveaux bataillons, de nouveaux escadrons, à prendre pour monter la cavalerie tous les chevaux de luxe et autres qui leur paraîtraient nécessaires ; ils eurent le pouvoir de faire arrêter et traduire devant les tribunaux révolutionnaires les généraux, les officiers, les agens civils *et les autres citoyens* qu'il leur plairait de faire poursuivre comme dilapidateurs ou traîtres ; ils furent chargés aussi de faire distribuer aux troupes les bulletins, les adresses et les proclamations de la Convention. Enfin, après avoir stipulé dans neuf longs articles toutes ces attributions exorbitantes, le décret ajoutait :

« Les représentants du peuple, envoyés près les armées, sont investis de pouvoirs illimités pour l'exercice des fonctions qui leur sont déléguées ; ils pourront requérir les corps administratifs et tous les agens civils et militaires ; ils pourront agir au nombre de deux et employer tel nombre d'agens qui leur seront nécessaires : *leurs arrêtés seront exécutés provisoirement.* »

C'était en réalité leur remettre la dictature.

Les commissaires envoyés à l'armée du Nord furent les citoyens Gasparin, Duhem, Delbret, Carnot, Lesage-Senault, Courtois, Cochon, Lequinio, Salengros, Bellegarde, Duquesnoy et Cavaignac.

Situation de l'armée du Nord. — Mesures prises par Dampierre. — Il convient maintenant de revenir à l'armée du Nord. Par suite du mouvement rétrograde qu'elle avait opéré à la fin de la campagne précédente, cette armée se trouvait disséminée sur une ligne très étendue de l'extrême frontière française. Dampierre, qui avait été appelé au commandement en chef, en remplacement de Dumouriez, mettait à profit l'inaction des alliés, pour ranimer le moral de ses troupes, les réorganiser, préparer les moyens de résistance et appeler à lui le plus grand nombre possible de recrues. Après avoir jeté dans les places fortes de première ligne des garnisons suffisantes pour les défendre, il avait réuni sous Bouchain le reste de son armée, qui déjà, vers la mi-avril, s'élevait à 24,000 hommes, auxquels allaient bientôt se réunir 8,000 autres soldats que le général Lamarche amenait de l'armée des Ardennes. Ce renfort occupa à son arrivée la forêt de Mormal et fut chargé de couvrir, sur notre droite, les places du Quesnoy et d'Avesnes, tandis que le général Lamarlière gardait notre gauche au camp de la Madeleine, avec une forte division que la garnison de Lille était prête à soutenir au besoin.

Congrès d'Anvers. — Le général ennemi, le prince de Cobourg, après les inutiles tentatives de Dumouriez pour entraîner l'armée française, s'était rendu à un congrès, réuni à Anvers, afin de régler les intérêts de chacune des puissances coalisées pour cette guerre. On sait aujourd'hui que les délibérations de ce conciliabule diplomatique ne roulèrent que sur les indemnités que chaque souverain demandait pour le passé, et sur les garanties qu'il voulait s'assurer pour l'avenir, ce qui achèverait de prouver, si l'on pouvait encore les mettre en doute, les motifs réels et intéressés d'une coalition dont la délivrance et les intérêts de la maison de Bourbon ne furent jamais que le prétexte.

Inaction des Coalisés. — Cependant Cobourg et les autres généraux autrichiens et prussiens, au lieu d'agir activement contre les restes dispersés et totalement découragés de l'armée française qu'ils eussent pu aisément anéantir, passèrent une partie du mois d'avril à attendre les contingents anglais et hollandais, qui n'arrivèrent en ligne que le 23 et le 25 de ce mois. Le duc d'York releva les Prussiens à Tournay, où il fut joint le 30 par une division hanovrienne. Un second convoi, destiné aussi à le renforcer, débarqua vers la même époque à Ostende. Les alliés ne profitèrent pas même de l'arrivée de ces divers renforts pour agir vigoureusement. Ils se bornèrent à menacer les principales villes fortes de la Flandre, Lille, Condé, Valenciennes et Maubeuge.

Armée ennemie. — Les forces coalisées s'élevaient pourtant à cette époque à environ 116,000 hommes, savoir :

L'armée impériale forte de	45,000
L'armée d'observation du prince de Hohenlohe (divisée en trois corps placés à Namur, à Luxembourg et à Trèves)	30,000
Le corps prussien de Knobelsdorf	8,000
Les Anglais et les Hanovriens	20,000
Les Hollandais	15,000
Les Hessois	8,000
Total	116,000

Les 45,000 hommes de l'armée impériale formaient la première ligne.

Premiers mouvements. — Dampierre, qui montrait beaucoup d'activité, avait quitté Bouchain le 15 avril, pour se porter en avant au camp de Famars sous Valenciennes. Cette démonstration hostile contribua à relever le courage de l'armée.

Dès la veille, le prince de Cobourg s'était avancé sur Onnaing. Le général Otto s'était emparé de Curgies, de Saultain et de Saint-Sauve. Clairfayt occupait Raisme et Vicogne. Condé, point central des deux armées, se trouvait investi par le prince de Wurtemberg. Enfin le général Latour campait devant Maubeuge avec une forte division autrichienne.

Plusieurs attaques d'avant-postes eurent lieu depuis le 14 avril jusqu'aux premiers jours de mai sur tout le front de la ligne. Celles des 14, 15, 18 et 23 furent vives et meurtrières; l'avantage en resta à nos soldats qui enlevèrent quelques pièces de canon à la baïonnette.

L'intention de Dampierre était de rester sur la défensive en attendant les renforts qu'on lui promettait, et de se borner à harceler l'ennemi plutôt que de livrer une bataille dont la perte pouvait compromettre le territoire national; mais il se vit contraint de courir la chance qu'il voulait éviter, par suite de l'impatience fougueuse et du zèle indiscret des envoyés de la Convention, qui le pressaient de débloquer Condé, afin de relever le moral de la nation et de l'armée, encore fortement ébranlé par nos derniers revers et par la défection de son ancien général en chef.

Tentatives pour débloquer Condé. — *Combat du 1er mai.* — Dampierre se décida donc à combattre. L'attaque fut fixée au 1er mai. Ce général n'avait que 30,000 hommes à opposer aux 45,000 de l'ennemi, mais ces derniers, éparpillés sur leur ligne étendue et divisée par l'Escaut, semblaient faciles à vaincre; leur position même indiquait un plan d'opérations à suivre qui eût offert de grandes chances de succès. Il s'agissait simplement de surprendre et d'attaquer avec le principal corps français un des points faibles et dégarnis des ailes autrichiennes. L'armée républicaine réunie en une seule masse pouvait présenter ainsi une force numérique supérieure à la partie de la ligne ennemie qu'il lui conviendrait d'assaillir; mais au lieu d'une conception aussi naturelle, l'attaque simultanée sur toute la ligne fut résolue. Les généraux Lamarche et Kilmaine furent, chacun de leur côté, chargés de l'exécution à droite et à gauche de l'Escaut; Dampierre, qui se réserva le commandement du centre, devait diriger tous les mouvements.

L'éloignement et le défaut de liaison entre ces diverses attaques fut cause que leur résultat ne répondit pas à ce qu'on en attendait. Après quelques légers avantages remportés d'abord par notre première ligne, le combat devint plus opiniâtre et se prolongea tout le jour. L'ennemi, à couvert dans de bonnes positions, tint ferme jusqu'à la nuit, et les Français durent rentrer dans leurs camps. Cette affaire ne fut cependant pas tout-à-fait inutile, car outre les rafraîchissements qu'elle permit de faire entrer dans Condé et la confiance qu'elle inspira aux assiégés en leur prouvant qu'on s'occupait d'eux, c'était encore un certain avantage pour les Français d'avoir soutenu pendant tout un jour, avec une chance presque égale, le choc d'un ennemi fier de sa supériorité et de ses précédentes victoires. L'espèce de confiance que cette attaque inachevée inspira à nos soldats, fut telle qu'elle fit naître en eux un désir ardent de venger ce qu'ils regardaient comme une sorte d'affront, c'est-à-dire le succès incertain de cette journée. Ces dispositions s'accordaient trop avec les désirs des commissaires de la Convention pour qu'ils ne cherchassent pas à en profiter encore. Dampierre se vit forcé de céder de nouveau à leurs instances, quoiqu'il ne se dissimulât pas la faiblesse de ses moyens d'attaque, et quoiqu'il fût instruit que les ennemis s'étaient retranchés et renforcés.

Combat du 8 mai. — *Mort de Dampierre.* — Mais cette fois Dampierre se décida à diriger ses principales forces sur Clairfayt, campé entre Vicogne et l'Escaut, vers Eschaupont. Le général Kilmaine, aidé par une division tirée de Famars, devait l'attaquer de son côté. L'arrivée et la coopération de la division Lamarlière fit que l'attaque n'eut lieu le 8 mai s'effectua par trois points à la fois. La gauche de cette division, aux ordres de Chaumont, marcha sur Rumegies; la droite, commandée par Desponches, devait prendre Vicogne et se réunir à la gauche du général Hédouville, qui avait ordre d'attaquer Raismes. Le centre, conduit par Lamarlière se porta sur Saint-Amand. D'autres détachements destinés à concourir au but général, devaient partir de Maubeuge et du Quesnoy. Ce plan, qui avait encore l'inconvénient de ne point réunir assez de forces pour l'attaque principale, eût sans doute réussi huit jours plus tôt; mais depuis, les alliés avaient reçu des renforts et avaient couvert leurs positions par des retranchements et des abatis.

Les détachements partis de Maubeuge et du Quesnoy furent contraints de se replier après avoir éprouvé une vive résistance à Bavay et à Jalain, et après avoir perdu du monde. Les deux premières colonnes de Lamarlière s'avancèrent dans la direction de Rumegies et de Saint-Amand sans beaucoup d'obstacles, mais le général Desponches tenta inutilement de se réunir à la division Hédouville, partie de Valenciennes. Un renfort de sept bataillons que lui envoya le général Lamarlière, lui fit espérer un instant qu'il allait emporter l'abbaye de Vicogne, malgré l'opiniâtreté avec laquelle elle était défendue par des troupes d'élite et par des batteries du calibre de 17; l'arrivée de plusieurs bataillons des gardes anglaises soutint les Prussiens et leur permit de se maintenir dans leurs positions.

Le succès de l'attaque générale pouvait dépendre de cette réunion ; le général en chef de l'armée républicaine, qui en sentait toute l'importance, envoya plusieurs bataillons à Desponches pour favoriser son attaque : ces renforts furent d'abord sur le point de s'emparer de Raismes, quand les Autrichiens, débouchant tout à coup avec une nombreuse artillerie chargée à mitraille, les contraignirent à s'arrêter. Les Français ayant reçu de nouveaux renforts, revinrent à la charge, soutenus par Hédouville qui marcha de son côté sur Raismes. Ils réussirent à occuper une partie du village, mais les Autrichiens, retranchés avec des forces nombreuses dans une position excellente, et soutenus par deux redoutes, parvinrent, par le feu le plus meurtrier, à arrêter complètement la marche de nos bataillons.

Dampierre, excité par cette résistance opiniâtre, forma aussitôt le dessein d'emporter lui-même cette position, convaincu que de son occupation dépendait le succès de la journée. Il se mit à la tête de cinq bataillons et s'avança intrépidement sur les redoutes. Il avait déjà essuyé le premier feu de l'ennemi lorsqu'un officier, qui commandait sous lui cette attaque, lui fit observer que ce n'était pas là sa place, et lui demanda un renfort de trois bataillons, en promettant avec le secours de ces nouvelles forces d'enlever la redoute qui couvrait Raismes. Dampierre fit effectivement avancer les trois bataillons. Il recommanda aux troupes de ne poursuivre l'attaque à fond que lorsqu'il en donnerait l'ordre, recommandation faite à dessein de se régler sur les mouvements de Desponches et d'Hédouville. Il s'éloigna pour reconnaître la position de ces généraux ; mais à peine était-il à une portée de carabine qu'un boulet l'atteignit et lui emporta la cuisse. Ce fatal événement ralentit l'ardeur des troupes, particulièrement sur les points les plus voisins de Raismes ; l'ensemble et l'impulsion du mouvement se trouvèrent bientôt rompus. Le général Lamarche prit le commandement en chef par intérim, et donna, de concert avec les commissaires de la Convention qui étaient présents, l'ordre de discontinuer l'attaque et de faire retraite : ce qui eut lieu à l'instant même. A peine était-elle ordonnée que trois bataillons de volontaires, exposés à l'entrée du village de Raismes à tout le feu des redoutes ennemies, commencèrent à se débander. « Je « crois que vous fuyez, soldats ; à vos rangs ! » leur cria le général Ilher. « Non, général, » répondirent-ils un peu confus, et, malgré le danger de la position, soumis à la voix de la discipline, ils s'arrêtèrent aussitôt, se reformèrent et continuèrent la retraite au pas ordinaire. La cavalerie ennemie, qui s'apprêtait à les charger et qui dans le désordre d'une déroute en aurait eu bon marché, voyant leur ferme contenance, resta immobile et les laissa se retirer paisiblement.

Dampierre, transporté à Valenciennes, y mourut le lendemain au matin, emportant les regrets de toute l'armée qui appréciait son patriotisme et son courage.

Les arrière-gardes étaient restées sur la lisière du bois de Vicogne, couvertes par des abatis nombreux ; mais elles en furent débusquées le 9 mai par Clairfayt.

Évacuation du camp de Famars. — L'inutilité de cette tentative pour débloquer Condé détermina les Français à rester sur la défensive dans le camp de Famars. Le prince de Cobourg avait résolu de leur enlever cette position, qui lui était indispensable, pour former, comme il en avait le dessein, le siège de Valenciennes ; mais il ajourna son attaque jusqu'au 23 mai, époque où il comptait que son corps d'armée aurait reçu un renfort de 12,000 Hanovriens qui lui était annoncé.

L'affaire du 8 avait ouvert aux alliés la plaine qui s'étend entre Condé, Valenciennes, le Quesnoy, et forme un triangle irrégulier qu'arrosent l'Escaut, la Ronelle et l'Hosneau. Le camp de Famars peut couvrir à la fois cette plaine et les trois villes que l'ennemi resserrait chaque jour de plus en plus depuis l'inutile essai qu'on avait fait pour le débusquer des bois de Vicogne, Raisme et Saint-Amand. Ce camp, dont le front est couvert par la Ronelle et par des retranchements, est d'ailleurs situé assez avantageusement entre le village de Famars et Valenciennes. Il fut assailli, le 23, à deux heures du matin par le prince de Cobourg et par le duc d'York. Les deux principales attaques, à droite et à gauche, eurent lieu simultanément. Le duc d'York, dirigeant la colonne de gauche de l'ennemi, passa la Ronelle à Artres et à Maresche sur autant de points que le terrain le comportait, et marcha ensuite sur la droite du camp de Famars. La seconde colonne, conduite par Ferrari, passa la Ronelle à Aulnoit, après avoir culbuté les corps français retranchés en deçà de cette rivière, et se porta sur la gauche du camp. En même temps, les postes français de toute la ligne étaient attaqués par les Autrichiens, depuis Orchies jusqu'à Maubeuge, sur un développement de dix lieues, et par les Prussiens et les Hollandais, depuis Ypres jusqu'à Orchies, sur un développement de dix autres lieues.

Assaillis par des forces triplés dans leur camp, les Français se défendirent avec une grande bravoure et contirent l'ennemi jusqu'à la nuit ; ils se décidèrent seulement alors à se replier devant des masses sans cesse renouvelées. Pendant qu'ils s'établissaient le lendemain dans le camp de César, entre Valenciennes, Bouchain et Cambrai, l'ennemi, après un combat opiniâtre, occupait le camp avancé d'Anzin, formé à la gauche de Valenciennes pour soutenir celui de Famars.

A la suite de ces deux affaires, qui nous coûtèrent 3,000 hommes tant tués que blessés et prisonniers, et où la perte de l'ennemi ne fut pas moindre, les alliés s'étendirent entre Bouchain et Douai, et s'établirent à Auchy, entre Capelle et Orchies, qu'ils firent garder par quelques piquets. Ces dispositions achevèrent d'intercepter toutes communications avec Valenciennes, et leur permirent de compléter l'investissement de cette place.

Arrivée de Custine à l'armée du Nord. — Le commandement en chef de l'armée, refusé par le général Lamarche, avait, comme nous l'avons dit, été déféré à Custine. Ce général arriva à Cambrai vers la fin du mois de mai. Son premier soin fut d'assurer la défense de la forêt de Mormal, en postant Kilmaine à Pont-sur-Sambre, et en faisant observer Bavay et Wargnies par quelques détachements pour se lier avec le Quesnoy.

L'état forcé d'inaction où se trouvaient nos troupes par suite de leur infériorité numérique laissait aux alliés toutes les facilités possibles pour suivre le siége de Condé et entreprendre celui de Valenciennes. Néanmoins la proximité des avant-postes des deux armées donnait lieu chaque jour à de nombreuses escarmouches à peu près sans résultats comme sans but. Nos généraux avaient plus besoin d'exercer leurs troupes et de les garantir des effets de l'indiscipline, que d'essayer leur courage dans des attaques d'avant-postes. Telle fut parmi ces diverses affaires la prise de Furnes par le général français O'Moran. Cette place, dont l'occupation ne semblait pas même légitimée par un prétexte apparent d'utilité, fut enlevée de vive force après une résistance opiniâtre qui coûta de part et d'autre la vie à un assez bon nombre de braves. Elle fut évacuée volontairement quelques jours après, et sans doute par les mêmes motifs qui en avaient déterminé l'occupation, c'est-à-dire par suite d'un pur caprice du général.

Custine, en arrivant au camp, avait trouvé l'armée presque désorganisée. L'infanterie surtout, formée de nouvelles levées à peine vêtues et sans aucune instruction, était démoralisée. L'aspect seul des brillants escadrons de l'ennemi suffisait pour l'ébranler. On avait commis la faute de faire partir pour la Vendée une division de vieille formation, qui faisait sa principale force. Custine, avant d'agir, crut devoir apporter tous ses soins à son organisation et à son instruction : « tremblant, mandait-il au général Kilmaine, en son- « geant à ce qui pourrait arriver s'il marchait sur les « traces de ses devanciers, et s'il ne commençait pas par « rétablir la confiance et la discipline parmi les troupes. » Un nouveau camp fut établi par Custine sur les hauteurs de Ghiwelde, afin de couvrir la ligne du côté de la West-Flandre; des cantonnements furent multipliés pour la même raison sur le front de cette ligne entre Lille et Dunkerque.

Prise de Condé. — Pendant ce temps, l'ennemi poursuivait avec activité les siéges de Condé et de Valenciennes. La première de ces places, investie depuis le 9 avril, fut obligée de se rendre après avoir souffert pendant trois mois toutes les privations que peut imposer à une ville assiégée et manquant de vivres, la volonté d'une résistance la plus opiniâtre. La capitulation fut signée le 15 juillet, et la garnison fut dirigée le lendemain, prisonnière de guerre, sur Aix-la-Chapelle et Cologne. Cette dernière ville fut assignée pour prison au brave général Chancel, commandant de la place, et à son état-major.

Description de Valenciennes. — La ville de Valenciennes, dont les fossés et les murailles sont baignés par l'Escaut et par la Ronelle, est de forme presque ronde, entouré d'une vieille enceinte que l'on a réparée, et sur laquelle Vauban a fait construire quelques grands bastions dont quelques-uns sont surmontés de cavaliers. Ses fortifications se composent en outre de deux ouvrages à cornes et de plusieurs demi-lunes qui sont placés de façon à défendre les portes principales. La citadelle est un ouvrage irrégulier, entouré en partie par les eaux des rivières et couvert par un grand ouvrage à couronne, placé sur une hauteur qui la domine. Toutes ces fortifications sont garnies de demi-lunes, de fossés, de chemins couverts et de glacis. Plusieurs redoutes carrées et pentagonales sont placées aux environs et concourent ainsi à la défense de la place. Dès que l'ennemi s'en était approché, un conseil de guerre, composé de généraux et de commissaires de la Convention, avait déclaré la ville en état de siége, dont le commandement fut donné au général Ferrand, brave militaire, héroïque vieillard, qui, malgré ses soixante-onze ans, prouva qu'il était digne de ce choix. Deux représentants du peuple, Briez et Cochon, animés d'un vrai patriotisme, restèrent dans la place, dont la garnison fut portée à 10,000 hommes.

Armée de siége. — Les alliés attachaient la plus grande importance à la prise de Valenciennes. Une armée d'observation, forte de 30,000 hommes, avait été placée près de Herrin, faisant face à Bouchain et à Douai, afin de couvrir l'armée de siége qui, forte également de 30,000 hommes, était divisée en trois corps, dont l'un, composé de 13 bataillons et de 12 escadrons autrichiens, aux ordres du général Ferrari, campait dans le vallon d'Etreux; l'autre, composé des brigades anglaises, occupait Aulnoit et Saultain, et le troisième, fort de 14 bataillons et de 15 escadrons hanovriens, avait pris poste au camp de Famars. Le duc d'York commandait en chef le corps de siége, son quartier général était à Etreux. Le général Ferrari commandait les travaux et avait son quartier général à Onnaing. L'artillerie des assiégeants se composait d'un équipage autrichien de 180 bouches à feu de gros calibre et de 107 pièces d'artillerie envoyées de Hollande. Les mortiers, au nombre de 93, étaient approvisionnés à six cents coups et les canons à mille.

Investissement et premiers travaux. — Valenciennes avait été investi le 24 mai. Les travaux du siége commencèrent le 30 du côté des faubourgs de Marly, dont l'ennemi s'était d'abord emparé. Les premiers jours de juin furent employés par les assiégeants à faire les approches de la place, à établir les parallèles et à élever les batteries. Ces opérations furent vivement contrariées par le feu de la place. Les commissaires de la Convention et le général Ferrand s'occupaient, sans relâche, d'opposer de nouveaux obstacles à l'ennemi. Ce fut dans des conseils de guerre, assistés par d'habiles officiers du génie et d'artillerie, tels que Tholozé, Dembarrère et d'Hautpoul, que l'on arrêta toutes les mesures qui pouvaient avoir pour résultat de concourir efficacement à la défense de la place. Déjà un arrêté du conseil, en date du 24 mai, avait décidé la retenue de l'Escaut pour former la grande inondation et l'inondation de la Ronelle. Toutes les écluses avaient été mises en état de rendre un prompt service; et les travaux des mines, des palissades, poussés avec la plus grande activité. L'ennemi, qui avait d'abord songé à former son attaque du côté de la citadelle, avait été obligé d'y renoncer et de chercher à attaquer par le côté opposé.

Sommation. — Le 14 juin, la première parallèle étant tracée, le duc d'York, commandant en chef les troupes anglaises et autrichiennes chargées des travaux du siége, envoya une sommation au général Ferrand. Celui-ci ne répondit au prince anglais qu'en lui faisant passer la copie du procès-verbal du serment de défendre la ville, prêté quelques jours auparavant sur la grande place par les habitants et la garnison réunies. Le feu des assiégeants commença aussitôt du côté d'Anzin et fit éclater dans la ville plusieurs incendies; mais la garnison riposta si vivement qu'elle ne tarda pas à éteindre le feu des assiégeants.

Bombardement. — Une attaque beaucoup plus vive fut dirigée le lendemain sur la ville par diverses batteries placées sur les hauteurs du moulin du Rouleur, entre Saint-Sauve et Marly. De nouveaux incendies éclatèrent dans la plupart des quartiers, qui eurent beaucoup à souffrir, notamment ceux de Notre-Dame, de Tournai, de Cambrai et de Béguignage. Quoique le bombardement fût encore loin cependant d'être aussi actif qu'il le devint à dater du 18, époque à laquelle toutes les batteries des alliés furent prêtes; les habitants de Valenciennes, animés d'abord des mêmes sentiments de patriotisme qui avaient déterminé peu de temps auparavant une si admirable résistance de la part des Lillois, se découragèrent promptement en présence de tous ces désastres. Il s'assemblaient tumultueusement dans les rues, pendant les moments où la suspension du bombardement leur permettait de sortir de leurs maisons, et demandaient à grands cris qu'on capitulât. Les représentants Briez et Cochon tentèrent en vain de les calmer ou de ranimer leur courage, la crainte du danger parlait plus haut que le patriotisme. On fut même contraint parfois de recourir à la force pour apaiser des mouvements qui auraient fini par devenir séditieux. Les soldats, quoique fréquemment insultés à cause de la résistance à laquelle ils étaient toujours disposés, abandonnèrent aux habitants, pour les mettre à l'abri du bombardement, les souterrains, les casemates et les lieux couverts de la citadelle, et se résignèrent à coucher eux-mêmes au bivouac ou dans des casernes que le feu de l'ennemi pouvait atteindre et incendier.

Sortie de la garnison. — Ces contrariétés ne ralentissaient l'ardeur ni du vieux général Ferrand, ni de sa brave garnison, qui tenta même plusieurs sorties. L'ennemi travaillait le 18 juin à des boyaux de tranchée, dirigés d'un côté vers le saillant de l'ouvrage à cornes de Mons, et de l'autre vers la lunette de Saint-Sauve. 300 hommes sortirent à sept heures du soir de la place pour sonder cette tranchée, et, s'avançant brusquement par le chemin couvert, tombèrent intrépidement sur les travailleurs et sur la garde des boyaux qu'ils mirent en fuite; mais une forte mousqueterie et quelques décharges à mitraille des batteries de la parallèle, les contraignirent à rentrer dans la ville, après avoir perdu quelques hommes. Cet épisode du siége ayant été mal connu à Paris, un journal (le *Courrier Français*) en parla comme d'une victoire. Le duc d'York en fut piqué, et un numéro de la feuille étant tombé entre ses mains, il l'envoya par dérision dans un obus non chargé aux défenseurs de Valenciennes.

Efforts de l'ennemi. — *Désastres de la ville.* — Lorsque dans la journée du 18, le feu de l'ennemi avait redoublé de vivacité, l'artillerie des remparts avait répondu avec une telle vigueur, que la seule matinée de ce jour avait coûté 50 milliers de poudre à la place. — La seconde parallèle, commencée le 19 et armée le 25, causa de grands ravages au bastion de la Poterne, à la courtine de la porte de Mons, à l'ouvrage à cornes et au bastion des Capucins. — Les assiégeants avancèrent le 28 par la sape volante et tracèrent la troisième parallèle, qui ne fut terminée et armée que le 7 juillet. L'attaque se soutint presque sans interruption avec la même vigueur depuis le 18 jusqu'à la fin du siége, et causait chaque jour de nouvelles dévastations dans la ville.

L'énergie de la garnison assiégée redoublait avec le danger; elle résistait aussi opiniâtrement aux attaques du dehors qu'aux menaces du dedans. L'espoir que Custine allait arriver incessamment à leur secours avec l'armée du Nord entretenait les soldats dans une exaltation patriotique. Déjà le bombardement durait depuis quarante-un jours, plus de 50,000 bombes, autant d'obus et un nombre environ triple de boulets étaient tombés sur cette malheureuse ville, qui n'offrait plus en quelques quartiers qu'un amas de décombres et de ruines. Les églises, les casernes, la plupart des édifices publics, l'arsenal avaient été la proie des flammes. Le duc d'York, dont les munitions de siége étaient à peu près épuisées, avait fait dépaver les routes et à défaut d'autres projectiles, accablait la place d'une grêle de pierres et de barres de fer. Les murailles d'enceinte existaient pourtant encore, et il y fallait absolument une brèche pour achever cette déplorable conquête. — Des galeries de mines dans la direction du chemin couvert de Mons, avaient été pratiquées inutilement à l'effet de rencontrer celles des assiégés. — Le duc d'York désirait cependant vivement pénétrer dans la place; outre le manque de munitions de siége, les troupes sous ses ordres se trouvaient réduites de moitié, tant par suite du feu soutenu des assiégés, que par les ravages d'une maladie épidémique qui avait pris naissance dans les boyaux de tranchée. Il forma donc le dessein de s'emparer du chemin couvert et de faire sauter les palissades qui couvraient le rempart. Cette opération, secondée par l'explosion de quelques globes de compression, devait réussir.

Attaque et prise du chemin couvert. — Le 25 juillet, à neuf heures du soir, tout fut prêt pour cette attaque, qui allait se faire sur trois colonnes. La première, composée d'Anglais, se dirigea à gauche de l'angle saillant de l'ouvrage à cornes; la deuxième, formée de troupes autrichiennes, se porta à droite de cet angle, et marcha sous les ordres du comte d'Erbach; la troisième, composée de Hongrois et de Valaques, commandés par le général Venkheim, s'avança contre le petit ouvrage à cornes et la flèche qui le couvre. Pour donner le change à la garnison, le feu de toutes les batteries de siége, mises en jeu à la fois, redoubla d'intensité. Deux batteries de mortiers battaient la citadelle, dont les palissades étaient criblées par la mousqueterie et par les grenades. Ce mouvement général et bruyant qui s'opérait tout autour de la place réussit en effet à détourner l'attention des assiégés de l'ouvrage à cornes, qui était le véritable point menacé.

L'explosion de trois globes de compression eut lieu presque en même temps et avec un grand fracas, un peu après dix heures du soir, et heureusement pour l'ennemi au moment même où les Français allaient faire jouer leurs mines pour détruire les ouvrages des assaillants. Cette terrible explosion fit sauter deux places d'armes avec leurs défenseurs, et ouvrit un large passage, par le déchirement des palissades et d'une partie des remparts, qui laissa à découvert deux brèches entre les portes de Cardon et de Cambrai. La première et la seconde colonne d'attaque se précipitèrent aussitôt sur les palissades, en s'écriant : « Tue ! tue ! Mort aux Républicains ! » Un combat très vif s'engagea dans le chemin couvert, qui fut emporté, et dont la perte livra aux ennemis plusieurs ouvrages avancés. Les postes forcés se retirèrent dans l'ouvrage à cornes, et furent vivement poursuivis jusqu'aux poternes, où le carnage devint affreux, parce qu'on refusait de les ouvrir dans la crainte que l'ennemi ne pénétrât dans la ville avec les fuyards. — Une mine que les Français avaient fait jouer sur le glacis pour arrêter la marche de la troisième colonne, n'avait produit aucun effet.— Le désordre et la confusion furent au comble pendant quelque temps, et l'on craignit que l'ennemi, maître de l'ouvrage à cornes de Mons et de l'avancée de Cambrai, ne prît la ville d'assaut. Ferrand accourut sur ce point, et de la contre-garde de Cardon, où il se plaça, parvint à rétablir un peu d'ordre et à imposer à l'ennemi en le faisant charger par le 29e régiment.

Les assiégeants se retirèrent après avoir dépouillé les morts et ne conservant de leur conquête que l'ouvrage à cornes, où ils jetèrent sur-le-champ des travailleurs. Le général Kray, qui, pendant cette attaque, avait enlevé les redoutes de Saint-Roch et de Noirmoutiers, les abandonna également après en avoir encloué les pièces, le feu de la place auquel il était exposé à découvert le contraignant à la retraite

Nouvelle sommation. — Cette attaque vigoureuse, suivie d'un résultat si fatal pour la ville, acheva de terrifier les habitants et découragea même la garnison. Les soldats, ainsi que cela arrive fréquemment, imputèrent à la trahison l'échec qu'ils avaient éprouvé, et prétendirent qu'on aurait pu facilement faire sauter les Anglais. Le duc d'York, appréciant assez bien l'effet que sa tentative avait produit, adressa le 26 au général Ferrand une nouvelle sommation, conçue en des termes faits pour achever de soumettre entièrement l'esprit d'une bourgeoisie timide. Cette sommation était ainsi conçue : « Le désir de retrancher, autant que possible, des malheurs irrémédiables qu'entraîne une résistance inutile, m'avait dicté la proposition que je vous ai faite le 14 juin ; vous ne l'avez point écoutée, soit que vous crussiez être en état de faire face à la manière dont vous seriez attaqué, soit que vous vous flattassiez d'être secouru ; mais aujourd'hui qu'il semble que cette double erreur doit être détruite, le même amour de l'humanité vient vous offrir une capitulation qui sauverait votre honneur avec ce qui reste de propriétés aux malheureuses victimes de votre obstination. Voulez-vous arracher aux nécessités de la guerre la destruction totale de cette belle ville, ou voulez-vous conserver ce qui a échappé jusqu'à présent ? Je dois vous dire, en gémissant sur les horribles suites d'une opiniâtreté qui n'a plus de terminaison ni politique ni militaire, que votre réponse va décider irrévocablement le sort de Valenciennes. Après ce jour, vous ne serez plus admis à capituler, je n'écouterai aucune proposition, et la ville étant prise d'assaut, vous ne savez que trop quelles en seront les conséquences. »

Capitulation. — Les habitants furent à peine prévenus de l'arrivée du trompette qui précédait la sommation, qu'ils se hâtèrent de sortir de leurs retraites souterraines, convaincus que le danger était passé, au moins pour le moment ; les attroupements séditieux qu'ils renouvelèrent, renforcés de quelques soldats démoralisés, décidèrent le conseil de défense à capituler, malgré les instances des conventionnels Cochon et Briez, et malgré le général Ferrand, qui s'attendaient toujours à ce que l'armée du Nord ferait une diversion en faveur de Valenciennes. Néanmoins, avant de signer la capitulation, le général et les représentants obtinrent encore du duc d'York une suspension d'armes et un délai de vingt-quatre heures ; mais rien de nouveau n'étant survenu pendant ce temps, ils se virent contraints de consentir à la reddition de la place. La capitulation fut signée le 28 juillet. Le duc d'York connaissait si bien la position critique où se trouvait la ville, qu'il refusa d'abord d'accorder à la garnison, réduite à 3,500 hommes, les privilèges que méritait sa belle défense ; mais le vieux Ferrand ayant déclaré qu'il s'ensevelirait plutôt sous les ruines de Valenciennes que de ne point obtenir des conditions honorables, la garnison sortit avec les honneurs de la guerre et resta libre de rentrer en France, en promettant de ne point servir contre les alliés pendant la durée de la guerre.

L'ennemi occupa le même jour les ouvrages avancés et les postes extérieurs de la ville et de la citadelle. — Sa perte, pendant le siège, avait été de plus de 20,000 hommes.

État de la place. — Afin de donner une idée de la situation de la place au moment de la capitulation, Dembarrère termine ainsi son journal du siège

« Valenciennes, qui jadis avait arrêté Louis XIV pendant une douzaine de jours seulement, a arrêté pendant près de trois mois l'armée formidable des puissances coalisées, et lui a fait éprouver des pertes considérables en hommes, en artillerie mise hors de service et en consommation de munitions. Tous les moyens de réduire et de foudroyer une place ont été employés contre celle-ci. Le bombardement qui accompagnait le siège a duré quarante-trois jours sans interruption, ce dont l'histoire n'offre pas d'exemple. Lorsque le duc d'York a sommé pour la dernière fois d'accepter une capitulation, la ville, dont partie était incendiée ou écrasée, et tout le reste très endommagé, ne présentait plus d'asile pour ses défenseurs : les parapets et les remparts des fronts attaqués étaient bouleversés, et la plupart des batteries hors de service. Il y avait au corps de place des brèches ouvertes, qui incessamment eussent été susceptibles d'assaut [1]. La garnison diminuée par la mort, les blessures ou les maladies, et exténuée de fatigues, suffisait à peine aux besoins du siége. Une défense plus longue, en ajoutant à sa gloire, n'eût pu retarder que de quelques jours la prise de la place. »

Fautes des coalisés. — La République ne se trouvait point alors dans un état florissant; outre les différents échecs essuyés par la plupart des onze corps d'armée qu'elle avait levés pour sa defense, le même mois avait vu la capitulation de trois places importantes, Condé, Valenciennes et Mayence. — A l'exception des deux siéges de ces villes de Flandre, rien de digne d'attention ne s'était passé à l'armée du Nord depuis l'arrivée de Custine. Quelques escarmouches seulement avaient eu lieu, parmi lesquelles le petit combat de Werwick coûta la vie au prince Louis de Waldeck. — Les alliés, au lieu de suivre ce système de guerre d'invasion qui a été adopté depuis et qui seul eût pu dès lors leur permettre de réaliser le but de leur agression contre la France, s'arrêtaient à des détails de siéges, de blocus, d'établissements de cordons, de petits postes, qui laissèrent au gouvernement français le temps d'effectuer de nouvelles levées et de faire des préparatifs qui ramenèrent la victoire au drapeau tricolore.

Arrestation, condamnation à mort et exécution de Custine. — Impatient de sauver Condé et Valenciennes, le comité de salut public, sans écouter aucune considération, n'avait pas cessé de donner à Custine, depuis qu'il avait pris le commandement de l'armée du Nord, des ordres impératifs d'attaque. Nous avons dit quelles hautes raisons de prudence militaire avaient empêché

[1] Ces brèches étaient si larges qu'une partie de la cavalerie ennemie en profita pour entrer dans la place.

ce général de les exécuter. Il fut mandé à Paris. Il était facile de prévoir le sort qui l'y attendait, après la chute de Valenciennes, quoique son arrivée dans la capitale eût suivi la prise de Condé et qu'on ne pût lui imputer en rien ce dernier désastre. Le comité qui exigeait la plus passive soumission de la part des généraux, n'eût pas même pardonné une désobéissance dont le résultat eût été une victoire. La reddition de Mayence fut le premier prétexte de son accusation. Onze députés, dont Custine avait sans doute refusé de suivre les absurdes conseils, déposèrent contre lui. Quelques généraux même, il est pénible de le reconnaître, se joignirent à ses accusateurs. Custine se défendit avec franchise et avec noblesse : il sut mourir aussi avec courage.

Sa conduite prudente en Flandre n'a pas été aussi sévèrement condamnée par les hommes qui ont autorité pour apprécier les questions militaires que par les jurés féroces et ignorants du tribunal révolutionnaire: « La circonspection qui lui devint si fatale, dit Jomini, fut loin de l'être pour la France. Il avait, en perdant une place, conservé le noyau d'une armée qu'un revers prématuré eût immanquablement détruite, et qui, renforcée bientôt des levées générales, sauva d'abord Dunkerque et Maubeuge, puis porta dans l'année suivante les enseignes républicaines jusqu'aux confins de la Westphalie. L'erreur involontaire de Custine eût tout au plus encouru la disgrâce d'un gouvernement despotique; il fut juridiquement assassiné par un tribunal de sang. Peu de mois après, Beauharnais subit le même sort...... Brunet porta la peine d'une déroute à l'armée du Var et de la perte de Toulon. — Toutefois l'injuste supplice de ces trois généraux fut encore utile à la patrie : leur condamnation jeta l'épouvante dans les premiers rangs de l'armée, et plaça les généraux dans la nécessité de vaincre. L'énergie qu'il imprima aux opérations fut sans doute fatale à bien des braves, mais elle finit par ramener la confiance sous les drapeaux français et par renvoyer la terreur dans les camps ennemis. »

RÉSUMÉ CHRONOLOGIQUE

1793.

4 AVRIL. Mesures arrêtées par la Convention pour parer aux suites de la défection de Dumouriez.
— — Dampierre prend le commandement de l'armée.
6 — Formation du comité de salut public.
9 — Investissement de Condé.
15 — Dampierre s'établit au camp de Famars.
16 — Levée de 30,000 hommes de cavalerie.
30 — Envoi de représentants du peuple aux armées. — Création de onze armées.
1er MAI. Première tentative pour débloquer Condé.
8 — Seconde attaque dans le même but. — Mort de Dampierre.
13 — Évacuation du camp de Famars.

24 MAI. Prise du camp d'Anzin. — Investissement de Valenciennes.
30 — Custine prend le commandement de l'armée du Nord. — Commencement des travaux du siége de Valenciennes.
14 JUIN. Première sommation faite à la place. — Bombardement.
10 — Sortie tentée par la garnison.
7 JUILLET. Achèvement et armement de la troisième parallèle.
15 — Capitulation de Condé. — Custine est mandé à Paris.
25 — Attaque et prise du chemin couvert de Valenciennes.
26 — Seconde sommation.
28 — Capitulation de Valenciennes.
29 — Custine est mis en accusation.
27 AOUT. Son jugement et sa condamnation à mort.
28 — Son exécution.

A. HUGO.

FRANCE MILITAIRE.

ARMÉE DU NORD. — BATAILLE DE HONDSCHOOTE.

SOMMAIRE.

Situation critique du gouvernement révolutionnaire. — Énergie du comité de salut public. — Carnot. — Proclamation au peuple français. Levée en masse. — Fausses opérations de l'ennemi. — Évacuation du camp de César. — Houchard général en chef. — Siège et prise du Quesnoy. — Combat d'Avesne-le-Sec. — Projets de l'ennemi sur Dunkerque. — Combat de Linselles. — Armée anglo-hanovrienne. — Mouvement sur Dunkerque. — Sommation. — Délabrement de la place. — Ouverture de la tranchée. — Combat de Rexpoëde. — Bataille de Hondschoote. — Le brave Mandement. — Levée du siège de Dunkerque. — Retraite du duc d'York sur Furnes. — Combats de Werwick. — Déroute de Courtray. — Condamnation et exécution de Houchard.

ARMÉE FRANÇAISE.		ARMÉE COALISÉE.	
Général en chef.	HOUCHARD.	Généraux en chef.	Anglo-Hanovriens.—Duc d'YORK.
Généraux divisionnaires.	JOURDAN.—HÉDOUVILLE.		Hollandais.—Prince d'ORANGE.
	BERU.—BARTHELS.		

Au moment de la condamnation du général Custine, soixante-cinq départements, par suite des troubles intérieurs qui divisaient la France, restaient seuls fidèles au gouvernement révolutionnaire. Le Midi se soulevait; Lyon soutenait un siège contre les armées de la Convention; Toulon venait d'être livré aux Anglais. La chute de Condé et de Valenciennes, deux des places qui sont les boulevarts de notre frontière du nord, rendait plus imminent encore le danger qui menaçait le territoire national.

Énergie du comité de salut public.—Carnot.—Tant de revers, une situation si critique, loin d'abattre l'énergie du comité de salut public lui donnèrent une nouvelle force. — Ce comité, dans un moment, où la guerre étrangère et civile devait être la première et principale préoccupation de ceux qui avaient pris la pesante responsabilité du salut de la nation, avait senti la nécessité d'avoir recours aux hommes en qui se développaient des talents militaires. Carnot, dans sa mission aux armées du Nord, avait fait preuve de courage et d'une haute capacité. Il fut nommé, le 14 août, membre du comité de salut public [1].

Proclamation au peuple français.—Le même jour, la Convention adressa aux Français une proclamation, où l'on trouve, comme dans toutes les productions de ce temps, de grands mots vides et sonores, des phrases empoulées, réunis aux pensées les plus fortes et à des sentiments vraiment patriotiques : « Ils retentissent dans toute l'étendue de la République, ces cris de joie qui ont proclamé, devant vos représentants, la constitution que vous avez acceptée!...

« Aux armes, Français! à l'instant même où un peuple d'amis et de frères se tiennent serrés dans leurs embrassements, les despotes de l'Europe violent vos propriétés et dévastent vos frontières! Aux armes! levez-vous tous! accourez tous! la liberté appelle les bras de tous ceux dont elle vient de recevoir les serments. C'est la seconde fois que les tyrans et les esclaves conjurés souillent sous leurs pas la terre d'un peuple souverain. La moitié de leurs armées sacriléges y a trouvé la première fois son tombeau. Que cette fois tous périssent, et que leurs ossements, blanchis dans nos campagnes, s'élèvent comme des trophées au milieu des champs que leur sang aura rendus plus féconds. Aux armes, Français! couvrez-vous de la gloire la plus éclatante, en défendant cette liberté adorée, dont les premiers jours tranquilles répandront sur vous et sur les générations de vos descendants tous les germes de bien et de prospérité. »

Cet appel fut entendu. La confiance et l'enthousiasme que montrait la Convention passèrent dans l'âme de tous les Français. Cinq cents bataillons de jeunes gens, armés de fusils, de piques, etc., se précipitèrent vers nos frontières, aux acclamations des femmes, des enfants, des vieillards, qui, empressés de contribuer eux-mêmes à tout ce qui pouvait concourir à la défense commune, montrèrent dans les exhortations qu'ils adressèrent à leurs époux, à leurs pères, à leurs fils, des sentiments dignes de véritables Spartiates; cet élan national fut régularisé et secondé par une mesure dont les nations modernes n'avaient offert encore aucun exemple.

Levée en masse. — Le 23 août, Barrère monta à la tribune et proposa de décréter la levée en masse de la Nation. Ce moyen devait sauver la patrie, et l'orateur, doué d'une éloquence vive et chaleureuse, quoique

---

[1] « Carnot, capitaine du génie avant la Révolution, s'était fait connaître par plusieurs mémoires d'un haut intérêt; on a prétendu que, mécontent du ministre Brienne, dont il avait reçu des humiliations, il se jeta de bonne heure dans le parti des ennemis de la cour. Peut-être l'étude des colléges, où l'on fait des Grecs et des Romains, avant de donner des citoyens au pays, contribua-t-elle à le rendre républicain par des motifs plus élevés et plus purs que d'une vengeance personnelle. — Nous ne voulons pas faire le panégyrique de son administration et de sa conduite; mais l'importance et la nature des services qu'il a rendus à la France sont depuis long-temps appréciés. A dater du déblocus de Dunkerque jusqu'en 1796, il dirigea presque toujours les opérations des armées, et la République lui dut bien des victoires, malgré les fautes graves qu'il commit parfois.—Son système favori était d'opérer sur les deux ailes : manœuvre dangereuse à nombre égal, puisqu'elle donne aux forces une direction centrifuge, et à peine convenable pour une armée fort supérieure, puisqu'on obtiendrait presque toujours des succès plus certains en opérant sur une des ailes seulement. Mais ses instructions aux généraux décèlent un grand caractère et un talent supérieur, de même que son désintéressement, attesté par l'état de sa fortune, confond ses détracteurs et lui assure l'estime de tous ceux qui honorent le génie uni à la probité. » (Voyez Jomini, *Histoire des guerres de la Révolution*.)

parfois déclamatoire, ne pouvait manquer de convaincre la Convention des avantages d'une aussi grande résolution. Après avoir démontré la nécessité de renforcer promptement les armées, et l'insuffisance du recrutement ordinaire pour faire face aux dangers, il posa en principe la réquisition générale, ménageant cependant avec adresse et les idées d'égalité, et les intérêts particuliers de ces nombreuses classes dont on a toujours peine à faire des soldats; enfin il présenta le décret suivant, rédigé avec une netteté singulière et une remarquable énergie.

« Jusqu'au moment où les ennemis auront été chassés du territoire de la République, tous les Français sont en réquisition permanente pour le service des armées.

« Les jeunes gens iront au combat; les hommes mariés forgeront les armes et transporteront les subsistances; les femmes feront des tentes, des habits et serviront dans les hôpitaux; les enfants mettront le vieux linge en charpie; *les vieillards se feront porter sur les places publiques* pour exciter le courage des guerriers, la haine des rois et le dévouement à la République.

« Les maisons nationales seront converties en casernes, les places publiques en ateliers d'armes; le sol des caves sera lessivé pour en extraire le salpêtre.

« Les armes de calibre seront exclusivement confiées à ceux qui marcheront à l'ennemi; le service de l'intérieur se fera avec les fusils de chasse et l'arme blanche.

« Les chevaux de selle seront requis pour compléter les corps de cavalerie; les chevaux de trait, autres que ceux employés à l'agriculture, conduiront l'artillerie et les vivres.

« Le comité de salut public est chargé de prendre toutes les mesures pour établir, sans délai, une fabrication d'armes de tout genre, qui réponde à l'élan et à l'énergie du peuple français; il est autorisé en conséquence à former tous les établissements, manufactures, ateliers et fabriques qui seront jugés nécessaires à l'exécution des travaux, ainsi qu'à réquérir pour cet objet, dans toute la République, les artistes et les ouvriers qui peuvent concourir à leurs succès; il sera mis à cet effet une somme de 30 millions à la disposition du ministre de la guerre, à prendre sur les 498 millions d'assignats qui sont en réserve dans la caisse à trois clefs. L'établissement central de cette fabrication extraordinaire sera fait à Paris.

« Les représentants du peuple, envoyés pour l'exécution de la présente loi, auront la même faculté dans leurs arrondissements, en se concertant avec le comité de salut public; ils sont investis des pouvoirs illimités attribués aux représentants du peuple près les armées.

« Nul ne pourra se faire remplacer dans le service pour lequel il sera requis; les fonctionnaires publics resteront à leurs postes.

« La levée sera générale; les citoyens non mariés ou veufs sans enfants, de dix-huit à vingt-cinq ans, marcheront les premiers; ils se rendront sans délai au chef-lieu de leur district, où ils s'exerceront tous les jours au maniement des armes, en attendant l'ordre du départ.

« Les représentants du peuple régleront les appels et les marches, de manière à ne faire arriver les citoyens armés au point de rassemblement qu'à mesure que les subsistances, les munitions, et tout ce qui compose l'armée matérielle se trouvera exister en proportion suffisante.

« Les points de rassemblement seront déterminés par les circonstances, et désignés par les représentants du peuple envoyés pour l'exécution de la présente loi, sur l'avis des généraux, de concert avec le comité de salut public et le conseil exécutif provisoire.

« Le bataillon qui sera organisé dans chaque district se réunira sous une bannière portant cette inscription: *Le peuple français debout contre les tyrans*, etc. »

Ce décret fut adopté avec d'universelles acclamations. Cinq jours après l'Assemblée décréta la suspension de la constitution et l'établissement d'un gouvernement révolutionnaire jusqu'à l'entière délivrance de la République. L'Europe s'était coalisée contre la France; en se préparant au combat avec une si terrible énergie, le peuple français devait ou détruire la Coalition, ou lui-même cesser d'exister. — La Coalition fut vaincue.

Fausses opérations de l'ennemi. — Les résultats de l'enthousiasme patriotique, auquel la France dut alors son salut, auraient été bien différents peut-être si les alliés eussent employé les 280,000 hommes qu'ils tenaient en armes sur nos frontières [1], à porter un coup décisif et bien dirigé, au lieu de perdre sans motifs un temps irréparable, en s'occupant sérieusement de ce qui n'était qu'accessoire à leur but principal; en couvrant méthodiquement des chemins, en faisant parader des masses, etc. — Après avoir séjourné neuf jours autour de Valenciennes, tombé dans leurs mains, ils commirent la nouvelle faute de se diviser, pour opérer sur deux lignes divergentes. — Le duc d'York se

---

[1] Voici quelle était, à l'époque du 11 août 1793; la distribution et l'emplacement des troupes alliées entre la Moselle et la mer.

Anglais, Hollandais et Prussiens.

1° L'armée du duc d'York, destinée au siège de Dunkerque, était forte de 21,000 hommes; parmi lesquels on comptait, Anglais:	9,000
2° Corps d'observation du maréchal Freytag (en Flandre).	16,000
3° Corps hollandais à Roncq, Menin et Turcoing.	15,000
4° Corps prussien en marche pour relever à Trèves un autre corps de 15,000 Autrichiens.	9,000
	49,000

Autrichiens.

5° Corps d'Alvinzi à Dunkerque, sous les ordres du duc d'York.	12,000
6° Clairfayt à Herrin et Denain.	15,000
7° Collorédo à Saulzoir.	7,000
8° Lilien à Pithon.	4,500
9° Wenckheim à Villerspel.	4,500
10° Erbach à Houdain.	6,000
11° Latour à Bettignies, près Maubeuge.	6,000
12° Garnisons de Condé et Valenciennes.	7,000
13° Beaulieu à Namur.	7,500
14° Schröder dans le Luxembourg.	14,000
15° Blankenstein à Trèves.	8,000
16° En marche de Mayence pour l'armée.	10,000
17° Détachés à Bruxelles et au corps hollandais.	2,500
Total général.	159,000

Comme on le voit, les troupes impériales se montaient à 112,000 hommes dont 22,000 de cavalerie. (Les 9,000 Prussiens partis pour Trèves furent remplacés par 15,000 Autrichiens venant de la Moselle, mouvement qui fut initié les 24,000 hommes pendant près de trois semaines qu'ils employèrent à marcher derrière la ligne.) — Les armées de Brunswick et de Wurmser en Alsace se composaient en totalité de 120,000 combattants y compris les contingents des cercles et le cordon du Rhin; ce qui portait la force des coalisés à plus de 283,000 hommes.

dirigea à droite sur Dunkerque, éternel objet de l'ambition de ses compatriotes, pendant que le prince de Cobourg se porta à gauche sur le Quesnoy.—Le projet du siège de Dunkerque avait été conçu dès le commencement de la campagne. Ce n'était pas que les alliés ne comprissent tout le tort que cette division des forces coalisées pouvait faire à la cause générale; mais il fallut céder à l'influence du ministère anglais, qui voulait absolument cette conquête, et qui, disposant de tous les subsides, était l'âme de tous les conseils généraux des souverains.

Évacuation du camp de César.—L'armée française, depuis le départ de Custine, s'était retranchée dans le camp de César, sous le commandement provisoire du général Kilmaine. Ce camp occupe une position assez avantageuse derrière Cambrai, sur les hauteurs de Saint-Olle et de Paillancour; mais on l'avait trop allongé en formant un flanc de Bouchain jusqu'à Arleux. Le prince de Cobourg résolut de tenter un coup de main sur cette position, pendant qu'il disposait encore de toutes ses forces. Quoique le front du camp, devant lequel coule l'Escaut, fût encore couvert par de nombreux ouvrages de campagne, Kilmaine, ayant connaissance des projets de l'ennemi, sentit toute l'imprudence qu'il y aurait à commettre une armée aussi faible que la sienne devant des forces d'un nombre plus que double et exaltées par leur succès même. Il se décida à la retraite, et ce mouvement rétrograde, commencé le 8 août au matin, se fit avec beaucoup d'ordre, d'adresse et de bonheur. L'infanterie marchait en tête avec le parc d'artillerie et les équipages flanqués par un régiment de chasseurs à cheval. Kilmaine et le représentant Delbrel étaient restés à l'arrière-garde avec l'artillerie légère et environ 2,500 hommes.

Les alliés allaient attaquer les Français le jour même où Kilmaine effectuait sa retraite; ils arrivèrent trop tard. Le duc d'York, qui s'était dirigé avec 22,000 hommes sur Bourlon pour tourner la droite du camp, trouva, en arrivant sur les hauteurs de Cantin, l'arrière-garde déjà en marche. Il se contenta de la faire suivre par un parti de cavalerie. La colonne française avait déjà dépassé le village de Marquion, lorsque le général en chef apprit que deux bataillons, restés sur les derrières, étaient enveloppés dans ce village par les hussards ennemis, et allaient se trouver forcés de mettre bas les armes, malgré une résistance désespérée. Kilmaine accourut aussitôt pour les délivrer, et il y réussit.

Houchard, général en chef.—L'armée française s'arrêta entre Arras et Douai, au camp d'Arleux ou de Gavarelle, où le général Houchard, appelé de l'armée du Rhin pour en prendre le commandement, arriva le 10 août. Les alliés pouvaient encore poursuivre l'armée affaiblie et désorganisée, la détruire ou la jeter dans quelques places, ce qui eût probablement changé la fortune de cette guerre. Mais ils n'en firent rien et donnèrent suite au projet de la double expédition sur Dunkerque et le Quesnoy.

Cependant Houchard ne tarda pas à recevoir des armées du Rhin et de la Moselle divers renforts, qui furent remplacés à ces armées par des troupes de nouvelle levée. Ce nouveau général, le premier plébéien qui parut à la tête de nos armées, était âgé de cinquante-trois ans, et comptait autant de blessures que d'années. Il était plus remarquable par son zèle et par son courage que par ses talents comme général; mais l'habileté de ses lieutenants, la surveillance de Carnot, dont il ne devait en quelque sorte qu'exécuter les plans, et l'enthousiasme des soldats pouvaient suppléer à ce qui lui manquait sous le rapport de la capacité militaire.

La diversité des renseignements qu'il reçut d'abord sur les desseins de l'ennemi, le jeta dans une grande inquiétude, jusqu'au moment où il apprit enfin, d'une manière positive que l'armée anglo-hanovrienne, renforcée d'un corps nombreux, se dirigeait vers Dunkerque, en parcourant lentement la ligne de nos frontières jusqu'à la mer.

Siége et prise du Quesnoy.—L'armée impériale était en marche de son côté pour s'assurer la possession de la forêt de Mormal et assiéger le Quesnoy. Nos postes détachés furent contraints de se replier devant les masses autrichiennes. La forêt de Normal, ayant été occupée par le général Colloredo, à l'abri des attaques du camp français de Landrecies, Clairfayt investit le Quesnoy avec 18 bataillons et 10 escadrons. La tranchée s'ouvrit dans la nuit du 28 au 29 août, et, après un bombardement de quinze jours, qui n'offrit rien de particulier, le général Goulu, commandant la place, consentit à capituler. La garnison resta prisonnière de guerre.

Combat d'Avesne-le-Sec.—Le comité du salut public avait ordonné de dégager la place à tout prix; mais elle avait capitulé depuis deux jours, quand 20,000 hommes, rassemblés à la hâte, furent dirigés à son secours par deux généraux qui, n'ayant point concerté ensemble leur opération, ne firent point de leurs forces un usage simultané et se virent forcés de se replier chacun séparément.—L'une des divisions, de 6 à 7,000 hommes, sortie de Cambrai, sous les ordres du général de Claye, se heurta dans la plaine d'Avesne-le-Sec contre la cavalerie autrichienne de Bellegarde, forte de 10 escadrons de hussards, des chevau-légers de Kinski et de 2 escadrons de Nassau et Royal-Allemand. L'infanterie française forma deux carrés qui furent enfoncés, après une résistance désespérée. Ce fatal engagement nous coûta 1,500 hommes tués ou hors de combats, 1,500 faits prisonniers, 5 drapeaux et 12 pièces de canon.

Projets de l'ennemi sur Dunkerque.—Dunkerque ne devait pas succomber comme le Quesnoy. La Convention, instruite du mouvement du duc d'York ordonna au général Houchard de détruire l'armée anglaise. L'Angleterre qui, comme ses alliés, songeait moins à réprimer la révolution française qu'à réparer ses anciennes pertes ou à faire de nouvelles conquêtes aux dépens de la France, espérait, par la prise de Dunkerque, effacer ce qu'avait eu d'humiliant pour elle la reconstruction des remparts de cette place, cinquante ans après la démolition convenue et exigée par le traité d'Utrecht. Le courage audacieux et le caractère entreprenant des marins de Dunkerque inquiétaient vivement le commerce britannique, qui ne pouvait oublier que dans la dernière guerre d'Amérique les corsaires armés dans ce port avaient pris plus de douze cents navires anglais, fait 10,000 prisonniers et pris ou détruit des marchandises anglaises pour une valeur de trente millions. Une flotte, sous le pavillon de l'amiral Makbridge, dut se réunir dans la Tamise pour venir ensuite prendre part aux opérations du siége; le peuple anglais, dans sa présomptueuse confiance, saluait de ses acclamations un armement destiné à venger l'honneur de la vieille Angleterre.

Combats de Linselles. — Cependant Houchard dirigeait ses divisions sur la Flandre maritime. Celle de Jourdan arrivait le 18 août à la hauteur de Lille, quand le prince d'Orange ayant résolu de profiter de la proximité de l'armée anglaise pour enlever nos avant-postes du camp de la Madeleine, qui depuis long-temps inquiétaient ses gardes avancées, se porta en avant. Après une résistance vigoureuse, les villages retranchés de Linselles et de Balton, attaqués par des masses aux ordres de ce prince et du prince de Waldeck, furent emportés. Les vainqueurs, ignorant l'approche de Jourdan, rentrèrent dans leurs positions, en ne laissant que deux bataillons à la garde de leur conquête. Instruit de cette retraite, le général Jourdan, qui, à la première nouvelle de l'échec éprouvé par les Français, était accouru au secours de la division Beru, dirigea un fort détachement sur les postes dont l'ennemi s'était emparé. Nos soldats brûlaient du désir de venger leur défaite du matin. Ils tournèrent les retranchements de Linselles par la gorge, fondirent avec impétuosité sur les deux bataillons chargés de la défense et massacrèrent tout ce qui ne parvint pas à s'enfuir. Dans le même temps le village de Balton était aussi repris à la baïonnette par le colonel Macdonald. Un général et deux colonels ennemis périrent dans ces deux attaques.

Cette nouvelle fut à peine connue du duc d'York, alors à Menin, qu'il ordonna au général Lacke de marcher avec trois bataillons de gardes anglaises au secours du prince d'Orange, et de reprendre Linselles. Lacke était appuyé d'une réserve de trois bataillons hessois. Les Anglais, en débouchant des taillis qui environnent Linselles, se formèrent en bataille devant la hauteur et marchèrent avec vivacité sur nos retranchements. On les laissa approcher jusqu'à demi-portée de canon, alors eut lieu une décharge à mitraille de 12 pièces de 16, qui étendit sur la place 13 officiers et plus de 300 soldats. Lacke, malgré cette perte, poursuivit son attaque avec la troupe d'élite qu'il commandait. Les Anglais se jetèrent tête baissée et la baïonnette en avant dans les retranchements défendus avec opiniâtreté, mais qu'ils emportèrent, et tournèrent les pièces contre les républicains, qui durent renoncer au combat et se retirer. Ces diverses attaques qui, comme tant d'autres, furent sans aucune influence sur les opérations de cette guerre, coûtèrent environ 1,000 hommes tués aux deux partis. Cependant les Hollandais ne crurent pas devoir conserver un poste qui pouvait trop facilement être inquiété par le camp de Lille. Il fut donc rasé et abandonné le lendemain même.

Armée anglo-hanovrienne.— Mouvement sur Dunkerque. — L'armée du duc d'York avait été partagée en deux corps, dont l'un, fort de 18 bataillons hanovriens et de 38 escadrons aux ordres du général Freytag, était destiné, comme armée d'observation, à couvrir les opérations du siége; l'autre, sous les ordres du duc d'York, formait l'armée de siége, et se composait de 28 bataillons et 18 escadrons. Freytag marcha sur Poperingue et Rouxbruge, et le duc d'York sur Furnes.

Cette partie de la frontière française était défendue par les camps de Cassel, de Gywelde, de Bailleuil, et par des postes retranchés à Ost-Capelle. Ces diverses positions contenaient ensemble 17,000 hommes, sous les ordres du général Barthels. Jourdan, détaché du camp de Gavarelle avec un corps de 10,000 hommes, venait d'être chargé de se rapprocher de Lille et de surveiller les divers points de la ligne qui lui étaient opposés. Le maréchal Freytag repoussa, dès le 21 août, les Français des postes d'Ost-Capelle. Le duc d'York, arrêté à Furnes, se proposait d'y attendre la flottille et le train de siége embarqué sur le canal; mais, ayant appris qu'il se faisait de grands mouvements au camp de Gywelde, et, voulant couper la retraite aux Français, qu'il présumait avec raison avoir dessein de l'évacuer, il fit mettre aussitôt en marche une partie de son corps d'armée. Le général Alvinzi, chargé de ce mouvement, ne s'étant point assez hâté, trouva le camp évacué à son arrivée, et les Français rentrés dans Dunkerque. L'avant-garde ennemie s'avança alors pour prendre position entre Telleghem et Lefferingkuck, la droite appuyée au canal de Furnes; mais au lieu de la flottille anglaise que le duc d'York s'attendait à y rencontrer, il ne trouva que 8 canonnières françaises, aux ordres du capitaine Cassaigner, qui s'embossa dans la grande rade d'où il pouvait facilement battre en écharpe les assiégeants.

L'absence de la flottille anglaise contraria vivement le général anglais, et il demanda la destitution de l'amiral Makbridge, pour le punir d'un retard qui contribua sans doute beaucoup à l'échec que l'armée anglo-hanovrienne éprouva peu de temps après devant Dunkerque.

Sommation. — Néanmoins, malgré l'absence de la flotte à laquelle il espérait suppléer au moyen du parc de siége, nombreux et fort, dont il était pourvu, le duc d'York fit faire à la place une sommation, à laquelle le commandant répondit comme il convenait.

Délabrement de la place.— Dunkerque était cependant tellement pris au dépourvu et s'attendait si peu à un siége, que la plupart de ses moyens de défense se trouvaient dans un grand état de délabrement et n'auraient probablement offert que peu de résistance, s'il eût été possible d'investir complétement la place. — A cette même époque, Jourdan qui, avec sa division de 10,000 hommes, était venu renforcer le camp de Cassel, voyant qu'on pouvait communiquer avec Dunkerque, s'y rendit pour faire l'inspection de la place, dont il donna le commandement supérieur au général Souham, après avoir augmenté la garnison par de nouvelles troupes. — Le premier soin du conseil de défense fut de faire ouvrir les écluses de mer pour inonder les environs, depuis le Lang-Moor jusqu'à Nieuport, Furnes et Dixmude.

Ouverture de la tranchée.— Combat de Rosendael. — La tranchée fut ouverte le 24 août, malgré les difficultés du terrain. Le sol n'était, en effet, qu'un sable mouvant qu'on ne pouvait creuser à plus de deux pieds sans rencontrer une eau saumâtre. Le projet du duc d'York, en attendant l'arrivée de la flottille, était de construire sept batteries destinées à battre la place. Les assiégeants, depuis leur arrivée devant Dunkerque, avaient exécuté divers mouvements qui resserraient le cordon d'investissement. Plusieurs villages, où s'étaient retranchés les Français, avaient été emportés d'assaut. Celui de Rosendael, à 1,500 toises du corps de la place, était occupé par une brigade française; il fut attaqué le même jour par un corps nombreux, aux ordres du général anglais d'Alton. Les assiégeants, d'abord repoussés, revinrent à la charge et enlevèrent ce poste à l'aide d'un renfort de deux bataillons hessois.

Mais, peu après et malgré la résistance opiniâtre des Anglais, il fut repris par une colonne française, sortie de la place. D'Alton fut blessé mortellement dans cette affaire. Les assiégeants, comprenant l'importance dont il pouvait être pour leurs opérations ultérieures, se disposaient à l'attaquer une seconde fois, lorsque les Français, évacuant volontairement la partie haute exposée au feu des batteries ennemies, se bornèrent à occuper la partie qui se trouvait protégée par le canon de la place.

Houchard marche au secours de Dunkerque. — Cependant l'armée de Houchard venait de recevoir entre autres renforts plusieurs milliers de vieux soldats, arrivés en poste de l'armée du Rhin. Carnot avait apporté lui-même au général en chef les ordres et les plans du gouvernement, et bien que l'armée anglo-hanovrienne fût encore supérieure d'un tiers à celle de Houchard, cette dernière, renforcée des 15,000 hommes du camp de la Madeleine, s'élevait à environ 40,000 hommes, qui parurent aux représentants du peuple suffisants pour faire lever le siège de Dunkerque. Houchard se rapprocha donc de cette ville et de Bergues, qui était aussi bloquée par les alliés. La nouvelle de son approche parvint au camp anglais le 5 septembre, au moment où le colonel Moncrift était occupé à armer les premières batteries. Houchard avait cru devoir d'abord, pour masquer son mouvement, simuler une attaque sur les avant-postes du prince d'Orange : 15,000 Français, divisés en colonnes, avaient assailli sur divers points toute la ligne hollandaise, et le résultat de cette affaire avait été de part et d'autre un massacre presque inutile et qui ne justifiait pas le but que le général se proposait.

Houchard ayant terminé ses préparatifs avait, après cette affaire, rassemblé ses troupes disponibles à Cassel afin d'exécuter les ordres du comité de salut public. Il s'agissait de tourner la position de Freytag, de resserrer le duc d'York entre l'armée française et la mer, et de le jeter, s'il était possible, dans la rade de Dunkerque; le général Souham, commandant de Dunkerque, devait harceler le duc d'York, et le colonel Leclerc en faire autant aux troupes d'Alvinzi, qui cernaient Bergues, afin de les empêcher de secourir Freytag. Chacun de ces chefs remplit avec beaucoup d'audace et de bonheur les instructions dont il était chargé.

Combat de Rexpoëde. — L'armée française se mit en mouvement le 6 septembre au point du jour, pour attaquer le maréchal Freytag qui occupait le village d'Hondschoote, et les hauteurs de Bambeck derrière l'Iser. Le général Dumesnil devait se porter sur Ypres pour en observer la garnison, et ne put rendre aucun service dans cette occasion décisive. La division Landrin, qui formait l'extrême gauche de l'armée, était chargée de contenir Walmoden dans les environs de Wormouth, et ne rendit pas beaucoup plus de service que celle de Dumesnil. Hédouville, avec un corps de 10,000 hommes qui formait l'avant-garde, s'avança sur Rouxbruge à la gauche du corps de Freytag dont il menaçait la retraite. Jourdan, avec sa division et la brigade Collaud, se dirigea sur Hontkerke, et après avoir délogé l'ennemi de ce village et de tout le pays qui le séparait d'Hédouville, il laissa la brigade Collaud à son collègue pour l'aider dans ses attaques sur Poperingue et Rouxbruge, puis il ramena le reste de sa division sur le village d'Hoerzèle. Ce poste, parfaitement défendu par des retranchements et des barricades, était le seul que les Hanovriens conservassent encore sur la rive droite de l'Iser. Le général Cochenhausen, qui en sentait toute l'importance, avait résolu de le défendre à quelque prix que ce fût. Jourdan n'en désirait pas moins l'occupation. Hoerzèle fut donc attaqué et défendu avec fureur; pris et repris deux fois au pas de charge, il resta enfin aux Français, et l'ennemi fut contraint de repasser la rivière en désordre et de se retirer dans le poste retranché de Bambeck. Jourdan allait franchir l'Iser afin de poursuivre Cochenhausen, lorsqu'il fut rejoint par Houchard et par les conventionnels Delbrel et Levasseur. Cette circonstance ne changea rien à ses dispositions : il continua à suivre l'ennemi sur Bambeck. Cette nouvelle position, aussi avantageusement retranchée que la précédente, fut défendue avec la même intrépidité et subit le même sort. Les Hanovriens furent rejetés en désordre sur Killem. La nuit approchait, Jourdan profita d'un reste de jour pour tirer parti de sa double conquête, et s'établit avec sa division à une demi-lieue des étangs de la Moëre, dans le village et les environs de Rexpoëde.

Cette manœuvre hardie et savante compromettait la division Walmoden restée dans la position de Wormhout, et avait presque totalement séparé le maréchal Freytag de l'armée anglaise; mais les divisions de l'armée française opéraient sur une ligne de trois à quatre lieues d'étendue, et le général Jourdan se trouvait abandonné seul avec sa division sur un point où il aurait dû être promptement renforcé par le corps d'Hédouville ou au moins par quelques bataillons afin de rendre décisif le succès de la journée. Malheureusement Landrin ne fit point de mouvement à sa gauche, et se borna à une canonnade inutile contre le corps de Walmoden. Hédouville restait à plus d'une lieue sur la droite, et Dumesnil employait à observer la garnison d'Ypres des forces quadruples de celles qu'eût exigées cette opération. Tel était le résultat fâcheux, mais inévitable, des combinaisons vicieuses du général en chef.

Freytag, pour rétablir ses communications avec Walmoden et avec le duc d'York, s'avançait sur Rexpoëde avec une division hanovrienne, ne se doutant pas qu'il avait été prévenu dans ce poste par les Français. Il avait laissé le gros de ses forces à Hondschoote, et désirait en revenant sur ses pas gagner le temps de rallier les détachements compromis et faciliter à Walmoden le moyen de rejoindre le duc d'York par le chemin de la Maison-Blanche.—Jourdan était alors occupé à établir autour de Rexpoëde sa division harassée, et à distribuer ses postes. Trois bataillons gardaient le village, le reste était à 300 pas en arrière, et la cavalerie était disséminée par détachements autour des bivouacs. Freytag et le prince Adolphe, tombés au milieu de ces derniers, tentèrent en vain de se défendre et furent faits prisonniers après avoir reçu quelques blessures; mais ni l'un ni l'autre ne restèrent au pouvoir des Français. Le prince Adolphe fut immédiatement délivré par le colonel Milius à la tête des gardes hanovriennes, et le maréchal Freytag le fut un peu plus tard par Walmoden.

Ce qui venait de se passer et l'arrivée de la nuit auraient dû engager les généraux républicains à un changement de plan, consistant ou à renforcer trois bataillons stationnés à Rexpoëde ou à évacuer totalement ce village, dans la crainte d'une nouvelle attaque par des forces supérieures, ce qui arriva en effet. Walmoden, mal observé par la division Landrin, et informé de l'occupation de Rexpoëde, ainsi que du malheur arrivé au maréchal Freytag, quitta les collines de Wormouth à minuit, descendit par la rive gauche de l'Iser et se présenta devant Rexpoëde pour en forcer le passage. Houchard et les représentants, éveillés par cette attaque inattendue, se précipitèrent vers les bivouacs de Jourdan, tandis que le général se transportait lui-même dans le village où il trouva ses trois bataillons frappés d'une espèce de stupeur qui les empêchait de se retirer ou de se défendre. Ils restèrent immobiles sous le feu meurtrier de l'artillerie hanovrienne, malgré les pressantes exhortations de leur général pour leur faire opérer une attaque qui eût certainement alors contenu l'ennemi.

Jourdan, ne voulant pas prendre sur lui d'ordonner la retraite, revint vers le général en chef.—Houchard, intimidé par cette attaque nocturne, n'osa pas engager toutes les troupes de Jourdan pour soutenir le village, et invitant celui-ci à ordonner la retraite des trois bataillons, il se dirigea lui-même sur Bambeck avec le gros de la division. Jourdan retournait au village lorsqu'il fut accueilli par une décharge meurtrière qui l'obligea à se retirer, fort inquiet du sort des trois bataillons qu'il y avait laissés, et qui ne s'y trouvaient plus. En effet, ces bataillons, après être restés quelque temps immobiles sous la mitraille, avaient fini par se déterminer à la fuite, et s'étaient dirigés sur Ost-Capelle, où ils avaient été heureusement recueillis par le général Collaud. Jourdan rentra presque seul à Bambeck, où, en arrivant, son cheval tomba mort par suite des blessures qu'il venait de recevoir.

Walmoden, maître de Rexpoëde, y délivra le maréchal Freytag et regagna ensuite Hondschoote, où son retour ranima la confiance de l'armée ennemie. Cet épisode fait ressortir la faute de Houchard, qui, en négligeant de concentrer des forces sur un point décisif, laissa échapper l'occasion d'anéantir l'armée hanovrienne et rendit nulle la valeur que nos soldats avaient montrée.

Bataille de Hondschoote. — La journée du 7 fut employée par le général en chef à reconnaître la position des alliés, retranchés d'une manière formidable dans Hondschoote. L'armée républicaine réoccupa les postes abandonnés la veille. Houchard commit encore une faute pareille à celle qui venait de lui être fatale, en détachant la division Landrin pour contenir l'armée de siége de Dunkerque, tandis que le point décisif se trouvait à Hondschoote. Sa précaution fut inutile. On a dit pour l'excuser qu'il eût été imprudent de livrer la bataille d'Hondschoote sans faire observer le corps de 20,000 anglais campés à une lieue derrière lui, sous les ordres du duc d'York et d'Alvinzi. La position de cette armée devant Dunkerque ne semblait cependant nullement à craindre pour les derrières de l'armée de Houchard, à cause de la diversion suffisante que l'on devait toujours attendre de l'artillerie de la place et d'une sortie de la garnison.

Le 8 au matin l'armée française s'ébranla pour l'attaque du village de Hondschoote. La droite, aux ordres d'Hédouville et de Collaud, prit position entre Kellem et Beveren; la gauche, entre le canal de Furnes et Kellem, et le centre, en avant de ce dernier village, était commandé par Jourdan. Les deux armées se trouvaient ainsi engagées de front, à l'exception, pour l'armée française, du corps de Leclerc, qui avait été détaché pour se glisser le long du Lang-Moor, sur le flanc droit de l'ennemi.

Jourdan, en s'avançant contre Hondschoote, rencontra dans un taillis les tirailleurs hanovriens couvrant la position. Toutes les troupes de l'ennemi se trouvaient concentrées sur une même ligne aux ordres du général Walmoden, car Freytag se trouvait, par ses blessures, hors d'état de commander.

L'ennemi, plein de confiance dans sa position, défendue par des batteries rasantes, attendit les Français avec confiance. Le combat s'engagea bientôt avec la plus grande vivacité, et les deux partis envoyèrent successivement le gros de leurs forces pour soutenir les corps avancés. La résistance anima de part et d'autre les combattants. Les fossés, les haies, dont le pays est couvert, furent attaqués et défendus avec une sorte de rage. Ce n'était pas un combat, disent les témoins oculaires de cette action, ce n'était plus qu'une boucherie, un massacre corps à corps.

Cependant le régiment de Brentano et une brigade hessoise, ayant été en quelque sorte hachés par nos soldats, et le général Cochenhausen, ayant été mortellement blessé, la position resta en notre pouvoir.

Mais les redoutes qui entouraient le village étaient encore occupées par 10,000 Anglais ou Hanovriens qui ne cessaient de nous foudroyer. La résistance avait été si opiniâtre, que Houchard désespérant de la victoire refusa à Jourdan l'autorisation d'assaillir ces redoutes avec un corps de 10,000 hommes qu'il pouvait rassembler en un instant. Mais celui-ci, voyant ses tirailleurs se retirer en désordre et sentant la nécessité de frapper un coup décisif, sollicita et obtint du représentant Delbrel la permission que le général en chef lui refusait. Alors, formant une colonne de trois bataillons qu'il conservait encore auprès de lui, il s'avança vers les formidables batteries. Son exemple et celui du conventionnel Delbrel, qui voulut partager sa gloire et ses dangers, électrisèrent les généraux et les troupes réunies sur ce point. Blessé à cinquante pas des redoutes, Jourdan n'en continua pas moins d'avancer au pas de charge. Des soldats chantaient avec gaîté le refrain vulgaire de la *Carmagnole*, qu'un vieux grenadier, Georges, dont le bras venait d'être mutilé, faisait retentir d'une voix de tonnerre ; d'autres entonnaient la *Marseillaise*. Bientôt un cri de victoire se fit entendre à la droite des retranchements.—Le colonel Leclerc, qui commandait la gendarmerie et qui, ainsi que nous l'avons dit, avait été détaché sur la droite, prenait les retranchements à revers, après avoir fait, avec ses soldats, deux lieues au pas de course, en longeant les marais de la Moëre. Le corps de gendarmerie à pied de Paris, aussi remarquable par son indiscipline que par son courage, était composé des anciennes gardes-françaises ; il seconda vigoureusement Leclerc, et emporta les redoutes, après avoir été repoussé dans un premier assaut, dans lequel il se fit un grand massacre d'Hanovriens et d'Anglais. Les soldats qui suivaient Jourdan, animés encore par l'exemple de leurs camarades, renversèrent tout ce qui s'exécuta devant eux. L'armée ennemie fut enfoncée sur toute la ligne, et s'enfuit en désordre vers Furnes, abandonnant aux vainqueurs ses drapeaux, ses canons et ses bagages. Walmoden parvenu avec peine à les rallier à quelque distance du champ de bataille, introduisit un peu d'ordre dans la retraite, qui s'exécuta, la droite par Houtem sur Furnes, la gauche par Hoghestade, en longeant le canal de Loo. Walmoden fit ensuite prendre position en potence, la droite appuyée à Bulscamps, et la gauche à Steenkerque, pour couvrir, autant qu'il était possible, la retraite du corps de siège. Dans ces trois journées, où la perte fut à peu près égale de chaque côté, l'ennemi eut 4,000 hommes tués, blessés ou prisonniers. La conduite des troupes anglaises et hanovriennes mérita des éloges ; elles montrèrent du sang-froid, du courage et de la ténacité, et si elles furent vaincues, ce fut parce qu'elles eurent à combattre des Français, qu'animait l'exaltation d'un récent et fervent républicanisme et le sentiment des dangers de la patrie.

Le brave Mandement.— Parmi les traits de courage et de présence d'esprit, les relations contemporaines mentionnent honorablement l'action d'un cavalier français : « Derrière les lignes d'infanterie, était rangé le sixième régiment de cavalerie. On avait besoin d'envoyer des cartouches aux bataillons qui s'avançaient sur les redoutes. On demanda des hommes de bonne volonté. Le cavalier Mandement s'offrit aussitôt, et se porta au galop vers les volontaires, en leur criant : « Camarades, avez-vous besoin de cartouches ? — Non, lui répondirent ces braves, nous tirerons sur l'ennemi à l'arme blanche. » Mandement revenait donc sur ses pas, lorsqu'il aperçut dans un pré un groupe de soldats qui gardaient un drapeau, et les prenant pour des Français, il marcha vers eux avec sécurité. Il arriva près d'une haie épaisse qui le séparait d'eux et leur cria : « Amis, voilà des cartouches. — Apportez, » répondirent-ils. Mandement franchit aussitôt la haie, et reconnut qu'il avait à faire à des ennemis. Il était entouré. « Rends-toi, » lui dirent les Hanovriens, en saisissant les rênes de son cheval. — Il feignit de vouloir se rendre et renversa le sac de cartouches à terre ; ceux-ci lâchèrent les rênes pour ramasser les cartouches. Mandement tira alors son sabre, enleva le drapeau et franchit la haie. Mais à une petite distance, il se trouva au milieu d'un régiment ennemi, et il dut se frayer un passage à travers le feu de mousqueterie et les baïonnettes. Arrivé à l'extrémité de la ligne ennemie, il rencontra de nouveaux obstacles qui le forcèrent de revenir sur ses pas ; il traversa le même régiment, le drapeau dans une main et le sabre dans l'autre, quand, distinguant le colonel, il s'élança vers lui et le chargeant à grands coups de sabre, il s'écria : « Voilà la cavalerie française qui s'avance pour vous charger. » Ces paroles jetèrent l'effroi parmi les soldats qui, croyant avoir à combattre toute la cavalerie républicaine, prirent la fuite. Alors ce brave cavalier, préférant la prise d'un chef de corps à celle d'un drapeau, jeta celui qu'il avait pris, fit prisonnier le colonel, et acheva ainsi la déroute du régiment hanovrien.

Levée du siège de Dunkerque. — Retraite du duc d'York sur Furnes. — La garnison de Dunkerque, pour empêcher le duc d'York de secourir l'armée d'observation, avait fait, pendant la journée du 8, une vive sortie, pendant laquelle elle reprit Rosendael, et dans laquelle Hoche, adjudant général, se fit remarquer par sa bravoure et sa capacité militaire. Il eut été facile à Houchard de profiter de cette victoire pour prendre ou anéantir l'armée du duc d'York, placée entre deux feux. Il laissa échapper cette occasion, et cette faute si grave fut un des principaux griefs qui occasionèrent sa mise en jugement et lui coûtèrent la vie. Le duc d'York, informé de la défaite de ses lieutenants, fila pendant la nuit entre la Moëre et la grande rade de Dunkerque et regagna son camp de Furnes, où il arriva tranquillement le 9 septembre à dix heures du matin, après avoir abandonné toute son artillerie et ses magasins remplis de munitions de toute espèce.

Combats de Werwick. — Cependant, voyant qu'il ne pouvait rien entreprendre contre le duc d'York, le général français résolut de porter la majeure partie de forces réunies sur le corps hollandais isolé à Menin ; il calcula qu'en se jetant sur le prince d'Orange au moment où les alliés venaient d'éprouver une défaite, ceux-ci resteraient immobiles dans leurs positions défensives, et lui laisseraient ainsi accabler facilement l'armée hollandaise qui se trouvait disséminée entre une multitude de postes. Houchard donc, combinant le mouvement de son armée avec celui des troupes du camp de Lille, attaqua l'ennemi le 12 septembre, la division Hédouville marcha sur Messines et Houtem et rejeta le prince de Hesse sur Werwick. Ce prince, blessé dans le combat, ne put même pas conserver cette ville, il en fut chassé par nos soldats. Dans le même temps la division Beru, sortie du camp de Lille, marchait sur Linselles, Roncq et Halluin, et culbutait tous les postes ennemis. Le prince d'Orange assailli de tous côtés allait se résoudre à la retraite sur Courtray, lorsque la nouvelle de la prise du Quesnoy et celle de l'approche du général Beaulieu avec un corps de 7,000 hommes ranima son courage et lui inspira l'envie de conserver sa position. Il détacha aussitôt contre Werwick les gardes suisses et hollandaises et une brigade de grenadiers aux ordres du prince Frédéric. Ces troupes bien dirigées attaquèrent avec résolution et reprirent Werwick. Le lendemain au matin, cette ville fut de nouveau attaquée par deux fortes colonnes françaises. Les troupes d'Hédouville, débouchant de Comines et longeant la Lys, y entrèrent impétueusement et en chassèrent les Hollandais. Cependant le prince Frédéric se retirait en ordre, lorsque le général Kray, arrivant avec quelques escadrons autrichiens, lui persuada qu'il allait être appuyé par le corps de Beaulieu, et le décida à revenir sur la ville qu'il venait de quitter. Cette attaque, faite avec une audacieuse témérité, n'eut d'autre résultat que la perte d'un grand nombre de soldats mitraillés par l'artillerie française. Frédéric fut lui-même blessé, et la cavalerie de Kray, presque détruite, paya cher le conseil imprudent donné par son général. Pendant ce combat la division Beru avait emporté les redoutes d'Halluin, culbuté la brigade Wartensleben qui la défendait, et poursuivant les fuyards s'était emparé de Menin. La position du prince Frédéric devint ainsi très critique; sa ligne de retraite sur Courtray était coupée; il dut se retirer sur Dadizcele, et sa retraite entraîna celle de la brigade hollandaise postée à Gheluve, qui menacée sur son flanc gauche, se hâta de revenir sur Ypres.

Deux divisions françaises avaient suffi pour battre ainsi en détail l'armée hollandaise et pour lui faire perdre dans ces divers engagements 3,000 hommes et 40 pièces de canon. Malheureusement ces succès furent suivis d'un revers sur lequel la plupart des auteurs contemporains ont gardé un silence en quelque sorte mystérieux.

Déroute de Courtray. — Suivant les relations françaises, Houchard avait ordonné d'évacuer Menin, et, selon les relations autrichiennes, les troupes républicaines victorieuses s'étaient, au contraire, avancées en forces sur Courtray, afin d'attaquer le général Beaulieu. Un combat assez vif s'engagea vers Bisseghem sur le front des deux partis; le succès en était balancé, lorsque la cavalerie autrichienne se jetant sur le flanc gauche de l'armée française menaça de la culbuter dans la Lys. Les bataillons républicains, saisis d'une terreur panique, prirent en désordre la route de Menin; mais, arrivés à la hauteur de cette ville, ils trouvèrent une autre colonne ennemie débouchant du côté d'Ypres. Cette rencontre inattendue accéléra leur retraite : rien ne put les rallier, et , sans même s'arrêter à Werwick, ils s'enfuirent en désordre jusque sous le canon de Lille, abandonnant à l'ennemi leur artillerie et leurs équipages. Les représentants du peuple accusèrent le général Hédouville de n'avoir fait aucune disposition pour prévenir ou réparer ce désastre. Mais le général Beru arrêta l'ennemi, en plaçant en batterie quelques pièces d'artillerie légère. Les troupes se reformèrent sous leur protection et l'ordre se rétablit.

Condamnation et exécution de Houchard.—Malgré cet échec, la frontière française était délivrée. La bataille de Hondschoote eut d'ailleurs d'immenses résultats pour la France et pour l'armée, quoique le général en chef se fût montré inhabile à en tirer tout le parti possible. Sa conduite avait mérité l'improbation du comité. Il fut, comme Custine, mandé à Paris, condamné et exécuté. « Les Romains (dit à ce sujet un de nos écrivains militaires) avaient décapité Manlius pour avoir combattu malgré les ordres du sénat. Les Anglais avaient puni l'amiral Byng de n'avoir pas triomphé à Minorque. Il était réservé à la Convention d'offrir le premier exemple d'un général victorieux traîné au supplice pour n'avoir pas détruit entièrement son ennemi vaincu. »

RÉSUMÉ CHRONOLOGIQUE.

1793.

8 AOUT. Évacuation du camp de César.
10 — Houchard est nommé général en chef de l'armée du Nord.
18 — Combat de Linselles.
23 — Décret qui ordonne la levée en masse.
24 — Siége de Dunkerque. — Combat de Rosendaël.
28 et 29 — Siége du Quesnoy.

6 et 7 SEPTEMBRE. Combats de Rexpoëde.
8 — Bataille de Hondschoote.
9 — Levée du siége de Dunkerque.
11 — Prise du Quesnoy par les Autrichiens.
12 et 13 — Combats de Werwick.—Combat d'Avesne-le-Sec.
15 — Déroute de Courtray
17 et 18 NOVEMBRE. Condamnation et exécution de Houchard.

A HUGO.

On souscrit chez DELLOYE, Éditeur, place de la Bourse, rue des Filles-Saint-Thomas, 13.

Paris. — Imprimerie et Fonderie de RIGNOUX et Comp., rue des Francs-Bourgeois-Saint-Michel, 8.

FRANCE MILITAIRE.

FÉDÉRALISME. — TROUBLES DU MIDI.

SOMMAIRE.

Fédéralisme. — Troubles du Midi. — Mouvements dans la Normandie. — Mouvements dans la Gironde. — Insurrection marseillaise — Passage de la Durance. — Mort d'Agricole Viala. — Marche de Carteaux contre les insurgés. — Combat de Cadenet. — Combat de Salon. — Combat de Septême. — Prise de Marseille.

Chef des insurgés provençaux. — D'ARBAUD.   Général républicain. — CARTEAUX.

Fédéralisme. — Troubles du Midi. — Après le 31 mai 1793, la proscription des Girondins devint le prétexte ou la cause de nombreuses insurrections. Celles qui donnèrent lieu à des opérations militaires éclatèrent principalement dans le Midi. Ainsi, Marseille, se croyant appelée, par l'importance de son commerce et de ses richesses, à jouer un des premiers rôles dans le grand drame de la Révolution, fut aussi l'une des premières villes qui se montrèrent disposées à favoriser la réaction contre-révolutionnaire. Marseille avait d'abord adopté avec enthousiasme les principes de 1789, heureuse de pouvoir ainsi se venger des mépris que la noblesse du parlement de Provence avait montrés pour sa navigation et son industrie; mais bientôt, soumise par le niveau conventionnel à la loi commune, privée de la franchise de son port, devenue suspecte dans la personne de ses principaux citoyens, à l'époque des terribles démêlés de la Montagne et de la Gironde, agitée par une sourde fermentation, elle devint le centre d'un mouvement de réaction contre le pouvoir dominant.

Les premiers symptômes de l'agitation se manifestèrent à propos de la constitution de 1793, qui avait été soumise à la sanction populaire. Cette sanction fut refusée à Marseille, ainsi que dans plusieurs autres villes méridionales. L'indignation excitée dans une grande partie de la France par l'attentat de la majorité de la Convention contre quelques-uns de ses membres parut aux principaux chefs qui s'apprêtaient à prendre la direction des troubles du Midi devoir favoriser merveilleusement leurs projets. Les idées de haine à la royauté étaient encore trop puissantes pour qu'on osât faire publiquement connaître le véritable but de l'insurrection méridionale; ceux qui engagèrent le peuple à s'armer ne parlèrent que des excès de la Montagne, et du désir naturel à tout Français, ami de sa patrie, de voir le triomphe d'une république modérée. Ce besoin d'un gouvernement sage et régulier, pour lequel les masses s'insurgèrent alors réellement, fut le prétexte de tous les mouvements contre-révolutionnaires connus sous les noms de *fédéralisme*, de *troubles du Midi*, etc., qui éclatèrent à peu près à la même époque à Lyon, à Caen, à Bordeaux, à Toulon, à Marseille. — Nous parlerons avec étendue des troubles et des siéges de Lyon et de Toulon. — Quelques détails sur le Fédéralisme et sur l'Insurrection du Midi proprement dite sont nécessaires pour compléter l'histoire de toutes les réactions contre-révolutionnaires que l'année 1793 vit commencer et finir.

Mouvements dans la Normandie. — Quoique les trente-deux conventionnels girondins proscrits le 2 juin eussent été arrêtés par suite des mesures qu'avait prises le parti triomphant, la plupart s'échappèrent et réussirent à se réfugier dans les départements de la Basse-Normandie, tels que l'Eure, l'Orne, le Calvados, où ils furent reçus comme des martyrs de la liberté. — Une insurrection éclata en leur faveur. — La ville de Caen, où le général Félix Wimpfen commandait l'armée des côtes de Cherbourg, fut désignée pour le lieu de rassemblement des gardes nationaux et des volontaires qui, réunis sous le nom d'*Armée départementale*, devaient marcher sur Paris pour renverser la Montagne. Wimpfen avait accepté le commandement de cette future armée, dont le triomphe eût sans doute empêché les crimes commis au nom de la République et de la liberté. Il voulut sonder l'opinion des autres chefs d'armée, pour apprécier jusqu'à quel point il pouvait craindre leur opposition ou compter sur leur concours; mais Custine, son ancien ami, à qui il en écrivit, le dénonça à la Convention. Wimpfen comprit dès lors, par la réception faite dans quelques villes à ses envoyés, que le rassemblement de forces suffisantes pour détruire la Convention lui serait impossible. — Le comte de Puisaye, homme d'un esprit actif et porté à l'intrigue, commandant alors la garde nationale d'Évreux, lui amena quelques centaines de royalistes. Impatient des retards et de l'hésitation du général, il sollicita de lui la permission de marcher sur Paris avec un détachement de 2 à 3,000 hommes, qu'il espérait voir se grossir en route par l'adjonction d'un grand nombre de mécontents. Wimpfen, tout en ayant l'air de désapprouver la démarche de Puisaye, le laissa agir, satisfait peut-être de tâter l'esprit public par cet essai. Puisaye s'avança jusqu'à Vernon, où son détachement trouva en bataille 1,800 républicains aux ordres du chef de brigade Joubert, appuyés de quelques pièces d'artillerie. Les insurgés eurent à peine vu la mèche enflammée dans la main des canonniers, qu'ils prirent la fuite. — Cependant les soldats montagnards ne les poursuivirent point. — Puisaye avec quelques autres officiers se retira en Angleterre, où il put faire parade du courage qu'il avait montré personnellement dans cette échauffourée.

Mouvements dans la Gironde. — Quelques-uns des députés proscrits s'étaient retirés à Bordeaux. Une levée de boucliers avait eu lieu dans cette ville à l'arrivée de Péthion, de Guadet et de Salles. Une commission populaire de salut public avait été créée, et une force départementale organisée ; des commissaires avaient été envoyés à Lyon, à Marseille, etc., pour arrêter les bases d'une fédération générale.—Si, comme les Montagnards, les Girondins eussent été des hommes d'action, le règne de la terreur eût sans doute avorté à sa naissance même.—On paraissait disposé à appuyer tous ces proscrits distingués par leurs talents et par leur modération; mais néanmoins tout finit à Bordeaux comme à Caen, moins la tentative de Puisaye. Les esprits se calmèrent d'eux-mêmes; 2,000 paysans rassemblés à la Réole, aux ordres de Brune, suffirent pour contenir les plus récalcitrants.

Insurrection marseillaise. — L'insurrection organisée à Marseille avait étendu ses ramifications dans les principales villes du Midi, à Aix, à Arles, à Lambesc, à Tarascon, etc. Une autorité nouvelle, constituée à Marseille sous le titre de *comité central des sections*, envoyait à Toulon, à Montpellier et à Lyon, des commissaires chargés de susciter des ennemis à la Convention, et d'y faire adopter contre cette assemblée un pacte d'alliance analogue à celui que proposait la commission de Bordeaux.

La troupe de ligne en garnison à Marseille adopta les opinions des habitants, et, réunie à quelques bataillons de gardes nationales et de volontaires, se mit en marche, sous le commandement d'un chef, nommé d'Arbaud, pour aller prendre poste au Pont-Saint-Esprit, afin de faciliter les levées que le comité central des sections avait ordonné de faire dans les départements du Gard, de l'Hérault et du Var. Avant que cette troupe fût arrivée à la Durance, qu'elle devait traverser, le bruit de sa marche, déjà répandu au loin, arma contre elle les républicains des villes et des campagnes.

Passage de la Durance. — *Mort d'Agricole Viala.* — Tandis que *l'armée marseillaise* se dirigeait vers la Durance, les républicains partisans de la Montagne, qui prenaient alors le titre de patriotes, et les habitants d'Avignon, dont la majorité était favorablement disposée en faveur du gouvernement conventionnel, se rendaient en hâte sur le bord de la rivière pour en disputer le passage aux insurgés. Mais ceux-ci, arrivés les premiers, s'étaient déjà emparés du bac; il ne restait plus aux républicains qu'à couper, de leur côté, le câble fixé d'un bord à l'autre pour le service de ce bac. L'opération était périlleuse. Les Marseillais dirigeaient sur la rive opposée le feu le plus vif, afin d'empêcher qu'on ne leur enlevât cet unique moyen de passage. C'était véritablement comme une grêle de balles. — Les plus intrépides républicains pâlissaient à l'idée seule d'affronter ce danger. Déjà plusieurs hommes déterminés avaient été tués. — Il fallait cependant ou couper la corde ou laisser aborder l'ennemi, dont un fort détachement s'avançait et était parvenu au milieu de la rivière. — Un enfant, seulement âgé de treize ans, Joseph-Agricole Viala, né à Avignon, se présenta pour accomplir cette tentative dangereuse. Le péril inévitable auquel il allait s'exposer détermina les patriotes à lui refuser sa demande. Indigné de ce refus,

qu'il regarde comme un affront fait à son jeune courage, Viala enlève une hache des mains d'un sapeur et se précipite vers la Durance. Arrivé au bord de l'eau, il dépose sa hache pour décharger sur les Provençaux un fusil dont il était armé, puis il se met en devoir de couper le câble. Les républicains, qui n'ont pu prévenir le mouvement de cet enfant héroïque, rougissent de le voir affronter si hardiment un péril devant lequel eux, hommes faits et même vieux soldats, ont reculé. La honte leur rend le courage : ils se rapprochent de la rivière, et le combat recommence.

Viala, dont la hache, mal aiguisée, trompait l'intrépide dessein, faisait des efforts aussi laborieux qu'inutiles. La fusillade entre les républicains et les Provençaux devenait de plus en plus vive d'une rive à l'autre. Enfin le jeune héros, qui, depuis le commencement de l'affaire, était particulièrement le point de mire des Marseillais, eut la poitrine traversée d'une balle. La hache échappa à ses mains affaiblies. Il tomba en s'écriant : « Ils ne m'ont pas manqué; mais je suis « content : je meurs pour la liberté! »

La mort de Viala mit un terme à la lutte inégale que faisait seul soutenir l'héroïsme de cet enfant. Il n'avait pas pu couper le câble. Les insurgés, supérieurs en nombre et en audace, traversèrent la Durance, et les républicains s'enfuirent en désordre.—Les vainqueurs, arrivés sur la rive droite, souillèrent le triomphe qu'ils venaient d'obtenir en outrageant avec brutalité, à ce que prétendent les orateurs de la Convention, le cadavre de l'enfant. Après l'avoir mutilé et défiguré, ils le jetèrent dans la Durance. — Le dévouement de Viala reçut, par ordre du gouvernement conventionnel, les honneurs du Panthéon. Il est digne de figurer parmi les plus nobles traits d'héroïque courage que l'amour de la république et de la liberté aient inspirés aux Grecs et aux Romains [1].

[1] La mort d'Agricole Viala a dignement inspiré les poëtes contemporains. On trouve dans l'hymne admirable que Chénier a intitulé le *Chant du départ*, la strophe suivante, qu'il a placée dans la bouche d'un enfant :

> De Barra, de Viala le sort nous fait envie;
> Ils sont morts, mais ils ont vaincu.
> Le lâche accablé d'ans n'a point connu la vie
> Qui meurt pour le peuple a vécu.
> Vous êtes vaillants, nous le sommes :
> Guidez-nous contre les tyrans;
> Les républicains sont des hommes
> Les esclaves sont des enfants.

Aucune des biographies en réputation n'a daigné consacrer un article à Barra : la *Biographie Universelle* et celle *des Contemporains* sont muettes à son égard. Il en est de même de la fastueuse compilation que les éditeurs des Victoires et Conquêtes ont intitulée *Tables du Temple de la Gloire*. Nous croyons devoir suppléer à leur silence. BARRA, comme VIALA, était un jeune républicain de treize ans. Il était né à Palaiseau. Il avait suivi un bataillon de volontaires envoyé dans la Vendée, et il y remplissait l'emploi de fifre ou de tambour : en plusieurs circonstances il s'était fait remarquer par son courage. Un jour il fut pris par les Vendéens ; son audace et sa jeunesse inspirèrent quelque pitié aux vainqueurs.—C'était à une époque où, par représailles des décrets de la Convention, on ne faisait pas de prisonniers.— Les Vendéens offrirent la vie à Barra à condition qu'il crierait *vive le roi !* il aima mieux mourir en criant *vive la république!*—Barra nourrissait sa mère avec sa paye. — La Convention décréta qu'on accorderait à sa mémoire les honneurs du Panthéon, et qu'une gravure représentant son dévouement et sa piété filiale serait envoyée à toutes les écoles primaires, afin de retracer sans cesse à la jeunesse un si bel exemple.

Ce premier succès des Provençaux répandit un instant la consternation parmi les patriotes du Midi. Renforcés de quelques habitants des campagnes, les insurgés se dirigèrent vers Pont-Saint-Esprit.

Marche de Carteaux contre les insurgés. — Mais à la première nouvelle de l'insurrection, le comité de salut public avait envoyé à Kellermann, général en chef de l'armée des Alpes, l'ordre de prendre des mesures promptes pour réprimer ces mouvements contre-révolutionnaires. Kellermann, ou plutôt les représentants du peuple auprès de son armée, dirigèrent aussitôt sur la Provence le général Carteaux et une division de six bataillons et de 400 chevaux. Ce général, sentant la nécessité d'empêcher la réunion du détachement marseillais avec les détachements sortis de Lyon, dont le siége venait de commencer, marcha en hâte sur le Pont-Saint-Esprit, où étaient leurs principaux postes avancés. Déjà Orange, Avignon, Courtaison et la plupart des villes qui se trouvent sur la route de Marseille étaient au pouvoir des insurgés. Mais ceux-ci, quoiqu'ils eussent tiré de ces divers points et des campagnes environnantes de nombreux renforts, ne crurent point devoir attendre l'avant-garde républicaine à Pont-Saint-Esprit.

Combat d'Orange. — D'Arbaud, après avoir jeté une garnison dans le château, se replia sur Orange, où il croyait pouvoir occuper une position plus favorable pour soutenir avec sa troupe le choc de Carteaux. La rencontre eut lieu le 15 juillet. Les insurgés étaient supérieurs en nombre aux soldats républicains, dont les forces ne s'élevaient qu'à 2,000 hommes. Néanmoins ils furent complétement battus.

Combat de Cadenet. — Quoique vivement poursuivis par les républicains après le combat d'Orange, les Marseillais arrivèrent à Cadenet sur la Durance assez long-temps avant eux pour s'emparer de cette petite ville et de son château, défendus par une garnison assez nombreuse, mais dépourvue d'artillerie. Carteaux, avec sa division, renforcée des républicains d'Apt, de Carpentras et de quelques détachements de chasseurs allobroges, occupa les hauteurs qui dominent Cadenet, et après une assez courte canonnade, obligea les insurgés à évacuer la ville et le château et à repasser la Durance. Une nouvelle attaque les chassa de Manosque, qu'ils avaient aussi occupé. Dans ce combat, d'Arbaud, leur chef, blessé dangereusement à l'affaire de Cadenet, tomba au pouvoir des républicains, ainsi que trois pièces de canon et beaucoup de munitions de guerre.

Combat de Salon. — Les insurgés se retirèrent à Salon-Lambesc, de l'autre côté de la Durance, où ils furent renforcés par un détachement envoyé d'Aix. Carteaux, leur supposant plus de ressources qu'ils n'en avaient, n'osa pas d'abord traverser la rivière. Les insurgés, au lieu de profiter de ce délai pour se fortifier, prirent paisiblement des cantonnements sur la rive gauche, comme s'ils n'avaient rien à craindre. Mais bientôt le général républicain, ayant été rejoint par quelques nouveaux bataillons, passa brusquement la Durance, les attaqua à l'improviste, leur tua un grand nombre d'hommes et les contraignit à s'enfuir vers Marseille, où il les suivit.

Combat de Septème. — Les insurgés se retranchèrent encore en avant de cette ville sur les hauteurs de Septème, défendues par dix-sept pièces de canon de tout calibre. Carteaux les y attaqua et escalada leurs retranchements sous le feu de leur artillerie, dont il s'empara. Les insurgés, découragés, rentrèrent dans Marseille, où régnait la plus grande confusion.

Prise de Marseille. — Carteaux s'y porta aussitôt et fit sommer les habitants de lui ouvrir les portes. Lassé d'attendre leur réponse, il ordonna l'attaque et envoya des obus dans la ville, où les deux partis, républicains et insurgés, étaient aux prises. Déjà les chefs de l'insurrection étaient en pourparlers avec les officiers de la flotte anglaise pour leur livrer ce poste important : Carteaux ne leur en donna pas le temps. L'attaque et le bombardement durèrent sans discontinuer toute la nuit du 24 au 25 août. Le 25, le général républicain, secondé par les patriotes que renfermait la ville, s'en rendit maître. Les principaux chefs de l'insurrection s'étaient soustraits à la vengeance de la Convention en passant à bord des vaisseaux anglais qui croisaient devant le port : il ne restait dans Marseille que quelques insurgés obscurs qu'une sage et humaine politique commandait peut-être d'épargner. Néanmoins cette ville paya cher les inquiétudes qu'elle avait données au gouvernement ; elle devint le théâtre des plus terribles exécutions. La Convention voulait d'avance faire connaître aux défenseurs de Lyon et de Toulon, quel sort leur était réservé par la justice révolutionnaire.

RÉSUMÉ CHRONOLOGIQUE.

1793.

30 et 31 MAI. 1er et 2 JUIN. Triomphe des Montagnards sur les Girondins. — — Insurrection à Marseille.
— — Passage de la Durance. — Mort d'Agricole Viala.
24 JUIN. Marche de Carteaux sur Pont-Saint-Esprit.

15 JUILLET. Combat d'Orange.
17 — Combat de Cadenet.
AOUT. Combat de Salon.
24 — Combat de Septème.
25 — Prise de Marseille.

INSURRECTION DE LA CORSE.

SOMMAIRE.

Paoli. — Son administration. — Son exil volontaire. — Rappel de Paoli par l'Assemblée constituante. — Son retour en Corse. — Napoléon et Paoli. — Insurrection. — Première apparition des Anglais. — Projets des Anglais sur la Corse. — Arrivée de renforts anglais. — Situation critique des républicains. — Ruse de guerre. — Débarquement des Anglais. — Revers des républicains. — Siége de Bastia. — Siége de Calvi. — Le roi d'Angleterre est déclaré roi des Corses. — Retraite volontaire de Paoli.

| *Troupes républicaines.* { Représentant du peuple : LACOMBE-SAINT-MICHEL. | *Corses insurgés.* Général : PAOLI. |
| Général : GENTILI. | *Anglo-napolitains.* Amiral : HOOD. |

Pendant l'insurrection du midi de la France, lorsque Lyon se préparait à soutenir contre les troupes de la Convention ce siége mémorable dont nous parlerons bientôt, au moment où Toulon allait être livré à l'Angleterre, un département récemment réuni à la France, un pays presque étranger par son langage, ses mœurs et ses préjugés, allait momentanément se détacher de la République ; la Corse commençait aussi son insurrection.

Paoli.—Son administration.—Son exil volontaire. — L'homme qui attacha le premier son nom à cette révolte avait alors en Europe une réputation supérieure même à celle de Washington. Paoli était le plus grand homme de la Corse, Napoléon était encore presque un enfant.

On sait quelles longues et rudes guerres Paoli avait faites aux Génois pour l'indépendance de son pays. C'était pour les braves insulaires de Piaves et des montagnes de la Corse le représentant de leur nationalité. Ils n'avaient point oublié qu'il avait pendant quelques années reconquis leur liberté. Les services que Paoli avait rendus à son pays comme guerrier sont assez connus pour que nous ne croyions pas devoir les rappeler ; mais on ignore trop quels talents il avait montrés comme administrateur. Nous allons en parler avec détails. On comprendra mieux ensuite comment il a pu avoir la conviction de pouvoir donner à la Corse une organisation sociale plus appropriée à ses mœurs et à ses besoins que celle que lui préparaient les législateurs conventionnels.

Après avoir vaincu les Génois, Paoli, pendant son généralat, avait eu à réprimer les factions diverses que leurs intrigues ou même d'anciennes inimitiés nationales avaient armées contre lui. Il y avait réussi avec autant de prudence que de fermeté. De ce moment commença l'époque la plus brillante de sa vie. L'habileté avec laquelle il combinait toutes ses entreprises lui avait soumis tout l'intérieur de l'île. Les rivalités se taisaient devant lui, et les Génois, forcés de rester dans les places maritimes qui seules leur restaient, y étaient comme prisonniers. Paoli, attentif à recueillir dans les pages de Plutarque et de Tite-Live les exemples des anciennes républiques, s'attacha constamment à nourrir parmi les siens l'enthousiasme national. Il leur montra en perspective une prospérité comparable à celle dont jouissait la Hollande. Il essaya peu en fait d'organisation militaire ; il se contenta de former deux corps réguliers et de maintenir la prise d'armes en masse et les marches temporaires comme une coutume nécessaire à la défense du pays et aux développements de la bravoure personnelle. Il profita de l'amour des Corses pour la justice, pour créer des tribunaux permanents, qui offraient un double degré de juridiction ; il suspendit le cours des vengeances particulières, introduisit une nouvelle monnaie, établit l'uniformité des poids et mesures et coordonna les éléments d'une administration stable. Des juntes de guerre ou des commissions parcourant l'île, escortées de forts détachements et revêtues d'un pouvoir extra-légal, jetèrent la terreur dans l'âme des partisans secrets de Gênes, et continrent les ambitieux, mécontents de la puissance du général. Deux inspecteurs reçurent la mission de ranimer l'agriculture dans chaque province. Les consultes eurent à leur tête un président qui communiquait avec le chef du gouvernement et son conseil, et de plus un orateur, chargé de transmettre les vœux du peuple. L'initiative demeura partagée entre la consulte et le pouvoir exécutif : celui-ci put se prévaloir d'un *veto* qui suspendait seulement les résolutions de l'assemblée, s'il n'était pas motivé, mais qui, dans le cas contraire, les arrêtait indéfiniment. Il n'est pas inutile de faire remarquer que ces institutions politiques, qui ont tant d'analogie avec le gouvernement dit constitutionnel, étaient créées et mises en pratique en 1764 dans un pays que le reste de l'Europe considérait comme une contrée sauvage et barbare. Paoli fit sans danger un essai de tolérance civile, en admettant un Juif à l'exercice des droits politiques. Prodigue de respects envers le clergé, il sut l'assujettir aux charges communes, restreindre l'influence de ce corps dans les consultes, et s'en appuyer utilement en d'autres circonstances. Cependant il échoua dans son projet de séculariser tout-à-fait la justice, en cessant de reconnaître le privilége de la juridiction ecclésiastique ; il ne put même abolir le déplorable abus du droit d'asile. Sous son administration, la population, malgré la guerre, s'accrut d'environ 16,000 âmes. L'instruction publique, à son tour, excita sa sollicitude. Il établit une université à Corte : des professeurs nationaux y enseignèrent la théologie, le droit civil et canonique, le droit naturel et la philosophie, les mathématiques et la rhétorique, à une jeunesse nombreuse, auparavant condamnée à chercher sur le continent de dispendieuses leçons.

Les Génois, effrayés de la naissante prospérité de la Corse, qui s'annonçait comme pouvant devenir une rivale dangereuse pour leur république, et désespérant de soumettre de nouveau un peuple qui avait si héroïquement rompu ses fers, prirent enfin le parti de céder à la France une souveraineté qui leur échappait. Paoli réclama, mais en vain, contre un pacte qui disposait d'une nation sans la consulter. S'aveuglant sur les résultats d'une lutte trop inégale, il s'occupa dès lors constamment à opposer aux armes de la France toutes ses ressources et toute son énergie. Favorisé par l'inexpérience présomptueuse du marquis de Chauvelin, le premier général qu'il eut à combattre, il prit en peu de temps une supériorité marquée sur les Français, qui, dispersés sur des lignes trop étendues, furent battus successivement et en détail. Mais tout changea de face par le rappel de Chauvelin. Le comte de Vaux, à la tête de 22,000 hommes aguerris, soumit, en moins de quarante jours, une population armée, qui n'avait à lui opposer qu'un courage indompté, étranger à la discipline, et les difficultés d'un terrain coupé de montagnes. Le combat de Ponte-Nuovo, où les Corses, enveloppés entre deux feux, essuyèrent une défaite meurtrière, ruina les espérances de Paoli; il s'embarqua précipitamment pour Livourne et passa en Angleterre avec son frère et ses neveux. Il y vécurent obscurément du peu de ressources qui lui restaient et des secours du gouvernement qui lui offrait un asile.

Rappel de Paoli par l'Assemblée constituante. — Lorsque l'Assemblée constituante, en 1789, appliqua à la Corse le bienfait des lois françaises, lorsque cette île devint bien réellement une partie du territoire national, Mirabeau déclara à la tribune qu'il était temps de rappeler les patriotes fugitifs qui avaient défendu l'indépendance de leur pays. Il présenta même cette mesure comme une expiation de l'injuste conquête à laquelle il se reprochait d'avoir participé dans sa jeunesse. Sa proposition fut adoptée, et Paoli accourut de Londres à Paris, pour remercier les nouveaux législateurs : « Vous avez, dit-il, honoré de vos suffrages ma conduite passée; elle vous répond de ma conduite future. J'ose dire que ma vie entière a été un serment à la liberté : c'est l'avoir déjà fait à la constitution que vous établissez. » Paoli, pendant son séjour dans la capitale, fut, toutes les fois qu'il se montra en public, salué par les acclamations des Parisiens; Louis XVI, auquel Lafayette le présenta, lui conféra le titre de lieutenant général et le commandement militaire de la Corse.

Son retour en Corse. — Son retour dans l'île excita un enthousiasme universel. Le vœu de ses concitoyens le plaça à la tête de la garde nationale. Il fut appelé en même temps à la présidence de l'administration départementale. Alors, et satisfait sans doute d'appartenir à une grande nation, on le vit seconder sincèrement les opérations de l'Assemblée constituante. Ses lettres sont remplies de sentiments d'estime et d'affection pour les membres les plus marquants de cette Assemblée. Il usa de tout son pouvoir pour installer à Bastia l'évêque constitutionnel. Mais bientôt la défiance refroidit son attachement pour le gouvernement français. Une motion, faite impolitiquement dans les comités législatifs, de céder la Corse au duc de Parme, en échange du Plaisantin, qu'on aurait donné au pape, afin de l'indemniser de la perte d'Avignon, parut aux yeux de Paoli un indice du peu d'importance que mettait la France à conserver son pays. Sa fierté nationale s'en indigna. On peut croire que c'est de cette époque que datent auprès de lui les intrigues de l'Angleterre. La chute de la monarchie, les progrès de la révolution achevèrent de l'ébranler. Il pleura Louis XVI, se détacha insensiblement du parti démocratique, et parut disposé à prêter son appui au parti contraire, que révoltaient les assignats, la persécution religieuse, les exactions et les violences des conventionnels.

Napoléon et Paoli. — Le général corse tarda néanmoins à se prononcer contre la France. Il avait même contribué, quoique avec un peu de tiédeur, à l'expédition de l'amiral Truguet contre la Sardaigne; c'est à lui qu'on dut l'envoi des renforts commandés par Bonaparte, qui prirent les îles de la Madeleine et le fort Saint-Étienne. Le père de Napoléon avait fait avec Paoli les guerres de l'indépendance. Lorsqu'au commencement de 1793, Napoléon était venu passer dans son pays natal quelques mois d'un congé qu'il avait obtenu, il y trouva Paoli investi du commandement militaire de l'île. Ce général montrait encore de l'attachement pour la cause française. Il accueillit avec empressement le fils de son ancien compagnon d'armes, et lui témoigna une vive amitié. De son côté Napoléon avait une véritable admiration pour l'homme qu'il considérait alors comme le héros de la Corse; il était fier d'avoir obtenu son affection. Paoli rendait justice aux grandes qualités de Napoléon Bonaparte : « Jeune homme, lui dit-il un jour, tu es taillé à l'antique; tu seras un héros de Plutarque[1]. »

Insurrection. — Il fallut, pour que le vieux général corse se décidât à une insurrection ouverte, qu'il y fût poussé à la fois et par les menaces des conventionnels et par le vœu d'une partie de la population. Pour ne pas juger trop rigoureusement la conduite des Corses en cette circonstance, il faut se rappeler que la plupart de ceux qui existaient alors avaient combattu pendant de longues années pour l'indépendance de leur pays, et qu'une petite partie de la population seulement était née depuis la réunion à la France (en 1768). Ces *vrais Corses et non Français*, comme ils se nommaient eux-mêmes, purent croire un instant, à l'aspect de l'anarchie révolutionnaire qui semblait devoir annihiler la France, que le jour de l'indépendance réelle était arrivé pour leur pays. Après l'expédition de Sardaigne, et

---

[1] Lorsque Paoli se détacha de la République, il essaya d'attirer Napoléon à son parti; mais celui ci était Français dans tous ses sentiments : il résista aux séductions et à l'exemple du général, et réussit, à travers mille dangers, à rejoindre dans Calvi les représentants du peuple. Bientôt la guerre prit un caractère grave; l'animosité des partis acquit un haut degré d'intensité. La maison des Bonaparte fut pillée. Napoléon, ainsi que toute sa famille, fut proscrit par le parti vainqueur : il revint en France, et après avoir installé sa mère et ses sœurs dans une bastide voisine de Marseille, il se disposa à partir pour Paris afin d'y solliciter du service. C'est alors, au moment où il semblait devoir être abattu par la mauvaise fortune et par la ruine des siens, qu'ayant foi en son génie, il répondit à un ami qui était venu lui offrir ces consolations banales dont les hommes sont si prodigues envers les malheureux : « En temps de révolution, avec de la persévérance et du courage, un soldat ne doit désespérer de rien. »

probablement dirigés à leur insu par les secrètes instigations de l'Angleterre, les habitants de Corte et d'Ajaccio manifestèrent les premiers cette espérance. (Le prétexte fut la levée des bataillons de volontaires dont l'organisation était un sujet de discussion entre les partis.) Ils rappelèrent leurs députés à la Convention nationale, et ils proclamèrent généralissime Paoli, qui, séduit par cette explosion populaire, accepta. Bientôt Barrère rendit compte à la Convention de la situation de la Corse, et l'assemblée décréta que ses commissaires continueraient à faire organiser les bataillons suivant le dernier mode arrêté; qu'ils feraient arrêter Paoli et tous les mécontents, et les enverraient dans les prisons du continent pour y être jugés par les tribunaux français. Peu de temps après, un citoyen de l'île de Corse sollicita, dans une pétition, le rapport du décret rendu contre Paoli. Il exposa que ce général avait combattu toute sa vie pour la liberté. La Convention (c'était au moment de l'insurrection des Lyonnais) craignit un instant d'avoir pris une résolution trop prompte et renvoya cette pétition au comité de salut public. Mais il était trop tard. La Corse était déjà en révolte ouverte contre la France; déjà les troupes de la république avaient même été attaquées dans l'île. On y envoya des renforts. Les insurgés furent repoussés par les Français, dont le débarquement, auquel ils voulaient s'opposer, fut soutenu par le feu de plusieurs frégates; néanmoins, et malgré ce léger succès, la contre-révolution s'opéra dans la plupart des cantons. Paoli était nommé généralissime, c'est-à-dire souverain; le clergé avait repris son influence; les émigrés étaient rentrés. Une *consulta* ou assemblée extraordinaire de députés de toutes les communes de l'île avait été réunie, et Paoli en avait été nommé président. On s'était emparé des magasins; on avait armé des corps de 1,000 à 1,200 hommes. La guerre civile avait cette énergie naturelle au pays: on fusillait ceux qui se déclaraient pour la France, les villes étaient déclarées rebelles quand elles étaient pour la république, et les insurgés y envoyaient de fortes garnisons. La consulta ayant proscrit Salicetti, Casa-Bianca, Arena et tous les députés attachés à la France, leurs familles furent mises en arrestation, et leurs maisons incendiées. Il fut décrété que tous les militaires au service de la France seraient invités à quitter leurs drapeaux sous trois jours, et, en cas de retard, obligés d'obtenir un pardon, faute duquel ils seraient enfermés dans des prisons avec confiscation de leurs biens, etc.

La Convention, en recevant ces nouvelles, rendit un décret qui cassa la consulta et tous ses arrêtés, et ordonna l'arrestation immédiate de Paoli et des administrateurs du département. Mais, pour exécuter ce décret, il aurait fallu des soldats.

Première apparition des Anglais. — En se rendant à Toulon, et sans doute pour encourager les Corses dans leur insurrection, l'amiral Hood envoya une partie de son escadre faire une démonstration devant l'île. Les Anglais, après avoir coupé toute communication par mer avec Calvi et Saint-Florent, adressèrent à ces deux villes des sommations, qui n'eurent aucun succès. Ils examinèrent alors l'état de défense de ces deux places, et jugeant Saint-Florent d'un accès plus facile, ils se déterminèrent à l'attaquer. L'attaque fut concertée avec Paoli, qui était descendu de Corte à Murato. Pendant deux jours, deux vaisseaux anglais canonnèrent la batterie de Fornelli, dans le golfe de Saint-Florent. Un Corse, Léonetti, ex-député, commandait à terre les forces des assiégeants, et avait avec lui quatre pièces de campagne fournies par les Anglais. Le feu fut vif et la résistance opiniâtre. Un fort orage étant venu pendant le combat, les Anglais saisirent ce prétexte pour faire rembarquer leurs troupes, laissant les quatre pièces de campagne aux insurgés. Pendant la nuit, les Français firent une sortie de Fornelli, attaquèrent et chassèrent les Corses et leur prirent ces quatre pièces de canon. Dans la même journée, les insurgés attaquèrent Patrimonio, Barbaggio et Furioni; ils furent repoussés partout avec perte. — Les vaisseaux anglais firent voile vers Toulon, laissant aux Corses le soin de soutenir la guerre, et promettant de leur envoyer de prompts secours.

Projets des Anglais sur la Corse. — Les Anglais, après l'évacuation de Toulon, reprirent leurs projets d'expédition contre la Corse; ils avaient compris qu'ils ne pourraient employer plus utilement leurs troupes et leurs vaisseaux disponibles, qu'à soutenir Paoli et à s'assurer de la possession de la Corse. Cette île, en effet, a plusieurs bons ports; son exploitation, très avantageuse pour suppléer à tout ce qui manque sur le rocher de Gibraltar, leur eût fourni en outre d'excellentes troupes légères pour leurs armées; renfort doublement précieux à une époque où l'Angleterre faisait des efforts extraordinaires sur tous les points du globe. La Corse, alors que l'Angleterre n'était pas encore maîtresse de Malte, eût remplacé tout ce que le cabinet de Saint-James avait perdu par la restitution de Minorque à l'Espagne, et assuré au pavillon britannique l'empire de la Méditerranée.

Arrivée de renforts anglais. — La guerre que Paoli soutenait en 1793 contre la République française n'avait en quelque sorte été faite que par le parti corse attaché à l'ancienne et absolue indépendance. L'Angleterre, sur laquelle le général insurgé comptait principalement pour se débarrasser du joug républicain, n'avait envoyé que de faibles secours en armes et en munitions de guerre. Les Anglais étaient alors occupés à détruire les ressources maritimes de la France méridionale, réunies à Toulon; lorsqu'ils furent contraints d'évacuer cette ville, ils portèrent en Corse la plus grande partie de leurs vaisseaux et de leurs troupes, et la guerre prit dès lors un caractère de gravité qui, pour les hommes jugeant sans aveuglement, devait leur faire prévoir la chute momentanée du parti national.

Afin de n'avoir pas à revenir sur les événements qui mirent pendant quelque temps un département républicain au pouvoir de l'éternelle rivale de la France, et quoique ces événements appartiennent à l'année 1794, nous allons faire connaître la dernière et courageuse résistance des Corses qui tenaient encore à honneur de conserver le titre de Français.

Situation critique des républicains. — Ruse de guerre. — A la fin de 1793, le représentant du peuple Lacombe-Saint-Michel n'avait déjà plus que 12,000 hommes de troupes. Les renforts amenés par les Anglais augmentèrent sa situation critique. Vivement pressé, il se retira à Saint-Florent, et il s'y tint renfermé, resserré dans ses lignes. Bastia et Calvi étaient les seules villes qui reconnussent encore le gouvernement de la République. Mais les Anglais, qui dès leur arrivée avaient manqué de franchise dans leur politique et inspiraient de la défiance aux Corses, même à ceux du parti de Paoli, au lieu de brusquer une attaque qui aurait pu réussir, ne surent pas profiter promptement de la faiblesse et du dénûment des Français.

Lacombe, craignant de voir former le siége de Bastia, employa la ruse pour éloigner le danger : il manda près de lui le capitaine d'un vaisseau ragusain, mouillé dans le port, et lui confia mystérieusement une lettre pour le consul de France à Gênes, en lui remettant une somme d'argent et en lui en promettant une plus forte s'il parvenait à soustraire sa dépêche à la vigilance des croiseurs anglais. Dans cette lettre, calculée dans un but facile à concevoir, Lacombe instruisait le consul de quelque échec qu'il venait d'éprouver, et lui marquait en même temps qu'il avait pris à Bastia une position sûre où il avait tendu aux Anglais un piége tel que, s'ils y tombaient, il n'en échapperait pas un seul. Le Ragusain assura au Représentant qu'il remplirait ses intentions, mais à peine sorti de Bastia, il s'empressa, comme Lacombe l'avait prévu, d'aller vendre aux Anglais la missive dont il était chargé. La ruse réussit: l'amiral ennemi, craignant de trouver les Français trop fortement préparés à le recevoir, n'osa pas de six semaines former d'entreprise contre Bastia

Débarquement des Anglais.—Bientôt la nouvelle du blocus du golfe de Saint-Florent par vingt vaisseaux de guerre arriva à Lacombe-Saint-Michel. Il s'y rendit pour visiter toutes les parties de la défense. Les matelots et les soldats redoublèrent d'efforts pour recevoir l'ennemi. Le camp de la Colline de la Convention était le poste le plus important. Le Représentant y bivouaqua pendant une nuit à la tête des troupes, dans l'attente qu'il serait attaqué, mais ce fut en vain. Les Anglais débarquèrent seulement une pièce de petit calibre, avec laquelle ils tirèrent sur la tour de la Mortella, qui ne daigna même pas leur répondre.

Le nombre des soldats débarqués dans l'île de Corse était de 3,000, Anglais ou Napolitains. Comme ils ne firent aucun mouvement pendant la nuit, on présuma que l'attaque de la Mortella n'était qu'une fausse attaque, et qu'il était possible que les troupes débarquées eussent marché sur Murato, à travers des montagnes escarpées, d'où elles pouvaient combiner des opérations pour tourner Saint-Florent et l'attaquer du côté de la mer, ou pour couper la communication de Bastia à Saint-Florent. Dès que la défense de cette dernière place fut assurée, on augmenta le camp de San-Bernardino, où on construisit une redoute, et on renforça le poste de Tighimé, qui assurait la communication de Saint-Florent à Bastia.

Revers des républicains. — Si la petite armée qui défendait en Corse les intérêts de la république avait pu recevoir des secours du continent, il y a lieu de penser qu'avec la résolution et les talents du représentant Lacombe et du général Gentili, elle aurait pu conserver l'île à la France; mais, privée de tous secours et de tous moyens de recrutement, assaillie par les insurgés et par les forces croissantes des Anglais, bloquée par mer, elle dut successivement évacuer Saint-Florent, abandonner le camp de Fornali, ceux de San-Bernardino, de Tighimé et les postes extérieurs qu'elle occupait encore dans le district de Bastia pour se retirer et se retrancher dans cette ville. Les combats journaliers auxquels donnèrent lieu ces petits mouvements militaires remplirent les trois premiers mois de l'année 1794.

Siége de Bastia. — Bastia avait été mis en état de défense. Paoli avait placé son camp à Furiani. Tandis que l'escadre anglaise s'approchait par mer pour attaquer la place, les insurgés la resserraient par terre. Vingt vaisseaux ennemis étaient mouillés dans le golfe ou croisaient dans les eaux de Bastia. L'attaque commença dans la nuit du 28 au 29 mars. L'artillerie française riposta avec vivacité au feu des Anglais et à la fusillade des Corses. Le 11 avril, Bastia fut sommé de se rendre. Lacombe répondit énergiquement à l'amiral ennemi, et refusa même de voir son parlementaire. Une frégate, qui s'embossa à portée de canon des batteries, fut brûlée par les boulets rouges. Le siége continua avec vigueur pendant tout le mois d'avril. A la fin du mois, la ville fut obligée de ralentir son feu pour économiser la poudre qui commençait à manquer; néanmoins, la garnison et les habitants soutenaient avec résignation les fatigues du siége et les horreurs de la famine. Lacombe était parti pour aller presser l'envoi des secours et soutenir le courage des défenseurs de Calvi, menacés aussi d'une attaque. Il avait laissé le commandement à Gentili, promu au grade de général divisionnaire. Une nouvelle sommation, que les Anglais adressèrent à ce général, ne fut pas mieux reçue que celle qu'ils avaient faite au représentant du peuple. Dans leur rage, ils tirèrent sur l'hôpital Saint-François, quoiqu'on y eût arboré le pavillon noir. Le siége dura encore près d'un mois avec une égale énergie. Enfin, le 22 mai, à la suite d'un conseil de guerre, où l'on reconnut qu'il ne restait plus dans la place que pour quatre jours de vivres (et encore à demi-ration), Gentili consentit à signer une capitulation, en vertu de laquelle la garnison reçut les honneurs de la guerre et fut embarquée pour Toulon, avec les habitants restés fidèles à la cause française.

Siége de Calvi. — Calvi, où Lacombe-Saint-Michel s'était rendu en quittant Bastia, était réputé principalement comme une des villes dévouées à la République. Les Anglais avaient en effet le dessein d'en faire le siége. Leur flotte s'en approcha pendant que l'armée de terre la cernait. Mais, encouragée par le brave représentant qui était venu partager ses dangers, cette ville, quoiqu'elle ne renfermât qu'une faible garnison, opposa aux efforts des assiégeants une opiniâtre résistance, et se signala par son courage. Les citoyens s'empressèrent tous de seconder la garnison. Les femmes elles-mêmes donnèrent l'exemple de ce véritable patriotisme qui enfante les grandes actions; elles oublièrent la faiblesse de leur sexe, et malgré le feu très vif qui faisait pleuvoir sur leur ville une grêle de bombes et de boulets, elles ne cessèrent de contribuer aux travaux de la défense, en apportant, jour et nuit, de la terre sur les bastions pour remplir les gabions et mettre les assiégés, qui gardaient les remparts, à l'abri des projectiles ennemis.

Déjà, au bout de quinze jours, les maisons de Calvi étaient presque en entier renversées par trois mille bombes que les Anglais y avaient lancées. Pressée par mer et par terre, la ville fut bientôt réduite à la plus rigoureuse famine. Les habitants et les soldats ne se nourrissaient plus que de chair de cheval, d'âne, de mulet et des animaux les plus immondes. Bientôt la disette fut telle qu'un œuf valut trente sous en numéraire.

L'extrême détresse ne changeait cependant rien aux sentiments de la population. Un enfant de quinze ans, blessé par l'éclat d'une bombe, était près d'expirer; il voit sa mère verser des larmes : « Ma mère, ne pleure pas, lui dit-il; je meurs pour la patrie. »

Enfin, après deux mois d'un feu continuel des batteries armées de trente-sept pièces de gros calibre, et auxquelles se joignait, quand l'état de la mer le permettait, l'artillerie des vaisseaux anglais qui s'embossaient à petite portée, Calvi n'offrait plus que des ruines. Les maisons étaient presque toutes détruites; les fortifications présentaient de toutes parts des brèches effrayantes par leur étendue; toutes les batteries étaient démontées; la garnison, réduite à 260 hommes, attaquée par une dyssenterie meurtrière, accablée de veilles et de fatigues, était incapable de continuer son service et de garder une place ouverte de toutes parts. La cruelle nécessité décida enfin le commandant militaire, autorisé par le Représentant, à demander une capitulation, qui fut conclue le 1er août. La garnison sortit avec les honneurs de la guerre, et s'embarqua pour Toulon, suivie de la plupart des habitants, qui aimèrent mieux abandonner à l'ennemi les débris fumants de leur cité que de les conserver en restant soumis à l'Angleterre.

Le roi d'Angleterre est proclamé roi des Corses. — La prise de Bastia et de Calvi livrait entièrement la Corse au pouvoir des Anglais. La politique adroite du cabinet de Londres s'apprêta à tirer tout le fruit possible de ces succès. Paoli avait convoqué les assemblées du pays. On fit insinuer aux députés que, pour s'assurer un appui contre la terrible vengeance de la Convention, et afin de pouvoir engager l'honneur même de l'Angleterre à la défense de la Corse, il convenait d'offrir la couronne au roi de la Grande-Bretagne. L'Angleterre avait parmi les Corses eux-mêmes des agents habiles. Diplomates astucieux, ils parvinrent, dit-on, à amener Paoli à appuyer la candidature du monarque anglais, en lui présentant l'espérance d'être nommé vice-roi, et de continuer à jouir de toute l'autorité. Paoli fut cruellement déçu : Georges III accepta la couronne; mais il en délégua les droits au général Elliot. Le ministère anglais savait très bien qu'il ne devait considérer la Corse que comme une station politique et militaire, coûtant beaucoup et ne rapportant rien. Pour en tirer quelque fruit, il aurait fallu de nombreux établissements, et, avant de les former, il importait d'assurer leur conservation en confiant l'administration du pays à des autorités anglaises. Tout ce que le cabinet de Saint-James concéda aux habitants fut une part active à la législation intérieure. Un parlement, présidé par Pozzo-di-Borgo, discuta et sanctionna les lois qu'il plut au roi anglais de faire proposer.

Retraite volontaire de Paoli. — Paoli, habitué au premier rôle, se montra peu jaloux de jouer le second. Il prit son parti avec dignité et préféra une retraite qui lui laissait encore toute son influence sur le pays à une position qu'il n'aurait pu rendre active qu'au profit d'un prince étranger. Il conservait ainsi sa liberté complète et ses moyens d'agir, et il se promettait bien d'en faire usage, autant pour sa gloire personnelle que dans l'intérêt de ses concitoyens. — Le sort en décida autrement. — L'Angleterre ne tira pas cette fois de sa politique tout le fruit qu'elle en avait espéré. Les partisans de Paoli lui firent payer chèrement la faute qu'elle avait commise en s'aliénant leur chef; mais Paoli lui-même ne put rien pour son pays. La Corse redevint française, et, comme en échange de son indépendance absolue à laquelle elle renonça franchement, elle donna à la France un empereur.

RÉSUMÉ CHRONOLOGIQUE.

1793.

3 AVRIL. Paoli est destitué et mandé à la barre de la Convention.
26 MAI. Consulta qui proscrit les familles dévouées à la France.
1er JUILLET. Décret qui proscrit Paoli et Pozzo-di Borgo.

1794.

19 FÉVRIER. Évacuation de Saint-Florent.
22 MAI. Capitulation de Bastia.
1er AOÛT. Reddition de Calvi. — Succès complet des insurgés — Les Français évacuent entièrement la Corse.

A. HUGO.

On souscrit chez DELLOYE, Éditeur, place de la Bourse, rue des Filles-Saint-Thomas, 13.

Paris. — Imprimerie et Fonderie de BIGNOUX et Comp., rue des Francs-Bourgeois-Saint-Michel, 8.

FRANCE MILITAIRE.

SIÉGE DE LYON.

SOMMAIRE.

Division des partis à Lyon. — Décret de la Convention. — Condamnation et exécution de Chalier. — Mesures ordonnées contre Lyon. — Description de Lyon. — Sommation. — Armée de siége. — Défenseurs de Lyon. — Le parti girondin. — Commencement du siége. — Bombardement. — Prise du poste de la Duchère. — Attaque de la Savoie par les Piémontais. — Propositions du roi de Sardaigne refusée. — Prise du pont et des redoutes d'Oullins. — Attaque et prise des hauteurs de Sainte-Foy. — Combat de Saint-Irénée et du territoire Perrache. — Attaque des Brotteaux. — Famine. — Trait de courage. — Progrès des assiégeants. — Situation critique de la ville. — Capitulation — Sortie des défenseurs de Lyon. — Pertes des Lyonnais. — Entrée des républicains à Lyon. — Premières mesures contre la ville. — Décret de la Convention. — Excès révolutionnaires. — Démolition de Lyon. — Mission de Collot-d'Herbois et de Fouché. — Massacres juridiques.

DÉFENSEURS DE LYON.	ARMÉE DE SIÉGE.
Général. PERRIN DE PRECY.	*Généraux en chef.* KELLERMANN.
Chef d'état-major. DE VIRIEU.	DOPPET.

Les deux partis qui, sous le nom de Girondins et de Montagnards, divisaient la Convention nationale, étaient représentés dans la plupart des départements français. Chacune des villes prenait parti pour l'un ou l'autre côté de l'Assemblée, et quelques-unes, à l'instar de la Convention, se divisaient même d'opinions et d'intérêts. Lyon fut du nombre de ces dernières. — Le parti des républicains modérés y était nombreux; il s'y trouvait grossi d'un grand nombre de royalistes, qui étaient venus habiter cette ville, où les princes émigrés avaient d'abord annoncé l'intention de transporter le siége du gouvernement. Dans un premier mouvement, le 18 février 1793, l'arbre de la liberté y avait été brûlé, aux cris de *vive le roi!* — Le parti montagnard avait pour chef le Savoyard Chalier, enthousiaste partisan de Marat et président du club central.

Les violences auxquelles ce parti se livrait furent long-temps contre-balancées par l'action de l'administration départementale. Mais enfin, la municipalité et le club central s'emparèrent de tous les pouvoirs, comme avaient fait à Paris la commune et la société des jacobins. Cette crise locale eut lieu en 1792. — Les événements du 10 août brisèrent le dernier frein qui retenait le parti révolutionnaire, et il voulut bientôt répéter à Lyon la scène terrible des massacres de septembre. L'énergie du maire, homme ferme et courageux, ne put soustraire aux couteaux des assassins les victimes qui y avaient été dévouées. Les massacres furent suivis de pillages et de luttes sanglantes entre les deux partis. Les caves de l'Hôtel-de-Ville se remplirent de prisonniers, et la terreur se répandit dans Lyon. Tous les coups que se portaient à Paris les deux factions opposées y avaient du retentissement. La Convention y envoya trois de ses membres, Legendre, Basire et Rovère, pour rétablir l'ordre. Leur présence irrita les esprits au lieu de les calmer. Le maire fut destitué. L'administration départementale lutta encore faiblement contre la municipalité et les clubistes, dont l'audace s'accrut avec le pouvoir. De nouveaux commissaires, Dubois-Crancé, Albitte, Gauthier et Nioche, arrivèrent dans la ville et débutèrent en frappant le haut commerce d'une contribution de trente-trois millions. Les Lyonnais adressèrent à la Convention des réclamations auxquelles elle refusa de faire droit. Ce refus devint le signal de la guerre civile.

Dix mille hommes s'assemblèrent le 15 avril aux Augustins, sous la présidence de l'administration départementale; ils proclamèrent la déchéance de la municipalité et demandèrent l'incarcération du président du club central et l'éloignement des troupes appelées par les commissaires de la Convention. La municipalité résista. Les jacobins s'armèrent et s'emparèrent de l'arsenal, que la section du port du Temple reprit presque aussitôt. La lutte ne s'engagea cependant avec violence que le 26 mai. Le nouveau maire, dévoué au parti jacobin, ayant fait arrêter quelques patrouilles des sections, qui furent délivrées par le peuple, envoya un courrier aux représentants à l'armée des Alpes, pour demander des secours. Les commissaires de la Convention arrivèrent avec deux bataillons, et la municipalité fit arrêter plusieurs chefs des sections, à qui elle ordonna de mettre bas les armes. Les sections s'assemblèrent le lendemain, au nombre de 12,000 hommes, sur la place de Bellecour, tandis que les partisans de la Montagne se réunissaient sur celle des Terreaux. — La commune commença les hostilités, dont la place de l'Hôtel-de-Ville fut le théâtre, et soutenue des bataillons de la ligne, elle triompha après un combat qui dura cinq heures. Mais l'enivrement même de la victoire devint funeste aux Montagnards. — Tandis qu'ils se livraient à de hideuses orgies, les sectionnaires revinrent à la charge pendant la nuit et prirent l'Hôtel-de-Ville après une lutte acharnée de dix heures. Le comité des sections, siégeant à l'arsenal, s'érigea aussitôt en municipalité provisoire. Les commissaires de la Convention furent arrêtés et ne recouvrèrent leur liberté qu'en donnant aux événements accomplis une sanction qu'ils devaient retirer quelques jours après.

Deux des députés proscrits au 31 mai, Chasset et Biroteau, étant arrivés à Lyon, n'eurent aucune peine à décider les nouvelles autorités à ne plus reconnaître la Convention. Cette assemblée envoya à Lyon Robert Lindet. Après une enquête, ce député, que les Lyonnais avaient refusé de reconnaître parce qu'il n'avait que des pouvoirs postérieurs au 31 mai, dressa sur les événements qui s'étaient passés un rapport qui apaisa d'abord la Convention. L'affaire pouvait être regardée comme terminée.

Décret de la Convention. — L'opiniâtreté des Lyonnais à poursuivre la mise en jugement des principaux membres du club central fut l'occasion du premier décret que rendit la Convention, relativement aux troubles dont Lyon venait d'être le théâtre. Tous les citoyens arrêtés dans cette ville par suite de l'affaire du 29 mai devaient être, d'après ce décret, placés sous la sauvegarde de la loi et des autorités constituées. On devait surseoir à toute instruction ou poursuite commencée contre eux. Mais les Lyonnais, s'étayant d'une loi, non expressément révoquée et d'après laquelle les jugements devaient être rendus sur le lieu même du délit, refusèrent positivement d'obéir.

Condamnation et exécution de Chalier. — Lyon, travaillé par les royalistes et par les Girondins, était devenu le centre d'une insurrection. Quatorze villes et quatre cents villages s'étaient fédérés avec cette ville. Une commission fut instituée pour décider du sort des prisonniers du 29 mai. Le président Chalier et un autre jacobin, Riard, furent condamnés à la peine de mort, et exécutés avec un appareil qui ne pouvait qu'irriter la terrible Assemblée.

Mesures ordonnées contre Lyon. — Un nouveau décret du 3 juillet rendit tous les fonctionnaires publics à Lyon responsables individuellement *sur leur tête* des atteintes qui pourraient être portées à la sûreté des personnes arrêtées. — Il fut en même temps enjoint au commandant en chef de l'armée des Alpes, et aux commissaires conventionnels près cette armée, de prendre toutes les mesures pour réduire la cité rebelle.

Ce fut par suite de cette injonction que se firent les préparatifs du siége; mais ils ne furent cependant terminés que dans les premiers jours du mois d'août.

Les divisions de l'armée des Alpes destinées à ce siége arrivèrent en effet le 7 août au camp de Miribel en face de la Croix-Rousse.

Description de Lyon. — La ville de Lyon, bâtie entre le confluent de la Saône et du Rhône, se composait alors de trois parties, renfermées dans un circuit d'environ 6,000 toises, et de quatre faubourgs. — La première de ces parties s'élève à l'ouest sur le plateau et le penchant d'une montagne dont la Saône contourne la base presque semi-circulaire. — La seconde, qui forme le nord de la ville, bâtie aussi sur le penchant d'une montagne, s'étend entre le Rhône et la Saône. — Enfin la troisième, située également entre les deux rivières, occupe une plaine basse et oblongue qui se termine au territoire de Perrache, espèce de péninsule d'une demi-lieue de longueur. — Des quatre faubourgs pareillement étendus et peuplés, celui de la Croix-Rousse occupe la montagne du Nord; celui de Vaize est situé au-delà du fameux rocher de Pierre-Scise, sur la rive droite de la Saône; celui de Saint-Just ou Saint-Irénée occupe, sur la même rive, la montagne qui s'élève à l'ouest de la ville; enfin à l'est, sur la rive gauche du Rhône, se trouve le faubourg de la Guillotière, communiquant avec la ville par un vieux pont en pierre de 262 toises de longueur, et défendu alors par une tour armée d'un pont-levis. — Le Rhône offre 600 toises plus haut et vis-à-vis la plaine des Brotteaux, un pont en bois (le pont Morand). La Saône, au-dessus du pont de la Mulatière, situé près du confluent, est encore traversée par cinq autres ponts qui servent de communications entre les diverses parties de la ville. — Les fortifications de Lyon, dont la situation était, comme on voit, assez défavorable à la défense, se réduisaient à peu de chose. — Celles de la partie située à droite de la Saône consistaient en de hautes et vieilles murailles crénelées, surmontées de tourelles élevées dès l'an 1364 par l'ordre de Charles V. Elles s'étendaient de la porte de Vaize au bord de la Saône, par le château de Pierre-Scise, jusqu'au bord de la même rivière près la porte de Saint-Georges. — Au nord et depuis la porte de Serin, sur la rive gauche de la Saône, jusqu'à la porte de Saint-Clair, sur la rive droite du Rhône, la ville était défendue par des bastions, des courtines, des tenailles, des contre-gardes et des fossés formant une ligne de fortifications assez régulière quoique construite dès l'an 1636. — Du côté de l'est, les quais magnifiques dont la rive droite du Rhône est ornée n'avaient d'autres défenses que ce fleuve, qui ne pouvait les garantir des batteries élevées aux Brotteaux et à la Guillotière.

Les Lyonnais, par leur activité et leur enthousiasme, suppléèrent à ce que l'art et la nature n'avaient point fait pour la défense de leur ville. Afin d'en éloigner autant que possible l'ennemi, ils poussèrent des reconnaissances militaires à quelque distance de son enceinte. C'est ainsi que furent fortifiés le pont d'Oullins, les hauteurs de la Croix-Rousse et de Sainte-Foy qui, au moyen d'une chaîne de poste, communiquèrent avec Saint-Etienne et Montbrison. Un grand nombre de redoutes s'élevèrent rapidement sur ces points, ainsi que dans la plaine des Brotteaux, à l'issue du pont Morand. Le plateau de la Croix-Rousse en offrait seul, et dès le 8 août, six complètement achevées et dont aucune ne pouvait être tournée. Les murailles avaient été converties en retranchements; on y avait pratiqué des meurtrières; le pont-levis de la Guillotière était réparé, et les quais du Rhône avaient été garnis d'un grand nombre de batteries.

Sommation. — Les membres de la Convention Dubois-Crancé et Gauthier, arrivés avec Kellermann le 7 août, firent, le même jour, sommer Lyon de recevoir l'armée républicaine, de remettre toutes ses armes, de payer une contribution pour rembourser les frais de l'expédition, et de se conformer à l'exécution de tous les décrets publiés depuis le 31 mai. — A ces conditions les représentants du peuple promettaient aux habitants *paix, fraternité*, etc.

Kellermann avait accepté avec regret la mission de soumettre les Lyonnais, néanmoins il ne leur accorda qu'un délai d'une heure pour acquiescer à la sommation. Les propositions des républicains furent rejetées.

Armée de siége. — Les forces de l'armée républicaine, d'abord peu considérables, ne tardèrent pas à s'accroître d'un grand nombre de gardes nationaux des départements voisins, mis en réquisition par les représentants du peuple, et de clubistes lyonnais qui sortirent de la ville, où restèrent seulement quelques-uns des leurs, chargés de faire connaître aux conventionnels, par des signaux convenus, ce qu'ils apprendraient des desseins des assiégés.

Bientôt encore arrivèrent deux autres colonnes, dont l'une, de 8,000 hommes, était commandée par Reverchon, qui joua un si triste rôle dans les réactions qui ensanglantèrent la malheureuse ville de Lyon; l'autre, de 10,000, qui prit position à la Guillotière, était dirigée par le général de brigade d'artillerie Vaubois. Ces renforts portèrent l'armée d'investissement à environ 30,000 hommes, auxquels se joignirent vers la mi-septembre 25,000 réquisitionnaires de l'Auvergne et du Vivarais. — On établit trois camps principaux. Celui de la Guillotière gardait à l'est la rive gauche du Rhône, et fermait aux assiégés toute communication avec la Savoie. Au nord, et sur la rive droite jusqu'à la Saône, s'étendait le camp de Miribel : en arrière était à La Pape le quartier général de Kellermann, près duquel on avait jeté un pont volant sur le Rhône. La ville se trouvait bloquée au nord par le camp de Limonest. — Les réquisitionnaires de l'Auvergne et du Vivarais devaient achever l'investissement au sud et à l'ouest, en se liant avec le camp de Limonest et en établissant un cordon jusqu'à la rive droite du Rhône au-dessous de Lyon.

La route du Bourbonnais, entre Limonest et l'Arbresle, restait donc encore libre au nord avant l'arrivée des montagnards; mais Dubois-Crancé travaillait à faire fermer ce passage. Les républicains occupaient sur la route du Bourbonnais, à deux lieues de Lyon, le bourg de la Tour-de-Salvagny.

Quatre batteries armées de six mortiers et d'un grand nombre de pièces de différents calibres avaient été dressées par les ordres et sous la direction de Vaubois, dans la plaine de la Guillotière et des Brotteaux, vis-à-vis les quais et les principaux édifices de la ville.

Tel était la situation des troupes d'investissement, lorsque l'armée Lyonnaise, qui occupait encore le Forez, d'où la ville tirait ses subsistances, fut obligée, pour n'être pas coupée, de se retirer devant les montagnards que Couthon, Maignet et Javogne avaient appelés.

Défenseurs de Lyon. — Malgré la longue résistance que les défenseurs de Lyon opposèrent à l'armée de la Convention, le nombre des troupes lyonnaises était loin d'égaler celui des républicains; quoique dans un but politique, on l'eût de part et d'autre exagéré. La garde nationale comptait effectivement de 25 à 30,000 hommes, mais la majeure partie composée de pères de famille ou de gens peu valides, ne pouvait être employée qu'à l'intérieur pour la police de la ville et la conservation des postes. Les troupes qui agirent au dehors et qui eurent à soutenir principalement toutes les attaques des conventionels ne s'élevaient qu'à 8,000 hommes : leur audace, leur activité et leur courage paraissait en doubler le nombre, et dut, en effet, le faire supposer beaucoup plus considérable. La gendarmerie et le guet à cheval, qui en faisaient partie, ne présentaient qu'un effectif de 120 chevaux. La ville ne renfermait au commencement du siége que 40 canons du calibre seulement de 4, de 8 et de 12. L'industrie d'un habile fondeur vint à bout, pendant la défense, d'en augmenter le nombre de moitié.

Le parti girondin à Lyon. — L'insurrection d'une ville telle que Lyon était un événement trop important pour que les députés girondins proscrits au 31 mai ne cherchassent pas à en tirer tout le parti possible en la liant avec les mouvements insurrectionnels des départements qui se fédéraient en leur faveur. Un de ces députés, Biroteau, avait travaillé l'esprit des habitants au profit du fédéralisme. Le Girondin Gilibert avait même été nommé président de la commission populaire républicaine, qui s'était organisée dans cette ville avec l'espérance de contre-balancer le pouvoir de la Convention. — Malheureusement pour les Lyonnais, la défense de leur ville se trouvait en dehors des intérêts du fédéralisme, qui ne pouvait espérer un triomphe que du succès de l'armée départementale, qu'on organisait alors dans le Midi. Dans l'opinion des députés Girondins, toutes les forces dont Lyon pouvait disposer auraient dû abandonner la place pour se joindre à l'armée qui devait marcher contre la Convention. Cependant, quand la fuite honteuse d'une division de cette armée à Vernon eut anéanti l'espoir des Girondins, Lyon, déjà entouré des premières troupes qui devaient en faire le siége, demanda l'assistance des principales villes insurgées du Midi. Les Marseillais, comme nous l'avons vu, répondirent à son appel; mais ils furent repoussés par la division du général Carteaux.

Commencement du siége. — Bombardement. — Il est temps de revenir aux opérations du siége. Il serait difficile de dire précisément à quelle époque les hostilités commencèrent; chacun des partis ayant contradictoirement accusé l'autre de s'y être livré dans un moment où tous deux se trouvaient sous la protection du pavillon parlementaire. Les premières batteries, celles établies en face de la Croix-Rousse, jouèrent sur la ville les 10, le 13, le 19 et le 20 août. Celles de Montessuy et de la Guillotière, qu'on ne put guère essayer qu'à partir du 19, ne furent en activité complète que le 22. Les grils furent chauffés, et l'on commença le même jour à tirer à boulets rouges.

Le bombardement, commencé le 22, joint à l'action des boulets rouges, occasiona, dès l'après-midi du 24, des incendies considérables vers la porte Sainte-Claire. A minuit, il s'en manifesta un terrible sur le quai de la Saône. De riches magasins devinrent la proie des flammes. La place de Bellecour, le port du Temple, la rue Mercière, la rue Trépin, et d'autres rues adjacentes furent totalement incendiées; ainsi que l'arsenal. Quant à ce dernier établissement, on fut persuadé dans Lyon que le feu n'y avait été mis que par la malveillance. Les clubistes qui conservaient des intelligences avec les républicains en furent accusés. Ce qui paraît certain, c'est que divers signaux, partis de la ville, désignèrent aux batteries du dehors, comme points de mire et en certaines circonstances, les habitations des principaux administrateurs girondins ou royalistes.

L'incendie et l'explosion de l'arsenal eurent lieu dans la nuit du 24 au 25 août. — Pendant le bombardement de la nuit suivante, les Lyonnais tentèrent du côté de Salière une sortie où ils furent repoussés. La canonnade et le bombardement continuèrent les 27, 28, 29, 30, 31 août et 1ᵉʳ septembre, avec de grandes pertes pour les assiégés. Une nouvelle sortie de 3,000 hommes fut effectuée le 6 septembre, mais sans amener rien de décisif. Les bombes et les boulets rouges recommencèrent le 7 à pleuvoir sur Lyon ainsi que sur la Croix-Rousse, et cette voûte de fer et de feu, qui écrasait la ville, dura presque sans interruption le jour et la nuit jusqu'au 29. Les ravages en avaient été immenses, et plus de 300 maisons n'offraient qu'une masse de décombres. Lyon, perdant chaque jour les redoutes qui gardaient les hauteurs voisines, se trouvait chaque jour aussi plus resserré dans une plus étroite enceinte et exposé à subir un assaut inévitable [1].

Prise du poste de la Duchère. — Le siége se continuait avec une même fureur : c'étaient chaque jour de nouveaux combats aussi sanglants, aussi opiniâtres. Avant d'arriver au corps de la place, les républicains eurent à s'emparer de postes extérieurs. Le premier qui tomba en leur pouvoir fut le *château de la Duchère*. Sur une colline qui sépare la route du Bourbonnais de celle de la Bourgogne s'élevait une maison de plaisance qui portait ce nom et près de laquelle les assiégés avaient élevé une redoute. Les républicains en désiraient d'autant plus la conquête qu'on pouvait de ce point bombarder le faubourg de Vaize et battre une partie des quais de la Saône sur la rive gauche. Dans la matinée du 19 septembre, 4,000 hommes du camp de Limonest attaquèrent ce poste. Après un engagement opiniâtre et soutenu par les batteries de Montessuy et de la Guillotière, les assiégeants firent plier l'ennemi et s'emparèrent de vive force des retranchements. Mais, comme il arrive ordinairement quand on veut se consoler d'un échec, les Lyonnais rejetèrent sur la trahison la perte de ce poste important.

Attaque de la Savoie par les Piémontais. — Cependant la cour de Piémont résolut de profiter de l'affaiblissement des troupes françaises en Savoie pour reconquérir cette province, qui avait été récemment réunie à la France, sous le nom de département du Mont-Blanc; elle y opéra une invasion en l'absence de Kellermann. Ce général désirait vivement se débarrasser de la tâche qu'on lui avait donnée à remplir contre Lyon, il profita de cette circonstance pour solliciter son retour à l'armée de Savoie. Il l'obtint d'autant plus aisément qu'il était accusé par les représentants de *modérantisme* à l'égard des Lyonnais.

Propositions du roi de Sardaigne refusées. — Ceux-ci restaient abandonnés à leurs propres forces; les secours que leur chef, le général Precy, attendait des princes émigrés se bornèrent à d'insignifiantes promesses. Le roi de Sardaigne fit aux défenseurs de Lyon des propositions que le patriotisme leur fit un devoir de repousser; et la présence de Kellermann suffit pour rétablir en Savoie les affaires de la République.

Prise du pont et des redoutes d'Oullins. — La perte du poste de la Duchère fut suivie de celle d'une redoute non moins intéressante pour la défense extérieure de Lyon. — La route qui conduit de Saint-Genis au plateau de Sainte-Foy était barrée au pont d'Oullins par des travaux de toute nature. Le pont était hérissé de chevaux de frise, et comme la petite rivière qui passe dessous est presque en tout temps guéable, les Lyonnais avaient élevé en arrière un retranchement couvert par un fossé, profond de dix pieds, qui occupait toute la largeur du chemin, et qu'appuyaient à droite et à gauche deux maisons crénelées. Outre cette route qui conduit à Sainte-Foy, il existe un autre chemin qui, partant du même point, arrive au pont de la Mulatière ou de Perrache, en contournant à l'est le plateau sur lequel s'élève le village. A l'entrée de ce chemin on avait construit une forte redoute en fer à cheval, qui battait en flanc la route, le pont d'Oullins et son issue. Trois cents hommes, aux ordres d'un officier suisse nommé Rhimbert, gardaient ce passage.

Le pont de la Mulatière avait été garni en dessous de quelques tonneaux de poudre et de plusieurs saucissons d'artifice qui, communiquant à toutes les traverses, devaient le faire sauter dans le cas où les républicains s'en empareraient. — Deux autres redoutes avaient été élevées en arrière de celle qui défendait l'entrée du chemin, l'une entre la route et la jonction du Rhône et de la Saône, en face du pont de Perrache, l'autre du côté opposé et à mi-côte. — Enfin il existait une quatrième redoute à l'entrée même de la levée Perrache, sur laquelle, à cause de sa position à l'issue même du pont, elle empêchait d'arriver par le Rhône.

Dubois-Crancé, empressé de se distinguer par quelque trait d'éclat avant l'arrivée devant Lyon du général Doppet, nommé pour remplacer Kellermann, résolut d'enlever le pont d'Oullins.

Le 23 septembre au soir, les batteries de la Guillotière, de Montessuy et du poste de la Duchère, favorisant le projet de Dubois-Crancé, commencèrent un feu terrible. A minuit le conventionnel s'approcha du pont d'Oullins avec un bataillon de l'Ardèche et un fort détachement de dragons, tandis que, pour rendre la diversion plus complète, il faisait à la même heure opérer une attaque sur la Croix-Rousse.

Rhimbert et les Lyonnais sous ses ordres, surpris de cette attaque inattendue, s'enfuirent presque sans résistance devant les républicains; le pont et la première redoute furent emportés. Dubois-Crancé poursuivit son facile succès. Les avant-postes des assiégés se replièrent sur le chemin de Sainte-Foy, dont le général Pinon tourna le plateau à l'ouest. La retraite de Rhimbert, que dans Lyon on appela défection et trahison, livra aux républicains les deux autres redoutes. Le général Valette occupa celle qui gardait l'entrée de la Mulatière et prit position en face du pont de Perrache.

---

[1] Voici l'état des consommations en projectiles et autres munitions de guerre faites pendant le siége par l'armée républicaine : 27,601 bombes, 11,674 boulets, 4,641 obus, 5,377 cartouches à balles pour le canon, 826,136 cartouches à fusil et 300,000 livres de poudre.

Attaque et prise des hauteurs de Sainte-Foy. — Quelques redoutes construites avec beaucoup d'art défendaient les hauteurs de Sainte-Foy, d'où l'on domine tout le territoire Perrache. L'une d'elles, plus forte que les autres, gardait particulièrement au sud l'entrée du village. — Doppet, arrivé depuis deux jours au camp de Saint-Genis, concerta, le 26 septembre, avec les généraux Rivaz et Valette, l'attaque de cette redoute qui, s'il faut en croire les mémoires de l'époque, fut livrée par la trahison d'un caporal nommé Truchet. — Cet homme, après avoir placé une sentinelle avancée dans une position où elle ne pouvait rien découvrir, porta lui-même le mot d'ordre des assiégés au camp des républicains : ceux-ci s'approchèrent de la redoute pendant la nuit et s'en emparèrent. La prise de cette redoute entraîna pour les Lyonnais la perte du plateau de Sainte-Foy.

Combats de Saint-Irénée et du territoire Perrache. — La prise de Saint-Irénée et celle du pont d'Oullins ouvraient aux assiégeants l'accès de cette langue de terre conquise sur le Rhône et la Saône par les travaux de l'ingénieur Perrache. Informé de ce double désastre, Precy forma le projet de le réparer. Suivi d'une petite troupe, il s'élança dès la pointe du jour dans le faubourg Saint-Irénée, déjà envahi par les républicains. L'affaire s'engagea près la porte Saint-Just; elle fut terrible. L'audace des assiégeants l'emporta d'abord et les Lyonnais rétrogradèrent; mais animés par l'exemple de leur général, qui combattait au premier rang et qui tua lui-même deux ennemis de sa main, ils revinrent à la charge avec une intrépidité irrésistible et firent à leur tour plier les républicains. Dans ce combat le cheval du général Precy fut tué. Ce général, forcé de combattre à pied, saisit le fusil d'un de ses soldats, et se plaçant à la tête de sa petite colonne, chargea à la baïonnette les républicains qui furent repoussés jusque au-delà de la grande redoute, placée à l'entrée du faubourg, et dont ils s'étaient emparés. Cette redoute fut reprise, mais elle était déjà hors de service. Rivaz, qui commandait les républicains sur ce point, avait détaché un bataillon de la Charente au village de Sainte-Foy, pour soutenir une colonne qui venait de s'y poster de manière à mieux foudroyer le territoire Perrache, alors sur le point d'être envahi par une autre colonne républicaine aux ordres du général Valette, qui marchait sur le pont de la Mulatière. Informé de ces mouvements et plein de confiance dans la bravoure des troupes lyonnaises avec lesquelles il venait de dégager les faubourgs Saint-Irénée et Saint-Just, Precy s'empressa d'accourir à la défense de Perrache. Saisi d'une terreur que rien ne justifiait, le poste de la levée Perrache avait laissé les républicains s'emparer des deux redoutes qui défendaient la pointe de l'isthme, et dans son empressement à fuir avait même négligé de mettre le feu aux artifices préparés pour les faire sauter. Après s'être mis à couvert derrière des retranchements élevés avec des balles de coton qu'ils trouvèrent dans cet endroit, les républicains s'avançaient sur la levée au moment où Precy, sortant de la ville, y arrivait par l'autre côté. L'attaque ne pouvait avoir lieu que de front sur une chaussée large seulement de 25 à 30 toises. — Quoique bien inférieurs en nombre, les Lyonnais, excités par le succès qu'ils venaient d'obtenir, marchèrent en avant sans aucune hésitation et sous les feux croisés des batteries républicaines qui les prenaient de front et sur les deux flancs. Une première décharge d'une batterie placée sur la chaussée leur tua cinquante hommes. La colonne mitraillée se resserre et se précipite sur le bataillon de l'Ardèche, qui soutenait la batterie; un combat s'engage corps à corps. Les canonniers sont tués sur leurs pièces, et le bataillon est mis en fuite. L'animosité était si grande de part et d'autre que, retirés dans des broussailles au bord de la Saône, les républicains refusèrent tout quartier des Lyonnais et combattirent jusqu'à la mort. Cependant le reste de la colonne Valette tenait ferme derrière les balles de coton qui la couvraient. Ils les abandonnèrent enfin pour se retirer dans la redoute que les Lyonnais firent de vains efforts pour enlever, mais que les assiégeants évacuèrent la nuit suivante, en rompant le pont derrière eux. Ce double combat, qui eut lieu dans la même journée, fut le plus important du siège, mais quelles que furent la bravoure et la résolution des assiégés, il n'eut aucun résultat utile pour la défense de Lyon.

Attaque des Brotteaux. — Le général Vaubois, qui sollicitait depuis long-temps du général en chef Doppet l'autorisation d'attaquer les redoutes construites par les insurgés en avant des Brotteaux, l'obtint enfin dans les derniers jours de septembre. Les Lyonnais n'opposèrent d'abord qu'une faible résistance aux troupes du camp de la Guillotière. Vaubois, renforcé d'un bataillon des gardes nationales de Saint-Étienne, attaqua la grande redoute du pont Morand. Cette attaque paraissait sur le point de réussir quand la nouvelle du triomphe que Precy avait obtenu à Saint-Irénée et à Perrache arriva à la redoute, ranima le courage de ses défenseurs et décida la victoire en leur faveur.

Famine. — Les insurgés n'avaient pas eu le temps d'assurer la subsistance de la grande et populeuse cité qu'ils avaient à défendre, les vivres qu'elle contenait à l'époque où le blocus fut resserré par l'arrivée des réquisitionnaires de l'Auvergne et du Vivarais s'épuisèrent rapidement. La famine arriva, terrible et cruelle, et ses horreurs accrurent celles de la guerre civile. Nous croyons ne pouvoir mieux faire connaître l'état misérable où la ville était réduite, deux jours avant sa capitulation, qu'en citant les propres paroles d'un de ceux qui en furent témoins : « Depuis huit jours le « peuple ne reçoit pour nourriture qu'une demi-livre « d'avoine par tête. De l'aveu des membres du comité « de subsistances, il n'y en a même plus que pour « quatre ou cinq jours. Il n'y a plus d'autre viande que « celle des chevaux tués dans la journée du 29, et de « ceux que l'on tue encore accidentellement, et elle se « vend à raison de 60 sols la livre. »

Trait de courage. — L'acharnement avec lequel Lyon fut attaqué et défendu fournit au courage particulier quelques occasions de se distinguer. — De grands chantiers de bois de construction, établis sur la rive gauche du Rhône, formaient pour les assiégeants des retranchements, que toutes les batteries de la ville n'avaient pas pu entamer. Precy, dans un ordre du jour, fit un appel au dévouement des habitants et promit une forte récompense à celui qui réussirait à incendier ces chantiers. Un élève des ponts-et-chaussées, nommé Bosquillon, se présenta et passa le fleuve, muni des artifices nécessaires; mais, ayant imprudemment commencé par mettre le feu à un amas isolé de fagots, la lueur de cet incendie fit échouer son projet en le révélant aux républicains.

Tandis que Precy examinait avec chagrin, du quai opposé, les résultats de cette maladroite tentative, deux autres jeunes gens, Barthélemy Dujast, âgé de dix-sept ans, et Laurençon, âgé de vingt ans, s'offrirent pour remplir les intentions du général. Munis de fusées incendiaires, attachées sur leur tête dans une toile goudronnée, ils traversèrent le Rhône à la nage, guidés par la lueur des flammes allumées par Bosquillon, et s'avancèrent intrépidement vers les chantiers, dont le plus rapproché était à trois cents toises du bord. Ils y jetèrent leurs artifices, et revinrent paisiblement en attendre l'effet auprès du fleuve. Un des chantiers, et c'était le plus considérable, n'avait pas été atteint par l'incendie. Ils y retournèrent, et Dujast, à qui il restait encore trois fusées, les y lança en divers sens. Mais, découverts par les républicains, ils eurent en revenant au Rhône à essuyer la fusillade de toutes les troupes accourues pour éteindre l'incendie. Néanmoins, ils furent assez heureux pour rentrer dans Lyon sains et saufs, et après avoir obtenu le succès le plus complet, car les chantiers, malgré tous les secours apportés pour éteindre l'incendie, furent dévorés entièrement par les flammes. Satisfaits d'avoir été utiles à la défense de leurs concitoyens, ces deux braves jeunes gens refusèrent la récompense pécuniaire qui leur fut offerte à leur retour.

Progrès des assiégeants. — Situation critique de la ville. — Cependant le nombre des défenseurs valides de Lyon diminuait de jour en jour. Les munitions de guerre s'épuisaient, et l'armée républicaine voyait au contraire augmenter et ses forces en soldats et son matériel de siège. Les feux redoutables des mortiers et des obusiers ne discontinuaient pas. Le cercle tracé par les lignes des assiégeants se resserrait. Le poste de Perrache avait été repris dans les premiers jours d'octobre. Les postes qu'occupaient encore les Lyonnais à Saint-Just furent aussi enlevés le 8 du même mois. Ceux de Fourvières et de Saint-Irénée l'avaient été trois jours auparavant. Pour détourner l'attention des assiégés pendant ces diverses expéditions, exécutées par des forces numériquement formidables, les batteries de la Duchère et celles de la Guillotière couvraient la ville de feux. Les républicains occupaient à peu près toutes les hauteurs qui dominaient Lyon, et il ne restait dans la place aucun point à l'abri de leur artillerie.

Capitulation. — Les Lyonnais se trouvaient en quelque sorte renfermés dans la dernière enceinte de leurs murailles et à la veille d'un assaut inévitable. Les clubistes restés dans la ville commencèrent à s'agiter, et autant sous leur influence que sous celle de la nécessité, les habitants se décidèrent à capituler. — Les trente-deux sections nommèrent chacune un député pour traiter des articles de la reddition de la place avec Maignet et Couthon, qui venaient de leur adresser une sommation nouvelle, conçue en termes modérés et remplie de promesses que ces farouches conventionnels n'avaient sans doute pas l'intention de tenir. — Les députés des sections se bornèrent, en signant la capitulation, à demander un sursis de quelques heures, dans le but de donner aux défenseurs de Lyon qui ne voudraient pas se confier à la clémence de la Convention le temps d'aller chercher un refuge hors de ses murs. — Un délai de quinze heures fut accordé.

Sortie des défenseurs de Lyon. — Son triste résultat. — Le commandant en chef de Lyon, en consentant à la capitulation au moment où cette place allait être inévitablement emportée d'assaut si on ne se hâtait de la rendre, avait résolu de chercher en dehors une chance de salut qu'il savait ne pas exister pour les défenseurs de Lyon s'ils attendaient dans la ville l'entrée des troupes conventionnelles. Une sortie avait été disposée, non pas sortie hostile, mais retraite prudente et nécessaire. Precy voulait gagner avec ses compagnons, réunis en un petit corps d'armée, la frontière de Suisse la plus voisine. Il aurait sans doute réussi à leur faire atteindre ce refuge, si le secret de sa fuite n'avait été vendu d'avance aux républicains par un des agents qu'ils avaient dans la ville. Le 9 octobre, au point du jour, Precy et ceux des défenseurs de Lyon qui étaient résolus à tenter un dernier effort pour se soustraire à l'échafaud révolutionnaire, se réunirent à l'extrémité du faubourg de Vaize, au bord de la Saône. Le plan du général était de côtoyer la rive droite jusque près de Montmerle, où il comptait passer la rivière.

Precy partagea sa petite troupe en deux colonnes, l'une de 1200 hommes, dont il prit le commandement, l'autre de 3 à 400, qui fut mise sous les ordres de Virieu, ancien membre de l'Assemblée constituante, qui avait été son chef d'état-major pendant le siège.

La colonne de Virieu ne devait partir que trois quarts d'heure après la colonne de Precy. Elle était, on ne sait pourquoi, chargée de garder le trésor de cette petite armée, trésor qui s'élevait à environ cinquante mille francs en or et à un million en assignats.

Des citoyens désarmés, au nombre de 2 à 300, des femmes, des enfants s'étaient réunis à la troupe de Precy, et marchaient silencieux sous la protection de la première colonne armée de six pièces de canon. Ces malheureux, consumés de regrets et de crainte, passèrent heureusement les défilés de Saint-Cyr; mais Virieu eut moins de bonheur. Attaqué par des forces supérieures, ses soldats furent tous tués ou faits prisonniers, et lui-même, après une résistance désespérée, succomba les armes à la main.

Le Lyonnais Réverchon, qui venait de massacrer ses compatriotes fugitifs, faisait poursuivre à outrance, par un corps de cavalerie la colonne de Precy, déjà harcelée sur ses flancs par des tirailleurs du camp de

Limonest. Precy, voyant une colline à peu de distance, et reconnaissant qu'il fallait combattre, faisait doubler le pas pour en atteindre la cime, espérant pouvoir y faire une résistance plus avantageuse, lorsqu'il reconnut qu'elle était occupée par un grand nombre de soldats républicains et par plusieurs pièces d'artillerie. Il chercha, mais inutilement, à les en débusquer à la baïonnette. Sa troupe, qui se battait avec le courage du désespoir, fut, au milieu du combat, atteinte sur les derrières par la cavalerie de Réverchon. Les hommes sans armes furent les premiers massacrés, et ce qui resta chercha un refuge en se dispersant par pelotons; mais ils furent poursuivis par les républicains et par les paysans, réunis au son du tocsin. Precy, arrivé au bord de la Saône avec quelques cavaliers, envoya dans un petit batelet deux de ses aides de camp chercher des barques qu'on voyait sur la rive gauche; mais les lâches, à peine sur cette rive, prirent la fuite vers la Suisse, sans même renvoyer le batelet. Le général gagna alors le bois d'Alix, où ses cavaliers, près d'être enveloppés, se virent forcés d'abandonner leurs chevaux et leurs bagages. Enfin, après avoir surmonté des dangers de tous genres, Precy et seulement 60 *muscadins*, comme on les appelait alors, parvinrent à gagner la Suisse. Les malheureux échappés aux premiers désastres des deux colonnes furent impitoyablement poursuivis dans les campagnes, traqués et mis à mort par les paysans ou par les soldats. Ceux qu'on ne tua point sur le lieu même où on les fit prisonniers furent quelques jours après juridiquement massacrés à Lyon.

Pertes des Lyonnais. — Les pertes que le siège fit éprouver à la ville de Lyon furent incommensurables. On ne peut pas évaluer davantage le nombre des Lyonnais qui périrent en défendant leurs foyers. Dans le monument élevé depuis au milieu de la plaine des Brotteaux, une inscription parle de 6,000 victimes; mais le nombre dut en être plus considérable. Il n'est question dans cette inscription que des défenseurs actifs de la ville. Beaucoup de Lyonnais non combattants périrent par suite de la famine, de la misère et sous les ruines de leurs maisons renversées par les bombes et les boulets [1].

Entrée des républicains à Lyon. — *Premières mesures contre la ville.* — Les représentants du peuple à l'armée de Lyon, Couthon, Laporte et Maignet, et le général Doppet, qui avait remplacé Kellermann, entrèrent en triomphe à Lyon. Une commission militaire, chargée de condamner à la peine de mort les Lyonnais pris les armes à la main, fut autorisée par un arrêté des commissaires à juger aussi tous ceux qui lui seraient présentés comme ayant occupé un grade quelconque dans l'armée. — On institua ensuite avec le titre de *commission de justice populaire* un tribunal chargé de juger ceux qui, sans occuper d'emploi militaire, avaient pris part à l'insurrection. — Le désarmement général des habitants fut ordonné et effectué. — Un autre arrêté prescrivit la démolition du château de Pierre-Seize et des remparts qui entouraient la ville du côté du faubourg Saint-Just.

Décret de la Convention. — Dans ces mesures prises par un parti triomphant, comme précaution contre des insurrections nouvelles, rien ne pouvait encore faire pressentir le terrible décret demandé par Barrère au nom du comité de salut public, et accordé le 12 novembre par la Convention nationale. « Lyon, y était-il « dit, sera détruit. Il ne restera que la maison du pau-« vre, du patriote égorgé ou proscrit, et les monu-« ments consacrés à l'industrie, à l'humanité et à l'ins-« truction publique. Le nom de Lyon sera effacé du « tableau des villes de la république. La réunion des « maisons conservées portera le nom de *Ville-Affran-« chie*. Une colonne attestant les crimes et la punition « des royalistes de cette ville sera élevée sur ses dé-« combres avec cette inscription: *Lyon fit la guerre à « la liberté, Lyon n'est plus*, etc. »

Excès révolutionnaires. — *Démolition de Lyon.* — Cette expression des sentiments dont la Convention était animée contre les malheureux Lyonnais sembla donner un nouveau degré d'énergie ou plutôt de férocité aux épurations républicaines. Les dénonciations s'accumulèrent; l'activité des tribunaux révolutionnaires redoubla, la guillotine et les fusillades furent en permanence. Lyon, Feurs et Montbrison étaient noyés dans le sang.

Pendant que la terreur régnait ainsi sur la malheureuse ville, Couthon, triste cul de jatte, instrument d'un pitoyable vandalisme, avait, pour exécuter l'absurde décret rédigé par Barrère, organisé un comité de démolition. — Il se faisait porter sur la place de Bellecour, et là, armé d'un petit marteau, il frappait une des pierres des beaux édifices dont cette place était ornée, en prononçant à haute voix et d'un ton empha-

---

[1] Voici en quels termes un des historiens du siège de Lyon, témoin de tous les événements qui le signalèrent, parle du courage que montrèrent les habitants : « Le gros de l'armée lyonnaise était composé d'ouvriers et d'autres gens du peuple, qui déployaient une intrépidité étonnante. L'on vit des vieillards, jaloux de partager les dangers de la jeunesse, passer les jours et les nuits dans la tranchée et demander la préférence pour les postes avancés... Cette courageuse ardeur pour le salut de la patrie ne s'éteignait pas même par la douleur des blessures, ni sur le champ de bataille, ni dans les hôpitaux militaires. Jamais on n'entendit des Lyonnais blessés pousser des plaintes au milieu du combat et sur le lit de la souffrance. Ils n'exprimaient que l'impatience de reprendre les armes. L'inquiétude sur le sort de Lyon était le premier sentiment qu'ils manifestaient. L'espoir de voir la ville délivrée les rendait insensibles à leurs maux. Ils mouraient joyeux quand on leur laissait croire que leurs concitoyens seraient vainqueurs, et leur unique regret consistait à ne pas l'être avec eux. Ce serait être injuste envers les femmes de Lyon que de ne pas mentionner tout ce qu'elles déployèrent de force morale, tout ce qu'elles rendirent de services. Indépendamment de leur empressement à faire des gargousses, de leur vigilance pour avertir de la direction des bombes, on ne saurait assez louer les soins généreux qu'avec tous les charmes d'une sensibilité touchante et d'une grâce vertueuse elles prodiguaient aux défenseurs de la cité. Les unes préparaient des vivres, les portaient dans les casernes et même dans les redoutes à travers les boulets, les obus et les balles; les autres passaient leur temps à prodiguer des soulagements aux blessés; elles pansaient leurs plaies, consolaient leur impatience et donnaient les mêmes secours, les mêmes consolations aux blessés de l'ennemi. L'emploi qu'on faisait de tous les bras ne laissait pas même les enfants spectateurs oisifs ou tremblants. Suppléant à la pénurie des boulets, ils couraient après ceux qui étaient lancés dans la ville et les apportaient aux canonniers lyonnais qui les renvoyaient à l'ennemi. »

tique cette ridicule sentence : « Maison rebelle, au nom « de la loi, je te condamne. » Et à l'instant des ouvriers de tout âge et de tout sexe se mettaient à la besogne et renversaient l'édifice. On peut supposer quelle pouvait être la partie de la population qui s'empressait de coopérer à cette œuvre de destruction.—Couthon parlait au nom de la loi ! d'une loi régulièrement rendue par la seule autorité reconnue et constituée ! — En vérité, quand on entend parler du respect dû à toute loi quelle qu'elle soit, n'y a-t-il pas de quoi faire hausser les épaules de pitié ou froncer le sourcil d'indignation ! Du respect à une loi absurde, criminelle, folle ; car une loi peut être tout cela ! De la soumission quand on ne peut pas faire autrement, à la bonne heure ; mais du respect !

Mission de Collot-d'Herbois et de Fouché. — Massacres juridiques. — Les excès dont Lyon fut le théâtre sous Couthon et ses collègues étaient loin encore de ce que lui préparaient les nouveaux commissaires envoyés dans cette malheureuse ville par un décret de la Convention, en date du 10 novembre. Collot-d'Herbois, auteur méprisé et encore plus médiocre acteur, brûlait de laver dans le sang des Lyonnais l'affront dont l'avaient couvert, quelques années auparavant, les sifflets du parterre de cette ville. Fouché et Laporte lui furent associés, ainsi que vingt-quatre commissaires montagnards. L'apothéose de Chalier servit d'introduction à ces nouveaux proconsuls ; les plus épouvantables représailles furent promises à ses mânes dans une oraison funèbre. Un comité de proscription fut installé sous le titre de *commission temporaire.* Au-dessous de ce redoutable tribunal s'établirent des *comités de séquestre,* de *démolition,* et de *dénonciation.* Les cachots se remplirent ; on jugea sommairement, moins d'une demi-minute suffisait par prisonnier. Une incroyable activité anima les bourreaux, et cependant la fusillade, la guillotine ne suffirent pas aux vengeances conventionnelles. Collot et Fouché improvisèrent de nouveaux moyens de destruction. On tua à coups de canon, on mitrailla les victimes attachées deux à deux le long d'une chaîne placée entre deux fossés préparés pour recevoir leurs membres déchirés que l'on recouvrait, encore tout palpitants, d'une couche de chaux vive. Soixante-neuf jeunes gens, qui tombèrent en chantant :

Mourir pour la patrie
Est le sort le plus doux, le plus digne d'envie.

furent ainsi massacrés les premiers dans la plaine des Brotteaux. Deux cent dix autres leur succédèrent. Nous ne retracerons pas toutes les horreurs auxquelles le parti vainqueur se livra, et qui n'eurent de terme qu'au 9 thermidor. Nous dirons seulement que tout se faisait au *nom de la loi, pour la défense et pour la conservation du gouvernement existant*[1].

[1] Collot-d'Herbois et Fouché, de Nantes, ne furent pas plus tôt arrivés à Lyon qu'ils se disposèrent à remplir l'objet pour lequel ils étaient envoyés ; ils écrivirent à la Convention, le 26 brumaire : « Nous poursuivons notre mission avec l'énergie d'hommes qui ont le sentiment de leur caractère ; nous ne le déposerons pas et nous ne descendrons pas de la hauteur où nous sommes pour nous occuper de *misérables individus plus ou moins coupables.* Nous avons tout éloigné de nous, parce que nous n'avons pas de temps à perdre, point de faveur à accorder. Il faut que tout soit vengé d'une manière prompte et terrible. — Convaincus qu'il n'y a d'innocent dans cette infâme cité que celui qui fut opprimé ou chargé de fers, *nous sommes en défiance contre les larmes du repentir ; rien ne peut désarmer notre sévérité.* Nous sommes sur les lieux ; et, nous devons vous le dire, l'indulgence est une faiblesse dangereuse. Les démolitions sont trop lentes, il faut des moyens plus rapides. L'explosion de la mine et l'activité dévorante de la flamme peuvent seules répondre à l'impatience républicaine, qui doit avoir les effets du tonnerre. »

Non content d'avoir écrit cette lettre, Collot-d'Herbois envoya à la Convention une tête mutilée qu'il prétendit être celle de Chalier, telle qu'elle était sortie de dessous la hache de ses meurtriers. Horrible offrande et probablement mensonge politique. (Chalier avait été exécuté plus de trois mois auparavant.) — Le féroce Collot-d'Herbois ajoutait : « Lorsqu'on cherchera à émouvoir votre sensibilité, découvrez cette tête sanglante aux yeux des hommes pusillanimes.......... Point d'indulgence, point de délai, point de lenteur dans la punition du crime, si vous voulez produire un effet salutaire. *Les rois punissaient lentement parce qu'ils étaient faibles ; la justice du peuple doit être aussi prompte que l'expression de la volonté.* Nous avons pris de moyens efficaces pour marquer sa toute-puissance, de manière à servir de leçon à tous. — Nous ne vous parlerons pas des prêtres, ils n'ont pas le privilège de nous occuper en particulier. Ils dominaient la conscience du peuple ; ils l'ont égaré, et sont complices de tout le sang qui a coulé, leur arrêt est prononcé. — Nous saisissons chaque jour de nouveaux trésors..... Il y a ici beaucoup d'or et d'argent que nous vous enverrons successivement. Il est temps de prendre une mesure générale. Si vous voulez empêcher ces métaux de sortir de la république, ne souffrez pas qu'un des plus beaux mouvements de la révolution tourne contre elle ; ordonnez que ces métaux soient versés dans le trésor public, et décrétez que le premier individu qui cherchera à les faire passer chez l'étranger, soit fusillé au lieu même où il sera saisi. »

RÉSUMÉ CHRONOLOGIQUE.

1793.

29 MAI. Triomphe du parti girondin à Lyon.
3 JUILLET. Décret qui ordonne le siège de Lyon.
7—10 AOUT. Sommation. — Bombardement.
19 — Départ de Kellermann pour la Savoie.
19 SEPTEMBRE. Prise du château de la Duchère.
26 — Prise de la redoute et du pont d'Oullins.
29 SEPTEMBRE. Affaire de Saint-Irénée et du territoire Perrache
4 et 5 OCTOBRE. Destruction des redoutes des Brotteaux.
8 — Capitulation.
9 — Sortie des défenseurs de Lyon conduits par Precy
10 NOVEMBRE. Arrivée à Lyon de Collot-d'Herbois et de Fouché.
12 — Décret qui ordonne la démolition de Lyon.

A. HUGO.

On souscrit chez DELLOYE, Éditeur, place de la Bourse, rue des Filles-Saint-Thomas, 13.

FRANCE MILITAIRE.

ARMÉE D'ITALIE. — CAMPAGNE DE 1793.

SOMMAIRE.

Théâtre de la guerre. — Positions des armées françaises et coalisées. — Arrivée de Biron à l'armée d'Italie. — Combat de Sospello. — Prise du camp de Braous. — Combat de Lantosca. — Brunet remplace Biron. — Les deux armées se renforcent. — Première attaque des Français sur le camp de Lauthion. — Deuxième attaque. — Arrivée de Kellermann. — Conseil de guerre. — Situation critique de l'armée d'Italie. — Traité entre la Sardaigne, l'Angleterre et l'Espagne. — Arrestation, condamnation et exécution de Brunet. — Dumerbion lui succède. — Attaque générale effectuée par les Piémontais. — Opérations et projets du général Dewins sur le Var. — Combat de Gillette. — Combat d'Utelle. — Combat de Castel-Ginette. — Fin de la campagne.

ARMÉE D'ITALIE.		ARMÉE AUSTRO-SARDE.	
Généraux en chef.	Biron. Kellermann.	Général en chef.	Duc de Chablais.
Sous Kellermann.	Brunet. Dumerbion.	Piémontais.	Saint-André. Colli.
		Autrichiens.	Dewins.

Théâtre de la guere. — Ligne des Alpes. — Nous avons déjà présenté une description abrégée du comté de Nice, et nous pourrions nous borner à y renvoyer nos lecteurs, si dans l'année 1793 les opérations militaires, prenant plus d'activité et se liant à toutes les opérations entreprises dans les états sardes, en deçà et au-delà des Alpes-Cottiennes, ne nous semblaient exiger dans cette peinture, en quelque sorte topographique, plus de précision, de développements et de détails.

Les Alpes-Cottiennes forment la chaîne de montagnes qui séparait du Piémont l'armée des Alpes et celle d'Italie. Cette chaîne va du Petit-Saint-Bernard jusqu'à San-Remo sur le golfe de Gênes, près duquel elle s'embranche avec l'Apennin. Sa longueur est de soixante-dix lieues, qui se divisent naturellement en quatre régions : la première, à l'extrémité droite et connue sous le nom d'Alpes-Maritimes (ou comté de Nice), s'étend directement de San-Remo jusqu'aux sources de la Tinea et du Var, près du col de l'Argentière. — La chaîne tourne ensuite assez brusquement pour se porter nord et sud avec plus ou moins de sinuosités jusqu'au Petit-Saint-Bernard. — La seconde région part du col de l'Argentière et va jusqu'à la vallée de Lucerne, aux premières ramifications du Mont-Genèvre. La troisième, qui comprend le Mont-Cenis, commence à la tête du val de Pragelas et s'étend jusqu'au Grand-Iseran, nœud principal où se rattachent les vallées de la Doire, de l'Isère, de la Maurienne, de la Tarentaise, de la Petite-Stura et de l'Orca. La quatrième région enfin va du Mont-Iseran au Petit-Saint-Bernard, où elle se rattache au Mont-Blanc et à la ligne neutre de l'Helvétie. Elle comprend la vallée de la Doire avec le contre-fort de Soana.

Chacune des deux armées occupait principalement une des régions extrêmes à droite ou à gauche de la ligne. Les passages des deux régions intermédiaires étaient surveillés par des postes plus ou moins nombreux, les positions plus ou moins retranchées, suivant l'importance qu'elles avaient pour la défense du territoire national ou l'attaque du pays ennemi.

Quand nous aurons à parler de l'armée des Alpes, nous donnerons des détails plus étendus sur l'extrême gauche des Alpes-Cottiennes, d'où cette armée gardait à la fois la Savoie et surveillait une partie du Piémont.

La région de l'extrême droite était occupée par l'armée d'Italie. Les sommets culminants des Alpes de ce côté s'étendent à partir de la mer jusqu'au Monte-Tanordo et aux cols Ardente et de Tende, dans une direction du nord au sud. Ils se courbent ensuite vers l'ouest, en formant un chaîne parallèle à la mer et en se rapprochant du nord viennent se terminer au col de l'Argentière. Ils touchent par le col Ardente à la vallée d'Oueille, partie neutre du territoire génois. De nombreux contre-forts, que sillonnent des cours d'eau secondaires, coupent la grande masse principale, et par leur direction rendent difficiles les mouvements parallèles à la chaîne des Alpes.

Le col de Tende, entre Nice et Coni, sert principalement de voie de communication entre le midi de la France et l'Italie. Ses principales défenses se trouvent dans la ligne de Saorgio, dont les camps de Lauthion et de Millefourches faisaient partie.

Du col de Tende à celui d'Argentière, les chemins, pratiqués à travers des cimes rocailleuses et couvertes de neiges perpétuelles, ne sont même dans la belle saison praticables que pour les muletiers. Le premier conduit à Vaudier et au vallon de Gesso, par les cols de Finestre et de Frememorte; le second arrive aux bains de Vaudier par le col de Cerise. — D'Isola, deux chemins conduisent, par les cols de la Lunga et de Sainte-Anne, à Vinadio et aux bains de ce nom. — De Saint-Étienne, trois autres sentiers vont, l'un par le col Valonet derrière les fameux retranchements des Barricades sur Pont-Saint-Bernard; le second par le col de Ferro, le troisième par celui de la Mule à l'Argentière. — Enfin, en face du camp de Tournoux et à l'extrême gauche des Alpes-Maritimes, se trouve le chemin de l'Argentière, qui joint la vallée de Barcelonnette à celle de Coni. — Tous ces passages aboutissent définitivement à la vallée de Stura, dont le centre est défendu par la place de Demont, et le débouché par la forteresse de Coni.

Positions des armées françaises et coalisées. — Quoique les mouvements de l'armée des Alpes, qui, aux ordres de Kellermann, occupait la Savoie, ne se lient pas nécessairement avec ceux de l'armée du Var, qui avait reçu le nom d'armée d'Italie, la position de cette première armée à l'extrême gauche de la chaîne dont l'armée d'Italie gardait l'extrême droite, leur réserve commune et leur concours commun contre une même agression dont le centre était à Turin, nous obligent à faire connaître sommairement la position relative des deux armées sur toute la ligne.

La cour de Turin avait employé l'hiver à organiser une armée de 40,000 hommes, à laquelle les Autrichiens avaient fourni un corps de 8,000 auxiliaires. 12,000 hommes de cette armée et 3,000 Barbets, aux ordres du général Saint-André, défendaient la ligne de Saorgio et menaçaient Nice. Les camps de Rauss et de Millefourches étaient leurs principales positions. Ils avaient des postes d'avant-garde à Hutel, Lantosca, Luceram, Moulinet et Sospello. — Douze bataillons piémontais (aux ordres du général Strasoldo), campés sous Démont, couvraient la vallée de la Stura. La division du général Provera, postée à Castel-Ponte, devant Château-Dauphin, gardait les versants du mont Viso et le col de l'Agnelle. Chacune des vallées du Pô, de la Maira, etc., étaient gardées par un poste de deux bataillons. Le général Gordon défendait la vallée de Suze avec quatorze bataillons piémontais; enfin la surveillance de la vallée d'Aoste (ou de la Doire) avait été confiée au duc de Montferrat; quatorze bataillons sous ses ordres étaient répartis en trois camps, à Col-di-Monte, au plateau du Petit-Saint-Bernard et au lac Cambal, qui terminait, pour le Piémont, l'extrême droite de cette chaîne. La cavalerie sarde, forte de 3,500 chevaux, tenait les plaines de Pignerol et de Saluces.

L'armée d'Italie occupait une position assez resserrée à Nice, Levenzo, Lescarena et Braus.

Trente mille hommes environ formaient toute l'armée des Alpes, y compris les détachements qui gardaient les camps de Tournoux et de Briançon, et qui devaient servir de réserve aux deux armées.

Le général Brunet avait pris le commandement provisoire de l'armée d'Italie, après l'arrestation du général Anselme, et s'était particulièrement attaché à réorganiser l'armée, à y rétablir la discipline et à garantir de toutes espèces d'exactions les habitants du comté de Nice, qui formait un nouveau département français.

Arrivée de Biron à l'armée d'Italie. — Le général Biron, nommé pour remplacer définitivement Anselme, arriva à son poste dans les premiers jours de février, amenant avec lui un renfort de 5,000 hommes. Son armée s'élevait ainsi à environ 20,000 combattants. Il se décida à prendre aussitôt l'offensive. Les troupes reçurent l'ordre de quitter leurs cantonnements. Les Barbets, partisans ennemis à qui la connaissance du pays permettait d'inquiéter nos communications, avaient leur principale retraite dans les gorges de Moulinet. Biron résolut de les en déposter.

Combat de Moulinet. — Un premier détachement ayant été repoussé, le général Brunet fut envoyé pour réparer cet échec. Il divisa ses forces en deux colonnes et chargea l'adjudant général Micas de s'emparer, avec quelques compagnies, du poste de la Madona, tandis qu'il se porterait lui-même par la forêt de Mélisse; mais l'entreprise devait échouer par suite d'un incident qu'il était impossible de prévenir ou de prévoir. A peine Brunet se trouva-t-il engagé dans la forêt avec sa troupe, qu'il survint un brouillard épais. La colonne s'égara, et, jusqu'à quatre heures du soir, parcourut au hasard le bois, encore couvert d'un immense amas de neige : gravissant une montagne, elle arriva cependant enfin, à cinq heures du soir, à la tête de la vallée de Bevera, près du plateau de Lauthion, où se trouvait la droite de la division sarde de Saint-André. — Micas, trompé par le même brouillard, s'était aussi égaré et s'était porté trop à gauche. — Pendant ce temps, les Piémontais, qui dominaient le brouillard et connaissaient les lieux, manœuvraient avec facilité. Instruits par les Barbets de tous les mouvements des troupes républicaines, ils purent les attendre et engager le feu à leur volonté. — Cependant la colonne Brunet avait dépassé le Moulinet; ayant été trompée par les échos sur la direction du feu, elle se crut coupée. Le désespoir anima les chasseurs corses, qui se précipitèrent en furieux sur les Piémontais, enlevèrent un plateau où ces derniers étaient postés, et sans feu, sans vivres, quoique exténués de froid, de faim et de fatigue, leur colonne victorieuse bivouaqua sur la neige.

Le combat recommença au point du jour. Brunet fit attaquer avec vigueur le Moulinet, força le pont de la Bevera et se rendit maître du village. Mais bientôt assailli par les Barbets et les Piémontais réunis, et dont le nombre était bien supérieur à celui de sa petite troupe, il dut ordonner la retraite. — La colonne de Micas, qui se trouvait séparée de celle de Brunet par d'immenses précipices et des montagnes, éprouva le même sort. Après un engagement assez vif, dans lequel elle déposta les Piémontais d'un plateau où ils s'étaient retranchés, elle bivouaqua en présence de l'ennemi; mais elle dut le lendemain revenir sur Luceram.

Combat de Sospello. — Saint-André, que la fortune avait jusqu'alors constamment maltraité dans toutes les rencontres qu'il avait eues avec les Français, ne se tint pas de joie après l'affaire de Moulinet, où rien de bien décisif n'avait cependant eu lieu; mais fier d'avoir vu ses soldats ne point tourner tout de suite le dos aux républicains, il se crut vainqueur, et, pour tirer parti de ce qu'il appelait sa victoire, il vint se jeter sur le village de Sospello qui, depuis le commencement de la guerre, était l'objet de ses attaques infructueuses. Sospello n'avait qu'une garnison insuffisante. Les Piémontais l'occupèrent. Mais la droite de l'armée d'Italie avait besoin de ce poste pour s'y appuyer; Biron ne pouvait long-temps permettre aux Sardes de Saint-André et aux Autrichiens, ses auxiliaires, de s'y retrancher. Il les fit donc attaquer, le 13 février, par deux colonnes, aux ordres de Brunet et de Dagobert, pendant qu'une troisième colonne devait les tourner par Turbia et Castiglione. Les Autrichiens, pour défendre Sospello, dont l'accès est assez difficile, avaient placé la moitié de leurs forces, de plus de 1,200 hommes, dans le couvent, les maisons du bourg et dans la tour du Pigeonnier. Un fort détachement gardait le pont, le surplus des troupes, avec trois pièces de montagnes, couvrait la tête de la route à gauche du village. La colonne Brunet, arrivée la première, fit une tentative inutile pour forcer le passage du pont; mais sa gauche, soutenue d'un feu vif d'artillerie, débusqua bientôt les Autrichiens de la hauteur qu'ils occupaient, et se rabattit sur le Pigeonnier à l'instant où la colonne qui avait tourné l'ennemi arrivait du côté de Castiglione et du vieux Sospello. La fuite des coalisés devint alors générale; 300 Autrichiens, moins lestes que leurs camarades, se trouvèrent enfermés dans Sospello et faits prisonniers, sans que le général piémontais osât entreprendre le moindre mouvement pour les secourir.

Prise du camp de Braous. — Après l'échec de Sospello, Saint-André se contenta, pour couvrir Breglio, de garder le col de Perrus. Ses troupes occupaient les anciens camps de Fourches, de Rauss et de Pietra-Cava, se liant dans cette position par Saint-Arnoud avec les postes de la Vesubia. La proximité de cette ligne de celle des Français fut l'occasion d'un grand nombre d'escarmouches qui n'avaient guère d'autres résultats que d'aguerrir les nouvelles levées républicaines, qui formaient alors la principale force de nos armées.

Une attaque sérieuse eut lieu le 19 février sur le camp de Braous. Après un vif engagement dans lequel l'armée austro-sarde plia devant l'ardeur impétueuse de nos jeunes volontaires, le camp tomba au pouvoir des républicains, à qui ce succès présageait la conquête prochaine de tout le comté.

Combat de Lantosca. — Biron, enhardi par la prise du camp de Braous, résolut pour le 28 février une attaque plus sérieuse encore. Dumerbion reçut l'ordre de se porter de Levenzo sur Hutel, et pour agir de concert avec lui, la droite de Biron dut se rabattre sur Luceram. L'ennemi fut d'abord chassé de Pietra-Cava par la première colonne que commandait Dagobert; mais dans la soirée, ce général s'égara dans la forêt de Mélisse, qui avait été déjà si fatale aux républicains lors de l'affaire de Moulinet, et fut attaqué par les milices sardes, qui lui firent des prisonniers. Le lendemain, privé de communications avec les autres colonnes, sa situation devenait plus critique, quand il en fut heureusement tiré par le bruit d'une fusillade engagée du côté de Lantosca. C'était le général Brunet qui, s'étant d'abord porté sur Saint-Arnoud avec le reste de la brigade, avait forcé le passage à Figaretto, et s'était dirigé sur Lantosca, où il avait attaqué les Piémontais.

Malgré la fatigue de ses soldats, Dagobert marcha sur-le-champ vers Lantosca pour appuyer Brunet. Le général Dumerbion s'était emparé pendant ce temps de la Chapelle-des-Miracles. Ce poste, perché sur une crête de rocher au versant des montagnes inaccessibles du Breg, défend un passage escarpé. Tous ces obstacles furent franchis avec une intrépidité admirable par nos soldats, qui avaient marché en trois colonnes sur Hutel et sur ce poste, après avoir passé la Vesubia à gué et ayant de l'eau jusqu'à la ceinture.

Les Piémontais se massèrent à Saint-Arnould, et défendirent quelque temps le passage sur ce point, soutenus par le détachement que Brunet chassait devant lui. Forcés enfin de se replier sur Belveder, ils y furent encore poursuivis par Brunet, qui se flattait déjà de l'espoir de les rejetter entièrement au-delà des Alpes.

Pendant qu'une colonne se dirigeait sur Rocabiglière par Saint-Martin, Dagobert menaçait de couper l'ennemi, en se portant de Bolena sur le col de Rauss. Les Piémontais n'attendirent pas ce dernier général, et se précipitèrent au-devant de Brunet. Leur choc fut vif, mais n'ébranla pas les républicains. Ceux-ci reçurent les Piémontais à la baïonnette, et sans tirer un coup de fusil, les culbutèrent et leur enlevèrent, avec plusieurs centaines de prisonniers, toute leur artillerie de montagne. Les ennemis en désordre furent vivement poursuivis jusqu'aux cols de Fenestre et de Rauss. Il est même probable que le camp de Rauss aurait été enlevé dans cette affaire, si les Français eussent eu une connaissance plus exacte du pays. La prise de ce camp eût dès lors entraîné celle des redoutables positions de Saorgio.

Pendant cette expédition de ses lieutenants, Biron s'était borné du côté de Sospello au rôle passif d'observateur, dans la crainte de quelque entreprise sur Nice par le général Saint-André. Le Nisard Masséna, parti de Gilette le 28 avec un bataillon, ne fut pas moins heureux que les généraux Dumerbion et Brunet. Il balaya la droite du Var et chassa l'ennemi de Revest, Toudon et des montagnes de Vaudemas.

Brunet remplace Biron. — Les deux armées se renforcent. — Dans le courant de mai, Biron, dont l'activité avait eu d'heureux résultats, fut appelé au commandement de la Vendée. Il fut remplacé à l'armée d'Italie par Brunet, qui en avait déjà eu le commandement provisoire; mais il était malheureusement dans la destinée de ces deux généraux de partager les hasards d'une même fortune: Biron succéda un peu plus tard sur l'échafaud au général Brunet, qui devint alors son successeur dans le comté de Nice.

Cette première époque de l'année 1793 fut pour l'armée d'Italie une époque de fatigues et de privations. Les froids qui avaient d'abord été tolérables devinrent piquants et rigoureux dès les premiers jours de mars. Le paiement du prêt, qui s'était fait en argent jusquelà, n'eut plus lieu qu'en assignats, dont peu de personnes se souciaient dans le pays. Le patriotisme républicain parvint à maintenir néanmoins une sévère discipline.

Le comité de salut public, déjà sans doute indisposé contre le général Brunet, prétexta qu'il convenait de mettre plus d'ensemble dans les opérations, et plaça le nouveau général de l'armée d'Italie sous la direction supérieure de Kellermann, qui fut promu au commandement en chef des deux armées, quoique son quartier général dût rester toujours à l'armée des Alpes.

L'armée d'Italie reçut à cette époque un grand nombre de renforts. Elle ne tarda pas à être portée à 30,000 hommes. L'armée ennemie se renforça également de plusieurs régiments qu'y dirigèrent les alliés. Le duc de Chablais vint prendre le commandement en chef du corps de Saint-André, qui forma la gauche de la grande armée austro-sarde. Le corps de Colli, qui gardait le camp de Lauthion à la droite et celui de Strasoldo, placé à l'Argentière et dans la vallée d'Isola, lui furent aussi subordonnés.

Première attaque des Français sur le camp de Lauthion. — Le général Brunet résolut de profiter de la supériorité numérique de son armée pour rejeter l'ennemi au-delà des Alpes, et pour assurer sa position dans le comté. Il en sentait d'autant plus la nécessité, que l'apparition sur la côte d'une flotte espagnole avait répandu la terreur dans le pays. Les Piémontais, reprenant courage, répandaient le bruit que de la combinaison de leurs mouvements avec ceux de cette escadre allait résulter la prochaine expulsion des Français du comté de Nice. La population devenait malveillante, l'armée était inquiète. Brunet, pour détruire toutes les espérances des ennemis, songea à s'emparer des sommets où ils étaient retranchés et d'où ils pouvaient déboucher avantageusement sur les positions françaises.

Serrurier et Micas avaient, en conséquence, reçu ordre, dès le 1er juin, de faire une reconnaissance sur les camps de Rauss et de Millefourches. Deux détachements de grenadiers, qui les accompagnaient, repoussèrent aisément quelques postes avancés; mais l'impossibilité d'arriver jusqu'aux points qu'on se proposait d'attaquer, et qui ne pouvaient être assaillis que d'en bas et de fort loin, fit que cette reconnaissance n'eut aucun résultat. La ligne ennemie qui couvrait le col de Tende était défendue d'une manière formidable, autant par l'art que par la nature. La position de Lauthion, couverte de retranchements, depuis 1745 que les Piémontais en avaient reconnu l'importance, ne pouvait être attaquée que par des têtes de colonnes, arrivant par des voies divergentes et sans communications possibles entre elles. Elle était dominée par une redoute armée de huit pièces. Le col de Rauss à droite et celui de Sainte-Marthe à gauche, séparés par un bois de châtaigniers (retranché), se trouvaient défendus par des pièces qui en rendaient l'abord presque impossible. Le général Colli, avec sa brigade et celle du général Dellera, gardait ces défilés, d'où l'on pouvait découvrir, sans être aperçu, les mouvements des Français, arrivant par les vallées inférieures.

L'attaque fut fixée au 8 juin. Dumerbion fut chargé d'inquiéter à droite le comte de Saint-André qui gardait les cols de Perrus, de Brouis et de Lignère. Serrurier, partant de Belveder, dut se porter au col de Rauss pour menacer la retraite du centre et de la gauche des austro-sardes, que Brunet s'était réservé d'attaquer au camp de Millefourches.

L'attaque commença par des succès. Le camp retranché de la montagne de Lignère fut enlevé par une brigade de l'aile droite française, aux ordres de Miackousky. L'ardeur des troupes était telle que Dumerbion en voulut profiter et dirigea une colonne sur les retranchements du col de Perrus. Brouis fut pris avec la même rapidité, et le comte de Saint-André, abandonnant une partie de son matériel et de ses effets de campement, fut obligé, pour n'être point coupé à Saorgio, de s'enfuir avec précipitation. — La brigade républicaine Ortomann avait, pendant ce temps, forcé le camp de Fougasse, servant d'avant-poste à celui de Millefourches. Le poste de Moulinet avait été emporté par celle de Gardanne, et l'on concertait l'attaque de Millefourches. — Brunet guida lui-même une colonne sur la redoute, armée de huit pièces et située à la crête de la montagne; une seconde colonne fut envoyée sur le bois qui sépare le camp de Sainte-Marthe de celui de Millefourches. Enfin Ortomann dut se porter contre la Chapelle, placée entre ce camp et celui de Rauss. — Ce général, arrêté par une vigoureuse résistance, dut abandonner son attaque. Il se retira en ordre, sans confusion, quoique défilant sous le feu de l'ennemi. Quelques soldats de la colonne de Brunet avaient déjà pénétré dans le camp ennemi, lorsqu'ils furent attaqués par la réserve piémontaise. N'étant pas soutenus, ils furent écrasés. Pendant ce temps, le reste de la colonne, ayant heurté de front la batterie, fut mis en désordre par la mitraille et s'enfuit dans la vallée de Bevera pour regagner le camp d'Argenta. Ces revers n'étaient pas encore décisifs contre les républicains. Le succès de l'expédition dépendait particulièrement de celui de la brigade de gauche, commandée par Serrurier. Si ce général eût réussi à emporter le poste de Rauss, l'ennemi aurait été contraint à repasser en Piémont. Serrurier avait divisé sa troupe en trois colonnes, dont une seule, commandée par Micas, eut quelque succès, et s'empara de la position de Tuersch, qu'elle fut ensuite forcée d'abandonner à cause de la retraite des colonnes qui devaient la soutenir. Cette affaire, quoique sans résultat, coûta environ 700 hommes à chacun des deux partis et fit tomber entre les mains des Français 700 prisonniers, quelques pièces de canon et des effets de campement.

Deuxième attaque. — Le résultat de l'expédition du 8, dans laquelle les succès et les pertes avaient été à peu près balancés, n'étant pas propre à réhabiliter, dans l'esprit de la Convention, le général Brunet, qui, depuis quelque temps, était l'objet de ses défiances. Ce général sentait sa position difficile, il comprenait même qu'en ce moment sa vie dépendait uniquement d'un succès, et quelque peu d'espoir qu'il eût encore, il voulut essayer de réparer l'échec qu'il venait d'éprouver. Une nouvelle attaque sur le camp de Lauthion fut arrêtée pour le 12 juin. Les représentants du peuple présens à l'armée d'Italie approuvèrent un projet dont ils ne pouvaient apprécier en rien les chances de succès; ils étaient guidés seulement par le désir de neutraliser, par l'expulsion définitive des Piémontais au-delà des Alpes, l'action des troupes espagnoles nouvellement débarquées.

Un nouveau plan fut discuté. On décida qu'il fallait renforcer Serrurier et le porter au centre pour forcer à tout prix le passage, qu'il devait renouveler son attaque par l'extrême gauche. Une tentative sur Rauss semblait devoir être plus décisive par ses résultats, et d'un succès plus facile; mais Brunet se décida à agir sur le centre de l'ennemi.

Pendant qu'Ortomann devait attaquer la Chapelle, qu'il n'avait pas pu enlever le 8, Serrurier, du camp de Fougasse, devait se porter sur la grande redoute du centre, et en même temps, afin de rendre le succès plus décisif, Miackouski, avec les grenadiers de droite, avait ordre de marcher sur Lauthion par Mangebo. Le colonel Lecointre devait suivre la même direction, en passant par le ravin de Moulinet.

Le jour fixé de l'attaque, le temps était affreux et semblait de mauvais présage. Brunet, malade, proposa de renvoyer l'expédition à un autre jour; mais un conseil de guerre en décida autrement. Les troupes se mirent de bonne heure en marche, et l'engagement devint général à sept heures. — Les retranchements des Sardes avaient été perfectionnés et armés. Les républicains, accablés de fatigues et découragés par le mauvais temps, n'abordèrent pas même l'ennemi. La diversion que devait opérer Miackouski n'eut pas lieu à temps, par suite d'un retard qu'éprouva ce général dans sa marche, retard qui permit aux troupes du camp de Lauthion de prendre part à la défense de Millefourches et de Rauss. On vit donc se renouveler, mais d'une manière moins honorable pour les républicains, la retraite un peu désordonnée du 8. Ils se rallièrent cependant à quelque distance des retranchements, et l'arrivée, quoique tardive, des grenadiers de Miackouski, semblait sur le point de rétablir les affaires, quand toutes les forces ennemies, dirigées par Colli, se portèrent sur le point menacé et décidèrent la victoire en faveur des Piémontais.

Les détails de cette affaire ont été racontés contradictoirement par les auteurs contemporains. L'espèce de terreur qui s'empara des troupes républicaines, parvenues aux pieds des retranchements (et au moment où on pouvait compter sur un succès), a été attribuée à une méprise des nouvelles levées, qui tirèrent les unes sur les autres, se prenant mutuellement pour des bataillons ennemis.

Les généraux Serrurier et Brunet rentrèrent cependant au camp de Fougasse. Plusieurs grenadiers de Miackouski, emportés par leur ardeur dans les retranchements ennemis, ne reparurent plus. Enfin, Ortomann, qui combattait encore après la retraite de tous les autres, reçut du général en chef l'ordre de rétrograder, ce qu'il fit avec beaucoup d'ordre. Cette échauffourée coûta aux républicains environ 2,000 hommes.

Arrivée de Kellermann. — Conseil de guerre. — Nous avons dit que le général de l'armée d'Italie avait été placé sous les ordres supérieurs de Kellermann. Aussitôt que ce dernier eut été informé du double échec que Brunet avait éprouvé, il se hâta d'accourir à Nice. Un conseil de guerre se rassembla sous sa présidence : on y discuta des événements qui venaient de se passer, les ressources de l'armée et la position relative des austro-sardes. Il fut reconnu que les républicains pouvaient se maintenir dans leurs positions, même quand l'ennemi, ayant reçu des renforts, chercherait à prendre l'offensive. On convint néanmoins des nouveaux postes à occuper dans le cas d'une retraite forcée, et l'on arrêta enfin toutes les mesures nécessaires pour que l'armée d'Italie pût être secourue efficacement par l'armée des Alpes, en cas de nécessité.

Situation critique de l'armée d'Italie. — A la fin de mai, ces diverses attaques, suivies de revers, et surtout l'insurrection du midi de la France, avaient placé cette armée dans une position des plus critiques. Refoulée sur le Var et sur la mer, dans l'espèce de bassin que forment les plaines basses du comté, par une armée qui occupait dans les montagnes des crêtes en quelque sorte inaccessibles, l'armée d'Italie se trouvait presque complétement séparée de la France. L'embarras de cette position fut porté au comble par l'apparition de l'amiral Hood dans les eaux de Toulon. Néanmoins, livrée à la plus horrible misère et environnée d'ennemis, sans espoir de secours, cette petite masse de patriotes s'arma d'un courage supérieur aux difficultés, et vint à bout de triompher des obstacles du dedans et du dehors.

Traité entre la Sardaigne, l'Angleterre et l'Espagne. — Malgré le peu de succès qu'avaient obtenu les Français sur la ligne des Alpes-Cottiennes, Victor-Amédée, prince faible, dévot, et à qui son grand âge avait enlevé le peu d'énergie qu'il eût jamais montré, craignait à chaque instant de se voir dépossédé par les républicains de son sceptre héréditaire. Au lieu de profiter de l'avantage que lui offraient les insurrections de Lyon et de Toulon, pour attaquer vivement de front les armées des Alpes et d'Italie, pressées sur leurs derrières par les villes françaises insurgées, il ne sut pas appuyer convenablement le parti contre-révolutionnaire, et il perdit son temps à mendier l'appui de cabinets étrangers, et à conclure des traités qu'une victoire aurait rendus inutiles.

Parmi ces traités, il y en eut un conclu vers cette époque entre le roi de Sardaigne et celui d'Angleterre, sous la garantie du roi d'Espagne, partie également contractante, en vertu duquel le roi de la Grande-Bretagne s'engagea à ne faire de paix avec la France, que d'un commun accord avec l'Espagne et la Sardaigne. Les deux grandes puissances, espagnole et britannique, garantissaient dans toute leur intégrité les possessions de Victor-Amédée, y compris le comté de Nice et la Savoie, déjà au pouvoir de la République française. L'Angleterre s'obligeait en outre à payer un subside de 300,000 livres sterling (7,500,000 fr.) au roi de Sardaigne, pendant la guerre et même durant trois ans après la paix générale, et à entretenir, de concert avec l'Espagne, une flotte dans la Méditerranée, pendant tout le temps de la guerre. Le roi Victor-Amédée s'obligeait, de son côté, à tenir constamment sur pied et à ses frais, outre son armée déjà existante, 20,000 hommes de troupes qui resteraient à la disposition de l'Angleterre, pour l'exécution des plans communs, pendant la guerre.

Arrestation, condamnation et exécution de Brunet.
— Le double échec que Brunet venait d'essuyer dans l'attaque du camp de Lauthion fut malheureusement pour ce général suivi de la perte de Toulon, livré aux Anglais par le parti royaliste qui dominait dans l'insurrection du Midi. Ce fut, aux yeux du comité de salut public, un grief bien autrement important et pour lequel il fallait à tout prix une victime expiatoire. Brunet se trouvait dans le voisinage de cette ville; on lui reprocha de n'y pas avoir laissé de garnison et de ne pas l'avoir reprise avant que les alliés y fussent solidement établis. Il fut arrêté, traduit au tribunal révolutionnaire, condamné et exécuté. Ortomann subit le même sort : on l'accusa d'être cause de l'échec du 12 juin, ce qui était souverainement injuste.

Dumerbion lui succède. — Dumerbion, vieillard faible de corps, mais rempli de patriotisme et de bonne volonté, succéda au malheureux Brunet. Ce général, pour soutenir le mieux possible le poids de sa responsabilité, eut le bon esprit de s'entourer de tout ce qu'il y avait de plus éclairé et de plus énergique dans les officiers sous ses ordres.

Attaque générale effectuée par les Piémontais. — L'armée républicaine occupait encore, lors de l'arrestation de Brunet, les positions qu'elle avait quittées le 12 juin pour se porter sur le Lauthion. Sa gauche était postée sur les montagnes de Tuersch et à Roccabiglière avec des flanqueurs sur la Tinea. La droite à Preglio sur la Roya et au col de Brouis ; le centre occupait le camp de Fougasse ou du Donjon.

Le roi de Sardaigne, pensant que l'occupation de Toulon allait entraîner la chute du parti républicain, ne voulut pas se priver du plaisir d'assister à la déconfiture d'ennemis qui le faisaient trembler depuis si long-temps. Il avait quitté en hâte sa capitale et arriva le 6 septembre à Fontan. Un conseil de guerre fut aussitôt assemblé, et les généraux austro-sardes décidèrent que le 8 une attaque générale aurait lieu contre la ligne des républicains. La journée du 8 septembre n'avait pas été fixée sans dessein : c'était la fête de Notre-Dame et l'anniversaire de la délivrance de Turin, en 1707, par le prince Eugène. On ne manqua pas de profiter de ces souvenirs pour fanatiser les Piémontais qui, dans leur aveugle confiance à une protection d'en haut, ne doutèrent pas un instant que l'heure de la déroute totale des Français, ennemis de la religion et du trône, ne fût enfin arrivée.

Le plan des généraux ennemis avait l'inconvénient d'employer trop de forces principales à des attaques accessoires; mais il était d'ailleurs assez bien conçu, en ce que le principal effort devait porter sur la gauche, partie faible des républicains. Le baron Colli était chargé de contenir pendant l'attaque le camp principal au centre de la ligne. Le duc d'Aoste devait, avec une division, descendre par le col de Fenestre et par Saint-Martin-de-Lantosca à Roccabiglière, tandis que le poste de Saint-Dalmas serait occupé par ses flanqueurs de droite. Pour favoriser ces mouvements, le général Saint-André avait ordre de s'avancer avec une brigade du col de Rauss sur les hauteurs de Saint-Jean, de se lier avec la colonne précédente par Gordalasca et Belveder. Une brigade, aux ordres du général Strasoldo, était chargée de se porter sur Guillaume par San-Stephano pour inquiéter le flanc gauche des Français et menacer leur communication avec le Var. Enfin la droite française vers la Roya devait être inquiétée par la garnison de Saorgio, renforcée d'un détachement.

Le succès ne répondit pas à l'attente du roi Victor-Amédée et à ces immenses préparatifs. La colonne de Saint-André seule dut à sa grande supériorité numérique de faire plier un instant les républicains qui lui étaient opposés. Le poste de San-Severo fut même enlevé par le brigadier Carrette, après un combat de quatre heures. Sur tous les autres points, les Piémontais furent repoussés avec perte, et, outre un grand nombre d'hommes tués ou hors de combat, perdirent plus de 300 prisonniers.

Opérations et projets du général Dewins sur le Var. — La destruction de l'armée française dans le comté de Nice eût pu être le résultat d'une attaque vigoureuse exécutée sur la gauche, mais avec toutes les forces disponibles depuis la vallée de Stura jusqu'à Saorgio. Le général Dewins avait souvent donné à ses collègues le conseil de manœuvrer dans cette direction, en descendant le Var. On s'y décida enfin dans le but d'effacer le souvenir de l'échec qu'on venait de recevoir; mais le fruit de cette attaque, bien conçue, devait être perdu à cause du peu de forces qui y furent consacrées.

La température du mois de septembre avait été très froide vers le 15 et accompagnée d'une grande chute de neige, comme cela arrive quelquefois dans les Alpes. Elle s'adoucit vers la fin du mois. Ce fut le moment dont Dewins crut devoir profiter pour exécuter l'attaque projetée; mais il se contenta d'y employer 4,000 Autrichiens et 8 pièces de canon démontées et portées à dos de mulet. Il descendit avec ces forces la vallée de Tinea sur Saint-Salvador, et détacha ses troupes légères dans la vallée du Var, vers Puget de Teniers.

Dewins arriva le 25 à Claus dans la vallée de la Tinea, où il séjourna jusqu'au 12 octobre suivant, inaction qu'il est impossible d'expliquer par aucune raison militaire. Les Français à son approche s'étaient concentrés sur Sospello; ils furent attaqués à Castiglione et battus d'abord par les Piémontais : mais pendant que ces derniers, étourdis par l'ivresse d'un succès auquel ils étaient si peu habitués, se délectaient étourdiment dans les jouissances qui suivent une victoire, les républicains, revenus d'une première surprise et renforcés, les attaquèrent à l'improviste et les mirent dans la plus complète déroute.

Dewins, avec ses Autrichens, malgré l'échec de Castiglione, poursuivit sa marche offensive et passa le Var le 18 octobre, se dirigeant sur Gillette, et précédé d'une tête de colonne de 4,000 Croates. Son but, en s'emparant de ce poste et de celui d'Utelle, était d'en faire la base de ses opérations ultérieures et de pouvoir se porter à volonté sur les derrières des Français et couper leurs communications.

Combat de Gillette. — Le général Dugommier, dont le quartier général se trouvait à Utelle, commandait l'aile gauche de l'armée en remplacement de Serrurier, qui venait d'être arrêté [1]. Informé du mouvement des Croates, il rassembla ses postes à la hâte pour former une colonne de 7 à 800 hommes, confia la défense d'Utelle à l'adjudant général Despinois, et se dirigea aussitôt sur le point menacé. Arrivé à Saint-Martin le 19 à une heure du matin, il commanda une halte pour donner quelques heures de repos à sa troupe, et détacha en avant un de ses aides de camp afin de reconnaître la rive droite du Var sur la hauteur d'Utelle. Cet officier, le capitaine Leoné d'Almeyde, était accompagné d'un détachement d'environ 70 hommes ; il passa le Var à gué à quelques lieues de Saint-Martin, et se trouva presque aussitôt en face d'une batterie établie en avant de Gillette, dans un bois d'oliviers, et sous la protection de laquelle un major du régiment de Caprara avait jeté en tirailleurs un bataillon de Croates. Le commandant du détachement français plaça aussi ses hommes en tirailleurs pour attendre le général Dugommier. — Pendant que les deux partis échangeaient mutuellement quelques coups de fusil, au bruit du rappel, de la marche et de la charge que battaient à la fois sur divers points les tambours français pour en imposer à l'ennemi sur leur petit nombre, le sergent Gaspard Eberlé, ancien sous-officier du régiment du Maine, Suisse d'origine, et parlant allemand, tua d'un coup de fusil le major de Caprara, le dépouilla, revêtit son uniforme complet, et, sautant par la gorge de la batterie, ordonna, comme officier supérieur autrichien, de cesser le feu : on lui obéit. Alors, continuant de jouer avec audace le rôle qu'il avait pris, il fit rentrer le bataillon de Croates et lui commanda de poser les armes. Tout cela ne fut l'affaire que de quelques instants. Le feu ayant cessé, l'aide de camp du général Dugommier s'approcha, et le sergent français, devenu major autrichien, se rendit prisonnier avec tout son monde.

Ce trait d'une heureuse audace fut presque aussitôt récompensé par le général Dugommier, qui arriva dans la batterie peu de temps après. Le brave Eberlé lui fut présenté. Alors, après l'avoir embrassé, le vieux général ôta son chapeau galonné et orné du panache tricolore, et le plaçant sur la tête du sous-officier : « Au nom de la République, lui dit-il, je te « nomme adjudant général chef de bataillon. » Tous les soldats applaudirent et manifestèrent leur satisfaction par un cri solennel de *vive la République !*

A l'approche de Dugommier, la garnison de Gillette fit une sortie. Le tocsin sonna. Les gardes nationaux des cantons voisins accoururent en foule, et les 4,000 Croates furent défaits par quelques centaines de républicains. Leurs tentes, leurs magasins et un grand nombre de prisonniers restèrent en notre pouvoir.

Combat d'Utelle. — Dugommier, après l'affaire de Gillette, se hâta de revenir à son quartier général d'Utelle. Sa diligence fut heureuse. Dans la nuit du 21 au 22 octobre, il y fut attaqué par toutes les masses de l'armée austro-sarde réunies et renforcées, que Dewins avait dirigées sur ce point. Favorisé par l'obscurité et par un brouillard épais, l'ennemi s'approcha en silence des avant-postes français, où les soldats, harassés de fatigues, reposaient encore. Les premiers postes furent égorgés. Les autres se replièrent sur Utelle, qu'atteignait déjà la fusillade. Dugommier fit battre la générale, rassembla ses soldats et arrêta les dispositions qui pouvaient assurer sa défense. L'ennemi,

---

[1] Le nom de Dugommier est un des noms les plus honorables et les plus purs des armées de la République, cependant les biographies ne contiennent sur ce brave général que des détails erronés ou incomplets. — Nous avons reçu d'un officier supérieur d'état-major en retraite, M. le chevalier Leoné d'Almeyde, des notes d'autant plus intéressantes que par sa position personnelle il a pu parfaitement connaître et apprécier Dugommier. Nos lecteurs nous sauront gré sans doute de leur en communiquer quelques passages. Ces notes renferment d'ailleurs des détails qui prouvent quel véritable désintéressement animait les guerriers républicains ; ces hommes qui nous paraissent encore si grands même quand on les aperçoit derrière la ligne imposante des généraux de l'empire.

« Jacques Coquille Dugommier, général en chef, mort en Espagne le 20 novembre 1794, commandant l'armée française, était originaire et habitant de la Guadeloupe. Il avait commandé les milices dans les anciennes guerres aux Antilles. — Il fut nommé chevalier de Saint-Louis en 1789. — Il perdit tous ses biens par suite de la révolution. — Il fut envoyé à Paris pour représenter ses compatriotes en qualité de député suppléant des colonies. — Chargé de trois enfants, il arriva à Paris sans aucun autre moyen d'existence que son épée ! — L'assemblée nationale le nomma maréchal de camp en 1792. — En septembre 1793, il fut désigné pour aller commander en Corse.

« J'ai été à la même époque nommé, ainsi que son fils, capitaine aide de camp. — La somme de 3,000 liv. en assignats lui avait été payée pour entrée en campagne l'année auparavant, et lors de son départ il se trouvait sans moyens de faire son voyage, ce qui le retardait depuis quelques jours, lorsqu'il reçut la lettre ci-après du ministre de la guerre.

« Général, si dans dix jours vous n'êtes rendu à Nice, un autre « officier général sera chargé de vous remplacer.
« *Le ministre de la guerre,* BOUCHOTTE.
« *Au citoyen Dugommier, général de brigade.* »

« Je me rendis sur-le-champ au ministère. Je représentai au citoyen ministre la position fâcheuse du général Dugommier, qui avait dû placer ses deux fils soldats, faute de moyens pour leur éducation. Je sollicitai une indemnité de route, et je ne pus obtenir que celle de colonel marchant à celles de son grade, douze rations de vivre et douze rations de fourrages, avec un pareil nombre de rations pour son fils et pour moi, capitaines de cavalerie, le ministre signa lui-même et remplit la feuille de route.

« Je suis entré dans ces détails pour rappeler la couleur de l'époque, si différente à celles qui ont suivi les conquêtes. Alors les généraux citoyens et les citoyens soldats, combattant *pro focis et aris*, n'avaient point besoin d'avoir du luxe. — Du pain et de la poudre ; point de dotations ni de traitements extraordinaires ; tous égaux ainsi qu'au feu ! — Je me suis procuré, de mon argent, un cabriolet de poste et des chevaux pour partir ; tout était prêt, lorsqu'un incident a retardé le départ. Hélas ! le propriétaire de la maison garnie avait en gage, pour un mois de loyer, les épaulettes du général, qui n'avait pas de quoi les retirer. J'ai payé un assignat de 50 liv. et nos chevaux sont partis au galop.

« Je me faisais rembourser en assignats les rations ; je payais les chevaux de poste et les chevaux d'achat, et j'ai pu économiser quelques centaines de francs pour l'habillement en arrivant à Nice.

« Après avoir été arrêtés une nuit au château de La Pape, quartier général du maréchal Kellermann, nous passâmes par Marseille à Nice, sans nous arrêter, à cause des troubles du Midi.

« Le général Dumerbion commandait l'armée du Var à Nice. — Les Anglais occupaient la Corse, et par conséquent il y avait impossibilité de nous y rendre. — Le général Serrurier était en prison : le général Dugommier fut nommé à sa place pour prendre le commandement de la division de gauche à Utelle. »

[1] Si le brave Eberlé n'est pas mort depuis peu de temps, il doit être aujourd'hui en retraite à Antibes. Après s'être fait remarquer en Égypte, comme chef de bataillon à la 85ᵉ demi-brigade, il s'est encore signalé en Italie et a perdu un bras au passage du Mincio. — Son honorable conduite et sa bravoure ont été récompensées par le titre de baron de l'Empire et le grade de général de brigade.

maître des hauteurs voisines, où il avait allumé de grands feux, attendait impatiemment le jour afin d'achever la déroute des républicains, qu'il supposait épouvantés et en désordre; mais pour arriver jusqu'à Utelle il devait traverser un défilé couvert de rochers: c'est là que Dugommier avait préparé ses moyens de résistance. Aucun feu n'était allumé dans son camp, et il avait défendu qu'on tirât un seul coup de fusil. L'ennemi descendit des hauteurs: ses bataillons s'avancèrent à la file les uns des autres avec toute la confiance que donne la certitude de vaincre. 600 Français, embusqués convenablement dans le défilé, les attaquèrent à l'improviste et presque de tous côtés. 5,000 austro-sardes, ainsi chargés à la baïonnette, furent mis complétement en déroute. Le général Dugommier, à la tête des grenadiers, les poursuivit lui-même au-delà de leur camp, qu'il enleva, et leur fit 800 prisonniers.

Les postes du Diamant et de la Madone, situés sur des hauteurs escarpées qui dominent Utelle, avaient été enlevés par l'ennemi. Le capitaine Partouneaux et le commandant Despinois les reprirent à la baïonnette. Cette affaire ne coûta aux républicains qu'une vingtaine d'hommes tués, mais ils eurent un plus grand nombre de blessés, parmi lesquels plusieurs officiers le furent assez grièvement.

La conduite vigoureuse du général qui venait de défendre, à Gillette et à Utelle, le territoire national, fixèrent l'attention des représentants du peuple. Dugommier fut élevé au poste de général en chef, chargé de la conduite du siége de Toulon, où il se rendit avec une partie de sa division.

Depuis l'affaire d'Utelle jusqu'au milieu de novembre, époque à laquelle Dewins repassa le Var à Masoins et revint par Formagine, derrière le col de Tende, prendre ses quartiers d'hiver, il ne se passa rien d'important à l'armée d'Italie. Dumerbion envoya seulement à l'armée de Toulon tous les renforts qu'il put sans inconvénient distraire du comté de Nice.

Combat de Castel-Ginette. — Fin de la campagne.

— Avant Dewins lui-même, le gros de l'armée austro-sarde avait aussi pris des quartiers d'hiver, et par suite de l'occupation de Ginette, de la montagne de Brec et de Figaretto, tombés récemment au pouvoir du duc d'Aoste, les communications se trouvaient interceptées, ou du moins considérablement gênées entre le centre et la gauche des républicains. Masséna, devenu général de brigade, reçut l'ordre de faire cesser cet état de choses. Le 29 novembre, il partit d'Utelle à la tête de 500 hommes d'élite, et longea le chemin de Torre pour tourner Castel-Ginette par sa droite, seul point par lequel ce poste fût abordable. Les Sardes, qui s'aperçurent de ce mouvement, firent en vain pleuvoir sur sa colonne des quartiers de roc et des masses de plomb; elle brava tous les dangers, surmonta tous les obstacles et arriva aux retranchements de l'ennemi qu'elle emporta après un combat de deux heures. Les Piémontais, laissant le champ de bataille couvert de morts et de blessés, se replièrent sur le Brec, montagne âpre, sauvage et presque inabordable. Masséna, pour les en débusquer et rendre son succès plus certain, imagina de faire traîner une pièce de quatre durant l'espace d'une demi-lieue, par des sentiers bordés de rochers à pic et de précipices. La pièce fut démontée; le général donna lui-même l'exemple, et on le seconda avec enthousiasme. Après six heures d'efforts inouïs, le canon arriva sur le rocher qui domine Castel-Ginette; il fut replacé sur son affût, et aussitôt on commença à tirer. La première explosion que répétèrent avec fracas tous les échos des montagnes, porta l'épouvante parmi les Sardes et les Piémontais, qui abandonnèrent leur dernier retranchement. Une autre colonne républicaine se glissait pendant ce temps de rocher en rocher vers Figaretto, dont elle nettoya la gorge jusqu'à Lantosca. Masséna ne quitta le sommet des montagnes qu'après avoir établi des postes pour assurer les communications de l'armée. — La campagne de l'année 1793 qui, pour l'armée d'Italie, avait commencé par des revers, se termina ainsi avec gloire.

RÉSUMÉ CHRONOLOGIQUE

1793.

5 FÉVRIER. Biron vient prendre le commandement en chef.
— — Combat de Moulinet.
13 — Combat de Sospello.
19 — Prise du camp de Braous.
28 et 29 — Combat de Lantosca.
MAI. Brunet remplace Biron.
8 JUIN. Première attaque du camp de Lauthion.

12 JUIN. Deuxième attaque du camp de Lauthion.
20 — Arrivée de Kellermann. — Conseil de guerre.
— — Arrestation de Brunet. — Dumerbion prend le commandement.
8 SEPTEMBRE. Attaque générale effectuée par les Piémontais.
19 OCTOBRE. Combat de Gillette.
21 et 22 — Combat d'Utelle.
29 NOVEMBRE. Combat de Castel-Ginette.

A. HUGO.

On souscrit chez DELLOYE, Éditeur, place de la Bourse, rue des Filles-Saint-Thomas, 13.

FRANCE MILITAIRE.

SIÉGE DE TOULON.

SOMMAIRE.

Insurrection de Toulon. — Toulon se livre aux Anglais. — Carteaux marche sur Toulon. — Prise des gorges d'Ollioules. — Investissement de Toulon. — Arrivée de Bonaparte. — Carteaux. — Doppet. — Bonaparte à Toulon. — Plan proposé par Bonaparte. — Érection de batteries — Sortie des Anglais. — Prise du général O'Hara. — Lettre des représentants du peuple. — Prise du Petit-Gibraltar. — Conduite des Anglais à Toulon. — Incendie de la marine de Toulon. — Rapport anglais. — Occupation des forts. — Entrée à Toulon. — Décret contre Toulon. — Noble conduite de Dugommier.

	ARMÉE RÉPUBLICAINE.		FORCES COALISÉES.
Généraux en chef.	Carteaux. — Doppet. — Dugommier.	Commandants.	Flotte anglaise : amiral Hood. Escadre espagnole : amiral Langara. Garnison de Toulon : général O'Hara. Troupes espagnoles : amiral Gravina.
Représentans du peuple.	Barras. — Fréron. — Albitte. — Fouché. — Saliceti. — Gasparin. — Robespierre jeune.		

Toulon avait suivi l'exemple de Lyon, de Marseille et des autres villes de la Provence. Cette ville avait rompu avec la Convention dominée par le parti montagnard, et repoussé la fameuse constitution de 1793. — Les jacobins crurent devoir, au moment où les Toulonnais eurent à s'expliquer sur le projet constitutionnel, user de violence pour empêcher la réunion des citoyens; mais cette violence même accéléra la crise. — Les sections s'organisèrent, les papiers du club furent saisis et les principaux chefs arrêtés, et l'insurrection éclata. Deux membres de la Convention, Bayle et Beauvais, commissaires à l'armée du Var, qui se trouvaient momentanément à Toulon, furent retenus comme otages, et plongés dans un des cachots du fort La Malgue, où l'un d'eux se donna la mort.

Toulon fut alors mis hors la loi par la Convention; mais, comme à Marseille dans les premiers moments, et à Lyon pendant toute la durée du siège, d'abord les insurgés ne cessèrent de se montrer attachés à la forme républicaine. Les royalistes et les fédéralistes étaient réunis par le besoin d'une défense commune; mais le drapeau tricolore flottait encore sur tous les édifices de la ville et sur les forts qui l'entourent.

Toulon se livre aux Anglais. — La victoire du général Carteaux et les réactions sanglantes dont elle fut suivie, en faisant connaître aux Toulonnais le sort qui les menaçait, les poussèrent à un parti extrême. Les royalistes profitèrent de la position désespérée où la ville insurgée se trouvait placée pour faire consentir les républicains à appeler à Toulon une escadre anglaise. La nombreuse flotte républicaine qui se trouvait dans le port essaya vainement pendant quelque temps de s'y opposer. La défection et l'exemple de l'amiral Trogoff détruisirent les effets du courageux dévouement du brave contre-amiral Saint-Julien [1].

Les Anglais occupent Toulon. — Maître de Toulon, l'amiral Hood s'occupa de mettre la ville dans un état de défense respectable. Il craignait avec raison l'attaque prochaine du général Carteaux, vainqueur des insurgés provençaux. Il appela à son aide l'amiral espagnol Langara et l'escadre napolitaine. Bientôt de nombreux détachements de troupes anglaises, espagnoles, sardes et napolitaines débarquèrent pour former la garnison de la place. Les gorges d'Ollioules, sur la grande route de Marseille à Toulon, à deux lieues de cette dernière ville, furent occupées par les Anglais. Ces gorges présentent un défilé très resserré entre des rochers escarpés, seul passage praticable pour une armée qui marche avec de l'artillerie, et d'une défense facile.

Les fortifications de la ville furent réparées et augmentées. Les positions environnantes furent retranchées et armées de bouches à feu. Tous les moyens d'une longue résistance furent organisés.

Carteaux marche sur Toulon. — Prise des gorges d'Ollioules. — Le général Carteaux, retenu quelque temps à Marseille par les commissaires de la Convention, à l'effet d'appuyer par la présence de ses troupes les mesures terribles ordonnées contre l'insurrection vaincue, devint libre enfin d'agir contre Toulon. Quoiqu'il n'eût sous ses ordres que 3,300 et quelques hommes, forces insuffisantes pour réduire une place qui, outre une population insurgée, renfermait plus de 15,000 hommes de troupes étrangères, il commença ses opérations d'attaque. Le 10 septembre, les gorges d'Ollioules, défendues par les bataillons anglais qui y étaient fortifiés, furent attaquées et enlevées. Carteaux fit replier successivement plusieurs détachements postés pour défendre les approches de Toulon; mais, trop faible pour entreprendre une attaque sérieuse, il dut se contenter de harceler et de tenir en échec l'ennemi,

---

[1] Voici en quels termes un des républicains toulonnais essaie de justifier la funeste résolution à laquelle ils furent entraînés : « La Montagne usurpatrice nous proscrivait en masse; elle avait mis hors la loi, d'un trait de plume, toute la force départementale et tous les sectionnaires qui avaient pris quelque part à ce qu'elle appelait le fédéralisme... C'en était fait! de nombreux échafauds allaient être dressés dans Toulon. Déjà les subsistances lui étaient coupées du côté de la terre; on ne pouvait plus s'en procurer que par mer, mais les Anglais en étaient maîtres. Il fallait donc fléchir devant la Montagne ou l'escadre anglaise, se livrer à la merci de Robespierre ou de l'amiral Hood. Ceux-là nous apportaient des échafauds, celui-ci promettait de les briser; les uns nous donnaient la famine, l'autre s'engageait à nous fournir des grains... Une portion des habitants eut la faiblesse de préférer le pain à la mort, la constitution de 1791 au code anarchique de 1793, le régime ancien mitigé au régime de la terreur, le pouvoir futur des princes à la tyrannie présente de la dictature de Robespierre... »

en attendant l'arrivée des renforts qui lui étaient annoncés.

La ville de Toulon est adossée du côté de terre à une chaîne de montagnes où, par des travaux successifs exécutés depuis un siècle, s'élève une ligne de petits forts qui s'appuient réciproquement. Tous ces forts étaient occupés par les coalisés. Après avoir forcé les gorges d'Ollioules, les troupes républicaines avaient emporté la montagne de Pharon et la colline du cap Brun; mais leur petit nombre ne leur permit pas de conserver ces postes importants.

Investissement de Toulon. — Tandis que l'armée de Carteaux, augmentée de quelques renforts qui avaient doublé ses forces, débouchait dans la plaine sur la droite de Toulon et occupait Six-Fours et Saint-Nazaire, une division de 4,000 hommes, partie de Nice, sous les ordres du général Lapoype, accompagnée des représentants du peuple Fréron et Barras, se portait à la gauche de Toulon sur Sallies et La Garde, et prenait position dans la plaine au pied du mont Pharon entre La Valette et la mer.

Carteaux avait avec lui trois représentants du peuple, Albitte, Gasparin et Salicetti.

L'investissement de Toulon se trouvait ainsi opéré vers le milieu de septembre, si l'on peut appeler investissement une ligne d'observation; car l'armée de Carteaux et celle de Lapoype, séparées par les montagnes de Pharon, ne pouvaient communiquer qu'en arrière et en faisant un long circuit. Elles n'avaient rien de commun, et leurs postes même ne pouvaient pas s'apercevoir.

Dès le principe, de grandes discussions eurent lieu sur la conduite du siége. La principale attaque devait-elle se faire par la gauche ou par la droite? La gauche était arrêtée par le fort Pharon et par le fort La Malgue. Ce dernier est un des mieux construits qu'il y ait dans aucune de nos villes de guerre. La droite n'avait à prendre que le fort Malbosquet, qui n'était qu'une sorte d'ouvrage de campagne, tirant une certaine force de sa situation. Maître de ce fort, on pouvait arriver jusqu'aux remparts de la ville. Ces considérations déterminèrent les représentants et les généraux à décider que l'attaque aurait lieu par la droite. C'est sur ce point que durent être dirigés tous les renforts envoyés de l'intérieur. — Si le plan eût été suivi, il n'est pas douteux que la ruine totale de Toulon n'en eût été la suite. La résistance eût pu être opiniâtre et l'attaque sans ménagements. Heureusement que bientôt arriva à l'armée un homme de génie qui pensa qu'il y avait plus de gloire à reprendre sans la ruiner une ville française, qu'à l'écraser sous les boulets pour avoir le plaisir de satisfaire une atroce et imbécille vengeance.

Arrivée de Bonaparte. — Peu de jours après la prise des gorges d'Ollioules, Bonaparte, alors chef de bataillon d'artillerie, vint de Paris, envoyé par le comité de salut public pour commander l'artillerie du siége, qu'une blessure du général Dammartin laissait sans chef. L'arrivée de Bonaparte fut un événement des plus favorables aux opérations du siége.

Le nouveau commandant d'artillerie trouva le quartier-général établi au Beausset; on s'occupait des préparatifs à faire pour brûler l'escadre ennemie mouillée dans la rade de Toulon. Le lendemain Bonaparte accompagna le général en chef dans une visite des travaux du siége. « Quel fut mon étonnement, dit-il dans ses *Mémoires,* de trouver une batterie de six pièces de 24 placée à un quart de lieue en avant des gorges d'Ollioules, à trois portées de distance des vaisseaux anglais, et à deux portées de la mer. Les volontaires de la Côte-d'Or et les soldats du régiment de Bourgogne étaient néanmoins occupés à faire rougir les boulets dans toutes les bastides.» Bonaparte témoigna son mécontentement au chef de la batterie, qui s'excusa sur ce qu'il n'avait fait qu'obéir aux ordres de l'état-major. Le premier soin du commandant de l'artillerie fut d'appeler à son aide un grand nombre d'officiers momentanément éloignés par les événements de la Révolution. Au bout de six semaines, il était déjà parvenu à réunir, à former et à approvisionner un parc d'artillerie de deux cents bouches à feu. — Les batteries avaient été avancées et placées sur les points les plus avantageux du rivage. Bientôt de gros bâtiments ennemis furent démâtés, des bâtiments légers coulés bas, et les bâtiments anglais furent contraints à s'éloigner de cette partie de la rade.

Carteaux. — « Le général Carteaux avait commencé le siége; mais le comité de salut public s'était vu obligé de lui ôter ce commandement. Cet homme, qui, de peintre, était devenu adjudant dans les troupes parisiennes, avait ensuite été employé à l'armée; ayant été heureux contre les Marseillais, les députés de la Montagne l'avaient fait nommer dans le même jour général de brigade et général de division. Il était très ignorant, nullement militaire; du reste, il n'était pas méchant et n'avait personnellement point fait de mal à Marseille lors de la prise de cette ville. »

Doppet. — « Le général Doppet avait succédé à Carteaux: il était Savoyard, médecin et méchant. Il était ennemi déclaré de tout ce qui avait des talents. Il n'avait aucune idée de la guerre, et n'était rien moins que brave.» Cependant ce Doppet, par un singulier hasard, faillit prendre Toulon quarante-huit heures après son arrivée. Un bataillon de la Côte-d'Or et un bataillon du régiment de Bourgogne, étant de tranchée contre le Petit-Gibraltar, eurent un homme pris par une compagnie espagnole de garde à la redoute; ils le virent maltraiter, bâtonner, et en même temps les Espagnols les insultèrent par des cris et par des gestes indécents. Furieux, les Français courent aux armes; ils engagent une vive fusillade et marchent contre la redoute. «Le commandant de l'artillerie (Bonaparte) se rend aussitôt chez le général en chef, qui ignorait lui-même ce que c'était; ils vont au galop sur le terrain, et là, voyant ce qui se passait, Napoléon engagea le général à appuyer cette attaque, attendu qu'il n'en coûterait pas plus de marcher en avant que de se retirer. Le général ordonna donc que toutes les réserves se missent en mouvement. Tout s'ébranla : Napoléon marcha à la tête. Malheureusement un aide de camp est tué aux côtés du général en chef. La peur s'empare du général; il fait battre la retraite sur tous les points et rappelle ses troupes au moment où les grenadiers, après avoir repoussé les tirailleurs ennemis, parvenaient à la gorge de la redoute et allaient s'en rendre maîtres. Les soldats furent indignés. Le comité de salut public rappela Doppet et sentit enfin la nécessité d'y envoyer un militaire. Dugommier fut désigné.

Bonaparte à Toulon. — Un point sur lequel toutes les relations contemporaines sont d'accord, c'est l'importance des services que rendit, pendant le siége, le chef de bataillon commandant l'artillerie. Napoléon était à tout et partout, faisant le général et le soldat; tour à tour fantassin et cavalier, mineur et artilleur. Quand l'ennemi tentait une sortie, ou, par une attaque inattendue, forçait les assaillants à quelque manœuvre rapide et non encore ordonnée, les chefs de colonne, les commandants de postes et de détachements, dans leur hésitation, n'avaient tous qu'une même parole: « Courez au commandant de l'artillerie; demandez-lui « ce qu'il faut faire, il le sait mieux que personne. » Napoléon donnait ses instructions; on lui obéissait, non pas seulement avec le respect que commande le grade, mais encore avec cette confiance qu'inspire le génie. Du reste, il ne se ménageait point. Toujours au feu, toujours attentif aux mouvements des assiégés, il déployait en toute circonstance cette remarquable activité qu'aucun homme n'a eue au même degré que lui. Aussi courut-il des dangers pendant le siége. Il eut trois chevaux tués sous lui; et, lors d'une sortie qu'il repoussa, où son courage sauva les batteries françaises, il reçut d'un grenadier anglais, à la cuisse gauche, un coup de baïonnette qui lui fit une blessure tellement grave, que pendant quelques instants il fut menacé de l'amputation.

Une maladie de peau, gagnée à cette époque, altéra long-temps son excellente constitution. Un jour qu'il était dans une batterie exposée au feu le plus violent de la place, un des chargeurs fut tué. Il importait beaucoup que le feu de l'artillerie française ne se ralentît pas. Napoléon prit le refouloir et chargea lui-même dix ou douze coups. L'artilleur mort était infecté d'une gale très maligne; Napoléon en fut atteint. L'ardeur de la jeunesse, les impérieux devoirs du service l'empêchèrent de se traiter convenablement. Le mal disparut, mais le poison n'était que rentré. Sa santé en fut gravement affectée; de là cette maigreur maladive, cet aspect chétif et débile qu'il eut pendant long-temps.

La connaissance de Napoléon avec un des hommes auxquels il a porté le plus d'affection date du siége de Toulon. C'est Muiron, tué près de lui à Arcole, et dont à Sainte-Hélène il conservait encore un souvenir affectueux. Muiron., déjà capitaine d'artillerie, lui servit d'adjudant pendant le siége de Toulon.

Un sous-officier d'artillerie a dû sa haute fortune au siége de Toulon. Napoléon faisait établir sous le feu de l'ennemi une des premières batteries de siége; ayant un ordre à donner, il demanda autour de lui un sergent ou un caporal qui sût écrire. Un jeune homme sortit des rangs, et sur l'épaulement même de la batterie écrivit sous sa dictée. La lettre était à peine finie qu'un boulet couvrit de terre le papier et l'écrivain : « Tant « mieux, dit gaîment celui-ci, je n'aurai pas besoin de « sable. » La plaisanterie, le calme avec lequel elle fut faite, fixèrent l'attention de Napoléon. Ce sergent, qui par la suite se montra toujours digne de sa bienveillance, était Junot, mort depuis duc d'Abrantès, gouverneur-général de l'Illyrie et colonel général des hussards.

L'intrépide général Dugommier, militaire instruit et qui comptait cinquante ans de bons services, n'eut pas plutôt pris le commandement de l'armée qu'il reconnut ce que valait Napoléon. Sa vieille expérience ne dédaigna pas les conseils du jeune chef de bataillon d'artillerie; il témoigna hautement l'estime qu'il faisait de ses conceptions. Après la prise de la ville, il le recommanda au comité de salut public, comme celui à qui le succès était principalement dû. On prétend même que, demandant pour lui un grade supérieur, il ajouta : « Avancez-le, car si vous étiez ingrats envers lui, il s'avancerait tout seul. » C'était une espèce de prédiction que Napoléon devait accomplir.

Napoléon, de simple chef de bataillon d'artillerie, aurait pu devenir, avant la fin du siége, général en chef de l'armée de Toulon. Les représentants du peuple, mécontents de la lenteur des opérations, voulaient destituer Dugommier. Ils offrirent le commandement à Bonaparte. Celui-ci refusa. Il rendait plus de justice à Dugommier, et il l'estimait trop pour vouloir s'élever par sa ruine.

Plan proposé par Bonaparte. — « Pendant que l'équipage de siége se complétait, l'armée se grossissait. Le chef de bataillon Marescot et plusieurs brigades d'officiers du génie arrivèrent. Le comité de salut public envoya des plans et des instructions relatifs à la conduite du siége. Ils avaient été rédigés au comité des fortifications par le général du génie d'Arçon, officier d'un grand mérite.

« Tout paraissait prêt pour commencer. Un conseil fut réuni sous la présidence de Gasparin, représentant du peuple, homme sage, éclairé, et qui avait servi. On y lut les instructions envoyées de Paris; elles indiquaient en grand détail toutes les opérations à faire pour se rendre maître de Toulon par un siége en règle.

« Le commandant d'artillerie, qui, depuis un mois, avait reconnu exactement le terrain, qui en connaissait parfaitement tous les détails, proposa le plan d'attaque auquel on dut Toulon. Il regardait toutes les propositions du comité des fortifications comme inutiles d'après les circonstances où l'on se trouvait: il pensait qu'un siége en règle n'était pas nécessaire. En effet, en supposant qu'il y eût un emplacement tel, qu'en y plaçant quinze à vingt mortiers, trente à quarante pièces de canon et des grils à boulets rouges, l'on pût battre tous les points de la petite et de la grande rade, il était évident que l'escadre combinée abandonnerait ces rades, et dès lors la garnison serait bloquée, ne pouvant communiquer avec l'escadre qui serait dans la haute mer. Dans cette hypothèse, le commandant d'artillerie mettait en principe que les coalisés préféreraient retirer la garnison, brûler les vaisseaux français, les établissements, plutôt que de laisser dans la place 15 à 20,000 hommes qui, tôt où tard, seraient pris sans pouvoir alors rien détruire, afin de se ménager une capitulation.

« Enfin, il déclara que ce n'était pas contre la place qu'il fallait marcher, mais bien à la position supposée; que cette position existait à l'extrémité du promontoire de Balagnier et de l'Aiguillette; que, depuis un mois qu'il avait reconnu ce point, il l'avait indiqué au général en chef, en lui disant qu'en l'occupant avec trois bataillons il aurait Toulon en quatre jours; que depuis ce temps les Anglais en avaient si bien senti l'importance, qu'ils y avaient débarqué 4,000 hommes, avaient coupé tous les bois qui couronnaient le promontoire du Caire, qui domine toute la position, et avaient employé toutes les ressources de Toulon, les forçats même, pour s'y retrancher; ils en avaient fait, ainsi qu'ils l'appelaient, un *Petit-Gibraltar*; que ce qui pouvait être occupé sans combat il y a un mois exigeait actuellement une attaque sérieuse; qu'il ne fallait point en risquer une de vive force, mais établir en batterie des pièces de vingt-quatre et des mortiers, afin de briser les épaulements, qui étaient en bois, rompre les palissades et couvrir de bombes l'intérieur du fort; qu'alors, après un feu très vif pendant quarante-huit heures, des troupes d'élite s'empareraient de l'ouvrage; que deux jours après la prise de ce fort Toulon serait à la république. Ce plan d'attaque fut longuement discuté; mais les officiers du génie présents au conseil ayant émis l'avis que le projet du commandant d'artillerie était un préliminaire nécessaire au siége en règle, le premier principe de tout siége étant de bloquer étroitement la place, les opinions devinrent unanimes. »

Le plan proposé par Bonaparte eut donc pour résultat de sauver la ville et de ne diriger les troupes du siége que contre les Anglais et les coalisés.

Érection de batteries. — Les Anglais avaient construit deux redoutes sur les mamelons qui dominent *l'Aiguillette* et la tour *Balagnier*. Ces deux redoutes flanquaient le *Petit-Gibraltar*, et battaient les deux revers du promontoire.

D'après l'ordre de Napoléon, les Français élevèrent plusieurs batteries devant le Petit-Gibraltar, et construisirent des plates-formes pour placer une quinzaine de mortiers. En même temps on élevait une batterie de huit pièces de 24 et de quatre mortiers contre le fort Malbosquet. Ce travail était exécuté dans un grand secret : les ouvriers, couverts par des oliviers, avaient réussi à en dérober la connaissance à l'ennemi. Cette batterie ne devait être démasquée qu'au moment même de l'attaque du Petit-Gibraltar, et afin d'obliger les Anglais à diviser les ressources de la défense; mais des représentants du peuple étant allés la visiter, les canonniers leur dirent que cette batterie était terminée depuis huit jours, mais qu'on ne s'en servait pas encore, quoiqu'elle dût faire un bon effet. — Alors, sans autre explication, les représentants ordonnèrent de commencer à tirer : les canonniers obéirent, et le feu roulant, qui commença aussitôt, dévoila à l'ennemi le danger qui le menaçait. Le général en chef et le commandant de l'artillerie furent vivement contrariés de cet ordre irréfléchi, qui contrariait leurs projets; mais il était trop tard pour y remédier.

Sortie des Anglais. — *Prise du général O'Hara.* — « Le général O'Hara, qui commandait l'armée combinée dans Toulon, fut étrangement surpris de l'établissement d'une batterie si considérable près d'un fort de l'importance de celui de Malbosquet, et il donna des ordres pour faire une sortie à la pointe du jour. La batterie était placée au centre de la gauche de l'armée; les troupes, dans cette partie, montaient à environ 6,000 hommes : elles occupaient la ligne du fort Rouge au Malbosquet, et étaient disposées de manière à empêcher toute communication partielle; mais, trop disséminées par tout, elles ne pouvaient faire de résistance nulle part.

« Une heure avant le jour le général O'Hara sort de la place avec 6,000 hommes; il ne rencontre pas d'obstacle, ses tirailleurs seulement sont engagés, et les pièces de la batterie sont enclouées.

« La générale bat au quartier-général. Dugommier s'empresse de rallier ses troupes : en même temps le commandant de l'artillerie se rend sur un mamelon en arrière de la batterie, et sur lequel il avait établi un dépôt de munitions. La communication de ce mamelon avec la batterie était assurée au moyen d'un boyau qui suppléait à la tranchée. De là, voyant que les ennemis s'étaient formés à la droite et à la gauche de la batterie, il conçut l'idée de conduire par le boyau un bataillon qui était près de lui; en effet, par ce moyen il débouche sans être vu au milieu des broussailles, près de la batterie, et fait aussitôt feu sur les Anglais. Ceux-ci sont tellement surpris, qu'ils croient que ce sont les troupes de leur droite qui se trompent et qui tirent sur celles de leur gauche. Le général O'Hara lui-même s'avance vers les Français pour faire cesser cette erreur; aussitôt il est blessé d'un coup de fusil à la main. Un sergent le saisit et l'entraîne prisonnier dans le boyau, de sorte que le général en chef anglais disparaît sans que les troupes anglaises sachent ce qu'il est devenu.

« Pendant ce temps, Dugommier, avec les troupes qu'il avait ralliées, s'était placé entre la ville et la batterie : ce mouvement acheva de déconcerter les ennemis, qui firent à l'instant leur retraite. Ils furent poussés vivement jusqu'aux portes de la place, où ils rentrèrent dans la plus grande confusion et sans connaître encore le sort de leur général en chef. Dugommier fut légèrement blessé dans cette affaire. Un bataillon de volontaires de l'Isère s'y distingua. »

Lettre des représentants à la Convention. — Cependant l'ennemi recevait tous les jours des renforts. Ignorant le plan adopté, les populations républicaines voisines du camp et les troupes même du siége voyaient avec inquiétude la direction des travaux. On ne concevait pas pourquoi tous les efforts se portaient contre le *Petit-Gibraltar*, au lieu d'être réunis contre la place.

« On n'en est encore qu'à assiéger un fort qui n'entre pas dans le système permanent de la défense, disait-on; ensuite il faudra prendre Malbosquet et ouvrir la tranchée contre la ville.» Toutes les sociétés populaires, empressées, comme elles en avaient l'habitude, de crier à la trahison, faisaient dénonciations sur dénonciations. Les administrations de la Provence se plaignaient de la longueur du siége. La disette se faisait vivement sentir dans le pays; elle devint même telle, qu'ayant perdu l'espoir de la prompte reddition de Toulon, les représentants à l'armée de siége, Fréron et Barras, saisis de terreur, s'adressèrent à la Convention pour l'engager à délibérer s'il ne conviendrait pas que l'armée levât le siége en repassant la Durance, comme avait fait François Ier lors de l'invasion de la Provence par Charles-Quint. «Citoyens, depuis l'entrée des troupes de la République dans le pays rebelle, nous vivons au jour le jour, et c'est avec une peine excessive que nous faisons vivre et notre armée en Italie et celle sous Toulon. Nous nous flattions de tirer des grains de l'Italie et du Levant; il faut y renoncer depuis que Naples et la Toscane sont entrés dans la ligue. Tunis, selon toutes les apparences, vient d'être gagné par les forces et l'or des Anglais. D'un autre côté, les esclaves s'accumulent à Toulon. D'après le rapport de tous nos espions, ils y sont en force de 35,000 hommes, et en attendent encore 30,000; les Portugais y paraissent fournir des renforts. Il est certain que, s'ils se déployaient, ils forceraient nos lignes; nos défenseurs courent risque d'être affamés. Le mauvais temps dégrade les chemins; les greniers y sont vides; tout y est transporté à dos de mulet. Quinze jours de pluie pourraient nous jeter dans le plus grand malheur. Le vent d'est, qui nous prive de tout secours par mer, soit d'Arles, soit de Cette, est presque continuel, et ce même vent mène tout à nos ennemis. Enfin, ne recevraient-ils pas d'autres forces, avec la position de Toulon ils sont plus que suffisants pour ne pas craindre nos attaques.

«Qu'est-ce qui fait la force de la ci-devant Provence? C'est exclusivement Toulon. Pourquoi ne leur abandonnerions-nous pas tout entier le terrain stérile jusqu'à la Durance, après en avoir enlevé les provisions de tout genre? Alors il se formera un boulevart immense sur les bords de cette rivière; vous y accumulez 200,000 hommes et les y nourrissez avec aisance; vous laissez aux infâmes Anglais le soin de nourrir toute la Provence. La belle saison revient, le temps des moissons approche; alors, comme un torrent, les républicains repoussent la horde esclave, et les rendent à la mer qui les vomit. Ce serait la façon de penser des généraux. La crainte de manquer de vivres enlève le courage aux soldats. Pesez ces réflexions en comité et délibérez.»

A peine cette lettre alarmante était-elle parvenue à la Convention, que, grâce aux mesures prises par Bonaparte, Toulon fut pris. Les représentants crurent devoir alors la désavouer comme apocryphe. — Mais Napoléon, qui a fait connaître cette lettre, n'ajoute pas foi au démenti, qu'il trouve d'ailleurs inutile; «car, dit-il, cette lettre était vraie et donnait une juste idée des embarras qui existaient en Provence.»

Prise du Petit-Gibraltar.—Enfin tout étant préparé, le général Dugommier ordonna l'attaque du Petit-Gibraltar. Le commandant de l'artillerie y fit jeter des bombes, pendant que le feu soutenu d'une trentaine de pièces de 24 en rasaient toutes les défenses. Le 18 décembre, à quatre heures du soir, les troupes étaient déjà en mouvement et se dirigeaient sur le village de La Seine, où les colonnes d'assaut devaient se former. Le projet du général en chef était d'attaquer à minuit, afin d'éviter, autant que possible, le feu du fort et des redoutes ennemies. Tout à coup les représentants du peuple convoquent un conseil et mettent en délibération s'il faut attaquer ou ne pas attaquer. Ils craignaient, sans doute, l'issue de cette entreprise, et voulaient en rejeter toute la responsabilité sur Dugommier. Peut-être aussi jugeaient-ils l'entreprise impraticable en ce moment, en raison du temps affreux qu'il faisait et de la pluie qui tombait par torrents.

Dugommier, appuyé par le commandant de l'artillerie, vint à bout de dissiper ces craintes. Deux colonnes se formèrent et l'on marcha à l'ennemi. Les Anglais, afin d'éviter l'effet des bombes et des boulets, avaient l'habitude de rester à une certaine distance en arrière du fort. Les Français espéraient ainsi pouvoir y arriver avant eux; mais une ligne de sentinelles et de tirailleurs avait été jetée en avant. La fusillade s'engagea au pied même de la montagne. Les troupes coalisées accoururent à la défense du fort, dont le feu devint des plus vifs. La mitraille pleuvait de tous côtés. Enfin, après une vive et chaude attaque, Dugommier, qui, selon sa coutume, marchait à la tête de la première colonne, se vit obligé de rétrograder. Dans son désespoir, il s'écria même : « Je suis perdu! » En effet, il fallait alors des succès : l'échafaud était dressé pour les généraux malheureux.

La cannonade et la fusillade duraient toujours. Muiron, capitaine d'artillerie, adjoint de Bonaparte, fut détaché par son chef avec un bataillon de chasseurs. La deuxième colonne le suivit à portée de fusil pour soutenir son attaque. Muiron connaissait parfaitement la position, et profita si bien des sinuosités du terrain, qu'il arriva au sommet de la montagne sans presque éprouver de pertes; il déboucha au pied du fort et s'y élança par une embrasure. Dugommier et Bonaparte étaient près de lui et l'imitèrent. Le bataillon les suivit et le fort fut pris. Les canonniers ennemis furent tués sur leurs pièces; mais, dans la mêlée, le brave Muiron fut blessé grièvement d'un coup de pique. Maîtres du fort, les Français en tournèrent aussitôt les pièces contre les coalisés.

Dugommier était déjà depuis trois heures dans la redoute, lorsque les représentants du peuple y arrivèrent avec grand fracas, le sabre à la main, et comblèrent d'éloges les troupes qui l'occupaient. Cette circonstance, rapportée par Napoléon lui-même, dément positivement les relations du temps, qui, afin, sans doute, de faire valoir les membres de la Convention, disent que les représentants marchaient à la tête des colonnes; on a vu au contraire ils s'étaient opposés à l'attaque qui réussit si glorieusement.

Le vénérable Dugommier, qui avait pendant toute l'attaque fait preuve d'un courage héroïque et d'une activité de jeune soldat, était harassé de fatigue. Bonaparte, certain du résultat de la conquête qu'ils venaient de faire, lui dit, après la visite des représentants : « Général, allez-vous reposer; nous venons de prendre « Toulon : nous y coucherons demain. » Quant à lui, il continua à faire les dispositions nécessaires pour atteindre ce grand résultat.

A la pointe du jour, on marcha sur Balagnier et l'Aiguillette, positions qu'on trouva déjà évacuées par l'ennemi. Les pièces de 24 et les mortiers furent aussitôt mis en mouvement pour armer ces batteries d'où l'on espérait pouvoir canonner la flotte anglo-espagnole; mais Bonaparte, ayant reconnu ces deux forts, jugea impossible de s'y établir. Ils étaient construits en pierre, et dominés à leur gorge par une grosse tour en maçonnerie, placée si près des plate-formes, que tous les boulets qui l'auraient frappée seraient retombés, avec les éclats et les débris, sur les canonniers républicains. Bonaparte fit ranger des bouches à feu sur les hauteurs, derrière les batteries. L'amiral Hood n'eut pas plutôt vu les Français ainsi postés, qu'il donna le signal de lever l'ancre et de quitter les rades. Afin d'accélérer la retraite, cet amiral se rendit lui-même à Toulon. Il ne fallait pas perdre un moment pour gagner la haute mer. Le temps était sombre, couvert de nuages, et tout annonçait l'arrivée prochaine du vent d'Ollibech, terrible dans cette saison.

Conduite des Anglais dans Toulon. — Pour les Français que les violences de la Convention avaient poussés à appeler l'étranger à leur secours, le voile n'avait pas tardé à être déchiré. Ils se rappelèrent avec amertume la fable *du cheval, de l'homme et du cerf.* Les projets des Anglais furent manifestes dès le jour de leur entrée dans Toulon; autant la conduite des Espagnols, commandés par le loyal amiral Gravina[1], le même qui mourut glorieusement à Trafalgar, fut franche et digne d'inspirer de la confiance, autant les Anglais durent exciter les inquiétudes des insurgés. Nous trouvons à ce sujet quelques détails curieux et peu connus dans les *Mémoires* d'un membre du comité insurrectionnel de Marseille, réfugié alors à Toulon :

« Toulon, dit-il, avait ses propres forces et ses forces auxiliaires. Les premières n'étaient pas à dédaigner; mais les Anglais, ayant toute autre vue que celle des autres membres de la coalition, jugèrent prudent de s'en passer.

« Sous le prétexte que Toulon, s'il renfermait de bons citoyens dignes de toute confiance, renfermait aussi des révolutionnaires dont il fallait se défier, ils ordonnèrent *un désarmement général qui fut exécuté...*

« On conserva néanmoins les bataillons de ligne qui étaient en garnison dans la place, et qui (réfléchissez, lecteurs, aux bizarreries de l'espèce humaine et à la force des positions) rendirent pendant ce siége les plus grands services et déployèrent une bravoure *égale à leur fidélité.* S'ils se fussent trouvés à l'armée de Nice, ils se seraient battus contre nous de la même manière.

« ..... Pour déjouer toutes les combinaisons perfides des Anglais, nous ne vîmes qu'un seul moyen : ce fut

[1] Langara commandait l'escadre, Gravina les troupes de débarquement. Ce fut Gravina qui reprit les forts Pharon et La Malgue.

de demander que Louis XVII et S. A. R. le comte de Provence fussent proclamés dans Toulon, l'un *roi de France,* et l'autre *régent du royaume;* qu'aux couleurs nationales succédassent le drapeau blanc et la cocarde blanche, et qu'une députation française allât inviter le régent à venir momentanément établir dans Toulon le siége de son gouvernement.—Il n'y avait pas de prétexte contre les deux premières demandes : elles furent accordées; quant à la troisième, l'amiral Hood temporisa d'abord : il finit par déclarer qu'il *ne recevrait pas monseigneur le régent dans la place, si son altesse royale s'y présentait*[1]. »

Incendie de la marine de Toulon. — Non contents de dépouiller les magasins de la marine française, et tandis que les républicains faisaient toutes leurs dis-

[1] Les Anglais cachèrent avec soin aux royalistes de Toulon leurs projets de retraite. Ils avaient sur les établissements maritimes de cette ville des desseins qu'ils craignaient de voir échouer, dans le cas où le patriotisme égaré de ces Français viendrait à se réveiller. Ils tinrent, par la même raison, leurs résolutions secrètes pour leurs alliés. Nous trouvons à ce sujet, dans les *Mémoires* de ce réfugié de Marseille, dont nous avons cité un fragment, des détails curieux.

« Chaque vaisseau de l'escadre anglaise fut successivement stationner dans le port Royal, dont nul autre n'avait l'accès. On voyait bien qu'il était posté devant les magasins de la marine; mais en dire la cause autrement que par conjecture aurait été une témérité, car dès lors, et jusqu'à l'évacuation qui suivit de près cette manœuvre, l'entrée de l'arsenal fut interdite, non-seulement aux Français, mais même aux Napolitains, aux Piémontais et aux Espagnols.—Tous les vaisseaux de l'escadre anglaise eurent ainsi leur tour. »

Les Anglais s'occupaient à vider nos magasins et à abstraire à leur profit tout ce qui était susceptible d'être emporté. Le jour qui précéda l'évacuation, le réfugié marseillais, ayant eu connaissance d'un bruit vague qui le faisait craindre, se présenta chez le commandant anglais pour lui témoigner les inquiétudes de la population toulonnaise :

« Je ne pus pas, dit-il, pénétrer jusqu'au gouverneur. Un secrétaire insolent répondit à la demande impérieuse que je lui fis de nous rendre nos armes, que *le lendemain on s'en occuperait, mais que nous pouvions être tranquilles et qu'il y aurait une capitulation...* Je me calmai, je me retirai... Une heure après il n'y avait plus une âme au gouvernement. Tandis que le secrétaire parlementait avec moi, S. Exc. faisait ses malles, ses ballots, ayant soin d'emporter *au moins* ce qui était à elle. Une heure après, je le répète, elle était sur son bord à l'abri de tout événement.—Monseigneur prit cependant deux précautions qu'il serait très injuste d'omettre.—Les portes du gouvernement furent soigneusement fermées; mais des lumières éclairant encore quelques appartements annonçaient que monseigneur veillait au salut de la ville, et la garde ordinaire à sa porte défendait d'approcher, sous prétexte que S. Exc. reposait... — Première précaution... Voici la seconde : — Vers minuit, une troupe armée considérable parcourut au flambeau toute la ville, et en commençant par le port, où elle ne laissa pas un seul être vivant, et elle publia une proclamation par laquelle monseigneur le gouverneur (déjà embarqué) *rassurait les habitants,* démentait les bruits qui les avaient alarmés, protestait que les Toulonnais ne seraient point abandonnés, ordonnait que tous les citoyens rentrassent dans leurs foyers, garantissait leur sûreté et défendait de rien apporter sur le port. A mesure que cette proclamation se faisait dans un quartier, des sentinelles placées pour empêcher toute circulation et pour forcer les citoyens à rentrer ou à rester chez eux. »

Le lendemain et quand il ne resta plus aucun doute sur l'évacuation de Toulon, les navires espagnols s'empressèrent de recevoir à leur bord les Toulonnais fugitifs. Les Anglais refusèrent de les recueillir. Voici leur excuse, dit notre réfugié :

« L'Angleterre se vante d'avoir une marine la plus puissante de l'univers; mais ce que l'univers ne savait pas alors, c'est que le 18 décembre 1793, la position de cette marine qui sortit de Toulon était relativement la plus riche. Chacun de ses bâtiments avait tant de voilures de rechange, tant d'agrès de rechange et de toute espèce, qu'il leur restait trop peu de place pour céder au premier cri de leur humanité. »

positions pour occuper les forts et la ville de Toulon, les Anglais, avant de se retirer, incendièrent les établissements maritimes de cette malheureuse cité et les vaisseaux qu'ils ne pouvaient emmener.

Du haut de leurs positions, les soldats français en furent les témoins sans pouvoir s'y opposer. Voici la peinture que nous a laissée Napoléon de cet effroyable incendie :

« Le tourbillon de flammes et de fumée qui sortait de l'arsenal ressemblait à l'irruption d'un volcan, et les treize vaisseaux qui brûlaient dans la rade à treize vastes feux d'artifice. Le feu dessinait les mâts et la forme des vaisseaux; il dura plusieurs heures et présentait un spectacle unique. Les Français avaient l'âme déchirée en voyant se consumer en si peu de temps d'aussi grandes ressources et tant de richesses. On craignit un instant que les Anglais ne fissent sauter le fort La Malgue. Il paraît qu'ils n'en eurent pas le temps. »

Trente et un vaisseaux de ligne et vingt-cinq frégates se trouvaient à Toulon, au moment où les coalisés y entrèrent. Sur ce nombre, seize vaisseaux et cinq frégates devinrent la proie des flammes ou furent fortement endommagés; trois vaissseaux et six frégates tombèrent en partage aux Anglais; trois frégates aux Sardes, aux Espagnols et aux Napolitains; cinq vaisseaux furent envoyés, au nom des coalisés, en mission dans les ports français de l'Océan, et furent perdus pour la République, et pris ou gardés par les Anglais. Sept vaisseaux et onze frégates restèrent seuls intacts dans le port.

Les Anglais ne firent pas mystère dans leur pays de leur conduite à Toulon; à leurs yeux tout ce qui était fait dans le but de nuire à la France paraissait sans doute honorable. Voici le rapport que Sidney Smith, chargé par lord Hood d'incendier les établissements maritimes de Toulon, adressa, le 20 décembre, à son chef supérieur : « Milord, conformément à vos ordres, je me suis rendu à l'arsenal de Toulon, et j'ai fait tous les préparatifs nécessaires pour incendier les vaisseaux et les approvisionnements français. J'ai disposé à cet effet les bâtiments propres à cette expédition. Nous trouvâmes l'entrée du bassin en sûreté, par les précautions que le gouvernement avait prises. Je n'ai pas cru devoir inquiéter les gens du port, à raison du peu de force que j'avais avec moi, et parce que cela nous eût détournés, et *peut-être empêché* d'accomplir notre objet principal. Des galériens, au nombre d'environ six cents, nous regardaient faire d'un air qui indiquait évidemment l'intention de s'opposer à nous. D'ailleurs, ils étaient en partie déchaînés; ce qui nous mit dans la nécessité de les observer avec vigilance, et de pointer les canons de nos chaloupes sur eux.... Les Français commencèrent un feu terrible de mousqueterie et d'artillerie du fort de Malbosquet et des redoutes environnantes. Ce feu produisit pour nous cet avantage d'empêcher de sortir de leurs maisons les républicains de Toulon. Il arrêta un instant nos opérations; mais cet instant fut court. Tout se disposa. Vers les neuf heures, j'eus la satisfaction de voir le lieutenant Gore commencer à manœuvrer avec le brûlot le *Vulcain*. Le capitaine Hare, son commandant, d'après ses instructions, se posta d'une manière très savante. Les soldats et les canons qu'il avait avec lui nous rassurèrent contre les entreprises des galériens. Toute espèce de tumulte avait cessé parmi eux : nous n'entendions que les coups de marteau avec lesquels quelques-uns cherchaient à briser leurs fers. J'ai cru que l'humanité me faisait un devoir de ne pas m'y opposer... Nous attendions avec anxiété le moment de mettre le feu aux mèches. Le lieutenant Tupper fut chargé de brûler le grand magasin et le magasin de poix, goudron, suif et huile; il y réussit parfaitement. Le magasin à chanvre fut enveloppé dans les mêmes flammes. Un temps très calme en arrêta malheureusement un moment les progrès; mais deux cent cinquante tonneaux de goudron, *répandus sur des bois de sapin*, propagèrent bientôt l'incendie avec une grande activité.... L'atelier des mâts fut livré aux flammes par le lieutenant Midleton, du vaisseau la *Bretagne*. Le lieutenant Paters, du même vaisseau, bravait les flammes avec une intrépidité étonnante, afin de compléter l'ouvrage dans les lieux où le feu paraissait n'avoir pas bien pris...... Le feu des ennemis avait redoublé sitôt que les flammes, en nous éclairant, leur avaient indiqué le but où ils devaient tirer.

« Le feu de nos brûlots était des deux côtés dirigé principalement vers les endroits d'où nous avions à craindre l'approche de l'ennemi. Ses cris de joie et ses chants républicains continuèrent jusqu'à ce qu'eux et nous manquâmes d'être abîmés par l'explosion de quelques milliers de barils de poudre à bord de la frégate l'*Iris*, qui était dans la rade intérieure, et dans laquelle on mit imprudemment le feu, la faisant sauter au lieu de la couler bas, suivant l'ordre qui avait été donné. La secousse communiquée à l'air, et la quantité de bois enflammés qui tombaient de toutes parts, faillirent opérer notre destruction entière... J'avais commandé à des officiers d'incendier les vaisseaux du bassin devant la ville; mais ils furent bientôt de retour et me firent part des obstacles qui avaient empêché l'exécution de ce projet. Nous en renouvelâmes la tentative dès que nous eûmes terminé nos opérations à l'arsenal; mais nous fûmes repoussés, lorsque nous nous disposions à abattre le mât, par une vigoureuse décharge de mousqueterie qui partait des batteries du Fort-Royal. Quant aux canons, ils ne pouvaient servir, par la précaution que nous avions prise de les enclouer.

« Le peu de succès de notre tentative pour mettre le feu au bassin qui était devant la ville, ayant prouvé l'insuffisance de nos forces, me fit regretter qu'on m'eût enlevé le secours des vaisseaux espagnols pour les employer à d'autres opérations...

« L'explosion d'un second vaisseau à poudre, également inattendue, et dont le choc fut encore plus violent que celui du premier, nous mit dans le plus grand danger; et, lorsqu'on pense à la quantité incroyable de bois embrasé qui tombait autour de nous, et qui faisait écumer la mer, il est presque miraculeux que personne, soit du *Swallow*, soit de trois autres vaisseaux qui étaient avec nous, n'en ait été atteint. Ayant alors mis le feu à tous les objets qui se trouvèrent à notre portée, et après avoir épuisé nos matières combustibles et nos forces à un tel point que nos hommes tombaient de fatigue, nous dirigeâmes notre route vers la flotte.

« Nous pouvons vous assurer que le feu a été mis à dix vaisseaux de ligne au moins; la perte du grand magasin, d'une grande quantité de poix, de goudron, de résine, de chanvre, de bois, de cordages et de poudre à canon, rendra très difficile l'équipement du peu de vaisseaux qui restent. Je suis fâché d'avoir été obligé d'en épargner quelques-uns; mais j'espère que votre seigneurie sera contente de ce que nous avons fait....»

Occupation des forts. — Entrée à Toulon. — Cependant Bonaparte se rendit à Malbosquet. Ce fort était déjà évacué. Il fit venir l'artillerie de campagne pour balayer sur le champ les remparts de la place et accroître le désordre de l'ennemi, en jetant des obus sur le port jusqu'à ce que les mortiers, qui arrivaient sur leurs caissons, fussent mis en batterie et pussent envoyer des bombes dans la même direction. Le général Lapoype, de son côté, se porta contre le fort Pharon, que l'ennemi évacuait, et s'en empara. Pendant tout ce temps, les batteries de l'Aiguillette et de Balagnier ne cessèrent de faire un feu soutenu contre les bâtiments qui se trouvaient dans la rade. Plusieurs vaisseaux anglais éprouvèrent de notables avaries, et un assez grand nombre d'embarcations chargées de troupes furent coulées bas. Les batteries continuèrent à tirer toute la nuit, et à la pointe du jour, on distingua la flotte anglaise hors de la rade. Battue par un vent violent d'Olliibech, elle fut obligée d'aller chercher un refuge aux îles d'Hyères.

Enfin le 20 décembre les troupes républicaines entrèrent à Toulon.

Décret contre Toulon. — Les décrets de la Convention contre Toulon ne furent pas moins terribles que ceux portés contre Lyon. Barrère monta à la tribune : « Depuis long-temps, dit-il à l'assemblée, le peuple vous demande des fêtes civiques. Quelle plus belle circonstance se présentera jamais pour décréter une fête nationale! C'est là, c'est au milieu du peuple, en présence de sa justice, que les représentants près l'armée de Toulon doivent distribuer les couronnes civiques et les récompenses nationales aux soldats qui ont fait des actions héroïques. *Mais ce n'est pas assez en révolution de décerner des récompenses, il faut aussi infliger des peines.* Il faut que les noms des villes rebelles disparaissent avec les traîtres comme une vile poussière. Le nom de Toulon sera donc supprimé. — Il faut que la conquête des montagnards sur ceux qui avaient vendu Toulon soit imprimée sur le lieu où fut Toulon. Il faut que la foudre nationale écrase toutes les maisons des marchands toulonnais. Il ne doit plus y avoir qu'un port et des établissements nationaux et nombreux pour le service des armées, des flottes, des escadres, pour les subsistances et les approvisionnements... Vous décréterez aussi unanimement que l'armée dirigée contre Toulon a bien mérité de la patrie. » Les propositions de Barrère furent mises aux voix et décrétées par acclamations.

Noble conduite de Dugommier. — Hâtons-nous de dire, à l'honneur de l'armée républicaine, que son général en chef, généreux interprète des sentiments des troupes, se montra digne de la conquête obtenue par tant de sang et de travaux. Le brave Dugommier se présenta devant les commissaires conventionnels au moment où, entrant dans Toulon, ils allaient déployer immédiatement contre la cité vaincue tout l'appareil de la vengeance; et là, d'une voix émue, le vieux général, souffrant encore de deux blessures reçues pendant le siége, leur dit : «Citoyens, sans doute il y «eut dans Toulon des traîtres qui ont ouvert ses portes «aux Anglais; mais les grands coupables ont fui. S'il «existe encore dans cette ville des hommes criminels «qui aient osé attendre la vengeance nationale, le «temps vous les fera connaître; lui seul peut éclairer «votre justice et calmer les haines qu'enfantent les «guerres civiles. En punissant aujourd'hui, vous dé«chaîneriez toutes passions qui choisiraient leurs vic«times. Contemplez cette ville désolée. Quels sont ceux «qui y restent et qu'on voudrait faire périr! des vieil«lards, des femmes, des enfants, des individus sans «courage et sans énergie, qui n'ont pas même eu l'in«tention de porter les armes contre vous, ou qui n'ont «été qu'égarés. Ah! ce sont des victimes différentes que «les soldats de la liberté doivent immoler sur les au«tels de la patrie.» — Ces généreuses paroles ne furent pas écoutées. Le sang fut répandu à flots, et ceux qui le répandirent s'en firent gloire. Fouché arriva à Toulon. Dans son ivresse homicide, il écrivit à Collot-d'Herbois, à Le Collot, encore tout dégouttant du sang des Lyonnais : «La guerre est terminée, si nous savons «mettre à profit cette mémorable victoire. Soyons ter«ribles pour ne pas craindre de devenir faibles ou «cruels. Anéantissons dans notre colère, et d'un seul «coup, tous les rebelles et tous les conspirateurs, pour «nous épargner la douleur et le long supplice d'avoir à «les punir plus tard......»

RÉSUMÉ CHRONOLOGIQUE.

1793.

27 AOÛT. Insurrection de Toulon. — Toulon est livré aux Anglais.
10 SEPTEMBRE. Prise des gorges d'Ollioules par Carteaux.
15 — Investissement de Toulon.
22 — Arrivée de Bonaparte devant Toulon.
9 NOVEMBRE. Doppet succède à Carteaux.
16 NOVEMBRE. Dugommier remplace Doppet.
20 — Plan proposé par Bonaparte.
30 — Sortie des Anglais. — Prise du général O'Hara.
18 et 19 DÉCEMBRE. Prise du Petit-Gibraltar.
19 — Incendie de la marine de Toulon.
20 — Entrée de l'armée républicaine à Toulon.

A. HUGO.

FRANCE MILITAIRE.

GUERRE DE LA VENDÉE. — ATTAQUE DE NANTES.

SOMMAIRE.

Suites de la prise de Saumur.—Dispositions de l'armée républicaine.—Projets des Vendéens sur Nantes.—Cathelineau est élu général en chef. —Discussions de Biron et de Ronsin.—Prise d'Angers.—Marche sur Nantes.—Opérations dans la Basse-Vendée.—Attaque de Nantes.— Mort de Cathelineau.—D'Elbée est élu généralissime.—Attaque de Luçon.—Combat de Châtillon.—Arrestation de Biron.—Plan de Biron.— Combat de Martigné-Briant.—Défaite des Républicains à Vihiers.—Nomination et destitution de Beysser.—Il est remplacé par Rossignol —Première défaite des Vendéens à Luçon.—Proposition du cabinet anglais.—Décret de la Convention.—Deuxième défaite des Vendéens à Luçon.

ARMÉES RÉPUBLICAINES.
Généraux en chef. { BIRON.—BEYSSER.— ROSSIGNOL.—CANCLAUX.

ARMÉES VENDÉENNES.
Généraux en chef. { CATHELINEAU. D'ELBÉE.

La prise de Saumur procura aux Vendéens de grandes ressources en artillerie et en munitions de guerre. Les magasins qu'ils y trouvèrent furent transportés dans l'intérieur de la Vendée, à Beaupréau, à Chollet et à Mortagne.

Si les chefs vendéens avaient eu sur leur armée la même autorité qu'un général sur des troupes réglées, ils auraient pu, à cette époque, se diriger sur Paris sans craindre de rencontrer de grands obstacles. Un cri d'alarme et de détresse se faisait entendre de toutes les villes qui se croyaient menacées de l'approche des insurgés.

La Flèche, le Mans, Alençon réclamaient des forces pour leur défense. Tours, où s'étaient réfugiés les débris de la division de Saumur, devait être évacué au premier ordre.

Dispositions de l'armée républicaine. — Le général Berthier, chargé par les commissaires de la Convention de la réorganisation de l'armée républicaine, écrivait au ministre de la guerre : « Les revers que viennent d'éprouver les armes de la république sont dus à la désorganisation dans laquelle était l'armée, au manque d'officiers généraux, d'adjudants généraux, de commissaires des guerres, et non à une supériorité de la part des rebelles. C'est un mal qu'il est important de réparer non par des représentations qui entraînent des longueurs, mais par des dispositions d'organisation au moment même. Jamais la patrie n'a été en plus grand danger. »

Le général en chef Biron, qui malgré les résistances de toute espèce dont il était entouré n'en continuait pas moins à s'occuper activement avec loyauté, énergie et patriotisme de la réunion et de la recomposition de l'armée, mandait de son côté à la Convention.

« La désertion de toutes les gardes nationales en réquisition a été si considérable et si nombreuse, qu'il est impossible d'employer la force-armée pour l'arrêter ; des bataillons entiers sont partis de nuit sans laisser un seul homme ; les efforts des représentants ont été inutiles. Le besoin de bras pour la moisson se fait sentir. Mon opinion n'a jamais été que l'on pût tirer militairement aucun parti de ces cultivateurs, pères de familles, que leur désespoir rendrait plus dangereux qu'utiles. Nous en avons fait, sur plusieurs points, la désastreuse expérience ; car ils ont commencé toutes les déroutes long-temps avant le danger. Je crois donc fermement qu'on n'a pu les retenir à l'armée sans nuire à la chose publique sous plus d'un rapport important. Je n'ignore pas quelle énorme responsabilité j'attire sur ma tête en parlant ainsi ; je sais bien que si nous éprouvions encore quelques revers, on ne manquerait pas de l'attribuer au renvoi de ces timides habitants des campagnes, la plupart point ou mal armés, et fuyant avant de pouvoir tirer un coup de fusil. On les transformerait bien vite en *robustes et énergiques agriculteurs, armés d'excellents fusils de chasse, mettant une balle dans un écu à trois cents pas, et déterminés à verser jusqu'à la dernière goutte de leur sang* ; mais je suis pénétré de ce principe qu'un républicain doit, quand il est convaincu qu'il fait une chose utile, risquer de porter sa tête sur l'échafaud, comme l'exposer au combat. »

Projets des Vendéens sur Nantes. — Cathelineau est élu général en chef. — Une pareille désorganisation ne pouvait qu'offrir aux Vendéens de grandes chances pour l'opération qu'ils méditaient contre Nantes, opération dont le but était à la fois militaire et politique, en ce que, dans le cas de succès, outre qu'elle les rendait maîtres du cours de la Loire jusqu'à son embouchure, elle mettait à leur disposition un port de mer par lequel ils pouvaient communiquer librement avec les émigrés et les princes coalisés, et en recevoir des secours et des munitions. La prise de Nantes, véritable capitale de toutes les provinces de l'ouest, devait contribuer à rallier à la cause vendéenne tous les départements de la Bretagne, du Poitou, de la Basse-Normandie, du Perche et du Maine. L'insurrection devenait alors formidable. Cette expédition résolue en conseil, on convint que la grande armée marcherait par la rive droite de la Loire, et que Charette attaquerait par la rive gauche. — Avant de commencer le mouvement on se réunit pour élire un général en chef. Voici, d'après madame Larochejacquelein, comment eut lieu cette élection, et quels motifs dictèrent le choix qui fut fait : « M. de Lescure avait passé sept heures à cheval après sa blessure à l'attaque de Saumur, et avait perdu beaucoup de sang ; la souffrance et la fatigue lui avaient donné la fièvre ; on l'engagea à se retirer à la Boulaye pour se guérir. Avant de partir il pria les officiers de s'assembler chez lui. « Messieurs, leur dit-il, l'insurrection prend trop d'im-« portance, nos succès ont été trop grands pour que « l'armée continue à rester sans ordre; il faut nommer » un général en chef. Comme tout le monde n'est pas « rassemblé, la nomination ne peut être que provisoire. « Je donne ma voix à M. Cathelineau. » Tout le monde applaudit, excepté le bon Cathelineau, qui fut bien surpris de tant d'honneur. Mon père, MM. de Boisy et Duhoux, arrivèrent successivement et se rangèrent au même avis. M. d'Elbée, qui avait été retenu aussi par sa blessure, vint aussi deux jours après et approuva ce qui avait été fait... La nomination de Cathelineau était convenable en tous points: c'était, de tous les chefs, celui qui exerçait le plus d'influence sur les paysans; il avait une sorte d'éloquence naturelle qui les entraînait; sa piété et ses vertus le leur rendaient respectable. En outre, c'était lui qui avait commencé la guerre, qui avait soulevé le pays et gagné les premières batailles. Il avait le coup d'œil militaire, un courage extraordinaire et beaucoup de sens et de raison. On était sûr que son nouveau grade le laisserait tout aussi modeste, et qu'il écouterait et rechercherait toujours les conseils avec déférence. C'était d'ailleurs une démarche politique que de nommer un simple paysan pour général en chef, au moment où l'esprit d'égalité et un vif sentiment de jalousie contre la noblesse contribuaient en grande partie au mouvement révolutionnaire; c'était se conformer au désir général et attacher de plus en plus les paysans au parti qu'ils avaient embrassé d'eux-mêmes. On en sentait si bien la nécessité que les gentilshommes avaient toujours grand soin de traiter d'égal à égal chaque officier paysan. »

Discussions de Biron et de Ronsin. — Le général en chef républicain, retenu à Niort par la réorganisation de l'armée des côtes de La Rochelle, réduite à moins de 15,000 hommes, après le départ de tout ce qui se trouvait incapable de service, n'avait appris que le 26 juin la prise de Saumur et l'occupation d'Angers. En lui donnant cette nouvelle, la commission centrale établie à Tours lui demandait toutes les troupes dont il pouvait disposer, et le pressait de venir en personne prendre le commandement des divisions réunies à Tours. Il eût fallu pour cela dégarnir les ports de La Rochelle et de Rochefort, qui n'étaient défendus que par des garnisons insuffisantes, et compromettre le sort de Saint-Maixent et de Niort, d'où l'armée tirait ses subsistances. Biron promit cependant aux conventionnels d'envoyer de Westermann à Tours, avec 3,000 hommes. Le président de la commission, Ronsin, intrigant sans talents, voulut se mêler de prescrire au général le plan d'opérations qu'il devait suivre. Biron, indigné, se plaignit à la Convention de ce que sa responsabilité devenait illusoire, et demanda son rappel. La Convention donna raison au général contre l'adjoint du ministre. La commission fut blâmée et Ronsin rappelé. Ce rappel, utile aux opérations militaires, devint plus tard la cause de la disgrâce, puis de la condamnation de Biron.

Prise d'Angers. — *Marche sur Nantes.* — La prise de Saumur par les Vendéens et le découragement des seules troupes qu'on eût à leur opposer, avait répandu la terreur dans les villes et les campagnes occupées par les Républicains. A peine la marche de l'armée insurgée sur Angers fut-elle connue, que l'évacuation de cette place fut décidée par le conseil de guerre qui aurait dû se charger de la défendre. Cette évacuation précipitée se fit sans ordre. 4,000 hommes commandés par le général Barbazan, les magistrats, les citoyens s'enfuirent en emportant les objets les plus précieux, les papiers, les caisses publiques et en emmenant vingt-deux pièces de campagne. La grosse artillerie et les magasins de munitions de tous genres tombèrent au pouvoir des Vendéens qui n'entrèrent dans la ville que quelques jours après son abandon par les Républicains.

Après avoir fait des démonstrations sur Tours et sur le Mans, afin de détourner l'attention des Républicains, les chefs des insurgés dont la confiance était portée au plus haut degré, se dirigèrent brusquement sur Nantes.

Opérations dans la Basse-Vendée. — Avant de parler de l'attaque de Nantes, il convient de dire quelques mots des opérations dans la Basse-Vendée.

Charette, contraint d'évacuer Machecoul, s'était retiré à Légé où il eut avec les Nantais une affaire heureuse qui lui valut deux pièces de canon et quelques munitions dont il avait besoin. N'osant pas néanmoins y séjourner, il se retira sur Saint-Colombin où il surprit 400 Républicains qu'il fit en partie prisonniers. Ce double succès accrut sa réputation. Un détachement du Loroux vint le joindre; quelques chefs secondaires se rangèrent sous ses ordres, et il attaqua Palluau; mais cette expédition échoua. Le désordre fut même tel que les Vendéens se fusillèrent entre eux. Charette se replia de nouveau sur Légé.

Cependant, pour s'approcher de Nantes, il était contraint de dégager la Basse-Vendée. Il appela à lui tous les autres chefs secondaires qui y avaient formé des rassemblements. Le rendez-vous fut à Légé. Avec ces divers renforts, il attaqua Machecoul et y défit complètement le général Boisguillon. Les Républicains en se repliant sur Nantes abandonnèrent le Port-Saint-Père et Bourgneuf. Deux chefs insurgés, Lyrot et Designy, rassemblaient leurs forces à Lalloué pour seconder Charette. Lyrot tendit à Beysser, chef de la légion nantaise, une embûche qui pensa devenir fatale à ce dernier. 60 Vendéens se présentèrent en tirailleurs entre Lalloué et La Sèvre; Beysser les poursuivit avec d'autant plus d'impétuosité qu'ils semblaient plus pressés de fuir. Quelques lignes de retranchements abandonnés étaient devant lui; il franchit sans obstacle les premières, mais arrivé au dernier, il se trouva en face de 10,000 Vendéens rangés en bataille. La retraite était impossible. Un excès d'audace pouvait seul tirer le général républicain du mauvais pas où l'avait précipité son imprudence. Il se décida bravement à tenir tête aux insurgés. La fusillade s'engagea. Deux commandants de la légion nantaise furent tués et Beysser eut lui-même deux chevaux tués sous lui. Le combat fut long et opiniâtre, mais obligées de céder au nombre, les troupes républicaines durent chercher un refuge sous les murs de Nantes.

Attaque de Nantes. — Blessure de Cathelineau.

Le général Canclaux commandait à Nantes. Cette ville avait été mise en état de siége le 19 juin. La garnison n'était composée que de onze bataillons, numériquement très faibles, et de 300 chevaux. Mais Canclaux était résolu à opposer une résistance opiniâtre à l'attaque dont il était menacé.

Cependant la grande armée vendéenne s'approchait rapidement de Nantes. Par une sommation en date du 24 juin, les chefs sommèrent cette ville d'arborer le drapeau blanc et de désarmer sa garnison : en cas de refus, ils menacèrent d'y mettre tout à feu et à sang.

Un refus, malgré de si terribles menaces, fut la seule réponse qu'ils purent obtenir.

Beysser, commandant sous Canclaux, déclara, dans une proclamation énergique, que la ville était désormais sous la police des camps; puis, mettant tous les Nantais en réquisition permanente, il fit un appel à leur courage, en ajoutant : « Si par l'effet de la trahison ou de la fatalité cette place tombe au pouvoir des ennemis, je jure qu'elle deviendra leur tombeau et le nôtre, et que nous donnerons à l'univers un grand exemple de ce que peuvent inspirer à un peuple la haine de la tyrannie et l'amour de la liberté. »

L'enthousiasme de ses défenseurs pouvait seul en effet sauver alors ce boulevart de la Loire. Nantes, situé au confluent de trois rivières, et autrefois défendu par de fortes murailles armées de dix-huit tours, était à cette époque ouvert de tous les côtés, et n'offrait d'obstacles aux Vendéens qu'un faible mur d'enceinte de près de deux lieues d'étendue, quelques fossés, quelques parapets élevés à la hâte, pour compléter ces fortifications. La ville ne possédait qu'une faible artillerie, sur laquelle on pouvait d'autant moins compter que la nature du terrain en rendait le service presque inutile.

Bientôt néanmoins l'activité de Canclaux et de Beysser fit tirer parti de tous les moyens de défense. Les postes avaient été doublés aussitôt après la mise en état de siége. Des barrières garnies de canons fermèrent toutes les issues; des embarcations armées défendirent le cours de la Loire, et quelques batteries furent élevées pour protéger la ville à l'est et à l'ouest. Ces moyens trop faibles étaient heureusement soutenus par l'exaltation de la garnison et par le dévouement patriotique de la garde nationale nantaise, qui, réunie aux troupes, élevait à environ 10,000 hommes le nombre des défenseurs de la place.

Afin d'en défendre plus long-temps les approches, on avait posté à trois quarts de lieue de Nantes, près de Nort, au camp de Saint-Georges, la plus grande partie de la garnison, infanterie et cavalerie. Le chemin de Vannes était couvert par les débris du 109ᵉ régiment, qui arrivait décimé des Antilles. Un bataillon incomplet des Côtes-du-Nord gardait la partie du pont Rousseau qui est au-delà de la Sèvre. La garde nationale était distribuée dans l'intérieur de la ville, prête à se porter partout où il en serait besoin. Elle s'était rassemblée dans la cathédrale avec tout ce qui se trouvait de patriotes à Nantes, et là, tous avaient juré de s'ensevelir sous les ruines de leurs maisons plutôt que de se rendre.

Cathelineau et d'Elbée, partis d'Ancenis avec 12,000 hommes, devaient attaquer Nantes du côté du nord. Bonchamp, qui commandait 4,000 hommes, devait s'avancer à l'est entre la Loire et l'Erdre. La Loire mettait au midi une barrière entre Nantes et les soldats de Charette. Ce général, avec environ 10,000 hommes, était campé dans les landes de Rayon pour attaquer la ville par le pont Rousseau. Lyrot de Lapatouillère occupait la Croix-Monceaux avec 10,000 Vendéens et douze pièces de canon. Deux pièces de canon du corps de Charette étaient en batterie près de Resé et trois autres enfilaient le pont.

D'Elbée ne voulant pas attaquer de front les troupes retranchées dans le camp de Saint-Georges, se porta le 27 sur le bourg de Nort. Quoique ce poste ne fût défendu que par le troisième bataillon de la Loire-Inférieure, cette poignée de braves soutint avec un courage si extraordinaire l'effort de l'avant-garde vendéenne, que d'Elbée, découragé, allait ordonner la retraite, quand une femme échappée du bourg vint lui apprendre que les défenseurs de Nort ne s'élevaient pas à 400 hommes. Honteux d'être tenu en échec par si peu de monde, d'Elbée ordonna une nouvelle attaque qui fut couronnée de succès. Les braves Républicains se firent en quelque sorte hacher tous à leur poste; dix-sept seulement rentrèrent dans Nantes et y rapportèrent le drapeau de leur bataillon.

Cette résistance, à laquelle d'Elbée était loin de s'attendre, fut une des causes du salut de Nantes; elle donna au général Canclaux le temps de recevoir de Rennes un convoi de vingt-cinq milliers de poudre et de six millions de cartouches, sans lesquels la défense eût été impossible. Cependant la prise du bourg de Nort entraîna l'évacuation du camp de Saint-Georges.

Ce mouvement rétrograde répandit un commencement d'effroi dans la ville. Un conseil de guerre fut assemblé et le commandant de l'artillerie, le général Bonvoust, y déclara qu'il ne croyait pas possible de défendre la ville ouverte de tous côtés, contre les forces immenses de l'ennemi. Les députés conventionnels, Merlin et Gilet, loin de donner dans cette occasion l'exemple d'un courage nécessaire, semblaient n'attendre que l'énoncé de l'avis de Bonvoust pour le partager. Le projet d'évacuer la ville fut donc mis en délibération : heureusement Canclaux et Beysser parvinrent à le faire rejeter, soutenus dans leur opinion par le maire de Nantes, le brave Baco, et par les députations de la garde nationale.

Le 29 au matin, un silence profond régnait encore dans la ville; la plupart des patriotes, accablés par un sommeil qu'avaient rendu plus nécessaire les travaux de la défense, se livraient au repos, quand l'artillerie de Charette donna le signal de l'attaque. — Ce général, instruit du succès obtenu par d'Elbée, attaqua le pont Rousseau. — Beysser, présumant que l'attaque principale aurait lieu de ce côté, fit aussitôt évacuer la partie du faubourg de la Sèvre située au-delà de cette rivière. L'artillerie de Charette, mal servie et mal pointée, ne faisait que peu de mal aux Nantais, tandis que celle des Républicains, accourus à leurs postes au premier appel, était si bien dirigée qu'elle abattit trois fois le drapeau blanc arboré au-delà de la Sèvre. Cette attaque du commandant des divisions de la Basse-Vendée n'était toutefois qu'un prélude. La principale attaque, dirigée par d'Elbée et Cathelineau, allait avoir lieu sur la rive droite de la Loire.

A l'artillerie de Charette répondit celle des différents chefs placés sur tous les points de cette rive. — La générale et le retentissement prolongé du canon avait en quelques instants appelé tous les défenseurs de la ville à leurs postes. Le bataillon même des vétérans de la garde nationale avait pris les armes, impatient aussi de combattre. «Ce jour, leur dit le commandant, va couvrir les Nantais d'une gloire ou d'une honte éternelle. Jurons de mourir tous plutôt que de nous rendre aux rebelles. — Nous le jurons tous» fut le cri unanime du bataillon.

Tandis que l'avant-garde, commandée par Cathelineau et soutenue par trois canons et deux pierriers attaquait le faubourg de Marchix, d'Elbée, renforcé par 500 Bretons, se jetait sur les routes de Vannes et de Rennes. Trop faible pour arrêter les efforts de sa division, le 109ᵉ régiment rentra dans la ville. D'Elbée n'ayant plus d'obstacle devant lui déploya ses troupes sur un front étendu, et s'empara des hauteurs de la grande route et des champs qui l'avoisinent. Son artillerie, établie à huit heures à une demi-portée de la hauteur de Barbin, foudroyait le bataillon nantais de Saint-Nicolas, qui lui ripostait avec une rare bravoure. La route de Vannes et les chemins adjacents étaient occupés par un corps nombreux envoyé par Cathelineau, et dont les détachements, à la faveur des blés et des haies, pénétraient dans les vergers, les jardins, et s'emparaient des diverses maisons qui entourent la ville et d'où ils pouvaient tirer sur les Républicains.

Le combat se soutenait de part et d'autre avec un avantage à peu près égal, quand l'avant-garde de Bonchamp, commandée par Fleuriot de la Fleuraye aîné, arriva par la route de Paris et attaqua les avant-postes du faubourg Saint-Clément. Le faubourg Saint-Jacques, défendu par la garde nationale nantaise, aux ordres de l'adjudant général Boisguillon, tenait tête pendant ce temps à toutes les forces de Charette et de Lyrot de Lapatouillère. Quelques soldats de ce dernier ayant pourtant réussi à passer la Loire sur des bateaux du côté de Richebourg, se développèrent sur le pré de Mauves, d'où ils ripostaient avec beaucoup de succès aux batteries républicaines.

Nantes se trouvait ainsi investi de tous les côtés et avait à soutenir en même temps sept attaques principales et faites avec vigueur. Canclaux et Beysser parcouraient les rangs afin de ranimer, par leur présence, le courage des soldats.

L'acharnement des deux partis semblait croître à mesure qu'ils s'opposaient mutuellement une plus insurmontable résistance. Les portes de Paris, de Vannes et de Rennes offraient à onze heures le spectacle d'une mêlée horrible sur un sol imbibé de sang et jonché de cadavres. Fleuriot de la Fleuraye, voulant tenter, à la tête des compagnies bretonnes, un dernier effort pour pénétrer dans la ville, fut renversé par un coup de feu. Le chevalier de Ménars, qui le remplaça, subit le même sort et tomba sous les yeux de Bonchamp. Cette double mort enhardit les Républicains et fit plier leurs ennemis. Cathelineau, d'Elbée et le prince de Talmont cherchèrent vainement d'abord à les ranimer par leur exemple. Bientôt cependant les Vendéens, honteux de leur faiblesse et excités par la voix des prêtres, resserrèrent leurs rangs et revinrent à la charge avec plus de fureur.

Cette lutte n'avait point encore offert un degré de rage comme celle qui sembla s'emparer en ce moment des deux partis. Les coups des Républicains, mieux dirigés, couvraient la terre des cadavres de leurs ennemis. Des tourbillons de poussière et de fumée enveloppaient les deux partis, dont les imprécations se mêlaient au fracas de la mousqueterie et de l'artillerie. Les hôpitaux s'encombraient de blessés, le tumulte était au comble dans l'intérieur de la ville. La victoire ne se décidait pourtant encore pour aucun des deux côtés et le combat se prolongeait malgré la perte énorme des Vendéens, lorsque Cathelineau résolut de décider la victoire en s'emparant de la batterie de la porte de Vannes, par où il espérait pénétrer enfin dans l'intérieur de Nantes.

Le danger de cette attaque était aussi grand que le résultat qu'il s'en promettait. Il donna le signal de la charge, se mit à la tête des plus intrépides, et tous s'élancèrent à la fois sur le point qu'il s'agissait d'emporter. L'impétuosité de cette charge fut même telle qu'un grand nombre de Vendéens pénétrèrent jusque sur la place Viarmes, où le 109ᵉ régiment les tua ou les fit prisonniers. Cathelineau reçut en cet instant une balle qui le renversa de son cheval. Cet accident imprévu, plus encore que l'inutilité de cette dernière attaque, déconcerta entièrement les assaillants. Ils relevèrent le corps de leur général qu'ils transportèrent derrière leurs rangs avec l'apparence du plus complet découragement. Vainement d'Elbée s'efforça-t-il de les rallier pour les ramener au combat, le coup qui avait frappé Cathelineau semblait avoir paralysé tous les courages. La retraite devint inévitable.

D'Elbée l'ordonna malgré lui, abandonnant un canon et un caisson sur le chemin de Vannes. Il ne fut pas poursuivi. Bonchamp imita son exemple, et se retira, en couvrant sa marche par un feu d'arrière-garde afin de cacher le mouvement de ses divisions, qui fut favorisé, ainsi que celui de toute l'armée de droite par la diversion que Charette ne cessa de faire en continuant son feu. Ce chef ne le suspendit même que quelques heures de la nuit et le recommença dès le matin du jour suivant. Beysser ordonna contre lui une sortie qui eut un plein succès. Les environs de Nantes se trouvèrent ainsi complètement balayés.

La perte des défenseurs de Nantes, évaluée dans les rapports officiels à 150 morts et 200 blessés, fut réellement d'environ 2,000 hommes, tant tués que blessés,

Celle des Vendéens fut beaucoup plus considérable; on l'évalua à 9,000 hommes.—Deux traits de courage particulier furent remarqués au milieu de l'élan général. L'un honore Gombard, vicaire de la paroisse Sainte-Croix, grenadier au 6ᵉ bataillon de la 1ʳᵉ légion nantaise, qui voyant un père de famille trop exposé, lui dit de se retirer et prit son poste. Le brave Gombard, atteint d'un coup ennemi, tomba presque aussitôt, frappé mortellement. — L'autre trait est celui d'un sergent du 11ᵉ bataillon de Seine-et-Oise, nommé Dubreuil, qui, ayant renversé par terre un chef vendéen au moment où celui-ci le couchait en joue, se contenta de lui prendre son chapeau, orné d'une gaze blanche, et son fusil, et ne voulut pas accepter sa part de cinquante louis que d'autres soldats trouvèrent sur le cadavre de l'officier.

Mort de Cathelineau. — D'Elbée généralissime. — Cathelineau survécut douze jours à sa blessure; mais la gangrène s'étant mise dans sa plaie, il expira le 11 juillet. Sa mort causa un grand désespoir parmi les paysans. On s'empressa de lui nommer un successeur; d'Elbée fut choisi. C'était un brave et ancien officier qui avait des droits à cette distinction; mais elle n'obtint pas tout de suite l'assentiment général. L'armée vendéenne avait ses rivalités et ses brigues, ses divisions fatales à la cause commune, tout aussi bien que l'armée républicaine [1].

Attaque de Luçon. — Pendant l'attaque de Nantes, une partie des divisions vendéennes, aux ordres de Royrand, vieil officier rempli de véritables talents militaires, étaient cantonnées à Montaigu, la Châtaigneraie et la Roche-sur-Yon. Leur chef, supposant qu'une diversion pourrait avoir un résultat utile à l'attaque projetée, marcha sur Luçon avec 8,000 hommes. Cette ville n'était défendue que par 1,200 Ré-

[1] Voici comment madame de Larochejacquelein, avec une expression qui manifeste une sorte de dépit, raconte cette élection : « On parla de remplacer Cathelineau; on sentit combien il serait avantageux de nommer un général qui commandât en chef, non pas seulement la grande armée, mais aussi toutes les insurrections vendéennes. Ce fut dans cette intention qu'on procéda à l'élection, mais elle fut faite toute de travers; au lieu de convoquer les députés de toutes les divisions, tout s'arrangea par une petite intrigue de M. d'Elbée. Quelques officiers peu marquants des divisions de MM. de Charette, de Bonchamp et de Royrand, se rassemblèrent avec un grand nombre d'officiers de la grande armée; ils convinrent qu'on écrirait cinq noms sur chaque billet, et que celui qui réunirait le plus de suffrages serait généralissime; les quatre suivants seraient chargés de commander, chacun à leur rang, en l'absence du général en chef, et devaient se choisir chacun un commandant en second. Le conseil de guerre devait être formé de ces neuf personnes et décider de toutes les opérations. Ce fut M. d'Elbée qui présida à tout cet arrangement. M. de Bonchamp qui, suivant l'opinion de tous les gens sensés, devait être nommé, était retenu à Jallais par ses blessures, et sa division était restée en Anjou. M. Charette ignorait presque que l'on s'occupât d'une pareille nomination; M. de Larochejacquelein ne s'en occupait pas; M. de Lescure malade...

« Bref, M. d'Elbée fut nommé généralissime. Les quatre généraux de division furent MM. de Bonchamp, de Lescure, de Donissan et de Royrand... M. de Charette trouva tout cet arrangement de nomination fort plaisant. M. de Bonchamp écrivit de son lit ce peu de mots à M. d'Elbée : « Monsieur, je vous fais mon compliment sur votre « élection; ce sont probablement vos grands talents qui ont déterminé « les suffrages... »

D'Elbée, malgré les petites passions que souleva sa nomination, prouva, par son courage et par sa mort, qu'il était digne de l'honneur qui lui était décerné.

publicains. Sandos, informé de son approche, fit sortir sa petite garnison et la rangea en bataille en avant de la ville; le nombre des ennemis l'effraya, et au moment où il les vit s'ébranler il ordonna la retraite et rentra dans Luçon avec un bataillon de la Charente qui formait le centre de sa ligne. Le bataillon le *Vengeur*, placé à droite et commandé par Lecomte, refusa de se retirer; le bataillon de gauche imita cet exemple. Au lieu d'attendre les Vendéens, ils se portèrent en avant et commencèrent eux-mêmes le combat. Des soldats du régiment de Provence qui, faits prisonniers précédemment, avaient accepté de servir dans les rangs des insurgés, passèrent du côté des Républicains. Cette défection inattendue, jointe à l'impétuosité du choc des deux bataillons, mit le désordre parmi les Vendéens, ils prirent la fuite, laissant sur la place 400 hommes tués et 120 prisonniers. Sandos, dénoncé à la Convention, fut acquitté en considération de son dévouement à la révolution.

Combat de Châtillon. — Westermann, envoyé par Biron au secours de Nantes, fit un mouvement sur Parthenay. Lescure s'avança avec 6,000 insurgés pour défendre cette ville. Westermann y arriva le 30 juin, à deux heures du matin. Il n'avait que 1,200 hommes. Il égorgea les avant-postes, enfonça les portes à coups de canon et pénétra dans la ville au pas de charge. Un prêtre vendéen allait mettre le feu à un canon dirigé sur la tête de la colonne, un officier républicain l'abattit d'un coup de sabre. — Lescure résista d'abord et se sauva ensuite, après avoir échappé au coup de feu d'un gendarme qui le manqua à bout portant. Laville-Beaugé, autre chef vendéen, également poursuivi, passa la rivière à la nage et essuya une décharge qui tua son cheval et lui perça la jambe. Il eût péri sans le secours d'un meunier de la rive opposée.

Westermann occupa Parthenay, prit ensuite et brûla Amaillou, se porta sur Clisson, s'empara du château de Lescure, qu'il fit piller et brûler. Lescure voyant cet incendie du haut du clocher de Bressuire, fit sonner le tocsin et rassembla 6,000 hommes et quatre pièces de canon. Larochejacquelein vint à son secours avec les insurgés de son arrondissement. Lescure, afin de défendre Châtillon, avait évacué Bressuire. Le 3 juillet, Westermann rencontra les deux généraux vendéens, postés sur les hauteurs du Moulin-aux-Chèvres. Toujours plus impétueux que prudent, il les attaqua et s'empara des hauteurs et des canons après une lutte de deux heures. Les chefs insurgés parvinrent à rallier leurs soldats. Le général républicain les culbuta de nouveau. Rien ne l'arrêta. Il franchit avec sa cavalerie un retranchement et un fossé en avant de Châtillon, entra dans cette ville à cinq heures du soir, y délivra une foule de prisonniers et s'y empara d'immenses magasins. Les vaincus se retirèrent avec leur artillerie à Mortagne et à Chollet.

Après avoir incendié le château de Larochejacquelein, Westermann reçut de Chalbos l'ordre de rétrograder; emporté par son courage, il refusa et revint se poster sur les hauteurs qu'il avait enlevées avec tant d'éclat: il y fut joint le 5 juillet par 2,000 gardes nationaux de Saint-Maixent et de Parthenay. Mais Bonchamp venait d'arriver au secours de Lescure et de Larochejacquelein. Campé sur la position du Moulin-aux-Chèvres, d'où il méditait de nouvelles conquêtes, Westermann méprisa les rapports de ses espions, et fut surpris au milieu des ténèbres. Son avant-garde, attaquée à l'improviste par les insurgés, qui avaient repris courage, s'enfuit lâchement, abandonnant ses fusils. Le reste de la brigade tint bon. Deux décharges à mitraille firent d'abord rétrograder les soldats vendéens; mais ceux-ci, d'après l'ordre de Bonchamp, se glissèrent ventre à terre à portée de fusil, et tuèrent les Républicains sur leurs pièces. Westermann, malgré son audace et son indignation, se voyant abandonné de ses soldats, fut lui-même forcé d'abandonner le poste où l'avant-veille il était entré victorieux. Les débris du corps républicain, dont la plus grande partie fut massacrée, se rallièrent péniblement à Parthenay. Telle fut la fin malheureuse d'une expédition qui s'était annoncée d'une manière si brillante.

Westermann fut traduit devant le tribunal révolutionnaire de Niort; mais sa conduite ayant été discutée et présentée très contradictoirement, il fut acquitté et renvoyé à son poste.

Arrestation de Biron. — Dans le même temps, Biron, dénoncé par Ronsin comme coupable de l'arrestation illégale de Rossignol, arrestation dont il n'avait eu aucune connaissance, et qui avait été faite par Westermann, fut mandé à Paris, où il essaya vainement de se justifier. Son véritable dévouement, la pureté de sa conduite, sa bonne volonté et ses talents, rien ne put le sauver. Son sort était décidé; il fut jeté le même jour dans une prison d'où il ne sortit que pour aller au supplice.

Plan de Biron. — *Combat de Martigné-Briant.* — Le plan de campagne adopté par Biron, avait été de faire marcher les divisions de l'armée campée sur la Loire, vers Chollet, d'où elles devaient se porter sur Montaigu et Mortagne, afin de se réunir aux divisions de l'armée partie de Niort. La défaite de Westermann et le remplacement de Biron par Chalbos entravèrent les mouvements de celles-ci, mais Labarollière se mit en marche du pont de Cé pour Martigné-Briant, où il arriva le 15 juillet. Le généralissime d'Elbée avait rassemblé sur ce point toutes les forces alors disponibles de la Haute-Vendée environ 25,000 hommes. L'action s'engagea le même jour, les Vendéens eurent d'abord l'avantage et prirent trois canons aux Républicains, mais la chance tourna bientôt. Les insurgés furent mis en déroute. Le conventionnel Bourbotte à la tête de la cavalerie parmi laquelle se distingua le 9e hussards, les poursuivit vivement jusqu'à Vihiers où ils prirent position.

Défaite des Républicains à Vihiers. — Santerre avait débouché de Saumur sur Doué. Informé du succès obtenu par Labarollière, il se porta par une marche de nuit sur Vihiers que les Vendéens avaient déjà évacué pour se retirer sur Coron et il fit sa jonction le 16 au matin avec les divisions d'Angers. Cependant les chefs insurgés avaient fait sonner partout le tocsin en signe d'appel. De nouveaux renforts se réunirent aux fuyards vendéens et ranimèrent leur courage. Dans le même temps trois caissons pleins de gargousses ayant sauté au milieu de l'armée républicaine, déconcertèrent les soldats qui ne voulurent voir dans cet accident qu'une œuvre de la trahison. Les Vendéens impatients et rassemblés en grand nombre dans les bois autour de Vihiers n'eurent pas la patience d'attendre leurs généraux. Deux chefs secondaires, Piron et Marsange, se mirent à leur tête et attaquèrent en flanc la colonne républicaine, tandis qu'une troupe d'insurgés l'assaillait vivement de front. Les Républicains surpris n'eurent pas le temps de se former, et reculèrent en désordre sur Vihiers. Bourbotte à la tête de 1,200 braves chercha vainement à arrêter les fuyards et à rétablir le combat. Écrasées par le nombre, les deux divisions s'enfuirent pêle-mêle et en désordre sur la route de Saumur, ou du côté du pont de Cé. Les cris de *à la trahison, sauve qui peut*, attestaient la frayeur des soldats. «Les bataillons se débandaient sans essayer de brûler une amorce. Les armes, les havre-sacs couvraient la route de tous côtés, et la poursuite qui ne continuait pas moins sans relâche, se faisait avec tant de férocité, par la cavalerie vendéenne, que la plupart des prisonniers étaient massacrés pour que leur capture n'embarrassât pas le vainqueur.»

La présence de Santerre, connu des Vendéens par le rôle qu'il avait joué dans le drame sanglant du 21 janvier, semblait surtout exciter leur animosité : ce général était l'objet de la plus active poursuite. Un paysan vendéen nommé Loiseau, qui s'était déjà particulièrement distingué au siège de Saumur, le suivait avec un acharnement sans égal : il était sur le point de l'atteindre, un mur de six pieds de haut barrait, dit on, le passage au général qui semblait inévitablement perdu. Santerre dans un mouvement de désespoir essaya de faire franchir cet obstacle à son cheval et y réussit. Bourbotte eut aussi, dans cette affaire, peine à échapper à la mort. Exposé à une vive fusillade, il fut blessé et eut son cheval tué sous lui; ce ne fut qu'en se cachant dans les haies et dans les broussailles qu'il put réussir, à pied et marchant la nuit, à regagner Saumur.

Telle était la terreur qui avait frappé les débris de l'armée républicaine, qu'ils franchirent en trois heures la distance de sept lieues, qui sépare Saumur de Vihiers. Ils ne se croyaient pas même en sûreté dans la première de ces villes, et de 15,000 hommes qui composaient les deux divisions de Labarollière et de Santerre, à peine en put-on rallier 5,000 à Chinon trois jours après.

La victoire de Vihiers n'eut aucun résultat important pour le pays insurgé : les Vendéens n'y virent d'autre avantage que de s'assurer la tranquillité nécessaire à la récolte des moissons, et pourtant cette victoire aurait pu porter la puissance de la Vendée au point le plus redoutable, si les vainqueurs eussent poursuivi leurs succès. En effet, la puissance de la Montagne étant alors menacée par le fédéralisme, l'insurrection de Lyon et celle de la Provence, la réunion des forces de mécontents et leur direction vers un but unique auraient mis dans un grand péril le gouvernement révolutionnaire.

Nomination et destitution de Beysser. — Il est remplacé par Rossignol. — Beysser avait été nommé par le comité de salut public, pour remplacer le général Biron. A peine avait-il pris le commandement, qu'on apprit à Paris son adhésion, avec une partie de la garde nationale de Nantes, aux principes du fédéralisme; il fut aussitôt révoqué. Rossignol, ancien ouvrier orfèvre, Républicain forcené, mais sans talents militaires, fut appelé définitivement à succéder à Biron, dont il était l'ennemi acharné et un des dénonciateurs.

Tandis que ce nouveau général en chef s'occupait à réorganiser à sa façon l'armée républicaine, à fortifier Saumur, à distribuer ses soldats de manière à empêcher les Vendéens de tirer parti de la victoire de Vihiers, d'autres généraux secondaires se livraient sur divers points à des expéditions particulières et sans résultats décisifs, n'avertissant pas même de leurs mouvements les colonnes voisines, comme s'ils eussent craint que leurs collègues ne leur ravissent une partie des victoires qu'ils comptaient remporter. Ce système d'attaques isolées épuisait en détail et en pure perte les forces de la République.

Première défaite des Vendéens à Luçon. — Tuncq, le successeur de Chandos à Luçon, était ennemi des conventionnels de Saumur qui avaient élevé Rossignol au commandement en chef. Il méprisait souverainement ce général qu'il accusait d'incapacité, d'ivrognerie. Harcelé par la division vendéenne de Royrand, il avait attaqué les postes de Saint-Philibert et du Pont-Charron occupés par ce partisan. Pont-Charron n'offrait pour défense qu'un fossé large et profond environné de retranchements peu éloignés de la rivière du Grand-Lay. Le 25 juillet, Tuncq, à la tête de 1,500 hommes, tourna le poste par Saint-Philibert. Un transfuge lui livra le mot d'ordre. Les sentinelles furent tuées et le poste enlevé. Sapinaud de la Veyrie qui y commandait fut massacré par les vainqueurs.

Tuncq marcha ensuite sur Chantonnay qu'il ravagea et d'où il semblait, par son isolement au milieu du pays insurgé, provoquer toutes les forces vendéennes. Royrand s'était retiré sur Montaigu avec 5 à 6,000 hommes; ayant été renforcé par environ 10,000 paysans que lui amenèrent Lescure et Bonchamp, il crut le moment favorable pour écraser son ennemi. Mais Tuncq averti à temps évacua Chantonnay après l'avoir livré aux flammes, se replia sur Pont-Charron et de là sur Luçon où il se plaça en bataille, la droite au bois de Sainte-Gemme, couverte par une centaine de hussards, la gauche en arrière du village de Corp. A peine était-il formé que les Vendéens débouchèrent du bourg de Bessay, passèrent la Semagne et l'attaquèrent: c'était le 30 juillet.

Tuncq, qui était au centre, ploya d'abord sous le choc du principal corps vendéen et perdit un canon; mais soutenu à temps par la compagnie des vétérans de l'Égalité et par un détachement de hussards qu'il avait en réserve, il tint les insurgés en échec, tandis que le bataillon le Vengeur, qui formait la droite, tombant tout à coup sur la colonne ennemie, la rejeta en désordre sur le centre qu'elle entraîna dans sa fuite. Le prince de Talmont arrêta plusieurs fois, avec ses cavaliers, l'impétuosité des hussards républicains. D'Elbée s'exposa aux plus grands dangers et contribua à sauver l'armée vendéenne d'une complète déroute. Les Vendéens néanmoins se retirèrent précipitamment.

L'éclat de cette victoire excita la jalousie de Rossignol, qui dénonça Tuncq au comité de salut public, pour avoir agi sans ordres.

Proposition du cabinet anglais. — Cependant une flotte britannique de 27 vaisseaux croisait alors à la hauteur de Belle-Isle, et un agent envoyé par le cabinet de Londres avait pénétré dans la Vendée. Il offrait au nom du roi d'Angleterre, aux chefs insurgés, des munitions, des armes, des secours en hommes et en argent, mais sous la condition expresse qu'ils livreraient d'abord au roi Georges un port de mer où pussent aborder les flottes britanniques chargées des secours promis. Les écrivains royalistes assurent que ces offres n'eurent aucun résultat : les auteurs républicains prétendent que l'attaque qui eut lieu peu à peu sur Luçon ne tendait qu'à faciliter la prise des Sables-d'Olonne, port de mer qui aurait permis d'établir une communication facile entre les Vendéens et les Anglais.

Décret de la Convention. — Sur la proposition de Barrère, qui comparait la Vendée à un ulcère qu'il fallait détruire en y portant le fer et le feu, la Convention rendit, le 1er août, un décret terrible, dont l'exécution littérale n'eût fait de ce malheureux pays qu'un monceau de ruines et de cendres. Pour opposer aux insurgés des soldats qui adoptassent leur manière de combattre, elle ordonna la formation de compagnies de tirailleurs et de braconniers, et afin d'accélérer les mesures de destruction qu'elle commandait, elle décida que des corps de pionniers et d'ouvriers seraient organisés à cet effet; elle décréta en outre que les garnisons de Valenciennes et de Mayence, qui, d'après les capitulations de ces deux villes, ne devaient plus servir contre les Coalisés, seraient envoyées en poste dans la Vendée. — Quelques articles de ce formidable décret, dicté par la peur non moins que par la rage, méritent d'être textuellement cités : « Il sera envoyé par le ministre de la guerre des matières combustibles de toute espèce, pour incendier les bois, les taillis et les genêts. — Les forêts seront abattues, les repaires des rebelles seront détruits, les récoltes seront coupées et les bestiaux seront saisis. — Les femmes, les enfants et les vieillards seront conduits dans l'intérieur. »

Ces mesures révolutionnaires n'atteignirent point le but que la Convention s'était proposé. — La mort et la solitude, comme dit Tacite, ne sont point la paix. La violence est impuissante pour pacifier; la colère pour calmer l'irritation.

Deuxième défaite des Vendéens à Luçon. — En effet, le tocsin sonna bientôt dans la Vendée et par le lieu de rassemblement qui était Chantonnay, les

Républicains comprirent que Luçon était de nouveau menacé. — Les représentants Bourdon et Goupilleau requirent de Chalbos l'envoi d'un prompt secours au général Tuncq. — Les Vendéens qui accouraient munis de pain pour quatre jours et de leurs armes ordinaires, se trouvèrent réunis, le 13, au nombre de 35,000 hommes, sans compter la division de Bonchamp, forte de 7,000, qui resta près de la Loire, pour couvrir les derrières durant l'expédition.

Tuncq, au moment où les divisions vendéennes faisaient leur jonction, reçut d'un espion l'avis de l'heure à laquelle il serait attaqué. Il concentrait déjà ses moyens sur Luçon, quand il reçut sa destitution (sollicitée par Rossignol) et l'ordre de se retirer à vingt lieues des armées; mais les représentants qui se trouvaient près de lui, témoins de ce qu'il avait fait, lui ordonnèrent de conserver son commandement; il s'y décida d'autant plus aisément qu'il venait de recevoir, avec une compagnie d'artillerie, un renfort de 6,000 hommes pleins d'enthousiasme et de résolution. Il se disposa donc à recevoir la bataille devant Luçon, et rangea ses troupes sur deux lignes. La première masquait son artillerie légère; il ordonna à la seconde de se tenir à plat ventre derrière un repli de terrain jusqu'à ce qu'il donnât le signal de se relever. Deux bataillons avec leurs pièces furent placés en avant-garde. Les Vendéens, après avoir reçu la bénédiction du curé de Saint-Laud, passèrent la Semagne et s'avancèrent fièrement sur trois colonnes; la droite, commandée par Charette et Lescure, le centre aux ordres de Donissan et de Royrand, sous le généralissime d'Elbée; la gauche, dirigée par Larochejacquelein.

Les deux bataillons d'avant-garde, repoussés par ces colonnes compactes, dans lesquelles leur artillerie fit néanmoins un grand ravage, se replièrent sur le corps principal, et au même instant l'action s'engagea à la gauche et au centre des Républicains. Charette avait promis de faire plier en sept minutes la colonne à laquelle il serait opposé, et il tint parole; mais, au contre, d'Elbée ne fut pas si heureux. Au moment où les deux bataillons républicains achevaient de se replier, un roulement, signal donné par Tuncq, sembla faire sortir de terre une armée. Cette apparition, le feu de la mousqueterie, particulièrement celui de l'artillerie sur un terrain uni et où rien ne gênait les évolutions et les effets de cette arme terrible, jetèrent le désordre dans la colonne vendéenne du centre. Larochejacquelein s'élança à son secours; mais il n'arriva que pour rendre moins désastreuse la déroute dans laquelle il fut entraîné lui-même avec ses troupes. Charette, resté seul, fut assailli par la totalité des forces républicaines, et contraint de repasser la rivière après avoir perdu l'élite de sa division. Cette journée fut meurtrière pour les Vendéens, qui laissèrent dix-huit pièces de canon et environ 7,000 morts sur le champ de bataille.

Le carnage eût été bien plus grand encore si Larochejacquelein n'eût arrêté la poursuite au pont de Disay en faisant des prodiges de valeur à la tête d'une soixantaine des siens.

Les représentants Bourdon et Goupilleau réclamèrent contre la destitution de leur protégé, en faisant connaître à la Convention le résultat de cette heureuse et brillante affaire, et Tuncq fut non-seulement réintégré dans ses fonctions, mais encore promu au grade de divisionnaire.

Ce fut dans cette seconde défaite des Vendéens à Luçon et au commencement du combat que fut tué Baudry-d'Asson, ce premier chef de l'insurrection, qui était resté d'abord caché six mois sous terre dans son propre château, occupé par des gendarmes. Sa mort fut l'occasion d'un généreux dévouement. Un brave domestique, qui avait juré de mourir avec lui, se précipita sur son corps, où il fut percé de mille coups.

Les chefs vendéens se rejetèrent les uns sur les autres la cause de cette déroute. Charette, qui pouvait avec raison leur imputer sa défaite, les accusa tous et partit sans vouloir écouter leur justification. Ce levain de jalousie ou de haine qui fermentait depuis long-temps que l'affaire de Luçon fit éclater ouvertement, donna naissance aux dissensions qui détruisirent tout ensemble dans les opérations militaires des insurgés, et causèrent plus tard leur ruine.

RÉSUMÉ CHRONOLOGIQUE.

1793.

JUIN. Cathelineau est nommé général en chef des Vendéens.
— Entrée des Vendéens à Angers.
19 — Nantes est mis en état de siége.
20 — Embuscade de Lalloué.
27 — Prise de Niort par les Vendéens.
28 et 29 — Attaque de Nantes. — Blessure de Cathelineau.
— Attaque de Luçon par les Vendéens.
30 — Prise de Parthenay par Westermann.

5 JUILLET. Combat de Châtillon.
11 — Mort de Cathelineau — D'Elbée lui succède.
15 — Combat de Martigné-Briant.
18 — Combat de Vihiers.
20 — Destitution de Biron. — Beysser le remplace et est bientôt remplacé par Rossignol.
30 — Première défaite des Vendéens à Luçon.
1er AOUT. Décret de la Convention.
13 — Deuxième défaite des Vendéens à Luçon.

A. HUGO.

On souscrit chez DELLOYE, Éditeur, place de la Bourse, rue des Filles-Saint-Thomas, 13.

Paris. — Imprimerie et Fonderie de RIGNOUX et Cie, rue des Francs-Bourgeois-Saint-Michel, 8.

FRANCE MILITAIRE.

GUERRE DE LA VENDÉE. — ARMÉE DE MAYENCE.

SOMMAIRE.

Grand conseil de Saumur.—Plan de Canclaux.—Levées en masse.—Mouvements des Vendéens.—Armées républicaines.—Passage du Tenu. —Événements dans la Haute-Vendée. — Combats de Coron et de Beaulieu. — Retraite ordonnée par Rossignol. — Combat de Torfou. — Héroïsme de Chevardin.—Combat de Montaigu.— Prise de Saint-Fulgent par Charette.— Combat de Clisson.— Nouveau plan de Canclaux. —Succès des Républicains. — Combat de Saint-Symphorien. — Discussions et intrigues des comités républicains. — Réunion des armées républicaines en une seule.—L'Échelle devient général en chef. — Combats de Moulin-aux-Chèvres et de Châtillon. — Combat de Saint-Christophe et la Tremblaie.—Bataille de Chollet.—Affaire de Beaupréau.

Généraux en chef républicains.	{ CANCLAUX. ROSSIGNOL. L'ÉCHELLE.		Chefs royalistes.	{ D'ELBÉE, généralissime. BONCHAMP.—CHARETTE.— LAROCHEJACQUELEIN.

L'arrivée de la garnison de Mayence augmenta la division qui régnait parmi les généraux républicains. Tous les commandants en chef désiraient avoir avec eux ces soldats, dont la renommée seule inspirait déjà la confiance aux partisans de la République, et la terreur à ses ennemis.

Rossignol, général révolutionnaire, qui *s'honorait du titre de sans-culotte*, et qui avait été placé par le parti jacobin à la tête de l'Armée des côtes de La Rochelle, espérait, par ses amis à Paris, obtenir les troupes de Dubayet; mais la Convention décida que la garnison de Mayence serait adjointe à l'Armée des côtes de Brest, commandée par le brave général Canclaux.

Grand conseil de Saumur. — En même temps des ordres furent donnés pour mettre de l'ensemble dans toutes les opérations et frapper un grand coup contre les insurgés. Les deux comités de représentants du peuple, celui de Saumur et celui de Luçon, entretenaient, par l'opposition qui régnait entre eux, l'indécision de toutes les affaires militaires. La Convention voulut que toutes ces volontés diverses se confondissent en une seule, utile et nécessaire au bien général. Pour y parvenir, elle ordonna de réunir à Saumur un conseil de guerre où assistèrent tous les généraux et tous les conventionnels envoyés auprès des armées de l'Ouest. Là, on décida, malgré la résistance de Rossignol et de ses partisans, que l'attaque générale contre la Vendée s'effectuerait par Nantes et non pas par Saumur. Canclaux, en proposant cette mesure, avait pour but d'éloigner les Vendéens des côtes de l'Océan, où ils auraient pu recevoir les secours de l'Angleterre, tandis que Rossignol, au contraire, en débouchant par Saumur, voulait, disait-il, les acculer dans les marais et à la mer.

Plan de Canclaux. — D'après ce plan, l'Armée des côtes de Brest, renforcée des Mayençais, devait être partagée en trois divisions et marcher concentriquement sur Mortagne, où elle rallierait l'Armée des côtes de La Rochelle, afin de se diriger ensemble sur Chollet. Cette réunion devait s'effectuer le 14 septembre. Ce n'était que le 11, et après l'occupation de Machecoul, que la division des Sables-d'Olonne devait se mettre en mouvement. Elle avait ordre d'occuper Saint-Fulgent le 14, de chercher à se lier par la droite à la division de Niort, aux ordres du général Chalbos, et par sa gauche avec l'armée des côtes de Brest. Le défaut de ce plan était l'isolement forcé de chacune des divisions chargées de pénétrer au cœur de la Vendée.

Levées en masse. — Pour combattre l'insurrection qui se recrutait par des levées en masse et au son des cloches, la Convention avait cru devoir appeler aussi contre la Vendée et au bruit du tocsin, la population de tous les départements voisins. Bientôt ces levées en masse encombrèrent Angers, Saumur, Thouars, Saint-Maixent, Niort, Fontenay, etc., et Barrère put dire à la tribune, avec cette emphase impudente qui formait un des caractères particuliers de son talent d'orateur : « Les réquisitions ont produit dans la Vendée une ar- « mée *fabuleuse*, à laquelle la postérité aura peine à « croire ; elle est de 400,000 hommes et s'est formée en « vingt-quatre heures. » Cette armée était fabuleuse en effet.

Canclaux refusa le secours inutile et dangereux des masses mises en réquisition ; Rossignol crut devoir en profiter, mais il n'en tira aucun avantage.

Mouvements des Vendéens.—L'avant-garde mayençaise était entrée le 6 septembre à Nantes ; elle ne tarda pas à y être suivie du corps d'armée.— Les chefs vendéens, pressentant l'orage qui les menaçait, avaient formé dans la Haute et dans la Basse-Vendée des rassemblements nombreux, et revenus, par un succès obtenu à Chantonnay, de l'abattement où les avaient jetés les revers de Luçon, ils se livraient à des expéditions partielles sur divers points de l'immense cordon que formaient les divisions républicaines. Charette enleva d'abord Challans et fut ensuite battu par Mieskousky devant la Roche-sur-Yon. Il se porta de là sur Légé et Machecoul, d'où il fut chassé par le général Beysser, mais où il rentra bientôt victorieux. Lyrot et Goulène tentèrent de leur côté de surprendre le camp qui couvrait le pont Rousseau, et furent vivement repoussés par Grouchy. Bonchamp, dans la Haute-Vendée, obtint quelques avantages sur le général Duhoux, et Lescure combattit heureusement à Saint-Maixent et à d'Airvault avec des détachements de la division Rey.

Le 5 septembre, les environs de Nantes avaient été le théâtre d'une attaque combinée des Vendéens, qui échoua complètement, et facilita par son insuccès l'invasion du pays par les Républicains. Le camp des

Naudières, ceux de la Balinière et des Sorinières furent en même temps assaillis par les masses vendéennes, qui s'avancèrent aussi sur les routes des Sables et de La Rochelle; mais les Républicains restèrent partout victorieux. — La prise d'un courrier ayant fait connaître aux chefs insurgés le plan de campagne de Canclaux, un conseil de guerre se rassembla aussitôt aux Herbiers, et on y convint des moyens qu'on crut les plus propres à en prévenir l'effet.

Armées républicaines. — Canclaux, général en chef de *l'armée des côtes de Brest*, avait sous ses ordres deux généraux de brigade : Beysser, commandant environ 6,000 hommes au camp des Naudières, à une lieue de Nantes, et Grouchy, qui avec 2,000 hommes au camp des Sorinières formait l'avant-garde de Beysser. L'adjudant général Bloss commandait les grenadiers, principale force du corps de Grouchy. La division dite *armée de Mayence* avait pour général Dubayet. Kléber commandait l'avant-garde, Vimeux la première brigade, Beaupuy la seconde et Haxo la réserve. L'armée des côtes de La Rochelle était aux ordres de Rossignol. Elle formait cinq divisions; celle de Saumur commandée par Santerre, celle d'Angers par Duhoux, celle de Niort par Chalbos, celle des Sables par Mieskowsky, enfin celle de Luçon tour à tour aux ordres de Tuncq, de Lecomte, de Beffroy, de Bard et de Marceau.

Canclaux, laissant une forte réserve au camp des Naudières pour couvrir Nantes, partagea ses troupes en deux corps : celui de droite, aux ordres de Beysser, se composa de 6,000 hommes; les Mayençais formèrent la colonne de gauche; Kléber était à l'avant-garde avec 2,000 hommes.

Passage du Tenu. — Les divisions de Canclaux et de Rossignol se mirent en mouvement à peu près à la même époque pour se porter sur le lieu assigné pour le rendez-vous général. Beysser partit le 9 septembre et Kléber le 10, combinant leurs divers mouvements afin d'assurer la prise de Port-Saint-Père, qui passait pour une des clefs du pays, et que défendaient les chefs insurgés La Cathelinière et Pajot.

Arrivé à une demi-lieue de Saint-Léger, le commandant Marigny, de l'avant-garde mayençaise, avec un détachement de chasseurs, attaqua un poste avancé de Vendéens qui s'enfuirent jusqu'à la rivière du Tenu, sur la rive opposée de laquelle l'ennemi était rangé en bataille. Kléber fit mettre en batterie une pièce de huit et un obusier. Dès la première décharge, un obus, genre de projectile encore inconnu aux Vendéens, mit le feu à quelques meules de foin et jeta l'épouvante parmi les paysans. Cet incendie fortuit fut l'origine de toutes les calomnies répandues alors contre l'armée de Mayence, qui ne doit pas être confondue avec les colonnes *infernales* organisées depuis par les Conventionnels. Les défenseurs de Mayence se conduisirent en soldats, et leur général avait pris toutes les mesures pour que le pays ne fût exposé qu'aux malheurs ordinaires et inséparables de toute guerre. Quand on usa de moyens révolutionnaires, ce furent les représentants du peuple ou les généraux conventionnels qui eurent la direction des affaires.

Le chef de bataillon Targes se jeta à la nage avec quelques soldats, pour aller chercher, de l'autre côté du Tenu, deux bacs qu'il ramena malgré un feu très vif de mousqueterie. Les Républicains passèrent la rivière. Les Vendéens prirent la fuite, abandonnant sur la rive sept pièces de canon.

Kléber se porta le 12 sur Saint-Philbert-de-Grandlieu, pendant que Beysser se dirigeait sur Machecoul, où il arriva le même jour après avoir brûlé les villages du Pellerin et de Prouant, point de réunion habituel des insurgés. Les deux colonnes marchèrent ensuite par des routes diverses sur Légé, où elles arrivèrent le 14, balayant le pays devant elles. Charette, quoiqu'il eût réuni 20,000 hommes sur ce point, n'osa les attendre et se retira à Montaigu, d'où il fut débusqué le 16 par Beysser. Clisson fut occupé le 17 par Kléber.

Événements dans la Haute-Vendée. — *Combats de Coron et de Beaulieu.* — Pendant que ces événements se passaient dans la Loire-Inférieure et dans la Basse-Vendée, les insurgés, postés sur les hauteurs d'Erigné, interceptaient aux ponts de Cé et d'Angers les communications de l'armée républicaine; ils en furent débusqués le 7 septembre par la brigade Turreau.

Quatre jours après, le commandant Bourgeois, envoyé avec 500 hommes pour déblayer Soulaine et les communes environnantes, fut repoussé après un combat de six heures; ses troupes prirent la fuite en désordre et repassèrent les ponts sans même songer à les couper. Le brave Bourgeois, resté seul avec quatre volontaires, s'occupa de ce soin et y réussit au moment même où la tête de colonne vendéenne se présentait pour passer. Le comité de salut public récompensa son intrépidité en lui envoyant un sabre magnifique. C'est sans doute là le premier exemple d'une distribution d'armes d'honneur, cependant cette institution militaire ne fut créée que quelques années plus tard.

Le 14 septembre, Lescure, avec 4,000 Vendéens seulement, attaqua à Thouars le contingent républicain qui y était rassemblé au nombre de 20,000 hommes. Il n'eut pas de peine à disperser cette levée en masse, sans chefs, sans discipline et sans armes; il s'empara du pont de Verine, pénétra dans les faubourgs de la ville et s'y serait sans doute établi sans l'arrivée inopinée du général Rey avec une division de troupes réglées. Lescure, ne se sentant pas assez fort pour poursuivre ses premiers avantages, ordonna la retraite, et la fit avec une contenance si ferme et un ordre, qu'on ne songea même pas à l'inquiéter.

Cependant le général Rossignol n'avait pas craint de tenir à Saumur, seulement avec les généraux et les représentants de son armée, un conseil de guerre où il fit décider qu'on n'exécuterait pas ce qui avait été arrêté dans la précédente réunion générale. — En même temps, dénué de connaissances militaires, il donnait à ses généraux des instructions contradictoires et qui ne pouvaient que compromettre l'armée qui lui était confiée. Ainsi, au moment où les colonnes de Luçon et de Fontenay recevaient de lui l'ordre de rétrograder, il ordonnait à Santerre et à Duhoux de se porter en avant. La colonne de Santerre rencontra les insurgés le 18 à Coron. Ce village est traversé par une rue étroite et profonde, où les voitures d'artillerie ne peuvent tourner. L'avant-garde, commandée par Turreau, s'y avança imprudemment en voulant poursuivre l'arrière-garde de d'Elbée, qui se repliait à dessein devant elle; quand les Républicains furent bien engagés dans le bas-fond, les Vendéens reprirent l'offensive, et en peu de temps toute la division de Santerre, formée de troupes de nouvelle levée, fut mise dans une déroute complète, et s'enfuit précipitamment jusque sur les hauteurs de Concourson, en avant de Doué. L'artillerie, un grand nombre de fusils et la presque totalité des piques qui armaient la réserve, tombèrent au pouvoir des Vendéens.

Le général Duhoux, dont la division se composait aussi en grande partie de levées en masse, s'était avancé jusque sur les hauteurs de Beaulieu, près du pont Barré. Après la déroute de Santerre, il y fut attaqué par une division insurgée qui avait pour chef le chevalier Duhoux, son propre neveu. L'issue de ce combat ne fut pas plus avantageuse aux Républicains que celle du combat de Coron. Quelques bataillons qui tinrent ferme se firent hacher; les autres prirent honteusement la fuite. Les bagages et l'artillerie restèrent au pouvoir des insurgés.

La déroute de Beaulieu coûta la vie au général Duhoux. Traduit au tribunal révolutionnaire, il fut accusé non-seulement de lâcheté et d'impéritie, mais encore d'intelligence avec son neveu. On prétendit au tribunal que ce dernier avait dit aux Vendéens à Chalonnes : « Prenez patience, mon oncle ne nous laissera pas manquer de munitions. » Rien d'ailleurs ne prouvait un pareil propos, et le général Duhoux était incapable d'une trahison.

Une femme, la fameuse Renée Bordereau, dite Langevin, servait dans la cavalerie vendéenne; elle affirme dans ses *Mémoires* avoir assisté au combat de Beaulieu, et se vante d'y avoir tué à elle seule *vingt et un bleus* à coups de sabre. C'étaient sans doute de malheureux réquisitionnaires qui ne songeaient pas à se défendre. «Deux jours après, dit-elle encore, ayant rencontré son oncle à la tête d'un détachement républicain, elle se mit en si grande fureur qu'elle lui coupa le cou sans qu'elle l'ait vu souffler.»

Retraite ordonnée par Rossignol. — Ce fut à cette époque que fut enlevé le poste de Vertou, dans une charge à la baïonnette ordonnée par Grouchy. L'armée de Canclaux était près d'atteindre Mortagne, où elle devait se réunir à celle des côtes de La Rochelle et à la division des Sables-d'Olonne; mais Canclaux reçut à Clisson l'avis des mouvements de retraite ordonnés par Rossignol. Un conseil de guerre fut aussitôt convoqué. On arrêta de ne pas se porter plus avant sans être assuré du concours de l'armée de Rossignol. En conséquence, Beysser dut rétrograder de Montaigu sur Tiffauges, et Kléber se porter dabord à Boussay, puis à Torfou, communiquant avec Beysser par le pont de Tiffauges.

Combat de Torfou. — *Héroïsme de Chevardin.* — L'armée de Canclaux, réunie à la brave garnison de Mayence, avait plus fait en huit jours contre les Vendéens que toutes les forces républicaines rassemblées et agissant depuis six mois sous les ordres de ces mêmes chefs qui se complaisaient encore à regarder comme très défectueux le plan de ce général. Charette, se sentant incapable de défendre avec ses divisions seules la partie de la Vendée qu'il avait choisie pour théâtre de ses opérations, pressa les chefs de la grande armée de lui envoyer de prompts secours, en leur représentant que la cause générale des Vendéens était à jamais perdue si l'armée de Canclaux n'était pas incessamment refoulée sur la Loire. Les chefs des insurgés en étaient bien convaincus, et tous, à l'exception de Larochejacquelein qui était encore malade de sa dernière blessure, se rendirent à Chollet avec les masses qu'ils purent réunir. Ces renforts portèrent à environ 40,000 hommes l'armée de la Basse-Vendée. Charette rangea cette armée en bataille sur le bord de la grande route de Tiffauges à Chollet, faisant face à Torfou, et il attendit dans cette position l'avant-garde de l'armée de Canclaux, commandée par Kléber, et qui s'avançait sur Mortagne par la ligne de la Sèvre.

La colonne mayençaise parut en effet, le 19 septembre, à Boussay, d'où elle chassa l'arrière-garde de Charette. Kléber s'avança ensuite avec sa colonne sur Torfou. — Ce village est situé sur une colline très élevée, qui découvre et commande le chemin creux qui y conduit. Des fossés, des haies, des buissons entourent chaque champ; un bois s'étend en face et sur les flancs. La position doit être inexpugnable, pour peu qu'elle soit vivement défendue.—

« En approchant de Torfou, dit Kléber dans son rapport, deux vedettes nous ayant lâché leur coup de carabine, je fis avancer les chasseurs à cheval, qui chargèrent la grande garde ennemie et la poursuivirent l'épée dans les reins jusqu'aux hauteurs de Torfou. L'infanterie arrivant enfin, un bataillon fut chargé d'attaquer le village par la droite, un autre par la gauche, et quelques compagnies des francs par le centre. Deux autres bataillons restèrent en arrière pour nous laisser sans inquiétude sur ce point. L'attaque fut si impétueuse que le village et la hauteur furent évacués presque aussitôt par les Vendéens et occupés par nos braves.

« Mais cette fois la retraite de l'ennemi ne fut point une fuite : il se rangea derrière les haies et les fossés, vis-à-vis du front que nous occupions. L'affaire s'engagea alors de la manière la plus vive, et comme nous avions alors l'avantage de la position, la compagnie des chasseurs à pied du 7e régiment, chargeant à la baïonnette la droite de l'ennemi, le débusqua du poste qu'il occupait et le mit en désordre; mais les fuyards, au lieu de se jeter en arrière, filèrent par notre gauche pour nous prendre en flanc et nous tourner. J'avais deux bataillons de réserve placés de manière à en faire raison; cette manœuvre ne m'inspira aucune crainte. C'est cependant ce qui a nécessité notre retraite après une victoire aussi brillante; car à peine la fusillade se fit-elle entendre sur nos derrières que tous les yeux se dirigèrent de ce côté et que plusieurs voix s'écrièrent: « Nous sommes coupés. » Ce fut dans cet instant que Boisgerard, le chef d'état-major, s'apercevant que l'artillerie n'était pas assez couverte, voulut disposer d'un des bataillons de la droite, qu'il voyait n'être point occupé. Ce bataillon se mit en effet en mouvement pour se porter en arrière; mais avec trop de précipitation sans doute, puisque son mouvement fit croire qu'il se retirait. Il ne fut que trop suivi. Ce fut en vain que les braves s'efforcèrent de faire rester chacun à son poste, rien ne put arrêter le désordre.

«Quant à nos quatre pièces de canon, il parut impossible, au premier coup d'œil, de les faire rétrograder dans les défilés horribles qui conduisent à Torfou; cependant, chacun mettant la main à l'œuvre, elles furent conduites encore assez loin, mais un caisson de la tête venant à se briser tout resta en stagnation jusqu'à ce que le général en chef, prévenu de cette affaire par des ordonnances envoyées successivement par Merlin et par moi, vint nous porter un renfort de troupes fraîches, sous les ordres des généraux Dubayet et Vimeux, qui arrêtèrent aussitôt l'ennemi.»

Cette affaire, qui dura cinq heures, fut des plus sanglantes, et les deux partis y déployèrent un égal courage et un grand acharnement. « Les braves Mayençais, dit un historien vendéen, se faisaient hacher plutôt que de rendre les armes. Entourés, pressés de toutes parts, entamés sur quelques points, ils reculaient mais avec ordre et présentant un front menaçant. Trois fois la cavalerie vendéenne se précipita sur leurs rangs, et trois fois un feu meurtrier et le fer des baïonnettes l'en écartèrent. Malgré l'extrême difficulté des chemins et le nombre toujours croissant de leurs ennemis, ils se remettaient en bataille et reculaient successivement de trente en trente pas, faisant des feux de file semblables aux roulements des tambours. »

La colonne mayençaise dut principalement son salut à la résolution héroïque de Chevardin, chef de bataillon des chasseurs de Saône-et-Loire. Kléber, déjà grièvement blessé et se sentant de plus en plus vivement pressé par les Vendéens, arriva au pont de Boussay, y fit placer deux pièces de canon et dit à Chevardin: « Tu vas rester ici et défendre ce passage. « Tu seras tué, mais tu sauveras tes camarades.—Oui, « général, » répondit avec une généreuse vivacité le digne Chevardin, dont l'âme élevée était à la hauteur d'un grand dévouement. Il combattit et mourut au poste qui lui était assigné, mais le passage ne fut point forcé; la colonne républicaine acheva paisiblement sa retraite et eut le temps de se réunir aux troupes de Vimeux et de Dubayet, avec le secours desquelles elle put même reprendre un instant l'offensive[1].

Le combat de Torfou fut d'autant plus meurtrier pour les Républicains, que les Vendéens, par suite d'une décision prise quelques jours auparavant dans un conseil général tenu à Chollet, ne reçurent aucun Mayençais à quartier. Ils considéraient les défenseurs de Mayence comme violant à leur égard la capitulation signée lors de la reddition de cette ville, et par laquelle les soldats républicains s'étaient engagés à ne pas porter les armes pendant un an contre les puissances coalisées. Sans doute qu'en 1793 les Vendéens firent plus pour la cause royale que tous les rois de la coalition; mais pouvaient-ils se compter au nombre des puissances coalisées?

Combat de Montaigu. — Après l'échec de Torfou, le général Canclaux, ayant appris que Mieskowsky évacuait Saint-Fulgent, envoya au général Beysser, dont ce mouvement eût laissé la colonne à découvert, l'ordre de se porter sur Boussay.

Charette et Bonchamp, qui avaient fait halte à Tiffauges, après leur victoire du 19, avaient résolu d'attaquer Beysser. Ils le joignirent à Montaigu, et là, à la suite d'un combat où le général républicain, atteint d'un biscayen, passa pour mort pendant quelques moments, sa colonne fut mise dans un désordre complet et s'enfuit, vivement poursuivie jusqu'à Aigrefeuille. Beysser, échappé comme par miracle aux Vendéens, parvint à rejoindre ses troupes; mais peu de temps après une destitution le punit de sa défaite.

Prise de Saint-Fulgent par Charette. — De Montaigu, Charette marcha sur Saint-Fulgent, où il attaqua à la nuit la brigade Mieskowsky. Les Républicains quoique surpris au moment où, d'après les ordres qu'ils avaient reçu, ils allaient effectuer leur retraite, résistèrent pendant six heures au choc des Vendéens; mais le nombre toujours croissant des assaillants les obligea à se retirer. Vingt-deux canons, les bagages et de nombreuses munitions furent, pour les insurgés, le résultat de cette victoire, qui, comme celle de Torfou, fut encore souillée par le massacre des vaincus et des blessés.

Combat de Clisson.— Le lendemain, 22 septembre, Bonchamp et d'Elbée, secondés par Lyrot Lapatouillière, attaquèrent, près de Clisson, le général Canclaux, qui avait commencé à opérer sa retraite sur Nantes. Charette devait coopérer à cette attaque, en chargeant le flanc gauche de Canclaux; mais la prise de Saint-Fulgent l'empêcha de faire ce qui avait été convenu. Les chefs insurgés ignoraient son éloignement, et comptant le voir arriver d'un moment à l'autre, assaillirent vivement la queue et le flanc droit de la colonne de Canclaux.

Cette journée eût peut-être été signalée par un grand désastre pour les Républicains, si Charette fût arrivé sur le terrain comme il avait été convenu. Plusieurs chariots, les ambulances et une partie de l'artillerie républicaine étaient restés au pouvoir de Bonchamp, qui avait perdu environ 900 hommes dans le combat. La non arrivée de Charette finit par jeter le découragement dans les rangs des Vendéens. Canclaux en profita pour les rompre. Les chefs essayèrent vainement de les rallier. Accusant Charette de trahison,

---

[1] Chevardin était né à Saint-Maurice, près de Châlons-sur-Saône, ville où demeurent encore sa sœur et ses parents. Nous ignorons si la reconnaissance nationale a fait quelque chose pour la famille de ce héros. On a élevé justement une statue à d'Assas; il nous semble que le Léonidas républicain mériterait aussi un monument.

ils se dispersèrent très mécontents. Canclaux ne crut pas devoir les poursuivre : satisfait de reprendre son artillerie et ses voitures, il continua avec ordre le mouvement rétrograde qu'il avait commencé dans la direction de Nantes.

Nouveau plan de Canclaux. — Succès des Républicains. — Cependant Canclaux, de retour à Nantes, présenta aux représentants un nouveau plan de campagne; il consistait à former deux masses de combattants qui, partant, l'une de Nantes et l'autre de La Chateigneraie, devaient pénétrer vivement au centre de la Vendée, où elles feraient leur jonction pour agir ensuite de concert contre les principales forces des insurgés. Ce plan fut adopté.

Des ordres pour maintenir la plus sévère discipline furent donnés, et l'armée se mit en marche le 25. L'avant-garde se porta à Remouillé et le corps de bataille à Aigrefeuille. Kléber, qui commandait la première, campa le 27 dans les Landes, entre Saint-Hilaire-de-Loulay et Montaigu. Le 30 il fit occuper cette dernière place par son avant-garde légère. Clisson, dès le 28, avait été occupé par une demi-brigade et 30 cavaliers qu'y avait envoyés Canclaux.

Chalbos, de l'armée de Rossignol, était à La Chateigneraie, d'où il envoya, le 30, Westermann s'emparer avec 1,200 hommes du poste de Réaumur.

Les Républicains arrivés à Clisson, avaient l'armée de d'Elbée à gauche et celle de Charette à droite. Ce dernier, après l'affaire de Saint-Fulgent, était rentré dans ses cantonnements, abandonnant pour toujours la grande armée vendéenne au désastre qui allait la frapper, et auquel il échappa par cette espèce de défection.

Les Vendéens, repliés au-delà de Montaigu, se défendirent quelque temps dans le château de La Mardière, qui fut incendié. Kléber rentra le 2 octobre dans Saint-Fulgent. Rossignol, vivement réprimandé par les représentants, s'était décidé à faire agir ses troupes; il avait ordonné aux généraux Santerre et Rey, ainsi qu'à Chalbos, de diriger leur divisions sur Bressuire, d'où ensuite ils devaient se porter, réunis, sur Châtillon et Chollet, afin d'y joindre l'armée de Mayence. Canclaux comptait trouver à Saint-Fulgent les divisions de Luçon et des Sables-d'Olonne, qui devaient s'y réunir à lui. Inquiet de n'en point avoir de nouvelles, il détacha un officier qui vint lui apprendre que le général Bard s'apprêtait, avec 4,000 hommes, à rejoindre les Mayençais à Chollet.

Combat de Saint-Symphorien. — Canclaux ordonna aussitôt à Kléber de se porter de Montaigu à Tiffauges. A deux lieues de Montaigu, Kléber rencontra les avant-postes de Bonchamp et de d'Elbée. Ces généraux étaient campés de ce côté avec 40,000 hommes et une nombreuse artillerie. Kléber donna le signal de l'attaque. « Nous n'avons pas de canons, dirent quelques officiers. « Eh bien ! répondit le général, reprenons ici ceux que « nous avons perdus à Torfou. »

L'affaire s'engagea. Les Républicains trouvèrent des ennemis déterminés : ils eurent peine à ne pas se laisser entamer par des masses formidables qui se ruaient sur eux avec la rage du désespoir. Après une lutte acharnée de deux heures, Kléber, averti de l'approche de Canclaux, ordonna une charge à la baïonnette. Les Vendéens, troublés par l'impétuosité de cette attaque, commencèrent à montrer de l'hésitation ; quelques coups de canon tirés à toute volée par l'artillerie de Canclaux, qui arrivait en hâte, achevèrent de les mettre en déroute.

Cette victoire électrisa l'armée républicaine, dont la joie ne tarda pas à être troublée par la nouvelle de la destitution des généraux Canclaux et Aubert-Dubayet.

Discussions et intrigues des comités républicains. — A la suite des premiers échecs éprouvés par les armées républicaines, une grande scission avait éclaté entre les diverses autorités qui avaient été chargées de la direction des armées. Chacune des deux commissions conventionnelles de Luçon et de Saumur reprochait à l'autre d'être la cause des insuccès des opérations. Le représentant Philippeaux porta des plaintes amères contre les généraux Ronsin et Rossignol. Ce dernier, dont l'immobilité à Saumur avait occasioné la retraite de l'armée des côtes de Brest, intriguait vivement de son côté pour purifier l'armée, suivant ses expressions, c'est-à-dire en exclure tous les généraux dont les talents distingués et le caractère généreux faisaient contraste avec son ineptie honteuse et son exaltation révolutionnaire. A force de calomnies il parvint enfin, peu de temps après, à faire destituer en masse Canclaux, Aubert-Dubayet, Grouchy, Rey, Gauvilliers, Mieskowsky, Beffroi et Nouvion. Mais les plaintes graves de Philippeaux, adressées au comité de salut public, donnèrent lieu en même temps au rappel de Ronsin et au sien propre. Ces deux généraux ne perdirent pas toutefois pour cela la faveur du parti dominant : Ronsin fut nommé général en chef de l'armée révolutionnaire à Paris, et Rossignol eut le commandement de l'armée de Brest à Rennes.

Quelques mois plus tard, ces deux intrigants, dont la faveur allait toujours croissant, réunirent leurs efforts pour perdre Philippeaux, qui porta sa tête sur l'échafaud.

Réunion des armées républicaines en une seule. — A cette époque et sur la motion de Barrère, qui, après s'être indigné de ce que la Vendée existât encore, la comparait à un ulcère dévorant le cœur de la République, toutes les forces employées contre les insurgés furent réunies en une seule armée qui dut prendre le nom d'armée de l'Ouest ; la surveillance supérieure en fut confiée à deux représentants, Hentz et Prieur, qui remplacèrent cette foule de conventionnels dont le désaccord nuisait autant aux opérations militaires, que la rivalité des généraux. Le même jour la Convention ordonna cette destitution en masse dont nous avons parlé.

L'Échelle devient général en chef. — La destitution qui venait de frapper les généraux laissait l'armée victorieuse sans chef, quoiqu'au centre de la Vendée et entourée d'ennemis. Le vœu unanime portait Kléber à un commandement auquel il se refusait, quand L'Échelle, accompagné de Carrier, arriva subitement à Montaigu dans la soirée du 8. Il avait été nommé général en chef.

Un conseil de guerre fut aussitôt convoqué : Kléber y expliqua, la carte du pays à la main, ce qu'avait fait l'armée et ce qui lui restait encore à faire, d'après les plans de Canclaux, pour arriver devant Mortagne et Chollet. L'Échelle écoutait gravement et sans même jeter les yeux sur la carte, comme si ce secours lui eût été entièrement inutile pour concevoir ce dont il s'agissait. On s'attendait à une décision profonde de la part d'un homme aussi réfléchi, aussi grave. Un silence presque religieux avait succédé aux explications de Kléber. « Oui, dit L'Échelle, tout cela est fort de « mon goût : mais c'est sur le terrain qu'il s'agit de se « montrer. Il faut marcher en ordre, majestueusement « et en masse. » Le respect militaire pour le général en chef, tout-puissant parmi des officiers disciplinés comme ceux qui commandaient les braves Mayençais, empêcha seul un fou rire d'éclater dans le conseil. Mais on se sépara avec un profond étonnement.

L'imbécile L'Échelle tiré de l'obscurité où il était resté jusqu'alors, pour succéder à Canclaux et à Rossignol, ne se recommandait aux Jacobins que par une qualité unique et à laquelle il dut sa nomination, l'exaltation des idées révolutionnaires. — Voici le portrait qu'en trace Kléber dans ses Mémoires, portrait dont la vérité a été reconnue par toute l'armée : « Il était le plus lâche des soldats, le plus mau- « vais des officiers et le plus ignorant des chefs qu'on « eût jamais vu. Il ne connaissait pas la carte; savait à « peine écrire son nom, et ne s'est pas une seule fois « approché à la portée du canon des rebelles; en un « mot, rien ne pouvait être comparé à sa poltronnerie « et à son ineptie, que son arrogance, sa brutalité et « son entêtement. »

Combats de Moulin-aux-Chèvres et de Châtillon. — Les divisions de l'armée de Rossignol, parties de Saumur, d'Airvault et de la Châtaigneraie, s'étaient réunies, le 8 octobre, à Bressuire, sous le commandement du général Chalbos, à la fin d'opérer à Chollet leur jonction avec les Mayençais. Rossignol avait été remplacé à Saumur par le général divisionnaire Commaire. Les généraux Santerre et Rey venaient aussi de quitter l'armée, le premier avec un commandement supérieur, et l'autre destitué.

Les généraux vendéens Lescure et Beaurepaire, campés sur les hauteurs du Moulin-du-Bois-des-Chèvres, couvraient Châtillon, leur aile gauche se déployant vers les Aubiers. Chalbos, dont la marche était signalée par l'incendie et la destruction de tout ce qui se trouvait sur son passage, se dirigea vers eux le 9. Ses troupes formaient trois colonnes. Les Vendéens firent d'abord, et presque en même temps, plier le centre et les ailes de Chalbos; mais bientôt l'avantage revint aux soldats républicains. Voici comment Chalbos rendit compte de cette affaire : « Mon corps d'armée s'est mis « en marche ce matin à 9 heures. Nous avons trouvé « l'ennemi placé sur une hauteur; la fusillade s'est en-

« gagée. Une colonne ennemie qui se portait sur notre « gauche a été arrêtée par la brigade de Chabot et « Legros. Une autre colonne qui se portait à droite, a « été repoussée par la brigade Lecomte et Muller Le « centre a suivi le mouvement. Le combat a duré de- « puis midi jusqu'à la nuit. Les rebelles sont mainte- « nant dans une déroute complète, et leur repaire en « feu. »

Le général républicain Chambon eut la poitrine traversée d'une balle, dès le commencement de l'affaire, et tomba en criant : « Vive la République, je meurs pour la patrie. » — Le Vendéen Beaurepaire, blessé mortellement, ne dut qu'au dévouement de ses soldats de ne pas tomber entre les mains des Républicains.

Les représentants à ce corps d'armée envoyèrent au comité de salut public une relation du combat, enrichie de détails très exagérés suivant leur habitude. « L'armée de la République, ajoutaient-ils, est partout « précédée de la terreur. Le fer et le feu sont mainte- « nant les seules armes dont nous fassions usage. » Après la prise du Moulin-aux-Chèvres, Chalbos prit poste à Châtillon, dans la matinée du 10 octobre. Le lendemain, Westermann eut ordre de se porter sur la route de Mortagne avec un détachement de 500 fantassins et de 50 cavaliers et deux pièces de canon. Un détachement pareil fut envoyé du côté de Chollet.

Peu après Westermann, attaqué par l'avant-garde de l'armée vendéenne, fit demander un léger renfort, avec lequel il se chargeait, disait-il, de repousser l'ennemi. On lui accorda ce qu'il demandait. Néanmoins, sa division rétrograda sur Châtillon. Là, pressés par les royalistes qui arrivèrent de toutes parts, et malgré la résistance vigoureuse des grenadiers de la Convention, et de la gendarmerie à pied, les Républicains furent mis dans la plus complète déroute.

Les premiers efforts de leurs chefs pour les arrêter restèrent d'abord sans succès. À mi-route environ de Bressuire à Châtillon, et près de la bruyère du Bois-aux-Chèvres, le général Chalbos parvint enfin à rallier 900 hommes d'infanterie et 130 de cavalerie, secondé par la résistance énergique que l'un des frères Faucher, avec 30 hommes, opposa aux Vendéens [1].

Chalbos rangea à droite et à gauche de la route, les troupes qu'il avait pu rassembler. Les insurgés s'approchèrent et furent vigoureusement chargés. Par un de ces retours subits de fortune fréquents à la guerre, la charge des républicains fut suivie d'un brillant succès. Les Vendéens, naguère victorieux, s'enfuirent à toutes jambes sur Châtillon, où les républicains les poursuivirent et rentrèrent le soir à onze heures. On y reprit l'artillerie, les caissons, les bagages et jusqu'aux vivres dont l'ennemi s'était emparé dans la première déroute. Plusieurs tonneaux d'eau-de-vie s'étaient trouvés avec les vivres, et malgré l'ordre de leurs chefs, la plupart des paysans vendéens s'en étant gorgés, encombraient ivres-morts les rues et les places de la ville. On fit de ces malheureux un carnage effroyable.

Pendant que Chalbos rentré à Bressuire réorgani-

---
[1] Les frères Faucher, nés jumeaux et parvenus tous deux le même jour au grade de général de brigade, ont été condamnés et fusillés le même jour à Bordeaux, en 1815, à l'époque de nos réactions civiles.

sait l'armée pour reprendre la marche sur Chollet, Westermann livrait au pillage et aux flammes la ville de Châtillon si souvent funeste aux républicains.

Combat de Saint-Christophe et la Tremblaie. — Deux jours après le combat de Châtillon, Chalbos s'était mis en marche sur Chollet. Les Vendéens, rentrés à Châtillon après le départ de Westermann, se dirigèrent également sur cette ville, furieux des excès auxquels le général républicain venait de se livrer, contrairement à ce qui se pratiquait dans l'autre corps d'armée. — Mortagne avait été évacuée par les insurgés à l'approche de l'armée de Mayence dont les mouvements facilitaient la marche de la colonne de Luçon qui arriva le 15 devant Mortagne. L'Échelle envoya au général Bard l'ordre de marcher sur Chollet, en l'assurant qu'il trouverait au sortir de Mortagne un bataillon de direction chargé de protéger et d'éclairer sa marche. Bard, traversa cette place; mais au sortir, la colonne républicaine au lieu du bataillon ami qui lui était annoncé, trouva les Vendéens qui l'attaquèrent vigoureusement. Bard, après une vigoureuse résistance fut emporté mourant. Marceau le remplaça; mais malgré des prodiges de valeur la division allait être écrasée, quand le général Beaupuy vint heureusement la délivrer avec un corps de 2,500 hommes. Kléber amena bientôt une autre division, et les colonnes de Marceau, de Beaupuy et de Kléber se trouvant réunies, l'action reprit avec vivacité sur toute la ligne. Beaupuy formait l'aile droite, Kléber la gauche et Marceau le centre. Les Vendéens commandés par Bonchamp, d'Elbée, Lescure, Larochejaquelein, occupaient les postes avantageux de Saint-Christophe et du château de la Tremblaie, à mi-route de Mortagne et Chollet. Pendant trois heures le combat se prolongea avec le plus grand acharnement; mais enfin les Vendéens, débusqués de leurs positions, s'enfuirent en désordre, laissant le champ de bataille couvert de leurs morts. « Il fallait « voir comme ils jetaient leurs sabots, » dit Beaupuy dans son rapport sur cette affaire.

Lescure fut mortellement blessé dans cette journée. Au premier désordre qu'il remarqua parmi ses soldats, il rassembla les plus déterminés et s'élança sur les Républicains que l'impétuosité de cette attaque déconcerta d'abord. On se rallia autour de lui, et l'issue du combat allait peut-être devenir favorable aux insurgés, quand le héros vendéen tomba frappé d'une balle qui lui traversa la tête. On le crut mort. Les soldats, dont il était adoré, s'enfuirent vers Chollet, et même jusqu'à Beaupréau. — L'Échelle n'avait paru nulle part pendant le combat, ce qui ne l'empêcha pas, quand tout fut terminé, de se plaindre de n'avoir vu aucun officier auprès de lui : ce qui était vrai. « On ne voit « jamais nos braves à la queue des colonnes, » lui dit, indigné, le représentant Turreau.

Les représentants avaient apprécié L'Échelle. Ils donnèrent ordre à Kléber de diriger les opérations militaires, en le chargeant seulement de rendre compte au général nommé par la Convention. Malgré son ineptie, L'Échelle eut le bon esprit de s'accommoder de ce commandement nominal. Il se bornait seulement à recommander à celui qu'il appelait son lieutenant de conduire les troupes *majestueusement et en masse*, croyant résumer ainsi par ces paroles vides de sens toutes les règles de la grande stratégie.

Bataille de Chollet. — Kléber, après le combat de la Tremblaie, marcha rapidement sur Chollet : ses soldats, harassés de fatigue, arrivèrent pêle-mêle à la nuit sur les hauteurs de cette ville, que les Vendéens évacuèrent pendant la nuit pour se retirer sur Beaupréau. Les Républicains y entrèrent le matin et Kléber établit son camp au-delà. La droite appuyée au château de Boisgrolleau et la gauche à celui de la Treille. Dans la nuit du 16 au 17, la colonne Chalbos opéra sa jonction avec la division de Mayence ; mais cette colonne était si excédée de fatigues qu'on dut renoncer à agir sur-le-champ. La journée du 17 lui fut accordée pour se reposer.

Ce renfort portait à 24,000 combattants l'armée républicaine. Les Vendéens étaient au nombre de 40,000, mais découragés, mal armés et indisciplinés. Leurs chefs tinrent un conseil dans lequel il fut cependant décidé qu'on tenterait une attaque pour reprendre Chollet qui avait été abandonné sans combat. Cette nouvelle affaire devait être décisive pour les Vendéens : leur pays était envahi, leurs communications rompues avec Charette; il leur importait donc de se placer dans les circonstances qui laissent le plus de chances possibles à la victoire. Néanmoins sur l'avis de Bonchamp on prit une résolution qui pouvait être regardée comme une double faute, ce fut de s'assurer un passage sur la Loire en s'emparant de Varades. Outre que l'absence des hommes employés à cette expédition affaiblissait, au moment d'un combat décisif, le principal corps d'armée, on ôtait aux paysans vendéens, par ces précautions de retraite prises d'avance, ce courage qu'inspire toujours une situation désespérée, et qui avait déjà plusieurs fois décidé la victoire en leur faveur. Vers deux heures de l'après-midi, le 17 octobre et pendant que les chefs de l'armée républicaine discutaient eux-mêmes en conseil, les mesures militaires que la circonstance leur prescrivait de prendre, les avant-postes assaillis par les Vendéens, se replièrent précipitamment. Kléber se porta aussitôt sur la gauche de son corps de bataille, le plus faible et le plus facile à tourner par le bois de Chollet. En ce moment Beaupuy qui commandait l'avant-garde était vivement refoulé sur le centre que formait la division de Luçon. Les insurgés attaquaient avec acharnement, et il y a eu peu de batailles où les masses se soient entre-choquées avec autant de fureur. Déjà Beaupuy avait eu deux chevaux tués sous lui, et ce général n'avait échappé à l'ennemi que par le plus grand des hasards. Les Vendéens venaient de s'emparer du bois, la gauche était menacée d'être écrasée. Kléber s'adressa aux soldats qui commençaient à se débander, ranima leur courage, les rallia et donna ordre à Haxo de s'avancer avec quelques bataillons de la réserve. Un de ces bataillons, le 109ᵉ, se porta fièrement en avant, musique en tête, et faisant retentir l'air de ces chants patriotiques qui volcanisaient alors, en quelque sorte, les masses républicaines. Cette contenance ferme ranima les plus découragés, et tous se précipitèrent avec fureur sur les Vendéens, qui n'osèrent les attendre; l'avant-garde les poursuivit, ralliée par son brave général. Le centre que commandait Marceau, et la droite, aux ordres de Vimeux, étaient vivement pressés aussi par deux colonnes dont cet élan inattendu déconcerta totalement les efforts.

Le combat était cependant encore douteux sur la gauche quand Muller y arriva avec la tête de sa division, forte de 4,000 hommes; mais par une de ces terreurs paniques dont la cause est quelquefois inexplicable, ce renfort eut à peine aperçu les colonnes vendéennes qu'il se débanda et s'enfuit précipitamment dans Chollet, où il répandit la terreur. Carrier, aussi lâche qu'il se montra depuis cruel, imita cet exemple. Heureusement en ce moment la canonnade redoublait au centre. Les Vendéens s'étaient ralliés en masse compacte et s'avançaient sur Marceau. Ce jeune général les attendit sans s'ébranler, masquant son artillerie pour leur inspirer plus de sécurité; mais à peine furent-ils à demi-portée de fusil, que l'artillerie se découvrit et vomit sur leur colonne pressée une masse de mitraille qui renversa des rangs entiers. Les Vendéens s'arrêtèrent; le feu des pièces redoubla : ils prirent la fuite, et Kléber les poursuivit avec cinq bataillons. Vimeux remportait alors sur la gauche un avantage non moins signalé. La victoire fut bientôt complète.

Le combat avait duré quatre heures. La guerre civile n'en avait point offert encore d'aussi acharné et dont les dispositions eussent été mieux entendues. « Jamais, « dit Kléber dans son rapport, les Vendéens n'ont livré « un combat si opiniâtre, si bien ordonné, mais qui « leur fût en même temps si funeste. Ils combat-« taient comme des tigres et nos soldats comme des « lions. »

La perte des Vendéens fut évaluée à 10,000 hommes tués. D'Elbée y fut blessé grièvement et Bonchamp mortellement. Bonchamp, porté à Saint-Florent, expira le lendemain; d'Elbée fut transporté mourant à Noirmoutiers.

Les Républicains étaient harassés de fatigue. Leur perte avait été considérable, surtout en officiers. L'aile droite et le centre rentrèrent au camp; l'aile gauche et l'avant-garde seules suivirent l'ennemi vers Beaupréau. Dans cette affaire on signala un grand nombre de traits particuliers de bravoure. Le représentant du peuple Merlin de Thionville se distingua particulièrement : il marchait toujours au premier rang, et dès qu'on avait pris une pièce il mettait pied à terre pour la diriger contre l'ennemi.

Affaire de Beaupréau.—Larochejacquelein, devenu le chef du parti royaliste par la blessure de d'Elbée et de Bonchamp, se vit entraîné jusqu'à Beaupréau par le torrent des fuyards, et contraint malgré lui d'adopter le parti désespéré du passage de la Loire. Il avait, pour assurer la retraite, laissé à Beaupréau une forte arrière-garde.—Beaupuy, arrivé à la tête de la colonne républicaine à mi-route de Chollet à Beaupréau, proposa aux généraux Haxo, Westermann, Chabot, Bloss et Savary de marcher sur la dernière de ces villes. Cet avis fut adopté, mais les soldats hésitaient. « Nous « n'avons plus de cartouches, disaient-ils.— N'avez-« vous pas des baïonnettes, repartit vivement Beaupuy, « des grenadiers ont-ils besoin d'une autre arme? » On lui répondit par une acclamation générale, et tous s'élancèrent à l'instant.

Westermann, qui formait l'avant-garde, enleva un premier poste près de la ville, où l'on ne pouvait pénétrer qu'en passant un pont sur l'Èvre. Il était facile de défendre ce passage, soit en coupant le pont, soit en y établissant une batterie, mais tel était le découragement des Vendéens, qu'ils s'enfuirent vers Saint-Florent, après avoir tiré un seul coup de canon.

Beaupuy s'établit dans l'excellente position de Beaupréau, et cette occupation compléta la journée de Chollet. C'en eût été fait, dès ce jour-là, de l'armée vendéenne, si les Républicains, moins harassés de fatigue, eussent pu la poursuivre.—Plus de 80,000 individus de tout sexe et de tout âge étaient rassemblés sur la rive de la Loire, au moment d'abandonner leur patrie, et attendant, remplis de terreur, les barques qui devaient les aider à mettre le fleuve pour barrière entre eux, misérables fugitifs, et leurs terribles vainqueurs.

RÉSUMÉ CHRONOLOGIQUE.

1793.

2 SEPTEMBRE. Grand conseil de guerre à Saumur.
6 — Arrivée de l'armée de Mayence à Nantes.
16 — Combat de Montaigu.
14 — Combat de Thouars.
18 — Défaite de Santerre à Coron.
19 — Combat de Torfou.
21 — Combat de Montaigu.
22 — Combats de Saint-Fulgent et de Clisson.
30 SEPTEMBRE. Rentrée des Républicains à Montaigu et à Clisson.— Combat de Saint-Symphorien.
1er OCTOBRE. Formation de l'armée de l'Ouest.— Destitution de Canclaux, Rossignol, etc. L'Échelle les remplace.
9 — Combat du Moulin-aux-Chèvres.
11 — Combat de Châtillon.
15 — Combat de Saint-Christophe et de La Tremblaie.
17 — Bataille de Chollet.
18 — Affaire de Beaupreau.

A HUGO.

On souscrit chez DELLOYE, Éditeur, place de la Bourse, rue des Filles-Saint-Thomas, 13.

Paris. — Imprimerie et Fonderie de RIGNOUX et Comp., rue des Francs-Bourgeois-Saint-Michel, 8.

FRANCE MILITAIRE.

GUERRE DE LA VENDÉE.
CAMPAGNE D'OUTRE-LOIRE. — ATTAQUE DE GRANVILLE.

SOMMAIRE.

Humanité et mort de Bonchamp. — Haudaudine. — Passage de la Loire par les Vendéens. — Larochejacquelein généralissime. — Marche sur Laval. — Dispositions contre la Basse-Vendée. — Poursuite des Vendéens par les Républicains. — Combat de la Croix-de-Bataille. — Bataille d'Entrames. — Combat de Craon. — Chalbos est nommé général en chef. — Renvoi et mort de l'Echelle. — Situation et organisation de l'armée vendéenne. — Marche sur Granville. — Attaque infructueuse sur Granville. — Mouvement dans l'armée vendéenne. — On décide de revenir sur la Loire.

ARMÉE RÉPUBLICAINE.		ARMÉE VENDÉENNE	
Généraux en chef.	L'ÉCHELLE. CHALBOS. ROSSIGNOL.	Généralissime. Principaux chefs.	LAROCHEJACQUELEIN. STOFFLET. Le prince de TALMONI

Humanité et mort de Bonchamp. — Tandis que le général Beaupuy attendait à Beaupréau des ordres pour continuer la poursuite des Vendéens, on vint lui annoncer, dans la matinée du 18 octobre, qu'un grand nombre d'individus, arrivant de Saint-Florent, marchaient sur ses avant-postes; il fit prendre les armes à ses troupes et s'avança à la rencontre de ce rassemblement, qu'il reconnut avec surprise n'être pas armé; mais à peine se fut-il approché jusqu'à la portée de la voix qu'il fut salué par un long cri de *vive la République!* Son étonnement allait croissant : il augmenta encore lorsqu'aux chants républicains il entendit se mêler les éloges du Vendéen Bonchamp. — En effet, cette foule tumultueuse était celle qui venait de recevoir la vie et la liberté, grâce à la générosité du général expirant. Quelles que soient les opinions des partis, le nom de Bonchamp est un de ceux qui ne doivent être prononcés qu'avec admiration et respect. — Voici comment l'acte d'humanité qui signala ses derniers moments est raconté dans les *Mémoires* de sa veuve : « M. de Bonchamp, après sa blessure, avait été transporté et déposé à Saint-Florent, où se trouvaient cinq mille prisonniers renfermés dans l'église. La religion avait jusqu'alors préservé les Vendéens du crime de représailles sanguinaires; ils avaient toujours traité généreusement les Républicains; mais lorsqu'on leur annonça que mon infortuné mari était blessé mortellement, leur fureur égala leur désespoir; ils jurèrent la mort des prisonniers. Pendant ce temps-là, M. de Bonchamp avait été porté chez madame Duval, dans le bas de la ville. Tous les officiers de son armée se rangèrent à genoux autour du matelas sur lequel il était étendu, attendant dans la plus cruelle anxiété la décision du chirurgien. Mais la blessure était si grave qu'elle ne laissait aucune espérance. M. de Bonchamp le reconnut à la sombre tristesse qui régnait sur toutes les figures; il chercha à calmer la douleur de ses officiers; il demanda ensuite avec instance que les derniers ordres qu'il allait donner fussent exécutés, et aussitôt il prescrivit qu'on donnât la vie aux prisonniers renfermés dans l'abbaye : puis se tournant vers d'Autichamp, un des officiers de son armée qu'il affectionnait le plus, il ajouta : « Mon ami, « c'est sûrement le dernier ordre que je vous donnerai, « laissez-moi l'assurance qu'il sera exécuté. » L'ordre de M. de Bonchamp, donné sur son lit de mort, produisit tout l'effet qu'on en devait attendre. A peine fut-il connu des soldats que de toutes parts ils s'écrièrent : *Grâce! grâce! Bonchamp l'ordonne.* Et les prisonniers furent sauvés. »

Haudaudine. — Parmi ces prisonniers que sauvait un héros royaliste, se trouvait un héros républicain, un digne citoyen qui mérita alors par sa conduite l'honorable surnom de *Regulus français.* Nous laisserons encore parler madame de Bonchamp, son témoignage ne peut être récusé : « C'était un négociant nantais, appelé Haudaudine : il avait été séduit par les idées nouvelles, mais en conservant toute la droiture d'un caractère vertueux. Quelque temps avant la bataille de Chollet, il fut fait prisonnier par les Vendéens. Alors il leur offrit d'aller négocier l'échange de quelques prisonniers, répondant sur sa tête du succès de cette négociation, en ajoutant que dans le cas où elle échouerait, il reviendrait se mettre entre les mains des royalistes. On lui rendit la liberté à ces conditions. Il partit et les Républicains rejetèrent toutes ses propositions. Il annonça qu'il allait reprendre ses fers, et que vraisemblablement les ennemis lui ôteraient la vie. On essaya vainement de le retenir; fidèle à sa parole, il retourna à l'armée vendéenne et se remit volontairement en prison. Renfermé avec les prisonniers de Saint-Florent, il eût péri ainsi que tous les autres, sans la générosité de Bonchamp. »

Passage de la Loire par les Vendéens. — *Larochejacquelein généralissime.* — *Marche sur Laval.* — L'expédition de Varades avait réussi, et l'occupation de ce poste, qui avait été à peine défendu, assurait le passage de la Loire à l'armée et à la population insurgée. M. de Châteaubriand a tracé une vive peinture de ce grand événement, qui décida du sort de la Vendée royaliste. « Cependant, dit-il, cette armée de la Haute-Vendée, jadis si brillante, maintenant si malheureuse, se trouvait resserrée entre la Loire et six armées républicaines qui la poursuivaient[1]. Pour la première fois

[1] Les six armées républicaines sont une exagération, il n'y avait qu'une seule armée commandée nominativement par l'Echelle et effectivement par Kléber. A cette armée s'étaient jointes les colonnes

une sorte de terreur s'empara des paysans : ils apercevaient les flammes qui embrasaient leurs chaumières et qui s'approchaient peu à peu ; ils ne virent de salut que dans le passage du fleuve. En vain les officiers voulurent les retenir ; en vain Larochejacquelein versa des pleurs de rage : il fallut suivre une impulsion que rien ne pouvait arrêter. Vingt mauvais bateaux servirent à transporter sur l'autre rive de la Loire la fortune de la monarchie [1]. On fit alors le dénombrement de l'armée ; elle se trouva réduite à 30,000 soldats ; elle avait encore vingt-quatre pièces de canon, mais elle commençait à manquer de munitions et de cartouches.

« Larochejacquelein fut élu généralissime [2]. Il avait à peine vingt-un ans. Il y a des moments dans l'histoire des hommes où la puissance appartient au génie. — Lorsque le plan de campagne eut été arrêté dans le conseil, que l'on se fut décidé à se porter sur Rennes, l'armée leva ses tentes. L'avant-garde était composée de 12,000 fantassins, soutenus de douze pièces de canon ; les meilleurs soldats et presque toute la cavalerie formaient l'arrière-garde : entre ces deux corps cheminait un troupeau de femmes, d'enfants, de vieillards, qui s'élevait à plus de 50,000. L'ancien généralissime, le vénérable Lescure [3], était porté mourant au milieu de cette foule en larmes, qu'il éclairait encore de ses conseils et consolait par sa pieuse résignation. Larochejacquelein, qui comptait moins d'années et plus de combats qu'Alexandre, paraissait à la tête de l'armée monté sur un cheval que les paysans avaient surnommé le *Daim*, à cause de sa vitesse. Un drapeau blanc en lambeaux guidait les tribus de saint Louis, comme jadis l'arche sainte conduisait dans le désert le peuple fidèle. Ainsi, tandis que la Vendée brûlait derrière eux, s'avançaient avec leurs familles et leurs autels ces généreux Français sans patrie au milieu de leur patrie : ils appelaient leur roi et n'étaient entendus que de leur Dieu. »

Prise de Château-Gonthier et de Laval. — Ingrande et Candé ouvrirent sans difficulté leurs portes aux insurgés. Larochejacquelein, avec l'avant-garde, marcha, le 21, sur Château-Gonthier. L'artillerie, l'infanterie, la cavalerie, les femmes, les enfants, les vieillards, les blessés, les bagages, les chariots et les voitures de toute espèce qui formaient l'armée vendéenne, occupaient sur la route une ligne de quatre lieues d'étendue. C'était une confusion et un tumulte dont il est difficile de se faire une idée.

La garnison de Château-Gonthier, encouragée par les patriotes, voulut tenter le sort des armes ; mais elle ne soutint pas le choc des Vendéens. Le lendemain 23 octobre, 6,000 gardes nationaux réunis à environ 1,000 volontaires, essayèrent aussi, mais inutilement, de défendre Laval.

Dispositions contre la Basse-Vendée. — Toute la Haute-Vendée pouvait en quelque sorte être considérée comme pacifiée, après le passage de la Loire par les débris des malheureux défenseurs de cette province ; il ne fallait plus pour y ramener le calme, qu'une surveillance active dirigée par des principes d'humanité et de justice. Mais ce n'était pas ainsi que la vengeance de la Convention pouvait être satisfaite. Quant à la Basse-Vendée, depuis la Sèvre jusqu'à la mer elle était encore au pouvoir de Charette. Haxo et le général Dutruy, qui avait remplacé Mieskousky, furent chargés de poursuivre et de détruire ce général insurgé.

Poursuite des Vendéens par les Républicains. — Les généraux républicains furent à peine informés à Beaupréau du passage de la Loire, qu'ils décidèrent que l'armée se séparerait en deux grandes divisions, l'une aux ordres de Beaupuy qui traverserait le fleuve aux Ponts-de-Cé, et prendre position à Angers ; l'autre revint à Nantes, sous les ordres de l'Échelle. Le général Canuel, avec 2 à 3,000 hommes, fut envoyé à Saint-Florent, pour y passer la rivière, sur la trace des Vendéens.

Le 22, tous les corps républicains, étant arrivés sur la rive droite, se portèrent sur Candé, Beaupuy d'Angers, Canuel de Varades, Westermann, Chalbos et Kléber de Nantes. On avait appris que les Vendéens se dirigeaient sur Laval par Château-Gonthier.

Combat de la Croix-de-Bataille. — Beaupuy et Westermann, marchant à la suite de l'armée roya-

---

des généraux Chalbos et Marceau. Les *Mémoires* de Kléber établissent que les forces réunies au combat de Chollet présentaient au plus un total de 22,000 hommes. On verra plus loin que les troupes qui furent chargées d'abord de la poursuite des Vendéens sur la rive droite de la Loire, dans leur marche sur Laval, ne s'élevaient pas à 20,000 hommes.

[1] Le passage se fit effectivement dans vingt mauvaises barques environ, et toute cette multitude, avec l'attirail de guerre qui l'accompagnait, mit cependant moins de deux jours à franchir le fleuve. Les bateliers, pour répondre à l'extrême impatience des Vendéens, se bornaient à déposer leurs passagers sur au milieu de la Loire pour venir en chercher d'autres sur la rive gauche. — Les Républicains, à qui il eût été facile avec un peu plus d'activité de détruire toute cette masse confuse et sans ordre, semblaient lui donner à dessein le temps nécessaire pour se mettre en sûreté. Madame de Lescure, dans ses *Mémoires*, fait un tableau intéressant de cette émigration de toute une population qui quittait avec tant d'empressement et de regret une patrie qu'elle ne devait plus revoir : « Tous tendaient les « bras vers l'autre bord, suppliant qu'on vint les chercher. Au loin, « du côté opposé, l'on voyait une autre multitude dont on entendait « le bruit sourd ; enfin au milieu était une petite île couverte de « monde. Beaucoup d'entre nous comparaient ce désordre, ce déses« poir, cette terrible incertitude de l'avenir, ce spectacle immense, « cette foule égarée, cette vallée, ce fleuve qu'il fallait traverser, aux « images que l'on se fait du redoutable jour du jugement dernier. » Les dernières embarcations s'éloignaient du rivage quand les Républicains entrèrent à Saint-Florent, le 19 octobre vers trois heures du matin. Le capitaine qui commandait le premier détachement fit tirer quelques coups de canon sur l'île, où se trouvaient encore un petit nombre de Vendéens ; puis il revint à Beaupréau confirmer aux représentants la nouvelle du passage.

[2] L'armée vendéenne réunie à Varades occupait une excellente position défendue par quarante pièces de canon, et avait même poussé ses avant-postes jusqu'à quatre lieues d'Angers. Elle ignorait ce qu'était devenu le généralissime d'Elbée sur la rive droite ; elle sentit la nécessité de se donner un chef. Sur la demande de Lescure, un conseil général tenu à Varades nomma Larochejacquelein généralissime ; Stofflet fût nommé major général de l'armée ; le prince de Talmont général de la cavalerie ; le chevalier Duhoux adjudant général ; Bernard de Marigny resta commandant de l'artillerie.

Presque toutes ces nominations se firent à la pluralité des voix. Le conseil décida ensuite que l'on marcherait sur Laval, dont Talmont était seigneur, et d'où l'on espérait tirer de grands secours en hommes et en munitions de toute espèce.

[3] M. de Lescure n'était pas généralissime ; ce titre appartenait à d'Elbée.

liste, étaient arrivés à Château-Gonthier le 25 octobre, à cinq heures du soir, le premier à la tête de l'avant-garde de la division d'Angers, l'autre avec celle de la division de Nantes. L'impatience de Westermann, qui avait déjà été la cause de plusieurs défaites, devint encore dans cette circonstance fatale à l'armée républicaine. Quoique n'ayant que 4,000 hommes sous ses ordres, et se trouvant éloigné de six lieues du principal corps d'armée, il résolut de continuer sa marche vers Laval et d'attaquer sur-le-champ les insurgés. Beaupuy lui représenta vainement la fatigue et le dénûment des soldats ; comme moins ancien il dut lui obéir. Westermann croyait d'ailleurs, et d'après de faux rapports, que Laval avait été évacué par les Vendéens, et qu'il n'aurait à combattre qu'une simple arrière-garde.

Les Républicains eurent à peine rejoint, à la Croix-de-Bataille, les avant-postes vendéens, qu'ils tombèrent sur eux impétueusement. Les royalistes, surpris, firent assez bonne contenance. Le tocsin sonna de toutes parts, et l'avant-garde républicaine fut bientôt pressée par toutes les forces de Larochejacquelein. La nuit était sombre, mais malgré l'obscurité, les Vendéens, guidés par la voix des généraux républicains commandant la manœuvre, pointèrent assez juste leurs pièces et firent par la mitraille un grand ravage dans les troupes de Westermann et de Beaupuy ; celles-ci tenaient encore quand une attaque de Stofflet, menaçant de les prendre à dos, les contraignit à la retraite, qui se fit cependant avec ordre.

Bataille d'Entrames. — Cette affaire ne fut que le prélude d'une autre, dont l'issue fut bien plus fatale encore. — Westermann revenait à Château-Gonthier au moment où le corps d'armée de l'Échelle y entrait de son côté. Les représentants résolurent de réparer tout de suite l'échec du général d'avant-garde. Kléber voulut s'y opposer, en faisant valoir que l'armée manquait de souliers et avait besoin de repos, on ne l'écouta pas ; il fallut partir et les soldats se traînèrent péniblement jusqu'à Villiers, à trois lieues de Laval. Les représentants voulaient les conduire encore plus loin, mais Kléber insista tellement qu'on fit halte. L'avant-garde occupa le pont de la petite rivière d'Ouette et les hauteurs en avant de Villiers.

L'Échelle, qui, fort en cette occasion de l'appui des représentants, avait résolu d'agir au moins une fois d'après ses propres idées, ordonna de grand matin, le jour suivant, 27 octobre, à Kléber, de se porter avec toute l'armée en colonne serrée sur une seule ligne par la grande route, jusqu'à la Croix-de-Bataille, lieu déjà signalé par la défaite de Westermann.

Cette disposition indiquait la plus profonde ignorance, puisqu'elle exposait 20,000 hommes en colonne sur une seule route, aux attaques de flanc des Vendéens, dont les lignes étendues et garnies d'artillerie gardaient les hauteurs d'Entrames à droite et à gauche du défilé. C'était ce que l'imbécile général appelait *marcher majestueusement et en masse*. On tenta vainement de faire changer ses dispositions. — En arrivant devant les insurgés, la tête de colonne fut d'abord foudroyée par les batteries des hauteurs d'Entrames ; puis les Vendéens se précipitèrent sur ses flancs et l'attaquèrent à la fois de tous côtés.

Kléber, qui suivait Beaupuy, déploya ses bataillons à droite et à gauche de la route, mais il était nécessaire, pour que cette manœuvre eût du succès, que la division Chalbos, qui venait après lui, se portât de son côté sur l'ennemi. L'Échelle avait arrêté cette division et se tenait auprès. Au lieu d'avancer lorsqu'il vit l'action s'engager avec une vigueur toujours croissante, il perdit la tête et se disposa à la retraite. « Bientôt, dit Kléber, la déroute se met, non dans ma division qui se battait, mais dans celle de Chalbos qui ne se battait pas ; et l'Échelle, le lâche l'Échelle donne lui-même l'exemple de la fuite. J'avais encore deux bataillons disponibles : dans ce désordre, je les envoie occuper le pont que nous avions derrière nous (celui où s'était arrêtée la division Chalbos), afin qu'au moins notre retraite par le défilé fût assurée. Le soldat, qui toujours *a un œil sur le dos*, s'apercevant que la seconde division est en fuite, s'ébranle aussitôt pour la suivre. Cris, exhortations, menaces sont vainement employés ; le désordre est à son comble, et, pour la première fois, je vois fuir les soldats de Mayence ! L'ennemi nous poursuit ; il s'empare successivement de nos pièces, qu'il dirige contre nous. La perte des hommes devient considérable.

« Bloss, qui n'avait reçu que vers midi l'ordre de se porter à Villiers, sortait de Château-Gonthier pour s'y rendre ; il n'avait pas fait cinquante pas qu'il voit arriver les fuyards et le général en chef à leur tête. Il barre la route avec ses grenadiers, mais ses efforts sont inutiles, il est lui-même entraîné jusqu'au-delà de la ville.

« Les représentants Merlin et Turreau, qui toujours avaient été à la tête de la colonne, s'efforcent en ce moment de rallier les soldats ; quelques centaines seulement arrêtent l'ardeur de l'ennemi. Enfin l'ennemi nous surprend, et nous avions à peine passé le pont de Château-Gonthier, que déjà il était entré dans la ville, et nous tirait des coups de fusil par les fenêtres. Je trouvai au pont de cette ville l'adjudant-major des francs, nommé Kuhn, qui avait rallié autour de lui une vingtaine d'hommes de bonne volonté pour le garder et le défendre. Je le loue de son courage et lui promets de venir à son secours dès que j'aurai pu réunir une centaine d'hommes ; j'en rencontre, les uns conduits par le chef de bataillon O'Kelly, du 62e régiment, vieillard de soixante-dix ans ; les autres par Gérard, capitaine au deuxième bataillon du Jura. Je les mets en bataille sur la place, ayant le pont devant eux.

« Le brave général Bloss arrive aussi, et, comme un autre Horatius Coclès, il reste le dernier pour défendre le pont et reçoit un coup de feu.

« Je vis alors que le seul parti qui nous restait à prendre, était de mettre quelque ordre dans notre retraite, pour aller occuper la position derrière la rivière d'Oudon, au Lion-d'Angers.

« Dans cet instant, Bloss, sans chapeau, la tête ceinte d'un mouchoir qui bandait sa plaie, reparaît, escorté de cinq à six chasseurs, se dirigeant vers le pont. Savary[1] court à lui. « Viens avec moi, lui dit-il, « tâchons de rétablir l'ordre dans la retraite. — Non, « répond vivement Bloss, il n'est pas permis de sur-« vivre à la honte d'une pareille journée. » A peine a-t-il fait quelques pas sur le pont, qu'il est frappé d'un coup mortel; il tombe, et plusieurs de ses camarades, voulant venger sa mort, expirent à ses côtés. Ainsi périt l'un des plus vaillants et des meilleurs officiers de l'armée...

« L'ennemi, de la hauteur qui domine et enfile la route, tire plusieurs coups de canon à boulet et à mitraille, qui jettent dans notre colonne la confusion, l'effroi et la mort. La nuit était obscure, il ne fut plus possible de faire observer aucun ordre de marche, et les soldats ne s'arrêtèrent que là où ils n'entendirent plus le bruit du canon.

« Nous abandonnâmes à l'ennemi, dans cette horrible déroute, la première dont je fus témoin, dix-neuf pièces de canon, autant de caissons, plusieurs chariots chargés d'eau-de-vie et de pain, et je perdis plus de 1,000 hommes de ma division, qui donna seule.

« Le général Beaupuy se battit avec son intrépidité ordinaire à la tête de son avant-garde. Au plus fort de la mêlée, il reçut une balle qui lui traversa le corps. Transporté dans une cabane à peu de distance de Château-Gonthier, sur la route d'Angers, on mit le premier appareil sur sa plaie, et l'on se disposait à le transporter plus loin, lorsqu'il dit avec ce calme qui ne l'abandonna jamais : « Qu'on me laisse ici, et que « l'on présente ma chemise sanglante à mes grenadiers. » Il fut néanmoins conduit à Angers! »

L'armée républicaine avait été tellement dispersée que ses débris ne se rallièrent qu'au Lion-d'Angers, bourg à peu de distance de cette ville. Il fallut douze jours pour la réorganiser. Les fuyards furent vigoureusement poursuivis par les Vendéens, et presque tous ceux qui se laissèrent atteindre furent massacrés. Ce fut dans cette poursuite que le général en chef des insurgés, Henri de Larochejacquelein, courut un assez grand danger auquel il échappa heureusement par son courage, sa présence d'esprit et son adresse. Voici comment cet événement est raconté dans les *Mémoires* de sa belle-sœur, qui était alors la femme du général Lescure, et qui suivait l'armée vendéenne dans sa retraite : « Depuis le combat de Martigné, où il avait été blessé, M. de Larochejacquelein portait toujours le bras droit en écharpe : il n'en était pas moins actif ni moins hardi. En poursuivant les bleus devant Laval, il se trouva seul, dans un chemin creux, aux prises avec un fantassin; il le saisit au collet de la main gauche, et gouverna si bien son cheval avec les jambes, que cet homme ne put lui faire aucun mal. Nos gens arrivèrent et voulaient tuer ce soldat; Henri le leur défendit. « Retourne vers les Républicains, lui « dit-il; dis-leur que tu t'es trouvé seul avec le général « des brigands, qui n'a qu'une main et point d'armes, « et que tu n'as pu le tuer. »

Combat de Craon. — Olagner, qui n'avait pas pris

[1] Adjudant général qui a fait honorablement la guerre de la Vendée. Il ne faut pas le confondre avec le duc de Rovigo.

part au combat d'Entrames, s'était retiré à Craon, où il avait été renforcé par l'adjudant général Chambertin; mais sa division, de 5,000 hommes découragés, n'arrêta point les royalistes qui l'attaquèrent si vigoureusement sur tous les points qu'elle ne réussit qu'avec peine à gagner la route de Nantes. Les Vendéens qui l'avaient battue rejoignirent à Laval leur principal corps d'armée.

Chalbos est nommé général en chef. — Renvoi et mort de l'Échelle. — Après ce qui s'était passé, l'Échelle ne pouvait garder le commandement : « L'armée étant rangée en bataille, dit Kléber, l'Échelle voulut en parcourir les rangs avec moi; mais alors il n'y eut qu'un cri : *A bas l'Échelle !... Vive Dubayet !* qu'on nous le rende. *Vive Kléber !...* Il n'osa continuer et s'échappa pour aller porter ses plaintes aux représentants.

« Je voulus parler aux soldats et leur faire sentir qu'en eux-mêmes, dans leur peu de fermeté, se trouvait en grande partie la cause de la défaite honteuse qu'ils venaient d'éprouver; mais lorsque je me vis au milieu de ces braves gens, qui jusqu'ici n'avaient connu que des victoires, et qui tant de fois s'étaient couverts de gloire; lorsque je les vis se presser autour de moi, dévorés de douleur et de honte, les sanglots étouffèrent ma voix, je ne pus proférer un seul mot, je me retirai...

« A deux pas de là je rencontrai les représentants Choudieu, Merlin et Turreau. Le premier me dit : « Je « suis fâché que les soldats aient crié *vive Dubayet !* « — Sachez donc, lui répondis-je, accorder quelque « chose à leur douleur; c'est la première déroute qu'ils « essuient, c'est la première fois qu'ils éprouvent la « honte d'avoir fui devant un ennemi qu'ils jusqu'ici « avaient toujours vaincu. — Je leur passe d'avoir « apostrophé l'Échelle, reprit Choudieu, ils l'ont vu « fuir, il ne mérite plus leur confiance; mais ils au-« raient dû s'en tenir là. »

« Alors on me fit la proposition de prendre le commandement en chef, et comme je la rejetai formellement : « Tu ne peux refuser, me dit-on, c'est en toi « que le soldat a le plus de confiance; tu peux seul re-« lever son courage. — Je le relèverai, son courage, « sans commander en chef, et je le ferai obéir à qui-« conque vous mettrez à la tête, à l'Échelle même, « s'il ne veut plus fuir. D'ailleurs, vous avez ici un « général divisionnaire (Chalbos) qui, à l'expérience de « de quarante ans de service, joint le ton du comman-« dement et les formes nécessaires pour inspirer de la « confiance. Je souffrirais chaque fois que je serais « obligé de donner des ordres à un tel homme... »

Le conseil désintéressé donné par Kléber fut suivi, Chalbos fut nommé général en chef par intérim. L'Échelle fut renvoyé à Nantes, où peu de temps après il tomba malade et mourut, sans doute de chagrin et de honte.

Situation et organisation de l'armée vendéenne. — Pendant le séjour des Vendéens à Laval, un officier distingué du génie, d'Oppenheim, compromis dans les mouvements insurrectionnels du Calvados, sous Wimpfen, ayant été fait prisonnier, accepta du service dans l'armée royaliste. Le premier avis qu'il émit fut de marcher sur Granville. Il dit qu'il en connaissait le côté faible et s'offrit à en diriger l'attaque. Sa proposition fut admise plus tard à Fougères, et lorsqu'on réorganisa l'armée on le nomma membre du grand conseil de guerre composé de vingt-cinq des principaux chefs, et commandant de l'artillerie. Cet officier, qui accompagna les insurgés jusqu'à la déroute du Mans, a fait connaître quel était alors la formation et l'organisation de l'armée vendéenne. Son récit, pur des calomnies que quelques auteurs républicains ont cru devoir publier contre les insurgés, est exempt des exagérations dont la plupart des écrivains royalistes ont orné leurs panégyriques de la Vendée. C'est un document fort intéressant pour l'histoire de cette grande guerre civile. En voici quelques fragments : « A cette époque, l'armée vendéenne était composée d'environ 30,000 fusiliers, de 200 cavaliers en état de combattre, et de 10 à 15,000 personnes inutiles, telles que prêtres, femmes, enfants, vieillards, domestiques, etc., dont 2 à 3,000 à cheval.

« L'artillerie se composait d'une pièce de douze, de trois à quatre pièces de huit, de trente à quarante pièces de quatre, d'une trentaine de caissons et de deux forges.

« Les blessés étaient conduits dans une vingtaine de charettes. Plus de deux cents voitures (carrosses, cabriolets et chariots) servaient à transporter des particuliers et leurs effets, aucune ne paraissait employée à porter des choses utiles à l'armée, comme vivres, médicaments, etc.

« Larochejacquelein était reconnu pour général en chef.... Bonchamp paraissait généralement regretté.

« Une douzaine d'individus figuraient comme chefs et formaient un conseil général ; mais nul n'avait une autorité réelle ; car, sans Stofflet, ancien garde-chasse qui avait servi douze ou quinze ans dans l'infanterie, et qui était regardé comme major général, la moindre de leur volonté n'aurait pu être exécutée. Stofflet avait seul le pouvoir de se faire obéir, soit par lui-même, soit au moyen d'une demi-douzaine de paysans dont il avait fait des adjudants.

« Cependant, dans les combats et dans les marches, quelques jeunes gens qui avaient montré de la bravoure, tels que d'Autichamp, Scepeaux, Duhoux, Dessessarts, savaient rallier les soldats vendéens et les conduire au feu.

« Pérault, commandant de l'artillerie, se montrait bien dans les affaires ; mais Marigny était beaucoup plus connu que lui et réussissait de temps en temps, à force de poumons, à faire exécuter quelques détails d'attelage. Cinq à six jeunes gens de peu de mérite portaient le nom d'officiers d'artillerie et n'empêchaient point les chefs de pièce de n'en faire qu'à leur tête.

« Talmont passait pour le chef de la cavalerie ; mais on avait peu de confiance en lui. Outre les deux cents cavaliers en état de combattre, on en comptait autant et plus de mauvais cavaliers, peu courageux, mal équipés, connus sous le nom de *marchands de cerises*. La totalité formait trois ou quatre divisions, commandées par des chefs que les cavaliers ne connaissaient guère que quand ils les voyaient à leur tête.

« Le conseil n'inspirait de confiance à personne. Ceux qui n'en faisaient point partie dénigraient ses opérations et ses membres. Les prêtres lui en voulaient de n'être comptés pour rien. Les paysans, influencés par les prêtres, comptaient plus sur de nouveaux partisans et de nouvelles recrues que sur toute autre chose.

« On ne connaissait que des *divisions* dans l'armée, encore n'étaient-elles qu'idéales ; les chefs ont essayé deux fois de les séparer seulement pour un jour et ils n'ont pu y parvenir ; par conséquent point de *brigades*, ni de *bataillons*, ni de *compagnies*, etc.

« Il y avait une douzaine de chirurgiens, beaucoup plus occupés du soin de trouver des logements et des vivres, que du pansement des blessés.

« Deux ou trois commissaires levaient des étoffes chez les marchands avec le papier monnaie de la création des chefs, et en faisaient la distribution. Souvent ces étoffes étaient revendues le jour même par ceux à qui on les avait données.

« Deux ou trois autres personnages étaient censés commissaires aux vivres. Leur surveillance ne pouvait jamais s'étendre au lendemain. Leurs fonctions se réduisaient à faire moudre le blé qu'ils trouvaient, et à faire faire du pain dont ils n'avaient pas même le pouvoir de régler la distribution à leur gré. Ils faisaient distribuer aussi quelquefois des bestiaux qu'on leur amenait ; mais en général ces distributions étaient des *attrape qui peut* et n'empêchaient pas les deux tiers de l'armée de piller ou de mourir de faim.

« Les Vendéens étaient très mal servis en espions. Ils n'avaient que des idées confuses sur ce qui se passait autour d'eux dans les armées de la république.

« Lorsqu'ils occupaient une ville, presque toutes les maisons des environs jusqu'à deux ou trois lieues étaient soumises à leurs recherches. Ils en retiraient des grains, des volailles, des harnais ; plusieurs y logeaient ; leurs cavaliers couraient sans cesse les chemins. Plusieurs espions des Républicains ont été arrêtés par ce moyen et fusillés. Les gens de la campagne qui venaient grossir l'armée ne pouvaient donner que des renseignements très vagues ; les gens suspects qui s'y réfugiaient pour échapper aux persécutions des autorités républicaines, étaient dans le même cas ; d'un autre côté presque tous les Républicains évacuaient leurs maisons avant l'arrivée des Vendéens, de sorte que ceux-ci ne savaient jamais rien de positif.

« Ils avaient toujours infiniment de peine à former des attelages. Le ferrage des chevaux, malgré leurs deux forges, les embarrassait extrêmement.

« Le défaut de chaussure commençait déjà à leur occasionner des abcès aux pieds. Cela retardait réellement les braves dans leurs marches et servait de prétexte aux autres pour rester en arrière.

« On assignait quelquefois un lieu pour faire des cartouches ; mais le plus souvent les soldats les faisaient eux-mêmes. Ils avaient des moules à balles de toutes grandeurs ; mais ils n'avaient aucun moyen de fabriquer de la poudre ; ils assuraient qu'au besoin un de leurs forgerons leur fondrait et leur calibrerait des boulets. Un de leurs canonniers était parvenu à faire rougir des boulets dans un gril de sa façon. Ils n'ensabotaient point leurs boulets et ne faisaient point de boîtes à mitraille ou à biscaïens. Ils avaient à la suite de leurs forges quelques charrons assez adroits.

« Les canonniers, les maréchaux et les charrons étaient soldés. On ne sait si quelques cavaliers allemands l'étaient aussi ; mais ceux-ci n'étaient pas les plus à plaindre de l'armée, parce qu'ils étaient les plus pillards. Nul autre individu ne recevait de solde. Seulement le conseil ou plutôt une espèce d'intendant, en son nom, fournissait, quand il le pouvait, aux plus pressants besoins des individus de sa connaissance.

« Sous le rapport du courage, on distinguait trois classes dans l'armée.

« La première était composée de 4 à 5,000 hommes toujours prêts à marcher pourvu que Stofflet ou Larochejacquelein fussent à leur tête. Il n'y a jamais existé de meilleurs tirailleurs.

« La seconde, composée de 3 à 4,000 hommes, se tenait toujours à portée de fuir promptement si les premiers ne réussissaient pas d'emblée, ou de les appuyer quand il ne s'agissait plus que de faire nombre ou de gagner les ailes pour achever de déterminer la victoire.

« La troisième, composée du reste de l'armée, ne se montrait jamais que quand les actions étaient entièrement finies.

« Il suit de là que l'existence des Vendéens tenait à celle de quatre à cinq mille braves de la première classe, c'est-à-dire qu'elle ne pouvait avoir qu'une très courte durée, car chaque combat détruisait une partie de ces braves et ne détruisait que de ceux-là. »

Marche sur Granville. — Les Vendéens perdirent plusieurs jours à Laval à attendre des renforts qui ne dépassèrent pas 7,000 hommes et leur furent inutiles. L'armée se mit ensuite en marche sans que l'on eût rien décidé précisément sur ce qu'on ferait ultérieurement. Elle arriva le 1er novembre à Mayenne et continua à s'avancer sur Fougères, où elle séjourna quatre jours [1]. Les garnisons de cette ville et celle d'Ernée se replièrent sans combattre sur Rennes, où elles formèrent, avec les troupes d'Olagner, une division d'observation. Les Vendéens reçurent à Fougères des communications du gouvernement anglais, et la marche sur Granville fut décidée.

Madame de Lescure a fait connaître dans ses *Mémoires*, d'une façon certaine, quelles furent les communications du cabinet britannique, qui parut toujours plus disposé à entretenir nos troubles civils qu'à aider d'une manière efficace le parti insurgé en faveur de la cause royale : « Pendant les trois jours que l'on passa à Fougères, deux émigrés arrivèrent d'Angleterre. Tous deux étaient déguisés en paysans ; leurs dépêches étaient cachées dans un bâton creux. On lut d'abord au conseil une lettre du roi d'Angleterre, flatteuse pour les Vendéens, et où des secours leur étaient généreusement offerts. Une lettre de M. Dundas entrait dans de bien plus grands détails. Il commençait par demander « quels étaient notre but et notre opinion « politique : il ajoutait que le gouvernement anglais « était tout disposé à nous secourir ; que des troupes « de débarquement étaient prêtes à se porter sur le « point que nous désignerions ; il indiquait Granville « comme lui paraissant préférable à tout autre. Les « deux envoyés étaient autorisés à convenir avec les « généraux des mesures nécessaires pour concerter le « débarquement, et l'on nous marquait que ce qu'ils « nous promettraient serait en effet accompli. »

« Lorsque les deux émigrés eurent remis les dépêches anglaises et donné quelques explications, ils cassèrent leur bâton plus bas et en tirèrent une petite lettre de M. du Dresnay, un des principaux émigrés bretons, qui avait eu beaucoup de rapports directs avec le ministère anglais, et qui se trouvait pour lors à Jersey. M. du Dresnay mandait aux généraux qu'il ne fallait pas avoir confiance entièrement aux promesses des Anglais ; qu'à la vérité tous les préparatifs d'un débarquement étaient faits, que tout semblait annoncer qu'on s'en occupait réellement ; mais qu'il voyait si peu de zèle et de véritable intérêt pour nous, qu'on ne devait pas compter absolument sur ces apparences. Il ajoutait que les émigrés continuaient à être traités comme avant par le gouvernement anglais ; que de tous ceux qui étaient à Jersey, aucun ne pouvait obtenir de passer dans la Vendée, et qu'on venait d'en désarmer un grand nombre. Nous apprîmes par cette lettre que les princes n'étaient point encore en Angleterre.

« Les deux émigrés dirent qu'ils partageaient entièrement l'opinion de M. du Dresnay, et qu'il était impossible de ne pas avoir des doutes, sinon sur la bonne foi, du moins sur l'activité des Anglais à nous servir. Ils furent déchirés de la situation de l'armée, montrèrent peu d'espoir et beaucoup de tristesse.

« Mais cependant il fallait bien accepter ces offres, tout en n'y prenant pas une confiance entière. Dans la position désespérée où se trouvait l'armée, on pensa que c'était encore la chance la plus favorable qui pût être tentée. Ce qui détermina surtout les généraux, ce fut l'espoir de prendre et de conserver, avec l'aide des Anglais, un port où l'on pourrait déposer la foule nombreuse des femmes, des enfants, des blessés, qui embarrassaient la marche de l'armée. On avait déjà parlé de Granville ; M. d'Oppenheim le disait facile à surprendre. On se décida pour cette attaque.

« On répondit au roi d'Angleterre. Un mémoire avec détail fut rédigé pour M. Dundas ; on assurait le ministre que les Vendéens n'avaient d'autre intention que de remettre le roi sur le trône, sans s'occuper du mode de gouvernement qu'il lui plairait d'établir. On demandait un prince de la maison royale pour commander l'armée, ou l'envoi d'un maréchal de France qui fît cesser le conflit des prétentions personnelles. On sollicitait ensuite des renforts en troupes de ligne, ou

---

[1] Lescure mourut sur la route de Mayenne à Fougères, dans la voiture dans laquelle on le transportait. Son beau-père, le général Donissan, le fit enterrer dans un lieu qui est resté inconnu. Ce fut sans doute afin d'épargner à son cadavre les outrages dont celui de Bonchamp avait été l'objet.—Bonchamp, mort pendant le passage de la Loire, fut enseveli sur la plage de Varades. M. de Barante, rédacteur des mémoires de madame de Larochejacquelein, prétend que quelques jours après les Républicains l'exhumèrent pour lui trancher la tête et l'envoyer à la Convention !

du moins en artilleurs ou ingénieurs; enfin l'on exposait à quel point on était dénué de munitions, d'effets militaires et d'argent.

« Ces dépêches furent rédigées par le chevalier Desessarts, dans un conseil présidé par mon père, et signées de tous les membres du conseil. »

Les Vendéens arrivèrent le 9 à Dol et y séjournèrent deux jours. Par tous ces délais, obligés sans doute à cause de la composition de leur colonne, ils donnaient aux Républicains le temps de fortifier le point menacé. Les insurgés entrèrent enfin le 12 à Avranches, après un combat avec un détachement de la garnison de Granville, qui se replia sur cette dernière place.

En se présentant devant Granville pour en faire le siège, les Vendéens étaient dépourvus de tous les moyens indispensables à une telle opération. L'artillerie et les munitions leur manquaient également, et la place avait été mise autant que possible en état de défense. Ils ne devaient pas espérer que Granville, se montrant favorable à leur cause, leur ouvrirait ses portes; la tiédeur avec laquelle ils avaient été accueillis dans toutes les grandes villes qu'ils avaient traversées avait dû leur prouver combien les populations urbaines sympathisaient peu avec la cause dont ils s'étaient constitués les défenseurs.

Lorsque Marigny[1], qui présidait au départ des soldats chargés de l'attaque de Granville, crut que le nombre de ceux qui avaient déjà filé sur la route se trouvait suffisant pour mener le siège à bonne fin, il ordonna à une forte garde placée à la sortie d'Avranches d'empêcher les autres de passer afin d'éviter un encombrement nuisible aux opérations du siège.

Attaque infructueuse sur Granville. — A une demi-lieue de Granville, la tête de l'armée rencontra une partie de la garnison postée en observation. Elle la repoussa vivement et la suivit de si près que les Vendéens occupèrent le faubourg au moment où les soldats républicains achevaient de rentrer dans la ville.

Granville est situé sur une masse de rochers, promontoire escarpé qui est une des extrémités de la baie de Cancale. La ville proprement dite, ceinte de murs et défendue en outre du côté de la campagne par une profonde coupure dans le roc vif, domine le port formé par des quais, par un môle en pierre et que la mer laisse à toutes les marées basses. La route d'Avranches à Coutances traverse le faubourg placé au pied de la ville, et divisé en deux parties à peu près égales par une petite rivière qui vient se jeter dans la mer au-dessus du port. C'est dans ce faubourg que les Vendéens s'établirent. Quelques-unes des batteries des remparts étaient dirigées de fort près sur l'entrée du faubourg, et particulièrement sur le pont du Bosc. Il est probable que sans l'inutile sortie de la garnison, les Vendéens ne seraient pas même entrés dans ce faubourg, dont il était facile de défendre l'accès. L'ingénieur d'Obenheim en fit la remarque.

Une fois maîtres du faubourg, les Vendéens, après avoir inutilement sommé la place de se rendre, se glissèrent au pied du petit front que l'on venait de palissader; mais ils avaient si peu la connaissance de ce qu'il convenait de faire, que quoiqu'ils se fissent tuer sur ce point avec beaucoup de courage, il ne vint à aucun d'eux la pensée de chercher à détruire les palissades.

Suivant leur habitude, les premiers entrés s'étaient enivrés avec les spiritueux qu'ils avaient pu trouver dans le faubourg et dans les campagnes voisines, et ces hommes ivres étaient les plus audacieux. L'artillerie, placée sur les hauteurs, tirait sur les maisons de Granville et sur la crête des parapets; mais sans faire beaucoup de mal aux assiégés, dont le feu, mieux dirigé, devenait à chaque instant plus meurtrier.

Larochejacquelein avait placé son quartier général dans les maisons au-dessous du faubourg, à l'embranchement des chemins d'Avranches et de Ville-Dieu. Il ne put y conserver 500 hommes lorsque le soir fut venu, tous ses soldats s'étant dispersés pour trouver un gîte, des vivres et du feu. Il est vrai de dire aussi que cet endroit, à demi-portée de la place, servait principalement de point de mire à l'artillerie des remparts. A peine resta-t-il au général en chef assez de monde pour faire relever de temps en temps quelques tirailleurs placés en face des palissades. Le lendemain au matin de nouvelles pièces de campagne, dont l'une tirait à boulets rouges, renforcèrent les batteries vendéennes. Le feu des assiégés sembla prendre aussi plus d'activité que la veille. Cependant plusieurs tirailleurs royalistes étant montés dans les greniers des maisons du faubourg, tiraient presque à coup sûr contre les canonniers de la place. Le conseil de défense, présidé par le représentant Lecarpentier, se décida à sacrifier une partie de la ville pour sauver le reste. Le feu fut aussitôt mis aux faubourgs de la rue des Juifs et de l'Hôpital, et l'incendie en chassa les assiégeants, ce que n'avait pu faire l'artillerie des remparts.

Les Vendéens commençaient à reconnaître l'inutilité de leurs efforts pour s'emparer ainsi de la place, et tous les soldats tombaient dans le découragement, lorsque quelqu'un proposa de traverser le port à marée basse, et d'aller assaillir la ville par le flanc du rocher. Cette proposition fut agréée des chefs, quoiqu'elle fût difficile à exécuter à cause du feu dont les batteries du vieux quai et des bâtiments renfermés dans le port couvraient la plage qu'il fallait traverser. Larochejacquelein ne put toutefois essayer cette attaque par l'impossibilité où il se trouva de rassembler plus de 400 hommes de bonne volonté. Ceux du faubourg, informés de ce qu'on méditait, crurent que leur attaque cessait d'être nécessaire, et se hâtèrent de repasser le pont d'autant plus vivement qu'ils étaient poursuivis par les flammes des maisons en proie à l'incendie. La vue des blessés qu'on rapportait du lieu du combat, acheva de porter le découragement dans tous les esprits. La déception était complète : aucun des bâtiments anglais, sur l'assistance desquels on avait compté, ne paraissait en mer. Les exhortations des chefs pour ramener les soldats au combat furent inutiles. L'évêque d'Agra, revêtu de ses habits pontificaux, se précipita vainement au milieu des soldats; sa voix, jadis si puis-

---

[1] Comme on a pu le remarquer, il est question dans les guerres de la Vendée de deux Marigny, l'un chef vendéen et l'autre général républicain. Ce dernier fut tué en 1793 devant Angers.

sante, fut méconnue [1]. Larochejacquelein se vit forcé, après une attaque de trente-six heures, de consentir à la retraite. Les Vendéens reprirent en hâte la route d'Avranches.

Mouvement dans l'armée vendéenne. — On décide de revenir sur la Loire. — Après l'inutile tentative sur Granville, Larochejacquelein persistait encore à réaliser le plan proposé par un royaliste du pays, et par suite duquel les Vendéens eussent été dirigés sur la Normandie : il prit même aussitôt avec sa cavalerie la route de Caen pour s'emparer de Ville-Dieu. — Le mécontentement des Vendéens, mal contenu depuis qu'ils avaient quitté leur pays, éclata tout-à-fait quand ils apprirent qu'on songeait à les en éloigner au lieu de les y ramener. La fermentation fut bientôt portée au comble. Ils se rassemblèrent en tumulte, et leurs cris accusaient les chefs de les avoir arrachés à leurs campagnes. La frayeur empressée qui les avait poussés à se jeter sur la rive droite de la Loire paraissait oubliée. « Au moins, disaient-ils, nous pouvions, après « un échec, braver la rage de l'ennemi. Nous trouvions « un asile et des secours. Ici nous ne voyons qu'une « plage stérile, un pays dévorant et la mort. » Les chefs tentèrent de calmer cette agitation, mais on leur répondit par des plaintes amères ou par des cris de rage. La volonté générale se manifestait déjà de la manière la plus énergique, quand les mots de désertion, de trahison, circulant dans la foule, augmentèrent l'irritation des paysans. On annonça que le prince de Talmont, le curé de Saint-Laud et d'autres chefs avaient quitté l'armée et s'apprêtaient à fuir en Angleterre. De nouveaux cris s'élevèrent de la foule indignée, sur laquelle Stofflet conserva seul encore quelque ascendant. Il se hâta de courir au rivage avec un piquet de cavalerie, et ramena au camp Talmont et les autres fugitifs, qu'on prétendait être sur le point de s'embarquer. Ceux-ci prétendirent vainement qu'il n'en était rien et qu'ils avaient seulement voulu escorter quelques dames bretonnes qui allaient chercher un refuge à Jersey. On voulait les massacrer. Les efforts de Stofflet, après une lutte assez violente, réussirent enfin à les garantir des effets de l'insurrection. — Larochejacquelein revint au camp : il s'était emparé de Ville-Dieu ; mais il fallut renoncer à marcher sur la Normandie. L'agitation ne se calma que lorsque le retour vers la Loire fut résolu.

[1] L'évêque d'Agra montra au siège de Granville un courage déterminé qui étonna dans un homme de son caractère. Il était toujours au plus fort du danger et semblait y braver la mort. Une circonstance encore inconnue avait donné naissance à cette bravoure inaccoutumée et la voici : « Au moment même du passage de la Loire, un envoyé du pape avait réussi à rejoindre les chefs vendéens. Comme les émissaires anglais il ne venait pas leur offrir des secours et des munitions, mais il leur apportait un bref du Saint-Père. Ce bref portait que le soi-disant évêque d'Agra, ce prétendu vicaire apostolique, dont l'apparition dans la Vendée au milieu des premiers troubles avait donné un si grand élan à la piété des paysans et tant de force à l'insurrection, était un *imposteur sacrilège*, un simple prêtre assermenté. Le curé de Saint-Laud fut appelé pour lire ce bref, qui était en latin comme cela est d'usage. Les généraux demeurèrent confondus d'étonnement, et, embarrassés de ce qu'ils devaient faire, se résolurent à tenir la chose secrète de peur du scandale et de l'effet de cette nouvelle dans l'armée. « On en parla si peu, dit madame de Lescure, que je ne le sus qu'à Pontorson, où M. de Beaugé me confia le tout, en me disant que, si on prenait Granville, on embarquerait secrètement l'évêque. »

RÉSUMÉ CHRONOLOGIQUE.

1793.

16 au 17 OCTOBRE. Prise de Varades par les Vendéens.
17 — Humanité de Bonchamp.
18 et 19 — Passage de la Loire.
19 — Mort de Bonchamp.
20 — Larochejacquelein est élu généralissime.
21 — Prise de Château-Gonthier par les Vendéens.
23 — Prise de Laval par les Vendéens.
25 — Combat de la Croix-de-Bataille.
26 — Réunion de l'armée républicaine à Château-Gonthier.
27 — Bataille d'Entrames. — Défaite des Républicains.
— — Combat de Craon.
28 — Retraite de l'armée sur le Lion-d'Angers.
— — Renvoi de l'Échelle. — Il est remplacé par Chalbos. — (L'Échelle mourut le 12 novembre, à Nantes.)
1er NOVEMBRE. Décret de la Convention contre les villes qui laisseront entrer ces Vendéens dans leurs murs. (D'après ce décret ces villes devaient être rasées et les biens des habitants confisqués.)
2 NOVEMBRE. Entrée des Vendéens à Mayenne.
3 — Combat et prise d'Ernée.
4 — Combat et prise de Fougères. — Mort de Lescure. — Propositions de l'Angleterre aux Vendéens.
5 — Menaces proférées par Barrère à la tribune de la Convention contre les généraux républicains employés dans la Vendée.
7 — Marche des Vendéens sur Granville.
— — L'Armée, réorganisée par Kléber, reprend la poursuite des Vendéens et marche sur Rennes.
12 — Combat et prise d'Avranches par les Vendéens.
— — Arrivée à Vitré. — Réunion de l'armée de l'Ouest à celle des côtes de Brest. — Rossignol prend le commandement en chef.
13 et 14 — Attaque de Granville par les Vendéens. — Ils sont repoussés.
15 et 16 — Retraite sur Pontorson. — Retour sur la Loire.

A. HUGO.

On souscrit chez DELLOYE, Éditeur, place de la Bourse, rue des Filles-Saint-Thomas, 13.

Paris. — Imprimerie et Fonderie de RIGNOUX et Cᵉ, rue des Francs-Bourgeois-Saint-Michel. 8.

FRANCE MILITAIRE.

GUERRE DE LA VENDÉE.
BATAILLE DU MANS. — DÉROUTE DE SAVENAY.

SOMMAIRE.

Combat de Pontorson. — Plan de Kléber. — Surprise de Dol. — Marche sur Dol. — Bataille de Dol et d'Antrain. — Marche des Vendéens sur Angers. — Attaque infructueuse d'Angers — Marceau remplace Rossignol. — Prise de la Flèche par les Vendéens. — Prise du Mans par les Vendéens. — Bataille du Mans. — Défaite des Vendéens. — Succès de Charette dans la Basse-Vendée. — Retraite sur Laval. — Retour sur la Loire. — Combat et déroute d'Ancenis. — Retraite sur Blain et Savenay. — Misère et dénûment des Vendéens. — Hospitalité des Bretons. — Combat de Savenay. — Dispersion totale des Vendéens.

ARMÉES RÉPUBLICAINES.	ARMÉES VENDÉENNES.
Généraux en chef. { Rossignol. Marceau.	*Généralissimes.* { Larochejaquelein. Fleuriot.

Cependant l'armée de l'Ouest, complétement réorganisée à Angers, en était partie le 7 novembre, après quelques jours de repos, et s'était réunie, le 14, à Rennes, à l'armée de Brest, le jour même où avait lieu l'attaque de Granville. — Rossignol, que les conventionnels appelaient eux-mêmes le fils aîné du comité de salut public [1], avait été chargé, malgré son incapacité notoire, du commandement général. Les troupes partirent dans la soirée du 16, et par un temps affreux, pour se porter au secours de la ville attaquée, mais ayant appris le retour des Vendéens sur Avranches, Rossignol les arrêta à Antrain, et, d'après l'avis des généraux de l'armée de Mayence, il les établit dans une position embrassant une ligne assez étendue pour éclairer le pays sur le front d'Avranches, et couvrir Fougères, où l'on craignait que l'ennemi ne se portât.

Combat de Pontorson. — Les Vendéens, après avoir abandonné leurs blessés et quelques malades dans les hôpitaux d'Avranches où ils furent bientôt égorgés, se dirigèrent sur Pontorson. — Ce bourg est couvert par un marais qui n'offre d'autre passage qu'une seule chaussée de 18 pieds de largeur, impossible à tourner, et qu'un bataillon eût aisément défendue contre une armée. Le général Tribout, au lieu de garder ce défilé, commit la faute de porter la majeure partie de ses forces au-delà et de les poster en bataille le marécage au dos, tournant ainsi contre lui les avantages de la position. Il fut vigoureusement attaqué par l'avant-garde vendéenne. La confusion fut bientôt extrême parmi les Républicains; après avoir soutenu plusieurs charges à la baïonnette depuis quatre jusqu'à neuf heures du soir, ils se retirèrent en désordre, abandonnant leurs canons, leurs bagages et leurs drapeaux.

Le général en chef perdit totalement la tête en apprenant la déroute de Pontorson, qui releva le courage des insurgés dont le désespoir avait été porté au comble par l'échec de Granville. Kléber et Marceau furent chargés de fortifier la position d'Antrain, d'éclairer les mouvements de l'ennemi et de prendre enfin toutes les mesures propres à arrêter sa marche.

Les Vendéens passèrent la nuit à Pontorson, répandant dans le pays des partis pour se procurer des subsistances. Ils l'évacuèrent le lendemain, et se rejetèrent sur Dol.

Plan de Kléber. — Kléber proposa un plan qui semblait devoir terminer la guerre en peu de temps. — Il s'agissait de former deux corps de 3,000 hommes chacun (infanterie et cavalerie) chargés d'empêcher l'ennemi de s'étendre, et de l'affamer par l'enlèvement de ses convois en battant l'estrade, l'un de Pontorson à Hédé, l'autre de Hédé à Dinan. On devait aussi s'assurer de points de retraite bien retranchés pour inspirer au soldat la confiance en cas de besoin, et rompre les chemins, les ponts, les gués qu'il était impossible de défendre. — Après avoir pris ces mesures dont l'effet premier aurait été d'empêcher ces déroutes qui en un jour ouvraient quelquefois aux insurgés une route de vingt lieues, on aurait dirigé contre l'armée vendéenne quatre fortes colonnes pour la rejeter dans la position sans issue d'où l'affaire de Pontorson l'avait heureusement tirée. On pouvait, en cas de revers momentané, trouver une retraite assurée, tandis que l'ennemi, malgré quelques succès partiels, harcelé chaque jour, bloqué dans un pays ruiné, accablé par la fatigue et la faim, devait inévitablement succomber. Le plan de Kléber allait être adopté quand une lettre de Westermann vint changer totalement la disposition des esprits.

Surprise de Dol. — Westermann ayant appris la

---

[1] « Après le conseil on avait l'habitude de rester quelque temps réunis pour parler sur les affaires du temps. Prieur (de la Marne) s'abandonnait alors ordinairement à son délire révolutionnaire; car, disait-il souvent, je suis, moi, *le romancier de la révolution*. On vint à parler du fardeau d'un commandement en chef et de la responsabilité qui en était inséparable; on voulait faire allusion à Rossignol. — Prieur s'en aperçut et dit aussitôt : « Le comité de salut « public a la plus grande confiance dans les talents et les vertus civi-« ques de Rossignol; » et élevant la voix : « Je déclare, ajouta-t-il, « aux officiers généraux qui m'entourent, que, *quand même Ros-« signol perdrait encore vingt batailles*, quand il éprouverait « encore vingt déroutes, il n'en serait pas moins *l'enfant chéri de* « *la révolution*, et *le fils aîné du comité de salut public*. Nous « voulons qu'il soit entouré de généraux de division capables de l'ai-« der de leurs conseils et de leurs lumières. Malheur à eux s'ils l'éga-« rent! car, nous les regarderons seuls comme les auteurs de nos « revers, chaque fois que nous en éprouverons. »
Mémoires de Kléber.

marche des Vendéens sur Dol, avait aussitôt résolu de les poursuivre malgré les avis de Marigny, qui lui représentait, avec raison, que cette attaque dérangerait peut-être le plan d'opérations arrêté dans le conseil de guerre. Le fougueux Westermann s'était donc avancé sur Pontorson, puis sur Dol, où il était arrivé le 21 novembre au point du jour, et où les Vendéens, fatigués, se reposaient, ayant négligé, suivant leur habitude, de prendre aucune des précautions nécessaires pour se garantir d'une surprise. Marigny, qui marchait en tête de la colonne, avait usé de ruse en répondant au *qui vive* d'une vedette royaliste, et Westermann avait pu ainsi remporter aisément un assez grand avantage sur l'avant-garde d'une armée endormie.

Marche sur Dol. — La nouvelle de ce succès changea la décision du conseil; on rejeta le plan qu'on allait approuver, et, sans autres mesures, on résolut de marcher immédiatement sur les Vendéens et de les exterminer. Marceau reçut l'ordre de se mettre en marche à minuit, de se porter directement sur Dol et d'attaquer aussitôt l'ennemi.

Bataille de Dol et d'Antrain. — Mais déjà l'imprudence de Westermann l'avait entraîné à une attaque nouvelle suivie d'une défaite, de sorte que Marceau, à son arrivée, eut à soutenir seul tout l'effort d'un ennemi victorieux. Westermann se retirait en déroute sur Pontorson. Marceau, après trois heures d'un combat opiniâtre, parvint à rejeter l'ennemi dans la ville de Dol, et il était sur le point de l'y suivre quand il fut renforcé par la division Muller.

Il semble que rien ne devait pouvoir alors sauver les Vendéens, poursuivis par des vainqueurs dont le nombre venait de s'accroître; le contraire arriva.

Madame de Larochejacquelein, qui assista à la déroute des Vendéens, raconte ainsi quelles causes leur rendirent la victoire : « C'était un affreux spectacle que cette déroute : les blessés qui ne pouvaient se traîner se couchaient sur le chemin; on les foulait aux pieds; les femmes poussaient des cris, les enfants pleuraient, les officiers frappaient les fuyards... M. de Marigny, avec sa taille d'Hercule, était là, le sabre à la main, comme un furieux. M. d'Autichamp et la plupart des chefs couraient après les fugitifs pour les rallier. On représentait aux soldats qu'ils étaient sans asile; que Dinan était une place forte, qu'ils allaient être acculés à la mer et massacrés par les bleus; on leur disait que c'était abandonner une victoire déjà remportée; on les assurait que leur général et qui défendait encore sans avoir reculé; enfin, ayant, à force de prières, obtenu un moment de silence pour écouter le bruit du canon, ils s'assurèrent par eux-mêmes qu'il ne s'était pas rapproché. « Abandonnerez-vous votre brave général? leur dit-on. — Non, s'écrièrent mille voix; Vivent le Roi et M. de Larochejacquelein! » Et l'espérance rentra dans les cœurs. Sur toute la route, dans la ville, derrière les combattants, on leur répétait les mêmes discours...

« Les femmes ne montraient pas moins d'ardeur à rappeler les soldats à leur devoir : elles arrêtaient les fuyards, les battaient, s'opposaient à leur passage.

Enfin la femme de chambre de madame de La Chevalerie, fille forte et courageuse, réunit quelques femmes moins irrésolues que les hommes, se mit à leur tête; prit un fusil et lança son cheval au galop, en criant : « *En avant, au feu les Poitevines!* » — L'exemple des femmes et les exhortations des chefs n'auraient peut-être eu aucun résultat si les paroles d'un prêtre, vénéré des paysans, n'étaient venues à leur aide. Dans un moment où l'on faisait silence pour écouter le canon, le curé de Sainte-Marie-de-Ré monta sur un tertre; il éleva un grand crucifix, et, d'une voix tonnante, se mit à prêcher les Vendéens : il était hors de lui, priait et jurait, parlait à la fois en prêtre et en militaire : « Soldats, criait-il, aurez-vous l'infamie de livrer vos femmes et vos enfants au couteau des bleus? le seul moyen de les sauver est de retourner au combat. Venez, enfants, je marcherai à votre tête, le crucifix à la main; que ceux qui veulent me suivre se mettent à genoux, je leur donnerai l'absolution : s'ils meurent, ils iront en paradis; mais ceux qui trahissent Dieu et qui abandonnent leurs familles, les bleus les égorgeront, et les lâches iront en enfer. » Cette allocution, que l'enthousiasme du prêtre rendait plus pénétrante, produisit son effet. Plus de 2,000 hommes qui l'entouraient se jetèrent à genoux; il leur donna l'absolution à haute voix, et ils partirent en criant : *Vive le roi! nous allons en paradis!* Le curé était à leur tête et continuait à les exciter. — « Nous demeurâmes en tout, dit madame de Larochejacquelein, pendant plus de six heures épars dans les prairies qui bordent la route en attendant notre sort. De temps en temps on venait nous apprendre que nos gens conservaient toujours l'avantage. Cependant nous n'osions pas rentrer dans la ville. Enfin on sut que la victoire était complète, et que les Républicains s'étaient retirés. Nous revînmes à Dol. Les soldats, les officiers, les prêtres, tout le monde se félicitait et s'embrassait; on remerciait les femmes de la part qu'elles avaient eue à ce succès. Je vis revenir le curé de Sainte-Marie, toujours le crucifix à la main, en tête de sa troupe; il chantait le *Vexilla regis*, et tout le monde se mettait à genoux sur son passage. »

Marceau, battu, n'attribua point sa défaite au courage désespéré de l'ennemi, mais bien à la présence de la division Muller. «Ce général et son état major étant, disait-il, complètement ivres.» Il s'empressa d'appeler Kléber à son secours. Il convint avec lui d'opérer un mouvement rétrograde sur un point qu'il avait déjà remarqué dans la matinée comme propre à protéger une retraite. Ce poste, appuyé à gauche par un marais, couvert de front par un ravin profond, permettait de se lier par la droite avec Westermann à Pontorson. Mais celui-ci, quoiqu'il eût reçu trois ordres successifs de rester tranquille et de suivre paisiblement le mouvement de l'armée, qui devait rentrer le lendemain dans Antrain, crut devoir se présenter à sa tête et livrer bataille. Les auteurs royalistes supposent que ce fut Larochejacquelein qui vint lui présenter le combat. Quoi qu'il en soit, cette affaire fut pour Westermann encore plus désastreuse que celle de la veille. En même temps l'aile gauche républicaine se trouvait aux prises avec les insurgés, et soutenait le choc avec plus d'avantage : la victoire semblait même pencher pour elle, quand les Vendéens qu'elle avait en tête furent renforcés de ceux qui venaient de battre Westermann et l'obligèrent à rétrograder.

La retraite se fit cependant d'abord assez régulièrement. Marceau la soutenait avec tous les soldats qu'il avait pu rassembler. Il se posta même au pont d'Antrain, avec la ferme résolution de défendre à tout prix ce passage. Mais, malgré des prodiges de valeur, il fut cependant forcé et obligé de battre en retraite.

Pendant que Marceau défendait encore le pont d'Antrain, Rossignol entra, un papier à la main, dans un salon où les conventionnels et les généraux délibéraient sur ce qu'il convenait de faire; puis le général en chef, s'adressant aux représentants, leur dit : « Ci- « toyens, j'ai juré la république ou la mort, je tiendrai « mon serment; mais je ne suis pas f..., pour comman- « der une armée. Qu'on me donne un bataillon, je « saurai remplir ma tâche. Voilà ma démission que je « viens d'écrire moi-même. Si on la refuse, je croirai « qu'on veut perdre la république. » Prieur refusait la démission de Rossignol et lui répétait avec emphase ce qu'il avait dit précédemment aux généraux : « Point « de démission; tu es le fils aîné du comité de salut « public; tu répondras à son attente. » — Les cris confus des soldats en déroute avertirent l'assemblée que le pont venait d'être forcé. Le conseil se dispersa et tout s'enfuit pêle-mêle, emporté par le torrent des fuyards qui se précipitait en désordre sur la route de Rennes.

Marche des Vendéens sur Angers. — La situation des Vendéens était tellement critique, qu'une victoire avait pour eux presque tous les inconvénients d'une défaite, en accroissant le nombre de leurs blessés et en diminuant le nombre de leurs combattants. Après la victoire de Dol, un corps d'armée faible, mais aguerri, aurait pu rendre complète la défaite des Républicains en se portant rapidement sur Rennes et dans la Basse-Bretagne. Mais loin de penser à une telle combinaison, une seule idée occupait les insurgés, c'était le retour dans le Bocage. Les chefs avaient toutefois conçu le dessein de retourner sur Granville; mais à peine cette proposition avait-elle été soumise à l'acceptation de l'armée, qu'elle avait été au moment de donner lieu à une nouvelle sédition : il fallut revenir sur la Loire. Voici quelle fut la marche des insurgés :

L'armée vendéenne entra le 21 à Fougères, où elle se reposa deux jours; elle arriva à Ernée le 23, et le jour suivant à Mayenne; elle se dirigea de là sur Laval, que le général Danican, avec 2,000 hommes, était chargé de défendre. Il abandonna cette ville sans combattre. Les Vendéens y demeurèrent jusqu'au 28 novembre et se portèrent ensuite sur la Flèche, où ils séjournèrent jusqu'au 2 décembre. Ce fut là qu'on décida de marcher sur Angers. Pas une amorce ne fut brûlée pendant tout ce temps, et les insurgés avaient en quelque sorte l'air de s'avancer par étapes comme une armée régulière.

Attaque infructueuse d'Angers. — La capitale de l'Anjou, entourée de vieilles murailles, est située sur les bords de la Mayenne, au-dessous de son confluent avec la Loire et la Sarthe. Les royalistes se montrèrent devant cette place le 3 décembre. Quoiqu'ils eussent d'abord montré un grand enthousiasme pour cette expédition, et qu'ils eussent assuré devoir forcer les murs d'Angers, même quand ils seraient de fer, en présence des remparts leur langage changea; ils marchèrent d'assez mauvaise grâce à l'attaque. « Nous voici, disaient-ils, encore devant Granville. » Néanmoins, et malgré l'échec éprouvé devant cette dernière ville, ils ne se montrèrent pas plus sages dans leurs dispositions à Angers. Comme à Granville, l'imprévoyance des habitants leur permit de s'emparer d'un faubourg. Le siége fut conduit de la même façon, seulement un plus grand nombre de soldats y fut employé. La fusillade s'établit sur plusieurs points à l'aide des maisons du faubourg et produisit un effet assez meurtrier sur les assiégés, à demi découverts sur les remparts.

Le feu cessa presque totalement à la nuit, et les soldats vendéens rentrèrent dans les maisons pour dormir, avec une insouciance telle qu'une sortie de 1,000 hommes eût pu exterminer toute l'armée. Le lendemain, Pérault et Beaugé, qui commandaient l'artillerie, étant parvenus à faire une brèche de vingt toises dans les murs vieux et à demi écroulés de la place, Larochejacquelein fit un appel au dévouement de ses soldats. Aucun ne se présenta pour monter à l'assaut; il chercha en vain à les encourager par la promesse du pillage de la place. Les menaces mêmes furent aussi inutiles que les prières. Le généralissime, emporté alors par une sorte de désespoir, arracha un fusil à un de ces lâches et se précipita seul vers la brèche. La honte ranima le courage; les plus braves s'élancèrent après lui. La cavalerie mit pied à terre et suivit ce mouvement à travers les balles et la mitraille.

Le commandant d'Angers, le brave général Beaupuy, s'était fait porter sur la brèche pour encourager ses soldats, avec lesquels les femmes et les enfants semblaient rivaliser de zèle. — Pendant cette attaque meurtrière, que l'opiniâtre résistance des Angevins rendait inutile, les Vendéens apprirent que des troupes fraîches pénétraient dans la ville et qu'ils allaient être attaqués eux-mêmes sur leurs derrières. — C'était le général Marigny qui s'avançait avec un corps de cavalerie. Aussitôt la confusion se mit dans l'armée vendéenne. Les chefs firent des prodiges de valeur. Stofflet rallia l'infanterie, et Piron parvint à repousser l'attaque de Marigny; mais le découragement était au comble parmi les malheureux insurgés; il fallut lever le siége, le 4 décembre à cinq heures du soir, laissant sous les murs trois pièces de canon et quantité de fusils. — Marigny n'avait pas cessé de harceler les Vendéens : pendant leur retraite, chargeant une forte colonne avec 50 hommes, il fut atteint d'un boulet; il n'eut que le temps de dire avant d'expirer : *Chasseurs, achevez-moi.* » — L'attaque d'Angers coûta aux Vendéens un grand nombre de leurs meilleurs officiers.

Marceau remplace Rossignol. — Marceau, au refus de Kléber, avait succédé à Rossignol dans le commandement en chef des forces républicaines. L'armée de Cherbourg rejoignit celle de l'Ouest le 5 décembre. Ces deux armées agissant de concert et sous les ordres de chefs habiles, sortirent d'Angers pour se mettre à la poursuite des Vendéens. Westermann commandait l'avant-garde et devait les harceler sans relâche. Muller marchait derrière pour lui servir de corps de réserve avec sa division, mais à une certaine distance et sans prendre part aux escarmouches de Westermann. Marceau conduisait le gros de l'armée et Kléber l'arrière-garde, qui suivait la chaussée de la rive droite de la Loire.

Prise de La Flèche par les Vendéens. — Les royalistes, arrivés devant La Flèche, se trouvèrent dans la position la plus critique. Le pont construit sur le Loir était coupé, et 4,000 hommes défendaient la place. L'arrière-garde était aux prises avec Westermann. Les insurgés, ainsi pressés entre deux armées et une rivière, semblaient voués à une inévitable perte, quand Larochejacquelein conçut et exécuta tout à coup un mouvement décisif qui doit être considéré comme ce qu'il y a eu de mieux entendu dans toutes les opérations de cette armée, pendant la campagne d'outre-Loire. Il fit monter 400 fantassins en croupe derrière un pareil nombre de cavaliers, cotoya la rivière jusqu'à un gué où il la traversa, et redescendit sur la ville qu'il enleva aux Républicains, surpris de la hardiesse de cette manœuvre. Le pont fut rétabli, et l'armée entière put entrer dans la ville. Le général Chalbos et le conventionnel Garnier, chassés de La Flèche, se retirèrent au Mans.

Les Vendéens n'avaient besoin que de repos, et quelque danger que leur fît courir un trop long séjour dans une position hasardée au centre des forces républicaines, ils y passèrent deux jours après avoir eux-mêmes de nouveau coupé le pont. Westermann se trouvait devant ce pont, quand, dans la matinée du 10, les Vendéens quittèrent La Flèche. Aussitôt qu'il aperçut le mouvement de retraite commencé, il ordonna à ses cavaliers de passer le Loir à la nage, et aux fantassins de le franchir sur des poutres ou dans de petits bateaux. Tous arrivèrent assez à temps sur l'autre bord pour pénétrer dans la ville au moment où l'arrière-garde vendéenne en sortait. Les traîneurs furent tous massacrés.

Prise du Mans par les Vendéens. — L'armée insurgée marchait sur le Mans; elle y arriva le même jour; mais elle ne put y pénétrer qu'après un combat très vif. Voici comment Houdiard, commandant de la place, en rendit compte au ministre : « L'attaque du « Mans a commencé à midi. Le feu s'est soutenu trois « heures. Nous avons eu une petite déroute. Chabot « nous a fait replier sur Alençon. Nous avons perdu « une pièce de canon et deux caissons. »

Les Vendéens, livrés à toutes les angoisses du désespoir par la certitude d'une défaite inévitable et prochaine, avaient à peine joui au Mans de quelques heures de repos, qu'ils y furent attaqués par une masse considérable de Républicains, qu'avaient rassemblés les commissaires de la Convention. Quelques centaines de royalistes, de ceux qui avaient résisté le mieux aux horreurs de la faim, à une fatigue excessive, et aux atteintes d'une maladie contagieuse qui décimait impitoyablement cette malheureuse armée, furent désignés pour résister à cette première attaque. La fortune, que leur désespoir semblait enchaîner en quelque sorte sous leurs drapeaux depuis le passage de la Loire, devait encore leur accorder un de ses derniers sourires. Les Républicains, après quelques coups de canon, s'enfuirent honteusement.

« Ce fut à cette affaire, dit madame de Larochejacquelein, que M. de Talmont se distingua par un beau fait d'armes. Défié par un hussard qui s'attacha à lui à cause de son écharpe de général, il lui cria : « Je t'attends. » Il l'attendit en effet et lui partagea la tête d'un coup de sabre.

« Tout le monde était accablé de fatigue; la journée avait été forte. Les blessés et les malades, dont le nombre allait toujours croissant, demandaient avec instance qu'un séjour plus long fût accordé dans une grande ville où l'on ne manquait ni de vivres ni de ressources. D'ailleurs on voulait essayer de remettre un peu d'ordre dans l'armée, de concerter quelque dessein, de remonter un peu les courages. Généraux, officiers et soldats, tout le monde était abattu. On voyait clairement qu'un jour ou l'autre nous allions être exterminés, et que les efforts qu'on pouvait faire étaient les convulsions de l'agonie. Chacun voyait souffrir autour de soi : le spectacle des femmes, des enfants, des blessés, amollissait les âmes les plus fortes au moment où il aurait fallu avoir une constance miraculeuse. Le malheur avait aigri les esprits; la haine, la jalousie, les reproches, les calomnies même, avaient divisé tous les chefs; l'échec d'Angers, la perte de l'espérance qu'on avait conçue de rentrer dans la Vendée, avaient porté le dernier coup à l'opinion de l'armée; tout le monde désirait la mort; mais comme on la voyait certaine, on aimait mieux l'attendre avec résignation que de combattre pour la retarder : le sort d'ailleurs le plus affreux était celui d'être blessé. Tout présageait que c'était fini de nous! »

Bataille du Mans. — *Défaite des Vendéens.* — Cependant les armées de Brest, des côtes de Cherbourg et de l'Ouest s'étaient réunies sans que les Vendéens en eussent eu connaissance. La première division républicaine, formée de la cavalerie légère, aux ordres de Westermann, et la division Muller, accouraient sur la trace des Vendéens. Marceau, avec le gros de l'armée, s'avançait ensuite, puis Kléber avec son arrière-garde. Toutes ces forces se concentraient autour du Mans.

Le lendemain même de l'entrée des Vendéens, Westermann avec sa cavalerie légère apparut aux portes de la ville sur la route de La Flèche. Ce général, incorrigible malgré les revers que lui avait déjà tant de fois attirés son impatiente impétuosité, ou plutôt brûlant du désir de se faire remarquer parmi les autres généraux, résolut encore d'attaquer sur-le-champ et sans attendre l'infanterie qui marchait de loin sur ses pas.

Environ 3,000 Vendéens qu'avaient un peu rétabli quelques heures de repos, se portèrent à sa rencontre sous les ordres de Piron et de Talmont. Un combat sanglant s'engagea, et Westermann pénétra jusque auprès des remparts; mais, bientôt blessé lui-même et renversé de cheval, il fut sur le point de tomber au pouvoir des royalistes. Ses soldats le dégagèrent et se retirèrent précipitamment sur la division Muller, qui devait les soutenir; mais celle-ci, mal composée et dont le chef était encore ivre, s'enfuit en désordre et sans combattre. Tout se fût trouvé compromis par la fougue imprudente de Westermann, si deux régiments de la division des côtes de Cherbourg (Aunis et Armagnac) ne fussent arrivés à point pour rétablir les affaires. Ils laissèrent fièrement passer à leur droite et à leur gauche les fuyards, qu'ils regardaient avec mépris; puis battant la charge, ils s'avancèrent sur les Vendéens. Ceux-ci, intimidés à leur tour, se retirèrent.

Marceau ayant appris, à Foulletourte, ce qui se passait, n'avait pas hésité à voler au secours de Westermann et de Muller. Il rencontra ce dernier en fuite et remit au premier un billet du conventionnel Bourbotte, dans lequel ce représentant lui reprochait d'avoir encore compromis l'armée par son imprudente audace. — Puis il ordonna à Westermann de prendre position en avant de la ville, où les Vendéens étaient rentrés, et de remettre l'attaque au lendemain. « Ma position est dans le Mans, répondit le général d'avant-garde, l'ennemi est ébranlé, profitons-en. — Tu joues gros jeu, brave homme, lui répondit Marceau en lui serrant la main; n'importe, marche, je te soutiens. »

Il était quatre heures et demie quand l'attaque fut ainsi résolue. Westermann, avec sa cavalerie, que suivait la division de Cherbourg, aux ordres de Tilly, s'avança sur le Mans en silence. — On arrive au pont; les Républicains battent la charge. Tout cède à Westermann: les traverses qui défendaient le pont, les barricades établies dans les rues, tous les obstacles enfin sont emportés. Une batterie masquée arrête un instant la marche des Républicains; les grenadiers d'Armagnac s'en emparent. Les faubourgs sont évacués par les Vendéens, qui reculent jusqu'à la grande place, dont Marceau fait occuper les issues et les débouchés, disposant le reste de ses soldats de manière à défendre la route de Vendôme jusqu'à la rivière de l'Huisne.

Les Vendéens n'avaient reculé qu'en frémissant de rage. Une pièce de huit, que leur avait enlevée Tilly, répandait le désordre dans leurs rangs, qu'elle criblait incessamment de mitraille. Arrivés à la place, Larochejacquelein établit de son côté des batteries à chacune des avenues dont les troupes de Marceau occupaient l'extrémité opposée. Des tirailleurs furent jetés dans toutes les maisons. Les Vendéens, par ces mesures, arrêtèrent la marche de Westermann, qui s'indignait des obstacles que son impétuosité ne pouvait franchir. Une fusillade terrible, entremêlée de coups de canon, se faisait entendre et portait la mort dans les deux partis. Larochejacquelein avait eu deux chevaux tués sous lui. Les rues et la place s'encombraient de blessés et de morts. — Cependant Marceau n'était pas tranquille sur sa position, en effet fort aventurée et dont un général plus expérimenté que le jeune chef vendéen n'eût pas manqué de profiter en portant un nombreux détachement sur les flancs ou les derrières d'un ennemi qui n'avait d'autre retraite que la chaussée du Mans à Pont-Lieu. Deux courriers avaient été expédiés à Kléber. — Malgré la fatigue d'une longue marche, la pluie qui tombait par torrents, et l'heure avancée de la nuit où il reçut cet avis, ce brave général se mit aussitôt en route pour secourir Marceau. « Il est jeune, dit-il à Savary, et a fait une sottise; il est bon qu'il la sente, mais hâtons-nous de le tirer de là. » Il arriva bientôt en effet sur le théâtre du combat, et releva aussitôt par des troupes fraîches celles de Tilly, qui combattaient depuis quatre heures du soir. — Il était deux heures du matin. Soit lassitude, soit irrésolution, on resta de part et d'autre en observation jusqu'au jour.

Kléber ordonna alors une charge nouvelle sur tous les points, et rien n'arrêta plus la marche des Républicains, car les soldats vendéens, désespérant de la victoire, s'enfuyaient en désordre par la route de Laval. Scépaux et Allard, se sacrifiant pour l'armée, soutinrent seuls, avec 400 paysans, le combat jusqu'à huit heures du matin. Les rues étaient remplies de morts, de mourants, d'armes brisées, de chevaux étouffés, de canons, de caissons, de voitures. Au milieu de cette désolation, les plus épouvantables excès furent, dit-on, commis par les Républicains. La cavalerie de Westermann, lancée sur les fuyards, en fit un atroce carnage, et ni l'âge, ni le sexe ne furent épargnés. Les massacres ne s'arrêtèrent qu'à la Chartreuse du Parc. On disait alors qu'il n'y avait pas sur une étendue de quatorze lieues une toise de terrain qui ne fût couverte de quelques cadavres.

Dans l'enivrement de la victoire, les conventionnels qui se trouvaient à la suite de l'armée envoyèrent à l'assemblée un rapport rempli des exagérations les plus ridicules et qui finissait ainsi : « Tout ce qui était resté dans la ville tombe sous nos coups. Des chefs, des marquises, des comtesses, des prêtres à foison, des canons, des caissons, des carrosses, des bagages de toute espèce, un nombre considérable de fusils, tout est tombé en notre pouvoir, et des monceaux de cadavres sont les seuls obstacles que l'ennemi oppose à la poursuite de nos troupes; les rues, les maisons, les places publiques, les routes en sont jonchées, *depuis quinze heures ce massacre dure encore*. Toute l'armée court après cette horde; notre cavalerie est sur elle : déjà presque tous ses canons et caissons sont pris depuis qu'elle est sortie du Mans. Le trésor, les bagages, les effets, les malles, tout est entre les mains de nos soldats. » — Après la lecture de cette emphatique dépêche, la Convention nationale déclara par un décret que les troupes réunies qui venaient de remporter une victoire signalée, dans la ville du Mans, avaient bien mérité de la patrie.

Les généraux et la plupart des officiers républicains se conduisirent tout autrement que Westermann. Un grand nombre de malheureuses familles vendéennes durent leur salut aux vainqueurs. On a souvent répété que Marceau, dans cette circonstance, sauva la vie à une jeune fille. Ce héros était bien capable d'un pareil mouvement de générosité; mais sa gloire est trop grande et trop pure pour avoir besoin d'être rehaussée par une erreur. Un autre que lui eut ce bonheur. Néanmoins le vainqueur des Vendéens faillit porter sa tête sur l'échafaud, comme coupable d'un acte d'humanité et de vertu[1].

La déroute des Vendéens, où les femmes, les enfants et les vieillards fuyaient pêle-mêle avec les combattants, exposés aux mêmes dangers et soumis aux mêmes fatigues, présentait un aspect digne de pitié. — « Les Républicains, écrit une femme qui s'y trouva, entendant beaucoup de bruit de notre côté, y pointèrent des canons et tirèrent à toute volée par-dessus les maisons : un boulet siffla à un pied au-dessus de ma tête. L'instant d'après j'entendis une nouvelle décharge et je me baissai involontairement sur mon cheval. Un officier qui était là me reprocha, en jurant, ma poltronnerie. « Hélas! monsieur, lui dis-je, il est

[1] On lit à ce sujet, dans les *Mémoires* de l'adjudant général Savary : « Les environs du logement de Kléber et de Marceau me semblaient déserts, toutes les portes des maisons étaient fermées. J'aperçois dans une rue voisine une jeune personne seule et effrayée. Je l'aborde, je lui demande d'où elle est ; elle me répond d'une voix tremblante, qu'elle est de la Châtaigneraie. Je frappe à une porte cochère ; une femme vient ouvrir : « Je vous confie, lui dis-je, cette jeune personne, vous m'en répondrez. » La jeune personne est accueillie et je rentre à l'état-major.

« Peu de temps avant notre départ une autre scène se présente. J'étais dans la cour, attendant l'instant de monter à cheval pour rejoindre la colonne sur la route de Laval, lorsque deux grenadiers arrivent, conduisant avec eux une autre jeune personne qu'ils avaient rencontrée sur cette route. Je lui fais quelques questions auxquelles elle répond sans hésiter. « Grenadiers, dis-je alors, je m'en charge ; retournez à votre poste. » J'appris bientôt qu'elle était de Montfaucon et qu'elle s'appelait mademoiselle Desmesliers. Elle ajouta qu'elle avait perdu sa mère et son frère que l'on croyait qu'ils avaient péri ; qu'elle ne voulait pas leur survivre et qu'elle demandait à être fusillée. Je tâchai de la rassurer en lui faisant espérer qu'elle retrouverait ses parents. « Nous n'avons pas de temps à perdre, lui dis-je, nous allons partir, consentez à monter dans ce cabriolet ; un officier, dont je vous réponds, accompagnera la voiture ; vous serez seule, vous serez libre, et j'espère que nous retrouverons ceux que vous croyez perdus. » Je chargeai aussitôt l'adjoint Nicolle, qui m'était attaché, d'accompagner la voiture, de la conduire au logement où nous devions arriver dans la soirée, et de faire donner à notre voyageuse une chambre particulière, en gardant le secret. — On sera peut-être étonné qu'il se soit trouvé là un cabriolet tout prêt à ma disposition et qu'il ne soit pas question de Marceau et de Kléber dans cette affaire. — Le cabriolet appartenait à Marceau ; c'était la seule voiture de l'état-major dont personne ne se servait, et qui n'avait d'autre destination que de procurer quelques secours en cas d'accident. Quant aux généraux Kléber et Marceau, il eût été à craindre de les compromettre en leur donnant connaissance au Mans même, devant les représentants, de ce qui se passait sans leur autorisation. Ce ne fut que le soir qu'ils en furent instruits et qu'ils virent pour la première fois mademoiselle Desmesliers, au sort de laquelle ils prirent tout l'intérêt qu'elle méritait. « Jamais, dit Kléber dans ses *Mémoires*, on ne vit de femme plus jolie ni mieux faite, et, sous tous les rapports, plus intéressante. »

Mademoiselle Desmesliers fut conduite ainsi à Laval, où l'on chercha un refuge que l'on croyait assuré. Marceau s'empressa de l'aller visiter dans cet asile ; mais malheureusement le lendemain de notre départ l'autorité locale enjoignit aux habitants de faire la déclaration des étrangers et de faire des visites domiciliaires auxquelles mademoiselle Desmesliers ne put échapper ; elle ne chercha à déguiser ni son nom, ni ceux de ses libérateurs. Elle périt, et l'on instruisait contre les généraux une procédure qui eût pu leur devenir fatale si elle n'eût été communiquée au représentant Bourbotte, qu'une indisposition retint quelques jours à Laval, et qui s'empara des procès-verbaux. »

« bien permis à une malheureuse femme de baisser la « tête quand toute une armée fuit »... A quelques lieues du Mans, je vis arriver M. de Larochejacquelein ; il avait long-temps essayé de rallier les soldats. Il vint à moi : « Ah, vous êtes sauvée! me dit-il. — Je croyais que vous « ayiez péri, lui répondis-je, puisque nous sommes « battus. » — Il me serra la main en disant : « Je vou- « drais être mort. » Il avait les larmes aux yeux. »

Succès de Charette dans la Basse-Vendée. — Tandis que la Vendée allait rendre son dernier soupir sur la rive droite de la Loire, les côtes de La Rochelle la voyaient renaître plus vivace. Le ressentiment de Charette l'avait bien servi en l'engageant à séparer sa cause de celle des autres Vendéens, dont les restes échappés à la déroute désastreuse du Mans se précipitaient vers Laval pour disparaître bientôt dans une autre déroute plus effroyable encore. Le lendemain de la terrible défaite du Mans, le 13 décembre, le chef des insurgés de la Basse-Vendée attaquait les Républicains campés aux Quatre-Chemins sur la route de La Rochelle à Nantes. Son avant-garde, aux ordres de Joly, fut d'abord repoussée ; mais bientôt chargeant lui-même avec son corps de bataille, il mit en déroute les Républicains qui perdirent beaucoup de monde. Un grand nombre d'entre eux furent massacrés entre le camp et Saint-Fulgent par la cavalerie poitevine, qui n'avait pas l'habitude de faire des prisonniers. Cette affaire, déjà précédée de quelques autres succès non moins favorables à Charette, lui valut une pièce de canon, deux caissons, des vivres et beaucoup d'effets de campement, etc. ; elle ranima la ferveur royaliste, prête à s'éteindre sous le poids des désastres de la grande armée, et rendit la vie à l'insurrection.

Retraite sur Laval. — Retour sur la Loire. — Larochejacquelein, arrivé dans la soirée du 13 à Laval, y fut rejoint pendant la nuit par tout ce qui avait échappé au désastre du Mans. On tint conseil et on y décida qu'il ne restait d'autre parti à prendre que de se rapprocher de la Loire et de tenter le passage à tout prix. Les débris de l'armée se portèrent de Laval sur Ancenis, où ils arrivèrent rapidement, mais dans le plus grand désordre. A Ancenis, les Vendéens ne trouvèrent point de bateaux ; la garnison de ce poste les avait coulés bas à l'approche des royalistes. Ceux-ci s'occupèrent aussitôt de la construction de radeaux assez solides pour tenter le passage du fleuve, alors gonflé par les pluies. Quelque activité que l'on mit à ce travail, les radeaux ne pouvaient être prêts que le lendemain. Quatre énormes bateaux chargés de foin se montraient sur la rive opposée. Une petite barque, découverte par hasard dans l'étang de Saint-Mars-la-Jaille, avait été amenée en charrette sur le bord de la Loire, où l'on décida que Larochejacquelein s'en servirait pour traverser le fleuve avec quelques soldats, et s'emparer des bateaux qu'il renverrait à Ancenis.

Le généralissime s'embarqua en effet avec Beaugé, Stofflet et vingt soldats. Tous les yeux étaient fixés sur la frêle barque, du sort de laquelle dépendait le destin de tant de malheureux. L'espoir renaissait : la seule barrière qui séparait encore ces fugitifs du

Bocage tant regretté allait être franchie. Après de grands efforts, Larochejacquelein tenant par la bride son cheval qui nageait derrière la nacelle, arriva enfin sur le bord opposé. On déchargea les bateaux : tout était prêt pour les envoyer à Ancenis, quand Larochejacquelein se vit attaqué par une patrouille de quarante Républicains. Ceux-ci, bientôt renforcés par une nouvelle colonne, après une vive fusillade, mirent en fuite l'escorte du généralissime, qui resta seul avec Beaugé, et ne trouva de salut qu'en se jetant dans les bois qui avoisinaient la rivière. Ce fut un espoir perdu pour les Vendéens.

Combat et déroute d'Ancenis. — Le courage de ces malheureux fugitifs n'en fut cependant encore abattu. Le travail des radeaux se continua avec plus d'activité et on les lança dans le fleuve à peine à moitié construits; mais tout à coup une chaloupe canonnière se présenta pour leur barrer le passage. Presque au même instant un cri général d'effroi signala un nouveau malheur : l'avant-garde républicaine se montrait sur la route d'Angers. On courut aux armes et son funèbre du tocsin se fit entendre. Westermann, dont l'artillerie lançait déjà des boulets sur les travailleurs, fut cependant repoussé et se retira à Saint-Mars. On persista à faire l'essai des radeaux qui se trouvèrent mal établis et échouèrent. Cependant le général républicain fit répandre le bruit d'une attaque prochaine avec toutes les forces de l'armée. Cette ruse réussit et l'alarme gagna les Vendéens. A l'aide d'une fausse attaque du côté de Nantes, Westermann leur fit croire qu'ils étaient placés entre deux feux. Ils se dispersèrent aussitôt et quittèrent en frémissant les bords du fleuve, la plupart se portant du côté de Nort, sans plan arrêté, et se dirigeant par instinct vers les lieux où ils pensaient trouver le moins d'ennemis. Quelques-uns se confiant à la générosité républicaine se rendirent à Nantes; mais l'infâme Carrier les y attendait avec la guillotine et les bateaux à soupape. Talmont et quelques autres chefs parvinrent cependant, en l'absence du généralissime, à rassembler 7,000 hommes, seuls débris de cette armée si redoutable encore soixante jours auparavant.

Retraite sur Blain et Savenay. — On disait le Morbihan révolté; les chefs résolurent de s'y transporter. Mais le nombre de leurs soldats diminuait de plus en plus à mesure qu'ils s'éloignaient de la Loire. Ils étaient à Nort depuis vingt-quatre heures lorsqu'ils y furent assaillis par 2,000 Républicains qu'ils parvinrent à repousser. Ils se portèrent ensuite sur Blain, où Fleuriot fut nommé généralissime, malgré les titres que le prince de Talmont semblait avoir à la préférence. — Marceau et Kléber allaient atteindre Ancenis quand une dépêche de Westermann leur fit connaître la marche des Vendéens. — Il fallut rétrograder par des chemins rompus et dans une saison qui devenait chaque jour plus rigoureuse; mais l'opiniâtreté des Républicains à la poursuite semblait aussi grande que pouvait l'être dans leurs adversaires le désir de les éviter. — Le premier soin du nouveau généralissime avait été de faire créneler les murs de Blain, où il paraissait décidé à se défendre. Talmont avait quitté l'armée pour regagner Laval, avec l'intention de se mettre à la tête des anciens soldats bretons qui étaient rentrés dans leur pays. Enveloppé par un bataillon républicain, la chute de son cheval le livra sans défense à ses ennemis. Il montra pendant une détention assez longue beaucoup de grandeur d'âme et de fermeté, et mourut en héros. On sait que traduit devant le jury révolutionnaire, toute sa défense se borna à ces fières paroles : « J'ai fait mon devoir, faites votre métier. »

Les Républicains arrivèrent le 20 à Blain. Ils auraient pu attaquer et emporter le bourg dès ce jour-là, mais les représentants, pour se distraire ou pour animer le courage de troupes qui ne demandaient qu'à combattre, passèrent la journée à faire jouer dans le camp des airs patriotiques. La pluie tomba ensuite par torrents, et l'attaque fut remise forcément au lendemain. Fleuriot profita de cette circonstance pour évacuer Blain, et fila pendant la nuit sur Savenay.

Misère et dénûment des Vendéens. — « Rien ne peut exprimer, dit madame de Larochejacquelein, l'idée de notre désespoir et de notre abattement : la faim, la fatigue, le chagrin nous avaient tous défigurés. Pour se garantir du froid, pour se déguiser, ou pour remplacer les vêtements qu'on avait usés, chacun était couvert de haillons. En se regardant les uns les autres on avait peine à se reconnaître sous toutes ces apparences de la plus profonde misère.

« J'étais vêtue en paysanne; j'avais sur la tête un capuchon de laine violet; j'étais enveloppée d'une vieille couverture de laine et d'un grand morceau de drap bleu rattaché à mon cou par des ficelles; je portais trois paires de bas en laine jaune et des pantoufles vertes retenues à mes pieds par de petites cordes; j'étais sans gants. Mon cheval avait une selle à la hussarde avec une schabrack de peau de mouton. M. Royer-Moulinier avait un turban et un doliman qu'il avait pris au théâtre de La Flèche; le chevalier de Beauvollier s'était enveloppé d'une robe de procureur et avait un chapeau de femme par-dessus un bonnet de laine; madame d'Armaillé et ses enfants s'étaient couverts d'une tenture de damas jaune.

« Quelques jours avant, M. de Verteuil avait été tué au combat, ayant deux culottes, l'une attaché au cou et l'autre à la ceinture; il se battait en cet équipage. »

Hospitalité des Bretons. — La plupart des fugitifs qui n'étaient pas combattants, cherchèrent un refuge chez les paysans des campagnes qu'ils traversaient; ils y furent accueillis et cachés. « Rien ne décourageait la généreuse hospitalité des Bretons. L'habitude qu'ils avaient de coucher les prêtres et les jeunes gens réquisitionnaires les avait rendus industrieux, et ils avaient beaucoup d'adresse et de sang-froid pour dérober les fugitifs aux recherches des Républicains. Plusieurs ont été fusillés pour avoir donné asile aux Vendéens. Le dévouement des autres n'en était pas diminué. Hommes, femmes, enfants, avaient pour ces malheureux la bonté et les précautions les plus actives. Une pauvre petite fille, sourde et muette, avait compris les dangers des fugitifs, et allait sans cesse les avertir par ses gestes, du péril qu'ils couraient. Les menaces de la mort, l'argent, rien n'ébranlait la discrétion des plus jeunes enfants. Les chiens mêmes avaient pris en aversion les soldats qui les battaient toujours : ils annonçaient leur approche en aboyant, et ont sauvé ainsi bien du monde. Au contraire, ils ne faisaient jamais de bruit quand ils voyaient les pauvres *brigands* : leurs maîtres leur avaient appris à ne pas les déceler.»

Combat de Savenay. — Dispersion totale des Vendéens. — Les Républicains ayant fait, au point du jour, leurs dispositions d'attaque, trouvèrent Blain abandonné, sauf quelques misérables traîneurs qui furent égorgés suivant l'habitude. Les Vendéens, pendant ce temps, s'avançaient sur Savenay par des routes effroyables et où ils avaient souvent de l'eau jusqu'à la ceinture. Ce bourg, placé sur une hauteur dans l'espèce de cul-de-sac formé par l'Océan, la Vilaine et la Loire dont les ponts étaient rompus, ne laissait aucune chance de fuite à ceux qui s'y réfugiaient. Quand leur situation n'eût pas été d'ailleurs tout-à-fait désespérée, il fallait, dans un poste pareil, ou mourir ou vaincre.

L'avant-garde royaliste, commandée par Lyrot-Lapatoullière, y arriva à quatre heures du soir. A peine s'était-elle retranchée avec le corps de bataille, dans un bois couvert par un ravin profond en avant de Savenay, qu'elle découvrit la tête des premières colonnes républicaines. Kléber, pour assurer le succès de l'attaque, crut devoir s'emparer d'abord des hauteurs qui dominent la ville. Les Vendéens sortirent du bois, pour se porter sur les points menacés. Kléber, tournant alors le bois abandonné par eux, leur interdit le retour dans cette position dont il resta maître après un engagement meurtrier.

Les Vendéens, mis en déroute, se rallièrent et se retranchèrent dans Savenay. Toutes les troupes républicaines étaient en bataille à minuit. Westermann et Marceau voulaient qu'on attaquât sur-le-champ, Kléber s'y opposa et son avis fut adopté. Cette nuit de quinze heures passée debout, exposés à une pluie glaciale, au milieu d'une obscurité profonde sillonnée parfois par la lueur de quelques coups de canon qui venaient troubler le silence solennel des deux camps, dut paraître longue à ceux qui allaient combattre.

Kléber, monté à cheval dès le point du jour, reconnut la position des royalistes, et assigna à chaque colonne son point d'attaque. Les Vendéens le prévinrent et engagèrent l'affaire avec une impétuosité qui tenait de la rage. Le désespoir centuplait leurs forces, et les Républicains reculèrent devant eux. Kléber accourut. Les rangs se reformèrent à sa voix, et les soldats, d'abord ébranlés, repoussèrent à leur tour l'ennemi.

La division Tilly avait reçu l'ordre de tourner la position des Vendéens. Bientôt le fracas de l'artillerie se fit entendre derrière elle, et annonça que le mouvement était opéré ; cette attaque nouvelle et inattendue les déconcerta. Leurs rangs criblés de mitraille furent rompus presque au même instant à la droite par Kléber, à la gauche par Canuel, et au centre par Marceau. Après avoir essayé vainement de se rallier, ils se débandèrent dans toutes les directions, et le théâtre du combat n'offrit bientôt plus que des scènes de boucherie. Les Républicains traversèrent Savenay au pas de charge, chaque colonne prit dans la poursuite une direction différente. Le carnage devint affreux. Une partie des Vendéens se noya dans les marais de Montoire, le reste chercha un refuge dans la forêt de Graves, où traqués par les Républicains, presque tous finirent par être égorgés. Un petit nombre parvint à gagner la Loire et à franchir enfin la terrible barrière qui les séparait de leur pays natal.

Cette affaire termina la campagne d'outre Loire, et fut le coup de massue qui écrasa la grande Vendée.

Il faut néanmoins que cette dernière résistance des Vendéens ait été bien héroïque ; car on lit dans les journaux républicains une lettre que des généraux écrivit à Merlin de Thionville, le lendemain du combat de Savenay, et on y remarque ce passage :

«Je les ai bien vus, bien examinés ; j'ai reconnu ces mêmes figures de Chollet et de Laval. A leur contenance et à leur mine, je te jure qu'il ne leur manquait du soldat que l'habit. Des troupes qui ont battu de tels Français peuvent bien se flatter de vaincre tous les autres peuples. Enfin, je ne sais si je me trompe, mais cette guerre de brigands et de paysans, sur laquelle on a jeté tant de ridicule, que l'on affectait de regarder comme méprisable, m'a toujours paru, pour la République, la grande partie, et il me semble à présent qu'avec les autres ennemis, qu'avec le reste de l'Europe, nous ne ferons que peloter.»

RESUMÉ CHRONOLOGIQUE.

1793.

19. NOVEMBRE. Combat de Dol.
20 — Conseil de guerre. — Plan proposé par Kléber.
21, 22 et 23. — Bataille d'Antrain. — Défaite des Républicains. — Leur retraite sur Rennes.
et 4 DÉCEMBRE. Attaque d'Angers par les Vendéens.
5 — Marceau est nommé général en chef. — Rossignol retourne à Rennes.
8 DÉCEMBRE. Prise de La Flèche par les Vendéens.
10 — Prise du Mans par les Vendéens.
12 et 13 — Bataille du Mans. — Défaite des Vendéens.
13 et 16 — Retraite des Vendéens sur Laval et Ancenis. — Tentatives infructueuses pour passer la Loire.
23 — Combat de Savenay. — Déroute et dispersion totale des Vendéens.

A. HUGO.

On souscrit chez DELLOYE, Éditeur, place de la Bourse, rue des Filles-Saint-Thomas, 13.

Paris. — Imprimerie et Fonderie de RIGNOUX et Cⁱᵉ, rue des Francs-Bourgeois-Saint-Michel, 8.

FRANCE MILITAIRE.

GUERRE D'ESPAGNE.

ARMÉE DES PYRÉNÉES-ORIENTALES. — CAMPAGNE DE 1793.

SOMMAIRE.

La Convention déclare la guerre à l'Espagne.—Dispositions nationales des Espagnols.—Division des forces espagnoles.—Description des Pyrénées. — Armée républicaine.—Invasion du Roussillon par les Espagnols.—Flers est nommé général en chef de l'armée des Pyrénées-Orientales.—Combat de Mas-d'Eu.—Prise de Bains et de Pratz-de-Mollo par les Espagnols.—Siége et prise de Bellegarde.—Escarmouches.— Combat de Niel et de Mas-de-Serres.—Prise de Villefranche.—Destitution de Flers, remplacé par Barbantane.—Opérations de Dagobert en Cerdagne.—Passage de la Tet par les Espagnols.—Combat de Mont-Louis.—Prise de Peyrestortes par les Espagnols.—Barbantane est remplacé par Dagobert.—Victoire de Peyrestortes.—Bataille de Truillas.—Dagobert est remplacé par d'Aoust.—Retraite des Espagnols sur le camp de Boulou.—Première attaque du camp de Boulou.—Opérations de Dagobert.—Prise de Campredon.—Deuxième attaque du camp de Boulou. Turreau remplace d'Aoust.— Expédition contre Roses.—Combat d'Espolla.—Malheureuse attaque de Ceret.—Doppet remplace Turreau.—Combat du pont de Ceret. — Prise du camp de Saint-Ferréol. — Prise de Villelongue par les Espagnols. — Prise du col de Banyuls par les Espagnols.—Attaque de Villelongue par les Français.—Combat et prise de Collioure.—Attaque du camp de Banyuls.—Retraite sur Perpignan.—Quartiers d'hiver.—Mort de Ricardos.

ARMÉE FRANÇAISE.		ARMÉE ESPAGNOLE.	
Généraux en chef.	SERVAN.—FLERS. BARBANTANE.—DAGOBERT. D'AOUST.—TURREAU.—DOPPET.	Général en chef.	Don ANTONIO RICARDOS.
		Lieutenants généraux.	Las Amarillas —La Union. Courten.—Cuesta.

La Convention déclare la guerre à l'Espagne. — De toutes les guerres entreprises contre le gouvernement que la révolution avait donné à la France, celle dont nous allons rapporter les opérations est vraisemblablement la seule qui ait eu réellement pour cause les intérêts de la famille de Louis XVI, prétexte banal des attaques de la Coalition. Le dédain avec lequel la Convention avait repoussé les deux offres de neutralité faites par la cour d'Espagne, sous la condition que la vie du roi de France serait respectée, avait profondément aigri le cœur de Charles IV. Tel était néanmoins, malgré l'or du Nouveau-Monde, le délabrement des finances et des ressources militaires de l'Espagne, que le descendant de l'arrière-petit-fils de Louis XIV se trouva forcé de dissimuler son ressentiment. Mais l'orgueilleuse assemblée ne s'en tint pas au mépris envers le gouvernement espagnol, elle fit à Charles IV, roi de la famille des Bourbons, un crime de l'intérêt qu'il avait montré pour le chef de sa famille en France, et lui déclara la guerre, le 7 mars. — Danton, en proposant cette mesure extrême, s'était écrié à la tribune : « Les vainqueurs de Jemmapes retrouveront, « pour exterminer tous les rois de l'Europe, les forces « qui les leur ont déjà fait vaincre. » — Charles IV accepta le défi qui lui était porté, et la proclamation de la guerre se fit le 27 mars à Madrid, avec ce grave cérémonial qui donnait tant d'importance, aux yeux d'un peuple ignorant et fanatique, à tous les actes de l'ancienne monarchie espagnole.

Dispositions nationales des Espagnols. — L'esprit d'hostilité que la révolution française montrait contre la religion contribua à donner aux préparatifs de guerre, faits dans un pays dominé par les préjugés religieux, un caractère vraiment national. Les grands d'Espagne briguèrent l'honneur de lever des corps à leurs frais. Deux seulement, les ducs de l'Infantado et de Médina-Cœli, obtinrent cette faveur. Un évêque offrit de métamorphoser en soldats 40,000 moines, prêts à combattre pour la religion et la patrie : par respect pour la religion, cette offre, qui aurait pu être utile à la patrie, ne fut point acceptée. 300 contrebandiers de la Sierra-Moréna, commandés par un nommé Ubeda, demandèrent à prendre part, réunis en corps franc, à la lutte qui allait avoir lieu contre les Français, hérétiques et républicains, afin de purifier les souillures de toute leur vie, qui n'avait été qu'un long enchaînement de vols et d'assassinats, et cette demande fut favorablement accueillie par le gouvernement. Bientôt ces diverses troupes, renforcées d'un corps d'émigrés français, sous le nom de *légion royale des Pyrénées,* rejoignirent la frontière, où toutes les forces réunies ne s'élevaient encore qu'à environ 40,000 hommes, disséminés sur une grande étendue; armée qui, en apparence, paraissait trop faible pour l'offensive, et à peine suffisante pour la défensive[1].

Division des forces espagnoles. — La cour d'Espagne ne pouvant attaquer la France sur tous les points, avait porté aux extrémités orientales et occidentales des Pyrénées les deux principaux corps de son armée, et s'était décidée à prendre l'offensive sur le Roussillon. Le lieutenant général don Antonio Ricardos commandait l'armée qui devait agir sur ce point. L'armée de Guipuscoa et de Navarre, qui devait se tenir sur la défensive, était sous les ordres du lieutenant général don Ventura Caro. Le lieutenant général prince de Castel-Franco, colonel des gardes wallones, était chargé, au centre de la ligne, de la défense des passages des Pyrénées qui couvrent l'Aragon.

Description des Pyrénées.—La chaîne des Pyrénées, généralement d'un tiers plus basse que celle des Alpes, s'étend sur une longueur d'environ cent lieues, de l'Océan à la Méditerranée. Les sommets les plus élevés sont au centre, où remontent les têtes des grandes vallées de la Garonne, de l'Adour, de l'Ariége, de la Sègre et de la Noguera. Ces sommets ont généralement

[1] Voir la note, page 195

de 7 à 10,000 pieds au-dessus de la mer, depuis les sources du Gave-d'Oléron jusqu'à Mont-Louis. Cette hauteur diminue ensuite successivement des deux côtés jusqu'aux deux mers où se termine chacune des extrémités de la chaîne.

Cinq communications principales traversent les Pyrénées-Orientales, vers lesquelles allaient se porter les efforts de l'armée espagnole : 1° la route de Collioure, à l'est de Bellegarde, par le *col* (que les Espagnols nomment *Puerto*) de Banyuls; 2° celle de Bellegarde, à l'ouest de ce fort, par le *col* de Pertus et Figuères (c'était alors le seul passage praticable pour une armée avec son artillerie); 3° la route de Pratz-de-Mollo, Villefranche et Mont-Louis à Campredon; 4° celle de Mont-Louis et de Villefranche à Ripoll; 5° enfin dans la vallée de la Sègre, celle de Mont-Louis sur Urgel, Pons ou Solsona.

Une route transversale longe la Tet et conduit de Puycerda à Perpignan, par Mont-Louis et Villefranche; une autre plus voisine de l'Espagne, suivant la vallée du Tech, va de Campredon à Elne, par Pratz-de-Mollo et le fort des Bains. — La France, du côté oriental des Pyrénées, a pour barrière, d'abord le fort Saint-Elme, Port-Vendres et Collioure, formant un même système, dont Collioure est le centre de défense. La première ligne de places fortes se compose de Bellegarde, du Fort-des-Bains, de Pratz-de-Mollo et de Mont-Louis; la seconde, de Perpignan, du fort de Salces et de Villefranche. — L'Espagne est beaucoup mieux défendue. Outre les postes avancés de la Seu d'Urgel, de Campredon et de Castel-Follit, elle possède en arrière trois lignes de places fortes : d'abord les forteresses de Figuères et de Roses, puis Girone et Ostalrisch, enfin Barcelone, place maritime et grand dépôt militaire. Le débouché de la vallée de la Sègre est en outre défendu par Balaguer, Lerida et Mequinenza.

Armée républicaine. — La France républicaine, en prenant l'initiative de la guerre, n'offrait pas de moyens d'attaque supérieurs à ceux de la résistance. Un décret d'octobre 1792 avait, il est vrai, prescrit la formation d'une armée destinée à surveiller les Pyrénées et une partie des côtes méridionales; mais ce décret était resté sans exécution. Les départements des Pyrénées n'offraient alors qu'un noyau d'armée de 25,000 hommes, aux ordres de l'ex-ministre Servan. Ces troupes, comme toutes celles organisées à cette époque, se trouvaient dans le plus complet délabrement. Le général était néanmoins parvenu, vers la fin d'avril, à réunir 16,000 hommes sur la frontière, dont 8,000 devant Perpignan et autant du côté de Bayonne. C'était avec de tels corps qu'on lui ordonnait d'ouvrir la campagne. On espérait à la vérité les voir bientôt triplés par l'arrivée des gardes nationaux mis en réquisition, et par le contingent de la levée de 300,000 hommes.

Invasion du Roussillon par les Espagnols. — Tandis que le conseil exécutif pressait Servan d'attaquer avec des forces si faibles, Ricardos reçut l'ordre d'envahir le Roussillon. Ce général était informé de l'état de délabrement et du manque d'approvisionnement des places fortes du Tech, et de la dispersion dans les différentes vallées des corps peu nombreux qui formaient sur ce point l'armée française; il eut l'espérance de voir son mouvement réussir.

Après avoir masqué Bellegarde et confié la garde des débouchés de la Cerdagne et surtout du col de Banyuls aux milices catalanes, précautions indispensables pour ne pas être inquiété sur ses flancs, Ricardos se jeta dans les Pyrénées, entra dans le Valespir en se dirigeant sur Saint-Laurent-de-Cerda. Ce poste, malgré la vive défense des Français, fut enlevé, le 17 avril, par l'avant-garde espagnole, aux ordres du maréchal de camp Escoffet. Ce général, renforcé le lendemain par la division aux ordres du comte de la Union, attaqua les positions qui couvraient la ville d'Arles et qui furent presque aussitôt abandonnées par ceux qui étaient chargés de les défendre. Ricardos dirigea ensuite toutes ses forces disponibles vers Ceret, dont l'occupation était nécessaire à son plan d'invasion, et qu'il avait résolu d'enlever avant que les Français y eussent pu réunir des forces suffisantes.

Le vieux général Laboullière, commandant à Perpignan, avait détaché sur cette place le général Willot, avec environ 1,500 hommes. Ricardos parut le 20 avril devant Ceret; il trouva les Français en bataille entre la ville et le pont du Tech, dans le prolongement du grand chemin. Les Espagnols se précipitèrent avec audace dans les batteries françaises, s'emparèrent de quatre canons et mirent en fuite les volontaires républicains, encore mal aguerris et mal commandés, dont la déroute eût été désastreuse sans la bonne contenance du colonel Sauret, qui arrêta l'ennemi avec un bataillon de Champagne.

Les conventionnels réunis à Perpignan déclarèrent cette place en état de siège et s'occupèrent de tous les moyens capables d'arrêter la marche des Espagnols. Un appel fut fait aux gardes nationales de tous les départements voisins. L'alarme et le désordre étaient dans Perpignan. Si Ricardos s'y fût alors porté avec célérité, il est presque certain qu'il aurait réussi à s'en emparer; mais ce général habile, dont la prudence était la principale qualité, voulut avant tout assurer ses communications avec l'Espagne et perdit du temps à faire ouvrir dans le col de Porteil un chemin praticable à l'artillerie.

Flers est nommé général en chef de l'armée des Pyrénées-Orientales. — Sur ces entrefaites, et afin de mieux assurer la défense du territoire, le comité de salut public crut devoir diviser en deux armées les troupes réunies devant les Pyrénées. — Servan prit le commandement de l'armée des Pyrénées-Occidentales; l'armée des Pyrénées-Orientales fut mise sous les ordres de Flers. Le premier soin de ce général fut de rassembler, pour couvrir Perpignan, le peu de forces dont il pouvait disposer. Le général Dagobert, avec cinq bataillons et 400 chevaux, fut posté à deux lieues de la place dans la presqu'île du Rat, la gauche appuyée à des ravins profonds, la droite à la métairie de Mas-d'Eu. Les communications de Perpignan avec Villefranche et Collioure furent assurées par de forts détachemens placés à Elne et à Thuir, et huit bataillons de volontaires à peine organisés furent cantonnés sur la rive gauche de la Gly, position un peu hasardée, mais qui barrait le chemin aux Espagnols

Combat de Mas-d'Eu. — Le général Ricardos, ayant reçu vers le milieu de mai des renforts qui élevèrent son armée à 18,000 hommes, résolut d'enlever aux Français les positions où ils venaient de s'établir. Dans la nuit du 18 au 19 mai, il s'avança avec 12,000 hommes en quatre colonnes, de Céret sur Thuir. Le général Flers, à l'approche des Espagnols, avait dirigé les principales forces sur sa droite : l'attaque projetée ne pouvait se faire que par une marche de flanc dangereuse. Ricardos ordonna au duc d'Ossuna, de tourner le village de Mas-del-Conte, et d'assaillir par la gauche celui de Mas-d'Eu ; au général Courten d'aborder la droite de l'armée française, et au maréchal de camp Villalba d'attaquer le centre. Dagobert était prêt sur tous les points, et la canonnade s'engagea à cinq heures du matin. Les Français, dont la position, protégée par des ravins, était presque inattaquable de front, portaient le désordre dans les rangs espagnols, que foudroyait leur artillerie; quand Ricardos, afin de mettre un terme à cette canonnade meurtrière, manœuvra avec sa cavalerie pour tourner la droite des batteries françaises, en passant dans un ravin profond qu'enfilait notre artillerie. Le désordre se mit dans ses escadrons. Dagobert, trop pressé de jouir de ce commencement de victoire, dégarnit sa gauche pour le poursuivre; mais le duc d'Ossuna, qui s'aperçut de cette faute, ordonna en ce moment une charge vigoureuse, fit plier les bataillons français, et pénétra dans le camp par Mas-d'Eu. Pendant ce temps, la droite, sortie de ses positions, se trouva écrasée par une batterie de quatorze bouches à feu habilement placées, et était obligée de se former en carrés pour repousser les charges de la cavalerie espagnole qui avait repris courage. Trois cents gendarmes républicains donnèrent, en refusant de charger l'ennemi, le signal de la fuite à tout le reste de l'armée. Dagobert parvint cependant à la rallier sur la hauteur de Terrat de Vaqui, à l'aide d'un renfort de 1,200 fantassins, qui accourut de Perpignan, et la retraite se fit avec ordre sur cette place.

Si au lieu d'attendre inactif, au camp de Boulou, la réduction de Bellegarde et des autres places du Tech, dont il avait fait entreprendre le siège, le général espagnol eût profité de l'impression morale produite par la retraite des Français sur Perpignan, pour tenter un coup de main sur cette place, tout porte à croire qu'il eût réussi encore à s'en faire ouvrir les portes; mais malgré ses premiers succès il persista dans son hésitation et sa prudence. De son côté, après avoir renforcé les débris de son petit corps d'armée de quelques nouveaux bataillons, Flers le retrancha sur le revers de la colline de Mas-del-Conte.

Prise de Bains et de Pratz-de-Mollo par les Espagnols. — Cependant Ricardos, afin de pouvoir réunir ses troupes plus promptement, fit presser vivement le siège des forts qui tenaient encore en arrière de la position qu'il occupait. Le commandant du fort des Bains, sommé, le 3 juin, de se rendre dans deux heures, sous peine d'être passé, avec ses soldats, au fil de l'épée, consentit à capituler, et sortit, avec les honneurs de la guerre, à la tête d'une garnison de 400 hommes qui resta prisonnière. Pratz-de-Mollo et le fort de la Garde se rendirent le 5 juin aux mêmes conditions que Bains, ce qui assura aux Espagnols la conquête du haut Valespir.

Siége et prise de Bellegarde. — Bellegarde, défendue par 1,200 hommes, aux ordres du colonel Bois-Brûlé, repoussa la sommation qui lui fut faite. Cette forteresse était investie depuis les premiers jours de mai. Ricardos en fit faire le siège en règle. Bellegarde est dominée par de hautes montagnes, qui, étant inaccessibles du côté de l'Espagne, en font la principale sûreté. Cette place est un pentagone irrégulier avec un fort avancé. Toutes les communications de la garnison avec le dehors furent interceptées, et trois batteries de mortiers et de canons furent établies pour en battre les défenses. Après un bombardement de quarante jours, une brèche praticable se trouva formée; les casemates étaient détruites, la place démantelée et la garnison sans abri contre le feu continuel de l'ennemi. Quarante-deux bouches à feu y avaient été démontées sur cinquante qui étaient en batterie. 23,000 boulets de tous calibres, 4,000 bombes et plus de 3,000 grenades avaient été lancés dans la place. Réduit à cette extrémité, le brave Bois-Brûlé assembla un conseil de guerre. Un tiers de ceux qui le composaient opinèrent pour qu'on s'ensevelît sous les ruines de la forteresse. Le reste vota pour une capitulation qui eut lieu le 25 juin. La garnison, réduite à 900 hommes obtint les honneurs de la guerre, et resta prisonnière. 12,000 Espagnols avaient été employés à ce siège.

Escarmouches. — La reddition de Bellegarde répandit la terreur dans Perpignan, et attira à Flers de nouveaux reproches des représentants du peuple, qui l'accusaient tantôt de faiblesse, tantôt de trahison. Le général ne pouvait penser à attaquer le camp de Boulou avec des soldats inaguerris et sans discipline; mais, poussé à bout par les observations des Conventionnels, il résolut de quitter son camp et de se jeter sur les derrières des Espagnols, afin d'intercepter leurs convois. Il se disposait à exécuter ce mouvement lorsqu'il apprit l'occupation d'Argelès par l'ennemi. Ce nouvel échec le contraignit à rester dans sa position pour éviter d'être coupé lui-même. Ricardos, afin de resserrer Saint-Elme, Port-Vendres et Collioure dont il avait résolu l'occupation, fit attaquer le Puygoriol, l'une des montagnes qui dominent ces trois places. La résistance obstinée d'un officier français, chargé de défendre ce poste avec deux compagnies et deux pièces, fit échouer cette tentative, et cet échec, insignifiant en apparence, empêcha néanmoins le débarquement de vivres que les Espagnols attendaient d'un convoi mouillé dans les eaux de Collioure.

Ne comptant pas pouvoir chasser à force ouverte l'armée française des positions qu'elle occupait à Mas-del-Conte, Ricardos essaya infructueusement de l'obliger à les abandonner, en détournant les ruisseaux qui fournissaient de l'eau au camp. — La guerre d'avant-postes fut très vive pendant quinze jours; mais toutes ces escarmouches n'eurent d'autres résultats que d'aguerrir nos jeunes volontaires.

Toutes ces affaires sans résultat décisif ne faisaient qu'entretenir l'irritation qui existait entre le général en chef de l'armée républicaine et les représentants du peuple. Chaque jour avaient lieu les scènes les plus vives. Un conseil de guerre fut assemblé, et on discuta la question d'évacuer le camp de Mas-del-Conte et de se retrancher sur les hauteurs de Salces, en abandonnant Perpignan à ses propres forces. Le général en chef, à qui les Conventionnels avaient souvent reproché sa faiblesse, fut le seul qui s'opposa à cette mesure pusillanime, et son opinion, soutenue par d'énergiques raisons, ramena le conseil à des actes plus vigoureux.

Combat de Niel et de Mas-de-Serres. — Sur ces entrefaites, Ricardos, qui méditait toujours de faire sortir par quelque manœuvre les républicains d'une position qu'il n'osait attaquer, résolut de tenter un nouvel essai, au moment où Flers, qui venait de recevoir un renfort de sept bataillons, s'apprêtait lui-même à célébrer la fête de la fédération par une attaque sur toute la ligne. — Le 13 juillet, les Espagnols, après avoir laissé un corps d'observation devant Collioure et Port-Vendres qu'une escadre bloquait par mer, s'ébranlèrent sur trois colonnes, fortes ensemble de plus de 15,000 hommes, et appuyées par une nombreuse artillerie. Leur avant-garde arriva à deux heures du matin sur les hauteurs en avant de Ponteilla. La première colonne, commandée par le général Cacigal, prit la direction de Niel; la seconde, aux ordres du marquis de Las Amarillas, se porta par la droite sur Canohoes, et la troisième, qui formait l'aile gauche, aux ordres du prince de Monforte, marcha par la gauche sur le même village. Au premier bruit de la marche des Espagnols, Dagobert et Barbantane, qui commandaient au camp, rangèrent leur petite armée en bataille derrière leurs retranchements, et se bornèrent, pour harceler l'ennemi, à détacher en avant quelques centaines de tirailleurs.

Pendant que les éclaireurs échangeaient quelques coups de fusil, Ricardos perdit le temps à se retrancher, et laissa écouler trois jours en escarmouches assez insignifiantes. Cependant la supériorité des forces espagnoles semblait devoir lui permettre de tenter au moins, par quelque grande manœuvre, de réaliser le but dans lequel il avait opéré tous ces mouvements. Ainsi, en masquant par une division le camp républicain, il eût pu aisément filer inaperçu, par Millas, de l'autre côté de la Tet, et se rabattant ensuite sur Rivesaltes ou le Vernet, mettre en sa faveur de grandes chances de succès. Tous ses mouvements, au contraire, firent connaître ses desseins au général français, et par leur lenteur lui donnèrent tout le temps de rassembler les moyens de les prévenir. On a dit, pour excuser Ricardos, qu'il ne pouvait rien entreprendre avant de bien connaître la position de son ennemi, et les trois jours de temporisation auraient été employés à cette reconnaissance.

L'attaque eut enfin lieu le 17 juillet. L'ennemi, dont la masse renforcée s'élevait à plus de 20,000 hommes, divisée en cinq colonnes, s'avança, dès trois heures du matin, sur les postes français. La première colonne devait se porter par Poullestres sur Cabestany, derrière la gauche du camp. La seconde, commandée par le marquis de Las Amarillas, était chargée d'attaquer Orles, en marchant par Niel et Canohoes. La troisième devait se porter contre Pezilla, par Truillas et Thuir. La quatrième colonne, passant le Tet à Millas, devait s'avancer ensuite sur Corneilla et Saint-Estève. Enfin, la cinquième, commandée par le major général La Union, devait, aussitôt que les républicains seraient ébranlés, se porter par Millas sur Rivesaltes, pour leur couper la retraite sur Salces en s'emparant du pont de la Gly.

Cette attaque, où toutes les précautions semblaient avoir été prises pour assurer le succès, devait échouer par une cause qui a entraîné bien d'autres défaites, c'est-à-dire par le trop grand isolement des colonnes destinées à se soutenir mutuellement. Les Espagnols eurent d'abord l'avantage : assaillis par des forces supérieures, les avant-postes français furent obligés de se replier sur le camp. Les Espagnols se portèrent aussitôt sur les hauteurs de Mas-de-Serres, où fut aussitôt établie une batterie de vingt et une pièces de gros calibre. Le feu de cette batterie ne tarda pas à couvrir de projectiles le camp des républicains; mais, en raison de l'éloignement des diverses colonnes, la troisième colonne qui la protégeait ne put être soutenue à temps, et eut à supporter seule l'effort de toutes les troupes françaises. Le général Flers, qui avait suivi avec attention les dispositions des Espagnols, vit enfin arriver le moment où il avait résolu de les attaquer lui-même. Poussant en avant la légion des Pyrénées, commandée par le colonel Pérignon, il ne tarda pas à la suivre avec le reste de la troupe, qu'il fit filer sur deux colonnes à droite et à gauche des hauteurs. L'adjudant général Poinsot, avec 400 hommes et deux pièces de canon, avait déjà pris poste au Mas-des-Jésuites, où un demi-bataillon des Pyrénées tenait tête aux tirailleurs wallons, répandus sur les hauteurs opposées. Mais les deux pièces d'artillerie se trouvant insuffisantes pour soutenir l'attaque, furent renforcées par d'autres bouches à feu de gros calibre. Au moment où le colonel Lamartillière répondait à la grande batterie espagnole avec la grosse artillerie du camp, et la démontait, toutes les colonnes ennemies restèrent à découvert, et l'artillerie de Poinsot causa un grand ravage dans celles qui arrivèrent à sa portée.

Pendant ce temps, le colonel Pérignon était parvenu à franchir les retranchements de Mas-de-Serre, et il y fut aussitôt établi une nouvelle batterie de quatre pièces, qui augmenta le désordre dans les colonnes espagnoles déjà ébranlées. Ricardos, craignant de hasarder l'assaut des hauteurs défendues par l'artillerie française, ordonna la retraite. Ce mouvement fut à peine commencé que Dagobert s'élança à la poursuite de l'ennemi avec toute l'infanterie qu'il put réunir.

Le comte de La Union voulut s'opposer à cette attaque avec la cavalerie espagnole, mais Dagobert fit aussitôt diriger sur elle ses pièces de bataillon, et, n'en trouvant pas l'effet encore assez prompt, ordonna à son infanterie de charger les escadrons ennemis à la baïonnette. Néanmoins, cette charge ne fut point heureuse, et l'infanterie républicaine lâcha pied. La Union reprit l'offensive, fondit sur elle, la mit en déroute et lui enleva son artillerie. La gendarmerie tenta vainement de soutenir l'infanterie, et, comme elle, fut obligée de reculer, ramenée par les Espagnols jusque sur le Mas-de-Serre, où elle se rallia à la gauche de la première brigade de la division Barbantane. Mais Flers et Barbantane, ayant remis de l'ordre dans les rangs, haranguèrent les soldats, et, se plaçant à leur tête, dirigèrent une nouvelle charge contre l'ennemi. Cette fois le choc fut si terrible que les Espagnols culbutés s'enfuirent en désordre, laissant un grand nombre de morts et de blessés sur la place. Le canon de la réserve et le feu des grenadiers français achevèrent la déroute de l'ennemi.

Les Espagnols se réfugièrent au camp de Niel. Leur perte, dans cette journée, fut d'environ 1,000 hommes tués, dont 400 du seul régiment de cavalerie de la Princesse.

Pendant le court succès de la charge ennemie, les chasseurs de la légion des Pyrénées s'étant débandés, Pérignon, leur colonel, après avoir inutilement cherché à les rallier, prit le fusil et les cartouches d'un homme blessé, et, se plaçant parmi les grenadiers du régiment de Champagne, continua à combattre dans les rangs de ces braves jusqu'à ce que ses propres soldats, honteux de leur conduite, se fussent ralliés autour de lui, en le suppliant de se mettre de nouveau à leur tête.

Ce combat obstiné et glorieux eut d'heureux résultats pour l'armée des Pyrénées orientales : il releva le moral des troupes françaises, découragées par une suite non interrompue de revers, et, en rabattant la jactance des Espagnols, il leur inspira cette défiance d'eux-mêmes qui devint plus tard la principale cause des échecs qu'ils éprouvèrent.

Prise de Villefranche. — Les Espagnols, renonçant à l'offensive, se retirèrent le lendemain de Niel sur leur camp de Mas-d'Eu. Leur droite masquait Collioure, Port-Vendres et Saint-Elme ; leur centre occupait Mas-d'Eu, Truillas et Ponteilla ; leur gauche, prolongée le long de la Tet, s'appuyait au camp de la Perche, placé en observation devant Mont-Louis. Les Français, établis toujours sous le canon de Perpignan avec un faible corps en Cerdagne, ne semblaient avoir d'autre but que de ne point abandonner cette place importante à ses propres forces. Ricardos, toujours en proie à son hésitation habituelle, n'entreprenait rien de décisif pour les y contraindre, et tout se passait sur le front de deux armées en engagements sans résultats. Cependant le général espagnol n'en persistait pas moins dans son dessein ; mais pour l'atteindre il fallait tourner les Français, ce qui ne pouvait se faire qu'en s'avançant sur la Gly, après avoir franchi la ligne de la Tet, manœuvre que les dispositions locales rendaient très hardie, tant que Villefranche restait au pouvoir des Français. En effet, ceux-ci maîtres de cette place pouvaient y rassembler de grandes forces, et venir ensuite par Thuir tomber sur la gauche et les derrières des Espagnols dès qu'ils auraient passé la Tet.

Ricardos, ayant donc résolu de s'emparer de Villefranche, chargea de cette opération le général Crespo, qui, connaissant la disposition des lieux, arriva le 3 août avec six bataillons sur une hauteur à demi-portée de canon de Villefranche et de son château, et d'où il pouvait ainsi battre l'un et l'autre. Mais il n'y avait pas de chemin praticable pour y conduire l'artillerie. Crespo voyait son expédition manquée, par suite de cet incident, lorsque des grenadiers du régiment de Savoie et de Navarre le tirèrent d'affaire en s'offrant à monter eux-mêmes les pièces à bras. Huit pièces de 24 et de 12 furent aussitôt hissées sur la montagne et mises en batteries.

Le gouverneur, sommé de se rendre, répondit en apparence comme il le devait. Le feu des assiégeants commença dès les trois heures du matin, et se prolongea pendant vingt-quatre heures ; mais ensuite le misérable commandant de Villefranche fit offrir secrètement au général espagnol de lui livrer la ville et le château, s'il voulait, pour y entrer, profiter d'un moment où la plus grande partie de la garnison irait fourrager de l'autre côté de la Tet. On doit penser si Crespo accueillit favorablement les propositions du traître. Tels étaient cependant les moyens de résistance de Villefranche, qu'il se défia d'un tel bonheur, et crut un instant que la proposition qui lui était faite cachait quelque piège. Il prit toutes les précautions possibles pour s'en garantir, dans le cas où ses soupçons seraient fondés. Les portes furent laissées ouvertes, et il s'y présenta avec des forces suffisantes pour parer à tout ; mais il ne tarda pas à être rassuré : l'infâme gouverneur était sincère dans sa trahison. Il fut même sur le point d'aller au-delà de ce qu'il avait promis, et de livrer à l'ennemi la partie de la garnison qui était allée fourrager ; mais cette troupe fut avertie à temps de ce qui venait d'arriver. Les soldats républicains restés dans la ville furent faits prisonniers de guerre.

Destitution de Flers, remplacé par Barbantane. — Cet événement fut, sans doute, la cause décisive de la destitution et de l'arrestation du général en chef Flers, qui fut remplacé, le 7 août, par le général divisionnaire Barbantane, officier dont les talents et l'énergie étaient bien inférieurs à ceux de son prédécesseur, et dont le commandement fut marqué par de nouveaux échecs.

Opérations de Dagobert en Cerdagne. — Quoique les Espagnols occupassent toujours les positions de Mas-d'Eu, de Truillas et de Thuir, ils étaient attaqués en arrière et sur leur gauche par le petit corps de la Cerdagne, aux ordres de Dagobert, qui, maître d'Olette et de Mont-Louis, faisait de fréquentes incursions dans le pays occupé par l'ennemi. — Ce brave général attaqua, le 28 août, le camp de la Perche, y battit le général La Pena, et lui prit huit pièces de canon. Se portant ensuite rapidement sur Puycerda et Belver, il nettoya la vallée de Carol, la Cerdagne française, et repoussa les Espagnols jusqu'à la Seu d'Urgel, en leur enlevant beaucoup de munitions et d'artillerie. Il espérait faire une diversion utile à l'armée campée sous Perpignan. Mais le général Vasco fut seul envoyé avec cinq bataillons pour rallier les détachements battus. Ricardos, continuant l'exécution de son plan, se décida à reprendre l'offensive.

Passage de la Tet par les Espagnols. — Il ordonna donc à Crespo de forcer le poste de Montalba, et d'attaquer le camp de la montagne Montferrail, dans le Conflans, opérations qui avaient pour but de mieux contenir la division de Cerdagne. Deux brigades devaient pendant ce temps inquiéter le camp sous Perpignan, par Cabestany et Orles. En même temps aussi le corps du marquis de Las Amarillas, composé de 6,000 hommes, devait passer la Tet entre Saint-Féliu et Soler, et attaquer le camp de Corneilla, occupé par 4,600 Français, aux ordres du général Lemoine. Cette position, qui défendait le passage de la Tet à Millas, devait être aussi assaillie par le général Solano, qui occupait ce dernier poste. Les ordres de Ricardos furent exécutés avec la plus grande précision; le poste de Corneilla fut enlevé, le 31 août, sous les yeux de la division Mont-Redon, accourue trop tard pour le soutenir. La droite des Français, aux ordres du général Goguet, se retira sur Salces; la gauche resta sous Perpignan. Les postes de Cabestany et d'Orles furent également forcés deux jours après.

Combat de Mont-Louis. — Cependant Vasco insultait, du côté de la Cerdagne, la place de Mont-Louis, et menaçait les derrières du général Dagobert, qui méditait une attaque sur Campredon. Dagobert, pour n'être pas coupé sur la ligne de retraite, jeta des garnisons dans Puycerda et Belver, et se retira sur Mont-Louis, où il rallia les débris de la brigade Bethencourt, qui venait d'être assaillie à Olette par Vasco. Le détachement échappé de Villefranche s'était aussi retiré à Mont-Louis. Dagobert, avec ces troupes qui portèrent ses forces disponibles à environ 3,000 hommes, ne craignit pas d'attaquer, le 4 septembre, la division ennemie forte de plus de 3,500 hommes, la chassa de toutes ses positions, lui enleva 300 prisonniers et 14 bouches à feu.

Prise de Peyrestortes par les Espagnols. — Cette seconde diversion, au moment où les Français venaient de perdre leurs positions sur la Tet, fut utile en ce qu'elle attira en arrière l'attention du général ennemi. Sans renoncer à poursuivre l'exécution de ses plans contre la droite de l'armée française, Ricardos, ému de cet échec, se décida pourtant à envoyer sur la Cerdagne le comte de La Union, tandis qu'un autre de ses lieutenants, le marquis de Las Amarillas, allait se porter sur Peyrestortes, afin de s'emparer de tous les postes sur la Gly, opération qui fut terminée le 8 septembre avec succès.

Barbantane est remplacé par Dagobert. — Victoire de Peyrestortes. — Barbantane fut destitué comme causé de ces revers, et pour le remplacer on appela Dagobert de la Cerdagne; mais, avant même l'arrivée du nouveau général en chef, les représentants voulurent à tout prix repousser les troupes ennemies qui coupaient la communication entre l'armée retirée sur Salces et la division restée sous Perpignan, et commandée par d'Aoust. Un mouvement fut concerté entre les représentants Cassaigne et Fabre, et les généraux d'Aoust et Bonnet, qui se trouvait à Salces pour reprendre Peyrestortes. Les Espagnols s'étendaient depuis Vernet jusqu'à Peyrestortes, avec des postes avancés à Rivesaltes. D'Aoust, débouchant de Perpignan, le 17 au soir, se dirigea sur Vernet et emporta cette position. Pendant la marche de d'Aoust, Perignon, suivi d'une division, s'était dirigé sur la droite du camp de Peyrestortes, et Goguet, avec trois brigades, renforcées de quelques gardes nationales levées à la hâte, s'avançait sur Rivesaltes. Au bruit du canon de d'Aoust, annonçant l'arrivée et l'attaque de la colonne de Perpignan, les Républicains se précipitèrent sur le camp de Peyrestortes qui, malgré la formidable artillerie dont il était garni, fut en même temps assailli sur la droite, de front et menacé sur ses derrières. Les Espagnols ne purent résister à l'impétuosité du choc des Républicains, animés par l'exemple et les exhortations des Conventionnels qui combattaient à la tête des colonnes. Peyrestortes et Rivesaltes furent emportés presque en même temps; et les Espagnols mis en déroute après avoir perdu plus de 2,000 hommes tués, blessés ou prisonniers, repassèrent la Tet et rentrèrent dans leur camp de Mas-d'Eu. 26 pièces de canon et 6 drapeaux furent pour les Français les trophées de cette victoire.

Bataille de Truillas. — Dagobert arriva à Perpignan, et prit le commandement de l'armée: ce brave et chevaleresque vieillard (il avait alors soixante-quinze ans) était, malgré son âge, actif et entreprenant; il connaissait bien la guerre de montagnes; il résolut de signaler son début par une affaire générale sur toute la ligne, et qui, en cas de succès, aurait pour résultat de rejeter l'ennemi au-delà des Pyrénées, et probablement de finir la guerre d'un seul coup.

Le 22 septembre, à 7 heures du matin, 18,000 hommes d'élite se mirent en marche sur trois colonnes. La droite, commandée par Goguet, devait se porter sur Thuir, où s'appuyait le flanc gauche des Espagnols, qu'elle devait tourner à la fois par Sainte-Colombe et Saint-Sauveur, pour tomber à Truillas sur le quartier général de Ricardos. La colonne de gauche aux ordres de d'Aoust, devait marcher par le bois de Casa-Nova, attaquer les retranchements du camp de Mas-d'Eu, et se porter de façon à couper la retraite à l'ennemi. Dagobert, avec le centre, comptait enlever les camps de Ponteilla et de Truillas.

Ricardos, prévenu de l'attaque qui le menaçait, chargea Crespo d'aller, avec 3,000 hommes, renforcer sa droite à Réart, et se porta lui-même à Thuir, où il jugeait, par la marche des colonnes françaises, que devait se faire l'attaque principale. Le duc d'Ossuna occupait Thuir; il le fit aussitôt renforcer par le comte de La Union, et par toutes les troupes disponibles. Ces mesures étaient à peine prises, qu'on lui signala la marche d'une colonne de 4,000 hommes sur les hauteurs de Réart. Ricardos crut que ce n'était qu'une simple démonstration d'attaque, et n'en tint pas compte; il rappela même un détachement de carabiniers de ce poste, pour le diriger encore sur sa gauche où le feu venait de commencer. Cette erreur aurait dû compromettre, pour les Espagnols, le sort de la journée, malheureusement la jalousie, la faiblesse, ou quelque autre motif honteux et ignoré déterminèrent d'Aoust, qui commandait la colonne, à l'abandonner à elle-même après lui avoir donné quelques ordres insignifiants, et qui furent sans résultats; de sorte qu'il n'y eut pas même de fausse attaque sur ce point qu'avait si imprudemment dégarni le général espagnol.

Les principales forces ennemies avaient donc été dirigées sur Thuir, où Ricardos se croyait particulièrement menacé. Goguet avait assez mal à propos différé l'attaque d'une batterie de douze pièces de vingt-quatre, qui défendait cette position devant laquelle il était arrivé avant les renforts Espagnols; il se trouva avoir à combattre des forces infiniment supérieures aux siennes : l'attaque qu'il devait exécuter de front, quoique faite avec la plus grande intrépidité, échoua. Une colonne française, précédée du régiment de Champagne, s'avançait fièrement sur la batterie. Le duc d'Ossuna défendit de faire feu avant que les Français ne fussent à demi-portée. Le brave régiment de Champagne eut alors à essuyer un ouragan de mitraille qui l'extermina presque entièrement. Le centre de la colonne continua néanmoins son mouvement offensif, et succomba sous le feu meurtrier de l'ennemi. D'autres colonnes remplacèrent la première, et subirent le même sort. L'attaque de flanc n'eut pas un meilleur résultat. La colonne républicaine, d'abord tenue en échec par le comte de La Union, et exposée à la fois au feu de ce général et à celui de la batterie d'Ossuna, s'avançait lentement et combattait avec courage, lorsqu'une charge impétueuse de la cavalerie d'élite espagnole, conduite par Ricardos lui-même, la culbuta entièrement.

L'attaque du centre, conduite par le vieux Dagobert, s'exécutait pendant ce temps avec non moins d'intrépidité, et avec plus de succès. Après s'être rendus maîtres de la redoute et de l'abattis qui couvraient le ravin de Truillas, les soldats Français s'étaient impétueusement précipités dans le camp ennemi, où ils renversaient tout ce qui s'opposait à leur passage. La victoire semblait décidée sur ce point. Le combat n'était plus entretenu que par la réserve. Cette réserve elle-même commençait à plier, Dagobert allait enfoncer complétement le centre de la ligne ennemie, quand Ricardos arrivant avec les quatre régiments de cavalerie qui venaient d'écraser une des colonnes de Goguet, les jeta en même temps sur les deux flancs de la colonne de Dagobert, dont la tête fut attaqué par la réserve espagnole, qui reprit courage, et la queue par les troupes du comte de La Union, accourues pour soutenir Ricardos. Ainsi, enveloppé de toutes parts, et ne recevant aucune nouvelle de ses ailes, Dagobert en frémissant de rage se décida à la retraite, et commença à l'opérer avec la plus grande difficulté, craignant à chaque instant de voir rompre sa ligne. Trois bataillons républicains, totalement enveloppés, furent sommés de se rendre et mirent bas les armes. L'un d'eux appartenant, dit-on, au régiment de Vermandois, crut devoir se concilier l'affection des vainqueurs par les cris de *vive le Roi*. Cette lâcheté indigna le général en chef, qui, oubliant un instant la situation critique de sa colonne, s'arrêta, fit tourner ses pièces contre l'indigne bataillon et le mitrailla. Cet acte remarquable de sévérité, dans un moment où le soin de sa sûreté et celle de ses soldats semblait devoir occuper exclusivement le général français, parut intimider les Espagnols. Dagobert rallia en leur présence ses soldats, les forma en carrés, et se retira lentement avec ordre, toujours menaçant, communiquant à ses troupes sa fermeté et son courage jusque sur les hauteurs de Canohès, où la division d'Aoust s'était déjà paisiblement repliée, et où arrivaient pêle-mêle, et dans le plus grand désordre quelques fuyards échappés au massacre de la colonne de Goguet. Ils n'avaient dû leur salut qu'aux obstacles que les monceaux de cadavres, dont la terre était couverte, avaient opposés à la poursuite de leurs ennemis. Cette malheureuse affaire couta 3,000 hommes à l'armée française.

Dagobert est remplacé par d'Aoust. — Dagobert, malgré son héroïque conduite sur le champ de bataille et le succès qu'il avait personnellement obtenu dans son attaque, se vit accusé par le représentant Fabre de la fatale issue de la bataille. Indigné il résigna le commandement et retourna en Cerdagne. D'Aoust, qui avait été réellement cause de la défaite de l'armée, fut à sa place nommé général en chef. Mais se sentant peu capable de tenir la campagne, il concentra à Villa-Dona et au Mas-Petit l'armée qui heureusement fut bientôt renforcée par l'arrivée successive des contingents de la levée en masse; ces renforts portèrent le nombre des combattants à 40,000.

Retraite des Espagnols sur le camp de Boulou. — La victoire de Truillas fut sans fruit pour les Espagnols. Instruit de la reprise de Villefranche par le colonel Gilly et de renforts arrivés à l'armée française, Ricardos jugea le camp de Mas-d'Eu n'était plus tenable, et se décida, le 30 septembre, à lever le blocus de Collioure et de Port-Vendres, et à rentrer dans la position du Boulou, qu'il avait fait retrancher.

Le front de ce nouveau camp, situé dans la plaine qui est en avant de Boulou, et que traverse la grande route de Perpignan, en Espagne, était défendu par un ravin, au fond duquel coule le ruisseau de Valmagne, qui se jette dans le Tech. Des batteries à feux croisés établies sur de petits mamelons défendaient l'approche du ravin. La gauche du camp s'appuyait sur un prolongement de coteaux garnis de fortes batteries qui couvraient le chemin de Céret et assuraient la communication du Boulou avec cette ville. La droite, quoique appuyée au Tech, eût pu être tournée par la plaine d'Argèles, ce qui avait décidé les ingénieurs espagnols à couvrir de retranchements les coteaux de Montesquiou de l'autre côté de la rivière.

Première attaque du camp de Boulou. — Les Français avaient suivi la retraite des Espagnols et s'étaient établis parallèlement à la formidable position de Boulou ; leur gauche, assurant les communications avec Collioure, garnissait les rives du Tech jusqu'à Brouillas ; leur droite s'étendait jusqu'à Saint-Ferréol, et leur centre occupait Banyuls-les-Aspres. Les représentants, pénétrés de l'importance d'enlever le camp de Boulou aux Espagnols avant qu'ils s'y fussent complétement retranchés, le firent attaquer, pour la première fois, dans la matinée du 3 octobre. Une forte colonne se dirigea sur les coteaux de la gauche, couverts par les trois batteries, tandis qu'une autre était chargée d'inquiéter l'avant-garde et le front du camp. Un feu très vif s'engagea sur la gauche où Ricardos avait envoyé un renfort d'artillerie. L'action fut opiniâtre et dura toute la journée. Les Espagnols passèrent la nuit sous les armes dans la crainte d'une nouvelle attaque, et six escadrons d'élite furent postés en avant de la position de gauche, afin de la couvrir. Les Français commencèrent à combattre le 4, au point du jour, mais ils avaient changé leur plan d'attaque, et cherchaient à couper les communications de l'ennemi avec Bellegarde, en se portant sur la droite de Ricardos, campée entre le Tech et les montagnes. Par un mouvement inverse, Ricardos envoya à sa droite les renforts qu'il avait envoyés la veille à sa gauche. Cette affaire, comme celle de la veille, fut meurtrière et sans résultat. A la nuit, Français et Espagnols rentrèrent dans leur camp. Ces tentatives furent encore renouvelées le lendemain du même côté, mais elles n'aboutirent qu'à un échange de coups de fusils entre les Espagnols et les Républicains[1].

Opérations de Dagobert. — *Prise de Campredon.* — Pendant ces attaques infructueuses, le général Dagobert, parti de Puicerda avec 3,000 hommes, s'avançait sur Campredon, résolu d'enlever cette place de vive force. Le 4 octobre dans la soirée, il s'y présenta, la ville était défendue par les habitants et par quelques centaines de miquelets qui firent d'abord une vigoureuse résistance. A la sommation de Dagobert, le régidor Guttierez répondit avec cette jactance fanfaronne naturelle aux Espagnols. Le général républicain lui avait demandé la reddition de la place et l'envoi de quelques otages : « Je me défendrai, répondit-il, jusqu'à la « dernière extrémité : j'enverrai des balles pour otages, « et je barricaderai les portes avec des cadavres fran- « çais. *Signé* Guttierez. » Cette réponse envoyée, il évacua la ville pendant la nuit, et les Français y entrèrent le lendemain sans coup férir.

[1] Ce fut dans une de ces attaques que le sous-lieutenant Dupin, des canonniers du 2ᵉ bataillon du Gers (dont la pièce mise en position avait seule à répondre à une batterie de douze pièces, et par la vivacité de son feu avait réussi à démonter à l'ennemi deux canons et un obusier), ayant reçu l'ordre de battre en retraite, et ayant perdu tous ses chevaux, s'attela à sa pièce avec ses canonniers et la ramena à la prolonge ainsi que ses caissons, pendant l'espace de trois lieues. Les représentants du peuple, témoins de cet acte de dévouement, nommèrent immédiatement capitaine ce brave officier.

Dagobert voulait pousser jusqu'à Ripoll pour se joindre à une autre colonne de 3,000 hommes que les généraux Poinsot et Marbot devaient lui amener de Mont-Louis ; mais l'un de ces généraux étant tombé malade, et l'autre ayant reçu du général en chef une nouvelle destination, le vieux général dut revenir à Puycerda. L'Aragon fut néanmoins épouvanté de son apparition dans les défilés de montagnes qu'on croyait impossibles à franchir, et le général Caro reçut, en Navarre, l'ordre d'envoyer promptement 7,000 hommes de renfort en Catalogne et en Aragon.

Deuxième attaque du camp de Boulou. — D'Aoust ordonna, pour le 15 octobre, une nouvelle attaque sur le camp de Boulou. L'affaire commença à dix heures et demie du soir, et les Français obtinrent d'abord l'avantage. Le général espagnol Courten, qui défendait la droite ennemie, se retira le premier à quelque distance, afin de reformer ses bataillons rompus. Les Français, au lieu de le poursuivre vigoureusement pour l'en empêcher, se jetèrent impétueusement sur le village de Montesquiou, où Ricardos avait envoyé des renforts, et où il dirigea bientôt aussi les troupes ralliées par Courten. D'autres attaques étaient en même temps faites du côté de Céret, sur le front du camp. Le général espagnol ne tarda pas à pénétrer le dessein du général français, qui était de forcer le camp par la gauche. Telles étaient les localités, que cette gauche, en arrière du front de la ligne, une fois forcée, le centre se trouvait pris à revers, Ricardos se hâta d'y réunir des forces. Ses batteries de l'extrême gauche se trouvaient sur un plateau nommé *El pla-del-Rey*, gardé par quatre bataillons d'élite, aux ordres du brigadier Taranco. Les Français, repoussés sept fois, revinrent sept fois à la charge : ils pénétrèrent d'abord trois fois à la baïonnette dans les batteries, et trois fois aussi furent forcés de les abandonner. Rendus plus furieux par cette résistance opiniâtre, ils attaquèrent une quatrième fois ces batteries si obstinément défendues, et leur impétuosité les rendit maîtres du champ de bataille couvert de cadavres français mêlés aux cadavres espagnols.

L'obscurité sur laquelle les Républicains avaient compté leur devint funeste en les empêchant de reconnaître le petit nombre de leurs ennemis. Ne pouvant croire qu'une telle résistance eût été faite par moins de 2,000 hommes, d'Aoust n'osa point ordonner de poursuite ; Taranco se retira, avec 600 hommes qui lui restaient, au bas du plateau qu'on venait de lui enlever, et Ricardos, instruit de ce qui s'était passé, envoya à son secours un détachement de gardes wallonnes qui finirent, après cinq à six nouvelles attaques, par reprendre le poste dont les Français s'étaient emparés. Ce combat meurtrier n'eut d'autre résultat que de faire donner à la batterie où tant de braves avaient succombé, le nom de *bateria de la sangre* (batterie du sang).

Turreau remplace d'Aoust. — Les généraux en chef ne conservaient pas long-temps le commandement, à l'armée des Pyrénées orientales. Turreau vint sur ces entrefaites remplacer d'Aoust. Le nouveau général aurait voulu faire prendre position aux troupes entre la Tet et la Gly, et ne garder que des avant-postes sur le Réart; mais le représentant Fabre exigea que l'armée conservât l'offensive, et fit décider une expédition contre Roses, dont il avait depuis long-temps conçu la pensée. 6,000 hommes devaient y être employés, tandis qu'on ferait une diversion contre Céret sur la gauche de l'ennemi.

Expédition contre Roses. — Combat d'Espolla. — Les troupes désignées pour l'attaque de Roses se mirent en marche le 27 octobre sur trois colonnes. Les deux de gauche et de droite, commandées l'une par Delâtre et l'autre par Clausel, se dirigèrent par le col de Bagnols et par Cantalup sur le camp d'Espolla qu'elles devaient attaquer. D'Aoust, chargé du commandement supérieur de l'expédition, commandait la colonne du centre que la difficulté du chemin l'obligea de diviser en trois petites colonnes. L'expédition avait été blâmée généralement, et il arriva ce qu'on avait prévu. Les colonnes de droite et de gauche ne purent joindre Delâtre, qui, après avoir lui-même laissé en arrière une de ses sections, égarée dans les montagnes, arriva seul au jour indiqué devant Espolla. D'Aoust, inquiet du retard de ses autres colonnes, voulait différer l'attaque; mais Fabre en donna le signal et chargea lui-même l'ennemi, qui, après un combat acharné, repoussa les républicains et les poursuivit vivement dans les défilés.

Malheureuse attaque de Céret. — La diversion tentée sur Céret ne fut pas plus heureuse. Dagobert se porta sur cette place par deux colonnes, dont l'une en route fut battue par le marquis de Coupigny, sorti de Céret avec un fort détachement. Dagobert arriva seul devant la place. Il conseillait de renoncer à l'attaque; mais le représentant Cassaigne, aussi entêté que Fabre, fondit à la tête des plus braves soldats sur les avant-postes espagnols qu'il repoussa dans la ville. Son succès dura peu. Le marquis de Truxillo l'arrêta avec quelques escadrons, et l'infanterie ennemie se rallia et reprit l'offensive; Cassaigne, forcé de se retirer, ordonna à Dagobert d'incendier la ville avec des grenades, afin d'assurer sa retraite.

Doppet remplace Turreau. — Les généraux, suivant l'usage qui commençait à s'établir, portèrent la peine de l'incapacité militaire des représentants. Dagobert fut destitué et Turreau, général en chef, remplacé par Doppet, auquel on venait d'ôter le commandement du siège de Toulon.

Doppet, au lieu de rester sur l'offensive, comme le voulaient les représentants, songea à réorganiser l'armée désorganisée, et résolut seulement de tenter de faire évacuer le camp de Boulou, afin d'assurer ses quartiers d'hiver autour de Perpignan. Ricardos, dont l'armée était décimée par une épidémie, sentait aussi que pour assurer ses cantonnements il était nécessaire de repousser les postes français placés autour de lui. Un renfort de 6,000 Portugais, qui lui arriva sur ces entrefaites, le décida à faire une attaque générale sur toute la ligne; mais une tempête brisa la flotte qui devait y concourir, et des pluies extrêmement abondantes étant survenues, enflèrent le Tech qui devint comme un torrent. Tous les ponts furent détruits, excepté celui de Céret. Les communications du camp avec les places d'approvisionnement et celles des différents camps entre eux furent interrompues. La situation de l'armée espagnole se trouva des plus critiques, et l'eût livrée à la discrétion du général français si celui-ci en eût profité en s'emparant du pont de Céret, seul moyen de retraite qui restât aux Espagnols. Mais Ricardos s'aperçut le premier de l'importance de ce passage, et il avait déjà pris toutes les mesures pour s'en assurer la possession quand la même idée vint à Doppet.

Combat du pont de Céret. — Prise du camp de Saint-Ferréol. — C'était du camp de Saint-Ferréol, occupé par le général Solbeauclair, que la prise du pont de Céret eût été facile; mais au moment où Doppet envoyait à ce général un renfort de 1,500 hommes, avec ordre d'exécuter l'attaque du pont, Ricardos, de son côté, avait réuni 7 à 8,000 hommes à Céret, sous les ordres de La Union, qui avait pour instruction de marcher sur Saint-Ferréol et d'en déposter les Français.

Ce fut dans la matinée du 26 novembre que les Français et les Espagnols se mirent en mouvement pour exécuter de part et d'autre les ordres respectifs de leurs chefs. Solbeauclair dirigea deux petites colonnes vers les retranchements qui défendaient le pont, et ce poste, mal gardé par des Portugais, ne fit que peu de résistance. La Union, qui s'était dirigé sur l'ermitage de Saint-Ferréol, avait été arrêté par un torrent et obligé de revenir sur ses pas, quand il apprit la perte de la tête du pont de Céret. Il ordonna aussitôt au brigadier Viança de reprendre ce poste avec les gardes espagnoles. Malgré de nouveaux détachements envoyés par Solbeauclair, l'attaque réussit et le point fut repris. La Union poursuivit ensuite les Français jusqu'au camp de Saint-Ferréol, dont il s'empara ainsi que de l'artillerie des batteries qui défendaient ce poste.

Cet échec ne fut que le prélude d'autres désastres. Les divisions républicaines restées sur la rive droite du Tech se trouvaient alors dans l'état critique où les Espagnols étaient peu auparavant au camp de Boulou : Ricardos sut en profiter mieux que n'avait fait Doppet à son égard. Rassuré sur sa gauche, il porta à 10,000 hommes sa division de droite, aux ordres de Courten, et ordonna à ce général d'attaquer à Villelongue la division française d'Aoust.

Prise de Villelongue par les Espagnols. — Le 7 décembre à six heures du matin, au moment où une colonne faisait une fausse démonstration sur le col de Bagnols, quatre autres colonnes se trouvèrent en présence du camp français et du petit village de la Roque, qui domine la place de Villelongue. Une décharge de l'artillerie ennemie donna le signal de l'attaque : les avant-postes furent surpris, Villelongue et la Roque presque aussitôt emportés. Les Français essayèrent de se reformer dans le vallon qui est au bas de la position; mais une charge de cavalerie espagnole les mit dans une complète déroute : ils ne se rallièrent qu'à Elne et Argelès. Cette affaire nous coûta plus de 2,500 hommes et quarante-trois bouches à feu. La protection des représentants sauva d'Aoust, que Doppet accusait formellement de lâcheté.

Prise du col de Banyuls par les Espagnols. — Ricardos résolut de profiter du retour de la fortune et du découragement des Français pour pousser aussi loin que possible ses conquêtes, malgré le mauvais état de la saison et celui de son armée. Il fallait complètement dégager sa droite encore menacée par la division de Collioure. L'opération préalable pour déloger cette division était de s'emparer du col de Banyuls, dont les Français étaient restés maîtres depuis la malheureuse tentative sur Roses. Le général Courten fut chargé de cette expédition. Après s'être fortifié dans le camp de Villelongue, il partit le 12 décembre, se dirigeant sur Espolla, de manière à éviter les postes avancés qui eussent pu découvrir sa marche. Il n'arriva que le 13 à dix heures du soir à Espolla, d'où il déboucha, le 14 au matin, sur le col de Banyuls. Ses troupes formaient plusieurs colonnes. Un de ses officiers, Iturigaray, devait faire une diversion en se portant, avec la cavalerie, de Villelongue sur Argèles. Chacune des colonnes espagnoles avait sa marche tracée et sa tâche particulière à remplir. Courten, posté sur les hauteurs de Balaguer, en face de celle du col de Banyuls, donna, avec trois fusées volantes, le signal de l'attaque. Cette attaque eut un plein succès : les Français, après deux heures d'un combat opiniâtre, furent rejetés sur le contre-fort qui domine Port-Vendres; ils avaient perdu 300 hommes et vingt pièces de canon. Les Espagnols les suivirent ensuite sur le bourg de Banyuls, dont tous les habitants s'armèrent et combattirent avec autant de dévouement que de patriotisme; mais Delâtre, jugeant imprudent d'y soutenir long-temps un combat, se retira avec ces braves gens qui abandonnèrent leurs foyers pour suivre la division française.

Attaque de Villelongue par les Français. — Ce fut à cette époque critique que Doppet reçut l'ordre d'envoyer à Toulon la moitié de son armée. Il réclama un délai du comité, et représenta que cet ordre ne serait exécutable que lorsqu'il aurait ramené l'armée sous Perpignan et sauvé le matériel de l'artillerie, engagé dans des retranchements depuis Céret jusqu'au col de Banyuls. Le délégué du comité de salut public se rendit à ces raisons. Alors Doppet, pour favoriser son mouvement rétrograde, pensa qu'il convenait de faire une diversion par le centre sur Villelongue, pendant que les ailes battaient en retraite. Cette manœuvre, praticable dans un pays où les difficultés du terrain eussent été moindres, était une faute grave, parce que pour s'avancer à l'ennemi l'armée avait à passer une rivière, et parce que, en cas d'attaque, elle devait combattre sans appuis à droite et à gauche, ayant cette rivière à dos.

Le 19 décembre, Doppet se porta donc avec la colonne Laterrade sur la Roque, tandis que d'Aoust, avec la colonne Sauret, débouchait par Brouillas sur Villelongue. Les grandes eaux du Tech avaient opposé beaucoup d'obstacles aux mouvements des troupes, et fait renvoyer au 19 l'attaque qui avait d'abord été décidée pour le 18. Les hauteurs de Roque et de Villelongue, quoique défendues par deux batteries de 12, furent enlevées à l'ennemi; mais les Espagnols, arrivant bientôt en force, reprirent l'avantage et repoussèrent nos troupes. D'Aoust ramenait à Banyuls-les-Aspres ses soldats battus et découragés, et Doppet, se rendant justice un peu tard, se fit transporter malade à Perpignan, avouant hautement son incapacité pour le grade qu'il avait été appelé à remplir.

Combat et prise de Collioure. — Le moment parut favorable au général ennemi pour mettre à exécution un projet qu'il méditait depuis long-temps. La division Delâtre à Collioure, formant l'extrême gauche de l'armée française, était aventurée sur le contre-fort qui couvre cette ville et devait être culbutée ou jetée à la mer du moment qu'elle serait débordée par sa droite. Le général Cuesta, qui avait remplacé Courten, reçut l'ordre de l'attaquer à la fois par les trois cols qui séparent les quatre mamelons formant la position. L'attaque eut lieu, et les trois défilés furent emportés après une résistance qui aurait dû être plus vive. Les Français, vivement poursuivis, trouvèrent leur ligne de retraite coupée. Les fuyards cherchèrent à se réfugier dans les trois petites places (Collioure, Port-Vendres et Saint-Elme); mais on assure qu'au lieu de les recueillir, le misérable gouverneur de Saint-Elme fit tirer sur eux à mitraille. Consternée de cette trahison, une partie mit bas les armes, quelques-uns se jetèrent dans Collioure et le reste réussit à fuir vers Argèles.

Saint-Elme et Port-Vendres se rendirent sans la moindre résistance et même avec empressement; la défense en avait été confiée à des traîtres. Les communications de Collioure furent interceptées par Castrillo, tandis qu'une partie du corps de Cuesta se présentait devant cette place. Quoique armée de quatre-vingt-huit pièces de canon et dans le cas de tenir plusieurs jours, Collioure se rendit le 21 à l'approche de trois bataillons armés de torches, affectant tous les préparatifs d'un assaut et d'un incendie. — Delâtre, qui était parvenu à s'échapper, fut envoyé à l'échafaud par les conventionnels. Le représentant Fabre trouva une mort glorieuse en cherchant, à la tête d'une colonne française, à se frayer un passage à travers les rangs ennemis.

Attaque du camp de Banyuls. — D'Aoust avait repris le commandement provisoire de l'armée. Instruit du mouvement de Cuesta, il fit quelques démonstrations sur Saint-Génis pour inquiéter les derrières de ce général; mais cette diversion eut lieu avec tant de nonchalance ou de timidité qu'elle fut inutile. Les événements du 21 décidèrent enfin le général français à opérer sur Perpignan une retraite dont Doppet avait donné l'ordre déjà plusieurs fois. Toutes les dispositions furent prises pour la commencer le 22.

Mais Ricardos n'était pas disposé à laisser incomplète la victoire qu'il avait obtenue à Collioure. Il prévint d'Aoust qu'il fit attaquer dans son camp de Banyuls-les-Aspres. Tandis que cinq bataillons menaçaient la droite française, et qu'un gros de cavalerie, passant le Tech à Ortaffa, sur la gauche, inquiétait les derrières jusque sur le Réart, 6,000 Espagnols formés en trois colonnes assaillirent les batteries de Tressere et de Banyuls. — Pérignon, attaqué à la Chapelle-Sainte-Luce, repoussa la cavalerie ennemie; mais l'avant-garde, aux ordres des généraux Laterrade et Sauret, se laissa enlever deux battaries. La position de la brigade de droite devint alors des plus critiques. Quelques bataillons de recrues s'étant enfuis au même moment et ayant été chargés par les cavaliers espagnols qui occupaient déjà la route de Perpignan, l'armée commençait à s'ébranler et était sur le point, en se débandant totalement, d'éprouver un grand désastre, quand Ricardos, par une circonspection inconcevable après de tels succès, donna à ses troupes le signal de rentrer dans le camp de Boulou. — L'avant-garde française reprit ses postes; la route de Perpignan fut dégagée, et pendant la nuit sa retraite put s'opérer avec ordre.

Retraite sur Perpignan. — Quartiers d'hiver. — L'armée, réduite par la désertion à moins de 25,000 hommes[1], prit ses quartiers d'hiver entre la Tet et la Gly, conservant seulement, sur les hauteurs qui bordent le Réart, une ligne d'avant-postes retranchés de Toulonge à Cabestany. — L'hiver pendant quelque temps fit fin aux hostilités.

[1] D'Aoust, exagérant le mal, annonça même au ministre que l'armée ne comptait plus que 8,000 combattants.

Mort de Ricardos. — Ricardos avait de véritables talents militaires; il comprenait parfaitement le caractère national des troupes qu'il commandait: il sut exciter leur bravoure et en tirer un grand parti. Il connaissait les vices qui existaient dans l'organisation de son armée, et il en évita les effets avec assez de bonheur. La rapidité avec laquelle il envahit le Roussillon, ses plans et ses opérations, le placent au rang des généraux distingués de l'époque. On lui a reproché avec raison une trop grande circonspection; mais le système de lenteur qu'il avait adopté paraît être plutôt le fait du gouvernement espagnol que le sien propre. — Peu après avoir assuré ses quartiers d'hiver, Ricardos fut appelé à la cour pour recevoir les témoignages de la satisfaction du souverain. — Mais attaqué d'une maladie, résultat de grandes fatigues, il mourut à Madrid le 13 mars 1794. — Le commandement des troupes du Roussillon fut alors donné au lieutenant général comte O'Reilly, officier irlandais d'une immense réputation, qui était capitaine général du royaume d'Andalousie. O'Reilly se mit en route, mais il tomba malade et mourut avant d'arriver à l'armée, qui se trouva ainsi sans chef au début de la campagne de 1794.

NOTE. — *Les volontaires de Castille. — Les moines espagnols. — Les émigrés français.*

Le régiment composé par le duc de l'Infantado se composa de trois bataillons réunis sous le nom de *volontaires de Castille*: le duc n'y admit que les fils de propriétaires pris dans ses états (*estados*). Il les équipa, les arma, leur donna des canons de campagne et les paya jusqu'à la première revue qui fut passée par le roi. Il prit ensuite le commandement et fut blessé en combattant à la tête du régiment. Les *volontaires de Castille* furent, après la guerre et en récompense de leur conduite, compris au nombre des régiments de milice nationale, et le duc de l'Infantado cessa d'en être propriétaire; néanmoins il continua à payer les pensions qu'il avait faites aux blessés et aux veuves et parents de ceux qui étaient morts dans la campagne des Pyrénées.

Ce fut l'évêque de Sarragosse qui offrit d'armer les moines. Il comptait trouver facilement parmi eux 40,000 hommes de bonne volonté et capables d'endurer les fatigues de la guerre. Son offre, comme nous l'avons dit, ne fut point acceptée; mais on accueillit pour le service des hôpitaux tous les membres des corps religieux qui se présentèrent. D'après ce que rapportent les écrivains qui se sont occupés de cette guerre, au milieu du désordre général et de l'état de dénûment où se trouvaient la plupart des administrations espagnoles, l'administration des hôpitaux faisait exception; elle était montée avec un luxe qui faisait honneur à l'humanité du gouvernement de Madrid.

La formation de la *légion royale des Pyrénées*, composée d'émigrés, reçut plus d'extension qu'on ne se l'était d'abord proposé. Comme les généraux espagnols, différant en cela de conduite avec les généraux anglais, prenaient possession des places françaises au nom du roi Louis XVII et installaient partout des administrations françaises royalistes, un grand nombre d'émigrés se présentèrent pour servir en qualité de volontaires à l'armée de Catalogne. D'après le premier plan tous ceux-ci devaient être incorporés dans la *légion royale*, mais le général Ricardos voulut utiliser à son avantage ceux qui passaient de son côté: il y organisa en conséquence deux corps dont l'un reçut le nom de *bataillon de Wallespir* et l'autre fut appelé *légion de la reine*. — La *légion royale des Pyrénées* fut envoyée en Navarre et le fut dans le Guipuscoa; elle se composait de 4,000 hommes et avait pour chef un seigneur français, le marquis de Saint-Simon, grand d'Espagne de première classe, qui jouissait d'une réputation militaire acquise par de brillants services dans la guerre d'Amérique, où il s'était distingué, notamment au siège d'Yorktown en Virginie. Les deux corps réunis à l'armée de Catalogne ne se composaient que de 3,000 hommes. — Le nombre total des émigrés qui prirent part à cette guerre fut donc de 7,000.

Il exista encore à cette époque une autre *légion des Pyrénées*; mais celle-ci, formée des volontaires et des miquelets français du Roussillon, était *républicaine*; elle se signala en maintes occasions et avait pour chef le brave colonel Pérignon, devenu l'année suivante général en chef de l'armée des Pyrénées orientales, et plus tard maréchal de l'empire.

RESUMÉ CHRONOLOGIQUE

1793.

7 MARS. Déclaration de guerre de la France à l'Espagne.

17, 18 et 20 AVRIL. Invasion du Roussillon. — Prise de Saint-Laurent-de-Cerda, d'Arles et de Céret par les Espagnols.

3 et 5 JUIN. Prise du Fort-des-Bains, de la Garde et de Pratz-de-Mollo par les Espagnols.

25 — Capitulation de Bellegarde.

17 JUILLET. Combat de Niel et du Mas-de-Serre.

4 AOUT. Prise de Villefranche par les Espagnols.

28 — Surprise du camp de la Perche par Dagobert.

31 — Attaque et prise du camp français sous Perpignan.

17 SEPTEMBRE. Combat et victoire de Peyrestortes.

22 — Bataille de Truillas.

30 — Les Espagnols rentrent au camp de Boulou.

3, 4 et 5 OCTOBRE. Première attaque du camp de Boulou.

5 — Prise de Campredon par Dagobert.

15 — Deuxième attaque du camp de Boulou.

26 NOVEMBRE. Combat de Céret et prise du camp de Saint-Ferréol.

7 DÉCEMBRE. Prise de Villelongue par les Espagnols.

14 — Prise du col de Banyuls par les Espagnols.

19 — Attaque de Villelongue par les Français.

21 — Prise de Collioure, Saint-Elme et Port-Vendres par les Espagnols.

— — Attaque du camp de Banyuls.

22 — Retraite de l'armée française sous Perpignan. — Quartiers d'hiver.

ARMÉE DES PYRÉNÉES-OCCIDENTALES. — CAMPAGNE DE 1793

SOMMAIRE.

Description des Pyrénées occidentales.—Armées espagnole et française.—Destruction du fort d'Andaye.—Surprise du camp de Sarre.—Servan est nommé général en chef.—Ses dispositions.—Attaque et prise de Château-Pignon.—Travaux de Servan.—Sa destitution.—Ses projets.—Delbecq remplace Servan.—Première attaque de Biriatu.—Combat d'Urrugne.—Mort de Delbecq.—Il est remplacé par Desprez Crassier.—Position de l'armée espagnole.—Combats de Bera et de Biriatu.—Attaque de Zugarramundi.—Deuxième combat d'Urrugne.—Desprez-Crassier est remplacé par Muller.—Établissement du camp des sans-culottes.—Prise de quartiers d'hiver.

ARMÉE FRANÇAISE.		ARMÉE ESPAGNOLE.	
Généraux en chef.	Servan.—Delbecq. Desprez-Crassier. Muller.	Général en chef. Officiers généraux.	D. Ventura-Caro. Comte de Urrutia. Marquis de La Romana.

L'armée de Guipuscoa et de Navarre, aux ordres du lieutenant général don Ventura-Caro, devait, comme nous l'avons dit, se tenir sur la défensive, d'après les dispositions du cabinet d'Aranjuez.

Description des Pyrénées occidentales. — La ligne de frontières qu'elle avait à couvrir s'étend de la pointe de Fontarabie jusqu'aux confins de la Navarre et de l'Aragon, dont la garde était confiée au prince de Castel-Franco.—Cette ligne, d'une étendue d'environ trente-deux lieues, est coupée par plusieurs débouchés; le premier, praticable seulement pour les muletiers, va de Navarreins à Sangueza, par les vallées de Salazar ou de Roncevaux. Le second, route assez passable, conduit de Saint-Jean-Pied-de-Port à Pampelune, par Orisson, Château-Pignon, et Roncevaux. De Saint-Jean-Pied-de-Port, une autre moins bonne mène dans la vallée de Bastan, par celles de Baygorry et des Aldudes. Enfin, deux routes de communication, partant de Bayonne, conduisent encore dans la vallée de Bastan, et de cette place forte part, en outre, la grande chaussée qui va de France à Madrid par Vittoria; cette belle route parallèle à la rivière de l'Orio, s'élève insensiblement jusqu'à Villa-Franca; d'où elle grimpe vers le haut des monts par Bergara et Montdragon, pour redescendre dans les plaines de Vittoria. La première ligne de places fortes qu'offre l'Espagne du côté des Pyrénées occidentales, se compose de Fontarabie, de Saint-Sébastien, de Jacca et de Pampelune. En France les forts d'Andaye et celui de Socoa, au bord de l'Océan, fermaient les défilés occidentaux. Les places de Saint-Jean-Pied-de-Port et de Navareins, plus avant dans les terres, et en assez mauvais état, couvraient les vallées de l'Adour et de la Nive.

Armées espagnole et française. — Le général Caro, pour défendre la ligne de Saint-Sébastien à Pampelune, n'avait à sa disposition que 22,000 hommes, dont 8,000 de troupes de ligne, et le reste de milices. Il aurait voulu en conséquence raccourcir sa ligne de défense en appuyant sa gauche à la mer, sur les hauteurs d'Urrugne, et sa droite à Château-Pignon, qui défend la communication de la Navarre avec la France. Son centre se fût ainsi trouvé aux villages de Zugarra-Mundi et d'Urdax, qui couvrent la vallée de Bastan, et les hauteurs qui bordent la Bidassoa, n'eussent été qu'une seconde ligne, un point d'appui en cas de retraite. Pour occuper cette position, il fallait en déposter les Français. Mais la cour de Madrid, scrupuleusement fidèle au plan défensif qu'elle avait adopté pour ce côté des frontières, lui refusa l'autorisation nécessaire, et lui prescrivit de rester sur le territoire espagnol en se bornant à défendre la ligne de la Bidassoa.—Vers le milieu d'avril, et par suite de ces dispositions, un camp de 6,000 Espagnols fut formé à Saint-Martial, et un autre de 4,000 à Béra. Ces deux camps formaient la gauche de l'armée espagnole; au centre le col de Maya et la vallée de Bastan, furent confiés à la garde du général Horcasitas; enfin la droite s'appuyait sur Burguette, à la tête du Val de Roncevaux.—Les Français, au nombre d'environ 9,000 hommes, commandés par le général Duverger, campaient en trois petits détachements, chacun de trois bataillons, à Andaye, à Jolimont et à Sarre; six bataillons aux ordres du général Lagenetière étaient cantonnés dans la vallée de Saint-Jean-Pied-de-Port. C'était la totalité des forces républicaines réunies dans le département des Basses-Pyrénées.

Destruction du fort d'Andaye. — Les Espagnols, favorisés par le nombre et par leur position sur les hauteurs, résolurent de détruire le fort d'Andaye, qui pouvait faciliter aux Français le passage de la Bidassoa. Des batteries considérables furent donc établies sur la rive gauche, de manière à battre un des côtés du fort, opposé à celui qui était sous le canon de Fontarabie, et le 23 avril, pendant qu'une grêle de boulets, de bombes et d'obus tombait ainsi de deux côtés sur cette petite forteresse, et atteignait même le camp établi un peu en arrière, Caro qui avait conçu le projet de couper la ligne française au point de Sarre, franchit la Bidassoa, s'empara de la montagne de Louis XIV, dont il détruisit les batteries, et dispersa en quelques instants les Républicains, surpris par cette brusque attaque. Le général Reynier chercha à les rallier; mais ses efforts étaient sans succès, lorsque l'exemple de Willot, chef du bataillon du cinquième d'infanterie légère qui s'élança seul sur l'ennemi, réveilla leur énergie. Ils se reformèrent promptement, revinrent aux Espagnols, les assaillirent avec fureur sous le feu même de l'artillerie, qui était toujours dirigée avec la plus grande vivacité contre Andaye et ses environs, et les obligèrent à repasser brusquement la Bidassoa.

Néanmoins, la destruction du fort d'Andaye et des batteries qui dominaient la montagne de Louis XIV, contraignirent les généraux français à aller s'établir avec leurs troupes à un quart de lieue en arrière de leur première position, à *la Croix-des-Bouquets*, pour être à l'abri du feu des batteries ennemies, auxquelles ils ne pouvaient plus riposter.

Surprise du camp de Sarre. — L'isolement du camp de Sarre, situé sur une hauteur en face de Zugarramundi détermina Caro à y diriger une attaque [1]. Le 30 avril, à deux heures du matin, les Espagnols se mirent en marche sur deux colonnes, celle de droite partant de Lesaca fut retardée dans sa marche par des obstacles imprévus. Celle de gauche, partie de Béra, prit poste dans un bois, que les Français avaient négligé d'occuper. Malgré le retard de la colonne de Lesaca qui devait tourner le camp, Caro commença son attaque avec six compagnies commandées par le marquis de la Romana : il dépassa les avant-postes français de la gauche sans être aperçu, et arriva sur le flanc du camp. Les retranchements étaient gardés par 300 hommes ; mais ceux-ci, étonnés de cet assaut nocturne, et de ne point voir un ennemi dont le feu faisait dans leurs rangs de grands ravages, abandonnèrent leur poste, et jetèrent l'alarme dans tout le camp. Le colonel Lachapelette parvint cependant à rassurer les troupes et à les rallier sur les hauteurs qui dominent le chemin d'Échalar à Sarre. Mais pendant que la fusillade était vivement engagée des deux côtés, la colonne ennemie qui avait été retardée se montra en arrière : son apparition occasiona une nouvelle épouvante, et les Républicains se croyant sur le point d'être enveloppés, se dispersèrent et prirent la fuite sur Ustaritz. Latour-d'Auvergne, seul avec ses grenadiers, se replia lente-

[1] La surprise du camp de Sarre avait été précédée de l'attaque des postes français de Baygorry, attaque qui fut effectuée par la *légion royale des Pyrénées*, et donna lieu à un acte de patience héroïque de la part d'un des émigrés. Voici le récit de l'historien de cette campagne (M. de Marcillac) : « Le marquis de Saint-Simon occupait avec sa légion le poste de Chotro, à quatre lieues sur la gauche de Burguette. Ce poste couvrait la fonderie de boulets établie dans la fabrique d'Eguy. Il fut chargé de culbuter les postes ennemis en avant de Baygorry, et devait être soutenu par des détachements qui couvraient sa droite en occupant le mont d'Argaray et le col de Eunzaray ; sa gauche était garantie par les troupes de la vallée de Bastan, qui occupaient les hauteurs reversant sous les Aldudes. — Dans la nuit du 26 avril il se mit en marche : la nuit était obscure. Les Français avaient coupé le chemin qui passait sous l'un de leurs postes avancés qu'il fallait tourner pour surprendre les postes principaux. Il fallait donc traverser les montagnes par des sentiers d'une aspérité effrayante. Le premier des éclaireurs ne s'aperçut pas de la coupure faite au chemin ; il tomba sur des rochers et se brisa. — D'Assas, entouré par les ennemis, brava la mort et sauva l'armée en appelant ses soldats par ce cri d'honneur : « A moi Auvergne ! » — Ce brave légionnaire, dans un état de souffrance qu'on peut imaginer, contient ses gémissements, surmonte la douleur qu'il éprouve, et son silence héroïque couvre la marche de la légion royale que ses cris eussent décelé. Ce poste, de cent hommes, est dépassé, et ce n'est qu'à la pointe du jour que les sentinelles aperçoivent l'arrière-garde du marquis de Saint-Simon. L'alarme est aussitôt donnée par le feu de ce poste : les Français sont sous les armes ; mais le marquis de Saint-Simon enlève le pont sur la Banca et s'avançait en silence et avec rapidité dans un défilé qu'il fallait traverser pour arriver au village de Banca. Les hauteurs de ce défilé étaient garnies de ennemis ; une grêle de balles pleut sur la légion, mais ne l'arrête pas. Ayant traversé le village de Banca, elle trouve un poste fortifié dans des rochers et renforcé de la veille. Le feu des Français redouble alors en front et sur les flancs de la légion ; mais ces braves royalistes, dont les trois quarts voyaient le feu pour la première fois, sans tirer un seul coup de fusil, se précipitent la baïonnette en avant sur le poste républicain. Le massacre fut horrible ; l'opinion politique qui divisait les Français animait aussi les deux partis : c'était une fureur qui les portait moins à se vaincre qu'à se détruire. »

ment devant l'ennemi. Témoin du désordre qui régnait dans le camp où l'on venait d'abandonner quatre canons ; il s'arrêta en face des Espagnols, fit réunir quelques chevaux dispersés ; et pendant qu'il soutenait le combat, ordonna d'atteler trois de ces pièces qu'il emmena avec lui malgré les difficultés du chemin, et encloua la quatrième qui fut jetée dans un vallon. Latour-d'Auvergne couvrit la retraite jusqu'à Ustaritz où les troupes se rallièrent. Le chef de brigade Lachapelette le seconda vivement ; et enfin, à l'aide de 200 hommes du 80e régiment, ils parvinrent à arrêter l'ennemi à la hauteur de Sainte-Barbe.

Après cette affaire, qui coûta aux Français plusieurs officiers et un assez grand nombre de soldats, les Espagnols rentrèrent sur leur territoire, et quoique l'heureuse issue de ces premières attaques eût dû l'engager à tenter des entreprises plus sérieuses sur le camp de Jolimont, de Saint-Jean-Pied-de-Port, et de Saint-Jean-de-Luz, le général Caro se borna pendant quelque temps à une guerre d'avant-postes sur la Nivelle.

Servan est nommé général en chef. — Ses dispositions. — Les premiers échecs éprouvés par les troupes républicaines jetèrent la terreur dans les départements voisins de cette partie des Pyrénées ; mais bientôt Servan vint de Toulouse prendre le commandement en chef, et ses dispositions rassurèrent le pays. Comme les positions françaises se trouvaient exposées à être attaquées de flanc, après l'évacuation du camp de Sarre et la destruction du fort d'Andaye, Servan fit évacuer Jolimont, Biriatu et Urrugne, et concentra toutes ses forces au camp de Bidard en avant de Bayonne. Une avant-garde de deux bataillons et 100 chevaux resta seule à Saint-Jean-de-Luz, et Saint-Pé fut occupé par le corps de grenadiers aux ordres de Latour-d'Auvergne, que sa conduite à Sarre venait de signaler à l'admiration de l'armée.

Attaque et prise de Château-Pignon. — Les hostilités s'étendirent dans les premiers jours de mai vers la gauche en avant de Saint-Jean-Pied-de-Port. Outre les bataillons indiqués plus haut, Lagenetière avait avec lui sur ce point onze compagnies franches de chasseurs volontaires basques, tous jeunes gens de belle taille, remplis d'agilité, d'audace et de courage, excellents tireurs, infatigables marcheurs, Républicains enthousiastes et haïssant les Espagnols qu'ils pénétraient de terreur. Quelques courses qu'avait faites Lagenetière dans le val Carlos et le val Roncevaux, inspiraient de vives craintes à Caro qui s'était porté le 13 mai sur sa droite à Burguette pour couvrir les fonderies d'Espeguy et d'Orbaïceto journellement insultées par des partis qui allaient renforcer les postes de Château-Pignon et d'Undarolla.

Caro établit un camp de 5000 hommes en avant d'Altobiscar, et après plusieurs combats meurtriers s'empara le 27 mai du Mont-Ourisca qui domine les Aldudes ; maître de ce poste important, il résolut d'expulser les Républicains de tous les postes circonvoisins. Il fut bien servi dans ses projets par les habitants basques des vallées espagnoles non moins excitées contre les Français que les Basques français contre les Espagnols. Ces habitants, non contents de guider les colonnes, pratiquèrent des routes pour son artillerie jusqu'à la vallée de Mendibelza et au col de Bentarten débouchant tous deux sur Château-Pignon. Pour assurer le succès de son entreprise, Caro fit inquiéter les postes républicains, et brûler la fonderie de Baygorry en représailles de l'incendie du village de Lussaïde, que les Français avaient précédemment livré aux flammes.

La position de Château-Pignon accessible seulement par un sentier, consiste en trois pics qui se flanquent, et qui étaient alors couverts de batteries défendues par des retranchements palissadés. Le château de construction romaine s'élève sur un de ces pics. A la faveur d'un épais brouillard qui durait depuis deux jours, l'avant-garde espagnole parvint le 6 juin, sans être aperçue jusqu'aux avant-postes français. Au premier coup de fusil, le capitaine Moncey, qui commandait les chasseurs cantabres, marcha sur l'ennemi, le culbuta et le poursuivit jusqu'à la hauteur de Mendibelza sur le grand chemin. Le corps de bataille arrivait avec six pièces de canon pour soutenir l'avant-garde. Moncey, aidé d'une compagnie franche de Bordeaux commandée par le capitaine Boudet, l'enfonça et lui enleva cette artillerie.

L'ennemi, étonné de la vigueur de cette attaque, croyait avoir à combattre un corps considérable; mais le brouillard se dissipa et lui laissa voir le petit nombre des Français qui venaient de le repousser. Caro frémissant de se voir enlever la victoire par une poignée d'hommes, abandonne le brancard où la goutte le tenait étendu, se fait hisser sur un cheval, et animant les siens du geste et de la voix, il leur fait reprendre l'offensive. Moncey se replie en bon ordre, abandonnant les 6 canons dont il s'est emparé. Ses braves chasseurs ne peuvent résister au choc des Espagnols. Ceux-ci gravissent déjà les flancs escarpés du pic de gauche. Les nouvelles levées qui occupaient ce premier poste, effrayées des obus ennemis, n'attendent pas les soldats de Moncey, et se réfugient en désordre sur la seconde position du centre où les grenadiers du 8e bataillon de la Gironde parviennent à peine à arrêter les Espagnols pendant quelques minutes.

Mais il restait encore le pic du château à enlever, et ce n'était pas le moins difficile, quoique les troupes, chassées des deux premières positions, fussent pour ses défenseurs plutôt un embarras qu'un secours; mais encouragés par leurs premiers succès, les Espagnols parviennent encore à gravir ce troisième pic, et après un combat court mais sanglant le château est emporté, et les Républicains se réfugient en désordre sur les hauteurs d'Orrisson.

Lagenetière, accouru de Saint-Jean-Pied-de-Port au premier bruit de l'attaque, chercha en vain à rallier les fuyards; son cheval fut tué dans la mêlée, on ne l'écoutait plus. Il se jeta éperdu au milieu des chasseurs que Moncey avait tenus réunis jusque-là; mais cette poignée de braves fut enfoncée presque au même instant par une charge impétueuse de cavalerie espagnole.

Lagenetière dédaignant de fuir fut fait prisonnier, et après avoir été désarmé, il aurait été tué d'un coup de pistolet, si un officier ennemi n'eût détourné l'arme de l'assassin.

Les troupes dispersées rentraient de tous côtés à Saint-Jean-Pied-de-Port. Le chef de brigade Desolimes, qui faisait une incursion dans la vallée de Bastan, apprit à Eraza l'échec de Château-Pignon et se hâta, par la vallée d'Ossez, de regagner cette place de guerre. Dubouquet fut alors envoyé par Servan pour réorganiser les troupes, et l'ingénieur Lafitte pour ajouter par de nouveaux ouvrages aux moyens de défense de la place, et pour la mettre à l'abri de toutes les tentatives de l'ennemi.

Travaux de Servan. — Sa destitution. — Ses projets. — Cependant les contingents de la levée de 300,000 hommes arrivaient successivement à l'armée des Pyrénées occidentales et laissaient espérer de la voir bientôt sur un pied assez respectable pour prendre l'offensive à son tour. Ces nouvelles levées, tout-à-fait inaguerries, étaient activement formées à la discipline; elles s'instruisaient avec empressement. Un patriotisme admirable, un dévouement sans bornes leur tenaient lieu de cette expérience de la guerre qui ne s'acquiert que par une longue habitude des camps. Servan travaillait avec talent et avec zèle à l'organisation de ces jeunes bataillons, et malgré un détachement de 4000 hommes envoyés dans la Vendée, l'armée, grâce à son activité, se composait encore de trente-cinq bataillons, de 1500 canonniers et de 700 chevaux, lorsqu'il fut destitué, arrêté et conduit à Paris.

Peu de jours avant sa destitution, Servan, tranquille sur sa gauche par suite des dispositions qu'il avait prises pour défendre Saint-Jean-Pied-de-Port, avait porté en avant de Socoa les troupes du camp de Bidard et chassé de la rive droite de la Bidassoa tous les postes avancés qu'y entretenaient les Espagnols. Le général Dubouquet, pour détourner l'attention de Caro pendant cette opération, avait reçu l'ordre d'inquiéter le camp d'Espeguy : cette ruse avait réussi complètement, et quand le général espagnol était revenu sur les bords de la rivière, il l'avait trouvée si bien gardée qu'il n'avait point osé la franchir. L'intention de Servan était de reporter sa droite au camp de la Croix-des-Bouquets, puis, enfin prenant l'offensive, de forcer le camp espagnol de Zugarramundi, afin de s'ouvrir par la vallée de Bastan une route sur San-Esteban.

Delbecq remplace Servan. — Dans les premiers jours de juillet, le vieux général Delbecq fut désigné pour servir de successeur à Servan; mais cet officier, usé par l'âge et valétudinaire, n'avait ni les talents ni le caractère convenables pour se charger d'agir offensivement. Inactif au milieu de son quartier général, il ne changea rien aux dispositions arrêtées par son prédécesseur, et se borna à laisser agir les généraux placés sous ses ordres.

Première attaque de Biriatu. — La nouvelle du départ de Servan rendit l'audace au général espagnol. Il fit jeter le 5 juillet, en avant d'Irun, un pont sur la

Bidassoa. Les Républicains voulurent s'y opposer, mais ils furent repoussés au-delà de la montagne de Louis XIV, et le pont fut achevé malgré leurs efforts. Caro se vit de nouveau en mesure de placer des avant-postes sur la rive droite, et de menacer Urrugne et Saint-Jean-de-Luz. La destruction de ce pont fut résolue à l'état-major général républicain. On avait reconnu que les batteries ennemies établies en arrière sur la hauteur de la rive gauche en rendaient l'attaque presque impossible de front. On décida de l'opérer par une marche de flanc. Une forte colonne, aux ordres de Latour-d'Auvergne se porta le 13 juillet à Biriatu, village occupé par les Espagnols, à la droite de la rivière, et sur une colline qui dominait le pont et le découvrait dans toute sa longueur. Un fort détachement de troupes de ligne, et les 300 contrebandiers andalous organisés en corps franc gardaient Biriatu. L'attaque et la défense furent également opiniâtres. Les Français gravissent deux fois la colline et sont repoussés deux fois. Une troisième charge plus furieuse encore parvient enfin à déposter les Espagnols, qui se retirent dans l'église, retranchée d'avance. Ce nouveau poste devient le théâtre d'un des plus meurtriers combats, et ne peut être forcé. Le combat continue pendant la nuit; le lendemain, de nombreux renforts arrivent à Latour-d'Auvergne; mais au moment où le succès allait couronner ses efforts, les Espagnols reviennent en force de leur côté, et obligent les Français à renoncer à leur attaque. Le général Espagnol jugeant de l'importance que les Français attachaient à ce poste par les efforts qu'ils venaient de faire pour s'en emparer, y fit ajouter de nouveaux retranchements et de nombreuses batteries, et en donna le commandement à son neveu le marquis de La Romana.

Combat d'Urrugne. — Les deux armées restèrent sur le qui-vive, toujours escarmouchant, toujours cherchant à se surprendre; mais il ne se passa rien d'important jusqu'au 23 juillet, jour où Caro donna lui-même dans une embuscade qu'il croyait tendre aux troupes françaises. Ce général, entreprenant et actif, entendait assez bien les combinaisons de la petite guerre. Il s'était avancé avec 4,000 hommes d'infanterie et 500 chevaux sur Urrugne, dans l'espoir d'attirer les Républicains à quelque engagement désavantageux; il croyait avoir surpris et enveloppé une petite avant-garde, quand il se vit assailli en arrière par un fort détachement de dragons qui le contraignit à la fuite. Le régiment de Léon resta en partie prisonnier; Caro lui-même faillit être pris. Ce succès inattendu éleva jusqu'à l'enthousiasme la confiance des nouvelles levées.

Mort de Delbecq. — *Il est remplacé par Desprez-Crassier.*—Delbecq, qui était resté à peu près étranger à ces diverses affaires, mourut à Saint-Jean-de-Luz, quelques jours après la dernière. Il fut remplacé par le général Desprez-Crassier, ancien et bon officier, mais auquel on reprochait un caractère brusque et un ton hautain plus faits pour repousser que pour encourager la confiance et le dévouement.

A son arrivée, les représentants du peuple Ferrand et Garrau, qui s'indignaient de voir s'écouler la belle saison sans qu'on reprît l'offensive, pour essayer de rejeter la guerre sur le territoire étranger, et que leur indignation empêchait de calculer les suites fâcheuses et probables d'un échec, pressèrent le nouveau général de mettre à profit le dévouement et l'enthousiasme des troupes.

Position de l'armée espagnole. — L'armée espagnole formait deux corps principaux : le premier, celui de droite, fort de 8,000 hommes, gardait les sources de l'Irati et la tête des vallées de Roncevaux et de Saint-Carlos. Le second et le principal formait la gauche de l'armée qui, en raison de la disposition du terrain qu'elle avait à défendre, n'avait pas de centre. Quelques postes seulement gardaient les montagnes d'Échalar et le col de Maya. — Le corps de gauche battait la grande route d'Irun ; il se subdivisait en trois parties. La droite, sous les ordres du comte de Urrutia, s'appuyait aux retranchements de Béra et de la montagne de Commissari. Le centre occupait le camp de Saint-Martial et la position saillante de Biriatu, qui défendait particulièrement le pont au moyen d'un triple étage de batteries. L'extrême gauche était postée à Irun et à Fontarabie.

Combats de Béra et de Biriatu. — Béra et Biriatu furent les postes qu'on proposa à Desprez-Crassier de faire enlever. On espérait, après la prise de Biriatu, pouvoir passer ensuite la Bidassoa pêle-mêle avec les Espagnols, et s'emparer d'Irun. Pendant qu'une colonne devait être chargée de cette attaque importante, une autre colonne longeant la montagne de la Rhune, devait chercher à pénétrer dans la vallée de Bastan par le port de Béra. Ces deux attaques étaient hardies, c'était assaillir de front les positions ennemies les mieux gardées et les plus solidement fortifiées. Le succès seul pouvait justifier l'entreprise.

Le 29 août, au point du jour, l'attaque commença. Après avoir obligé les avant-postes espagnols à se replier, la colonne de droite se présenta devant Biriatu, que Caro, inquiet de l'augmentation des feux des bivouacs français, avait pendant la nuit fait renforcer par seize compagnies de grenadiers. La fusillade et le feu de l'artillerie étaient vivement engagés et se soutenaient depuis deux heures sur toute la ligne, sans avantage sensible pour aucun côté, lorsque La Romana, ayant reçu un renfort de trois bataillons et d'un régiment de cavalerie, se décida à sortir de ses retranchements et à prendre l'offensive. Les Français furent repoussés et dépostés de la Croix-des-Bouquets. Ils se rallièrent, revinrent à la charge et contraignirent à leur tour les Espagnols à se retirer ; mais ces derniers ayant reçu des renforts d'artillerie, s'avancèrent de nouveau et restèrent définitivement maîtres de la position.

La colonne de gauche ne fut pas plus heureuse dans sa tentative sur Béra. Elle fut attaquée et défaite par Urrutia qui la poursuivit, et, côtoyant le versant oriental de la montagne de la Rhune, brûla toutes les habitations qu'il rencontra dans sa marche, afin de mieux dégager le front de sa ligne de défense. La Romana, en poursuivant les Français jusqu'à Urrugne, incendia également, sur la route de Bayonne, toutes les maisons qui pouvaient servir d'abri aux Républicains. — Les Espagnols s'établirent sur les hauteurs d'Urrugne.

Ce fut dans une de ces attaques que Dougados, sergent-major au 2e bataillon du Tarn, étant traversé par une balle, dit à ses camarades qui se présentaient pour l'emporter hors du champ de bataille : « Laissez-moi, « allez à votre poste devant l'ennemi, vous vous de- « vez à la patrie avant de songer à moi. »—De si braves soldats méritaient plus de bonheur.

Attaque de Zugarramundi. — Quelques jours après, le 7 septembre, une nouvelle attaque n'eut pas une plus favorable issue. Pendant qu'on inquiétait les postes avancés de Biriatu, 4,000 Français se présentent à six heures du matin devant Urdach et Zugarramundi. Après avoir, pendant cinq heures du feu le plus meurtrier, inutilement tenté de forcer les retranchements de ces deux postes, ils se replièrent en bon ordre sur les hauteurs entre Sarre et Saint-Pé, à une demi-lieue de Zugarramundi. Urrutia les suivit, mais ne put pas les entamer.

Deuxième combat d'Urrugne. — Un effort sur Urrugne eut lieu peu de jours après, et cette fois les Républicains eurent l'avantage. Les Espagnols, chassés de cette position, furent obligés de repasser la Bidassoa, et de rentrer dans les retranchements de Biriatu.

Desprez-Crassier est remplacé par Muller. — Desprez-Crassier porta la peine des défaites de Biriatu et de Béra, quoiqu'il n'eût tenté ces attaques que pour complaire aux représentants du peuple. Il fut destitué. Le général Muller, plein de bravoure et de bonne volonté, qui s'était distingué à l'armée du Rhin et à la défense de Mayence, fut nommé à sa place général en chef.

Établissement du camp des sans-culottes. — Le changement du général n'influa pas beaucoup sur l'attitude de l'armée. Le reste de la saison fut consumé en escarmouches insignifiantes où les Français eurent rarement l'avantage, et dont les Espagnols rendaient un compte emphatique dans les gazettes de Madrid. Les Républicains avaient adopté le plan singulier de se porter sur les positions de leurs ennemis, comme on se présente devant une place forte. Une batterie formée servait à protéger la formation d'une seconde, qui à son tour facilitait l'établissement d'une troisième. L'armée se rapprocha ainsi peu à peu de la Bidassoa, et vint camper le 11 novembre sur les hauteurs de Sainte-Anne qui furent aussitôt garnies d'un grand nombre de redoutes. On y établit des baraques en bois, et le camp fut appelé *camp des sans-culottes.* Quoique cette position fût avantageuse, la plus grande partie de la ligne se trouvant à droite de la route, le long de la mer, eût pu courir le plus grand danger en cas d'échec. La gauche française fit quelques incursions dans le val de Roncal. De nouvelles tentatives eurent lieu en même temps le 30 novembre sur la vallée de Bastan et les Aldudes. Toutes ces attaques furent sans résultats.

Prise de quartiers d'hiver. — Caro, qui avait été obligé d'envoyer, vers le milieu d'octobre, une division de 7,000 hommes à l'armée du Roussillon, se trouvait trop heureux de pouvoir, avec les forces qui lui restaient, conserver intact le territoire espagnol, et restait dans l'inaction. Les Républicains, de leur côté, se renforçaient numériquement chaque jour, et l'on pourrait s'étonner qu'ils n'aient tenté rien d'important, alors que tout semblait se réunir pour leur promettre quelques succès, si l'approche de la mauvaise saison, très rigoureuse dans ces montagnes, et le besoin d'aguerrir les recrues par des affaires d'avant-postes, ne suffisaient pas pour expliquer cet état prolongé d'inertie. — Muller, dans ses quartiers d'hiver, s'occupait de rétablir la discipline, d'instruire les jeunes soldats, d'embrigader les bataillons, de régulariser les services administratifs, et enfin de préparer l'armée au rôle offensif qu'elle était destinée à prendre dans la campagne suivante.

RÉSUMÉ CHRONOLOGIQUE.

1793.

23 AVRIL. Destruction du fort d'Andaye.
30 — Surprise du camp de Sarre.
27 MAI. Les Espagnols occupent la position d'Ourisca.
6 JUIN. Prise du camp de Château-Pignon par les Espagnols.
18 — Ils évacuent Château-Pignon.
1er JUILLET. Destitution de Servan, remplacé par Delbecq.
5 — Les Espagnols jettent un pont sur la Bidassoa.
3 et 14 — Première attaque de Biriatu.
23 JUILLET. Caro est battu à Urrugne.
AOÛT. Mort de Delbecq, remplacé par Desprez-Crassier.
29 — Combats de Bera et de Biriatu.
7 SEPTEMBRE. Attaque de Zugarramundi.
OCTOBRE. Desprez-Crassier est remplacé par Muller.
11 NOVEMBRE. Établissement du camp des sans-culottes.
30 — Tentatives des Français dans le val de Roncal et la vallée de Bastan.
— — Prise de quartiers d'hiver.

A. HUGO.

FRANCE MILITAIRE.

ARMÉE DU NORD.
BLOCUS DE MAUBEUGE. — BATAILLE DE WATTIGNIES.

SOMMAIRE.

Nouveaux généraux en chef.—Jourdan commande l'armée du Nord.—Projets des Coalisés sur Maubeuge.—Dispositions de Jourdan.—Carnot —Ordres de la Convention.—Plan proposé par Jourdan.—Passage de la Sambre par les Coalisés.—Attaque des ailes du camp de Maubeuge. —Combat de Cerffontaine.—Camp de Maubeuge.—Investissement de Maubeuge.—Première sortie.—Attaque du bois de Séru.—Attaques et combats de la Cense-du-Château.—Attaque du Bois-des-Tilleuls.—Détresse et découragement des assiégés.—Dispositions de Jourdan pour les secourir.—Positions de l'armée coalisée.—Mouvement offensif.—Combat de Dourlers.—Bataille de Wattignies.—Inaction du camp de Maubeuge.—Diversion en Flandre.—Retour du duc d'York.—Combat de Marchiennes.—Ordres du Comité de salut public.—Tentatives infructueuses.—Prise de quartiers d'hiver.—Destitution de Jourdan.

ARMÉE FRANÇAISE.	ARMÉE COALISÉE.
Général en chef. — JOURDAN.	*Général en chef.* — Prince de COBOURG.

Le vieux Houchard, soldat intrépide quoique médiocre général, venait de verser sur l'échafaud le reste d'un sang qui avait déjà coulé pour la patrie par de nombreuses blessures reçues sur les champs de bataille. Une victoire avait été son seul crime. Il n'en avait point, il est vrai, tiré tout le parti possible; mais c'était expier cher une incapacité qu'il avait tant de fois avouée lui-même, en refusant le commandement en chef.

Nouveaux généraux en chef.—Jourdan commande l'armée du Nord. — L'exemple funeste de Houchard épouvantait ceux qui auraient pu prétendre à le remplacer. Jourdan, chef de bataillon au commencement de la campagne, mais que de hautes qualités militaires et les changements fréquents de généraux avaient élevé en six mois au grade de général divisionnaire, fut nommé général en chef. Il chercha inutilement à s'en défendre. Une loi révolutionnaire ôtait aux Français le droit de disposer de leurs personnes et de leurs services. Le commandement n'était plus un honneur, mais un sacrifice. Il fallait s'y résigner ou périr. Ce fut le 23 septembre 1793 qu'eut lieu la nomination de Jourdan, et de cette époque datent aussi dans nos armées tant de nouvelles illustrations qui, sous la République et sous l'Empire, élevèrent si haut la gloire de la France. Les quatre armées qui défendaient les frontières du Nord passèrent le même jour sous de nouveaux chefs dont la France, six mois auparavant, connaissait à peine les noms. Jourdan, qui finissait à peine sa trente-et-unième année, n'avait fait entrevoir ce qu'il pouvait être que par sa brillante attaque des redoutes d'Hondschoote. Il commanda l'armée du Nord, la plus importante des quatre.

Projets des Coalisés sur Maubeuge. — Le résultat presque insignifiant qu'avaient eu les opérations militaires des Coalisés, par suite de la direction vicieuse qui leur avait été imprimée, les justes récriminations dont elles étaient l'objet de la part de tous les officiers généraux instruits, semblaient enfin avoir ouvert les yeux du prince de Cobourg et des principaux chefs anglais et hollandais. L'accumulation récente de leurs forces entre l'Escaut et la Sambre, la prise du Quesnoy et le combat de Cambray [1], indiquaient une unité future de plan et d'action, qui (tout éloignée qu'elle était encore des grandes vues qu'aurait dû faire naître et qu'aurait permis d'exécuter l'ensemble formidable des troupes alliées) pouvait être considérée comme un véritable progrès comparativement à ce qui avait été conçu jusqu'alors. Le désir surtout de terminer la campagne de 1793 par l'occupation de Maubeuge, était un dessein qui ne pouvait avoir été dicté que par des intérêts politiques et militaires bien entendus.

La possession de cette place devait assurer en effet aux alliés une base d'opérations sur la ligne centrale entre la Sambre et la Meuse, et les rendre maîtres d'importants débouchés qui leur auraient livré les plaines de Saint-Quentin et le département de l'Oise, c'est-à-dire la route de Paris et probablement le sort de la Convention, si la campagne suivante, était conduite avec sagesse, activité et énergie. La prise de Maubeuge entraînait en outre celles d'Avesnes et de Landrecies.

Dispositions de Jourdan. — Afin de mieux garantir les frontières du Nord, menacées à la fois par l'armée de Cobourg et par celle du duc d'York qui, avec 50,000 hommes tenait les grandes plaines d'Ypres et de Tournay, Jourdan partagea l'armée sous ses ordres en plusieurs divisions qu'il répartit et retrancha dans différents camps depuis la Sambre jusqu'à la mer. Cette dissémination pouvait engager un ennemi plus adroit et plus énergique à essayer d'attaquer avec toutes ses forces et de battre les uns après les autres les divers corps isolés de l'armée du Nord; mais il avait aussi l'avantage de faciliter l'aguerrissement des officiers et des soldats, presque tous de nouvelle levée. — Les 130,000 hommes dont se composaient l'armée du Nord et celle des Ardennes, avaient donc été distribués en six camps, savoir: à Dunkerque, 16,000 hommes aux ordres du général Vandamme; à Cassel, 14,000 sous ceux du général Davesne; à la Magdeleine, afin de couvrir Lille, 30,000, ayant pour chef le général Béru; à Gavarelle et à Arleux, 20,000 avec le général Ransonnet; à Maubeuge 25,000, et enfin à Philippeville 15,000. Il faut, à ces forces, ajouter les garnisons de Cambray et

[1] Voir plus haut, page 120.

des autres places du centre, et en outre les autres bataillons nombreux de réquisitionnaires qui, d'après le décret du 23 août, se précipitaient de toutes parts vers la frontière.

Mais ces rassemblements irréguliers, répartis sur une frontière de plus de trente lieues, se trouvaient dans le plus grand désordre; les bataillons sans chefs, les escadrons démontés, l'artillerie mal approvisionnée. Jourdan mit tous ses soins à les réorganiser, et fut parfaitement secondé dans ce travail par le représentant Carnot, commissaire conventionnel du petit nombre de ceux dont les talents militaires justifiaient la présence aux armées.

Sur la même ligne de frontières, c'est-à-dire de Namur à la mer, les alliés comptaient environ 120,000 hommes. Leur cavalerie était belle et nombreuse, et leurs régiments composés de vieux soldats aguerris; mais, obligés de se diviser pour observer les nombreuses places fortes de la ligne française, la masse de leurs forces disponibles devait diminuer tous les jours, tandis que l'armée républicaine s'accroissait, s'instruisait et s'organisait, suppléant par l'ardeur du patriotisme aux avantages que pouvait donner aux alliés une longue habitude des camps.

Carnot. — Ordres de la Convention. — Plan proposé par Jourdan. — Carnot, chargé par le comité de salut public de la direction générale des affaires militaires, était arrivé au quartier général de Jourdan au moment où ce dernier venait de prendre le commandement et lui avait demandé son plan d'opérations afin sans doute de juger les talents du jeune général. Jourdan aurait désiré obtenir du temps pour aguerrir ses troupes de nouvelles levées; mais la Convention, qui ne doutait de rien et qui, pareille au sénat romain lorsque Annibal campait aux portes de Rome, venait de mettre en vente les biens des émigrés, situés sur le territoire où campaient les alliés, avait décrété l'expulsion des Coalisés hors de France. Ce décret devait être exécuté. Jourdan présenta donc un plan d'agression, le même qui servit de base aux opérations de la campagne de 1793, et dont le succès fut si brillant. Il proposait de faire tomber les défenses du centre de l'ennemi en attaquant ses deux ailes par Lille et par Maubeuge. Les circonstances ne permirent pas alors de mettre à exécution ce plan, auquel Carnot ne parut pas d'abord accorder son approbation.

Passage de la Sambre par les Coalisés. — Cependant, tandis que la Convention ordonnait impérieusement à ses généraux de purger le territoire national de toutes les hordes alliées, le prince de Cobourg jetait des ponts sur la Sambre et franchissait cette rivière le 29 septembre. Il avait partagé son armée en onze colonnes : les six de droite, chargées d'attaquer la division Desjardins, exécutèrent leur passage près de Berlaimont; les cinq de gauche, dirigées contre la division Mayer, qui gardait Jeumont, franchirent la rivière à Solre.

Attaque des ailes du camp de Maubeuge. — A droite et à gauche du camp retranché devant Maubeuge, avaient été postées sur la Sambre les divisions Desjardins et Mayer. La première, qui couvrait la Haute-Sambre, au-dessus de la place, était campée à Baschamp. Vainement essaya-t-elle de s'opposer aux colonnes des généraux Clairfayt et Colloredo; elle fut culbutée en quelques instants. Desjardins parvint cependant à la rallier vers le bois de Beaufort, après avoir perdu deux canons; mais là, elle se débanda de nouveau, et les hommes qui la composaient gagnèrent en désordre le camp de Maubeuge.

Attaquée par les colonnes de gauche que conduisait le général Latour, la division Mayer ne fut pas plus heureuse que celle de Desjardins; et sa retraite se fit aussi avec beaucoup de désordre. — Le 24e bataillon d'infanterie légère, cantonné à Cerffontaine, prit les armes au premier coup de canon, et vint se réunir aux troupes qui résistaient encore. Bientôt même, il fut chargé seul de soutenir la retraite, se replaçant lentement et avec ordre, puis se remettant en bataille dès que la poursuite devenait trop vive. Il prit position derrière le ruisseau qui traverse Ferrière-la-Grande. — Un bataillon de cette division, aventuré à Coursolre, tomba au pouvoir de l'ennemi, et si l'on peut s'étonner de quelque chose, c'est que tous les postes avancés qui composaient les deux divisions n'aient pas subi le même sort. Il eût été inévitable, au moins pour la division Mayer, si, au lieu de se répartir en onze colonnes, les alliés, profitant de leur supériorité numérique, eussent seulement traversé la Sambre en deux fortes colonnes, l'une par Baschamp, l'autre par Requignies. Mayer, refoulé sur Charleroi, eût été ainsi séparé de Maubeuge et de toutes communications.

Combat de Cerffontaine. — Les troupes du camp de Maubeuge avaient entendu, sans faire aucun mouvement, la canonnade qui annonçait l'attaque de tous leurs postes avancés. Vers neuf heures cependant, lorsque les premiers fuyards arrivèrent au camp, une colonne de 8,000 hommes sortit par la lunette de Philippeville, et se dirigea vers Cerffontaine. Deux régiments de dragons appuyaient sa droite; sa gauche le fut bientôt par le bois de Bompaire où s'était embusqué, sans ordre, le 24e bataillon d'infanterie légère dont nous avons déjà parlé.

Cependant les dragons de Cobourg et les hussards de Blankestein, soutenus par deux batteries d'artillerie volante, se portent rapidement sur cette colonne qu'ils atteignent avant même qu'elle soit entièrement rangée en bataille. Leurs batteries font quelques décharges terribles sur le front de la ligne française. Un seul boulet emporte onze hommes d'un peloton qu'il atteint dans un mouvement de conversion. L'artillerie française riposte au fur et à mesure qu'elle se place en bataille, et bientôt une vive canonnade s'engage des deux côtés.

L'ennemi croyant remarquer un moment d'hésitation parmi les Républicains, voulut en profiter pour effectuer une charge de cavalerie. Cette attaque fut exécutée par les escadrons impériaux, avec une intrépidité qui ne peut se comparer qu'à celle que montrèrent les Français en la soutenant. Les chevaux arrivèrent jusque sur les baïonnettes. L'ennemi arrêté par cette ligne de fer, reçut à bout portant une décharge qui lui enleva le cinquième de son monde. Le 7ᵉ et le 12ᵉ de dragons, partis du camp après l'infanterie, arrivaient en ce moment sur le champ de bataille. Les deux colonels, comme par une même inspiration, ordonnèrent la charge et s'élancèrent sur la cavalerie ennemie qu'ils poursuivirent jusqu'au-delà de Cerffontaine. La perte des deux régiments autrichiens fut énorme. Entre autres prisonniers, ils laissèrent entre les mains des Républicains le colonel Blankestein, grièvement blessé, et trois autres officiers.

Camp de Maubeuge. — Le camp de Maubeuge peut renfermer deux divisions; il occupe des hauteurs qui dominent les environs. La forteresse de Maubeuge en protège les derrières placés sous ses murs. Le front est couvert par deux ravins marécageux qui s'étendent transversalement depuis Ferrière-la-Grande jusqu'à la Cense (ferme) d'en bas. La gauche appuie à la petite rivière de Marchiennes, et la droite à la Sambre. Parmi le grand nombre d'ouvrages qu'on avait élevés pour en défendre les approches, un des plus importants était la redoute du Loup, construite sur la chaussée de Landrecies; mais elle n'était point achevée, et la tranchée qui devait la lier au camp n'était pas faite, circonstance qui fut la cause de plusieurs escarmouches, à cause de la proximité de la Cense-du-Château, occupée par les assiégeants.

Investissement de Maubeuge. — Cobourg, après avoir refoulé sur Maubeuge tous les avant-postes républicains, investit le camp sur la rive droite au moyen d'un cordon formé par les troupes de Colloredo. Celles de Latour furent postées près d'Autrignies et Cerffontaine, du côté de la chaussée de Beaumont. D'autres campèrent en arrière de Beaufort, et près de la chaussée d'Avesnes. La division Wenckheim s'établit à Engle-Fontaine; celle de Benjowsky, à gauche dans la direction de Beaumont; Haddick, à Colleret; et Clairfayt, sur les routes d'Avesnes et de Landrecies avec le corps de réserve. L'armée hollandaise, d'environ 15,000 hommes, arriva le 5 octobre et forma l'investissement de la rive gauche, en se postant vers Rotelen et Gliselle. D'immenses ouvrages s'élevèrent de toutes parts sur les montagnes où étaient campées ces troupes, dont le nombre s'élevait à 65,000 hommes. Les bois de Séru, du Quesnoy, de Bompaire, la Ceuse-du-Château, les villages de Hautmont, de Ferrière-la-Grande et de Cerffontaine, se hérissèrent de retranchements. Le bois des Tilleuls fut aussi palissadé et retranché, mais avec le plus grand soin comme devant couvrir au moins pendant quelque temps le matériel de siége. Toutes les hauteurs furent entourées d'abattis, de fossés, de palissades, etc. Deux batteries de vingt pièces de 24 allaient bientôt faire feu sur la ville. Les alliés attendaient tout de l'incendie des magasins, et la perte devait hâter la reddition de la place trop mal approvisionnée pour que les troupes nombreuses de la garnison et du camp ne l'eussent pas bientôt affamée.

Première sortie. — *Attaque du bois de Séru.* — Dans la soirée du second jour qui suivit l'investissement, 400 grenadiers de divers corps se réunirent au camp, et, sans y être autorisés par leurs chefs, forcèrent subitement les gardes postés aux issues, et firent à cinq heures du soir une première sortie sur le bois de Séru où l'ennemi avait déjà commencé de nombreux ouvrages. Une forte colonne sortit de Cerffontaine, et soutenue par quelques pièces d'artillerie, se dirigea sur eux. Disposés en tirailleurs que n'appuyait aucun corps, les grenadiers français se virent contraints de reculer devant les forces supérieures des Autrichiens. Ceux-ci ayant encore été renforcés peu après, s'avancèrent et attaquèrent Ferrière-la-Grande, ainsi que la manufacture d'armes, qui fut prise et incendiée.

Les Autrichiens pillèrent ensuite toutes les fermes voisines auxquelles ils mirent aussi impitoyablement le feu. Ce spectacle de désolation s'accrut encore, quand on vit les malheureux paysans accourir au camp, dépouillés et poussant des cris lamentables. L'impression qu'il produisit sur les soldats fut telle que les généraux craignirent un instant que le désordre où elle les jeta, joint à l'obscurité de la nuit, ne facilitât aux alliés la prise du camp. Tout fut mis sous les armes, on doubla les postes; plusieurs bataillons serrés en masse gardèrent les issues, mais l'ennemi ne sortit pas de ses lignes. Quelques jours après, les généraux crurent cependant devoir profiter de l'indignation qui dans l'armée avait succédé à un premier mouvement de pitié, pour opérer une sortie sur la Cense-du-Château.

Attaques et combats de la Cense-du-Château. — On avait résolu de détruire ce poste d'où, comme nous l'avons dit, l'ennemi menaçait la redoute du Loup. Dans une première sortie du 6 octobre, il fut attaqué et emporté par les Républicains; mais telles étaient la solidité et l'épaisseur des murs de la ferme qu'on ne put pas les abattre par les moyens ordinaires. Pendant qu'on travaillait à une mine pour les faire sauter, l'ennemi revint plus nombreux et contraignit les Français à la retraite. Le lendemain eut lieu une nouvelle attaque, et malgré le renfort de trois pièces de canon et d'un bataillon hongrois qu'on y avait placé, le poste fut encore enlevé. Le bataillon hongrois allait mettre bas les armes, quand une de ces inexplicables terreurs paniques, fréquentes parmi les troupes de nouvelle levée, s'empara d'un bataillon de l'Eure : ce bataillon prit la fuite. Le major du 10ᵉ bataillon de chasseurs à pied arracha vainement, pour arrêter ces fuyards, la cravate de leur porte-drapeau. Ils furent en partie sabrés dans leur fuite par les autres troupes indignées de cette défection. Mais les Hongrois purent se retirer. La Cense n'en resta pas moins aux Français. Ils étaient en train de la démolir, et la plupart des arbres qui en défendaient l'approche étaient déjà abattus, lorsque Cobourg, qui concevait aussi l'importance de ce poste, y envoya de nombreux renforts. Les Français, attaqués à leur tour, n'eurent que le temps d'y mettre le feu et se retirèrent. Mais les Autrichiens éteignirent l'incendie et réoccupèrent le poste, qui leur permit de resserrer le blocus.

Attaque du Bois-des-Tilleuls. — Les dispositions du siège se poursuivaient avec activité. Les Républicains, pour retarder l'approche des ouvrages des assiégeants, firent un grand nombre d'autres sorties, qui se terminaient la plupart par des combats acharnés, mais sans résultats. Les premiers succès de ces efforts des assiégés étaient toujours suivis de revers, parce qu'indiquant à l'ennemi les points d'attaque, ils lui donnaient le temps d'y faire avancer des renforts.

Une canonnade très vive eut lieu dans la journée du 9 octobre. Les Français, afin d'ôter à l'ennemi tout point de mire, abattirent les moulins à vent, et les arbres de la liberté qui se trouvaient dans leur camp.

De toutes les attaques partielles, la plus sérieuse fut celle du 13. Le général Ferrand, qui commandait le camp de Maubeuge, ayant été informé que les assiégeants rassemblaient leurs principaux moyens de siége dans le bois des tilleuls, résolut de les enlever. L'armée du camp reçut l'ordre de se tenir sous les armes et prête à combattre; on forma deux colonnes composées des meilleurs soldats, qui furent dirigées sur le point à attaquer. Le bataillon des chasseurs de Hainaut, le bataillon Franc et le vingt-quatrième bataillon d'infanterie légère formaient la tête des colonnes. L'attaque commença à la nuit. Quoique l'ennemi, qui la pressentait, eût doublé ses postes, l'impétuosité républicaine mit en défaut cette mesure de précaution. Aucun coup de fusil ne fut tiré. Les gardes les plus avancées furent surprises et tuées en quelque instants à coups de baïonnette, les colonnes républicaines entrèrent dans le bois; mais en avançant elles trouvèrent l'ennemi sur ses gardes. Quelques fuyards échappés au premier massacre avaient donné l'éveil. Il fallait emporter une masse de redoutes liées entre elles par des bataillons armés.—Une décharge générale et précipitée de l'ennemi montre qu'il n'a pas le calme qu'eût dû lui inspirer une position si formidable. On bat la charge; les éclaireurs républicains s'élancent tête baissée et la baïonnette en avant. Les colonnes les suivent. Les bataillons autrichiens sont enfoncés en un instant, et les redoutes emportées malgré les balles et la mitraille. Tant d'audace semblait devoir assurer la victoire; mais tout à coup une nouvelle ligne de batteries se démasque; cette position se renforce des soldats chassés de la première, les Français continuent leur charge intrépide, ils avancent à travers la mitraille qui en renverse un grand nombre, et déjà ces nouvelles redoutes allaient être emportées, lorsqu'une décharge de mousqueterie assaillit à droite les Républicains.

Ceux-ci s'arrêtent subitement, déconcertés par cette agression aussi meurtrière qu'inexplicable. Le feu continue avec la plus grande vivacité. Les Autrichiens, profitant de l'hésitation que cette fusillade inattendue introduit dans la colonne d'attaque, la chargent de front, et les Républicains, forcés à rétrograder, reviennent entre deux feux derrière les redoutes qu'ils avaient enlevées avec tant de résolution. Mais comment peindre leur indignation et leur désespoir lorsqu'ils reconnurent sur la lisière du bois, d'où provenait la meurtrière fusillade qui avait décidé leur retraite! C'étaient leurs propres camarades, ceux qui avaient été envoyés pour les appuyer et les secourir, et qui les avaient pris pour des Autrichiens.

Cette erreur, en leur ravissant une victoire presque certaine, les jeta dans un profond découragement. En vain ordonna-t-on une nouvelle attaque. En vain les généraux Vezu et Haquin essayèrent-ils de rallier les soldats dont ils possédaient toute la confiance; et de les ramener à la charge. Ceux-ci refusèrent absolument de marcher, et rentrèrent dans le camp abattus et presque désespérés. On évalua à environ 400 ceux qui périrent dans cette nuit funeste, Français frappés par des balles françaises.

Détresse et découragement des assiégés. — Maubeuge, qui outre sa garnison était encore défendue par les 25,000 hommes du camp retranché, se serait trouvée, comme place forte, en état de supporter un long siége et de faire une vigoureuse résistance, sans l'imprévoyance désastreuse qui régnait alors dans toutes les parties du service militaire. Aucune précaution n'avait été prise pour approvisionner la place. Les vivres et les munitions de guerre y manquaient également. Le résultat de cette déplorable insouciance ne tarda pas à s'y faire sentir. La disette s'annonça d'une manière effrayante, peu de jours après l'investissement. Dès le 10 octobre, on fut obligé de réduire à moitié les rations de vivres et de fourrage; mesure de précaution à laquelle les officiers généraux, l'état-major et les chefs de corps donnèrent l'exemple de se soumettre. La pénurie de toutes choses, qui s'accroissait à chaque instant, donna bientôt naissance à des maladies dont la violence emporta tous les jours un grand nombre de victimes. Les hôpitaux encombrés de malades ne suffisant plus aux blessés pour lesquels ils avaient été seulement destinés dans le principe, on fut obligé de placer les malheureux soldats sous de mauvaises tentes ou des hangars, dans des caves où ils se trouvaient entassés au sein d'un air méphitique, avec une foule d'autres malades atteints d'affections contagieuses, et succombant, faute de soins et de médicaments, au mal dont ils étaient atteints. Dans cette déplorable situation, la gaîté nationale et surtout le patriotisme soutenaient encore les soldats; mais après la fatale sortie du 13, tout changea de face. Il n'y eut plus d'exaltation morale assez puissante pour leur faire supporter les privations, les maux de tous genres dont ils furent encore accablés. Une nouvelle réduction de vivres avait été ordonnée. Le découragement, un morne désespoir, étaient empreints sur tous les visages. Le courage des plus déterminés était vaincu par tant de revers! Chancel et quelques autres généraux parcouraient en vain tous les quartiers, leurs efforts ne pouvaient rendre la confiance aux troupes abattues. Pour surcroît de malheur, l'ennemi avait rapproché ses ouvrages, et il démasqua ses batteries, dans la nuit du 14 au 15, si près du camp que les boulets dirigés contre Maubeuge sifflaient sur la tête des soldats. Cependant, au milieu de ces nouvelles alarmantes, le bruit lointain du canon se fait entendre. Il se rapproche mêlé à des décharges de mousqueterie... C'est une bataille!... Ce sont des Français, des frères, des sauveurs!... Le courage des soldats renaît avec l'espérance, ils reprennent leurs armes et demandent à grands cris qu'on les conduise au combat.

Dispositions de Jourdan pour secourir Maubeuge. — C'était en effet l'armée de Jourdan qui accourait au secours de Maubeuge. Instruit des projets du prince autrichien et des circonstances critiques où cette place se trouvait, ce général avait formé le dessein de tenter un vigoureux effort pour la délivrer et pour faire échouer les plans de Cobourg. Guise était devenu le point de rassemblement de ses troupes. 50,000 hommes tirés des camps de Gavarelle, de Cassel, de Lille et de l'armée des Ardennes s'y étaient réunis en quelques jours. Mais afin de ne pas trop dégarnir la frontière exposée aux attaques du duc d'York et du prince d'Orange, 10,000 hommes chargés de couvrir Arras avaient été laissés dans le camp de Gavarelle, et la ligne qui s'étend de Douai et Lille à Dunkerque avait été confiée à la garde d'un corps de 40,000 hommes récemment arrivés de l'intérieur.

Positions de l'armée coalisée. — L'armée du prince de Cobourg, renforcée de deux divisions hollandaise et hanovrienne, chacune de 18,000 hommes, offrait un total de 80,000 combattants retranchés sur la droite de la Sambre et formant, de Beaumont à Berlaïmont, une ligne dont Wattignies était le centre. Le camp républicain réuni sous les murs de Maubeuge se trouvait, ainsi que cette place, investi par le général Colloredo. La division auxiliaire hollandaise était chargée de l'investissement par la rive gauche : la chaussée de Beaumont, près d'Autrignies et Cerffontaine, était occupée par les troupes de Latour. Une autre division avait été placée en arrière de Beaufort, près de la chaussée d'Avesnes. Le corps de Venckheim occupait Englefontaine ; celui de Benjowsky était posté dans la direction de Beaumont. Clairfayt, avec les masses de réserve, gardait les routes d'Avesnes et de Landrecies. Des travaux immenses avaient encore été faits pour renforcer une position déjà naturellement formidable. Des fossés palissadés, d'immenses abattis et des retranchements hérissés d'artillerie défendaient l'approche des collines boisées sur lesquelles se trouvaient établis la plupart des campements. Telle était la confiance qu'inspirait à Cobourg la force de ses positions, qu'il lui échappa de dire (en raillant les Français) : « Ce sont de fiers républicains ; mais s'ils me chassent « d'ici je me fais républicain moi-même. » Ce mot, rapporté à Jourdan et répété dans l'armée française, fut reçu comme un défi insolent. Ce ne fut alors qu'un cri dans tous les rangs : « Il faut rendre Cobourg répu- « blicain. ».

Mouvement offensif. — L'armée républicaine était divisée en cinq colonnes. La première, formée par le corps venu des Ardennes, était aux ordres du général Beauregard, et campa le 13 octobre à Leissies, près Soire-le-Château ; la seconde, commandée par le général Duquesnoy, fut postée dans le bois d'Avesnes, à cheval sur la grande route ; Ballaud établit la troisième à Avenelles ; la quatrième se dirigea par la Capelle, à gauche d'Avesnes, sous les ordres du général Cordelier ; enfin la dernière (général Fromentin) fut embusquée en avant de Dompierre, dans les bois de la Haie-d'Avesnes.

Cobourg, apprenant le mouvement de l'armée républicaine, se hâta d'appeler le duc d'York de la Lys sur la Sambre. Il détacha 10,000 hommes contre la division des Ardennes, et ordonna à Clairfayt, avec son corps d'environ 30,000 soldats, de soutenir le premier choc des Français. Le 14 les deux avant-gardes se rencontrèrent près d'Avesnes, mais l'affaire se réduisit à une canonnade sans résultat, Jourdan ne se proposant d'opérer que le lendemain l'attaque générale et définitive.

Combat de Dourlers. — Le 15 novembre, à 9 heures du matin, les divisions Fromentin et Cordelier réunies s'avancèrent intrépidement à la baïonnette sur les redoutes escarpées de Saint-Aubin, de Saint-Remi et de Saint-Waast, où s'appuyait la droite des Coalisés, et malgré la grêle de balles et de mitraille qui partait des batteries autrichiennes, leur charge fut couronnée par un plein succès. Les vals de Saint-Waast et de Berlaimont étaient occupés par une masse de cavalerie placée en échelons. Fromentin avait reçu de Jourdan l'ordre positif de ne point se commettre avec ces troupes et de gagner Eclaibes sans s'écarter de la lisière du bois ; mais dans la première ivresse du succès il oublia les ordres du général en chef et s'aventura dans la plaine où il fut bientôt assailli par la cavalerie impériale. Les Républicains, jeunes et novices soldats, se rejetèrent d'abord en désordre dans le ravin de Saint-Remy. Ils se rassurèrent néanmoins bientôt, reformèrent leurs rangs et tinrent tête à l'ennemi, mais ils avaient déjà abandonné et perdu toute leur artillerie.

Pendant que ceci se passait à la gauche des Français, Balland cherchait à contenir Clairfayt par le feu d'une forte batterie de pièces de douze et de seize, établie devant le camp de Dourlers. Duquesnoy, avec 10,000 hommes, s'avançait sur Wattignies, et après un combat opiniâtre s'était déjà emparé de Dimont et de Demichaux pour empêcher que l'aile droite de l'armée française ne fût débordée par Beniowski. Pendant ces diverses attaques Beauregard s'avançait par Solre-le-Château sur Eccles, et enfin Jourdan envoyait un des corps de l'armée des Ardennes opérer une diversion sur Beaumont.

A la nouvelle des premiers succès obtenus par les divisions Fromentin et Duquesnoy, le conventionnel Carnot, dont la haute capacité militaire dominait toutes les opérations des généraux, crut le moment favorable pour opérer une attaque décisive. Il ordonna à la division Balland de gravir les hauteurs de Dourlers afin de couper sur ce point la ligne autrichienne. Jourdan s'opposa vainement à cette manœuvre, il fallut céder. La division du centre se jeta donc dans le ravin, en délogea des tirailleurs ennemis et gravit la colline opposée. Arrivée, hors d'haleine, sur le plateau, elle se trouva en face de batteries formidables qui vomissaient des tourbillons de mitraille. Sa situation était critique : en restant où elle se trouvait elle devait être anéantie par la mitraille; une marche rétrograde la livrait à l'immense cavalerie autrichienne.

En vain Jourdan, qui éprouvait comme un transport de frénésie à cause d'un nom par lequel dans la discussion Carnot avait désigné sa prudence, essaya-t-il trois ou quatre fois de franchir ce terrible passage. Un massacre effroyable fut la suite de cette opiniâtreté. — Cependant les Autrichiens se rallient et menacent le flanc de la division française. Carnot, témoin de l'inutilité des efforts qu'il a fait tenter, s'effraie à son tour de cette attaque, dont il calcule toutes les suites d'un coup d'œil; il se décide enfin à renoncer à une entreprise qui a compromis le sort de l'armée, et n'a eu d'autres résultats que la mort inutile de 1,500 braves.

Bataille de Wattignies. — Cet échec avait éclairé Jourdan sur les nouvelles dispositions qu'il avait à prendre pour triompher de l'ennemi. Il proposa ses plans à Carnot, qui cette fois les accueillit. Au lieu d'éparpiller ses efforts sur les ailes, il se décida à frapper le coup décisif au centre. 24,000 hommes y furent dirigés à la faveur de la nuit. Balland devait se borner, comme la veille, à canonner les hauteurs de Dourlers jusqu'au moment où il recevrait l'ordre d'aborder ce village. Les batteries des collines qu'avait enlevées Fromentin furent dirigées sur le flanc des ennemis. Beauregard reçut ordre de se rabattre sur Obrechies. Sorti de Philippeville, le corps des Ardennes devait continuer ses démonstrations sur Beaumont, mais sans trop s'engager. Jourdan comptait que Cobourg n'aurait fait aucun changement dans la disposition de ses forces et qu'elles seraient restées dans le même état que la veille, ce qui avait lieu en effet.

Un brouillard épais, qui régna encore quelque temps après le lever du soleil, favorisa beaucoup les Français en dérobant à l'ennemi la connaissance de leurs mouvements jusqu'au moment où ils se trouvèrent sur le point et en mesure de commencer l'attaque. La plus importante, celle de Wattignies s'opérait sur trois colonnes par Choisy, Demichaux et Dimont. Quoique le succès dût être complet, le début n'en fut pas d'abord très heureux, et les tirailleurs de Duquesnoy se virent repoussés deux fois des escarpements de Wattignies.

Jourdan, qui sentait toute l'importance qu'aurait un nouvel échec dans un pareil moment, ordonna une charge simultanée de trois colonnes qu'il dirigea lui-même. L'impétuosité du choc des Républicains, qui savaient être au moment décisif de la bataille, fit refluer les masses autrichiennes vigoureusement mitraillées par des batteries volantes servies avec activité et dont les bataillons français permettaient le jeu en s'ouvrant et en se refermant avec à propos. Tel était même le fracas formidable des détonations rapides, joint au feu de la mousqueterie et des batteries placées sur les montagnes voisines, que le prince de Cobourg avoua, dit-on, lui-même, *ne s'être jamais trouvé à pareille fête*.

Le village est bientôt emporté. Les grenadiers autrichiens qui défendaient le bois du Prince et se Halbert par leur position au centre de Clairfayt sont poursuivis à la baïonnette et contraints de plier, sans que le prince de Cobourg, qui n'a reconnu que trop tard les positions de son rival, ait eu le temps d'appeler des renforts capables de contre-balancer le succès des Républicains. La victoire pouvait déjà être regardée comme décidée en faveur de ces derniers sur ce point principal, malgré la charge impétueuse de la cavalerie impériale, qui était accourue au secours des troupes attaquées, lorsqu'un mouvement d'indécision ou de faiblesse du général Gratien faillit tout perdre. Sa brigade ne soutint pas une nouvelle charge des cavaliers autrichiens. Ses soldats plièrent, et leur mouvement rétrograde laissa dans la ligne victorieuse une trouée où les masses ennemies cherchèrent à se précipiter. Cet incident inattendu produisait parmi les troupes républicaines un mouvement de stupeur qui ralentissait leur audace et allait peut-être devenir fatal. Jourdan s'en aperçut : il s'élança au milieu de la brigade épouvantée, l'arrêta et la rallia. Le conventionnel Duquesnoy, frère du général de ce nom, se chargea du commandement après l'avoir ôté brusquement au général Gratien.

Les Républicains reprirent courage et continuèrent la charge un instant suspendue. Avec une présence d'esprit remarquable, le colonel Carnot, frère du représentant, dirigea subitement une batterie vers le point où la poursuite des escadrons ennemis était devenue le plus menaçante. La mitraille renversa en quelques instants des lignes entières de cavaliers. Leur élan s'arrêta; ils prirent la fuite et la ligne française fut rétablie.

Rien ne suspendit désormais sur ce point la poursuite qui se prolongea jusqu'à la nuit. Les ennemis, en désordre, cherchèrent à gagner la Sambre à travers les bois, et les Républicains, vainqueurs, purent, avant même le coucher du soleil, contempler, du haut du plateau de Wattignies, le camp et les remparts de Maubeuge.

Le combat, qui s'était en même temps engagé sur toute la ligne, n'avait pas eu partout un résultat aussi avantageux. Les divisions que commandaient Balland et Fromentin s'étaient à peu près renfermées dans le même rôle que la veille, et leurs efforts n'avaient eu d'autres résultats que d'opérer une diversion. — La division Beauregard, rappelée sur Obrechies, avait été moins heureuse encore. Le colonel Haddick et le général Chasteller, détachés contre elle avec quelques escadrons et quelques bataillons, profitèrent de son ignorance sur le nombre des troupes qui lui étaient opposées, et réussirent à la rejeter en désordre sur le bois de Solre, en lui enlevant une partie de son artillerie. Cet échec fut heureusement sans importance pour l'attaque de Wattignies, et il fut presque aussitôt réparé par l'apparition, vers Obrechies, de la réserve de Jourdan. La division des Ardennes, qui heureusement occupait un point plus éloigné encore du théâtre du combat principal, ne fut pas plus heureuse que celle de Beauregard; elle s'avança d'abord jusqu'à Barbançon après avoir repoussé de Silenrieux les postes de Benjowsky; mais ce général parvint bientôt lui-même à faire plier les jeunes réquisitionnaires dont elle se composait. Le général Élie, qui les commandait, fut contraint de se retirer en désordre jusque sous Philippeville, et d'abandonner toute son artillerie.

Telle fut la victoire de Wattignies, qui sans être aussi brillante qu'on pourrait le croire d'après quelques relations contemporaines, n'en fut pas moins décisive; le grand but qu'on s'était proposé se trouvait rempli complétement, et il aurait été bien dépassé si les troupes du camp de Maubeuge eussent de leur côté pris les armes.

Inaction du camp de Maubeuge. — L'ancienne ardeur des soldats renfermés dans ce camp s'était réveillée au canon de Wattignies. Aucun d'eux ne doutait que ce bruit n'annonçât la présence d'une armée de délivrance, et dans le vif enthousiasme qu'avait fait naître cette pensée que la France songeait à eux et qu'on marchait à leur secours, tous demandèrent à grands cris qu'on les conduisît au combat; mais ce furent les chefs qui refusèrent cette fois de partager leur noble confiance, et l'armée, frémissante de rage, dut rester inactive.

La cause de cette inconcevable inaction, qui permit à Cobourg de repasser tranquillement la Sambre, n'a point encore été expliquée. Les uns l'attribuèrent à l'influence du parti montagnard, d'autres à la timidité du général Ferrand, qui craignait que cette canonnade lointaine ne fût un piége tendu à sa crédulité afin de l'attirer hors du camp et de le faire tomber dans une embuscade. Le général Chancel seul paraît avoir été d'avis de céder au mouvement d'impulsion qui entraînait les soldats à demander de combattre, et ce fut lui néanmoins qui porta sa tête sur l'échafaud pour une faute à laquelle il s'était opposé; mais il fallait une victime aux délégués de la Convention. La bataille de Wattignies eût sans doute coûté moins cher aux Français, et eût été plus décisive, si Ferrand, abordant vigoureusement les corps de Latour et de Colloredo, qui étaient devant lui, les eût placés entre deux feux et eût doublé l'embarras de leur position.

Diversion en Flandre. — Jourdan, pour appuyer ses mouvements sur la Sambre, avait cru devoir ordonner à Davesne, commandant des divisions de Lille, de Dunkerque, de Cassel et d'Arleux, d'opérer une diversion en Flandre. Cette opération semblait d'autant plus facile que pour n'être point tourné par la route de Mons, le duc d'York s'était rapproché de Cobourg et avait ainsi beaucoup affaibli l'extrême droite de la ligne ennemie. Le camp de Cysoing restait seul occupé par 9,000 Autrichiens aux ordres de Werneck, et la division Walmoden était éparpillée dans les places d'Orchies, Menin, Marchiennes et dans une foule de villages.

Mais au lieu de tomber brusquement et avec une forte masse sur un des camps qu'il s'agissait d'enlever, Davesne perdit un temps inutile à correspondre avec Jourdan; puis une discussion ridicule s'établit entre les divers généraux qui agirent sans concert et se précipitèrent à la fois dans plusieurs directions excentriques. Gougelot, Hoche et Vandamme se portèrent vers la mer, Bertin et Moreau sur Ypres, Souham sur Menin et Lannoy, Ransonnet sur Marchiennes et Orchies. — Le 21 octobre, Ransonnet, à la suite d'un engagement très animé qui dura dix heures, occupa Marchiennes; Souham, le jour suivant, s'empara de Menin après avoir délogé les Hanovriens des postes de Willem et de Sailly, où ils étaient retranchés. De nombreux magasins, évalués à dix millions, s'y trouvaient dans cette place et tombèrent au pouvoir des Républicains. Les Anglais se retirèrent sur Courtray. Werneck abandonna son camp de Cysoing, dès le 25, pour se replier sur les renforts que le duc d'York ramenait vers cette frontière. Hoche et Gougelot furent arrêtés devant Niewport qui se trouvait à l'abri d'un coup de main. Macdonald tailla en pièces, dans Werwick, un détachement d'émigrés; enfin Orchies fut menacé par le général Proteau et par la garnison de Douay. Là se bornèrent les résultats de cette expédition mal concertée.

Retour du duc d'York. — Accompagné d'une forte division autrichienne, le duc d'York revint en hâte sur la ligne qu'il avait abandonnée précipitamment; ses dispositions furent faites pour attaquer à la fois nos postes sur tous les points. Arrivé à Tournay le 25, il reprit le même jour Tourcoing et Lannoy, et repoussa les Français jusque dans le camp de Lille. Les Républicains furent en même temps chassés des glacis de Courtray. Telle était l'impétuosité de ces attaques que les Français eurent à peine le temps d'évacuer une partie des riches magasins de Menin. Les Hanovriens regagnèrent le camp de la Magdeleine. Celui de Cysoing fut repris par les Autrichiens. Otto et Kray chassèrent Proteau d'Orchies. Hoche et Gougelot, arrêtés devant Niewport par une inondation et par le feu de frégates anglaises, revinrent à Dunkerque.

Combat de Marchiennes. — Ainsi cette expédition décousue, entreprise sur des points différents et par des généraux trop indépendants les uns des autres, finissait en quelque sorte par des revers. Il eût été heureux que tout se fût borné à ces mouvements rétrogrades, mais la division Ransonnet n'avait point suivi la retraite du reste de la ligne, et se trouvait encore dans Marchiennes. Surprise par le prince d'Orange, pendant que le général Otto cherchait à lui couper la retraite sur Varling et sur Hornage, les 4,000 Français dont elle se composait résolurent de se défendre jusqu'à la dernière extrémité.

Le combat commença de part et d'autre avec fureur les uns se battant pour vaincre à tout prix, les autres n'ayant d'autre perspective qu'une mort qu'ils voulaient faire expier le plus cher possible à l'ennemi. — Les glacis, les remparts, les places, les rues, les maisons furent le théâtre des luttes les plus acharnées. Quelques-uns, en petit nombre, parvinrent à s'échapper; d'autres se réfugièrent dans un couvent où ils se défendirent avec la rage du désespoir; mais mitraillés de tous côtés ils furent enfin forcés de se rendre. Cette mêlée, de quatre heures, coûta la vie à 3,000 Français.

Ordres du Comité de salut public. — Tentatives infructueuses. — Les suites de la bataille de Wattignies ne furent point aussi brillantes qu'on aurait pu l'espérer. Jourdan et Carnot sentaient la nécessité de profiter de l'hiver pour achever l'organisation des troupes. On pouvait gagner beaucoup par quelques mois de repos; mais les ordres du Comité de salut public étaient impérieux, il voulait à tout prix chasser avant la fin de l'année, du territoire français, les troupes étrangères qui l'occupaient encore, et il ne cessait de pousser Jourdan à marcher en avant sans lui donner aucun moyen de s'y maintenir. Ce général reçut, vers la fin d'octobre, un arrêté renfermant un plan d'opérations qu'on lui enjoignait d'exécuter. Il s'agissait d'agir sur les deux flancs de l'ennemi, par Charleroi et Courtray, pour le renfermer, disait-on, dans la portion du territoire qu'il avait osé envahir. L'armée manquait de tout. Les routes, dégradées par les pluies d'automne, étaient en quelque sorte impraticables. Néanmoins ce plan, exécuté rapidement et avec énergie, aurait réussi par suite de la retraite de Cobourg à Solesmes, et de celle du duc d'York à Tournay. Clairfayt, avec 20,000 hommes, se fût trouvé cerné par 60,000; mais Jourdan, qui naturellement ignorait ces mouvements rétrogrades, perdit plusieurs jours en tâtonnements et manqua l'instant décisif.

Pressé cependant par les ordres du Comité, il se vit contraint de faire des dispositions d'attaque. Les divisions Balland et Duquesnoy, ainsi que 9,000 hommes formant la division des Ardennes, commandée par Desbureaux, furent établis à Beaumont. Desjardins le fut à Jeumont avec 8,000 hommes du camp de Maubeuge; Fromentin à Landrecies et Lemaire à Baschamp. Les trois divisions de droite furent réunies le 28 à Thuin et à Solre. Mais les représentants jugèrent eux-mêmes, à l'aspect des forces de Clairfayt et de Benjowsky, qu'il y aurait de la témérité à tenter le passage, et par le temps que mit la division Fromentin à venir s'établir à Florennes où l'appelait Jourdan, l'opération se trouva manquée. Cobourg avait d'ailleurs quitté Solesmes pour reporter son quartier général à Bavay.

Le 8 novembre, son avant-garde, aux ordres du prince de Wurtemberg, vint se faire écraser sous les murs de Guise. Le prince lui-même ne dut son salut qu'à la vitesse de son cheval.

Jourdan ne se laissa point intimider par ces démonstrations d'avant-garde, qui s'accordaient assez avec l'intention du Comité, en éloignant une grande masse d'alliés du point qu'il s'agissait de frapper. Une attaque générale dut être tentée le 13 novembre.

La pluie qui tomba par torrents entrava les mouvements ordonnés qui devinrent dès lors inexécutables. Le représentant Duquesnoy, dont la réputation de bravoure et de patriotisme était faite, se rendit à Paris, parvint à faire entendre au Comité que le temps d'agir était passé et finit par obtenir la révocation de ses ordres.

Prise de quartiers d'hiver. — Destitution de Jourdan. — Également fatiguées de tant d'escarmouches insignifiantes, de tant de marches et de contre-marches sans résultats, dans un pays que l'hiver rendait presque impraticable, les deux armées soupiraient après un repos indispensable. Cobourg, après l'échec du 8, revint sur Mons. Hohenlohe porta son quartier général à Condé, Clairfayt à Tournay, Colloredo et Beaulieu sur les frontières du Luxembourg, l'armée anglo-hanovrienne dans la Flandre maritime, avec le quartier général à Gand, et les Hollandais dans le pays de Liége.

Du côté des Français, 15,000 hommes, commandés par Duquesnoy, furent dirigés sur la Vendée, 10,000 sur la Moselle. L'armée des Ardennes fut renvoyée sur la ligne de Philippeville, de Givet et de Sédan. L'armée du Nord, en trois fortes divisions, fut cantonnée sur les frontières de Dunkerque, de Lille, de Cambray, et le quartier général fut établi à Guise. — Les deux armées prirent ainsi leurs quartiers d'hiver. — Mais il fallait à Jourdan un témoignage de l'opinion du Comité; il fut rappelé à Paris et dut s'estimer heureux de n'être puni que par une destitution de la Victoire de Wattignies.

RÉSUMÉ CHRONOLOGIQUE.

1793.

23 SEPTEMBRE. Jourdan est nommé général en chef.
29 — Passage de la Sambre par les Coalisés. — Attaque des ailes du camp de Maubeuge. — Combat de Cerffontaine. — Investissement de Maubeuge.
30 — Première sortie. — Attaque du bois de Séru.
6, 7 et 8 OCTOBRE. Attaque et combats de la Cense-du-Château.
13 — Attaque du bois des Tilleuls.
5 — Combat de Dourlers.

16 OCTOBRE. Bataille de Wattignies. — Déblocus de Maubeuge.
21 — Diversion en Flandre. — Prise de Marchiennes.
22 — Prise de Menin.
25 — Retraite du corps de diversion. — Reprise de Menin.
31 — Combat et reprise de Marchiennes.
8 NOVEMBRE. Combat de Guise.
15 — L'armée prend des quartiers d'hiver. — Destitution de Jourdan

A. HUGO.

On souscrit chez DELLOYE, Éditeur, place de la Bourse, rue des Filles-Saint-Thomas, 13.

Paris. — Imprimerie et Fonderie de RIGNOUX et Cⁿ, rue des Francs-Bourgeois-Saint-Michel, 8.

FRANCE MILITAIRE.

FRONTIÈRE DE LA MOSELLE ET DU RHIN.
PRISE ET REPRISE DES LIGNES DE WEISSEMBOURG. — DÉBLOCUS DE LANDAU.

SOMMAIRE.

Combat d'Arlon.—Inutilité des mouvements de l'armée du Rhin en faveur de Mayence.—Beauharnais et Houchard sont remplacés.—Armée du Rhin et armée de la Moselle.—Mésintelligence entre les généraux ennemis.—Disparition du général d'Arlande.—Prise et reprise du camp de Nothweiler.—Attaque et combat de Pirmasens.—Prise des lignes de Weissembourg.—Complot pour livrer Strasbourg aux Autrichiens.—Découverte du complot.—Prise du fort Vauban.—Attaque infructueuse de la Petite-Pierre et de Bitche.—Saint-Just et Lebas en Alsace.—Hoche et Pichegru généraux en chef.—Combat de Kaiserslautern.—Opérations de Pichegru.—Succès divers.—Mouvement de Hoche pour se rapprocher de l'armée du Rhin.—Combat de Freschweiler et de Werdt.—Retraite de Wurmser sur la Lauter.—Hoche reçoit le commandement des deux armées.—Combat de Geisberg.—Reprise des lignes de Weissembourg.—Retraite des Coalisés dans le Palatinat.—Déblocus de Landau.—Quartiers d'hiver.

Français.	*Généraux en chef.*	*Coalisés.*	*Généraux en chef.*
Armée du Rhin.	BEAUHARNAIS.—LANDREMONT. CARLEN.—PICHEGRU.	Autrichiens.	WURMSER.
Armée de la Moselle.	HOUCHARD.—SCHAWENBOURG. MOREAUX.—HOCHE.	Prussiens.	Duc de BRUNSWICK.

Pendant le siége de Mayence, l'armée du Rhin, aux ordres de Beauharnais qui venait de remplacer Custine, s'était retranchée sur la Lauter. Le général en chef, après avoir pris ses positions, s'occupait de réorganiser les troupes, et d'y faire incorporer les recrues qui arrivaient de tous les côtés.—Dans le même temps, l'armée de la Moselle s'était retirée derrière la Blies et derrière la Sarre. — Cette inaction ne pouvait convenir à la Convention; des instructions impératives du comité de salut public ordonnèrent aux deux généraux de reprendre l'offensive et de marcher au secours de l'armée bloquée dans Mayence, et contre laquelle se dirigeaient alors tous les efforts des Coalisés.

Combat d'Arlon. — Le moyen le plus sûr pour faire lever le siége, eût été d'opérer simultanément un double mouvement contre l'ennemi, l'armée de la Moselle par Pirmasens ou Kaiserslautern, et l'armée du Rhin, par la rive gauche du fleuve. — Houchard, qui commandait l'armée de la Moselle, crut tendre au même but en se portant sur sa gauche pour attaquer Arlon, misérable place accessoire dont la prise n'eût pas même eu pour les assiégés de Mayence, le mérite d'une simple diversion. Arlon, situé sur une hauteur, était défendu par une chaîne de retranchements en échelons, dominant tous les points par lesquels on pouvait y arriver. 8,000 hommes gardaient cette redoutable position, armée en outre de trente bouches à feu.

Les colonnes républicaines s'avancèrent en bon ordre sous le feu de ces batteries ; leur artillerie était d'un calibre trop inférieur pour riposter avec avantage. Elles marchaient au pas de charge, et s'encourageant par les cris mille fois répétés de *vive la République*. La droite, plus exposée que le reste, fut chargée par la cavalerie autrichienne, mais les colonnes du centre et l'artillerie vinrent à son secours, et repoussèrent les escadrons ennemis. Pendant ce temps, le général Beauregard marchait droit sur Arlon, et s'emparait des hauteurs qui couvrent cette ville. 400 carabiniers attaquèrent un carré de 1,500 Autrichiens. Quelques décharges de mitrailles tirées à 50 pas, sur le front de cette masse y jetèrent le désordre, et les carabiniers en achevèrent la déroute. Arlon resta au pouvoir des Français qui s'y établirent.

Ce fut pendant le combat que le sous-lieutenant de carabiniers Blondel, grièvement blessé, s'adressa au chirurgien qui allait le panser, et lui dit généreusement, en montrant un Autrichien dont la blessure était encore plus grave que la sienne : « Faites d'abord «l'affaire de ce brave. — C'est un Autrichien, un en-«nemi. — Eh ! qu'importe, c'est un homme comme «moi, occupez-vous d'abord de lui.»

Inutilité des mouvements de l'armée du Rhin en faveur de Mayence. — Les hésitations continuelles de Beauharnais rendirent aussi nuls pour Mayence les secours de l'armée du Rhin, que l'avaient été ceux de la Moselle par suite du défaut de jugement de Houchard. Beauharnais sortit le 3 juillet de ses lignes de Weissembourg, perdit vingt jours dans des attaques de détails, des chicanes de poste, des combats partiels sans gloire comme sans résultats, et le 25, au moment où il allait enfin se porter franchement en avant, il apprit la capitulation de Mayence, ce qui le découragea totalement et le décida à rentrer dans ses lignes.

Beauharnais et Houchard sont remplacés. — La Convention, justement mécontente des deux généraux, leur donna des successeurs [1].— L'armée du Rhin passa

---

[1] D'après Gouvion-Saint-Cyr ce fut Beauharnais lui-même, qui demanda à être remplacé. Il écrivit à la Convention, le 13 août 1793: «J'ai le malheur de faire partie d'une classe ci-devant privilégiée, et quand l'opinion publique a élevé sur toute la caste une méfiance légitimée par un si grand nombre de ceux qui en faisaient partie, je dois provoquer moi-même l'ostracisme et vous solliciter de me permettre de prendre rang comme soldat parmi les braves Républicains de cette armée.» Cette lettre a été insérée dans le *Moniteur* du 18 août.—Gouvion Saint-Cyr dit à cette occasion : « Le général Beauharnais ne pouvait se dissimuler qu'il avait ou à raison il n'avait jamais eu la confiance de l'armée, même avant ses tentatives timides autour de Landau et la forêt de Germesheim (pour marcher sur Mayence); mais à son retour ayant voulu haranguer les troupes, il en fut si mal accueilli qu'il lui fut impossible de douter que sa présence était désagréable à l'armée. Le gouvernement n'ayant pas répondu à ses

sous les ordres de Landremont, et celle de la Moselle fut confiée au commandement du général Schawenbourg. Plusieurs détachements furent tirés des deux armées pour renforcer celles du Nord et des Ardennes.

Armée du Rhin et Armée de la Moselle. — 45,000 hommes formaient seuls alors l'effectif de l'armée du Rhin. Celle de la Moselle comptait 20,000 combattants. En outre, le corps des Vosges, fort de 12,000 hommes aux ordres de Pully, occupait Hornbach, et la division Delaage, de 6,000 hommes, postée entre la Sarre et la Moselle, faisait face au corps ennemi qui gardait Trèves. Il y avait donc sur cette partie de nos frontières, pour tenir tête aux Coalisés, environ 80,000 hommes disponibles, car on ne pouvait compter comme tels les 39,000 formant la division du Haut-Rhin et les garnisons des places fortes.

Mésintelligence entre les généraux ennemis. — L'armée ennemie, depuis la réunion de l'armée de siége au corps d'observation, présentait une masse de 100,000 combattants. En combinant leurs opérations et en frappant un coup décisif avec toutes leurs forces réunies, les généraux alliés auraient pu facilement s'emparer de l'Alsace; mais à leur tour ils perdirent deux mois en opérations insignifiantes. Les deux cours de Prusse et d'Autriche n'étaient pas d'accord sur tous les points relatifs au partage de la Pologne, et les difficultés soulevées par ce grand événement obligèrent même le roi de Prusse à quitter alors son armée et à retourner dans ses États. En outre, une grande mésintelligence régnait entre Brunswick, auquel le Roi avait laissé la direction de toutes les forces prussiennes, et Wurmser qui commandait les Autrichiens. Ce dernier avait été blessé de voir que ses plans d'opérations n'avaient pas obtenu l'approbation du général prussien. De son côté, Brunswick avait deviné les projets du cabinet de Vienne sur l'Alsace, projets nourris en secret depuis l'époque même où Louis XIV avait réuni cette province à la France, et il n'était pas disposé à favoriser un accroissement de territoire en faveur d'une puissance, rivale naturelle de la Prusse en Allemagne. Toutes les attaques avaient donc lieu successivement et sans direction générale. Un corps prussien était chargé du blocus de Landau, et une grande partie des troupes prussiennes occupait les sommets des Vosges, et séparait ainsi les armées du Rhin et de la Moselle. L'armée de Wurmser se trouvait arrêtée devant les lignes de Weissembourg.

Disparition du général d'Arlande. — Vers cette époque, disparut subitement le général d'Arlande, un des chefs de l'armée du Rhin et qui, depuis six mois, y commandant les troupes de la République, connaissait d'autant mieux le pays qu'il avait établi lui-même la majeure partie des postes chargés de garder les passages; on ignore ce qu'il devint; mais sa disparition fut un prétexte pour faire mettre en état de suspicion tous les nobles qui servaient dans les armées républicaines, et bientôt pour leur enlever leurs grades et emplois. Afin de justifier cette mesure, on accusa d'Arlande de trahison, on prétendit qu'il s'était présenté au quartier général du duc de Brunswick, avait été immédiatement chargé de la direction d'une expédition contre les Républicains, et qu'enfin il avait trouvé la mort dans le combat [1].

Prise et reprise du camp de Nothweiler. — Les commissaires de la Convention mettaient tout en œuvre pour renforcer les armées du Rhin et de la Moselle.

[1] Le maréchal Gouvion-Saint-Cyr paraît croire véritablement à la trahison de d'Arlande, dont l'absence expliquée par une désertion servit d'excuse pendant quelque temps aux généraux qui éprouvèrent des revers et qui les attribuèrent aux conseils du transfuge. Il est certain qu'on ignora à l'armée de Condé si d'Arlande avait quitté l'armée républicaine et ce qu'il était devenu.

Relativement aux officiers nobles, Gouvion-Saint-Cyr fait les réflexions suivantes : « Il faut convenir que les militaires de cette classe pouvaient difficilement continuer à servir dans les armées de la République, à cause des attaques auxquelles ils étaient continuellement en butte, et des persécutions des représentants aux armées qui étaient alors choisis parmi les députés de la Montagne, les fanatiques de l'époque. La plupart de ces officiers servaient cependant avec zèle et fidélité, et s'ils n'étaient pas plus instruits ils ne l'étaient pas moins que les autres. Le mérite de la fidélité était d'autant plus grand pour eux qu'ils soutenaient la cause d'une révolution principalement dirigée contre leurs privilèges. Il n'était pas juste de punir les uns des torts qu'on avait à reprocher aux autres, et les expulser entièrement des armées comme on les en menaçait et comme on le fit, c'était livrer ces armées à une nouvelle désorganisation peut-être plus complète que la première ; mais depuis (en 1793), comme dans tous les temps de troubles et de factions, rien ne pouvait faire entendre raison aux fanatiques, soit qu'ils fussent de bonne foi, soit que leur feint patriotisme ne fût qu'un masque hypocrite pour couvrir leur domination...

« Les commissaires de la Convention adoptèrent, pour remplacer les officiers renvoyés, un système absurde. Ils prirent pour base, non pas l'ancienneté de grade, ce qui eût eu peu d'inconvénients, mais l'ancienneté de service. Ils remplacèrent des officiers dont quelques-uns étaient à la vérité douteux, par d'autres d'une incapacité absolue. Ainsi, par exemple, on avait besoin d'un caporal, on nommait le plus ancien soldat; c'était le plus souvent un blanchisseur de la compagnie ou du régiment; le lendemain il fallait un sergent et ce même blanchisseur, qui était toujours le plus ancien de service, montait à ce grade. Jusque-là il n'y avait pas grand mal; mais il est arrivé quelquefois qu'au bout de huit à dix jours ce sergent est devenu le chef d'un bataillon d'infanterie ou le chef de brigade d'un régiment de cavalerie, tant le renvoi des officiers d'origine noble amenait de nombreuses mutations. A l'incapacité ou à l'ignorance des officiers nommés à la place des nobles, se joignait encore un âge avancé qui les mettait dans l'impossibilité, non-seulement de commander, mais même de faire aucune espèce de service. Je pourrais citer beaucoup d'exemples désastreux de l'application de ce faux principe.... On l'abandonna bientôt pour se jeter dans un autre excès qui était moins dangereux parce que le remède se trouvait à côté du mal. Sans consulter l'ancienneté de service ou de grade, les représentants nommèrent aux places d'officiers supérieurs dans les bataillons, les régiments et les états-majors, toutes les personnes qui leur parurent les plus propres à remplir ces fonctions ; ils se trompèrent souvent, car les officiers les plus distingués étaient presque toujours ceux qui redoutaient le plus leur choix et l'avancement ; mais enfin, comme lorsque les représentants n'étaient trompés, ils avaient aussi une responsabilité n'était point illusoire vis-à-vis du comité de salut public et des meneurs de la Convention, ils revenaient bien vite sur leurs pas par une destitution ou par tout autre moyen, car quelquefois après avoir nommé d'abord un officier général de division, ils le replaçaient ensuite, sans hésiter, chef de brigade ou chef de bataillon. Ainsi le remède était bien près du mal. Le nouveau mode fut donc préférable à l'ancien, qui avait désorganisé les armées françaises, tandis que l'on peut dire que c'est cette liberté dans le choix qui a fait parvenir au commandement les meilleurs généraux de la république. »

offres de démission, il fit une dernière proclamation aux troupes pour finir comme il avait commencé, et se retira à Strasbourg, laissant le commandement de son armée au général Landremont. » — La disgrâce de Houchard ne fut pas de longue durée, comme nous l'avons dit plus haut, page 115; il fut nommé général en chef de l'armée du Nord, débuta par une victoire et finit par l'échafaud. — Alexandre Beauharnais eut le même destin, il fut condamné à mort le 3 juillet 1794.

Des levées en masse étaient ordonnées dans les départements de l'Alsace et de la Lorraine, dont on appelait aussi à l'armée les gardes nationales sédentaires.

Wurmser, de son côté, semblait impatient d'entrer en Alsace, et ne désespérait pas de finir par forcer seul la gauche des Français. Parmi les tentatives qu'il fit dans ce but, on doit mentionner l'attaque du camp de Nothweiler.

Le général Piaczewitz, chargé de cette expédition, arriva enfin le 12 septembre, après six jours de marches pénibles à travers les bois et les montagnes, au point qu'il s'agissait d'emporter. Les Républicains, chargés de la garde du camp, se croyaient tellement à l'abri d'une surprise, et étaient si peu sur leurs gardes, que leur résistance fut nulle; ils s'enfuirent en abandonnant cinq pièces de canon.

Par un hasard singulier, les conventionnels, instruits de la division qui existait entre les généraux ennemis, avaient résolu pour le même jour une attaque générale qui devait être favorisée par deux tentatives de passage du Rhin à Strasbourg et au Fort-Vauban. Ce projet échouait complétement, lorsque le général Landremont entendit sur sa gauche une canonnade : c'était celle de Nothweiler. Elle lui fit craindre d'être forcé de quitter à la hâte les lignes de Weissembourg, et dans l'incertitude de ce qui se passait, il se hâta de former un détachement pour l'envoyer au secours du camp attaqué. Ce détachement marcha avec rapidité. La journée du 13 fut employée à rallier les troupes dispersées la veille et à reconnaître les positions de l'ennemi. Le 14, à 7 heures du matin, Piaczewitz fut attaqué par 7,000 hommes que dirigeait l'adjudant général Gouvion-Saint-Cyr, depuis maréchal de France. L'attaque commença sur la droite de l'ennemi où le corps de Condé occupait deux vieux châteaux, situés au sommet de pics escarpés. Tandis que cette attaque avait lieu, l'adjudant général Malet, qui commandait la droite française, fit d'abord replier la gauche des Autrichiens, devant laquelle il ne tarda pas lui-même à se retirer dans la direction de Bodenthal (d'après ses instructions), espérant ainsi que l'ennemi dégarnirait son centre pour le poursuivre. Ce stratagème ne réussit pas, mais un des bataillons français étant monté sur le plateau de l'un des deux pics qui se trouvaient en avant du camp, extermina presque entièrement le régiment autrichien de Hoff.

L'ennemi, pressé à la fois et vivement sur sa droite et sur sa gauche, tenait encore, quoique déjà déconcerté. Gouvion-Saint-Cyr résolut de le charger avec sa colonne du centre qu'il avait gardée en réserve jusque-là ; il fit seconder cette attaque par le feu d'une pièce de 4 portée à force de bras sur un pic en face de Nothweiler. Cette charge eut un plein succès et décida la retraite de l'ennemi, qui se changea bientôt en une déroute complète.

Attaque et combat de Pirmasens.—Le même jour, l'armée de la Moselle effectuait contre les troupes du duc de Brunswick, établies à Pirmasens, position formidable et défendue par cent pièces de canon, une attaque qui n'eut malheureusement pas de succès, bien qu'elle fût faite avec beaucoup d'intrépidité. Le général Moreaux (avec lequel il ne faut pas confondre le vainqueur de Hohenlinden) avait succédé à Pully dans le commandement du corps des Vosges, et conduisait les troupes. Son avant-garde s'avança par la route de Deux-Pont à Pirmasens; elle arriva au point du jour à Forbach, où tout à coup elle fut accueillie par des bordées de mitraille parties de deux fortes redoutes. Moreaux n'attendait de succès que d'une surprise; il proposa aux représentants, quand il se vit découvert, de se replier derrière un ravin qui masquait ses troupes; mais ceux-ci, comptant sur l'irrésistible effort de la bravoure française, refusèrent d'accéder à cette mesure de précaution, et ordonnèrent l'attaque. Moreaux divisa donc ses troupes en trois colonnes, se porta avec celle de droite sur le Schachberg, en traversant le ravin de Blumelsthal, et confia celle du centre au général Freytag, en lui ordonnant de se diriger par le vallon sur la ville que le général Lequoy devait tourner avec la colonne de gauche. Dès que le duc de Brunswick aperçut ces mouvements, il fit occuper par le général Kalkstein le Husterberg à droite de Pirmasens, et ordonna à la cavalerie de se former en avant de la ville. Le général Courbière et le prince de Baden prirent position à gauche.

La colonne française du général Lequoy, essuyant le feu de l'artillerie prussienne, fut obligée de se rejeter au centre. Les deux autres colonnes, par leur direction, menaçaient de séparer de Courbière et du prince de Baden le gros de l'armée prussienne, et d'enlever Pirmasens, quand les troupes de Kalkstein exécutèrent un mouvement pour se lier à cette place et déborder la gauche des Français. Courbière porta sur leur droite deux fortes batteries. Moreaux, qui n'avait aperçu d'abord que les obstacles qui se trouvaient devant lui sous Pirmasens, fut frappé de stupeur à l'aspect du feu convergent qui écrasait ses flancs. Il fallait ou enfoncer le centre de l'ennemi, ce qui était à peu près impossible, ou se replier avec les deux flancs débordés, ce qui entraîne ordinairement une déroute. Il ordonna la retraite, espérant pouvoir l'effectuer avec un peu d'ordre; mais, malgré tous ses efforts, les troupes sabrées, mitraillées, se désunirent, abandonnant sur le champ de bataille leurs armes et leurs bagages, et se sauvant dans une inexprimable confusion pour regagner Hornbach.

Les Républicains avaient perdu environ 4,000 hommes tués ou blessés devant Pirmasens.—Ce combat fut suivi d'autres échecs qui obligèrent l'armée de la Moselle à se retirer définitivement derrière la Sarre.—Moreaux fut alors nommé général en chef à la place de Schawenbourg.

Prise des lignes de Weissembourg par les Autrichiens. — A l'armée du Rhin, le général Landremont avait été destitué, et Pichegru, désigné pour le remplacer, ne se hâtait pas d'accepter les honneurs périlleux du commandement. En attendant son arrivée, Carlen, simple capitaine un mois auparavant, et officier médiocre sous tous les rapports, fixa le choix des représentants et fut élevé au grade de général en chef. Les Républicains qui défendaient l'entrée de l'Alsace, se trouvaient exposés par suite des derniers succès de l'armée coalisée, à être tournés par les débouchés des Vosges.—Wurmser, en effet, faisait toutes ses dispositions pour forcer les lignes de Weissembourg.

Le front de ces lignes, sur les hauteurs qui bordent la Lauter, était défendu par un grand nombre de redoutes et par des abatis, mais sans liaison entre eux. Le poste de Geïsberg, en arrière de la gauche, en était le point le plus fort. Elles étaient trop étendues pour l'armée du Rhin, obligée de se disséminer afin de garder divers avant-postes, et de conserver ses communications avec l'armée de la Moselle.

Wurmser disposa les troupes autrichiennes en sept colonnes : la première, aux ordres du prince de Valdeck, dut passer le Rhin à Seltz, pour venir se joindre à la deuxième qui devait marcher sur Lauterbourg; celle-ci était commandée par Jellachich; la troisième avait ordre, après avoir passé la Lauter, de se poster à Schleithal et de se diviser en deux sections, dont l'une irait joindre les deux premières colonnes, tandis que l'autre attaquerait à revers les ouvrages qui couvrent Weissembourg; les autres colonnes étaient également affectées à l'attaque de divers points, sur le front de la ligne. Ces dispositions furent assez mal exécutées, néanmoins l'opération réussit. — Le pont sur le Rhin fut facilement jeté par le prince de Valdeck. Le général Dubois, qui était chargé, sur ce point, de couvrir le flanc droit de l'armée républicaine, se retira aux premiers simulacres d'attaque, ne laissant à Seltz qu'un demi-bataillon des Pyrénées; ces braves, attaqués par toute une brigade autrichienne, firent une admirable résistance, et ne quittèrent la ville que lorsqu'elle fut incendiée par l'ennemi. Cependant Valdeck, forcé de laisser une partie de son monde à la garde du pont, ne rejoignit pas la deuxième colonne; un épais brouillard lui cachait les objets, et l'empêchait d'entendre la canonnade; il crut que l'opération était manquée, et repassa le Rhin à six heures du soir. — Jellachich s'était avancé jusqu'au-delà de Lauterbourg, et crut devoir y prendre position; il fit même mettre pied à terre à sa cavalerie, imprudence qui faillit lui devenir funeste; car, attaquée à l'improviste par la garnison de Lauterbourg qui battait en retraite, elle eût été taillée en pièces sans la prompte arrivée d'un régiment de hussards hessois.

Les Autrichiens avaient été plus heureux dans leurs autres attaques.

Au centre, ils s'étaient emparés de Bienwald.

Sur la gauche, l'attaque avait commencé par la destruction d'un abatis qui flanquait la grande redoute de Steinfeld; cet abatis fut héroïquement défendu par le bataillon d'Enghien, commandé par le citoyen Gramond. Le régiment de Pellegrini, chargé de le détruire, eut plus d'hommes tués que le brave bataillon ne comptait de soldats. Gramond n'étant pas soutenu, finit par succomber, et la perte de son poste entraîna celle de la redoute.—Le général Meynier, commandant de l'avant-garde, avait été blessé dès le commencement de l'action; ses troupes avaient pris l'épouvante, et le général Combe n'avait réussi qu'avec peine à les rallier.

Retraite sur Strasbourg.—Le général Carlen se présenta alors sur le champ de bataille, mais au lieu de prendre des mesures pour essayer de réparer le désastre, il perdit la tête et ne sut qu'ordonner la retraite en arrière de la Lauter. Cette retraite se fit assez en ordre, car l'ennemi, occupé à rallier ses colonnes, pressait peu les troupes françaises; une déroute complète eût été probablement la suite d'une vive attaque dirigée sur elles au moment du passage de la rivière.

Carlen voulut s'arrêter sur le Geïsberg, mais un mouvement de Brunswick sur le Leimbach l'obligea bientôt à gagner Haguenau et à prendre position sur la Moder. L'armée républicaine s'arrêta peu dans cette position. Le général en chef la fit replier jusque sur les hauteurs de Saverne et de Strasbourg.

Complot pour livrer Strasbourg aux Autrichiens.— Wurmser était d'origine alsacienne. Haguenau renfermait une grande partie de la noblesse de cette province, alliée de sa famille; cette noblesse fit éclater à son arrivée les transports de la joie la plus vive, et accueillit les vainqueurs avec enthousiasme; bientôt Wurmser eut par son intermédiaire des intelligences dans Strasbourg. Les notables de cette ville, fatigués du régime de terreur qui pesait sur eux, crurent le moment propice pour s'en affranchir. La place ne renfermait qu'une faible garnison; le département, la municipalité, le général commandant, le commandant de la garde nationale, toutes les autorités enfin, d'un commun accord, envoyèrent à Wurmser deux députés pour lui offrir d'occuper la ville au nom de Louis XVII. Wurmser avait d'autres projets, il tenait à honneur de prendre Strasbourg de vive force, sans doute afin de pouvoir y faire proclamer, sans conteste, la souveraineté autrichienne. Il ne refusa pas la proposition qui lui était faite, mais il demanda un délai pour consulter le conseil aulique.

Découverte du complot.— Ce délai fut fatal à ses amis; le complot fut découvert et soixante-dix personnes des familles les plus distinguées de la magistrature et de la noblesse, au nombre desquelles se trouvaient plusieurs parents de Wurmser lui-même, portèrent leurs têtes sur l'échafaud; toutes les autorités furent renouvelées, et la place, munie d'une nombreuse garnison, fut mise à l'abri de toute surprise.

Prise du fort Vauban. — L'occupation du fort Vauban, situé près du Rhin, était importante pour assurer la gauche de l'armée autrichienne. Trois jours après la prise des lignes de Weissembourg, cette petite place fut investie par une division de 7,000 hommes d'infanterie et de 1,000 chevaux. La garnison française, commandée par le général Durand, n'offrait qu'un effectif de 2,170 hommes; il fallut, pour la réduire, faire un siége en règle, ouvrir des tranchées, construire des redoutes et établir des batteries. Après vingt-huit jours de siége, la place capitula. La ville et l'hôpital avaient été brûlés; les bâtiments du fort étaient en partie incendiés, et il ne restait plus dans la place que pour trente-six heures de vivres.

Attaques infructueuses de La Petite-Pierre et de Bitche. — Deux forts, celui de La Petite-Pierre et de Bitche, situés sur les sommets des Vosges, défendent les gorges qui conduisent d'Alsace en Lorraine.

La Petite-Pierre fut attaquée le 22 octobre par une brigade autrichienne qui couvrait les hauteurs de Saverne. Le premier jour l'ennemi fut repoussé, mais il recommença son attaque le lendemain et était au moment d'emporter le fort, lorsque l'arrivée subite d'une division de l'armée de la Moselle qui, conduite par le général Burcy, venait à marches forcées en Alsace, obligea les Autrichiens à la retraite, ils ne l'effectuèrent néanmoins pas, sans livrer un combat où ils eurent un assez grand nombre de tués et de blessés.

Le fort de Bitche est situé sur un roc escarpé, au-dessus de la ville du même nom. Ce roc a 75 pieds d'élévation. Les Prussiens espéraient s'en emparer par surprise et dans la nuit du 16 au 17 novembre 1,600 volontaires, tous hommes d'élite, s'en approchèrent dans le plus grand silence et munis de tout ce qu'il fallait pour une escalade. Leur opération réussit d'abord, ils s'emparèrent de la ville et surprirent un poste de 40 hommes; puis ils vinrent à bout de forcer la première enceinte du fort. La garnison, composée du deuxième bataillon du Cher, dormait tranquille dans un poste réputé inabordable. Un factionnaire donna l'alarme, réveillé par le bruit que les Prussiens avaient fait en voulant enfoncer la principale porte, les soldats en chemise coururent aux murailles et s'armant à la hâte de tout ce qui leur tomba sous la main firent pleuvoir sur l'ennemi une grêle de pierres, de grenades et de bombes. La plupart des assaillants furent tués ou blessés, un très petit nombre parvint à s'échapper. — On vit dans cette circonstance se renouveler l'acte de courage civique dont un citoyen de Thionville avait déjà donné l'exemple. Un petite maison en bois existait du côté par lequel on supposait que les Prussiens s'étaient retirés; le propriétaire y mit le feu : « Elle servira de flambeau, dit-il, pour « nous éclairer. » En effet, à la lueur des flammes se projetant sur les montagnes, on aperçut des masses d'ennemis qui attendaient sans doute l'issue de l'entreprise, l'artillerie du fort fut aussitôt dirigée de leur côté et leur fit éprouver de grandes pertes.

Saint-Just et Lebas en Alsace. — Le complot découvert à Strasbourg fit comprendre à la Convention qu'il convenait de placer l'Alsace sous un régime en quelque sorte exceptionnel; elle y envoya deux de ses membres remarquables par leur énergie révolutionnaire, Saint-Just et Lebas. Ces représentants eurent des pouvoirs illimités. Dès leur arrivée, le sang coula dans toute la province. On ne fit pas un crime de la trahison seule; le fait de n'avoir pas pris les armes à l'approche de l'ennemi fut considéré comme un acte digne d'emporter la peine de mort. — Un quart de la population se hâta d'émigrer et de passer le Rhin pour échapper à la furie de ces terribles proconsuls.

Hoche et Pichegru généraux en chef. — Ce fut aussi à cette époque, dans les premiers jours de novembre, que le général Hoche fut appelé au commandement de l'armée de la Moselle. Pichegru, nommé depuis long-temps général en chef de l'armée du Rhin, venait de se résigner à en prendre le commandement. Hoche n'avait alors que 25 ans. Son arrivée à l'armée de la Moselle fut favorablement accueillie. Un des officiers de cette armée, rendant compte de l'effet qu'elle avait produit, s'écriait : « Courage, confiance, défen« seurs de la patrie. Nous allons sortir de notre engour« dissement. Notre nouveau général m'a paru jeune « comme la révolution; robuste comme le peuple, son « regard est fier et étendu comme celui de l'aigle; « espérons, amis, il nous conduira comme des Français « doivent l'être[1]. »

---

[1] Hoche n'était pas jugé aussi favorablement à l'armée du Rhin. Voici quelle opinion exprime sur son compte le maréchal Gouvion-Saint-Cyr, qui était alors un des principaux officiers de cette armée : « Hoche n'était pas (en 1793) comme Pichegru, tout-à-fait sans expérience des grandes manœuvres de la guerre, mais il lui était bien inférieur en instruction. Il devait, assurait-on, son élévation aux grades supérieurs, à une liaison avec un homme trop fameux de cette époque avec lequel, étant aide de camp, il avait assez fréquemment correspondu pendant la retraite de Dumouriez en Belgique, en lui indiquant ce qu'il croyait être la cause de ce désastre. Le parti de la Montagne l'avait fait nommer général en chef. Il arriva à l'armée imbu de ses principes et de toute son exagération. Ses manières, sa mise, le style de sa correspondance étaient d'accord et approchaient du cynisme... Il était jeune, actif et d'une confiance si grande dans ses moyens qu'il ne doutait de rien... »

Plus loin, en parlant de l'époque où Hoche fut nommé général en chef des deux armées (du Rhin et de la Moselle), Gouvion-Saint-Cyr ajoute : « La désunion entre Pichegru et Hoche était très marquée, et, sans vouloir prendre de parti entre eux, on peut observer que ni l'un ni l'autre n'avait de droits au commandement d'une armée, et à plus forte raison de deux. Il n'y avait guère d'officiers qui n'eussent plus qu'eux d'expérience de la guerre, et ce n'étaient pas leurs services passés qui pouvaient leur donner la confiance des troupes. Pichegru, à son arrivée à Strasbourg, n'avait encore vu d'ennemis que ceux qu'on apercevait avec une lunette de la rive gauche du Rhin, sur les troupes des montagnes noires, ou quelques faibles patrouilles longeant la rive droite du fleuve et qui n'avaient jamais troublé son sommeil. Hoche avait fait, en qualité d'aide de camp, la retraite de Belgique; il avait du moins entendu le bruit du canon et le sifflement des balles; mais il était bien inférieur à Pichegru en jugement et en instruction. Pour s'en convaincre, il ne faut que lire leurs correspondances et les ordres qu'ils ont donnés. L'un reconnaissait son inexpérience et y suppléait par les conseils de son jugement l'engageait à réclamer, l'autre n'en agissait que de sa tête. Hoche était vif et souvent emporté; son rival était froid, toujours maître de lui et même dissimulé à l'excès. Ni l'un ni l'autre n'excitèrent l'envie ni la jalousie d'aucun officier des armées, dans lesquelles on n'apercevait pas la moindre trace d'ambition. On les plaignait seulement, l'un d'avoir été forcé, de venir prendre le commandement par les ordres réitérés du comité de salut public, et l'autre d'avoir trop montré l'ambition qui le dominait. En général, on les regardait tous deux comme des hommes dévoués aux partis, l'un aux Jacobins, l'autre des Cordeliers, et comme des victimes réservées à la guillotine, selon que l'un ou l'autre de ces partis triompherait. — Plusieurs causes influèrent sur leur désunion; la première, c'est que Pichegru ayant été nommé par Saint-Just et Lebas, au commandement des deux armées, se crut offensé de se voir enlever, par la volonté bien prononcée de Lacoste et Baudot, sous les ordres de son jeune rival, sans qu'on pût assigner la raison de ce choix; car depuis que Pichegru était général en chef, son armée avait obtenu des succès : et Hoche n'était connu que par les revers éprouvés à Kaiserslautern. De plus, ce jeune adversaire, que tant de raisons obligeaient à être modeste, au lieu de se tenir à son armée, et d'indiquer de préférence, et de réserve, à Pichegru, les mouvements qu'il croyait nécessaire de faire exécuter, eut l'imprudence de venir au milieu de l'armée du Rhin, où tout naturellement Pichegru devait avoir beaucoup de partisans, donner des ordres non-seulement au général en chef, mais à des généraux de division et autres officiers directement à leurs troupes, ce qui blessa Pichegru au vif, excita son mécontentement, celui de ses généraux et même des troupes, et ne contribua pas peu à ce que l'on ne tira pas de la réunion des deux armées tout le parti qu'on en devait attendre. »

Combats de Kaiserslautern. — En effet, le général Hoche ne fut pas long-temps à se décider à combattre. Huit bataillons de l'armée des Ardennes étaient dirigés sur l'armée de la Moselle; mais sans attendre ce renfort, il crut devoir prendre l'offensive. Il se décida à agir seul; le concours de l'armée du Rhin eût sans doute produit promptement des résultats importants et décisifs, mais il régnait trop de rivalité entre lui et Pichegru pour qu'il arrêtât d'abord sa pensée à l'idée de cette réunion.

Le général Hoche passa la Sarre avec les 35,000 hommes qui composaient son armée, le jour même où les Prussiens venaient d'éprouver un échec dans leurs tentatives contre Bitche. Informés sans doute des intentions de Hoche, ils avaient commencé un mouvement rétrograde sur l'Erbach, le prince de Hohenlohe couvrait ce mouvement avec l'avant-garde devenue arrière-garde. Hoche avait mis son armée en marche sur trois colonnes, celle de droite par Saralbe, celle de gauche par Sarre-Louis, et le centre par Fraüdenbourg. Quelques escarmouches assez insignifiantes eurent lieu le premier jour, et les Français passèrent la nuit devant le camp saxo-prussien entre Seelbach et Feching. La retraite des Prussiens continua le lendemain sur Bliescastel où ils se retranchèrent fortement, leur front couvert par une batterie de vingt-cinq pièces de canon. Un échange de boulets, sans résultat, eut d'abord lieu entre les deux partis. Hoche ordonna d'enlever les retranchements à la baïonnette. Quoique harassés par une longue marche, les Républicains se montrèrent pleins de résolution. Les retranchements furent emportés et l'ennemi rejeté en désordre sur Kaiserslautern. Le 2ᵉ régiment de carabiniers, commandés par le brave Anglard, se mit à leur poursuite et enfonça les carrés que les Prussiens essayèrent de lui opposer. Anglard fut grièvement blessé, mais 700 Prussiens furent tués. — Hoche voulait marcher sur-le-champ au duc de Brunswick; l'incertitude où il était sur la direction prise par le général ennemi, et son peu de connaissance du pays, lui firent perdre en tâtonnements un temps précieux qui permit à celui-ci de concentrer ses forces. — Hoche arriva au pied des hauteurs escarpées de Kaiserslautern. L'ennemi campait dans la position de Kaysersberg, la gauche appuyée à la ville; sa ligne suivait la rive de la Lauter qui couvrait son front. Une partie de l'armée occupait des positions assez disséminées, mais choisies pour couvrir le blocus de Landau et défendre les défilés des Vosges qui conduisent sur Turckeim. Les Français, après plusieurs engagements très vifs gravirent la montagne où les Prussiens étaient fortement retranchés. — Le cri de *vive la République*, prononcé par le général en chef et répété par les soldats, donna le signal du combat. Un égal acharnement signalait l'attaque et la résistance. Cent pièces de canon tonnaient en même temps. Mais l'artillerie ennemie, placée sur une demi-circonférence dont les batteries républicaines occupaient la corde, écrasait celles-ci par un feu concentrique. Cette première affaire fut sans résultat par suite du mauvais état des routes, une des colonnes ne put arriver assez à temps pour y prendre part. L'affaire recommença le lendemain, 29 novembre, et la division de gauche, égarée, se trouva cette fois absente. Hoche, dont la vue était extrêmement perçante, reconnut, dit-on, à trois lieues du champ de bataille, la colonne engagée dans des passages où une méprise avait pu seule la conduire. Il changea aussitôt son plan de bataille et porta sur la droite les principales forces dont il pouvait disposer, afin d'enlever une redoute qui l'incommodait beaucoup. Les batteries ennemies ne discontinuaient pas leur feu, la mitraille enlevait des rangs entiers sans faire reculer les Républicains. La fin du jour mit seule un terme à cette attaque. — Les deux armées passèrent la nuit sur le qui vive, et la canonnade recommença le 30 novembre. Hoche renouvela contre la droite prussienne les attaques qu'il y avait dirigées la veille, ce fut aussi inutilement. L'affaire était engagée à gauche, mais avec aussi peu d'avantages; la cavalerie française et prussienne se chargeaient entre les deux ailes avec des succès variés. — Les Saxons débordant enfin la gauche de Hoche, le décidèrent à se retirer; ses munitions étaient d'ailleurs absolument épuisées. Le général Ambert soutint la retraite avec cinq bataillons et arrêta l'ennemi. 1,500 Prussiens et 3,000 Français périrent dans ces divers combats. — Malgré la vigueur que le général en chef avait montrée, les conventionnels osèrent lui faire un reproche sur ce qu'il s'était retiré. « Que ne « preniez-vous un petit bout d'arrêté pour fixer la vic- « toire? » leur répondit-il en souriant.

Opérations de Pichegru. — Succès divers. — Le général Pichegru aurait pu débuter par une opération brillante en détruisant totalement le corps isolé des émigrés; mais il préféra diriger une première attaque sur la division Hotze qui formait la droite de Wurmser. Le général Burcy, chargé de cette opération, marcha de Saverne sur Bouxweiler. Il devait être secondé par les démonstrations que Desaix faisait dans la vallée du Rhin, sur Wautzenau, Michaux sur Brumpt et Férino sur Hochfelden. C'était ainsi véritablement un engagement général. Cette attaque, qui eut lieu le 18 novembre, réussit, et Wurmser rétrograda derrière la Zinzel et la Moder, où il fortifia sa position par l'érection de vingt-huit redoutes.

De nouveaux combats sans résultats avaient lieu chaque jour. Burcy délogea, le 24, d'Uttenhofen l'avant-garde autrichienne. Les représentants décidèrent encore le 26 d'attaquer la droite des impériaux, Burcy leur représenta vainement qu'il fallait faire coopérer les autres divisions à cette entreprise, ils insistèrent. L'attaque se fit, mais sans succès, et Burcy y fut tué. Une nouvelle attaque générale eut lieu le 1ᵉʳ décembre, mais le plus grand effort fut particulièrement divisé sur la droite de l'ennemi. Hatry, qui avait succédé à Burcy, fut repoussé avec perte du bois de Mittelsheim. Une canonnade insignifiante eut lieu au centre. Desaix obtint quelques succès vers le Rhin.

Une autre attaque pareille fut prescrite pour le lendemain. La gauche de Férino, sous le général Pierre, occupa d'abord Dawendorf et en fut ensuite chassée en désordre. Férino pendant ce temps prenait le village de Berstheim qui a donné son nom à cette journée;

mais il se vit forcé de l'évacuer devant un corps d'émigrés qui lui enleva sept pièces de canon.

On se battit avec le même acharnement, mais sans plus de succès, le 4 et le 8. Ces affaires avaient pour les Français l'avantage d'aguerrir leurs recrues. Le 9, un effort mieux combiné de la gauche, sur Dawendorf et Urweïler, força Klénau et le prince de Condé à la retraite. Les Impériaux resserrèrent leur ligne défensive.

Mouvement de Hoche pour se rapprocher de l'armée du Rhin. — L'armée de la Moselle, après l'affaire de Kaiserslautern, s'était retirée dans les positions de Pirmasens, de Hornbach et de Deux-Ponts. Hoche voyant que sa position débordait la droite de Wurmser, et pensant que l'armée, réduite à la défensive sur le revers occidental des Vosges, pourrait être plus utilement employée en agissant de concert avec celle du Rhin sur le revers oriental, y porta un corps de 12,000 hommes. Ce mouvement donna lieu à une série de combats que livrèrent, pour s'emparer des positions les plus importantes de ces montagnes, la droite de Hoche et la gauche de Pichegru.

Combat de Freschweiler et de Werdt. — Les lignes autrichiennes établies en avant de la Moder se trouvaient couvertes par les positions de Freschweiler et de Werdt qu'occupaient les divisions prussiennes du général Hotze. Un triple rang de redoutes disposées en échelons et garnies d'une nombreuse artillerie défendait deux postes. Hoche résolut, malgré son infériorité numérique, de chasser les Prussiens de ces positions.

Il partagea ses troupes en trois colonnes, deux pour attaquer de front, tandis que la troisième tournerait par les bois les lignes formidables. Un brouillard épais favorisa d'abord quelque temps sa marche, mais comme il se dissipa avant que les colonnes ne fussent sur les batteries, un mouvement d'hésitation saisit les soldats à la vue des bouches à feu qui hérissaient les hauteurs. Hoche, par une de ces saillies dont l'effet est presque toujours certain sur des Français, dit aux soldats : « Allons, à six cents livres la pièce les canons prussiens. — Adjugé, général, » répondirent-ils gaîment, et ils se précipitèrent sur les redoutes à la baïonnette. Deux des redoutes étaient déjà emportées quand la colonne qui avait tourné par les bois se montra sur les derrières de l'ennemi. Un cri de victoire accueille cette apparition qui force les Prussiens à dégarnir leur front. Hoche en profita sans imprimer un nouvel élan à ses troupes, et les derniers retranchements furent pris.

Deux régiments de cavalerie s'étaient mis à la poursuite des Prussiens. Ceux-ci, ralliés au-delà de Werdt, sous la protection de troupes qui n'avaient pas donné, opposèrent à ces régiments une résistance qui leur eût été funeste, si le 14º de dragons ne fût arrivé à leur secours. Sa présence rétablit le combat. Les Prussiens furent culbutés laissant 1200 prisonniers et six pièces de canon au pouvoir des Républicains.

Retraite de Wurmser sur la Lauter. — *Hoche reçoit le commandement des deux armées.* — Wurmser déjà débordé sur la Surbach, se retira, le 24, derrière Weissembourg, où il fut suivi pied à pied par les armées du Rhin et de la Moselle. La désunion de ces deux armées, long-temps entretenue par la rivalité de leurs chefs, avait été jusque-là sinon une cause de revers, au moins un obstacle à des succès décisifs. Le déblocus de Landau, auquel tendaient tous les efforts de Hoche, semblait impossible à moins qu'il ne résultât de l'action simultanée de ces deux armées. Les représentant Lacoste et Baudot, convaincus de cette vérité, ordonnèrent cette réunion. Les deux armées durent aussi reconnaître un chef unique. Hoche, d'une valeur plus bouillante et d'un patriotisme plus prononcé, avec des moyens militaires égaux au moins à ceux de Pichegru, obtint la préférence. Deux jours après cette nomination qui eut lieu le 23, le nouveau général donna l'ordre d'une bataille, destinée à décider l'issue de la campagne.

Combat de Geïsberg. — *Reprise des lignes de Weissembourg.* — L'armée républicaine s'étendait de Steinfeld jusqu'en face d'Ober-Lauterbach. Mieux liés avec le duc de Brunswick, les Autrichiens et les émigrés, étaient postés en avant de Weissembourg, la droite aux hauteurs de Roth, la gauche à Ober-Lauterbach. Les Prussiens gardaient les gorges de Bodenthal où ils avaient élevé de fortes batteries. — Du côté des Français, 35,000 hommes menaçaient au centre les positions de Geïsberg et de Weissembourg. Deux divisions étaient opposées vers Lauterbourg, à la gauche des alliés. Leur droite, dans les gorges des Vosges, avait en tête trois divisions de l'armée de la Moselle. Il eût été sage aux Coalisés de ne pas attendre les Républicains sur la rive droite de la Lauter; mais Wurmser jugeant les positions de Geïsberg assez fortes pour s'y maintenir, commit la faute de ne point passer la rivière.

L'armée républicaine allait se mettre en mouvement, lorsque arriva la nouvelle de la prise de Toulon; les conventionnels firent connaître aux troupes ce succès glorieux qui excita encore leur ardeur. L'armée s'avança sur trois fortes colonnes. La droite, commandée par Desaix, assaillit Lauterbourg et l'emporta. La droite des alliés se trouvait, pendant ce temps, tournée par les gorges des Vosges où s'avançaient les divisions de la Moselle. Celles de Hatry, de Ferino et de Taponier, réunies au centre, se portaient sur Geïsberg. — Le château près duquel se trouvait le centre de l'armée ennemie, était défendu par trois bataillons autrichiens, et fut emporté après une assez vive résistance. Un bataillon de réquisition de la ville de Chaumont qui voyait le feu pour la première fois se distingua particulièrement dans cette attaque.

L'avant-garde ennemie engagée entre le Schleithal et le Geïsberg, tournée par sa gauche, fut vivement chargée par la division Ferino, et rejetée sur Weissembourg. La retraite se fit alors en désordre. La première ligne de cavalerie autrichienne qui n'avait pas pu entamer la ligne française, se replia sur la seconde. Celle-ci résista un peu mieux, mais ne tarda pas à s'ébranler, et bientôt l'armée coalisée, forcée de recevoir une bataille qu'elle s'était proposé de donner, se rejeta précipitamment sur la rive gauche de la Lauter, abandonnant l'artillerie et les bagages

Le salut de cette armée a été dans le temps attribué à un mouvement du duc de Brunswick, qui arriva au secours de ses alliés lorsqu'il entendit le canon se rapprocher de Weissembourg. Les Autrichiens purent dès lors continuer leur retraite avec moins de confusion sur Freckenfeld; les Prussiens sur Bergzabern.

Un général, nommé Donnadieu, contribua aussi beaucoup à sauver les Autrichiens. Il commandait, près du village d'Allstadt où l'ennemi se précipitait pour passer la rivière, quatre régiments de cavalerie avec lesquels Hoche lui ordonna de charger les troupes qui défendaient le passage. Il hésita d'abord, puis après plusieurs marches et contre-marches insignifiantes, jeta sa cavalerie dans une plaine marécageuse, où elle fut mitraillée par les batteries de la rive gauche de la Lauter. Hoche, après l'affaire, le fit juger et fusiller *comme lâche* [1]!

Retraite des Coalisés dans le Palatinat. — La dissension qui existait entre les principaux chefs des armées alliées fut portée au comble après cette affaire. Wurmser, dégoûté de ses relations avec le duc de Brunswick, rejeta toute nouvelle coopération avec lui à de nouveaux engagements contre les Républicains, et repassa, le 30, le Rhin à Philisbourg, refusant même de tenir un jour de plus à Germersheim pour donner aux Prussiens le temps d'évacuer le duché de Deux-Ponts et de se rapprocher du fleuve.

Les Républicains entrèrent le 27 à Kaiserslautern, où ils trouvèrent de riches magasins que l'ennemi n'avait point eu le temps d'évacuer. Les Prussiens, restés seuls

[1] « Donnadieu était officier dans le 16e régiment de dragons; pendant la retraite qui s'opéra dans le mois d'octobre, quand l'armée quitta les lignes de la Lauter, il apporta aux commissaires de la Convention un étendard qu'il dit avoir pris à l'ennemi; ceux-ci ne doutèrent pas de la vérité de son rapport et voulurent récompenser ce qui leur parut être un trait de bravoure éclatant. Ils l'envoyèrent à Paris présenter son étendard à la Convention, muni des recommandations les plus honorables; admis à la barre, il fut reçu avec la plus grande distinction. On l'honora d'un décret qui semblait le désigner comme le brave des braves. Il fut en outre, de simple officier, nommé général et renvoyé à l'armée du Rhin pour y commander la cavalerie. La première affaire où il se trouva, chargé d'un commandement plus important, fut celle du Geisberg. Le général Hoche n'entendait pas raison lorsqu'il s'agissait d'un revers ou d'un non succès : il avait accusé et mis en jugement des généraux de son armée après son échec de Kaiserslautern. Il dénonça Donnadieu après celui dont nous parlons; il le fit juger et fusiller comme lâche, sans respect pour le décret que la Convention avait rendu si peu de temps auparavant. » (*Mémoires du maréchal Gouvion-Saint-Cyr.*)

sur la rive gauche du fleuve, continuèrent leur marche rétrograde sur Mayence. Hoche les suivit avec peu de vigueur, se bornant à inquiéter de temps en temps leur arrière-garde.

Déblocus de Landau. — Landau avait été complétement investi depuis l'occupation des lignes de Weissembourg; Wurmser lui-même avait déjà eu, dès le mois d'avril, avec le général Gilot qui commandait la place, une entrevue dans laquelle ce dernier avait résisté à toutes les séductions et avait manifesté son intention de se défendre jusqu'au dernier moment. Une seconde sommation n'avait pas eu plus de succès. Pendant que Custine attaquait les Prussiens à Rixheim le 17 mai, Gilot avait contenu par une sortie les troupes de Guermersheim. — Une seconde sortie facilita, au mois d'août, l'entrée dans Landau d'un convoi considérable. Gilot fut à cette époque remplacé par le général Laubadère. — Le 27 octobre, le prince royal de Prusse, qui commandait les troupes d'investissement, fit jouer sur la ville les batteries des tranchées. Le feu dura deux jours. L'arsenal fut brûlé et un magasin à poudre causa, en sautant, de grands dégâts. Cette attaque fut suivie d'une nouvelle sommation aussi inutile que les précédentes. On doit dire à l'honneur des Prussiens qu'ils ne continuèrent pas un bombardement dont les effets, sans influer en rien sur la fermeté des officiers français, ne pouvait que retomber sur les habitants inoffensifs. — Depuis cette époque le siège se convertit en blocus, et la famine ne tarda pas à régner dans la ville. Ses progrès devinrent plus effrayants chaque jour. Ses mets les plus immondes étaient recherchés avec avidité et se vendaient au poids de l'or. L'ardeur du patriotisme pouvait seul soutenir la garnison qui vit enfin, le 27 décembre, l'ennemi s'éloigner de ses murs et y entrer ses libérateurs. Il était temps néanmoins.

Quartier d'hiver. — Le fort Vauban fut repris le 19 janvier. Les représentants du peuple auraient voulu que la guerre se continuât et que l'armée marchât sur Trèves, mais Hoche s'y opposa. Il sentait que ses soldats avaient besoin de repos et il prit ses quartiers d'hiver.

Le but de la campagne n'était-il pas d'ailleurs atteint? Landau débloqué et l'ennemi rejeté hors du territoire national.

RÉSUMÉ CHRONOLOGIQUE.

1793.

9 JUIN. Combat d'Arlon.
12 et 14 SEPTEMBRE. Prise et reprise du camp de Nothweiler.
14 — Combat de Pirmasens.
28 — Retraite de l'armée de la Moselle derrière la Sarre.
13 OCTOBRE. Prise des lignes de Weissembourg par les Coalisés.
22 — Attaque du fort de la Petite-Pierre.

14 NOVEMBRE. Reddition du fort Vauban.
16 et 17 — Attaque du fort de Bitche.
17 — Combat de Kaiserslautern.
8 DÉCEMBRE. Combat de Niederbrunn.
22 — Combat de Freischweiler et de Werdt.
26 — Combat de Geisberg. — Reprise des lignes de Weissembourg.
27 — Déblocus de Landau.

A. HUGO.

On souscrit chez DELLOYE, Éditeur, place de la Bourse, rue des Filles-Saint-Thomas, 13.

Paris. — Imprimerie et Fonderie de RIGNOUX et Cⁱᵉ, rue des Francs-Bourgeois-Saint-Michel, 8

FRANCE MILITAIRE.

SIÉGE DE LANDRECIES. — BATAILLE DE TURCOING.

SOMMAIRE.

Situation de la France et de l'Europe au commencement de 1794. — Efforts de la France. — Plan des Coalisés. — Dénombrement des deux armées. — Commencement des hostilités. — Investissement de Landrecies. — Projet de diversion dans la Flandre maritime. — Combat de Bossut. — Combat de Troisvilles. — Combat du 29 avril. — Reddition de Landrecies. — Invasion de la Flandre maritime. — Combat de Moucron. — Prise de Menin. — Combat de Courtray. — Bataille de Turcoing. — Combat de Pont-à-Chin. — Investissement et siége d'Ypres. — Combat d'Hooglède. — Prise d'Ypres.

FRANÇAIS.	COALISÉS.
Armée du Nord. — PICHEGRU.	*Généralissime.* — Prince de COBOURG. *Anglo-hanovriens.* — Duc d'YORK. *Autrichiens.* — CLAIRFAYT.

Situation de la France et de l'Europe au commencement de 1794. — La révolution française avait rompu l'équilibre établi en Europe depuis Charles-Quint et consacré par la paix de Westphalie. Ce grand événement devait créer des rapports nouveaux et faire naître nécessairement de nouveaux intérêts entre les puissances européennes. — La guerre, en 1793, avait pu paraître encore faite dans l'intérêt de la Coalition continentale; mais, en 1794, cette guerre ne pouvait être continuée qu'au profit d'une seule puissance. Le cabinet de Londres, guidé par une politique toute d'utilité, avait compris que la continuation des hostilités était le seul moyen d'assurer à l'Angleterre la suprématie maritime qui semblait alors lui échoir par suite de la position critique où la France se trouvait intérieurement et extérieurement placée. — La Prusse, préoccupée du partage de la Pologne, et inquiète du résultat de l'insurrection nationale tentée par Kosciusko, paraissait résolue à abandonner la lutte contre la France et à se retirer de la Coalition. Un subside largement accordé répara les brèches que les profusions du roi Frédéric-Guillaume avaient faites au trésor public et retint les troupes prussiennes prêtes à quitter le Rhin pour marcher sur la Vistule. — L'Autriche, dont les intérêts pouvaient être de faire une paix que la simple reconnaissance de la République française lui aurait rendue profitable, tant la Convention, malgré sa fierté révolutionnaire, était jalouse d'être comptée au nombre des puissances politiques de l'Europe, et disposée à des concessions pour obtenir cet avantage, l'Autriche, disons-nous, céda aussi à l'appât des guinées anglaises et continua la guerre dans le but de préserver la Belgique d'une conquête à laquelle la France eût volontiers renoncé, et de reconquérir l'Alsace, qui, faisant légalement partie du territoire français, ne pouvait, dans aucun cas, être jamais abandonnée par les troupes républicaines. — Afin de se créer un appui en Italie, le cabinet de Vienne chercha à soulever les passions des petits princes qui régnaient dans ce pays. — Le roi de Sardaigne fut le seul qui, ayant accédé à la Coalition, persista franchement à y concourir. — Le roi de Naples, comme les autres puissances de l'Italie, tremblait devant les escadres combinées de Hood et de Langara; il eut un moment la volonté de mettre à la disposition des Coalisés ses vaisseaux et ses troupes, mais son ministère ne tarda pas à deviner qu'il n'y avait pas pour le pays un intérêt pressant capable de balancer les frais que coûterait une telle expédition. Des conspirations réelles ou factices firent ajourner indéfiniment le départ de l'armée napolitaine et rappeler promptement le contingent et les vaisseaux qui avaient pris part au siége de Toulon. — Le duc de Toscane consentit à renvoyer le chargé d'affaires républicain, mais refusa obstinément de prendre aucune part active aux hostilités. — Gênes, trop faible pour se venger, était réduite à des protestations impuissantes contre les Anglais qui venaient jusque dans ses ports enlever les vaisseaux de la République française. — Venise, abusée par d'anciens souvenirs, se flatta un instant de maintenir avec succès une neutralité armée; le sénat vota des troupes et des vaisseaux. Les efforts qu'elle fit pour lever des troupes et l'espèce de vie que cette réaction inattendue donna à son gouvernement, ranimèrent sa confiance et l'entraînèrent dans des démarches inconsidérées qui se terminèrent quelques années plus tard par les crimes de Vérone et par la destruction définitive de la République que le souffle puissant de Bonaparte fit évanouir. — L'Espagne, encouragée par les succès de Ricardos dans les Pyrénées orientales, était disposée à continuer la guerre. Le favori puissant, qui disposait alors des destinées du pays [1], ne s'apercevait pas encore jusqu'à quel point il allait favoriser la prépondérance maritime de l'Angleterre, qui traînait déjà le Portugal à la remorque.

Cependant, trouvant le moment favorable, le cabinet de Londres brisa d'un trait de plume les principes que les traités de 1780 avaient consacrés sur le droit des neutres, et après avoir augmenté son armée régulière, doublé ses milices, pris à sa solde 40,000 Allemands ou émigrés destinés à rallumer dans la Vendée le foyer de la guerre civile, il ordonna aux vaisseaux anglais d'enlever tous les bâtiments destinés pour la France, de visiter sous ce prétexte les navires voguant avec un pavillon neutre, et de compléter au besoin leurs équipages par des matelots pressés sur les navires américains. Cette mesure violente et inique, aussi contraire à l'équité absolue qui domine les droits des nations, qu'aux traités qui consacraient ces mêmes

---

[1] Don Manuel Godoy, duc d'Alcudia, depuis prince de la Paix.

droits, était une espèce de déclaration de guerre à toutes les puissances maritimes de l'Europe continentale; mais nous avons vu que la Prusse, l'Autriche, les puissances italiennes, l'Espagne et le Portugal accédaient déjà aux volontés de l'Angleterre : la Hollande, par un aveuglement qu'aucune considération raisonnable ne saurait justifier, y prêta les mains et contribua même par des subsides à retenir contre la France les troupes prussiennes, conduite impolitique et dont elle devait être punie par la perte de ses principales colonies.

Restaient parmi les autres puissances trois États qui pouvaient seuls s'opposer aux empiétements ambitieux de l'Angleterre : la Russie, le Danemarck et la Suède. — Le Danemarck et la Suède se montrèrent seuls fidèles au reste de l'Europe aux principes qui garantissaient la liberté des mers; donnant au reste de l'Europe un exemple de sagesse et de prévoyance, ils repoussèrent les droits que l'Angleterre prétendait s'arroger, et par un acte énergique et bien entendu, renouvelèrent les traités qui défendaient l'entrée de la Baltique aux vaisseaux armés des États qui n'y possèdent aucun port. Malheureusement la Russie n'imita point cet exemple; l'impératrice Catherine n'avait alors en vue que de s'assurer la part du lion dans le partage de la Pologne, et tout fut sacrifié à cet intérêt présent; l'Angleterre, satisfaite de quelques concessions relatives à ses intérêts maritimes, abandonna honteusement la défense du peuple polonais, dont elle s'était, quatre ans auparavant et avec une ostentation toute politique, constituée la protectrice.

L'Europe entière paraissait donc liguée contre la République. La France était mise au ban des nations; la Turquie elle-même refusait de reconnaître ses ambassadeurs; mais une république voisine, la Suisse, avait heureusement résisté à toutes les intrigues anglaises et même aux insinuations de quelques-uns de ses principaux magistrats; elle recueillait tous les avantages de la neutralité qu'elle avait sagement conservée. « La République française (dit un écrivain militaire distingué, né citoyen suisse) en guerre avec toute l'Europe, n'entretenant avec les autres nations que des relations incertaines et dangereuses, depuis que la mer était au pouvoir de ses ennemis, trouva dans la Suisse une factorerie commode, qui lui permit de trafiquer avec les peuples du continent. Le cuivre pour le radoub de ses vaisseaux, le chanvre pour ses cordages, les remontes pour sa cavalerie et son artillerie, les bestiaux pour nourrir ses armées, en un mot tout ce dont elle avait besoin lui arrivait par Bâle, qui, à son tour, répandait les marchandises de fabrique française dans le Nord, en Allemagne et en Italie. Cette époque fut celle de la prospérité de la Suisse, et la France qui y trouvait bien son compte avait encore l'avantage de voir sa frontière, la plus dénuée des défenses de l'art, à l'abri d'insulte. »

Efforts de la France. — Cependant les efforts de la France s'étaient élevés à la hauteur des dangers dont elle était menacée; les dissensions intestines de la Convention, cette guerre à mort que s'étaient déclarée entre eux les membres de la terrible assemblée : toutes les violences sanguinaires, auxquelles elle avait donné lieu, n'avaient pas éteint l'esprit national. Si la France n'avait pas ces quatorze armées nominales, sans instruction et sans discipline, sans armes et sans généraux, dont on a fait banalement honneur aux grandes combinaisons du comité de salut public, elle comptait, grâce au patriotisme sincère des amis du pays, en qui les menaces d'une invasion étrangère étouffaient toute autre considération, et qui oubliaient les excès de l'assemblée révolutionnaire pour ne voir que les dangers de la patrie, elle comptait onze armées réelles et effectives qui présentaient une force de 794,334 hommes remplis de zèle et de bonne volonté [1]. Des mesures utiles à la recomposition de l'armée avaient été prises; l'infanterie se réorganisait. — Les bataillons isolés avaient formé jusqu'alors une multitude de petits corps difficiles à manier; on réunit deux bataillons de volontaires nationaux à un de ligne, ce qui composa d'excellents régiments. Cette mesure, en donnant plus de solidité aux corps, détruisit aussi la rivalité qui régnait entre eux; mais cet amalgame, commencé d'abord pendant l'hiver, quelque diligence qu'on y mît, ne fut achevé que vers la fin de 1794.

Plan des Coalisés. — Il serait difficile de déterminer quels furent, au commencement de cette campagne, les plans des deux partis. Les Français paraissaient se borner à vouloir défendre la longue ligne de Strasbourg à Dunkerque. Les Coalisés, d'après les idées de Mack, avaient résolu de s'emparer d'abord de la position centrale de Landrecies, pour se porter ensuite directement de là, par Guise et Laon, sur Paris.

Dénombrement des deux armées. — Les troupes républicaines, divisées toujours en plusieurs armées, occupaient, vers la fin de mars, les camps et les positions les plus rapprochées de la frontière. Sans compter les garnisons qui formaient le corps du Haut-Rhin, l'armée du Rhin présentait une force d'environ 60,000 combattants : l'armée de la Moselle en comptait 50,000 et celle des Ardennes environ 30,000; enfin l'armée du Nord, partagée en trois corps, chacun de quatre divisions, comprenait plus de 154,000 hommes répartis dans plusieurs camps vers Lille, Bouchain, Landrecies,

[1] Voici l'état des armées françaises à l'époque du 25 ventôse an 2 (15 avril 1794)

Armées.	Infanterie.	Cavalerie.	Artillerie.	Total.
Nord.	212,063	24,257	9,502	245,822
Ardennes.	27,190	8,168	2,272	37,630
Moselle.	82,267	16,562	4,494	103,323
Rhin.	82,711	10,932	4,747	98,390
Alpes.	36,616	2,877	3,509	43,042
Italie.	58,212	550	1,789	60,551
Pyrénées orientales.	64,919	2,758	2,831	70,508
Pyrénées occidentales.	46,217	2,110	2,455	50,782
Ouest.	16,576	,936	4,007	22,519
Côtes de Brest.	30,538	625	3,216	34,379
Côtes de Cherbourg.	25,244	321	1,823	27,388
Total général.				794,334

Dans ces nombres sont comprises les garnisons, mais non pas les troupes composant l'armée dite de l'intérieur, dont le quartier-général était à Paris. Il faut déduire de ces forces les dépôts et les malades qu'on peut estimer au moins au cinquième, ce qui réduirait les présents à 650,000 hommes. — On trouvera aussi quelques différences entre cet état et nos évaluations, mais il faut se rappeler que nous n'énumérons généralement que les *combattants*.

Cambray, Guise, Avesne et Maubeuge : la droite s'étendait de Maubeuge à Avesnes, le centre d'Étreux à Arleux, et la gauche de Pont-à-Marque à Dunkerque. Les garnisons des places fortes, composées de soldats de nouvelles levées, ne sont pas comprises dans cette énumération. Pichegru, qui avait eu l'art de se faire honneur du déblocus de Landau, dû principalement à l'activité et à la résolution du général Hoche, avait succédé à Jourdan et obtenu, grâce à ses amis de la Convention, le commandement de cette grande armée.

— De leur côté les Coalisés avaient réuni des forces considérables : le duc de Saxe-Teschen, chargé de la défense de la ligne du Rhin, depuis Bâle jusqu'à Manheim, comptait sous ses ordres 60,000 Autrichiens ou émigrés; les Prussiens, réunis au corps allemand de Hohenlohe-Kirchberg formaient, vers Mayence, une masse de 65,000 combattants; 20,000 hommes, commandés par Beaulieu, défendaient le Luxembourg; Blankenstein, avec un corps pareil, couvrait Trèves; le prince de Kaunitz, avec une division de 18,000 soldats, campait sur la Sambre devant Namur et Charleroi; enfin l'armée principale, de plus de 120,000 combattants (Allemands, Autrichiens, Anglais, Hanovriens, Hollandais), aux ordres du prince de Cobourg, et dont Clairfayt commandait l'aile droite, s'étendait du Quesnoy à l'Escaut.

Commencement des hostilités. — Les hostilités commencèrent par une reconnaissance que Pichegru fit pousser le 29 mars sur Ors, Pommereuil, Bassuyau, Wattignies, Saint-Suplet et Troisvilles. — Kray, commandant au Cateau la première ligne autrichienne, arrêta les colonnes républicaines qui l'attaquèrent sur son centre, mais la réserve fut obligée d'accourir pour soutenir à sa gauche les postes que la division Fromentin avait chassés de Pommereuil. — Ce village fut repris et les Républicains se retirèrent. — La division de Cambray, qui s'était avancée à l'autre côté de la ligne jusqu'à Troisvilles, imita ce mouvement rétrograde.

Investissement de Landrecies. — Les pluies fortes et continuelles qui, dans les premiers jours du mois suivant, rompirent tous les chemins, obligèrent les Français et les Coalisés à rester ensuite pendant une quinzaine de jours sur la défensive; mais le 16, toute l'armée alliée se rassembla dans les plaines du Cateau où elle fut passée en revue par l'empereur François, venu de Vienne exprès pour suivre les opérations de la campagne qu'il regardait comme la dernière qui dût être faite pour écraser la République française.

Les Alliés avaient le projet de repousser au-delà de l'Oise les troupes françaises rassemblées entre Guise et Landrecies et d'investir ensuite cette dernière place; au lieu de profiter de la réunion de toutes leurs forces pour écraser en détail les divisions républicaines disséminées dans les camps, ils se hâtèrent de se désunir eux-mêmes et formèrent huit colonnes destinées à agir en suivant des directions divergentes. — La première passa la Sambre à Ors et Catillon et repoussa la division Fromentin sur Maroille; la seconde se dirigea par Femy, Oisy et Massinguet; la troisième, avec le quartier général de l'Empereur, s'étant avancée sur les hauteurs de Grandblocus, rejeta jusqu'à Étreux les troupes du général Balland; la quatrième, marchant sur Bohain, et la cinquième sur Prémont forcèrent le général Goguet à se replier; enfin les sixième, septième et huitième qui formaient la droite repoussèrent les avant-postes du camp de Cambray par Crèvecœur, Beauvais et Naves. — Tous ces grands mouvements n'eurent d'autres résultats que d'obliger les Français à un mouvement rétrograde. — Landrecies fut alors investi par le prince d'Orange. Cette place, commandée par le général Rouland, avait une garnison de 7,000 hommes.

Les armées de Cobourg, d'York et de Kaunitz se placèrent en observation : la première à gauche, entre Guise et Avesnes; la seconde à droite vers Cambray. Kaunitz se posta entre Mons et Namur, derrière la place assiégée. — Trois jours après l'investissement (le 20 avril), les Hollandais emportèrent, sous les murs de Landrecies, le camp retranché de Preux-aux-Bois.

Cependant l'investissement de Landrecies, opéré au centre de la ligne française, avait séparé les deux ailes de l'armée républicaine, et en outre le camp de Maubeuge, où s'étaient retirées les quatre divisions de la droite française, se trouvait, par la marche de Cobourg sur la route d'Avesnes, séparé du camp de Guise; il était urgent de rétablir les communications de ces deux camps; c'est dans ce but que, le 21 avril, une attaque générale fut ordonnée. — Les divisions Balland et Goguet partirent du camp de Guise : la première n'eut aucun engagement sérieux, celle de Goguet fut mise en déroute vers Grandblocus et le bois d'Aronaise par le général Bellegarde. Goguet fut tué dans cette malheureuse affaire par les fuyards d'un régiment qu'il cherchait à rallier. — Pendant cet échec Montaigu soutenait heureusement à Maroille l'effort des Autrichiens, et Solland, quoique délogé de Fay, défendait les rives de la Helpe. Chappuis, sorti du camp de César, était rejeté avec sa colonne sur Bouchain.

Les brigades Duvigneau et Duhesme remplirent seules leur mission. La première, sortie du camp de Guise, chassa de la Capelle les avant-postes ennemis. La seconde, partie de Maubeuge, forçait de son côté les postes de Fontenelle et de Garmouset. Les deux brigades opérèrent leur jonction devant la ligne du général Alvinzi, établie sur les plateaux à l'issue de la forêt de Nouvion, attaquèrent bravement les Autrichiens, leur enlevèrent une redoute et les rejetèrent sur l'autre rive de la Sambre. La reprise de la Capelle, rétablit les communications entre Guise et Maubeuge.

Projet de diversion dans la Flandre maritime. — Pichegru, convaincu que toutes les tentatives qu'il essaierait directement pour secourir Landrecies seraient sans résultat, changea son plan de campagne, et crut que l'envahissement de la Flandre maritime pouvait être, en raison des circonstances, une diversion du plus haut intérêt. — Néanmoins, il n'est pas bien certain si l'idée première de ce mouvement est de lui ou de Carnot. Les fautes inouïes que firent les alliés assurèrent sa réussite, et c'est d'après l'événement qu'on en a jugé l'importance. Le succès justifie tout aux yeux du vulgaire. Pichegru, en filant avec un corps de

50,000 hommes entre la mer et une armée ennemie forte de 120,000, se compromettait gravement, s'il eût eu affaire à des adversaires plus habiles, et jouait gros jeu pour un mince résultat qu'il eût été bien facile, ce semble, d'obtenir sans le moindre risque, en suivant l'exemple qu'avait donné Jourdan à Wattignies, c'est-à-dire en rassemblant toutes les forces disponibles pour percer, sur un point décisif, la longue ligne des alliés.

Afin de faciliter l'exécution de son plan, Pichegru résolut de le faire précéder par une attaque sur toute la ligne, depuis Philippeville jusqu'à la mer, tant par l'armée du Nord que par l'armée des Ardennes, aux ordres du général Charbonnier, et dont il venait de recevoir la direction supérieure.

Combat de Bossut. — Le 26 avril fut le jour fixé pour cette attaque. Charbonnier, suivant les instructions qu'il avait reçues, se dirigea de Philippeville sur Beaumont, et fit attaquer les hauteurs de Bossut, tandis qu'il s'avançait lui-même dans la plaine contre une division ennemie venue à sa rencontre. Cette division, composée en grande partie de cavalerie, obtint d'abord quelque succès; mais bientôt chargée à la baïonnette par les grenadiers républicains, elle abandonna le champ de bataille couvert de morts et de blessés. Charbonnier se porta alors au secours de ceux de ses soldats chargés de l'attaque des hauteurs de Bossut qui furent emportées après un combat meurtrier. Walcourt fut ensuite enlevé avec la même vigueur. L'armée des Ardennes fit alors sa jonction avec la division Desjardins qui, partie de Maubeuge, venait de surprendre les plateaux de Chaudeville gardés par la légion de Bourbon. Maîtres ainsi de Solre et de Saint-Géry, les Républicains réunis se disposaient à attaquer Beaumont, lorsque l'ennemi l'évacua à leur approche.

Combat de Troisvilles. — Pendant ces divers combats, le centre de l'armée du Nord, plus spécialement chargé de la délivrance de Landrecies, avait en tête la principale masse des forces alliées et éprouvait un sanglant échec. Ferrand commandait la droite de cette attaque. Montaigu avec 12,000 hommes avait ordre d'enlever Maroille. Balland, partant de Guise, devait culbuter les postes du prince de Cobourg vers Nouvion et se diriger sur Barzy, renforcé des troupes de l'ancienne division Goguet, destinées à marcher sur Étreux. Enfin, à la gauche, la division de Cambray, commandée par Chappuis, et renforcée de 10,000 hommes, était chargée de frapper le coup principal. — Chappuis forma ses troupes sur trois colonnes trop distantes l'une de l'autre. Celle de gauche devait observer Solesme, celle de droite passer par Ligny et Clary. Chappuis se porta avec le centre de l'armée sur Audancourt. — Arrivé devant les redoutes de Troisvilles que défendait le duc d'York, il les fit canonner et se disposa à les assaillir; mais à peine ses troupes arrivèrent-elles au pied des retranchements que d'effroyables décharges de mitraille les obligèrent à s'arrêter. Vigoureusement reçus par l'infanterie anglaise, débordés par le général Otto, et tournés par la cavalerie du prince de Schwartzemberg, soutenu des gardes anglaises et d'un régiment de chevau-légers, les Républicains ne purent soutenir le choc, le désordre se mit dans les rangs et ne tarda pas à être porté au comble. 4,000 hommes tués ou blessés et trente-cinq pièces de canon restèrent sur le champ de bataille. Les fuyards furent poursuivis jusqu'à Cambray. Chappuis blessé fut fait prisonnier.

Les généraux chargés de diriger l'attaque vers Landrecies, entre la Sambre et la Helpe, n'obtinrent guère plus de succès. Le camp de Maubeuge se borna à montrer sur les hauteurs d'Assevent quelques têtes de colonnes que continrent les batteries ennemies. On canonna les avant-postes autrichiens sur la Sambre. Montaigu, débouchant par Maroille avant que Solland fut en mesure de le soutenir, se vit refoulé vers la Helpe. Duhesme et Durigneau, agissant avec vivacité, enlevèrent d'abord le village de Priche et repoussèrent les impériaux jusqu'en avant de Favril; mais ceux-ci renforcés reprirent l'avantage et les Français durent rentrer dans leurs premières positions.

Ce fut même jour que le corps d'armée destiné à l'invasion de la Flandre maritime commença son mouvement. Les alliés en furent instruits par des dépêches trouvées sur le général Chappuis, mais quoique ce mouvement les inquiétât assez pour leur faire retarder l'invasion de la Picardie, il ne leur suggéra pas l'idée de voler au secours de Clairfayt, à qui ils envoyèrent seulement le même jour un renfort de sept bataillons et de six escadrons commandés par le général Erskine.

Combat du 29 avril. — *Reddition de Landrecies.* — Malgré les échecs éprouvés par les divisions du centre, dans leurs tentatives, pour débloquer Landrecies, Ferrand, qu'enhardissait la marche de l'aile gauche, concerta une nouvelle attaque pour le 29. Mais elle avait le défaut des précédentes et eut les mêmes résultats. Au lieu de percer en masse sur un seul point la ligne de contrevallation, les troupes, partant de bases très éloignées, durent attaquer à la fois Barzy, Priche, Favril et Maroille, quand le succès sur un seul de ces points eût suffi pour produire le résultat désiré. Les Français furent repoussés. — Landrecies, vivement pressé depuis six semaines, avait été bombardé; l'intérieur de la place n'offrait plus qu'un monceau de ruines, lorsque, le 30 avril, la garnison capitula.

Invasion de la Flandre maritime. — La partie de la garnison de Lille destinée à l'invasion de la France maritime formait, avec les divisions Souham et Moreau, un total de 50,000 hommes.

Les troupes passèrent la Lys et le canal de Loo, le 25 au soir. — Souham, avec environ 30,000 hommes, marcha sur Courtray, enlevant ou dispersant tous les postes ennemis sur son passage. Après avoir battu, le 26, les Hanovriens et les Autrichiens, campés à Moucron, auprès de cette place, il y entra le même soir. — Moreau se dirigeait en même temps par les deux rives de la Lys, sur Menin dont il forma aussitôt l'investissement. — La place de Menin était défendue par un corps hanovrien dont un des détachements venait d'être battu.

Combat de Moucron. — Clairfayt, que des démonstrations faites à dessein le 23 avril sur Denain avaient trompé, s'était porté sur cette ville avec ses principales forces. Reconnaissant bientôt son erreur, il retourna en hâte à Tournay, pour s'opposer à la marche du corps d'invasion; mais il arriva trop tard, Menin était investi, et Courtray au pouvoir des Français. Le dessein auquel il s'arrêta alors, semble indiquer qu'il ne se doutait nullement de la force du corps d'armée qui lui était opposé. Avec ses 20,000 hommes il ne craignit pas de venir camper à Moucron et au moulin de Castrel, c'est-à-dire entre Lille et l'armée d'invasion. La brigade Bertin, qui défendait ce poste, s'était retirée à Turcoing. La brigade Jardon, qui devait couvrir Aelebeeck, se replia sur Belleghem. Clairfayt, par sa démonstration sur les communications de l'armée française, s'était mis dans les cas d'être anéanti. Souham, à peine informé de ce mouvement, partit de Courtray avec les brigades Macdonald et Daendels auxquelles il rallia en route celle de Jardon. Il arriva le 28 au soir devant Clairfayt dont les troupes se déployaient en deux lignes sur le plateau de Moucron. Les Français rangés en bataille sur les hauteurs opposées commencèrent l'attaque le lendemain à la pointe du jour. Au moment où Macdonald et Daendels attaquaient de front, Bertin arrivait de Turcoing pour prendre à revers la position ennemie. Pressé de toutes parts, et blessé lui-même après un combat opiniâtre qui dura quatre heures, Clairfayt ordonna la retraite sur Tournay. Elle se fit avec difficulté sous le feu de nos batteries. La cavalerie française lui enleva 30 pièces de canon et 1,200 prisonniers. Les Hanovriens se retirèrent sur Deynse.

Prise de Menin. — Moreau, qui avait contribué à la victoire de Moucron en contenant les Hanovriens, reparut le soir même devant les remparts de Menin qui était vivement bombardé. Une sommation faite au gouverneur Hammerstein, resta sans effet, ce qui irrita tellement les soldats qu'ils demandèrent à monter à l'assaut. Vandamme leur fit vainement remarquer la profondeur des fossés et la hauteur des murailles. Quelques compagnies de grenadiers insistaient. « Laissez-nous, disaient ces braves, laissez-nous commencer l'attaque; nos cadavres serviront de fascines à nos camarades pour escalader les remparts. » Moreau refusa d'envoyer à une mort presque certaine ces généreux soldats. Menin lui fut d'ailleurs livré le surlendemain, par suite d'une résolution courageuse que prit le gouverneur pour sauver quelques centaines d'émigrés qu'il avait avec lui, et qui préféraient mourir les armes à la main à être fusillés. Il sortit de Menin, dans la nuit du 30, avec les 3,000 émigrés et Hanovriens qui formaient sa garnison, culbuta le cordon d'investissement, lui tua et prit du monde, et se retira presque sans perte sur Bruges.

Combat de Courtray. — Cependant Pichegru se confirmant par ses succès en West-Flandre, dans la résolution de manœuvrer sur les ailes de l'ennemi, divisa son centre. Le général Bonnaud, qui avait remplacé Chappuis, renforça l'aile gauche avec 20,000 hommes qui campèrent à Sanghien, lièrent le camp de Moorselle avec Lille, et servirent de réserve à Souham. Ferrand resta du côté de Guise avec environ 20,000 hommes. Les divisions Fromentin et Despeaux, réunies au nombre de 36,000 hommes sous le commandement de Desjardins, durent aller rejoindre les 20,000 de l'armée des Ardennes, pour opérer sur la Sambre avec cette armée, conformément à de nouvelles dispositions ordonnées par le comité de salut public. — Cobourg n'avait plus d'ennemis devant lui, mais il oublia que c'était pour marcher sur Paris qu'il s'était emparé de Landrecies, et trop peu hardi pour mépriser une armée qui manœuvrait à trente lieues sur ses ailes, il résolut de la chercher et de la combattre, ce qu'il ne pouvait faire qu'en éparpillant son armée encore plus qu'elle ne l'était déjà. Alvinzi, Latour, Werneck et le prince d'Orange furent donc envoyés pour renforcer Kaunitz sur la Sambre, tandis que le reste de l'armée coalisée marchait sur Tournay. Un faible corps resta en observation devant le camp de Guise. — Pendant ces mouvements si décousus, Clairfayt, qui suppléait du moins à la faiblesse de ses moyens par la rapidité de ses manœuvres, faisait de nouveaux efforts pour s'emparer de Courtray. Au moment où Souham le cherchait, le 10 mai, entre Lille et l'Escaut, il s'était jeté rapidement sur la gauche pour refouler vers la mer la division Michaud, et faire tête à celle de Moreau, qui avait pris position en avant de Courtray et sur laquelle venait de se replier la brigade Vandamme, inopinément attaquée sur la Heule. Clairfayt canonnait vivement la position de ses adversaires et s'était même déjà emparé d'un des faubourgs de Courtray, quand le retour de Souham vint arrêter ses succès. Sa position était bien choisie; ses ailes s'appuyaient aux chaussées de Bruges et de Menin; l'on ne pouvait arriver jusqu'à lui, qu'en passant sous le feu d'une artillerie formidable. Les troupes françaises s'avancèrent deux fois en bon ordre avec leur intrépidité ordinaire; mais elles furent presque aussitôt repoussées. Elles s'établirent enfin vers le soir sur la gauche de Clairfayt, mais sans que ce mouvement décidât encore du succès. Clairfayt profita de la nuit, rendue plus obscure encore par un épais brouillard, pour se retirer sur Thielt. Si les brigades Malbrancq et Macdonald, qui devaient le prendre à revers, avaient eu le temps d'achever leur mouvement, cette affaire aurait peut-être été décisive en faveur des Républicains.

Bataille de Turcoing. — Les alliés sentaient enfin la nécessité de frapper un grand coup afin de sauver la Belgique, et de se tirer de l'embarras où les avaient placés tant de fautes multipliées; ils eurent à Tournay un conseil de guerre où assistèrent l'empereur d'Autriche et le généralissime prince de Cobourg. On y dressa un nouveau plan de campagne auquel on donna le nom emphatique de *plan de destruction*. Il n'avait pas de but moindre que celui d'enlever ou plutôt d'anéantir l'armée du Nord. La position de cette armée aurait en effet été très hasardée si de plus sages combinaisons eussent été substituées par Mack au système des colonnes multipliées. Un corps de 120,000 alliés aurait pu aisément couper de Lille et des frontières françaises 50,000 Républicains, et les forcer à combattre, la mer à dos, dans une position où le moindre revers eût causé leur ruine. Il suffisait, pour arriver à ce grand résultat, d'agir avec une forte masse sur Bondues, Mouveaux et Roubaix. Les alliés, au lieu d'adopter un plan aussi simple, résolurent de diriger concentriquement leurs forces en six colonnes sur Turcoing, de façon à y arriver pour attaquer le 17 l'armée française qu'ils supposaient devoir les attendre complaisamment dans son camp de Moorselle entre Menin et Courtray.

La première de ces colonnes, aux ordres de Clairfayt, devait partir de Thielt, passer la Lys à Werwick et se porter le 17 à Lincelles : elle n'y arriva que le 18. La deuxième colonne, commandée par le général le Busch, devait attaquer Moucron le 17. La troisième colonne, aux ordres d'Otto, marcha le 17 par Waterloo et occupa Turcoing. La quatrième colonne, conduite par le duc d'York, se dirigea par Templeuve sur Roubaix, Mouveaux et Croix. La cinquième, aux ordres du général Kinsky, devait partir de Tournay, et après avoir passé la Marque à Pont-à-Tressin et à Bovines, lier ses mouvemens avec ceux de la sixième, commandée par l'archiduc Charles, pour rejeter la division Bonnaud sur Lille, et rejoindre ensuite l'armée à Turcoing.

La droite des divisions Souham et Moreau s'appuyait à Aelebeck, la gauche à Courtray. Bonnaud était à Sanghien, la brigade Thierry à Moucron, Compère à Turcoing, Noel à Lannoy; la division de Lille occupait par plusieurs détachemens l'intervalle entre cette place et l'armée agissante. L'espace, depuis Pont-à-Marque jusque vers Douai, était couvert par le général Osten; enfin, les communications entre Dunkerque et Menin se trouvaient gardées par la brigade Désenfans, de la division Michaud.

Il n'y avait aucune combinaison réelle dans cette marche des colonnes alliées qu'on prétendait faire arriver en même temps à Turcoing lorsque tant d'incidents imprévus pouvaient déjouer cet espoir.—Le mouvement extraordinaire des alliés à Tournay n'avait point échappé aux généraux français, qui jugèrent sainement qu'on allait les inquiéter dans leurs positions. Pichegru était alors absent et visitait son aile droite sur la Sambre. Souham et Moreau concertèrent un plan d'opérations qui consistait à se rapprocher de Turcoing pour maintenir leurs communications avec Lille. Cette manœuvre les sauva et entraîna la perte des alliés.—Clairfayt, comme nous l'avons dit, perdit vingt-quatre heures dans sa marche, arrêté au pont de Warwick par quelques bataillons français qui défendirent vigoureusement ce passage. Il lui fallut jeter un pont. Le général de Busch assaillit Moucron le 17 avec sa colonne et parvint à emporter ce village, mais le général Thierry, dont les principales forces se trouvaient sur les hauteurs en arrière, attaqua brusquement les Hanovriens et les contraignit à se retirer avec perte au-delà de la chaussée de Tournay à Courtray près d'Espierre. Le même jour, la troisième colonne s'avança sur Turcoing en poussant devant elle la brigade Com-

père qui se retira à Moucron vers celle de Thierry. A peine l'avant-garde avait-elle occupé Turcoing, que des fuyards de la colonne de Busch vinrent lui apprendre ce qui s'était passé. Otto, au lieu de rassembler ses forces pour offrir une masse compacte à l'ennemi, répéta avec sa division la faute qu'avaient déjà tant de fois commise en grand les Alliés, et dispersa sa colonne sur un espace de plus de 2,500 toises depuis Leers jusqu'à Turcoing. Le duc d'Yorck, arrivé en ligne le 17, commit la même faute en disséminant ses troupes dans les postes de Lannoy, de Croix, de Roubaix et de Mouveaux. La cinquième colonne se porta en avant par trois points à la fois, Pont-à-Tressin, Bovines et Louvil. La division Bonnaud culbuta les troupes qui marchaient sur Louvil. Tous les efforts de l'ennemi furent inutiles à Pont-à-Tressin. Bovines fut défendu avec le même succès, et Bonnaud allait même prendre l'offensive, lorsque le général Erskine qui avait suivi par erreur la colonne de Kinsky, au lieu d'accompagner le duc d'Yorck, comme il en avait reçu l'ordre, arriva, heureusement pour les Autrichiens, et arrêta les efforts des Républicains. Enfin, le corps de l'archiduc Charles, dont une marche pénible à l'extrême gauche des Français avait retardé l'arrivée de huit heures, contraignit, par sa supériorité, la brigade Osten de se replier sur Lezenne où elle se lia à la droite de Bonnaud. Ce dernier quitta le soir ses positions derrière la Marque pour se rapprocher de Lille, et vint camper au village de Fleers. Cobourg et l'Empereur regardèrent ce petit succès comme le gage d'un triomphe général pour le lendemain.

Moreau et Souham, informés que Clairfayt s'avançait sur la Lys, avaient résolu de se débarrasser de lui en l'attaquant avec le gros de l'armée. Une partie de la division Moreau avec la brigade de Vandamme s'avança sur Dadizèle. La division Souham passa sur la Lys, ne laissant qu'une garnison à Courtray. Mais les deux généraux apprirent bientôt qu'une attaque sérieuse les menaçait du côté de Tournay, et firent leurs dispositions pour la prévenir. Il fut convenu que Moreau, avec 8,000 hommes, contiendrait Clairfayt sur Lincelles, tandis que Souham, avec le reste de l'armée postée en arrière de Turcoing, et la division Bonnaud, attaquerait l'ennemi le lendemain 18. La principale masse des forces républicaines se trouvait ainsi opposée au centre morcelé des Alliés, dont la ligne occupait plus de trois lieues d'étendue. De petits détachements furent envoyés pour contenir l'archiduc Charles, dont les troupes étaient harassées.

Souham, dès trois heures du matin, s'avança avec 45,000 hommes, sa droite à Turcoing, sa gauche à Waterloo. L'avant-garde d'Otto, chassée de Turcoing fut si vivement pressée, qu'elle ne put se rallier à son corps qui, attaqué à Waterloo par Daendels et par Thierry, se retira derrière Leers.

Pendant ce temps, Bonnaud, après avoir laissé quelques bataillons pour occuper les deux colonnes de l'Archiduc et du général Kinsky, attaquait avec 16,000 hommes les troupes du duc d'York. Les Anglais, quoique surpris, se défendirent d'abord vaillamment ; mais tous prirent bientôt la fuite. Le duc se dirigea d'abord vers Waterloo où il ne trouva de secours que dans une centaine de gardes hessoises qui tiraillaient à l'arrière-garde. La vitesse de son cheval le sauva seule dans cette affaire, et il eut la bonne foi d'en convenir. Les débris de son corps d'armée se retirèrent à Nechain d'où ils gagnèrent Tournay.

Pendant cette déroute, les deux divisions de gauche, commandées par l'Archiduc et par Kinski, restèrent dans une inaction qui semble inexplicable. Elles se formèrent en colonnes vers quatre heures de l'après-midi et se dirigèrent à Marquain pour y recueillir les restes du centre.

Clairfayt se croyant trop aventuré en restant à Linzelles, se retira à l'entrée de la nuit sur son ancienne position de Thielt, emmenant 7 canons et 300 prisonniers faits dans un vif engagement que Moreau avait eu avec lui à Roucq dans la matinée; triste compensation de la défaite de tout le centre de l'armée coalisée. — Les alliés perdirent dans cette bataille environ 3,000 hommes et 60 pièces de canon.

Le plus grand avantage de cette victoire dont Pichegru ne profita pas habilement, fut l'influence morale qu'elle eut sur l'armée et la confiance sans bornes qu'elle inspira à nos jeunes soldats.

Combat de Pont-à-Chin. — Non-seulement le général Pichegru, qui arriva le lendemain auprès de l'armée victorieuse, ne chercha point après l'affaire de Turcoing à profiter du désordre dans lequel ses lieutenants venaient de jeter l'armée coalicée; mais, par trois jours d'une inaction aussi difficile à expliquer qu'inexcusable, il donna à cette armée le temps nécessaire pour réparer ses pertes et reformer sa ligne de bataille. Cobourg s'était retranché sur la rive gauche de l'Escaut, la droite vers Tamégniés, la gauche à Lamain, le centre vers Blandain et Templeuve.

Les divisions Souham, Moreau et Bonnaud, reçurent l'ordre de marcher sur Tournay, que couvrait la position des alliés, par Templeuve, Blandain et Pont-à-Chin. Les armées étaient en présence le 23 au matin, et s'attaquèrent avec la plus grande fureur. Le combat se prolongea quinze heures avec un acharnement incroyable entre les deux partis tour à tour vaincus et victorieux. Le village de Pont-à-Chin fut le théâtre de la lutte la plus animée. La brigade Macdonald fut chassée cinq fois de ce poste qu'elle reprit cinq fois aux Anglais. Excédée de fatigue, et affaiblie par des pertes considérables, repoussée en désordre dans un taillis, elle ne fut sauvée que par la valeur de trois bataillons qui formaient la réserve, et le village resta définitivement à l'ennemi.

La nuit mit un terme à cette attaque meurtrière où les soldats firent plus que les généraux, et que Pichegru prolongea sans but et sans dessein. Ce général n'avait aucun plan arrêté, et l'on peut en dire autant des généraux ennemis. On a prétendu pourtant qu'il était guidé dans ce mouvement offensif, par le désir de faire replier les troupes légères ennemies et de s'emparer d'un convoi considérable qui remontait l'Escaut. Une portion de l'Escaut fut en effet couverte un moment par les troupes de Daendels, mais quelques barques chargées d'avoine et de charbon ne peuvent être regardées comme une compensation du sang de 4,000 Français qui périrent dans cette affaire.

Investissement et siége d'Ypres. — Voyant après l'affaire du 23 mai que ses efforts sur Tournay étaient inutiles, Pichegru résolut d'attirer sur un autre champ de bataille, Cobourg, dont il désespérait de forcer la position. Le terrain coupé de la West-Flandre facilitait son système de tirailleurs et de colonnes massées, et lui parut un théâtre plus convenable pour ses opérations. Il espérait aussi, par quelques diversions sur ce point, attirer Clairfayt hors de ses positions de Thielt et le battre isolément.

Il fit donc attaquer Ypres pendant les derniers jours de mai: des démonstrations furent faites aussi à la même époque sur Orchies, afin de faciliter les opérations de l'armée qui combattait sur la Sambre.

Moreau, chargé du siége d'Ypres, partit de Menin le 29 mai, et fit une attaque simulée du côté d'Elverdinghe et de Vlaermerthinghe. Mais Clairfayt n'ayant point quitté son camp de Thielt, et Cobourg ayant envoyé sur la Sambre un corps de 20,000 hommes malgré les démonstrations faites sur Orchies, Pichegru crut devoir convertir l'attaque d'Ypres en un siége régulier.

Vandamme avec sa brigade compléta, en avant de Dickebusch, l'investissement de cette place. Ce général fit occuper toutes les positions et tous les débouchés entre l'inondation de Messines et le canal de Boezinghe. Il opéra sa jonction sur ce canal avec la division Michaud, le 4 juin, jour où Ypres reçut un renfort de 2,000 hommes. La division Souham, formant un corps d'observation commandé par Pichegru lui-même, s'établit vers Zonnebeck, Passendael et Lang-Marck, afin de mieux s'opposer à Clairfayt dont l'avant-garde était à Roulers. Bonnaud était resté à Moucron pour observer les Autrichiens sous Tournay.

Le général Laurent s'empara le 5 juin du fort de Knoque, à droite du canal de Boezinghe. La garnison fit le même jour une sortie vigoureuse, mais sans résultats. La division Michaud, postée sur la rive droite du canal de Boezinghe, eut à supporter deux jours après, le choc d'un corps autrichien envoyé au secours de la place. Les Français, trop peu sur leurs gardes, furent d'abord repoussés jusqu'à Merckhem; mais le 1er bataillon d'Ille-et-Vilaine, ayant fait volte-face, fit reculer l'ennemi.

Les travaux de siége, dirigés par le commandant Dejean, poussés d'abord avec lenteur, prirent plus d'activité du 7 au 10. Sa parallèle déjà commencée fut prolongée, et sept batteries nouvelles furent ajoutées à trois déjà établies. — Le prince de Cobourg, après bien des incertitudes, allait enfin se porter au secours de la place assiégée, quand sa résolution fut arrêtée par une fausse attaque que quelques troupes sorties de Lille firent, le 10, sur la droite de Tournay et d'Orchies. — Moreau fit sommer le 11 juin le général Salis qui commandait Ypres, et le feu, sur le refus de ce général, recommença avec plus de vigueur. Un incendie éclata dans la nuit du 11 au 12, jour où l'on ouvrit une seconde parallèle. Cependant Clairfayt, qui ne pouvait contempler froidement la ruine de cette place, s'était de son côté mis en mouvement, dès le 10, pour coopérer au plan de Cobourg, en se réunissant à lui. Pichegru, qui par une fausse attaque venait de replonger dans l'inaction les troupes sous Tournay, profita d'une ou deux marches qu'il pouvait dérober, pour combiner avec Souham et Despeaux, une attaque contre Clairfayt, alors déjà arrivé à Hooglède.

Combat d'Hooglède.—Clairfayt, aux premiers mouvements de Pichegru, rentra dans son camp de Thielt. Le général Français rectifia le 11 sa position; la droite sous Despeaux était établie en avant de Rousselaër; l'extrême gauche bivouaquait dans la direction de Staeden, aux ordres de Daendels; le centre, commandé par Macdonald, avait sa gauche sur le plateau d'Hooglède, et sa droite en potence, en arrière de Stampcot. On était sur ce point comme sur toute la ligne des Républicains dans la plus grande sécurité, lorsque le 13 plusieurs coups de fusil se firent entendre au moment où les reconnaissances venaient de rentrer sans avoir rien aperçu: on crut d'abord que c'était un bruit provenant de quelques tirailleurs qui déchargeaient leurs armes. Le bruit du canon s'y mêla bientôt, chacun courut aux armes. Il était temps, car les boulets sillonnaient déjà le camp. Les bataillons se portèrent en avant à mesure qu'ils se formèrent, et l'affaire devint bientôt générale. Clairfayt renforcé de 8,000 Hanovriens attaquait brusquement avec plus de 30,000 hommes la division Despeaux, sur laquelle il était arrivé sans être aperçu. Les brigades Salm et Malbrancq de cette division venaient d'être rompues et rejetées sur la chaussée de Menin. Les Autrichiens maîtres de Rousselaër réunissaient presque tous leurs efforts contre Macdonald, campé sur le plateau de Hooglède; mais quoique la droite de ce général fut découverte par suite de la défaite de Despeaux, toutes les attaques dirigées contre lui furent repoussées avec la plus héroïque intrépidité, et l'on ne put sur aucun point entamer sa position. Tant de résistance de la part d'une seule brigade, ranima le courage de ceux qui avaient pris d'abord la fuite, et électrisa le reste de l'armée. Les généraux Dewinter, Daendels, Salm et Jardon purent rallier leurs brigades et charger à leur tour Clairfayt, qui se trouva heureux après un combat de six heures de regagner sans être inquiété son camp de Thielt.

Prise d'Ypres.—Le résultat du combat d'Hooglède devait être décisif pour les destinées d'Ypres. Ce siége fut poussé plus activement; vingt-huit bouches à feu tirèrent à la fois le 17 juin sur la place, dont le feu cessa totalement vers onze heures du matin. Les propositions d'un premier parlementaire du général Salm ayant été rejetées, la capitulation ne fut réellement signée que le 18 à trois heures du matin. Les 6,000 hommes de la garnison restèrent prisonniers de guerre. Plus de cent canons et cinquante milliers de poudre furent trouvés dans cette place, ainsi que des approvisionnements de tous genres.

Durant le siége toutes les troupes se signalèrent par leur courage dans le danger et par leur patience dans les travaux: Le général Moreau, juste appréciateur du mérite de ceux qui servaient sous ses ordres, cita comme s'étant particulièrement distingués les généraux Michaud, Vandamme, Laurent et Desenfans. Parmi les traits particuliers auxquels ce siége a donné lieu, il en est un qui reçut des éloges mérités de la Convention elle-même. On venait d'achever la construction d'une des batteries de brèche, mais on manquait de chevaux pour y conduire les pièces destinées à l'armer, le 4e bataillon du Nord, rempli d'une ardeur toute militaire, s'attela aux six pièces de grosse artillerie qu'il s'agissait de traîner, et les conduisit, en parcourant un intervalle de cent cinquante toises sous le feu le plus violent, jusqu'à la batterie qui fut aussitôt armée et fit bientôt taire le feu des assiégés.

Pendant que Clairfayt se faisait battre isolément en voulant secourir Ypres, 30,000 Autrichiens restaient, à Tournay, spectateurs inactifs de cette défaite et de la chute d'une place qui assurait aux Républicains la possession de la West-Flandre; et 8,000 Anglais aux ordres de lord Moira, récemment débarqués à Ostende, se reposaient paisiblement des fatigues d'une courte traversée. — Jamais tant de moyens n'avaient été mis en œuvre par les Alliés, pour obtenir de si tristes résultats.

RÉSUMÉ CHRONOLOGIQUE.

1794.

16 AVRIL. Ouverture de la campagne. — Investissement de Landrecies.
26 — Combat de Bossut.
— — Combat de Troisvilles.
29 — Combat de Moucron.
30 — Reddition de Landrecies.

1er MAI. Prise de Menin.
11 — Combat de Courtray.
18 — Bataille de Turcoing.
23 — Combat de Pont-à-Chin.
13 JUIN. Combat d'Hooglède.
17 — Prise d'Ypres.

A HUGO.

On souscrit chez DELLOYE, Éditeur, place de la Bourse, rue des Filles-Saint-Thomas, 13.

Paris. - Imprimerie et Fonderie de RIGNOUX et Comp., rue des Francs-Bourgeois-Saint-Michel, 8.

FRANCE MILITAIRE.

OPÉRATIONS SUR LA SAMBRE. — BATAILLE DE FLEURUS.

SOMMAIRE.

Troupes réunies sur la Sambre. — Premier passage de la Sambre. — Combat de Merbes. — Deuxième passage de la Sambre. — Combat d'Erquelines. — Troisième passage de la Sambre. — Combat de Marchiennes. — Combat d'Arlon. — Formation de l'armée de Sambre-et-Meuse. — Jourdan général en chef. — Quatrième passage de la Sambre. — Combat de Charleroi. — Cinquième passage de la Sambre — Prise de Charleroi. — Bataille de Fleurus. — Plan de réunion de l'armée du Nord et de l'armée de Sambre-et-Meuse. — Combat de Deynse. — Positions et projets des Coalisés après la bataille de Fleurus. — Marche de Jourdan. — Combat de Mont-Palissel. — Prise de Mons. — Investissement des places françaises occupées par l'ennemi. — Combat de Sombref. — Combat de Mont-Saint Jean — Prise des hauteurs de Sombref. — Mouvement rétrograde des Coalisés. — Réunion à Bruxelles de l'armée du Nord et de l'armée de Sambre-et-Meuse.

FRANÇAIS.	COALISÉS.
Armée des Ardennes. — CHARBONNIER.	*Généralissime.* — Prince de COBOURG.
Armée de Sambre-et-Meuse. — JOURDAN.	*Autrichiens.* — BEAULIEU.
	Hollandais. — Prince d'ORANGE.

Le général Jourdan n'était pas de ces hommes que le gouvernement de la République pût laisser inactifs. — La France, aux prises avec toute l'Europe, avait besoin du talent, de la bravoure et du dévouement de ses bons citoyens. — La destitution du vainqueur de Wattignies n'eut donc d'autre résultat que de lui ôter le commandement de l'armée du Nord pour le placer momentanément à la tête d'une des armées destinées à agir sur le Rhin, sur les Vosges et sur la Moselle, suivant ce qu'exigeraient les circonstances. Mais tout l'effort des Coalisés s'étant, au commencement de l'année 1794, porté du côté de la Flandre, ses talents et son patriotisme n'avaient encore trouvé aucune occasion de se signaler, lorsque, après les échecs éprouvés à Troisvilles et dans les manœuvres qui eurent pour but d'appuyer l'expédition de Pichegru sur la Flandre maritime, Carnot, convaincu que l'issue de la campagne allait dépendre du succès qu'on obtiendrait vers la Sambre, fit prendre un arrêté par suite duquel cette position devait être renforcée de tout ce qui restait de troupes disponibles sur la ligne. 15,000 hommes de l'armée du Rhin furent portés à celle de la Moselle, alors aux ordres de Jourdan; et sur la demande de Carnot, ce général, après avoir laissé un corps suffisant pour observer Luxembourg et couvrir le versant occidental des Vosges, dut marcher avec 45,000 hommes par les Ardennes afin de se joindre aux troupes déjà rassemblées sur la Sambre, et dont le commandement lui fut destiné.

Troupes réunies sur la Sambre. — Afin de bien faire comprendre les résultats importants de cette grande mesure, il convient de jeter un coup d'œil sur les événements qui, après cette décision, se passèrent autour de Charleroi pendant que Jourdan préparait et exécutait son mouvement. — L'armée des Ardennes, réunie à Beaumont aux troupes de Desjardins, avait été destinée à produire de ce côté une diversion semblable à celle que Moreau et Souham devaient opérer sur la gauche. Pichegru, en se portant sur la droite, craignit que cette armée ne fût point encore assez forte pour tenter avec succès le passage de la Sambre, et y dirigea tout ce qui n'était pas absolument nécessaire au centre; les divisions Desœaux et Fromentin furent ainsi réunies à Desjardins. Toutes ces troupes formaient un corps d'environ 50,000 hommes, avec lequel on eût pu écraser les Alliés qui étaient dispersés; mais on eut le tort de ne pas les placer sous un seul chef. Charbonnier et Desjardins, tous deux plus recommandables par leur patriotisme que par leurs talents, se partageaient le commandement. Deux représentants, Lebas et Saint-Just, influençaient et dominaient les décisions du conseil de guerre; aussi, jusqu'à l'arrivée de Jourdan, tous les efforts tentés sur la Sambre ne présentèrent-ils que des scènes de carnage sans résultats.

Premier passage de la Sambre. — Combat de Merbes. — Le premier passage de la Sambre était fixé au 10 mai. L'armée républicaine s'avança au point du jour en sept colonnes; Marceau et Duhesme, conduisant chacun une avant-garde, se dirigèrent sur Thuin, suivis du centre, formé par les divisions Fromentin et Muller; la droite s'établit en face de Landely, la gauche devant le camp autrichien de Hautes. Les avant-postes ennemis, refoulés, se rallièrent à Thuin, qu'ils défendirent en vain avec la plus grande vigueur. La ville et tous les ouvrages avancés furent emportés par Marceau. Duhesme poursuivit les Autrichiens au-delà de la Sambre, et s'établit à l'abbaye de Lobbes, afin de protéger le passage du reste de l'armée.

Mais une diversion avait été projetée sur Mons, et pour l'opérer il aurait fallu que Desjardins couvrît sa droite du côté de Charleroi. Marceau occupa, le 11, dans cette vue, les hauteurs de Lernes, et Vezu resta avec sa division à Montigny-les-Teigneux. Le corps destiné à agir s'élevait à environ 44,000 hommes. Quelques retranchements pour couvrir les ponts furent ébauchés dans la journée du 11. Les Autrichiens, rassemblés vers Erquelines et Merbes-le-Château, forcèrent d'abord la division Fromentin à se replier; mais Duhesme étant tombé sur les flancs de la colonne autrichienne, au moment où elle débouchait de Mont Sainte-Geneviève, la contraignit à se retirer elle-même, après un vif engagement. Les Autrichiens se retranchèrent à Merbes-le-Château. Ils y furent attaqués et culbutés par trois divisions républicaines.

L'attaque recommença le lendemain. Les Autrichiens avaient été renforcés pendant la nuit et étaient partagtement retranchés. Une lutte acharnée de plusieurs heures, et dans laquelle la victoire sembla pencher tour à tour pour l'un ou l'autre parti, obligea définitivement Despeaux et Muller à repasser la Sambre.

Deuxième passage de la Sambre. — Combat d'Erquelines. — Ce premier revers, loin d'abattre Saint-Just, ne fit que l'irriter. Un second passage fut ordonné le 20 mai. L'armée s'avança dans le même ordre que la première fois. La division Muller se posta, la gauche vers Merbes-le-Château, la droite vers le bois de Fay. La division Despeaux se forma en seconde ligne dans la plaine en arrière à gauche du bois de Saliermont, ayant la réserve de cavalerie en troisième ligne.

Le 21, au point du jour, les Autrichiens attaquèrent la ligne française en portant leurs efforts par les deux ailes sur Erquelines. Le combat ne fut sérieusement engagé qu'à Erquelines. La droite de Desjardins et le corps de Charbonnier n'eurent affaire qu'à des avant-postes. Desjardins n'osa pas ordonner une charge sur la gauche dégarnie de l'ennemi, ce qui eût décidé du sort de la journée. L'armée française resta ainsi exposée, dans une position étendue et adossée à la Sambre, aux efforts des Autrichiens.

Le danger de cette situation précaire fut encore aggravé par une décision du conseil de guerre qui prescrivit aux généraux Kléber et Marceau de diriger sur Frasnes une expédition de fourrageurs. Kléber se mit en marche, le 24 au point du jour, avec neuf bataillons d'élite et quatre régiments de cavalerie, afin de se réunir au corps de l'armée des Ardennes qui devait concourir à cette opération. Mais Kaunitz informé de ce mouvement, s'approcha du camp et réussit à le surprendre. L'armée en déroute se précipitait sur les ponts de la Sambre, et la victoire de Kaunitz allait être complète, si Kléber rappelé par le bruit du canon ne fût accouru sur le champ de bataille. Aidé de Duhesme et de Bernadotte (aujourd'hui roi de Suède), il parvint à rétablir l'ordre dans la retraite, et l'armée se retrouva encore une fois dans ses premières positions en deçà de la Sambre. Ces mouvements avaient lieu pendant que les Coalisés livraient et perdaient la bataille de Turcoing.

Troisième passage de la Sambre. — Combat de Marchiennes. — Cependant ces divers échecs auraient dû engager les représentants à procéder autrement dans la diversion qu'ils se proposaient d'opérer. Jourdan arrivait par Dinant avec l'armée de la Moselle. Il fallait l'attendre, c'était la résolution la plus sage et la plus utile à prendre; mais rien ne put modérer la fougueuse impatience de Saint-Just. « Charleroi, Charleroi, s'écriait-il aux généraux réunis dans le conseil de guerre. Il faut demain une victoire à la République. Arrangez-vous pour un siége ou une bataille. »

Un nouveau passage de la Sambre fut donc tenté le 26 : une avant-garde d'élite attaqua le camp de la Tourbe, au-dessus de Marchiennes-aux-Ponts, pendant que la division Mayer le tournait par la route de Philippeville. Cette attaque n'eut pas de résultat. Kléber, avec l'avant-garde, attendit en vain sous un feu de mitraille, auquel il fut exposé pendant deux heures, la division Vezu qui devait le soutenir. Fromentin ne put pas forcer le pont de Lernes. Enfin les Alliés établirent une batterie de cinq pièces qui prit l'avant-garde française à revers et en flanc, et la contraignit ainsi à se retirer. — Ces revers ne décourageaient personne. — Un nouveau passage de la Sambre fut encore ordonné pour le 29. Marceau et Duhesme forcèrent le pont et la ville de Marchiennes, malgré la mitraille et la mousqueterie. Les divisions Fromentin, Vezu et Mayer prirent position à droite et à gauche de Charleroi, dont l'investissement eut lieu le lendemain. Despeaux et Muller, restés dans les premières positions de l'armée, formèrent le corps d'observation.

Le 2 juin, le prince d'Orange, qui avait succédé à Kaunitz, vint attaquer, avec 35,000 hommes divisés en cinq colonnes, les Français réunis autour de Charleroi. Toutes les positions occupées par les Républicains furent enlevées, et l'armée des Ardennes, ainsi que la droite de l'armée du Nord, furent rejetées une nouvelle fois au-delà de la Sambre.

Combat d'Arlon. — Formation de l'armée de Sambre-et-Meuse. — Jourdan, général en chef. — Jourdan, après avoir remis au général Moreaux le commandement des troupes qui restaient sur la Moselle, s'était mis en marche, le 21 mai, avec un corps de 45,000 hommes pour aller camper à Arlon. Beaulieu, qui ne se doutait pas de ce mouvement, s'était imprudemment avancé le 17 sur Bouillon. Il se retira par Dinant, derrière la Meuse. Jourdan, après avoir culbuté son arrière-garde, franchit la rivière, les 30 et 31 mai, pour aller se poster à Estave.

D'après ses instructions, Jourdan devait investir et emporter Charleroi. La même tâche était imposée aux généraux Desjardins et Charbonnier qu'il rejoignit le 3 juin sur la Sambre, au moment où ils essuyaient une nouvelle défaite. L'armée tout entière fut aussitôt placée par les représentants sous le commandement du vainqueur de Wattignies et prit le nom d'armée de Sambre-et-Meuse. Sa force totale s'élevait à 90,000 combattants, y compris un corps de 15,000 hommes chargé sous les ordres de Scherer de garder la Sambre, de Maubeuge à Thuin.

Quatrième passage de la Sambre. — Combat de Charleroi. — Aussitôt après avoir pris le commandement et reconnu la force et la position de ses troupes, Jourdan fit ses dispositions pour un nouveau passage de la Sambre, passage qui s'effectua le 12 juin. L'armée reprit la position qu'elle avait occupée dix jours auparavant, et Charleroi fut investi et bombardé pour la seconde fois. 68,000 combattants entouraient cette place, 7,000 autres observaient la garnison de Namur dans la vallée de la Meuse.

C'était une faute qui avait déjà été fatale aux généraux français, que de presser le siége de Charleroi avant d'avoir détruit l'armée qui pouvait la secourir. En effet, le prince d'Orange, renforcé du corps de Beaulieu revenu de Namur, marcha le 16 juin sur Jourdan à la tête de 50,000 hommes. La position des Français, dont la gauche était vers Trasegnies et la droite vers Lambusart, était beaucoup trop développée. Jourdan le sentit, et voulut prendre l'initiative de l'attaque; mais il fut devancé par l'ennemi, et forcé de recevoir le combat.

Le prince d'Orange s'avançait sur cinq colonnes. Les quatre premières devaient porter leurs efforts sur le centre et la droite; la cinquième était destinée à tenir la gauche en échec. Un épais brouillard enveloppait les deux armées et leur cachait leurs mouvements réciproques. Les terribles effets des décharges multipliées de la mitraille leur firent enfin connaître qu'elles s'étaient rapprochées.

Jourdan n'osant, dans l'obscurité qui couvrait un champ de bataille de trois lieues d'étendue, envoyer des ordres à ses lieutenants, s'en rapporta d'abord à leur sagacité sur les dispositions qu'il conviendrait de prendre. La fortune lui fut contraire. Marceau, après un combat de quelques heures, fut repoussé dans les bois de Tergué par le prince de Reuss. Championnet fut acculé sur les bois de Rausart par le comte de Latour. Les hauteurs de Fleurus, défendues par Lefebvre et dégarnies à droite et à gauche par les mouvements rétrogrades de Marceau et de Championnet, furent sur le point d'être emportées. Le dévouement intrépide de deux bataillons, formés en carrés, permit seul à Lefebvre de se retirer sur le bois de Campinaire.

La division Morlot, repoussée sur les hauteurs du village de Pont-à-Migneloup, ne s'y maintenait que par d'incroyables efforts. La gauche seule des Français, commandée par Kléber, disputait encore la victoire. Le général Duhesme, avec la brigade Bernadotte, reprit à la baïonnette les retranchements du village de Trasignies qu'avait abandonnés la brigade Fuzier; et tandis que cette intrépide brigade contenait les efforts des alliés, la division Muller manœuvrait par leur droite pour les tourner. Kléber dirigea ce mouvement avec son impétuosité habituelle, et rejeta les Autrichiens en désordre sur la route de Nivelle et dans la vallée du Piéton. Le brouillard se dissipant alors, Jourdan aperçut le triomphe de son aile gauche et ordonna un mouvement général de conversion sur la division Marceau qui formait ainsi sur un coude de la Sambre l'extrémité de son aile droite. Kléber exécuta cette manœuvre; mais Morlot, chargé par des forces supérieures, fut alors contraint d'évacuer Pont-à-Migneloup. Jourdan vint à son secours avec la cavalerie du général Dubois qui tua 500 hommes à l'ennemi, et fit un pareil nombre de prisonniers. Morlot fut ainsi rétabli dans le village de Pont-à-Migneloup. Dans ce même temps, Latour était repoussé par Championnet, et Lefebvre rentrait dans les positions de Fleurus.

Mais tout à coup l'ennemi revint sur ses pas, et porta le poids de ses masses sur Lefebvre. Un incident malheureux assura le succès de cette manœuvre. Les troupes de Lefebvre manquaient de munitions et il leur fut impossible de s'en procurer. Elles se virent contraintes de se replier de Fleurus sur le pont du Châtelet, afin de repasser la Sambre. L'Autrichien Beaulieu s'avança par la trouée que laissait la retraite de Lefebvre, et coupa les communications de Championnet et de Marceau. Hatry avait déjà levé en toute hâte le siège de Charleroi, et repassait la rivière à Marchiennes. Jourdan, séparé de sa droite, voyant son centre débordé et près d'être culbuté sur le défilé de la Sambre, ordonna alors la retraite qui se fit en bon ordre et que soutint Kléber posté sur la hauteur de Lernes.

Cinquième passage de la Sambre.—Prise de Charleroi. — Tant de revers successifs éprouvés sur la Sambre n'avaient fait qu'accroître l'impatiente irritation du représentant Saint-Just. Un nouveau passage de la Sambre avait été décidé; mais Jourdan, quelque vivement pressé qu'il fût par le conventionnel qui comptait pour rien la fatigue des troupes et le dénûment des caissons, voulut attendre que les parcs d'artillerie eussent été ravitaillés par les convois d'Avesnes et de Maubeuge. Deux jours lui suffirent pour se procurer les munitions indispensables, et le passage de la Sambre s'effectua le 18 juin : ce devait être le dernier. — L'armée de Sambre-et-Meuse éprouva d'autant moins de difficultés, qu'après la victoire du 16, Cobourg, qui se croyait pour long-temps rassuré sur la gauche, ne s'occupait que des moyens de secourir Clairfayt, au lieu d'aller se joindre au prince d'Orange avec le gros des forces que contenait son camp de Tournay.—Charleroi fut donc investi et bombardé pour la troisième fois. La division Hatry fut, comme dans les années précédentes, chargée du siège, et l'armée prit pour le couvrir les mêmes positions qu'elle avait lors de l'affaire du 16. Les ouvrages des assiégeants, détruits en partie, furent rapidement relevés ou réparés, et l'éloignement de l'ennemi donna le temps de faire partout des abattis et des retranchements pour couvrir le front de l'armée. Dans la crainte aussi d'être attaqué par Cobourg avant la reddition de la place, Jourdan fit retrancher la plupart des villages qui en bordaient le front, tels que Fleurus, Lambusart, Forchies, Gosselies, Trasegnies et Courcelles. Sur les hauteurs d'Hépignies, qui dominent les plaines de Mellet et de Fleurus, au centre de la ligne, fut élevée une vaste redoute armée de dix-huit pièces de gros calibre. On reprit avec une incroyable ardeur les travaux de la tranchée que dirigea le colonel Marescot, et malgré diverses sorties tentées par les assiégés, toutes les batteries de la place purent être réduites au silence dès le 25. Les assiégés entrèrent en pourparlers le même jour. Saint-Just exigea qu'ils se rendissent à discrétion. La crainte d'un assaut les y détermina. Le conventionnel se montra alors généreux. Il leur accorda les honneurs de la guerre, et permit aux officiers de garder leur épée. La garnison, forte de 3,000 hommes, venait à peine de défiler, quand le bruit du canon lui annonça l'arrivée d'un secours désormais inutile, et dut lui rendre plus amère la perte de sa liberté et des remparts qu'elle était chargée de défendre.

Bataille de Fleurus. — Le canon qui s'était fait entendre à Charleroi, immédiatement après la reddition de cette place, était en effet celui du prince de Cobourg, qui préludait par quelques affaires d'avant-postes, à la grande bataille du lendemain. Ce généralissime des troupes coalisées, informé des progrès des Républicains, s'était enfin décidé à quitter son camp de Tournay et à venir renforcer le prince d'Orange qu'il rejoignit le 22 à Nivelles ; mais son mouvement s'opéra avec tant de lenteur et d'irrésolution, que la délivrance de Charleroi, qui devait en être le but, n'aurait pas même été le fruit d'une victoire s'il eût eu le bonheur d'être victorieux.

L'armée de Jourdan, établie dans les environs de Charleroi, offrait la forme d'un croissant de près de dix lieues d'étendue, et dont les deux ailes étaient appuyées à la Sambre. Cet ordre de bataille, avec une rivière à dos, était assez défectueux et aurait pu entraîner un désastre, si les Alliés, quittant leur système d'attaques morcelées, eussent fait, avec des masses, un effort principal sur l'une ou l'autre des deux ailes ; néanmoins les retranchements qui défendaient la ligne, et le peu de temps dont on pouvait disposer pour choisir une situation plus favorable, déterminèrent le général français à attendre le choc de l'ennemi dans cette position, où le maréchal de Luxembourg avait déjà, cent quatre ans auparavant, anéanti l'armée du prince de Valdeck.—Jourdan crut cependant devoir resserrer sa ligne de bataille en repliant son aile gauche sur les plateaux de Jumet et de Courcelles. La division Hatry, que rendait disponible l'heureuse issue du siége, fut placée de réserve à Ransart, au centre du demi-cercle formé par la première ligne. La brigade Daurier, détachée du corps de Scherer, vint renforcer l'aile gauche, et compléter la ligne semi-circulaire, occupée par l'armée républicaine et dont la droite touchait à Lambusart, et la gauche à Landely. Le centre s'avançait jusqu'à Gosselies. La division Marceau occupait Velaine et Wansersée ; Lefebvre était un peu en arrière et sur la gauche de Fleurus, Championnet au-delà d'Hepignies, Morlot en avant de Gosselies. Kléber fut placé en réserve sur le plateau de Jumet, et Montaigu fut porté sur les hauteurs de Courcelles avec l'instruction d'opérer sa retraite en deux colonnes sur Lernes et le pont de Marchiennes ; enfin, la division de cavalerie commandée par le général Dubois, était répartie entre Ransart et Wagné, et près du bois de Lombucs. Des retranchements liés par de fortes redoutes défendaient tout le front de cette position.

L'armée de Cobourg, renforcée d'une partie des garnisons de Landrecies, de Condé et de Valenciennes, s'élevait à plus de 80,000 hommes. Malgré cet invariable principe de l'art, consacré depuis des siècles, et qui consiste à attaquer un des points de la ligne ennemie avec la plus grande partie de ses forces, Cobourg, fidèle au singulier système qui le portait à faire face sur tous les points, partagea son armée en cinq corps subdivisés en 9 colonnes, qui, dès l'aurore du 26, s'avancèrent en demi-cercle concentrique pour attaquer à la fois l'armée française dans toutes ses positions.

Le corps de droite, fort de 24 bataillons et de 32 escadrons aux ordres du prince d'Orange et du général Latour, devait se diviser en trois colonnes pour s'emparer de Trasegnies, du bois de Monceaux et de Fontaine-l'Évêque.

Le 2e corps, de 14 bataillons et de 16 escadrons, commandé par le général Quasdanowich, avait ordre de se porter sur Gosselies, Mellet et Frasnes par la grande route de Bruxelles.

Le 3e corps, aux ordres de Kaunitz, devait attaquer entre Mellet et Fleurus, et s'emparer du village d'Hépignies. Il se composait en première ligne de 10 bataillons et de 18 escadrons. La réserve de l'armée formait sa seconde ligne.

Le 4e corps avait pour chef l'archiduc Charles, ses instructions étaient de se lier au précédent et de marcher sur Fleurus.

Enfin, le 5e corps, ou celui de gauche, commandé par Beaulieu, se composait de 18,000 hommes partagés aussi en trois colonnes. La première devait remonter avec Beaulieu la rive droite de la Sambre ; la seconde, aux ordres du général Zopf, avait ordre de se porter dans le bois de Lambusart ; et la troisième, qui se liait à la division de l'archiduc, était commandée par le général Schmertzing. Ces trois colonnes, après avoir effectué leur mouvement, devaient se réunir pour se porter sur Charleroi, pénétrer dans cette place et la ravitailler, car il faut noter que Cobourg n'était pas encore informé de la capitulation, ou ce qui est plus vraisemblable, qu'il voulait en tenir la nouvelle secrète jusqu'après la bataille, afin de ne point ôter à ses soldats ce stimulant de courage qui pouvait résulter de l'espoir d'être les libérateurs de Charleroi.

La cavalerie des Alliés était plus nombreuse et mieux montée que la nôtre, mais notre artillerie était mieux servie.

A la pointe du jour, l'affaire commença par une vive canonnade : les colonnes se mirent en mouvement et bientôt le combat fut engagé sur toute la ligne.

La première colonne du premier corps, conduite par le prince d'Orange, s'empara d'abord du calvaire d'Anderlues, de Fontaine-l'Évêque et du château de Vespe. Afin de se lier aux deux autres colonnes, qui devaient marcher sur Rus ; elle attaqua, sur ce point, le général Daurier ; celui-ci soutint seul le choc jusque vers les dix heures, où il fut renforcé par la gauche de la division Montaigu. La fortune se déclara dès lors pour les Français, de ce côté. Vainement le prince d'Orange manœuvra-t-il pour le prendre de front ou en flanc. Vainement les fit-il charger à plusieurs reprises par sa cavalerie. Sa colonne épuisée fut contrainte de se retirer sur Forchies après avoir subi une perte assez considérable.

Mais la droite du général Montaigu obtenait moins de succès contre les deux autres colonnes du premier corps, commandées par Latour. Elles avaient débouché sur les plateaux de Mont-à-Gouy et de Trasegnies, en obligeant les avant-postes républicains à se replier.—Surprise par la cavalerie de Dubois, dans le désordre d'un déploiement, elles furent pendant un instant rejetées dans la vallée du Piéton ; mais la réserve de Latour étant accourue, contraignit Montaigu à la retraite. Il se retira, vers dix heures, sur Marchiennes-au-Pont. Jourdan avait prévu ce mouvement, et Montaigu, suivant ses instructions, releva ses pontons et plaça des batteries sur les hauteurs de la rive droite, pour répondre à celle de Latour, qui avait couronné les plateaux de Judonsart, et canonnait Marchiennes. Le général autrichien était sur le point de s'emparer de cette ville, lorsque la retraite de la colonne du prince d'Orange, en découvrant son flanc droit, changea la face des affaires. — Kléber, après avoir éteint le feu des Alliés, à l'aide de fortes batteries, placées sur des hauteurs d'où elles soutenaient la droite de Montaigu, crut apercevoir dans les colonnes de Latour un mouvement d'irrésolution produit par la retraite du prince d'Orange. Il en profita pour se précipiter sur leur gauche avec la brigade Duhesme, et pour lancer Bernadotte sur leur droite. Les Autrichiens furent repoussés sur Forchies, et Montaigu, qui avait appuyé ce mouvement, rentra dans sa position.

Pendant ce succès obtenu à la gauche des Français, l'attaque du centre, conduite par Quasdanowich, échouait également. Ce général, après s'être emparé de Frasnes, s'était déployé en avant de la cense de Grandchamp. Morlot avait expédié des troupes pour le prendre en flanc, tandis qu'il l'attaquait lui-même de front, mais cette manœuvre avait été déjouée. Le général français, assailli lui-même sur sa droite, fut délogé de Brumschaud et de Mellet, et Quasdanowich, des hauteurs de ce dernier village, canonnait vivement le front de la division française postée en avant de Gosselies. Il la fit même attaquer, mais les Républicains se défendirent si intrépidement que les Autrichiens n'osèrent point aborder leur ligne de bataille. La canonnade dura jusqu'au soir. Alors Quasdanowich, informé de la défaite de Cobourg, se retira sur Trois-Bras entre Frasnes et Genappe.

Les principaux efforts de l'ennemi se portaient sur notre droite. Les avant-postes de Championnet, placés à la cense de Chessart, en furent d'abord chassés par l'avant-garde de Kaunitz, et se retirèrent derrière les retranchements d'Hepignies et de Wagné, ce qui facilita vers Saint-Fiacre le déploiement du gros de la colonne ennemie à laquelle les Républicains ne purent opposer d'abord qu'une vive canonnade. Championnet envoya huit escadrons pour tourner cette colonne du côté de Wagné, manœuvre qui obligea Kaunitz à faire un mouvement de face en arrière, par suite duquel le combat s'engagea avec vigueur sur ce point pendant plusieurs heures. Mais enfin, sur l'avis des succès de Beaulieu à Lambusart, Kaunitz, soutenu par une nombreuse artillerie, prolongea sa droite pour tourner les hauteurs retranchées d'Hepignies; cette manœuvre, bien exécutée, entraîna d'abord la perte de la grande redoute et du village, parce que Championnet, ayant reçu un faux avis de la retraite de Lefebvre, craignit de compromettre sa division en restant plus long-temps sur ce point. Il avait commencé un mouvement rétrograde, quand Jourdan qui, placé avec ses réserves sur la corde de l'arc occupé par l'armée républicaine, était servi par les observations des aérostatiers[1], et en mesure de surveiller tous les mouvements de l'ennemi et de prendre des dispositions pour rendre à ses troupes les avantages qu'elles pourraient perdre momentanément, accourut avec six bataillons et autant d'escadrons, et ordonna à Championnet de rentrer au pas de charge dans la position qu'il venait d'abandonner.

Les Autrichiens furent repoussés, et le feu de la grande redoute réarmée, porta le désordre dans leurs rangs profonds. En ce moment, une charge de cavalerie, dirigée par Dubois, enfonça la première ligne autrichienne et lui enleva 50 pièces de canon. Le prince de Lambesc parvint à les reprendre à la tête des carabiniers et des cuirassiers impériaux réunis. Cette charge, qui eut lieu vers sept heures du soir, fut le dernier effort des Coalisés. Kaunitz soutint ensuite la retraite que Cobourg avait ordonnée depuis long-temps.

Il nous reste à rendre compte des combats qui s'étaient livrés autour de Lambusart et de Fleurus, et qui, à justement parler, constituent véritablement la bataille de Fleurus. Les troupes légères de Lefebvre, postées en avant de ce village, avaient été dès le matin repoussées par l'archiduc Charles sur les hauteurs retranchées défendues par le gros de la division française, et que les alliés tentèrent vainement d'emporter. Dès que leurs colonnes, arrêtées par la mitraille et la mousqueterie, commençaient à s'ébranler, des escadrons, débouchant par des ouvertures ménagées dans les retranchements, les chargeaient et les poursuivaient l'épée dans les reins. Les charges se répétèrent plusieurs fois pendant la matinée.

Beaulieu, pendant ce temps, avait obtenu des succès à la droite. Les bataillons de Marceau, après avoir été forcés de céder les villages de Wansersée et de Velaine, avaient peine à se maintenir dans les jardins de Lambusart. Plusieurs escadrons républicains avaient été sabrés par la cavalerie autrichienne, et repoussés en désordre sur Pont-à-Loup; la division Mayer avait même repassé la Sambre dans la plus grande confusion. Cette déroute de Marceau compromettait la division Lefebvre. Ce général, voyant son flanc droit menacé, enjoignit aux troupes qui combattaient à Fleurus de se retirer par échelons dans les retranchements du camp. Il établit un régiment de cavalerie et les grenadiers de la division en potence, depuis le village jusqu'au bois, dans lequel il plaça quelques troupes et une batterie de 12 pièces.

Cependant Marceau, avec trois bataillons que lui avait envoyés Lefebvre et trois autres de la division Hatry, arrêtait l'ennemi dans les jardins de Lambusart. Beaulieu attaquait le village de ce nom avec une sorte de rage, espérant pouvoir tourner la droite de l'armée française et prendre ensuite leurs positions à revers. Pour tenter un coup plus décisif, il fit appuyer à gauche la colonne de Schmertzing et même quelques troupes de la colonne de Kaunitz pour les réunir aux deux autres.

Jourdan aperçut ce mouvement, et porta vivement

---

[1] La Révolution française a fait faire de grands progrès à toutes les sciences et a cherché une application à toutes les grandes découvertes. Jusqu'en 1794, l'Aéronautique n'avait été qu'un objet de curiosité; on voulut en tirer parti et l'on forma un corps d'*aérostatiers* destinés à faire des reconnaissances et à donner des signaux. Ils furent employés à la bataille de Fleurus et on reconnut, dit-on alors, que leur utilité n'était pas aussi grande qu'on aurait pu le supposer. A la seconde ascension l'ennemi dirigea une batterie contre l'aérostat; mais les ingénieurs, en s'élevant, se mirent bientôt hors de sa portée. — Une division d'aérostatiers fut néanmoins encore attachée à l'expédition d'Égypte où elle rendit peu de services sur le champ de bataille. — Depuis, cette institution fut dissoute; cependant en 1830, dans la guerre d'Alger, on s'est encore servi de ce moyen pour faire des reconnaissances.

au secours de Lefebvre la cavalerie de Dubois et le reste de la division Hatry. Les efforts de Beaulieu échouèrent totalement contre cette colonne renforcée, quoiqu'il se crût tellement sûr du succès qu'il s'était d'abord assuré des passages de la Sambre. Il ne put enlever que Lambusart et fut totalement arrêté au-delà.

Déconcerté sur ce point, Beaulieu laissa devant ce village un fort cordon de tirailleurs afin de masquer un nouveau mouvement, et s'avança avec le reste de ses troupes en trois colonnes pour tourner cette position. Lefebvre, qui avait remarqué ce mouvement, l'attendait à demi-portée afin que le feu de son artillerie fût plus meurtrier. Trois fois l'ennemi revint à la charge en laissant le champ de bataille jonché de morts. Le carnage était horrible; l'opiniâtreté égale des deux parts; les feux croisés des deux artilleries avaient incendié les blés et les baraques du camp, et les bataillons combattaient au milieu des flammes et des tourbillons de fumée. L'explosion des caissons pleins de poudre ajoutait à la terreur qui désorganisait les soldats. Jourdan était au milieu d'eux, exposé comme eux et les encourageant par son exemple. Quelques voix demandent la retraite. «La retraite! s'écrie le général en chef; point de retraite aujourd'hui : la mort ou la victoire.» Alors, au lieu de ce cri de *retraite* qui se répandait dans les rangs et y portait le trouble et la démoralisation, des voix plus généreuses font entendre les paroles héroïques du général en chef, et tous répètent avec enthousiasme, la mort ou la victoire. L'enthousiasme et le courage reviennent. Les généraux profitent de ce nouvel élan, et Lefebvre, derrière la fumée qui le couvre, dérobe un mouvement à l'ennemi, attaque et reprend Lambusart.

Il était six heures du soir. Beaulieu, qui, dans cette journée, avait montré tous les talents d'un général et tout le courage d'un soldat, voyant ses efforts inutiles, et certain de la reddition de Charleroi, reçut de Cobourg l'ordre de se retirer sur Sombref et Gembloux, et y obéit en frémissant.

La victoire resta aux Français et la conquête de la Belgique en fut le fruit. Cette victoire de Fleurus, qui répandit en France une allégresse générale, coûta 6,000 hommes à la République, et 10,000 aux Coalisés.

La position respective des deux armées pendant la bataille a inspiré au général Jomini de judicieuses réflexions et un rapprochement instructif et plein d'intérêt : « C'étaient deux demi-cercles concentriques; celui de Jourdan étant interne avait le plus petit diamètre, et nécessairement plus de force que celui des alliés, dont les extrémités ne pouvaient se soutenir ni même communiquer entre elles qu'en faisant le tour de la circonférence.

« Cet ordre de bataille est absolument le même que celui de Leipzig ; les alliés firent ici des attaques concentriques comme Cobourg à Fleurus, mais ils réussirent en 1813, parce que leurs masses, beaucoup plus nombreuses, se liaient toutes entre elles; que 250,000 hommes combattirent avec ensemble, en ligne circulaire sur une étendue de cinq à six lieues au plus, et que chaque colonne, formant une masse assez forte pour n'avoir pas besoin de soutien, il n'y eut ainsi aucun point faible : enfin une supériorité de 100,000 hommes de vieilles troupes devait suffire pour assurer la victoire. Il n'en fut pas de même à Fleurus où la ligne de combat de Cobourg était de dix lieues pour 80,000 hommes. Si les alliés s'étaient étendus dans la même proportion à Leipzig, ils auraient formé un demi-cercle de trente-cinq lieues, et Napoléon, à coup sûr, n'aurait pas manqué de les accabler successivement.»

Plan de réunion de l'armée du Nord et de l'armée de Sambre-et-Meuse. — Au milieu des fautes successivement commises par les hommes qui dirigeaient à cette époque les opérations des armées de la République et celles de l'Europe coalisée, d'heureuses combinaisons, des plans sages et bien combinés, révélaient parfois les progrès que commençait à faire la science stratégique, encore renfermée dans toutes les mesquineries de ce qu'on appelle la petite guerre.—Tel fut le plan qui fut adopté dans les comités de la Convention (d'autres disent par Pichegru, sur la proposition de Reynier), de faire manœuvrer l'armée du Nord de manière à ce qu'elle isolât entièrement Clairfayt du duc d'York, et se réunît en même temps à l'armée de Sambre-et-Meuse. Les plus vastes résultats pouvaient découler de ce mouvement, qui fut même commencé par Pichegru ; mais ceux qui l'avaient ordonné ne le comprirent sans doute pas, car ils y renoncèrent. L'armée du Nord, en obliquant à droite, était à peine arrivée à Northegem, qu'elle reçut, le 26 juin, l'ordre de changer de direction et de se rapprocher du littoral. Un pitoyable sentiment de vengeance contre l'Angleterre avait suggéré cet ordre au comité. On avait imaginé d'envoyer le représentant Lacombe-Saint-Michel et l'amiral Vanstabel avec 16,000 hommes, contre l'île de Walcheren, pour chercher à soulever les Provinces-Unies, et pour appuyer cette expédition, qui resta en projet, Pichegru eut l'ordre de s'emparer de Nieuport et d'Ostende. L'avant-garde de l'armée du Nord se présenta le 1er juillet devant cette dernière place et y entra sans coup férir. Les divisions Moreau et Michaud durent, à l'extrême gauche, garder la West-Flandre, et faire le siège de Nieuport et de l'Écluse. Le centre et la droite observèrent les ennemis qu'ils avaient en face.

Combat de Deynse. — Ce fut pendant ces divers mouvements que la petite ville de Deynse, à trois lieues de Gand, fut reprise par Souham sur Claifayt, qui venait de s'en emparer. Ce fait d'armes n'est remarquable que par un trait qui peint les sentiments dont les soldats français étaient alors animés. Des Anglais se trouvaient parmi les prisonniers. Un décret atroce, rendu le 26 mai par la Convention, défendait de faire prisonnier aucun soldat anglais ou hanovrien, et ordonnait de les mettre tous à mort. «Camarade, «dit un officier au sergent du piquet qui amenait ces « malheureux au quartier général de Souham, vous « nous mettez dans un cruel embarras. Il fallait les « laisser s'échapper. — C'est autant de coups de fusil « que nous recevrons de moins, mon officier, répondit « naïvement le sergent. — Mais, reprit l'autre, vous « savez la loi terrible qui les condamne à mort ? — Qui ;

« mais la Convention, poursuivit le sergent, n'a pas « sans doute prétendu faire de nous des bourreaux. « Voici, au reste, les prisonniers; envoyez-les aux re-« présentants, et si ce sont des sauvages, qu'ils les « tuent et les mangent ensuite, ce n'est plus notre af-« faire. » Le député Richard, qui suivait l'armée, fut moins généreux que les soldats victorieux. Il se fit honneur, auprès de la Convention, d'avoir fait exécuter son terrible décret.

Positions et projets des Coalisés après la bataille de Fleurus. — Cobourg, à qui le défaut de concentration de ses troupes avait attiré déjà plusieurs défaites, au lieu de se rapprocher d'York et de Clairfayt, dissémina encore ses forces après la bataille de Fleurus, et les établit sur une ligne circulaire de plus de trente lieues, afin de couvrir toutes les avenues de Bruxelles. Le mouvement de Pichegru n'avait rien changé à la position des ennemis sur l'extrême gauche. Le duc d'York était toujours à Renaix; Clairfayt, réuni au corps de lord Moira, se trouvait en arrière de Gand. Deux corps de communication occupaient Tournay et Maulde. Le prince d'Orange était à Mons, Cobourg à Mont-Saint-Jean, Beaulieu et Quasdanowich vers Sombref, sur la Sambre, à l'extrême gauche. — Un conseil de généraux fut tenu à Braine-la-Leud, et l'on y décida de resserrer cette ligne, trop étendue, afin de mieux couvrir Bruxelles; mais cette opération, faite avec lenteur, devait, par suite des mouvements de Jourdan, rester à peu près sans résultat.

Marche de Jourdan. — Combat de Mont-Palissel. — Prise de Mons. — Après la bataille de Fleurus, Jourdan avait été retenu pendant quatre jours autour de Charleroi, par suite du manque absolu de provisions et de vivres. Il ne se trouva que le 30 juin dans le cas de pouvoir suivre ses avantages sans les compromettre, et, renforcé de la plupart des détachements qui étaient restés au centre, depuis Guise jusqu'à Thuin, il se mit en marche au moment où les Alliés, par suite de la décision prise à Braine-la-Leud, faisaient replier leurs troupes, répandues dans la forêt de Mormal et devant Maubeuge. Le général de l'armée de Sambre-et-Meuse se décida à porter de grandes masses sur sa gauche, où il comptait être rejoint par Pichegru; il espérait ainsi réussir à séparer Cobourg de la Flandre maritime. En conséquence, et pendant que les divisions Morlot, Marceau et Championnet se bornaient à contenir le centre et l'aile gauche de l'ennemi, Kléber s'avança sur Mons avec la division commandée par Duhesme, les divisions Montaigu et Muller, commandées par Scherer, la division Lefebvre, et enfin avec la réserve de cavalerie. Les Français attaquèrent, le 1er juillet, les hauteurs de Rœulx, où le prince de Waldeck et Latour semblaient disposés à faire bonne contenance. Duhesme, avec la réserve de cavalerie, attaqua de front les hauteurs de Braquignies. Montaigu et Scherer se portèrent sur le bois d'Havré, et Ferrand marcha sur Mons avec les troupes du camp de Maubeuge. Le combat fut vif et meurtrier, mais les Autrichiens, voyant leur avant-garde forcée par Duhesme et leur gauche débordée par Dubois, se retirèrent sur Braine-le-Comte. Scherer et Montaigu, après avoir nettoyé le bois d'Havré, enlevèrent le Mont-Palissel au pas de charge, et Mons s'empressa d'ouvrir ses portes à Ferrand.

Investissement des places françaises occupées par l'ennemi. — La prise de Mons obligeait les alliés à évacuer Saint-Amand, Marchiennes, Cateau-Cambrésis et tous les postes qu'ils occupaient encore sur la frontière du département du Nord, les quatre forteresses conquises par eux dans ce département, Landrecies, le Quesnoy, Valenciennes et Condé, se trouvaient abandonnées à leurs propres forces. Scherer et Ferrand se rabattirent aussitôt sur ces places pour en former l'investissement, de concert avec le général Osten, qui fut détaché de l'armée de Pichegru, dans le même but.

Combats de Sombref. — Tandis que Jourdan obtenait sur sa gauche les divers avantages dont nous venons de parler, des affaires journalières avaient lieu sur la droite entre les avant-postes des deux partis, mais avec plus de succès pour les Alliés. Les divisions Mayer, Hatry et Dubois, avaient échoué dans toutes leurs tentatives contre Beaulieu et Quasdanowich qui étaient chargés de couvrir à Gembloux et à Sombref, la ligne de la Sambre et la route de Namur.

Combat de Mont-Saint-Jean. — Sur ces entrefaites, Jourdan apprit que Pichegru, en vertu d'une nouvelle décision du Comité, allait manœuvrer pour se rapprocher de lui, et aussitôt il dirigea sur Nivelles les divisions Kleber et Lefebvre, soutenues par la cavalerie du général Dubois. Cobourg, se voyant menacé dans ses communications, crut devoir opérer un mouvement rétrograde sur la Meuse et se rapprocher de Beaulieu. Il quitta, le 6 juillet, son camp de Mont-Saint-Jean pour aller camper à Corbaix. Le prince d'Orange vint le remplacer sur le plateau de Mont-Saint-Jean.

L'arrière-garde autrichienne, inquiétée par la réserve de cavalerie et par la division Lefebvre, s'était repliée de Nivelles, de Beaulers et de Lillois; elle se réunit au prince d'Orange à Mont-Saint-Jean. A peine était-elle arrivée sur ce plateau où devaient se décider vingt et un ans plus tard les destinées de l'Europe, qu'elle y fut attaquée par la cavalerie française et par la division Morlot. Le choc fut impétueux, mais l'avantage ne penchait encore pour aucun des deux partis, quand l'arrivée de la division Lefebvre décida la victoire et contraignit l'ennemi à se replier jusqu'à Waterloo, où il arriva à la chute du jour. La perte des Alliés dans cette journée fut assez considérable. Le prince de Hesse Philipstadt fut tué dans une charge de cavalerie. C'était le troisième prince de cette maison qui trouvait la mort dans la guerre contre la République.

On se battit le même jour sur plusieurs autres points: les Français formaient sept à huit colonnes opérant sur des rayons divergents. La première à gauche s'était portée sur Braine-le-Comte. Hatry et Mayer, à l'aile droite, avaient repoussé les postes de Balatre et de Boignée. Mais la division Championnet avait eu peine à le maintenir à Marbaix.

Prise des hauteurs de Sombref. — Beaulieu occupait cependant toujours les collines de Sombref, qui dominent Nivelles. Le combat s'étant renouvelé sur tout le front de la ligne, le 7 juillet, ce général, malgré sa nombreuse artillerie et sa belle cavalerie, fut vivement pressé par les divisions Hatry et Mayer qui menaçaient de le déborder par sa gauche et de le couper de Namur. Il se retira d'abord sur Gembloux, puis sur Ottomont. Le prince d'Orange, battu une seconde fois à Mont-Saint-Jean, où il était revenu, se retira sur Bruxelles.

Mouvement rétrograde des Coalisés. — Ces mouvements rétrogrades rendant inexécutables les dispositions arrêtées précédemment à Braine-la-Leud, Cobourg quitta son camp de Corbaix pour se poster entre Louvain et Judoigne, et établit le 9 son quartier général à Tirlemont. — Il avait été résolu, parmi les Alliés, qu'on choisirait une autre ligne de défense derrière la Dyle, car York et Clairfayt, pris à revers par Jourdan et pressés de front par Pichegru qui s'était emparé de Gand et d'Oudenarde, ne pouvaient plus se maintenir dans les positions d'Asche et d'Alost où ils s'étaient portés dans les premiers jours de juillet. Clairfayt continuant donc à filer par sa gauche, traversa Bruxelles à la hâte pour se réunir à l'armée de Cobourg à Tirlemont. Le prince d'Orange avait déjà évacué Bruxelles pour se diriger avec les Hollandais sur Rymenam. Le général Kray s'établit entre lui et l'armée du prince de Cobourg. Le duc d'York, parti d'Asche la nuit même où il avait appris la défaite du prince d'Orange, se dirigea sur Semps, passa la Dyle le lendemain, traversa Malines et alla camper à Contich, Lendt et Lier.

Réunion à Bruxelles de l'armée du Nord et de l'armée de Sambre-et-Meuse. — Pendant que l'armée de Sambre-et-Meuse, poursuivant les colonnes autrichiennes, se dirigeait sur Bruxelles, dont elle put découvrir les tours dès le 9 juillet, l'armée du Nord, quittant Ostende et Bruges, était arrivée à Gand le 4 et avait été reçue dans cette ville aux acclamations générales des habitants. Tournay et Oudenarde furent occupés le 5. Deux divisions de l'aile gauche de l'armée de Sambre-et-Meuse prirent possession, le 10, de la capitale de la Belgique. L'armée du Nord avait la veille poussé quelques avant-postes dans la ville que l'ennemi avait évacuée. Cette armée, venant d'Asche, campa le 11 juillet derrière le canal de Wilworde, à gauche de Bruxelles. Jourdan s'établit à Nivelles, et les deux armées se trouvèrent ainsi en ligne, la gauche à Wilworde, la droite vers Namur et le centre à Bruxelles. — Pichegru, aussi empressé de faire oublier la part que le vainqueur de Fleurus avait eue à ces grands événements, qu'il l'avait été de cacher celle de Hoche à la délivrance de Landau, entra le premier dans Bruxelles, y établit son quartier général, et se hâta d'annoncer, en son nom, au comité de salut public la nouvelle conquête de la Belgique.

La réunion des forces imposantes que présentaient les deux armées devait, quoique tardive, faire présager de grands résultats; et il n'est pas douteux que si on eût laissé les généraux agir comme semblaient l'indiquer les vrais principes militaires, de nouveaux triomphes eussent été obtenus; mais un système opposé prévalut, le comité de salut public montra en quelque sorte de la pusillanimité; au lieu de marcher en avant, les armées réunies reçurent peu de temps après l'ordre de cesser toute poursuite jusqu'à la reprise des quatre places françaises conquises par les Alliés.

RESUMÉ CHRONOLOGIQUE.

1794

30 AVRIL. Arrêté du comité de salut public pour renforcer les troupes sur la Sambre.
10 MAI. Premier passage de la Sambre. — Prise de Thuin.
12 — Combat de Merbes.
20 et 21 — Deuxième passage de la Sambre. — Combat d'Erquelines.
21 — Jourdan, avec 45,000 hommes de l'armée de la Moselle se met en marche vers la Sambre.
26 — Combat de Marchiennes.
29 — Troisième passage de la Sambre.
30 — Combat d'Arlon.
2 JUIN. Premier combat de Charleroi.
3 JUIN. Arrivée de Jourdan sur la Sambre.
12 — Quatrième passage de la Sambre.
16 — Deuxième combat de Charleroi.
18 — Cinquième passage de la Sambre.
25 — Prise de Charleroi.
26 — Bataille de Fleurus.
1er JUILLET. Combat du Mont-Palissel. — Prise de Mons.
3 — Combat de Sombref.
4 — Prise de Gand.
5 — Prise de Tournay et d'Oudenarde.
6 — Combat de Mont-Saint-Jean.
7 — Prise des hauteurs de Sombref.
10 — Entrée à Bruxelles. — Réunion de l'armée de Sambre-et-Meuse et de l'armée du Nord.

A. HUGO.

On souscrit chez DELLOYE, Éditeur, place de la Bourse, rue des Filles-S.-Thomas, 13.

Paris. — Imprimerie et Fonderie de RIGNOUX et Comp., rue des Francs-Bourgeois-Saint-Michel, 8.

FRANCE MILITAIRE.

OPÉRATIONS DANS LA FLANDRE MARITIME ET EN BELGIQUE.
PRISE DE L'ILE CASSANDRIA. — BATAILLE D'ALDENHOVEN.

SOMMAIRE.

Combat de la Montagne-de-Fer.—Prise de Louvain.—Prise de Namur.—Prise de Malines.—Prise d'Anvers.—Les armées françaises et coalisées prennent position.—Siége des places françaises.—Reprise de Landrecies.—Reprise du Quesnoy.—Reprise de Valenciennes et de Condé.—Opérations dans la Flandre maritime.—Prise de Nieuport.—Prise de l'île Cassandria. - Prise du fort de l'Écluse.—Le Stathouder et les États-Généraux.—Gouvernement des Comités.—État des armées républicaines.—Combat de Boxtel.—Retraite des Anglais derrière la Meuse. Opérations de l'armée de Sambre-et-Meuse.—Combat de l'Ayvaille.—Bataille d'Aldenhoven.—Siège et prise de Maëstricht.

Français.	Généraux.	Coalisés.	Généraux.
Aile gauche de l'armée du Nord.	MOREAU.	Hollandais.	Prince d'ORANGE.
Armée de Sambre-et-Meuse.	JOURDAN.	Anglo hanovriens.	Duc d'YORK.
Corps d'armée des sièges.	SCHERER.	Autrichiens.	Prince de COBOURG. CLAIRFAYT.

Avant d'avoir reçu l'ordre de s'arrêter, les armées du Nord et de Sambre-et-Meuse avaient paru disposées à poursuivre l'ennemi et s'étaient étendues dans la Belgique.

La ligne des alliés s'allongeait derrière la Dyle, depuis Anvers jusqu'à Malines, et remontait par Louvain et Tirlemont jusqu'à Namur. En continuant leurs opérations, les deux armées françaises se séparèrent à Bruxelles. L'armée de Pichegru se dirigea sur Malines, celle de Jourdan marcha sur Louvain.

Combat de la Montagne-de-Fer. — Prise de Louvain.—Pendant que l'aile droite de l'armée de Sambre-et-Meuse, aux ordres du général Hatry, s'avançait sur Namur, Jourdan marchait avec le centre sur Judoigne, et Kléber, avec les trois division de l'aile gauche, sur Louvain. — L'avant-garde de Cobourg, soutenue par l'aile droite autrichienne, occupait, en avant de Louvain, la fameuse position de la Montagne-de-Fer. Kléber attaqua ce poste à huit heures du matin et l'emporta après un combat opiniâtre. L'abbaye de Florival était en même temps enlevée par les généraux Lefebvre et Dubois; ce qui facilita l'approche de Louvain, dont les portes furent forcées et les Autrichiens chassés après un engagement non moins meurtrier que celui de la Montagne-de-Fer. L'ennemi se replia sur le gros de l'armée impériale, qui était restée immobile à Tirlemont. Un des premiers et plus importants avantages de l'occupation de Louvain, fut la délivrance d'une partie de la garnison de Landrecies, que les Autrichiens y gardaient enfermée et qu'ils n'avaient pas eu le temps d'emmener avec eux.

Prise de Namur. — L'attaque du général Hatry n'avait pas eu moins de succès. Latour, qui avait remplacé Beaulieu à l'aile gauche ennemie, avait, en évacuant la ville démantelée, jeté 400 hommes dans le château de Namur. Hatry, après quelques pourparlers, s'en rendit maître et fit la garnison prisonnière.

Cobourg, alors menacé par la droite de Jourdan, qui de Namur pouvait le prévenir à Liège, et décidé à se séparer des Anglo-Hollandais, passa la Meuse à Stockem, Reckem et Maëstricht. — Ce mouvement fut couvert par le corps de Latour, qui passa le fleuve à Liège et à Viset. Jourdan s'empara de ces deux villes et de Tongres, le 27 juillet, et pour faire cesser une canonnade inutile, dirigée sur Liège, menaça Cobourg d'incendier les propriétés des généraux belges au service de l'Empereur. Cette menace produisit l'effet désiré.

Prise de Malines. — De son côté, l'armée du Nord passa la Senne et le canal de Wilworde le 13 juillet, et se dirigea sur Malines. Lemaire formait la droite; Macdonald, Dewinter et Daendels la gauche; les généraux Bonnaud et Delpeaux occupaient les points intermédiaires; l'armée était aux ordres de Souham. Le 15 juillet, Souham, campé à Hombeck, attaqua les Hollandais qui gardaient le canal de Louvain. Un mouvement intempestif de la division Lemaire dérangea d'abord l'ordre du combat; néanmoins les Français, impatients de la lenteur des préparatifs de passage, s'élancèrent à la nage, excités par l'exemple du lieutenant Dardenne, du troisième bataillon des tirailleurs, et malgré le feu le plus violent parvinrent de l'autre côté. Leur arrivée sur l'autre bord du canal donna la facilité de construire des ponts, et les deux armées furent bientôt en présence. Le combat s'engagea de part et d'autre avec une fureur qu'animait encore chez les Hanovriens la connaissance du décret infâme de la Convention, qui les condamnait à la peine de mort dans le cas où ils seraient faits prisonniers. Pressés par leurs flancs, ils furent cependant contraints de battre en retraite et se retirèrent derrière la Nethe, vers Nylen.—Les Français les poursuivirent jusqu'à Malines, dont ils enfoncèrent les portes et dont ils s'emparèrent au moment où l'ennemi s'enfuyait par la route d'Anvers.—Le général de brigade Proteau fut tué dans cette affaire, après laquelle Pichegru s'arrêta et perdit huit jours sous prétexte d'organiser le service des vivres, motif inadmissible dans le pays le plus fertile du monde, et d'autant plus inexcusable qu'il savait l'ennemi compromis dans des positions difficiles et complétement hasardées.

Prise d'Anvers. — Tandis que Pichegru perdait ainsi un temps précieux à Malines, les Alliés s'étaient disposés de façon que Dalwig et Moira gardaient le passage de la Nethe, couvert par les Hollandais à Bevel. York se fortifiait à Conticq. Cette ligne était si étendue, que Pichegru pouvait impunément en attaquer un des points sans que les autres points eussent la faculté de le secourir. En marchant sur Lier, le 16, il pouvait culbuter la gauche et placer York entre la masse de ses forces et l'Escaut; alors, quand même la moitié des Anglais campés à Conticq auraient réussi à s'échapper sur Anvers, Dalwig et Moira eussent été infailliblement défaits. Pichegru ne se mit en mouvement que le 21 (le lendemain du départ du duc d'York pour se retirer à Breda); il arriva le 27 devant Anvers, qui, comme Liége, se rendit sans coup férir.

Les armées françaises et coalisées prennent position. — Ce fut alors qu'arriva l'ordre de la Convention dont nous avons parlé au chapitre précédent. Les armées françaises prirent les positions qu'elles devaient garder jusqu'à la reddition des places que les Alliés possédaient encore sur la frontière du Nord. Leur gauche s'appuya sur Anvers, leur centre à Diest et leur droite à Liége. Toutes les divisions se couvrirent par des retranchements. — Les Autrichiens gardaient la Meuse; l'extrême droite campée vers Ruremonde, le centre à Maëstricht, la gauche à la Chartreuse de Liége et sur l'Ayvaille. Les Anglais, réunis aux Hollandais, campèrent derrière Breda et Osterwick. Un corps avait été posté à Eindhoven pour conserver des communications avec l'armée impériale.

Siége des places françaises. — *Reprise de Landrecies.* — L'armée destinée à faire le siége des quatre places françaises occupées par l'ennemi, avait été composée de tous les petits corps d'observation dispersés depuis Lille jusqu'à Maubeuge, et que la retraite des Coalisés rendait disponibles. Les généraux Favreau, Osten, Jacob, et l'ingénieur Marescot, firent partie de cette armée, dont le commandement en chef passa, le 13 juillet, de Ferrand à Scherer.

Vingt jours avant la chute de Robespierre, et sur la motion de Barrère, la Convention avait décrété que les soldats de la Coalition renfermés dans ces quatre villes seraient passés au fil de l'épée s'ils ne se rendaient pas vingt-quatre heures après la sommation.

La place de Landrecies fut assiégée la première, et la tranchée s'ouvrit le 11 juillet à 150 toises du chemin couvert. Le bombardement commença le 16; la capitulation eut lieu le même jour. Scherer, qui, d'après les instructions de Jourdan, ne devait faire la sommation qu'à la dernière extrémité, eut le bonheur de voir le gouverneur autrichien prévenir, en se rendant avec ses 1,500 hommes, une sanguinaire mission.

Reprise du Quesnoy. — Le Quesnoy, investi le 19 juillet, possédait 3,000 hommes de garnison et des fortifications réparées et en bon état. Cette place fit plus de résistance. Les travaux du siége durèrent quatorze jours et quatorze nuits. Ce ne fut que le 3 août, que Scherer put faire connaître au gouverneur Planck le décret de la Convention. Planck répondit avec noblesse : « Une nation n'a pas le droit de décréter le déshonneur « d'une autre. Je défendrai mon poste de manière à « mériter l'estime de celui qui me l'a confié, et des « Français eux-mêmes. » Les travaux furent poussés plus vigoureusement. Le bombardement mit le feu à plusieurs endroits. Le gouverneur, sollicité par les habitants et par un grand nombre de ses soldats demanda enfin le 11 à capituler. Le représentant Duquesnoy, qui se trouvait près de l'armée de siége, refusa de l'entendre. Deux officiers revinrent le lendemain s'offrir en expiation pour les soldats à qui l'on n'avait pas, dirent-ils, fait connaître le décret. On en référa à la Convention, à laquelle Scherer fit connaître l'effet impolitique de son décret, qui mécontentait les soldats républicains et exaspérait les Coalisés. La garnison fut reçue, le 16 août, à merci, et la place fut réoccupée le même jour. — La nouvelle en parvint à Paris dans une heure par le moyen du télégraphe, que les frères Chappe venaient d'inventer.

Reprise de Valenciennes et de Condé. — La Convention néanmoins se repentit bientôt de sa clémence; elle craignit que Valenciennes et Condé ne fussent enhardis par le pardon accordé à la garnison du Quesnoy. Scherer, qui s'était dirigé sur Valenciennes, reçut l'ordre de signifier sans délai le décret au gouverneur autrichien. Cette place renfermait une garnison de plus de 4,000 hommes; elle venait d'être entièrement rétablie et mise en état de défense par l'ordre de l'Empereur, qui y avait dépensé trois millions; elle avait pour dix mois de vivres, et sa résistance pouvait, pendant plusieurs mois, arrêter 20,000 hommes. Mais le gouverneur était un homme pusillanime que l'on parvint à intimider. Il consentit à rendre la place à la condition de se retirer avec les soldats de sa garnison, emportant armes et bagages. La Convention consentit seulement à les faire reconduire, désarmés, aux avant-postes coalisés, et à la condition qu'ils ne serviraient pas contre la France durant la guerre. Les Français rentrèrent ainsi dans Valenciennes, le 28 août, avant même que Marescot eût eu le temps d'achever à moitié les travaux du siége.

Le gouverneur de Condé céda aux mêmes terreurs que celui de Valenciennes, et la garnison rentra en Allemagne aux mêmes conditions que celle de cette place.

Deux cent vingt-six bouches à feu avaient été trouvées dans Valenciennes; cent soixante et une garnissaient les remparts de Condé. On y trouva en outre six mille fusils, cent mille boulets, trois cents milliers de poudre et des approvisionnements de tous genres.

La France, par suite de la bataille de Fleurus, se trouva ainsi purgée de tous ses ennemis. Cette mémorable victoire assura vingt années de paix à nos frontières de Flandre, et rejeta les horreurs de la guerre sur le sol étranger.

Opérations dans la Flandre maritime. — *Prise de Nieuport.* — Tandis que Pichegru restait inactif à Malines, Moreau, commandant l'extrême gauche de l'armée du Nord, nétoyait avec activité les côtes de la Flandre maritime. Maître d'Ostende dès le 1er juillet, il avait, le 5, investi complètement Niewport, défendue par une garnison d'émigrés et de Hanovriens, et forte en outre par ses inondations et la difficulté des approches. Les travaux de siége, conduits par l'ingénieur Dejean, étaient prêts dès le 16 juillet, et la ville, attaquée, fut bientôt entamée de toutes parts et dans l'impossibilité de tenir plus long-temps. Le gouverneur Diepenbroick sollicita, le 19, une capitulation pour assurer la vie de ses compagnons d'armes. Moreau prit sur lui de l'accorder aux Hanovriens, ce qui le compromit gravement aux yeux des représentants du peuple et faillit entraîner sa mise en jugement. — Les malheureux émigrés tentèrent de se sauver à travers les inondations, mais des soldats belges les arrêtèrent, et la sentence terrible portée contre eux fut exécutée.

Prise de l'île Cassandria. — Moreau, maître de Niewport, reçut, des conventionnels Lacoste et Richard, l'ordre de former le siége de l'Écluse; mais, pour ce siége, un préliminaire indispensable était la conquête de l'île Catzand ou Cassandria, dont les fortifications protégeaient les abords de la place. — Située à l'embouchure de l'Escaut occidental, cette île est séparée du continent et du fort de l'Écluse par un bras du fleuve qu'on nomme le canal de Coxysche. — Une digue étroite, inondée de tous les côtés et défendue par une batterie de quatorze pièces de canon, était son seul point de communication avec le continent. — Cette digue fut franchie et l'île enlevée par un de ces traits d'audace dont l'impétuosité française offre tant d'exemples. — Moreau avait ordonné à Dejean de faire tous les préparatifs nécessaires pour le passage; mais pendant que cet habile officier se hâtait de rassembler les matériaux nécessaires à la construction d'un pont, les colonnes des brigades Daendels et Vandamme, arrivées le 28 juillet sur le bord de l'Escaut, impatientes de la lenteur des préparatifs, et cédant à l'impulsion de leur courage, méditaient de franchir la rivière sans leurs secours. Les officiers cédèrent à l'enthousiasme des soldats, et aussitôt, sous le feu de l'ennemi, les grenadiers et les chasseurs, s'élançant dans les batelets rassemblés pour les premiers travaux du pont, les attachèrent ensemble avec des cravates, des mouchoirs, et s'avancèrent ainsi contre les batteries hollandaises. D'autres, plus hardis, se jetèrent à la nage afin de traverser ainsi le canal, ou de remorquer les nacelles qui manquaient d'avirons et que le courant faisait dériver. La mitraille de l'artillerie hollandaise redoubla, mais sans ralentir l'audace des Républicains, qui touchèrent enfin à l'autre rive. Bouillet, capitaine des carabiniers au 24ᵉ régiment de chasseurs, aborda le premier et s'avança, armé d'une carabine, sur le flanc d'une batterie, où il fut bientôt rejoint par une nuée de tirailleurs. Les généraux, électrisés, franchirent à leur tour ce canal, couvert de sang et de cadavres. Les bataillons, à peine formés, enlevèrent à la baïonnette les redoutes ennemies, dont les défenseurs, poursuivis jusqu'à l'extrémité de l'île, furent tous tués, noyés ou faits prisonniers. Le passage fut vigoureusement secondé par le feu de deux pièces de quatre établies au bord du canal. Quelques batelets, emportés par le courant, chavirèrent et se perdirent avec ceux qui les montaient : le général Moreau, en se jetant à la nage, parvint à en ramener un sur la rive et à sauver ainsi un officier et quelques soldats. L'ardeur des soldats stimula le zèle des ouvriers du génie; ils s'occupèrent si activement de la confection du pont qu'il fut achevé à neuf heures du soir, et que l'artillerie et la cavalerie purent s'établir deux heures après dans l'île de Cassandria.

Prise du fort l'Écluse. — Le fort l'Écluse, où l'on ne pouvait arriver que par une digue couverte à haute mer et défendue par de nombreuses batteries, n'était pas d'un accès moins difficile que l'île de Catzand. Les travaux de siége, commencés le 30 juillet et dirigés par le commandant Dejean, furent poussés activement malgré l'humidité du terrain et le feu continuel des Hollandais. Les batteries des assiégeants commencèrent à tirer le 4 août. — Les Hollandais avaient perdu, presque sans les défendre, les ouvrages avancés du fort. Entre autres projectiles ils lançaient sur les Républicains des grenades de trois et de cinq pouces, qui causaient de grands ravages. L'usage des pots à feu, dont ils se servaient aussi, nuisait beaucoup aux assiégeants : un brave grenadier au premier bataillon de la Marne, Bruiron, s'était dévoué en quelque sorte pour les éteindre, et il y réussissait souvent; mais, dans la nuit du 22 au 23, il finit par être victime de son dévouement. — Les Français n'étaient plus alors qu'à quelques toises de la place et se disposaient à un assaut général. Le gouverneur Van-der-Duyn se résigna à une capitulation qui fut signée le 25. La garnison, forte de plus de 2,000 hommes, sortit avec les honneurs de la guerre, et fut conduite prisonnière en France.

Après avoir jeté quelques bataillons dans l'île Cassandria et dans le fort de l'Écluse, la division de Moreau fut répartie dans les villes de Bruges, de Gand et dans les autres places des environs pour s'y reposer de sa courte mais pénible campagne.

Par une fatalité singulière, au moment où le général Moreau prenait possession du fort de l'Écluse, au nom de la République, les révolutionnaires de Brest envoyaient son père à l'échafaud. Ce vieillard vénérable, que le peuple de Morlaix appelait le père des pauvres, s'était chargé de l'administration des biens de plusieurs émigrés : on se servit de ce prétexte pour le perdre et il fut condamné à mort comme aristocrate. Moreau avait pour son père un profond respect et une extrême tendresse; accablé par cette affreuse nouvelle, il hésita s'il ne quitterait point le service d'une patrie qui se montrait si ingrate; mais les conseils de ses amis l'emportèrent sur sa douleur et il resta à l'armée. Sa vengeance, plus glorieuse, fut, quelques années après, la victoire de Hohenlinden.

Le Stathouder et les états-généraux. — Tandis que les Coalisés se flattaient encore peut-être de vaincre les armées de la République, le Stathouder, dont la position allait devenir la plus critique, et dont les États, après la conquête de la Belgique, allaient être les plus sérieusement menacés, comprenait le danger qui se préparait pour la Hollande et se présentait à l'assemblée des états-généraux, pour stimuler le patriotisme et réveiller l'enthousiasme national par une vive et énergique peinture des efforts que le salut de la patrie paraissait réclamer. « La guerre, je l'avoue, est dispendieuse, leur dit-il, la présente l'est plus qu'aucune de celles qui se soient faites jusqu'ici; mais elle diffère aussi par sa nature de toutes les guerres précédentes, parce que nous avons affaire à un ennemi qui se sert de moyens inconnus jusqu'à présent, et qui ne compte pour rien la perte de ses colonies, de son commerce, de l'agriculture et de tout bien-être national, pourvu qu'en forçant toutes ses propres ressources il puisse mettre d'autres nations dans le même état d'épuisement. Un tel ennemi n'est pas à combattre avec des finances bornées. La force qu'il faut lui opposer exige sans doute de grands efforts; mais ils ne paraîtront jamais trop grands néanmoins, si l'on considère ce qui en arriverait si l'ennemi réussissait dans ses desseins. Je ne puis donc assez recommander à vos hautes-puissances et aux provinces respectives d'employer tous les moyens possibles, afin que les finances soient mises en état de fournir promptement aux dépenses que la protection de la République exige impérieusement. — Un autre objet n'est pas moins nécessaire ni moins pressant. En effet, que serviraient à l'État, des fortifications, des inondations, des bâtiments, si les hommes manquaient pour les défendre? — Il me paraît qu'on peut considérer la défense du pays comme étant de deux genres : la *défense extérieure* et la *défense intérieure*. — La première est confiée à l'armée de l'État qui doit agir en campagne, ou dans les places fortes hors des provinces; la seconde a pour but d'aider l'armée à couvrir les provinces mêmes, et de permettre que les troupes réglées puissent être employées hors de leur enceinte. — Personne ne doute que l'armée de l'État n'ait beaucoup perdu dans plusieurs combats sanglants, par maladies, morts ordinaires, ou autres malheurs, et l'expérience a appris que le recrutement sur le pied ordinaire a été extrêmement difficile; de sorte qu'il manque beaucoup au complet. Ce vide, à ce que je pense, doit être rempli au plus tôt; et, à cet effet, je n'ai pas trouvé de moyen plus prompt qu'un recrutement général hors du pays, pour tous les corps de l'armée indistinctement. — La raison pour laquelle je propose de faire ce recrutement au dehors, est pour ne point entraver une autre mesure que je juge être de la plus grande nécessité, savoir : la levée d'un corps considérable d'habitants du pays pour la protection des provinces respectives. Je crois que la manière dont cette levée peut se faire doit être laissée à la disposition des différentes provinces. — Mais en arrêtant pourtant les points préliminaires qu'il convient d'observer dans cette opération comme règles générales, savoir, que ces levées doivent être réunies en corps formés sur le pied de troupes réglées, avec les changements que leur composition rendra nécessaires; qu'elles doivent être exercées, autant que possible, par des officiers et bas officiers militaires, et commandées par des officiers militaires au service de l'État; qu'elles doivent prêter le même serment que les autres troupes de la République; qu'elles doivent avoir l'assurance de n'être point employées contre leur gré, en campagne, ni hors du pays; et qu'autant que les circonstances de la défense du pays le permettront, elles seront employées dans la province où elles auront été enrôlées; que leur engagement ne durera pas plus long-temps que pour les mois qui restent de l'année courante; et qu'étant, à plusieurs égards, sur un autre pied que celui des forces militaires, elles devront aussi être mieux payées. »

On voit que le prince hollandais, pour combattre la Révolution, voulait avoir recours aux moyens révolutionnaires. Ce qu'il proposait n'était autre chose que la levée en masse, mais les états-généraux étaient divisés d'opinions, et la mesure qu'il proposait ne reçut ni sanction ni exécution. On parla, on discuta, on délibéra, lorsqu'il fallait agir.

Gouvernement des Comités. — La Convention parlait aussi beaucoup, mais ses paroles véhémentes étaient suivies de promptes actions. Tandis que ses commissaires excitaient, par leur présence aux armées, l'élan révolutionnaire, et communiquaient leur impatience énergique aux soldats, la Convention cherchait dans l'intérieur à imprimer au gouvernement une action non moins ferme, une volonté non moins puissante, une marche non moins impétueuse dans les voies révolutionnaires. Un décret réorganisait au sein de la Convention le système entier du gouvernement, et établissait la dictature, tout en appelant à l'exercer une grande partie des membres de l'assemblée. Ce décret est trop important et fait trop bien connaître l'esprit qui inspirait alors le parti dominant, pour que nous n'en fassions pas connaître quelques principales dispositions : « Art. 1er. Il y aura seize comités de la Convention nationale, savoir : le *comité de salut public*, composé de douze membres ; le *comité de sûreté générale*, composé de seize membres; celui des *finances*, de quarante-huit membres ; de *législation*, composé de seize membres ; d'*instruction publique*, de seize membres; d'*agriculture et des arts*, de douze membres; des *travaux publics*, de douze membres; de *commerce et d'approvisionnement*, de douze membres; des *transports, postes et messageries*, de douze membres; le *comité militaire*, composé de seize membres; celui de la *marine et des colonies*, de douze membres; des *secours publics*, de seize membres; le *comité de division*, de douze membres; des *décrets, procès-verbaux et archives*, de seize membres; de *pétitions, correspondances et dépêches*, de douze membres; enfin, un *comité des inspecteurs du palais national*, composé de seize membres.

Le pouvoir avait ainsi l'apparence d'être confié à 156 membres de la Convention, mais en réalité il n'était remis qu'aux douze membres du Comité de salut public, que le décret investissait en ces termes du plus large despotisme :

« Le Comité de salut public a la direction des relations extérieures, quant à la partie politique, et en surveille la partie administrative;

« Il a aussi sous sa surveillance la levée et l'organisation des forces de terre et de mer, l'exercice et la discipline des gens de guerre ;

« Il arrête les plans de campagne, tant de terre que de mer ; il en surveille l'exécution ;

« Il a pareillement sous sa surveillance :

« La défense des colonies, les travaux des ports et la défense des côtes ;

« Les fortifications et les travaux défensifs de la frontière ;

« Les bâtiments militaires ;

« Les manufactures d'armes, les fonderies, les bouches à feu et machines de guerre, les poudres, les salpêtres, les munitions de guerre, les magasins et arsenaux pour la guerre et la marine ;

« Le dépôt général des cartes et plans et des archives de la guerre, de terre et de mer ;

« Les remontes, charrois, convois et relais militaires, les hôpitaux militaires ;

« L'importation, la circulation intérieure, l'exportation des denrées de toute espèce ;

« Les mines ;

« Les magasins nationaux, les subsistances des armées, leurs fournitures en effets d'habillement, équipement, casernement et campement.

« Il prend, en se conformant aux lois, toutes les mesures d'exécution relatives aux objets dont l'attribution lui est faite ci-dessus ;

« Il exerce le droit de réquisition sur les personnes et les choses ;

« Il peut arrêter seul les agents militaires qu'il surveille, ou les remettre en liberté, pourvu que la délibération en soit prise au nombre de sept membres au moins ; mais il ne peut les traduire au tribunal révolutionnaire que par délibération prise en commun avec le comité de sûreté générale, selon les règles ci-après déterminées.

« A l'égard des fonctionnaires et agents purement civils, qui sont dans le ressort de sa surveillance, il ne peut les faire arrêter ni les traduire au tribunal révolutionnaire que par délibération commune avec le comité de sûreté générale.

« Dans les délibérations communes chaque comité doit fournir moitié, plus un, des membres qui le composent.

« En toutes délibérations communes ou séparées, qui sont relatives à une arrestation ou à une mise en jugement, l'expédition en est signée de tous les membres qui y ont concouru, et la signature de chacun est précédée de cette formule : Je déclare avoir participé à la délibération. »

Le comité de sûreté générale ne paraissait institué que pour partager la haine populaire ; on ne lui avait donné d'autre pouvoir que celui de décider et d'exécuter des actes de rigueur : « Le comité de sûreté générale a la police générale de la République. — Il décerne les mandats d'amener ou d'arrêt contre les citoyens, les remet en liberté ou les traduit au tribunal révolutionnaire. — Les mandats d'amener peuvent être décernés par cinq des membres seulement. — Ceux d'arrêt, de mise en liberté ou en jugement doivent l'être par neuf au moins. »

Enfin le comité militaire, qui, ainsi que l'indique son nom, paraissait devoir être chargé de diriger les opérations militaires, n'était établi que pour faire oublier la part que le Comité de salut public prenait à la direction des armées à l'extérieur, ainsi qu'à l'action des administrations locales dans l'intérieur de la République. — Le décret le réduisait à un rôle d'observation et de dénonciation : « Le comité militaire a la surveillance de la force armée de Paris. Le mot d'ordre est donné chaque jour, à midi, au commandant, par le président de la Convention nationale, et envoyé au même instant au comité militaire. Ce comité a sur ce point la proposition des lois et la faculté de prendre des arrêtés en exécution de celles déjà rendues. Il surveille aussi les objets attribués à la commission des armes et poudres, les hôpitaux militaires, la levée et l'organisation des troupes de terre, leur exercice et discipline, les charrois, convois et relais militaires, et les remontes des troupes à cheval. Mais, sur tous ces derniers objets, il ne peut prendre d'arrêté sous prétexte de mesures exécutives, et son attribution se borne à la *dénonciation des abus* et à la *proposition des lois*. »

L'action et la puissance, qui en sont les conséquences, étaient réservées soigneusement, comme on le voit, au *Comité de salut public*. — Les autres comités n'étaient institués que pour faire prendre le change au peuple et pour offrir un emploi aux ambitions subalternes de l'assemblée.

État des armées républicaines. — L'inaction dans laquelle l'armée du Nord et celle de Sambre-et-Meuse étaient restées pendant quelque temps n'avait pas été entièrement inutile pour l'instruction et la discipline : « Les troupes, dit Jomini, étaient alors en assez bon état ; la victoire et quelques semaines de repos leur avaient donné plus d'aplomb : les nouveaux bataillons amélioraient leur service intérieur, et si la discipline n'y était pas forte et sévère, la subordination y avait fait quelques progrès. La proximité de l'ennemi, qui pouvait à chaque instant déboucher par Maëstricht, et l'incertitude sur la reprise des hostilités, empêchèrent néanmoins de donner à ces perfectionnements toute l'extension désirable. — Le service administratif languissait au contraire dans un état de délabrement qui se ressentait de l'énormité des masses mises en mouvement et de la multiplication progressive des besoins. — Le défaut de tentes et de moyens de transports avait déjà fait renoncer à camper sous toile ; on bivouaquait, on cantonnait dans les marches et l'on cherchait un abri sous des baraques de branchages et de paille dans les positions où il fallait séjourner. — Cependant les vivres se fournissaient encore des magasins, et si l'on permettait les fourrages réguliers pour se procurer des bestiaux quand les réquisitions n'y suffisaient pas, ils s'exécutaient toujours dans le plus grand ordre. Bien que le pays fût cruellement foulé par l'entretien d'armées aussi nombreuses, les habitants, du moins, n'étaient point soumis à ces cruelles dévastations qui *couvrirent* plus tard la surface de l'Europe. L'officier, sans appointements, vivait comme le soldat, portant son sac et donnant l'exemple du courage, de la résignation et du dévouement. »

Combat de Boxtel. — *Retraite des Anglais derrière la Meuse.* — Le duc d'York était resté isolé à Breda, et les Coalisés n'avaient pas su profiter de l'inaction des armées françaises pour combiner contre elles une manœuvre offensive. Après de longues incertitudes, le général anglais se décida à un mouvement qu'il aurait dû opérer plus tôt, et résolut de se rapprocher de ses alliés. Mais déjà l'armée du Nord, après être restée une vingtaine de jours campée à Turnhout et à Meerle, s'était mise en mesure de s'opposer à ce dessein. L'intention du général Pichegru était de suivre les Anglais, de les attaquer, de les battre et d'empêcher leur jonction avec les Autrichiens, que l'armée de Sambre-et-Meuse allait attaquer par leur aile gauche, en conséquence une forte division de cavalerie avait été envoyée sur Breda afin d'inquiéter le duc d'York et de lui faire prendre le change. L'armée française se mit en marche dans le but de prendre position sur la Dommel ; elle y arrivait le 14 septembre lorsqu'elle rencontra, à Boxtel, l'avant-garde anglaise, forte de 8,000 hommes, occupant une chaîne de postes, et assez éloignée du gros de l'armée pour ne pouvoir être secourue à temps. La position ennemie, couverte par la Dommel, dont les ponts étaient rompus, était assez forte ; mais néanmoins tous les obstacles furent bientôt franchis. Les soldats français traversèrent la rivière, les uns à la nage, les autres sur des madriers qu'on alla prendre dans les environs, et forcèrent l'ennemi à se retirer en désordre. Deux bataillons hessois, qui voulurent faire une résistance désespérée, furent enveloppés et forcés, malgré leur bravoure, à mettre bas les armes. Le lendemain, le duc d'York, campé derrière l'Aa, fit avancer dix bataillons et quelques escadrons sous les ordres du général Abercrombie, afin de reconnaître l'armée française. Cette colonne rencontra une division républicaine qui marchait dans le même dessein. Après un léger engagement, les Anglais se retirèrent et rejoignirent le duc d'York. 2,000 prisonniers furent pour les Français le résultat de ces deux affaires. Le combat de Boxtel et la marche de Pichegru décidèrent le général anglais à évacuer la rive gauche de la Meuse, en laissant les places importantes de Berg-op-Zoom, Breda et Bois-le-Duc livrées à leurs propres forces. Son armée vint occuper les hauteurs de Moock. L'armée française prit position sur l'Aa, mais le défaut de connaissance du pays, et la fatigue des troupes empêchèrent, dit-on, le général en chef d'attaquer l'arrière-garde pendant qu'elle repassait la Meuse, opération qui aurait été difficile pour une armée chargée d'un grand attirail de voitures et d'équipages, si les Français eussent montré la résolution de s'y opposer.

Opérations de l'armée de Sambre-et-Meuse. — *Combat sur l'Ayvaille.* — Cependant l'armée de Sambre-et-Meuse allait recommencer ses opérations à la droite de l'armée du Nord ; Jourdan, renforcé par le corps de Scherer, se disposa, les 17 et 18 septembre, à attaquer Clairfayt, auquel le prince de Cobourg avait résigné son commandement. Le général autrichien ne chercha point à atténuer les désavantages de sa position, en resserrant sa ligne de bataille qui était très étendue : sa droite était campée à Ruremonde, son centre sur les hauteurs de la Chartreuse, sa gauche à Durbuy et à Sprimont, défendant les gorges et les escarpements de l'Ourthe et de l'Ayvaille. C'est sur ce dernier point, occupé par Latour, que Jourdan dirigea ses principaux efforts. Les positions de Latour reconnues, la division Marceau emporta, le 18 septembre, les postes avancés de Durbuy et de Comblaine-au-Pont. Bonnet fut placé à Esneux avec sa brigade, et Scherer ayant eu ordre d'achever ce mouvement offensif, Jourdan, pour l'appuyer par les démonstrations de son aile gauche, revint en hâte à Liége. Kléber, exécutant sur Maëstricht une fausse attaque, contraignit Kray à se réfugier vers la forteresse, sur la rive gauche de la Meuse. Cette diversion trompa Clairfayt, qui porta ses principales forces sur ce point. Pendant ce temps le corps de Latour, quoique établi au confluent de l'Ourthe et de l'Ayvaille, rivières profondément encaissées et défendues par une forte ligne de rochers et de retranchements, fut presque anéanti. Pressé à la fois sur les hauteurs de Sprimont par les brigades Hacquin, Bonnet et par les divisions Mayer et Marceau, Latour prit la fuite, abandonnant à Scherer trente-six canons, cent caissons, six drapeaux et 2,000 prisonniers. Il passa en hâte le ruisseau de la Vesder, sans même faire protéger sa retraite par sa nombreuse cavalerie, et ne rallia ses bataillons qu'à la faveur de la nuit, sur les hauteurs de Henry-Chapelle, pour se replier le jour suivant sur Juliers.

Bataille d'Aldenhoven. — Le général Clairfayt, après le combat d'Ayvaille, avait quitté, pendant la nuit, le camp de la Chartreuse et toutes ses autres positions sur la Meuse, pour se retirer en toute hâte, et par plusieurs colonnes, vers Rolduc et Aix-la-Chapelle. Les divisions Hatry et Championnet manœuvrèrent en vain pour se rapprocher de Scherer, dont tous les efforts tentaient à couper la ligne autrichienne, en séparant Clairfayt de Latour et en rejetant ce dernier dans les montagnes de Verviers. Clairfayt, par la rapidité de sa retraite, échappa au danger qui le menaçait, et la brigade Legrand, formant l'avant-garde de la division Championnet, lancée à la poursuite du général autrichien, n'en atteignit l'arrière-garde que le 20, sur les hauteurs de Clermont, où elle lui enleva 800 hommes.

Jourdan ralentit même sa marche dans le dessein d'engager l'ennemi à se poster autour d'Aix-la-Chapelle, ce qui eût permis à Scherer, dirigé en hâte sur Verviers ou Limbourg, de le prendre à revers en coupant ses communications avec Cologne. Mais Clairfayt, informé de ce danger par ses éclaireurs, abandonna encore, le 22, Aix-la-Chapelle, et se retira en hâte derrière la Roër. — Ce mouvement permit à la division Kléber d'investir Maëstricht. — Depuis un mois Clairfayt, dans la prévision de ce qui arrivait alors, avait fait garnir la rive droite de la Roër de retranchements.

Cette position, dont le centre, à Aldenhoven, était protégé par la place de Juliers, offrait de grands moyens de défense. Le front en était couvert par la Roër, rivière encaissée comme l'Ourthe, peu large à la vérité et guéable sur quelques points, mais rapide et alors gonflée par les pluies: ses rives escarpées, plus élevées à droite, dominent presque partout la gauche de son lit, ce qui donnait aux batteries autrichiennes une supériorité décisive sur celles que les Français auraient pu établir. Les ponts en étaient rompus, les gués dégradés et hérissés de chevaux de frise; enfin, une nombreuse artillerie en défendait le passage et les approches.

La ligne des Autrichiens était longue et morcelée. La droite, aux ordres de Werneck, s'étendait jusque vers Ruremonde, près du confluent de la Roër et de la Meuse. Le centre était à Aldenhoven, en avant de Juliers, et la gauche, aux ordres de Latour, tenait depuis Dueren jusqu'à Niedeggen, où se trouvait le général Haddick.

Jourdan, qui avait suivi l'ennemi, s'était ainsi établi, l'aile droite, sous Scherer, à Cornelis-Munster; deux divisions en avant d'Aix-la-Chapelle, Lefebvre à Rolduc, Morlot, en seconde ligne, à Damerscheit; et la réserve de cavalerie à Cartiels. Kléber, avec la division de l'aile gauche, investissait Maëstricht, dont le siége ne pouvait commencer qu'après que les Français seraient maîtres du cours de la Roër. Mais, dans la prévision de la bataille, il se contenta de laisser devant cette place un corps d'observation de quelques mille hommes.

L'armée de Jourdan était forte de 100,000 hommes. Il la divisa en quatre colonnes, pour attaquer, le 2 octobre au matin, et sur huit lieues de développement, les quatre points principaux de la ligne autrichienne. L'aile droite était confiée au général Scherer; la gauche à Kléber; Lefebvre conduisait l'avant-garde. Jourdan s'était réservé la direction du centre, composé des divisions Hatry, Morlot, Championnet, et d'une partie de la cavalerie de Dubois. Scherer devait forcer le passage vers Niedeggen, Biskerdorf et Dueren pour accabler l'aile gauche autrichienne. L'attaque à la gauche des Français, à Heinsberg, était confiée à Kléber. L'avant-garde devait être dirigée sur Linnich; Jourdan se proposait, avec le corps de bataille, de marcher sur Juliers.

Le 2 octobre, à cinq heures du matin, l'armée s'ébranla en colonnes serrées par brigades. Un épais brouillard en fit suspendre la marche jusqu'à dix heures. Bernadotte, qui commandait l'avant-garde de Kléber, reconnut les gués de la Roër à la gauche des Français, et n'y trouva qu'un torrent impétueux. Néanmoins, la 71e demi-brigade, encouragée par Ney, dont le nom paraît ici pour la première fois dans nos annales militaires, s'y élança malgré la mitraille, arriva à l'autre bord et emporta la position de Rathein; mais les ponts se trouvant trop courts pour que l'artillerie pût suivre l'infanterie, l'ennemi profita de cette circonstance et assaillit avec des forces supérieures les troupes qui avaient forcé le passage. Friant accourut à leur secours avec sa divison, et son mouvement, secondé par le feu des batteries que Kléber se hâta d'établir sur la rive gauche, maintint jusqu'à la nuit la 71e demi-brigade dans les positions qu'elle avait prises à l'ennemi.

Lefebvre, avec sa division, surprit Linnich; mais la violence de la rivière sur ce point rendit très longue la construction des ponts, qui durent être établis sous le feu des redoutes autrichiennes. Linnich, criblé de boulets et d'obus, fut incendié.

Le centre de Clairfayt, que Jourdan devait attaquer, était couvert par une haute colline qui s'élève entre Aldenhoven et Juliers, et qu'on avait hérissée de redoutes. Tous ces retranchements furent enlevés au pas de charge par les divisions du centre. Clairfayt, réfugié dans Juliers, essaya de paralyser l'impétuosité française par des charges multipliées de cavalerie : sa cavalerie sabra même les artilleurs d'une batterie légère de la division Morlot, et le 14e de dragons, accouru pour délivrer cette batterie, allait être écrasé si le 1er régiment de la même arme ne fût venu à son aide. Les divisions du centre ne purent donc tenter ce jour-là aucun passage. Morlot eut ordre d'appuyer les divisions Lefebvre; Hatry reçut celui de se porter à l'aile droite pour secourir Scherer s'il en était besoin. Jourdan était d'autant plus inquiet du sort de sa droite, que, quoiqu'il fût déjà tard, rien n'avait annoncé qu'elle se trouvât en présence de l'ennemi.

En effet, le mauvais état des routes avait retardé Scherer. Il ne put pas commencer avant trois heures les diverses attaques qu'il devait tenter : alors le général Lorges avec sa brigade força les passages de Dueren, enfonça les portes de la ville, en chassa l'ennemi et déboucha dans la plaine au-delà. Il fut heureusement secouru par les escadrons de Marceau qui venait d'emporter le gué et le bourg de Merweiler, après un violent combat dans lequel l'adjudant-général Klein avait entraîné les troupes en s'élançant dans la Roër à la nage. Lorges, à l'aide de ce renfort, se maintenait hors de Dueren, quand Mayer, avec sa division, déboucha en même temps de Biskendorf, où il avait passé la Roër, et vint se placer à sa gauche.

Les plus grands efforts de Latour se dirigèrent sur cette dernière division, qui menaçait de couper ses communications avec Clairfayt et de Juliers; elle eut à essuyer le feu de soixante pièces de canon, placées sur les hauteurs qui dominent Dueren, et, privée d'artillerie, elle ne pouvait y répondre et éprouvait de grandes pertes. Elle se disposait à battre en retraite vers la rivière, quand la division Hacquin, long-temps arrêtée par des tirailleurs dans les bois entre Kreutzen et Binsfeldt, apparut enfin sur les hauteurs de Binsfeldt et prit à revers les batteries autrichiennes, circonstance qui décida la victoire à la droite des Républicains.

La ligne de la rivière, ainsi franchie par les deux ailes françaises, n'était plus tenable pour Clairfayt; les ponts furent terminés pendant la nuit, et le 3, au jour, toute l'armée républicaine passa la Roër; mais quand les colonnes se portèrent devant Juliers, elles trouvèrent cette place évacuée, et les magistrats prêts à en présenter les clefs aux généraux français. Clairfayt, décidé à repasser le Rhin, et comprenant qu'il ne pouvait plus rester sur la rive gauche sans la presque certitude d'une complète extermination, hâta sa retraite par les routes de Bonn, de Dusseldorf et de Cologne, et fut vigoureusement poursuivi par les divisions Lefebvre et Dubois. Ce fut le 5 octobre que l'armée impériale repassa le Rhin. La bataille d'Aldenhoven, ou de Juliers, lui coûtait environ 4,000 hommes tués ou blessés, et 800 prisonniers. L'armée républicaine avait perdu 1,500 hommes.

La bataille d'Aldenhoven fut le complément de celle de Fleurus, et décida définitivement du sort de la Belgique par l'expulsion totale des Autrichiens et par leur fuite au-delà du Rhin.

Cette bataille importante a inspiré à un de nos écrivains militaires les plus distingués les observations suivantes, qui méritent d'être réfléchies par les hommes de guerre : « Les dispositions de Jourdan, que la censure la plus sévère n'aurait pu désapprouver si elles eussent été faites plus près de la ligne autrichienne, auraient dû être précédées d'une reconnaissance du terrain qui séparait les deux armées, et d'un mouvement préparatoire qui eût rapproché les colonnes de manière à commencer l'attaque de meilleure heure et à l'instant fixé. La droite pouvait aussi être renforcée sans nuire aux autres parties de la ligne. Néanmoins, quoique Jourdan eût commis cette faute, et quoiqu'il eût surtout exposé sa droite à être battue, en assignant trois points de passage à Scherer, qui dut soutenir ainsi l'effort de Latour avec la seule division Marceau, la bataille d'Aldenhoven fit justement honneur au général de l'armée de Sambre-et-Meuse. — Pour appliquer parfaitement les principes de l'art, on eût pu désirer seulement qu'il renforçât sa droite. On voit en effet par la nature du terrain, par la résistance de Latour dans ses positions retranchées, et par les détails de cette journée, que tout le succès dépendit seul de l'arrivée du général Hacquin, que le moindre incident aurait pu empêcher. — Il y a aussi lieu de s'étonner que dans un engagement dont la ligne s'étendait depuis Froitzheim jusqu'à Ruremonde, Jourdan n'ait pas songé à s'assurer la moindre réserve disponible. »

Siége et prise de Maëstricht. — Pendant que Marceau, poursuivant l'ennemi, marchait sur Coblentz pour lier l'armée de Sambre-et-Meuse avec celles de la Moselle et du Rhin, Kléber était revenu assiéger Maëstricht, une des plus fortes places de l'Europe, des mieux approvisionnées, et alors défendue par 10,000 Autrichiens et Hollandais, aux ordres du prince de Hesse. Kléber, comme nous l'avons dit, avait momentanément quitté le corps d'investissement pour assister à la bataille d'Aldenhoven; Duhesme l'avait remplacé avec un corps d'observation. — Le prince de Hesse, informé de cette circonstance, fit trois sorties successives dans les premiers jours d'octobre, afin de repousser le faible cordon d'assiégeants. Le retour de Kléber mit fin à cet état de choses ; ce général s'était offert à réduire Maëstricht avec 25,000 hommes et il y parvint : 94,000 y avaient été employés sous Louis XIV.

Marescot fit ouvrir la tranchée le 23 octobre. Les batteries étaient prêtes le 31. Après deux sommations inutiles, un feu terrible fut dirigé sur la ville. Les habitants de Maëstricht, épouvantés des ravages de l'artillerie, supplièrent le prince de Hesse d'accéder à une capitulation, qui fut signée le 4 novembre. La garnison avait soutenu onze jours de tranchée ouverte et quatre jours de bombardement ; elle se rendit prisonnière de guerre, et fut conduite au-delà du Rhin.

Un incident bizarre eut lieu pendant le siège : en creusant la tranchée sur le flanc droit du Mont-Saint-Pierre, qui porte la citadelle, les mineurs démasquèrent l'entrée d'une immense caverne, par où ils crurent d'abord pouvoir pénétrer dans la ville. Un premier bruit qu'ils entendirent les confirma dans cette espérance, et ils s'apprêtaient à combattre quand ils reconnurent que ce qu'ils avaient pris pour des ennemis n'était qu'un nombreux troupeau de cochons que les paysans des environs y avaient cachés. Cette caverne, qui est devenue célèbre par les ossements de grands animaux antédiluviens qui y ont été découverts depuis, fut, le 28 octobre, le théâtre d'un combat sanglant, où les Français et les ennemis s'égorgèrent long-temps dans les ténèbres.

Coblentz avait été occupé par Marescot ; la prise de Maëstricht termina la campagne pour l'armée de Sambre-et-Meuse.

RÉSUMÉ CHRONOLOGIQUE.

1794.

15 JUILLET. Combat de la Montagne-de-Fer. — Prise de Louvain.
16 — Occupation de Malines.
— — Reprise de Landrecies.
19 — Prise de Niewport.
27 — Occupation d'Anvers, de Liége, de Tongres, etc.
28 — Prise de l'île Cassandria.
16 AOUT. Reprise du Quesnoy.
25 AOUT. Siége et prise du fort l'Ecluse.
27 — Reprise de Valenciennes.
29 — Reprise de Condé.
16 SEPTEMBRE. Combat de Boxtel.
18 — Combat d'Ayvaille.
2 OCTOBRE. Bataille d'Aldenhoven.
3 — Prise de Coblentz.
4 NOVEMBRE. Prise de Maëstricht.

A. HUGO.

On souscrit chez DELLOYE, Éditeur, place de la Bourse, rue des Filles-Saint-Thomas, 13.

Paris. — Imprimerie et Fonderie de RIGNOUX et Cᵉ, rue des Francs-Bourgeois-Saint-Michel, 8.

FRANCE MILITAIRE.

OPÉRATIONS SUR LE RHIN, LES VOSGES ET LA MOSELLE.

SOMMAIRE.

Opérations de l'armée de la Moselle.—Combats d'Arlon.—Départ de Jourdan pour la Sambre.—Positions des armées françaises et coalisées.—Combat de Schifferstadt.—Combat de Kaiserslautern.—Inaction de Moëllendorf.—Combat de Weistheim.—Les Français reprennent l'offensive.—Affaire générale des 2 et 3 juillet.—Combats du Platzberg et de Tripstadt.—Prise de Trèves.—Prise de Kaiserslautern par les Coalisés.—Reprise de Kaiserslautern par les Français.—Les Coalisés repassent le Rhin.—Prise de Coblentz.— Jonction des armées de Sambre-et-Meuse, de la Moselle et du Rhin.

Français.	*Généraux*	*Coalisés.*	*Généraux.*
Armée du Rhin.	Michaud.	Prussiens.	Moellendorf.
Armée de la Moselle.	Jourdan. Moreaux.	Autrichiens.	Beaulieu. Hohenlohe-Kirchberg.

Opérations de l'armée de la Moselle. — Combats d'Arlon. — Après avoir chassé l'ennemi au-delà du Rhin, et débloqué Landau, l'armée de la Moselle avait quitté les rives de la Speyerbach, pour repasser les Vosges et se rapprocher de la Moselle. Jourdan était venu à Metz, au milieu de mars, prendre la place du général Hoche, victime de ses débats avec Pichegru qui, lui-même, était allé à l'armée du Nord remplacer le vainqueur de Wattignies; les premiers ordres qu'il reçut du Comité de salut public furent de porter 20,000 hommes en avant de Longwy, afin d'intercepter les communications de Namur et de Liège avec Luxembourg, et en même temps d'en détacher 20,000 aux ordres du général Hatry, pour faire une incursion dans le Luxembourg et s'emparer d'Arlon. — Les hauteurs d'Arlon étaient défendues par 16,000 Autrichiens aux ordres de Beaulieu. L'avant-garde de ce général fut culbutée au pont d'Aubange par Lefebvre, qui, la poursuivant contre ses instructions jusqu'au-delà des hauteurs de Bubange, se trouva tout à coup en face du corps même de Beaulieu. Jourdan fut obligé de faire rétrograder Lefebvre pour ne pas le laisser exposé à une canonnade aussi meurtrière qu'inutile, et l'affaire fut remise au lendemain.

Lefebvre, Morlot et Hatry attaquèrent de front les redoutes autrichiennes; mais au moment où ils se disposaient à les charger à la baïonnette, la division Championnet qui avait tourné la gauche de l'ennemi, en s'emparant des hauteurs de Tornich, jeta une telle épouvante dans les rangs des Autrichiens, qu'ils s'enfuirent aussitôt sur la route de Luxembourg. Il n périt un grand nombre par le feu de l'artillerie légère du général Debelle, dont les batteries avaient suivi le mouvement de Championnet.

La gauche de l'armée de la Moselle s'établit à Arlon. Mais Beaulieu revint en force et surprit, le 29 avril, es généraux Hatry et Championnet qui à leur tour n'eurent que le temps de se replier en désordre sur Bubange.

Départ de Jourdan pour la Sambre. — Le mois de mai ne fut signalé par aucun fait important. Jourdan, comme nous l'avons dit précédemment, ayant reçu de nouveaux ordres du Comité de salut public, remit le commandement à Moreaux et marcha sur la Sambre.

Positions des armées françaises et coalisées. - Les armées coalisées réunies sur le Rhin, sortirent enfin, vers la fin de mai, de l'inaction où elles étaient restées depuis l'ouverture de la campagne du Nord.—Elles étaient ainsi disposées le 21 mai. L'armée saxo-prussienne, commandée par Moëllendorf, qui avait succédé au duc de Brunswick, s'étendait depuis Alzey, vers la rive gauche du Rhin, jusque sur la Sarre à Mertzig où elle se liait avec le corps de Blankenstein, destiné à couvrir les villes de Trèves et de Luxembourg. Les Autrichiens gardaient la rive droite du Rhin, depuis Mayence jusqu'à Bâle. Le corps de Condé était posté au centre vers Rastadt.

L'armée française du Rhin occupait la ligne de la Speyerbach, depuis Neustadt jusqu'à Rehutte : la droite, aux ordres de Desaix, s'appuyait au Rhin vers Schifferstadt. La gauche assurait la communication avec l'armée de la Moselle. Une division occupait Kaiserslautern ; une autre s'étendait jusqu'à Toley.

Combat de Schifferstadt.—Moëllendorf se concerta avec le prince Hohenlohe-Kirchberg pour un mouvement dont le résultat devait être de rejeter les Français hors du Palatinat et du duché de Deux-Ponts. Desaix fut en conséquence attaqué, le 23 mai, dans ses positions de Schifferstadt, tandis qu'un corps prussien faisait des démonstrations sur Musbach et Neustadt. Après un combat opiniâtre de trois heures, les Français commençaient à plier, quand l'arrivée de la réserve rétablit le combat. Le poste de Kohlhof, qui avait été enlevé par l'ennemi, lui fut repris pendant que Delmas, avec le 17e de dragons, culbutait dans un marais le régiment de Ferdinand. Ce coup de vigueur imposa tellement aux impériaux, qu'ils se retirèrent. Ils avaient eu 800 hommes hors de combat.

Combat de Kaiserslautern. — Dans le même temps Moëllendorf se dirigeait avec le gros de ses forces sur Kaiserslautern. A l'approche de l'ennemi, le général Ambert, qui y commandait, fit replier les postes d'Hochspeyer et de Fisbach. Bientôt les Prussiens débouchèrent en quatre colonnes sur Kaiserslautern; Ambert, quoique avec des forces bien inférieures, en soutint le choc pendant quatre heures. Il fallut enfin se replier : la retraite eut lieu par les gorges et les chemins de Tripstadt et de Pirmasens. Mais Ambert eut peine à échapper aux ennemis dont il était entouré. Son arrière-garde fut atteinte et entamée avant d'arriver à Pirmasens. La brigade du général Siscé se trouva coupée par Blucher; ce dernier n'était pas assez fort pour lui barrer le passage, elle se rua sur les Prussiens et arriva heureusement à Neustadt.

L'occupation de Kaiserslautern par l'ennemi ne permettait plus à l'armée du Rhin de tenir les lignes de la Speyerbach. Le général en chef, Michaud, qui avait pris le commandement après le départ de Pichegru, la ramena aux retranchements de la Queich, où il l'établit sur deux lignes. — L'armée de la Moselle, de son côté, se replia sur Bliescastel et Hornbach, dans les mêmes positions qu'elle avait occupées à la fin de 1793.

Inaction de Moëllendorf. — Après la retraite de Michaud et de Moreaux, le maréchal Moëllendorf, croyant avoir assez fait pour une Coalition dont il improuvait les principes et les desseins, s'arrêta sur les crêtes des Vosges et laissa les deux armées françaises en repos. En vain des envoyés hollandais et anglais réclamèrent-ils de lui l'exécution du traité de subsides, se plaignant d'une inaction qui rendait plus certaine la perte de la Belgique; le Prussien, inébranlable sur les sommités du Mont-Tonnerre, leur répondit qu'une diversion de sa part serait inutile pour assurer à Cobourg la conservation d'une province que ce général n'avait pas su défendre avec 150,000 hommes.

Combat de Weistheim. — Aussi, pendant deux mois tout se borna-t-il entre les quatre armées réunies dans le Palatinat, à une reconnaissance qui eut lieu le 19 juin. Les Autrichiens vinrent attaquer, à Weistheim, les avant-postes de la première division française, et après les avoir obligés à se replier, il parurent vouloir forcer la droite à repasser derrière les lignes de la Queich; mais Desaix, ayant renforcé ses postes avancés, repoussa l'ennemi avec sa cavalerie, et le ramena, l'épée dans les reins, jusque dans ses positions.

Les Français reprennent l'offensive. — Les succès obtenus en Belgique rendaient plus sensibles les échecs éprouvés sur le Rhin. — Les armées du Rhin et de la Moselle reçurent, avec des renforts, l'ordre de prendre l'offensive et de chasser l'ennemi du Palatinat. — Nous avons déjà fait connaître la position des armées françaises, elles n'avaient pas varié; celles de l'ennemi présentaient seules quelques changements.

La droite des Prussiens, aux ordres de Kalkreuth, observait la Sarre; les Saxons gardaient Deux-Ponts; Moëllendorf couvrait Kaiserslautern, et la division Courbières occupait Tripstadt. Les flanqueurs de gauche, commandés par Kleist, tenaient le poste de Sankoptf et le liaient avec le centre général de l'armée aux ordres d'Hohenlohe-Ingelfengen; la brigade Pfan occupait la crête et le versant oriental des Vosges; le gros de l'armée protégeait la plaine entre Attersheim et Fischlingen; enfin deux divisions autrichiennes, aux ordres de Wartensleben et de Benjowsky, cou-

vraient le reste de la vallée jusqu'au Rhin, et formaient l'aile gauche de toute cette armée.

Affaire générale des 2 et 3 juillet. — Quoique la ligne ennemie eût pu être coupée sur plusieurs points naturellement faibles, aucune combinaison ne fut faite pour s'assurer un succès. Les armées françaises s'ébranlèrent simultanément le 2 juillet, mais chaque division marcha simplement droit devant elle, et obtint d'abord ces succès d'avant-garde qui résultent ordinairement de l'initiative d'attaque; toutes échouèrent contre les secondes lignes et les réserves de l'ennemi. Desaix, à l'aile droite, crut pouvoir enlever un corps de 10,000 hommes, aux ordres de Wartensleben, qui venait de passer sur la rive gauche du Rhin; il était même sur le point de réussir, quand une terreur panique de sa cavalerie fit échouer ce dessein. Le centre, commandé par Saint-Cyr, fut chassé par Blucher de trois villages qu'il avait d'abord enlevés. — L'armée de la Moselle n'eut pas plus de succès que l'armée du Rhin. Taponnier échoua contre les montagnes de Tripstadt; Ambert, qui revint à la charge le lendemain, fut, malgré la vigueur de ses attaques, arrêté par Kleist, au pied des hauteurs de Sankopf. La division Renaud fit seule replier le général Kalkreuth sur Landstath.

Combats du Platzberg et de Tripstadt. — Un plan d'opérations plus sage fut le fruit de cet échec. Michaud et Moreaux, réunis en conseil de guerre avec les principaux généraux divisionnaires résolurent de reposter l'armée sur la Speyerbach en s'emparant du Platzberg et des autres sommets des Vosges. Cette manœuvre coupait l'armée ennemie qui opérait, contre tout principe, sur des lignes séparées par ces hauteurs.

Les divisions de la Moselle, aux ordres de Renaud, rompirent, dès le 12 juillet, la ligne de Kalkreuth à Kaishofen, et Taponnier s'approcha de Tripstadt. L'attaque eut lieu sur toute la ligne, le 13 à la pointe du jour, et se prolongea jusqu'au soir sans succès prononcé. Moëllendorf, qui avait d'abord porté sur Tripstadt une partie de son corps de bataille, le concentra au Kaisersberg, où Hoche avait échoué l'année précédente. — Les brigades Siscé, Desgranges et Sibaud accablaient, pendant ce temps, les postes prussiens placés sur les versants des Vosges. Malgré la vive résistance de Kleist, Sibaud, à la droite de Saint-Cyr, s'emparait du Joaniskreutz; Siscé et Desgranges, à sa gauche, éprouvaient plus de peine à emporter le poste de Schaenzel, regardé comme la clef de la ligne ennemie; ils se décidèrent enfin à assaillir ce poste par les montagnes, et filant d'Albertsweiler par Ramberg, ils gravirent les flancs escarpés du Blaedersberg, enlevèrent le château de Mondenbach et le retranchement prussien, puis arrivèrent à ceux du Schaenzel. — La résistance du général Pfan fut digne de l'importance du poste qu'il défendait avec plusieurs bataillons de grenadiers; mais il dut enfin succomber. Il trouva la mort dans ce combat. Ses bataillons dispersés s'enfuirent sur Neustadt. Leur défaite fut partagée par deux autres bataillons que le général Schladen amenaît à leur secours. — Cet échec consterna toute la ligne des alliés. — Sibaud, pendant ce temps, s'empara du Sankopf, et les efforts réitérés de Saint-Cyr contraignirent enfin Hohenlohe à la retraite. Edickofen et Fischlingen tombèrent, à la nuit, en notre pouvoir.

L'aile droite, restant sur la défensive, se borna à inquiéter les Autrichiens et à les maintenir dans la position où ils se trouvaient. La nuit termina le combat et la victoire resta aux Français. — Pendant la nuit Hohenlohe se retira de Musbach sur Turckheim; le duc de Saxe-Teschen fit filer ses bagages sur Manheim; Moëllendorf prit position sur le Kaisersberg. — L'armée de la Moselle devait l'y attaquer le 16, mais il leva son camp dans la nuit du 15 au 16 et se retira sur les hauteurs de Frakenthal. — Les Autrichiens repassèrent le Rhin à Manheim, et les Français reprirent la ligne de la Rehbach, qu'ils avaient été forcés d'abandonner à l'ouverture de la campagne. — Cette affaire décisive coûta 4,000 hommes à l'ennemi, dont 3,000 aux Prussiens seulement.

Prise de Trèves. — Après quinze jours d'inaction, l'armée de la Moselle reçut, dans les premiers jours d'août, un renfort de 15,000 hommes tirés de la Vendée, et se mit en mouvement de s'emparer de Trèves. Le 7 août, Moreaux attaqua en avant de cette place les positions de Pellingen et de Kontz qui furent emportées. Ambert s'empara, le 8, du pont de Vaserbilich et les Français entrèrent le lendemain dans Trèves, où ils s'établirent.

Prise de Kaiserslautern par les Coalisés. — Cependant Moëllendorf, informé que Kaiserslautern et les montagnes voisines n'étaient plus gardés que par la division Meynier, résolut de ruiner les établissements français que renfermait cette place. Afin d'appuyer ce dessein, Benjowsky repassa le Rhin pour tenir tête à Desaix, et Hohenlohe vint camper, le 17 septembre, à Goelheim, à cinq lieues de la ville qu'il s'agissait de surprendre. Blucker se porta sur Leinengen et Leystadt en deux colonnes. — Les généraux Schaal et Desgranges formaient, sur la route qu'avait prise Hohenlohe, une chaîne de postes mal soutenus, qui furent surpris le 18 et rejetés en désordre sur la division Meynier. Quelques colonnes lancées le lendemain contre les Prussiens, furent culbutées par les soldats du prince Louis de Prusse et du prince de Bade. Les deux divisions françaises furent totalement dispersées le 20. Sibaud fut repoussé dans Tripstadt avec sa brigade. Meynier, Schaal, Siscé et Desgranges attaqués de front, en flanc, et sur les derrières, par les colonnes ennemies, furent impuissants pour défendre les hauteurs de Kaiserslautern qu'ils avaient enlevées peu auparavant avec tant de gloire : leurs soldats se retirèrent en désordre à travers les bois. — Trois bataillons de la brigade commandée par l'adjudant général Jordy se trouvèrent seuls, abandonnés à la ferme d'Eselsfurth; ils cherchèrent à gagner Tripstadt, mais ils trouvèrent le chemin occupé par l'ennemi et ils se virent enveloppés de toutes parts par la cavalerie d'Hohenlohe. Ces braves gens refusèrent néanmoins de se rendre, se formèrent en carrés et repoussèrent pendant deux heures les charges multipliées des hussards et des dragons prussiens. Succombant à la fatigue ils furent à la fin enfoncés, sabrés et détruits.

Reprise de Kaiserslautern par les Français. — Ce revers qui avait coûté 4,000 hommes aux Français ne tarda pas à être réparé. — La division Meynier, renforcée de quelques bataillons de l'armée de la Moselle, reprit si brusquement l'offensive, le 27 septembre, que les avant-postes alliés n'eurent pas même le temps de saisir leurs armes, et abandonnèrent, avec tout le corps d'armée, des montagnes qu'ils avaient mis tant d'intérêt à conquérir.

Les vainqueurs rentrés dans Kaiserslautern se mirent le lendemain à la poursuite des ennemis. — Desaix s'empara, le 8 octobre, de Frankenthal, qu'Hohenlohe lui reprit le 12. Trois jours après, le général français y rentra encore victorieux, ainsi que dans Grenstadt. Kirchheim et Worms reçurent aussi, le 18, garnison française. Oppenheim et Alzey subirent le même sort le 22.

Les Coalisés repassent le Rhin. — La retraite de Clairfayt au-delà du Rhin changea tout-à-fait la situation des affaires entre le Rhin et la Moselle. Les généraux autrichiens qui avaient contenu de front l'armée de Moreaux pendant que Moëllendorf la menaçait sur son flanc, reçurent l'ordre de repasser sur la rive droite du fleuve. L'électeur de Mayence se hâta de mettre de nouveau cette place en état de défense.

Les armées du Rhin et de la Moselle pouvaient désormais se réunir. Elles n'avaient plus qu'à conquérir Mayence, Coblentz et le poste de Rheinfels près Saint-Goar, pour être maîtresses de toute la rive gauche du Rhin, depuis Bâle jusqu'à Wesel. La prise de Rheinfels ne coûta que deux jours de siège. Le gouverneur rendit cette forteresse, le 2 novembre, au seul aspect des batteries françaises.

Prise de Coblentz. — *Jonction des armées de Sambre-et-Meuse, de la Moselle et du Rhin.* — L'aile gauche de l'armée de la Moselle atteignit Coblentz où avait déjà pénétré l'aile droite de l'armée de Sambre-et-Meuse. Les divisions autrichiennes de Melas et de Nañendorf, qui fuyaient devant les vainqueurs de Kaiserslautern, s'étaient repliées d'Andernach sur Coblentz; elles avaient voulu défendre cette place contre Jourdan. Mais quoique Coblentz fût garnie de forts retranchements, la pensée qu'elle avait été le principal point de réunion des émigrés, inspirait aux soldats un élan de rage qui leur rendit la victoire facile, et la ville avait été emportée le 23 octobre par Marceau.

La campagne finissait avec gloire. Mayence et Luxembourg étaient investis. Le siége de ces places allait commencer malgré l'hiver qui s'annonçait comme devant être rigoureux. Les armées de Sambre-et-Meuse, de la Moselle et du Rhin bordaient le Rhin de leurs drapeaux victorieux et présentaient un ligne formidable à la Coalition vaincue.

ARMÉE DU NORD.

ENTRÉE EN HOLLANDE. — OPÉRATIONS ENTRE LA MEUSE ET LE WAHAL.

SOMMAIRE.

Siége et prise de Bois-le-Duc.—Passage de la Meuse par l'armée du Nord.—Combat d'Oude-Watering.—Prise de Venloo.—Siége et prise de Nimègue.—Diversion tentée par Werneck.—Situation de l'armée républicaine.—Topographie du théâtre du combat.—Tentative sur l'île Bommel.—Départ du duc d'York.—Walmoden le remplace.—Prise de l'île Bommel.—Prise des lignes de Bréda.—Prise de Grave.—Dissensions des alliés.—Position de l'armée du Nord.—Propositions de paix du Stathouder refusées par le Comité de salut public.

ARMÉE DU NORD.	ARMÉE COALISÉE.
Généraux en chef. { PICHEGRU. MOREAU.	Hollandais. { Le prince d'ORANGE. Duc d'YORK. Anglo-Hanovriens. { WALMODEN.

La campagne n'était pas finie sur la frontière de Belgique. L'armée du Nord allait entrer en Hollande, mais, en franchissant la Meuse qui lui sert de limite, il y a lieu de croire que les vues de Pichegru, moins ambitieuses que celles de Dumouriez, ne s'étaient pas encore arrêtées sur la conquête immédiate du pays, et que le désir de rejeter l'ennemi au-delà du Rhin, détermina seul sa décision.

Siége et prise de Bois-le-Duc. — Néanmoins ce général, tout disposé qu'il était à suivre les Anglais au-delà de la Meuse, avait besoin préalablement de s'assurer une base d'opération dont Bois-le-Duc devait être le point central. Le manque d'artillerie de siége et la présence des Anglo-Hollandais, rendaient l'attaque de cette place une opération d'autant plus difficile, qu'il devenait, en outre, indispensable de partager l'armée du Nord en deux corps, l'un de siége, l'autre d'observation. Bois-le-Duc, ceint de formidables fortifications, était en outre entouré d'inondations qui s'étendaient à plus de trois cents toises autour des remparts. Les forts qui défendent la place étaient bien armés et parfaitement entretenus.

La lâcheté du gouverneur et l'incurie de l'administration hollandaise qui ne s'était pas mise en peine de fournir à la garnison les moyens de soutenir un siége, firent perdre aux Coalisés tout le fruit qu'ils eussent pu retirer de la résistance de cette place. — Elle fut investie, le 23 septembre, par deux brigades aux ordres de Daendels et de Dewinter. Deux autres brigades furent placées en observation. Le fort d'Orthen, par lequel celui de Crèvecœur communique avec Bois-le-Duc, fut enlevé aussitôt. — Le fort Saint-André, situé dans une petite île formée par la Meuse et le Wahal, éprouva le même sort. Mais les Hollandais le reprirent dans la même journée. — Le fort Crèvecœur, défendu par un vieil officier sans résolution et sans énergie, se rendit le 29 : le commandant se décida à capituler par suite de la crainte que lui causait une batterie de campagne établie par les Républicains sur un coude de digue que les assiégés avaient oublié de détruire. — La prise de ce fort donna aux assiégeants un point d'appui sur la Basse-Meuse. — L'attaque de Bois-le-Duc eut lieu à la fois sur cinq points différents, afin d'effrayer et de fatiguer la garnison. Cette première attaque n'eut pas de succès. Néanmoins, peu de temps après, le 10 octobre, le vieux gouverneur, aussi incapable que celui du fort de Crèvecœur, demanda lui-même à capituler.

Passage de la Meuse par l'armée du Nord. — Moreau avait momentanément remplacé dans le commandement de l'armée du Nord Pichegru (atteint d'une assez grave indisposition). — La possession de Bois-le-Duc, en offrant une position sûre sur la Meuse, faisait en quelque sorte au nouveau général une loi de passer cette rivière pour compléter l'investissement de Grave, et pour rejeter le duc d'York au-delà du Wahal. — Il lui importait aussi de suivre les progrès de Jourdan, et de joindre la droite de son armée à la gauche de celle de Sambre-et-Meuse. Le passage de la Meuse s'effectua, les 18 et 19 octobre, près de Teffelen, au-dessous de Grave, sur un pont construit à la hâte, avec de petits batelets et des pontons hollandais. Le duc d'York, réfugié sous les murs de Nimègue, ne s'opposa point à cette opération. L'investissement de Grave par la rive gauche de la Meuse était confié à la division Bonnaud. La brigade Salm parut suffisante pour tenir cette place en échec après la prise de Bois-le-Duc.

Combat d'Oude-Watering. — Le mouvement de l'armée républicaine menaçait le Wahal, et il n'y avait, au point menacé, pour empêcher les Français de pénétrer dans le pays de Maas-Wahal, que l'avant-garde anglaise disséminée sur une ligne étendue et morcelée. Cette avant-garde, commandée par les généraux Fox et Hammerstein, avait sa droite au Wahal et sa gauche à la Meuse. Les postes des généraux anglais, les digues du Wahal et de la Meuse étaient fortifiés et hérissés d'ouvrages de campagne, mais pour la plupart presque dénués de défenseurs. Le terrain compris entre les digues des deux rivières forme une immense prairie plus basse que le lit des eaux, coupée de fossés larges, profonds et inondés qu'il fallait franchir pour aborder la position. Le front de l'ennemi était en outre protégé par une digue fort élevée et par le canal d'Oude-Watering que bordait un parapet dominant toute la plaine. Toutes les précautions, en un mot, avaient été prises pour renforcer cette position qui était excellente, et à laquelle il ne manquait que des soldats.

Mais toutes ces mesures d'un ennemi qui ne cherchait qu'à retarder sa retraite, étaient loin de pouvoir arrêter nos soldats ardents et victorieux.

L'attaque de Souham, chargé d'enlever cette position, eut lieu, le 19, sur quatre colonnes. Deux de 3,000 hommes chacune, devaient se porter sur les digues du Wahal et de la Meuse, les autres, plus fortes, sur le centre dans la prairie. Ces dernières avaient à traverser le canal d'Oude-Watering que l'ennemi semblait disposé à défendre avec acharnement. Les Républicains impatients franchirent après quelques décharges les fossés et le canal ayant de l'eau jusqu'aux épaules, et protégés par un feu très vif de mousqueterie que les chasseurs restés sur l'autre rive faisaient par-dessus leurs têtes. Tant d'audace épouvanta l'ennemi qui s'enfuit emmenant son artillerie.

Le succès des deux autres colonnes fut encore plus brillant. Un bataillon anglais ayant pris les hussards républicains pour les hussards de Rohan, qui étaient chargés de le couvrir, les laissa arriver jusqu'à lui, et fut contraint de mettre bas les armes. Du côté de la ligne d'Appeltern, la légion de Rohan fut culbutée avec une perte de 300 hommes, inutilement sacrifiés à l'esprit de parti, puisque toute l'affaire se trouvait décidée par les attaques du centre. Les Anglais, après cette défaite, se retirèrent vers le gros de leur armée, cantonnée entre le Leck et le Wahal, le quartier général à Arnheim. Hammerstein se rendit au camp en avant de Nimègue. La brigade anglaise Dundas, liée avec les Hollandais et établie aux environs de Gorcum, formait l'extrême droite. Le contingent hessois était dans l'île Bommel; le corps de bataille anglais, autour de Thiel; les Hanovriens enfin, formant l'aile gauche, s'étendaient jusqu'à Tolhuys, où ils se liaient avec les Autrichiens.

Prise de Venloo. — Le corps resté en observation sur la Meuse, depuis l'affaire de Boxtel, put s'occuper enfin du siége de Venloo. Cette place se trouvait, par la retraite des alliés, privée de tout secours. Les brigades Laurent et Vandamme, furent, dès le 8 octobre, chargées de l'investissement qui ne put être complet que le 25, lorsqu'un pont de bateaux, élevé sous la protection de la brigade Compère, eut été établi à Tegelen. La tranchée fut ouverte, le 20 octobre, sur le front de la Haute-Meuse, à 100 toises du chemin couvert. Le général Laurent qui commandait les troupes du siége, pensa être enlevé ainsi que le chef de bataillon Poitevin, dans une sortie que tentèrent les Hollandais. Cette sortie ne ralentit en rien les travaux. Des batteries armées de pièces de campagne étaient prêtes le 24. Le gouverneur, effrayé de la hardiesse et de la proximité des assiégeants, capitula le 26, quoique Venloo fût encore dans le meilleur état et n'eût pas souffert. La garnison de 1,800 hommes rentra en Hollande sur parole.

Siége et prise de Nimègue. — Nimègue, par sa position, gênait le flanc du quartier d'hiver des armées républicaines établies le long du Rhin, et sa chute devait compléter l'imposante ligne de défense des armées du Nord et de Sambre-et-Meuse, depuis Mayence jusqu'à Bois-le-Duc. Cette ville, capitale de la Gueldre, ne pouvait être bloquée que sur la gauche du Wahal. York, avec 38,000 hommes, Anglais, Hessois et Hollandais, campait de l'autre côté et la ravitaillait au moyen d'un pont-volant.

La place fut investie le 27, par le général Moreau, qui plaça ses troupes de façon à pouvoir les rassembler au besoin sur un champ de bataille qu'il se ménagea. Deux batteries furent établies le 31, en amont et en aval de la rivière, pour essayer de détruire le pont-volant des ennemis. Les travaux de tranchée, dirigés par le général de brigade du génie Déjean, commencèrent dans la nuit du 1er au 2 novembre. Une sortie de neuf bataillons et quinze escadrons eut lieu dans la nuit du 3 au 4, et comme nulles dispositions n'avaient été prises contre les sorties, les soldats de tranchée se voyant tournés et ne recevant pas d'ordre, prirent la fuite. On chercha en vain à les rallier. Leur exemple entraîna les troupes de réserve derrière la digue, et la déroute allait devenir générale, quand l'exemple d'une compagnie de grenadiers qui s'arrêta et fit bonne contenance ramena cette multitude épouvantée. On se rallia autour de cette brave compagnie, on revint à la charge, la tranchée et les batteries furent reprises, et les soldats de la garnison, repoussés avec vigueur, éprouvèrent de grandes pertes.

Le duc d'York, après cet échec, restait incertain s'il exposerait son armée pour conserver Nimègue, quand un incident qu'il était facile de prévoir le tira d'affaires; le pont de bateaux fut rompu par le feu des batteries républicaines. Les Anglais restés dans la ville se hâtèrent de le réparer, pour en sortir; mais arrivés sur l'autre rive, ils le brûlèrent, renfermant ainsi dans Nimègue, avec quelques bataillons anglais oubliés en arrière, la garnison hollandaise qui n'avait pas soupçonné leur dessein. Les Français, informés de cette retraite, redoublèrent leur feu et occasionèrent plusieurs incendies dans la ville. Le gouverneur, effrayé, fit au prince d'Orange un rapport exagéré de l'état des choses, et en reçut l'autorisation de se retirer quand il se croirait en danger d'être pris. Il n'attendit pas de se voir à l'extrémité, rassembla ses troupes, fit enclouer son artillerie et passa sur la rive droite. Dans la confusion de ce mouvement, le pont qui avait été rétabli fut brûlé avant que l'arrière-garde eût défilé. Une partie du régiment de Stuart se vit contraint de capituler; celui de Bentink tenta d'échapper avec les bateaux, débris du pont, mais la rapidité du courant l'entraîna sur des bancs de sable, où le général Souham envoya des embarcations pour le sauver. Ce régiment et une partie de la garnison furent faits prisonniers de guerre. Quatre-vingts canons, huit mille fusils, de riches magasins de vivres et des munitions considérables furent le fruit de la prise de Nimègue.

Diversion tentée par Werneck. — Les généraux alliés s'étaient réunis à Arnheim, pour aviser aux moyens de sauver Nimègue, et il avait été résolu dans un conseil de guerre, que le général Werneck, repassant sur la rive gauche du Rhin au moyen d'un pont jeté aux environs de Wésel, déboucherait contre le flanc droit de l'armée du Nord et serait ensuite renforcé par les Hanovriens, si cette opération prenait une tournure favorable. Le point de passage était bien choisi, mais le projet paraissait singulier. Il était étonnant, en effet, de voir les généraux coalisés aventurer 20,000 hommes au-delà d'un grand fleuve et entre deux armées devant lesquelles ils n'avaient pas su eux-mêmes se maintenir avec 150,000 hommes.

Werneck se préparait donc à exécuter son dangereux projet, pendant que les Français prenaient possession de Nimègue. Ce général avait débarqué son avant-garde à Buderich, où elle se retranchait en attendant l'occasion d'agir plus efficacement contre la droite de l'armée du Nord. Mais le jour même où Werneck apprit l'entrée des Républicains à Nimègue, Vandamme, avec une division, se montra devant Buderich. Les retranchements autrichiens, encore imparfaits, furent assaillis, leurs avant-postes furent culbutés. Werneck se vit contraint de repasser le Rhin, non sans avoir éprouvé une perte considérable.

Situation de l'armée républicaine. — La conquête de la Belgique n'avait pas profité à l'armée du Nord. Les vêtements des troupes, usés par sept mois de fatigues et de marches continuelles, n'offraient plus que des lambeaux. L'armée manquait des plus indispensables effets d'équipement; mais cette fâcheuse circonstance, jointe au mauvais état des routes, les froids rigoureux d'un hiver précoce, le débordement des fleuves gonflés par des pluies abondantes, ne purent déterminer les représentants du Comité de salut public à permettre aux soldats de prendre leurs quartiers d'hiver. Il fallut se résigner à continuer la campagne et à passer le Wahal. — On prétend que les commissaires de la Convention étaient excités dans leurs résolutions par les conseils intéressés du général Daendels, officier hollandais, proscrit, en 1787, pour l'exaltation de ses opinions politiques, et qui désirait ardemment rentrer victorieux dans sa patrie. Carnot appuyait même de tout son crédit les projets proposés par ce général qui s'offrait, avec une division républicaine, à révolutionner toute la Hollande.

Topographie du théâtre du combat. — Pour bien comprendre les opérations qui avaient lieu dans cette partie des Pays-Bas, il faut se rappeler que le Wahal est le grand bras du Rhin, qui se sépare du fleuve près de Tolhuys et reçoit la Meuse au-dessus du fort Saint-André. Cette rivière, après avoir coulé assez long-temps dans la même direction que le Wahal, et formé cette langue de terre nommée *Maas-Wahal* (entre Meuse et Wahal), s'en écarte tout à coup et le rejoint définitivement au-dessus de Gorcum, laissant entre elle et le fleuve un espace très fertile nommé *île Bommel*, dont le fort Saint-André est la clef. Le Rhin, quittant le Wahal au fort de Schenk, continue à couler par Tolhuys et Arnheim, où il se divise de nouveau en deux grands bras. Celui de gauche prend le nom de Leck: il coule parallèlement au Wahal, et tombe avec lui dans la mer près de Rotterdam. Le bras de droite se nomme Yssel, et coulant dans une direction perpendiculaire, du midi au nord, va se jeter dans le Zuyderzée.

Tentative sur l'île Bommel. — Trois attaques furent donc décidées: les deux secondaires devaient être faites sur Kokerdun et le fort Saint-André, et la principale sur Bommel. Le 12 décembre, au point du jour, les Républicains commencèrent dans des bateletes leur périlleux passage. Quelques compagnies de grenadiers aux ordres de Vandamme, traversèrent assez heureusement le Wahal vers Kokerdun, enlevèrent quelques prisonniers et enclouèrent quatre canons. Mais l'arrivée de forces coalisées supérieures les contraignit à rétrograder.

L'ennemi prévenu à Saint-André, se tenait sur ses gardes tout prêt à faire feu. Une partie des bateaux français furent coulés bas, les autres furent pris et d'autres enfin revinrent sur la rive gauche. — L'attaque de Bommel fut insignifiante. Les premiers bateaux furent reçus par un feu si formidable, qu'ils reculèrent. Leur exemple dégoûta les plus résolus, et Daendels, lui-même, qui fit renoncer à l'entreprise, attendu que l'ennemi tirait trop d'avantage de sa position.

L'armée dut ainsi à la force des circonstances quelques jours de repos, que l'humanité des représentants venait de lui refuser. Mais ce repos ne devait pas être de longue durée.

Départ du duc d'York. — Walmoden le remplace. — Le duc d'York était parti pour l'Angleterre, laissant à Walmoden le commandement de l'armée anglo-hanovrienne. — La rigueur de l'hiver menaçant de transformer toutes les plaines couvertes d'eau en champs de glace praticables pour les troupes, allait nécessairement soumettre les armées à des combinaisons et à des manœuvres nouvelles. — Walmoden, voyant la Meuse déjà prise sur son front, pendant que le Rhin et le Wahal chariaient derrière lui, pensa que sa ligne était sur le point d'être découverte et sa retraite coupée, quand il apprit que l'ennemi commençait sur toute la ligne des mouvements inquiétants.

Prise de l'île Bommel. — La Meuse et le Wahal se trouvèrent complètement gelés dès le 23 décembre, et le thermomètre baissant chaque jour était descendu à 17 degrés au-dessous de zéro. — Le 28, Delmas franchit la Meuse avec les brigades Daendels et Osten. Sa principale attaque exécutée vers Crèvecœur, Empel et le fort Saint-André, eut un plein succès. Le centre des Hollandais prit la fuite et fut vivement poursuivi dans la direction de Bommel. Les bataillons d'Orange, de Frise, de Hohenlohe et de Debons furent presque tous pris. Les troupes qui étaient à la droite vers Heusden, se retirèrent sur Gorcum, où se tenait le gros de l'armée Hollandaise. Celles qui étaient vers le fort Saint-André se dirigèrent sur Thiel.

Cette déroute des troupes de l'île Bommel fut partagée par les gardes suisses et par les autres corps hollandais cantonnés derrière le Wahal. Les Français purent passer ce fleuve sans combattre. Quelques fuyards ne se crurent en sûreté qu'à Utrecht. Les

Républicains s'emparèrent de soixante pièces de canon, qui n'eurent pas le temps de tirer un seul coup, d'un parc de réserve, et firent 1,600 prisonniers. Tous les cantonnements de l'aile droite ennemie, entre le Wahal et le Leck, eussent été perdus si les Français eussent agi plus activement et plus en forces, car on ne pouvait ni passer en bateau, ni établir un pont sur le Leck, qui charriait encore de grandes masses de glaçons.

La ligne des alliés se trouvant ainsi enfoncée entre Thiel et Gorcum par suite de cette opération, si alors pénétrant par cette trouée, Pichegru, qui était revenu à l'armée, se fût vivement porté sur le flanc droit de Walmoden, il eût pu écraser le général anglais avant que celui-ci eût eu le temps de gagner le Rhin. La crainte de ne pouvoir traîner des canons sur le Wahal empêcha Pichegru de suivre cette direction dangereuse. 2,000 hommes furent laissés sur la rive droite à Thiel et à Wardenbourg, le reste fut rappelé dans l'île Bommel.

Walmoden fit attaquer Thiel et Wardenbourg avant que les troupes qui s'y trouvaient eussent le temps de se retrancher, ce que la rigueur de la saison rendait d'ailleurs très difficile.—Les Français furent repoussés, le 30, de ces postes, ou plutôt les quittèrent volontairement, ce qui permit aux Coalisés de se cantonner encore pour quelques jours entre le Leck et le Wahal.

Prise des lignes de Bréda. — Pendant que cette attaque avait lieu sur la gauche de l'armée du Nord, la division Bonnaud et une partie de celle de Lemaire, conduites par le général Dumonceau, s'emparaient par surprise des lignes de Bréda, d'Oudenbosch et de Zevenbergen, sans que les colonnes d'attaque prissent même de part à cette opération. — Pendant que Dumonceau se disposait à l'attaque, quelques carabiniers d'un bataillon belge s'approchant des sentinelles et des canonniers hollandais, lièrent conversation avec eux, se plaignant de la dureté du service, manifestant le désir de quitter leurs drapeaux, etc., et, afin de se rapprocher des batteries, se mirent à glisser sur la glace comme pour se réchauffer. Toute la compagnie faisant le même manége fut bientôt réunie. Les Hollandais, avec leur lente conception, commençaient néanmoins à éprouver quelque défiance et allaient engager les Belges à s'éloigner, quand un coup de canon donna le signal de l'attaque. Les Belges se précipitèrent aussitôt sur les lignes. Quelques compagnies que Dumonceau avait fait embusquer dans des fossés s'élancèrent à leur aide. Cette première attaque fut soutenue par des bataillons en troisième ligne, qui s'avancèrent au pas de charge. Les batteries surprises ne purent pas être rechargées, et quelques-unes, dont les mèches furent éteintes, ne tirèrent pas même un seul coup. Le succès fut prompt et décisif; les Français restèrent maîtres des lignes de Bréda, presque sans perte, mais celle de l'ennemi fut considérable. — L'investissement total de cette place, fut la suite de la victoire. — On s'empara aussi, dans cette affaire, de nombreux équipages, de canons et de munitions. Les fuyards poursuivis jusque sous l'artillerie de Gertruidenberg, n'y entrèrent que dans le plus grand désordre. Le chef de bataillon Thiébault, à qui l'on avait dû l'idée de cette ruse qui réussit si bien, courut lui-même de grands dangers dans l'action en se défendant assez long-temps dans une masure avec 15 hommes contre 200 cavaliers hollandais.

Prise de Grave. — Le lendemain du jour où avaient été forcées les lignes de Bréda, l'armée du Nord apprit la capitulation du fort de Grave, bloqué par la brigade Salm, depuis la prise de Bois-le-Duc. L'investissement n'avait été complet, toutefois, qu'après la victoire d'Oude-Watering.— Le gouverneur Debons et le major Gros, son conseil, firent, pendant le siège, preuve d'un courage qui obtint même l'admiration des soldats français; ils refusèrent de capituler après un bombardement de trois semaines, et alors que la place n'était plus qu'un monceau de ruines. La famine, qui décimait la garnison, contraignit enfin ce brave gouverneur à rendre la place le 29 décembre. — Après cette capitulation, Salm, disponible avec sa brigade, regagna l'île Bommel.

Dissensions des Alliés. — Séparation des Anglais et des Hollandais. — On conçoit aisément les discussions que ces désastres successifs faisaient naître parmi les Alliés. Walmoden, pour faire tête aux Français prêts à franchir le Wahal, voulait concentrer ses forces sur cette rivière entre Saint-André et Nimègue. Le prince d'Orange ne songeait qu'à couvrir la route d'Amsterdam, et prescrivait même au général anglais de se rapprocher de Gorcum; mais celui-ci, non moins irrité de ses revers que des instructions qu'on semblait vouloir lui imposer, se sépara des Hollandais, et resserra derrière la Linge ses cantonnements qu'il fit couvrir par le corps autrichien du général Sporck.

Comme le froid devenant chaque jour plus vif, lui faisait même désespérer de garder cette ligne, il traça, le 2 janvier, une instruction de retraite pour le cas où les Français franchiraient le Wahal, et il détermina le mode de passage du Rhin dans le cas où ce mouvement rétrograde deviendrait nécessaire. Ce mouvement s'opéra en effet le 5, à la suite d'une reconnaissance que les Français avaient poussée vers Thiel.

Plusieurs militaires distingués, qui ont cru reconnaître des inspirations machiavéliques dans toutes les démarches de l'Angleterre à cette époque, sont persuadés que, dès la retraite du duc d'York, le cabinet de Saint-James avait enchaîné son général par des instructions qui tendaient plus à conserver l'armée anglaise, encore belle, forte et soigneusement composée, qu'à s'opposer à l'invasion de la Hollande.—Le motif de ces instructions aurait été l'espoir d'en tirer le plus grand fruit dès que les Français auraient mis le pied dans Amsterdam. Prendre la flotte du Texel comme celle de Toulon, avoir un prétexte pour s'emparer du Cap de Bonne-Espérance, de Surinam et de Ceylan, tel fut, selon ces calculateurs, le plan de conduite du ministère britannique. Il y a lieu de douter que dès lors les espérances du gouvernement anglais aient été aussi perfides; mais il faut avouer que sa conduite et ses actes, après le traité que l'abandon où il avait laissé les Hollandais le mit dans le cas de faire avec la France, justifient toutes ces suppositions. L'Angleterre parut n'avoir abandonné la Hollande, son alliée, que pour avoir une occasion avantageuse de la traiter en ennemie.

Position de l'armée du Nord. — Voici quelle était alors la position de l'armée du Nord, prête à passer le Wahal aux premières gelées. La division Moreau tenait la ligne depuis Xanten jusqu'au fort de Schenck à l'ancienne séparation du bras du Rhin. Celle de Souham, commandée par Macdonald, stationnait de Millengen à Thiel, entre la Meuse et le Wahal. L'île Bommel était gardée par le centre. Bréda était bloqué du côté de Gertruidenberg par Bonnaud, et du côté de Berg-op-Zom par Lemaire.

Propositions de paix du Stathouder, refusées par le Comité de salut public. — Ce fut à cette époque, dit-on, que le Stathouder demanda la paix et proposa de payer à la République 200 millions qui furent refusés par le Comité de salut public. Ces propositions et ce refus ont inspiré au général Jomini de judicieuses réflexions : « Le Stathouder, dit-il, proposa la paix, offrant de reconnaître la République et de payer 200 millions, mais le comité, dont l'ambition fut excitée par de telles offres, s'exagérant encore la certitude et la richesse de sa proie, y répondit avec le même dédain qui coûta si cher à Louis XIV. La proposition était cependant de nature à séduire; car la conquête de la Hollande dépendait de la prolongation indéfinie du gel, sur laquelle il paraissait téméraire de baser un plan. La paix, au contraire, donnait tout ce qu'on devait raisonnablement espérer. En rétablissant la neutralité, elle arrachait le Stathouder à l'alliance de 1788, et pouvait même amener l'union des deux républiques, aussitôt que la conjoncture serait propice à un grand effort maritime dans l'intérêt de deux nations. Jusque-là elle mettait les colonies, la marine et le cap de Bonne-Espérance à couvert de toute tentative de la part des Anglais. Enfin, dispensant la France de tenir 50 mille hommes en Hollande, elle ajoutait à cet avantage celui de raccourcir le front d'opérations des armées républicaines et de le restreindre désormais à l'intervalle de Bâle à Coblentz, ou même de Mayence à Strasbourg, circonstance d'autant plus décisive que, dès lors, un rapprochement avec la Prusse devenait infaillible.

« Le Comité ne tint aucun compte de ces importantes considérations, et paraît avoir été guidé dans cette conjoncture par la crainte que le Stathouder ne cherchât seulement à gagner du temps pour attendre le dégel ou des secours de ses alliés. Le Comité, au contraire, entrevit dans la poursuite de ses succès l'espoir d'attacher irrévocablement la Hollande à son char, en la transformant en république démocratique. Les hommes d'état jugeront s'il n'eût pas été plus avantageux à cette époque de neutraliser ce pays que de s'en constituer le gardien, et si un système de propagande était préférable à un allié naturel qui, après le traité de Bâle, n'aurait pas manqué de rentrer dans le système de la France.

« Quoi qu'il en soit, Pichegru et les Représentants répondirent aux députés du Stathouder qu'ils traiteraient à Amsterdam, et les fleuves venant à geler, comme on n'en avait pas encore eu d'exemple depuis un siècle, donnèrent heureusement au gouvernement français l'occasion de justifier la fierté de ses décisions. »

RÉSUMÉ CHRONOLOGIQUE.

1794.

ARMÉES DU RHIN ET DE LA MOSELLE.

17 et 29 AVRIL. Combat d'Arlon.
23. MAI. Combat de Schifferstadt.
— — Combat de Kaiserslautern.
19 JUIN. Combat de Weistheim.
2 et 3 JUILLET. Affaire générale. — Combat de Tripstadt.
13 et 14 — Combats du Platzberg et de Tripstadt.
7 AOÛT. Combats de Pellingen et de Kontz.
9 — Prise de Trèves.
19 SEPTEMBRE. Prise de Kaiserslautern par les Coalisés.
27 — Reprise de Kaiserslautern par les Français.
23 OCTOBRE. Prise de Coblentz.
— — Jonction des armées de la Moselle et du Rhin avec celle de Sambre-et-Meuse.

1794.

ARMÉE DU NORD.

10 OCTOBRE. Prise de Bois-le-Duc.
18 et 19 — Passage de la Meuse par l'armée du Nord.
19 — Combat d'Oude-Watering.
26 — Prise de Wenloo.
8 NOVEMBRE. Prise de Nimègue.
2 DÉCEMBRE. Départ du duc d'York pour l'Angleterre.
12 — Tentative sur l'île Bommel.
28 — Premier passage du Vahal. — Prise de l'île Bommel.
— — Attaque et prise des lignes de Bréda.
29 — Capitulation de Grave. — Séparation des Anglais et des Hollandais.

1795.

JANVIER. Propositions de paix du Stathouder refusées par le Comité de salut public.
5 — Les Anglais repassent le Rhin.

A. HUGO.

FRANCE MILITAIRE.

CONQUÊTE DE LA HOLLANDE

SOMMAIRE.

Passage du Wahal.—Succès des Français.—Situation critique de la Hollande.—Dégel.—Reprise du froid.—Retraite des Anglais derrière l'Yssel.—Démoralisation des troupes alliées.—Marche des Français en Hollande.—Occupation d'Utrecht.—Investissement de Gorcum.—Résolution du Stathouder.—Son départ pour l'Angleterre.—Entrée des Français à Amsterdam.—Députation des Hollandais à la Convention.—Prise de Gertruydenberg.—Passage du Bieshos.—Prise de Dordrecht.—Prise de Rotterdam.—Occupation de La Haye.—Révolution dans le gouvernement de la Hollande.—Dénûment de l'armée du Nord.—Secours donnés par la République batave.—Affaire d'Helvoetsluis. Position de l'armée française.—Prise de la flotte hollandaise par la cavalerie française.—Occupation de la Zélande.—Passage de l'Yssel.—Conquête de l'Over-Yssel.—Conquête de la Frise et de Groningue.—Expulsion totale des Anglais.—Fin de la campagne.—Mouvement vers le Rhin.—Conduite et espérances de l'Angleterre.—Jugements sur la campagne.

ARMÉE DU NORD.	COALISÉS.
Général en chef. PICHEGRU.	*Armée Hollandaise.* — Prince d'ORANGE.
Généraux divisionnaires. Bonnaud.—Moreau. Macdonald.—Daëndels.	*Armée Anglo-hanovrienne.* — WALMODEN.

Passage du Wahal. — Le gel des eaux, qu'attendait si impatiemment l'armée du Nord, arriva enfin : les fleuves se couvrirent de glaces assez fortes pour donner passage à la cavalerie et à l'artillerie. Le 8 janvier 1795, la division Salm passa le Wahal près de Bommel ; la brigade De-Winter, du corps de Macdonald, le franchit vers Thiel, en même temps que Delmas, qui poussa des reconnaissances sur la ligne. La droite des Français exécuta, le 10, le même passage, sur plusieurs colonnes, au-dessus de Nimègue.

Tandis que les Français agissaient, les Coalisés délibéraient : les généraux alliés, réunis le 7 en conseil de guerre, avaient résolu de reprendre la ligne de la Linge, que Walmoden venait d'abandonner si facilement. Abercrombie devait s'y porter le 8, mais les faux mouvements de quelques bataillons de cette armée démoralisée firent échouer le projet ; quelques engagements partiels qui eurent lieu les jours suivants n'amenèrent aucun résultat.

Succès des Français. — Pendant ces diverses opérations, les divisions Bonnaud et Lemaire, formant l'extrême gauche, avaient aussi profité de la gelée et surtout de la terreur et de la confusion des ennemis pour enlever le fort de Worcum et celui de Lovenstein, au second confluent de la Meuse et du Wahal. Le fort de Heusden, investi depuis neuf jours, fut contraint de capituler le 14. On y trouva soixante-quinze pièces de canon, cent cinquante milliers de poudre, un superbe magasin d'armes et une grande quantité de vivres et de fourrages. — Par suite de ces mouvements Willemstadt se trouva étroitement bloqué.

Situation critique de la Hollande. — Dégel. — La Hollande se trouvait alors dans une position tellement critique que deux circonstances seules pouvaient la sauver d'une invasion : une bataille générale suivie d'une victoire, ou un dégel subit.—La démoralisation des Alliés était au comble ; ils étaient sans confiance les uns à l'égard des autres, sans courage et sans force. Une victoire n'était donc pas à espérer pour eux. Ils mirent dès lors toutes leurs espérances dans un changement de temps.—Une hausse progressive du thermomètre, suivie d'un relâchement dans la rigueur du froid, vint bientôt combler leurs vœux. Le dégel commença le 12 janvier et se soutint pendant deux jours. L'inquiétude était aussi grande chez les Français que la joie parmi les alliés. — Les premiers, outre la perte de toutes les espérances que leur avait fait concevoir la conquête possible de la Hollande, ne calculaient pas sans effroi les suites probables de ce changement de température. Toute communication allait être interrompue entre les troupes placées sur les deux bords du Wahal, et si l'ennemi savait profiter d'une telle circonstance il pouvait détruire les divisions établies sur la Linge.

Reprise du froid. — Retraite des Anglais derrière l'Yssel. — Ces craintes ne se réalisèrent heureusement pas ; le temps changea de nouveau le 14, le froid redevint plus vif, la glace plus solide, et les Républicains, pleins de joie, se disposèrent à poursuivre leur marche agressive.

Une démonstration de passage du Leck ayant été faite du côté d'Arnheim, Walmoden craignit de voir sa position tournée et, par un changement de front en arrière, se porta avec son armée sur l'Yssel, depuis Arnheim jusqu'à Zutphen, mouvement qui la sépara totalement des Hollandais, dont le pays se trouva ainsi livré à l'armée républicaine.

Démoralisation des troupes alliées. — Dès lors, la marche des Français en Hollande ne devait plus être qu'une suite de triomphes presque sans obstacles. L'armée alliée s'était retirée derrière l'Ems, dans un état qui ne permettait plus d'en attendre la moindre coopération au but commun qui avait armé tant de peuples contre la France. — Mécontents de leurs chefs, découragés par une longue succession de revers et de défaites, accablés par des fatigues excessives, soumis à des privations de tous genres au milieu d'un hiver rigoureux, les Hanovriens, les Hessois et les Anglais eux-mêmes comprenaient tous parfaitement le mauvais emploi qu'on avait fait d'eux depuis la bataille de Turcoing, en n'opposant presque constamment que des corps détachés, de faibles colonnes à des masses dont le choc devait être irrésistible. Tous soupiraient après une prompte cessation d'hostilités. La discipline avait disparu, le désordre et la mauvaise volonté étaient au comble.

Marche des Français en Hollande. — Occupation d'Utrecht. — Les Français, après s'être emparés de la grande île que forment le Wahal et le Leck avant leur réunion à la Meuse, après s'être aussi rendus maîtres de Bueren et de Kinlenburg, avaient pris position, le 15 janvier, derrière le Rhin et le Leck. — Le même jour, la droite de l'armée anglaise abandonna la province d'Utrecht.

Pendant que la droite de l'armée du Nord exécutait le passage du Wahal, la division Bonnaud avait quitté Bréda pour investir Gertruydenberg. Elle s'emparait de vive force de quelques ouvrages dépendants de cette place, au moment où une autre partie de l'armée républicaine pénétrait dans Wyck, Durstede et Rhenen, que les Anglais étaient forcés d'évacuer. — L'avant-garde française, toujours à la poursuite de l'ennemi, entra le 16 dans Wageningen, et le même jour des députés de la province d'Utrecht se présentèrent au général Salm pour lui proposer une capitulation. Il leur fut répondu qu'on leur ferait connaître les intentions du général en chef dans Utrecht même, que nos soldats allaient occuper. — Cette ville, célèbre dans les fastes de la Hollande avait été, en 1672, la dernière que Louis XIV avait conquise, le Leck ayant formé devant les troupes de ce monarque, jusque-là victorieuses, une barrière insurmontable.

La division Salm entra en effet le 17 à Utrecht; le général Vandamme occupait le même jour Arnheim. —L'armée de Sambre-et-Meuse qui, par la retraite de Clairfayt au-delà du Rhin, n'avait alors plus d'ennemis à redouter, s'étendit sur la gauche et releva les troupes de l'armée du Nord qui se trouvaient encore dans le pays de Clèves.

Investissement de Gorcum. — La forteresse de Gorcum, une des plus importantes de la Hollande, servait de quartier général au prince d'Orange. Pichegru résolut de s'en emparer et la fit investir par deux de ses divisions. Un pareil siége eût présenté de grandes difficultés dans un temps ordinaire, surtout à cause des inondations dont la place peut s'entourer au loin, mais l'excessive rigueur de la température, qui convertissait en glace toutes les eaux, enlevait à la garnison ce puissant moyen de défense.

Résolution du Stathouder. — Son départ pour l'Angleterre. — Cependant le Stathouder, abandonné par l'armée anglaise, obligé de renoncer à l'espoir de traiter avec la France, se trouvait dans la plus cruelle perplexité. Les deux seuls partis entre lesquels il avait à choisir étaient également graves. L'un était de se jeter dans Berg-op-Zoom, Gorcum ou Flessingue, et d'y faire une résistance désespérée, dût-il s'ensevelir sous les débris de la ville, en défendant ainsi les droits du stathoudérat; l'autre, moins héroïque, était de se soumettre à la mauvaise fortune et d'aller chercher un refuge en Angleterre. Son choix tomba sur ce dernier parti.

— Le Stathouder, chef d'une république turbulente, n'ignorait point que les troubles de 1787 et les actes de sévérité qui les avaient suivis lui avaient aliéné l'affection d'une très grande partie des habitants, et que son autorité, toute limitée qu'elle fût, paraissait encore trop lourde aux riches marchands hollandais. Ce n'était ni sa patrie, ni le trône de ses ancêtres qu'il avait à défendre; en s'obstinant à rester il exposait au contraire le pays, déjà divisé par les opinions, à être déchiré par la guerre civile. La retraite lui parut donc une résolution digne et philosophique. — Persuadé que les Français ne tarderaient pas à se rendre maîtres des sept provinces, Guillaume se présenta le 17 janvier aux États-Généraux [1], leur communiqua son dessein de retirer à ses fils tout commandement militaire, et de s'éloigner avec eux du pays pour lequel il croyait avoir fait tout ce qui était en son pouvoir, et où sa présence ne pouvait, dans l'état des affaires, qu'être fatale. On l'écouta avec intérêt, avec respect même; mais on ne chercha point à le retenir. Il quitta donc La Haye et s'embarqua à Scheveningen.

Entrée des Français à Amsterdam. — L'armée française s'avançait en Hollande avec une rapidité telle que les représentants du peuple avaient peine à la suivre. Reynier entra le 18 à Amersfort; Macdonald se posta, vers la même époque, derrière la ligne de la

[1] Les États-Généraux étaient composés des députés des sept provinces unies : Gueldre, Hollande, Zélande, Utrecht, Frise, Over-Yssel et Groningue. — Toutes ces provinces étaient indépendantes les unes des autres; mais aucune ne pouvait contracter d'alliances étrangères, déclarer la guerre et faire la paix sans le concours des autres. Chaque ville était à sa province comme celle-ci au corps entier de la République, c'est-à-dire maîtresse pour son gouvernement particulier, mais dépendante du conseil provincial pour les intérêts communs.

La souveraineté résidait dans les États-Généraux qui s'assemblaient à La Haye. Les députés étaient tous tirés de la noblesse, qu'on appelait *l'ordre équestre*, et de la *bourgeoisie*. Les États-Généraux avaient le titre de hauts et puissants seigneurs, ou de hautes-puissances, et les états particuliers de chaque province celui de nobles et grandes puissances. Chaque province devait présider à son tour. — L'état de la question était posé par le grand-pensionnaire, qui discutait le pour et le contre comme une sorte de rapporteur. On conçoit par-là quelle influence son opinion pouvait avoir dans certaines circonstances. Lorsqu'un député ne se croyait pas assez autorisé par sa province pour la décision d'une affaire, il allait la lui communiquer et recevoir de nouveaux pouvoirs, ce qui apportait beaucoup de lenteur dans les opérations. Outre les États-Généraux, la République reconnaissait un conseil d'état composé de douze députés qui présidaient chacun leur semaine. C'était une espèce de pouvoir exécutif qui s'occupait des affaires intérieures, des subsides, des fortifications, de l'administration des finances et des objets de police. Il s'assemblait tous les jours à La Haye et était responsable de ses actes dont il devait compte aux États-Généraux.

Le Stathouder veillait à l'exercice de la police, à la conservation du pouvoir, des priviléges et des droits de chaque province, donnait son secours à la loi et garantissait la religion dominante, c'est-à-dire la religion réformée. — Le pays renfermait pourtant à peu près un tiers de catholiques. — Le Stathouder avait seul le droit de commander en chef les armées de terre et de mer. Il pouvait se présenter et assister à l'assemblée des États pour y faire des propositions. Les grâces s'accordaient en son nom, mais du consentement des États. Il était majeur à dix-huit ans. — Depuis 1747 le stathoudérat était devenu héréditaire pour les mâles, les femmes et même les collatéraux. Cette dignité, comme on peut en juger par ce qui précède, avait de grands rapports avec la dignité royale.

Grebbe, la droite à Rhenen, la gauche au Zuyderzée. Quelques troupes anglaises qui occupaient encore ces positions en furent chassées et durent abandonner leur artillerie et leurs caissons. La division Moreau, appuyant sa gauche à Wageningen, remplaça sur le Rhin celle de Macdonald.

Les États-Généraux, après le départ du Stathouder, avaient décrété que les troupes hollandaises ne résisteraient plus aux Français, dont l'approche faisait naître une grande fermentation dans Amsterdam. La bourgeoisie désarmée en 1787 se montrait disposée à une nouvelle révolution : l'opinion démocratique avait enfin le dessus. — Le peuple accordait les honneurs du triomphe à ceux qui avaient souffert pour lui. Mais la réaction avait lieu sans excès ni violence. Néanmoins et afin d'éviter toute collision, un parlementaire fut envoyé par les représentants du peuple et par Pichegru au conseil municipal d'Amsterdam, afin de l'engager à maintenir l'ordre. Le capitaine Krayenholf, patriote hollandais et aide de camp du général Daendels, fut chargé de cette mission.

Pichegru, accompagné des trois représentants Bellegarde, Lacoste et Joubert, entra le 20 janvier à Amsterdam, et en prit possession au nom de la République. Il y fut reçu comme un libérateur. Des acclamations universelles accompagnèrent la marche des représentants jusqu'au palais qui leur avait été préparé. Aux cris de *vive la liberté, vive la nation française* retentissant de toutes parts, se mêlait aussi le nom de *Pichegru*, qui, avec une modestie peut être affectée, se déroba promptement à tant d'hommages en se retirant avec son état-major.

Cette conquête, importante par les ressources qu'elle offrait à l'armée du Nord, et parce qu'elle faisait espérer la prompte soumission des provinces unies, causa en France un enthousiasme général.

Le jour même où les Français entrèrent dans Amsterdam la Bourse fut ouverte; toutes les opérations commerciales eurent lieu comme de coutume; les paiements se firent avec régularité; les dettes furent acquittées avec fidélité. Cet acte signalé de confiance et de bonne foi faisait honneur à la fois aux soldats victorieux et aux Hollandais républicains. Il prouva, dès ce jour-là même, que la Hollande existait encore avec son flegme national et sa probité héréditaire.

Le résultat de la marche des armées du Nord vengeait glorieusement la France de l'insolence de ces États-Généraux si superbes envers Louis XIV, et si exigeants lors des négociations d'Utrecht et d'Aix-la-Chapelle.

Députation des Hollandais à la Convention. — La satisfaction de la Convention nationale dut encore s'accroître quelques jours après par l'apparition à sa barre d'une députation batave, qui prononça un long discours empreint de toutes ces idées de fraternité et de liberté qui disposaient les peuples à accueillir favorablement les soldats de la République française. Nous en citerons quelques fragments :

« Les députés des patriotes bataves, disaient-ils, accompagnés des victimes de la révolution de 1787, « s'empressent d'apporter à l'Assemblée nationale l'ex-« pression fidèle de leurs vœux et de leur joie.

« Elles sont donc enfin réalisées, ces promesses, « acquittées aujourd'hui par un peuple de héros ! Le « Stathouder est en fuite et l'Anglais pâlit d'épouvante « et d'étonnement.

« Elles se réaliseront, ces promesses faites depuis « long-temps par les patriotes bataves, de se montrer « dignes de recouvrer leur liberté, d'y concourir du « moins de tout leur pouvoir.

« Partout l'insurrection éclate; partout le patriote « secoue l'horrible chaîne qui le comprimait; partout « le Français libérateur est béni...

« Hésiterez-vous, citoyens représentants, à mettre le « sceau à vos dispositions généreuses en remettant à la « Hollande, devenue libre par vos mains, le prix, « l'inestimable prix de l'indépendance nationale, seul « moyen de rendre cette brillante conquête utile à la « France et funeste aux despotes...

« Nous demandons à la représentation nationale « qu'elle daigne laisser au peuple libre de nos villes et « de nos campagnes le choix le plus prompt de ses au-« torités constituées. »

Barrère, président, répondit que la Convention se montrerait généreuse et grande à l'égard des Hollandais, et que ceux-ci pouvaient compter sur toute sa bienveillance. — Ainsi la Hollande, comme on le voit, voulait bien tenir sa liberté des Français, mais non pas rester leur conquête, ce qui était toutefois difficile, car si on violait cette liberté en continuant à occuper le territoire hollandais; en se retirant, on livrait le pays à toutes les vengeances du Stathouder et de l'Angleterre. — La conduite du gouvernement conventionnel ne tarda pas néanmoins à prouver combien, dans cette circonstance, il avait de sincérité.

Prise de Gertruydenberg. — Passage du Biesbos. — Prise de Dordrecht. — Cependant la gauche de l'armée s'avança à la hauteur du reste de la ligne sur la Grebbe. Comme toutes les eaux de la Hollande, le Biesbos était pris par la glace et assez solidement pour qu'on pût y traîner les plus gros canons. Le Biesbos est une espèce de lac entre Gertruydenberg et Dordrecht, qui, dans l'hiver de 1411, fut formé par la rupture d'une digue. La mer se répandit avec furie par l'immense brèche qu'elle s'était ouverte, et engloutit sous les flots soixante-douze beaux villages épars au milieu des plaines verdoyantes que renfermait alors le bassin du Biesbos.

La division Bonnaud, qui venait de s'emparer de Gertruydenberg le 19 janvier, traversa le 20 le Biesbos et alla occuper Dordrecht, dont l'important arsenal était le plus riche de la Hollande; les Français y trouvèrent six cent trente-deux pièces de canon, dont moitié en bronze, dix mille fusils neufs, des magasins de vivres et de munitions de guerre pour une armée de 30,000 hommes.

Prise de Rotterdam. — Les mêmes troupes qui venaient de prendre Dordrecht se portèrent le 22 janvier devant Rotterdam, où elles furent, comme partout ailleurs depuis le départ du prince d'Orange, accueillies avec des acclamations en apparence unanimes, de bienveillance et de joie.

Cette ville, la première de la Hollande après Amsterdam, est bâtie dans un vaste marécage au bord de la Meuse; sa plus grande rue est fondée sur une digue plus élevée que le reste de la ville, qu'elle garantit de l'inondation. Rotterdam est redoutable pour les étrangers à cause de l'insalubrité de l'air qu'on y respire. Il faut que cette insalubrité soit grande pour avoir été remarquée dans un pays où le climat est généralement malsain. De Rotterdam, et dès le lendemain, les Français se dirigèrent sur La Haye.

Occupation de La Haye. — Le général Bonnaud en prit possession le 24 janvier. La Haye, avec le titre de village, est une des plus belles villes de la Hollande. Les États-Généraux y tenaient leurs séances, et les princes d'Orange y avaient un magnifique palais où ils faisaient leur résidence habituelle.

En partant, le Stathouder avait recommandé aux habitants de bien recevoir les Français; leur entrée fut plutôt un triomphe paisible qu'une prise de possession militaire. Le prince avait ordonné à ses domestiques d'avoir pour Pichegru, qu'il supposait devoir loger dans son palais, le même respect que pour lui-même; mais Pichegru pensant qu'une telle habitation ne convenait pas à un général républicain, la céda aux représentants du peuple. Ceux-ci y fixèrent leur résidence; mais craignant ou voulant prévenir les sarcasmes qu'une habitation somptueuse, aussi peu en harmonie avec l'austérité républicaine, eût excités, ils firent placer sur la porte du palais cette inscription en lettres d'or: « *Nous voudrions que la maison des représentants du peuple fût de verre, pour que le peuple pût être le témoin de toutes leurs actions.* »

Révolution dans le gouvernement de la Hollande. — Le Stathouder, en allant au-devant de tout ce qui pouvait être agréable aux Français, se flattait de l'espoir que les vainqueurs n'introduiraient que peu de changements dans le mode de gouvernement, et laisseraient ses partisans en place.

Il n'en fut pas ainsi; les commissaires de la Convention se conduisirent de manière à détruire en Hollande toute l'influence que pouvait y conserver encore le prince d'Orange. Plusieurs membres des États-Généraux furent éliminés. Le grand-pensionnaire Van Spiegel fut remplacé par Peter Paulus, qui avait pris une part active à la révolution de 1787. Tous ceux qui étaient connus par leur attachement pour le Stathouder perdirent leurs emplois. L'assemblée nationale batave, reconstituée par les Républicains français, reçut le nom d'*États-Généraux régénérés*. Sur l'ordre de ces nouveaux États, toutes les places fortes furent ouvertes à nos soldats, qui les occupèrent aussitôt. Quatre régiments suisses et quelques corps allemands qu'entretenait la République furent licenciés.

Dénûment de l'armée du Nord. — Secours donnés par la République batave. — L'armée du Nord, malgré ses triomphes, n'en était pas moins réduite à un état de dénûment déplorable, manquant également de vivres et d'habillements. Il n'eût pas été difficile d'y remédier dans un pays aussi riche que la Hollande; mais les représentants, voulant rester fidèles au rôle d'alliés et d'amis, n'exigèrent rien et se contentèrent de faire connaître aux États-Généraux la misère où se trouvaient les soldats qu'ils appelaient leurs libérateurs.

Les États agirent en conséquence, mais il ne fallut pas moins que la réquisition suivante pour suffire aux besoins de l'armée et la remettre de ses fatigues et de ses privations. — Deux cent mille quintaux de froment, douze cents bœufs, cent cinquante mille paires de souliers, vingt mille paires de bottes, vingt mille habits et vestes de drap, quarante mille culottes tricotées, cent cinquante mille pantalons de toile, deux cents mille chemises, cinquante mille chapeaux, cinq millions de bottes de foin, deux millions de bottes de paille, et cinq cent mille mesures d'avoine de dix livres. — Cette énorme réquisition fut promptement remplie, mais on peut juger par son importance quel était l'état d'une armée qui avait de pareils besoins.

Affaire d'Helvoetsluis. — Six cents soldats français, faits prisonniers dans l'année précédente, étaient détenus dans le port d'Helvoestluis, sous la garde de 800 Anglais. Bonnaud, qui s'était porté vers ce point immédiatement après l'occupation de La Haye, informé que le gouverneur hollandais était partisan de la révolution, l'invita à armer secrètement ses prisonniers, en promettant d'arriver à temps pour soutenir leurs mouvements contre l'ennemi commun. Les Français s'armèrent, et les Anglais, attaqués à l'improviste, furent faits prisonniers avant d'avoir eu le temps de se reconnaître. Les princes de Salm-Salm et de Hohenlohe, et un aide de camp de Clairfayt furent aussi arrêtés dans cette occasion et envoyés en grande pompe à Paris.

Position de l'armée française. — La division Macdonald avait pris position entre Amersfort et Woerden, après s'être emparée de cette dernière place le 21 janvier. Moreau, posté entre Amersfort et Rhenen, derrière la ligne de la Grebbe, se liait avec la division de gauche de l'armée de Sambre-et-Meuse, qui occupait Arnheim. Les Français formaient ainsi, d'Amersfort au Zuyderzée, une ligne redoutable.

Prise de la flotte hollandaise par la cavalerie française. — Un prodige d'une nature toute nouvelle, et inouï dans les fastes militaires, allait signaler la fin de cette expédition de Hollande, où tout avait réussi comme par enchantement, et qui fut pour Pichegru la source de tant de gloire. Quelques détachements d'artillerie légère et de cavalerie avaient été envoyés dans la Nord-Hollande, avec ordre de traverser le Texel et de s'emparer des vaisseaux de guerre hollandais qu'on savait y être à l'ancre. C'était la première fois qu'on imaginait de prendre une flotte au moyen de quelques charges de hussards. Le succès de cette tentative fut néanmoins complet. Les cavaliers s'élancèrent au galop sur les plaines de glace et arrivèrent aux vaisseaux, qu'ils sommèrent de se rendre. Ceux-ci, dans un état d'immobilité qui aurait rendu peu redoutable le jeu de leurs batteries s'il leur eût pris envie de s'en servir, cédèrent sans la moindre opposition. Dans ce fait d'armes merveilleux, les vainqueurs prirent plus de canons qu'ils n'étaient de combattants.

Capitulation de la Zélande. — Quatre provinces sur les sept qui composaient la République hollandaise ne s'étaient pas encore soumises aux Français, c'étaient les provinces de Frise, de Groningue, d'Over-Yssel et de Zélande. La conquête de la Zélande, riche province qui renferme six grandes villes, plusieurs îlots et de nombreux villages, et qu'entourent les eaux qui s'écoulent par les bouches de l'Escaut, présentait plus de difficultés qu'aucune autre parce que les bras de mer ou les canaux du fleuve qu'il fallait franchir pour y arriver n'étaient pas entièrement glacés.

Cette conquête était néanmoins indispensable pour assurer la continuation de nos succès en Hollande et la réorganisation de ce pays dans une forme républicaine en harmonie avec l'organisation française. La proximité où la Zélande se trouve de l'Angleterre faisait craindre que cette puissance n'y débarquât, d'un moment à l'autre, les secours qu'elle tenait préparés dans ses ports, et ne rallumât ainsi, avec les espérances des partisans du Stathouder, des foyers de résistance qui paraissaient tous éteints.

Pichegru chargea le général Michaud d'essayer, avec les états particuliers de cette province, la voie de la négociation avant de recourir à celle des armes. Après avoir été sommés plusieurs fois et après avoir manifesté l'intention de se défendre, les états de Zélande conclurent, le 3 février, une capitulation portant que la religion dominante continuerait à être librement exercée; qu'il n'y aurait point de cours forcé pour les assignats; qu'on ne lèverait pas de contributions sur les biens des particuliers, etc.— Le Comité de salut public donna peu après, quoique avec regret, son assentiment à ce traité, et la Zélande s'empressa d'adhérer à toutes les mesures prises par les États-Généraux rassemblés à La Haye.

Passage de l'Yssel. — *Conquête de l'Over-Yssel.* — Restaient encore les trois provinces unies occupées par les Anglais. Ceux-ci, dont la présence était odieuse aux habitants, restaient toujours en position derrière les lignes de l'Yssel, pendant que les Français occupaient celles derrière la Grebbe. Quelques généraux proposaient de prendre des quartiers d'hiver sur la Grebbe; mais l'ardeur des Français et le découragement de l'ennemi inspirèrent une résolution plus sage, qui fut celle de chasser entièrement les Anglais des provinces unies.

On se prépara donc à passer l'Yssel. A peine l'avant-garde française eut-elle paru à Harderwyk, que les Anglais saisis d'une terreur panique s'enfuirent sans combattre, évacuant Kampen et Zwoll, où ils laissèrent 1400 malades. Cette circonstance détermina Pichegru à marcher tout de suite sur l'Yssel. Macdonald dut prendre position entre Kampen, Zwol et Deventer; Moreau à Zutphen et Deventer; et la division de gauche de l'armée de Sambre-et-Meuse à Doesbourg. Cette division devait garder le canal de l'Yssel et celui de Pannerden. Ces divers mouvements s'exécutèrent du 3 au 6 février.

Deux escadrons de chasseurs et un bataillon de grenadiers, envoyés en reconnaissance sur Almelo et Hardenberg, trouvèrent les Anglais qui étaient à Twente et, quoique moins nombreux, les attaquèrent et les chassèrent de cette position. — La démoralisation des ennemis était telle qu'à l'approche d'une patrouille française ils abandonnèrent, dans le plus grand désordre, Koeverden dont nos grenadiers prirent possession le 11 février. L'ennemi n'osa pas les attendre, quoiqu'ils vinssent de faire deux lieues avec de l'eau jusqu'à la ceinture, par suite du dégel qui avait commencé. La soumission de l'Over-Yssel suivit immédiatement la retraite des Anglais.

Conquête de la Frise et de Groningue. — *Expulsion totale des Anglais.* — Il restait encore à soumettre les provinces de Frise et de Groningue. Les Anglais occupaient toujours une partie de la dernière, et il importait de les en chasser pour qu'ils ne se trouvassent plus, par l'arrivée de renforts, dans le cas de reprendre une offensive qui les maintînt dans le pays.

Macdonald y fut envoyé, et pour protéger son mouvement, on tira de l'armée de Sambre-et-Meuse une seconde division qui se joignit à celle qui occupait Arnheim, ainsi qu'à la division du général Moreau, pour former sur la rive droite du Rhin un corps d'observation appuyant la droite sur Emmerich et bordant la frontière jusqu'à Enscheede.—Groningue fut pris le 19 février. — Les Anglais ne concevant pas qu'une armée fût assez audacieuse pour s'avancer en masse par des chemins si difficiles, crurent n'avoir affaire qu'à des corps de partisans et pouvoir conserver les forts qui couvrent la province du côté de l'Allemagne. Ils furent détrompés le 28 et battus vers l'écluse de Besterzil, ce qui détermina l'évacuation Nieuw-Schanz. Cette affaire leur coûta 300 prisonniers, des équipages et plusieurs canons. La Hollande se trouva ainsi évacuée. Les Anglais se dirigèrent en Westphalie, derrière les troupes que le roi de Prusse venait d'établir depuis Wesel jusqu'à Emsden. Les Français les poursuivirent jusqu'à la rivière d'Ems, où ils durent s'arrêter et prendre position à cause du mauvais état des chemins que le dégel rendait impraticables.

Fin de la campagne. — *Mouvement vers le Rhin.* Pendant ces mouvements, Moreau s'emparait, le 4 mars, du château de Bentheim après avoir chassé les Anglais du comté de ce nom, et leur avoir fait 600 prisonniers. Ce général, d'après l'ordre de Pichegru, fit ensuite exécuter à ses troupes un mouvement rétrograde pour venir se mettre en ligne avec le reste de l'armée. Les deux divisions de Sambre-et-Meuse qui occupaient le comté de Zutphen repassèrent le Rhin pour suivre les mouvements de Jourdan, qui se portait sur Coblentz, afin de remplacer autour de Luxembourg l'armée de la Moselle qui s'avançait sur Mayence pour joindre celle du Rhin.

Un traité de paix offensif et défensif se discutait entre la France et la Hollande; ce traité fut signé le 16 mai.

Ainsi, après une campagne glorieuse où elle avait eu à lutter contre toutes les forces de la Coalition, la République française, qui, huit mois auparavant, voyait ses places fortes au pouvoir de l'ennemi et ses frontières insultées, avait reporté la guerre sur le territoire étranger, et, puissante et victorieuse, faisait à son tour trembler les rois coalisés.

Conduite et espérances de l'Angleterre. — Tandis que parmi ces ennemis de la France, les uns allaient se décider à subir la paix et d'autres à continuer la guerre, l'Angleterre, toujours hostile, sut bientôt se consoler de l'affront que ses armes venaient d'essuyer. Convaincue que les revers de ses alliés pouvaient tourner à son profit, elle ne fit plus d'efforts pour les secourir, et s'empressa même de rappeler ses troupes du continent, dès qu'elle en trouva l'occasion et le prétexte. Les Hanovriens rentrèrent dans leurs foyers. Les sept corps d'émigrés qu'elle avait formés s'embarquèrent à Stade pour les Antilles ou pour les côtes de Bretagne. Les drapeaux britanniques qu'on avait vus fuir à Turcoing, à Malines et à Bommel, qui n'avaient pu se maintenir ni sur la Meuse ni sur le Wahal, furent transportés ensuite sur les côtes de l'Océan indien, et, flottant bientôt après dans toutes les possessions hollandaises, ils apprirent à l'Europe ce qu'elle doit en redouter. Le ministère anglais ne se donna pas même la peine de déguiser les espérances que sa position lui faisait concevoir. « Les Français sont maîtres de la « Belgique, s'écria lord Grenville en faisant au parle- « ment un tableau de la situation des affaires; mais « peu nous importe, ils seront forcés de la rendre à la « paix. Nous avons pris vingt-six vaisseaux et les éta- « blissements les plus importants des deux Indes, qui « nous assurent désormais l'empire des mers. » Ces paroles prophétiques restèrent encore momentanément en contradiction avec les faits, mais ne s'en accomplirent pas moins par la suite et plus promptement que peut-être le cabinet de Londres n'en avait l'espérance.

Jugements sur la campagne. — Les campagnes de Belgique et de Hollande qui sont intimement liées par la série des événements, firent connaître des noms nouveaux et fondèrent des réputations qui devaient grandir encore. Quelles qu'aient été les fautes primitives dans l'emploi des forces des deux partis, la postérité rendra justice aux généraux qui se distinguèrent dans cette guerre mémorable. Les noms de Pichegru, Kléber, Jourdan, Moreau, Reynier, Macdonald, Bernadotte, Championnet, Schérer, Souham et Lefebvre seront éternellement cités avec honneur dans les fastes militaires de la France. Et, du côté des Alliés, Beaulieu, Clairfayt, Kaunitz, Alwinzy, le prince Frédéric-d'Orange, etc., firent souvent oublier par de beaux faits d'armes particuliers les fautes du système général qu'avaient adopté les généraux en chef de la Coalition. La honte fut pour le prince de Cobourg et l'honneur pour ses lieutenants. Les généraux républicains eurent avec le succès la gloire de toute cette campagne.

Écoutons d'ailleurs à ce sujet le jugement de Jomini, ce juge éclairé mais toujours plus sévère pour les Français que pour les étrangers, et dont par conséquent le suffrage est si honorable pour nos soldats : « Cette campagne, dit-il, fera époque dans l'histoire des nations comme dans celle de l'art militaire. Elle se distingua des précédentes par les énormes masses qui commencèrent à être mises en action, et par la manière dont elles furent employées. Ces masses ne pouvant plus traîner les immenses attirails de campement, bivouaquent partout où elles s'arrêtent : dépourvues de magasins, elles dévorent les pays où elles passent : on ne peut plus les solder qu'en assignats, et malgré l'extrême dépréciation de ce papier [1], le tarif de la solde reste le même; en sorte que les militaires, dénués de tout, se voient plongés dans la plus profonde misère. Un patriotisme pur soutient les soldats républicains; car jamais ils ne coururent à la victoire plus galment et sans commettre moins d'excès. Des volumes entiers ne suffiraient point pour consacrer tous les actes d'héroïsme et de désintéressement qui les immortalisèrent. L'histoire en recueillera les principaux traits; elle racontera, par exemple, avec quelle résignation de paisibles citoyens arrachés de leurs foyers, transformés en soldats par une loi, après avoir bivouaqué un mois entier dans le terrible hiver de 1794, sans bas, sans souliers, privés même des vêtements les plus indispensables et forcés de couvrir leur nudité avec quelques tresses de paille, franchirent les fleuves glacés, et pénétrèrent enfin dans Amsterdam sans commettre le moindre désordre. Cette cité fameuse par ses richesses, et qui devait s'attendre à moins de ménagements, vit avec une juste admiration dix bataillons de ces braves à demi nus, entrer triomphants dans ses murs, au son d'une musique guerrière, placer leurs armes en faisceaux et bivouaquer pendant plusieurs heures sur la place publique, au milieu de la neige et de la glace, et attendant avec résignation, sans laisser échapper un murmure, qu'on pourvût à leurs besoins et à leur casernement. Tels furent les premiers soldats de la République; tous les partis leur doivent cette justice; et si l'indiscipline s'introduisit dans plusieurs corps, l'esprit de faction ne fut la cause; elle n'alla jamais, d'ailleurs, jusqu'à leur faire oublier ce qu'ils devaient aux lois de l'humanité; et il faut en convenir, ce fut bien long-temps après, quand l'abondance succéda à la pénurie, que des chefs insouciants donnèrent l'exemple du désordre. »

[1] Il fut un moment où la solde d'un officier ne montait pas à plus de 3 fr. par mois. On fut obligé, pour les tirer du plus affreux dénûment, de leur accorder, en 1795, le tiers de leurs appointements en numéraire, et un capitaine toucha alors 70 fr. par mois.

CHANTS MILITAIRES. — LE CHANT DU DÉPART

Nous avons déjà fait connaître quelle influence heureuse avaient eu sur le moral des troupes républicaines, ces hymnes militaires qui inspiraient si vivement le dévouement à la patrie et la haine de l'étranger. La *Marseillaise* avait été le chant de guerre de 1793. C'était un cri d'alarme, un appel aux masses en faveur de la patrie attaquée de toutes parts, et cet appel fut entendu. Mais à la fin de 1794, grâce au courage et aux succès de nos braves soldats, les *sillons* de nos campagnes n'avaient plus à craindre la présence de l'étranger. Rouget-de-l'Isle avait fait l'appel aux armes; Marie-Joseph Chénier se chargea de célébrer la victoire[1]; la musique ajouta son enivrante harmonie aux accords de la poésie, et le *Chant du départ* prit aussitôt place parmi nos hymnes guerriers. Comme le chant des Marseillais, il anima nos jeunes soldats et les guida à la victoire. Son influence a été trop puissante et trop durable pour que nous ne nous croyions pas obligés de le reproduire ici. Ses strophes énergiques attestaient aux soldats qui combattaient en Italie, en Égypte, en Allemagne et en Russie, que dans la France tout ce qui devait leur être cher, femmes, mères, sœurs, enfants, vieillards, se confiaient à leur dévouement et étaient fiers de leur courage. Ce chant est un admirable chant militaire, parce qu'il rappelle à la fois au soldat la famille et la patrie.

UN DÉPUTÉ DU PEUPLE.

La victoire en chantant nous ouvre la barrière;
  La liberté guide nos pas,
Et du nord au midi la trompette guerrière
  A sonné l'heure des combats.
Tremblez, ennemis de la France,
Rois ivres de sang et d'orgueil!
Le peuple souverain s'avance;
Tyrans, descendez au cercueil:
La République nous appelle,
Sachons vaincre ou sachons périr,
Un Français doit vivre pour elle,
Pour elle un Français doit mourir.

Chœur des guerriers.

La République, etc.

UNE MÈRE DE FAMILLE.

De nos yeux maternels ne craignez pas les larmes:
  Loin de nous de lâches douleurs.
Nous devons triompher quand vous prenez les armes
  C'est aux rois à verser des pleurs.
Nous vous avons donné la vie,
Guerriers, elle n'est plus à vous;
Tous vos jours sont à la patrie:
Elle est votre mère avant nous.

Chœur des mères de famille.

La République, etc.

---

[1] Chénier ne fut pas le seul poète dont les merveilleux succès de nos armées réveillèrent la verve poétique: Ximenez célébra *la conquête de la Hollande par l'armée du général Pichegru*; Trouvé chanta dans une ode *la prise de la Hollande*, et La Harpe lui-même accueillit *l'évacuation du territoire français* par un chant triomphal que terminait ce vœu digne d'un bon citoyen, mais bien singulièrement exprimé.

  Que la sagesse, protectrice
  De la paisible égalité,
  Soit la seule dominatrice
  Des enfants de la liberté;
  Que l'anarchique turbulence
  Et la sanguinaire démence
  S'anéantissent à sa voix;
  Que sa main ferme et vénérable
  Élève un monument durable
  Qui n'ait pour base que les lois.

Chénier ne borna pas au *Chant du départ* l'hommage qu'il rendit à nos armées. Le *Chant des victoires*, dont nous rappellerons quelques strophes, fut aussi composé à cette intention, après la seconde conquête de la Belgique.

  Avare et perfide Angleterre,
  La mer gémit sous tes vaisseaux;
  Tes voiles pèsent sur les eaux;
  Tes forfaits pèsent sur la terre.
  . . . .

  Fleurus, champs dignes de mémoire,
  Monument d'un triple succès;
  Fleurus, champs amis des Français.
  Semés trois fois par la victoire;
  Fleurus, que ton nom soit chanté
  Du Tage au Rhin, du Var au Tibre;
  Sur ton rivage ensanglanté
  Il est écrit: *L'Europe est libre!*

  Ostende, reçois nos cohortes·
  Namur, courbe-toi devant nous;
  Oudenarde et Gand, rendez-vous;
  Charleroi, Mons, ouvrez vos portes.
  Bruxelles, devant tes regards,
  La liberté va luir encore;
  Plaintive Liége, en tes remparts
  Revois le drapeau tricolore.

  Soldats des rois, lâches esclaves
  Vils ennemis du genre humain,
  Vous avez fui le glaive en main,
  Vous avez fui devant nos braves.
  Et, de votre sang détesté
  Abreuvant ses vastes racines,
  Le chêne de la liberté
  S'élève aux cieux sur vos ruines.

Ces vers étaient beaux, ardents, énergiques, vivement empreints de la couleur de l'époque; mais ils avaient une allure trop classique, une forme trop académique pour être compris par nos soldats. Le *Chant du départ* et la *Marseillaise* eurent seuls l'honneur d'être répétés dans les rangs; leurs refrains enflammés se mêlaient au bruit du canon, qu'ils dominaient quelquefois, et contribuaient à jeter la terreur dans les bataillons ennemis.

UN VIEILLARD.

Que le fer paternel arme la main des braves,
Songez à nous au champ de Mars;
Consacrez dans le sang des rois et des esclaves
Le fer béni par les vieillards;
Et, rapportant sous la chaumière
Des blessures et des vertus,
Venez fermer notre paupière
Quand les tyrans ne seront plus.

Chœur des vieillards

La République, etc.

UN ENFANT.

De Barra, de Viala le sort nous fait envie,
Ils sont morts, mais ils ont vaincu.
Le lâche accablé d'ans n'a point connu la vie
Qui meurt pour le peuple a vécu.
Vous êtes vaillans, nous le sommes :
Guidez-nous contre les tyrans
Les républicains sont des hommes;
Les esclaves sont des enfants.

Chœur des enfants.

La République, etc.

UNE ÉPOUSE.

Partez, vaillants époux; les combats sont vos fêtes,
Partez, modèles des guerriers;
Nous cueillerons des fleurs pour en ceindre vos têtes,
Nos mains tresseront vos lauriers;
Et si le temple de mémoire
S'ouvrait à vos mânes vainqueurs
Nos voix chanteront votre gloire,
Nos flancs porteront nos vengeurs

Chœur des épouses.

La République, etc.

UNE JEUNE FILLE.

Et nous, sœurs des héros, nous qui de l'hyménée
Ignorons les aimables nœuds,
Si, pour s'unir un jour à notre destinée,
Les citoyens forment des vœux,
Qu'ils reviennent dans nos murailles
Beaux de gloire et de liberté,
Et que leur sang, dans les batailles,
Ait coulé pour l'égalité.

Chœur des jeunes filles.

La République, etc.

LES GUERRIERS.

Sur ce fer devant Dieu, nous jurons à nos pères,
A nos épouses, à nos sœurs,
A nos représentans, à nos fils, à nos mères,
D'anéantir les oppresseurs :
En tous lieux, dans la nuit profonde,
Plongeant l'infâme Royauté,
Les Français donneront au monde
Et la paix et la liberté.

Chœur général.

La République nous appelle,
Sachons vaincre ou sachons périr,
Un Français doit vivre pour elle,
Pour elle un Français doit mourir.

La République victorieuse de la Coalition a disparu devant l'Empire, que renversa une autre coalition européenne. Une révolution nouvelle a jeté par terre la Monarchie élevée sur les ruines de l'Empire. Les gouvernements meurent, les peuples vivent! Le sang du juste se répand souvent pour eux et les rachète. Combien de ces jeunes soldats qui partirent en chantant les nobles refrains que nous venons de citer ne sont-ils pas morts pour la patrie et pour la liberté, souhaitant du moins à la France un avenir prospère et glorieux ! Leurs vœux pourraient-ils ne pas être exaucés !

RÉSUMÉ CHRONOLOGIQUE.

1795.

8, 9 et 10 JANVIER. Passage du Wahal par les Français.
10 — Combat de Linden.—Les alliés repassent le Rhin.
14 — Prise du fort de Heusden.—Blocus de Willemstadt.
— — Attaque et prise des postes avancés de Gertruydenberg.
15 — Retraite des Anglais derrière l'Yssel.
16 — Occupation de Wageningen.
17 — Entrée à Utrecht.—Soumission de la province d'Utrecht.
— — Le Stathouder se décide à quitter la Hollande. — Il s'embarque pour l'Angleterre.
18 — Révolution démocratique à Amsterdam.
— — Entrée des Français à Amersfort. — L'armée française prend position sur la Grebbe.
19 — L'avant-garde française pénètre à Amsterdam.
— — Prise de Gertruydenberg.
20 — Entrée de Pichegru et des représentants du peuple à Amsterdam.
— — Passage du Biesbos. — Occupation de Dordrecht.
22 — Prise de Rotterdam.

23 JANVIER. Entrée à La Haye.
— — Changements dans les États-Généraux des provinces unies.
24 — Occupation d'Helvoetsluis
28 — La députation de la République batave est reçue à la Convention.
3 FÉVRIER. Prise de la flotte hollandaise du Texel par la cavalerie française.
— — Capitulation et soumission de la province de Zélande.
6 — Passage de l'Yssel par les Français.
— — Combat de Twente.
11 — Prise de Koeverden.
19 — Entrée à Groningue. — Soumission des provinces de Groningue et de Frise.
28 — Combats de Besterzil.
29 — Occupation des forts de Nieuw-Schanz et d'Oude-Schanz. — Expulsion totale des Anglais des provinces bataves. — Les Français s'arrêtent sur l'Ems.
16 MAI. Traité de paix et d'alliance entre la République française et la République batave.

A. HUGO.

On souscrit chez DELLOYE, Éditeur, place de la Bourse, rue des Filles-S.-Thomas, 13.

FRANCE MILITAIRE.

GUERRE MARITIME. — COMBAT DU 13 PRAIRIAL.

Flotte française. — Amiral VILLARET-JOYEUSE. | *Flotte anglaise.* — Amiral HOWE.

Lorsqu'en 1793, l'Angleterre accéda à la coalition contre la République, elle fut sans doute déterminée par l'espoir d'écraser promptement la marine française, qui commençait à renaître après une paix de huit années, pendant lesquelles les efforts du gouvernement de Louis XVI s'étaient toujours appliqués à la restauration de la flotte et de l'armée navale, que la guerre d'Amérique avait laissées dans un grand état de délabrement.

L'émigration de la plupart des officiers de marine donnait à la force aux espérances de nos ennemis. En effet, la République avait bien le matériel d'une flotte[1]; mais que sont des vaisseaux sans équipages et des canons sans artilleurs? on n'improvise pas des matelots comme des soldats, et le commandement d'un vaisseau exige des connaissances et une habitude de la mer que la bonne volonté ne peut seule suppléer.

La plupart des chefs de l'armée navale avaient quitté la France, et, parmi les officiers qui restaient, il en était peu qu'on sût capables de commander une escadre.

Cependant le début de la guerre ne fut pas tout-à-fait sans gloire pour notre marine. Si, en 1793, les deux escadres de l'amiral Truguet ne jouèrent qu'un rôle insignifiant dans la Méditerranée, le contre-amiral Perrée reprit, à Tunis, une frégate enlevée à Toulon par les Anglais, et le contre-amiral Nielly rentra à Brest avec un vaisseau ennemi dont il s'était emparé. De nombreux bâtiments, armés en course, sortirent des ports français et répandirent la terreur parmi les vaisseaux marchands des peuples en guerre avec la France. — Leur succès fut tel qu'il aurait dû inspirer dès lors au gouvernement la pensée de réduire le rôle de la marine française à celui de ces bâtiments légers. De hardis navires, sans cesse en mer, en ruinant le commerce anglais, auraient été pour le pays une école de marins exercés et d'hommes de mer intrépides.

La marine (officiers, soldats et matelots) inspirait une grande défiance aux chefs du gouvernement républicain, qui la considéraient comme entachée de royalisme. Les conventionnels avaient depuis long-temps le projet de la régénérer en changeant les officiers, comme ils avaient fait dans l'armée de terre, jusqu'à ce qu'ils eussent trouvé des hommes à la fois capables et dévoués.—La révolte de l'escadre de Brest, aux ordres de Morard de Galles, vint offrir une occasion à l'exécution de ce projet.

Insurrection de la flotte de Brest. — Vers la fin de 1792 cet amiral avait été envoyé entre Belle-Isle et Groix, dans le but d'empêcher les communications des Anglais avec les Bretons et les Vendéens. Mais le lieu de station était mal choisi, sans abri contre le mauvais temps, sans port de refuge suffisant en cas d'attaque par des forces supérieures. Après quatre mois d'une station pénible, les équipages manquant de vivres et de vêtements, privés de l'espoir de faire des prises, s'insurgèrent tout à coup et demandèrent à rentrer à Brest, sous prétexte que s'ils n'y retournaient pas, ce port serait, comme Toulon, livré aux Anglais.

Trois commissaires conventionnels, Jean-Bon-Saint-André, Prieur (de la Marne) et Tréhouard, envoyés à Brest, parurent adopter la fable inventée par les marins pour justifier leur révolte. Un tribunal révolutionnaire fut établi. Morard de Galles, destitué, eut pour successeur Villaret-Joyeuse, simple capitaine de vaisseau élevé au grade de chef d'escadre. La destitution atteignit d'autres généraux. Le général Linois n'échappa à la mort qu'en simulant la folie, comme Brutus à la cour de Tarquin. Les commandants des vaisseaux furent tous remplacés. On *révolutionna* la flotte, et les changements s'étendirent jusqu'aux vaisseaux mêmes, qui reçurent des noms révolutionnaires.

Combat du 13 prairial. — *Héroïsme des marins du Vengeur.* — En proie à une horrible famine, la France alors en guerre avec toute l'Europe, avait dû envoyer au loin pour acheter les grains qui lui étaient nécessaires. Les agents français aux États-Unis avaient fait de grands approvisionnements et chargé deux cents vaisseaux qui, réunis en convoi sous les ordres du contre-amiral Vanstabel, étaient attendus pour les premiers jours de juin dans les ports de l'Océan. Villaret-Joyeuse, à peine promu au commandement, reçut l'ordre d'appareiller avec l'escadre de Brest, forte de vingt-six vaisseaux de ligne. Il devait aller croiser au large par le travers des îles Corvès et Florès, et exercer ses équipages aux grandes manœuvres en attendant l'apparition du convoi dont il était destiné à protéger la rentrée. Ses instructions portaient d'éviter tout combat inutile avec la flotte anglaise, pour ne songer qu'au but important qu'il avait à remplir.

Le pavillon de partance fut hissé le 20 mai, aux acclamations des équipages et des habitants, qui encombraient le cours d'Ajot et les quais de Brest. Villaret avait fait arborer son pavillon sur *la Montagne*, vaisseau superbe de 130 canons, que montait aussi le conventionnel Jean-Bon-Saint-André, jouissant sur la flotte de l'autorité des représentants aux armées.

L'escadre s'éloigna de terre, voguant majestueusement grand largue, sur trois lignes parallèles et dans un ordre parfait. Villaret suivait exactement la route qui lui avait été tracée. Il avait fait déjà plusieurs

---
[1] En 1791 la France possédait 82 vaisseaux, dont 9 en construction, et 73 frégates, dont 6 en construction. Elle avait encore en outre un nombre proportionné de corvettes, gabarres, bâtiments de charge et de transport, etc.

riches prises, quand le 28 mai, avant midi, les gabiers signalèrent des bâtiments au loin sous le vent. Ces points, presque imperceptibles d'abord, grandirent insensiblement et furent bientôt reconnus pour une escadre anglaise; c'était celle de l'amiral Howe.—Howe croisait sur les côtes de Normandie et de Bretagne, avec une flotte de trente-trois vaisseaux et de douze frégates. En ce moment il n'en avait avec lui que vingt-six, sept vaisseaux commandés par l'amiral Montaigne étant entrés à Portsmouth; mais il s'attendait incessamment à être rallié par cet amiral, et ayant appris la sortie de l'escadre française, il s'était mis à sa poursuite.

Dès que la présence de la flotte anglaise fut certaine, les bastingages, les enflèchures et toutes les manœuvres qui peuvent, dans un vaisseau, porter un homme, se couvrirent de marins. Un long cri de joie partit à la fois de tous les vaisseaux français. On demandait le combat. Villaret, fidèle à ses instructions, avait déjà donné l'ordre de continuer la route commencée; mais Jean-Bon-Saint-André se trouva comme électrisé par cet enthousiasme général. Il avait promis à un de ses collègues, qui l'avait accompagné jusqu'à la sortie de la rade, de rentrer à Brest vainqueur des Anglais, et il crut qu'il convenait de faire servir le courage de tant de braves à lui donner à lui, représentant, l'honneur d'une victoire navale. Il ordonna de combattre.

Howe, manœuvrant pour gagner le vent que les Français avaient sur lui, feignit d'abord de vouloir éviter le combat. Les deux arrière-gardes se rapprochèrent cependant vers le soir, et une canonnade s'engagea. L'arrière-garde anglaise n'était pas soutenue; on assure qu'il eût été facile à Villaret de profiter du vent pour la couper; mais au lieu de manœuvrer dans ce but il fit signal à son avant-garde et au corps de bataille, de forcer de voiles, et il s'éloigna au point de ne plus entendre les détonations du combat des deux arrière-gardes. Il pensait sans doute, par cet engagement incomplet, satisfaire à la fois à l'ordre du représentant et à la lettre de ses instructions. Quoi qu'il en soit, le vaisseau le *Révolutionnaire*, enfilé par le feu d'un vaisseau ennemi, tandis que deux autres le foudroyaient de chaque côté, fut très maltraité et dut se faire remorquer à Rochefort.

Le lendemain les deux flottes étaient encore en présence, et nos vaisseaux tenaient toujours le vent. Le signal d'une affaire générale fut donné, mais Villaret n'indiqua point suffisamment à ses divisions ce qu'elles avaient à faire, et l'avant-garde arriva seule sur l'ennemi.—Pendant ce temps le vaisseau amiral anglais *la Reine-Charlotte*, de cent vingt canons, pénétra seul dans la ligne française en cherchant à prendre le vent, et canonna *le Vengeur* qui, avarié dans ses agrès, s'efforçait de regagner le poste dont il s'était écarté. Deux autres vaisseaux anglais, *le Leviathan* et *le Bellerophon*, qui voulurent imiter la manœuvre de Howe, furent repoussés et maltraités.

Au milieu de ces engagements encore peu animés une brume épaisse s'étendit sur l'Océan et empêcha tout combat.—Cette brume dura deux jours.—L'amiral anglais en profita habilement et rallia quelques vaisseaux qui étaient restés en arrière après le premier combat.

Enfin le 13 prairial (1er juin) le brouillard se dissipa: un ciel pur et brillant de tous les feux du soleil signala le lever de ce jour mémorable. La mer était houleuse. La première découverte que firent les Républicains ne fut pas de bon augure, les Anglais étaient parvenus à les placer sous le vent.

Howe, mettant en pratique avec beaucoup d'art les vrais préceptes de la tactique navale et militaire, se porta en ligne oblique contre l'escadre française dont il se proposait de percer la ligne pour accabler ensuite la gauche du poids de toutes ses forces, pendant que la droite, retenue par le vent, resterait spectatrice impuissante de la lutte. Cette manœuvre lui réussit. Le combat s'engagea bientôt sur la gauche française et y devint général. Les annales maritimes en offrent peu d'aussi acharnés et d'aussi meurtriers. On était à portée de pistolet. Quatre mille bouches à feu tirant à mitraille jonchaient les ponts de cadavres; les grêments, les voiles et les mâtures étaient hachés en morceaux comme les hommes, et la chute de leurs débris augmentait les dangers du combat et les chances de mort.

Howe, ayant pris lui-même la tête de l'attaque, avec *la Reine-Charlotte*, combattait corps à corps *la Montagne*. Un faux mouvement du *Jacobin*, vaisseau qui était le plus voisin de l'amiral français, avait facilité la trouée de l'ennemi. Le champ de bataille n'offrait plus qu'une mêlée horrible et confuse. *La victoire ou la mort* était la devise inscrite en lettres d'or sur les pavillons républicains; mais chaque matelot français semblait moins occupé de l'idée de la mort que de l'espoir de vaincre. Après un carnage épouvantable, la gauche des Français, abîmée, désemparée, resta enfin entourée d'ennemis; le centre, criblé d'avaries, faisait face à des vaisseaux anglais qui n'étaient guère en meilleur état.

La droite était intacte: Villaret voulait recommencer le combat le lendemain pour dégager les six vaisseaux républicains restés au milieu de l'ennemi; il répondait du succès; mais Jean-Bon-Saint-André, encore épouvanté du spectacle de la veille, ne lui permit pas d'exécuter cette généreuse résolution, et ordonna la retraite sur Bertheaume.

Le vaisseau amiral français *la Montagne* eut, pendant cette terrible journée, à supporter seul le choc de cinq vaisseaux ennemis. Déjà criblé par plus de 3,000 boulets, il avait perdu tous ses agrès; les deux tiers de son équipage et tous ses officiers étaient morts ou blessés. L'amiral Villaret avait eu son banc de quart brisé sous lui par un boulet. Les batteries du gaillard et du pont étaient sans canonniers, ils avaient été tués sur leurs pièces. Le feu des Anglais redoublait et *la Reine-Charlotte* s'approchait pour lui porter le dernier coup. C'en était fait de *la Montagne* quand le chef de l'imprimerie de la flotte, Bouvet de Cressé, s'offrit à balayer le pont de l'amiral anglais avec une caronnade de trente-six, encore en batterie à tribord. Ce brave jeune homme, déjà blessé trois fois, avait remarqué que cette caronnade, par suite de la position relative des deux bâtiments enfilait d'un bout à l'autre le pont du vaisseau anglais. « Vous vous ferez tuer, « lui dit Villaret.—Qu'importe, répond-il, si ma mort « est utile à ma patrie? » Il monte, on fait feu sur lui des hunes ennemies : il reçoit cinq nouvelles blessures, mais arrive à la pièce qu'il charge de mitraille jusqu'à la bouche, puis profite de l'instant favorable, pointe et fait feu.—L'effet du coup fut terrible, tout le pont de *la Reine-Charlotte* fut complétement balayé. Howe, craignant une seconde décharge, s'éloigna aussitôt. L'immobile *Montagne*, couverte de sang et de cadavres, entourée de débris, dut son salut à l'audacieux courage et à l'heureuse inspiration de Bouvet.

La glorieuse résistance de *la Montagne* obtint de justes hommages; l'héroïsme du *Vengeur* a droit à une éternelle admiration. Après avoir soutenu long-temps un combat acharné contre trois vaisseaux anglais, dont un, presque désemparé, avait été forcé de s'éloigner, *le Vengeur* avait perdu la moitié de son équipage, le reste était blessé pour la plupart : le second capitaine avait été coupé en deux par un boulet ramé. Le vaisseau était rasé par le feu de l'ennemi, sa mâture abattue; ses flancs, criblés par les boulets, étaient ouverts de toutes parts; sa cale se remplissait rapidement et à vue d'œil : il s'enfonçait dans la mer. Les généreux marins qui restaient encore sur son bord pouvaient se sauver en se rendant prisonniers; mais l'orgueil républicain ne voulait pas devoir la vie aux Anglais. Ces braves prennent une résolution comparable aux traits les plus sublimes de l'antiquité, ils déchargent une dernière fois sur l'ennemi la batterie basse lorsqu'elle se trouve au niveau de la mer, et s'élancent dans la seconde, où ils répètent la même manœuvre quand cette seconde batterie va disparaître sous les flots. Ils montent alors sur le pont : un tronçon du mât d'artimon restait encore debout, le pavillon national, en lambeaux, y est cloué. La dernière bordée est tirée au moment où les derniers canons arrivent à fleur d'eau, puis, les bras levés vers le ciel, agitant leurs chapeaux et leurs armes, aux cris mille fois répétés de *vive la République! vive la liberté!* ces généreux enthousiastes descendent triomphants dans l'abîme qui se referme sur eux.

Jean-Bon-Saint-André eut l'impudence de présenter ce combat comme une victoire signalée, et la Convention, trompée, accorda des louanges à ses talents et au son courage. Barrère se rendit complice du mensonge, et prêta sa banale éloquence à l'éloge du commissaire conventionnel près l'escadre de Brest; il ne devait cependant pas ignorer que, à l'exemple d'un prince qui, dit-on, ne se croyant pas encore en sûreté dans la cale, au combat d'Ouessant, s'était fait *lover* (ceindre) un cable autour de lui, le représentant s'était enfui lâchement sous les derniers ponts, lorsque l'affaire avait été un peu vivement engagée. Telle fut l'impression de cette conduite sur l'équipage de *la Montagne*, que toute l'autorité de Villaret eut peine à empêcher le lendemain qu'on ne jetât à la mer le conventionnel qui s'opposait au secours que l'amiral voulait porter aux vaisseaux engagés avec l'ennemi.

La Convention décréta que l'escadre de Brest avait bien mérité de la patrie; elle ordonna qu'on suspendrait un modèle du vaisseau *le Vengeur* aux voûtes du Panthéon, et que l'héroïsme de l'équipage serait proposé aux poëtes, aux peintres et aux sculpteurs comme un sujet digne de la consécration des arts et de la reconnaissance nationale [1].

En rentrant dans la rade de Bertheaume, l'escadre française rencontra quinze bâtiments de guerre de diverses grandeurs; c'était la division de Montaigne qui cherchait l'escadre de Howe. Villaret, renforcé de quelques vaisseaux sortis de Cancale, proposa de l'attaquer, mais Jean-Bon ne crut pas devoir compromettre dans un nouveau combat une vie échappée à une bataille meurtrière.

Le convoi si impatiemment attendu entra néanmoins à Brest. Le contre-amiral Vanstabel ayant traversé le champ de bataille du 13 prairial, et jugeant au grand nombre de débris dont il était couvert, que le combat avait été terrible, s'était décidé à continuer sa route, pensant avec raison que les deux escadres avaient dû rentrer chacune dans leurs ports respectifs pour réparer leurs avaries. Un hasard heureux lui avait fait éviter la flotte de Montaigne, empressée elle-même d'échapper aux vaisseaux de Villaret. Ainsi le but de l'expédition fut atteint, et le sang des héros du *Vengeur* ne fut pas versé inutilement pour la France.

[1] Nous ignorons ce qu'ont fait les peintres et les sculpteurs ; leur chef-d'œuvre, s'il existe, est encore inconnu ; mais les poëtes se montrèrent dignes de chanter *le Vengeur*. — Une des plus belles odes de Lebrun, consacrant le dévouement des marins français, se termine par ces strophes :

> Il est beau, quand le sort vous plonge dans l'abîme,
> De paraître le conquérir.
> . . . .
>
> Plus fiers d'une mort infaillible,
> Sans peur, sans désespoir, calmes dans les combats,
> De ces Républicains l'âme n'est plus sensible
> Qu'à l'ivresse d'un beau trépas.
> . . . .
>
> Voyez ce drapeau tricolore
> Qu'élève en périssant leur courage indompté :
> Sous les flots qui les couvre, entendez vous encore
> Ce cri : « Vive la liberté ! »
>
> Ce cri !... c'est en vain qu'il expire
> Étouffé par la mort et par les flots jaloux ;
> Sans cesse il revivra répété par ma lyre :
> Siècles il planera sur vous.
>
> Et vous héros de Salamine
> Dont Thétys vante encor les exploits glorieux,
> Non ! vous n'égalez pas cette auguste ruine,
> Ce naufrage victorieux.

Une strophe du *Chant des victoires*, de Chénier, célèbre aussi cet acte héroïque :

> Lève-toi, sors des mers profondes,
> Cadavre fumant du *Vengeur*,
> Toi qui vis le Français vainqueur
> Des Anglais, des feux et des ondes.
> D'où partent ces cris déchirants ?
> Quelles sont ces voix magnanimes ?
> Ce sont les braves expirants
> Qui chantent du fond des abîmes
> Gloire au peuple français !

Mais plus on admire tant d'héroïsme, plus la conduite du représentant, cause du combat et du désastre, inspire de dégoût et le mépris.

GUERRE DANS LES COLONIES.

SOMMAIRE.

Formation d'une assemblée coloniale à Saint-Domingue.—Scission de l'assemblée avec le gouvernement.—Révolte des noirs.—Incendie de la plaine du Cap.—Fédération des hommes de couleur.—Guerre entre les blancs et les mulâtres.—Vaines tentatives de conciliation.—Expédition du marquis de Borel.—Affaire de la Croix-des-Bouquets.—Retour des commissaires civils en France.—Décret de l'assemblée législative en faveur des mulâtres.—Envoi de nouveaux commissaires et de troupes dans les Antilles.—Expédition contre les noirs.—Affaire d'Ouanaminte.—Prise du camp de la Tannerie.—Événements divers.—Guerre maritime.—Discussions du général Galbaud avec les commissaires conventionnels.—Révolte de la flotte.—Prise du Cap.—Émancipation des noirs.—Incendie du Cap.—Prise du môle Saint-Nicolas par les Anglais.—Animadversion générale contre Santhonax.—Ses suites.—Expédition des Anglais contre Saint-Domingue.—Prise du Port-au-Prince.—Agression des Espagnols et des Nègres.—Massacre du quartier Borgne.—Rappel de Santhonax.—Heureuse résistance de Lavaux et de Rigaud contre les Anglais.—Tentative infructueuse des Anglais sur la Martinique.—Inutile attaque de Gorée.—Nouvelle expédition anglaise contre les Antilles du vent.—Attaque de la Martinique.—Siège du fort Bourbon.—Prise des Antilles par les Anglais.—Reprise de la Guadeloupe par Victor Hugues.—Résistance des îles de France et Bourbon.—Prise de Pondichéry par les Anglais.

| *Généraux français.* | Lavaux.—Rigaud. Galbaud.—Rochambeau. | *Amiraux et généraux anglais.* | Gardner.—Jervis. Grey.—Dundas. |
| *Commissaires civils.* | Santhonax. Victor Hugues. | *Chefs des noirs révoltés.* | Jean-François.—Biassou. Toussaint-Louverture. |

Le préjugé qui a fait naître et qui entretient parmi les colons à peau blanche une sorte de mépris et de haine pour quiconque a dans les veines une goutte de sang africain, fut la première cause de la révolution qui enleva Saint-Domingue à la France. Le mal aurait pu être prévenu et toute catastrophe empêchée par l'adoption d'un seul principe, il ne fallait que dire : Une goutte de sang blanc dans les veines d'un nègre suffit pour l'ennoblir; au lieu d'admettre qu'une goutte de sang noir dans les veines d'un blanc suffisait pour l'avilir.

Saint-Domingue était, en 1789, la plus importante et la plus riche de nos colonies. 40,000 blancs, 35,000 hommes de couleur libres et environ 500,000 nègres esclaves formaient la population de la partie française de l'île (la partie sud appartenait à l'Espagne). Quand la Révolution divisa les Français en deux partis, les planteurs se trouvèrent à la fois aristocrates et démocrates. — Démocrates par le désir et la pensée de se soustraire à la suprématie de la métropole; aristocrates dans leurs relations avec les mulâtres et les nègres libres avec lesquels ils ne voulaient admettre aucune espèce d'égalité.

Formation d'une assemblée coloniale à Saint-Domingue. — Au commencement de 1790 et sans convocation de l'autorité, une assemblée coloniale de deux cent treize membres se réunit spontanément à Saint-Marc, pour débattre les intérêts du pays. Elle commença par s'emparer de l'administration de la colonie. Ses actes et son existence furent sanctionnés, le 8 mars de la même année, par l'assemblée constituante, qui ne connaissait pas bien ses vues, et qui ordonna même la création de semblables assemblées dans les autres colonies. La garde nationale fut aussi formée à la même époque, et l'assemblée coloniale de Saint-Marc, qui pensait que cette institution, qu'elle espérait diriger, la rendrait maîtresse de l'île, applaudit aux mesures de l'assemblée française; mais, le 28 mars, un décret rendu à Paris ayant accordé les droits de citoyen aux hommes de couleur propriétaires, les éloges se changèrent en imprécations; la fermentation s'établit et les désordres éclatèrent.

Scission de l'assemblée avec le gouvernement. — Ces premiers troubles étaient fomentés par l'assemblée coloniale; le comte de Peynier, gouverneur, chercha à la dissoudre, d'après les ordres du gouvernement; il n'y réussit pas. Deux partis se formèrent dans l'île, s'accusèrent mutuellement, et la guerre civile fut déclarée.

La ville du Cap et l'assemblée provinciale du nord se mirent en opposition avec l'assemblée de Saint-Marc; celle-ci, soutenue par les blancs de l'ouest et du sud, envoya à Paris quatre-vingt-cinq députés pour y plaider sa cause. Cependant le gouvernement français avait fait partir une escadre avec des troupes pour faire exécuter à Saint-Domingue les lois de l'assemblée nationale, et pour recouvrer l'autorité que s'y étaient arrogée les législateurs de Saint-Marc. Ces troupes, arrivées au Port-au-Prince, furent gagnées par le parti démocratique sans que le nouveau gouverneur Blanchelande pût s'y opposer. Ce gouverneur fut remplacé lui-même par un colon nommé Caradeuc. La municipalité s'empara du commandement, confié au lieutenant du roi. Un matelot déserteur, Praloto, fut nommé chef de l'artillerie et des fortifications. L'assemblée constituante crut plus tard remédier au mal et apaiser les troubles en confiant momentanément l'autorité aux créoles et en ajournant l'époque où les hommes de couleur jouiraient de leurs droits civiques. Cette désastreuse mesure ne contenta personne, et fit éclater une insurrection. — La Constituante rapporta son décret, première cause des troubles, ce qui acheva d'exaspérer les hommes de couleur sans contenter les blancs. L'indiscipline gagna les troupes, et Saint-Domingue fut dès lors plongé dans l'anarchie.

Ce fut alors que s'institua au Cap une seconde assemblée coloniale composée à peu près des mêmes éléments que la première, sur les désordres de laquelle elle renchérit en se liant avec l'Angleterre.

Révolte des noirs.—Incendie de la plaine du Cap. — Les idées de liberté commençaient à germer activement parmi les noirs, témoins de la lutte des blancs et des mulâtres. Plusieurs excès avaient déjà été commis dans la partie de l'ouest; des instigateurs secrets, agents de l'Espagne ou de l'Angleterre, poussèrent les noirs à une révolte ouverte : ceux-ci se rassemblèrent au nombre de 12,000, sous la conduite du nommé Bouckman, et, dans la nuit du 22 août, se répandirent dans la plaine du Cap, égorgeant tous les blancs sans distinction d'âge ni de sexe. Le massacre fut horrible. Plus de deux cents habitations furent ainsi saccagées. Les noirs mirent le feu aux maisons et aux cultures.

Cet acte de furieuse vengeance, qui fut considéré comme un premier succès, enhardit la population noire, dirigée par quelques meneurs blancs de la partie espagnole de l'île. Elle s'organisa en bandes régulières. Un nègre, nommé Jean-François, que l'Espagne chargea par la suite de décorations et de dignités, fut mis à leur tête. Il avait pour second le nommé Biassou. Toussaint-Louverture, qui a acquis depuis une si grande célébrité, ne venait qu'en troisième rang.

Fédération des hommes de couleur. — Les hommes de couleur, placés entre les deux populations noire et blanche qui leur étaient presque également hostiles, s'étaient depuis quelques temps confédérés dans la province de l'ouest, à Saint-Marc, à la Croix et aux Bouquets. Ils reconnurent pour chefs les généraux Rigaud et Beauvais. Pinchinnal fut nommé président de leurs conseils. — La crainte détermina les blancs des campagnes de l'ouest à se joindre à eux, démarche qui ne tarda pas à mettre les Européens des villes aux prises avec ceux des vallées.

Guerre entre les blancs et les mulâtres. — Ces fédérations, quoique formées d'hommes que l'assemblée coloniale méprisait souverainement, finirent par l'alarmer. Elle envoya quelques centaines de soldats avec du canon pour les dissiper, mais ses troupes furent repoussées et le Port-au-Prince fut bientôt bloqué par les confédérés eux-mêmes.

La situation critique où se trouvaient les blancs allait obliger l'assemblée coloniale à reconnaître le décret du 15 mai et les droits politiques des hommes de couleur, quand arriva dans la colonie la nouvelle, que, ainsi que nous l'avons dit plus haut, ce décret venait d'être rapporté par l'assemblée constituante.

Les dispositions de l'assemblée coloniale changèrent aussitôt, et elle se résolut à déployer la force contre les hommes de couleur, dont l'émancipation était indéfiniment ajournée. — Cette mesure mit de nouveau les partis aux prises.

A la suite d'une rixe entre un noir et un canonnier blanc, les mulâtres prirent les armes. — Beauvais effectua avec habileté sa retraite devant des forces européennes supérieures, après avoir incendié le Port-au-Prince.

Vaines tentatives de conciliation. — Trois commissaires envoyés de France cherchèrent à rapprocher les partis. Une circonstance heureuse favorisait ces vues de conciliation; les chefs noirs offraient de se soumettre à des conditions raisonnables.

Jean-François, Biassou et Toussaint-Louverture ne demandaient qu'une amnistie générale et quatre cents libertés pour eux et leurs principaux adhérents. L'assemblée coloniale répondit avec mépris à une demande si modérée, renvoya honteusement les parlementaires et fit même fouetter un des chefs nègres.

Expédition du marquis de Borel. — En maltraitant ainsi les noirs, les créoles ne se montraient pas plus politiques avec les hommes de couleur qu'ils auraient dû tâcher d'attirer à eux par des concessions libérales et généreuses.

Le marquis de Borel partit du Cap pour l'Artibonite, avec un corps de volontaires créoles, dans le but de détruire la confédération de l'ouest; il ne parlait que vengeance et massacre, et il souleva bientôt contre lui tous les mulâtres. Ceux-ci lâchèrent les noirs de leurs ateliers sur cette bande d'assaillants, qui fut presque totalement détruite. — Le général Fontanges, par une conduite prudente et en sanctionnant la fédération, arrêta heureusement l'explosion qui allait avoir lieu dans l'ouest, fit rentrer les noirs dans les habitations et pacifia momentanément le pays.

Affaire de la Croix-des-Bouquets. — L'assemblée provinciale, qui dominait au Port-au-Prince, ayant été sur le point de déporter le commissaire civil Saint-Léger, qui avait tenté de ramener la paix dans cette place, ce dernier se réfugia à Léogane. Ce départ laissa l'assemblée livrée à toutes ses passions. Alors se croyant assez forte pour dissoudre les confédérés qui avaient bloqué Port-au-Prince, elle prépara une expédition contre la Croix-des-Bouquets. Ce poste fut assailli le 22 mars par 2,000 hommes précédés de l'artillerie de Praloto. Il fut pris, et toute la population s'enfuit dans les mornes. Mais quelques jours après les noirs, conduits par un nommé Hyacinthe, surprirent, dans une marche, la colonne du Port-au-Prince, et se ruèrent dessus avec fureur. On les mitrailla en vain à bout portant, ils obligèrent la colonne à rentrer en ville après avoir perdu plus de 100 hommes.

Retour des commissaires civils en France. — Les commissaires civils, reconnaissant leur impuissance pour apaiser les troubles qui désolaient surtout l'ouest et le nord, retournèrent en France pour éclairer l'assemblée sur l'état de la colonie.

Décret de l'assemblée législative en faveur des mulâtres. — Envoi de nouveaux commissaires et de troupes dans les Antilles. — L'assemblée législative succédant à la constituante, s'était décidée, par un décret du 4 avril 1792, à fixer le sort des hommes de couleur. De nouveaux commissaires, Santhonax et Polverel, avaient été envoyés à Saint-Domingue, et 6,000 hommes de troupes les suivirent pour appuyer l'exécution du décret. Rochambeau, avec 1,800 soldats, avait été dirigé sur la Martinique; mais ce général, trouvant dans cette île le drapeau blanc arboré par le gouverneur Behague (nous verrons plus loin par suite de quels événements), se rendit au Cap où il prit momentanément la direction des forces militaires européennes de Saint-Domingue.

Les deux commissaires français débutèrent à Saint-Domingue par l'arrestation du gouverneur Blanchelande, qu'on rendit responsable de l'insuccès d'une expédition récente contre les nègres révoltés, et qui fut conduit en France. Cependant Santhonax, à qui on supposait l'intention de rendre la liberté aux esclaves, comme il le fit en effet quelques mois plus tard, fut mal reçu dans la colonie. Les défiances se rallumèrent, et bien que l'assemblée coloniale eût accepté forcément le décret du 4 avril, la haine devint si grande entre les mulâtres et les blancs, qu'ils se fusillaient dans les rues du Cap pour les moindres difficultés.

Expédition contre les noirs. — Affaire d'Ouanaminte. — Rochambeau ayant été chargé par les commissaires de faire une expédition sur Ouanaminte, se mit en campagne avec une petite armée devant laquelle les noirs ne tinrent nulle part. Toutefois, ils ne purent être débusqués des mornes, où ils se réfugiaient. L'expédition de Rochambeau se réduisit donc à une course pénible et inutile.

Prise du camp de la Tannerie. — Le général Lavaux, militaire intrépide, qui lui succéda lorsqu'il repartit pour la Martinique, fut chargé de l'attaque des noirs du camp de la Tannerie. Ce poste, d'un difficile accès, était, grâce aux agents des Espagnols, retranché suivant les règles de l'art. Biassou ne put tenir devant l'attaque impétueuse de la jeunesse du Cap, et Jean-François, presque enveloppé dans la grande rivière, ne gagna les confins de la partie espagnole qu'avec la plus grande peine. Ces succès, suivis de la publication d'une amnistie, amenèrent la soumission de 10 ou 12,000 femmes noires.

Événements divers. — Le marquis de Borel était alors assiégé au Port-au-Prince, où il s'était emparé du pouvoir militaire et civil. Il succomba bientôt et chercha un refuge à la Jamaïque. Praloto, arrêté et condamné à la déportation, fut jeté à la mer pendant la traversée. Pendant tous ces événements la République avait été proclamée en France. Les colons de la Grande-Anse persistaient à ne reconnaître aucun de ses décrets et traitaient avec Londres et la Jamaïque. Les hommes de couleur avaient au contraire salué de leurs acclamations l'établissement du régime républicain. Pinchinnal et Rigaud marchèrent contre la Grande-Anse, mais ils furent repoussés avec perte.

Guerre maritime.—Discussion du général Galbaud avec les commissaires conventionnels.— Tel était, en 1793, l'état des choses à Saint-Domingue quand la guerre maritime éclata. L'Angleterre, à la suite d'un traité conclu le 25 février avec les colons, dirigea aussitôt une escadre sur les Antilles. De son côté la République se hâta d'y envoyer de nouvelles troupes, et le général Galbaud fut commandant supérieur des forces républicaines réunies à Saint-Domingue. Une scission ne tarda pas à s'élever entre lui, Santhonax et Polverel, devenus commissaires de la Convention. Les troupes de terre, celles de la marine, les colons y prirent parti. Les commissaires, usant alors de leurs pouvoirs suprêmes, destituèrent Galbaud et le firent embarquer pour retourner en France.

Révolte de la flotte. — Prise du Cap. — Galbaud, à peine embarqué, s'attacha à gagner les équipages de la flotte pour les faire servir à la vengeance qu'il voulait tirer des commissaires. L'occasion ne tarda pas à se présenter, pendant que la flotte était encore mouillée dans la rade. Un officier de marine frappa, sans provocation, un noir qui se défendit. Santhonax donna droit à celui qui avait raison et blâma l'officier. Toute la flotte, indignée de la préférence accordée à un nègre, demanda à marcher sur le Cap. Les insurgés placèrent Galbaud à leur tête. La ville du Cap fut attaquée et défendue pendant deux jours avec une sorte de fureur. La troupe de ligne, long-temps indécise, finit par se ranger du côté des commissaires; mais trop faible contre la masse des assaillants, elle se retira, le 21 juin, avec Santhonax et Polverel sur le Haut-Cap. Galbaud s'empara de la basse ville et de l'arsenal.

Émancipation des noirs. — Santhonax, profondément irrité de la révolte des marins, de la conduite de Galbaud et de l'influence que les créoles avaient eue dans ces événements (Galbaud, propriétaire à Saint-Domingue, s'était dès le principe montré favorable aux blancs), eut recours à un moyen extrême; il proclama, le 21 juin, la liberté de tous les noirs qui s'armeraient pour la République. Ce fut un arrêt décisif pour la colonie. Les noirs, si long-temps courbés sous le poids de l'esclavage, se relevèrent terribles. La réaction fut violente. Il ne pouvait pas en être autrement. On peut blâmer Santhonax de n'avoir pas compris toute la portée de son appel à des masses aussi dégradées; mais il serait absurde de faire un crime à des hommes, encore empreints des stigmates de la servitude, de ne s'être pas subitement transformés en citoyens paisibles, fermiers ou cultivateurs, travaillant pour un juste salaire, et de n'avoir offert dès le lendemain de leur émancipation, ce modèle de toutes les vertus domestiques qu'on eût en vain cherchées chez leurs maîtres. La liberté est pour l'esclave ce qu'est la nourriture pour l'homme affamé, elle ne peut lui être administrée qu'avec ménagement et par degrés.

Incendie du Cap. — Ce fut dans le désordre causé par les soldats de Galbaud et par les noirs devenus libres, qu'eurent lieu la dévastation et l'incendie du Cap. Galbaud, blessé, regagna la flotte avec ce qui lui restait des soldats et une partie des habitants du Cap. Cette flotte se composait de cent cinquante bâtiments marchands, outre les vaisseaux de guerre. Tous firent voile d'abord pour les États-Unis, afin d'y déposer les malheureux créoles qui allaient y chercher un refuge. Galbaud cingla ensuite vers la France.

Prise du môle Saint-Nicolas par les Anglais. — Pendant qu'une partie des colons expiaient aussi cruellement leurs propres fautes et celles des hommes qui devaient les protéger et les défendre, les colons du sud, pour se soustraire à de pareilles calamités, réclamaient à la Jamaïque la protection de l'Angleterre. Par suite de cette démarche, le môle Saint-Nicolas, armé de deux cents pièces de canon et surnommé le *Gibraltar de Saint-Domingue*, était livré en septembre au commodore Ford et au général Wilson. Ce poste, regardé comme le point militaire le plus important des Antilles, est situé entre les villes du Cap et du Port-au-Prince, dont il rend les communications directes très difficiles, gênant même celles par mer. Il offre un très bon mouillage.

Animadversion générale contre Santhonax. — Ses suites. — L'émancipation des esclaves avait blessé également les intérêts des blancs et des hommes de couleur propriétaires. Santhonax était l'objet de la haine générale : il devint défiant et soupçonneux. Bientôt les dispositions hostiles manifestées contre lui le décidèrent à désarmer les blancs, ce qui acheva de les pousser à la révolte contre la République. Dès lors les colons de Saint-Marc, de l'Arcahaye, de Léogane, du Grand-Goave, négocièrent avec les Anglais. Cependant le commodore Ford s'étant présenté, vers cette époque, devant le Port-au-Prince, en fut repoussé. De nouvelles dissensions s'élevèrent dès lors dans le sud entre les blancs et les mulâtres, partisans de la République. On parlait hautement du massacre des colons d'origine européenne. Pinchinnal fut même soupçonné d'être l'instigateur de cette mesure sanguinaire. Santhonax au contraire favorisait de tout son pouvoir le départ des blancs propriétaires, soit, disent les uns, pour rester maître du pays et grossir la liste des domaines confiscables par suite d'émigration, soit par un sentiment d'humanité et pour arracher les colons à une perte qu'il prévoyait inévitable et prochaine.

Expédition des Anglais contre Saint-Domingue. — Prise du Port-au-Prince. — Les Anglais, sur ces entrefaites, préparaient de fortes expéditions contre les Antilles ; ils eurent l'adresse d'y faire entrer une foule d'émigrés qui se laissèrent niaisement persuader que cette conquête n'allait se tenter que dans l'intérêt de la famille des Bourbons.

L'escadre anglaise se montra, le 22 mai, devant Port-au-Prince. Elle avait à son bord les blancs de la Grande-Anse, rassemblés sous le nom de légion de Montalembert. Des corps francs, levés à Léogane, devaient en même temps s'avancer par terre et coopérer à l'attaque de la ville. Une trahison, dont les détails ne sont pas bien connus, ayant livré aux Anglais le fort Birotou, les commissaires de la Convention se virent forcés d'abandonner la place qui n'était plus tenable. Ils se retirèrent à Jacmel auprès du général Rigaud, et la place se rendit aux Anglais, le 5 juin, par capitulation.

Agression des Espagnols et des Nègres. — Dans le même temps et pour augmenter les embarras du parti républicain, le nègre Jean-François, appuyé par les Espagnols, s'emparait du nord de l'île, refoulant sur le Cap les détachements du général Lavaux, qui s'enfermèrent dans le Port-de-Paix. La plupart des créoles fugitifs, rappelés par une proclamation anglo-castillane, revinrent alors dans la colonie. C'était un piège infâme tendu à ces malheureux. Jean-François, d'après les instigations d'un Espagnol nommé Vasquez, s'était décidé à massacrer, sans distinction d'opinions, tous les Français qu'il pourrait attirer dans les lieux où s'étendait sa domination. Il parvint à en égorger plus de mille, « non pas comme Français, disait-il, mais comme juifs et athées. » C'était ainsi que les premiers Français établis à la Floride avaient été assassinés et pendus à des arbres par les Espagnols, « non pas comme Français, mais comme hérétiques. » On connaît la vengeance qu'en tira le brave Dominique de Gourgues qui, ayant attaqué et pris les meurtriers, les fit pendre à son tour, « non pas comme Espagnols mais comme assassins. »

Massacre du quartier Borgne. — Cette trahison resta quelques temps ignorée. Jean-François, suivi de quelques forces espagnoles, parvint même à s'introduire dans le quartier Borgne, le seul qui, depuis trois ans, eût échappé, dans les environs du Cap, à toute dévastation. Les habitants, malgré leur surveillance active, ne se défièrent point des Espagnols, qui se présentèrent comme ayant l'intention de réprimer toute révolte. Après quelques semaines, néanmoins, les noirs de ce quartier, fort tranquilles jusqu'alors, se révoltèrent tout à coup, égorgèrent leurs maîtres et incendièrent les habitations. — Les Espagnols instigateurs de ces excès en restaient spectateurs paisibles. Mais bientôt des noirs des quartiers voisins vinrent se joindre à ceux du quartier Borgne, résolus à sacrifier à leur vengeance tous les habitants d'origine européenne. Dans ce massacre général, les Espagnols ne furent pas épargnés ; ceux à qui ils avaient mis les armes à la main les égorgèrent sans pitié.

Rappel de Santhonax. — Heureuse résistance de Lavaux et de Rigaud contre les Anglais. — La France, par un décret du 4 février, avait confirmé la liberté de tous les noirs armés, espérant se les attacher ainsi. Saint-Domingue était, par le même décret, déclaré partie intégrante de la République. Santhonax, réuni aux généraux Lavaux et Rigaud, se préparait à combattre la coalition des blancs propriétaires et des Anglais, quand il fut décrété d'accusation et rappelé à Paris. Les Anglais trouvèrent toutefois à la conquête de l'île de plus grandes difficultés qu'ils ne s'y attendaient. Lavaux, retiré au Port-de-Paix et à la Tortue, bravait tous leurs efforts et avait entamé des négociations avec le nègre Toussaint-Louverture. Ce dernier, jaloux des honneurs accordés par l'Espagne à Jean-François, s'en prêta volontiers à un arrangement qui pouvait lui en valoir de semblables, et la promesse du grade de général au service de France fixa ses irrésolutions. Profondément dissimulé, il disposa tout avec maturité pour sa trahison, et partit, le 25 juin, avec un corps nombreux de noirs pour se réunir au général Lavaux, égorgeant tous les détachements espagnols qu'il rencontrait sur son passage.

Cette heureuse défection d'un des principaux chefs des nègres retint pour le moment la colonie au pouvoir des Français. Ils rentrèrent en possession de la plus grande partie des quartiers du nord, et les Anglais confinés à l'ouest, dans les seuls points fortifiés de la côte, y étaient réduits à une défensive pénible. La province du sud avait résisté à tous leurs efforts. Rigaud, secondé par le brave général Beauvais, leur faisait une guerre sans relâche. Il leur enleva Léogane dans la nuit du 6 au 7 octobre et fit fusiller tous les blancs pris les armes à la main, ou en uniformes anglais, quoiqu'il se montrât d'ailleurs indulgent envers les Anglais eux-mêmes. Bientôt ses forces s'accrurent de la prise d'un convoi d'armes et d'une corvette. Il vainquit de nouveau les Anglais à Tiburon, le 29 décembre, et les contraignit à se renfermer dans la Grande-Anse.

Ainsi l'expédition anglaise à Saint-Domingue, qui avait débuté par des succès, se trouvait presque manquée à la fin de 1794, et la cause républicaine avait repris ses avantages.

Tentative infructueuse des Anglais sur la Martinique. — Pendant que les Anglais, aidés par la trahison, s'emparaient, à Saint-Domingue, du môle Saint-Nicolas, l'amiral Gardner échouait dans sa tentative contre la Martinique. Cette île, où les intérêts des colons, des mulâtres et des noirs étaient aux prises, comme à Saint-Domingue, avait eu pour gouverneur Behague, officier royaliste qui, en arborant le drapeau blanc, avait forcé Rochambeau à se diriger sur Saint-Domingue. Behague ne tarda pas à être chassé de l'île par le parti démocratique, fort, puissant et compacte : il alla à la Barbade mendier les secours des Anglais. — Une députation des autorités nouvelles vint chercher Rochambeau à Saint-Domingue.

Rochambeau s'embarqua aussitôt. Il envoya le commandant de frégate Lacrosse à la Guadeloupe pour garantir cette île de toute attaque des Anglais ou des émigrés, et se rendit lui-même au Fort-Royal. A peine avait-il arrêté quelques dispositions contre les ennemis du dedans et du dehors, qu'il fut attaqué. Le général Bruce, avec 1,200 hommes et 800 émigrés, se présenta devant l'île. Behague l'accompagnait. L'ennemi débarqua à la case des navires et, les émigrés en tête, s'avança vers Saint-Pierre dont il espérait qu'on lui livrerait les batteries. Assaillis en même temps, de différents points, par des tirailleurs que Rochambeau avait fait embusquer sur leur passage, les émigrés se troublèrent et firent feu les uns sur les autres, se prenant pour ennemis. Rochambeau, profitant du désordre qui suivit cette erreur, les chargea avec quelques cavaliers : ils s'enfuirent en toute hâte. Les Anglais les imitèrent et se rembarquèrent précipitamment, non sans avoir perdu beaucoup de monde.

L'île de Tabago, à laquelle la France n'attachait qu'une médiocre importance et que défendaient seulement quelques milices, était dans le même temps enlevée presque sans coup férir par l'amiral Laforey et le général Cuyler.

Inutile attaque de Gorée. — La petite île de Gorée, qui offre des ancrages sûrs et précieux sur la côte du Sénégal, fut l'objet d'une tentative qui échoua complétement. La faiblesse des fortifications de ce poste doit faire supposer néanmoins qu'il ne fut attaqué que faiblement.

Nouvelle expédition anglaise contre les Antilles du vent. — Le mauvais succès de l'amiral Gardner détermina le cabinet de Londres à une nouvelle expédition. Cette expédition eut une force triple de la précédente, et se composait de 14,000 hommes de troupes réglées, non compris les émigrés. L'amiral Jervis commandait la flotte, et le général Grey dirigeait les troupes de débarquement.

Attaque de la Martinique. — *Siège du fort Bourbon.* — *Prise des Antilles par les Anglais.* — La flotte ennemie se montra en vue de la Martinique le 4 février 1794. Le débarquement commença le lendemain et dura trois jours ; il eut lieu sur trois points à la fois. Rochambeau n'avait que 600 hommes à opposer aux forces considérables qui l'assaillaient, et encore dans ce nombre se trouvaient 400 miliciens. Mais il ne se laissa pas intimider, quelque imminent que fût le péril, et quoiqu'il se vît abandonné ou trahi par le plus grand nombre des habitants de toutes couleurs. Les créoles de Saint-Pierre seuls lui restèrent fidèles. Quelques patriotes formèrent aussi des compagnies franches avec lesquelles le général s'enferma au Fort-Bourbon. Il n'avait en tout que 400 hommes avec lui. Le reste des Antilles françaises du vent, c'est-à-dire la Guadeloupe, les Saintes, la Désirade, Sainte-Lucie, Marie-Galande, etc., n'était défendu que par un pareil nombre de soldats disséminés dans chacune de ces îles, proportionnellement à leur étendue. Toute la marine se réduisait à la frégate commandée par M. Lacrosse. Rochambeau n'avait ni ingénieurs pour diriger les travaux de la défense, ni artilleurs pour le service des batteries, rien en un mot de ce qu'exigeait sa position ; le courage devait suppléer à tout. Il aurait néanmoins été facile aux Anglais de prendre le fort par un siège régulier. Ils eurent recours à la trahison. Un complot fut ourdi pour faire assassiner Rochambeau ; il fut découvert et les coupables furent punis. Les Anglais cherchèrent aussi, à l'aide d'intelligences, à soulever contre Rochambeau les colons et les soldats restés dans le devoir. Une tournée que le gouverneur se hasarda à faire dans l'île pour rassembler ses moyens de défense, fournit aux malveillants l'occasion de répandre le bruit qu'il avait été fait prisonnier. Le patriotisme de 200 hommes du régiment de Turenne résista à toutes les suggestions, et les forces de Rochambeau s'augmentèrent de quelques gardes nationales qu'il organisa.

Le Fort-Bourbon fut cependant investi par mer et par terre, et attaqué suivant toutes les règles. Après quarante-neuf jours de siège, dont trente-deux de tranchée ouverte, toutes les batteries du fort étant démontées et des brèches ouvertes sur plusieurs points, Rochambeau se rendit afin de sauver 300 hommes qui lui restaient, ses malades et ses blessés. Lorsque cette petite troupe défila devant les Anglais, le général ennemi ne pouvant croire que ce fût là la garnison à laquelle il avait eu affaire, demanda à Rochambeau où était le reste de ses soldats, et quand il apprit que cette poignée d'hommes seulement lui avait opposé une aussi héroïque résistance, il manifesta hautement son admiration. Néanmoins, dans son rapport, il tripla le nombre des défenseurs du Fort-Bourbon.

La prise de la Martinique entraîna celle des autres Antilles du vent.—Sainte-Lucie fut occupée le 31 mars, les Saintes le 10 avril. La capitulation de la Guadeloupe et de ses dépendances fut signée le 21 avril. Le capitaine Lacrosse ne pouvant conserver l'île avec le petit nombre de soldats qu'il avait à sa disposition, sauva du moins sa frégate et fit voile pour la France.

Reprise de la Guadeloupe par Victor Hugues. — Tandis que les Anglais s'établissaient à la Guadeloupe, que le général Dundas et la moitié des troupes qu'il y avait amenées y mouraient de la fièvre jaune, un commissaire conventionnel, Victor Hugues, partait de Brest avec une escadrille de 12 à 1,500 hommes. Il arriva le 3 juin en vue de l'île, et la trouvant, contre son attente, au pouvoir des Anglais, il prit sur-le-champ une résolution hardie. Sa petite troupe fut débarquée à la Pointe-à-Pitre. Comme Santhonax, il souleva les intérêts des hommes de couleur, et les appela à lui. Il attaqua, le 6 juin, le fort Fleur-d'Épée et l'emporta d'assaut. Ce coup de main hardi fit capituler les forts de Saint-Louis et du Gouvernement, ce qui le rendit maître de la Pointe-à-Pitre et de la Grande-Terre.

Grey, qui occupait la Martinique, vola en vain au secours de son lieutenant. Il arriva devant l'île, ainsi que l'amiral Jervis, qui était parti de la Barbade au premier bruit de l'apparition de l'escadrille française; mais ils ne purent que bloquer les transports républicains.

Néanmoins, désirant rentrer dans la colonie à tout prix, le général Grey débarqua le 19 à l'anse Canot et fit attaquer le fort Fleur-d'Épée et le morne Mascot. Hugues, renforcé de quelques mulâtres et de quelques noirs, déjoua tous les efforts de l'ennemi, qu'il contraignit à la retraite.—Les Anglais possédaient cependant encore dans l'île un peu de terrain que le général Graham fut chargé de disputer, pendant que Grey alla rassembler de nouveaux renforts dans les possessions britanniques. — Hugues poussa ses avantages sans s'arrêter et contraignit Graham à lui abandonner totalement la colonie par capitulation.

Le gouvernement anglais, à la première nouvelle des obstacles qu'éprouvaient ses projets sur les Antilles, avait fait partir une nouvelle escadre pour cette destination; mais cette escadre ne put arriver assez à temps pour empêcher l'évacuation totale de la Guadeloupe par les Anglais. La lutte avait duré six mois et vingt jours.

Résistance des îles de France et Bourbon. — Les îles de France et de Bourbon s'étant refusées constamment à exécuter les décrets sur la liberté des noirs, parvinrent à conserver leur tranquillité intérieure et à repousser tous les efforts des croisières anglaises.

Prise de Pondichéry par les Anglais. — Ce fut en 1793 que la France perdit Pondichéry, cet établissement qui avait si long-temps disputé à Calcutta et à Madras l'empire de la presqu'île de l'Inde. Après la paix qu'avait faite Cornwallis, en 1792, sous les murs de Seringapatnam, et qui dépouillait de la moitié de ses états le malheureux Tippoo-Saeb, Pondichéry était resté comme perdu au milieu des immenses possessions britanniques.—A la fin de juin, l'armée britannique, forte de 6,000 Européens et de 17,000 Cipayes, vint camper sur un coteau à une lieue de Pondichéry, et peu après le siège commença. La ville résista pendant quarante et un jours de tranchée ouverte; elle se rendit enfin, le 21 août, par une capitulation qui sauva les propriétés particulières et assura aux habitants le maintien de leur religion et de leurs lois. 570 Européens, y compris les officiers, 400 Cipayes, 150 gardes nationaux et 25 dragons, en tout 1,145 combattants, restèrent prisonniers de guerre. Les autres établissements français ne tardèrent pas à subir le même sort, et bientôt le pavillon anglais fut arboré sur les remparts de nos forteresses asiatiques. — Il devait cesser pendant long-temps de flotter sur le continent européen.

RÉSUMÉ CHRONOLOGIQUE

1790.

JANVIER. Formation d'une assemblée coloniale à Saint-Domingue.

1791.

15 MAI. Décret qui accorde des droits politiques aux hommes de couleur.
22 AOUT. Révolte des nègres.—Incendie de la plaine du Cap.
5 SEPTEMBRE. Blocus du Port-au-Prince par les hommes de couleur confédérés.
16 — Abolition du décret du 15 mai.

1792.

22 MARS. Affaire de la Croix-des-Bouquets.
28 — Loi qui admet les mulâtres et les nègres libres aux droits politiques.

1793.

21 JUIN. Proclamation de la liberté des noirs. — Incendie du Cap français.
21 AOUT. Prise de Pondichéry par les Anglais.
SEPTEMBRE. Le môle Saint-Nicolas est livré aux Anglais.

1794.

FÉVRIER. Insurrection de la flotte de Brest.
4 — Les Anglais débarquent à la Martinique. — Siège du fort Bourbon.
23 MARS. Prise du fort Bourbon.
31 — Prise de Sainte-Lucie.
10 AVRIL. Prise des Saintes.
21 — Capitulation de la Guadeloupe.
1er JUIN. Combat du 13 prairial.
5 — Prise du Port-au-Prince par les Anglais.
6 — Reprise de la Guadeloupe par les Français.
25 — Défection de Toussaint-Louverture.

OPÉRATIONS SUR LES ALPES COTTIENNES ET MARITIMES.
ARMÉE DES ALPES. — ARMÉE D'ITALIE.

SOMMAIRE.

Situation de l'armée d'Italie et des Alpes.—Dénombrement et positions des Coalisés.—Première tentative sur le mont Cenis.—Plan de Bonaparte pour tourner Saorgio.—Violation du territoire génois.—Expédition contre Saorgio.—Prise d'Oneille.—Suite de l'expédition.—Prise de Ponte-di-Nave.—Prise d'Orméa et de Garessio.—Prise des redoutes de Col-Ardente.—Prise de Saorgio.—Prise du mont Valaisan et du petit Saint-Bernard.—Deuxième attaque et prise du mont Cenis.—Courage d'un poste républicain.—Mort héroïque d'un détachement d'émigrés.—Inaction de l'armée républicaine.—L'armée des Alpes se met sur la défensive.—Situation de l'armée d'Italie.—Inquiétudes de la cour de Turin.—Plan de Bonaparte pour le siège de Démont et l'invasion du Piémont.—Mise à exécution.—Premiers succès.—Contreordre.—Retraite de l'armée républicaine.—Affaire de Garessio.—Projets de l'ennemi sur Savone.—Combat de Cardare.—Combat de Cairo.—Prise de Dego, de Savone.—Occupation de Vado.—Fin de la campagne.

Français.	Généraux.	Coalisés.	Généraux.
Armée des Alpes.	DUMAS.—MOULINS. PETIT-GUILLAUME.	Armée austro-sarde.	Duc d'AOSTE. COLLI.—COLOMBO. Comte de WALLIS.
Armée d'Italie.	DUMERBION.		

Nous arrivons sur un théâtre, et nous approchons d'une époque où la guerre va changer de caractère, et se faire d'après des règles stratégiques et d'après un système de combinaisons tout autrement vastes et profondes que celles qui l'avaient dirigée jusqu'alors. Ce n'est pas toutefois dans la campagne de 1794, qu'on verra ce système se développer et se poursuivre avec ensemble, progression et persévérance ; elle ne se composa, comme les précédentes, que d'une série de combats isolés, entre les deux partis disséminés sur une vaste ligne. Cependant, on s'apercevra déjà qu'un homme de génie, quoique relégué dans un rang inférieur, préside à quelques-unes des opérations militaires ; la campagne aura pour résultat de livrer aux Français les sommités principales des Alpes et les portes de l'Italie.

Situation de l'armée d'Italie et des Alpes. — L'armée qui occupait le comté de Nice avait reçu de l'année précédente le nom d'armée d'Italie : comme celle des Alpes, affaiblie par les nombreux détachements qui en avaient été dirigés dans l'intérieur, elle avait été obligée de se maintenir sur la défensive. En 1794, la prise de Lyon et de Toulon permirent de renvoyer aux armées des Alpes et d'Italie toutes les troupes qui en avaient été tirées. Les cadres de ces armées se grossirent aussi d'un grand nombre de réquisitionnaires. Il en résulta que, sans y comprendre les dépôts et les garnisons qui employaient beaucoup de monde, surtout à Nice, à Antibes et à Marseille, l'effectif des deux armées ne s'élevait pas à moins de 75,000 combattants. — L'armée des Alpes, commandée par le général Dumas, homme de couleur, brave et actif, s'étendait, sur les Alpes Cottiennes, des frontières du Valais jusqu'au mont Dauphin et aux sources de la Stura. — L'armée d'Italie avait toujours pour chef le général Dumerbion. Longeant les Alpes maritimes, elle appuyait sa gauche à Entrevaux, et sa droite vers Menton, sur la Méditerranée. Elle était numériquement un peu plus forte que l'armée des Alpes qui ne se composait que de 40 bataillons et de 14 escadrons.

Dénombrement et positions des Coalisés. — L'armée sarde occupait, par une longue chaîne de postes, toute la ligne qui s'étend du Pô jusqu'au Saint-Bernard et aux frontières de la Suisse. L'armée coalisée austro-sarde s'étendait du Pô à la Méditerranée : ses forces s'élevaient à environ 45,000 Piémontais et 8,000 Autrichiens. On attendait en outre un contingent napolitain de 18,000 hommes, et tout était d'ailleurs en mouvement à Turin pour augmenter encore les cadres de cette armée, et la mettre en état de rejeter, les Français au delà du Var. — La redoutable position de Saorgio, si fatale l'année précédente aux troupes du général Brunet, était défendue par 18,000 hommes, aux ordres du lieutenant-général Colli, formant la gauche de l'armée austro-sarde. Le duc de Montferrat commandait la droite de l'armée qui occupait les vallées voisines de celle d'Aoste et les versants orientaux du mont Saint-Bernard. Les vallées d'Houlx, de Mayra, de Lucerne et de Pragelas étaient gardées par le centre aux ordres du duc de Chablais. Strasoldo et Provera, défendaient la vallée de Stura. — L'armée combinée avait été placée sous le commandement du duc d'Aoste.

Première tentative sur le mont Cenis. — L'armée des Alpes ouvrit la campagne le 24 mars, quelques jours avant celle d'Italie. Le général Dumas désirait s'emparer du grand mont Cenis. Afin de favoriser son attaque, il fit faire en même temps une diversion sur le petit mont Cenis. Le général Sarret se porta en effet sur ce dernier poste avec 2,200 hommes, divisés en trois colonnes ; mais ces colonnes, égarées par leurs guides, s'amoncelèrent sur le sommet de la montagne en face de Bramans. Le général piémontais Chino les vit arriver et eut le temps de s'embusquer sur le pic qui termine la montagne, d'où il put facilement arrêter leur marche et les écraser. Sarret fut renversé d'un coup de feu et disparut dans un précipice : ses soldats se débandèrent. Le général Camin eut la plus grande peine à les rallier et à les ramener dans la vallée. L'attaque du grand mont Cenis n'eut pas un résultat plus heureux. Les 1,500 hommes qui en étaient chargés furent aussi partagés en trois colonnes. L'une devait passer par Lans-le-Villars ; la seconde, par le mont Frey ; et la troisième, suivre la grande route : celle du centre devait guider la marche des deux autres ; mais en allant se poster elle-même sur le pic au-dessus de Lans-le-Bourg, elle les empêcha de déboucher sur le plateau

Il fallut battre en retraite. L'expédition n'eut d'autres résultats que de causer une alerte à l'ennemi.

Plan de Bonaparte pour tourner Saorgio. — Pour se conformer aux instructions du comité de salut public, l'armée d'Italie devait forcer la position de Saorgio, qui est la clef des Alpes maritimes. Mais depuis la malheureuse tentative de Brunet, le général Colli avait renforcé par de nouveaux retranchements cette position, presque inattaquable de front, dont Provera gardait la droite, et Argenteau la gauche, étendant des corps de flanqueurs jusqu'aux confins du territoire de Gênes dans la vallée d'Oneille.

Bonaparte, qui venait de se distinguer à Toulon, était depuis le mois de mars à l'armée d'Italie en qualité de général d'artillerie. Après avoir bien reconnu les inexpugnables positions du camp des Fourches et de celui de Rauss, couvertes par Saorgio, il émit l'avis de les tourner par la gauche et de forcer ainsi l'ennemi à les abandonner lui-même. Cette manœuvre livrait aux Républicains la grande route de Tende à Fontan par la Briga et les mettait en mesure de couper la retraite à l'ennemi.

Violation du territoire génois. — Comme il fallait, pour l'exécution de ce projet, violer la neutralité du territoire de Gênes, il fut soumis à l'approbation du gouvernement qui ne se fit pas attendre. Le passage fut demandé très poliment au doge, qui le refusa : on ne manquait pas de prétextes pour se passer de sa permission. Les Anglais et le roi de Sardaigne avaient eux-mêmes donné l'exemple de violer la neutralité génoise, les uns en prenant un vaisseau français dans le port même de Gênes, et l'autre en faisant traverser le territoire génois au contingent qu'il envoyait à Toulon. La France avait d'ailleurs à châtier la ville d'Oneille, refuge des corsaires qui affamaient la Provence. Ce prétexte fut même donné comme la cause de l'expédition qu'on allait entreprendre et chacun y ajouta croyance.

Expédition contre Saorgio. — Le 6 avril, pendant que Dumerbion, faisait distraire l'attention de l'ennemi, faisait emporter d'assaut le camp de Fougasse et les postes voisins de Reglio, un corps de 20,000 hommes, rassemblés à Menton et aux ordres de Masséna, se mit en marche sur trois colonnes, avec vingt bouches à feu. Il était suivi de Bonaparte et des représentants du peuple. Dumerbion, avec les divisions Macquart et Grenier, fortes ensemble de 20,000 hommes, resta devant le front de l'ennemi. Macquart formait le centre et gardait la Roya. La gauche s'étendait jusqu'aux sources de la Tinea pour communiquer avec l'armée des Alpes par Isola.

Voici quel était l'itinéraire des trois colonnes de Masséna : celle de gauche (général Hamel), forte de 4,500 hommes, devait attaquer Fourcoin au-dessus de Saorgio ; celle du centre (général Laharpe), consistant en 9,500 hommes et quatorze canons, devait gagner la tête de la vallée d'Aroscia vers la Pieva (Masséna était avec cette colonne) ; enfin, celle de droite (général Mouret), forte de 6,000 hommes, marchait directement sur Oneille en suivant la côte.

Prise d'Oneille. — Malgré quelques fortifications élevées par les Piémontais sur les hauteurs de Sainte-Agathe, la colonne de Mouret entra, le 7, dans Oneille. Les ennemis de la nation française, ne pouvant la vaincre, s'attachaient à la calomnier. Les soldats républicains étaient précédés partout de la réputation d'incendiaires, de cannibales ivres de sang ; on les représentait aux populations ignorantes comme des monstres sans pitié pour les hommes, sans respect pour la religion, les lois et les mœurs des pays où ils entraient en vainqueurs. À leur approche, toute la population de la ville et de la vallée d'Oneille, s'élevant à plus de 50,000 âmes, s'enfuit dans les montagnes. Quelques paysans, plus hardis que leurs compatriotes, se hasardèrent à venir jeter un coup d'œil d'abord à la dérobée, puis approchèrent davantage, puis enfin osèrent regarder en face ces terribles Républicains. La réception amicale qui leur fut faite, le respect qu'on montra pour leurs coutumes et les objets de leur culte apaisa toutes leurs craintes et fit bientôt revenir la population qui avait pris la fuite.

Suite de l'expédition. — *Prise de Ponte-di-Nave.* D'Oneille, le général Mouret avait porté un détachement sur Loano, enclave du roi de Sardaigne dans le pays de Gênes, entre Finale et Albenga. Le reste de la colonne se réunit à la division Laharpe, sur la Pieva ; puis Mouret se dirigea sur les hauteurs de Garessio, Laharpe sur celles d'Ormea et Masséna sur Ponte-di-Nave. La terreur précédait le mouvement de ces colonnes, auxquelles aucun détachement sarde n'osait tenir tête.

Ponte-di-Nave, au-dessus du confluent du Neirone et du Tanaro, était un poste important défendu par 2,500 Autrichiens aux ordres du général Mercé-Argenteau. Il avait des retranchements garnis d'artillerie ; mais Argenteau ne sut tirer aucun parti de cette position, d'où le chemin d'Oneille à Turin devint praticable pour l'artillerie : il l'abandonna ; le 16, aux Français ; après une légère fusillade.

Prise d'Ormea et de Garessio. — Le lendemain, le fort d'Ormea, quoique heureusement situé et très bien retranché, se rendit à la première sommation. La ville de Garessio ouvrit ses portes le même jour. — On fit 400 prisonniers à Ormea et on y trouva six mille mesures de blé, une quantité de riz et de farine, et un magasin de draps qui permit de fournir immédiatement à la troupe des effets d'habillement, dont elle avait grand besoin. L'arsenal du château renfermait aussi mille fusils de calibre, un grand nombre de fusils de chasse, dix canons fondus sous Louis XIV, quarante barils de poudre et beaucoup d'autres munitions de guerre. La stupeur, qui avait frappé les Sardes les eût probablement déterminés à abandonner le fort de Ceva, si Masséna eût poussé sa marche jusque-là, et alors la gauche de l'armée coalisée, menacée d'être prise à revers, aurait été forcée d'abandonner ses postes des Alpes pour se replier sur Mondovi. Mais affaibli par les détachements laissés à Oneille, à Ormea et à Garessio, Masséna ne se crut pas assez en forces pour exécuter cette opération et dirigea ses principaux mouvements vers Saorgio, afin d'occuper ces hauteurs et d'empêcher Colli d'envoyer des renforts à Argenteau.

Prise des redoutes de Col-Ardente. — Il avait été arrêté, pour favoriser la marche de Masséna à travers les Alpes maritimes, que la gauche de l'armée d'Italie attaquerait Belvédère et Saint-Martin de Lantosca, pendant que Dumerbion amuserait au centre les camps de Marthe et des Millefourches; ces manœuvres diverses avaient pour but d'endormir la vigilance de Colli, qui semblait n'attacher que peu d'importance aux mouvements qui s'opéraient sur sa gauche. Cependant, après la prise d'Ormea, ce général se décida à dégarnir les camps du centre, où étaient ses principales troupes, pour renforcer les postes de Succarello, de Col-Ardente, et de la Madona-de-Fontana. De son côté Masséna ne restait pas inactif, guidé par le colonel Rusca, chasseur intrépide et qui connaissait à fond le pays, il s'était remis en marche le 20 avril, sur deux colonnes, l'une dirigeant vers Col-Ardente, l'autre par Tanarello sur la Briga, où toutes deux devaient se réunir le 24. Masséna, à Monte-Grande, partagea sa principale colonne en deux autres. La plus faible, aux ordres de Cervoni, longea le contre-fort de Cicerello; l'autre, dont il garda la direction, se présenta devant les redoutes de Col-Ardente, par la gorge de Triola. Avant l'attaque, il divisa encore sa troupe en trois sections. Les généraux Brulé et Langlois reçurent le commandement de celles de gauche et de droite; il se réserva lui-même celle du centre et s'avança droit aux retranchements. — Les Sardes laissèrent arriver à mi-côte les colonnes républicaines; mais bientôt les écrasant sous des masse de pierres, une grêle de plomb, d'éclats de mitraille, ils les forcèrent à la retraite. Cependant un coup d'œil avait suffi à Masséna pour reconnaître que la redoute de Fetz, à huit cents pas de la première, était d'un accès plus facile. Il ordonna une nouvelle attaque en conséquence, et après une vive résistance la redoute fut prise par les Républicains. Les généraux durent payer de leur personne, Brulé et Langlois furent tués. Il est même douteux que le succès eût couronné les efforts des Français, sans les efforts de la colonne de Cervoni qui, descendant de Tanarello, se présenta sur les derrières de Cervoni pendant que ses avant-postes étaient aux prises et l'empêcha de les soutenir.

Il eût été facile à Masséna, maître de Col-Ardente, de descendre sur San-Dalmazio, d'y jeter quelques bataillons, de se rendre maître de la grande route et de couper ainsi toute retraite aux troupes du camp de Rauss. Rusca le lui conseillait fortement, et le succès de la journée eût été tout autrement décisif; mais n'ayant encore aucune nouvelle des mouvements de Mocquart et de Dumerbion, Masséna n'osa s'y déterminer, et se porta, au contraire, sur les hauteurs qui dominent la Briga.

Prise de Saorgio. — Nous avons dit que Dumerbion au centre, se disposait, avec la division Macquart, à attaquer le camp de Marthe, dont il avait enlevé les avant-postes dans la journée du 27. Mais les succès de Masséna au Col-Ardente ayant déterminé le duc d'Aoste à ordonner l'évacuation de ce camp et de celui de Fourche, cette opération se fit si rapidement que l'ennemi n'eut pas le temps d'enlever ses effets de campement : il y mit le feu. Macquart, poursuivant sa marche, arriva enfin de front devant la position de Saorgio, au moment où Masséna s'y présentait par derrière. Ce poste, de si formidable réputation, consistait en deux batteries de maçonnerie situées dans les montagnes sur la grande route de Nice à Turin par le col de Tende. Il n'avait pas de défense du côté des hauteurs dont les Républicains étaient maîtres ; aussi se rendit-il à la première sommation.

Pendant ces mouvements divers, couronnés de succès au centre et à la droite, la gauche de l'armée d'Italie manœuvrait aussi pour rejeter au-delà des Alpes l'ennemi campé dans les vallées de la Vesubia et de la Tinea. Garnier se dirigea par Figaretto sur Lantosca et Rocabiglière. Dans le chemin escarpé et rocailleux qui conduit de la première à la seconde de ces deux villes, se trouvait une redoute défendue par 800 hommes. Elle fut attaquée avec résolution, défendue avec opiniâtreté, mais enfin enlevée par nos braves soldats. Belvédère, Rocabiglière et Saint-Martin restèrent au pouvoir des Français.

Serrurier, pendant ce temps, avait balayé la vallée de la Tinea, chassant devant lui les détachements qui l'occupaient, et qui ne parvinrent qu'avec beaucoup de peine à gagner les sommités du col Fenestre. Ce général, dont la brigade formait l'extrême gauche de l'armée d'Italie, établit ensuite par Isola une communication avec la droite de l'armée des Alpes.

Ainsi, dès le début de la campagne, malgré les pluies et les fréquents orages de ces montagnes, malgré les difficultés du terrain et l'avantage des positions, les Austro-Sardes, opposés à l'armée d'Italie, furent battus sur tous les points. Soixante pièces de canon, une quantité immense d'objets d'armement et d'équipement furent, avec plus de 2,000 prisonniers, le résultat de ces diverses affaires. Mais pour en retirer tout le fruit possible, il fallait encore enlever les cols de Fenestre et de Tende. Garnier et Macquart s'en emparèrent après de légers combats.

L'occupation du comté de Nice se trouvait complétée et assurée par ces succès. Ils enlevaient aux Coalisés, rejetés dans les plaines du Piémont, tout moyen de déboucher par les versants des Alpes maritimes dans le bassin qui forme le comté de Nice, et ils ouvraient aux Français les portes de l'Italie. — La prise du mont Cenis allait aussi placer la Savoie hors des atteintes de l'ennemi, et ouvrir à la France dans les Alpes cottiennes un débouché pour descendre dans le Piémont.

Prise du mont Valaisan et du petit Saint-Bernard. — L'armée des Alpes avait connaissance des premiers succès de l'armée d'Italie, et se montrait jalouse de rivaliser avec elle, et surtout de réparer par un coup d'éclat l'échec de son début. Le général Dumas résolut d'emporter le petit Saint-Bernard et le mont Valaisan, que l'ennemi avait fortifiés avec des peines infinies par des retranchements creusés dans le roc et armés de bouches à feu transportées à force de bras à travers les montagnes. Une colonne y fut dirigée. Après une marche de deux jours au milieu de neiges et de précipices effrayants, elle arriva en vue du mont Valaisan. Le général Bagdelonne, qui la commandait, attaqua l'ennemi par la droite et par la gauche de ses redoutes. Malgré l'artillerie formidable qui défendait les retranchements, ils furent emportés à la baïonnette.

Cette artillerie était à peu près au niveau des canons qui garnissaient les retranchements de l'hospice Saint-Bernard. Bagdelonne la fit diriger de ce côté. Les Piémontais, ainsi foudroyés par leurs propres pièces, ne soutinrent pas long-temps le feu. Ils commençaient à faiblir, quand l'explosion fortuite d'un magasin à poudre décida leur déroute. On les poursuivit pendant trois lieues à travers les glaces et les neiges. Enfin, dans le plus grand désordre, ils réussirent à gagner les retranchements de Saint-Thomas, sur le versant oriental des Alpes savoyardes. Trente pièces de canon, plusieurs obusiers, un grand nombre de fusils et d'autres objets d'armement ou d'équipement, furent le fruit de cette victoire. Elle valut au général Bagdelonne le grade de général divisionnaire.

Deuxième attaque et prise du mont Cenis. — Courage d'un poste républicain. — Mort héroïque d'un détachement d'émigrés. — La prise du petit Saint-Bernard avait engagé le général Dumas à reprendre ses projets sur le mont Cenis. La rigueur de la saison en retarda encore quelque temps l'exécution; mais dès que le retour du printemps rendit les marches dans les Alpes moins difficiles, l'attaque des postes ennemis fut résolue. Elle eut lieu le 14 mai. Les troupes formaient trois colonnes. Dumas, qui avait voulu la diriger lui-même, avait pris le commandement de la colonne de gauche, forte de 400 hommes, et qui, passant par Lans-le-Villars, secondée par la colonne du centre, forte de 600 hommes aux ordres du général Camin, enleva à la baïonnette la grande batterie du Villaret. Dans le même temps, la batterie du Rivet était emportée par la colonne de droite, forte de 900 hommes. Le 15, au point du jour, le général piémontais Chino, voyant les Français établis sur les hauteurs de la Poste, ordonna la retraite, dans la crainte de voir couper les troupes qu'il avait encore à la Ramasse; mais il était trop tard : 600 hommes et vingt pièces en batterie y furent pris.

Dans le but de favoriser l'attaque importante du mont Cenis, des attaques partielles avaient lieu sur tous les autres points de la ligne. Le fort Mirabouck, la redoute Maupertuis et celle des Barricades, étaient enlevés à la suite de ces divers combats.

La prise du poste des Barricades, regardé jusqu'alors comme imprenable, fut due au commandant du génie Vaubois. Elle fut marquée par un trait de bravoure remarquable. Une compagnie des éclaireurs de la 99e demi-brigade occupait les postes établis sur les crêtes de monts voisins des Barricades : un de ces postes, placé en première ligne et défendu seulement par 15 hommes, fut assailli par 400 Austro-Sardes. Le feu rapide des Républicains, qui semblaient en quelque sorte se multiplier pour suppléer au nombre, arrêta l'ennemi pendant une heure et demie; mais enfin nos braves soldats épuisèrent toutes leurs cartouches. Ils n'avaient plus d'espoir que dans une mort honorable qu'ils se proposaient d'affronter en se précipitant sur leurs ennemis; et l'ordre d'une charge à la baïonnette était déjà donné, lorsqu'ils furent secourus par une compagnie d'éclaireurs de la 19e brigade. L'ennemi, déjà fatigué de la résistance qu'une poignée d'hommes lui avait opposée, ne tint pas contre ce renfort. Dans cette occasion, le capitaine Ressieux, de la 19e, fit à lui seul huit prisonniers. — La prise du mont Cenis fut l'opération capitale de l'armée des Alpes, autant à cause de l'importance géographique de cette position que par les difficultés qu'elle présentait. — Après un combat acharné de plusieurs heures, pendant lesquelles les Républicains se trouvaient enveloppés sur les flancs de la montagne dans les torrents de feu que vomissait l'artillerie ennemie, nos soldats se croyaient enfin victorieux. Tous les ennemis, en effet, avaient fui, ou avaient déposé les armes. Quelques hommes encore armés s'étaient seuls retirés sur un roc escarpé, au pied duquel se trouvait un de ces abîmes des Alpes, dont l'œil cherche en vain à mesurer la profondeur : c'étaient des Français émigrés. Ils avaient pris rang dans l'armée du prince qui leur avait donné un asile; et peut-être comme Alexandre, qui était sûr, disait-il, de trouver des Grecs partout où il rencontrait une ferme résistance, le général républicain avait-il reconnu à l'héroïque défense qui lui avait été opposée la présence de ces Français dans les rangs ennemis. Peut-être aurait-il aussi voulu les épargner; mais un inflexible décret de la Convention enchaînait sa clémence. Les malheureux émigrés ne l'ignoraient pas, et certains de ne pouvoir échapper à la mort, ils voulurent épargner du moins à des Français la douleur de la leur donner. On avait remarqué que tant qu'il s'était agi de disputer le succès, ils avaient combattu avec courage et opiniâtreté, fidèles par leur résistance désespérée au prince qui s'était fié à leur parole; mais quand la victoire fut décidée, quand ils n'auraient plus eu à combattre que pour défendre une vie condamnée à l'avance, car la fuite leur était impossible, ils cessèrent la lutte d'un commun accord; et comme trouvant inutile de sacrifier la vie d'un compatriote, fût-il même ennemi, pour prolonger la leur de quelques instants, ils se réfugièrent sur l'âpre rocher; et quand ils virent les Républicains s'avancer pour les atteindre, alors brisant sur la pierre leurs armes inutiles, ils s'embrassèrent, et se tenant tous par la main, ils s'élancèrent dans le gouffre, en poussant un dernier cri, celui de *vive le roi!* que prolongèrent les échos et qui s'éteignit dans l'abîme. Une émotion douloureuse enchaîna tous les cœurs, et par un sentiment irrésistible d'admiration, les baïonnettes et les drapeaux des vainqueurs s'abaissèrent spontanément pour rendre hommage à ceux qui savaient ainsi mourir.

Inaction de l'armée républicaine. — Après de tels succès sur les Alpes, la situation des deux armées républicaines était telle qu'elles semblaient pouvoir exécuter sur le Piémont toutes les entreprises qu'il plairait au Comité de salut public d'ordonner. On ne doutait pas que l'invasion n'en fût résolue. Elle était en effet dans les instructions des représentants, dans les intérêts réels de la France. Les raisons déterminantes étaient si bien comprises que le plan de cette invasion avait même été dressé par Bonaparte. Mais on ne profita point de ces premiers succès, quoiqu'ils fussent de nature à livrer le Piémont aux Républicains, et le début si brillant de nos deux armées fut suivi pendant trois mois d'une inaction complète et inexplicable.

L'armée des Alpes se met sur la défensive. — Les revers éprouvés à la droite des armées qui couvraient la frontière du nord (Kaiserslautern, 23 mai) avaient, quoique peu importants, déterminé le Comité de salut public à tirer de l'armée des Alpes une division de 10,000 hommes pour l'envoyer sur le Rhin. Cette armée se trouva réduite, par ce détachement, à 22,000 hommes et 800 chevaux, pour garder tous les débouchés qui s'étendent depuis le pays de Gex jusqu'à la vallée de la Stura. — Le général Dumas prit dès lors une attitude défensive. Il confia la garde de Lyon et de Briançon à des réquisitionnaires, et, vu la disproportion qui existait entre le nombre de ses soldats et celui des postes qu'il avait à défendre, il soumit ses troupes à une discipline sévère, et à une activité de service qui pût suppléer à leur force numérique. — Les généraux Moulin et Guillaume, qui le remplacèrent successivement lorsqu'il fut appelé dans la Vendée, ne changèrent rien à ses dispositions.

Situation de l'armée d'Italie. — L'armée d'Italie était réduite à 55,000 combattants, quoique son effectif fût de plus de 80,000 hommes; mais sur ce nombre 15,000 encombraient les hôpitaux, 8 à 9,000 garnissaient les dépôts, les garnisons et les postes maritimes en occupaient 22,000. — L'armée active était ainsi disposée: à droite, de Loano à Bardinetto, Masséna avec 18,000 hommes; au centre, tenant Limone et Tende, Macquart avec 18,000; enfin à gauche, s'étendant jusqu'au col de Fenestre, 7,000 aux ordres de Serrurier et de Garnier.

Inquiétudes de la cour de Turin. — La cour de Turin, accablée par ces échecs successifs et multipliés, était tombée dans un état d'abattement inconcevable; les principales barrières de ses états étaient forcées; 1,200 hommes de cavalerie, débarqués à Livourne avec une petite escadrille, avaient remplacé le secours de 18,000 Napolitains sur lesquels elle comptait; ses alliés d'Italie l'abandonnaient; les victoires des Républicains dans le nord lui ôtaient les espérances qu'elle aurait pu fonder sur l'Autriche; et pour surcroît d'embarras, les mesures fiscales auxquelles elle était forcée de recourir lui aliénaient l'affection de ses sujets; une insurrection venait même d'éclater à Cagliari, à la suite de laquelle avaient été arrêtés le Vice-Roi et tous les fonctionnaires nommés par le Roi; un complot vrai ou supposé conduisit à Turin un grand nombre de personnes en prison ou sur l'échafaud. On ne négligeait néanmoins aucune occasion de mettre en action tous les moyens de défense. Turin avait été mis en état de siège et confié à la garde de milices éprouvées.

Plan de Bonaparte pour le siège de Démont et l'invasion du Piémont. — Cependant toutes les armées de la République rivalisaient alors de courage et de bonheur. La victoire paraissait fixée à nos drapeaux. Les armées d'Italie et des Alpes s'indignaient; il fallut céder à leur enthousiasme et reprendre l'offensive. Le succès de l'attaque était d'ailleurs assuré: à l'élan et au dévouement des troupes se joignait le génie d'un général. En effet, Bonaparte, quoique on eût refusé d'exécuter son premier projet d'invasion du Piémont, avait consenti à en offrir un nouveau; dont le Comité de salut public avait ordonné la prompte exécution; sur la demande de Robespierre jeune et de ses collègues qui, c'est une justice à leur rendre, appréciaient mieux que les généraux de l'armée le génie encore caché du jeune général d'artillerie.

Il s'agissait, d'après le plan de Bonaparte, de faire tourner Démont par la droite de l'armée des Alpes; mouvement facile en suivant la gauche de la Stura, puis ce corps d'armée, s'emparant du pas de l'Ours et de la butte des Châtaignes, aurait interrompu ainsi toute communication entre Coni et Démont; après s'être rendu maître de la vallée de la Stura, et de la naissance des vallées de la Grana, de Mayra et de Wraita. Il suffisait, pour effectuer ces opérations, de diviser la partie de l'armée des Alpes qui y prendrait part en deux sections, partagées elles-mêmes en plusieurs colonnes. Leur marche devait s'exécuter en échelons par la gauche, la droite refusée, de sorte que si la première colonne de la division de la Stura éprouvait des obstacles, les autres colonnes pussent les lever en se portant sur les postes opposés à cette division. L'armée d'Italie, coopérant par sa gauche à l'entreprise sur Démont, devait porter sans obstacle son centre et sa droite dans la plaine de Coni. Les trois divisions de cette armée, fortes ensemble de 30,000 hommes, étaient destinées à pénétrer, en même temps de Vinay, sur la droite de la Stura; du col de Fenestre par Vandier et Vastoria, enfin de Robillante, à Borgo-San-Dalmazio. Cette dernière colonne, forte à elle seule de 20,000 hommes, se serait liée avec la division d'Oneille après s'être emparé de Rocca-Sparviera. Son but devait être d'inquiéter l'ennemi sur la sûreté de Coni, de protéger la droite de l'armée contre toutes les attaques et d'assurer enfin le siège de Démont. L'artillerie devait filer par Jausier. — On présume que le succès de ces premières opérations, parfaitement combinées, d'après l'opinion des plus habiles généraux, eût immédiatement mené Bonaparte, s'il eût été général en chef, sous les murs de Turin.

Mise à exécution. — Premiers succès. — L'ordre d'exécution ayant été donné par le Comité de salut public, Dumerbion dirigea aussitôt Masséna vers Ceva afin d'observer le corps de Colli, qui s'y trouvait retranché. Le général Macquart dut se rendre le 25 juillet à Limone, d'où il avait ordre de se porter par Vernante à Roccavione, entre les gorges de Possio et de Vermegnana. Depuis la vallée de Saint-Étienne jusqu'au mont Viso, l'attaque devait être faite par l'armée des Alpes et dirigée par le général Petit-Guillaume.

Le signal de l'attaque fut donné. Les deux armées s'ébranlèrent à la fois. La droite de celle des Alpes, descendue en trois colonnes du col de Laniel, enleva les postes de Lusta, de la Chanal et le camp du baron de Latour sur le mont Viso. Rua-Cervetta, dans la vallée de Mayra, fut occupée par le général Vaubois. L'adjudant général Chambaud, renforcé par trois bataillons de l'armée d'Italie, poursuivit l'ennemi dans la vallée de la Stura jusqu'à Sambucco.

L'avant-garde de Colli fut attaquée, le 26 juillet, par le centre de l'armée d'Italie, aux ordres du général Macquart, à qui elle abandonna presque sans résistance les postes de Roccavione et de Robillante, pour se retirer précipitamment derrière le Gesso, dont les ponts furent coupés.

Les Républicains, arrivés sur la rive droite, admiraient, au sortir des rudes montagnes où ils combattaient depuis si long-temps, les riches plaines de l'Italie, couvertes de villages et de moissons. Cet aspect excitait leur ardeur; ils brûlaient d'étendre leurs triomphes sur le brillant théâtre qui se déroulait devant eux, et les échos répétaient leurs chants d'allégresse, présage de la victoire. Ce fut en ce moment qu'elle leur échappa par une circonstance indépendante du courage des soldats non moins que de la prudence ou des talents du général.

Contre ordre. — Retraite de l'armée républicaine. — Après un règne sanglant, Robespierre, vaincu, venait de monter à l'échafaud. Un parti qui tombe a toujours tort. Robespierre jeune et les représentants ses anciens collègues, à l'armée d'Italie devaient être considérés comme des traîtres. Un plan dont les deux armées espéraient avec raison les plus grands succès, exécuté sous l'influence d'hommes dont la tête venait d'être abattue, ne pouvait que se rattacher à leur conjuration. A entendre certains braillards du quartier-général, jaloux de ce qu'ils n'avaient pas inventé, et mécontents de leur rôle passif, ce plan ne tendait à rien moins qu'à livrer d'un seul coup l'armée de la République à ses ennemis. Les commissaires conventionnels cédèrent en cette circonstance aux suggestions de la lâcheté et de l'intrigue, et l'armée, au moment où elle allait entrer victorieuse dans le pays ennemi, reçut l'ordre de battre en retraite et de revenir prendre ses premières positions. — Un décret de la Convention approuva cette mesure et ordonna de cesser les opérations offensives.

Affaire de Garessio. — Vers cette époque avait lieu, du côté de Garessio, une rencontre assez bizarre entre un détachement républicain et des levées en masse piémontaises, que l'influence du clergé avait réussi à rassembler contre les Français. Lorsque les paysans se trouvèrent en présence du détachement républicain, composé des éclaireurs de la 46e demi-brigade, ils se formèrent en ligne processionnelle et commencèrent à chanter des psaumes. Nos soldats, dans une saillie de valeur folle, s'avancèrent le fusil en bandoulière et en dansant. Cette singulière façon de se présenter au combat effraya tellement les pauvres paysans, qu'après avoir déchargé leurs fusils, ils s'enfuirent pour ne pas avoir à soutenir le choc de soldats dans les rangs desquels le diable, à leur avis, pouvait bien combattre.

Projets de l'ennemi sur Savone. — Au moment où les armées françaises victorieuses venaient d'être enchaînées sur la défensive, les alliés formaient une tentative sérieuse d'aggression. Une division autrichienne, commandée par le général Colloredo, se mettait en mesure d'occuper Savone, port de mer génois d'où l'on pouvait facilement communiquer avec les escadres, anglaise ou espagnole, en croisière dans ces parages. La possession de cette place aurait encore procuré l'avantage d'intercepter les communications de Gênes avec la République, qui, d'après l'opinion des alliés, étaient parmi les principales causes de l'ascendant des Français sur l'armée austro-sarde. — Cette expédition devait être secondée par une escadrille anglaise qui aurait débarqué des troupes à Vado.

Dumerbion connaissait le projet des Autrichiens, les indiscrétions de la cour de Turin l'avaient dévoilé à tout le Piémont; il savait d'un autre côté les préparatifs des Anglais. La lenteur que Colloredo mit dans tous ses mouvements lui donna le temps de réunir des forces pour s'y opposer. — En effet, le général autrichien arrivé à Carcare, attendit, pour se porter sur Savone, que le chemin de Cairo fut praticable à l'artillerie de réserve, précaution inutile puisqu'il s'agissait moins ici d'un siège que d'une surprise. — Alors et quoique à peine remis d'une attaque de goutte, Dumerbion jugea qu'il était temps d'agir, et qu'il ne fallait pas laisser au général piémontais le loisir d'achever les dispositions qui pouvaient le rendre maître de Savone. Il monta à cheval, le 14 septembre, et chargea Bonaparte d'ordonner en son nom les préparatifs de l'expédition.

Combat de Carcare. — Au moment où les divisions de l'armée d'Italie se présentèrent devant l'ennemi, les avant-postes austro-sardes étaient placés en avant de San-Giacomo. Ces postes surpris s'enfuirent si rapidement, qu'ils ne s'arrêtèrent que dans les plaines de Carcare; Colloredo, qui venait de remettre le commandement en chef au comte de Wallis, les occupait avec une partie de sa division, ainsi que la vallée de la Bormida. Le général Merci-Argenteau était à Mondovi; ces deux divisions devaient être appuyées par une troisième placée en réserve à Dego.

L'armée française attaqua, le 19 septembre, le front des Autrichiens, en se bornant néanmoins à inquiéter la division Argenteau pour agir plus fortement sur celle de Colloredo. Les premiers postes furent forcés sans la moindre difficulté. Les Autrichiens, mieux retranchés dans les villages de Bormida, Malère, Pallère, Altare et sur le plateau de Carcare, y firent aussi une plus forte résistance; mais ils se virent enfin contraints de les évacuer, pour se retirer vers le château de Cossaria au-dessus, de Millesimo. Poursuivis avec ardeur dans ce dernier poste, qui fut enlevé par la colonne de Cervoni, ils se retirèrent précipitamment sur Cairo, où ils avaient un camp fortifié. Mais Cervoni, infatigable dans sa poursuite, parvint à les en chasser pendant la nuit du 20 au 21 septembre.

Combat de Cairo. — Le lendemain, au lever du jour, l'armée coalisée, qui s'était repliée en arrière de Cairo et réunie à sa réserve, se trouvait partagée en deux grandes divisions, dont l'une, formant l'avant-garde, garnissait les hauteurs de Colletto, et se prolongeait jusqu'aux vallées de Carpezzo. Toutes les positions, environnées de forts retranchements, étaient couronnées d'une nombreuse artillerie. Le corps d'armée s'étendait des hauteurs de Bosco jusqu'à celles de Brovida. Des bataillons de Croates et de chasseurs, qui occupaient aux extrémités des ailes les monts de Cerrello et de Vallaro, protégeaient les flancs de l'ennemi. Wallis s'était décidé à accepter la bataille.

Les généraux Bonaparte et Masséna dirigeaient sous Dumerbion les soldats de la République. L'armée française était divisée en trois colonnes : la première, soutenue par 500 cavaliers, les seuls que Dumerbion eût pu réunir, fut chargée d'attaquer l'importante position de Colletto, pendant que les deux autres se portaient vers le mont Vallaro et les sommités qui dominent la route de Cairo.

Les efforts des Français, tour à tour assaillants ou assaillis, furent long-temps paralysés par les décharges multipliées de l'artillerie austro-sarde. Enfin, après un jour de combat et vingt assauts opiniâtres, ils parvinrent, malgré le feu des batteries ennemies, à s'emparer des retranchements de Colletto. La chance tourna dès lors en leur faveur d'une façon plus décisive. La nuit seule mit fin à cette lutte acharnée. Le comte de Wallis en profita pour se retirer sur Acqui, ville piémontaise sur la rive septentrionale de la Bormida. Il y rappela le régiment de Reisky, qu'il avait laissé d'abord vers le Tanaro pour se lier avec Argenteau.

Prise de Dego, de Savone. — Occupation de Vado. — Fin de la campagne. — Maîtres du champ de bataille, les Républicains entrèrent à Dego ; mais ne croyant pas devoir maintenir pendant l'hiver un poste si avancé sur le revers des Apennins et où ils auraient été exposés, sans cavalerie, au choc de toutes les forces autrichiennes et piémontaises, ils l'abandonnèrent le lendemain, après en avoir détruit les magasins. Le gros de l'armée se porta, par Melogno, San-Giacomo, Settepani, à Finale, où Masséna établit son quartier-général. Laharpe se dirigea par Montenotte sur Savone, dont il s'empara le 24 ; mais le poste de Vado, comme moins éloigné et se liant mieux à la position de San-Giacomo, fut préféré à cette ville et occupé : il offrait d'ailleurs les mêmes avantages du côté de la mer. Dumerbion, aidé des conseils du général Bonaparte, se fortifia dans cette dernière position. Les côtes furent hérissées de redoutes pour protéger la navigation des bâtiments républicains, interrompre autant que possible les communications entre les flottes de la Grande-Bretagne et l'armée coalisée, maintenir les relations commerciales entre Marseille et Gênes, et retenir enfin la République génoise dans une neutralité que toutes les puissances confédérées s'efforçaient de détruire.

Les projets de la Coalition se trouvèrent totalement renversés par les combats de Cairo : l'amiral Hood, qui s'était déjà rendu à Gênes avec Hotham et Nelson, se plaignit amèrement à l'archiduc Ferdinand de la défaite des Austro-Sardes, et lui fit dire qu'il allait quitter le littoral de Gênes : il ne tarda pas en effet à retourner en Corse et de là en Angleterre. Le conseil aulique dépêcha le prince de Rosemberg pour faire une enquête sur les causes de la défaite, et pour donner aux généraux l'ordre de la réparer en s'ouvrant une communication avec les escadres combinées ; mais le froid rigoureux qui commençait à régner et la démoralisation des troupes sardes empêchèrent de rien entreprendre. Wallis se renferma dans le camp d'Acqui, n'osant plus disputer aux Républicains la possession d'un poste dont, avec un peu plus d'activité, il aurait été si facile aux généraux autrichiens de s'emparer.

Sauf quelques engagements de détails à l'armée des Alpes et à l'armée d'Italie, et où l'avantage resta toujours du côté des Républicains, la campagne se termina par le combat de Cairo et l'occupation de Vado : c'était finir glorieusement.

RÉSUMÉ CHRONOLOGIQUE.

1794.

24 MARS. Première tentative sur le mont Cenis. (A. des Alpes.)
7 AVRIL. Prise d'Oneille. (A. d'Italie.)
17 — Prise d'Ormea, de Garessio. (Idem.)
24 — Prise du mont Valaisan et du petit Saint-Bernard. (A. des Alpes.)
— — Prise des redoutes de Col-Ardente. (A. d'Italie.)
28 — Prise de Saorgio. (Idem.)
— — Combats sur la Vesubia et la Tinea. (Idem.)
14 MAI. Prise du mont Cenis. (A. des Alpes.)
25 JUILLET. Reprise des hostilités sur toute la ligne. — Premiers succès, contre-ordre et retraite.
3 AOUT. Combat de Garessio. (A. d'Italie.)
21 — Décret de la Convention qui ordonne aux armées des Alpes et d'Italie de rester sur la défensive.
14 SEPTEMBRE. Expédition des Autrichiens sur Savone.
19 — Combat de Carcare. (A. d'Italie.)
20 — Combat de Cosseria. (Idem.)
21 — Combat de Cairo. (Idem.)
24 — Prise de Savone et de Vado par les Français. (Idem.)
— — Fin de la campagne.

A. HUGO.

On souscrit chez DELLOYE, Éditeur, place de la Bourse, rue des Filles-Saint-Thomas, 13.

Paris. — Imprimerie et Fonderie de RIGNOUX et Comp., rue des Francs-Bourgeois-Saint-Michel, 8.

FRANCE MILITAIRE.

GUERRE DE LA BASSE-VENDÉE. — PACIFICATION.

SOMMAIRE.

Prise de l'île Bouin.—Turreau général en chef.—Projets sur Noirmoutiers.—Prise et reprise de Machecoul.—Prise de Noirmoutiers:—Exécution de d'Elbée.—Plan de Turreau.—Colonnes incendiaires.— Exécution de ce plan.—Marche des colonnes.—Combats de Chânée et de Légé.—Reprise de la guerre dans la Vendée.—Rentrée de Turreau à Nantes.—Combat de Trementine.—Mort de Larochejacquelein.—Prise et reprise de Chollet.—Combat de Venanceau.—Mort d'Haxo.—Attaque de Challans.—Turreau est remplacé par Vimeux.—Camps retranchés.—Rivalité parmi les chefs vendéens.—Assassinat de Marigny, etc.—Prise du camp de la Roulière.—Prise du camp de Frélignée.—Changement de système de la Convention à l'égard de la Vendée.—Négociations pacifiques.—Pacification de la Jaunais.—Entrée de Charette à Nantes.—Adresse de Charette à la Convention.—Soumission de Stofflet.—Traité de Saint-Florent.

ARMÉE DE L'OUEST.		CHEFS VENDÉENS.	
Généraux en chef.	TURREAU. VIMEUX. ALEXANDRE DUMAS. CANCLAUX.	*Basse-Vendée.* *Vendée centrale.* *Haute-Vendée.*	CHARETTE. BERNARD DE MARIGNY. LAROCHEJACQUELEIN. STOFFLET.

Le refus que Charette avait fait de se joindre à la grande armée vendéenne avait préservé l'armée de la Basse-Vendée de l'expédition d'outre-Loire et, par suite, d'une ruine totale. — Pendant que les Vendéens erraient sur la rive droite de la Loire, tantôt vainqueurs, tantôt vaincus, mais ne faisant en résultat que retarder avec valeur l'instant décisif de leur désastre, Charette, sur la rive gauche, tenait seul la campagne. — Le calme était à peu près rétabli dans la Haute-Vendée et dans le Bocage, privés de défenseurs et où stationnaient de forts détachements républicains; mais il n'en était pas de même dans le pays, coupé de marais, d'étangs et de canaux, où ce général s'était retiré comme dans un fort, et d'où il sortait fréquemment pour faire des expéditions plus ou moins hardies. Il n'avait à se défendre, il est vrai, que contre la division Vimeux, qui gardait la Loire de Saint-Florent jusqu'à son embouchure, et il avait réussi à rallier à lui plusieurs chefs importants, tels que la Cathelinière, qui était resté dans le pays de Retz, Joly, commandant les insurgés des environs des Sables, et Sapinaud qui, après la mort de Royrand, avait pris le commandement de l'armée du centre.

Parmi les engagements qui marquèrent la fin de l'année 1793, on remarqua le combat de Machecoul, où Charette, ayant en tête les généraux Haxo et Dutruy, de la division Vimeux, fut complètement battu.—Cette défaite, qui eut lieu le 2 décembre, le rejetait sur l'île de Noirmoutiers. Vivement poursuivi, il essaya d'y arriver, mais la marée montante mit un obstacle à son passage. Alors, au moment où il paraissait perdu, ne prenant conseil que de l'extrémité où il se trouvait, il se jeta bravement à sa droite dans l'île Bouin, dont il chassa tous les postes républicains, et occupant les ponts du petit bras de mer qui sépare cette île du continent, il échappa ainsi à ses ennemis étonnés de sa disparition. Mais bientôt les Républicains cernèrent l'île Bouin, et Haxo eut l'ordre de la reprendre.

Prise de l'île Bouin. — Le général Haxo divisa ses forces en trois colonnes : l'une, chargée de la principale attaque, devait partir de Beauvoir; la seconde, partant de Bois-René, avait ordre de descendre le ruisseau qui se jette dans le Dain au-dessus de Chiport, et de prendre Bouin à revers, après avoir franchi cette rivière. L'attaque de cette colonne devait être favorisée par celle de la troisième qui, partant de Bourgneuf, devait se présenter par la pointe du sud.

Tout s'exécuta ponctuellement. Charette avait aussi partagé sa troupe en trois divisions. Il fit d'abord bonne contenance; mais les Royalistes, pris entre deux feux par l'arrivée de la colonne de Bourgneuf, n'avaient plus d'autre espoir que de s'ouvrir un passage à la baïonnette, déjà l'ordre en était donné, quand un paysan indiqua à Charette une issue, la seule que n'occupassent pas les Républicains : il s'y jeta aussitôt à la tête des plus déterminés et parvint à gagner Grandlieu et de la Châteauneuf et Tourvois, après avoir égorgé tout ce qui s'opposait à sa retraite. Les Vendéens perdirent, dans cette affaire, 700 hommes tués ou blessés, six pièces de canon : les bagages et les chevaux du général Charette restèrent au pouvoir des Républicains.

Charette, après l'expédition de l'île Bouin, se dirigea vers le Haut-Poitou : il enleva le camp des Quatre-Chemins; mais il échoua dans une attaque contre Légé. Il fut ensuite chassé du bourg Bon-Péré, où il avait établi son quartier général; il se jeta alors dans le Bocage où il eut, à Maulevrier, avec Larochejacquelein qui venait de repasser la Loire, une entrevue à la suite de laquelle il reprit ses courses vers le Marais.

Turreau général en chef.—Ce fut vers cette époque (21 décembre) que le général Turreau fut, pour le malheur de la Vendée, appelé au commandement en chef de l'armée de l'Ouest. Sur 50,000 hommes appartenant à plus de cent soixante corps dont elle se composait, à peine eut-on trouvé 20,000 combattants : les hôpitaux en renfermaient 12,000; une gale infecte qui s'était déclarée dans l'armée en avait atteint plus de 20,000 autres qui, réduits d'ailleurs à l'état de dénûment le plus déplorable, étaient tout-à-fait incapables de supporter les fatigues d'une campagne d'hiver.

Projets sur Noirmoutiers. — Néanmoins, en arrivant à l'armée, Turreau, résolut de s'emparer de l'île de Noirmoutiers : il arrivait suivi d'un renfort de 8,000 hommes, aux ordres des généraux Tilly et Marceau. Haxo avait d'ailleurs tout préparé de longue main pour cette expédition, et n'attendait pour l'exécuter que de voir ses derrières assurés. Il partit aussitôt qu'il en eut obtenu l'ordre de Turreau. Deux jours après les commissaires de la Convention se mirent en route pour Challans, afin de le joindre, et quoiqu'on les eût prévenus que l'ennemi avait été vu dans la forêt de Machecoul, sur le chemin de Légé.

Prise et reprise de Machecoul. — C'était Charette qui, par l'attaque de ce poste, voulait faire une diversion à celle des Républicains sur Noirmoutiers. Tout, lors du départ des représentants, était, à Machecoul, dans la plus parfaite sécurité. Charette s'y présenta le 1er janvier, à 4 heures du soir, à la tête de 8,000 hommes partagés en deux colonnes. L'avant-garde de la première colonne ayant tourné le château, arriva sur le pont où la sentinelle fut égorgée avant d'avoir pu reconnaître l'ennemi. Laroberie et de Couetus, qui commandaient la seconde, se postèrent à une demi-lieue de Machecoul, sur la route de Nantes, afin de couper la retraite aux fuyards. La plus grande partie de la garnison parvint néanmoins à se frayer un chemin au milieu des Royalistes, et gagna Bourgneuf dont le commandant se replia sur Pornic.

Le général Carpentier, avec deux brigades, fut chargé de reprendre Machecoul : ses troupes arrivèrent le 2 janvier devant ce poste. Charette, quoique surpris, fit quelques dispositions pour le recevoir. L'affaire durait depuis peu de temps lorsque le général vendéen, se voyant sur le point d'être tourné par la seconde ligne républicaine qui avait été dirigée sur sa gauche, ordonna la retraite. Les Vendéens se rallièrent, pendant la nuit, à Saint-Philibert, et revenant le matin à la charge surprirent les postes avancés des Républicains. Le combat s'engagea de nouveau et les tirailleurs de Charette furent d'abord culbutés; mais un faux mouvement de la seconde brigade républicaine faillit répandre la terreur dans l'armée de Carpentier. L'ordre se rétablit pourtant, et les Vendéens furent décidément obligés de s'enfuir.

Prise de Noirmoutiers. — *Exécution de d'Elbée.* — L'île de Noirmoutiers était défendue par cinquante pièces de canon et par 900 insurgés aux ordres d'un chef, homme de cette incapacité stupide qui ne reconnaît dans les autres aucun genre de supériorité. L'attaque fut commencée par une flottille qui bloquait cette île, et dont faisait partie la frégate *la Nymphe*. Pendant que les troupes de débarquement abordaient le rivage à la pointe la Fosse, ayant de l'eau jusqu'à la ceinture et sous le feu continuel et croisé de la mousqueterie et de la mitraille vendéenne, Haxo, qui épiait l'instant favorable de la marée basse, traversa le gué au pas de charge et s'avança droit au village de Barbatre, où 500 vendéens furent tués.

Le nombre des assaillants n'était que de 3,000, néanmoins la terreur s'empara des habitants de Saint-Pierre et des combattants qui, avec leur artillerie et les accidents du terrain qui les protégeaient, eussent aisément pu tenir 20,000 hommes en échec. Ils envoyèrent deux parlementaires pour demander la liberté et la vie. Les commissaires conventionnels refusèrent tout quartier. Croyant que leur tentative de négociation avait échoué faute de supplications, les habitants renvoyèrent deux nouveaux députés au général Haxo. Celui-ci, qui se trouvait au milieu des Charrots et sur un point où la moindre résistance l'eût arrêté plus d'un jour, reçut favorablement les envoyés, et après avoir, par bienséance, consulté les représentants, qui repoussaient encore toute idée de clémence, il ne crut pas trop hasarder son honneur de général en disant : « Je veux épargner le sang français « et je vous déclare que je promets la vie à ceux qui se « rendront. » Et, se tournant vers les envoyés : « Vous « pouvez rentrer dans la ville, faire déposer les armes « et assurer qu'on rendra à chacun la justice qui lui « est due. »

Il y avait cependant un peu d'équivoque dans cette assurance, qui causa une vive allégresse aux royalistes désespérés. La place se rendit aussitôt; mais ceux qui devaient la défendre ne recueillirent pas le fruit de leur manque de résolution. Les représentants violèrent la parole donnée par le général. L'île fut rigoureusement fouillée, et tous ceux qu'on soupçonna d'appartenir à l'armée royaliste parurent devant une commission militaire : on évalue à environ 1,500 le nombre de ceux qu'elle fit fusiller. D'Elbée qui, après la bataille de Chollet, s'était retiré à Noirmoutiers, avec quatorze blessures, fut la première des victimes : on dut le porter sur un brancard au lieu de l'exécution et on le fusilla presque sous les yeux de sa femme désespérée.

Plan de Turreau. — *Colonnes incendiaires.* — Charette entretenait encore la guerre civile dans la Basse-Vendée; suivant le plan de Kléber il eût été aisément anéanti en faisant marcher contre lui, après quelques jours de repos, les divisions qui venaient d'écraser, à Savenay, les restes de l'armée vendéenne. Cette opération aurait, avec la prise de Noirmoutiers, rétabli le calme dans les provinces insurgées; car si les Vendéens n'étaient pas encore disposés à reconnaître les lois de la République, ils n'étaient plus du moins dans l'intention de les enfreindre; le malheur et le temps avaient usé leur courage. Larochejacquelein et Stofflet, revenus dans la Haute-Vendée, réussissaient à peine à réunir autour d'eux, comme gardes du corps, assez de paysans pour les garantir d'un coup de main.

Mais l'ami, la créature de Rossignol et de Ronsin, Turreau, avait le commandement en chef de l'armée de l'Ouest; vain et ignorant comme son prédécesseur, il fit éloigner Marceau, dont la gloire et les talents lui faisaient ombrage, et il répondit à Kléber, qui lui offrait un plan de campagne sage et profond, dont la soumission de la Vendée semblait devoir être le prompt et inévitable résultat : « Ce n'est pas là mon plan. » Et en effet, lorsque tout tendait à la paix dans ces malheureuses contrées, le délire de Turreau allait encore les couvrir de cendres, de ruines et de cadavres. Son plan, qui ne reposait que sur la violence, l'incendie et la dévastation, consistait à faire parcourir la Vendée dans tous les sens par vingt colonnes, dont douze, partant du côté de Saumur, et réparties sur une ligne de vingt lieues, s'avanceraient de l'est à l'ouest, tandis que huit autres, formées des divisions Haxo et Dutruy, partiraient des bords de la mer et marcheraient de l'ouest à l'est, à la rencontre des premiers.—Les chefs de ces colonnes reçurent une instruction dont voici la substance : « Passer tous les Vendéens sans exception « de sexe ou d'âge au fil de la baïonnette ; livrer aux « flammes les villages, métairies, bois, genêts et tout « ce qui pourrait être brûlé, etc. » Quarante ou cinquante pionniers devaient précéder chaque colonne pour abattre les bois et propager l'incendie, dont treize villes ou bourgs seulement étaient exceptés afin de servir de cantonnements aux troupes. « Cette promenade, « disait Turreau, finira le 3 ou le 4 février. »

Le zèle atroce de Turreau n'obtint pas de suite l'approbation de ceux auxquels il voulait plaire. Les représentants n'osèrent pas, de prime abord, sanctionner un plan auprès duquel toutes les horreurs commises antérieurement n'étaient qu'un jeu, et le Comité de salut public lui-même voulut, pour se déclarer, attendre les résultats.

Exécution de ce plan. — Marche des colonnes. — Nous ne pouvons suivre ici minutieusement la marche de ces colonnes, qu'on surnomma si bien colonnes infernales : nous indiquerons seulement leur direction générale en faisant connaître les engagements auxquels elles prirent part.

Delaage dut, avec une forte brigade, surveiller les bords de la Loire ; Dutruy fut placé à Machecoul et Haxo à Challans, pour observer Charette ; et nous ferons remarquer, avant d'aller plus loin, que le général Haxo éluda constamment l'exécution des ordres trop cruels qu'il reçut de Carrier ou de Turreau ; puis les douze premières colonnes, d'environ 1,500 hommes chacune, partirent le 20 janvier, s'avançant en ligne, précédées par l'incendie, accompagnées par les massacres et la dévastation, et communiquant ensemble par leurs flanqueurs, devaient se réunir à la hauteur de Chollet, pour recevoir là de nouveaux ordres. Le résultat de cette manœuvre était de refouler en partie entre la Loire et Chollet les rassemblements auxquels le nouveau système de guerre allait donner lieu, et il y aurait eu quelque mérite, dans ce cas, à réunir ainsi des forces pour attaquer les Vendéens, ayant le fleuve à dos, et pour les détruire probablement. Ce facile résultat dépendait d'un mouvement dont l'exécution aurait au moins indiqué quelque combinaison stratégique dans la tête de celui qui l'eût ordonné ; mais Turreau ne parut pas le concevoir.—Chemillé ayant été enlevé par Larochejacquelein, qui s'était glissé, avec 1,200 hommes, entre deux colonnes, Turreau fit arrêter les quatre de sa droite, laissa les quatre du centre à Chollet, sous le général Moulins, et se porta lui-même sur Tiffanges avec deux de sa gauche. — Marigny céda ce poste sans combat.—Les deux autres colonnes de la gauche furent envoyées à Gesté, aux ordres du général Cordelier qui, avant d'atteindre ce poste, eut trois combats à livrer. C'était alors le moment d'écraser, en réunissant toutes ses forces, les Vendéens si heureusement refoulés entre le fleuve et l'armée ; Turreau se borna à laisser Moulins à Chollet, et envoya Duquesnoy attaquer Charette avec les quatre colonnes de la gauche ; laissant lui-même ainsi les rassemblements de la Haute-Vendée se reformer sur sa droite, il s'attacha, avec ses principales forces, à poursuivre le chef de la Basse-Vendée.

Mais si les manœuvres de ces colonnes étaient à improuver sous le point de vue militaire, combien, sous d'autres rapports, n'étaient-elles pas plus odieuses ! une ceinture de fer suivait leur marche ; villes, bourgs, chaumières, tout était détruit, et l'incendie parfois n'était retardé que pour prendre le temps d'enlever les subsistances et les bestiaux. Les femmes, les enfants, les vieillards, étaient impitoyablement massacrés, même dans les communes opposées à l'insurrection et dont les habitants sans défiance venaient au-devant des assassins avec des vivres et leur offrant l'hospitalité.—Ce mode de combattre porta ses fruits : les paysans, désespérés, s'enfuirent par milliers dans les bois impénétrables du Bocage ; de nouvelles bandes se formèrent et la guerre recommença.

Combats de Chancé et de Légé. — Charette s'avançant le 15 janvier vers Chancé, pour recevoir un petit détachement que Gogué et Sapinaud avaient rassemblé, le rencontra poursuivi par une des colonnes de Turreau. Le chef royaliste se mit en bataille et fit reculer les Républicains. Deux autres colonnes, l'une venant de Saint-Fulgent et commandée par le général Grignon, l'autre, sortie du village des Essarts, aux ordres du général Lachenaie, furent en outre attaquées par lui et battues le même jour.

Profitant de l'ardeur et de l'exaspération de ses troupes, il se dirigea sur Légé et enleva ce poste malgré 800 hommes qui le défendaient avec deux pièces de douze. Deux ruisseaux, changés en torrents par les pluies d'hiver, s'opposèrent à la fuite des Républicains : ils furent presque tous massacrés en représailles des atrocités commises par les colonnes incendiaires.

Triste effet des guerres civiles, un des chefs royalistes, Joly, perdit deux fils dans ce combat : l'un était soldat de la République, l'autre avec les Vendéens. Ce dernier fut tué près de son père, qui ne put se consoler d'une telle perte ; l'aîné, par une mort glorieuse, augmenta le désespoir du malheureux père.

Reprise de la guerre dans la Vendée.—Rentrée de Turreau à Nantes.—Cependant le système de Turreau avait des résultats autres que ceux qu'il avait espérés. Dans ce pays dévasté il ne restait plus de vivres pour les Républicains ; plus d'abris contre un froid rigoureux ; les maladies se multipliaient et les colonnes ne pouvaient plus avancer que lentement. Les Vendéens, au contraire, retirés avec d'abondantes provisions dans leurs impénétrables forêts, sortaient à l'improviste de ces retraites, attaquaient le flanc ou les derrières des colonnes, et, après avoir tué un grand nombre de Républicains, disparaissaient comme par enchantement pour reparaître terribles sur un autre point. Turreau, qui s'était avancé de Chollet à Mortagne, se hâta de se retirer à Nantes, laissant derrière lui toute la Haute-Vendée soulevée.

Combat de Trementine. — Mort de Larochejacquelein. — Des engagements partiels, sans gloire comme sans suites, avaient lieu chaque jour. Les Vendéens de Charette furent battus à Saint-Colombin, le 10 février; et le 4 mars suivant, à l'affaire de Trementine, périt obscurément, à l'âge de 22 ans, le brave Larochejacquelein. Ce héros, depuis qu'il avait repassé la Loire, était sombre et mélancolique; il ne montrait plus dans ses rencontres avec les Républicains que la témérité d'un soldat, poussée à l'excès, comme s'il eût été impatient de trouver la mort sur le champ de bataille, afin de ne pas survivre à un parti dont il prévoyait la prochaine et inévitable ruine.

Après avoir enlevé Chemillé, comme nous l'avons dit plus haut, et combattu trois fois sans désavantage le général Cordelier, aux environs de Gesté, il s'était retiré dans la forêt de Vezins, dont il sortait souvent à l'improviste pour harceler les colonnes républicaines. Il venait d'obtenir un succès à Trementine, et il s'abandonnait avec ardeur à la poursuite des fuyards: au nombre de ces derniers se trouvait un grenadier qui, désespérant d'échapper à la cavalerie, s'était caché derrière un buisson; on le fit remarquer à Larochejacquelein: « Voilà un bleu, dit-il, que je veux voir de « plus près. » Le grenadier, se voyant découvert, avait déjà mis en joue un cavalier du groupe qui s'avançait à lui, lorsque, entendant nommer le général, il changea la direction de son fusil et ajusta l'imprudent qui continuait à s'avancer: au moment où Larochejacquelein allait saisir le grenadier, celui-ci lui fit sauter la cervelle et tomba presque aussitôt percé de coups. Une fosse fut creusée sur le lieu même, et l'on y jeta les deux cadavres. — Stofflet, informé de ce qui venait de se passer, accourut et s'empara du cheval de bataille du marquis en disant: « Ce n'était pas le Pérou que « votre Larochejacquelein. » Ce fut là toute l'oraison funèbre qui fut faite au jeune héros. Le grossier garde-chasse s'empara aussi du commandement en chef comme d'un héritage dû à ses talents et à sa bravoure: personne n'osa le lui disputer.

Prise et reprise de Chollet. — Stofflet, devenu général, brûlait de signaler son commandement par quelque coup d'éclat: il résolut de s'emparer de Chollet, que le général Moulins défendait avec 5,000 hommes et trois pièces de canon. Il rassembla, près de Nouaillé, 4,000 Vendéens aguerris, et le 10 mars ses soldats surprirent les avant-postes républicains de Chollet, et pénétrèrent dans leurs retranchements en poussant des cris effroyables. Une partie de la garnison s'enfuit lâchement au premier coup de fusil; le reste ne tint pas contre une pareille attaque. Moulins, au désespoir, fit des efforts inutiles pour rallier ses soldats: le général de brigade Caffin fut blessé près de lui; atteint lui-même d'un coup de feu, en cherchant encore à réparer le désordre, son cheval s'abattit dans une rue embarrassée par un fourgon, alors se voyant près d'être saisi par les Vendéens, déjà maîtres de la ville, il se brûla la cervelle pour ne pas tomber vivant entre leurs mains.

Cependant le général Cordelier accourait avec sa division au secours de Chollet, où Stofflet venait d'entrer en vainqueur. Il eut peine à se faire jour à travers les fuyards pour atteindre l'ennemi qui s'acharnait à leur poursuite. Le combat se renouvela entre ces troupes fraîches et les Vendéens, qui furent rompus à leur tour et poursuivis jusque dans Chollet, où ils tentèrent vainement de se défendre. Stofflet abandonna la ville et parvint cependant à rallier sa troupe sur les hauteurs de Nouaillé.

La nouvelle du combat de Chollet produisit une impression profonde parmi les membres de la Convention et les prépara à un changement de système dans la guerre de la Vendée, qui amena un peu plus tard la pacification de la Jaunais.

Combat de Venanceau. — Mort d'Haxo. — Cependant Haxo poursuivait Charette avec une infatigable activité, mais ce dernier n'en mettait pas moins à éviter le combat et le forçait à mille marches et contremarches. Le 19 mars, néanmoins Charette s'arrêta à Venanceau, près de la Roche-sur-Yon, et s'adressant à ses soldats: « Camarades, leur dit-il, c'est assez « éviter un ennemi que notre faiblesse encourage; il « faut aujourd'hui vaincre ou mourir. » Il disposa sa troupe de manière à envelopper les Républicains lorsqu'ils se présenteraient dans le vallon où il s'était posté. La cavalerie républicaine marchait à la tête de la colonne et devançait l'avant-garde d'une demi-lieue: surprise par les Vendéens embusqués dans un bois, elle essuya une décharge presque à bout portant. Le général Haxo, voulant charger ces ennemis invisibles, franchit un fossé et reçut une balle dans la poitrine; sa blessure le forçait à rétrograder, mais son cheval s'abattit au milieu du fossé: ses soldats avaient pris la fuite; resté seul et appuyé contre un arbre, il menaçait encore les Vendéens; Charette avait ordonné qu'on le prît vivant; vainement le somma-t-on de déposer les armes: un soldat vendéen qui s'approcha de lui fut tué d'un coup de sabre; mais entouré de tous côtés et ayant perdu tout espoir, il se brûla la cervelle suivant les uns, et, selon d'autres, fut tué par un royaliste qu'irritait sa résistance désespérée. Juste et humain, autant que brave, Haxo emporta en mourant l'estime des deux partis: sa mort fut une grande perte pour la République.

Attaque de Challans. — A cette époque Stofflet, repoussé dans une tentative sur Beaupréau, occupait Chollet, qu'évacuaient les Républicains, et Bernard de Marigny s'emparait de Mortagne. Toute la Haute-Vendée, après le passage des colonnes infernales, avait pris les armes et était au pouvoir des insurgés. Charette réconcilié avec Stofflet par l'entremise du fameux curé de Saint-Laud, l'abbé Bernier, avait, pour attaquer Challans, réuni ses forces à celles du général de la Haute-Vendée. Guérin, avec l'avant-garde de Charette, culbuta d'abord les avant-postes républicains, qu'il rejeta dans la place; mais le général Dutruy, qui commandait à Challans, fit une sortie, culbuta les Vendéens et obligea Charette et Stofflet à battre en retraite.

Turreau est remplacé par Vimeux. — Camps retranchés. — Un cri général d'indignation s'était enfin élevé contre Turreau, il fut remplacé vers le milieu de mai par le général Vimeux; et la Vendée, après cinq mois de massacres et de fureurs inouïes, put enfin entrevoir le terme de ses maux.

Le nouveau général laissa les Vendéens faire paisiblement leur récolte, et se borna à établir ses soldats dans quatorze camps disposés autour du foyer principal de l'insurrection. Son intention était de les rapprocher peu à peu et de resserrer ainsi la ligne qui enveloppait le pays insurgé; il parlait d'ailleurs d'oubli, d'amnistie et de paix. Des idées pacifiques germèrent de nouveau parmi les insurgés; ils offrirent en foule de faire leur soumission; mais les représentants improuvaient encore le système pacificateur du général en chef; il fallut la révolution du 9 thermidor pour qu'il pût le mettre à exécution.

Rivalité parmi les chefs vendéens.—Assassinat de Marigny, etc.—Trois chefs principaux commandaient les Vendéens: Charette, Stofflet et Marigny. Dévorés d'une égale ambition, les deux premiers, pour réunir à leur domination la Vendée centrale, où commandait Marigny, ne craignirent pas de traduire ce dernier, sous un ridicule prétexte de trahison dont ils avaient eux-mêmes préparé l'apparence, devant un tribunal organisé à leur dévotion. Charette qui, dans cette circonstance, jeta une tache ineffaçable sur un caractère que tant de capacité, de fermeté, de persévérance et de talents recommandent au souvenir de la postérité, soutint l'accusation comme procureur du roi; Stofflet, en qualité de président, prononça la sentence de mort, puis, descendant au rôle de bourreau, il fit ensuite assassiner la victime par ses chasseurs.

Joly, autre chef non moins brave qu'influent, qui avait eu le malheur de déplaire à Charette, éprouva le même sort peu de temps après.

Charette et Stofflet, débarrassés de leurs plus dangereux rivaux, laissèrent bientôt éclater l'un contre l'autre une jalousie qui, après l'affaire de Challans, dégénéra en une inimitié irréconciliable, et acheva de ruiner la cause commune.

Le territoire insurgé fut, jusqu'aux premiers jours de septembre, le théâtre d'une foule d'engagements plus ou moins acharnés entre les deux partis. Le plus important fut l'attaque du Marais, d'où Pajot, lieutenant de Charette, ne put être déposté qu'avec beaucoup de peine.

Prise du camp de la Roulière. — Charette avait profité du repos où le laissaient les Républicains pour réorganiser ses troupes: il se présenta, le 5 septembre, devant le camp retranché de la Roulière, près de Nantes. « Amis, dit-il à ses soldats, qu'il avait gorgés d'eau-de-vie, la victoire sera facile aujourd'hui; « nous n'avons à combattre que des citadins couverts « d'or et de soie. J'abandonne le butin aux plus cou- « rageux. » Les avant-postes furent surpris et égorgés; les retranchements furent emportés, et l'attaque fut si impétueuse que les Républicains n'eurent pas le temps de prendre leurs armes rangées en faisceaux devant leurs tentes. Le camp était livré au pillage lorsqu'une colonne républicaine, arrivant de Montaigu, menaça d'enlever la victoire aux Vendéens. Charette accourut avec le gros de ses forces. Les Républicains, se trouvant entre deux feux et sur le point d'être enveloppés par la cavalerie royaliste, rompirent leurs rangs et prirent la fuite: on les poursuivit avec acharnement. Le carnage ne cessa qu'aux portes de Nantes. Charette, après avoir fait mettre le feu au camp, retourna à Belleville où il congédia momentanément ses soldats chargés de butin.

Prise du camp de Fréligné. — Le 14 septembre les Vendéens se rassemblèrent de nouveau pour enlever le lendemain le camp retranché de Fréligné. Ce camp était de forme carrée, ceint de fossés, entouré de palissades, revêtu de banquettes et défendu par 2,000 hommes aguerris.

Des rangs entiers de Vendéens tombèrent d'abord sous les feux des Républicains, à couvert derrière leurs retranchements. Charette, irrité des obstacles, s'élança lui-même à l'assaut, suivi de ses plus braves soldats. La mort des chefs républicains Prat et Mermet décida la victoire en faveur des insurgés, qui prirent le camp et souillèrent leur triomphe par le massacre des blessés et des prisonniers.

Changement de système de la Convention à l'égard de la Vendée. — A cette époque le caractère de la guerre de la Vendée avait été totalement dénaturé. Cette province ne pouvait plus guère être regardée que comme un vaste coupe-gorge, théâtre d'affreux brigandages, et où chacun des deux partis semblait prendre à tâche de dépasser l'autre en férocité.

La révolution du 9 thermidor, quoique la nouvelle n'en parvint que difficilement dans cette contrée dévastée, y fit renaître l'espérance. Dumas remplaça Vimeux à l'armée de l'Ouest, et le gouvernement ne crut pouvoir mieux prouver aux Vendéens ses intentions bienveillantes, qu'en châtiant les principaux auteurs de leurs calamités. Turreau fut arrêté ainsi que Grignon et Huché, principaux conducteurs des colonnes infernales. Carrier surtout, l'exécrable Carrier fut, par la Convention, condamné à expier sur l'échafaud les crimes dont, en suivant les ordres de la Convention, il avait épouvanté la ville de Nantes. Dumas ne resta pas long-temps à l'armée de la Vendée; sa bravoure naturelle avait besoin, pour se signaler, d'une guerre effective, et dans les provinces de l'ouest il ne devait plus alors s'agir que de négociations et de traités. Il fut remplacé par Canclaux qui, par sa conduite ferme et prudente, s'était concilié l'estime et presque l'affection des habitants du pays insurgé. Toutes les mesures enfin qui pouvaient tendre le plus promptement et le plus efficacement possible à la pacification de la Vendée, furent prises par le gouvernement conventionnel, impatient de montrer à l'Europe la France unie dans toutes ses parties et ralliée à une même opinion.

L'état d'isolement où se trouvait la Vendée, au milieu des provinces républicaines voisines, était le plus grand obstacle qui s'opposât à l'accomplissement des intentions du gouvernement. Les chefs royalistes seuls eurent d'abord connaissance du décret du 2 décembre, qui offrait le pardon à tous les insurgés qui déposeraient les armes. Mais personnellement intéressés à entretenir la guerre civile, Charette et Stofflet, malgré l'animosité qui s'était réveillée entre eux, prenaient le plus grand soin d'empêcher que les intentions conciliatrices de la Convention ne parvinssent aux soldats royalistes.

Négociations pacifiques. — La Convention décidée néanmoins, afin de calmer ce malheureux pays, à faire des concessions proportionnées aux désastres qu'il avait essuyés, y envoya onze commissaires pris dans son sein : ceux-ci s'adjoignirent le général Canclaux pour faire aux Vendéens des ouvertures directes de paix. — Ruelle et Leprieur (de la Marne), alors à Nantes auprès du général en chef, profitèrent habilement des dissensions qui divisaient les deux principaux chefs. On fit à Charette l'honneur d'ouvrir avec lui les premières conférences [1].

Pacification de la Jaunais. — La première entrevue où Charette conclut un armistice avec les envoyés de Ruelle, eut lieu au château de Laroche-Boulogne et fut suivie de plusieurs autres. Il paraît néanmoins que les demandes du général vendéen, qui traitait plutôt en vainqueur qu'en vaincu, tombèrent sur des objets que le Comité de salut public n'avait pas prévus; c'était le prix en argent (indemnité de guerre, etc.) que Charette exigeait pour sa soumission. Ruelle, qui montrait le plus d'ardeur pour le succès de la négociation, se rendit à Paris afin d'y recevoir de nouvelles instructions.

Les sommes demandées furent accordées par le Comité, résolu de finir la guerre à tout prix; elles devaient être prélevées sur un fond de dix millions, alloués au gouvernement pour dépenses secrètes. Ces préliminaires réglés, on fixa au 18 février le terme d'une trêve générale. Une nouvelle entrevue eut lieu le 12 au château de la Jaunais, près de Nantes. Charette arriva au rendez-vous en tête de son état-major, revêtu de ses insignes royalistes, et le chapeau orné de la cocarde et du panache blanc. Canclaux accompagnait les représentants. Il y avait un contraste frappant entre la chétive cavalerie vendéenne et la bonne tenue, l'élégance et la richesse des officiers républicains. — Cormatin représenta la chouannerie dans cette entrevue, et déclara souscrire à tout ce que Charette jugerait convenable pour le rétablissement de la paix générale. — Dans son projet, divisé en vingt-deux articles, ce dernier réclamait le libre exercice *en Vendée* de la religion catholique; le paiement des pensions aux religieuses et aux moines, une indemnité pour les habitants dont les propriétés avaient été dévastées, avec une exemption pendant dix ans de tout impôt et de toutes réquisitions; des moyens de sortir de France en toute sécurité aux émigrés qui se trouvaient dans les rangs vendéens; et enfin la formation d'une garde territoriale à la solde du trésor national, indépendante néanmoins de l'autorité de la République, et dont il se réservait le commandement, dans le but, disait-il, d'assurer la tranquillité du pays. A ces conditions il promettait de se *soumettre à la République une et indivisible;* de reconnaître ses lois et de n'y porter aucune atteinte. Ces propositions ayant été discutées à loisir, on se réunit de nouveau le 17, avec beaucoup de pompe, sous une tente magnifique, et on déclara aux Vendéens que leurs conditions étaient acceptées, et elles furent formulées dans cinq arrêtés que les représentants souscrivirent; puis les chefs vendéens et Cormatin signèrent leur acte de soumission à la Ré-

---

[1] D'après l'écrivain royaliste qui a le premier fait connaître les événements de la guerre de la Vendée, ce fut un seul homme qui, rapprochant la Vendée royaliste de la France républicaine, surmonta tous les obstacles. Cet homme, Bureau de Labatardière, doué d'un caractère entreprenant et résolu, avait pressenti l'avenir d'après les circonstances de la guerre et la disposition des esprits. Proscrit lui-même comme émigré vendéen, errant aux environs de Nantes, échappé miraculeusement aux fureurs de Carrier, il s'imagina un jour, alors qu'il se cachait dans les rochers de l'Erdre, qu'il était appelé à terminer la guerre civile; ce grand et patriotique résultat lui parut, avec raison, devoir mériter la fin de sa proscription et la restitution de ses propriétés. Cet honorable espoir l'enflamma; l'intérêt privé vint aider aux élans de l'intérêt général; l'idée d'une pacification germa dans sa tête et l'exalta : bravant la mort à laquelle le dévouait son inscription sur la liste fatale, Bureau de Labatardière courut à Nantes, caché sous les habits d'un paysan. Il se présenta à Ruelle, lui communiqua son plan, ses moyens, ses espérances, ses relations, et lui offrit de porter à Charette des paroles de paix. Ruelle accueillit avec transport un homme dont les inspirations, la pureté du langage, les manières insinuantes attestaient le zèle et la capacité. — Bureau lui demanda des instructions; bientôt le Comité de salut public, sur la recommandation de son délégué, autorisa le proscrit à négocier directement la paix avec le général vendéen. Bureau connaissait Charette... Il partit muni d'instructions et de proclamations pacifiques. Son neveu, Bertrand Geslin, jeune officier rempli d'intelligence et de bravoure, et la sœur de Charette, qui, détenue dans les prisons de Nantes, venait d'être mise en liberté par Ruelle, l'accompagnèrent... Ils arrivèrent ensemble à l'abbaye de Villeneuve, sur la route de Saint-Philibert. Là, toute communication avec la Vendée leur était interdite, le pont se trouvant coupé. L'amour-propre et les obstacles irritèrent le zèle de Bureau; il prit aussitôt un chemin de traverse conduisant par Machecoul à Belleville, où était le quartier général de Charette. Pour arriver plus vite il voulut essayer de passer le bac à Saint-Marc, et eut recours à l'intervention militaire; mais personne n'osant se hasarder sur la rive ennemie, il se jeta seul, sans armes, dans une barque, laissant ses compagnons de voyage persuadés que bientôt les Vendéens allaient promener sa tête aux avant-postes. Il arriva à Saint-Marc, où il fut entouré et interrogé par un détachement vendéen : il affirma qu'il avait laissé à Boué la sœur de Charette, et demanda à être conduit devant le général. Traîné au premier poste de la division de Guérin, il traversa un village où il fut heureusement reconnu par un vendéen qui le prit sous sa protection jusqu'à l'arrivée du commandant du poste; mais de nouveaux insurgés l'interrogent et prenant ses réponses pour une fable, délibèrent de le fusiller comme espion. Le courage et le sang-froid de Bureau leur impose néanmoins : il réitère sa promesse d'amener la sœur de Charette; les royalistes se décident enfin à le relâcher. — Ses compagnons de voyage croyaient victime de sa témérité, lorsque son retour fit cesser leurs alarmes. — Cependant un convoi républicain passe sur la grande route de l'autre côté de la rivière; les royalistes se croient trahis et veulent fusiller ceux qui ont laissé passer Bureau. — Tout à coup il reparaît lui-même au milieu d'eux avec la sœur de Charette : les habitants de Saint-Marc et des environs les entourent en faisant éclater des transports de joie, et le conduisent en triomphe au général en chef, etc.

publique[1]. Afin de justifier la conduite de Charette, qui reprit les armes peu de mois après, les Vendéens prétendirent dans le temps, et toutes les relations royalistes l'ont répété depuis, qu'il y avait dans le traité des articles secrets concernant le rétablissement des Bourbons, ou autres semblables, dont la non observation déliait Charette de son serment. Il est certain qu'aucune clause semblable ne fut écrite; mais il n'est pas aussi sûr que dans la conversation, et jaloux d'arriver à un résultat, les représentants du peuple n'aient pas, en leur présence, laissé les chefs vendéens se flatter hautement de ce résultat; leur silence aurait été considéré comme un engagement tacite.

Entrée de Charette à Nantes. — Pour donner tout l'éclat possible à l'acte de pacification, on invita Charette à se rendre à Nantes, où son entrée fut en quelque sorte un triomphe. Elle eut lieu le 26 février[1]. Il était, ainsi que ses officiers, en costume royaliste, au milieu des uniformes républicains. Les cris de *Vive la paix! vive l'union!* se faisaient seuls entendre. Tout fut prodigué pour bien recevoir le général vendéen et.

[1] Voici comment les premières entrevues du général vendéen et des représentants du peuple sont racontées par l'historien contemporain (A. de Beauchamp) le plus favorable à la cause royaliste : « Le 15 de février les commissaires partirent de Nantes avec une nombreuse escorte de cavalerie et d'infanterie. A leur arrivée, Charette se mit à la tête des siens. De part et d'autre les troupes restèrent à une certaine distance, ne laissant qu'un poste de garde. Les conventionnels prirent place les premiers sous la tente; Charette y parut bientôt avec l'écharpe et le panache blanc qu'il portait dans les combats. Il prit la parole et dit : « Citoyens représentants, avant tout veuillez satisfaire à cette question : suis-je appelé pour traiter de la paix ou me soumettre à une amnistie? — Nous ne désirons qu'une seule chose, répondit le conventionnel Delaunay (d'Angers), c'est de réunir à la grande famille des Français qui n'auraient jamais dû s'en séparer. »

« On se rangea immédiatement autour de la table des conférences. Les généraux républicains ni aucun officier n'y furent admis. L'entrée de la tente ayant même été refusée à Bureau de Labatardière, Ruelle et Charette le réclamèrent comme médiateur, contre l'avis de Delaunay (d'Angers). Ce délégué porta la parole pour la Convention ; Rousseau et Auvinet pour Charette.

« Quoiqu'on fût d'accord, de part et d'autre, sur les principaux articles, la discussion n'en fut pas moins vive sur quelques points contestés, notamment sur le mode général d'exécution. Les commissaires insistaient sur la promesse de la remise des armes ; Charette ne voulut stipuler que pour l'artillerie (il n'en avait pas); puis s'opposant à la rentrée des patriotes réfugiés et au rétablissement des impôts, il parvint à faire rejeter l'établissement des administrations républicaines; néanmoins tout ne fut point réglé dans la première conférence, et l'on ne signa le traité que le troisième jour.

« Il consistait d'une part en cinq arrêtés séparés, souscrits par les commissaires ; de l'autre en une déclaration de Charette, de ses principaux officiers et des chefs du centre.... »

« Les Vendéens, même les plus dévoués à Charette, n'accordaient pas une confiance entière à ces négociations....

« Deux partis se forment à l'instant : les uns croyant impossible la destruction de la Vendée, prétendent qu'on peut soutenir ce système successif de défaites compensées par des victoires; ils veulent donc la guerre et ce, qu'ils expriment en criant : *Le roi ou la mort!* Moins courageux, mais plus éclairé, le parti contraire assure que l'existence miraculeuse de la Vendée n'est due qu'aux dissensions des Républicains; il présente ceux-ci comme plus redoutables depuis qu'ils ont un gouvernement plus sage, et pensent qu'il faut accepter la paix n'importe à quelles conditions ; d'ailleurs, étant presque tous propriétaires, ils espèrent jouir tranquillement de leurs biens, dont ils ont à réparer les dévastations et les pertes. Mais les partisans de la guerre, maîtres de tout sans avoir rien à perdre, ne peuvent consentir à se voir dépouillés du pouvoir que donne la force ; ils demandent un roi. « Volons à de nouveaux combats, disent-ils; réunissons-nous à Stofflet puisque Charette nous abandonne. » Ils ébranlent, ils agitent les esprits, mais la masse résiste. — Alors, ne se possédant plus, Delaunay, Savin et Lemoelle abandonnent brusquement le lieu des conférences et courent au fond de la Vendée pour y proclamer ce qu'ils appellent la trahison de Charette. L'ambitieux Delaunay, impatient de profiter de cette cause d'agitation et de trouble pour s'élever sur les débris de son chef, le présente comme un lâche transfuge; il l'accuse de prendre le commandement d'une armée pour punir lui-même les Vendéens d'avoir si courageusement défendu l'autel et le trône. Sur plusieurs points de la Vendée les paysans, entraînés par ses déclamations, se croient trahis. « Nous avons déjà combattu sans chef, nous saurons encore combattre seuls à l'ennemi. » La sédition allait prendre un caractère alarmant quand Charette, prévenu par différents avis, quitta précipitamment les Jaunais. Son arrivée à Belleville, sa fermeté et la prompte exécution de ses ordres suffirent pour tout étouffer. Mais trouvant les esprits émus, il rassemble les officiers des différentes divisions, et après avoir exposé les conditions de la paix, il leur dévoile ses desseins de la manière suivante : « Sans doute vous ne croyez pas que je sois devenu républicain depuis hier? » —Tous lui donnent l'assurance contraire et lui témoignent une entière confiance. « J'ai fait, poursuit-il, ce que j'ai cru nécessaire à mon parti, sans être arrêté ni par les murmures, ni par les menaces de ceux qui prétendent qu'on doit continuer la guerre. Je leur demanderai ce qu'ils faisaient, quand nous combattions tous les jours? Tranquilles dans leurs quartiers, la plupart ne cherchaient dans le sein des plaisirs qu'un honteux repos. Au moment où notre faiblesse et le déploiement de toutes les forces de l'ennemi rendent que plus longue résistance impossible, je trouve dans la paix, ou plutôt dans une trêve, les moyens assurés d'atteindre le but que nous nous proposons tous. *Nous avons de nombreux amis; je ne parle pas des Anglais, dont je connais les desseins perfides sur le trône de France*, mais de tant de Français fidèles qui, répandus dans l'intérieur et dans la capitale, obtiendront plus par leur influence et leur zèle que nous tous par des efforts imprudents. D'un autre côté je saurai profiter de la réputation que j'ai acquise parmi les Républicains pour me ménager des intelligences utiles ; je ferai passer dans leur camp de l'argent et des vivres; j'attirerai leurs soldats parmi nous : déjà des corps entiers me sont acquis pour le moment où leur secours deviendra nécessaire. Au reste, qu'avons-nous à craindre? ne restons-nous pas armés? Et s'il était vrai qu'on eût voulu nous tendre un piège, ne nous trouverions-nous pas en mesure de combattre avec plus d'avantages encore un ennemi perfide.... »

Ainsi Charette, d'après M. de Beauchamp, en traitant une paix méditait une trahison. Continuons la citation. Les témoignages des contemporains sont les bases des jugements de la postérité. Ici l'historien royaliste ferait mal présumer du général vendéen qui, nous le croyons, avait plus de bonne foi et moins de duplicité politique qu'on ne lui en suppose.

« Ce discours, en ralliant tous les esprits, leur rendit cette confiance aveugle qui faisait la principale force de Charette. L'ambition de Delaunay fut dévoilée : il s'était offert de marcher à la tête des Vendéens qui voudraient combattre. Charette dépêcha des cavaliers au château de la Bouchère pour le saisir : il y fut manqué d'un instant et parvint à se réfugier avec ses trésors et ses meilleurs chevaux auprès de Stofflet, dont il avait signé récemment l'arrêt de mort. Quant à Savin et à Lemoelle, leur repentir les sauva et ils rentrèrent en grâce auprès de Charette, qui les rétablit dans leur grade. »

[1] Les relations contemporaines nous fournirent le récit de la mémorable entrée de Charette à Nantes : « Le 26 février, neuf jours après la signature de l'acte d'union, une salve d'artillerie annonça l'arrivée de Charette; alors on vit paraître à Nantes ces mêmes guerriers vendéens qu'on y avait, pendant si long-temps, voués à la mort. Charette, magnifiquement monté, vêtu de bleu, ceint d'une écharpe royaliste et le chapeau surmonté d'un énorme panache blanc, parut à la tête du cortège, suivi de quatre de ses lieutenants; vint ensuite un groupe d'officiers républicains à cheval, puis l'état-major de Charette que suivait l'état-major de l'armée républicaine, à la tête duquel se faisait remarquer le général en chef Canclaux. Des cavaliers des deux armées, des chasseurs royalistes, l'élite des grenadiers de la garde nationale, précédés d'une musique militaire, tel était le gros du cortège. La cavalerie nantaise fermait la marche; elle escortait deux voitures décorées du bonnet de la liberté, et dans lesquelles étaient placés les conventionnels pacificateurs. L'on voyait ainsi se confondre avec l'écharpe et le plumet blanc, la cocarde et l'écharpe tricolore. Une multitude immense se pressait sur les pas de Charette. Les cris de *vive le roi* eussent prévalu si Bureau de Labatardière n'y eût substitué avec adresse ceux de *vive la paix*, que les délégués conventionnels, enivrés de joie, répétaient sans cesse. Charette parut triste et attendri, recevant de nombreux saluts qu'il rendait à droite et à gauche en criant : *Vive l'union!* Les autres

ses officiers; repas, bals, fêtes de toutes espèces. On lui fit même l'honneur de l'admettre à la société populaire.

Adresse de Charette à la Convention. — Deux jours après et en témoignage de la sincérité de sa soumission à la République, Charette fit hommage à la Convention des drapeaux vendéens. Son envoyé, admis à la barre dans la séance du 13 mars, fut admis avec d'unanimes acclamations. Il remit à l'assemblée une adresse de Charette et des principaux chefs vendéens. Cette adresse était ainsi conçue :

« Représentants,

« Forcés par la nécessité de retourner dans la Vendée pour y proclamer la paix et préparer l'exécution des arrêtés des représentants du peuple, nous avons chargé les citoyens Bureau et Blin d'aller vous exprimer nos sentiments et nos vœux. Ils sont plus à portée que qui que ce soit de vous en rendre compte, ayant servi d'intermédiaires pour la pacification entre le représentant du peuple Ruelle et nous. Ils ne manqueront pas de vous faire connaître combien les triomphes de la justice et de l'humanité sont consolants; combien la Convention nationale s'est acquis de confiance par un système si propre à faire le bonheur des Français. N'omettez rien, représentants, pour que ces vertus obtiennent un empire inébranlable parmi nous. Les vices contraires allumèrent la guerre dans nos contrées; elles seules peuvent y maintenir la paix et y faire renaître l'abondance. »

Soumission de Stofflet. — *Traité de Saint-Florent.* — Stofflet, irrité de la préférence qu'on avait accordée chefs vendéens, mornes, le regard fixe, la contenance fière, semblaient se dire : « Ce même peuple nous appela long-temps à l'échafaud, et notre supplice aurait excité la même affluence, les mêmes transports. » Le cortège traversa lentement la ville avec une sorte de pompe triomphale; il fit à petit pas le tour des places publiques et s'arrêta ensuite à l'hôtel des représentants pacificateurs, où les *frères égarés* (expression de circonstance adoptée pour désigner les Vendéens) trouvèrent des rafraîchissements et un accueil affectueux. Le peuple, toujours avide de nouveautés, les suivait en chantant et perçant l'air de cris de joie... »

à Charette, s'était néanmoins décidé à partager avec lui les avantages de l'amnistie : il arriva à la Jaunais avec l'abbé Bernier, au moment où l'assemblée allait se séparer; mais là, apprenant que Charette avait traité au nom de toute la Vendée, sans rien stipuler de particulier pour le Haut-Poitou, et sans même le nommer, lui, Stofflet, dans l'acte de pacification, la rage le saisit; il remonta à cheval et regagna son quartier général, décidé à continuer la guerre. Une proclamation où il se désignait comme général en chef de l'armée catholique et royale, appela bientôt les Vendéens aux armes pour la sainte cause de Dieu et du roi, que Charette, disait-il, venait de trahir. Mais telle avait été l'influence du général de la Basse-Vendée, qu'il avait entraîné tous les chefs de l'armée du centre et même le chevalier de la Bouëre, lieutenant général de Stofflet. Les autres officiers de celui-ci le quittèrent successivement et firent leur paix particulière avec les représentants, en sorte qu'il se trouva presque seul pour soutenir le poids de la guerre. Après le 20 avril, époque où les principaux chefs chouans se réunirent à Cormatin et signèrent leur soumission à la Mabilais, Stofflet, près d'être réduit par la force, imita enfin leur exemple, le 2 mai, à Saint-Florent. On attachait encore tant d'importance à la pacification générale de la Vendée, que, malgré sa soumission tardive, Stofflet obtint les mêmes conditions qui, quatre mois auparavant, avaient été exigées par Charette.

On peut considérer les traités de la Jaunais et de Saint-Florent comme ayant terminé la guerre de la Vendée. Les mouvements que tentèrent plus tard Charette et Stofflet, mécontents de la pacification, mouvements qui, d'ailleurs, furent suivis de la mort de ces deux chefs, donnèrent de vives inquiétudes au gouvernement républicain, mais ne troublèrent pas sérieusement le pays. — Charette, dont la révolte obtint le plus de succès, ne put réunir qu'un petit nombre de partisans. — L'insurrection avait cessé d'être populaire parmi les Vendéens.

RÉSUMÉ CHRONOLOGIQUE.

1794.

2 JANVIER. Prise et reprise de Machecoul.
5 — Prise de Noirmoutiers. — Exécution de d'Elbée.
20 — Marche des colonnes incendiaires.
25 — Combats de Chanceé et de Légé.
10 FÉVRIER. Combat de Saint-Colombin.
4 MARS. Combat de Tremetine. — Mort de Larochejacquelein.
10 — Prise et reprise de Chollet.
19 — Combat de Venanceau. — Mort d'Haxo.
24 — Prise de Mortagne.
30 AVRIL. Combat de Challans.
30 AVRIL. Établissement des camps retranchés.
— — Assassinat de Bernard de Marigny.
5 SEPTEMBRE. Prise du camp de la Roulière.
14 — Prise du camp de Fréligné.

1795.

17 FÉVRIER. Traité de la Jaunais. — Soumission de Charette.
26 — Entrée de Charette à Nantes.
20 AVRIL. Traité de la Mabilais. — Soumission de Cormatin et autres chefs de la chouanerie.
2 MAI. Traité de Saint-Florent. — Soumission de Stofflet.

A. HUGO.

FRANCE MILITAIRE.

1794. — GUERRE D'ESPAGNE.

CAMPAGNE DES PYRÉNÉES-ORIENTALES.

SOMMAIRE.

État et positions de l'armée française.—Mesures prises par Dugommier.—État de l'armée espagnole.—Plans opposés de Dagobert et de Dugommier.—Expédition et prise de la Seu d'Urgel.—Mort de Dagobert.—Attaque et prise du camp de Boulou.—Défaite des Espagnols—Prise de Saint-Laurent-de-la-Muga.—Siège et prise de Saint-Elme, Port-Vendres et Collioure.—Attaque de la droite française par les Espagnols.—Expédition sur Campredon.—Infructueuse attaque de Puycerda par les Espagnols.—Combats de Terradas et de Saint Laurent de-la-Muga.—Reprise de Bellegarde.—Combat de la montagne de Montroig.—Propositions de paix repoussées par la Convention—Bataille de la Montagne-Noire.—Mort de Dugommier.- Mort de La Union.—Prise de Figuière.—Fin de la campagne.

ARMÉE FRANÇAISE.	ARMÉE ESPAGNOLE.
Généraux en chef. { Dugommier. / Pérignon.	Généraux en chef. { Le marquis de Las-Amarillas. / Le comte de La Union.

Aucune affaire digne de remarque n'avait eu lieu pendant l'hiver entre les armées françaises et espagnoles des Pyrénées-Orientales.

État et positions de l'armée française. — L'armée française, qui allait effacer par de brillants succès les désastres de l'année précédente, s'étendait de Thuir à Toulonge à droite, jusqu'à Villeneuve, Cabestany et Saint-Nazaire à gauche; son centre était à Perpignan.

A peine, à la fin de décembre, se composait-elle de 35,000 hommes, hâves, défaits, manquant de tout, se traînant péniblement dans leurs cantonnements ou expirants dans les hôpitaux.

Le corps de Cerdagne, aux ordres de Dagobert, qui s'étendait, à droite, de Belver jusqu'au col de Ternere, avait sa gauche entre la Tet et le Canigou et son centre à Olette et Villefranche.

Mesures prises par Dugommier. — Il fallut toute l'activité de Dugommier, qui vint de Toulon prendre le commandement de l'armée, pour la remettre sur un pied respectable et pour faire disparaître l'indiscipline et le découragement qui y régnaient. Il pressa l'embrigadement, dans les anciens cadres, des recrues, dont elle se renforçait, comme toutes les autres armées de la République, et la divisa en deux corps, l'un de troupes aguerries, formant l'élite et le corps de bataille de l'armée; l'autre, de troupes nouvelles, qui devaient rester en seconde ligne jusqu'à leur parfaite instruction et former la réserve; des hommes lestes, hardis et intrépides furent organisés en compagnies légères et destinés aux coups de main et à faire le service d'éclaireurs.

Le service se trouvant enfin réglé avec promptitude et régularité, Dugommier rectifia sa position en occupant, le long du Tech et du Reart, Sainte-Colombe, Terrast, Lupia, Truillas, Ponteilla, Saint-Cyprien et Elne; la côte fut couverte jusqu'à Agde et mise en état de défense.

État de l'armée espagnole. — L'armée espagnole, que ses positions adossaient aux Pyrénées, depuis Pratz-de-Molo jusqu'à la mer, était sous le commandement provisoire du marquis de Las-Amarillas, et ne se trouvait guère dans un état plus brillant que l'armée française avant l'arrivée de Dugommier. Il lui était infiniment plus difficile de se recomposer : une maladie épidémique décimait les corps, et le gouvernement espagnol, sans argent malgré une émission de 270,000 réaux en papier monnaie, ne parvenait que très difficilement à réparer les pertes de ses régiments par un recrutement régulier : les volontaires qui se présentaient, d'une humeur indépendante et vagabonde, n'étaient propres qu'à un service de guérillas et non pas à celui de troupes de ligne; d'ailleurs l'enthousiasme diminuait et il ne s'en offrait plus qu'un petit nombre. Néanmoins cette armée s'élevait encore à plus de 25,000 hommes disponibles, sans compter les recrues qu'elle attendait et 10,000 malades dans les hôpitaux; mais elle était démoralisée; la mort successive de deux généraux en chef, Ricardos et d'O'Reilly, avait été généralement regardée, par les superstitieux Espagnols, comme un présage funeste.— L'armée était couverte par le Tech, depuis la mer jusqu'au camp de Boulou, puis ensuite par une chaîne de collines qui se rattachent au Canigou, et qu'on avait hérissées de retranchements.

Plans opposés de Dagobert et de Dugommier.— Pendant les premiers mois de l'année 1794, Dagobert, réintégré dans ses fonctions, avait repris, à Puycerda, le commandement de son ancienne division. Il avait conçu, dès l'année précédente, un plan de campagne que Carnot avait approuvé et qui consistait à tourner la gauche de la ligne espagnole, en débouchant de Mont-Louis avec deux colonnes d'élite qui seraient venues, par Campredon et Ribas, se réunir près de Ripoll, et auraient cherché, par un coup de main, à enlever Girone et à s'établir entre la Fluvia et le Ter, sur les derrières d'Amarillas. Le général espagnol, pressé alors de front par le gros de l'armée française, n'aurait eu d'autres ressources que de mettre bas les armes ou de se faire écraser.

Ce plan, dont la hardiesse et les avantages sont évidents, fut sacrifié à celui de Dugommier, qui consistait, par un système différent d'opérations, à s'établir sur la route de Bellegarde et du col de Porteil, seule communication des Espagnols adossés aux Pyrénées, où du moins à menacer sérieusement cette communication. — Dagobert reçut donc l'ordre de rester inactif et en observation à Puycerda. — L'armée républicaine fit, le 27 mars, un mouvement général pour s'approcher de l'ennemi : Augereau, avec la droite, vint s'établir au Monestier et au Mas-d'Eu. Pérignon, avec le centre, occupa l'espace entre les cabanes de Réart et le mamelon qui domine Brouillas. La gauche, aux ordres de Sauret, jeta dix bataillons à Ortaffa, se tenant prête à passer le Tech.

Expédition et prise de la Seu d'Urgel. — *Mort de Dagobert.* — Pendant ce temps, Dagobert s'indignait, dans la Cerdagne, de l'inaction où il était réduit; il se porta en trois colonnes sur Montella en avant de la Seu d'Urgel, pour envahir la Catalogne. Mais le projet de ce général était connu du comte de Saint-Hilaire, commandant sur ce point les Espagnols, qui avait pris toutes les mesures nécessaires pour le prévenir. Montella sur la rive gauche, les postes de Llers sur la rive droite de la Sègre, avaient été renforcés, ainsi que tous ceux qui pouvaient arrêter un instant la marche de l'ennemi. — Le 8 avril, Dagobert parut devant Montella, qu'il attaqua en même temps de front, de droite et de gauche. Le commandant, après quelque résistance, se retira sur Bar, puis sur la Seu. Le poste de Lier, attaqué au même moment par 3,000 hommes, fut aussi contraint de rétrograder sur la Seu; il en fut de même de celui du Martinet.

Saint-Hilaire, ne comptant néanmoins pas pouvoir défendre la Seu d'Urgel, même avec les forces qui y étaient réunies, se retira sur Castel-Ciudad. Cette place est séparée de la Seu par la rivière de Baliza. Dagobert ne s'arrêta pas à Urgel, passa la rivière et se porta, par les hauteurs d'Estamarin, sur celles de Calvignac, d'où il fit sommer inutilement Saint-Hilaire de lui livrer Castel-Ciudad. Ensuite il repassa la rivière et frappa la Seu d'Urgel d'une contribution de 100,000 francs. Le général français reprit par Belver la route de Cerdagne. Le manque d'artillerie l'avait décidé à abandonner promptement la Seu d'Urgel. Il détruisit en revenant les ponts de Bar et d'Arseguel.

Cette expédition fut la dernière de Dagobert. Une fièvre violente, qui le tourmentait depuis long-temps, quoiqu'elle ne lui eût rien fait perdre de son activité, redoubla au retour de la Seu d'Urgel. Il fut contraint de s'aliter, et mourut le 21 avril, à l'âge de 76 ans, chéri de tous ses soldats. C'était alors la belle époque du désintéressement républicain. Dagobert, qui venait de frapper une contribution sur la Seu d'Urgel, en avait versé le montant dans la caisse de l'armée; il était sans argent. Les officiers furent obligés de se cotiser pour payer les frais de ses funérailles.

Attaque et prise du camp de Boulou. — *Défaite des Espagnols.* — Le marquis de Las-Amarillas, redoutant une attaque générale, replia dans le camp de Boulou les troupes qu'il avait sur la gauche du Tech, et remit le commandement de l'armée au comte de La-Union, qui arrivait pour le remplacer.

Le camp de Boulou avait été fortifié avec un soin tout particulier. Il est traversé par le Tech, et séparé par une chaîne de collines de la plaine de Vallespir. Deux redoutes, celle de la Trompette et de Montesquiou, réunissant tous les moyens de défense, en protégeaient la droite. Quelque formidable que fût cette nouvelle position des Espagnols, elle était néanmoins dominée par un pic, le plus élevé des Aldères, appelé l'hermitage de Saint-Christophe, et situé en arrière de la droite du camp. Les ingénieurs espagnols avaient négligé de s'en emparer. Dugommier résolut de profiter de cette circonstance, et Pérignon passa le Tech au gué de Brouillas, dans la nuit du 29 au 30 avril, avec l'ordre de s'emparer de l'hermitage Saint-Christophe, pour se porter de là sur la route de Bellegarde, principale communication de l'ennemi. Pendant qu'une colonne devait exécuter ce coup de main, le gros de la division devait se porter en trois autres colonnes sur Saint-Genis, devant Villelongue. Augereau et Sauret avaient l'ordre de détacher chacun une brigade à Baniuls; le premier était en outre chargé d'enlever le pont de Céret.

Pérignon ne rencontra que peu d'obstacles. Le général Martin s'empara de Saint-Christophe, et poussa l'adjudant général Frère, avec 800 hommes, sur la redoute de la Trompette, défendue par Don Ildefonse Arias. Pérignon, de son côté, fit occuper le plateau de Villelongue par la brigade Chabert, masqua Argèles par le général Victor, et se forma lui-même au point du jour en bataille sur la rive droite du Tech, face au Boulou. Presque toute l'armée espagnole se trouvait massée vers Céret, que La-Union affectionnait beaucoup, parce qu'il y avait eu un succès l'année précédente. Il n'y avait que peu de troupes ennemies sur le point menacé. Pérignon fit attaquer par les brigades Point et Chabert la redoute de Montesquiou, défendue par le général Vénégas. Au premier bruit de la mousqueterie, La-Union détacha le prince de Montforte avec quelques bataillons seulement pour secourir sa droite. Il aurait dû accourir sur ce point avec toutes ses forces. — Montforte arriva d'ailleurs trop tard. Vénégas, blessé, venait d'abandonner la redoute Montesquiou pour se retirer sur une hauteur, entre la batterie des Signaux et la redoute qu'il venait de perdre. Le prince, trop faible pour faire face à l'ennemi qui occupait les hauteurs et la plaine, envoya le comte del Puerto au soutien de Vénégas, avec deux bataillons et un régiment de dragons. La redoute de la Trompette, que la colonne Frère attaquait déjà, fut alors évacuée par Arias, dont la nuit favorisa sa retraite.

La terreur fut au comble au centre et à la gauche des Espagnols, quand on sut la trouée faite au camp, et l'occupation par les Français de la route de Bellegarde. L'abandon du camp fut décidé par un conseil de guerre. Il n'y avait pas un instant à perdre, et pour assurer la retraite du matériel, les troupes du centre, qui étaient sur la rive gauche du Tech, eurent ordre de se porter entre Céret et Maureillas, et la gauche celui de défiler à la hâte par le pont de Céret; mais, au point du jour, Pérignon, renforcé par 500 chevaux, enleva la batterie des Signaux. Montforte, voyant sa droite écrasée, voulut ramener sa gauche à Céret : le passage lui fut barré par l'infanterie du général Martin, posté au village des Écluses-Hautes. — Il se replia sur le centre de l'armée, en marche pour gagner, entre le pont de Boulou et Céret, les hauteurs de Maureillas. La route de Bellegarde fut dès lors perdue pour les Espagnols, à qui il ne resta que le col de Porteil, déjà menacé par nos avant-postes. Dès que le mouvement de Montforte dans cette direction fut connu, Pérignon prescrivit au général Labarre de passer le Tech à la Trompette-Basse avec 700 chevaux, pour tomber sur la cavalerie qui formait l'arrière-garde espagnole, pendant que le général Renel, remontant la rive droite avec 500 autres, irait la prévenir aux défilés de Maureillas. Il était alors huit heures du matin ; ce fut l'instant où commença l'une des plus complètes et des plus désastreuses déroutes dont l'histoire militaire offre d'exemples.

La rapidité des mouvements des Républicains ne tarda pas à porter au comble la terreur de l'armée espagnole. Les troupes du prince de Montforte, se jetant en désordre sur celles de La-Union, toutes se précipitèrent pêle-mêle et épouvantées vers l'étroit passage de Porteil, par où devait défiler, avec ses immenses bagages cette armée que le vainqueur poursuivait à portée du fusil. — Vainement les généraux tentèrent-ils de la reformer entre Céret et les hauteurs de Maureillas. Le même effroi dominait les officiers et les soldats. Les conducteurs de l'artillerie et des caissons coupaient les traits d'attelage, et, renversant les pièces de canon, s'enfuyaient avec les mules. Les troupes du Haut-Vallespir se retirèrent assez en ordre sur Saint-Laurent-de-la-Muga. On prescrivit à la droite d'abandonner Bagnols-de-Maraude et Argèles, de garder Collioure et Port-Vendres, et de faire passer à la hâte 500 chevaux à Figuière, avant que les Français n'occupassent le col de Banyuls.

Une partie de la cavalerie espagnole avait été sabrée aux Écluses-Hautes ; la brigade Vives, forcée par l'encombrement du chemin de Maureillas de se retirer par le port de Céret, parvint à se sauver ; mais trois bataillons, en postes avancés au Pla-del-Rey et à l'hermitage Saint-Luc, furent coupés et pris. Le désordre fut porté au comble lorsqu'Augereau, ayant assailli les ouvrages du pont de Céret, l'ouvrit à la cavalerie de Labarre, qui se porta au trot sur la colonne d'artillerie, attaquée par Renel dans le défilé de Maureillas. Cent quarante pièces de canon, huit cents mulets, tous les bagages de l'armée, des effets de campement pour 20,000 hommes et 1500 prisonniers furent le fruit de cette rapide victoire, qui ne nous coûta pas 1,000 hommes.

Il y a du Boulou à la cime des Pyrénées et à Figuières d'excellentes positions, dont les généraux espagnols ne s'aperçurent pas même, quoiqu'elles eussent pu devenir, par l'initiative de l'occupation, des obstacles infranchissables pour leurs ennemis. La-Union eût pu s'établir entre Bellegarde et Collioure pour défendre du moins le sommet des Pyrénées ; il ne garda que le col de Porteil, et se retira sous le canon de Figuière avec les débris de son armée, qu'il parvint à réorganiser mécaniquement, c'est-à-dire sans pouvoir en relever le moral.

Au passage du Tech, Baudricr, fusilier au 28e régiment, s'élança dans la rivière, qu'il traversa à la nage pour poursuivre l'ennemi. Arrivé sans armes sur le bord opposé, il se précipita sur trois Espagnols en fuite, atteignit le dernier et le poignarda avec sa propre baïonnette, dont il s'empara. Prenant ensuite le fusil du mort, il fit feu sur le second Espagnol et le tua ; puis, sans prendre le temps de recharger l'arme, il courut après le troisième et l'assomma à coups de crosse.

Prise de Saint-Laurent-de-la-Muga. — Après avoir rejeté les Espagnols au-delà des Pyrénées, Dugommier ne perdit pas de temps et poursuivit ses avantages. Augereau reçut l'ordre de remonter la vallée du Tech, et de se porter avec 4000 hommes devant le bourg de Saint-Laurent. Il y arriva le 6 mai. Ce poste, ceint de murs, renfermait alors une fonderie considérable et plusieurs fabriques de drap. Il n'était défendu que par un détachement qu'y avait jeté La-Union, et qui n'opposa que peu de résistance.

La prise de Saint-Laurent fut très avantageuse pour l'armée, moins à cause de la fonderie et de ses produits qu'à cause des draps qui y furent trouvés et dont les Républicains, dénués de vêtements pour la plupart, avaient le plus grand besoin. Augereau, de ce poste, communiquait avec la division du centre, par un camp de sept bataillons établi à Darnuys.

Siége et prise de Saint-Elme, Port-Vendres et Collioure. — Dugommier s'occupait en même temps des moyens d'investir et de reprendre Bellegarde, ainsi que le petit système de places fortes formé par le fort Saint-Elme, Port-Vendres et Collioure. — Il prescrivit au général Sauret, renforcé par la brigade Victor et par 1000 chevaux, d'investir Collioure. Le général Guillot, pendant la même nuit, s'établit au Puy-de-la-Duinas, qui commande le fort Saint-Elme, lequel domine lui-même Port-Vendres et Collioure. Pérignon, pendant ce temps, investissait Bellegarde du côté de la France. Il avait aussi fait déjà les dispositions nécessaires pour l'attaque du col de Porteil quand l'ennemi l'évacua.

Les travaux de siége des trois forts, quoique d'une extrême difficulté, furent achevés rapidement. Des détachements avaient été placés sur tous les points par où les Espagnols eussent pu déboucher et troubler les assiégeants. Dès le 6 mai, une flottille de dix-sept voiles, commandée par le capitaine Castanié, était venue, après avoir débarqué l'artillerie de siége, s'embosser devant Collioure.

Le feu de la flottille avait aussitôt commencé sur Collioure. Neuf pièces de vingt-quatre ouvrirent, quatre jours après, leur feu sur le fort Saint-Elme. Les batteries se multiplièrent bientôt et embrassèrent de suite toute la circonvallation depuis Port-Vendres jusqu'à Collioure. Le commandant de ces deux places, ainsi que du fort Saint-Elme, le maréchal de camp Navarro, fit, avec les 8,000 hommes sous ses ordres, une assez belle résistance ; s'étant aperçu que les attaques multipliées sur le fort Saint-Elme commençaient à en éteindre le feu, il ordonna, dans la nuit du 16 au 17, une sortie générale afin de ruiner les batteries dirigées sur ce fort. Cette sortie, bien dirigée, surprit d'abord les assiégeants, qui furent vivement poursuivis. Dugommier, blessé, pensa être pris ou tué; il ne dut son salut qu'à l'intrépide dévouement des grenadiers d'un bataillon du 28e régiment, qui se firent tuer en grande partie à ses côtés. Cependant les assiégeants, soutenus par la réserve, eurent bientôt fait volte face, et ramenèrent rudement les Espagnols dans le fort. L'inutilité de cette entreprise dégoûta le gouverneur de pareils coups de main : il vit que ses troupes n'étaient bonnes qu'à se battre derrière des remparts, et ne les exposa plus en rase campagne. Une brèche était presque praticable au fort Saint-Elme dès le 23 mai, et Dugommier, irrité qu'une bicoque, qu'il aurait cru réduire en quarante-huit heures, l'eût arrêté déjà depuis plus de quinze jours, résolut de l'emporter d'assaut. Des démonstrations contre Puy-Oriol, Collioure et Argèles, furent faites pour détourner l'attention de la garnison, et on recommanda à la colonne assaillante de n'approcher du fort que lorsque le feu de la terrasse serait éteint par des tirailleurs choisis; mais un excès d'ardeur ayant emporté nos soldats dans le fossé avant ce temps, une pluie de feu les assaillit et joncha la terre de cadavres.

Le résultat de cette attaque intimida néanmoins le gouverneur, prêt à manquer de tout, et le décida à entrer en pourparlers; mais les conditions lui ayant paru trop dures, le feu recommença si activement que la garnison de Saint-Elme eût été ensevelie sous les décombres si elle ne se fût décidée à évacuer ce fort. Port-Vendres, sur qui furent dirigées les batteries qui avaient réduit Saint-Elme, suivit bientôt le même exemple. Navarro, pressé dans Collioure, résolut, s'il était possible, de s'enfuir par mer. Il avait déjà réussi à faire évacuer par cette voie les émigrés de la légion de la Reine, ses ambulances et une partie de ses magasins, quand l'amiral Gravina vint lui proposer d'embarquer sa division tout entière; malheureusement un gros temps chassa l'escadre au large dans la nuit du 26. Navarro, réduit à l'extrémité et ne comptant plus sur aucun secours, se décida à capituler. Collioure fut rendu le 29 mai. La garnison, de 7,000 hommes, obtint de rentrer en Espagne en échange d'un pareil nombre de prisonniers.

Le village de Banyuls fut choisi pour être le théâtre de la reddition d'armes. En voici la raison : les habitants de Banyuls-les-Aspres s'étaient battus avec la plus admirable intrépidité, en 1793, pour défendre l'entrée de leur village aux Espagnols, qui pénétraient pour la première fois sur le territoire français; sommés de mettre bas les armes, le maire, qui commandait ces braves, avait répondu : « Les Français savent mourir, « mais ne rendent point leurs armes. » Les habitants de Banyuls succombèrent enfin : ceux qui purent s'échapper se dispersèrent et servirent de guide à l'armée française. Les Espagnols arrêtèrent les vieillards restés dans le village au nombre d'à peu près une centaine, et les envoyèrent prisonniers à Figuière et à Barcelonne. Dugommier, maître de Collioure, les fit remettre en liberté, et on leur accorda des indemnités et des secours. La Convention, instruite de ces détails, rendit un décret portant qu'il serait élevé sur la place de Banyuls un obélisque de granit avec cette inscription : « Ici, 7,000 espagnols déposèrent les « armes devant les républicains, et rendirent à la va- « leur ce qu'ils tenaient de la trahison. »

Attaque de la droite française par les Espagnols. — Les Français, maîtres de la cime des Pyrénées, occupaient les cols de Porteil et de Banyuls, ayant leur quartier-général à la Jonquière; leur droite, à Saint-Laurent-de-la-Muga, s'appuyait à la montagne de Montroig, d'où ils commandaient le grand chemin de Figuière; de ce point leur ligne faisait un coude qui arrivait jusqu'à la Jonquière et se prolongeait jusqu'au col de Banyuls en passant par Cantalup.

La-Union, qui désirait se venger de la défaite de Boulou, ayant remarqué combien la ligne des Français était étendue, résolut d'en attaquer la droite comme le point le plus éloigné de prompts renforts : 5,000 hommes venaient d'en être détachés pour renforcer les troupes de siège; cette circonstance le détermina à hâter l'exécution de son projet, qui fut fixé au 19 mai. Les brigades des maréchaux de camp Vives et Solano devaient, après s'être divisées en quatre corps, attaquer la Muga par trois côtés différents, pendant que le quatrième corps, se formant obliquement entre le front d'attaque et la Jonquière, empêcherait l'arrivée des secours. Une autre colonne, avec la cavalerie du lieutenant général Mendineta, devait occuper la plaine en avant de Pont-de-Molins, et surveiller le camp de la Jonquière. La brigade Puerto devait se glisser entre ce camp et la Muga, afin de couper la retraite à l'aile attaquée. Enfin deux fausses attaques devaient s'opérer aux extrémités, à Espolla et Campredon. Ce plan était bien conçu et eût peut-être réussi; mais au lieu d'employer seulement les trois quarts de deux brigades à l'attaque principale, il eût fallu y faire jouer des masses. Un échec fut au contraire la suite, facile à prévoir, de l'action éparpillée de ces colonnes, qui ne donnèrent pas en même temps. Vives et Solano furent repoussés à Saint-Laurent par le général Mirabel. La colonne de Puerto fut culbutée par Guyeux, au col de Cerda; les brigades Martin et Point, sorties du camp de la Jonquière, suffirent pour tenir en échec la cavalerie espagnole.

Dans cette journée sans résultat, les Espagnols perdirent beaucoup de monde et eurent 300 prisonniers. Les places assiégées, dont on voulait opérer le déblocus, restèrent investies. Les Espagnols essayèrent de pallier la honte de cet échec en l'attribuant à la trahison d'un soldat de la colonne Solano, qui cria : *Nous sommes coupés*, cri de terreur qui se répandit promptement dans tous les corps espagnols et causa un désordre général.

Expédition sur Campredon. — Le général Doppet tenta, au commencement de juin, de réaliser en Cerdagne le plan de Dagobert, qu'il avait remplacé, en se portant sur les derrières des Espagnols par leur gauche. Le succès eût peut-être été complet si des forces suffisantes avaient été employées à cette expédition. Le maréchal de camp Oquendo commandait à Campredon, 1,200 hommes de milices catalanes éparpillés dans les gorges du Ter, et des premiers affluents de la rive droite; un corps d'égale force, aux ordres de Solano, gardait tous les cols de la gauche de la Fluvia, depuis Bezalu jusqu'à Castel-Follit. Enfin la Seu d'Urgel, dans la vallée de la Ségre, était occupée par une petite division aux ordres de Cuesta. Oquendo céda presque sans résistance Campredon et Ribas aux généraux républicains Doppet et Charlet. Dans le même moment, l'adjudant-général Bon, avec ses chasseurs, détaché par Augereau, de la Muga sur le col de Bassagorda, arriva par Aix, et se réunit à la colonne Doppet, après avoir forcé le bataillon de Vallespir. Les généraux français se dirigèrent de Campredon sur Ripoll, où se termina leur course, sans songer autrement à profiter de la dispersion de l'ennemi, et des avantages de leur position. En effet La-Union s'attendait à chaque instant à les voir déboucher sur ses derrières; mais il fut bientôt rassuré. Le bataillon de Vallespir, renforcé de quelques centaines de grenadiers et de miquelets, reprit le col de la Bassagorda. La-Union, ayant appris que le petit corps aux ordres de Bon avait rejoint Doppet à Campredon, jugea avec raison que le désir de lever des contributions était le seul motif de l'expédition; il chargea Vives, avec cinq bataillons de ligne, cinq de milice et trois cents chevaux, d'arrêter les Français : Cuesta, pendant ce temps, devait faire une diversion sur Belver. — Vives remplit avec succès la mission qui lui avait été confiée. Les Français qui occupaient Ripoll furent enveloppés dans une première affaire, et ne parvinrent à se faire jour qu'à la baïonnette. Charlet, attaqué le 18 juin dans Campredon, ne se retira qu'en perdant deux pièces de canon. L'expédition, au lieu de devenir un véritable mouvement militaire, une heureuse combinaison stratégique, se réduisit au pillage et à l'incendie de quelques bourgs.

Sauret, vers la mi-juin, quitta les environs de Collioure, et vint camper avec 10,000 hommes près de Cantalup. Les Espagnols étaient alors tellement harcelés par ces attaques d'avant-postes, que La-Union imagina de faire une diversion en Cerdagne, afin de procurer à ses troupes un peu de repos, en attirant ailleurs l'attention de ses adversaires.

Infructueuse attaque de Puycerda par les Espagnols. — Le général La Cuesta partit de la Seu d'Urgel le 25 juin, avec 3,400 hommes et 400 chevaux, et se porta sur Belver. Il partagea sa troupe en trois colonnes : la première, remontant la rive gauche de la Segre, devait, de Belver, se porter rapidement sur Puycerda, pour couper la retraite à la garnison; la seconde, remontant la rive droite, devait coopérer à l'attaque de Belver : le pont de Soler devait être enlevé par la troisième. — 300 Français retranchés en avant de Belver suffirent pour arrêter Cuesta; sa première colonne parvint seule dans la plaine de Puycerda; mais ce fut pour se jeter dans les rochers de Llosa, à la vue d'un détachement que Doppet fit sortir de la place : elle perdit ses bagages et 200 prisonniers.

Combats de Terradas et de Saint-Laurent-de-la-Muga. — Dugommier avait dessein de réduire Bellegarde par la famine, afin d'éviter à cette place un siège meurtrier. Un corps de 15 à 20,000 hommes en faisait le blocus. La-Union, au mépris de la capitulation de Collioure, avait refusé de rendre un nombre de prisonniers égal à celui qu'on lui avait renvoyé; et, à cet acte de déloyauté, il avait joint celui d'incorporer les hommes qui n'étaient pas encore échangés, dans son armée qui fut ainsi portée à 45,000 combattants, avec lesquels il se crut en mesure de débloquer Bellegarde. Mais ici, comme à l'affaire du 19 mai, La-Union combina mal ses forces; plus du tiers devait être employé à des démonstrations, ce qui étendait sa ligne d'attaque de Campredon jusqu'à la mer. Mais comme son armée était bien supérieure en nombre à celle qui couvrait le blocus, il lui restait encore 20,000 hommes pour frapper sur la droite des Français le coup principal par lequel il espérait s'assurer la victoire. Il ne comptait avoir en tête, sur ce point, que la division Augereau et une brigade du centre, formant en tout 10,000 hommes qui occupaient la montagne de Terradas, le pont de Grau et la fonderie de Saint-Laurent-de-la-Muga. Le lieutenant-général Courten, après avoir enlevé la Montagne de Terradas, devait coopérer à l'attaque de la fabrique de la Muga; une deuxième colonne, aux ordres du brigadier don Joseph Perlasca, devait attaquer le pont de Grau par le flanc gauche, tandis que le maréchal de camp Izquierdo l'assaillerait par le flanc droit : puis toutes ces colonnes, en cas de succès, se seraient réunies pour l'attaque de la fabrique. Pendant ces diverses attaques, le maréchal de camp Godoy devait tourner la position de la Muga et tomber sur les derrières des républicains; enfin le général Belvio était particulièrement destiné à forcer le camp de Cantalup, et à pousser droit sur Bellegarde pour établir une communication avec cette place.

Les Français ignoraient les mouvements de l'ennemi, et le succès eût probablement couronné l'attaque faite par les Espagnols si elle eût été poussée avec vigueur. Les colonnes mises en marche la nuit arrivèrent, le 13 août au petit jour, sur les points qui leur avaient été assignés. La brigade Lemoine, attaquée par Courten, fut forcée de se retirer sur ses batteries, qui lui furent enlevées à la baïonnette. La division Perlasca s'empara du pont de Grau, où elle s'arrêta pour attendre Izquierdo. Quoique contrarié dans sa marche par les chasseurs de Bon, ce dernier arrivait devant Saint-Laurent-de-la-Muga, quand la colonne de Cacigal, battue par la brigade Davin, se détermina à suspendre l'attaque jusqu'à la réunion des autres colonnes. — Ce contre-temps arrêta la marche de Godoy, qui craignit de se compromettre s'il avançait sans avoir reçu de nouveaux ordres. La réunion des troupes sur le point indiqué manqua par cette circonstance, et l'ensemble de l'opération fut détruit. — Les Républicains ayant eu le temps de se disposer à recevoir l'ennemi, Mirabel fondit à la baïonnette sur la colonne d'Izquierdo, maladroitement arrêtée devant la fonderie, puis gagna la gorge qui mène au village de Torradas, pour se joindre à Lemoine et prendre avec lui les Espagnols en queue, tandis qu'Augereau les arrêterait de front avec la brigade Guyeux. — Tout réussit à souhait : Courten fut abandonné par Izquierdo et Perlasca, culbutés ; Lemoine lui reprit ses batteries. Bon se précipita sur Godoy ; et La-Union, voyant l'opération manquée, ordonna la retraite, qui se fit en assez bon ordre, protégée par la division portugaise du général don Juan Forbes. La colonne Belvio fut forcée à une retraite précipitée, dans la direction d'Espolla, par les généraux Micou et Causse de la division Sauret.

Reprise de Bellegarde. — Après cette affaire, qui coûta environ 800 hommes à chacun des deux partis, la fonderie de la Muga, brûlée et ruinée de fond en comble, fut évacuée par Augereau. Dugommier massa davantage sa ligne et resserra Bellegarde. Une maladie épidémique décimait la garnison de cette place, réduite, depuis le 31 juillet, au quart de ration. Le gouverneur, marquis de Val-Santaro, fut contraint, le 17 septembre, de se rendre à discrétion, après un blocus de cent trente-quatre jours. On trouva dans la place 68 canons et 40 milliers de poudre. Bellegarde, repris, fut nommé par la Convention, *Sud-Libre*. On avait donné à Condé le nom de *Nord-Libre*.

Combat de la montagne de Montroig. — La-Union ignorant encore, le 21 septembre, la reddition de Bellegarde, tenta de délivrer cette place en faisant exécuter à la droite un changement de front par suite duquel l'extrémité s'en trouvait portée sur les hauteurs de Campmani, en face de Montroig. Cette aile formait ainsi un crochet en avant, par rapport au reste de la ligne, et se trouvait placée perpendiculairement au centre des Français, qui pouvaient l'écraser. Cette situation critique, reconnue par toute l'armée, décida le général espagnol à rectifier sa ligne en portant son centre sur la montagne de Montroig, dont les chasseurs de Bon occupaient le revers occidental. 4,000 hommes, commandés par le brigadier Taranco, et soutenus par une partie du centre, aux ordres de Godoy, furent chargés d'enlever cette montagne, dont le sommet est un plateau qui ne permet pas le développement de plus de quatre compagnies. Arrivés sans précaution et en masse sur cette crête, les Espagnols furent assaillis en flanc par un bataillon qui gardait le château. Dans le même moment les chasseurs de Bon s'ébranlaient pour les charger ; une terreur panique s'empara de toute la colonne, qui s'enfuit épouvantée, et fut poursuivie l'épée aux reins jusqu'aux bords du Llobregat.

Le résultat de cette tentative découragea tellement La-Union, qu'il proposa à son gouvernement une démission que l'on n'accepta point. Mais voulant trouver une cause à son dernier revers, il menaça, à la façon d'un consul romain, de décimer les bataillons si on ne lui nommait pas des coupables. Quelques pauvres diables, passés par les armes, furent les victimes expiatoires de l'incapacité de leur chef.

Propositions de paix repoussées par la Convention. — Les revers éprouvés en même temps aux deux extrémités de la ligne des Pyrénées, car du côté de la Biscaye les Espagnols n'étaient pas plus heureux, le mauvais état de l'armée, l'impossibilité de la recruter, le délabrement des finances, faisaient vivement regretter au cabinet de Madrid de s'être engagé dans une guerre si désastreuse, De premières ouvertures furent faites pour la paix. Le roi d'Espagne consentait dit-on à reconnaître la République, à condition qu'elle mettrait en liberté les deux enfants de Louis XVI, et qu'elle formerait au Dauphin, dans les départements limitrophes de l'Espagne, un établissement où ce prince régnerait souverainement. Il y avait de la bonhomie dans une telle demande faite par un roi vaincu : il n'eût fallu qu'en rire. Le Comité de salut public s'en indigna ; il répondit aux représentants qui avaient servi d'intermédiaires : « C'est à l'artillerie à répondre. « Disposez tout et frappez. »

Bataille de la Montagne-Noire. — *Mort de Dugommier.* — *Mort de La-Union.* — Dugommier se décida donc à attaquer la ligne de défense des Espagnols. La tentative était hasardeuse ; car s'il y avait à peu près égalité numérique de forces, l'avantage était à l'ennemi sous le rapport de la position et des ressources de l'art. L'armée espagnole, postée sur la frontière, entre Bellegarde et Figuière, s'étendait de gauche à droite depuis Saint-Laurent-de-la-Muga jusqu'à la mer, à la hauteur d'Illanca.

Sur cet intervalle, qui présente un développement d'environ cinq lieues, s'élevait une longue file de fortifications. Ces redoutes, flanquées pour la plupart, fraisées, entourées de fossés, étaient au nombre de plus de 90, occupant toutes les hauteurs et formant, depuis Saint-Laurent jusqu'à la mer, plusieurs lignes de défense formidables. En arrière, sur le flanc gauche et en avant de Figuière, se trouvait le vaste camp retranché de Llers. Une attaque de front semblait à peu près impraticable, car il n'était guère possible de forcer deux lignes de redoutes en vue de toute une armée placée là pour les défendre. Une attaque sur la droite ennemie était hérissée de difficultés, et on devait craindre de laisser acculer à la mer le corps qui en était chargé. Celle sur la gauche n'était guère moins difficile ; mais elle avait au moins l'avantage, en cas de succès, de porter les républicains sur les communications de leurs ennemis. Dugommier résolut de l'entreprendre.

Il disposa sa première attaque pour enlever, s'il était possible, aux Espagnols, la ligne extérieure de leurs redoutes. Augereau, qui commandait la droite, reçut ordre d'attaquer la gauche des Espagnols ; le centre, aux ordres de Pérignon, la cavalerie dirigée par les généraux Dugua et Quesnel, ainsi que l'artillerie légère commandée par le général Guillaume, avaient ordre de rester en réserve sur la grande route, en avant de la Jonquière. Dans le même temps, et pour tenir en échec les Espagnols du côté d'Espola, le général Sauret devait faire de fausses attaques, secondé par la brigade du général Victor. Toutes les troupes destinées à cette entreprise ne s'élevaient pas à 30,000 hommes. Doppet reçut l'ordre de la favoriser par une attaque en Cerdagne. Les colonnes s'ébranlèrent dans la nuit du 16 au 17 novembre, et dès la pointe du jour les batteries de gros calibre placées sur la Montagne-Noire commencèrent à tirer pour protéger la marche de la division Augereau. — Dugommier et le conventionnel Delbrel pouvaient, de ce poste élevé, tout voir et tout diriger.

Les divisions des généraux Davin et Augereau réunies, après dix-huit heures de marches et de combats dans les montagnes, filèrent entre la fonderie de la Muga et Massanet, tournèrent les camps ennemis, égorgèrent le poste du pont de la Muga, à Saint-Sébastien ; et, malgré la vive fusillade de l'ennemi, commencèrent à gravir la montagne. Courten, qui commandait la position, avait prévu d'abord quelle serait l'issue de l'affaire, et avait demandé au quartier général des secours qui n'arrivèrent pas. Les républicains chargeant à la baïonnette avec une inconcevable furie, faisaient d'effrayants progrès. Les Espagnols prirent la fuite ; les émigrés, près d'être enveloppés, se décidèrent à en faire autant, et évacuèrent, avec leur artillerie, le revers septentrional de la Magdeleine. Augereau, poursuivant sa victoire, enleva toutes les batteries sur la rive droite de la Muga, jusqu'à Escaulas.

L'attaque du centre était loin d'être aussi heureuse que celle effectuée à la droite des Français. La division Sauret, quoique soutenue par la brigade Victor, ne pouvait emporter des positions à peu près inexpugnables, défendues par 25,000 hommes : une des colonnes françaises s'était d'ailleurs égarée en route, et ne put pas prendre part à l'attaque. Les deux armées sur ce point se battirent jusqu'à la nuit sans succès déterminé.

Le lendemain, dès l'aube du jour, l'attaque recommença sur tous les points ; Augereau obtint de nouveaux avantages sur la gauche espagnole, que Courten avait ralliée. Cependant l'armée française allait éprouver une grande perte : Dugommier, qui depuis la veille n'avait pas quitté la Montagne-Noire, examinait la marche de la division Sauret, qui se portait enfin en avant, quand un obus espagnol éclata au-dessus de lui. Il tomba, la tête sanglante et fracassée, auprès de ses deux fils et de quelques officiers d'état-major, qui s'empressèrent de le relever : « Faites en sorte, dit-il « en mourant, de cacher ma mort aux soldats, pour « qu'ils achèvent de remporter la victoire, seule con- « solation de mes derniers moments. »

Il était dix heures quand eut lieu ce fatal événement, qui jeta de l'incertitude dans les opérations, jusqu'à ce que les représentants eussent investi le général Pérignon du commandement provisoire. Ce dernier prouva à l'instant même qu'il en était digne : apercevant Sauret vivement pressé, il vola à son secours, rétablit le combat et revint à droite appuyer Augereau qui, pressant Courten de redoute en redoute, le contraignit à se réfugier sous le canon de Figuière.

Le nouveau général en chef passa la journée du 19 à bien examiner la position relative des deux armées. Le 20, à quatre heures du matin, l'attaque recommença. Pendant que le combat s'engageait sur toute la ligne comme les jours précédents, la droite renforcée, aux ordres d'Augereau, attaqua, avec son impétuosité ordinaire, la gauche de l'ennemi, qu'elle déborda et repoussa sur tous les points. La plupart des ouvrages de l'ennemi furent emportés, et ses lignes percées sur plusieurs points, après un combat acharné de cinq heures. L'adjudant général Bon avait enlevé, avec ses chasseurs, la célèbre redoute du centre ; puis ensuite, de concert avec le général Guillot, appuyé de la brigade Guyeux, comme réserve, il s'était élancé sur la redoute Notre-Dame-del-Roure, revêtue en maçonnerie, armée de vingt-cinq pièces de canon, et réputée imprenable par les Espagnols. Cette redoute fut, néanmoins emportée, et le Pont-de-Molins forcé. Pendant ce temps les colonnes Verdier et Chabert avaient abordé et enlevé, à la baïonnette, le camp de Llers.

Le général en chef espagnol fut tué à l'attaque de la redoute Notre-Dame-del-Roure. — Sa mort et la perte de la plupart des points décisifs eurent bientôt répandu le plus grand désordre parmi les divisions ennemies, qui s'enfuirent dans toutes les directions, laissant sur le champ de bataille 10,000 hommes hors de combat. Deux généraux espagnols, outre La-Union, furent tués dans cette affaire, qui ne coûta guère, disent les relations, que 6 à 700 hommes aux Français.

La retraite de la gauche, suivie de celle du centre des Espagnols, faillit être funeste à leur droite qui, amusée par les démonstrations, fut long-temps avant d'apprendre ce qui s'était passé sur les autres points, et pensa ainsi être faite prisonnière.

La mort de Dugommier fut vivement sentie de l'armée, dont il était l'idole. On l'enterra dans la citadelle de Bellegarde, sa dernière conquête. La Convention ordonna en outre que son nom serait inscrit au Panthéon[1].

Prise de Figuière. — Fin de la campagne. — La prise de Figuière termina dignement la campagne des

---

[1] Dugommier fut enterré dans le bastion de Bellegarde qui regarde l'Espagne ; mais son corps n'y resta que quelques années. —Voici ce que nous lisons à son sujet et au sujet du général Dagobert (qui avait été enterré à Mont-Louis), dans la *Géographie des Pyrénées-Orientales*, par M. Jalubert, ancien député.

« Les restes des généraux Dugommier et Dagobert furent transportés à Perpignan le 2 août 1800. Le conseil-général du département, de concert avec le préfet, réglèrent la cérémonie de la translation : les sous-préfets de Céret et de Prades se transportèrent à Bellegarde et à Mont-Louis, firent procéder avec une grande pompe à l'exhumation des restes de ces deux généraux. La commune de Mont-Louis et les habitants du canton ne voulurent consentir à l'exhumation des restes du général Dagobert, qu'à la condition expresse qu'on laisserait dans le tombeau une partie de la dépouille mortelle de ce général. Le sous-préfet crut ne pas devoir leur refuser une demande qui honorait autant la mémoire de Dagobert que les habitants de cette partie de la frontière. Les convois funèbres se mirent en marche : le son des cloches annonçait, sur toute la route, leur arrivée. Le conseil-général du département, le préfet Charvet à la tête, tous les fonctionnaires publics et la population entière de la ville de Perpignan, les reçurent à la porte Saint-Martin. Le convoi parcourut

Pyrénées-Orientales. Les Espagnols, qui s'étaient d'abord réfugiés sous le canon de cette place, s'enfuirent à la hâte à l'approche des républicains. Figuière fut investie le jour même de la bataille de la Montagne-Noire. Augereau appuya sa droite à la Magdeleine, et sa gauche à Pont-de-Molins. Un corps considérable de sa division fut posté à Villa-Franca, pour détruire toute communication entre la forteresse et l'armée battue. Le centre, aux ordres de Beaufort, couvrit le pont de Ricardel et la grande route. Sauret prit position à San-Clemente, et la brigade Victor sur les hauteurs qui dominent Roses, commandé par le général Izquierdo.

San-Fernando, citadelle de Figuière, est un ouvrage de Vauban, réputé parmi les plus forts de l'Europe; tous les bâtiments en sont casematés et voûtés à l'épreuve de la bombe. Quand Pérignon arriva devant cette citadelle, elle était pourvue d'une artillerie nombreuse et formidable, de vivres et de munitions de toute espèce; mais ses défenseurs, par suite de leur dernier échec, étaient dépourvus de cette énergie morale, bien préférable au nombre, et Pérignon ne l'ignorait pas. Une reconnaissance ayant été poussée jusque dans la ville, pendant la nuit du 23 au 24, y fut reçue aux acclamations du peuple; ce qui contraignit la garnison à se renfermer dans la citadelle.

Le général français crut qu'il pourrait alors aisément intimider le gouverneur : il lui fit en conséquence une sommation impérative, en menaçant, au cas de refus,

toute la ville, et ces précieuses dépouilles furent déposées dans un caveau au centre de la place des Jésuites, aujourd'hui place Royale. On avait conçu le projet de leur élever un monument; il n'a pas été réalisé, et l'on a sans doute oublié la place où reposent ces héros; car c'est précisément là où, depuis quelques années, l'on expose tous les condamnés à des peines afflictives ou infamantes, quoique cette place ne soit pas celle qui est le plus près du palais de justice. Les vertus civiles et militaires de ces deux généraux, les services qu'ils ont rendus à cette frontière, leur caractère personnel et leur loyauté, qui ont toujours servi d'asile et d'appui aux citoyens honnêtes balottés par la tourmente révolutionnaire, rendront leur mémoire à jamais chère à ce département.

«Après leur mort, l'administration départementale, par délibération publique, fit placer dans la grande salle de ses séances les portraits de ces deux généraux, ainsi que deux tableaux représentant, l'un la bataille de Peyrestortes, et l'autre l'attaque du camp de l'Union par l'armée espagnole.»

Les portraits des généraux Dugommier et Dagobert, qui font partie des vignettes de la *France militaire*, ont été gravés d'après les deux portraits faits pour la ville de Perpignan.

de passer tout au fil de l'épée. Valdès, gouverneur, assembla son conseil, et par une lâcheté inexplicable, tous les membres opinèrent pour une capitulation. Deux parlementaires envoyés au général Pérignon lui demandèrent seulement le temps d'écrire à Las-Amarillas, qui avait repris le commandement de l'armée après la mort de La-Union, et d'en recevoir une réponse. Pérignon refusa nettement une condition qui, en laissant aux Espagnols le temps de réfléchir, ou de recevoir des ordres, l'eût probablement empêché de se rendre maître du fort : il menaça Valdès d'une attaque générale, et parla d'un assaut demandé par tous les soldats. Ce dernier, sans considérer combien peu son adversaire était dans le cas de soutenir cette fanfaronnade, consentit, le 27 novembre, à capituler. Ainsi, une garnison de 10,000 hommes, qui pendant plus de six mois eût pu tenir en échec une armée de plus de 50,000 hommes, se rendit honteusement à un corps d'assiégeants qui ne comptait pas 15,000 combattants.

La reddition de San-Fernando étonna tout le monde, Français et Espagnols. La conduite antérieure de Valdès, qui s'était distingué au siége de Toulon, fit croire d'abord à une trahison; il n'en était rien pourtant. La conversation suivante entre le conventionnel Delbrel et l'un des parlementaires espagnols, le lieutenant-colonel Ortozonar, fait connaître la cause de la capitulation : « Maintenant que tout est signé, dit Delbrel, « vous pouvez parler franchement, n'est-il pas vrai que « vous manquiez d'une artillerie suffisante pour dé- « fendre la place? — Il y a deux cents pièces d'artillerie « sur les remparts. — Vous n'aviez donc pas de muni- « tions? — Nous en avons pour six mois. — Manquiez- « vous de subsistances? — Tous les magasins en sont « remplis. — Votre garnison est donc trop faible? — « Elle est de dix mille combattants. — Que vous man- « quait-il donc pour vous défendre? — Cela (dit en « rougissant d'indignation et en mettant la main sur « son cœur, le brave Ortozonar); si j'avais eu sous mes « ordres 3,000 hommes de vos troupes, vous n'auriez « jamais été maîtres du fort. »

La conquête de Figuière, en procurant aux Républicains des approvisionnements de toute espèce, les rendait aussi maîtres de la riche plaine du Lampourdan. — L'armée française entra en quartiers d'hiver.

RÉSUMÉ CHRONOLOGIQUE.

1794.

10 AVRIL. Combat de la Seu d'Urgel.
1ᵉʳ MAI. Combat et prise du camp de Boulou. — Défaite des Espagnols.
6 — Attaque et prise de Saint-Laurent-de-la-Muga.
28 — Investissement et reprise de Saint-Elme, Port-Vendres et Collioure.
4-20 JUIN. Expédition des Français sur Campredon
25 — Attaque de Puycerda par les Espagnols.
13 AOUT. Combat de Terradas et de Saint-Laurent-de-la-Muga.
17 SEPTEMBRE. Reprise de Bellegarde.
21 — Combat de Montroig.
17-20 NOVEMBRE. Bataille de la Montagne-Noire. — Mort de Dugommier (18 nov.). — Mort de La-Union (20 nov.).
27 — Prise de Figuière.

A. HUGO.

FRANCE MILITAIRE.

1794. — GUERRE D'ESPAGNE.

ARMÉE DES PYRÉNÉES-OCCIDENTALES.

SOMMAIRE.

État des armées française et espagnole au commencement de 1794.—Attaque et combat du camp des Sans-Culottes.—Affaire de la Rhune, d'Orbaïcete et d'Irati.—Prise des cols de Maya, d'Ispeguy et de Berderitz.—Prise des montagnes de Mandale, du Diamant et du Mont-Vert. —Combat de la Croix-des-Bouquets.—Disgrâce de Caro.—Il est remplacé par Colomera.—Prise du poste d'Arquinzun.—Entrée en Espagne. —Combat de la vallée de Bastan.—Prise du roc Commissari.—Combat de Saint-Martial.—Prise de Fontarabie.—Prise de Saint-Sébastien.— Occupation d'Ernani.—Occupation de Tolosa.—Moncey remplace Muller.—Plan de campagne de Moncey.—Positions des deux armées.— Opérations sur la droite ennemie.—Invasion de la vallée de Roncevaux.—Orage.—Inaction de l'armée.—Évacuation de la Navarre.—Retraite sur la Biscaye.—Quartiers d'hiver.

ARMÉE FRANÇAISE.	ARMÉE ESPAGNOLE.
Généraux en chef. { MULLER. MONCEY.	Généraux en chef. { Don VENTURA-CARO. Le comte de COLOMERA.

État des armées française et espagnole au commencement de 1794. — Réorganisée pendant les mois les plus rigoureux de l'hiver, l'armée républicaine comptait, au commencement de février, quarante bataillons répartis, aux ordres des généraux Moncey, Frégeville, Laborde, Mauco et Marbot; elle occupait la tête des vallées qui conduisent en France depuis Yeropil, aux sources de la Nive, jusqu'à la chaussée de Saint-Jean-de-Luz. — Les deux divisions de la gauche, couvrant les vallées de la Haute-Nive et du Saisson, n'étaient composées que de quatorze bataillons de recrues assez mal équipés. — Les trois divisions de la droite, fortes de vingt-six bataillons, réunissaient l'élite de l'armée.

Le front des Français, comme celui de l'ennemi, était hérissé de redoutes.

La droite de l'armée espagnole, toujours commandée par le duc d'Ossuna, s'appuyait à Burguette, à la gauche, sous le lieutenant général Gil, bordait les rives de la Bidassoa jusqu'au camp Saint-Martial; le centre, aux ordres du lieutenant général Urrutia, s'étendait dans la vallée de Bastan. Le total de cette armée ne s'élevait qu'à 25,000 hommes, dont moitié de milices, dans les premiers jours de février.

Attaque et combat du camp des Sans-Culottes. — Néanmoins Caro, soit qu'il fût enhardi par l'état d'inaction où restait Muller, soit qu'il eût réellement formé le dessein d'enlever les positions retranchées des Français, dirigea sur leur droite, le 5 février, une attaque qui peut être regardée comme la plus importante dont les Pyrénées-Occidentales eussent encore été le théâtre. — Le camp des Sans-Culottes était établi en avant de Saint-Jean-de-Luz, à mille six cents toises de la Bidassoa, partie dans le vallon et partie sur la colline de l'Ermitage-de-Sainte-Anne. Il était, ainsi que le calvaire d'Urrugne et la Croix-des-Bouquets, hérissé de batteries. En avant de trois grandes redoutes liées entre elles par des lignes avec des places d'armes intermédiaires, qui composaient le système principal de batteries de ce camp, on avait élevé des redoutes ou des épaulements en retraite les uns des autres, et qui formaient ainsi une défense par échelons. Après avoir reconnu cette redoutable position, que les Espagnols désiraient d'autant plus enlever, que leur grand ouvrage de Biriatu se trouvait menacé par les batteries de la Croix-des-Bouquets, Caro rassembla, le 5 février, ses divisions, d'environ 15,000 hommes; elles quittèrent leurs lignes à deux heures du matin et se dirigèrent par cinq colonnes sur la position qu'il s'agissait d'enlever. Une d'elles, conduite par Urrutia, attaqua le poste du Calvaire et s'en empara; une seconde se dirigea de façon à déboucher par Urrugne; la troisième se porta sur la Croix-des-Bouquets par la montagne de Louis XIV; une quatrième marcha directement sur le camp républicain, et la dernière enfin se posta, comme réserve, sur un plateau en avant d'Andaye. La Croix-des-Bouquets fut aussi enlevée par la colonne espagnole, et une batterie de pièces de douze y fut aussitôt établie pour canonner de front la batterie de droite de la position française. Le feu de cette batterie nouvelle répandit d'abord quelque désordre dans le camp des Sans-Culottes; mais les Espagnols n'en profitèrent pas, et les généraux français eurent le temps de rassurer leurs soldats. Cependant Caro donna le signal de l'attaque, et telle avait été la précision des manœuvres de ses divisions, qu'elles arrivèrent toutes ensemble sur le camp. Les premières lignes françaises furent forcées de se replier devant les masses qui se précipitaient sur elles. Lespinasse, qui commandait le camp en l'absence du général Frégeville, ne leur envoya pas de secours qui auraient été vraisemblablement inutiles. Ce qu'il avait prévu arriva; les postes avancés se replièrent successivement d'un retranchement dans l'autre, mais avec ordre et sang-froid, comme des soldats qui comptent sur une prompte revanche. Après avoir abandonné tous les retranchements secondaires, ils étaient enfin arrivés à la redoute dite de la Liberté, qu'on avait fortifiée avec le plus grand soin. Les Espagnols, enhardis par ces mouvements rétrogrades, s'élancèrent à l'attaque de la redoute comme si la victoire n'eût pas dû être douteuse; mais ici la scène changea, et leur marche fut brusquement arrêtée par une grêle de balles et d'éclats de mitraille. Quatre beaux régiments de marine, arrivant de Toulon, furent presque anéantis en un instant. Le régiment irlandais

T. I. 37

d'Ultonia fut entièrement écrasé. Le général espagnol qui, des hauteurs de la Croix-des-Bouquets, dirigeait ses troupes, fut témoin de ce désastre sans pouvoir y remédier, toutes ses forces étant alors engagées sur divers points. Bientôt les Français, enhardis par l'indécision et le désordre que cette subite résistance avait introduits dans les rangs espagnols, s'élancèrent hors des parapets et poursuivirent l'ennemi l'épée aux reins. Les Espagnols, écrasés de toutes parts, hâtaient leur retraite dans la plus grande confusion. Après huit heures d'un combat également acharné des deux côtés, les Républicains rentrèrent dans toutes les positions qui leur avaient été enlevées; et leur perte ne fut que peu considérable en comparaison de celle des Espagnols, qui laissèrent les revers des hauteurs où l'action avait eu lieu, jonchés de leurs cadavres. Cette affaire fut la première où les Français de l'armée des Pyrénées-Occidentales soutinrent avec un avantage marqué le choc des Espagnols. Elle donna lieu à un grand nombre de traits de bravoure et de dévouement.

Le général Frégeville étant arrivé au camp dans le moment où le feu de la *redoute de la Liberté* était le plus vif, Lespinasse voulut lui remettre le commandement: « Non, lui dit-il, tu en as trop bien « usé jusqu'à présent; achève ton ouvrage, et que la « France te doive cette belle journée tout entière. »

Le commandant d'un peloton de cavalerie placé sous le canon d'une batterie ennemie, voyant quelques-uns de ses cavaliers emportés par les boulets, allait changer de position; Lespinasse s'en aperçut et l'arrêta en lui criant: « Ne sommes-nous pas ici, ces braves ca« nonniers et moi? »

Au premier coup de canon des Espagnols, tous les soldats détenus pour délits disciplinaires, au quartier général de Chauvin-Dragon, sollicitèrent la faveur d'aller combattre: on la leur accorda, et ils revinrent à leur prison après s'être distingués par des prodiges de valeur. La Convention fut si frappée de ce trait de courage et de discipline militaire, qu'elle décréta par acclamation le pardon des prisonniers.

Quatre Espagnols avaient fait prisonnier Dufour, caporal au premier bataillon de la cinquième demi-brigade d'infanterie légère, et l'entraînaient; il arracha la baïonnette de l'un d'eux, en tua trois, saisit le quatrième au collet et le ramena prisonnier.

Cette attaque infructueuse, sans décourager le général Caro, dérangeait ses projets. Il sollicita en vain des renforts de la cour et du Guipuscoa: l'assemblée générale de cette province, indifférente aux dangers dont la présence des Français pouvait la menacer, opposait ses privilèges aux pressantes instances du général. Il se vit donc contraint, pour rassembler un corps d'environ 10,000 hommes, afin de renforcer sa ligne, de faire sortir de toutes les places les troupes qui n'y étaient pas d'une indispensable nécessité.

Affaire de la Rhune, d'Orbaïcete et d'Irati. — Cependant le Comité de salut public pressait vivement Muller d'ouvrir la campagne; celui-ci, ne se croyant point assez fort pour forcer le passage sur la frontière espagnole, résolut, afin de raccourcir sa ligne de défense, de chasser l'ennemi du poste de la Rhune, qu'il occupait depuis le 1er mai 1793. Cette montagne, la plus élevée de celles qui forment la frontière du Guipuscoa et de la Navarre, vers la vallée de Bastan, est une espèce de vigie d'où l'on découvre tout l'espace compris entre les Pyrénées et Bayonne. Le 26 mars, les Français firent une démonstration du côté de Sarre afin de détourner l'attention des Espagnols, et pendant ce temps ils s'emparaient d'un bois qui s'élève jusqu'au sommet de la Rhune, où se trouvait aussi un poste qui fut emporté; mais ils ne restèrent pas long-temps établis dans cette position: assaillis par des forces considérables, ils résistèrent courageusement pendant quelques temps, mais il fallut céder au nombre. — Le 6 avril, une attaque faite sur la fabrique d'Orbaïcete, du côté de la Navarre, n'eut pas plus de succès et n'offrit d'autres résultats que l'incendie de deux villages espagnols. — Caro décida, en représailles, une attaque générale sur notre gauche, depuis la vallée de Bastan jusqu'aux postes d'Irati, les derniers de sa droite. Les vallées d'Arneguy et de Baygori furent le principal théâtre de ces excursions, dans lesquelles les soldats espagnols se livrèrent à tous les genres d'excès. — Les Républicains, pour se venger, tentèrent, mais inutilement, d'incendier les mâtures d'Irati, appartenant à la marine espagnole.

Prise des cols de Maya, d'Ispeguy et de Berderitz. — Le plan d'une invasion en Espagne sur ce point avait été depuis quelque temps approuvé par le Comité de salut public. Quoique la saison fût propre à le mettre à exécution, Muller persistait à attendre l'arrivée de quinze bataillons et de 1,000 chevaux qu'on lui avait annoncés de l'Ouest. Les représentants en mission à son armée le pressèrent néanmoins si fortement, qu'il finit par se résoudre à agir. D'après ce qui avait été adopté, la gauche de l'armée républicaine devait descendre par les cols d'Ispeguy, d'Arrietta et de Maya, dans la vallée de Bastan; le centre devait se réunir à la gauche vers Echalar; et les colonnes françaises auraient, de concert, passé la Bidassoa, surpris Lesaca, et occupé Béra et Irun. L'ennemi, ainsi tourné dans ses positions, ne les eût pas long-temps conservées, ce mouvement surtout devant être secondé par l'arrivée d'une flottille dans le golfe de Gascogne, sur lequel les Espagnols se seraient trouvés acculés. — Il fallait, pour l'exécution de ce plan, s'emparer des postes espagnols de Berderitz (qui couvraient les Aldudes), d'Ispeguy et de Maya. — Ces trois postes furent attaqués en même temps, le 3 juin, par autant de colonnes de la division de Saint-Jean-pied-de-Port. Le chef de brigade Lefranc dirigeait celle de Berderitz, le général La Victoire celle d'Ispeguy, et le général Laborde la troisième contre Maya, tandis que le général Mauco, avec le gros de sa division portée sur Altobiscar, détournait l'attention des Espagnols et trompait complètement le duc d'Ossuna, qui porta toutes ses réserves sur ce point, qu'il crut le plus menacé. — Un succès complet couronna les attaques françaises. Une redoute, élevée sur la montagne d'Urisca et gardée par 300 hommes, protégeait Berderitz; Lefranc l'enleva et se rendit maître du col qu'elle couvrait. Le col d'Ispeguy, malgré ses retranchements formidables, fut également emporté par la colonne de La Victoire, mais ce brave général y reçut une blessure mortelle. La prise du col de Maya offrit moins de difficultés au général Laborde.

Prise des montagnes de Mandale, du Diamant et de Mont-Vert. — Le duc d'Ossuna fit replier ses divers détachements sur la seconde ligne établie pour couvrir la vallée de Bastan, à Iratzu, Ariscun et Arquinzun. Muller, au lieu de faire poursuivre sur-le-champ les Espagnols, afin de les empêcher de s'y retrancher, resta inactif quinze jours dans les positions qu'il venait d'emporter, se bornant, le 16 juin, à diriger une attaque sur la pointe du Diamant, le Mont-Vert et la montagne de Mandale, près de Béra. Ces postes étaient sur le point d'être emportés, lorsqu'un renfort amené à leurs défenseurs par le général Mendizabal, obligea les soldats républicains à la retraite; mais le lendemain ceux-ci revinrent plus nombreux, attaquèrent les Espagnols avec une nouvelle vigueur, et s'emparèrent des positions qui leur avaient été reprises la veille.

Combat de la Croix-des-Bouquets. — Disgrâce de Caro. — Il est remplacé par Colomera. — Caro, voyant que les Français étaient disposés à forcer sa ligne, ne recevant pas les renforts qu'on lui avait promis, et voulant prévenir les échecs qu'il redoutait, sollicita du ministre la permission de reporter cette ligne plus en arrière; elle lui fut refusée. Le gouvernement ne pouvait apprécier les motifs de sa demande. Le général espagnol crut alors avoir moins à risquer encore en reprenant l'offensive contre les Français qu'en les attendant; il résolut donc d'attaquer par la droite et de reprendre les hauteurs de Mandale, du Calvaire, le Mont-Vert ainsi que le camp de la Croix-des-Bouquets. A droite, le général Escalante fut chargé de l'attaque de la montagne de Mandale, en longeant Béra; le marquis de la Romana, partant de Biriatu, avait à s'emparer du Diamant, du Mont-Vert et de la Croix-des-Bouquets; enfin Don Juan Gil, sur la gauche, eut la mission d'enlever les redoutes en avant d'Andaye. Deux chaloupes canonnières devaient seconder cette attaque, à laquelle se trouvait employé un corps de 6,000 hommes. L'attaque commença le 23 juin, avant le jour, sous des auspices peu favorables : deux colonnes espagnoles se prenant pour ennemies, se fusillèrent à bout portant. Escalante emporta à la baïonnette les montagnes de Mandale, du Rocher et le Calvaire; mais les Républicains, renforcés par quelques troupes du camp des Sans-Culottes, repoussèrent à leur tour Escalante et rentrèrent dans leur première position. Le marquis de la Romana fut moins heureux : arrêté d'abord par les grenadiers de Latour-d'Auvergne, qui défendaient la Croix-des-Bouquets, il ne tarda pas à être culbuté par des renforts arrivés du camp des Sans-Culottes et de la redoute de la Liberté. Le colonel du régiment d'Ultonia fut tué dans cette attaque. La colonne du général Gil, témoin de ces échecs, ne tenta rien et protégea seulement, par la bonne contenance de sa retraite, celle des autres colonnes. Cette affaire coûta environ 7 à 800 hommes aux Espagnols. Elle entraîna la disgrâce du général Caro, qui fut remplacé par le comte de Colomera, vieillard sans énergie et qui n'avait guère d'autre mérite que d'avoir fait la guerre de sept ans.

Prise du poste d'Arquinzun. — Ce nouveau général résolut, s'il le pouvait, de se maintenir dans la vallée de Bastan; il essaya inutilement de faire prendre les armes aux habitants. Urrutia fut chargé du commandement de cette vallée. Il eût été convenable, avant tout que les généraux espagnols cherchassent à recouvrer à tout prix les postes de Berderitz, d'Ispeguy et de Mirpira, qui dominent le bassin des Aldudes, et par où les Français, dans une heure de marche, pouvaient séparer la gauche et le centre de la droite espagnole, s'emparer d'Enguy et rompre la communication avec Pampelune; mais ils se bornèrent à faire occuper la position d'Arquinzun, à la gauche de Berderitz, par la légion royale des Pyrénées et par le régiment de Zamora, dont 1,600 hommes couvrirent la fonderie d'Enguy. Arzicun et Erazun furent occupés par le gros de la division, dont l'avant-garde tenait le col de Maya. Le roc Commissari et la gorge d'Othel furent gardés par trois bataillons aux ordres de Filangieri. — Le marquis de Saint-Simon sentait tout ce que sa situation avait de difficile en face de Moncey, qui venait de recevoir, dans la nuit du 9 juillet, un renfort de vingt compagnies de grenadiers aux ordres du brave Latour-d'Auvergne; il demanda un renfort de 2,000 hommes pour se maintenir dans un poste qui, s'il était enlevé, permettait de prendre à revers toutes les autres positions d'Urrutia; mais cette demande resta sans réponse. Le 10 juillet à la pointe du jour, Moncey attaqua le général émigré. Il le fit assaillir de front par la brigade Digonet, tandis que Latour-d'Auvergne était chargé de le tourner avec ses grenadiers. La colonne de Digonet ayant trop précipité sa marche, donna l'éveil au poste d'Arquinzun, défendu par des émigrés dont la retraite aurait été coupée si Latour-d'Auvergne eût eu le temps d'achever son mouvement et d'arriver dans un bois sur les derrières du poste. Les émigrés, quoique surpris, se défendirent avec courage et se retirèrent sur Irouïta, avec seulement une perte de 2 à 300 hommes. Le marquis de Saint-Simon eut la poitrine traversée d'une balle pendant cette retraite, et faillit tomber au pouvoir des Républicains.

Entrée en Espagne. — Combat de la vallée de Bastan. — Aussitôt après la prise du poste d'Arquinzun, le général en chef et les représentants décidèrent que l'entrée en Espagne aurait lieu immédiatement. — La division Moncey, forte de treize bataillons et de 800 chevaux, devait, par la droite des Espagnols, descendre en quatre colonnes dans la vallée de Bastan, afin de se réunir à la division Laborde, de neuf bataillons, qui y pénétrait d'un autre côté. — Vers la gauche de l'ennemi, le général Frégeville, avec quinze bataillons d'infanterie et 200 chevaux, devait passer la Bidassoa après la réunion de Laborde et Moncey, à Béra. — Les 10,000 Espagnols répartis dans la vallée de Roncevaux et au camp de Lindous, commandés par Ossuna, devaient être tenus en échec par les généraux Mauco et Marbot.—Le mouvement commença dans la nuit du 24 juillet. La première colonne de Moncey, de trois bataillons, 100 chevaux et deux pièces de quatre, aux ordres de Digonet, enleva, le 25 juillet au matin, la redoute qui fermait le chemin du col d'Ispeguy, se porta sur Erazun et Ariscun, villages crénelés où s'étaient retranchés les Espagnols. Secondée par deux bataillons qui avaient passé par le col d'Elorieta, elle balaya en quelques instants ces deux villages, et se réunit, à Ariscun, au chef de brigade Lefranc qui, parti de Berberitz avec trois bataillons, avait culbuté les postes de Mendizabal. Les deux colonnes poursuivirent ensuite leur marche sur Ellisondo. Urrutia, effrayé des mouvements qui avaient lieu autour de lui, avait fait évacuer le fort et le col de Maya pendant que Latour-d'Auvergne et Moncey se dirigeaient sur ces deux postes, le premier avec seize compagnies de grenadiers, Moncey avec la troisième colonne forte de six bataillons, 600 chevaux et six pièces de canon. Moncey se dirigea du col de Maya sur le village d'Ellisondo, où la division se trouva ainsi entièrement réunie. Les Espagnols s'étaient d'autant plus hâtés d'abandonner Ellisondo que, par suite de l'abandon prématuré du col de Maya, et de la marche rapide de la colonne Laborde sur les hauteurs d'Echalar, la retraite était coupée à leur centre sur le chemin qui conduit de la vallée de Bastan à Béra. Ils parvinrent, quoique avec les plus grandes peines, à faire une trouée vers Saint-Estevan, où ils passèrent la Bidassoa pour aller, par la vallée de Lerin, se rallier, à Oyarzun, au gros de l'armée. Les émigrés de la légion royale couvrirent la retraite au passage du pont qui ferme la vallée du côté de l'Espagne, et, dans une défense courageuse et opiniâtre, s'y firent tous tuer.

Prise du roc Commissari. — Laborde reçut alors l'ordre d'attaquer les retranchements de la montagne Commissari et le camp de Béra. La première de ces attaques offrait de grandes difficultés. Le roc Commissari se compose de deux mamelons d'un accès difficile, surtout du côté de la France, et qui dominent la chaîne au centre de laquelle ils se trouvent. Deux redoutes couronnaient ces mamelons : l'une était étoilée et entourée d'un fossé profond ; elles étaient liées ensemble par un retranchement et défendues de tous côtés par des batteries. 800 hommes, commandés par le brigadier Cacigal, gardaient ce poste important. Le général Laborde, après avoir bien reconnu la position ennemie, l'attaqua, le 26, à trois heures du matin, sur trois colonnes. La première, commandée par le général Dessein, arriva par la montagne de Mandale, et assaillit de front deux batteries placées devant le parapet à redans, qui liait les redoutes. Accueillis par un feu terrible, les Français hésitèrent un instant et cherchèrent à s'abriter dans un des angles rentrants du parapet ; leur étonnement toutefois dura peu : il y avait un égal danger à rétrograder ou à avancer. Deux fois ils s'élancèrent sur les retranchements, et deux fois une grêle de mousqueterie et de mitraille paralysa leur impétuosité. C'était un massacre inutile. Le général Dessein les animait de son exemple et de la voix. Enfin ce brave général, s'entourant des plus déterminés, s'é lança tête baissée sur la redoute. L'impétuosité de cette attaque triompha de la résistance de l'ennemi, et les Républicains emportèrent le retranchement qui liait les deux redoutes. L'une d'elles n'était défendue que par une traverse : Dessein s'en aperçut, il s'y précipita, en chassa l'ennemi et dirigea aussitôt le feu de ses batteries contre la redoute étoilée. Pendant ce temps quatre bataillons de la colonne du centre, aux ordres du général Laborde, avaient coupé la communication des retranchements du rocher avec le camp de Béra, avaient gravi rapidement la montagne. Cette colonne et celle de Dessein assaillirent à la fois de deux côtés la redoute étoilée. Cacigal se défendit avec l'intrépidité du désespoir ; mais après avoir perdu la moitié de son monde, il se vit enfin réduit à mettre bas les armes. Au même moment le général Cambray, qui conduisait la troisième colonne, avec ordre de forcer à l'est le passage de la Rhune et le camp retranché, s'était emparé de la redoute de Marie-Louise, et couronnait les hauteurs du camp. Toutes les communications avec Irun et le camp Saint-Martial se trouvaient définitivement interceptées pour le centre espagnol, qui se divisa alors en deux parties : une moitié alla occuper les hauteurs d'Almendoz, et l'autre se posta sur les sommités de la vallée de Lerin. La gauche ennemie reçut, à Biriatu, ordre de repasser la Bidassoa et de se retrancher sur la rive gauche.

Combat de Saint-Martial. — Les lignes d'Irun se trouvant ainsi tournées par la position des Français, au centre même de la ligne ennemie, et la droite espagnole étant contenue et masquée par la division de Saint-Jean-pied-de-Port, les Républicains avaient toute facilité pour forcer la gauche de Colomera et se porter ensuite sur Saint-Sébastien. Ce général, malgré sa vieille expérience, n'eut point assez de tact pour juger le danger de sa position et la changer, il prescrivit au contraire au général Urrutia de tenir sur la rive gauche de la Bidassoa, et au général Gil de se maintenir au camp de Saint-Martial jusqu'à la dernière extrémité. — Le général Muller, pressé par les conventionnels, se décida à attaquer la gauche des Espagnols. Voici quel fut le plan tracé pour cette attaque : on devait appeler à Lesaca la division Moncey, pour la réunir à celle de Laborde, après quoi toutes deux seraient dirigées sur la montagne d'Haya, afin de menacer l'unique retraite des Espagnols par Oyarzun, sur la route de Madrid à Irun. Cette marche se combinait avec une manœuvre de la division Frégeville, qui, des bords de la Bidassoa, où elle était postée, devait assaillir de front le camp de Saint-Martial ; mais la route, ou plutôt les sentiers des montagnes d'Atchiola, par où devait passer la division Moncey pour se rendre à Lesaca, étaient affreux ; quoiqu'il n'y eût que sept lieues à franchir, cette division eut à marcher pendant trente-deux heures ; les Espagnols durent à ce retard l'avantage de n'être pas complètement coupés dans leur retraite. Moncey, pour menacer Oyarzun, aurait dû s'emparer de la montagne d'Haya dès le 31 juillet, jour auquel l'attaque était fixée ; mais sa division n'ayant reçu l'ordre de quitter les hauteurs du col de Maya que dans la journée du 27 juillet, ne put attaquer le poste d'Haya que le 1er août. La résistance des Espagnols ne fut pas ce qu'elle aurait pu être, quoiqu'ils fussent nombreux et bien fortifiés. Après une heure de combat la montagne fut emportée par huit compagnies de grenadiers aux ordres du brave Granger. — Frégeville, ignorant le retard de Moncey, attaqua, comme on en était convenu, le front des lignes qui couvraient Irun. Pendant que deux bataillons cherchaient à s'emparer du Pas-de-Béhoby, défendu par six batteries en amphithéâtre, dominées par la grande batterie du camp de Saint-Martial, sept autres bataillons avaient remonté la Bidassoa qu'ils passaient à gué près du pont de Boya. Arrivés sur les flancs de la montagne, ils n'essuyèrent qu'une faible résistance de la part du général Gil, qui eût pu encore leur opposer dix bataillons et 1,000 chevaux. Les Républicains s'emparèrent de deux batteries qu'ils tournèrent contre les Espagnols. Cette attaque de flanc, secondée par celle que le général Dessein exécutait de front, après avoir aussi passé la rivière au Pas-de-Béhoby, répandit un affreux désordre dans le camp ennemi ; les Espagnols prirent la fuite, abandonnant artillerie, caissons, bagages, etc., et se dirigèrent vers Oyarzun, où les divisions Laborde et Moncey eussent anéanti cette aile de l'armée sans les causes qui empêchèrent la coïncidence de leur attaque avec celle de Frégeville. L'arrière-garde espagnole exécuta seule sa retraite en bon ordre et couvrit la marche des fuyards. L'explosion d'un magasin à poudre, qu'on fit sauter maladroitement avant que l'arrière-grde l'eût dépassé, ne dérangea même pas l'ordre de la retraite. Moncey, averti par l'explosion, se hâta de descendre la montagne d'Haya pour se précipiter sur les derrières des Espagnols ; mais Gil parvint à gagner la belle position d'Ernani, où il arrêta les Républicains, grâce à la bonne contenance du maréchal de camp Miron, et à la bravoure des régiments d'Ultonia, de Reding, de Thuy et de deux bataillons de gardes Wallonnes. Le parc d'artillerie et 200 pièces de canon restèrent au pouvoir des Français. — Les hauteurs derrière Oyarzun furent occupées par la division Frégeville, et Irun par celle de Moncey.

Prise de Fontarabie. — Fontarabie, pendant ce temps, était sommé par un détachement de 300 hommes. Accueilli d'abord par une décharge d'artillerie qui lui tua trois hommes, le commandant français s'empara de la redoute des Capucines. Le gouverneur lui ayant alors demandé un délai de vingt-quatre heures, il ne lui accorda que six minutes. Cette fermeté triompha des hésitations de l'Espagnol ; la garnison, forte de 800 hommes, sortit de la place à six heures du soir, et resta prisonnière de guerre.

Prise de Saint-Sébastien. — L'occupation du Port-du-Passage et celle de Saint-Sébastien n'offrirent guère plus de difficultés. — Le lendemain de l'affaire de Saint-Martial, Muller ordonna au général Moncey d'investir Saint-Sébastien, pendant que les divisions Frégeville et Laborde se portaient sur Ernani. — Une garnison de 2,000 hommes et une nombreuse artillerie défendaient Saint-Sébastien ; Moncey n'avait point de pièces de siège ; comptant néanmoins sur l'effroi que les désastres récents de l'armée espagnole pouvaient avoir inspiré au gouverneur, il chargea Latour-d'Auvergne de lui porter une sommation. Latour-d'Auvergne réunissait l'éloquence à la bravoure ; il effraya le gouverneur par le tableau des forces qui allaient être dirigées contre lui. La garnison voulait se défendre, mais l'alcade et la population favorisaient secrètement le parti républicain, et ils décidèrent le gouverneur à capituler. « Mais, dit celui-ci à Latour, « vous n'avez pas même tiré un coup de canon sur la « citadelle ; faites-lui du moins l'honneur de la saluer. » Latour-d'Auvergne, rentré au camp, fit jouer la seule pièce de 8 qui s'y trouvât, et on lui répondit par une grêle de boulets. Quand l'artillerie de la place eut fini sa décharge, la capitulation eut lieu. La place se rendit le 4 août, et la garnison resta prisonnière de guerre. D'immenses magasins de vivres se trouvèrent dans Saint-Sébastien, dont l'occupation livra aux Français, déjà maîtres d'une partie de la Navarre, toute la frontière du Guipuscoa.

Occupation d'Ernani. — Les divisions Laborde et Frégeville s'étaient portées, dès le 2 août, sur Ernani, que Colomera, aussi découragé que ses soldats, ne crut pas pouvoir défendre. Il rangea ses troupes en bataille à l'arrivée des Français, mais la vue de la cavalerie républicaine et quelques décharges d'artillerie le décidèrent à se retirer sur Tolosa, capitale du Guipuscoa.

Occupation de Tolosa. — La brigade du général Merle s'étant présentée, le 9 août, à 5 heures du matin, en reconnaissance sur Tolosa, le comte Colomera crut voir arriver toute l'armée française, et, ne voulant pas en attendre le choc, abandonna encore cette position. Le général Miron, avec la cavalerie espagnole, se replia seul en bon ordre, et eut même l'occasion de fournir une charge heureuse sur l'infanterie française qui s'abandonnait inconsidérément à sa poursuite.

Colomera divisa ensuite ses troupes. 4,000 hommes furent postés à Lecumberry, pour couvrir la route de Pampelune, et le reste de l'armée s'arrêta sur les hauteurs de Montdragon, où passe la route de Madrid. — L'armée française, victorieuse, se trouvait alors abondamment munie de provisions de toute espèce ; elle était remplie de confiance et d'ardeur. Rien n'aurait pu arrêter sa marche dès qu'elle eût été maîtresse de Pampelune, et elle attendait pour s'en emparer, des renforts qui lui arrivaient de l'Ouest. — Les Espagnols, au contraire, étaient dans l'état le plus critique et dans une profonde consternation. — On implora, à Madrid, la bénédiction divine ; des prières publiques de neuf jours furent ordonnées pour remédier aux présents désastres ; mais, comme on ne pouvait tout attendre d'en haut, on s'arrêta à une mesure plus positive déjà proposée par Caro, et on ordonna une levée en masse.

Moncey remplace Muller. — Les discussions qui avaient lieu entre les représentants et le général en chef, l'indécision de Muller qui, au lieu de marcher en avant, passa six semaines à discuter encore un nouveau plan de campagne, laissa aux Espagnols le temps de revenir de leur stupeur et de préparer leurs moyens de résistance. — La Convention, mécontente de ce général, lui ôta le commandement en chef; il fut remplacé par Moncey, qui s'était fait distinguer de l'armée par sa bravoure et par son activité.

Plan de campagne de Moncey. — Le nouveau général en chef, appréciant la grande responsabilité qui allait peser sur lui, crut devoir opérer un mouvement rétrograde pour se concentrer dans les positions d'Ernani et de Saint-Sébastien, afin d'attendre des renforts qui lui étaient annoncés. Le représentant Garrau s'y opposa; il fallut en référer au Comité de salut public qui, sans admettre l'opinion du général ni celle du représentant, approuva un nouveau plan de campagne proposé par Moncey, et dont le résultat devait être d'écraser la droite des Espagnols comme l'avaient déjà été leur centre et leur gauche. Le Comité, tout en ordonnant de garder Tolosa, que Moncey voulait abandonner, autorisa l'évacuation de Guettaria; il ordonna en outre la réunion des divisions Laborde et Frégeville, et leur mise en mouvement sur Pampelune, par Lecumberry, tandis que la gauche de l'armée française s'emparerait de Burguette, d'Orbaïcete et de Roncevaux.

Positions des deux armées. — De son côté le comte de Colomera, dont les troupes se prolongeaient sur une ligne d'environ quarante lieues, depuis la Deva jusqu'à la vallée de Roncal, frontière de l'Aragon, prenait les mesures qu'il croyait les plus sages pour arrêter les progrès des Républicains. Par suite de la division de son armée, il couvrait la Navarre et Pampelune d'un côté, et de l'autre les défilés et la forteresse de Pancorvo, qui ferment au nord l'entrée de la Castille. On ne saurait cependant approuver l'espèce de cordon sans profondeur sur lequel il avait disséminé ses soldats au lieu de les réunir par masses sur les points menacés. Les généraux Gil et Ruby étaient postés sur les montagnes d'Elosua avec 12,000 hommes, dont 8,000 paysans; 7 à 8,000 hommes étaient disséminés dans les postes intermédiaires; 12 à 13,000 autres, commandés par le général Urrutia, couvraient les têtes des vallées qui versent leurs eaux dans l'Agra; les vallées de Salazar, d'Irati, de Roncevaux et d'Erro, étaient occupées par la droite de l'armée espagnole, aux ordres du duc d'Ossuna, et restée intacte jusqu'alors.

Enfin les renforts attendus depuis long-temps de la Vendée venaient d'arriver en partie à l'armée républicaine; on y remarquait les 57e et 72e régiments, qui avaient fait partie de la garnison de Mayence. L'armée des Pyrénées-Occidentales présentait alors un effectif de 66 bataillons et de 8 escadrons, bien pourvus d'artillerie: c'était la plus forte et la plus belle qu'on eût encore vu réunie sur cette partie des frontières.

Opérations sur la droite ennemie. — Invasion de la vallée de Roncevaux. — Le plan de Moncey, quoique approuvé d'un conseil de guerre et du Comité de salut public, n'était pas d'une exécution facile; il fallait mettre en jeu dix colonnes, morcelées sur un rayon de vingt-cinq lieues et par des vallées qui n'avaient pas entre elles de communications transversales. Moncey, pour réussir, se proposait de présenter des têtes de colonnes sur les points principaux de la ligne ennemie; d'en faire donner quelques-unes, et pendant ces démonstrations de porter vivement une masse formée de plusieurs divisions entre Pampelune et les positions des Espagnols. Dans ce but, une partie de la division Marbot devait manœuvrer pour tourner le duc d'Ossuna, établi à Orbaïcete et à Roncevaux, pendant que la brigade Roucher se porterait sur la fonderie par le mont Abody. Le camp de Lindous, défendu par Mendizabal, devait être assailli de front par le général Mauco et en même temps inquiété sur ses flancs par trois bataillons détachés sur Berderitz et Almendos. Ces troupes étaient chargées de troubler l'ennemi dans ses mouvements pour ne pas être tourné par la colonne Marbot ou par celle de Laborde qui, chassant la brigade Filangieri de Lans, allait se porter sur les derrières du duc d'Ossune et lui couper ses communications avec Pampelune en s'établissant entre Cubiry et Burguette. Cette dernière colonne était flanquée par cinq bataillons partis de Maya, et qui, aux ordres de Digonet, devaient se poster à Aoyca; enfin par un mouvement sur Gority, l'aile droite devait aussi seconder l'entreprise. — Une masse espagnole établie dans la plaine de Pampelune eût suffi pour déjouer ce projet en écrasant successivement les divisions françaises débouchant des vallées de Roncevaux, d'Erro, d'Enguy et de Lans. Mais les Espagnols se croyaient inabordables derrière leurs retranchements. — Les journées des 15 et 16 octobre furent employées à rapprocher les colonnes des points d'attaque. — Neuf bataillons, concentrés le 16 à Arezo, par Frégeville, furent dirigés sur Lecumberry par Gority et Arriba; le premier de ces postes fut enlevé après un assez vif engagement. Pinet devait, avec cinq bataillons dirigés sur Aoyca, menacer par la Tassa les derrières du corps qu'attaquait Frégeville, et lier les communications de celui-ci avec le centre. Laborde se dirigeant, le 25, d'Ellisondo, par le col de Belate, sur Lans, qu'évacuèrent à son approche les troupes de Filangieri, y fit sa jonction avec les brigades Castelvert et Dumas, fortes de neuf bataillons, et qui, par une attaque combinée et des plus rudes, venaient d'enlever aux Espagnols le col d'Arraiz. — L'avant-garde de ce corps d'armée, désignée sous le nom de *colonne infernale*, attaqua le lendemain le poste d'Enguy, défendu par 4,000 hommes aux ordres de Filangieri. Les Espagnols se retirèrent sans combattre; néanmoins l'arrière-garde qui protégeait leur retraite fut taillée en pièces sur la route d'Enguy à Viscarette, où elle abandonna deux pièces de canon. Filangieri revint sur ses pas dans le dessein de dégager son arrière-garde; ce mouvement lui devint funeste: attaqué sur les hauteurs de Mespiritz, où il s'était mis en bataille, l'intrépide contenance de ses soldats ne put arrêter l'élan impétueux des Français; les hauteurs furent emportées, et le général espagnol, mis en déroute une seconde fois, ne trouva de salut que dans une fuite rapide. Cette seconde retraite s'opéra dans le plus grand désordre, et les débris dispersés de la troupe de Filangieri ne parvinrent qu'avec la plus grande peine à se réunir à Burguette au duc d'Ossuna. Pendant que ces diverses affaires avaient lieu, le général en chef s'avançait au centre sur le plateau d'Yeropil, avec la division Mauco, attendant le moment de descendre dans la vallée pour assaillir Orbaïcete de front, dès que le général Marbot serait en mesure de l'attaquer à revers. Ce dernier s'était porté le 15 sur Larrau et le 16 sur Ochagavia. Ce poste, situé au centre de la vallée de Roncevaux, était occupé par une forte division ennemie aux ordres de Cacigal. La résistance qu'elle opposa fut des plus opiniâtres; les Français, repoussés deux fois à la baïonnette, parvinrent enfin, par une charge impétueuse, à enfoncer les rangs espagnols. Ce ne fut plus dès lors une bataille, mais une boucherie, et l'on se battit corps à corps et avec le plus grand acharnement dans Ochagavia. Le village ayant enfin été tourné, les Espagnols, entourés presque de tous côtés, ne parvinrent à s'enfuir qu'avec la plus grande difficulté et laissant le champ de bataille jonché de blessés et de morts.—Cependant le général Urrutia, menacé sur tous les points de sa ligne et ne sachant point encore que la brigade Filangieri eût été forcée dans Lans et à Enguy, crut que les Français méditaient un coup de main sur Orbaïcete, et concentra sa petite réserve à Altobiscar, en recommandant à ses généraux de défendre vigoureusement leurs postes.—La colonne infernale se mit en marche le 17, jour fixé pour l'attaque, dans l'intention de rabattre à gauche sur Burguette. Le corps de Filangieri, renforcé d'un détachement que lui avait envoyé Urrutia, occupait les hauteurs de Viscarette. C'était un faible obstacle pour arrêter la marche de cette colonne. Laborde attaqua l'ennemi à la fois de front et en flanc. Les Espagnols, quoique inférieurs en nombre, opposèrent la plus vigoureuse résistance et s'enfuirent enfin dans la vallée de Roncevaux, à la faveur des ténèbres, pour rejoindre le duc d'Ossuna; ils laissèrent le champ de bataille couvert de morts et 700 hommes prisonniers. Au lieu de continuer leur route sur Espinal, ce qui les aurait mis sur la trace de l'ennemi, les vainqueurs portèrent la brigade Castelvert à Cubiry, pour couper la route de Pampelune, et le reste bivouaqua devant Viscarette. Pendant ce temps le centre et la gauche, que formaient les divisions Mauco et Marbot, marchant presque à la même hauteur, refoulaient dans la vallée de Roncevaux les troupes de Mendizabal, de Saint-Simon et de Cacigal, ce qui détermina le duc d'Ossuna à rappeler tous ses postes et à évacuer Burguette après en avoir incendié les magasins. Marbot, à Ochagavia, avait partagé ses soldats en trois colonnes : les deux de gauche, qu'il conduisait lui-même, furent dirigées sur Villanueva, au versant des hauteurs en arrière de Burguette, et n'eurent que 300 Espagnols à pousser devant elles pour atteindre leur destination; Roucher, descendu avec la troisième colonne des montagnes d'Abody, vint, par la vallée d'Auhescoa, se rabattre sur la fonderie d'Orbaïcete pour couper la retraite aux Espagnols. La division Mauco, de Saint-Jean-pied-de-Port, était établie sur le plateau d'Yeropil, vis-à-vis la même fonderie. Le gouverneur Zéréceda était renfermé avec une nombreuse garnison dans un fort qui défendait le village. Roucher avait ordre de le sommer, puis de l'attaquer vivement s'il ne se rendait pas sur-le-champ. Mauco n'attendait que le signal pour descendre du plateau d'Yeropil et seconder l'attaque. La sommation fut donc faite et la garnison menacée, en cas de résistance, d'être passée au fil de l'épée. Le commandant espagnol répondit verbalement : « Que la générosité française ne se dé-« mentirait pas à son égard. » Roucher cependant n'attaqua point, comptant peut-être sur un signal de la colonne Mauco, qui n'attendait que le sien, et 2,500 hommes presque enveloppés, eurent le temps de s'échapper, pendant la nuit, par le col de Navala et de gagner la vallée d'Irati, d'où ils se retirèrent à Aoys. —Quoique l'armée française eût délogé l'ennemi de ses positions, elle n'avait pas rempli le but qu'elle s'était proposé, celui de le couper de la place qu'il couvrait. —Ossuna, pressé sur ses deux flancs par Laborde et Marbot, prévenu à Cubiry et menacé de l'être à Erro, tandis que Manco le poussait de front, avait eu le bonheur de gagner Aoys par un détour des plus pénibles, et de se réunir ainsi aux troupes d'Urrutia, dans les plaines de Pampelune.—La demi-victoire obtenue par les Républicains leur livrait néanmoins la vallée de Roncevaux, et mettait en leur pouvoir, outre quarante pièces de canon et 1,500 prisonniers, les mâtures d'Irati et les fonderies d'Enguy et d'Orbaïcete qui, depuis le commencement des hostilités, avaient été l'objet de tant d'inutiles expéditions. — La division de droite de l'armée française, chargée pendant ces opérations de tenir en échec le reste de la ligne espagnole, avait complétement réussi. Neuf bataillons avaient pris position le 15 sur les hauteurs d'Arezo; Frégeville s'était emparé le lendemain du village de Gority, défendu par 1,500 Espagnols, et avait occupé Lecumberry ainsi que la crête des montagnes.—Il eût fallu, pour rendre l'affaire décisive, poursuivre l'ennemi à outrance et lui livrer bataille sous les murs de Pampelune, sans lui donner le temps de se reconnaître et de revenir de sa stupeur; c'était l'avis de Moncey. — Un ouragan terrible, accompagné de pluie battante, de vent et de grêle, qui dura plusieurs jours, paralysa totalement les mouvements de l'armée.—La prise de la vallée de Roncevaux, fameuse dans les livres de chevalerie par la mort de Roland et la défaite des preux de Charlemagne, fut le résultat de ces trois journées et causa une grande joie dans l'armée. Les représentants Baudot et Garrau, firent solennellement abattre une pyramide élevée par les Espagnols en commémoration de la défaite de Charlemagne, et écrivirent emphatiquement à la Convention : « Citoyens, l'Armée des Pyrénées-« Occidentales, en remportant une victoire signalée « sur les Espagnols, a vengé une injure d'ancienne « date, faite à la nation française. Nos ancêtres, au « temps de Charlemagne, furent défaits dans la vallée « de Roncevaux; l'orgueilleux espagnol, en mémoire « de cet événement, avait élevé une pyramide sur le « champ de bataille. Vaincu à son tour au même « endroit par les Français républicains, déjà son propre « sang en avait effacé les caractères; il ne restait plus « que le fragile édifice qui a été brisé à l'instant même.

« Le drapeau de la République flotte aujourd'hui là où
« était le drapeau de l'orgueil des rois, et l'arbre nour-
« ricier de la liberté a remplacé la massue destructive
« du tyran. Une musique guerrière a suivi cette inau-
« guration. Les mânes de nos pères ont été consolés,
« et l'armée de la République a juré de vaincre pour la
« gloire du nom français de tous les âges et pour le
« bonheur de la postérité. »

Orage. — Inaction de l'armée. — L'armée avait été obligée de faire halte aux points où elle s'était trouvée surprise par l'orage, ensuite et d'après les dispositions du général en chef, Frégeville resta à Lecumberry, Marbot vint s'établir dans le val de Lans, Laborde garda la vallée d'Enguy jusqu'à Larrasoaño, et Mauco prit le commandement de la gauche vers Burguette et Orbaïcete. — Un mois se passa ainsi à observer Pampelune; il fut employé à évacuer les fers, les bois de construction et les outils des ateliers espagnols; il n'y eut pendant ce temps que des affaires d'avant-postes. Un combat sanglant eut lieu, les 24 et 25 novembre, entre la division Marbot et le corps qui couvrait Pampelune : les Espagnols, victorieux le premier jour, furent culbutés le lendemain à Olane et Saurauren.

Le général Urrutia crut devoir profiter du précieux délai que lui offrait la fortune pour remettre l'ordre dans son armée; il s'établit sous Pampelune, entre l'Irati et l'Ibero, la droite à Urros, la gauche à Cavalca. Tous les ouvrages de la place furent perfectionnés, et la garnison, renforcée par des milices, fut portée à 10,000 hommes.

Colomera, pendant tout ce temps, restait enseveli dans les positions de Montdragon et de Bergara, ne faisant aucun mouvement en faveur de sa droite, quoiqu'il eût pu se réunir à elle en manœuvrant entre l'Agra et l'Ibero, ou pénétrer dans la vallée de Bastan pour inquiéter le flanc droit des Républicains.

Évacuation de la Navarre. — Retraite sur la Biscaye. — Quartiers d'hiver. — L'hiver, qui allait paralyser les opérations des deux armées, approchait; on était à la mi-novembre. Pour que Moncey se maintînt dans sa position, ou pour qu'il assiégeât Pampelune, il lui fallait livrer une bataille que les Espagnols étaient en mesure de recevoir à chances égales; mais quel qu'en fût le résultat, l'hiver ne permettant plus de transporter sur les lieux l'attirail de siége nécessaire pour réduire Pampelune, la victoire même devenait inutile aux Français; Moncey ne crut donc pas devoir s'exposer gratuitement aux hasards d'une défaite : il forma le dessein de se retirer sous Saint-Sébastien après avoir ruiné les défenses de l'ennemi et brûlé les fonderies d'Orbaïcete et d'Enguy. Cette manœuvre semblait d'autant plus délicate qu'il fallait l'exécuter en présence d'Urrutia, lequel pouvait avoir autant de raisons de livrer une bataille que le général français de l'éviter. Moncey, d'ailleurs, en évacuant la Navarre, voulait conserver ses conquêtes en Biscaye et dans le Guipuscoa. Il ordonna à la division Frégeville de filer par Irurzun sur Montdragon, et de déposer ce qui restait encore d'Espagnols dans le Guipuscoa. La division Laroche, formée des bataillons récemment arrivés de la Vendée, devait se diriger en même temps sur Bergara. Cette division surprit et battit, devant Bergara, la division espagnole de Ruby; mais Frégeville, faute de guides ne put gagner à temps Montdragon pour couper la retraite aux Espagnols; ils se replièrent facilement sur le corps de bataille. De son côté, la division Gil, que les Républicains avaient chassée de Placencia, put se rallier à Ruby vers Salinas.

Ces diverses affaires jetèrent dans l'esprit des Espagnols une incertitude dont le général français profita pour exécuter sa retraite. — La division Frégeville fut postée à droite de Tolosa, entre Azpeytia et Albistona, avec neuf bataillons et seize compagnies de grenadiers; Laroche s'établit entre Albistona et Lisarza. — Fontarabie, le Port-du-Passage-Saint-Sébastien et Ernani se trouvaient couverts par quatorze bataillons aux ordres de Marbot; dix-huit bataillons, commandés par Laborde, occupaient les vallées de Bastan et de Lerin; enfin Mauco, avec sa division, campait au camp des Aldudes et au col de Berderitz. — C'est dans ces positions que Moncey se décida à faire passer l'hiver à son armée.

RÉSUMÉ CHRONOLOGIQUE.

1794.

5 FÉVRIER. Attaque du camp des Sans-Culottes.
26 MARS. Attaque de la montagne de la Rhune.
6 AVRIL. Attaque de la fonderie d'Orbaïcete.
17 MAI. Attaque des mâtures d'Irati.
3 JUIN. Prise des cols de Maya, d'Ispeguy et de Berderitz.
16 et 17 — Prise des montagnes de Mandale, du Diamant et de Montvert.
23 — Combat de la Croix-des-Bouquets.
10 JUILLET. Prise d'Arquinzun.
25 JUILLET. Combat de la vallée de Bastan.
26 — Prise du roc Commissari.
31 — Combat de Saint-Martial. — Prise de Fontarabie.
2 AOÛT. Occupation d'Ernani.
4 — Prise de Saint-Sébastien.
9 — Occupation de Tolosa.
16 OCTOBRE. Mouvement contre la droite des Espagnols.
17 — Affaire de Viscarette.
18 — Prise d'Orbaïcete, d'Enguy et d'Irati. — Conquête de la vallée de Roncevaux.
25 NOVEMBRE. Retraite sur la Biscaye. — Quartiers d'hiver.

A. HUGO.

On souscrit chez DELLOYE, Éditeur, place de la Bourse, rue des Filles-Saint-Thomas, 13.

Paris. — Imprimerie et Fonderie de RIGNOUX et Comp., rue des Francs-Bourgeois-Saint-Michel, 8.

FRANCE MILITAIRE.

FIN DE LA GUERRE D'ESPAGNE.
CAMPAGNE DE 1795.

SOMMAIRE.

PYRÉNÉES ORIENTALES.—Siége et prise de Roses.—Urrutia remplace Las Amarillas.—Combats sur la Fluvia.—Etat des deux armées. —Attaque des postes en avant de la Seu-d'Urgel.—Combats de Bascara et de Baniolas.—Inaction des deux armées.—Travaux de défense des Espagnols.—Prise et reprise de Llorona.—Soumatens.—Combat du camp de Carol.—Scherer remplace Pérignon.—Premier combat de Bascara.—Deuxième combat de Bascara.—Grand combat sur la Fluvia.—Fin de la campagne.
PYRÉNÉES OCCIDENTALES.—Situation des armées aux Pyrénées occidentales.—Ouverture de la campagne.—Affaires diverses.—Combat d'Ascarate.—Prise du camp de Marquinechu.—Bruits de paix démentis.—Destitutions en masse.—Attaque de la gauche espagnole.—Passage de la Deva.—Retraite de Crespo.—Occupation de Lecumberry.—Retraite de Filangieri.—Combat d'Irarzun.—Opérations contre la gauche des Espagnols.—Entrée à Vittoria.—Conquête de toute la Biscaye.—Combat du col d'Ollareguy.—Fin de la campagne.—Signature de la paix.

Français.	*Généraux.*	*Espagnols.*	*Généraux.*
Armée des Pyrénées-Orientales.	PÉRIGNON. SCHERER.	Armée de Catalogne.	Don José URRUTIA. Prince de CASTEL FRANCO. CRESPO.—FILANGIERI.
Armée des Pyrénées-Occidentales.	MONCEY.	Armée de Biscaye et Navarre.	

L'hiver n'avait point entièrement arrêté les opérations de l'armée des Pyrénées-Orientales. — Tandis qu'une partie des troupes jouissait d'un repos nécessaire et bien mérité, une forte division faisait le siége d'une des places importantes qui couvrent la frontière espagnole.

Siége et prise de Roses. — Roses est une ville de guerre bâtie à quatre lieues à l'est de Figuières, au bord du golfe de même nom ; elle était ceinte d'une double muraille, sans fossés ni chemins couverts, et se trouvait commandée par une citadelle dominée elle-même par le fort de la Trinité, que les Français appellent le Bouton, et qui est assis sur une montagne escarpée d'où l'on découvre au loin la mer. Enfin cette dernière position est elle-même commandée par une haute montagne à pic, nommée le Puy-Bois, et qui passait jusqu'alors pour inaccessible. La place, la forteresse et le fort du Bouton forment une ligne demi-circulaire qui fait le contour de la baie.

La prise de Figuières détermina l'attaque de Roses, dont l'occupation était nécessaire pour assurer l'arrivée des subsistances par la voie de la mer. Pérignon s'était chargé lui-même de l'investissement de cette place, qui avait été opéré complètement dès le 28 novembre. Roses avait une garnison de 4,800 hommes aux ordres d'Isquierdo ; cette force était suffisante pour garnir le développement de tous les ouvrages. Une flotte espagnole de 13 vaisseaux de ligne et de 45 bombardes espagnoles, mouillée dans la baie, aux ordres de l'amiral Gravina, pouvait à volonté changer la garnison, la renforcer, la ravitailler. Toutes ces circonstances jointes aux rigueurs de l'hiver, qui rendaient les travaux de siége beaucoup plus difficiles, n'arrêtèrent pas le général Pérignon.

Deux batteries établies sur la hauteur voisine du village de Carriga firent feu dès le 29 novembre sur la forteresse, où un magasin fut incendié. Dès le 7 décembre, six nouvelles batteries commencèrent à tirer sur Roses et sur la flotte, qui répondirent vivement à leur feu. Les Espagnols, pour ruiner les travaux du siége, tentèrent quelques sorties inutiles. Pérignon, convaincu que le sort de la ville dépendait de celui du fort qu'on appelait le Bouton de Roses, résolut, afin de le réduire, d'établir une batterie sur le sommet de la montagne de Puy-Bois, élevé de 2,000 toises au-dessus du niveau de la mer, et qui domine toute la baie. Les ingénieurs lui objectèrent en vain que la chose était impossible : « C'est l'impossible que je veux », répondit-il, et on se mit à l'ouvrage.

Malgré la rigueur du froid, l'infatigable ardeur des travailleurs parvint en moins de six jours à tailler sur le flanc de la montagne un chemin de trois lieues, presque perpendiculaire, que l'on fit, avec non moins de peine, parcourir à l'artillerie portée à bras où tirée à la prolonge. Le 25 décembre, trois batteries établies sur le plateau ouvrirent leur feu sur le Bouton et l'escadre, et les assiégeants purent dès lors tracer les parallèles avec moins de danger. Le feu du Bouton cessa le 1er janvier, et la brèche, devenant chaque jour plus grande, la garnison l'évacua dans la nuit du 6 au 7, au moyen d'échelles de cordes, et se retira par mer dans la place. Les Français s'en emparèrent et en dirigèrent aussitôt les batteries sur la ville et sur la flotte. — Le froid était alors si vif que plusieurs sentinelles furent trouvées gelées à leur poste. — Les assiégeants n'en continuaient pas moins leurs travaux ; leurs batteries faisaient, le jour et la nuit, sur la place, le feu le plus violent. L'excessive rigueur de la saison empêcha néanmoins, le 25 février, de poursuivre les travaux de la tranchée ; on se décida à emporter de vive force les retranchements avancés de l'ennemi, ce qui eut lieu le 1er janvier, malgré sa vive résistance. — Cet acte de vigueur intimida fortement la garnison.—Les batteries continuaient à tirer, et leur feu ouvrait des brèches qui devenaient plus grandes chaque jour. Pérignon, dans le dessein de livrer un assaut général, fit venir 3,000 échelles de Figuières ; le gouverneur espagnol, instruit de cette résolution dont il pressentait les suites probables, ne crut pas devoir continuer plus long-temps une défense qui jusqu'alors avait été assez opiniâtré pour n'être pas

T. I. 38

sans gloire; il s'embarqua dans la nuit du 2 au 3 février, laissant seulement dans la place 300 hommes qui devaient continuer le feu toute la nuit, et ne s'embarquer que lorsque le reste de la garnison serait au large. Mais les embarcations qui devaient emmener cette arrière-garde ayant pris la fuite le 3 au matin, sur une fausse alerte, les 300 hommes furent faits prisonniers. Pérignon fit, le même jour, occuper la place; le siège, entrepris et exécuté au milieu d'un hiver rigoureux, avait duré 70 jours.

Urrutia remplace Las Amarillas. — Combats sur la Fluvia. — Las Amarillas, après l'affaire de la montagne Noire, avait réuni les restes de son armée, mis garnison dans les châteaux de Girone, et s'était établi à Costeroche avec une avant-garde à Oriols. Le lieutenant général Urrutia, qui venait de se distinguer par la défense de la Navarre, et qui lui succéda dans le commandement en chef de l'armée espagnole, ne fit, pendant les 70 jours que dura le siège de Roses, aucune tentative sérieuse pour forcer Pérignon à le lever. Il se borna à porter l'armée aux environs de Saint-Estevan, la droite jusqu'à la Escala, au bord de la mer, la gauche sur Baniolas, Castellfolit, Olot, afin de conserver ses communications avec Campredon. Son avant-garde resta dans la belle position d'Oriols, qui dominant Bascara et la Fluvia, lui assurait tout l'avantage dans toutes les affaires de postes.

Urrutia, secondé de son major général O'Farril, officier de la plus haute distinction, s'occupa d'abord à réorganiser son armée; puis, pour ranimer l'ardeur des soldats, il crut devoir les mettre souvent aux prises avec les Républicains, dans des affaires insignifiantes d'avant-postes. Bascara, point intermédiaire entre les deux armées, se trouvait ainsi au pouvoir tantôt d'un parti, tantôt de l'autre. La petite plaine entre Oriols et la Fluvia était le théâtre ordinaire de ces engagements.

Urrutia forma un jour le dessein plus sérieux d'enlever un parc d'artillerie de réserve qu'Augereau avait au Pla-del-Coto. Dans la nuit du 9 au 10, 400 Espagnols, aux ordres du colonel Pineda, tournèrent heureusement les Républicains, passèrent la Muga ayant de l'eau jusqu'à la ceinture, et arrivèrent, sans être aperçus, devant Pla-del-Coto. 250 artilleurs gardaient le parc; 100 sur ce nombre furent tués à la baïonnette. Mais la résistance fut opiniâtre; Pineda reçut lui-même une blessure mortelle. 14 canons étaient néanmoins déjà encloués, et les Espagnols se disposaient à les emmener quand l'alarme répandue au camp attira autour d'eux un tel nombre de Français, que, pour ne pas être écrasés, ils durent se hâter de fuir par des chemins escarpés, où les chèvres et les bergers avaient seuls passé jusqu'alors.

Le général en chef espagnol ordonna, le 16 janvier, une tentative dont le résultat fut également insignifiant. — Le général Ildefonse Arias devait, avec 5,000 hommes, menacer le front des Français, pendant que le marquis de la Romana se porterait, avec 2,000 soldats d'élite, sur leur gauche, afin de les surprendre. Un coup de fusil tiré mal à propos par un caporal espagnol donna l'alarme et fit échouer le projet d'Urrutia.

État des deux armées. — Cependant Pérignon, maître du Lampourdan et de deux excellentes places fortes, n'avait devant lui qu'une armée profondément découragée par les divers échecs qu'elle venait d'essuyer, et que l'activité et le zèle du général Urrutia et de son major général O'Farill ne pouvait parvenir à réorganiser assez promptement pour la mettre en état de prendre, ou même peut-être de soutenir l'offensive avec quelques chances de succès. Cette armée venait, il est vrai, d'être augmentée par les 4,000 hommes qui avaient formé la garnison de Roses et par des renforts que la cour de Madrid, effrayée des succès des Républicains, s'était hâtée d'envoyer en Catalogne : elle comptait 35,000 hommes de troupes réglées, et environ 10,000 hommes de corps francs et de milices organisées avec les populations des provinces voisines. Le gros de l'armée espagnole était à Saint-Estevan, et l'avant-garde toujours à Oriols. L'armée française, établie sur la rive gauche de la Fluvia, ne s'élevait guère, en tout, qu'à 25,000 hommes.

Attaque des postes en avant de la Seu-d'Urgel. — Le 18 février cinq colonnes françaises arrivèrent à la pointe du jour devant les postes d'Estania, de Bexach, de Bar et d'Aristot. En forçant ces passages, situés en avant de la Seu-d'Urgel, Pérignon se proposait de prendre en flanc ceux qui couvraient Campredon; il aurait été alors maître du nord de la Catalogne, d'où il aurait pu aisément envahir le reste de la province. La première attaque eut lieu sur le poste de Bexach; 800 Français se précipitèrent brusquement à la baïonnette sur les retranchements espagnols, où la plus vive résistance leur fut opposée. La lutte durait depuis deux heures avec des chances égales quand un renfort de troupes fraîches, survenu au commandant espagnol, fit pencher la balance en sa faveur; les Français furent rejetés sur la Sègre, où ils prirent position.

L'attaque des postes de Bar et d'Estania fut moins malheureuse : les Espagnols en furent débusqués et se retirèrent dans une position assez avantageuse en arrière du bourg de Bar; mais les Français, instruits du non succès de l'attaque de Bexach, qui laissait leur flanc à découvert, évacuèrent Bar pendant la nuit et rentrèrent en Cerdagne. La colonne qui se dirigeait sur Aristot avait à franchir le pont de Bar, gardé par un fort détachement espagnol; le passage en fut disputé pendant cinq heures; enfin les Français, impatients de cette résistance, passèrent la rivière à la nage pour prendre en queue la colonne espagnole qui, épouvantée, s'enfuit alors à Arseguel, abandonnant Aristot aux Républicains. Ce poste dut être évacué comme celui de Bar, par suite de l'échec éprouvé à Bexach. Ainsi trois combats acharnés n'eurent d'autre résultat qu'un massacre inutile.

Pérignon, sans se laisser décourager par le mauvais succès de cette tentative, résolut d'attaquer les Espagnols dans leur position sur la Fluvia.

Combats de Bascara et de Baniolas. — Des corps de cavalerie eurent ordre, dès le 28 février, de manœuvrer sur la droite afin d'attirer de ce côté l'attention de l'ennemi, tandis que les principales forces seraient dirigées à l'aile opposée; mais Urrutia ne fut pas dupe de cette fausse démonstration, qui eût pu le tromper si elle eût eu lieu au moment même de l'action, et non pas la veille ou la surveille. Il se contenta donc de faire éclairer, par un corps de troupes légères, le lieu où elle se passait, et dirigea en même temps sur le côté qu'il présumait menacé, et qui l'était réellement, des forces suffisantes pour tenir tête aux Républicains. Pérignon, qui croyait Urrutia trompé par son artifice, manœuvra précisément suivant les vues de ce dernier. Les Républicains, au nombre de 5,000 hommes d'infanterie et de 300 chevaux, commandés par Augereau, débouchèrent le 1er mars sur Bezalu, à la gauche des Espagnols, pendant que 4,000 hommes d'infanterie et 150 chevaux, commandés par le général Sauret, traversaient la Fluvia en face de Bascara, centre de la ligne française. Pérignon comptait, par la marche parallèle de ces deux colonnes, couper la ligne espagnole, en rejeter la gauche sur Girone et la droite vers la mer, entre la Fluvia et le Ter, où il aurait pu facilement l'accabler.

Cependant Sauret, partageant la confiance de Pérignon, commit l'imprudence d'engager ses soldats très avant dans la plaine, presque sur les Espagnols qu'il supposait trop peu nombreux pour lui résister.

Quand Urrutia vit les Français suffisamment avancés, il ordonna aux deux divisions Cuesta et Iturigaray de marcher à leur rencontre, de les attaquer de front tout en s'étendant à droite et à gauche pour les envelopper. Les Républicains accueillirent d'abord vigoureusement l'ennemi; mais ils comprirent le but de sa manœuvre; un détachement de cavalerie légère avait même déjà dépassé leur flanc gauche. Ils se décidèrent à la retraite. Poursuivis avec impétuosité, le mouvement rétrograde ne put s'opérer sans désordre, et quelques hommes se noyèrent dans la Fluvia qu'ils voulurent passer à la nage.

Le général O'Farril s'avançait pendant ce temps contre la colonne qui avait débouché par Bezalu. Augereau, quoique ignorant complétement l'échec arrivé à la première division, s'était déjà rapidement porté sur Baniolas, à la hauteur du centre des Espagnols, et avait placé sa troupe dans une position presque inattaquable: le front en était défendu par un ravin profond; une épaisse forêt en protégeait les derrières; il s'y retrancha aussitôt qu'il vit les Espagnols se présenter à lui en nombre bien supérieur à celui sur lequel il comptait.

O'Farril jugea d'un coup d'œil l'impossibilité de forcer les Républicains dans la position où ils se trouvaient; il parvint à les en faire sortir par un simulacre de fuite et à les amener dans une plaine, où il put librement déployer ses forces. Augereau, qui comprit bien alors que le plan de son général était connu, accepta imprudemment un combat où cherchait à l'attirer un adversaire plus adroit. Il arriva ce qu'il aurait dû prévoir. Les Républicains étaient à peine en bataille, l'engagement venait de commencer entre les tirailleurs de l'avant-garde française et ceux de l'arrière-garde espagnole, quand O'Farill reçut des renforts suffisants pour lui assurer la victoire. L'affaire devint dès lors d'autant plus meurtrière que les deux troupes n'étaient pas à demi-portée de fusil et que les Français, par un excès d'audace, semblaient vouloir réparer la faute qu'ils avaient commise en tombant dans le piége grossier qui leur avait été tendu; mais ils firent en vain des prodiges de bravoure: entamés sur un de leurs flancs par la cavalerie espagnole, pendant que le gros du corps de bataille les attaquait de front, ils se virent enfin contraints de prendre la fuite. Les bois de Sernia, où ils se retirèrent en désordre, rendirent leur retraite moins désastreuse; ils repassèrent la Fluvia le lendemain matin, abandonnant à Bezalu vingt caissons de cartouches.

Inaction des deux armées. — *Travaux de défense des Espagnols.* — Les deux armées, fatiguées de tant de combats sans résultats, observèrent entre elles une espèce de trève pendant les premiers jours de mars. Le général Urrutia, qui semblait décidé à rester sur la défensive, s'occupa du perfectionnement d'immenses travaux qu'il avait entrepris depuis le commencement de l'hiver, afin de fortifier le plus possible sa position au col d'Oriols, d'où l'on domine le cours et la plaine de la Fluvia. Lorsque tous ces travaux furent terminés, il put se regarder comme dans un poste, en quelque sorte inattaquable : la gauche était défendue par une cordillère d'un très difficile accès; la droite, protégée par le coude que forme la Fluvia, avant de se jeter à la mer. Urrutia fit aussi, à la même époque, jeter un pont sur pilotis en avant de Bascara; mais il négligea toutefois de faire fortifier ce point qui est très heureusement situé pour défendre le passage de la rivière.

Prise et reprise de Llorona. — Le village de Llorona, poste avancé des Espagnols, sur la droite de la Fluvia, gardé par des soumatens (miquelets catalans), aux ordres du curé Salguedo, fut attaqué le 22 mars par 4,000 Républicains, sortis la veille du camp de Sistella. Méprisant cette masse indisciplinée de paysans, qui n'allaient au combat qu'en chantant des psaumes à la façon des Vendéens, dont ils n'avaient cependant pas le courage, les Français se jetèrent sur eux à la baïonnette et s'emparèrent du poste. Ils ne l'occupèrent que peu de temps. Les troupes de ligne espagnoles arrivèrent en forces supérieures et les contraignirent à repasser la Fluvia.

Soumatens. — *Combat du camp de Carol.* — Les miquelets, dont les bandes se nommaient alors *soumatens* et ont été connus depuis sous le nom de guérillas, ne méritaient pourtant pas d'une manière absolue le mépris qu'ils inspiraient aux Français; mauvais soldats pour combattre en ligne, c'étaient d'intrépides partisans, dangereux surtout à cause de la facilité que la connaissance et l'habitude des montagnes leur donnait pour fuir; ils reparaissaient quand le danger était passé, s'évanouissaient de nouveau quand on croyait les avoir surpris, et savaient en quelque sorte faire une guerre invisible à des ennemis qui ne pouvaient échapper à leurs yeux; aussi tenaient-ils constamment sur le qui-vive les divisions françaises. Augereau, pour se garantir de leurs attaques, était obligé de prendre les précautions les plus sévères. — La division française de la Cerdagne se trouvait principalement exposée aux désagrements de cette petite guerre.

Le camp de Carol fut attaqué le 27 mars par une division de soumatens, aux ordres d'un chanoine nommé Cuffi; elle venait de Rocapruna, au nord de Campredon. Le chanoine, pour mieux réussir, avait fait occuper les environs du col de Vernadel, qui domine la position qu'il voulait assaillir; découvert et voyant les Français s'avancer sur lui, il les attendit de pied ferme. Son intrépidité et celle qu'il avait su inspirer à sa bande furent telles que les Républicains, après une vigoureuse résistance, se virent contraints de plier sous le choc de cette horde fanatisée, et d'abandonner leur camp de Carol.

Les Français postés à Mollo et à Manère, informés de cette attaque par le bruit de la fusillade, accoururent au secours de leurs camarades et prirent une direction d'après laquelle les soumatens devaient être complétement enveloppés. Cuffi devina cette intention et se hâta, par la fuite, d'échapper à la manœuvre dirigée contre lui. Quoique vigoureusement poursuivi il parvint à emmener avec lui 150 bêtes à cornes qu'il avait enlevées dans le village de la Costa. Le pont de Mont-l'algas, où il devait passer pour regagner Rocapruna, fut vigoureusement gardé par quelques-uns de ses miquelets, dont le courage assura sa retraite.

Scherer remplace Pérignon. — Après une nouvelle inaction d'une vingtaine de jours, la gauche de l'armée républicaine reprit l'offensive. Pérignon, dans l'intervalle, avait été remplacé par Scherer dans le commandement en chef.

Premier combat de Bascara. — Le général Augereau reçut, le 24 avril, l'ordre de passer une seconde fois la Fluvia, mais du côté d'Orfans entre Bascara et Bezalu. Soutenu par des troupes restées en bataille sur le côté gauche de la rivière, il put effectuer aisément ce passage et prendre position sur la rive droite. Il se disposait à avancer quand une division de l'avant-garde espagnole, descendue du camp d'Oriols, vint lui barrer le chemin. Comme elle était trop forte pour qu'il pût espérer de se maintenir avec avantage dans sa position, après un léger engagement il fut contraint de repasser la rivière.

Une autre colonne républicaine traversa le lendemain la Fluvia et s'empara si rapidement de Bascara que l'ennemi surpris n'eut pas le temps de se mettre en défense. Urrutia, ne considérant cette démonstration sur Bascara que comme une fausse attaque qui couvrait le passage sur un autre point, avait lui-même donné l'ordre à une colonne, forte de 12.000 hommes et guidée par O'Farill, de se transporter sur l'autre rive pour attaquer les Français par-derrière.

Le camp de Sistella, qui formait la droite des Français, fut assailli par la colonne commandée par le maréchal de camp Vives, et telle fut l'impétuosité du choc que les Français se retirèrent à Avignonet. Augereau se hâta de rassembler les régiments postés aux camps de Llers et de Sierra-Blanca. L'arrivée de ces troupes fraîches ranima le courage des soldats du camp de Sistella; ils se rallièrent, impatients de prendre leur revanche. Les Espagnols, dispersés dans la campagne, furent à leur tour chargés avec une impétuosité qui rendit leur défaite aussi rapide que l'avait été leur triomphe; l'aile droite rentra victorieuse dans le camp de Sistella. Un bataillon du régiment de Valence et une compagnie de grenadiers tentèrent seuls une résistance désespérée: presque tous furent massacrés. Leur dévouement donna d'ailleurs à la colonne espagnole le temps de repasser la Fluvia. — Le général Arias, qui commandait l'attaque du centre, ne fut pas plus heureux. Il s'était d'abord posté, après avoir passé la rivière, sur les hauteurs de Pontos et d'Armadas; son artillerie était placée au centre de sa colonne. Les Français ne l'attendirent point dans leurs retranchements et s'avancèrent à sa rencontre; elle eut lieu à mi-route entre Pontos et le camp républicain. Le combat s'engagea à l'instant; il fut terrible et le succès long-temps douteux. La présence de Scherer soutenait l'ardeur des soldats. Cependant les gardes wallones ayant été envoyés sur le flanc des Français, pendant qu'ils étaient vivement assaillis de front, cette manœuvre fit craindre à ceux-ci d'être coupés et décida leur retraite; elle s'opéra néanmoins avec tant de régularité que les Espagnols n'osèrent pas les suivre. Arias, de son côté, donna lui-même l'ordre de la retraite à ses troupes. — O'Farill commandait lui-même l'attaque dirigée sur la gauche, ne fut pas couronnée d'un succès plus brillant. La grand'garde française, assaillie d'abord par des troupes supérieures en nombre, fut obligée de se replier sur les retranchements.

O'Farill poussa sa reconnaissance jusqu'en vue des redoutes des Républicains; mais ceux-ci ne l'eurent pas plus tôt aperçu, qu'ils sortirent plus nombreux de leurs retranchements et s'avancèrent à sa rencontre en lui proposant le combat. Le général espagnol pensa que la prudence ne lui prescrivait pas de l'accepter, et se hâta de donner l'ordre de la retraite. — Le résultat de la journée fut d'inspirer aux Républicains le désir de se mesurer de nouveau avec leurs adversaires, et ils le demandèrent à grands cris à leur général. Scherer, impatient de signaler son début par quelques traits d'éclat, promit de les conduire à l'ennemi dès le lendemain. — En effet, au point du jour, l'armée des Pyrénées-Orientales fut mise en mouvement sur toute la ligne qu'elle occupait parallèlement à la Fluvia. Scherer dirigea lui-même l'attaque du centre, et, à la tête de 5,000 hommes d'infanterie et de 600 chevaux, passa la rivière au-dessus et au-dessous de Bascara: divisant ensuite ses forces en deux colonnes, il en envoya une sur Bascara pendant que l'autre s'avançait vers Calabuix. Une batterie d'artillerie volante accompagnait les Républicains. Les avant-postes espagnols qui occupaient ces deux postes avaient l'ordre de ne pas tenir; aussi se replièrent-ils rapidement sur leur corps d'armée. Les Français se mirent en bataille, la gauche à Calabuix. Les Espagnols, quoique sous les armes, ne semblaient pas décidés à accepter le combat. La division du centre se reforma alors en colonnes, déboucha dans la plaine et enleva une partie de l'avant-poste espagnol de Bascara, qui, au lieu de se replier sur le corps de bataille, suivant l'ordre exprès qu'il en avait reçu, avait cru pouvoir se former en tirailleurs dans la plaine.

La division de gauche, commandée par le général Sauret, se composait de 4,000 hommes d'infanterie, et de 600 de cavalerie; elle devait se porter par Villamacalum et San-Pedro-Pescador sur la droite des Espagnols.—Celle qui devait opérer sur leur gauche, aux ordres d'Augereau, se composait de 3,000 hommes d'infanterie et de 250 chevaux. Elle occupait les hauteurs de Crespia, menaçant de forcer le pont d'Esponella.

L'avant-garde espagnole, postée au col d'Oriols et faisant face à la division du centre, était sous les armes, et la cavalerie rangée au bas des coteaux, sous la protection des batteries du camp. Cette dernière, aux ordres du comte de Saint-Hilaire, voyant les Français s'approcher, exécuta sur eux une charge si vigoureuse, qu'ils furent contraints de se replier sur Bascara. Néanmoins, soutenus par une nombreuse artillerie, ils s'avancèrent de nouveau à la rencontre de l'ennemi. Urrutia envoya aussitôt au secours des siens, le régiment des volontaires de la couronne, qui se posta avantageusement sur la gauche de Bascara. Un corps nombreux d'infanterie espagnole enleva, pendant ce temps, Calabuix. Scherer ne pouvant plus manœuvrer sans compromettre son flanc gauche, se décida dès lors à repasser la rivière.

La division commandée par Sauret ne fut pas beaucoup plus heureuse; arrivée à la hauteur de San-Pedro-Pescador, elle passa la rivière et se mit en bataille, la cavalerie à gauche, et la droite appuyée sur la Fluvia : elle trouva devant elle la division ennemie d'Iturigaray. Sauret allait donner à sa cavalerie l'ordre de charger, quand il s'aperçut qu'un régiment de hussards Espagnols passait la Fluvia à Tornella. Il ordonna aussitôt un changement de front sur son centre, afin de mettre ses derrières à l'abri d'une attaque : par suite de cette manœuvre il se trouva dans une position beaucoup plus avantageuse, entre Villamacalum et la rivière. Un bois garantissait ses derrières, et l'infanterie se trouvait placée dans des champs ceints de murailles, qui la mettaient à l'abri du choc de la cavalerie espagnole. Après cinq heures de manœuvres et de combats, Français et Espagnols se décidèrent enfin à regagner leurs camps respectifs.

L'attaque dirigée par les Français sur la gauche des Espagnols n'avait pas eu un résultat plus satisfaisant. Lorsque la division Augereau eut pris poste sur les hauteurs de Crespia, Vives fit déployer ses troupes légères sur les hauteurs d'Esponella, prolongeant sa droite jusqu'à Visert, et mettant sa cavalerie toute à sa gauche, dans la plaine d'Esponella. Les Français, trop faibles pour tenter le passage de la rivière devant des forces si supérieures, et occupant une excellente position, se bornèrent à canonner les Espagnols pendant quatre heures. Vives se décida alors à prendre l'offensive, et ordonna aux troupes postées à Bezalu d'attaquer la droite des Républicains, pendant que celles qui étaient campées à Visert, sous les ordres du marquis de la Romana, se porteraient vivement sur leur gauche. Pendant ces divers mouvements, il manœuvra lui-même de manière à assaillir Augereau de front. La retraite des Français sur le camp de Sistella rendit cette triple attaque inutile.

Deuxième combat de Bascara. — Une circonstance nouvelle décida Scherer à faire encore une tentative sur la ligne espagnole. Deux vaisseaux de guerre et trois frégates ennemies mouillèrent sur la baie de Roses, dans la soirée du 25 mai, et protégées par leurs batteries, 16 chaloupes canonnières firent feu sur quelques bâtiments de guerre et sur les transports français à l'ancre sous le canon de la ville ; Scherer, persuadé que cette canonnade était combinée avec une attaque générale projetée par les Espagnols, crut que le meilleur moyen d'en paralyser l'effet était de les prévenir en se portant lui-même, avec toutes ses forces, sur leur position.— L'armée se mit en mouvement dans la nuit même. Elle était, comme dans les précédentes attaques, partagée en trois divisions destinées à agir en même temps sur les deux ailes et le centre de l'ennemi. — La première, qui devait opérer sur la droite espagnole, était commandée par Scherer, et se composait de 8,000 hommes d'infanterie et de 1,000 cavaliers. Le reste de l'armée se portait en même temps, par Bascara sur le centre et la gauche, avec une sorte de confusion qui ne permet pas de distinguer les opérations particulières à chacune des deux divisions, dont celle d'Augereau était la principale.

La colonne de Scherer arriva le matin aux gués qui se trouvent en avant d'Armentera et de Valveralla ; elle trouva sur ce point trois régiments d'infanterie et quatre escadrons de cavalerie, soutenus par deux pièces d'artillerie volante. Ils avaient ordre de lui disputer le chemin pendant que trois autres compagnies d'infanterie, deux escadrons de hussards et deux autres pièces d'artillerie volante passeraient la rivière à Armentera pour la prendre en flanc.

Au lieu d'opérer rapidement, les Français s'amusèrent à canonner l'infanterie espagnole, et commirent ainsi la faute de se laisser prévenir par la cavalerie ennemie. Celle-ci, profitant des gués où elle fut suivie par l'infanterie, le combat s'engagea bientôt sur la rive gauche et se soutint assez long-temps indécis. Les Français toutefois, après une lutte où leurs adversaires déployèrent la plus intrépide bravoure, abandonnèrent le champ de bataille et regagnèrent leur camp.

Au centre et à la gauche espagnole les Républicains ne furent pas plus heureux. La division d'Augereau s'était portée par Bascara sur la position centrale de l'ennemi. 2,000 hommes étaient restés, pendant ce temps, sur les hauteurs en avant de Pontos, et 4,000 fantassins avec 600 cavaliers se déployaient dans la plaine que domine l'hermitage Saint-Anne. Calabuix et Bascara supportaient le feu d'une batterie établie à cet ermitage. Le général espagnol Arias fit avancer des pièces de position pour s'opposer aux Français qui débouchaient dans la plaine; cette batterie était soutenue par deux régiments d'infanterie et par une division de cavalerie. Arias, avec plusieurs autres régiments et de l'artillerie volante, se porta lui-même ensuite sur la Fluvia, qu'il se proposait de passer au gué d'Arenys. Le but de cette manœuvre était de déborder les Français; mais ceux-ci, rétrogradant peu à peu, revinrent se mettre en bataille sur la chaîne de mamelons que forment les hauteurs de Pontos et d'Armadas, entre lesquelles passe le grand chemin de Figuières. Ils se proposaient, par cette manœuvre, d'attirer les Espagnols qui avaient passé la rivière, dans la plaine boisée que dominait leur position et où ils étaient retranchés en grand nombre; mais Urrutia ne tomba pas dans le piége; il ordonna seulement à O'Farill d'entretenir le feu sur le front de la ligne française, pendant que Vives et la Romana en tourneraient la droite, et que la cavalerie de l'avant-garde en chargerait la gauche. Le danger dont les Français étaient menacés par ces divers mouvements détermina Augereau à la retraite : 2,000 hommes, laissés sur les hauteurs d'Armadas, furent chargés de couvrir le mouvement rétrograde. Ces braves se défendirent avec la plus rare bravoure et ne se décidèrent à quitter leur position que lorsqu'ils surent l'armée rentrée dans ses retranchements.

Les deux armées, également fatiguées de ces attaques infructueuses pour se déposter mutuellement des lignes qu'elles occupaient, restèrent pendant le mois de juin dans leurs cantonnements, et se bornant seulement à une défensive alerte et bien soutenue. Il existait déjà entre la République française et la cour d'Espagne, des négociations qui devaient bientôt amener la paix; mais cette circonstance, connue d'Urrutia, était ignorée des deux armées, et le Comité de salut public, qui refusa constamment toute suspension d'armes, n'avait pas dû prescrire au général Scherer de cesser les hostilités.

Grand combat sur la Fluvia.—Fin de la campagne. — En effet, elles recommencèrent tout à coup vers la mi-juillet. Scherer fut l'agresseur. On ne peut supposer que son intention fut de forcer enfin la position des Espagnols, comme il l'avait déjà tenté deux fois si vainement. L'entreprise était devenue plus difficile encore par suite de la réorganisation de l'armée espagnole, des renforts qu'elle avait reçus, et de la confiance que ses derniers combats lui avaient rendue. Un motif plus pressant poussait le général français. Les vivres commençaient à manquer dans son camp, et il était urgent de s'en procurer avant que les Espagnols, informés de cette circonstance, ne manœuvrassent pour s'y opposer. Scherer, par l'engagement que nous allons rapporter, se proposait de couvrir une forte expédition de fourrageurs dans la plaine du Ter, dans la vallée de la Fluvia et dans les petites vallées adjacentes,

contrées fertiles et d'autant plus riches que les Espagnols, alimentés par leurs magasins n'y avaient fait aucune réquisition.

Les troupes françaises se mirent simultanément en mouvement dans la nuit du 13 juillet, pour attaquer les Espagnols dans toutes leurs positions. Les troupes étaient réparties en trois divisions à peu près égales en nombre; chacune d'elles devait être suivie d'une forte arrière-garde. Sauret commandait la gauche, Scherer s'était réservé la direction du centre, Augereau dirigeait la droite. La ligne française s'étendait de San-Pedro-Pescador jusqu'auprès de Bezalu. La position centrale de Pontos était occupée par 6,000 hommes d'infanterie et par 800 chevaux, les deux ailes étaient fortes chacune d'environ 5,000 hommes et 500 chevaux.

Le général Urrutia jugeant, à la manière dont Scherer étendait ses ailes, qu'il se proposait de le tourner, prit aussitôt les mesures nécessaires pour prévenir l'effet de cette manœuvre; il ordonna aux troupes qui se trouvaient à Bezalu, de gagner à la hâte dans les montagnes le défilé du col de Porteil, qu'il ne faut pas confondre avec celui de même nom, situé dans le voisinage de Bellegarde. Ce passage était le seul par où les Français pussent arriver à Bezalu. Une forte batterie fut établie sur les hauteurs d'Esponella, pour défendre les approches du pont. L'armée Espagnole tout entière fut mise en mouvement, et tous les gués de la Fluvia furent gardés.

Scherer, ayant reconnu les dispositions d'Urrutia, changea aussitôt son plan d'attaque. Le retard qu'entraînèrent ses nouvelles dispositions, donna au général Vives le temps de prévenir les Français sur la Fluvia et de traverser cette rivière vers la droite de l'armée républicaine; mais Augereau apercevant ce mouvement, avait fait embusquer plusieurs bataillons dans un bois vers lequel se dirigeait la colonne espagnole. Dès qu'elle fut à portée, les Républicains se précipitèrent en avant, et telle fut l'impétuosité de l'attaque, que le général Vives fut rejeté en désordre sur la rivière. Il parvint cependant à y rallier ses soldats. — Dans le même moment, Sauret se trouvait aux prises avec le général Iturigaray. Après quelques manœuvres pour forcer le gué de Villaroban, le général français avait été attaqué par un corps de cavalerie Espagnole qui avait passé la rivière un peu plus haut. Il avait pris position au village de Saint-Thomas en face de Villaroban. Iturigaray, trop faible dès lors pour soutenir le combat, tenta de rejoindre Vives; mais Sauret, qui pénétra son dessein, fit charger si vigoureusement la cavalerie ennemie, qu'après en avoir sabré une partie il la contraignit à repasser la Fluvia. Un second corps de cavalerie venu au secours d'Iturigaray éprouva le même sort, et fut poursuivi jusqu'à Villamacalum. Sauret passa ensuite lui-même la rivière malgré le feu de l'artillerie espagnole, et le combat s'engagea dès lors de ce côté d'une manière générale et plus meurtrière. — A droite, le général Vives, après une vive résistance, avait été contraint de repasser sur la rive droite de la Fluvia, où il avait été suivi par la division Augereau.—Cependant le centre des deux armées s'était maintenu jusque-là dans une complète inaction, le dessein de Scherer n'étant de forcer celui des Espagnols établi au col d'Oriols, que lorsqu'il serait parvenu à déborder leurs deux ailes. Le moment était enfin venu d'exécuter cette manœuvre, et Scherer allait donner aux troupes l'ordre de se porter en avant des positions de Pontos et d'Armadas qu'elles occupaient, lorsque Urrutia, justement effrayé des dangers qu'il aurait eu à courir, si le général français, parvenant à passer la Fluvia, l'attaquait en s'appuyant sur ses deux ailes victorieuses, résolut de le prévenir dans l'attaque du centre. Il fit passer la Fluvia sur le pont de Bascara, à son avant-garde que commandaient don Ildefonse Arias et le marquis de la Romana. Cette première colonne était suivie d'une division aux ordres du général Cuesta. L'avant-garde avait ordre d'enlever le château ruiné de Pontos, situé sur une hauteur très escarpée, et Cuesta pour empêcher les Français de s'opposer à cette attaque, devait se porter avec sa division sur les hauteurs qui sont à droite et au nord de Pontos.—Urrutia, afin de soutenir ces deux colonnes, comptait, avec le reste de l'infanterie, descendre de son quartier général d'Oriols.

Les instructions du général espagnol furent habilement remplies. La Romana prit par la gauche du château et attaqua de flanc le village de Pontos; l'attaque d'Arias avait lieu de front. Cette position importante pour les Français était fortifiée par des bois, des ravins, des murailles. Cependant les Républicains, qui ne s'attendaient pas à y être attaqués, lâchèrent pied après une faible résistance, et le village fut occupé par Arias et La Romana. Scherer rallia ses soldats, ranima leur courage et les ramena au combat. Les deux généraux espagnols firent en vain des prodiges de bravoure pour se maintenir dans la position qu'ils venaient d'enlever, ils en furent chassés à leur tour. Les Républicains, victorieux, se partagèrent aussitôt en deux colonnes, dont l'une se mit à la poursuite d'Arias et de La Romana, et l'autre se porta contre Cuesta, qui assaillait vivement Armadas. Ce secours arriva à temps. Les défenseurs de cette position, après une résistance opiniâtre, se trouvaient sur le point d'être tournés par les Espagnols, qui se hâtèrent dès lors de battre en retraite. Quoique attaqué avec acharnement, Cuesta l'opéra avec beaucoup d'ordre. Parvenu sur l'autre rive, ainsi que les généraux Arias et La Romana, tous trois rangèrent leurs troupes en bataille pour s'opposer au passage dans le cas où on voudrait le tenter. La résistance presque désespérée que venaient d'opposer les Espagnols, leur bonne contenance et l'extrême fatigue des soldats français firent penser à Scherer que cette tentative serait imprudente dans ce moment. Urrutia, témoin de son irrésolution, détacha aussitôt de son centre toutes les forces disponibles pour les envoyer au secours de ses ailes. Celles-ci continuaient, avec les divisions de Sauret et d'Augereau, un combat acharné et dont l'issue semblait encore douteuse. Les renforts arrivés aux Espagnols décidèrent les Républicains à un mouvement rétrograde; ils repassèrent la Fluvia, mais en bon ordre et sans que les ennemis osassent les inquiéter. Les deux armées rentrèrent à la nuit tombante dans leurs lignes respectives. La perte était à peu près égale des deux côtés. Mais quoique la victoire, comme dans les engagements précédents, restât en quelque sorte indécise, tout l'avantage fut pour les Français, dont l'expédition de fourrages projetée avait été, à la faveur du combat, effectuée sur une vaste étendue et sans le moindre obstacle. Trois cents chariots chargés de blé et de nombreux troupeaux furent le fruit de cette opération.

Un avantage que la surprise de quelques postes procura aux Espagnols du côté de Puycerda et qui fit évacuer la Cerdagne espagnole au général Charlet, fut le dernier événement de la campagne, à laquelle la paix signée à Bâle, le 22 juillet, mit un terme définitif.

Situation des armées aux Pyrénées-Occidentales. — Les postes les plus avancés de l'armée des Pyrénées-Orientales, lorsque Moncey lui fit prendre des quartiers d'hiver, avaient été établis autour de Tolosa, à Aspeytia et Ascoytia, sur la petite rivière d'Urola.—Les Espagnols chargés de défendre la Biscaye occupaient les bords de la Deva, rivière qui coule parallèlement et à peu de distance de l'Urola.—Les Français avaient un camp non loin de l'embouchure de la Deva, à Yziar, en face de Sasiola, village avec un pont sur cette rivière.—Toute la ligne espagnole était couverte de retranchements.

Les dispositions du général français indiquant le dessein bien arrêté d'envahir la Biscaye, le cabinet de Madrid crut devoir renforcer l'armée chargée de défendre cette partie de ses provinces. De nombreuses recrues, des approvisionnements y furent dirigés de l'intérieur. Le commandement en chef de l'armée espagnole fut ôté au comte de Colomera, dont l'incapacité avait été si manifeste, et il eut pour successeur le prince de Castel-Franco, qui commandait l'armée d'Aragon.

Grâce aux renforts qui lui furent envoyés et aux approvisionnements de tous genres qu'elle reçut, l'armée espagnole se trouva bientôt dans une florissante situation; les soldats étaient bien nourris et bien habillés, les recrues exercées avec soin, tous les corps pleins d'ardeur, de patriotisme et d'espérance.

Un patriotisme au moins égal animait les soldats républicains, mais la situation matérielle de l'armée était dans un état déplorable; une maladie épidémique la décimait depuis qu'elle était entrée en quartiers d'hiver. Ce fléau fit en peu de temps une foule de victimes, des bords de l'Urola à ceux du Chers. Les chemins, couverts de neige, étaient encombrés de convois de malades. Il suffisait d'un jour pour engorger vingt hôpitaux militaires, que l'intensité du mal déblayait dans un aussi court espace de temps; malades, infirmiers, chirurgiens, etc., succombaient tous avec une égale rapidité : plus de 30,000 hommes furent ainsi enlevés dans moins de trois mois, à l'armée et au pays où elle séjournait. Des villages, où l'épidémie avait particulièrement sévi, se trouvaient presque entièrement dépeuplés. Ce fléau était encore dans toute sa vigueur quand la famine vint encore y joindre ses ravages; il ne restait aux habitants des villages occupés par nos troupes, que des pommes de terre pour nourriture; on fut bientôt forcé de suspendre les distributions de pain qu'on faisait aux soldats pour lui substituer celle de riz, qui ne fut pas même donné en quantité suffisante à des hommes qui venaient d'essuyer tant de fatigues. L'armée supporta toutes ces privations avec une patience admirable. On raconte même un trait de résignation et de générosité qui semblerait en quelque sorte incroyable; c'est la conduite de la garnison de Saint-Sébastien qui, privée de tout aliment et ne sachant de quelle façon s'en procurer, respecta la défense qui lui était faite de toucher aux provisions des habitants, quoique celles-ci fussent assez abondantes pour que les marchands de comestibles eussent leurs boutiques garnies de pain blanc et frais. Certes on ne peut qu'admirer une force de caractère, un respect pour la discipline qui fait supporter de telles privations; mais on ne saurait approuver également la défense faite par la Convention dans le but de concilier à la République l'amitié des populations de la Biscaye. Le premier soin d'un gouvernement, le premier devoir d'un général, doivent être de faire vivre les soldats, et c'est dans ce cas faire honorablement la part du vaincu que de l'admettre à un partage égal des provisions de bouche, qui deviennent d'une indispensable nécessité, et que le vainqueur aurait droit, après le triomphe, de regarder comme sa propriété[1].

Il fut heureux pour les Français que les Espagnols se défiant trop de leurs forces ne prissent pas l'initiative d'attaque, surtout du côté d'Aspeytia, où l'élite des soldats étaient atteints de l'épidémie; leur campement sur ce point était mal défendu, et la retraite, par suite des localités, était presque impossible. Mais on avait besoin de repos de part et d'autre, et l'on se tint tranquille pendant les trois mois de la mauvaise saison. — Le printemps succéda enfin au rude et long hiver que l'on venait d'éprouver, et sa bienfaisante influence mit un terme aux ravages de l'épidémie. L'humeur entreprenante et audacieuse des Français se réveilla, et dans le mois de mars ils semblèrent vouloir, malgré les batteries ennemies, forcer les passages de la Deva.

Ouverture de la campagne. — Affaires diverses. — Trois colonnes françaises attaquèrent en même temps, le 11 mars, les postes d'Elgoybar, de Sasiola et de Pagochoeta, composant la division espagnole de gauche, aux ordres du général Crespo. La dernière de ces attaques n'avait évidemment pour but que de contenir les troupes qui occupaient Bergara. La première colonne s'empara d'abord des hauteurs qui dominent Ascarate, et ensuite de ce village; Elgoybar allait être enlevé lorsque le commandant espagnol reçut un renfort considérable avec lequel il reprit aux Républicains, après un combat opiniâtre qui dura sept heures, les postes dont ils s'étaient emparés. L'attaque sur Sasiola

[1] Voici ce qu'écrivait, en 1799, un auteur partisan de la cour d'Espagne, sur la conduite des Français en Biscaye, dans l'année 1795: « Même aujourd'hui il ne s'élève pas dans toute la Biscaye une seule plainte contre eux; l'éloge de leur discipline est dans toutes les bouches. Ils n'ont violenté ni les personnes ni les opinions, ils n'ont commis aucuns dégâts dans les églises, ils n'ont effacé aucune armoirie, ils n'ont imposé aucune contribution, soit en argent, soit en nature. Tout ce qui leur a été fourni ils l'ont payé en écus et ils n'ont pas même essayé de donner cours à leurs assignats pour cet objet. »

eut des suites plus funestes; les Français, après un engagement très vif, qui dura deux heures, furent contraints de se retirer, laissant deux de leurs généraux de brigade blessés et au pouvoir de l'ennemi. La troisième colonne, qui avait pour but d'exécuter une fausse attaque, s'empara d'abord des hauteurs d'Oloetagagna et d'une de celles qui entourent Pagochoeta; tout semblait lui répondre du succès, quand l'arrivée d'un corps de paysans, conduits par le curé de Lezama et qui s'avancèrent en récitant à haute voix les litanies de la Sainte-Vierge, exalta l'imagination des soldats Espagnols et ranima leur courage près de céder; ils revinrent à la charge et firent plier les Républicains qu'ils poursuivirent jusqu'aux postes d'Ascoytia.

Combat d'Ascarate. — Moncey, malgré l'inutilité de ses premières tentatives pour forcer la ligne espagnole, forma, le 21 mars, le dessein d'enlever le corps franc d'Ubeda près d'Ascarate. Une colonne se dirigeait sur Villa-Franca, et de là sur Ascarate, partit le 21 au soir de Tolosa; elle avait pour chef le général de brigade Merle. Pendant ce temps le général Roucher se portait avec une seconde colonne sur la même position, par Gatzelu et Lisarza. Merle enleva d'abord quelques avant-postes, mais sa colonne n'étant pas soutenue à temps par celle de Roucher, fut culbutée et poursuivie par les Espagnols. Roucher se retira sans être inquiété.

Ces diverses attaques tenaient les troupes en haleine et les Espagnols sur le qui-vive; mais elles n'avaient aucun autre résultat utile.

Prise du camp de Marquinechu. — Le général Marbot attaqua, le 19 mai, un camp que les Espagnols avaient établi sur la montagne de Marquinechu, entre Elosna et Elgoybar, sur le front de ce dernier village. Pendant qu'une des troupes du camp d'Ysiar, le général Raoul inquiétait l'ennemi sur les bords de la Deva, deux colonnes sorties d'Aspeytia assaillaient Marquinechu à cinq heures du matin.

Un brouillard épais, en retardant le mouvement d'une des colonnes, permit à une petite partie des Espagnols de se sauver. Les autres furent tués ou faits prisonniers. Les tentes et autres effets de campement restèrent au pouvoir des Français. Le général Schild, dont la colonne s'était égarée, tomba dans le poste espagnol d'Elgoybar croyant arriver à Aspeytia. Il fit pour se dégager, d'incroyables efforts que le succès couronna; et parvint sans trop de perte à regagner ses quartiers.

Le même soir, les Espagnols firent une tentative pour reprendre le camp de Marquinechu. A la faveur du brouillard qui avait failli dès le matin être fatal aux Français, ils arrivèrent à plus de moitié de la montagne; mais ayant été aperçus, ils reçurent à bout portant une décharge qui en tua un grand nombre et les obligea de redescendre et de se retirer dans le plus grand désordre. Les postes d'Ascarate, de Sasiola, d'Elgoybar, quoique vivement attaqués, ne purent être enlevés. Moncey se décida alors à faire évacuer Marquinechu dont il jugeait la possession inutile sans celles de ces postes.

Bruits de paix démentis. — Après l'affaire du 19 mai, des bruits de paix se répandirent dans l'armée, ils étaient autorisés par la présence du marquis de Iranda à Saint-Sébastien, et par les conférences fréquentes qu'avait avec lui le général Servan envoyé à Bayonne avec le titre d'inspecteur général de l'armée. Il y avait réellement quelques négociations entamées. Néanmoins, Moncey crut devoir démentir, dans une adresse à l'armée, tout projet de paix ou de trêve. — Plusieurs caboteurs français venaient d'être enlevés par une escadre espagnole qui avait paru sur les côtes de Guipuscoa, l'armée ajouta facilement foi à la déclaration de son général.

Différentes affaires d'avant-postes à peu près sans résultat, ou avec des succès balancés, eurent lieu dans les derniers jours de mai et les premiers jours de juin, entre les deux armées des Pyrénées occidentales: l'armée républicaine était trop affaiblie par l'épidémie pour pouvoir frapper un coup décisif. Le général Moncey méditait cependant de reprendre l'offensive sur une plus grande échelle d'après un plan général, et dans cette intention il établit des camps sur les hauteurs de Dona Maria et de Castelu, en avant de la Bidassoa, et en face de Saint-Estevan, positions qui menaçaient la vallée d'Ulzana.

Destitutions en masse. — Plusieurs généraux dont la plupart possédaient l'estime des soldats furent alors enlevés à l'armée par un arrêté du 9 juin; c'étaient Frégeville, Marbot, Laborde, Laroche, Boucher, Pinet, etc. Cette destitution en masse dont il eût été difficile aux représentants d'indiquer une juste cause, découragea momentanément et mécontenta l'armée.

Attaque de la gauche Espagnole. — *Passage de la Deva.* — *Retraite de Crespo.* — A la fin de juin, l'aile gauche espagnole, aux ordres de Crespo, occupait toujours, derrière de forts retranchements, les villages de Bergara et d'Elosua sur les bords de la Deva. L'aile droite, commandée par Filangieri, postée à Lecumberry, sur le grand chemin qui mène à Pampelune, couvrait la Navarre. Tous les passages de ce côté et particulièrement celui d'Arraiz avaient été soigneusement retranchés.

Des ordres furent enfin donnés pour une attaque générale contre l'ennemi. Cinq bataillons et quatre compagnies quittèrent le 28 juin le camp d'Yziar, ils étaient sous les ordres du général Raoul. Les républicains passèrent la Deva à un gué, où ils avaient de l'eau jusqu'au cou. Malgré la mitraille de plusieurs batteries ennemies, ils s'emparèrent du pont de Madariaga, où leur artillerie put alors passer.

La prise du pont jeta l'épouvante parmi les Espagnols, qui abandonnèrent précipitamment leurs redoutes, un drapeau et neuf pièces de canon. Raoul fit immédiatement occuper sur les bords de la mer les hauteurs de Motrico, et s'avança le jour suivant sur Verriatua, Marquina et sur les hauteurs d'Urréaguy; la position de Crespo se trouva ainsi dépassée par sa gauche. En même temps le général de brigade Willot faisait, avec quelques bataillons, un mouvement sur le front et sur la droite de l'ennemi à Elosua. Enfin, une troisième colonne se portait de Tolosa sur Villa-Réal pour couper la retraite de Crespo. Le résultat de ces mouvements bien exécutés devait être d'enlever le corps d'ennemi posté à Elosua. Mais le général espagnol prévenu à temps de l'arrivée des Français, avait pris toutes les mesures nécessaires pour effectuer sa retraite, avant la réunion des trois colonnes d'attaque. Évacuant Elosua, il opéra un mouvement rétrograde jusqu'à Bergara, tandis qu'une partie de sa division faisait au pont d'Escarga une résistance désespérée. Pour donner ensuite à ces braves le temps de le rejoindre, il se posta à Bergara, prenant position un peu en arrière de ce village, de façon à s'assurer par sa gauche des débouchés sur la Biscaye et de couvrir par sa droite la communication avec la Navarre. Son quartier général et son centre furent établis à Mondragon. Sa nouvelle position valait mieux peut-être que celle qu'il venait de quitter; mais la droite de l'armée, aux ordres de Filangieri, se trouvait compromise par suite de ces divers mouvements.

Occupation de Lecumberry. — *Retraite de Filangieri.* — Moncey ne pouvait manquer d'essayer d'en profiter. En effet, quatre colonnes françaises débouchèrent le 13 juillet, au matin, et presque ensemble sur Lecumberry; une devait attaquer de front la position, deux autres par les flancs, et la quatrième par-derrière. Elles avaient pour chefs, les généraux Merle, Willot, Morand et Digonnet; mais Filangieri comme Crespo avait été prévenu des manœuvres des Français, et il avait à temps effectué sa retraite par Erise et Ozquia sur les hauteurs d'Irurzun où se trouvait établie sa seconde ligne, et où il fit camper son avant-garde. Cette position, très forte naturellement, avait encore l'avantage d'établir une communication entre les deux ailes de l'armée.

Combat d'Irurzun. — Moncey ne renonça pas à atteindre Filangieri, et fit ses préparatifs pour l'attaque d'Irurzun, le 6 juillet. Les Français, au nombre de 16,000 hommes d'infanterie et 400 chevaux, débouchèrent de Lecumberry en trois colonnes, qui suivirent le grand chemin à la file des unes des autres. Elles se séparèrent au village de Lastasa. La première, formée de trois bataillons commandés par le général de brigade Merle, gravit la haute montagne qui est à droite du grand chemin et déboucha sur Irurzun comme si elle fût venue de Vittoria. Le chef de brigade Harispe, commandant la seconde colonne composée de trois bataillons et de trois compagnies de grenadiers, se dirigea sur Aïzcorbe, après avoir franchi la montagne de la Trinité. Deux bataillons, 150 cavaliers et deux pièces de canon, formant la troisième colonne, aux ordres du général Willot, suivirent le grand chemin. Willot avait le commandement en chef de l'expédition. Enfin, une quatrième colonne de cinq bataillons conduite par le général Digonnet, devait tourner l'avant-garde espagnole et lui couper la retraite en la séparant de son corps d'armée.

Après un premier combat très opiniâtre et plusieurs

chargés de cavalerie exécutées par le lieutenant général Horcasitas qui fut blessé d'une balle, l'avant-garde abandonna Irurzun pour se replier sur le corps de bataille. Les troupes légères d'Harispe débusquèrent un corps de chasseurs catalans d'un mamelon qu'il occupait entre Irurzun et Aïzcorbe. Vainement ceux-ci tentèrent-ils de résister. Les chasseurs basques s'élancèrent sur eux avec tant d'impétuosité qu'ils furent en un instant culbutés hors d'Aïzcorbe et poursuivis l'épée dans les reins. Cette ardeur à la poursuite faillit être funeste aux Basques; ils se trouvèrent bientôt à découvert, n'étant plus soutenus que par un bataillon de grenadiers de la brigade Digonnet. Quelques-uns d'entre eux venaient d'enlever deux pièces de canon que les Espagnols amenaient sur le grand chemin, lorsque l'arrivée subite des escadrons ennemis les contraignit à se réfugier dans les bois qui bordent la route.

Ce mouvement étonna Digonnet, qui au lieu d'appuyer Harispe, lui envoya l'ordre de rétrograder. L'infanterie espagnole, soutenue par les grenadiers provinciaux de la vieille Castille, se montra alors de tous côtés pour inquiéter la retraite qui s'opérait déjà en désordre. Les Français allaient être coupés quand le bataillon de grenadiers qui avait suivi les Basques s'arrêta, croisa la baïonnette et contint l'ennemi. — Les Espagnols se ruèrent en vain sur ce faible bataillon dont les seconds rangs faisaient un feu terrible. — Vainement Filangieri et le major général de l'armée, Don Ventura Escalante, parcouraient les rangs ennemis en les animant de la voix et de l'exemple : le bataillon restait ferme et inébranlable.

Cependant la cavalerie espagnole arrivait au galop pour achever d'envelopper ces braves grenadiers, et pour couper la retraite à Harispe. Willot apercevant le danger accourut avec un second bataillon de grenadiers, dont la contenance intrépide arrêta cette cavalerie. Les chasseurs basques, pendant ce temps, se dispersant en tirailleurs dans le bois des deux côtés de la route, faisaient une fusillade continuelle qui tuait un grand nombre d'Espagnols. Enfin, les Français reprirent l'offensive et marchèrent de nouveau à l'ennemi. L'élan fut si rapide et le choc si rude que les Espagnols, culbutés sur tous les points, se virent forcés à chercher leur salut dans une prompte retraite. La cavalerie française, jetée sur la gauche pendant le combat, n'y prit aucune part. Les Républicains établirent ensuite leur centre à Irurzun : leur droite au pied du col d'Ollareguy et leur gauche sur les hauteurs d'Aïzcorbe.

Opérations contre la gauche des Espagnols. — La division Filangieri se trouvait ainsi séparée de celle de Crespo. Cette dernière, après le passage de la Deva par les Français, avait été postée à Salinas de Guipuscoa, sur les hauteurs d'Elgueta jusqu'au mont San-Antonio, pour assurer les communications de la Biscaye et de la Navarre. Mais ces communications se trouvant fermées par la perte d'Irurzun, Moncey résolut d'opérer une nouvelle attaque, d'envelopper le corps de Crespo ou de le contraindre à abandonner ses positions. En conséquence, un corps de 4500 hommes, aux ordres du général Dessein, partit le 12 juillet d'Elgoybar, n'ayant d'autre artillerie que deux très petits canons que les soldats nommaient les *républicains*. A une heure de marche d'Elgoybar, cette division rencontra la gauche de Crespo qui défendait les abords du village d'Erenea. Ce passage fut enlevé après une assez courte résistance. Les Français y trouvèrent treize pièces de canon. Dessein, dans la nuit du 13 au 14 juillet, se porta sur Durango où Crespo avait rassemblé ses approvisionnements. Durango fut pris. Tout ce qui ne put être emporté fut détruit ou jeté dans la rivière. La division continua sa marche et arriva le 15 à Villa-Réal-de-Alava. Le jour suivant, à dix heures du matin, elle se trouva en face du gros du corps de Crespo, posté sur une montagne à gauche d'Urbina. Pendant qu'une vive fusillade s'engageait de front, les tirailleurs français attaquèrent les Espagnols par la droite et par la gauche et les contraignirent à la retraite. Crespo l'exécuta en gagnant les montagnes à l'ouest, et celles d'Urbina en arrière de Salinas. Les villages d'Ayorrabe et de Mendibil furent enlevés le même jour par les Français, qui s'y établirent en attendant la division Willot; celle-ci, partie de Irurzun, s'avançait sur la plaine de Vittoria par la vallée de la Borunda. Crespo forcé de battre encore en retraite et se voyant débordé par ses deux ailes, ne pouvant d'ailleurs gagner Pancorbo qui est le boulevart de la Castille par la route de Vittoria, se jeta dans les montagnes de Durango pour se diriger sur Bilbao à marches forcées.

Entrée à Vittoria. — *Conquête de toute la Biscaye.* — Dessein, dès le soir de la journée du 16, avait détaché sur Vittoria son avant-garde, aux ordres du général de brigade Schilt. Il occupa le lendemain, avec toute sa division, cette grande ville, capitale de l'Alava, et y ayant été rejoint par le général Willot, il se remit à la poursuite de Crespo par Orduna et Miravalles. Crespo, dont les forces étaient réduites à sept mille hommes, se hâta d'évacuer Bilbao et gagna Pancorbo par les montagnes qui séparent la Vieille-Castille de la Biscaye. Bilbao fut occupé le 19 juillet. Des magasins immenses de tous genres furent trouvés dans cette dernière ville. Ceux de vivres particulièrement firent un grand plaisir à l'armée française qui n'était pas encore entièrement rétablie des suites de la famine qu'elle avait éprouvée à la fin de l'hiver.

Les trois provinces basques (Alava, Guipuscoa et Biscaye) se trouvaient ainsi entièrement au pouvoir des Français. Moncey établit son quartier général à Vittoria et poussa la brigade Miollis jusque sur l'Èbre, où elle prit position à Miranda-de-Ebro.

Combat du col d'Ollareguy. — Pendant que la gauche de l'armée espagnole se trouvait ainsi obligée d'évacuer la Biscaye et l'Alava, la gauche de l'armée française attaquait le corps espagnol qui couvrait Pampelune et la Navarre, et qui aurait pu être culbuté comme celui de Crespo, sans la belle défense de deux bataillons espagnols. — Le corps de Filangieri s'était retiré du côté du bois d'Ozquia, dans la forte position d'Eriée, à laquelle on ne pouvait arriver de front que par le col d'Ollareguy, seule communication entre les vallées d'Ollo et d'Arequil, et qui était défendue par une compagnie du régiment d'Ubeda et par un bataillon des volontaires de Navarre. Deux bataillons du régiment d'Africa occupaient en outre le poste de la Meseta, situé sur le revers de la montagne, au point où le col devient le plus étroit.

Deux bataillons français, l'un de grenadiers et l'autre de chasseurs de montagne, aux ordres du général Digonnet, attaquèrent, le 30 juillet à la pointe du jour, le col d'Ollareguy. Malgré leur vive résistance, la compagnie d'Ubeda et les volontaires navarrois furent culbutés; mais en descendant le revers de la montagne, les vainqueurs rencontrèrent, à la Meseta, les deux bataillons du régiment d'Africa, qui leur barrèrent le chemin : après une première décharge, le combat s'engagea à l'arme blanche. Jamais les deux partis n'avaient tant montré d'opiniâtreté. Les Français, quoique supérieurs en nombre par les renforts, arrivant de leur droite, ne gagnaient pas un pouce de terrain. Le colonel d'Africa, don Augustin Goyeneta, avait le corps traversé de deux balles; le lieutenant colonel Gonzalès d'Acugna avait été blessé et fait prisonnier; mais, animés par l'exemple de leur colonel, qui n'avait pas quitté le combat malgré ses blessures, les Espagnols, quoique enveloppés de trois côtés, continuaient à se défendre avec une admirable bravoure, dans leur poste jonché de cadavres. Le brave Goyeneta, atteint d'un coup de pistolet, tomba mort. Le sergent-major (troisième chef dans les régiments espagnols) don Juan d'Aguirre, prit le commandement. Attaqué lui-même par trois soldats et blessé d'un coup de baïonnette, il tua celui qui l'avait frappé. On ne doit pas douter que la bravoure et l'opiniâtreté des Républicains n'égalassent celles des Espagnols; ceux-ci se virent enfin obligés de battre en retraite. On les poursuivit jusqu'à Ilsarbe, où la vue d'un renfort de quatre bataillons qui arrivait au pas de course décida le général Digonnet à donner l'ordre à ses soldats de remonter au sommet du col dont ils restèrent maîtres.

Le roi d'Espagne, pour récompenser les soldats du régiment d'Africa, leur permit de porter au bras, ainsi que sur les drapeaux des deux bataillons qui avaient combattu (1er et 2e), un écusson d'honneur.

Fin de la campagne. — Signature de la paix. — Le combat d'Ollareguy, où l'héroïque résistance des deux bataillons du régiment d'Africa sauva probablement le corps de Filangieri d'un échec pareil à celui qui avait chassé de la Biscaye l'armée de Crespo, ne changea rien aux projets du général Moncey. — Il avait placé des troupes en observation du côté de Miranda afin de faire supposer à l'ennemi que son intention était de franchir l'Èbre et de pénétrer dans la Vieille-Castille; mais son but réel était l'investissement et le siége de Pampelune. Déjà le général Marescot était arrivé à Bayonne pour diriger les travaux contre cette place, et l'armée française ayant en partie quitté Bilbao et Vittoria, était en route pour venir, par Puente-la-Reyna, se masser autour de la capitale de la Navarre, lorsque le 5 août la nouvelle de la paix signée à Bâle, entre les plénipotentiaires français et espagnols, arriva au général en chef et fit immédiatement cesser les hostilités.

RÉSUMÉ CHRONOLOGIQUE.

1795.

7 JANVIER. Prise du fort de la Trinité, dit le Bouton-de-Roses.
16 — Combats sur la Fluvia.
3 FÉVRIER. Prise de Roses.
18 — Attaques des postes en avant de la Seu d'Urgel.
1er MARS. Combats de Bascara et de Baniolas.
11 — Ouverture de la campagne aux Pyrénées occidentales.
21 — Combat d'Ascarate.
22 — Combat et prise de Llorona.
25. — Prise de Bascara.
27 — Combat du camp de Carol.
28 — Reprise de Bascara.
19 MAI. Prise du camp de Marquinechu.
25 — Combat de Bascara.
9 JUIN. Destitution des généraux Marbot, Laborde, Frégeville, etc.
28-30 — Passage de la Deva. — Retraite de Crespo.
3 JUILLET. Occupation de Locumberry. — Retraite de Filangieri.
6 — Combat d'Irurzum.
13 — Combat sur la Fluvia.
14 — Prise de Durango.
16 — Combats d'Ayorrabe et de Mendibil.
17 — Entrée à Vittoria. — Conquête de l'Alava.
17 — Prise de Bilbao. — Conquête de la Biscaye.
30 — Prise du col d'Ollareguy.
5 AOUT. Fin de la guerre.

A. HUGO.

1795. — TRAITÉS DE PAIX.

Paix avec la Toscane. — 9 février.
Paix avec la Prusse. — 5 avril.

Paix avec la Hollande. — 16 mai
Paix avec l'Espagne. — 22 juillet.

La France républicaine, attaquée et non assaillante, avait toujours désiré être en paix avec les autres puissances européennes. Cette paix, que les excès des hommes révolutionnaires avaient rendue pendant long-temps impossible, était devenue nécessaire à quelques-uns des États qui avaient accédé à la Coalition. Les victoires de nos armées permettaient au gouvernement français d'imposer à l'ennemi des conditions utiles et honorables. Le Comité de salut public soutint dignement, dans cette circonstance, les intérêts nationaux qui lui étaient confiés.

Paix avec la Toscane. — La Toscane avait été la première puissance qui eût reconnu la République française. Mais, le 8 octobre 1792, lord Hervey avait signifié au grand-duc, au nom de l'Angleterre, qu'il lui donnait douze heures pour se déclarer contre la France, et, dès lors, toute communication officielle avait été interrompue entre Paris et Florence. — Néanmoins, il était naturel que la Toscane désirât sortir de la position forcée où l'avait placée la sommation impérieuse du ministre anglais. Des relations secrètes avaient été entretenues avec la France, quand la folle exagération des membres du Comité de salut public n'y avait pas apporté d'obstacles. Le grand-duc tenait lui-même le fil de ces négociations. Il était secondé par le ministre Manfredini, et par les conseillers d'État Corsini et Carletti; ce dernier avait reçu, le 4 novembre 1794, des pouvoirs pour se rendre à Paris auprès du Comité de salut public, et il s'était avancé jusqu'à Gênes, où il attendait des passe-ports. Mais le Comité avait mis un prix à ce raccommodement avec la Toscane. Ce n'étaient ni des concessions politiques, ni des tributs d'or, de tableaux ou de statues; mais la famine régnait en France, et nos départements du Midi surtout étaient affamés, et la condition de la paix, le nœud gordien de la négociation, avait été placée dans des sacs de blé. «Des grains destinés à la République, disait le Comité, «ont été enlevés à Livourne par les Anglais; la Tos«cane est responsable de cette violation de son ter«ritoire, le Comité de salut public n'entendra aucune «parole de conciliation avant que ces grains ne soient «remplacés.» Cette restitution eut lieu. Carletti vint à Paris; et dix jours après son arrivée, un représentant monta à la tribune de la Convention, et là, parlant au nom du Comité: «La Convention, dit-il, a déclaré «qu'elle aurait égard à la situation des gouvernements «que la crainte et la violence ont contraints de mar«cher à la suite de la Coalition; la première preuve «qu'elle va donner de la sincérité de cette disposition «sera en faveur de la Toscane..... Le grand-duc ayant «restitué tout récemment, à ses frais, les grains qui «nous ont été enlevés à Livourne, le Comité de salut «public a cru devoir conclure le traité que je viens «soumettre à votre ratification.» On allait ratifier le traité, séance tenante, mais Thibeaudeau se levant: «Je ne souffrirai pas pour ma part, s'écria-t-il, que «le premier traité fait avec une puissance belligérante «soit ratifié sans avoir été médité. Ce n'est pas avec le «Comité que les puissances font la paix; c'est avec la «Convention.» — «Il ne faut pas tant se dépêcher, «ajouta Bourdon de l'Oise; il ne faut pas qu'on croie «que nous avons soif de la paix.» — «La Toscane ne «vaut pas deux de nos départements,» dit un autre membre, qui fut aussitôt rappelé à l'ordre. On lui répondit que la France n'entendait insulter aucun État, quelle que fût sa force ou sa faiblesse. «Hâtons-nous, «dit Cambacérès à son tour, de faire cesser une discussion incidente sans objet comme sans utilité. » — Enfin, sur la demande expresse du Comité, repoussant toute idée de précipitation ou d'exigence, la Convention ordonna l'impression du traité et l'ajournement. Peu de jours après, dans la séance du 9 février (25 pluviôse), on fit une seconde lecture du traité, et l'Assemblée l'approuva en ces termes : « La Convention nationale, après avoir entendu le rapport de son Comité de salut public, décrète qu'elle confirme et ratifie le traité de paix conclu le 21 pluviôse, présent mois, entre le Comité de salut public et le ministre plénipotentiaire du grand-duc de Toscane. » Ce premier acte diplomatique, en introduisant la République dans le système politique de l'Europe, donna occasion de régler définitivement le protocole de notre nouveau droit public, ainsi que toutes les questions de forme qui s'y rattachaient.

Manifestation pacifique de la Convention. — La tactique principale des ennemis de la France était de tout faire pour accroître les craintes que l'esprit de propagandisme révolutionnaire, dont ils supposaient le gouvernement conventionnel encore animé, inspirait aux puissances qui auraient été les plus disposées à faire la paix avec la République. Quelques séances de la Convention, où avaient parlé des orateurs exagérés dans leurs paroles plus encore que par leurs opinions, prêtaient à des commentaires malveillants. Un député avait même reproché au Comité de salut public d'avoir donné un instituteur au fils de Louis XVI. Cette farouche accusation ne fut repoussée que par une réponse non moins sauvage : « Les membres de votre Comité, dit un d'eux, savent comment on fait tomber la tête des tyrans, mais ils ignorent comment on élève leurs enfants.»

La majorité de l'Assemblée, disposée à des sentiments pacifiques, voyait avec peine ces discussions inutiles dont la brutale exagération pouvait faire méconnaître au dehors les véritables intentions de ceux qui avaient obtenu par la chute du parti terroriste la direction des affaires du pays. Le Comité de salut public lui-même crut nécessaire de couvrir ces discussions par un exposé de principes, fait en son nom, à la tribune. «Les uns, dit le rapporteur (Merlin de Douai), supposent que la République ne veut absolument souffrir pour voisins que des gouvernements basés sur la démocratie, et qu'elle ne consentira à faire la paix avec aucune nation qu'en stipulant au préalable le changement de son gouvernement, et lui imposant une constitution républicaine; d'autres plus adroits assurent que le gouvernement français est devenu tout à coup plus facile à traiter, qu'il a besoin de la paix, et qu'il se prêtera à tous les sacrifices... Nos triomphes et nos principes nous permettent de réfuter ces fausses assertions, et de dire tout haut ce que nous voulons. Nous voulons la paix, mais la paix solide et glorieuse. Le peuple Français, en traçant de sa main triomphante les limites dans lesquelles il lui convient de se renfermer, ne repoussera aucune offre compatible avec ses intérêts, sa dignité, son repos et sa sûreté; il traitera avec les ennemis comme il les a combattus, à la face de l'univers! L'Espagne, continua l'orateur du Comité, ne tardera pas à reconnaître que sa seule et véritable ennemie c'est l'Angleterre; et, quant à la Prusse, elle finira par s'apercevoir que c'est dans une paix solide avec la France, et dans son union intime avec les puissances du Nord qui l'avoisinent qu'elle peut retrouver la seule résistance qu'elle ait à opposer à la dévorante Russie. » — La Convention nationale accorda sa sanction à cette allocution politique, en ordonnant que le discours de Merlin de Douai serait traduit et imprimé dans toutes les langues. C'était aussi faire véritablement un appel aux dispositions pacifiques des gouvernements étrangers. En même temps, et pour montrer quels sentiments l'animaient désormais, elle rapporta divers décrets barbares et contraires au droit des gens, ceux qui défendaient de faire aucun prisonnier espagnol, anglais ou hanovrien.

Paix avec la Prusse. — La Prusse répondit la première à la manifestation publique de la Convention. Le cabinet de Berlin se décida à faire la paix, et dans les premiers jours de décembre, M. de Goltz, dernier ambassadeur de Prusse à la cour de Louis XVI, fut nommé pour traiter avec la République; son secrétaire de légation vint jusqu'à Paris, et se présenta au Comité de salut public. « Le roi Frédéric-Guillaume, dit-il, a pu être révolté des horreurs qui ont marqué les premiers temps de la révolution française; mais loin d'en vouloir à la France des crimes dont elle-même était victime, loin d'avoir la prétention de la subjuguer ou de s'immiscer dans son régime intérieur, le roi de Prusse n'a désiré que lui voir retrouver le bonheur qu'elle avait perdu dans ses convulsions intestines. Aujourd'hui, charmé du changement décisif survenu dans les principes et dans la marche du gouvernement français depuis la chute du parti jacobin, il désire sincèrement le retour de la paix, et il ambitionne même, si les circonstances s'y prêtent, le beau rôle de pacificateur d'une grande partie de l'Europe. » Le voyage du diplomate prussien avait pour but de connaître si réellement les intentions du Comité s'accordaient avec le vœu pacifique du Roi. Le Comité voulut répondre avec franchise à cette démarche loyale. Il n'hésita pas à s'expliquer sur les conditions qu'il entendait mettre à la paix future. « La cession de toute la rive gauche du Rhin, y compris Mayence, est, dit le Comité, la condition première de tout traité. La République ne s'opposera pas à ce que la Prusse et les princes d'Allemagne, auxquels cette cession doit enlever des provinces ou des portions de territoire, cherchent les moyens de s'indemniser, soit aux dépens de la maison d'Autriche, soit dans la sécularisation des biens ecclésiastiques, dont le traité de Westphalie a déjà donné l'exemple. Quant à l'intention que la Prusse paraît avoir de s'interposer en faveur des princes ses voisins, le Comité est disposé à s'y prêter. » Le secrétaire de légation, muni de cette réponse, repartit et vint à Bâle où l'attendait M. de Goltz. Le Comité de salut public se hâta, de son côté, d'envoyer un plénipotentiaire dans cette ville : son choix tomba sur Barthélemy, alors ministre en Suisse; le représentant Cambacérès fut, dans le Comité, chargé de suivre l'importante correspondance à laquelle ces négociations allaient donner lieu.

Dans le même temps la diète de l'Empire, réunie pour s'occuper de la situation difficile où les événements plaçaient l'Allemagne, déclarait que le but de la guerre ne pouvait pas être de s'immiscer dans les affaires intérieures de la France, et demandait qu'on s'occupât de préparer les voies de la pacification; mais l'empereur François II, chef de l'Empire, tout en annonçant qu'il consentirait à une paix *juste, honorable et acceptable*, exploitait provisoirement comme moyen de guerre, ce désir exprimé pour la paix, et, sous prétexte de mieux soutenir les négociations qu'on voudrait entamer, réclamait des États confédérés de fournir au plus tôt le quintuple contingent nécessaire pour ouvrir la campagne prochaine. Néanmoins depuis que le ministre prussien s'était établi à Bâle, divers envoyés des États d'Allemagne s'y étaient rendus. L'aspect de cette ville avait changé; les curieux s'en approchaient et le célèbre Burke commençait à y voir le *grand encan de l'Europe*. De son côté le ministre plénipotentiaire de la République avait quitté sa résidence de Baden pour aller à Bâle. A son arrivée les magistrats et le grand tribun de l'État de Bâle lui avaient fait visite, et de toutes parts on s'était empressé autour du pacifique envoyé de la terrible République. « Le ministre Barthélemy, dit M. Fain, était un homme d'une cinquantaine d'années, d'une haute stature, d'un extérieur simple et modeste. Son caractère était rempli d'aménité, de calme et de bonhomie. La bienveillance de son accueil inspirait la confiance. Il soutenait cette impression par une conversation facile qui décelait plus de pénétration que d'adresse, et plus de justesse que de brillant. Neveu du célèbre abbé Barthélemy, et protégé des Choiseul, il faisait honneur à l'école qui l'avait produit aux affaires. » — Aussitôt après une entrevue entre les deux plénipotentiaires, les négociations commencèrent; elles n'eurent pas le temps de prendre beaucoup de développements. Le lendemain de la première conférence l'ambassadeur prussien tomba malade; la maladie prit aussitôt un caractère alarmant, et dès le dixième jour il succomba. Cet incident inattendu interrompit pendant six semaines les négociations officielles; heureusement le secrétaire de légation Harnier continua à discuter secrètement les conditions principales. M. de Hardemberg remplaça M. de Goltz. La question était déjà à un tel point de maturité, que le nouveau négociateur semblait venir à Bâle moins pour discuter que pour signer ou pour rompre. Malgré les difficultés inséparables de toutes négociations diplomatiques, il n'y eut aucune rupture. — Le 5 avril, un traité définitif fut signé. — Les principales conditions de la paix entre le roi de Prusse et la République française étaient : L'évacuation des États prussiens sur la rive droite du Rhin. — La reddition mutuelle des prisonniers. — La conservation par les troupes françaises de tous les pays situés sur la rive gauche du fleuve. — La promesse de conclure un traité de commerce entre les deux puissances. — L'établissement d'une ligne de neutralité pour couvrir les différents États du nord de l'Allemagne, auxquels la Prusse prenait un vif intérêt; cette ligne embrassait la Westphalie, la haut Palatinat, le pays de Darmstadt et la Franconie; elle s'étendait depuis le Rhin, qu'elle quittait à Duisbourg, jusqu'à la Bohême et la Silésie. — Enfin la République promettait d'agréer la médiation du roi de Prusse en faveur des États de l'empire germanique qui désireraient entrer en négociations avec la France.

Tandis que ce traité se signait à Bâle, la journée des 12 et 13 germinal mettait Paris en révolution; la salle de la Convention était envahie par les faubourgs, Paris déclaré en état de siège, et le canon tonnait dans ses rues. Pichegru reçut le commandement de la force armée. Pendant qu'on se battait la Convention se décimait : quatre représentants, Collot-d'Herbois, Barrère, Billaud-Varennes et Vadier furent déportés à la Guyane et dix-sept autres condamnés à subir une détention au château de Ham. — Pichegru l'emporta enfin sur les bataillons des faubourgs. Après avoir assuré le départ des députés proscrits, il se présenta à quatre heures du matin à la barre de la Convention, dont les membres avaient repris leurs postes aussitôt que leur salle avait été évacuée par le peuple: « Citoyens représen- « tants, dit le général, vos décrets sont exécutés. » Le président Thibaudeau lui donna l'accolade fraternelle et lui répondit avec le même laconisme : « Le vainqueur « des tyrans ne pouvait manquer de triompher des « factieux. »

Au milieu de pareilles secousses, on était loin de s'attendre à la conclusion d'une paix impatiemment attendue; on était disposé plutôt à prévoir le contraire. « Deux jours auparavant, Pelet de la Lozère, dans un long discours sur les relations extérieures de la République, avait mis sa politique en défaut en se livrant à des conjectures défavorables sur les vrais sentiments de la Prusse; il avait accusé cette puissance de ne s'être rapprochée un moment de la République que pour se faire valoir aux yeux de la Coalition, et de n'avoir paru rechercher la médiation de l'Empire que pour empêcher que cette médiation ne fût déférée plus utilement à la Suède ou au Danemark. » Le Comité de salut public avait vu avec peine cette sortie virulente et inutile. L'alsacien Reubell fut chargé d'annoncer la grande nouvelle à la Convention. « Votre Comité de « salut public, dit-il d'une voix mordante et fortement « accentuée, a suivi vos instructions pour des paix « partielles; il offre à votre ratification celle qu'il vient « de conclure avec la Prusse. »

A ces mots les plus vives acclamations interrompirent l'orateur. Après avoir laissé la joie publique s'épuiser en redoublements, Reubell parvint enfin à reprendre la parole; il tâcha, sans parler des articles secrets du traité, de faire comprendre ce que les articles patents ne disaient pas.

Le 13 avril, après une seconde lecture, la Convention ratifia le traité. La ratification du roi de Prusse eut lieu le 15 du même mois; ce prince l'annonça en ces termes à l'Allemagne : « Le roi de Prusse se voit maintenant dans la satisfaction d'annoncer à ses co-États de l'Empire que la guerre vient d'atteindre son terme pour les États prussiens. Cette paix promet à la Prusse le repos et un bien-être stable. *Elle offre en même temps à tous les États de l'Empire un chemin frayé pour obtenir le même avantage,* et assure déjà à une grande partie de l'Allemagne protection et sûreté contre les ravages et les calamités de la guerre. » C'était un avis donné aux autres puissances que de son côté le Comité français corrobora en déclarant à la Convention, par l'intermédiaire de Reubell : « Cette paix n'est pas la seule qui soit en ce moment la matière des méditations du Comité de salut public. »

Réflexions. — Jomini fait sur la conduite de la Prusse et sur le traité de paix qu'elle signa à Bâle, ces judicieuses réflexions, auxquelles nous ne pouvons qu'adhérer pleinement : « L'invasion de la Hollande qui, un siècle auparavant, avait formé une ligue de tous les États pour mettre un frein à la puissance de Louis XIV, devint le signal de rupture d'une coalition jusqu'alors contraire aux intérêts de plusieurs nations. Cette rupture, aussi difficile à expliquer que l'alliance elle-même, prouva que les cabinets furent bien plus influencés par de petites passions que guidés par les calculs d'une sage politique. — La Prusse se repentit sans doute de s'être engagée dans une guerre où elle n'avait aucun avantage réel en 1792, et qui depuis lors avait pris un caractère tout différent par suite des prétentions de l'Autriche et de l'Angleterre. Mais ce n'était pas une raison de quitter la partie, alors qu'elle devenait un devoir pour le cabinet de Berlin : la maison d'Orange étant son alliée la plus intime par les liens du sang, comme par sa position, tout faisait une loi à Frédéric-Guillaume de la soutenir. D'ailleurs, ce prince ne pouvait voir d'un œil tranquille le gouvernement français reculer les bornes de sa puissance jusqu'aux frontières de Westphalie; et il ne devait poser les armes qu'après avoir compris la Hollande dans son traité avec la France et dans la ligne de neutralité qui en fut le complément. La paix de Bâle avec une telle clause eût été alors un acte très sage du ministère prussien; car les acquisitions de la France en Belgique n'étaient qu'une juste compensation de celles que les trois puissances venaient de faire en Pologne, et l'état relatif des partis fût resté à peu près le même qu'en 1792. La France, de son côté, y eût gagné l'avantage de mettre la marine et les colonies hollandaises à l'abri des Anglais et de pouvoir disposer de l'armée du Nord pour dicter la paix à l'Autriche. — A la vérité, la révolution récente des Provinces-Unies et la fuite du Stathouder en Angleterre, laissaient des doutes sur la possibilité de rétablir la maison d'Orange, à moins que la République française n'abandonnât le parti patriote : alternative pénible et propre à justifier ce que nous avons dit des funestes effets du propagandisme, auquel on sacrifia les calculs d'une bonne politique. Il eût été à désirer pour la cause de toute l'Europe que le Stathouder, appuyé par la Prusse et par la France, fût resté dans ses États, en faisant au parti patriote des concessions d'autant plus justes qu'elles étaient généralement réclamées. Ce n'était pas seulement à sauver la Hollande que Frédéric-Guillaume aurait dû borner son ambition : il semble qu'il aurait pu jouer un rôle plus important encore, en proposant une médiation armée et forçant l'Autriche d'y accéder. Le cabinet de Berlin se trouva alors dans une de ces situations décisives, où il est aisé de faire pencher la balance à son gré, et il ne sut en profiter ni pour ses intérêts ni pour ceux du genre humain. Un système plus vaste et plus ferme eût peut-être arrêté une plus longue effusion de sang, prévenu la perte des marines hollandaises et espagnoles, et enchaîné pour long-temps le despotisme maritime et le despotisme continental qui se sont successivement élevés et dont la lutte a fait tant de mal à l'Europe. »

Paix avec la Hollande. — On s'étonnait depuis long-temps que la Hollande, conquise par les troupes françaises ou délivrée par nos braves soldats, comme elle le proclamait elle-même, n'eût pas encore conclu un traité de paix avec la République française. L'étonnement augmenta lorsqu'on sut que la nouvelle république Batave ne voulait pas payer les frais de la guerre. — Le Comité de salut public y mit long-temps de la patience et de la modération, mais fatigué enfin des délais réitérés que les États-Généraux apportaient à la conclusion du traité, il prit le parti d'envoyer deux de ses membres, Reubell et Sieyès, à La Haye.

Cette mesure fut décisive. Les États-Généraux comprirent qu'il ne fallait pas pousser à bout la Convention. Trois conférences suffirent pour signer (le 16 mai) un traité dont les difficultés duraient depuis trois mois. Les commissaires revinrent à Paris au milieu des troubles du 1er prairial, et trois jours après cette grande crise Sieyès monte à la tribune : « J'arrive de Hollande, dit-il, le Comité de salut public et votre juste impatience m'appellent à la tribune; je m'y présente avec le traité que nous avons conclu. Je n'ai qu'un mot à dire sur la négociation : les préventions étaient grandes;... *On les soufflait de toute part,* mais, dès qu'on a pu se comprendre, on est bientôt tombé d'accord. Le traité dont je viens vous faire lecture offre à la République tous les avantages qu'elle avait droit d'exiger, sans nuire à l'existence et à la dignité d'une puissance devenue notre fidèle alliée. » Ce préambule attira l'attention, l'émotion de la discorde civile se calma un moment pour faire place à d'unanimes acclamations. On prêta une oreille de plus en plus attentive. Les principales conditions étaient les suivantes : 1° La Hollande paiera à la République cent millions de florins (300 millions de francs); 2° la République gardera la Flandre hollandaise, Maëstricht et Venloo (ce qui comprend le territoire hollandais en deçà de la principale bouche du Rhin); 3° l'Escaut sera libre; 4° le port de Flessingue deviendra commun aux deux nations (un règlement annexé au traité déterminait l'usage de cette communauté). A ce prix la République restituait le territoire occupé, elle abandonnait tous les biens immeubles qu'elle avait saisis sur la maison d'Orange, et même ceux des meubles et effets mobiliers de cette maison, *dont elle ne jugeait pas à propos de disposer*; elle reconnaissait la république des Provinces-Unies comme puissance libre et indépendante, et lui garantissait sa liberté, son indépendance et l'abolition du stathoudérat. — Une alliance était contractée, elle devait être offensive et défensive envers et contre tous, et nominativement contre l'Angleterre. Dès ce moment, le contingent des Provinces-Unies de douze vaisseaux de ligne et de dix-huit frégates, et de la moitié de l'armée de terre, était mis à la disposition de la France. Après les deux lectures d'usage, la Convention ratifia le traité le 20 mai. Quelques jours après, les citoyens hollandais Blaw et Meyer, arrivèrent à Paris en qualité de ministres plénipotentiaires des Provinces-Unies auprès de la République. La Convention leur accorda une audience solennelle. Ils présentèrent à l'assemblée leur drapeau national, comme un gage de la fraternité qui devait unir désormais les deux peuples, et ce drapeau fut aussitôt suspendu aux voûtes de la salle, à côté du pavillon tricolore français. L'amitié des deux peuples étant ainsi consacrée, la Convention ne voulut pas qu'il restât vestiges de haines antérieures. Louis XIV avait fait écrire sur l'arc triomphal de la porte Saint-Denis : *Emendatâ male memori Batavorum gente*, l'assemblée ordonna que cette inscription serait effacée.

Paix avec l'Espagne. — Peu de temps après avoir signé la paix avec la Prusse, le ministre Barthélemy se trouva chargé, à Bâle, d'une autre négociation pacifique. — Trois mois auparavant, le Comité de salut public, voulant nouer des relations avec le gouvernement espagnol [1], avait chargé l'ancien ambassa-

[1] La Convention attachait une grande importance à terminer la guerre avec l'Espagne par une paix prompte. En effet, après avoir traité avec un prince de la maison de Bourbon, la France républicaine devait trouver beaucoup moins d'obstacles à finir ses différends avec les autres puissances de l'Europe, qui n'avaient ni les mêmes intérêts, ni les mêmes affections de famille à défendre. Le Comité de salut public se disposait à faire lui-même les ouvertures au gouvernement espagnol lorsque, le 13 janvier 1795, Urrutia, à peine arrivé à son quartier général de Girone, où il venait prendre le commandement de l'armée, adressa à Pérignon la lettre suivante :

« *Le général en chef de l'armée espagnole, au général en chef de l'armée française.*

»Depuis que j'ai pris le commandement de cette armée, j'ai eu tant d'occasions de savoir qu'entre toutes les qualités dont tu es doué, celle de l'humanité était une des plus saillantes, que j'ai conçu l'idée de t'écrire sur des objets importants. Je le fais, dans la confiance que tu garderas pour toi seul cette lettre, ou du moins la partie qui pourrait me compromettre, et j'attends de ta loyauté que tu ne m'exposeras pas en publiant cet écrit, dicté par l'intention la plus pure. Les dernières opérations de mon prédécesseur n'ont point été heureuses ; je ne veux pas que les subséquentes le soient aussi. Mais les événements de la guerre sont sujets à des hasards... Dans tous les cas, convenons de ne pas flétrir les lauriers de la victoire par le sang des vaincus ni par les gémissements des habitants désarmés ; qu'on respecte le laboureur et qu'on le laisse tranquille dans sa chaumière ; qu'on traite les prisonniers avec générosité, et qu'on recueille avec humanité les blessés, sans distinction d'amis ou d'ennemis ; je te promets la réciproque... Puisque l'Espagne et la France croient devoir se faire la guerre, qu'elles la fassent ; mais que cette guerre se dépouille d'une inimitié enflammée... Plût au ciel que le conflit cessât, et que deux nations faites naturellement pour être unies revinssent à l'être ! — La guerre est mon métier ; ainsi l'espoir d'acquérir l'estime de mes compatriotes, le respect même de mes ennemis, et de faire connaître à l'Europe que le soldat espagnol ne manque pas d'énergie pour vaincre, pourrait exciter en moi une ambition que les stoïciens même ne pourraient blâmer... Mais plus ambitieux encore de contribuer au bonheur de mon pays, mes vœux seront toujours pour la paix, quoiqu'elle doive mettre fin à mon commandement et jeter mon nom dans l'obscurité... Je me hasarde donc à te faire la proposition suivante : Que notre rivalité s'exerce à des objets plus dignes que celui de répandre le sang ! Le voisinage de l'Espagne et de la France rendra toujours ces deux nations inséparables de commerce et en amitié. Pourquoi donc travailleraient-elles à se détruire ? pourquoi la ruine de l'une servirait-elle de base à l'élévation de l'autre ? Si, de généraux ennemis que nous sommes, nous nous changions en conciliateurs de la paix, la gloire en serait à tous les deux, tandis que la gloire militaire n'illustre que le seul vainqueur ; au lieu d'une renommée affreuse qui ne croît qu'arrosée de larmes, nous nous attirerions les applaudissements de tout ce qui est digne du nom d'homme ! — Je te demande que tu me répondes avec la même franchise dont je te donne l'exemple. Nous ne sommes autorisés, toi et moi, qu'à faire la guerre : faisons-là sans manquer a nos devoirs ; mais cherchons en même temps les moyens de faire la paix. Quand nous nous serons communiqué nos idées, faisons-en part à nos gouvernements respectifs. Qu'une noble émulation nous anime, et qu'on élève dans le temple de l'humanité une statue au premier de nous deux qui réussira à inspirer l'amour de la paix à ses concitoyens.»

« *Signé* José URRUTIA. »

Un général en chef ne se hasarde pas à écrire une pareille lettre sans être sûr de l'aveu de son gouvernement ; les représentants du peuple à l'armée des Pyrénées ne pouvaient en avoir aucun doute. Cependant, sans attendre les instructions du Comité, n'écoutant toujours que l'austérité de leur politique révolutionnaire ; ils dictèrent à Pérignon une réponse en ces termes :

« *Le général en chef de l'armée des Pyrénées-Orientales, au général en chef de l'armée espagnole.*

»Je connais comme toi les lois de l'humanité. Je connais celles de la guerre, et je saurai me renfermer dans le cercle qu'elles me prescrivent : mais je connais aussi l'amour de mon pays, et partout où je trouverai des hommes armés contre sa liberté, mon devoir est de les combattre...., *même jusque dans les chaumières.* Il ne m'appartient pas de répondre au second objet de ta lettre. Je n'ai pas le droit de m'ériger en conciliateur ; je ne suis ici que pour me battre. Si le général espagnol a des propositions à faire à la République, c'est à la Convention nationale ou à son Comité de salut public qu'il doit s'adresser directement. Je dois ajouter que les représentants du peuple près cette armée, en présence desquels j'ai ouvert ta lettre, m'ont chargé de te rappeler, à toi et à ton gouvernement, la violation de la capitulation de Collioure.

« *Signé* PÉRIGNON. »

Une telle réponse ne poussait pas au but où tendait Urrutia. La guerre continua donc. — Hâtons-nous d'ajouter que le Comité de salut public, dès qu'il connut la lettre de Pérignon, regretta qu'on eût laissé échapper une occasion de rapprochement qui s'accordait si bien avec ses vues, et chercha à renouer la négociation par l'intermédiaire des représentants.

« Ce n'est pas tout, dit M. Fain, aujourd'hui secrétaire de Louis-Philippe, et qui alors employé dans les comités de la Convention nationale, a été à portée de bien connaître les détails de ces négociations, le comité veut user de moyens plus directs. Le citoyen Bourgoing, dernier chargé d'affaires que la France ait eu à Madrid, a quitté l'Espagne depuis dix-huit mois seulement ; le souvenir qu'il y a laissé est trop honorable et trop récent pour qu'il n'y soit encore de quelque crédit ; il vit retiré à Nevers ; on le fait venir ; on lui répète tout ce qu'il s'agit de bien expliquer à quelques-uns des amis avec lesquels il a été en relation à Madrid, et le 19 pluviôse (8 février), sur la table même du comité, le citoyen Bourgoing expédie les lettres qu'on lui demande. — C'est à MM. d'Ocaritz et Yriarte qu'il s'adresse, sous prétexte purement personnel. Les dépêches partent sous le couvert du ministre des États-Unis à Paris.— Ce n'est pas tout encore : le Comité désire ajouter les procédés aux paroles, et le hasard lui en fournit une occasion qu'il s'empresse de saisir. Dans les lettres qui viennent de passer à la frontière, il s'en trouve une de M. de Crillon, ancien officier général français au service d'Espagne, qui écrit à son fils, brigadier des armées espagnoles, maintenant prisonnier de guerre en France, et dans cette lettre on remarque, entre autres passages, celui-ci : « J'ai un reste d'espoir de voir finir cette guerre malheureuse et d'en voir recommencer une nouvelle, où je pourrais encore espérer de combattre avec les Français unis aux Espagnols contre les vrais ennemis des deux nations.» Le Comité est touché de ces sentiments, qui s'accordent si bien avec sa politique, et pour en rendre un éclatant témoignage, il donne ordre que M. de Crillon fils, retenu en cantonnement dans les environs de Montpellier, soit dirigé sur le quartier général de l'armée des Pyrénées-Orientales. Le représentant du peuple Goupilleau de Fontenay, qui est en mission sur la frontière, reçoit en même temps des instructions sur la conduite amicale à tenir envers ce prisonnier.— Peu de jours après le jeune Crillon est amené à un représentant du peuple Goupilleau de Fontenay, à Figuières, qui a bien compris les intentions du Comité, et il s'y conforme avec une franchise et une générosité de manières bien rares jusqu'alors. Le jeune Crillon sait que sa délivrance est le prix des vœux que son père a formés pour la paix. Le fils ne dément pas les sentiments du père ; plein de loyauté, il est comme lui dominé par le plus vif désir de voir l'union se rétablir entre les deux nations, et le 2 ventôse (20 février) il est remis au camp espagnol. »

Ces dispositions pacifiques donnèrent lieu à une nouvelle correspondance d'Urrutia avec le général Pérignon, à une correspondance d'Ocaritz avec Bourgoing, et au voyage de M. de Iranda à Saint-Sébastien (dans le Guipuscoa) où il s'aboucha avec le général Servan, envoyé en Espagne par le Comité de salut public. Ainsi il y eut à la fois du côté des Pyrénées trois négociations entamées dans le but de la pacification ; mais aucune n'arriva à aucun résultat, et c'est ce qui nous engage à ne pas en parler plus longuement.

[1] Favori de Charles IV qui, après le traité du 22 juillet, reçut le titre de *prince de la paix.*

attraction; indépendamment de M. de Hardemberg, de hauts personnages s'y trouvaient, le salon du Vénitien San-Fermo y offrait un terrain neutre pour les négociations. Toutes les couleurs pouvaient s'y rencontrer; l'envoyé de l'Autriche lui-même ne craignait pas d'y paraître. L'entrevue entre les deux amis y eut lieu le 4 mai. Après une explication franche des deux parts, Barthélemy s'empressa de solliciter des instructions du Comité de salut public.

Le Comité se hâta de lui adresser les pouvoirs et les instructions qui avaient été préparés pour Bourgoing, qu'on allait envoyer à Bayonne traiter avec M. d'Iranda; et, pour se mettre tout-à-fait en garde contre les lenteurs de la diplomatie, le Comité chargea le ministre français de déclarer comme prélude, amical, au négociateur espagnol, qu'on ne lui donnait qu'un mois pour conclure, et que si dans un mois le traité n'était pas signé, les fortifications de Roses, de Figuières, du Passage et de Saint-Sébastien seraient démantelées et rasées.

Les négociations commencèrent donc entre Yriarte et Barthélemy; l'éloignement où le diplomate espagnol se trouvait de Madrid contribua à les prolonger. Nous n'entreprendrons pas d'en donner le détail. Deux difficultés seulement parurent pendant quelque temps mettre en question la conclusion du traité. L'une avait sa source dans l'intérêt que la famille royale d'Espagne portait naturellement aux enfants de Louis XVI. Yriarte demandait que ces enfants fussent confiés à la garde du roi Charles IV, qui s'obligeait d'ailleurs à les surveiller et à empêcher qu'ils pussent jamais devenir un sujet d'inquiétudes ou de troubles pour la France. La Convention refusa inflexiblement toute espèce d'arrangement à ce sujet. La mort du fils de Louis XVI vint à point pour trancher la difficulté. L'opportunité de l'événement est sans doute une des causes qui ont fait accuser le Comité de sûreté générale d'avoir abrégé les jours de ce malheureux enfant. En proposant d'échanger la fille de Louis XVI contre les captifs que la trahison de Dumouriez avait livré à l'Autriche, le Comité de salut public mit l'Espagne tout-à-fait hors de cause pour cette question. L'autre difficulté n'était pas moins grave. La Convention exigeait que l'Espagne cédât à la République, en dédommagement des frais de la guerre et pour la reddition des provinces Basques et des places conquises en Catalogne, deux de ses colonies américaines, la Louisiane et Saint-Domingue. Le gouvernement espagnol ne voulut entendre à aucune cession de territoire; la discussion dura long-temps entre les deux plénipotentiaires; on se rapprocha en partageant le différent, et sur la proposition d'Yriarte, Barthélemy consentit à se contenter seulement de Saint-Domingue. Le traité fut donc signé le 22 juillet. Il rétablit complétement la paix, l'amitié et la bonne intelligence entre la République française et le roi d'Espagne, renouvela les relations commerciales; stipula la reddition mutuelle des prisonniers, régla les conditions de la cession de Saint-Domingue, et enfin donna acte au roi Charles IV de ce que la République acceptait sa médiation en faveur des puissances belligérantes qui s'adresseraient à lui pour entrer en négociation avec le gouvernement français. Le négociateur espagnol fit insérer dans le traité les noms des rois de Portugal, de Naples, de Sardaigne, du duc de Parme *et autres États de l'Italie*. Un article secret détermina que par ces mots, *et autres États de l'Italie*, les puissances contractantes entendaient désigner le pape. Un autre article secret fut une stipulation en faveur de notre agriculture. Dès les premiers pourparlers, le Comité avait demandé que l'Espagne fournît à la France un certain nombre d'étalons andalous et de béliers mérinos. L'Espagne y consentit de bonne grâce. Elle sembla considérer cette concession plutôt comme un léger gage de l'amitié rétablie, que comme un tribut. Yriarte fixa lui-même les nombres. La France eut le droit d'extraire d'Espagne, chaque année et pendant cinq ans, cent cinquante juments et cinquante étalons andalous, mille brebis et cent béliers mérinos. Dans cette concession imposée pour favoriser notre industrie agricole, on trouve le germe des conditions par lesquelles le général Bonaparte rendra plus tard les sciences et les arts étrangers tributaires de ses victoires.

Émotion européenne. — La paix de l'Espagne avec la République française était un grand événement. Il produisit en Europe une profonde sensation et réveilla des sentiments bien différents dans chaque cabinet. — A Bâle, le ministre prussien, Hardemberg, répondit par un accueil plein de franchise à la communication du ministre de France. Il n'en fut pas de même de l'envoyé de l'Empereur. M. d'Yriarte, qui s'était chargé de la confidence, fut écouté avec flegme et sans qu'on l'interrompît ou qu'on répliquât par un seul mot. Le diplomate autrichien ne voulait pas engager d'avance la responsabilité du cabinet qu'il représentait. En Suisse et sur les bords du Rhin, tous ceux qui avaient montré de l'attachement à la cause des royalistes français exhalèrent de vives plaintes contre la cour de Madrid. — En Italie, où les Bourbons d'Espagne régnaient sur plusieurs trônes, le parti que le chef de la famille avait pris excita également une émotion, mais la question politique et morale était dans ce pays dominée par la question militaire. Ce qui préoccupa sur-le-champ et avant tout les puissances italiennes, ce fut l'accroissement que les armées françaises d'Italie allaient recevoir par l'arrivée des troupes que la fin des hostilités sur les Pyrénées laissaient disponibles. A Gênes, le ministre anglais Drake et le général autrichien Dewins déclarèrent au gouvernement génois que tout vaisseau neutre chargé pour l'Espagne serait saisi et jugé de bonne prise. — Lord Bute, ambassadeur à Madrid, osa demander à M. de la Alcudia, si l'Espagne avait aussi cédé à la France la partie de Saint-Domingue occupée par les Anglais. Le ministre espagnol répondit à cette question ironique par des reproches sévères sur la conduite de l'Angleterre à l'égard des colonies espagnoles, traitées en pays conquis lorsque les deux gouvernements étaient alliés. La cour de Madrid avait heureusement pris des mesures pour que son escadre de la Méditerranée se détachât à temps de la flotte anglaise. L'amiral anglais lui adressait en vain de Minorque appel sur appel, le gouvernement éludait d'y satisfaire et l'escadre était restée en sûreté dans les ports de la Péninsule. — Cette prudence la sauva. Il n'est pas douteux que l'Angleterre n'eût traîtreusement saisi le prétexte de la paix de Bâle pour s'emparer des vaisseaux espagnols. Tous les moyens lui étaient bons pour accroître sa marine.

Ainsi, au milieu de 1792, la Coalition pensait pouvoir, en une campagne, subjuguer et punir la France révolutionnaire. Trois années seulement s'écoulent. Le dévouement et la bravoure de l'armée replacent la nation française au rang élevé qui lui appartient en Europe. La Coalition est presque dissoute, et la France, après avoir rendu la Hollande indépendante, reste elle-même maîtresse des frontières naturelles que la disposition actuelle du globe semble lui avoir destinées, les rives du Rhin et la chaîne des Alpes. D'un côté elle surveille l'Allemagne, de l'autre elle domine l'Italie.

A. HUGO.

FIN DU PREMIER VOLUME.

www.ingramcontent.com/pod-product-compliance
Lightning Source LLC
Chambersburg PA
CBHW060359170426
43199CB00013B/1925